Manfred Durzak

Die deutsche Kurzgeschichte der Gegenwart

Goethen,

Manfred Durzak

Die deutsche Kurzgeschichte der Gegenwart

Autorenporträts
Werkstattgespräche
Interpretationen

Philipp Reclam jun. Stuttgart

Die in Teil III dieses Bandes interpretierten Kurzgeschichten erscheinen in der von Manfred Durzak herausgegebenen Anthologie: Erzählte Zeit. 50 deutsche Kurzgeschichten der Gegenwart. Stuttgart: Reclam, 1980. (Universal-Bibliothek. Nr. 9996 [6].)

CIP-Kurztitelaufnahme der Deutschen Bibliothek

Durzak, Manfred:
Die deutsche Kurzgeschichte der Gegenwart :
Autorenporträts, Werkstattgespräche, Interpretationen
/ Manfred Durzak. – Stuttgart : Reclam, 1980.
 ISBN 3-15-010293-6

Inhalt

Einleitung: Probleme und Gattungsfragen der Kurzgeschichte 9

I. Die schwierige Form der Kurzgeschichte. Werkstattgespräche 19
  1. »Die Fibel der neuen deutschen Prosa«. Gespräch mit *Wolfgang Weyrauch* 19
  2. »Ein der Wirklichkeit abgetrotztes Werk«. Gespräch mit *Stephan Hermlin* 34
  3. »Ein riesiges Notizbuch«. Gespräch mit *Wolfdietrich Schnurre* 50
  4. »Die Kurzgeschichte deutscher Spielart«. Gespräch mit *Hans Bender* . . 68
  5. »Die Gunst dieser negativen Situation«. Gespräch mit *Günter Kunert* 84
  6. »Ein gewisses Faible für die Kurzgeschichte«. Gespräch mit *Gabriele Wohmann* 103

II. Die deutsche Kurzgeschichte. Die Geschichte ihrer Autoren 115
  1. *Wolfgang Borchert*. Das Gedächtnis der Zeit – O. Henry 115
  2. *Heinrich Böll*. Die Verdichtung der Zeitgeschichte – Salinger 124
  3. *Alfred Andersch*. Seismographisches Erzählen – Poe/Hemingway 136
  4. *Wolfdietrich Schnurre*. Erzählen im Zeitalter der Information – Hemingway 145
  5. *Stephan Hermlin*. Überlebenskämpfe – Bierce 159
  6. *Wolfgang Weyrauch*. Die Auflösung der Geschichte in Geschehen – Poe/Bierce 169
  7. *Elisabeth Langgässer*. Berichte aus der Quarantäne – Saroyan 181
  8. *Kurt Kusenberg*. Heiter bis tückisch – Thurber 192
  9. *Hans Bender*. Erzählerische Zeugenschaft und Zeugniskraft – Hemingway 200
  10. *Siegfried Lenz*. Vom heroischen zum alltäglichen Augenblick – Hemingway/Crane 212
  11. *Heinz Piontek*. Epiphanien des Alltags – Anderson 223
  12. *Herbert Eisenreich*. Wahn- und Warnbilder der Existenz – Mansfield . . . 232
  13. *Johannes Bobrowski*. Gestisches Erzählen – Conrad 241
  14. *Günter Kunert*. Die Genauigkeit der Phantasie – Poe/Hemingway 250
  15. *Josef Reding*. Notate aus der Alltagswelt – Caldwell 263
  16. *Gabriele Wohmann*. Verlustanzeigen aus dem Mittelstand – Mansfield . . 272
  17. *Hermann Kant*. Kulinarische Aufklärung – O. Henry 284
  18. *Alexander Kluge*. Zwischen Dokument und Fiktion 292

Gattungsgeschichtlicher Exkurs: Formelemente und Typologie der Kurzgeschichte 301

III. Die Darstellung der Zeitgeschichte in der deutschen Kurzgeschichte. Interpretationen 310

1. Die Doppelbödigkeit der Welt: Wirklichkeit im Krieg 310
   (*Wolfdietrich Schnurre:* Das Manöver – *Johannes Bobrowski:* Der
   Tänzer Malige – *Hans Bender:* Die Schlucht – *Herbert Eisenreich:*
   Doppelbödige Welt)

2. Zerstörung und Verstörung: Auswirkungen des Krieges 322
   (*Wolfgang Borchert:* Nachts schlafen die Ratten doch – *Heinrich Böll:*
   Wanderer, kommst du nach Spa . . . – *Luise Rinser:* Die rote Katze)

3. Anpassung bis zum Untergang: Deutschland im Dritten Reich 330
   (*Alfred Andersch:* Die Inseln unter dem Winde – *Arno Schmidt:* Er war
   ihm zu ähnlich – *Marie Luise Kaschnitz:* Laternen – *Johannes
   Bobrowski:* Lipmanns Leib – *Alexander Kluge:* Ein Liebesversuch
   – *Günter Kunert:* Zentralbahnhof – *Friedrich Wilhelm Korff:* Jericho
   – *Heiner Müller:* Das Eiserne Kreuz)

4. Die Blutspur zur Freiheit: Kollaboration und Widerstand 349
   (*Stephan Hermlin:* Arkadien – *Jürg Federspiel:* Orangen vor ihrem
   Fenster)

5. Überdenken und Überleben: In der Kriegsgefangenschaft 355
   (*Alfred Andersch:* Festschrift für Captain Fleischer – *Hermann Kant:*
   Kleine Schachgeschichte – *Hans Bender:* Die Wölfe kommen zurück)

6. Restauration in Ruinen: Probleme der Nachkriegszeit 363
   (*Heinz Piontek:* Verlassene Chausseen – *Wolfdietrich Schnurre:* Auf der
   Flucht – *Elisabeth Langgässer:* Glück haben – *Herbert Eisenreich:* Die
   neuere [glücklichere] Jungfrau von Orléans – *Gerd Gaiser:* Die
   schlesische Gräfin – *Siegfried Lenz:* Der Gleichgültige – *Martin Walser:*
   Die Rückkehr eines Sammlers – *Wolfgang Weyrauch:* Im Gänsemarsch)

7. Erreichte Wunder, überdeckte Wunden: Die fünfziger Jahre 382
   (*Heinrich Böll:* Der Bahnhof von Zimpren – *Alfred Andersch:* Mit dem
   Chef nach Chenonceaux – *Gabriele Wohmann:* Verjährt – *Josef Reding:*
   Während des Films – *Wolfgang Hildesheimer:* Das Ende einer Welt)

8. Auflösungserscheinungen einer Festveranstaltung: Die sechziger
   Jahre 394
   (*Robert Wolfgang Schnell:* David spielt vor Saul – *Gabriele Wohmann:*
   Ländliches Fest – *Siegfried Lenz:* Wie bei Gogol – *Fritz Rudolf Fries:*
   Der Fernsehkrieg – *Wolfgang Weyrauch:* Uni – *Alfred Andersch:*
   Jesuskingdutschke)

9. Das Zeitgefühl der Unruhe: Die siebziger Jahre 412
   (*Alexander Kluge:* »Das Zeitgefühl der Rache« – *Otto Jägersberg:*
   Dazugehören – *Heinrich Böll:* Du fährst zu oft nach Heidelberg – *Peter
   Schneider:* Das Wiedersehen)

10. Das andere Deutschland: Leben in der DDR 425
    (*Erwin Strittmatter:* Der Soldat und die Lehrerin – *Günter Kunert:* Die
    Waage – *Stephan Hermlin:* Die Kommandeuse – *Klaus Schlesinger:* Der
    Tod meiner Tante – *Reiner Kunze:* Element – *Ulrich Plenzdorf:* kein
    runter kein fern – *Thomas Brasch:* Fliegen im Gesicht – *Hans Joachim
    Schädlich:* Versuchte Nähe – *Siegfried Lenz:* Die Wellen des Balaton)

Schluß: Rezeptionsprobleme und Chancen der deutschen Kurzgeschichte 457

Anmerkungen 465

Literaturhinweise 499

Personenregister 503

Titelregister 513

Einleitung: Probleme und Gattungsfragen der Kurzgeschichte

In seinem Essay »Der Erzähler«[1], wo Walter Benjamin auch vom »Werden der short story« (249) spricht, charakterisiert er den Unterschied zwischen dem Erzähler und dem Romancier an einer Stelle so: »Der Erzähler nimmt, was er erzählt, aus der Erfahrung; aus der eigenen oder berichteten. Und er macht es wiederum zur Erfahrung derer, die seiner Geschichte zuhören. Der Romancier hat sich abgeschieden. Die Geburtskammer des Romans ist das Individuum in seiner Einsamkeit, das sich über seine wichtigsten Anliegen nicht mehr exemplarisch auszusprechen vermag, selbst unberaten ist und keinen Rat geben kann. Einen Roman schreiben heißt, in der Darstellung des menschlichen Lebens das Inkommensurable auf die Spitze treiben.« (234) Und das bedeutet, wie Benjamin im Kontext ausführt, daß die Dimension der Geschichtlichkeit für den Erzähler konstitutiv ist, Geschichtlichkeit in ihrer konkreten Ereignisfülle und den einzelnen bedrängenden Lebenswirklichkeit. Wo der Romancier gleichsam den Blick von den einzelnen Ereignissen und Dingen abwendet und die Frage nach dem dahinter zu suchenden Sinn stellt, ist der Erzähler noch in den Realitätszusammenhang eingebettet und sieht sich als Partner seiner Leser, deren Resonanz für ihn das Kriterium eines intakt gebliebenen Kommunikationszusammenhangs ist, als dessen Inbegriff sich Wirklichkeit erschließt.

So überrascht es denn nicht, daß einer der großen deutschen Kurzgeschichtenerzähler seit 1945, Wolfdietrich Schnurre, diese Feststellung Benjamins ausdrücklich unterstreicht: »Genauso ist es. Dem Geschichtenverfertiger ist an Kommunikation gelegen. Er weiß etwas, was er mitteilen möchte. Es muß kein Rat sein. Auch Erfahrungen, die sogenannten negativen am ehesten, sind es wert, in gebührender Verpackung übermittelt zu werden. Geschichtenerzählen ist ein menschenfreundlicher Akt. Man soll nicht aus meiner Mitteilung lernen; man soll eigene Erfahrung mit meiner vergleichen; Vergleiche gleichen aus, machen leichter.«[2]

Es wirkt wie ein weiterer zusätzlicher Beleg, daß in einer der wenigen neueren Arbeiten zur Kurzgeschichte, den Ausführungen von Paul-Otto Gutmann über »Erzählweisen in der deutschen Kurzgeschichte«[3], auf dem Hintergrund der Lese- und Analyseerfahrung von 170 deutschen Kurzgeschichten ausdrücklich dieses Moment hervorgehoben wird, das Gutmann zum unterscheidenden Kriterium der Kurzgeschichte von der Parabel (am Beispiel Kafkas) und der modernen Kalendergeschichte (am Beispiel Brechts) erhebt: »Die Kurzgeschichte erfordert einen personalen (oder zeitweilig neutralen) Erzähler, der um eine enge, partnerschaftliche Beziehung zum Leser bemüht ist, aus naher Perspektive erzählt, die präteritale Fiktion des Geschehens aufhebt und dem Leser ein ›Gegenwartsbewußtsein‹ vermittelt. [...] ausschlaggebend ist die Anwesenheit des Erzählers (und damit des Lesers) im Geschehen. Die Kurzgeschichte läßt keinen auktorialen Erzähler mit olympischer Perspektive zu; wohl ist ein Erzähleingang in auktorialer Erzählhaltung möglich, wenn eine baldige Verkürzung der Perspektive erfolgt; geschieht dies nicht, so ist die Grenze der Kurzgeschichte überschritten.« (155) Auch hier wird unverkennbar die kommunikative Funktion der Kurzgeschichte hervorgehoben, ihr Gegenwartsbezug, der Erzähler und Leser einschließt und, vom Hier und Jetzt der konkreten ge-

schichtlichen Erfahrung ausgehend, eine Kontinuität dieser Erfahrung literarisch verwirklicht.

Hier deutet sich möglicherweise auch die Perspektive an, »das Chamäleon der
literarischen Gattung«[4], unabhängig von seiner sich ständig wandelnden Oberfläche,
im Sinne einer erzählstrukturellen Bestimmung genauer zu fassen. Diese Perspektive
ist nur scheinbar rezeptionsanalytisch eingefärbt. Sicherlich trifft es zu, daß im
Vergleich zum Roman, zur Großerzählung oder zur Novelle die Distanz zwischen dem
Erzähler und dem Publikum in der Short Story am geringsten ist, d. h., der Leser wird
hier am stärksten in den ästhetischen Produktionsprozeß mit einbezogen. Der
Mitteilungsfaktor ist in der Kurzgeschichte am stärksten ausgeprägt.

Das unterstreicht auch der literatursoziologische Entstehungshintergrund der Short
Story in der amerikanischen Literatur, wo ein sich rasch ausbreitender Zeitschriften-
markt[5], der ein zahlenmäßig großes Publikum erreichte, zum Publikationsforum der
Short Stories wurde, unterstützt durch eine lange Zeit unzureichende Copyright-Regelung[6]. Diese auf den unmittelbaren Lesekontakt hin geschriebenen Texte mußten also
nicht nur durch eine relativ große Verständlichkeit ausgezeichnet sein, sondern auch
Themen und Erfahrungen behandeln, die in das Wirklichkeitsumfeld des Lesers
transponierbar waren. Zu diesem täglichen Erfahrungsumfeld gehörte allerdings nicht
nur die Vielfalt einer realistisch dargestellten Zeit- und Gesellschaftserfahrung,
sondern auch der Subbereich der unausgesprochenen Ängste und Phantasien, denen
zum Beispiel Edgar Allan Poe in seinen zu Mustern der Gattung Short Story
gewordenen Erzählstücken Ausdruck verlieh.

Robert Musil hat in einer Reflexion zur »Novelle als Problem« mit guten Gründen
darauf aufmerksam gemacht: »Dichtungen sind nur in einer Wurzel Utopien, in einer
andren aber wirtschaftliche und soziale Produkte. Sie haben nicht nur Pflichten,
sondern sind Fakten, und die Pflichten haben sich mit ihnen abzufinden. Man schreibt
Dramen, Romane, Novellen und Gedichte, weil es diese Kunstformen nun einmal gibt,
weil Nachfrage besteht und weil sie sich zu vielem eignen. Kunstformen kommen auf
und vergehn«:[7] Eine sehr pragmatische Einschätzung der Dominanz einzelner
Gattungen aus der Marktperspektive des Autors, für den literarische Texte immer
beides zugleich sind: Selbstausdruck und Ausdruck von Erwartungen, die das lesende
Publikum von seinen eingeschliffenen Rezeptionsgewohnheiten her an den Autor
heranträgt. Freilich läßt sich diese Beziehung nicht eindeutig formalisieren. Zu viele
andere Nebenfaktoren – der kulturellen Tradition, der sich auf kulturelle Gegebenheiten stützenden nationalen Identität, der verstärkenden oder auch blockierenden
Tendenzen des literarischen Lebens – sind mit daran beteiligt.

Auf den ersten Blick scheint denn auch die Short Story, die Kurzgeschichte – die
Begriffe werden hier weitgehend synonym verwendet[8] –, von den bei Musil genannten
Gattungsformen ein entscheidendes Merkmal zu trennen. Sie ist im Vergleich zu den
bei Musil genannten Gattungen – auch das Epos wird im selben Kontext von ihm
erwähnt – ein literarischer Parvenü, ohne aufwendigen literaturhistorischen Stamm-
baum und an geschichtlicher Erfahrung den genannten Gattungen zweifelsohne
unterlegen, zudem im Vergleich zu der sich – besonders in der deutschen literarischen
Tradition – artistisch spreizenden Novelle[9], die im 19. Jahrhundert eine Zeitlang die
Lieblingsform von Prosaautoren war, mit dem Stigma eines literarischen Bastards
behaftet.

Das unterschwellige soziologische Vorurteil, das sich aus dem Überlegenheitsgefühl gegenüber dem Ursprungsland der Kurzgeschichte, Nordamerika, nährt und das in ihr nur eine in die Nähe zum Journalismus und zur Gebrauchsliteratur gerückte Spielart des Schreibens anzuerkennen vermochte, hat sicherlich die Stigmatisierung unausgesprochen verschärft. Der Kurzgeschichte wurde solcherart ein plebejischer Ursprung zugesprochen, was auch dadurch literaturhistorische Plausibilität zu gewinnen schien, daß in der internen deutschen Literaturtradition Anknüpfungspunkte am ehesten zu jenen Gattungen vorhanden schienen, die aus ihrer Nähe zur Volksliteratur kein Hehl machten: Der Schwank[10], die Dorfgeschichte[11], die Anekdote[12] und die Kalendergeschichte[13] kennzeichnen die gescheckte literarische Ahnenschaft, in deren Umgebung man den literarischen Gattungsneuling am ehesten plazierte. Das literarische Eigenrecht, das man der Kurzgeschichte zubilligte, war von vornherein schmal, wenn man nicht gar der Versuchung unterlag, sie als lediglich neu etikettierten Abkömmling wieder in eine dieser volksliterarischen Formen aufzulösen oder ihr gar literarischen Ehrgeiz gänzlich abzusprechen und sie als Gebrauchsform ohne künstlerische Ansprüche ganz in den Bereich der Tagespublizistik, der Unterhaltungszwecken dienenden Feuilletonschreiberei abzuschieben.

Gerade angesichts dieser Stigmatisierung der Kurzgeschichte scheint es nützlich, sich in Erinnerung zu rufen, was Musil als soziales Movens auch bei den etablierten Gattungsformen hervorhob: den Nachfragemechanismus des literarischen Marktes und nicht den auf letzte künstlerische Dinge gerichteten Blick sub specie aeternitatis. Wie bestimmte Distributionsformen über die Vitalität von literarischen Gattungen dominieren, hat – durchaus in Analogie zu Musil – auch Arno Schmidt in einem frühen Aufsatz über »Die aussterbende Erzählung«[14] ausgeführt. Sein Untersuchungsgegenstand ist dabei nicht primär die Kurzgeschichte, sondern die traditionelle Großerzählung mit dem »klassischen Umfang von, sagen wir, 50 Druckseiten«. (267) Daß diese literarische Form zu Anfang des 19. Jahrhunderts in der deutschen Literatur eine solche Blütezeit erlebte und viele der romantischen Autoren – E. T. A. Hoffmann, Chamisso, Eichendorff, Hauff – sich darin versuchten, führt Schmidt auf die »wichtigste Mittelstufe verlegerischer Produktion (zurück): die sogenannten ›Almanache‹ und ›Taschenbücher‹, die jährlich ein-, höchstens zweimal erschienen, und auf ihren 400 Seiten dann ein halbes Dutzend Erzählungen brachten, ein historisch-populäres Aufsätzchen etwa, und ein paar Dutzend Gedichte; also genau das uns fehlende Mittelding von Tageszeitung und Großbuch!«. (268)

In diesem Sinne waren also auch diese Erzählformen publikumszugewandt und sich ihres Rezeptionsinitials bewußt, freilich bezogen auf ein Lesepublikum, dessen Informationszufuhr noch viel langsamer und viel stärker gefiltert geregelt wurde. Der Prozeß einer ständigen Verringerung der Informationsschwelle und der Überflutung mit rascher umgesetzten und schneller zugänglichen Informationen – vor allem durch die Entwicklung der Medien wie Zeitungen und Zeitschriften und durch die elektronischen Medien – veränderte die Distributionsformen auf Grund des sich ändernden Rezeptionsverhaltens im Publikum. Am Ende dieses Prozesses sieht denn auch Schmidt die Stunde der Kurzgeschichte gekommen: »Gewiß, man kann mir entgegenhalten, daß diese Entwicklung ja eben auch die neue Form der story erzeugt habe – schön, ich will versuchen, friedlich zu nicken.« (269)

Auf diesem Hintergrund ist es nicht ohne Plausibilität, daß ein Land, das auf Grund seiner politischen und kulturellen »Traditionslosigkeit« am wenigsten von dem Prozeß der Funktionsveränderung von bestehenden traditionellen Literaturformen belastet schien, sich so nachhaltig als Ursprungsland der Short Story durchsetzen konnte. Das gilt freilich primär unter dem Aspekt der literarischen Distribution. Richtet man den Blick auf jenen mit Poes berühmter Reflexion über die Hawthorne-Tales beginnenden dichten Kontext der Gattungsreflexion[15] der amerikanischen Short Story, werden die klaren Grenzziehungen wieder verwischt. Denn Poe entrückte die neue Form, die im Rezeptionsprozeß dem Lesepublikum so nahe zu sein schien, rigoros in eine Aura angestrengtester künstlerischer Exklusivität, wo sie mit formalen Ansprüchen verse- hen ist, die ohne weiteres auch die Poetik der deutschen Novelle – zumindest in dieser Frühzeit – umgreifen könnten.

Von der Distribution her beurteilt, ergibt sich ein Bild von größerer Eindeutigkeit. Dabei ist es durchaus wichtig, innerhalb der amerikanischen literarischen Szene nicht allein jene anspruchsvollen »little magazines« zu berücksichtigen, die seit Hawthorne, Poe, Cooper, Washington Irving als Veröffentlichungsforen der künstlerisch an- spruchsvollen Short Stories so wichtig gewesen sind und es bis hin zu einem so exklusiv aufgezogenen, aber zahlenmäßig noch erstaunlich frequentierten Journal wie »The New Yorker« zum Teil auch in der Gegenwart noch immer sind. Auch die sogenannten »slick stories« und »pulp stories« jener Massenmagazine, die lediglich nach ihrer Papierqualität, dem Glanzpapier oder dem billigen holzhaltigen Papier, unterschieden werden, aber kaum von der Qualität des Inhalts, der dem Massengeschmack entgegenzukommen bemüht war, haben sicherlich mit zur Breitenwirkung der Short Stories in Amerika beigetragen, auch wenn gerade diese ohne literarischen Anspruch geschriebenen Gebrauchsgeschichten im Ausland das Vorurteil über eine auf puren Lesekonsum bedachte amerikanische Kurzgeschichte verstärken halfen.

Ganz anders sieht das Bild bei jenen bürgerlichen Familien-Magazinen aus, die bis in die fünfziger Jahre hinein ein millionenfaches Publikum erreichten und auch vielen der noch heute berühmten Kurzgeschichtenautoren ihre Druckseiten öffneten. Freilich mußten die »Saturday Evening Post«, »Collier's«, »This Week«, »The Cosmopolitain« in den sechziger Jahren vielfach der Konkurrenz des Fernsehens weichen, das die Informationsdistribution wiederum entscheidend beschleunigte und als für die Werbung geeigneteres, weil ein Massenpublikum erreichendes Medium zum ökonomi- schen Tod der großen Familien-Magazine beitrug. Allerdings ist zu sagen, daß einige neuere, in Massenauflage verbreitete Journale wie »Playboy« oder »Esquire« hier in gewisser Weise die Erbschaft der Familien-Magazine als Publikationsforum für Kurzgeschichtenautoren übernommen haben. Fraglos gilt jedoch mittlerweile auch für die Situation in den USA, daß sich der Markt verengt hat.

Wie man auch immer die außerdeutsche Herkunftsgeschichte der Short Story differenzieren mag – im Hinblick auf große Vorläufer-Beispiele wie Anton Tsche- chow[16] oder Guy de Maupassant[17], bei gleichzeitiger Herausarbeitung von innerdeut- schen Ansätzen in den Geschichten Kleists, Hoffmanns, Hebels oder Hebbels, von anderen literarischen Vorformen im Expressionismus beim frühen Döblin etwa, in den Prosaskizzen Robert Walsers oder den Parabeln Franz Kafkas ganz zu schweigen –, die amerikanische Situation bleibt als der entscheidende geschichtliche und kulturelle Humusboden dieser Prosaform erhalten. Und wie man auch immer die Kurzgeschichte zu bestimmen versucht, indem man sie literatursoziologisch in ihrer Entstehung und

Ausbreitung beschreibt oder sie im Rahmen einer auf Gattungspoetik zielenden Reflexion von den theoretischen Selbsterkundungen der Autoren her einkreist, die amerikanische Situation und die amerikanischen Autoren bleiben der zentrale Bezugspunkt, dem sich die zusätzliche historische und literarische Evidenz nur als Ergänzungsbelege einfügen.

Unter diesem Aspekt hat es nichts von Übertreibung an sich, wenn ein Autor wie Jürg Federspiel an einer Stelle seines New-York-Tagebuchs[18] hervorhebt: »Die Short Story, neben dem Musical (dessen literarische Qualitäten außerordentlich sind) die unverwechselbare Form der amerikanischen Literatur, ist Brennpunkt im Alltag ohne Helden, Brennpunkt im Urgrau des Täglichen, das den Helden ausschließt. Sie ist die Ballade unserer Jahre...« (105) Die von Benjamin akzentuierte, sich zur Besonderheit der Gattungsgeschichte der Short Story aufschließende Bestimmung der Nähe zwischen Erzähler und Publikum wird von der Distributionssituation der amerikanischen Kurzgeschichte sozusagen empirisch erhärtet. Und das gilt ganz besonders für jene die Short Story dieses Jahrhunderts repräsentierenden Autoren wie O. Henry, Sherwood Anderson, James Thurber – und vorher Bret Harte –, die die Kurzgeschichte auch inhaltlich und thematisch auf die alltägliche Realitätserfahrung ihrer Leser zurücken und sie als »slice of life«-Story, als »Realitätsschnitt-Geschichte« gewissermaßen, vertreten und ihre Sujets der inhaltlichen Ausgesuchtheit und dem überzogenen artistischen Anspruch entziehen, die zumindest in der kunsttheoretischen Reflexion dieser Form – nicht zuletzt bei Poe – eine große Rolle spielten.

Die innerdeutsche Geschichte der Short Story – der Begriff Kurzgeschichte taucht in den ersten Jahrzehnten dieses Jahrhunderts[19] in der literarischen Diskussion auf, abgezogen von den Übersetzungen amerikanischer Story-Sammlungen – setzt nach einigen episodischen Vorspielen[20] und einem fragwürdigen nationalsozialistischen Propagierungs-Zwischenspiel[21] erst nach 1945 mit einer eruptiven Intensität ein und ist konstitutiv geprägt vom amerikanischen Modell im umfassendsten Sinne. Das gilt für Autoren wie Alfred Andersch[22] und Josef Reding[23], die im amerikanischen Kriegsgefangenenlager in den USA mit der Short Story bekannt wurden und sie zu adaptieren versuchten. Das gilt für die zahlreiche Gruppe jener aus dem Krieg zurückkehrenden jungen Autoren, die sich allen kalligraphischen Ausfluchtmanövern verweigerten und sich zugleich, von den literarischen Traditionen der Vor-NS-Zeit abgeschlossen und angewidert von dem, was an offizieller Literatur in der Ära des Dritten Reiches entstand, der lange vorenthaltenen amerikanischen Literatur zuwandten[24], die, von dem amerikanischen Re-Education-Programm dirigiert, in Übersetzungen einflutete und ihr Blickfeld öffnete. In den Kurzgeschichten Hemingways, Saroyans, Steinbecks, Faulkners, Sherwood Andersons, O. Henrys und vieler anderer Autoren fanden sie ein Existenzgefühl in unpathetischen, von allem überflüssigen formalen Ballast befreiten Texten pragmatisch und wirklichkeitsnah artikuliert, das ihrer eigenen Situation, der Orientierungslosigkeit ihrer literarischen Neuanfänge und dem Drang nach Wahrheitsausdruck *vor* dem Kunstausdruck zu entsprechen schien. Wolfdietrich Schnurre[25] hat denn auch, durchaus stellvertretend für viele andere deutsche Autoren damals, rückblickend gemeint: »Doch der eigentliche Grund, weshalb sie [die deutschen Nachkriegsautoren] die Form der short story so blitzartig übernahmen und auch gleich mit einer beachtlichen Könnerschaft zu handhaben verstanden, lag woanders. Er lag im Stofflichen: in der Überfülle an peinigenden

Erlebnissen aus den Kriegsjahren. Schuld, Anklage, Verzweiflung – das drängte zur Aussage. Zu keiner ästhetisch verbrämten, auch zu keiner durchkomponierten oder gar episch gegliederten; nein: zu einer atemlos heruntergeschriebenen, keuchend kurzen, mißtrauisch kargen Mitteilungsform. Da kam die ›Entdeckung‹ der short-story eben zur rechten Zeit.« (64)

Eine 1937 in der Moskauer Exilzeitschrift »Das Wort« dokumentierte Diskussion über den Stand der damaligen deutschen Kurzgeschichte beleuchtet schlaglichtartig den historischen Graben, der zwischen der Kurzgeschichte der Nachkriegszeit und ersten vorausgegangenen tastenden Versuchen in der deutschen Literatur vorhanden ist. Dabei gilt es auch darauf hinzuweisen, daß die nationalsozialistische Literaturpolitik das Ihre beitrug, diese Form zu korrumpieren, indem man sie als gefälliges literarisches Instrument für eine gezielte Indoktrinierung auf den Feuilletonseiten der Zeitungen ansah. Bereits im Sommer 1933 wurde eine »Konferenz des deutschen Feuilletons« von Gremien des Propagandasektors der Partei organisiert, von der ausdrücklich eine nationalsozialistische Kurzgeschichte für die Zeitungen gefordert wurde: »einmal die Hitlerjugend-, Arbeitsdienst- und SA-Kurzgeschichte, sodann die historische, die Kriegs- und Soldaten-Kurzgeschichte«[26]. Für den Stand der damaligen Diskussion über die Möglichkeiten dieser literarischen Form sind wohl eher die von Ratlosigkeit und zugleich Voreingenommenheit zeugenden Ausführungen Fritz Erpenbecks[27] charakteristisch, der im Kurzgeschichtenautor lediglich einen an die Gesetze des Literaturmarktes und das heißt: eines verdeckt ideologischen Wirtschaftssystems angepaßten Lieferanten von Ideologie in gefälliger literarischer Verpackung erblickt: »Dem Kurzgeschichtenschreiber, ökonomisch und meist auch ideologisch abhängig von der Bourgeoisie, wurde – recht eindeutig und unmißverständlich sogar, wie man weiß – zur Pflicht gemacht, als gehorsamer Apologet nunmehr durch fortwährende Wiederholung stets gleicher und ähnlicher Figuren in seinen Erzählungen zu erreichen, daß sich der Leser nunmehr mit diesen, die er gar nicht mehr kennt, sondern nur noch zu kennen glaubte, identifizierte: [...] Die short story ist geboren! Sie wird nun in dem Maße zum Vorbild der deutschen bürgerlichen Kurzgeschichte, in dem die amerikanischen Pressetrusts ihren kleineren deutschen Brüdern – den Hugenbergs und Ullsteins – zum Vorbild werden. In direkter oder indirekter, in bewußter oder unbewußter Nachahmung übernehmen deren Autoren den Standard-Typ der short story: Rationalisierung auch auf dem Gebiete der monopolkapitalistischen Propaganda.« (42f.)

Wie es auch immer um den ideologiekritischen Impetus dieser Analyse bestellt sein mag, die Sache selbst, die Kurzgeschichte, existierte in Deutschland erst in bescheidenen Anfängen und wirkt hier seltsam deplaziert als Gegenstand der ideologiekritischen Schelte. Im Sinne von gesteuerter Distribution, sowohl was die Gesetze des Literaturmarktes in der Weimarer Republik als auch die Leitlinien ideologischer Propädeutik zur Zeit des Nationalsozialismus betrifft, läßt sich kaum von einer quantitativen Blüte der Kurzgeschichte vor 1945 sprechen. Diese Abstinenz hat nicht zuletzt dazu beigetragen, daß den aus dem Krieg zurückkehrenden deutschen Autoren hier ein literarisches Muster angeboten wurde, das die deutsche literarische Tradition bisher kaum korrumpieren konnte und das, zudem von der übergroßen Evidenz der literarischen Beispiele des Auslands getragen, großenteils als adaptierte Form einer anderen Literatur empfunden und aufgenommen wurde.

Die Besonderheit dieser Nachkriegssituation und die Intensität des kurzgeschichtlichen Schreibens damals haben freilich auch dazu geführt, daß man die Short Story auf jene Blütezeit des ersten Nachkriegsjahrzehnts beschränkt wissen wollte und ihr die Vitalität und den exemplarischen Rang für die weitere Entwicklung der deutschen Nachkriegsliteratur absprach. Die sich konsolidierende wirtschaftliche Situation in der Bundesrepublik, die bald einsetzende Ära des sogenannten Wirtschaftswunders, eine christlich akzentuierte konservative Strömung in der Literatur mit Autoren wie Wiechert, Carossa, Reinhold Schneider, Stefan Andres trugen mit dazu bei, daß die Kahlschläger, wie Wolfgang Weyrauch die jungen Autoren in seiner Geschichtenanthologie »Tausend Gramm« genannt hatte[28], aus dem Zentrum des literarischen Gesprächs zurücktraten. Freilich wurde die Gruppe 47 schon bald ein Forum für diese jungen Autoren, und einige von ihnen haben den begehrten Literaturpreis der Gruppe 47 ausdrücklich – Heinrich Böll ist ein Beispiel – für Kurzgeschichtentexte erhalten. Zudem hat in Deutschland nie jenes vitale Kommunikationssystem in Form von Zeitschriften, Magazinen, Journalen und Zeitungen existiert, das der Verbreitung der Kurzgeschichten entscheidend geholfen hätte. Viele der publizistischen Neugründungen nach 1945 gingen bald wieder ein und waren auch vorher kaum in der Lage gewesen, großzügige Honorare zu zahlen. Der Rundfunk hingegen, der vor allem in seinen dritten Programmen zum großen Mäzen der jungen deutschen Literatur wurde, war eher dem Funkessay, dem Feature zugewandt und für die Kurzgeschichte kein geeignetes Publikationsorgan.

Dennoch hat es eine aus dem Literaturbetrieb ausgegliederte unterschwellige Distributionsform gegeben, die bis in die Gegenwart andauert und der Kurzgeschichte einen außerordentlichen Stellenwert beim Publikum ermöglicht hat. Gemeint sind die zahlreichen für den Schulunterricht entstandenen Sammlungen von Kurzgeschichtentexten und die vielen Kurzgeschichten, die Eingang in Lesebücher fanden und für junge Leser zumindest die Vorstellung von deutscher Gegenwartsliteratur geradezu repräsentieren und tiefgreifend beeinflussen. Hier nimmt die Kurzgeschichte in der Tat eine Schlüsselstellung ein, auch wenn es sich hier eher um einen subliterarischen Bereich handelt, der von den Mechanismen des aktuellen literarischen Lebens nicht wahrgenommen und entsprechend unterschätzt wird. Auch hat man nicht zu Unrecht darauf aufmerksam gemacht: »Ob Böll oder Bellow – ihre Erzählungsbände sind keineswegs auffällig erfolgloser als ihre Romane [...] Und in der Ecke, die die Bertelsmannschen Buchgemeinschaften für anspruchsvolle heutige deutsche Literatur reserviert haben, bei einem Publikum also, das von Branchengerüchten kaum beeinflußt sein dürfte, läßt sich nicht der allermindeste Vorbehalt gegen Kurzgeschichten erkennen.«[29]

Autoren wie Günter Kunert, Kurt Kusenberg, Siegfried Lenz, Heinz Piontek, Wolfdietrich Schnurre, Gabriele Wohmann und viele andere treten denn auch immer wieder mit neuen Kurzgeschichtensammlungen hervor, variieren und reichern ihre Modelle der Kurzgeschichte mit großem künstlerischen Einsatz ständig an. Es besteht daher kein Grund, die deutsche Kurzgeschichte lediglich als verheißungsvolles, aber kurzes Präludium der deutschen Nachkriegsliteratur einzuschätzen und aus rückgewandter Perspektive nur jenen Wunsch Schnurres einzulösen: »[...] es lohnte sich, aus jenen drei, vier literarisch fruchtbaren Nachkriegsjahren einmal eine Anthologie der besten Kurzgeschichten zusammenzustellen; sie könnte die stärkste aller bisher nach

dem Krieg bei uns erschienenen Prosa-Anthologien werden.«[30] Es wäre jedoch
lediglich die Anthologie einer bestimmten Generation von deutschen Kurzgeschichtenautoren. Viele entscheidende Vertreter der jüngeren Generation würden so gar
nicht erfaßt. Aber auch sie haben – und sind noch dabei – Wichtiges zur literarischen Profilierung dieser Gattungsmöglichkeit in der Prosa der deutschen Nachkriegsliteratur geleistet[31].

Eine sich mit der Geschichte und ästhetischen Komplexität der deutschen Kurzgeschichte befassende Darstellung tut daher gut daran, künstliche Grenzziehungen zu
ignorieren und diese Gattung in ihrer historischen Entstehungsfolge als einen zentralen
und kontinuierlichen Bestandteil der deutschen Gegenwartsliteratur einzuschätzen,
und zwar durchaus auch mit dem Blick auf die literarische Situation in der DDR. Der
amerikanische Autor John Cheever, der seit dreißig Jahren Kurzgeschichten im »New
Yorker« veröffentlicht und neben Jerome David Salinger als bester Kurzgeschichtenautor der fünfziger und sechziger Jahre in den USA gilt, hat kürzlich in einer Kolumne
unter dem Titel »Why I Write Short Stories«[32] gemeint: »[...] but so long as we are
possessed by experience that is distinguished by its intensity and its episodic nature, we
will have the short story in our literature, and without a literature, we will, of course,
perish.« Dieses Bekenntnis läßt sich, ungeachtet aller soziologischen und politischen
Unterschiede in der Arbeitssituation der Autoren, auch auf die deutschen Kurzgeschichtenschreiber beziehen, für die das Bekenntnis von Heinrich Böll möglicherweise
eine vergleichbare Bedeutung hat: »[...] diese Form, die Kurzgeschichte, ist mir die
liebste. Ich glaube, daß sie im eigentlichen Sinne des Wortes modern, das heißt
gegenwärtig ist, intensiv, straff. Sie duldet nicht die geringste Nachlässigkeit, und sie
bleibt für mich die reizvollste Prosaform, weil sie auch am wenigsten schablonisierbar
ist.«[33]

Im folgenden soll also versucht werden, nicht eine Gattungsgeschichte der deutschen Short Story im umfassendsten Sinne[34] zu entwerfen, d. h. unter Aufarbeitung
aller Vorformen bis hin zur Literatur des 19. Jahrhunderts und unter Berücksichtigung
der Parallelentwicklungen und Anregungen im Rahmen der französischen oder
russischen Literatur, deren Erzähler Gogol, Turgenjew, Tolstoi, Gorki, Tschechow ja
der Kurzprosa besondere Aufmerksamkeit zuwandten. Die Darstellung im folgenden
versteht sich vielmehr als Beitrag zur deutschen Gegenwartsliteratur und analysiert die
deutsche Kurzgeschichte primär im entstehungsgeschichtlichen Konnex der Nachkriegsliteratur. Das bedeutet, daß der von der Rezeptionssachlage bestätigte konstitutive Einfluß der amerikanischen Kurzgeschichtenautoren und ihrer Erzählmodelle auf
die deutschen Autoren viel stärker zu berücksichtigen ist[35] als rein literaturhistorische
Parallelentwicklungen in der französischen oder russischen Literatur und auch als
interne literaturhistorische Antizipationsmöglichkeiten, die sich in der deutschen
Literaturgeschichte, besonders im 19. Jahrhundert, abzeichnen. Diese Aspekte
werden nicht ignoriert, aber sie haben im Rahmen der Darlegungen, die sich der
historischen Entwicklungsperspektive der deutschen Nachkriegs- und Gegenwartsliteratur verpflichtet wissen, nur den Rang von Nebenmotiven.

Von großem Gewicht für die Bestimmung der gattungsgeschichtlichen Implikationen
dieser Prosaform sind jedoch die Poetik-Ansätze, die sich bei den einzelnen Autoren
finden. Bereits für die amerikanische Short Story ist charakteristisch, daß sie von den

Autoren mit einem dichten Netz von kunsttheoretischen Reflexionen umgeben und daß von Poe an immer wieder der Versuch unternommen wurde, ihren Poetik-Standort im Rahmen der traditionellen Literaturgattungen präzis zu umreißen. Da die deutschen Autoren nicht nur die Geschichten der amerikanischen Vorbilder intensiv rezipierten, sondern auch ihre theoretischen Selbsterkundungen als Anregung zur Reflexionsbestimmung der neuen literarischen Form aufnahmen, wird es nötig sein, diese Theorie nicht im Sinne einer festumrissenen Definitionsformel, sondern in ihrem historischen Bedeutungsspektrum in den jeweiligen Autoren-Kapiteln darzustellen. Im Rahmen einer solchen Analyse wird es dann auch um Gattungsabgrenzungen von traditionellen Prosaformen – besonders der Novelle – gehen.

Auch die Verarbeitung und Weiterführung dieser Reflexion in der Theorie der deutschen Autoren wird darzustellen sein, freilich wiederum nicht von der Intention dabei bestimmt, eine normative Gattungsdefinition zu erarbeiten. Auch hier geht es vielmehr darum, das historische Bedeutungsfeld dieser kunsttheoretischen Ortung mit allen weißen Flecken und auch widersprüchlichen Kartographierungen im Überblick festzuhalten. Die mit einigen herausragenden Vertretern der deutschen Kurzprosa der Gegenwart geführten Gespräche, die aufgezeichnet wurden, sollen dabei den bei ähnlichen literaturhistorischen Analysen fast notwendig aufbrechenden Graben zwischen der poetischen Praxis und einer sich diktatorisch überordnenden Theorie tendenziell einebnen, indem in den Gesprächen die Theorie der Autoren aus ihrer Praxis heraus bestimmt wird. Es liegt auf der Hand, daß es in diesen Gesprächen nicht nur jeweils um individuelle Positionsbestimmungen zum Werk des betreffenden einzelnen Autors geht, sondern daß die deutsche Gegenwartsliteratur in ihrer oft widersprüchlichen und sich eindeutigen Klassifizierungen versagenden Vielfalt dabei ins Blickfeld gerät.

Die literarische Entwicklungskontinuität, die bereits hervorgehoben wurde bei der Akzentuierung der wesentlichen Rolle, die die Kurzgeschichte in allen Phasen der deutschen Nachkriegsliteratur bis in die unmittelbare Gegenwart hinein gespielt hat, wird auch von der Betrachtung des Kurzgeschichten-Œuvres einer Reihe von herausragenden Vertretern dieser Prosaform in der deutschen Literatur bestätigt. Gerade weil diese Kontinuität oft ignoriert wird und sich zudem das künstlerische Potential eines einzelnen Textes in seinen Anspielungsmöglichkeiten und artistischen Abbreviaturen erst voll im werkgeschichtlichen Kontext eines bestimmten Autoren-Œuvres erschließt – nur in seltensten Fällen läßt sich der außerordentliche Wurf einer Kurzgeschichte ästhetisch überzeugend nur aus den Gestaltungsdimensionen dieses einen isoliert betrachteten Textes ermitteln –, werden die wesentlichen Autoren, von Wolfgang Borchert bis Alexander Kluge, in monographisch angelegten Einzelkapiteln in ihrem Kurzgeschichten-Œuvre analysiert, wobei je nach Sachlage und nach dem Gewicht spezifischer amerikanischer Short-Story-Schreiber für den entsprechenden deutschen Autor signifikante amerikanische Modellgeschichten im Kontext dieser Kapitel mit einbezogen werden. Das künstlerische Spektrum und die Entwicklungsoptionen der amerikanischen Short Story werden so angedeutet.

Es versteht sich, daß dabei nur Kompromißmöglichkeiten zu realisieren waren und bei weitem nicht jeder Autor, der diesen Anspruch vom Gewicht seines Werks her stellen würde, berücksichtigt werden konnte. Die einzelnen Querschnitte, die solcherart durch das Kurzgeschichten-Œuvre verschiedener Autoren gelegt werden, erweisen sich in ihrer Zusammenstellung zugleich als Segmentierungen des historischen Entwicklungsspektrums der deutschen Gegenwartsliteratur.

Dieses historische Entwicklungsspektrum, das sich hier auf die verschiedenen Phasen und deren Zuordnung aufeinander in der deutschen Gegenwartsliteratur bezieht, tritt allerdings auch noch auf andere Weise in das Zentrum der Darstellung. Denn eingedenk jenes intensiven Kommunikationszusammenhangs, der von Benjamin zwischen dem Kurzgeschichtenerzähler und seinem Leser festgestellt wurde, werden die literarischen Texte zugleich unter einer historischen Perspektive analysiert, deren Entwicklungsdynamik nicht die Literatur schlechthin oder das Gattungspotential der Short Story abgibt, sondern die politische Zeitgeschichte in Deutschland, die den Autoren ihre Themen und Stoffe zuspielte. Gerade auf Grund des engen Bezugs zwischen Kurzgeschichtentext und konkreter Wirklichkeitserfahrung des Autors bzw. des Lesers liegt es nahe, in den Kurzgeschichtentexten und der Anordnung ihrer historischen Abfolge zugleich eine Spiegelung des sozialgeschichtlichen Erfahrungsraums im Deutschland der Jahrzehnte nach 1945 zu erblicken. Das gilt vor allem für die Bundesrepublik, aber zumindest im Ansatz auch für die DDR. Die Darstellung und Interpretation werden dabei Leitlinien folgen, die bereits die Auswahl der parallel erscheinenden Anthologie von 50 deutschen Kurzgeschichten bestimmt haben.[36] An dieser Stelle sind denn auch Anthologie und Darstellungsband am engsten aufeinander bezogen.

Implizit hat sich die Interpretation bereits hier verschiedenen Fragen nach der ästhetischen Einordnung der Formmöglichkeiten der Kurzgeschichte zu stellen. Welches ästhetische Spektrum dabei insgesamt hervortritt und wie der Reichtum an Formmöglichkeiten dieser Gattung in möglichst großer Annäherung zu beschreiben ist, wird in einem gattungsgeschichtlichen Exkurs eigens thematisiert (s. S. 301 ff.). Von der Initiationsgeschichte bis hin zur Simultaneitätsgeschichte geht es hier darum, die ganze Skala artistischer Variationsmöglichkeiten im Sinne einer Typologie der einzelnen Gattungskonkretisierungen aufzudecken. Auch hier wird es sich zeigen, daß bei den herausragenden Textbeispielen nichts weniger falsch ist als die Unterstellung, die größere Nähe zum Leser werde bei der Kurzgeschichte mit einer Nivellierung ihres ästhetischen Spektrums bezahlt. Daß künstlerische Differenzierung nur den extensiven Formmöglichkeiten der Großerzählung oder des Romans offenstehe und im Sinne von artistischer Komprimierung nicht in der intensiven Form der Kurzgeschichte möglich sei, wird sich als eine von nichts zu stützende Annahme erweisen.

»So wäre der Geschichten-Erzähler«, führt der österreichische Kurzgeschichtenautor Herbert Eisenreich[37] aus, »derjenige Prosaist, der sich am dichtesten an seinen Gegenstand heranwagt, und was er erzählt – die Geschichte –, wäre das am meisten entstofflichte, das dünnste und duftigste epische Gebilde. Und die große Chance dieser Kunst scheint mir in eben der Eigenschaft zu bestehen, um derentwillen sie von dem oder jenem verurteilt werden könnte: nur Fragment zu sein. Gerade dadurch aber – als isolierte Manifestation des unendlichen Erzählens – ist sie Bruchstück einer großen epischen Konfession.« (172 f.) Was mit dieser »großen epischen Konfession«, übertragen auf die deutsche Nachkriegsliteratur insgesamt, gemeint ist, versuchen die Ausführungen im folgenden zu konkretisieren, zu begründen und zu erläutern.

I. Die schwierige Form der Kurzgeschichte. Werkstattgespräche

1. »Die Fibel der neuen deutschen Prosa«. Gespräch mit Wolfgang Weyrauch

Die Position des Kahlschlags

Durzak: Herr Weyrauch, Sie haben in der deutschen Literatur nach 1945 eine ganz besondere Rolle gespielt, und zwar auf verschiedenen Ebenen: einmal als Herausgeber der wohl einflußreichsten Anthologie von Erzähltexten, die nach 1945 erschienen ist, der Sammlung »Tausend Gramm«, die 1949 bei Rowohlt herauskam. Das Nachwort, das Sie seinerzeit dort geschrieben haben, hat für die Literaturkritik und auch Literaturwissenschaft einen besonderen Stellenwert angenommen und wird häufig zur Charakteristik der literarischen Situation nach 1945 herangezogen. Zum andern – und das ist die zweite Ebene, auf der Sie eine wichtige Rolle gespielt haben – sind Sie als Verlagslektor hervorgetreten. Sie waren von 1950 bis 1958 Lektor im Rowohlt Verlag zu einer Zeit, als Rowohlt sich besonders dadurch hervortat, daß der Verlag versuchte, die amerikanische Literatur ins literarische Leben des Nachkriegsdeutschland zu integrieren. Der dritte Aspekt, der Ihre literarische Geltung unterstreicht, ist zugleich der Aspekt, unter dem Sie nach wie vor ein wichtiger Vertreter der deutschen Gegenwartsliteratur sind: Sie haben kontinuierlich von Anfang an bis heute kurzgeschichtliche Texte geschrieben. Neuere Sammlungen wie »Beinahe täglich«, die wesentlich erweiterte Neuauflage von »Mit dem Kopf durch die Wand«, die »111 Geschichten« – so der Untertitel – des Bandes »Hans Dumm« sind jüngsten Datums. Lassen Sie mich den Herausgeber von »Tausend Gramm« zuerst befragen. Wenn ich einen Blick auf das Nachwort werfe, dann fällt mir auf, daß Sie hier eine sehr programmatische Position einnehmen, programmatisch, einmal bezogen auf die Literatur, wie sie in den dreißiger Jahren in Deutschland geschrieben wurde, d. h., Sie verkünden eine völlige Loslösung von dieser Literatur und einen absoluten Neuanfang, programmatisch aber zum andern auch mit dem Blick auf die Zukunft. Sie sagen, daß hier in diesen Texten, die Sie zusammengestellt haben, möglicherweise »die Fibel der neuen deutschen Prosa« vorgestellt wird, d. h. im Grunde das Lehrbuch einer noch zu schreibenden neuen deutschen Literatur. Wie steht es um die Wirkung dieser Anthologie und um die Wirkung dieses Nachworts? Welche Ihrer damaligen Hoffnungen haben sich erfüllt, wenn Sie aus der Perspektive der späten siebziger Jahre zurückblicken?

Weyrauch: Hoffnungen waren, als ich dieses Nachwort schrieb, vorhanden, aber keine allzu großen Hoffnungen. Ich versuchte, diesen oder jenen, die mir dem zu entsprechen schienen, was ich äußerte, zu helfen, also auf seinem irrtümlich oder nicht irrtümlich erkannten Weg weiterzubefördern. Ich glaube, daß die Wirkung dieses Buches, dieser Anthologie bzw. des Kahlschlag-Nachworts mehr eine theoretisch-literaturhistorische gewesen ist und ist als eine politische Wirkung. Zwar ergab es sich am Anfang oder nach diesem Buch, daß eine Reihe, keine lange Reihe, aber immerhin eine

Reihe von Autoren so schrieben, als hätten sie sich nach dem Wort Kahlschlag, nach der Fibel, nach der Subjekt-Prädikat-Objekt-Forderung von mir gerichtet. Das ist aber nicht der Fall, jedenfalls weitgehend nicht der Fall. Es entstand eine merkwürdige Konstellation. Ich hatte dieses Nachwort geschrieben, die Anthologie herausgegeben, die Autoren gesammelt, und parallel dazu, kann man sagen, entstand ganz unabhängig davon die Gruppe 47. In der Gruppe 47 gab es dann Autoren, die dem Hans Werner Richter, dem, wie soll ich sagen, Leiter dieser Vereinigung – das ist ein falsches Wort, da er ganz freiheitlich vorging – entsprachen, er schrieb so kahlschlaghaft, Alfred Andersch ebenfalls in seinem ersten Buch »Die Kirschen der Freiheit« und Wolfdietrich Schnurre und der damals sehr bekannte und jetzt kaum mehr genannte Walter Kolbenhoff usw. Ich kam zu der Gruppe hinzu, wurde sozusagen als Bruder aufgenommen. Aber ein Einfluß von mir auf diese Leute stand nicht fest. Ob es da einen indirekten Einfluß gibt, einen verborgenen Einfluß, weiß ich nicht.

D.: Man könnte einflechten, daß sich ein indirekter Zusammenhang unter dem Aspekt ergab, daß Sie vielleicht als einer der ersten öffentlich im Nachwort dieser Anthologie Dinge formuliert haben, die auch der Meinung einer ganzen Generation von jungen Autoren entsprachen. Es stellen sich ja selbst in der Wortwahl Beziehungen etwa zu bestimmten ästhetischen Postulaten von Wolfgang Borchert her, der ja auch in dieser Ausgangssituation eine gewisse Schlüsselfunktion gehabt hat. Ich denke jetzt an Sätze, dem Sinn nach zitiert, wie: Wir brauchen keine exakte Grammatik, sondern wir brauchen eine wahrheitsgemäße Darstellung der Wirklichkeit. In Entsprechung dazu bei Ihnen ein Satz wie: Wahrheit ohne Schönheit ist besser, Schönheit ohne Wahrheit ist böse. Da deutet sich also ein Zusammenhang an, der Autoren wie Borchert und Andersch einschließt, der sich ja beispielsweise damals gegen das Kalligraphische aussprach.

W.: Ich zitiere das auch in meinem Nachwort.

D.: Gewiß. So gesehen, kommt Ihrem Nachwort der Rang einer Dokumentation zu, die noch nicht bewußt als Repräsentation der Gruppe 47 entstand, aber sozusagen die Gruppe 47 in einigen ihrer Postulate vorwegnahm, von dem tatsächlichen Erscheinungsdatum Ihrer Anthologie jetzt einmal abgesehen.

W.: Ja, in der sich die Gruppe vorweggenommen und bestätigt sah. Aber diese Phase der Parallelität, der indirekten Einflußnahme dauerte nur sehr kurz, dauerte nur sehr wenige Jahre. Wir haben damals immer gesagt: Als hier die wirtschaftliche Stabilisierung geglückt war oder doch geglückt zu sein schien, da hörte es noch nicht, aber beinahe schon mit dem pädagogischen Schreiben – um es einmal so auszudrücken – auf, und es begann ein individuelles Schreiben, das bald im Sinne des Kahlschlags war, sich bald gegen den Kahlschlag äußerte. Er wurde übrigens auch recht angegriffen, sogar verspottet, aber das gehört ja dazu.

D.: Nun scheint es mir so zu sein, daß Sie mit dem, was Sie als Herausgeber einige Jahre vorher bereits geleistet haben, gewissen Dingen widersprechen, die im Nachwort zu »Tausend Gramm« stehen. Das gilt etwa für das Postulat des völligen Neuanfangs. Äußerlich gesehen, scheint da ein Widerspruch vorhanden zu sein, wenn man daran denkt, daß Sie ja einige Jahre vorher gleichfalls Anthologien von Erzähltexten herausgegeben haben: nur Erzähltexte in der Anthologie »Junge deutsche Prosa«, die 1940 bei Herbig in Berlin erschien, und Erzähltexte und Lyrik in der Anthologie »Die Pflugschar« 1947 im Aufbau-Verlag. Besonders der Herbig-Band entstand ja wohl in einer Situation, in der eigentlich Anknüpfungspunkte, wenn man der Theorie des Kahlschlags konsequent folgt, nicht möglich waren. Meine Frage ist nun: Wie läßt sich diese editorische Kontinuität von 1940, 1947 mit 1949 in »Tausend Gramm« in Übereinstimmung bringen? War es so, daß bereits vorher bestimmte Konzeptionen ausprobiert wurden in den beiden andern Anthologien? Gab es also 1940 in den Texten, die Sie damals aufnahmen, bereits Anfänge, die dann 1949 weiterverfolgt werden konnten? Haben Sie also nicht durch diese editorische Kontinuität in gewisser Weise eines der Momente, das dann im Nachwort zu »Tausend Gramm« zum Schlagwort Kahlschlag geworden ist, bereits indirekt korrigiert?

W.: Es wird wohl – ich kann jetzt nur mit »wohl« antworten – es wird wohl so gewesen sein. Lassen Sie es mich pathetisch sagen: Ich sehnte mich 1940 bzw. 1939 nach einer simplen, nicht ideologisch – von damals aus gesehen – verbrämten, verbesserten Prosa. Aber das war nicht programmatisch, das war wohl ein subtiler Vorgang in mir selbst. Unwillkürlich fischte ich dann nach Autoren, die dieser Ansicht entsprachen: man möge doch das nazistische, also das pathetische Schreiben, man möge das doch lassen. Daß ich nun Autoren fand 1940, die dann 1947 in der Anthologie des Aufbau-Verlages in Berlin wiedergedruckt wurden bzw. 1949 bei Rowohlt zum drittenmal veröffentlicht wurden, das ist eher eine, glaube ich, personelle Kontinuität als eine ideologische. Das Ideologische, das bei mir sichtbar war, das Verkündende, um es einmal so auszudrücken, das ist 1940 nicht dagewesen, das ist auch 1947 bei der Anthologie »Die Pflugschar« des Aufbau-Verlages nicht dagewesen. Lassen Sie mich noch etwas hinzufügen, was mit Ihrer Frage jetzt unmittelbar nichts zu tun hat, nämlich dies: daß mir bei dieser dritten, der »Tausend Gramm«-Anthologie, der Kahlschlag-Anthologie, kein Prosatext meinem Programm entsprach, nicht ganz, einige schon, daß aber das, was mir am meisten entsprach, ein Gedicht war, nämlich das Gedicht »Inventur« von Günter Eich. Das habe ich dann auch zitiert.

D.: Vielleicht darf ich den Aspekt der Nachwirkung, den die Anthologie »Tausend Gramm« gehabt hat – und das meint besonders auch das Nachwort –, noch einmal aufgreifen, und zwar anhand eines anderen, wie mir scheint, gleichfalls sehr wichtigen theoretischen Textes, der 1950 in der »Gegenwart« erschien: »Der Eid des Gotthold Ephraim«. Was Sie dort einzuführen vorschlugen, ist eine Art von Berufsmoral, von ethischem Code des Schriftstellers, was natürlich orientiert ist am Beispiel von Lessing und in gewisser Weise das fortsetzt, was Sie als moralische Position bereits im Nachwort zu »Tausend Gramm« anzudeuten versucht haben. Ich zitiere aus diesem Aufsatz von 1950 etwa den Satz: Die Schriftsteller sind Ärzte. Das, was sie schreiben, ist die Schrift an der Wand. Diese beiden theoretischen Texte zusammengenommen, drücken doch eine bestimmte – ja, man kann ruhig sagen –, eine große Hoffnung aus, die Sie damals mit der neuen, mit der jungen Literatur nach 1945 verbunden haben, eine Hoffnung, die von vielen Schriftstellern damals geteilt worden ist. Andersch ist nur ein Beispiel dafür. Jetzt wiederum aus der Perspektive der späten siebziger Jahre betrachtet: Was hat sich von dieser moralischen Position durchsetzen können? Gelangen Sie nicht zu einer eher skeptischen Einschätzung, wenn Sie sich jetzt konfrontiert sehen mit den Hoffnungen, die Sie damals gehabt haben?

W.: Die Hoffnung, die im Nachwort zu »Tausend Gramm« ausgedrückt worden ist, war so groß und erschien mir auch so selbstverständlich, daß – wenn ich jetzt von heute nach dort zurückblicke – der Ertrag dieser Vorschläge sehr minimal ist. Aber das ist ein *ganz natürlicher Vorgang. Einer stellt ein Programm auf. Das Programm wird realisiert von diesem oder jenem, und dann wird dieses Programm verlassen, weil sich neue Elemente in der Literatur, d. h. in der Existenz, also in der Literatur bewegen, die zu andern Resultaten führen. Ich möchte noch etwas hinzufügen: Dieser Aufsatz in der »Gegenwart« wäre nicht möglich gewesen, wenn ihn nicht ein bestimmter Redakteur und dann noch ein zweiter, der ihm darin folgte, gegen den Widerstand eines andern Redakteurs, nämlich von Friedrich Sieburg, durchgesetzt hätten. Und die, die das durchsetzten und dann druckten, die beiden hießen Benno Reifenberg und Robert Haerdter.*

Schreib-Modelle der Kurzgeschichte

D.: Im Mittelpunkt Ihrer Anthologie » Tausend Gramm« steht die Kurzgeschichte. An einer Stelle im Nachwort bezeichnen Sie die Geschichte als Stellvertreterin der großen Prosa. Das ist ja nicht nur eine subjektive Aussage, sondern entsprach auch der damaligen Situation der Kurzgeschichte, wie sie von den Autoren erprobt und aufgefaßt wurde, wie sie sich vom Ausland her in Deutschland ausbreitete. Und wenn Sie » Tausend Gramm« als Fibel der neuen deutschen Prosa vorgestellt haben, so sprachen Sie ja der Kurzgeschichte eine Schlüsselfunktion zu. Das wirkte sich auch im Aufbau dieser Anthologie aus. Denn Sie präsentieren ja im ersten Teil Erzählbeispiele der Tradition, so will ich einmal sagen, die einen gewissen Modellcharakter für neue Schreibversuche haben sollen. Was nun aber auffällt, ist die Tatsache, daß die Amerikaner unter diesen Modellbeispielen völlig fehlen, d. h. die kurzgeschichtlichen Autoren, die ja nach 1945 für die neue deutsche Literatur, angefangen bei Andersch und Böll bis hin zu Siegfried Lenz, die größte Rolle gespielt haben: Hemingway, Faulkner, O. Henry und was in diesem Zusammenhang noch an Autoren zu erwähnen wäre. Die Modelle, die Sie aus der Tradition zitieren, stammen von Hebbel, von Kleist, von Hebel, von Maupassant und Tschechow. Da ist kein Amerikaner darunter. Andererseits weiß man, daß Sie in den fünfziger Jahren lange Zeit Lektor im Rowohlt Verlag waren, der eine speziell für die Publikation von Kurzgeschichten gedachte Zeitschrift, »story«, herausgab, wo besonders viele Amerikaner veröffentlicht wurden, wie sich ja auch generell der Rowohlt Verlag sehr der amerikanischen Literatur annahm, Hemingways, Thomas Wolfes usw. Ist das also nicht ein Irritationsmoment, das sich für den Betrachter abzeichnet? Wie ist es zu erklären?

W.: Die Anthologie » Tausend Gramm« ist mit diesen Modellgeschichten, die Sie eben erwähnt haben, 1949 erschienen. Zum Rowohlt Verlag kam ich ein Jahr später, also 1950. Der Einfluß der Amerikaner war mir – wenn ich jetzt nicht die Jahreszahlen durcheinanderbringe – natürlich bekannt. Ich glaube, 49 ist auch der erste Geschichtenband von Hemingway herausgekommen.

D.: Sogar schon während des Krieges sind Stories von Hemingway in Deutschland erschienen, Steinbeck kam während des Krieges heraus.

W.: Bis zum Eintritt Amerikas in den Zweiten Weltkrieg.

D.: Aber Hemingway war schon vorher da.

W.: Es gab eine wunderbare Anthologie, ich weiß nicht, ob Sie sie kennen: sie hieß »Neu-Amerika«, Ullrich hieß der Herausgeber. Sicher standen ich und viele andere schon unter dem Einfluß dieser Amerikaner mit ihren Geschichten. Das wurde natürlich jäh abgeschnitten durch den Krieg. Daß in diesen Modellgeschichten bei »Tausend Gramm« keine Amerikaner vorkommen, das hat wohl einen ganz primitiven Grund: Ich nahm die Geschichten, die am ehesten meinem Programm zu entsprechen schienen, deutsche, das liegt nahe, »Die Kuh« von Hebbel insbesondere, und dann nahm ich klassische Geschichten, Tschechow und Maupassant, aber nicht moderne. Die modernen waren ja die neuen deutschen in der Anthologie.

D.: Die Schwierigkeit bei der literaturhistorischen Einordnung dieser Modelle besteht darin, daß man bei Kleist und Hebbel sagen würde, das sind eher Beispiele von Kurzprosa, die zur Gattung der Novelle tendiert, bei Kleist ganz eindeutig, bei Hebbel wird man auch in der Regel so argumentieren. Hebels Kalendergeschichte »Merkwürdige Schicksale eines jungen Engländers« ist schon etwas anderes und eher als Vorform der Kurzgeschichte zu deuten. Die Erzählbeispiele von Maupassant und Tschechow weisen gleichfalls bereits auf die Gattung der Kurzgeschichte hin. Aber der Gattungsbegriff als solcher hat sich in Deutschland ja eigentlich konkretisiert im Kontext der amerikanischen Literatur. Und da die amerikanische Literatur in den ersten Nachkriegsjahren in Deutschland so vehement gelesen und aufgenommen wurde und entsprechend einflußreich war, fällt ihr Fehlen bei Ihnen besonders auf und auch auf dem Hintergrund der Tatsache, daß die Anthologie im Rowohlt Verlag erschien. Selbst die von Ihnen skizzierte Verbindung zur Gruppe 47 weist indirekt auf diese große Wirkung der Amerikaner hin – es gibt diesen frühen Aufsatz von Andersch über die junge amerikanische Literatur, der noch im amerikanischen »Ruf« erschien –, die ja auch von den Autoren der Gruppe 47 stark wahrgenommen wurden. Haben denn die amerikanischen Autoren für Sie nur eine Bedeutung am Rande gehabt?

W.: Diese Frage kann ich Ihnen nicht beantworten. Ich meine, ich kann sie insofern beantworten, als ich sage: Ob sie eine Rolle beim Schreiben von meinen Geschichten gespielt haben, das kann ich Ihnen nicht beantworten. Ich kann aber sagen, wer eine Rolle gespielt hat, nämlich – obwohl das wieder eine ganz andere literarische Kategorie ist – Döblin, der ja doch ein paar Kurzgeschichten – oder Novellen oder wie immer man es nennen mag – geschrieben hat, zum Beispiel die herrliche Geschichte von den lesbischen Freundinnen. Aber dieser Einfluß hat ja unmittelbar nichts mit der Kurzgeschichte zu tun.

D.: Obwohl man die Kurzgeschichte auch im Expressionismus ansiedeln könnte, als Vorform, noch ohne den Gattungsrahmen, den diese Kurzprosaform nach 1945 gewonnen hat.

W.: Das geht, ja, bei Franz Jung zum Beispiel und natürlich auch bei Edschmid. Meine Tätigkeit bei Rowohlt, um wieder auf die Amerikaner zu sprechen zu kommen, bezog sich ausschließlich – genauso wie die Tätigkeit meines Vorgängers, des Kurt W. Marek, der als Ceram ein berühmter Mann wurde – auf deutsche Literatur. Die amerikanische Literatur im Rowohlt Verlag wurde aus der Menge der amerikanischen Autoren ausgesucht und publiziert durch den Vater Rowohlt und den Sohn Rowohlt, besonders durch letzteren, der ja auch die Zeitschrift, die ja zunächst und lange Zeit nur ausländische Autoren druckte, die »story« also, nicht in Hamburg beim Väterchen, sondern in Stuttgart redigierte. Ich hatte, wie gesagt, ausschließlich mit deutschen Autoren zu tun, besonders – so hat ja jeder Lektor seine Lieblinge oder seine Lieblinge werden ihm vom Verlag herbeigeholt – mit Walter Jens und Arno Schmidt. Natürlich hatte ich auch mit ausländischen Autoren zu tun im Zuge von Prüfungen und

Übersetzungen – zum Beispiel von Genet oder von Hemingway –, ob sie gut waren oder schlecht und wo Fehler waren. Das wurde dann kontrolliert mit den Übersetzern, es wurde zu verbessern versucht.

D.: Gleichzeitig war doch zu dieser Zeit im Rowohlt Verlag – und ist ja auch noch immer – ein anderer Autor tätig, der auch sehr wichtig ist für die deutsche Kurzgeschichte, Kurt Kusenberg. Ich erinnere mich an eine frühe Äußerung Kusenbergs, daß damals von ihm Ambrose Bierce entdeckt worden ist, wenn man so will, ein inzwischen berühmt gewordener Vorläufer von Hemingway.

W.: Einer der bedeutendsten Autoren, finde ich, die es überhaupt jemals gegeben hat, der dann verschollen ist.

D.: Im mexikanischen Bürgerkrieg, zu Anfang unseres Jahrhunderts.

W.: Was ja gar nicht verwundert bei den Geschichten, die er vorher geschrieben hat.

D.: Durch Kusenberg, so könnte man annehmen, war ja vielleicht auch ein »amerikanischer« Kommunikationskontext im Verlag gegeben. Hat es da Kontakte zwischen Ihnen beiden gegeben, Gedankenaustausch? Zumal Sie beide sehr an Kurzprosa interessiert waren.

W.: Ja, sehr interessiert, aber, was mich betrifft, nicht lektoral, sondern, sagen wir mal, bei dem, was ich selber zu schreiben versuchte, Kusenberg allerdings, was die Gattung Kurzgeschichte betrifft, auch praktisch für den Verlag. Der dritte Lektor war ein älterer Mann, der jetzt bald 85 wird, ein Kunsthistoriker, der sozusagen die wissenschaftliche Branche verwaltete.

D.: Aber wie steht es um Kusenberg und Sie? Da Sie sich doch beide als Autoren in der Kurzgeschichte literarisch profiliert haben, liegt es eigentlich nahe anzunehmen, daß da ein produktiver Kontakt, der sich auch auf die eigenen Arbeiten auswirkte, vorhanden war.

W.: Nein, die Kommunikation zwischen Kusenberg und mir und reziprok war dürftig, das war nicht personell begründet. Der Umgang war freundlich, recht freundlich, aber er konzentrierte sich allmählich immer mehr auf die Vorbereitung und Durchführung der Monographien-Reihe bei Rowohlt, mit der ich absolut nichts zu tun hatte.

D.: Wenn man also diesen Aspekt Ihrer Lektoratstätigkeit betrachtet, dann ist es offenbar so, daß sich hier nicht sehr viele Vermittleranregungen ergaben, sowohl bezogen auf Ihre eigenen Prosaarbeiten als auch auf das, was Sie jetzt als Lektor begutachtet und für die Veröffentlichung im Rowohlt Verlag empfohlen haben.

W.: Das, was ich damals zu schreiben versuchte und was gedruckt wurde, hat – das klingt sehr seltsam – mit der gesamten Produktion des Rowohlt Verlages nur insofern zu tun, als auch von mir dort Bücher erschienen. Aber irgendeine Einflußnahme oder irgendeine bis in die Akribie des Lektorierens hineinreichende Veränderungstendenz war von der Verlagsleitung kaum vorhanden. Der einzige, der sich um meine Prosa und auch um meine Gedichte kümmerte, war eben Marek, also Ceram, der in seiner höchst erfreulichen, frischen, unbekümmerten Art und Weise sagte: Wolfgang, das ist Mist. Und: Wolfgang, das ist herrlich. Aber diese, meine schreiberischen Produktionen hatten nichts mit meiner Tätigkeit als Lektor zu tun, die sich ausschließlich bezog auf kommende Autoren, also, wenn ich jetzt mal Jens und Schmidt weglasse: ich habe mancherlei versucht, was mir aber dann durchzusetzen nicht gelang. Ich erzähle nicht ohne Befremdung, daß ich dem Verlag Autoren anbot wie Martin Walser oder wie Ingeborg Bachmann – ich könnte noch mehr Namen nennen –, daß sie aber von der

Verlagsleitung abgelehnt wurden, aus den verschiedensten Motiven heraus, die sicher sehr ehrenhaft waren, vielleicht auch objektiv, aber es kam nicht zu positiven Verbindungen.

Anlässe eigenen Schreibens

D.: Vielleicht darf ich mich jetzt etwas ausgiebiger auf Ihre eigenen kurzgeschichtlichen Texte konzentrieren. Ich möchte anknüpfen an eine Formulierung von Heißenbüttel, der Alfred Döblin – Sie haben ja selbst vorhin den Namen Döblin erwähnt – als Ihr eigentliches Vorbild hervorgehoben hat und das mit dem Hinweis darauf zu begründen versuchte, daß bei Ihnen das spontane Engagement stets Hand in Hand gehe mit der Progression formaler Neuerungen. Die beiden in der Regel getrennten Aspekte des Experimentellen und des Engagierten werden also zusammengenommen und als Charakteristik sowohl für Döblin als auch für Sie selbst verwendet. Wenn ich mir jedoch Ihre erste Erzählung, »Die Ehe«, anschaue, so scheint mir diese Verbindung weniger auffällig als zu anderen Autoren.

W.: Zu wem?

D.: Zum Beispiel fällt eine gewisse Strindberg-Nähe der Thematik auf, bei der Darstellung dieser Ehehölle. Stilistisch habe ich an Heinrich Mann denken müssen, auch an Carl Sternheim, ja selbst an die »Methodologische Novelle« von Hermann Broch, und zwar einmal von der Darstellung dieser Ehe her – dies mitleidlose Registrieren dieser Situation der beiden aneinander Gefesselten, die sich zerfleischen –, aber auch von der Funktion des teilnahmslos beobachtenden Erzählers her. Auch die konstruktivische Anlage Ihres Erzähltextes legt die Analogie zu Broch nahe, also etwa die Einteilung in drei Blöcke, Raum, Schema mit beginnender Handlung und Handlung. Oder ist es tatsächlich so, daß für Sie als Autor die von Döblin ausgehenden Impulse wichtiger gewesen sind?

W.: Ein Einfluß von Broch konnte nicht vorhanden sein, weil ich nichts von Broch gelesen hatte. Eine Einflußnahme durch Heinrich Mann ist mir nicht bewußt gewesen. Aber ich kann mir vorstellen, daß diese Einflußnahme unterirdisch stattgefunden hat, ohne daß ich es begriff. Die Einflußnahme von Döblin ist vorhanden gewesen. Wann ist, darf ich zurückfragen, wann ist Döblins »Alexanderplatz« erschienen? Haben Sie es im Kopf?

D.: 1926, glaube ich.

W.: Ja, dann ist es wohl evident. Ich habe sicher die »Ehe«-Geschichte, über die wir jetzt sprechen, 1928 geschrieben, und sicher habe ich Heinrich Mannsche Texte gelesen, und da wird wohl eine Einflußnahme stattgefunden haben. Daß diese Geschichte aber überhaupt erschien, hat mit Kesten zu tun. Daß sie von mir als erstes geschrieben wurde, das ist wohl begründet durch einen sehr privaten Komplex, nämlich durch die Ehe meiner Eltern. Das ist – mit Varianten – eine Art Topographie der Ehe meiner Eltern. Diese Geschichte ist übrigens zum erstenmal von meinem alten Freund Hermann Kesten gedruckt worden, in den »24 Neuen Deutschen Erzählern« bei Kiepenheuer. Die Döblinsche Einflußnahme ist wohl bis heute erhalten geblieben, nicht daß ich daran denke, aber daß das einfach in mir schwimmt, das ist einfach vorhanden.

D.: Es gibt in diesem Erzähltext scharfe satirische Formulierungen, die einen als Zitate geradezu anspringen. Nur ein paar Beispiele: Während der Mann inhaltlos schlief, träumte die Frau gewaltsam. Oder: Der Mann und die Frau lagen wie in einem Sarg. Noch stärker: In den Füßen war der Südpol, im Kopf die Libysche Wüste. Eine sehr prägnante, satirische Erzählung.

W.: Satirisch wirkend, aber blutig ernst geschrieben.

D.: Zugleich auch etwas verstörend für den Leser, und zwar durch die Kälte, die der Erzähler ausstrahlt. Es ist ein Erzähler, der registrierend wie ein Psychiater darüber steht und eine Symptomatologie dieser in die Brüche gegangenen menschlichen Kommunikation am Beispiel dieses Ehepaares vor den Leser hinstellt. Was fehlt, ist seine Beteiligung, daß der Leser durch den Erzähler zu einer Art von moralischer Anteilnahme provoziert wird. Der Erzähler präsentiert ihm das Geschehen fast zynisch, zum Beispiel die beiden Selbstmordversuche der Frau. Das Resümee, das für den Leser bleibt, wirkt grausam: So sind die Dinge manchmal!

W.: Das könnte ich begründen durch zwei Umstände: Erstens hat der Sohn über seine Eltern geschrieben, da hat er wohl versucht, sich zu objektivieren, sich aus der Emphatik, die er empfand – sonst hätte er's nicht geschrieben –, zurückzuziehen; und dann ist er wieder auf etwas zurückgekommen, wovon ich vorhin geredet habe. Es ist wohl – Sie sagten eben ein Psychiater, ja, einen Psychiater könnte man wohl heranziehen, denn Freud hat eine große Rolle bei mir gespielt – eher ein Chirurg. Und da fällt mir wieder der Titel ein: Mein Gedicht ist mein Messer. Da könnte man das Wort Messer ersetzen durch das ähnliche Wort Skalpell. Ich glaube, das ist eine Wegschälung von psychischen Begründungen und Ursachen, die Kahlschlag-Elemente vorwegnimmt. Ich will jetzt nicht irgendeinen künstlichen Zusammenhang konstruieren, das liegt mir ganz fern. Ich könnte mir aber denken, daß sich da etwas vorgewagt hat, das dann natürlich durch die zwölf Jahre des Dritten Reiches sozusagen verschwand und das dann später wieder auftauchte.

D.: Das wäre natürlich möglich. Aber wenn Sie das Bild des Chirurgen für den Erzähler gebrauchen, dann könnte man natürlich sagen: Der Chirurg hat eine bestimmte Heilungsabsicht, er schneidet weg, um einen Heilungsprozeß einzuleiten oder zu fördern. Das müßte doch dann – als Utopie sozusagen – auch in der Erzählung sichtbar werden, daß da noch eine Hoffnung ist, daß eine Korrekturmöglichkeit vorhanden ist. Wenn ich es recht sehe, wird das jedoch vom Erzähler zurückgewiesen, so wenn der letzte Teil des Erzähltextes eingeleitet wird von diesem nüchternen, registrierenden Satz: Vom 124. bis 186. Tag ereignete sich beim Ehepaar Volk in zeitlicher Reihenfolge dies – und da werden eben auch die beiden Selbstmordversuche teilnahmslos registriert.

W.: Diese Geschichte hat sogar etwas von einem – ich weiß nicht, wie man das im Ersten Weltkrieg nannte, ich nehme jetzt den Ausdruck aus dem Zweiten Weltkrieg – Wehrmachtsbericht. Wissen Sie, wo es dann immer wieder hieß – im Ersten Weltkrieg, siehe Remarque: Im Westen nichts Neues – im Zweiten Weltkrieg: Keine besonderen Vorkommnisse. Das entspricht sich ja, in dieser »Ehe«-Geschichte sind es auch keine besonderen Vorkommnisse, so besonders sie andererseits sind.

D.: Ich habe diesen Irritationsaspekt für mich als Leser an diesem Erzähltext auch deshalb hervorgehoben, weil er mir in einem anderen frühen Erzählbeispiel, das thematisch mit dem Erzählstück »Die Ehe« verwandt ist, nämlich dem Text »Die Brandstifter« aus dem Band »Mein Schiff, das heißt Taifun«, zu fehlen scheint. Auch hier geht es doch um die Darstellung von verhinderter, unmöglich gewordener Kommunikation zwischen zwei Ehepartnern, von der Gewalt, vom Sichquälen als Ersatz für Kommunikation, aber das Ganze wird hier nicht mehr von außen aus der Perspektive *eines unbeteiligten Erzählers dargestellt, sondern es wird aufgelöst in erzählerische Introspektion dadurch, daß alles dialogisch wird, daß die beiden Partner sich im Gespräch artikulieren und darstellen, wie schwer es ist, noch eine Art Verbindung herzustellen. Selbst das Ende, die Vision der Vernichtung, die Feuersbrunst, die Grausamkeit des Mannes, wenn er sagt: Ich möchte sehen, was du für ein Gesicht machst, wenn du Schmerzen hast — alles das hat etwas Menschliches, es dokumentiert Beteiligung, wenn auch großenteils in der Umkehrung: ein zerstörerisches, grausames Aneinandergebundensein. Aber es schafft doch noch eine Möglichkeit der Identifikation für den Leser. Dieser menschliche Aspekt wird hier durch die erzählerische Umorientierung erreicht. Die thematische Klammer, die »Die Ehe« und »Die Brandstifter« verbindet, könnte man ja bis zu einer Geschichte wie »Jack the Ripper« in Ihrem Band »Beinahe täglich« verlängern. Auch hier hat sich die Erzählsituation geändert.*

W.: Diese Parabelhaftigkeit der Wachsfigurenszenerie ist ja ein Agens, das in allen diesen Kürzestgeschichten stattfindet, die vereinigt sind zum Band »Beinahe täglich«. Das betrifft ja nicht nur diese eine Geschichte mit dem Mädchen und den Wachsfiguren, von denen man nicht genau weiß, ist das Mädchen eine Wachsfigur und sind die Wachsfiguren keine Wachsfiguren und umgekehrt. Das ist eine Parabelhaftigkeit, die auch dadurch gekennzeichnet ist, daß die Figuren in diesem Bändchen »Beinahe täglich« keine Ich-Figuren mehr sind, sondern Er- bzw. Sie-Figuren.

D.: Aber gleichzeitig ist für mich auffällig, wenn ich die Texte dieses Bandes mit den Texten in »Etwas geschieht« vergleiche, daß Sie wiederum stärker bestimmte Handlungselemente, Erzählsituationen, identifizierbare Bestandteile von Wirklichkeit hineingenommen haben in diese kurzen parabelhaften Texte, d. h., Sie stehen wieder sehr viel stärker in der Tradition der Kurzgeschichte im Unterschied zu den experimentell aufgelösten Texten in dem Band »Etwas geschieht«. Sie haben einmal erwähnt, daß Heißenbüttel diesen Band am meisten von ihren Arbeiten schätzt, und das leuchtet mir von der Dominanz des Experimentellen in diesem Band her ein. Aber von der Erfüllung der Gattungsvoraussetzungen der Kurzgeschichte her gesehen, würde ich sagen: Sie sind eigentlich weiter in dem Band »Beinahe täglich«. Sagen wir: für den Leser weiter.

W.: Dieser Band, wenn ich das hinzufügen darf — es sind 26 Geschichten —, ist geschrieben in der Absicht, Short Stories zu schreiben, Short Stories allerdings, die etwas ausschalten, nämlich ein schlüssiges Ende, eine Pointe, einen Schluß, bei dem der Leser einfallen muß: So, jetzt ist die Geschichte zu Ende. Aber ich hoffe, es ist mir gelungen, dieses »So ist es« nicht aufzuschreiben, sondern den Leser zu entlassen, bevor es zu einem Schluß kommen könnte. Den Schluß muß er dann, wenn er will, selbst vollziehen.

D.: Das trifft als Charakteristik auf die Geschichten des Bandes »Beinahe täglich« sicherlich zu —

W.: Und trifft zu auf den Titel einer vorhergehenden Story-Sammlung, die »Geschichten zum Weiterschreiben« heißt, wobei der Titel, der damals dem Verlag mehr einleuchtete als mir — wie er mir auch heute noch nicht ganz richtig zu sein scheint —, eigentlich heißen müßte: Geschichten zum Weiterdenken.

Formmöglichkeiten der Kurzgeschichte

D.: Ich wollte auf diese »Geschichten zum Weiterschreiben« zu sprechen kommen, und zwar auch im Vergleich zu den Texten in »Beinahe täglich«. Was Sie vorhin charakterisiert haben, widerspricht ja nicht der erzählerischen Prägnanz und der Möglichkeit, einzudringen in diese Erzähltexte auch unter Zuhilfenahme traditioneller Kriterien des Erzählens wie Plot, Handlungsentwicklung, ein bestimmtes identifizierbares Personal, auch wenn bestimmte Kunstgriffe der Short Story wie zum Beispiel die Pointe fehlen. Aber andererseits finde ich gerade in diesem Band »Geschichten zum Weiterschreiben« auch Erzähltexte, die sogar den traditionellen Typus der Pointengeschichte wiederzubeleben versuchen, nicht einfach zu kopieren, sondern etwas Neues hineinzubringen versuchen, aber trotzdem die Charakteristika der Pointengeschichte noch weiterleben lassen. Ich denke an die Geschichte »Meine 11 Töchter«, die ja mit einem klassischen Pointenschluß endet, nämlich daß der Erzähler dem Sinn nach sagt: Und alles das, was ich geschrieben habe, das hat mir meine elfte Tochter diktiert, also die zum Teil negativen, ein wenig hämischen Charakteristiken der anderen zehn Töchter. Verständlich wird das wie in der klassischen Pointengeschichte erst vom Ende her. Das wäre ein Beispiel für die Einsetzung traditioneller Formen.

W.: Da sind aber Jahre dazwischen.

D.: Es gibt andere großartige Beispiele in diesem Band. Ich will nur ein weiteres erwähnen, die Geschichte »Uni«, die im Kontext der Apo-Bewegung den Ausbruch von Gewalt und den Mord des Polizisten an dem jungen Mädchen, der Pflastermalerin, aus der Situation eines eher zufälligen menschlichen Versagens heraus darstellt. Für mich ist das eine Ihrer besten Kurzgeschichten.

W.: Mir schien, daß gerade diese »Uni«-Geschichte nicht anders hätte geschrieben werden können. Es war eine Geschichte, die 1968, also in dem Jahr der Studentenrevolte erschien bzw. geschrieben wurde und dann 1969 erschien. Da mußte dieser Autor auf experimentelle Möglichkeiten und Realisierungen verzichten.

D.: Trotzdem finde ich auch hier einen experimentellen Impetus, der in ihrer Wahl der Perspektive des Polizisten als Erzählperspektive zum Ausdruck kommt. Das wird ja alles aus der psychologischen Innensicht des Polizisten – des damals ritualisierten Buhmanns – dargestellt und nicht aus der Perspektive des Mädchens, des Opfers, mit dem sich der Erzähler nicht von vornherein identifiziert.

W.: Nein, nein, durchaus nicht, die Perspektive des Polizisten war mir deshalb so primär, weil es mir ungerecht zu sein schien, alles aus der Perspektive der aufrührerischen Studenten zu sehen.

D.: Ich würde gern das eindrucksvolle Spektrum der von Ihnen erprobten Gattungsmöglichkeiten der Kurzgeschichte noch an anderen Beispielen belegen, etwa am Typus, wie ich ihn nenne, der Simultaneitätsgeschichte, d. h. der sprachlichen Realisierung von Gleichzeitigkeit. Natürlich denkt man in erster Linie an Ihren berühmten Text »Die Minute des Negers«. Ein ähnlicher Gestaltungsansatz scheint mir vorzuliegen in dem Text »Kinderspiel«: die Einteilung der Erzählung in 59 Sekunden, die die Situation eines eingesperrten Kindes verdeutlichen, das bestraft wird, eine Überschwemmung verursacht und seinen Tod imaginiert. Das Ganze wird als innerer Monolog präsentiert, zusammengedrängt auf einen winzigen Augenblick.

W.: Eben auf 59 Sekunden, also fast auf eine Minute.

D.: Ein ähnlicher Text ist auch vorhanden in »Etwas geschieht«. Da handelt es sich um eine Einteilung in 13 Sekunden. Die Darstellung von Gleichzeitigkeit spielt in Ihren Geschichten auch noch auf andere Weise eine Rolle. Ich denke an den Text »Ist die Maus zuhaus?«, wo die Simultaneität einer bestimmten immer wiederkehrenden Abschiedssi-

tuation verdeutlicht wird: das tägliche häusliche Einerlei mit Frau und Kindern und der allmorgendliche Weggang des Vaters zu seiner Arbeitsstelle. Die Simultaneität wird erzeugt durch die Wiederholung bestimmter Erzähleinheiten, wobei dann zum Vorschein kommt, daß der Vater mit seinen Gedanken ganz woanders ist, nämlich bei den Schauspielerinnen Joan Crawford, Rita Hayworth und Ursula Andress. Dieser Aspekt der satirischen Entlarvung stellt zugleich die Alltagskommunikation in ihrer abtötenden Monotonie bloß. Diese spezifische literarische Gestaltung von Zeit, ist das ein Ansatz, mit dem Sie sich intensiver beschäftigt haben?

W.: Ich glaube, ich werde darauf zwei Antworten geben: Die Beschäftigung mit Sekunden, mit Minuten, die aus Sekunden bestehen, hängt wohl einerseits damit zusammen, daß ich meine, ich müßte mich jeweils um die Augenblicke kümmern, um den einen Augenblick, um den andern Augenblick, ich müßte mich in dem Gedicht »Die Minute des Negers« – woraus später ein Hörspiel wurde – um den Augenblick des Zerschellens des Flugzeugs an einem Berg kümmern bzw. um die Augenblicke, die Serie von Augenblicken, die aber dichter beinander liegen in der Kindergeschichte. Kinder spielen so, daß – es ist sehr schwer zu formulieren – die Augenblicke der Sekunde dann doch sozusagen nur ein Augenblick sind, nämlich eine Minute oder 59 Sekunden. Ich weiß nicht, ob ich mich verständlich gemacht habe. Jetzt will ich noch eine zweite Bemerkung hinzufügen. Daß dies immer wieder – es kommt ja noch öfter vor, glaub ich – erscheint, hängt wohl auch damit zusammen, daß ich ein Hörspielschreiber bin. Dieses Hörspiel »Die Minute des Negers«, die dann abgewickelt wird, natürlich nicht in einer Minute als Hörspiel, sondern – ich hab's vergessen –, sagen wir mal, in vierzig Minuten, ist ein Spiel, ein sinistres Spiel mit der Zeit und wiederholt sich dann bei »Ist die Maus zuhaus?« bzw. wiederholt sich in anderen Geschichten.

D.: Mir fällt natürlich jetzt ein, daß Sie vorhin erwähnt haben, daß Ambrose Bierce ein Autor ist, den Sie sehr schätzen, der Ihnen bekannt ist. Ich mußte beim Lesen dieser Darstellung von Simultaneität – es geht ja auch in der »Minute des Negers« um die Erwartung des Todes, um den Augenblick kurz vor dem Tod – an eine berühmte Short Story –

W.: – von Bierce, »Auf der Brücke über dem Eulenfluß« –

D.: – denken, ja, »Das Ereignis auf der Eulenfluß-Brücke«. Ist das ein Erzähltext, den Sie gekannt haben, oder hat sich Ihnen erst später die Analogie aufgedrängt?

W.: Ich will nicht ausweichen. Ich glaube, ich habe die Geschichte gekannt, und sie hat einen so unerhörten Einfluß auf mich ausgeübt, daß ich das dann wohl kopiert – das ist nicht der richtige Ausdruck – habe.

D.: Das finde ich jetzt äußerst aufschlußreich.

W.: Das ist ja ein ganz üblicher Vorgang, daß man irgend etwas gelesen hat. Ja, ich kann Ihnen noch ein Beispiel anführen, ein Hörspiel-Beispiel. Daß man etwas gelesen hat, das einen so überwältigt, daß man es wegschiebt, und dann ist es sozusagen nicht mehr da. Plötzlich taucht es dann wieder auf, und dann ist es eine Entnahme, aber, ich glaube, eine legitime Entnahme. Das kommt auch noch vor in einem andern Hörspiel, in dem Hörspiel, das »Das Signal« vom Bayerischen Rundfunk genannt wurde. Der Titel hieß erst »Dostojewski«. Dieses Hörspiel behandelt die letzten fünf Minuten im Leben des jungen Dostojewski, nämlich in der Situation, als er füseliert werden sollte, was ja eine Farce des Zaren war, um die Leute möglichst kleinzukriegen, zu kuschen. Diese Farce wurde dann aufgelöst durch eine zweite Farce, nämlich daß diese Leute dann im letzten

Moment begnadigt wurden, begnadigt zu einem längeren Aufenthalt in Sibirien. Da haben Sie wieder das Minuten-Motiv.

D.: Darüber hat auch Stefan Zweig ein langes Gedicht geschrieben in den »Sternstunden der Menschheit«.

W.: Ja, das hat er.

D.: Daß Sie den Erzähltext von Bierce als so wichtig für Sie hervorgehoben haben, ist auch deshalb so interessant, weil die Bierce-Geschichte auch für Stephan Hermlin ein ganz entscheidender Text gewesen ist, und seine Geschichte –

W.: Sie meinen den »Leutnant Yorck von Wartenburg«. Ja, das hat er getan, mit dem etwas makabren Schluß – Sie entsinnen sich sicher –, wo also von dem Autor – den ich also sehr liebe und ganz fabelhaft finde – gesagt wird: Dieser Offizier, der da visionär in den letzten Sekunden des Sterbens vor ihm auftaucht, das sei der deutsche Offizier gewesen, der mit dem General Paulus zu den Sowjets übergelaufen sei. Das ist eine Geschichtsklitterung.

D.: – die der damaligen Bewußtseinslage des Autors, der in dem Komitee Freies Deutschland mitgearbeitet hat, entsprach, und das deckt sich in etwa auch mit den politischen Konzeptionen dieser politischen Gruppierung. Aber davon unabhängig, es ist hochinteressant zu sehen, welche ungeheure Ausstrahlung gerade dieser Text von Bierce gehabt hat. Es ist ja nicht von ungefähr ein Text, den auch Hemingway sehr geschätzt hat.

W.: Das ist ein sehr zentraler Text.

D.: Der auch Stephen Crane zum Beispiel beeinflußt hat.

W.: Worin?

D.: In »The Red Badge of Courage«, in »Die rote Tapferkeitsmedaille«, dieser lange Erzähltext über den amerikanischen Bürgerkrieg. Hier sind wir also doch bei einem amerikanischen Ahnen Ihrer Kurzgeschichten angekommen.

W.: Bei Bierce, ja.

D.: Der also offenbar für Ihre Arbeiten eine große Rolle gespielt hat.

W.: Und immer wieder spielt, auch insofern als ich ihn immer wieder lese, und zwar besonders jetzt wieder lese, zwar keine epische Prosa, keine Geschichten, sondern das »Wörterbuch des Teufels«, das – Sie entsinnen sich –, was mich vielleicht bewogen hat – ich will da nichts hineinschubsen, was nicht hineingehört –, immer wieder Alphabete aufzuschreiben.

D.: Woher stammt eigentlich Ihre Kenntnis von Bierce? Er ist ja eigentlich erst relativ spät übersetzt worden. In der von Hemingway herausgegebenen, in den vierziger Jahren erschienenen Anthologie »Men at War« ist Bierce, glaub ich, enthalten.

W.: Da war sie mir nicht zugänglich.

D.: Natürlich nicht. Woher kennen Sie zum Beispiel »Devil's Dictionary«? Der Band ist relativ spät übersetzt worden, von einem »Zeit«-Redakteur, und in der alten Insel-Bücherei veröffentlicht worden.

W.: Ja, sehr richtig. Woher ich Bierce kenne? Ich habe ihn halt gelesen. Ich bin ein Büchernarr, der so eine Witterung hat: das ist wichtig, das brauch ich nicht zu lesen, das ist unwichtig. Und dies schien mir – Wörterbuch, überlegen Sie mal –, Wörterbuch, Teufel, da greift man nach, wieso der Teufel? – dies schien mir wichtig.

Erzählabsichten

D.: Das große Spektrum Ihrer kurzgeschichtlichen Erzählmöglichkeiten läßt sich ja auch noch an anderen Texten belegen. Ich denke etwa an ein Erzählbeispiel wie »Im Gänsemarsch«, wo der konstruktivistische Erzählansatz in einer bestimmten Satzfigur des Erzählers zum Ausdruck kommt: Ich stelle mir vor ... Von dieser Satzfigur her wird die gesamte Erzählung organisiert.

W.: Ja, die ganze Erzählung besteht aus einem einzigen Satz. Ich stelle mir vor, daß, daß, daß, daß ...

D.: Sie erzwingen sozusagen durch diesen Kunstgriff eine Identifikation beim Leser: Ich stelle mir vor. Die Satzform richtet eine Aufforderung an den Leser. Er schlüpft in die Rolle des Erzählers hinein und vollzieht hautnah nach, was der Erzähler imaginiert. Durch diesen konstruktivistischen Ansatz beteiligen Sie den Leser sehr viel stärker an dem, was erzählt wird.

W.: Ich weiß nicht, ich kann nicht sagen, ob diese Intention vorliegt, den Leser durch diese Art der Hineinnahme zu aktivieren. Daß das subkutan da ist, das scheint mir klar zu sein. So ist es auch in einer andern Geschichte, ich weiß nicht, ob Sie sie kennen, »Das Ende von Frankfurt am Main«, wo ja in konventionellerer Weise ein Tagebuch dieses Science-Fiction-Fliegers aufgeschrieben wird, der den Befehl bekommen hat, diese Stadt, die zerstört worden ist, und die Resultate der Zerstörung nachträglich zu photographieren und mitzuteilen.

D.: Ja, so wie »Das Ende von Frankfurt« die Variation eines klassischen Kurzgeschichtenmodells ist, nämlich der Science-fiction-Story, so könnte man eigentlich bei der »Geschichte zum Weiterschreiben« und auch bei dem Text »Maigret« in »Beinahe täglich« vermuten, daß hier eine andere klassische Kurzgeschichtenform variiert wird, nämlich die Detektiv-Story.

W.: Ja, das ist bei dieser Geschichte aus »Beinahe täglich«, die sogar den Titel »Maigret« hat, evident.

D.: Ist es jedoch nur Variation oder sogar Parodie? Bei der »Geschichte zum Weiterschreiben« fällt auf, daß die herkömmlichen Mechanismen, die die Detektiv-Story einsetzt, hier ja nicht mehr stimmen, daß also eine bestimmte Fährte gefunden wird, gewisse Indizien ermittelt werden, am Ende der Mörder gestellt und die gesellschaftliche Ordnung sozusagen wiederhergestellt wird. Denn bei Ihnen heißt es ja ganz am Ende dem Sinn nach: Der Mörder und die Brandstifterin haben sich zufällig getroffen, so scheint es, was tun sie? Sie unterhalten sich. Das könnte man doch als Parodie auf das auffassen, was man eigentlich vom Gattungsschema der Detektiv-Story her bei der Erzählkonklusion erwartet.

W.: Es mag so erscheinen, daß ich parodiere, aber ich glaube nicht, daß es eine Parodie ist, eher eine Variation.

D.: Ich will diesen Aspekt der Parodie, der sich mir aufdrängt, noch von einer anderen Leseerfahrung her begründen, die sich auf Ihren Text »Unruhe« bezieht. Da stößt man auf etwas Merkwürdiges. Sie haben die Erzählung in zwei Teile eingeteilt, »Erklärung« und »Meinung«. Im ersten Teil bringen Sie sozusagen das Faktische: Da ist jemand, der in ein Haus eindringt, sich vandalistisch verhält, Zerstörung verursacht – das wird überwiegend aus der Perspektive dieses jungen Mannes dargestellt. Dann kommt der

Abschnitt »Meinung«, der sich für mich wie eine Parodie auf die Interpretationsmöglich-
keiten liest, die man zum Verständnis Ihres Erzähltextes heranziehen könnte. Ich will nur
ein Beispiel erwähnen. In »Erklärung« werden an einer Stelle Blitz und Komma erwähnt.
In »Meinung« bezieht sich nun darauf der Satz: »Blitz und Komma stehen wohl
populärwissenschaftlich für das sexuelle Motiv vom Penis.« Ist das nicht als reine
Parodie von Ihnen gemeint?

W.: Nein, nein. Wenn Sie mir das jetzt so wörtlich wiedergeben, kommt es mir selbst
ein bißchen parodistisch vor. Es war aber damals ein Versuch, die Beziehung zwischen
einem Sohn und seiner – darum geht es doch, wenn ich mich nicht irre – Mutter
darzustellen. Ich habe so viele Geschichten geschrieben, daß ich manchmal nicht genau
weiß, was der Inhalt ist. Da zeigt sich wiederum eine Kontinuität zu der »Ehe«- und
»Brandstifter«-Geschichte.

D.: Interessant finde ich hier diesen Ansatz, daß Sie das Ganze aufteilen, wie ja
übrigens auch bereits in der »Ehe«-Geschichte diese Dreiteilung anzutreffen ist. Das
erinnert mich hier etwas daran. In Bölls Erzählung »Entfernung von der Truppe« gibt es
ähnliche Züge, die darauf hindeuten, daß er sich über die Interpretationsmöglichkeiten
seines Textes lustig macht. Aber das ist bei Ihnen offenbar nicht in diesem Sinne
parodistisch gemeint gewesen?

W.: Nein, ich würde sagen, wenn ich heute diese Geschichte schreiben wollte und
schriebe, dann würde ich sogar diese doppelte Unterteilung auf weitere Unterteilungs-
möglichkeiten erweitern. Das ist artifiziell, mehr ist das nicht.

D.: Vielleicht darf ich noch auf einen anderen Text eingehen, der mir auch eine neue
Möglichkeit Ihres Erzählens zu verdeutlichen scheint, und zwar meine ich den Text
»Zeichensprache«. Wenn ich dort eine Stelle lese wie die: Man darf nicht in den Fehler
verfallen, das Zeichen für etwas Wirkliches mit dem Wirklichen zu verwechseln – dann
ist das natürlich naheliegend, dies als poetologische Aussage aufzufassen und über den
Kontext dieses Erzählbeispiels hinaus auf den Autor Wolfgang Weyrauch zu beziehen.
Das ist eine Feststellung, die sich auch auf die Erzählstücke in Ihrem Band »Beinahe
täglich« bezieht. Ich denke etwa an das Erzählbeispiel dort »Proust beginnt zu brennen«.
Dieses Autodafé und zugleich auch das Höllenfeuer – das wieder zurückweist auf die
»Brandstifter« –, wo erst die Bücher verbrennen, dann die Madonna, legen eine
parabelhafte Deutung nahe. Die Madonna könnte ja auch für die religiösen Traditionen
stehen. Alles das existiert am Ende nicht mehr, bis hin zu dem Satz: »Schließlich schreibt
er nicht mehr, er brennt.«

W.: Das ist sicherlich parabolisch gemeint, schon, aber diese Geschichte scheint mir
besonders – es klingt merkwürdig, wenn ich das von meiner eigenen Geschichte sage
– interessant insofern zu sein, als hier der Versuch gemacht wird, eine Identifikation
herzustellen zwischen dem Inhalt der Geschichte und dem Schreiben von dieser
Geschichte. Es geht um einen Brand, und der Schreibende beschreibt diesen Brand in
vielen Details und kann, als der Brand ihn erfaßt hat, nicht mehr schreiben, sondern
verbrennt mit. Das ist eine Geschichte – ja, um einen Martin Walserschen Ausdruck
aufzugreifen –, es ist eine Präsensgeschichte.

D.: Sie haben vorhin auch angedeutet, das Ende sei parabolisch gemeint. Nun, die
ganze Geschichte wirkt für mich wie eine Parabel.

W.: Es ist auch eine Selbstmord-Geschichte.

D.: Aber wie steht es nun, wenn man diesen von mir zitierten Satz – Man darf nicht in den Fehler verfallen, das Zeichen für etwas Wirkliches zu nehmen und mit dem Wirklichen selbst zu verwechseln – auf Ihren Text bezieht? Was ist das Wirkliche, das dahinter steht, mit dem Blick auf die »Proust«-Geschichte?

W.: Der Satz, den Sie zitierten, stammt aus der Geschichte »Zeichensprache«.

D.: Ja, ich möchte ihn aus dem Kontext lösen und als poetologisches Statement – vielleicht – auf »Proust beginnt zu brennen« beziehen.

W.: Eine sehr komplizierte Frage, die mich überfällt, die mich so überfällt, daß ich nicht darauf antworten kann.

D.: Wird in dieser Geschichte nicht ein großer Skeptizismus ausgedrückt?

W.: Auf die »Proust«-Geschichte bezogen, zweifellos.

D.: Ich denke jetzt an den Anfang unseres Gespräches, an Ihre beiden programmatischen Aufsätze, über die wir sprachen, aber auch an Ihren Essay »Mein Gedicht ist mein Messer«, wo Sie an einer Stelle sagen: Die Dichter, das sind die Propheten der heutigen Zeit. Da ist ja noch dieser Appell an einen bestimmten Moralismus vorhanden. Alles das scheint hier, in »Proust beginnt zu brennen«, aufgezehrt zu sein.

W.: Ja, es scheint weg zu sein, und es ist nicht weg. Ich möchte da eine Geschichte – ja, so kann man wohl sagen – erwähnen, die Martin Buber in den »Erzählungen der Chassidim« – Sie wissen, was ich meine – veröffentlicht hat. Die Geschichte ist ungefähr so, mit schlechten Worten gesagt: Da ist ein Rabbi, den seine Schüler immer wieder in der Frühe besuchen, um mit ihm zu reden und er mit ihnen. Sie finden ihn im Gebet, so verstrickt in das Gebet, daß er ihnen wie ohnmächtig oder krank vorkommt. Sie fragen ihn: Was ist mit dir, Rabbi, wir haben dir guten Tag gesagt, und du antwortest gar nicht. Was hast du? Hast du geträumt? Hast du irgend etwas gesehen, was wir nicht wissen können? Erzähl uns! Da sagt er: Ja, ich habe das – mit meinen mäßigen Worten gesagt –, ich befand mich im Schlamm. Du befandest dich im Schlamm? Ja, ich befand mich im Schlamm. Und warum? fragen die Schüler. Ja, weil ich erst, wenn ich mich im Schlamm befunden habe, die Möglichkeit habe, aus dem Schlamm herauszuklettern. Ich kann das Gute und Schöne, was – das setze ich jetzt hinzu – eine Utopie für mich ist, die ich aber zu verwirklichen trachte und die ich an euch weitergebe, ich kann das erst dann erkennen und damit überwinden und erreichen, wenn ich vorher im Gegenteil des Guten und Schönen gewesen bin.

D.: Ja, so haben Sie mir jetzt eigentlich wieder eine neue Geschichte erzählt, die gleichzeitig eine Interpretation ist. Abschließend hätte ich gern gewußt: Gibt es unter Ihren kurzgeschichtlichen Texten so etwas wie Lieblingsgeschichten, Stories, die Sie selbst gern wiederlesen, die Ihnen – aus irgendeinem Grund – besonders nahestehen? Und falls ja, welche Texte wären das zum Beispiel?

W.: Es wäre die Geschichte, die Sie vorhin auch unter anderm erwähnt haben, »Ist die Maus zuhaus?« Bei den allerneuesten Geschichten wäre das vermutlich die Geschichte, die vorläufig »Zu« heißt. Aber das sagt Ihnen gar nichts, da müßte ich schon etwas von der Geschichte erzählen. Eine Frau, eine Deutsche, ist nicht imstande, eine Türklinke – das macht man ja mit der rechten Hand – zu einem großen Supermarkt niederzudrücken und hineinzukommen in den Supermarkt, um etwas zu kaufen. Warum nicht? Das Ganze ist beschrieben in dem Rapport eines medizinischen Assistenten an seinen zufällig gerade abwesenden Professor. Die Frau kann es nicht, weil sie von einem

Komplex befallen ist, von dem Komplex der Vergeblichkeit, des Versagens, der inhumanen, durch sie selbst bewirkten Verhinderung bei der Rettung von Gefangenen im KZ, die dann verbrennen. Sie hat es aus Gründen der Feigheit, der Unentschlossenheit nicht fertiggebracht, und das hängt ihr nach und bewirkt die Unbeweglichkeit ihrer rechten Hand.

(31. 5. 1977)

2. »Ein der Wirklichkeit abgetrotztes Werk«. Gespräch mit Stephan Hermlin

Die Stellung der Kurzgeschichte in der DDR-Literatur

Durzak: Herr Hermlin, ich möchte Sie heute nicht in erster Linie als Lyriker ansprechen, sondern als Prosaautor, aber auch noch unter einem andern Aspekt: nämlich als Literaturbeobachter, als Literaturkenner, vor allem auch der Situation der DDR-Literatur. Möglicherweise lassen sich aus meinen Beobachtungen keine weitreichenden Schlüsse ziehen, aber es hat ja den Anschein, daß in der letzten Zeit einige Bücher von Schriftstellerkollegen aus der DDR in der Bundesrepublik große Aufmerksamkeit fanden und finden. Ich erwähne die zweibändige Erzählanthologie »Auskunft«, die Stefan Heym herausgegeben hat und wo Sie auch mit einer Arbeit vertreten sind. Ich meine auch Bücher wie die »Wunderbaren Jahre« von Reiner Kunze oder »Versuchte Nähe« von Schädlich. Was diese Bücher gemeinsam haben, auch die Anthologien von Heym, ist, daß hier kurze Prosa, vielfach sogar Kurzgeschichten vorgestellt werden. Diese Beispiele könnten in die Richtung weisen, daß diese Gattungsform möglicherweise eine wichtigere Bedeutung im Kontext der DDR-Literatur hat als im Kontext der bundesdeutschen Gegenwartsliteratur.

Hermlin: Darauf weiß ich eigentlich keine Antwort, weil ich die Situation in beiden deutschen Staaten literarisch nicht vergleichen kann. Und das hängt nun wieder damit zusammen, daß ich in den letzten Jahren fast keine zeitgenössischen Autoren gelesen habe. Was die Bundesrepublik angeht, kommt mir jetzt nichts in den Kopf, was ich anführen könnte. Von den zwei Sachen, die Sie zitiert haben, habe ich das kleine Buch von Kunze gelesen, das ich nicht so hochschätze wie manche Kollegen. Schädlich habe ich nicht gelesen. Ich habe lediglich drei Stücke aus dem Buch vor kurzem am Radio gehört, von Manfred Krug gelesen, und davon fand ich ein oder zwei sehr interessant, das dritte weniger gut. Das war mir ein wenig zu disparat. Schädlich macht mir den Eindruck eines Schriftstellers, der Pastichen schreibt. Das könnte sich ändern, wenn ich das ganze Buch von Schädlich kennen würde. Ich glaube, daß dieser Autor große Aufmerksamkeit verdient.

D.: Lassen Sie uns vielleicht einen hypothetischen Fall konstruieren: Wenn diese beiden Bücher in der DDR erschienen wären, hätten sie dann im Kontext von anderen Neuerscheinungen, die zur gleichen Zeit herausgekommen sind, eine ähnliche Resonanz gefunden? Oder wäre die Situation tatsächlich so, wie sie auch in der Bundesrepublik ist, daß ein junger Autor – und im Falle von Schädlich trifft das ja zu, das ist seine erste

Buchveröffentlichung – es sehr schwer haben würde, literarische Aufmerksamkeit zu finden, wenn er mit einem Band Kurzprosa hervortreten würde? Ergäbe sich also auch, wenn wir diesen hypothetischen Fall einmal annehmen, eine vergleichbare Situation in der DDR-Literatur, wenn Schädlichs und Kunzes Bücher drüben erschienen wären? Mit andern Worten: wären sie untergegangen?

H.: Nein, das glaube ich auf keinen Fall. Sie wären natürlich nicht untergegangen, sondern mit großer Aufmerksamkeit gelesen worden. Sie wären aus den gleichen Gründen wie in der Bundesrepublik Bestseller geworden. Und diese Gründe sind nicht rein literarische. Große Autoren wie Joseph Roth oder Musil haben nie die Chance gehabt und hätten nie die Chance, solche Erfolge zu erzielen.

D.: Nun haben Sie ja vor einigen Jahren fast so etwas wie eine erzieherische Rolle, bezogen auf junge Autoren, in der DDR eingenommen, Sie haben junge Lyriker gefördert und der Öffentlichkeit zum Teil erstmals vorgestellt. Von daher ist es vielleicht berechtigt, diesen individuellen Fall Schädlich oder Kunze – die ich bisher angesprochen habe – etwas zu verallgemeinern und die Frage zu stellen, wie es um die Chancen der kurzen Prosa, der Kurzgeschichte, deren sich ein junger DDR-Autor bedient, bedienen würde, generell bestellt ist. Hat es der junge DDR-Autor nicht von vornherein besser, gleichgültig, welcher Gattung er sich bedient, weil er von vornherein auf mehr Aufmerksamkeit stößt?

H.: Es gibt sicher in der DDR verschiedene Umstände, die günstiger sind. Einer dieser Umstände liegt darin, daß in der DDR ein geringeres Angebot vorhanden ist, d. h., es kommen sehr viel weniger Titel heraus als in der Bundesrepublik. In der Bundesrepublik verliert selbst der Literaturkundige praktisch die Übersicht. Es stürmt so viel an neuer Literatur auf ihn ein, daß es ihm schwerfällt, sich zu orientieren. Das ist viel leichter in der DDR, und aus diesem Grund ist schon ein besserer Start gegeben. Aber ich möchte noch etwas sagen, weil Sie immer wieder auf diese Namen zurückkommen. Ich habe eben die Namen von Joseph Roth und Musil genannt. Das ist vielleicht ein bißchen provokatorisch, weil ich zwei große, schon klassische Autoren zwei jetzt schreibenden gegenüberstelle. Aber ich möchte einen vergleichbaren Namen nennen, zum Beispiel Günter Kunert, der außer Lyrik ja kurze Prosa schreibt, und sehn Sie, Kunert hat sowohl in der DDR als auch in der Bundesrepublik einen ziemlich großen Erfolg, er hat vor allem einen moralischen Erfolg, er hat Respekt bei den Menschen, die Literatur kennen, weil er ein hervorragender Schriftsteller ist. Aber Kunert würde nie den Erfolg haben wie Kunze oder Schädlich, weil er – obwohl er im Grunde von ähnlichen Prämissen ausgeht – die Dinge, die er macht, viel stärker stilisiert und literarisiert. Er schreibt Parabeln, er ist ein philosophischer Autor, und er klebt nicht an Oberflächen und ephemeren Erscheinungen, er geht in die Tiefe. Ich würde sagen, er ist ein Autor, der in hohem Maße – ohne daß ich jetzt wieder gleich eine Parallele ziehen will – aus dem Stamme Kafkas ist. Ich halte ihn für einen größeren Autor als die, die Sie genannt haben, aber auch für einen Autor, der niemals diesen Erfolg haben wird.

D.: Ich stimme Ihnen sicherlich zu, daß mit Kunert einer der Schlüsselautoren, bezogen auf die Kurzgeschichte, die kurze Prosa in der DDR, von Ihnen erwähnt worden ist. Wenn man allerdings den Unterschied zwischen Autoren wie Schädlich, Kunze und Kunert herausarbeitet, wie Sie es gerade getan haben, muß man eigentlich auch als Unterscheidungskriterium mit erwähnen, daß Kunert sehr viel stärker – was die Stoffe seines Erzählens anbetrifft – in einer literarischen Tradition steht als Schädlich oder

Kunze, und zwar meine ich das im ganz konkreten Sinne: Bestimmte stoffliche Anregungen, die Kunert in den Mittelpunkt seiner Geschichten stellt, weisen auf literarische Vorlagen zurück. Es tauchen Elemente aus der Abenteuerliteratur auf, Elemente, die aus der phantastischen Literatur stammen, die zurückgehen auf die deutsche Romantik, aber auch auf Edgar Allan Poe oder Ambrose Bierce zurückweisen, oder andere Elemente, die Sie vorhin schon mit dem Hinweis auf Kafka angesprochen haben, möglicherweise die chassidistische Parabel-Tradition. Unter dem Aspekt des stofflichen Reservoirs ist also bei Kunert ein viel größerer Reichtum, eine größere Vielfalt festzustellen als bei Schädlich oder Kunze, die eigentlich primär ausgehen von vielleicht sogar biographisch festzumachenden Erfahrungen, heute und jetzt in der DDR-Wirklichkeit. Auf diesem Hintergrund möchte ich sagen, daß Kunert eigentlich sehr viel stärker ein Geschichtenerzähler ist als Kunze oder Schädlich, die vor allem ihre eigene Geschichte literarisch verklausuliert haben und ihre unmittelbaren Erfahrungen zu Papier bringen. Das spielt sicherlich auch bei Kunert eine Rolle, aber sehr viel indirekter, vermittelter.

H.: Ich habe immer sehr viel von Autoren gehalten, die in einer Schule stehen. Wer welche Schule wählt, das sagt schon sehr viel über den Umfang seines Talents aus. Aus diesem Grunde lege ich gerade einen solchen Nachdruck auf Kunert und verfolge ihn so mit besonderer Neugier seit Jahren. Das ist ein Autor, der sich in meinen Augen ständig gesteigert hat, der immer besser wird.

D.: Nun habe ich Kunert gerade kürzlich in einem ähnlichen Zusammenhang auf analoge Fragen angesprochen. Da wurde auch die Frage berührt, ob die Kurzgeschichte möglicherweise von größerer Attraktivität für junge DDR-Autoren sei. Er hat eine interessante Meinung vertreten. Ich weiß nicht, ob sich das mit Ihrer eigenen Deutung desselben Sachverhalts deckt. Er hat gemeint, daß das Schreiben in der DDR von vornherein mit einem größeren Risiko verbunden sei, und die Möglichkeiten zu scheitern und die Konsequenzen dieses Scheiterns könnten viel einschneidender sein, wenn man bei einem großen Wurf, einem Roman zum Beispiel oder einem Drama, Mißerfolg habe. Das könnte die literarische Entwicklung auf Jahre blockieren. Wenn hingegen eine kurze Arbeit, etwa eine Kurzgeschichte, ein negatives Echo hervorrufe, würde das in der literarischen Entwicklungsgeschichte des Autors eine Episode bleiben. Er würde die Möglichkeit haben, nach einiger Zeit weiterzumachen. Das scheint mir plausibel zu sein als psychologische Erklärung für die Attraktivität der Kurzgeschichte, der Kurzprosa. Analoges läßt sich sicherlich nicht in der literarischen Situation der Bundesrepublik antreffen. Das wäre vielleicht als ein Spezifikum der Kurzgeschichte, der Kurzprosa in der DDR festzuhalten.

H.: Mir leuchtet das ein, was Kunert gesagt hat. Das kann sehr gut möglich sein. Und ich glaube auch wie er, daß bei uns größere Risiken vorhanden sind als in der Bundesrepublik, wo man machen kann, was man will, ohne daß sich irgend jemand um einen kümmert, also weder im guten noch im schlechten Sinne. Ich möchte jedoch auch auf Kollegen verweisen, die allerdings schon etablierte Schriftsteller sind, die einen großen Namen haben, nicht nur in der DDR, die sehr brisante Dinge in Angriff genommen und vollendet haben und dabei vor der großen Form nicht ausgewichen sind. Ich meine vor allem die zwei letzten Romane von Christa Wolf und Hermann Kant, »Kindheitsmuster« und »Der Aufenthalt«, die sehr viel mehr Brisantes enthalten, als man auf den ersten Blick wahrnimmt.

D.: Es ist ja in der Regel so, daß man spezifische Autoren im literarischen Kontext der DDR erwähnt, die wichtig gewesen sind für die Entwicklung der Kurzprosa dort. Und das sind Autoren, die nicht unbedingt Musil oder Roth heißen, sondern die zum Beispiel Anna Seghers sind, Bertolt Brecht oder Erwin Strittmatter. Gerade bei Strittmatter hätten wir das Beispiel eines Autors, der aus irgendeinem ähnlich angelegten Traditionszusammenhang in der bundesdeutschen Literatur völlig herausfiele, mit andern Worten: die Kurzgeschichten Strittmatters sind nahezu unbekannt geblieben in der westdeutschen Literatur. Ist es möglich, diese drei Namen, die ich erwähnt habe und die man durch andere Namen ergänzen könnte, heranzuziehen, um einen spezifischen Traditionszusammenhang anzudeuten, der nur für die Entwicklung der Kurzprosa in der DDR-Literatur gilt?

H.: Wissen Sie, jetzt wird es schon wieder schwierig, weil ich Ihnen weitere Bildungslücken gestehen muß. Ich kenne zum Beispiel auch nicht diese Sachen von Strittmatter, ich kenne sie einfach nicht. Ich habe anderes gelesen, und was Brecht, was Anna Seghers anbelangt, so ist das schon eine weiter zurückliegende Epoche. Es gibt darunter absolute Meisterstücke, die zum ewigen Vorrat deutscher Prosa gehören. Das sind Geschichten von Brecht und unter anderm die von mir besonders geliebten »Sagen von Artemis« der Anna Seghers, die sind aber noch während der Emigration entstanden. Das sind Dinge, die stehen auf der Höhe von Kleist und Hebel.

Die Situation der Nachkriegszeit

D.: Sie sind zugleich ein Autor, der auch eine wichtige Rolle gespielt hat, bezogen auf die Entwicklung der deutschen Kurzprosa im Kontext der frühen Nachkriegszeit. Dafür spricht Ihre – wie soll man es nennen? – kulturpolitische, literarische Tätigkeit im Frankfurter Rundfunk unmittelbar nach 1945. Sie waren wichtig als Förderer und Weichensteller der jungen deutschen Literatur. Sie haben damals zum Beispiel zusammen mit Hans Mayer einen Essayband »Ansichten« veröffentlicht, worin ganz bestimmte Perspektiven, was die Rezeption wichtiger Literatur, was die Entwicklungsmöglichkeiten einer neuen Literatur betrifft, skizziert werden. Sie haben ja auch eine besondere Funktion dadurch, daß Sie im Grunde durch Ihre Biographie und nicht zuletzt auch durch die Erzähltexte, die Sie geschrieben haben, eine Brücke, eine Verbindung herstellen zwischen der Literatur, die im Widerstand gegen die offizielle Literatur des Dritten Reiches geschrieben worden ist, also zwischen der, vereinfacht gesagt, Exilliteratur und der jungen deutschen Literatur nach 1945. Von daher haben Sie die Position des sogenannten Kahlschlags gar nicht mitzumachen gebraucht, weil Sie sozusagen unterirdisch diesen Traditionsbruch, der offiziell von der Literaturdoktrin des Dritten Reiches angeordnet worden war, unterlaufen konnten und das, was Sie damals im verborgenen literarisch geschaffen haben, in die junge deutsche Literatur nach 1945 einbringen konnten. Von daher auch meine Frage nach Ihrer persönlichen Beurteilung der Prämissen, die unmittelbar nach 1945 vorhanden waren, als Sie an wichtiger kulturpolitischer Stelle im Frankfurter Rundfunk mit dem kulturellen, auch literarischen Wiederaufbau beschäftigt waren. Wie hat sich das neue literarische Leben, die junge deutsche Literatur damals für Sie dargestellt? Die gleiche Frage nun auch gestellt mit dem Blick auf die Situation des Anfangs in der DDR-Literatur.

H.: Als ich 45 nach Deutschland zurückkam und mich in Frankfurt niederließ und zum Rundfunk kam, hatte ich eine großartige Chance, den Menschen – das weiß jeder,

der damals lange abgeschnitten war von allem Wichtigen – zu zeigen, was sich draußen abgespielt hatte. Das war verhältnismäßig einfach. Es war eine große Neugier da, eine Bereitschaft, unendlich viel aufzunehmen. Man konnte aus dem vollen schöpfen, wobei ich gleichzeitig auch mich selbst informieren konnte über das, was es noch in Deutschland an Wesentlichem gab. Denn es war ja undenkbar, daß ein großes Kulturland, selbst wenn es so von einem Regime geistig verwüstet worden war, nicht auch hier und da Wertvolles hervorgebracht hatte oder gerade hervorbrachte. Das gab es in der Tat. Ich legte großen Wert darauf, auch über Dinge zu sprechen, Dinge vorzulesen, die in Deutschland selbst entstanden waren. Zum Beispiel fiel mir – Sie werden darüber lachen, aber damals war das so – ein Lyriker namens Karl Krolow auf. Krolow ist später sehr berühmt geworden, und ich legte großen Wert darauf, daß Sachen von Krolow damals bei uns vorgetragen wurden, aber auch von älteren Schriftstellern, die es damals aus zum Teil lächerlichen Gründen in dieser Situation schwer hatten, etwa Wilhelm Lehmann, den ich für einen großen Lyriker halte. Das sind ja jetzt etablierte Werte. Damals mußte ich mit den Amerikanern, die den Rundfunk kontrollierten, sehr hart streiten, um zum Beispiel Wilhelm Lehmann vorlesen zu können. Es gab für ihn ein Publikationsverbot, weil Lehmann ein nominelles Mitglied der NSDAP gewesen war. Zur gleichen Zeit, als man die Herren Krupp und Konsorten mit Glacéhandschuhen anfaßte, wurden bedeutende Lyriker wegen einer nominellen Parteizugehörigkeit unterdrückt. Dagegen habe ich damals demonstriert. Diese Dinge liegen sehr weit zurück.

D.: Vielleicht darf ich bei der Beschreibung dieser Zeitsituation kurz einhaken. Sie haben die Rolle der Amerikaner im damaligen deutschen »Kulturleben« angesprochen, ein Kulturleben in dem Sinne war es ja noch nicht, es waren erste Anfänge. Damals wurde doch auch von den Amerikanern ein Umerziehungsexperiment begonnen, die sogenannte Re-Education, der Versuch also, mit bestimmten kulturellen Werten, die man postulierte und propagierte, mit literarischen Werken, die übersetzt wurden, ein neues literarisches und kulturelles Fundament in Deutschland zu legen. Inzwischen läßt sich das viel klarer beurteilen auf Grund der Dokumente, die zugänglich geworden sind. Die vehemente Rezeption von amerikanischer Literatur in jenen Jahren wurde nicht zuletzt durch diese offizielle, aber nicht vielen damals klargewordene Steuerung dieses kulturellen Wiederaufbaus begünstigt.

H.: Das war selbstverständlich. Das machten alle vier Besatzungsmächte. Ich würde sagen, mit besonderem Nachdruck machten es eigentlich die sowjetischen und die französischen Kulturoffiziere, die Amerikaner, die Engländer vielleicht ein bißchen weniger als sie. Auf jeden Fall förderte jede dieser Besatzungsmächte in erster Linie ihre eigene Kultur, was ja auch nicht schadete, denn alle vier repräsentierten sehr wichtige, bedeutende Erscheinungen der Literatur. Sie stellten natürlich auch Zweitrangiges vor, vielleicht sogar noch Geringeres. Aber es war wichtig, daß die Amerikaner Schriftsteller wie Hemingway, Faulkner und Thornton Wilder und andere Leute in großen Auflagen herausbringen ließen. Das war schon alles in Ordnung.

D.: Das war ja nun auch unterschwellig mit der Blüte der deutschen Kurzgeschichte damals verbunden. Die deutsche Kurzgeschichte wurde sehr stark beeinflußt von der Rezeption der amerikanischen Literatur, vor allem der Kurzgeschichtenautoren, von denen Sie den wichtigsten Schriftsteller in diesem Zusammenhang, eben Hemingway, ja auch genannt haben. Das vergleichbare Phänomen auf den andern Seiten scheint ja zu fehlen. Es setzte nicht unbedingt eine vehemente Aufarbeitung der russischen Literatur ein oder der französischen Literatur. Das kam etwas später. Da zeichnete sich eine »katholische Phase« ab mit Autoren wie Claudel oder Bernanos, danach eine »existentialistische Phase« mit Sartre, Camus, aber zeitlich bedeutend verschoben. Die Aufarbeitung der russischen Literatur in der DDR ist ein eigenes, aus diesem Zusammenhang herausfallendes Kapitel.

H.: Sie haben natürlich recht. Wenn Sie das sagen, fällt mir natürlich auch ein, welchen ungeheuren Eindruck gerade ein Autor wie Hemingway damals gemacht hat. Er stellte für Deutschland etwas ganz Neues dar, d.h., er war wieder zu einem neuen Autor geworden. Hemingway war in den Jahren der Weimarer Republik bereits eifrig von Rowohlt verlegt worden. Er war einer jener vielen bedeutenden Autoren, die in Deutschland erst berühmt wurden. Es gab die sehr gute deutsche Tradition, Entdeckungen im Ausland zu machen und als bedeutende Erscheinungen vorzustellen. So kann man sagen: Hemingway war vielleicht in Deutschland schneller berühmt als in den Vereinigten Staaten und anderen Ländern. Hemingway war Ende der zwanziger Jahre hier ein hochangesehener Autor. Ich möchte wissen, wie viele Leute damals in den USA Hemingway kannten. In Frankreich war er unbekannt, in Italien war er damals unbekannt, in Deutschland war er ein etablierter Autor.

D.: Das mag schon sein, was Hemingways europäische Rezeption betrifft.

H.: Die neuen deutschen Autoren waren frappiert von seiner Art, lakonisch und sozusagen ohne innere Beteiligung, aber mit äußerster Präzision eine Situation darzustellen. Es gab da eine durchgehende amerikanische Tradition, aber keine deutsche. Hebel zum Beispiel ist nicht zu einer Tradition geworden.

Literarische Vorbilder

D.: Sie haben mit Hemingway einen Autor genannt, der zweifellos für die deutsche Kurzgeschichte sehr wichtig gewesen ist. Nun ist Hemingway aber andererseits ein Autor, der offenbar für Sie selbst keine große Rolle gespielt hat, wenn man an Ihre eigenen Erzähltexte und Geschichten – über die Frage, wie das gattungsgeschichtlich einzuordnen ist, müßten wir vielleicht noch im einzelnen sprechen – denkt. Der Stil Hemingways, der Lakonismus, die kurzen Sätze, die Ausklammerung von Bildern, von Metaphorik – alles das trifft ja nicht auf Ihren Stil zu. Wenn man Ihre Erzähltexte liest, dann hat man eigentlich den Eindruck – ich gebe jetzt den Oberflächeneindruck wieder – von einer sehr ausgewogenen, einer sehr distanzierten und auch sehr gefeilten Prosa, die nur untergründig – etwa in bestimmten, sehr überraschend kombinierten Bildern – einen Eindruck von der Verstörung vermittelt, die trotz allem von Ihnen beschrieben und gestaltet wird. Das Stilvorbild Hemingways fällt da heraus.

H.: Ja, ganz sicher.

D.: Andererseits muß man jedoch sagen, daß Sie einen der literarischen Vorväter von Hemingway, nämlich Ambrose Bierce, als einer der ersten in der deutschen Literatur aufgearbeitet haben. Eine Ihrer berühmten Geschichten – »Leutnant Yorck von Wartenburg« – ist ja ganz deutlich – worauf Sie auch selbst hingewiesen haben – von einem Text von Ambrose Bierce beeinflußt worden. Wie stellt sich dieser Zusammenhang aus der heutigen Perspektive dar? Wie kam es dazu, daß Sie Ambrose Bierce zu einer so relativ frühen Zeit gelesen und verarbeitet haben und von ihm beeinflußt worden sind?

H.: Ja, das ist eigentlich ein Zufall gewesen. Ich kann mich auch nicht mehr genau an die Situation und an das Jahr erinnern, als ich diesen Autor plötzlich vor die Augen bekam, und zwar mit der Owlcreek-Bridge-Geschichte. Das ist, glaube ich, irgendwann im Verlaufe des Krieges gewesen, durch einen Zufall. Ich hatte den Namen nie gehört. Und als ich das las, war mir sofort klar, daß ich einen absolut exzeptionellen Mann entdeckt hatte, und bei diesem Urteil bin ich inzwischen geblieben. Inzwischen hab ich alles von Bierce gelesen. Ich habe mir später noch ein paar kleine Sachen beschafft, und vor zehn Jahren ungefähr habe ich mal in Amsterdam in einer Buchhandlung seine gesamten Werke gefunden und hab sie sofort gekauft. Es ist übrigens kein so besonders umfangreiches Werk. Es ist ein großer Band von vielleicht 800 Seiten. Ein merkwürdiges Genie, wobei ja nun die amerikanische Literatur voll ist von merkwürdigen Genies, das ist ja eine Literatur, die einen immer wieder überrascht. Ich hatte diese Geschichte aus dem Amerikanischen Bürgerkrieg gelesen, ich trug sie jedenfalls mit mir herum in jener Zeit, als die Ereignisse vom 20. Juli stattfanden. Ich war damals in der Schweiz. Nun erfuhr man über die Dinge nur in einer sehr vagen Form. Es gab Nachrichten im Radio, ich hörte sie jede Nacht. Ich versuchte, alle möglichen Sender zu bekommen, die englischen und sowjetischen und andere. Es wurde schnell klar, daß die Bewegung gescheitert war. Gleichzeitig war es so, daß es schon seit einer Reihe von Monaten jenes bekannte Nationalkomitee Freies Deutschland in Moskau gab, in dem deutsche Offiziere und kommunistische Funktionäre zusammenarbeiteten, und ich war ein Mitglied des Komitees. Obwohl auch für mich ziemlich fest stand, daß zwischen diesem Komitee und dem 20. Juli kein direkter Zusammenhang existierte, ist in meiner Erzählung, die seitdem oft in Deutschland herauskam und auch in viele Sprachen übersetzt wurde, ein solcher Zusammenhang hergestellt worden, und zwar vom Ziel, nicht vom eigentlichen Geschehen her. Da nun außerdem die Vorgänge des 20. Juli in eine Aura der Unbestimmtheit getaucht waren und ich trotzdem den Willen hatte, sofort etwas zu schreiben, ergab sich mit Notwendigkeit eine Art halluzinatorische Erzählung, in der der letzte Augenblick eines Sterbenden zu einer Geschichte verwandelt wurde, zu einer Geschichte von Träumen, von Sehnsüchten, genau wie in dem großen Vorbild von Ambrose Bierce, der ja nichts weiter schildert als den Augenblick eines Sterbenden zwischen dem Anlegen und dem Straffen des Stricks und dem Genickbruch. In dieser Sekunde spielt sich bei Ambrose Bierce eine kolossale Geschichte ab, und ich habe einfach etwas Ähnliches gemacht. Was ich gemacht habe, ist im Gerüst eine absolute Nachahmung der Bierce-Erzählung. Darauf habe ich natürlich hingewiesen und habe ausdrücklich über die Geschichte, als sie veröffentlicht wurde, den Vermerk gesetzt, daß sie auf eine Geschichte von Ambrose Bierce zurückgeht.

D.: Es ist überraschend, daß es auch bei anderen Autoren eine Verarbeitung von Bierce gegeben hat, nicht zuletzt auch dieser berühmten Geschichte »An Occurrence at Owl Creek Bridge«. Das ist zum Beispiel bei Wolfgang Weyrauch in einem Gedicht der Fall, das er auch zu einem Hörspiel verarbeitet hat: »Die Minute des Negers«, die Darstellung der Situation eines Flugkapitäns, der auf einen Berg zurast und der kurz, bevor die Katastrophe stattfindet, in einer aneinandergereihten Sequenz bestimmte Stationen seines Lebens simultan überschaut. Auch hier gibt es den Umschlag in die Katastrophe des Endes.

H.: Das erfahr ich zum erstenmal. Ich kenne von Weyrauch nur den Titel der Sache. Den Text habe ich nie gelesen. Das ist interessant.

D.: Gibt es nicht bei Ihnen noch einen anderen Erzähltext, in dem sich möglicherweise

Verwandtes entdecken läßt, was die Darstellung der Halluzination betrifft, die der im Mittelpunkt der Handlung stehenden Person Rettung verspricht, während sie im Grunde von Vernichtung bedroht ist? Ich denke an »Die Reise eines Malers in Paris«, ein Text, den ich gerade vorhin noch einmal gelesen habe. Mir drängt sich der Eindruck auf, daß der Text möglicherweise eine dem »Leutnant Yorck von Wartenburg« verwandte Erzählstruktur besitzt. Ist es nicht so, daß hier im Augenblick der Sprengstoffdetonation auch bestimmte Erinnerungsschübe von Ihnen literarisch dargestellt werden, zum Beispiel die plötzliche Erinnerung an eine Situation im Spanischen Bürgerkrieg? Dann findet ein Wechsel statt, die Vision der Rettung leuchtet auf, der Erlösung, die plötzliche Verlegung der räumlichen Situation nach China, was dem Erzähltext fast etwas Surrealistisches verleiht. Der jeweilige Wechsel wird ganz sprunghaft dargestellt. Und auch die Konfrontation des Malers mit Tschou En-lai und offenbar mit einer Situation in China, die das erreicht hat, was in Europa, in Frankreich oder Spanien, nicht möglich gewesen ist, nämlich der Erfolg der Revolution und die Heraufführung einer neuen Zukunft – ist das nicht inhaltlich und von der erzählstrukturellen Anlage her mit dem »Yorck«-Text verwandt?

H.: Es hat etwas damit zu tun. Der Maler, den ich schildere und dessen Namen ich leicht verändert habe – einige Freunde wissen von diesem Maler –, war ein bedeutender Mann, der in Frankreich vor ein paar Jahren starb. Ich sah zufälligerweise, als ich vor zwei Jahren nach Paris kam, eine große Retrospektive von ihm im Museum für moderne Kunst. Mit diesem Maler war ich in der französischen Armee gewesen. Er war bedeutend älter als ich. Er war der Mann, der mir vieles schilderte, was in der Erzählung vorkommt. Bei ihm hatte sich einst Ernst Toller versteckt. Er war ein sogenannter Quartalstrinker, der zu bestimmten Zeiten phantastische Halluzinationen erlebte. Er erzählte mir einige, etwa, wie er während einer dieser Halluzinationen in China gewesen und den Japanern in die Hände gefallen wäre. Er sei von den Japanern in einem unterirdischen Gewölbe erschossen worden. So hat sich bei mir dann diese Episode gebildet. Andere Dinge, die ich verwendet habe, sind zwar scheinbar Halluzinationen, in Wirklichkeit aber ganz reale Vorgänge, die ich erlebt habe.

D.: Aber ist es nicht so, daß die Handlungskurve ähnlich verläuft wie in der »Yorck«-Geschichte? Wird nicht am Ende auch der Tod des Malers geschildert?

H.: Nein, das ist kein Tod. Die Geschichte ist insofern phantastisch, als er in der Ausgangssituation in die Metro hineingeht und plötzlich in Barcelona herauskommt, und dann ist er wieder woanders und wieder woanders, schließlich gelingt es ihm, in der Metro den Ausgang nach Paris zu finden. Das ist nicht der Tod.

D.: Es ist für mich ein Erzähltext, der zugleich überzeugend die Situation der Emigration gestaltet, also etwa die Flucht durch Paris, die Angst vor Verfolgern, die Verwandlung der Wirklichkeit und der Menschen, die ihm begegnen, in ein System von Bedrohung für ihn. Dieses Gehetztwerden und diese Angstgefühle werden ja von Ihnen dadurch literarisch begreifbar gemacht, daß Sie diesen Text nicht zerreißen und die Zerstörung eben nicht aus der Aneinanderreihung der isolierten Elemente sprechen lassen. Sie verwenden vielmehr sprachliche Bilder, die ganz neue Zusammenhänge auftun, Bilder, die eigentlich diesem ruhigen Duktus des Erzählens widersprechen, die eine Spannung herstellen zwischen diesem ruhigen Erzählen und dem, was im Innern dieses Malers vorgeht und was indirekt durch die Bilder, in denen sich sein Bewußtsein abzeichnet, zum Ausdruck gebracht wird.

Das Modell einer Kurzgeschichte

D.: Vielleicht darf ich in diesem Zusammenhang nochmals den Aspekt der gattungsgeschichtlichen Zuordnung Ihrer Erzähltexte aufgreifen. Die Bedeutung oszilliert bei Ihnen. Sie sprechen von einer Novelle, von einer Geschichte, von einer Erzählung. Wir haben vorhin das Modell Ambrose Bierce erwähnt. Bierce hat ja selbst in Essays und auch in »The Devil's Dictionary« über die Form der Short Story nachgedacht. Er hat diese Form eigentlich noch nicht Short Story genannt – wie ja auch Poe nicht von der Short Story sprach, sondern vom Tale –, Bierce spricht von der »romance«. Aber diese »romance« ist für ihn nicht das, was wir mit Romanze bezeichnen, sie ist für ihn eine Kurzprosaform, künstlerisch äußerst komprimiert und auf äußerste Konzentration bedacht, eine Prosaform, die durch ihre künstlerische Disziplin dem Roman überlegen sei. Für ihn ist also der Roman eine inferiore Prosaform, die »romance« hingegen entspricht weitgehend dem, was wir heute Short Story nennen. Zur Definition dieser Form bemüht Bierce ähnliche Kriterien, wie sie schon bei Poe in seiner Theorie der Kurzgeschichte auftauchten, also etwa das Dominieren eines zentralen Ereignisses, der Sprung, der am Ende stattfinden muß und mit einem Überraschungsmoment gekoppelt sein soll, der Hinweis auf die Kürze, d. h., der einheitliche Eindruck, die Eindrucksganzheit, muß dadurch erhalten bleiben, daß man in der Lage ist, eine Short Story sozusagen in einem Zug zu lesen. Das sind doch nun Aspekte, die man ohne weiteres auch an Ihren »Yorck«-Text herantragen könnte. In diesem Sinne würde ich ihn als eine Kurzgeschichte definieren wollen. Schwerer ist es bei der »Reise eines Malers in Paris«, weil da ein ganz bestimmtes biographisches Spektrum in verschiedene Facetten zerlegt wird und ein dominierendes Ereignis eigentlich fehlt. Es ist eher eine abstrakte Situation, die im Mittelpunkt steht, nämlich die Situation des Exilierten. Wo ich geradezu eine klassische Kurzgeschichte sehe, wenn man diese von mir erwähnten formalen Kriterien zur Definition der Kurzgeschichte akzeptieren will, das ist Ihr Text »Arkadien«. Diesen Text »Arkadien« bin ich fast versucht – aber das ist wahrscheinlich etwas weit hergeholt –, in einen gewissen Zusammenhang mit Bierce zu bringen, und zwar jetzt auch unter dem Aspekt, daß von diesem Text eine ganz merkwürdige Beunruhigung auf den Leser ausstrahlt, eine Beunruhigung, die ausgeht von Dingen, die eigentlich schrecklich sind. Die Tatsache also, daß jemand exekutiert wird, aber das wird so dargestellt, daß nicht nur der Betroffene, Marcel, diesen Tod voll akzeptiert und als konsequenten Abschluß seines Lebens hinnimmt, sondern auch der Leser den Eindruck bekommt: Da ist noch eine Art von Gerechtigkeit am Werk, die Dinge wieder ins Lot bringt, die durch die offizielle politische Gerechtigkeit – aber hier hebt der Begriff sich auf – in Unordnung gebracht worden sind. Also diese Irritationsmomente, die scheinen mir auf Bierce zurückzudeuten, übrigens auch die stoffliche Darstellung – daß jemand erhängt wird, das ist ja ganz parallel zu der Eulenflußbrücke-Geschichte –, und wie bei Bierce handelt es sich auch hier um ein zentrales Ereignis, das im Mittelpunkt steht.

H.: Es ist eigentlich neu für mich, wenn Sie das auf Bierce zurückführen wollen. Aber das ist Ihre Deutung, der will ich nicht widersprechen. Für mich ist es aber doch etwas anderes, weil zum Beispiel – wie ich vorhin für den »Yorck« schon gesagt habe – da das Vorbild von Bierce direkt wirksam war, d. h., die Geschichte von Bierce war in meinem Kopf, während ich diese Sache damals schrieb, diesen »Yorck«, der schon im Herbst 44 entstand. Damals ging es um eine Konstruktion. In »Arkadien« handelt es sich nicht um eine ausgedachte, sondern um eine ganz reale Geschichte. Alles hat sich gerade so abgespielt.

D.: *Ja, das ist schon merkwürdig, daß sich für den Leser der Eindruck ergibt, daß gerade das eine Geschichte sei, die mit einem großen künstlerischen Kalkül ausgefeilt worden ist.*

H.: *Es war gar nichts anderes vorhanden als meine Erfahrung von der Grausamkeit in den Kämpfen um die Befreiung. Auch in Frankreich hatten die Kämpfe etwas von Bürgerkrieg, weil es Kollaborateure gab, und viele Familien waren politisch gespalten. Da habe ich einiges gesehen. Ich bin manchmal überrascht, daß mir Analytiker dann so bestimmte Kalküls zuschreiben und mir das sogar beweisen. Ich kann dazu nichts sagen. Gerade bei dieser Geschichte bin ich mir ganz sicher, weil es eine gänzlich unerfundene Geschichte ist. Erfinden kann ich sowieso eigentlich nur schwer, ich habe nie etwas richtig erfunden. Nur an Elemente des tatsächlich Erlebten konnte ich mich im Grunde genommen halten. Vielleicht habe ich deshalb nie versucht, einen Roman zu schreiben.*

D.: *Das Überraschende für mich ist, daß sich bei Ihren Erzähltexten Verbindungslinien zu den Arbeiten von Kunze und Schädlich – es geht jetzt um rein stoffliche Schreibanlässe – ergeben. Diese Verbindungslinien scheinen mir stärker ausgeprägt zu sein als etwa zu den Kurzprosa-Arbeiten von Kunert. Kunert ist ja ein Autor, der sehr viele merkwürdige Stoffe erfindet, der skurrile Einfälle hat – ich erwähne etwa »Die Ballade vom Ofensetzer«, wo die gesellschaftliche Lage des Künstlers, nicht zuletzt in der DDR, sehr wirksam und zugleich witzig dargestellt wird – und der also stark auf seiner stofflichen Intuition aufbaut. Bei Kunze und auch bei Schädlich ist hingegen die biographische Verklammerung ihres Erzählens primär. Auf einer anderen Ebene, so könnte man sagen, gilt das ja auch für Ihre Prosaarbeiten. Gegen Ihren Willen treten Sie da möglicherweise in eine Art Tradition ein.*

H.: *Ich will weder, noch will ich nicht. In eine Kunze-Schädlich-Tradition kann ich nicht eintreten, denn ich war ja ein paar Jahrzehnte früher da. Ich sagte ganz zu Anfang: Über einen Autor wie Schädlich habe ich kein Urteil. Und was Kunze anbelangt, so sehe ich da keinerlei Verwandtschaft.*

D.: *Es geht ja nur um bestimmte Analogien stofflicher Art, daß also das stoffliche Reservoir, aus dem Ihre Erzählbeispiele gespeist werden, in erster Linie auf bestimmte biographische Erfahrungen zurückgeht. Das sind ja, wie Sie vorhin zum Teil selbst geäußert haben, teils eigene Emigrationserfahrungen und teils auch Berichte, die von Freunden stammen, die sich in einer ähnlichen Situation befanden. Aber vielleicht darf ich doch noch mal auf »Arkadien« eingehen. Für mich ist das einer Ihrer schönsten Texte, gerade weil er so viel Beunruhigung für den Leser enthält. Aber auch die formale Geschlossenheit zeichnet diesen Text aus. Es gibt jedoch auch einige Probleme, die für mich mit diesem Text verbunden sind. Diese Probleme kann ich vielleicht etwas klarer akzentuieren, wenn ich einen Vergleichspunkt wähle. Dieser Vergleichspunkt ist wiederum ein anderer Erzähltext von Ihnen, und zwar »Die Zeit der Einsamkeit«. Da ist es doch so, daß Neubert einen Menschen tötet auf Grund einer bestimmten moralischen Entscheidung, auf Grund eines bestimmten Gerechtigkeitspostulates, das negiert wird von der Wirklichkeit, in der er lebt. Dieses Gerechtigkeitspostulat läßt sich im Kontext Ihrer Erzählung durchaus in eine bestimmte Moralität, in einen Moralkodex einbetten, der generell akzeptiert werden kann. Am Beispiel von »Arkadien« wird jedoch etwas anderes gezeigt. Da ist es doch so, daß eine solche moralische Konvention – Konvention ganz positiv gemeint – nicht mehr vorhanden ist. Die Moral fällt sozusagen völlig heraus. Was da an Hoffnung vielleicht noch bleibt, das wird an einer Stelle von dem nur indirekt Beteiligten andeutungsweise gesagt, diesem Deutschen, der wohl auch ein emigrierter Künstler ist und der die Vision von Arkadien, dieser heidnischen Landschaft, hat, in der keine Zerstörung vorhanden ist. Moralische Zukunftsaspekte werden in »Arkadien« zum Verstummen gebracht. Das Ganze evoziert eine Wirklichkeit als Utopie, die nur sehr schwer noch zu beziehen ist auf Geschichte, auf geschichtliche Situationen, auf eine Zukunft, die für Menschen möglich ist.*

H.: Wissen Sie, ich glaube nicht, daß das eine irgendeine Moral vertritt und das andere nicht. Es ist einfach so. Ich wollte gar nichts anderes zeigen, als daß es in einem solchen angespannten Kampf Situationen gibt, in denen Verräter hingerichtet werden, und zwar hingerichtet werden müssen. Das ist unvermeidlich.

D.: Aber wird dieser Marcel als Verräter von Ihnen dargestellt? Sicher, er ist im formalen Sinne ein Verräter durch das, was er getan hat.

H.: Ja, natürlich.

D.: Aber er bekennt doch seine Schuld ohne weiteres.

H.: Er hat einen Maquis liquidiert, und zwar ganz bewußt, und in jeder Armee wird das Überlaufen zum Feind bestraft. Er ist von merkwürdiger Naivität, er redet sich nicht heraus, sondern er sagt von vornherein, wie alles verlaufen ist. Man braucht ihn nicht lange angestrengt zu verhören. Und in einem solchen Fall gibt es das Kriegsgericht, die Hinrichtung. Das ist das eine. Ferner: Oft wußte ich nicht, ob ich vielleicht noch eine Stunde später am Leben sein würde: Daß die Natur um einen dauert, das weiß natürlich jeder Mensch. Jeder weiß, das alles wird noch da sein, nur ich selbst nicht. Daran kann man sich nicht gewöhnen, an diese Gleichgültigkeit der Natur, die einfach schön ist und blüht und weiterwächst. Das zeigt diese Episode, eine bestimmte Landschaft –

D.: Es geht sogar noch weiter. Es erscheinen doch die Kinder, diese beiden Mädchen, die an der Mauer stehen und diesen Vorgang der Exekution betrachten. Auch in den Reaktionen dieser Mädchen ist ein ähnliches Irritationsmoment vorhanden, wie es auch an der Reaktion von Marcels Tante hervortritt. Es ist kein Grauen in ihren Gesichtern, keine Bestürzung, der Tod wird auch von diesen Mädchen wie etwas Selbstverständliches akzeptiert.

H.: Ja, das gibt es auch.

D.: Das mag es geben. Aber wenn es herausgehoben wird im Schlußtableau einer Kurzgeschichte, dann nimmt es natürlich eine bestimmte akzentuierte und akzentuieren- de Bedeutung an.

H.: Ich muß sagen, die beiden Mädchen, die sind wirklich erfunden. Was die »Zeit der Einsamkeit« anbelangt, so geht es um die Tatsache, daß ein politischer Kämpfer in einer bestimmten Situation etwas tut, was er nach den Vorschriften, nach den Regeln seiner Organisation eigentlich nicht tun darf, er nimmt nämlich persönliche Rache.

Eine politische Geschichte im doppelten Sinn: »Die Kommandeuse«

D.: Lassen Sie mich noch auf ein Erzählbeispiel eingehen, das Sie im ersten Band von Stefan Heyms »Auskunft« wiederveröffentlicht haben. Mir ist aufgefallen, daß dieser Erzähltext, »Die Kommandeuse«, in der Ausgabe Ihrer Erzählungen im Suhrkamp Verlag nicht enthalten ist und auch nicht in der Ausgabe der Erzählungen, die im

Wagenbach Verlag erschienen sind. Sie haben ihn für diese Anthologie ausgewählt, und Stefan Heym begründet ja in seinem Vorwort, daß er den Autoren selbst die Wahl gelassen hat, einen bestimmten Text auszuwählen und ihm für seine Anthologie zur Verfügung zu stellen. Das deutet also darauf hin, daß das ein Text ist, der Ihnen besonders wichtig ist. Es ist zugleich ein Text, der eine bestimmte Rolle gespielt hat in einer gewissen kulturpolitisch angeheizten Phase Ihres Lebens. Vielleicht begründen Sie einmal, warum Ihnen dieser Text besonders wichtig ist?

H.: Wissen Sie, sowohl Suhrkamp als auch Wagenbach haben von meinen nicht sehr zahlreichen Erzählungen die genommen, die sie am liebsten veröffentlichen wollten. Das habe ich ihnen überlassen. Ich habe nie jemandem vorgeschlagen, er solle dies oder jenes machen. Ich muß Ihnen aber folgendes gestehen: Im Laufe der Zeit sind alle meine, wie gesagt, wenigen Erzählungen in der Bundesrepublik erschienen mit Ausnahme einer einzigen, und das ist eben diese »Kommandeuse«. Darum legte ich Wert darauf, daß sie endlich auch einmal erscheint, und mein Freund Stefan Heym nahm sie, als er diese Anthologie plante, mit großer Freude an. Der ursprünglich vorgesehene Verlag lehnte die Anthologie wegen dieser Erzählung ab, ihrer politischen Tendenz wegen oder vielmehr der fehlenden politischen Tendenz wegen. Denn diese Geschichte hat keine Tendenz, sondern manche Leute möchten eine Tendenz haben, die sie in der Erzählung nicht finden können. Ich habe Heym damals gesagt, er solle doch meine Sache fallenlassen und die Anthologie ohne sie herausgeben, aber Heym, der immer ein sehr guter Freund und mit mir solidarisch war, hatte sich in den Kopf gesetzt, die Anthologie müsse mit meiner Erzählung erscheinen oder gar nicht. Und so erschien die Anthologie dann eben in einem andern Verlag. Es handelt sich da wieder um eine meiner Geschichten, die ganz und gar nicht erfunden sind. Der Geschichte liegt Tatsachenmaterial zugrunde. Geändert habe ich nur den Namen der betreffenden Frau und den Namen des Ortes. Aber jeder Leser begreift, daß es sich hier um die Stadt Halle handelt, die ich Saalstedt nenne. Die Episode hat sich damals so zugetragen und hat so geendet, wie die Erzählung berichtet. Sie wirft natürlich ein bestimmtes Licht auf einen Vorgang, der bisher in der Bundesrepublik tabuisiert wird. Es handelt sich um jenen bekannten Freiheitskampf vom 17. Juni 1953. Daß sich in dieser Bewegung vom 17. Juni bestimmte berechtigte Forderungen nach mehr Freiheit, nach stärkerem realistischen Denken der führenden Leute usw. gemeldet haben, das ist unbestritten. Auf der andern Seite hat sich damals sehr viel Finsteres gezeigt, und das kann denjenigen nicht überraschen, der sich heute einmal deutsche Zustände, acht Jahre nach Beendigung der Nazi-Herrschaft, des Krieges vorstellt. Wer heute zurückdenkt, wird keine übertriebenen Anforderungen stellen, daß es nicht so gewesen sein kann, weil es nicht so gewesen sein darf. Der Sinn für Realismus und für eine gerechte Beurteilung einer historischen Situation wächst mit der Zeit. Nach einer so kurzen Zeit konnten bestimmte Züge im Antlitz der Deutschen einfach nicht verschwunden sein. In Halle fand an diesem Tag eine große Kundgebung auf dem Markt statt, eine sogenannte Freiheitskundgebung, die von der russischen Kommandantur genehmigt war. Unter den Freiheitsrednern gab es eine ehemalige SS-Person aus dem Frauenlager Ravensbrück, die zu langjähriger Zuchthausstrafe verurteilt und mit allen andern Gefangenen aus dem Zuchthaus befreit worden war. Sie also erhob ihre Stimme für Demokratie und Menschenwürde. Dieser Vorgang – er mag so vereinzelt sein, wie er will – wirft ein bestimmtes Licht auf den ganzen Vorgang. Das ist ein Aspekt, den man nicht übersehen darf. Mit schönen Reden können die verschiedensten Leute zu verschieden-

*sten Zeiten brillieren. Da kann man die Demokratie auf den Schild heben, die
Menschenwürde oder auch den Sozialismus, den Kommunismus und alles mögliche und
meint dennoch etwas ganz anderes. Das erschien mir einfach erzählenswert, und es wurde
damals mit wildem Geschrei aufgenommen. Das ist lange her, die Geschichte erschien
schon im Jahre 1954 in der DDR. Sie wurde bei uns von offiziellen Rednern scharf
angegriffen. Vor kurzem erinnerte mich eine Freundin daran, eine sehr gute Freundin
– ich will nicht den Namen nennen –: Erinnerst du dich eigentlich noch daran, daß ich
eine der schärfsten Kritikerinnen der »Kommandeuse« war? Ja, wahrhaftig, ich hatte es
völlig vergessen.*

*D.: Was war der Tenor der Kritik damals, als die Geschichte gerade geschrieben und
veröffentlicht worden war?*

*H.: Der offizielle Tenor klang etwa so: Uns interessiert nicht die Psychologie einer
Faschistin. Das ist natürlich für einen Schriftsteller unannehmbar. Denn ihn hat die
Psychologie aller Menschen zu interessieren, ob es sich nun um einen Faschisten oder
einen Antifaschisten handelt. Hinter diesen Angriffen verbarg sich die Scham, zugeben
zu müssen, daß es bei uns Faschisten gab. Auf der andern Seite, bei ihnen verbarg sich
hinter ebenso scharfen Angriffen die Wut, daß ich einen sogenannten Freiheitskampf von
einer Seite beleuchtete, die den Verteidigern dieser Bewegung nicht angenehm war, jenen
Leuten, die gerade anfingen, Straßen nach dieser Bewegung zu nennen, wie wir eine hier
ganz in der Nähe haben. Das sind Dinge, die ernst zu nehmen waren. Ich nehme auch
heute noch den Vorgang ernst und mache mich nicht lustig darüber. Ich glaube, daß es
sich um tragische Vorgänge handelte, die Sozialisten mit Ernst auch selbstkritisch
aufzunehmen hatten. Aber man durfte sich auch nicht täuschen über die Richtung, die der
Aufstand nehmen wollte und in der er nicht verlaufen durfte. Das hätte schreckliche
Folgen gehabt.*

*D.: Das sind sehr interessante Informationen zum politischen – so kann man fast sagen
– Wirkungsumfeld, das dieser Erzähltext gehabt hat. Wenn ich mir die Art und Weise
anschaue, wie Sie hier erzählen, daß wiederum ein bestimmtes Ereignis, die Befreiung der
Frau und die Kundgebung, auf der sie auftritt, im Mittelpunkt stehen, eingeblendet die
Erinnerung an die Vergangenheit, aber immer so eingeblendet, daß das dominierende
Ereignis im Vordergrund bleibt, dann möchte ich eigentlich auch in diesem Fall wieder
sagen: Es ist, gemessen an den Definitionsversuchen der Kurzgeschichte, auch hier
eigentlich eine Short Story, die Sie geschrieben haben.*

*H.: Ja, in diesem Falle halte ich diese Bezeichnung für ganz richtig. Unter den Short
Stories, die ich geschrieben habe, ist es die gelungenste, glaube ich.*

*D.: Bei Ihren Erzähltexten fällt auf, daß Sie sich mit historischen Ereignissen
beschäftigen. Sie haben das vorhin schon angedeutet: Ereigniskerne, die in Ihrer
biographischen Erfahrung, in der biographischen Erfahrung von Freunden oder in
einem authentischen zeitgeschichtlichen Kontext verankert sind. »Die Kommandeuse«
ist eine Kurzgeschichte, die ein Gegenwartsereignis, einen Gegenwartsstoff verarbeitet
hat. Die meisten Ihrer andern Erzähltexte haben eigentlich zu tun mit der Zeit, als Sie
emigriert waren, mit Erfahrungen, die Sie damals gemacht haben. Allerdings gibt es da
eine Ausnahme, eine mehr erinnernde Prosa, die eigentlich nicht einen Handlungskern
besitzt wie »Kassberg« –*

H.: »Corneliusbrücke«.

D.: »Corneliusbrücke«, ja, aber ich meine jetzt die Geschichte, die Gegenwartserfah-

rungen von Ihnen aufgreift, Gegenwartserfahrungen verbunden mit der Arbeit an Ihrem Buch »Erste Reihe«, *den Porträts von Widerstandskämpfern gegen das Hitler-Regime. Diese Geschichte, die ich meine, ist offenbar entstanden nach dem gescheiterten Versuch, eine weitere Person in diese Reihe von historischen Vorbildfiguren aufzunehmen. Was Sie darstellen, sind die Schwierigkeiten bei der Suche nach weiterem Informationsmaterial über diese Figur. Aber nicht nur der Vorgang der Recherche wird erzählt, sondern gleichzeitig eine bestimmte neue Handlung, die damit verbunden ist. Es ist die Geschichte –*

    H.: »*In einer dunklen Welt*«.

    D.: Ja, wo am Ende dann so etwas wie eine Peripetie stattfindet, ein Überraschungsumschwung, der den Leser mit einer unerwarteten Entwicklung konfrontiert: Die Schwester selbst erweist sich als die Denunziantin, die den Bruder auf dem Gewissen hat. Das ist neben der »Kommandeuse« *einer der wenigen Texte, wo unmittelbar Gegenwartserfahrungen von Ihnen verarbeitet worden sind. Interessant sind dort auch die Ausführungen, die Sie zu den Prosaporträts der* »Ersten Reihe« *machen, der Hinweis darauf, daß Sie im Grunde Ähnliches erreichen wollten wie Livius oder Sueton. In gewisser Weise könnte man sagen, daß diese Lebensbilder, die gewiß authentisch verbürgt sind, in ihrer Prosastruktur auf den Umkreis der Kurzgeschichte beziehbar sind.*

Zur gegenwärtigen Arbeitssituation

    D.: Aber warum generell diese große Enthaltsamkeit des Erzählers Hermlin bezogen auf Stoffe der aktuellen Gegenwart?

    H.: Darauf gibt es eine einfache Antwort. Sie sind mir nicht begegnet – das klingt etwas arrogant, so als ob die Zeit es nicht wert sei, erzählt zu werden –; es fällt mir überhaupt schwer, den Entschluß zu fassen, etwas zu schreiben. Mir ist das immer schwergefallen, besonders in den letzten Jahren ist es immer schwerer geworden. Früher habe ich manches unbedenklicher gemacht. Und ich bin eben doch zu dem Ergebnis gekommen, daß die Dinge, die ich wirklich erlebt habe, in der früheren Zeit gewesen sind. Die spätere Zeit habe ich nicht so tief erlebt. Ich stehe nicht außerhalb der Zeit, ich finde hier sehr viel Interessantes, ich begegne vielen interessanten Menschen. Aber irgend etwas ist anders geworden, jedenfalls so geworden, daß ich damit literarisch nichts anfangen kann. Ich glaube, ich habe mich nie überschätzt. Ich sage manchmal zu Freunden, daß ich kein richtiger Schriftsteller bin, sondern eine Art von Liebhaber, von »Dilettante«, *wie die Italiener vor zweihundert Jahren sagten. Ein richtiger Schriftsteller würde vieles besser verwerten als ich. Manche Esser nennt man Schlechtverwerter. Was ich esse, was ich erlebe, verwerte ich schlecht. Ich kann damit nichts anfangen. Jetzt zum Beispiel arbeite ich an etwas – ich schreibe etwas Ähnliches wie viele andere: Ich denke möglichst weit zurück.*

    D.. Sie schreiben Ihre Anti-Memoiren.

    H.: So ein bißchen, ja. Ich merke schon jetzt, ich möchte eigentlich nicht über das Jahr 33 hinausgehen. Wenn ich weiterdenke, befällt mich Ekel. Und über das Jahr 45 hinaus möchte ich erst recht nicht gehen. Ich möchte schreiben über das, was vor 33 war.

    D.: Diese Ausführungen, die Sie gemacht haben, Liebhaberei als Haltung der Literatur gegenüber, mir scheint, daß das doch in Kontrast steht zu Ausführungen, die Sie einmal gemacht haben über die Art und Weise, wie Sie sich als junger Mensch Literatur angeeignet haben. Für mich war es überraschend zu lesen, daß Sie sich für einen Zeitraum von ca. sieben Jahren einen Literaturplan entworfen hatten –

H.: *Ja, ja.*

D.: *– und sich dann systematisch Weltliteratur erlesen haben. Das deutet doch auf eine Engagiertheit der Literatur gegenüber hin.*

H.: *Natürlich. Aber das ist eine passive Engagiertheit. Ich kann ohne das gar nicht leben, aber ich habe mich als Schriftsteller gekennzeichnet. Ein richtiger Schriftsteller dürfte gar nicht so viel lesen. Wissen Sie, ich habe ja viele, auch bedeutende Kollegen kennengelernt, die nicht sehr viel kannten. Ich habe andere kennengelernt – ich möchte keine Namen nennen –, die haben gestanden, daß sie zum Beispiel große Autoren – der eine nannte Dostojewski und Kafka – grundsätzlich nicht lesen, weil sie das bei ihrer eigenen Arbeit stören könnte. Es überwältigt sie sozusagen. Und dann habe ich wieder andere kennengelernt, sehr bedeutende Leute, die den rührenden und komischen Zug hatten, gewissermaßen alles, jedes Wort, das sie aufs Papier brachten, mit einer Art Heiligenschein zu umgeben. Dabei war der Satz, den ich manchmal in ihren Manuskripten fand, schlimm, vielleicht korrigierten sie ihn später, aber jedenfalls nahmen sie sich ungeheuer ernst, lasen sehr viel weniger, arbeiteten sehr viel mehr als ich. Manchmal denke ich mit Ärger: Warum habe ich bloß diesen unmäßigen Gout an fremden Dingen entwickelt, warum liebe ich so sehr, was andere gemacht haben, und meine Sachen gar nicht.*

D.: *Ist da vielleicht so etwas wie Resignation mit im Spiel? Mir fällt in diesem Zusammenhang ein Satz aus einem Ihrer Texte ein. Da reflektiert die zentrale Figur: Hatte er sich, ohne es gewahr zu werden, verbrauchen lassen von dieser Welt, die er verändern wollte? Ein Satz, der mich fast angesprungen ist und der natürlich dazu verführt, ihn aus dem Kontext herauszunehmen.*

H.: *Ja, Sie nehmen ihn aus dem Kontext heraus. Dieser Satz bezieht sich nicht auf Kunst und nicht auf Schriftstellerei.*

D.: *Ja, ich weiß.*

H.: *Es handelt sich um einen kritischen Vorwurf, um die Frage eines politischen Kämpfers.*

D.: *Gewiß, aber andererseits: dieses Zurückweichen, die Distanz, die Sie als Position für sich in Anspruch nehmen. Das könnte möglicherweise doch als Resümee von bestimmten Erfahrungen, die Sie gemacht haben, verstanden werden. Ich formuliere es nur als hypothetische Frage.*

H.: *Wissen Sie, wenn ich mich zu einem Spruch bekenne, dann zu Karl Kraus: »Ich bin nur einer von den Epigonen, die in dem alten Haus der Sprache wohnen.« Auf mehr habe ich nicht Anspruch. Aber immerhin: der Anspruch ist nicht klein. Denn was das ist, das alte Haus, das weiß ich, besser als andere. Vielleicht kann man daraus nicht viel machen, aber mir tun doch die leid, die sich ganz anders fühlen, im Grunde tun sie mir leid, wenn sie auch vielleicht manchmal glückliche Geschöpfe sind, glücklicher als ich, Schriftsteller, die gar nicht das Bewußtsein haben, in diesem Haus zu wohnen, und die frisch fromm fröhlich frei drauflosarbeiten, die das alles gar nicht kümmert.*

D.: *Aber das ist vielleicht nicht die einzige Alternative, die es dazu gibt: dieses spontane, sichverlierende Schreiben und das Vergessen der Situation darüber, in der man sich befindet, das Vergessen der Hindernisse, die in dieser Situation verwurzelt sind. Bei dieser Frage dachte ich auch an die Bemerkung, die ich vor einiger Zeit von Ihrem*

Kollegen Jurek Becker gelesen habe, der eine Art von Seufzer formuliert hat: Was ist das eigentlich für eine Situation, wo die Schriftsteller so viel Energie darauf verwenden müssen, zu überleben anstatt Bücher zu schreiben. Und das ist ja auch etwas, das, unabhängig von bestimmten Dingen in der aktuellen Situation der DDR, an Ihrer Biographie konkretisiert werden kann: der Kampf im Widerstand, die Erfahrungen in der Emigration, das Durchleben der frühen Phase der Nachkriegszeit in Frankfurt, die Entscheidung für die DDR und die bestimmten Erfahrungen, die Sie hier gemacht haben, die verschiedenen Kollisionen mit der Kulturpolitik. Möglicherweise stimmt das nicht, aber es stellt sich solcherart ein Kontext her, an dessen Ende dann vielleicht eine Haltung steht, die Züge der Resignation verrät.

H.: Resignation – weiß ich nicht. Ich habe einfach viel gesehen. Ich weiß auch, daß man maßlos viel Geduld haben muß mit den Menschen, ungeheuer viel Geduld. Was Jurek Beckers Ausspruch angeht, glaube ich ganz sicher: für ihn wie für manche andere jüngere hat das eine große Bedeutung. Denn Becker zum Beispiel, ein hochbegabter Mensch, ist voll von Sachen und hat noch viel vor sich, und er könnte sehr vieles machen, und andere auch. Diese Leute haben alle noch viel vor sich, und es bedrängt sie sehr vieles, ich meine: künstlerisch drängt es sie zum Ausdruck. Und da haben sie recht zu sagen: Warum muß ich mich gleichzeitig mit solchem Unsinn herumschlagen? Auf der andern Seite möchte ich aber auch Jurek Becker und anderen zu bedenken geben: Diese Widerstände gibt es in der Wirklichkeit. Wir kommen uns manchmal als ungeheuer geschlagene Geschöpfe in unserer Zeit vor. Dazu haben wir keinen Anlaß. Ernstzunehmende Schriftsteller haben es – und man findet kaum Ausnahmen – zu allen Zeiten außerordentlich schwer gehabt. Und wenn es das nicht war, dann waren es andere Dinge. Man soll sich nicht einbilden, daß Leute wie Anna Seghers oder Brecht nicht ihre großen Schwierigkeiten gehabt haben. Und wenn man weiter zurückgeht: ein Mann, den man sich gewöhnlich in Hotels und in Villen vorstellt, von allen möglichen Aufmerksamkeiten umgeben, auch noch im Exil – und daran stimmt sogar etwas –, auch Thomas Mann, in verhältnismäßig günstigen Umständen lebend, dennoch ist das ein der Wirklichkeit abgetrotztes Werk gewesen, mit enormem Fleiß und einer Beharrlichkeit, die ungeheuerlich ist. Manche von den jüngeren Kollegen fühlen sich heute sozusagen als besonders geschlagene Geschöpfe. Damit will ich gar nicht etwa den Verhältnissen das Wort reden, die unnötigerweise Literatur behindern und manchmal sogar verhindern. Was in meinen Kräften steht, etwas für einzelne zu ändern, das werde ich immer versuchen. Aber es ist einfach so: Kunst zu machen ist zu allen Zeiten eine komplizierte Sache gewesen.

D.: Auf der andern Seite muß man sagen, daß Sie durch Ihre Stellung in der DDR-Literatur so etwas wie eine exemplarische Identifikationsfigur geworden sind. Das läßt sich ja auch in bezug auf Ihre Erzähltexte sagen, die jetzt wieder in der vierten Auflage erschienen sind, sicherlich Texte, die bereits in wirkungsgeschichtliche Zusammenhänge in der DDR-Literatur eingetreten sind und einen unübersehbaren Stellenwert haben. Sie sind ein Autor, auf den man sich beruft, ein Autor, den man zitiert, Sie sind eine Art von Persönlichkeitsinstanz in der DDR-Literatur geworden.

H.: Ach, das glaub ich nicht. Wissen Sie, das mit der vierten Auflage, die übrigens wieder Erfolg hat und wieder fast ausverkauft ist – ich wundere mich. Aber das hat eine ganz andere Ursache. Ich erwähne sie, ich halte sie für ehrenwert. Das Kulturministerium der DDR hat offensichtlich großen Wert darauf gelegt, daß nach den Ereignissen vom November 1976 alle Schriftsteller, die etwas damit zu tun hatten, ohne Ausnahmen, mit irgend etwas auf dem Büchermarkt vorhanden waren. Und wenn Leute so wenig publizieren wie ich, dann erscheint eben irgend etwas Altes. In diesem Zusammenhang sind auch Dinge von anderen Kollegen erschienen. Von Christa Wolf kam der neue Roman, von Sarah Kirsch kam der neue Gedichtband, drei Tage nachdem sie nach West-Berlin übergesiedelt war. Der Band ist natürlich längst vergriffen, er war, glaub ich, in vierundzwanzig Stunden vergriffen oder in zwei Tagen. Von jedem erschien etwas, um auch nach außen hin zu dokumentieren: Es gibt bei uns nicht eine Kategorie von Aussätzigen. Das halte ich für ehrenhaft und für richtig gehandelt von den Autoritäten, die damit zu tun haben.

　　D.: Aber selbst diese Begründung der Neuveröffentlichung Ihres Erzählbandes ändert ja nichts an der literarischen Position, die Ihr Geschichtenband im Kontext der DDR-Literatur und der deutschen Kurzgeschichtenliteratur überhaupt hat.

　　H.: Das weiß ich nicht, das kann ich nicht sagen.

(14. 11. 1977)

3. »Ein riesiges Notizbuch«. Gespräch mit Wolfdietrich Schnurre

Zur Aktualität der Kurzgeschichte

Durzak: Herr Schnurre, ich möchte in unserm Gespräch über die deutsche Kurzgeschichte eine kleine Zeitungsnotiz zum Ausgangspunkt wählen: einen kurzen Bericht über das fünfte Kurzgeschichten-Kolloquium in Arnsberg in Westfalen, wo gerade zwei Preise verliehen worden sind. Ich finde es überraschend, daß diese Angelegenheit sehr wenig bekannt ist und nur in ganz kurzer Form in den Feuilletons der verschiedenen Blätter gebracht wurde. Ist es gerechtfertigt, diese Tatsache in dem Sinne zu interpretieren, daß die Kurzgeschichte eine relativ periphere Geltung in der literarischen Gegenwartsszenerie in Deutschland hat? Und wenn es so ist, warum ist das so Ihrer Meinung nach?

Schnurre: Ich würde erst einmal generell die Frage beantworten, aber sie gleich ein bißchen zuspitzen wollen. Was die Publikationsmöglichkeiten der Kurzgeschichte angeht, da ist der Ausdruck peripher hundertprozentig angebracht, da wäre der Ausdruck peripher für mein Empfinden noch fast zu gut. Die Kurzgeschichte ist eigentlich passé insofern, als es kaum noch Kurzgeschichtenbände gibt, daß es überhaupt keine Kurzgeschichtenpublikationen gibt. Denken Sie an die »story« nach dem Krieg und solche Dinge – und daß vor allem die Feuilletons überhaupt keine Möglichkeit mehr haben, Kurzgeschichten rein längenmäßig zu bringen. Denn die Kurzgeschichte, würde ich sagen, fängt mit drei Seiten ungefähr an. Und das ist schon eine ungeheure Länge für heutige Tageszeitungen. Das ist das eine, das andere: Wenn ich mich selber nehme, der ich früher Kurzgeschichten geschrieben habe, ich schreibe auch heute noch manchmal eine. Ich glaube, daß die Kurzgeschichte als Ausdrucksmittel durchaus noch stabil ist und eigentlich auch noch Aufgaben hat, die – ich will nicht sagen, neue Aufgaben, aber Aufgaben hat – sie durchaus wahrnehmen könnte. Nur fehlt es eben an der Publikationsmöglichkeit. Und zu Ihrer Meldung darf ich sagen, daß ich also zum Beispiel überhaupt nichts von dieser Sache wußte. Ich hatte schon einmal entfernt davon gehört, und es hat mich eigentlich nicht verwundert, daß diese Meldung so winzig, fast unterm Strich, würde ich sagen, in der Tagespresse erschienen ist, weil eben die Kurzgeschichte in diesem Sinne passé ist.

D.: Nun haben Sie in den sechziger Jahren einen sehr wichtigen theoretischen Aufsatz über die Kurzgeschichte geschrieben, und am Ende dieses Aufsatzes formulieren Sie, nachdem Sie die verschiedenen Publikationsschwierigkeiten durchaus berücksichtigt haben, daß es im Grunde am Autor liege: Wenn er sich engagiere für die Kurzgeschichte, dann habe auch die Kurzgeschichte nach wie vor eine Chance. Ich möchte meine Eingangsfrage nochmals stellen: Liegt es also nicht nur daran, daß es nur so wenige Publikationsmöglichkeiten für Kurzgeschichten gibt, liegt es nicht vielmehr auch daran, daß sich bei den Autoren Umorientierungen vollzogen haben, die die Kurzgeschichte an den Rand drängen?

Sch.: Ja, ich muß von meinen eigenen Erfahrungen ausgehen. Da ist es so, daß es ganz bestimmte Themenkreise gibt, wo die Story, die Kurzgeschichte, wie ich sie schreiben wollte, sich einfach deshalb verbietet, weil der Komplex dessen, was man erzählen möchte, zu vielgestaltig ist. Ich würde sagen: Für mich hat die gute Story einen doppelten Boden, sie kann auch einen dreifachen Boden haben, was schon fast zu viel ist. Eine Erzählung kann ich unterkellern noch und noch. Es kommt natürlich hinzu – wenn ich die eigene Entwicklung überschaue –, daß man die Story zuerst benutzt hat – sie bot sich auf eine phantastische Weise an –, weil man mitten hineingehen konnte. Sobald man aber jetzt mit Artistik, mit Kunstverständnis, mit psychologischen Erfahrungen kommt, ist natürlich eine andere Erzählform die gebotenere. Und daher sind eben die meisten Erzählkomplexe, die meisten Themen, die man gern behandeln möchte, so beschaffen, daß sie sich eigentlich der Story, der Kurzgeschichte verschließen.

D.: Andererseits könnte man natürlich sagen, daß es nach wie vor eine Reihe von Autoren in Deutschland gibt, die kurzgeschichtliche Sammlungen veröffentlichen. Ich denke an Gabriele Wohmann, an Wolfgang Hildesheimer, an Herbert Eisenreich, ich denke sogar an ein Beispiel wie Heinrich Böll, der von Zeit zu Zeit immer wieder neue Kurzgeschichten vorlegt; ich denke auch an Siegfried Lenz, der gerade kürzlich wieder eine kurzgeschichtliche Sammlung veröffentlicht hat. Offenbar ist also der Grund, den Sie vorhin in Ihrer Antwort gegeben haben, nur für einen bestimmten Bereich von Themen bezeichnend. Es müßte doch daneben nach wie vor noch die Möglichkeit vorhanden sein, Kurzgeschichten zu schreiben. Sie selbst haben ja erst kürzlich im List Verlag einen Band, »Ich brauch Dich«, veröffentlicht, der neue kurzgeschichtliche Texte enthält. Lassen Sie mich diese Situationsbeschreibung noch ein bißchen zuspitzen, indem ich auf eine Art Widerspruch, so scheint mir, in Ihrem sehr wichtigen theoretischen Aufsatz »Kritik und Waffe« aufmerksam mache. Sie führen dort an einer Stelle aus, daß die Kurzgeschichte in Deutschland zeitgeschichtlich gebunden gewesen sei. Nur in einer bestimmten Phase, unmittelbar nach 1945 und in den frühen fünfziger Jahren, als sich die politisch-wirtschaftliche Situation konsolidierte, sei die Kurzgeschichte die geeignete literarische Gattung gewesen, um das Lebensgefühl, die Probleme der damaligen Zeit auszudrücken. Wenn diese These zutreffend wäre, würde das tatsächlich bedeuten, daß die Kurzgeschichte heute passé ist. Denn wir leben in einer politisch und wirtschaftlich relativ stabilen Gesellschaft. Aber im selben Text weisen Sie darauf hin, daß unter einem andern Aspekt, nämlich dem der Publikationsmöglichkeiten, in der amerikanischen Situation eine Fülle von Publikationsmöglichkeiten gegeben sei und daß deshalb auch die

Kurzgeschichte dort nach wie vor eine große Rolle spiele. Das gilt ja auch noch aus heutiger Perspektive. Das heißt: in der amerikanischen Situation ist die Kurzgeschichte offenbar nicht gebunden an – so will ich es einmal nennen – politisch-wirtschaftliche Krisenzeiten. Die Short Story ist nach wie vor eine der prominentesten literarischen Gattungen. Wie läßt sich dieser Widerspruch in Ihrer Argumentation auflösen?

Sch.: Ich möchte erst einmal gern auf meinem Standpunkte bestehenbleiben. Ich will versuchen, es zu präzisieren. Ich glaube, daß die Form der Kurzgeschichte, wie ich sie als Kurzgeschichte interpretieren würde – vom Formalen her –, daß die wirklich erledigt ist. Was die deutschen Autoren, die Sie nannten, auch Böll oder Wohmann, auch Schnurre heute zuletzt geschrieben haben und schreiben, sind Erzählformen. Siegfried Lenz hat keine einzige – ich kenne den Band »Einstein überquert die Elbe bei Hamburg« – neue Kurzgeschichte geschrieben. Da ist für mich keine einzige Kurzgeschichte in dem Sinne drin, wie ich sie versuchen würde zu definieren, indem ich mich anlehne, sagen wir mal, an die bei Rowohlt herausgekommenen »49 Stories« von Hemingway als Beispiel. Wenn wir die Kriterien, die dort angelegt werden müßten, heute anzulegen versuchen, dann ist in der Tat, glaube ich, die Story, die Kurzgeschichte passé. Etwas anderes ist es, wenn Sie jetzt die Kriterien weiter ausdehnen. Ich würde diese Story, wie ich sie verstehe, die gesellschaftskritische Story, wie ich sie damals habe absinken sehen, als es in Deutschland wieder bergauf ging, wirklich als erledigt ansehen. Aus dieser Story hat sich logischerweise eine vielgestaltigere Erzählform weiterentwickelt. Ich bin nie weitergekommen, als die Novelle – die läßt sich leicht definieren – unterscheiden zu können von Erzählung und Geschichte. Erzählung ist für mich straffer, literarischer, die Geschichte, die ist ein bißchen lockerer, die muß nicht so straff sein. Aber die Kurzgeschichte ist nicht nur eine Geschichte, die kurz ist, sondern diese Kurzgeschichte hat außerdem noch eine ganze Menge, mindestens ein Dutzend, scharf einzugrenzender Kriterien. Und davon sehe ich bei den heute schreibenden Geschichtenautoren, Erzähl- oder Erzählungsautoren, mich inbegriffen, eigentlich nirgendwo mehr etwas, was sich da noch annähernd in diesen Kasten hineinbringen ließe.

D.: Nun ist das Vorbild Hemingway – es ist gar keine Frage, daß Hemingway mit seinen Kurzgeschichten als Modell eine ganz entscheidende Rolle gespielt hat, in den vierziger und fünfziger Jahren – nur eines unter vielen, das die amerikanische Gegenwartsliteratur anbietet. Und wenn ich bei Ihnen in »Kritik und Waffe« zum Beispiel als Definition der Kurzgeschichte lese: Sie ist ein Stück herausgerissenes Leben. Anfang und Ende sind ihr gleichgültig. Was sie zu sagen hat, sagt sie mit jeder Zeile. Sie bevorzugt die Einheit der Zeit, ihre Sprache ist einfach, aber niemals banal – so scheint mir, daß hier eine Poetik der Kurzgeschichte von Ihnen angedeutet wird, die weniger auf die Erzählbeispiele Hemingways zutrifft als auf die Beispiele, wie sie vielleicht Sherwood Anderson geschrieben hat. Er hat ja diesen Begriff der »Slice of Life«-Story bewußt in die amerikanische Literatur eingeführt als Gegenmodell zu der sehr kalkuliert geschriebenen, artistisch durchkomponierten Kurzgeschichte, für die wohl auch die Hemingwayschen Erzählbeispiele – nicht nur die Poes oder Bierces – paradigmatisch sind. Mit andern Worten: die Hemingwaysche Linie ist nur eine unter vielen. Wenn wir uns in der Situation der deutschen Literatur nach 1945 die frühen Beispiele anschaun, so finden wir dort die verschiedensten Adaptionen. Wenn ich nochmals auf Ihren Essay »Kritik und Waffe« zurückkommen darf: Sie erwähnen dort zum Beispiel auch O. Henry, Sie erwähnen Mark Twain, und das sind doch wiederum Beispiele, die weder mit der Definition, die ich vorhin skizziert habe, noch mit der Definition, die Sie gegeben haben, übereinstimmen.

Sch.: Das ist fraglos richtig. Es liegt wahrscheinlich daran, daß ich es schwer habe, mich von meinem Grundbegriff Kurzgeschichte zu lösen. Ich halte mich immer gern an die Logik der Wörter, und Kurzgeschichte muß nicht von der äußeren Form her kurz sein, Kurzgeschichte kann selbstverständlich – man denke an Sherwood Anderson und andere – auch eine Länge von 20 oder 30 Seiten haben, sie kann noch länger sein. Aber sie erzählt in einer ganz bestimmten Art. Selbst wenn ich an Faulkner denke, um noch ein anderes Beispiel zu nennen, dem ich sehr nahestehe, innerlich in der Schreibart, nicht, daß ich genauso schriebe, so würde ich dort auch die Kriterien der Kurzgeschichte angewandt sehen, nur eben in viel breitflächigerer Form. Aber sie sind für mich heute nicht mehr brauchbar. Ich schreibe keine Kurzgeschichten. Ich weiß nicht genau, was ich jetzt schreibe, aber wenn ich mich mit den Amerikanern – ich habe selbst den Namen Hemingway gebracht, allerdings auf damals bezogen – vergleiche, dann muß ich sagen, dann scheint sich da für mein Empfinden, auch was ich an sonstiger Literatur in Deutschland kenne, eine grundsätzlich von der amerikanischen Erzählung abgespaltene Form des Geschichtenerzählens entwickelt zu haben. Ich sehe zum Beispiel, daß man verschiedener Meinung über Lenzens letzten Band – ich meine jetzt den »Einstein«-Band – sein kann, aber das ist eine andere Art zu erzählen, als ich sie in der jetzigen amerikanischen Geschichtenerzählweise vorfinde. Selbstverständlich gibt es Überschneidungen. Aber dort gilt immer noch die Form, wie ich sie für die Kurzgeschichte gelten lassen würde oder ihre Kriterien, während hier ganz bestimmt nach neuen gesucht werden müßte. Ich selbst kann es nicht. Mich interessiert neuerdings auch nicht so sehr die Theorie. Ich schreibe und merke, daß sich da etwas ändert. Ich weiß nicht, woran es liegt. Ich könnte jetzt also nicht sagen, der Böll oder wer immer es ist, auch Schnurre, schreibt aus den und den Gründen so und das hat den und den Anlaß – das ist mir leider in dem Umfang jetzt nicht gegeben. Ich weiß nur, daß sich diese beiden Formen für mich ganz grundsätzlich voneinander unterscheiden und daß die amerikanische Form der Short Story sich nicht übertragen läßt auf das, was zur Zeit bei uns geschrieben wird.

D.: Um das nochmals ein bißchen zu pointieren: Was mich etwas verwirrt, ist die Tatsache, daß in Amerika in den letzten beiden Jahrzehnten eine Fülle von kurzgeschichtlichen Texten vorgelegt worden ist und noch immer vorgelegt wird. Und diese Texte lassen sich unter bestimmten theoretischen Aspekten als kurzgeschichtliche Erzählformen beschreiben. Diese Fülle von kurzgeschichtlichen Zeugnissen reicht sicherlich nicht aus, um die Vitalität der Gattung Short Story in Amerika unter Beweis zu stellen. Hinzu kommt auch das große Angebot an Publikationsmöglichkeiten für den Autor. Aber am Faktum der künstlerischen Vitalität dieser Gattung läßt sich nicht deuteln. Wenn wir diese Situation jetzt als Kontrast nehmen und mit der Situation in Deutschland vergleichen, dann deuten doch die Erklärungsversuche – und ich würde die von mir skizzierten mit dazu rechnen – auf ein Zurücktreten der Kurzgeschichte in der augenblicklichen literarischen Situation hin. Die Erklärungsversuche dafür, die man auch immer bemüht, werden doch eigentlich von den Sachverhalten in den USA her widerlegt. Und wenn das richtig ist, dann müßte es doch in Deutschland Möglichkeiten geben, diese Gattung zu revitalisieren. Was müßte – hypothetisch gefragt – geschehen? Liegt es – wie Sie noch in »Kritik und Waffe« glaubten – in erster Linie am Autor? Müßte noch etwas anderes geschehen, um eine Wiederbelebung zu ermöglichen? Die momentane Situation der

Kurzgeschichte in Deutschland hat sicherlich auch mit dem Schwund von Kommunikationsmöglichkeiten zu tun. Und ich meine jetzt nicht nur literarische Zeitschriften oder Tageszeitungen, die kaum mehr Kurzgeschichten drucken. Ich denke auch an Kommunikationsmöglichkeiten in der Art der Gruppe 47, die ja seit einigen Jahren nicht mehr existiert. Ich glaube, es ist ja nicht ein purer zeitgeschichtlicher Zufall, daß der erste literarische Text, der auf einer Gruppentagung vorgetragen wurde, eine Kurzgeschichte von Ihnen war. Hat also auch die erneute Aufsplitterung des literarischen Lebens in der Bundesrepublik mit dem Zustand der Kurzgeschichte zu tun?

Sch.: Ich glaube ganz bestimmt, daß das mit ein Grund ist. Wenn man politische Ziele verfolgt und versucht, sie in die Literatur einzubringen – was an sich schon ein wahnsinniges Wagnis ist, denn das Literarische muß ja heil bleiben, geht aber oft dabei kaputt, wir kennen viele Beispiele dafür –, dann ist die Kurzgeschichte aus den dargelegten Gründen in der Tat hervorragend geeignet dafür. Wenn man aber die Politik als eine Möglichkeit, als eine Eigenschaft, als eine feststehende Tatsache unter vielen anderen nimmt und sich jetzt bemüht, den Menschen literarisch einzubeziehen in das, was man schreibt – und ich schreibe mit Vorliebe kurz, ich habe eigentlich noch keinen Roman geschrieben, ich bin Erzähler in erster Linie –, dann ist es so, daß die Kurzgeschichte eben deshalb, weil sich die soziale und politische Lage so grundsätzlich, wohin auch immer, so vielschichtig verändert hat, das nicht mehr faßt. Ich muß mehr Erfahrungen einbringen. Das würde den – für mein Empfinden – sehr schmal gesteckten Rahmen der Kurzgeschichte absolut sprengen. Ich muß von vornherein eine Erzählung schreiben können, wo ich alles assoziativ unterbringen kann, was mir im Augenblick – ob gewollt, ob vornotiert oder beigeflogen, ob assoziativ, ich weiß nicht – in den Sinn kommt. Ist diese Form jetzt eine Kurzgeschichte, dann bin ich von vornherein aufgeschmissen, weil ich weiß, wie sie gebaut wird, weiß: entweder ist sie zu porös oder sie ist – ich hätte beinah gesagt – zu schmalbrüstig. Und mir geht es einfach um mehr, als in eine Kurzgeschichte hineingeht. Um nochmals auf Ihre Frage zu kommen, das scheint mir – scheint, ich bin nicht sicher – damit zu tun zu haben, daß sich eben die Dinge, die äußeren Umstände unseres Lebens in Deutschland, so verändert haben, daß sie einfach viel vielschichtiger geworden sind, schwieriger in den Griff zu bekommen sind und daher in der Story in diesem Sinne keinen Platz mehr haben. Es kommt natürlich ein zweites hinzu – das ist ganz allgemein, aber ich glaube, es hat auch noch mit Ihrer Frage zu tun –: Es war immer so, daß der Verleger, wenn man in Deutschland mit einem Manuskript kam, das Kurzgeschichten, Erzählungen zum Inhalt hatte, sagte: Ja, gut, mach ich, aber dann bitte den Roman! Mit andern Worten: dieses grundsätzliche Abwerten durch die, die für die Verbreitung der Literatur zuständig sind – Zeitungen und Zeitschriften beiseite jetzt –, das ist natürlich auch ein ungeheurer Mitzerstörer, wenn Sie so wollen – ich mein das jetzt nicht böse, sondern ganz sachlich –, daß eben die Story in dem Sinne nicht mehr geschrieben wird. Wir haben den Funk noch, da gibt es literarische Abteilungen, die einfach aus Zeitgründen der Erzählung, der Story durchaus Raum gönnen, aber das genügt natürlich nicht, um eine so wichtige Form weiterhin am Leben zu erhalten. Ich glaube auch nicht, daß sie zu erwecken sein wird, weil ich, was die Story angeht, die Kurzgeschichte, doch bei meinen damals festgesetzten Erkenntnissen bleibe, die sich allerdings nicht mehr mit meiner heutigen Erzählform decken.

D.: Ich würde den zweiten Teil Ihrer Antwort sehr nachdrücklich unterstreichen, daß also ganz zweifelsohne die starke Reduktion von Publikationsmöglichkeiten für

Kurzgeschichten dazu beigetragen hat, daß diese literarische Gattung im »offiziellen Literaturbetrieb« der Gegenwart in Deutschland etwas aufs Abstellgleis – so will ich es einmal übertreibend formulieren – geschoben worden ist. Was jedoch den ersten Teil Ihrer Antwort betrifft, den Hinweis auf generelle Einschränkungen im künstlerischen Ausdrucksvolumen dieser Form, so zögere ich.

Die Kontinuität im eigenen Werk

D.: Lassen Sie mich das, was bisher allgemein erörtert worden ist, konkretisieren, und zwar am Beispiel Ihres eigenen kurzgeschichtlichen Werks und auch am Beispiel der Entwicklung, die Sie als Autor genommen haben. Könnte es nicht möglicherweise so sein, daß Sie etwas zu erklären versucht haben, was vielleicht subjektive Gründe hat, die auf Ihre Werkgeschichte zurückweisen? Ich will das zusätzlich ein bißchen verdeutlichen, indem ich stichwortartig die Rezeption Ihres Werks einblende, etwa am Beispiel eines Kritikers wie Reich-Ranicki, der einmal geäußert hat, daß Sie im Grunde doch wohl –

Sch.: Ein Meister der kleinen Form –

D.: – ein Meister der kleinen Form seien.

Sch.: Ein skurriler Kauz.

D.: Ja, Formulierungen, die in diese Richtung weisen. Was noch als typisch für die Rezeption Ihres Werkes mit hinzukommt, sind Formeln, die eine einheitliche thematische Entwicklungslinie Ihres Werks als nicht vorhanden beklagen. Nehmen wir – um das zu illustrieren – den ganz frühen Schnurre – ich habe vorhin den Text »Das Begräbnis« erwähnt, den Sie damals auf der ersten Tagung der Gruppe 47 vortrugen – und, sagen wir, einen Text aus den »Aufzeichnungen des Pudels Ali«. Wenn man beides gegeneinander hält, scheint es doch in der Tat, als wenn sich zwei verschiedene literarische Welten dokumentieren. Vielleicht lassen Sie mich diesen Kontrast noch an zwei anderen Beispielen unterstreichen. Ich habe vorhin jene Stelle aus Ihrem Essay »Kritik und Waffe« zitiert, wo Sie darauf hinweisen, eine Kurzgeschichte müsse satirisch sein, sie müsse angreifen, sie sei im Grunde ein politischer Text. Und nun lese ich, sicherlich ironisch verklausuliert, eine Reflexion in den »Aufzeichnungen des Pudels Ali«, wo es heißt: »Das Buch eines Autors gelesen, den die Salons mit zeitnah etikettieren. Der Arme, wie wenig Spaß hat er doch beim Schreiben gehabt, und wie sauer schmeckt das nun alles. Sie marschieren heute beim Schreiben, sie gehen nicht mehr spazieren. Staubwolken, Schweiß und das Schlafzimmer, was kommt dabei schon heraus. Sie sehen, was alle sehen: Aborte, Verbrechen, Bars und die Müllplätze, Krieg und das Elend im Scheinwerferlicht und, wenn es hochkommt, auch die ungütigen Auswirkungen der Politik hin und wieder. Aber daß der Rost am Tulpenkelchgrund derselbe ist, der im Spätsommer die Kehlen der Mauersegler so rauh macht, daß ihr Schreien heiser wie das Klirren lang nicht geölter Rollschuhe klingt, das wissen sie nicht. Und dabei fängt hier das Dichten erst an.« – Wenn ich beides einander gegenüberstelle: Ist das nicht eine Art Revision des Ausgangspunktes, die sich beim Autor Wolfdietrich Schnurre vollzogen hat?

Sch.: Dazu muß ich ganz schnell etwas sagen. Wenn Sie das so vortragen, dann muß ich sagen, dann klingt es natürlich so, als ob man hier einem Mann auf die schizophrenen Schliche gekommen ist und sagt: So, jetzt haben wir dich geschnappt! Nun, geschnappt, ein bißchen schon. Selbstverständlich steckt man auch in einer Figur wie dem Pudel Ali drin, der aber doch im Grunde eine satirische Figur ist und der hier — wenn ich es mal vereinfachend sagen darf – den Elfenbeinturm-Standpunkt einnimmt. Damals ist gerade das Buch von Jünger, »Strahlungen«, erschienen. Der Pudel Ali zielt auch ein wenig in diese Richtung, was man ja auch hin und wieder mitbekommt. Der Pudel Ali ist natürlich schon ein Dichter. Auch wenn ich einen Mord schildere, muß ich ja, obwohl ich gegen Morden und gegen die Todesstrafe bin, in einen Mörder oder Verteidiger der Todesstrafe hinein – wie viel mehr, wenn ich über einen Dichter schreibe. Ich muß mich natürlich seiner Assoziationen bedienen, die im Grunde natürlich meine sind. Die Frage, die natürlich daraus resultiert: Bist du der Meinung, die der Pudel Ali äußert? Ich bin der Meinung, daß es wichtig ist zu wissen, daß es zwischen der Tulpe am Kelchgrund – ich darf mal dies feine Beispiel nehmen – und dem Rasseln der Mauersegler und dem Rollschuhklirren, daß es da Assoziationen gibt, die ganz interessant wahrzunehmen sind. Die Frage ist nur, ob ich daraus eine Weltanschauung mache und meine Schreib-Kraft von dorther beziehe und meine, das sei das letzte, oder ob ich aus beidem einen Kompromiß herstelle oder ob ich mich einseitig weiterhin auf der Linie bewege, wie ich es früher lange Zeit getan habe, daß ich mich nämlich um das vordergründig Realistische kümmere. Sie sehen schon an dieser Formulierung, daß ich mich logischerweise – ich will nicht sagen: auf Pudel Ali zubewege, aber selbstverständlich von einer Sache wie dem »Begräbnis« – das habe ich fast noch im Krieg geschrieben, 45 ist es entstanden – wegkomme. Und ob nun Ranicki feststellt, daß da keine Weiterentwicklung ist oder nur eine sprunghafte oder nicht, das ist wieder eine zweite Frage. Man publiziert ja nicht alles, was man schreibt. Und man hat auch konkretere Vorstellungen. Meine Vorstellung ist die, daß ich, auf dieser Realerfahrung – wenn ich es mal so nennen darf –, die die Story und das Behandeln der Kurzgeschichte mir gebracht haben, aufbauend, weitergeschrieben habe und eine Erzählung bevorzuge, die durchaus das Reale einbezieht, aber auch das, was sich zusätzlich noch sagen läßt, was mir interessant scheint, auch auf die Gefahr hin, daß da vielleicht, ich will nicht sagen, l'art pour l'art ist, aber mehr Künstlerisches ist als Menschliches, wobei das Menschliche nicht zu kurz kommen darf. Da sollte durchaus ein Kompromiß gesucht werden, und da liegt für mich eigentlich die Berechtigung dafür, daß ich mich heute Literat nenne. Wenn ich nur auf dem Tulpenkelchgrund zu balancieren versuchte, so wäre das auf jeden Fall falsch. Es wäre für mein Empfinden aber auch falsch, wenn ich dort nach wie vor stünde, wo ich – ich weiß nicht, wie lange – eine ganze Zeit gestanden habe, nämlich bei den aus der Kriegserfahrung resultierenden, damals geschriebenen Stories. Ich versuche, einen Kompromiß zu gehen und mich vor allem darum zu kümmern: Was verlangt ein Verleger? Und: wenn auch nicht so sehr: Was verlangt der Leser? Vor allem aber: Worüber interessiert es dich eigentlich zu schreiben, in welcher Form? Da muß ich sagen: Je präziser, je exakter, desto besser. Schmecken muß es, riechen muß es, tastbar sein muß es, nachvollziehbar sein muß es, und so spezifisch selbsterlebt wie nur möglich muß es sein. Ob das nun der Pudel Ali unterzeichnet oder nicht, das weiß ich jetzt nicht. Wenn er es unterzeichnet, würde ich mich trotzdem nicht als seinen Gefolgsmann bezeichnen.

D.: Ich bin Ihnen dankbar für diese Differenzierung meiner kleinen polemischen Konstruktion. Aber ich habe das ja nur als Beispiel gebracht, um auf ein gewisses Moment der Irritation hinzuweisen, das offenbar die Rezeption Ihres Werks begleitet. Und ich will das auch gar nicht in dem Sinne zuspitzen, daß ich hier eine Art von

Konversion anhand Ihres Werks zu akzentuieren versuche, ungefähr nach der Devise: der frühe gesellschaftskritische, politisch engagierte Schnurre und der mittlere und späte zum Standpunkt einer autonomen Poesie bekehrte. Das will ich keineswegs tun. Aber worauf ich doch hinweisen möchte, ist, daß dem Leser vom Autor selbst gewisse Suggestivformeln angeboten werden in einem Text wie den »Aufzeichnungen des Pudels Ali«. Ein Text übrigens – ich darf das hier nur kurz einflechten –, der ja durchaus sehr erfolgreich gewesen ist und ist. Ich erwähne nur das große Lob von Wolfgang Hildesheimer. Ich glaube auch, völlig zu Recht. Um auf diese Suggestivformeln noch einmal zurückzukommen: Da heißt es etwa an einer Stelle: Verwechslung der Funktion eines Dichters mit der eines Büroboten des Sozialamtes. Oder am Beispiel einer Eule, die, wenn ich mich recht erinnere, einen Gefängnisroman geschrieben hat –

Sch.: Nein, einen Reformationsroman. Die Eule hat einen Reformationsroman geschrieben.

D.: Gut, aber als der Pudel Ali im Gefängnis ist, da stellt er fest: Die schreiben alle Gefängnisromane, die erfolgreich sind. Oder ist es nur ein kleiner ironischer Schlenker, wenn der Pudel Ali an einer Stelle reflektiert, daß sein Sänftenträger Böll liest, anstatt Messing zu putzen? Das Ganze ergibt ja eine Art von Kontext, und dieser Kontext verleitet natürlich dazu, hier eine gewisse Positionsumorientierung des Autors Schnurre signalisiert zu sehen. Natürlich könnte man diese Positionsumorientierung auch einfach so sehen, daß Sie das Spektrum Ihrer Themen und auch der Formen, die Sie heranziehen, um diese Themen auszudrücken, erweitert haben. Wenn man sich im historischen Überblick Ihr Werk anschaut, so ist das Charakteristische auch zunächst: welcher Reichtum von Formmöglichkeiten. Natürlich ist damit andererseits die Schwierigkeit verbunden, das auf eine bestimmte, einheitliche Grundlinie zurückzuführen, die dann als Schlüssel zum Verständnis dient.

Sch.: Gott steh mir bei! Ja, schaun Sie, das trifft natürlich dem Unding der Rezeption ins Herz. Das ist natürlich wahnsinnig schwierig. Ich glaube, das würde mir auch so gehen, wenn ich diesem Autor begegnete und müßte ihn unterbringen und hätte ihn mit drei Story-Bänden einigermaßen im Griff. Dann schreibt der Mann plötzlich »Das Los unserer Stadt«, ein Buch, wo ich sage: Das klingt so mittelalterlich, was ist das? Es ist mosaikhaft zusammengestückt. Wo steht der Autor eigentlich? Wo hat er das nun wieder her? Dann schreibt er plötzlich den »Pudel Ali«, dann macht er wieder Gedichte, dann macht er wieder etwas anderes. Das steht natürlich der Rezeption ungeheuer im Wege. Und deswegen kann ich die Ratlosigkeit Ranickis – ohne Ironie gesprochen jetzt – nicht Pudel Alisch ausgedrückt – an sich sehr gut verstehen. Nur glaube ich, daß ich mit einem intelligenteren Leser rechne, als ihn mir Ranicki zugestehen will. Der Pudel Ali hat seinen Erfolg, nicht weil hier nickend festgestellt wird: Endlich hat einer mal wieder das Mauerseglerkreischen für interessant gefunden, sondern weil es eine Menge Leser gibt, die durchaus verstehen, daß sich hier ein Autor ganz bewußt – vielleicht aus eigener Erfahrung, er muß es ja irgendwoher haben – von dem Schlafrock-Dichter distanziert, von dem Mann, der sich die Kissen parfümiert – warum auch nicht –, aber von dem Mann, der so schreibt, als ob er sich täglich die Kissen parfümierte, um wohliger ausruhen zu können. Mit andern Worten: Das ist für mein Empfinden – ich will es jetzt nicht hineininterpretieren, aber ich glaube, daß es auch so verstanden worden ist – eine Abrechnung mit dem L'art-pour-l'art-Schreiber, und ich würde ihm auch heute noch – ich habe das einmal geprägt, vielleicht ist es ein bißchen an den Haaren herbeigezogen, aber es drängt sich assoziativ auf – den L'art-pour-l'homme entgegensetzen. Ich würde sagen, der »Pudel Ali« ist natürlich ganz bewußt ein L'art-pour-l'homme-Buch, denn angegriffen wird der L'art-pour-l'art-Standpunkt von A bis Z. Nur so ist der »Pudel Ali« gemeint. Ich sage ja, er läuft heute noch als Taschenbuch. Ich würde wünschen, er sei längst gestorben. Ich finde lang laufende Bücher nicht schön.

D.: Aber Sie haben ihn offenbar auch bearbeitet.

Sch.: Sie haben recht. Zum Beispiel der Böll, den Sie vorhin erwähnten, und der Grass, die sind hinterher hineingekommen. Sie sind hineingekommen aus dem Grund, weil ich gerecht sein mußte. Es ist ein zeitbezogenes Buch. Ich hatte damals Waldemar Bonsels genannt, der damals schon längst abserviert war. Das mußte aufgefrischt werden. Also nehme ich einen meiner Kollegen, selbstverständlich. Denn ich bin genauso brauchbar für Satire. Jeder, der schreibt, muß sich das gefallen lassen. Und denken wir an Robert Neumann beispielsweise, an die schönen Satiren, die er geschrieben hat. Böll ist hier eingesetzt worden, weil das Buch überarbeitet worden ist und weil ich ihm durchaus so viel Bedeutung beimesse. Das ist meine Abrechnung mit diesen Wolkenkuckucks-Schreibern, auch mit den Lesern, die mit dem, was im Wolkenkuckucksheim geschrieben wird, lieber umgehen als mit dem, was schlicht und einfach am kahlen Schreibtisch entsteht.

D.: Die einzige Schwierigkeit, die ich sehe, ist die Beziehung dieser Absicht auf die literarische Situation zu jener Zeit, als der »Pudel Ali« entstand. Mit andern Worten: Hatten die Kalligraphen – so will ich sie einmal nennen – damals, als das Buch erschien, tatsächlich in Deutschland wieder die Oberhand? War es nicht ein Zeitpunkt, an dem sich Autoren wie Böll zum Beispiel mit ihrem Werk durchzusetzen begannen, und das ist doch zweifelsohne nicht der kalligraphischen Linie zuzurechnen?

Sch.: Die Kalligraphen haben in Deutschland ihre Feder niemals aus der Hand gelegt. Sie haben sie im Krieg nicht aus der Hand gelegt, sie haben sie nach dem Krieg nicht aus der Hand gelegt. Sie schreiben auch heute noch. Das ist ein Tatbestand, den wir allerdings erst in dem Augenblick merken, wenn wir uns um die Stillen im Lande, als die sie sich selbst ja so gerne bezeichnen, ein wenig kümmern. Logischerweise wird natürlich – natürlich ist es nicht, aber es liegt in der Natur der Sache – mehr über die gesprochen und geschrieben, die engagiert schreiben, die auch mal Stellung zu etwas Politischem nehmen. Aber die sogenannten Stillen im Lande, die Kalligraphen, wie Sie sie so freundlich und gütig nennen, die bosseln ja nach wie vor. Ich will nicht das allergrößte Beispiel nehmen, Herrn Waggerl usw. – die haben wir noch immer. Und über die Salatschnecke ist den ganzen Krieg über geschrieben worden. Und wo hat die Salatschnecke hingeführt? Genau ins Konzentrationslager, würde ich sagen, wenn ich jetzt ein bißchen überspitze. Und daß ich nun den Böll, den Schnurre, den Borchert, die damals, 45, anfingen zu schreiben, nicht als ganz große Leuchten nehme – die waren einfach da, und die haben anders geschrieben als die, die vorher schrieben. Da hat sich erst etwas entwickelt. Ich finde das nicht so bedeutsam, daß die damals oder jetzt im »Pudel Ali« hätten geschont werden müssen. Angegriffen werden müssen auf jeden Fall die, die so schreiben, daß das eben möglich gewesen ist. Wenn man an die ganze beschauliche Literatur denkt, die die Nazis immer erfreut zugelassen haben, ob es im »Inneren Reich« war oder wie die ganzen Publikationen damals hießen oder die schönen Beilagen im »Reich«, wo so fein gedichtet wurde, daß es überhaupt nicht zu spüren war, was da eigentlich los war: da war alles heil, jedes Salatblättchen, jeder Tautropfen schimmerte. Das ist jetzt der Pudel Ali, der jetzt nicht nochmals aufwärmt, sondern der darauf hinweist. Auch ein so engagierter Mann – ich sag das jetzt mal mit einem bißchen Respekt – wie Jünger hat natürlich dazu beigetragen. Wenn ich mein Rotweinglas erhebe und sehe darin das brennende Paris und finde das wunderbar, wie sich das bricht – das sieht sicherlich wunderbar aus –, dann muß ich eben auch wissen: was ist das für ein Feuer, was sich da widerspiegelt? Und: kann ich so schreiben? Das ist eben der grundlegende Unterschied zwischen dem Kalligraphischen, das keineswegs aufgehört hat. Die schreiben ja auch auf niederen Ebenen. Der Kampf, wenn man das zuspitzen darf, spielt sich genauso in der Leihbücherei wie auf der gehobeneren Ebene ab, wie wir sie heute im normalen Buchladen finden, wo scheinbar die handfeste literarische Gebrauchsliteratur meines Genres die Oberhand hat. Aber wenn ich kratze, dann sind die Kalligraphen sofort wieder da. Jeder Durchschnittsleser tendiert eher zu ihnen als zu mir, logischerweise.

Der Standort des Erzählens

D.: Die Rezeption, die die »Aufzeichnungen des Pudels Ali« gefunden hat, weist möglicherweise noch in eine andere Richtung. Hildesheimers Resonanz ist vielleicht ein Beispiel dafür. Er hat im »Pudel Ali« so etwas wie eine poetische Befreiung der Literatur gesehen, eine poetische Befreiung auch im Sinne der absurden Poesie, die ja einen wichtigen Einstieg bei ihm darstellt. Das wäre die eine Schwierigkeit angesichts Ihrer Argumentation. Die andere Schwierigkeit ist die, daß Sie die Form der Satire ja viel prägnanter in Ihrem Werk realisiert haben, als Sie am Beispiel des »Pudels Ali« andeuten. Ich denke etwa an »Das Manöver«, eine Geschichte, die sich durchaus als Satire auf die Institution Militär lesen läßt. Hier wird von einer ganz anderen Basis aus Kritik geübt, wobei entscheidende Details die Wertungs-, die Beurteilungsmöglichkeiten für den Leser signalisieren. Aber selbst in einem so eindeutigen Erzähltext wie »Das Manöver« deutet sich ein Rahmen an, der auf die »Aufzeichnungen des Pudels Ali« – in gewisser Weise – zurückdeutet. Am Anfang wird das Bild der Vögel erwähnt, die diese Landschaft belebt haben, bevor das Manöver begann. Und am Ende wird, nachdem die Natur gewissermaßen durch den Widder, der den General tötete, Rache genommen hat, das Naturtableau wiederhergestellt. Der letzte Erzählabschnitt enthält erneut eine Beschreibung der Vögel, die sich wieder niederlassen. Ist das also nicht – ich weiß, ich spitze jetzt zu – bereits in eine Richtung geschrieben, die das Bild des Mauerseglers im Spätsommer, den Natur-Topos in den »Aufzeichnungen des Pudels Ali« assoziieren läßt?

Sch.: Man muß da unterscheiden, glaub ich. Der »Pudel Ali« bedient sich des Mauerseglers. Der Autor, der die Geschichte »Das Manöver« geschrieben hat, bedient sich des Bussards nicht. Er nimmt den Bussard, wo er hingehört. Dieser Autor scheint ein wenig Bescheid zu wissen über die Natur. Die Vögel – es sind die Goldammer, der Bussard, Vögel, die heute ökologisch nicht mehr vorhanden, die ausgestorben sind, damals gab es sie noch – gehörten in diesen Heidebereich, wo das Manöver stattfindet. Sie haben eine ganz spezielle Funktion, nämlich die Funktion zu zeigen: So sieht die Natur aus. Und irgendwo steht auch der Satz, ich glaube, als Konjunktiv, als Möglichkeitsform, im »Manöver«, daß anzunehmen ist, daß die Lerchen die ganze Zeit, wo geschossen worden ist, nicht aufgehört hätten zu singen. Das ist kein Symbol, das ist

*eine Tatsache. Ich gehe heute so weit zu sagen, da ich inzwischen weiß, was passiert ist:
Das ist eine tröstliche Feststellung. Es gibt kaum noch Lerchen. Ich hab sie ganz selten
noch bemerkt, nur in Landschaften, wo kein entsprechendes Insektozid verwendet wird.
Und wenn der Pudel Ali die Lerche nimmt und was immer er jetzt nimmt – abgesehen
davon, daß der Autor es so gemacht hat, daß seine Geschöpfe ja meistens Tiere sind –, so
besteht da ein grundsätzlicher Unterschied, glaub ich, zwischen den Vögeln in der
Geschichte »Das Manöver« und den Vögeln, wie sie im »Pudel Ali« vorkommen, weil
sie im »Pudel Ali« Symbolwert haben, weil sich eben das hohe Dichterische, das
Orphische – was weiß ich – des Vogelliedes in einer antirealistischen Form manifestiert.
Im »Manöver« soll einfach gesagt werden: wie sieht es eigentlich aus in einer Landschaft,
in die der Krieg einbricht – Manöver ist ja auch Krieg –, und wie sieht es aus, wenn dieses
Manöver aus irgendeinem Grund – in diesem Fall war es eine Schafsherde, die so groß
war, daß nicht weitergemacht werden konnte – unterbrochen wird. Es sieht so aus, daß da
der Bussard genauso kreist, wie er eigentlich vorher gekreist ist, jetzt ist er ein paar
hundert Meter weitergezogen. Und die Lerche hängt auch noch in der Luft. Das ist für
mich eine tröstliche Erkenntnis, tröstlich einfach insofern, daß der Technik doch noch
Widerpart geboten werden kann. Ich habe jetzt allerdings meine damalige Geschichte
interpretiert. Ich würde heute nicht mehr die Stirn haben, sie zu schreiben. Ich darf nur als
Parenthese anführen: Ich halte heute die Natur für eine ungeheure Verliererin gegenüber
der Technik. Heute ist es umgekehrt. Und ich hätte heute nicht mehr den Mut, eine
Geschichte wie »Das Manöver« zu schreiben. Ich hoffe, daß ich mal eine schreibe, die die
Realitäten berücksichtigt, aber die sähe natürlich wesentlich anders aus.*

*D.: Ich will die »Aufzeichnungen des Pudels Ali« im Kontext Ihres Gesamtwerks nicht
überbetonen. Aber was die Aufmerksamkeit, die ich diesem Buch zolle, doch in meinen
Augen ein bißchen zu unterstützen scheint, ist die Tatsache, daß es ja auch in Ihrem
gesammelten kurzgeschichtlichen Werk diese beiden Linien gibt: Da ist einmal der
ernste, der kritische, der sozialpolitisch engagierte Erzähler Wolfdietrich Schnurre, und
da gibt es zum andern – wie der Titel einer Ihrer Sammlungen heißt – »Schnurre heiter«.
Im zweiten Fall also ein Autor, der sich den Themen und Stoffen in der Realität zuwendet,
die nicht von vornherein eine sozialpolitische Deutung nahelegen. Ich denke an die
Porträts von Außenseitern, die sich in der Sammlung »Schnurre heiter« finden, also etwa
»Das Fossil«, die Kurzgeschichte über den ungewöhnlich Langen, »Die Steckrübe« über
den Buckligen, ich denke an Erzählbeispiele, die eigentlich bereits in die Richtung des
erzählenden Feuilletons weisen. Ich gebrauche diesen Ausdruck jetzt keineswegs
pejorativ, sondern in Analogie zu dem angelsächsischen Terminus »narrative essay«.
Und gerade da haben Sie meiner Meinung nach großartige Texte geschrieben, etwa »Die
historische Richtigstellung«: die Anklage des Holzes, das daran beteiligt war, daß
Christus getötet wurde. Der Assoziationsreichtum, der sich hier einstellt und der von
Ihnen sprachlich stimuliert wird, ist außerordentlich. Aber wie gesagt: das Ganze ist
eigentlich nicht mehr ohne Abstriche in einer Poetik der Kurzgeschichte unterzubringen,
obwohl gerade die zuletzt erwähnte Geschichte politischen Zündstoff enthält, als Satire
auf die Kirche, auf das Christentum und seine Art zu denken. Ich könnte noch andere
Beispiele bringen. Was ich sagen will, ist: daß hier bestimmte Stoffe und Themen von
Ihnen gestaltet worden sind, die nicht in Übereinstimmung zu bringen sind mit der frühen
wichtigen Geschichtensammlung »Eine Rechnung, die nicht aufgeht«, wo die gesell-
schaftsanalytischen, die politischen Zusammenhänge der einzelnen Erzählbeispiele*

*unübersehbar sind. Es wäre durchaus legitim, wenn in Ihrem Werk ein Entwicklungs-
sprung stattgefunden hat, wenn neue Stoffe und Themen integriert worden sind, wenn
sich das Spektrum erweitert hat, ohne daß das monolithisch auf einen bestimmten
Entwicklungsstrang eingeebnet werden kann.*

*Sch.: Wissen Sie, was sehr interessant ist und was mich immer schon ein bißchen
befremdet hat – wenn ich es mal behutsam formulieren darf –, ist die Tatsache: Wenn in
einem Autor mehrere Richtungen zum Ausdruck kommen in der Form, wie er schreibt,
dann geht man immer davon aus, daß er sich von dem wegentwickelt und dorthin
entwickelt. Ich bin der Meinung, daß eine grundsätzliche Prädisposition vorhanden war.
Dieser Mann hat offenbar – wenn ich jetzt von mir abstrahiere – irgendwie mitgekriegt,
daß er irgendwann einmal schreiben wird. Er hat schon sehr früh angefangen. Dann war
der Krieg zu Ende, ein ungeheures Erlebnis, so daß er sich hinsetzt, um seinen
Schuldkomplex – wie so viele andere –, so gut er kann, wenn man das sagen darf, sich
vom Leib zu schreiben. Er fängt jetzt eben an zu schreiben. Plötzlich stellt er fest:
Aufgebraucht, alles erledigt, ich kann wieder Luft holen. Er sagt: Was ist eigentlich noch
da? Da ist ein Verbrechen, das soll auch noch mit hinein. So. Was ist jetzt los? Hier riecht
es so komisch. Er guckt sich um: Ah, Stinkmorchel oder meinetwegen eine Blume.
Warum ist denn diese Stinkmorchel, um Gottes willen, wenn sie im richtigen Kontext
steht, anstößig? Ich will jetzt keine Religion um das Stiefmütterchen machen, das tut der
Pudel Ali, aber das Stiefmütterchen hat selbstverständlich wie der Mauersegler, das
Kreischen des Mauerseglers, die Funktion, mir zu zeigen: Hier ist noch ein Zeichen der
Realität. Mach daraus, was du willst! Du kannst es realisieren. Du kannst aber auch unter
Umständen sagen: das Mauerseglerkreischen erinnert mich, wenn ich die Augen
zumache und obwohl ich jetzt mitten in den Berner Alpen bin, an Berlin Alexanderplatz
im Sommer. Es hat also jedes seinen Bezug. Und da ist es mit diesem Autor Schnurre ganz
offensichtlich so, daß er ein poröses Gestein ist, das die Realität aufnimmt und mal dem
einen etwas mehr beimißt und mal dem andern. Es kommt natürlich auf die
grundsätzliche Stoffwahl an und auf das momentane Engagement, wohin man gerade
tendiert. Man hat ein riesiges Notizbuch, fischt sich mal das heraus, mal das, das ist ja
keine Zufallswahl. Es kommt das heraus, was einem gerade liegt, vielleicht ist es eine
Zeitströmung, vielleicht ist es – unglücklich für den Rezipienten – keine Zeitströmung.
Dann sagt er: Ja, wie kommt der jetzt eigentlich dazu? Jetzt findet der plötzlich die Amsel
interessant. Ich finde die Amsel hochinteressant. Ich habe neulich die Entdeckung
gemacht, ich kann sehen, daß eine Amsel singt. Ich habe sie nicht gehört, die saß oben auf
einer Bank und hat den Schnabel auf- und zugeklappt, und ich sah die Sonne im
Schnabel. Ich finde das ein wunderbares Gleichnis, und ich werde es wahrscheinlich
eines Tages verarbeiten. Das ist die Realität, das habe ich gesehen. Oder ich sehe – das
habe ich früher im Krieg, nach dem Krieg gesehen –, daß ein Pflanzenkeim den Asphalt
sprengen kann. Da kann mir einer sagen: Na, hör mal, das ist die Natur. Für mich ist das
aufregend, auch wenn ein Mann eine Frau umbringt oder umgekehrt. Das ist alles
Realität, das nehme ich wahr, und da nehme ich mir als Autor das Recht, jedes
gleichgeordnet neben den Menschen, die Eintagsfliege neben den Menschen zu stellen.
Nur: die Eintagsfliege nicht dem Menschen überzuordnen, sondern mir an der
Eintagsfliege, wenn es mir mal ganz beschissen geht, ein Beispiel zu nehmen. Ich hab mal
eine ganze Nacht einer Eintagsfliege zugesehen, und mir ist klar geworden, was Altern
heißt. Das hab ich auch an meiner Großmutter gesehen, ich war auch ergriffen, aber*

damals war ich zu klein. Bei der Eintagsfliege habe ich es auf meiner Hand gesehen: wie die Fühler welk wurden, wie die Flügel schlapp wurden. Und nachher konnte ich sie nehmen, umdrehen, sie war gestorben. Das sind Dinge, die ich mir erlaube mitzubehandeln. Ob die jemand jetzt zu mir passend findet oder nicht, das ist eine andere Sache. Für mich gehören sie zum Leben dazu, und ich versuche, so unvollkommen, wie ich gemacht bin – alles fließt ja nicht in mich hinein –, aus diesem Leben widerzuspiegeln, was mir interessant gewesen ist. Selbstverständlich sind da deskriptive Texte dabei. Ich glaube, daß der Deskription, der puren Beschreibung, unter Umständen eine eminente Aufgabe zufällt, wenn ich nämlich, was bestimmt nicht auszuschließen ist, von mir selber nicht völlig abstrahiere, sondern teilnehme. Ich habe mal etwas über ein fallendes Blatt geschrieben. Da kann man natürlich auch eminent kitschige Dinge schreiben, und die Gefahr ist sehr groß. Aber gerade das reizt mich, darüber zu schreiben: wie das da runterfällt, und nachher eine Blattrispe nehmen, daß die wirklich aussieht wie ein Gerippe und sich auf jeden Menschen projizieren läßt und auf jedes Wesen. Das sind eben die Dinge, die vielleicht nicht zuletzt die Dichtung ausmachen, Dichtung jetzt ohne Anführungszeichen, und wo man sich dann irgendwo überschneidet mit Jünger, mit Rilke, die ich alle als großen Komplex – ich will nicht sagen – ablehne, aber von denen ich mich distanzieren möchte. Natürlich finden da Überschneidungen statt, die ich niemals leugnen würde, die allerdings auch die Vielfalt der Dinge ausmachen, über die ich schreibe und die jetzt den Menschen, die mich auf eine Strippe reihen möchten, ungeheure Schwierigkeiten bereiten – logischerweise. Denn da kommt man nicht weit, da muß man sofort einen Knoten machen, und dann geht's nach rechts oder links. Diese vorgezeichnete und erhoffte Entwicklung, die man skizziert, wenn einer engagiert angefangen hat, die möchte ich nicht – nicht willentlich, aber instinktiv, so wie ich gemacht bin – nachvollziehen. Ich schreibe darüber, was mich heute morgen interessiert. Ich weiß nicht, ob es mich noch morgen interessieren wird.

D.: Nun ist es aber auch so, daß Ihnen der literarische Markt – so will ich es einmal ganz neutral formulieren – ganz bestimmte Angebote macht, die auch Ihre literarische Arbeit bestimmen. Sie haben zum Beispiel in den letzten Jahren Fernsehspiele geschrieben. Sie schreiben wieder zur Zeit, glaub ich, an einem Fernsehskript. Wenn man diesen äußerlichen Anlaß einmal wegläßt und sich später anhand der entstandenen Manuskripte nur den historischen Kontext anschaut, dann deutet doch das im Überblick entstehende Bild – ein bestimmter Erzählband, Tagebuchaufzeichnungen, Fernsehspiele – darauf hin, daß Sie eine bestimmte Linie verlassen haben, mit etwas Neuem begannen, und das Ganze ist nicht von vornherein in Zusammenhang zu bringen mit einer bestimmten, sich manchmal klarer, sich manchmal weniger klar dokumentierenden Intention. Ich glaube, daß ist völlig legitim. Ich würde das auch nicht als fehlendes einheitliches Profil – wie Ranicki etwa – Ihres literarischen Werks klassifizieren wollen, sondern es ganz im Gegenteil als – formelhaft ausgedrückt – experimentellen Reichtum Ihres Schreibens anerkennen. Eine andere Frage ist es, welche Schwierigkeiten sich daraus für den Rezeptionsdialog ergeben. Denn die Wirkung eines literarischen Werks kann ja nicht gelöst werden von diesem Dialog, der zwischen Leser und Autor entsteht. Wenn die Stichwörter, die der Leser bekommt, plötzlich ganz fremd klingen, aus neuen Sprachen stammen, denen er nicht gleich folgen kann, geht der Kommunikationskontext verloren. Und es ist doch wohl so, daß die Kurzgeschichten, die etwa in der Sammlung »Eine Rechnung, die nicht aufgeht« stehen, eine historische Signifikanz besitzen für die

Erfahrung der Zeit, die Sie gestalten, eine historische Signifikanz darüber hinaus bezogen auf das, was damals in der deutschen Literatur geschrieben wurde. Bei den »Aufzeichnungen des Pudels Ali« wird die Situation komplizierter und noch komplizierter – möglicherweise – bei Ihren Fernsehspielen. Ich glaube, daß Sie als Autor nur sehr schwer die Möglichkeit haben zu verfolgen, welche Kreise – wenn ich es einmal so formulieren darf – der Stein erzeugt, der da ins Wasser geworfen worden ist.

Sch.: Ich darf Ihnen sofort darauf antworten und nur ein winziges Kuriosum richtigstellen: Der »Pudel Ali« war praktisch mein erstes Buch, und »Die Rechnung« ist ungefähr zehn Jahre später erschienen. Alles das ist ungefähr parallel geschrieben worden, der »Pudel Ali« ist mit den Kurzgeschichten zusammengegangen. Aber das ist nur ein Kuriosum, wie gesagt. Und was die merkwürdige Art dieses Autors – ich stehe nicht allein da damit, aber Sie fragen mich, und ich will antworten – betrifft, daß er beispielsweise 30 Hörspiele geschrieben hat – ich habe über 20 Fernsehspiele geschrieben, jetzt eine Fernsehserie gemacht –, das ist auf der einen Seite – ich darf's gleich noch stärker formulieren – Neugier: Es gibt eine Form, bedien dich dieser Form mal, zuerst mit aller Unbefangenheit. Das ging daneben. Ich bin nie sofort mit einem neuen Medium vertraut. Ich laß mich belehren, ich versuche etwas. Irgendwann klappt es, oder es klappt nicht. Dann läßt man es halt wieder. Es kommt allerdings noch etwas hinzu. Ich pflege mir meine Bücher, die nie eine hohe Auflage haben – das klingt jetzt ein bißchen unglaubwürdig –, vorzufinanzieren. Wenn ich mich hinsetze und schreibe ein Buch, dann ist es meistens so, daß ich weiß: da brauchst du mindestens ein Jahr zu, und du möchtest auch noch ein bißchen Luft holen. Ich hab auch eine kleine Familie, ich kann nicht nur schreiben. Du brauchst aber Geld. Und ein Vorschuß für einen Erzählungsband – das ist lachhaft. Und Vorschüsse sind lebensgefährlich, das wissen wir. Was mach ich? Ich denke mir ein Fernsehspiel aus. Ich bin immer der Meinung gewesen, ich kann niemals mit der linken Hand schreiben, ich habe immer mit beiden Händen geschrieben. Wenn ich ein Fernsehspiel schreibe, schreibe ich ein Fernsehspiel. Ich messe ihm nur deshalb nicht so viel Bedeutung bei, weil ich mich in erster Linie als Literat betrachte.

Dialogisches Schreiben

D.: Nun habe ich das Beispiel Fernsehspiel nicht nur aus Interesse an den literarischen Möglichkeiten, die Sie erproben, erwähnt, sondern auch mit dem Blick auf den experimentellen Erzählduktus, den ich in Ihrem letzten Geschichtenband, »Ich brauch Dich«, ausgeprägt finde. Ich will das kurz begründen. Es scheint mir so, daß Sie hier formal etwas Neues versuchen, etwas Neues, das gleichzeitig – vorsichtig formuliert – eine gewisse Analogie zum szenischen Schreiben – und hier kommt das Fernsehspiel hinein – nahelegt. Denn es stimmt ja nicht nur, was der Klappentext sagt: Hier knüpft Schnurre an seine besten Erzählungen an. Es sind doch eigentlich hier Szenen, Dialogpartien, Gespräche, Kommunikationssituationen, die jetzt unter gattungsgeschichtlichem Aspekt an das Drama erinnern, an Einakter oder auch an Skripte für Fernsehspiele. Könnte es sein, daß Sie hier tatsächlich etwas in Ihre neuen Kurzgeschichten eingebracht haben, was Sie bei der Arbeit an Drehbüchern gelernt haben? Mir scheint der Unterschied zu dem meisten, was Sie vorher gemacht haben, evident zu sein. Wie steht es um den Stellenwert dieser szenischen Kurzgeschichten?

Sch.: Ich glaube, im Gegensatz zu Ihnen, daß es nicht nur Berührungspunkte zu den frühen Stories gibt, sondern daß es ganz krasse – ich hätte beinahe gesagt – Ableitungen gibt. Wenn Sie sich an eine Geschichte wie »Blau mit goldenen Streifen« erinnern. Das ist eine Geschichte, die fast nur aus slanghaftem Dialog besteht, Gerichtsreporter unterhalten sich über einen Mordfall. Und wenn man da die wenigen Prosasätze, die dazwischen sind, wegnähme und würde die einzelnen etwas im Sprachduktus unterscheiden, hätten wir eine ähnliche Form, wie der Autor sie hier versucht hat. Was den Autor gereizt hat, ist hier, daß der Dialog ohne jede Krücke, ohne jede Hilfe gebracht wird. Sie wissen, daß keine Namen genannt werden. Es steht nicht Martha, Doppelpunkt, Ernst, Doppelpunkt da, laut, leise, geht, nichts, keine Hilfe. Es fängt ein Gespräch an, es hört ein Gespräch auf. Die Einheit des Ortes und der Zeit wird gewahrt, und es wird eine gewisse Entwicklung innerhalb dieses Dialogs gezeigt. Sie haben schon recht: szenischer Dialog ist schon richtig, nur glaube ich, daß – der Autor hat sicher gelernt von Drehbüchern, es wäre falsch, das zu leugnen, oder gar von Hörspielen, könnte man noch eher sagen – nichts von diesen Dingen da drin ist. Diese Dialoge sind überhaupt völlig unbrauchbar, um sie als Kurz-Fernsehspiele zu nehmen, selbst wenn es die Gattung gäbe, es gibt sie nicht in dieser Form. Sie wären unbrauchbar, warum? Weil das Schweigen wegfällt, das Stottern wegfällt. Auch wenn die Leute Slang reden, wenn sie ganz unterschiedlich sprechen, rollt es ab, es gibt kein Halten, es kommt ein Punkt, dann ist die Sache zu Ende. Und das war das, was mich reizte, ein, wenn Sie so wollen, Kunstdialog, der sich realistischer Mittel bedient und wo alles im Wort liegt, im Timbre der Stimme, das ich natürlich nicht hinschreiben kann, aber das formuliert eben eine Kranzlegerin logischerweise anders als ein Heiratskandidat, mit dem sie sich im Lokal trifft, usw. Ich wollte die menschliche Stimme erproben und wollte herausfinden, ob es möglich ist, mit nacktem Dialog dramatische oder spannungsgeladene Konstellationen zu erzwingen – so würde ich beinah sagen. Ich weiß nicht, ob es mir gelungen ist. Ich selbst für mich habe das Gefühl, wenn Sie es Experiment nennen – ich würde Experiment fast ein bißchen zu hoch angesetzt finden –, ich habe es versucht, und es schien mir eine brauchbare Möglichkeit zu sein, die für mich damit abgetan ist. Sie hat weder mit Fernsehen noch mit Hörspiel noch mit irgendeinem vordramatischen Entwurf, auf ein Theaterstück zielend, zu tun. Die Dialoge sind rein sprachlich. Ich habe einmal – und davon ging ich aus, das war das Grunderlebnis, das ist sehr lange her – in einer S-Bahn zwei Frauen nicht gesehen, nur gehört. Es war knackend voll, aber es war still, alle hörten zu. Eine Frau – später sah ich es, sie trug Trauer – sprach zu einer anderen im gestelzten Zeitungsdeutsch, wie man Zeitungsannoncen aufgibt, über ihren eben stattgefundenen Trauerfall. Sie hatte ihren Mann beerdigt. Die andere Frau, ganz normal, stieg unbewußt auf diesen Stelzenton ein. Ich schloß die Augen und habe mir das angehört. Es war so phantastisch, daß mir dieser Dialog nicht inhaltlich, aber von der Art, wie er geführt worden ist, immer vor Augen gestanden hat und ich mir – das liegt fast dreißig Jahre zurück – immer gesagt habe: das müßte man eines Tages mal schaffen. Ich bin nie drauf gekommen, bis irgendwo – wahrscheinlich haben Sie recht, durch den Umgang mit dem puren Dialog, auf das Bild, auf das Fernsehen hingesehen – jetzt das Gefühl kam: versuch's mal. Und daher dieses Buch.

D.: Gleich zur Begründung, warum ich das eine experimentelle Form genannt habe. Es ist ja so, daß zum Beispiel Bret Harte eine kleine Revolution in der Geschichte der amerikanischen Short Story vollzogen hat, und zwar durch die Einführung des realistischen amerikanischen Slangs, der Umgangs-, der Alltagssprache. Viele sind ihm *darin gefolgt. Das gab es vorher weder bei Poe noch bei Bierce, schon gar nicht bei einem Autor wie Henry James. Ich glaube sogar, daß man das in diesem Sinne nicht bei Faulkner finden kann. Das war als neue, realistische sprachliche Profilierung der Kurzgeschichte intendiert. Das wäre also ein Ansatzpunkt in der Tradition der amerikanischen Short Story, zu dem ich eine gewisse Analogie bei Ihnen sehe. Dafür spricht auch in Ihren Texten das Überwiegen des Berlinerischen – ich sag's mal ganz pauschal – als Slang, als Dialekt in Anführungszeichen. In der Geschichte der Short Story hat der Dialog natürlich auch noch einen ganz anderen Stellenwert angenommen, und das Beispiel dafür ist Hemingway. Auf der einen Seite also die starke Betonung des literarisch unverfälschten, realistischen Dialogs, aber auf der andern Seite ein Dialog, der sich eigentlich auf das Lakonische, auf das unbedingt Notwendige beschränkt und der sich eigentlich auszeichnet durch das Aussparen dessen, was naturalistisch gequatscht wird, der dadurch seine künstlerische Prägnanz gewinnt. Bei Ihnen scheint es mir nun so zu sein – ich mag mich irren –, daß in den dialogischen Erzählstücken Ihres neuen Kurzgeschichtenbandes die Linie von Bret Harte – um es mal vereinfacht so zu sagen – fortgesetzt wird, aber zugleich unter Aussparung aller Konturen, aller Umrisse der Realität, an denen dieser Dialog festgemacht werden müßte, um voll verständlich zu sein. Das seh ich durchaus in Gegenrichtung zu der Art des Dialogs, wie ihn Hemingway eingeführt hat. Das heißt: Wir haben eigentlich nicht so sehr artistische Schreibe, Aussparen, Skelettieren – und das wird ja durchaus als wesentliches Prinzip des Kurzgeschichtenschreibens von Ihnen in »Kritik und Waffe« genannt –, wir haben statt dessen kontinuierliche Spreche, Suada, so könnte man vielleicht auch sagen. Von daher ergibt sich natürlich ein sehr starker realistischer Annäherungsprozeß an das, was in Wirklichkeit gesprochen wird, aber zugleich doch auch eine Beschränkung der Möglichkeiten des künstlerischen Auswählens, des indirekten Pointierens. Widerspricht es nicht den künstlerischen Möglichkeiten der Kurzgeschichte, wenn man sich auf die realistische Wiedergabe des Dialogs, der naturalistischen Sprachhaut, beschränkt?*

Sch.: Ich glaube eher, daß das Gegenteil der Fall ist, daß diese Form des szenischen Dialogs, wie Sie's vorhin nannten, das an sich für mich schon schmale Spektrum der Kurzgeschichte noch mehr zusammenpreßt und eigentlich etwas wahrnimmt, was die Kurzgeschichte immer postuliert: nämlich die Einheit der Zeit, wenn nicht des Raumes. Es muß nicht Forderung sein, aber es war mir immer angenehm, Kurzgeschichten zu schreiben, in denen die Einheit einigermaßen gewahrt bleibt. Und ich finde, wenn ich mich begrenzen kann, wenn ich mich einschränken kann, wenn ich überall Grenzen spüre, bin ich unter Umständen – es muß nicht immer so sein – zu viel größerer Aufmerksamkeit angehalten, das, was ich sagen will, präziser zu sagen, als wenn ich Ellbogenfreiheit hätte und nicht überall anstieße. Und ich darf noch etwas zur Erklärung dessen sagen, warum hier der Dialog steht, der reine Dialog und warum ich auf solche, zugegeben, gutgewählten Beispiele verzichte, wie Sie sie eben genannt haben. Das ist natürlich das Thema. Schaun Sie, es ist ein Unterschied, ob ich schildern möchte, wie – in »Ein Fall für Herrn Schmidt« – ein Städterjunge, ein Flüchtlingsjunge, in bäuerlichen Kreisen was zu essen, was anzuziehen kriegt, aber dafür zu arbeiten hat und ausgebeutet wird, oder ob ich schildern will: Ich brauch Dich. Das ist ein – wenn Sie so wollen – ein Wahrzeichen dieses Buches. Worum geht es denn in diesem Buch? Es geht um die Spannung zwischen Mann und Frau, ob Liebe, ob Sex, ob Abhängigkeit, was auch

*immer. Und dieses »Ich brauch Dich«, dieses ironisch-sarkastische »Ich brauch Dich«
ist das Thema! Ganz zuletzt in diesem Band taucht einmal das Wort Liebe auf, und das ist
ein jüdisches Paar, das im Ghetto zum letztenmal miteinander spricht, draußen hört man
schon die Leute kommen, die es abführen werden. Dieses Buch ist nun ganz bewußt auf
Sprache abgestellt, und jetzt muß ich mich allerdings ein wenig verteidigen. Es ist nicht
der Aussparstil Hemingways, es ist Spreche, aber es ist nicht sprechbar. Wenn man das in
einem Hörspiel hört, ist das gestelzt, und das ist bewußt so gemacht. Es ist – und das hoff
ich einigermaßen, nicht immer wohl, durchgehalten zu haben – der Literatur
angenäherter Sprechstil. Es ist nicht wahr, daß das ein berlinisches Buch ist. Es gibt
selbstverständlich reine Berlinismen darin, dann ist das eben eine in Berlin spielende
Geschichte oder ein Mensch, der eben von Berlin geformt ist. Der Slang, der hier
gesprochen wird, ist ein rein literarischer Slang, den sich der Autor, der in Berlin wohnt
und der Berlin seine Sprache und die Kraft der Assoziationen, denen er vertraut,
verdankt, hier aus Berlin rausgesogen hat. Er hat versucht, aus dieser Art, sprunghaft zu
assoziieren, wie es das Berlinische macht, sprachlich neu zu formen, hier Dialoge zu
gestalten, zu schreiben, die doch mehr zur Literatur tendieren, finde ich, als daß sie
sprechbar wären. Sie liegen immer auf der Kippe, es sind reine Sprechpassagen drin,
dann liegt es allerdings an der Type, die da spricht, an dem Typ, der da redet. Der Autor
wollte eigentlich etwas machen, weit weg von dem Aussparstil Hemingways, der
phantastisch ist, aber nur in einer Prosageschichte Platz hat; wenn man diesen Dialog
allein hinstellte, würde er zusammenbrechen, er würde sich nicht halten können, er wird
durch Prosasätze gestützt, logischerweise, weil er ausspart. Hier ist jeder Prosasatz von
vornherein weg. Der Autor hat sich ganz schmal gemacht und versucht, in dieser ganz
schmalen Position so viel reinzuholen, wie er nur kann. Und siehe da – und für mich ist
das ein ungeheuer aufregendes, gut, zugegeben, Experiment –, es ist möglich, nicht
immer. Daß es aber oft möglich ist, nur aus Sprache eine doch manchmal ziemlich heikle,
diffizile, auch psychologisch oft aufgerauhte, nicht gleich in den Griff zu kriegende
Situation so zu umreißen, daß ich nicht nur Heinz und Martha behalte, wenn ich
aufmerksam lese, sondern auch die Nebenklänge, die mit dasind – ich kriege raus, was
gemeint ist –, daß das zu schaffen ist, nicht von mir, sondern von dem Dialog, dem der
Literatur angenäherten Sprechdialog, das war für mich eine große Entdeckung.*

*D.: Nun würde man sich eigentlich vorstellen, daß sich die Vitalität der Gattung
Kurzgeschichte dadurch bezeugen würde, daß man neue formale Möglichkeiten in sie
hineinbringt, in die Kurzgeschichte integriert. Aber wenn ich Sie recht verstanden habe,
ist das in Ihrem Fall am Beispiel Ihrer Sammlung »Ich brauch Dich« eher ein Vorgang
der Reduktion. Ich will kurz erläutern, warum Reduktion. Erst einmal: Der Autor selbst
beschränkt sich in seiner Rolle als Erzähler. Er verschwindet hinter der realistischen
Maske der Sprechenden. Zum andern: Er ist sozusagen gezwungen, Personen in diesen
Texten zum Leben zu erwecken, die von vornherein auf Sprechen hin angelegt sind. Wäre
das nicht so etwas wie eine stoffliche Reduktion? Und könnte man nicht generell sagen,
daß ein solcher Weg der Reduktion eigentlich nur dazu führen kann – ich will's mal
metaphorisch ausdrücken –, daß die Atemnot der Gattung Short Story in der heutigen
literarischen Situation dadurch noch gesteigert wird? Ich will jetzt gar nicht den Aspekt
einbringen, wie schwierig es für einen Leser wird, der sonst bei szenischen Texten immer
noch die Bühnenanmerkungen hat, dem die Realisierung auf der Bühne oder – bei einem
akustischen Text – im Radio und natürlich auch im Fernsehen zu Hilfe kommt, während*

er hier vom Autor rigoros gefordert wird, seine Phantasie zu aktivieren, um alles das, was ausgespart ist, zu den Texten hinzuzuaddieren. Arbeitet das nicht im Prinzip gegen die künstlerischen Möglichkeiten der Gattung Kurzgeschichte?

Sch.: Ich darf erst mal auf den Leser kommen und dann auf die Kurzgeschichte. Das ist doch eigentlich ein wunderbares Beispiel, würde ich sagen – im Gegensatz zu Ihnen, glaub ich –, dafür, was für eine hohe Meinung dieser Autor vom Leser hat, daß er glaubt – ob es nachvollziehbar ist für den Leser, ist schwer nachzuprüfen, zugegeben –, vom Leser verlangen zu können: Er kann hier einsteigen ohne jedes Hilfsmittel. Dieser Autor hat, glaube ich, ungeheuren Respekt vorm Leser, daß er ihm das – ich hätte beinah gesagt – zutraut, sich an einen Text heranzuwagen, in dem keine Anführungszeichen stehen, keine Namen, kein Ortshinweis, kein Zeithinweis, kein Themenverweis, nichts. Er muß mitten rein, und er glaubt, daß der unvorbereitete Leser mit der Art, die er gefunden hat – abgesehen davon, daß er sich natürlich bemüht hat – fertig wird. Das entspricht eigentlich auch meiner – ich hab das jetzt nicht nur ironisch gemeint – wirklichen Auffassung, die ich vom Leser habe: Ich muß den Leser fordern, ich will ja keinen Bestseller schreiben, ich will ja keinen Erfolg haben, ich will ein Buch schreiben. Wie viele Menschen es lesen, ist mir – es klingt beinah affektiert, aber es ist wirklich ehrlich gemeint – fast gleichgültig. Ich möchte von einigen Lesern, die dieses Buch lesen – ob ich ihr Autor sonst bin, das weiß ich natürlich nicht, ich hab keine Gemeinde –, verstanden werden, von denen verstanden werden, die dies zur Hand nehmen. Ich setze manchmal, nicht immer, einiges voraus, wo ich mir vorstelle: Leser, wenn du dich konzentrierst und nicht ans Fernsehen denkst und nicht ans Finanzamt, müßtest du eigentlich verstehen, daß ich mich hier um dich kümmere, nämlich um mich auch, um den Menschen. Und so hab ich versucht, das zu schreiben. Und was Ihre andere Frage angeht, ob man hier nicht vielleicht der Kurzgeschichte einen Bärendienst erweist, da möchte ich Ihnen sagen: Wenn ich der Kurzgeschichte einen Bärendienst erwiesen habe, dann tut es mir noch nicht einmal leid. Ich bin doch nicht darauf angewiesen, eine Form, die ich selber benutze, heil zu lassen. Sagen wir, ich schreibe heute Kurzgeschichten, dann kann ich die Form doch zugleich zerstören und sie morgen wieder zusammenfügen. Ich bin doch nicht verpflichtet, diese Form jetzt heil zu lassen. Die soll kaputt gehn, wenn ich etwas anderes finde, auch selbst wenn es nicht gleich besser ist als die Kurzgeschichte. Nur so kann sich doch etwas entwickeln, wenn ich eine Form hinter mir lasse, eine Eierschale zertrete, wenn ich umbaue, zerbreche, was Neues hinzufüge. Nur so ist doch eigentlich Literatur zu machen. Die Bücher, die man geschrieben hat, liegen ja hinter einem. Der Interessent wird sich nach ihnen umsehen, mich interessieren die Bücher, die ich geschrieben habe, literaturhistorisch eigentlich nur noch, wenn ich auf sie angesprochen werde. Mich interessiert im Grunde – noch nicht mal das Buch, von dem wir jetzt sprechen – logischerweise nur das Buch, das morgen erscheinen wird, das ich im Augenblick schreibe. Also: ich kann doch ohne weiteres eine literarische Form beiseite schieben oder kann etwas schreiben, was diese Form jetzt in Frage stellt. Ob das organisch jetzt richtig ist, das ist eine zweite Frage.

D.: Herr Schnurre, wir haben zu Anfang unseres Gespräches die Schwierigkeiten der literarischen Gattung Kurzgeschichte / Short Story in mehr allgemeinen Umrissen diskutiert. Sie haben jetzt gerade die Schwierigkeiten, die Problematik der Kurzgeschichte unter – so will ich einmal sagen – autobiographischem Aspekt präzisiert. In beiden Fällen sind, wenn ich Sie recht verstanden habe, Ihre Erwartungen, was das

Zukunftspotential der Kurzgeschichte – ganz pauschal gesagt – betrifft, ziemlich skeptisch. Wenn wir jetzt in einer Art Zusammenfassung zurückblicken: Interessiert es Sie überhaupt noch, was da in der gegenwärtigen literarischen Szene in Deutschland mit der Kurzgeschichte passiert? Oder ist sie völlig an den Rand Ihres Interesses getreten?

Sch.: Das interessiert mich ungeheuer. Denn ich tendiere immer mehr – ich glaub, ich sagte es schon – zu einer prägnanten Art des Schreibens, was selbstverständlich nicht immer heißen muß, daß es formal auch eine kurze Form ist, eine Kurzform. Ich schreibe jetzt an einem Buch, das ein zusammenhängendes Buch ist, aber aus Hunderten von kurzen Formen besteht. Es ist eine Art Tagebuch, ich will nicht viel darüber sagen. Ich versuche wieder einmal, eine neue Form hinzustellen, und da sind Einsprengsel drin, die kommen vom Anekdotischen her, von Johann Peter Hebel, eine Bloch-Fabel wird variiert, Fabel denken von Bloch, für mich ein wunderbarer Slogan. So möchte ich schreiben im Augenblick, morgen vielleicht schon nicht mehr. Und das sind Dinge, die mich selbstverständlich immer in Nachbarschaft zum Interesse der Kurzgeschichte belassen. Und ich interessiere mich schon deshalb dafür, weil ich weiß, daß das, was geschieht, in der Kurzgeschichte aufgehoben wird. Und es ist auch in unseren Kurzgeschichten – ich meine Böll, Borchert, Schnurre, wer damals Kurzgeschichten geschrieben hat – die Zeit aufbewahrt worden. Mal sehen, vielleicht irre ich mich, ich bin nicht apodiktisch. Ich würde sagen: Ich glaube generell nicht an die Kurzgeschichte, ich selbst kann die Kurzgeschichte nicht mehr gebrauchen. Selbst wenn die Kurzgeschichte nach wie vor eine Funktion hat und meine Thesen unter Umständen widerlegbar sind: ich würde sie trotzdem für mich aufrechterhalten wollen. Aber selbstverständlich ist es auch anders möglich, ich bin kein Literaturhistoriker, ich kann das nicht übersehen, ich kann mich hundertprozentig irren. Aber das Interesse an der Kurzgeschichte bleibt infolgedessen in ungeheurem Maße bestehen. Mindestens so stark, wie mein Interesse an Lyrik bestehen bleibt, die mir auch wichtig ist, weil es in der Lyrik die Formeln gibt, die die Prosa aufzulösen hat und unter Umständen sogar umgekehrt.

(28. 3. 1977)

4. »Die Kurzgeschichte deutscher Spielart«. Gespräch mit Hans Bender

Zur Ausgangslage der Kurzgeschichte

Durzak: Herr Bender, Sie sind mit der Geschichte der deutschen Short Story auf vielfache Weise verbunden. Sie gelten als einer der profiliertesten Autoren dieser Erzählgattung. Einige Ihrer Texte gehören zum festen Kanon der deutschen Gegenwartsliteratur. Sie sind zudem als Theoretiker der Kurzgeschichte hervorgetreten und haben einen Essay, »Ortsbestimmung der Kurzgeschichte«, vorgelegt, der nicht nur von den Germanisten immer wieder zitiert wird, sondern der auch Eingang gefunden hat in die Diskussion der Anglisten und Amerikanisten. Und Sie haben ferner eine Zeitschrift herausgegeben und geben sie noch immer heraus, die in gewisser Weise die Erbschaft jener frühen Zeitschrift des Rowohlt Verlages, »story«, angetreten hat und sich stets in besonderer Weise der deutschen Kurzgeschichte annahm. Ich meine die »Akzente«.

Wenn man sich den augenblicklichen Status der Kurzgeschichte anschaut, die momentane literarische Geltung, die diese Gattung hat, rekapituliert, dann kommt man eigentlich zu sehr melancholischen Ergebnissen. Ist es tatsächlich so, wie ein anderer wichtiger Autor der deutschen Kurzgeschichte, nämlich Wolfdietrich Schnurre, einmal festgestellt hat, daß die Kurzgeschichte von 1945 bis 1955 ihre Zeit gehabt habe und inzwischen museal geworden sei? Wie stellt sich das aus der Perspektive des Herausgebers der »Akzente« dar?

Bender: Diese Abgrenzung von Schnurre bis 1955 ist mir zu genau. Es hat dann nach meiner Generation noch einmal eine Generation gegeben, die intensiv Kurzgeschichten geschrieben hat. Ich hab sie in meinem Aufsatz damals auch aufgezählt: darunter waren Klaus Roehler, Gabriele Wohmann, Günter Herburger u. a. Trotzdem könnte man sagen, die Kurzgeschichte ist versandet oder versickert. Es hat sie immer weniger gegeben. Wir Autoren, die sie vertraten, haben aufgehört, Kurzgeschichten zu schreiben. Die bekanntesten Belege hat Heinrich Böll dafür gegeben: in mehreren Interviews der letzten Jahre, wo er gesagt hat: Ich würde so gern eine Kurzgeschichte schreiben, aber ich möchte nicht die gleichen Maschen stricken. Oder: Ich falle in einen Tonfall, ich mache etwas, was ich zu gut kann. Böll hat übrigens dann doch noch neue Kurzgeschichten geschrieben. Drei kenne ich von ihm aus der letzten Zeit, die sehr gut sind und an seine besten frühen Kurzgeschichten erinnern. Aber sie machten dann doch nicht mehr so Furore, und daran sieht man auch, daß nicht nur die Stimmung der Autoren eine andere geworden ist, sondern auch die Anteilnahme der Leser und der Leute, die die Kurzgeschichte beobachteten, schwächer wurde. Jetzt verzweigt sich meine Antwort in viele Richtungen: Einmal das Verhalten der Autoren, warum sich das verändert hat; dann das Verhalten der Allgemeinheit; dann die Frage überhaupt nach der Kurzge-schichte, die ja tatsächlich fast nicht mehr an uns gestellt wird. Es gibt fast keine Veröffentlichungsmöglichkeiten von Kurzgeschichten mehr. Um das deutlichste Beispiel zu nennen: die Zeitungen, unsere überregionalen Zeitungen, die früher am Samstag ein, zwei, drei Geschichten gebracht haben, manchmal auch täglich, sie bringen keine Geschichten mehr. Da steht dann eher ein Romanausschnitt oder noch lieber ein Aufsatz über ein wichtiges, brennendes Problem und zumeist ein Aufsatz, der nicht von einem Schriftsteller, sondern von einem Wissenschaftler, irgendeinem Spezialisten geschrieben wurde. Ich habe das selber so erlebt: In den fünfziger Jahren – ich bin ja erst 49 aus russischer Kriegsgefangenschaft zurückgekommen – herrschte ein günstiges Klima, wir waren nicht nur beeinflußt von der Literatur der Siegermächte – wie man es auch dargestellt hat –, wir waren irgendwie für die Kurzgeschichte empfänglich. Wenn man sich hingesetzt hat vor das Blatt Papier und angefangen hat zu schreiben über das, was man erlebt hatte und was man der damaligen Gegenwart sagen wollte, dann wurde es fast von allein eine Kurzgeschichte.

D.: Darf ich zu dem letzten Punkt, den Sie gerade erwähnten, etwas sagen. Denn dieser Punkt scheint mir indirekt verknüpft zu sein mit einem gewissen Vorurteil gegenüber der Kurzgeschichte. Die Gründe, die Sie bisher angeführt haben für die Schwierigkeit dieser literarischen Gattung, scheinen ja in erster Linie darauf hinzuzielen, daß die Gesetzmä-ßigkeiten des literarischen Marktes gegen diese Form eingestellt sind, daß ein Autor sehr viel mehr Schwierigkeiten hat, einen kurzgeschichtlichen Text an einer geeigneten Stelle zu plazieren als einen Text, der zu einer anderen Gattung gehört. Aber das wäre ja nur ein technischer Grund. Sie deuteten vorhin ja auch an, daß die Kurzgeschichte eine literarische Form ist, die besonders stark mit einer Spontaneität des Schreibens verbunden ist. Und hier kommt nun indirekt das Vorurteil hinein, das sich zum Beispiel an einem Band zeigt, den Benno von Wiese – ich erwähne das als Hinweis auf eine bestimmte, noch immer verbreitete Sicht der Kurzgeschichte – über die deutsche Novelle herausgegeben hat. Da wird mit dem Blick auf Amerika, das Ursprungsland der Kurzgeschichte, dem Sinn nach ausgeführt: Amerika hat keinerlei Tradition gehabt, auch keinerlei literarische Tradition, daher konnten die Autoren so schreiben, wie sie wollten und worüber sie wollten. Implizit wird mit der literarischen Gattung der Kurzgeschichte die Vorstellung von nichtvorhandener Form, von Formlosigkeit verbunden. Das erscheint spontan heruntergeschrieben, ohne große künstlerische Ansprüche. Das ist ja auch ein Vorurteil auf dem Hintergrund der amerikanischen Tradition, die Sie ja sehr genau kennen. Wir wollen nur einen Autor nennen, der auch für Sie sehr wichtig gewesen ist, nämlich Hemingway.

B.: Ja, und da müßte man all die nennen, die vor Hemingway waren, zum Beispiel jemand, der bei uns ganz selten genannt wird, den auch ich vergessen habe, den ich dann erst in Amerika entdeckt habe: Nathaniel Hawthorne, einer der wichtigsten ersten Kurzgeschichtenschreiber überhaupt. Und ich möchte, nur ganz nebenbei, Professor von Wiese widersprechen: Wenn die Amerikaner auch keine Tradition hatten, so sind sie doch in eine Tradition eingestiegen. Die deutsche romantische Geschichte ist nämlich nach Amerika importiert worden, Autoren wie Hawthorne, Edgar Allan Poe und Stephen Crane u. a. haben sie zunächst nachgeahmt. Sie haben nicht am Nullpunkt angefangen, eine Kurzgeschichte zu schreiben. Die Umschreibungen »formlos« und »neu« und »pionierhaft« usw. haben für viele Leute etwas Abwertendes. Ich habe zum Beispiel »pionierhaft« als etwas Positives empfunden. Und in diesem Neuen, diesem Tonfall, diesem Understatement, dieser Saloppheit usw., die unsere besten Geschichten nach 45 und in den fünfziger Jahren hatten, habe ich etwas Positives gesehen, vor allem auch als Gegensatz zum Dritten Reich. Den jungen Leuten heute versuche ich es plausibel zu machen – das ist gar nicht leicht –, wie die Literatur ausgesehen hat, die wir in der Schule gelesen haben. Da gab es nur erhabene Gestalten. Ich übertreibe etwas. Ein Bauer, der über das Feld geht und sät oder erntet und dabei die erhabensten Gedanken im Kopf hat. Eine Magd zum Beispiel, die ein uneheliches Kind bekam, sich durchzukämpfen hat und am Schluß gegen alle Widerstände zur tapferen, tüchtigen Großbäuerin wird. Alles war zu groß, zu pathetisch, zu wortreich in jener Gegenwartsliteratur, die wir damals gelesen haben. Dazu nun als Gegensatz diese Short Story, diese Kurzgeschichte. Und wenn also heute noch Kritik kommt, die von »formlos« spricht oder auf die mindere, alltägliche Thematik verweist, schwingen mir allzubekannte Dinge mit, denen ich ansehe, an denen ich rieche, woher sie kommen. Man kann riskieren zu sagen: Die Germanistik hat der kurzen Form, der Erzählung und der Short Story sowieso gern die kalte Schulter gezeigt. Als Beweis ließe sich anführen: Die Romanistik in Frankreich und vielleicht auch bei uns hat Flaubert hundertmal höher gestellt als Maupassant, weil er »nur« ein Meister der kleinen Form war. In Rußland ist es genauso: Dostojewski und Tolstoi erzielten eine viel höhere Schätzung als Tschechow, der neben seinen Dramen eben auch »nur« kleine Miniaturen, Kurzgeschichten, Zeitungsgeschichten geschrieben hat. Und so etwas schwingt auch bei uns noch mit. Die kleine Form wertet man lieber ab.

D.: Allerdings müßte man einschränkend hinzufügen, daß eine andere Prosakurz-

form, die Novelle nämlich, sich geradezu einer übertriebenen Beliebtheit bei den Germanisten erfreut hat. Und nicht zuletzt aus dem Grund, weil man hier bestimmte formale Kriterien entdecken zu können glaubte, die dann subsumiert wurden im Begriff von literarischer Qualität. Daß man das wiederum der Short Story, der Kurzgeschichte im Gegenzug absprach, ist gleichfalls ein Vorurteil. Sie haben vorhin Hawthorne erwähnt. Poe hat ja in seiner berühmten Besprechung der Hawthorne-Tales – er spricht noch vom Tale und noch nicht von der Short Story – eine Theorie der Kurzgeschichte entwickelt, wo einige wichtige formale Kriterien auftauchen, die sich durchaus in Übereinstimmung bringen lassen mit der Theorie der deutschen Novelle.

B.: Ja, durchaus.

D.: – so daß man also zum Teil zumindest bei der traditionellen amerikanischen Kurzgeschichte – dies in Anführungszeichen – die Formcharakteristika der deutschen Novelle mit einbegreifen muß.

B.: In unseren Aufsätzen über die Kurzgeschichte – auch bei mir – waren noch Begriffe im Spiel, die von der Novelle herkamen. Ich hab als Germanistikstudent über die Novelle gearbeitet, über die Erzählung des 19. Jahrhunderts hab ich 1940 in Erlangen ein Referat gehalten bei Benno von Wiese, ich war also auch noch vollgestopft mit Ansichten, die ich damals auf der Universität gehört oder gelesen habe.

D.: Vielleicht darf ich nochmals zurückkommen auf diesen wichtigen Punkt, den wir schon verschiedentlich berührt haben: die Gesetzmäßigkeiten des literarischen Marktes in Deutschland, die der Kurzgeschichte gegenüber eher feindlich eingestellt sind.

B.: Damals waren sie günstig. Es hat damals die »Neue Zeitung« gegeben, die geradezu die Kurzgeschichte gepflegt hat, eben nicht so sehr die deutsche, sondern die amerikanische und englische. Dort hat man sie lesen können. Es hat eine eigene Zeitschrift gegeben, »Die Erzählung«, die in Konstanz erschienen ist, und es hat dann die »story« gegeben, die Ledig-Rowohlt zuerst herausgegeben hat, zuletzt Wolfgang Cordan. Cordan, den ich noch persönlich kennengelernt habe und der aus der Welt kam, könnte man sagen, hat ein internationales Flair in diese Zeitschrift hineingebracht. Das ist damals unerhört wichtig gewesen. Cordan hat dann allerdings den Fehler gemacht, daß er die deutsche Short Story oder Kurzgeschichte noch nicht so beachtet hat, wie sie es gerade damals verdiente. In seinem Impressum gab es den Vermerk: Bitte von unaufgeforderten Einsendungen abzusehen. Als er einmal eine Geschichte von mir gelobt hat, »Iljas Tauben«, sagte ich ihm: die hätte ich Ihnen gern geschickt, aber da stand ja dieser Vermerk. Wie gesagt, Cordan hat frischen Wind in die deutsche Literatur bringen wollen, das hat er auch getan. Er hat da übrigens fast einen berühmten Italiener nachgesprochen, Pavese, der mitten im Faschismus die Amerikaner übersetzt hat. Pavese hat das gleiche beabsichtigt. Er wollte in diese faschistische, chauvinistische italienische Literatur einen frischen Wind, eine frische Brise aus Amerika bringen. Das war bei uns, nur viele Jahre später, ein ähnliches Phänomen. Die Short Story ist ja für mich vor allem etwas Internationales, etwas nicht Deutsches gewesen. Nach alledem, was vorher geschehen war, ist es wichtig gewesen, daß davon etwas hineinkam. Das haben vor allem diese Zeitschriften getan, die ich schon aufgezählt habe, aber dann auch die ersten überregionalen Zeitungen und dann die »Akzente«.

D.: Gut, das war die Situation bis zu den frühen fünfziger Jahren. Im Rückblick betrachtet, könnte man jedoch sagen, daß es sich da fast um Ausnahmefälle handelte. Das heißt: Es hat nie dieses dichte System von Veröffentlichungsmöglichkeiten, bezogen auf *die Kurzgeschichte, wie in Amerika gegeben. Nur ein Beispiel. Ich habe da eine Statistik, die 1968 in den USA veröffentlicht wurde, der sogenannte Short-Story-Index. Hier werden nur die Short Stories erfaßt, die in den 200 Jahren politischer Geschichte der USA in Buchform veröffentlicht worden sind, und das ist eine Zahl von 96 000 336 Short Stories, wohlgemerkt, in Buchform veröffentlichten Stories. Dabei sind all die zigtausend von Short Stories ausgelassen, die in diesem riesigen Netz von Zeitungen, Zeitschriften, literarischen Magazinen erschienen sind. Sie kennen ja die Vielfalt dieses amerikanischen Zeitschriftenmarktes: die sogenannten »pulp«- und »slick-magazines«, die auf ein großes Publikum hin ausgerichteten Familienzeitungen. Dann aber auch ein Magazin wie der »New Yorker«, ein durchaus – mit dem englischen Wort müßte man sagen – »sophisticated magazine«, das sogar einige Historiker der amerikanischen Short Story bewogen hat, von einem ganz bestimmten Typus der Short Story zu sprechen, der von dieser Zeitschrift geprägt ist –*

B.: – und die die besten Autoren hatte, die mit den besten Namen.

D.: Ja, Salinger und Updike, John Cheever haben im »New Yorker« viele Stories veröffentlicht. Auch die Honorare sollen ausgezeichnet sein. Einer der Historiker der amerikanischen Short Story hat wohl zu Recht bemerkt, daß man mit ein paar Short Stories, die in solchen Zeitschriften wie im »New Yorker« oder im »Atlantic Monthly« und anderen veröffentlicht wurden, als Autor berühmt werden konnte.

B.: Die konnten auch fast davon leben.

D.: Das ist also eine Sachlage, die trotz aller Ansätze in der Nachkriegszeit nie ähnlich in Deutschland vorhanden gewesen ist und die erst recht nicht heute existiert.

Die Kurzgeschichte in der Gegenwart

D.: Aus Ihrer aktuellen Erfahrung als Herausgeber der »Akzente« gesprochen: Ist es so, daß junge Autoren diese Tabus bereits verinnerlicht haben, d. h. von vornherein denken: Mit einer Kurzgeschichte kann ich keinen Veröffentlichungsmarkt finden, ich kann keine Leser finden, und deshalb schreibe ich von vornherein keine Kurzgeschichten. Oder bekommen Sie häufig Manuskripte von jungen unbekannten Autoren, Manuskripte mit Kurzgeschichten?

B.: Nein, die Situation ist genauso, wie Sie gesagt haben: daß die jungen Autoren fast keine Möglichkeit sehen, eine Geschichte unterzubringen. Ich sage immer, pro Tag kommen fünf Einsendungen an die »Akzente«, darunter sind drei Gedicht-Manuskripte und ein Aufsatz und dann vielleicht eine Erzählung. Und das ist auch meist keine Erzählung, sondern es ist eine Prosa, es ist eine Etüde, es sind mehrere Etüden usw. Die Erzählungen, die eingereicht werden, es sind, ich kann sagen, im Monat keine fünf, sechs Erzählungen, die so etwa an eine Kurzgeschichte oder eine Kurzerzählung denken lassen. Das wird mir eigentlich erst bewußt durch Ihre Darstellung, wie die Situation für diese Leute ist: Sie haben eigentlich keinen Markt, vor allem nicht mehr die Zeitungen. Ich habe zum Beispiel alle meine Geschichten in Zeitungen veröffentlicht. Daß z. B. mein erster Roman bei Zsolnay erschien, kam zustande, weil der Lektor in der Wiener »Presse« eine Geschichte von mir gelesen hatte. Drei Geschichten sind in der »Frankfurter Allgemeinen Zeitung« erschienen. Der damalige Feuilletonredakteur Sperr bei der »Süddeutschen Zeitung« hat mir dreimal geschrieben: Ich habe Ihre Geschichten gern, schreiben Sie mir eine. Ich habe auf Grund dieses Briefes, auf Grund dieser

Aufforderung drei Geschichten geschrieben, eben weil der Bedarf, weil der Wunsch des Marktes da war, so etwas zu schreiben. Das fehlt heute.

D.: Aber nun sind Sie andererseits seit vielen Jahren der Herausgeber der »Akzente«. Sie sind zudem ein Autor, der sich der Kurzgeschichte sehr intensiv angenommen hat. Warum gibt es nicht bestimmte Anregungen, Initiativen, die von den »Akzenten« ausgehen? Ich erinnere mich an ein Beispiel, wo etwas Ähnliches geschehen ist: In den fünfziger Jahren hat Paul Hühnerfeld einen Kurzgeschichten-Wettbewerb in der »Zeit« ausschreiben lassen, und da wurden auch Preise verteilt. Einige Texte wurden im Anschluß daran veröffentlicht.

B.: Die Geschichte »Die Probe« hat den ersten Preis gewonnen. Die »Süddeutsche Zeitung« hat es getan, da habe ich einen Preis gewonnen: die Kurzgeschichte der »Süddeutschen Zeitung« »Tausend Mark«. Damals haben sich – ich weiß noch – ungefähr 600 Leute daran beteiligt. Ich habe auch diesen Vorsatz gehabt vor ungefähr fünf Jahren, als die Kurzgeschichte daniederlag. Ich wollte einen Gegenbeweis in den »Akzenten« bringen. Aber ich habe diese Geschichten nicht zusammengebracht. Ich hätte solche Geschichten aus allen anderen Sprachen gefunden, aber nicht in der deutschen Literatur. Die waren dann sofort drittrangig, viertrangig, und die wirklich guten Autoren, die ich aufgefordert habe, Alfred Andersch, Ilse Aichinger usw., die haben mir zu dieser Zeit alle keine neuen Geschichten geben können.

D.: Aber Andersch ist doch ein Autor, der immer wieder Kurzgeschichten veröffentlicht.

B.: Aber nicht in den letzten zehn Jahren.

D.: »Mein Verschwinden in Providence« ist vor ca. fünf, sechs Jahren erschienen.

B.: Ja, aber das sind schon Zweitdrucke, die ersten Fassungen lagen früher.

D.: Ja, die »Festschrift für Captain Fleischer« ist ein relativ früher Text, der auf Erfahrungen im amerikanischen Kriegsgefangenenlager zurückgeht. Aber es sind auch neuere Texte darunter. Sie haben vorhin Böll erwähnt, der ja auch immer wieder Kurzgeschichten schreibt, wenn auch nicht mehr so häufig wie früher. Bei Böll ist andererseits so interessant, daß er eingestanden hat, daß die Kurzgeschichte für ihn die liebste Form ist. Er begründet es damit, daß sie nicht schablonisierbar sei. Das kehrt also das noch weitverbreitete Vorurteil von der Kunstlosigkeit der Short Story ins Gegenteil um: weil sie qualitativ so schwierig ist, übt sie auch einen besonderen Reiz auf den Autor aus. Überspitzt formuliert, könnte man aus der Sachlage der deutschen Kurzgeschichte in der Gegenwart so etwas wie einen Vorwurf gegen Autoren wie Böll zum Beispiel ableiten: Weil sie keine Kurzgeschichten mehr schreiben, wird die Publikationsmöglichkeit auch für junge Autoren eingeschränkt. Es fehlen die Schneisen, die die großen Autoren zu schlagen hätten. Man könnte noch eine Reihe von anderen Beispielen bringen, die in die gleiche Richtung weisen. Etwa daß in den USA jedes Jahr eine Anthologie veröffentlicht wird, »Best Short Stories«. Wenn ein Autor in diese Anthologie aufgenommen wird, dann läßt sich sein – ketzerisch formuliert – Marktwert von dorther taxieren, und seine Initiation als Autor kann gesichert sein. Der O. Henry Memorial Award ist ein Parallelunternehmen, gleichfalls jährlich erscheinend. Dieses Netz von Publikationsmöglichkeiten und Förderungsmaßnahmen fehlt in Deutschland. Und für mich als Beobachter drängt sich der Eindruck auf: Auch die Leute, die Bescheid wissen und Initiativen ergreifen könnten, ändern kaum etwas daran.

B.: Ja, weil diese Leute – ich beziehe mich da als Zeitschriftenherausgeber mit ein

– abhängig sind von der allgemeinen Stimmung. Da sind die Lektoren und die Verlage: Es hat zum Beispiel diese wunderschöne »Story«-Bibliothek bei der Nymphenburger Verlagshandlung gegeben; Nino Erné hat sie gestartet. Sie wurde eingestellt, weil man sie nicht gekauft hat, weil man sie nicht besprochen hat. Und wenn zum Beispiel die »Akzente« einmal eine Sondernummer über die Kurzgeschichte machen würde, dann könnte das ein Signal geben. Aber die Leute, auf die es ankommt, die müßten mitmachen, die müßten eine Kurzgeschichte zustande bringen. Daran liegt es, glaub ich. Also sowohl die Nachfrage als auch die Verfassung der Autoren. Es muß sich eben in der Verfassung von uns Kurzgeschichtenautoren etwas verändert haben, daß wir die Kurzgeschichte nicht mehr schreiben können. Das ist, glaub ich, der Hauptgrund. Diese Situation ist gut eingefangen in dem Buch »Prosaschreiben« von Höllerer [gemeint ist der von Walter Hasenclever herausgegebene Band mit Beiträgen eines Berliner Kolloquiums von 1965], wo damals diese jungen Leute wie Piwitt, Buch und Hubert Fichte u. a. über die ersten Nachkriegsjahre hergefallen sind, alle Argumente, die sie da vorbringen. Man müßte einmal untersuchen, was sich da geändert hat. Man weiß natürlich – pauschal könnte man sagen –, die Sicht der Wirklichkeit hat sich verändert. Man glaubt nicht mehr an die Schablone, nicht mehr an die Gattung, die man so selbstverständlich geübt hat. Man merkte: Das deckt sich nicht mehr mit dem, was man erlebt und beobachtet. Das sind wohl die Gründe, warum es nicht mehr dazu gekommen ist. Daß jetzt solche Anzeichen da sind, als würde das wieder anders, zeigt gleichfalls etwas an. Also kurzgeschichtenhaft könnte man sagen: Ja, es hat sich etwas verändert, und es wird sich wieder etwas verändern. Man kann es ja nicht kommandieren, man kann nicht sagen: So, ihr müßt jetzt Kurzgeschichten schreiben! Es gibt zum Beispiel noch den Kurzgeschichten-Preis von Neheim-Hüsten, es gibt den Kurzgeschichten-Preis von »Westermanns Monatshefte«, aber der Rang und das Interesse sind sicher nicht mehr so groß. Und was Sie von Amerika gesagt und bewiesen haben, das hat es leider bei uns nie gegeben. Und das wird es wahrscheinlich auch nie geben. Bei uns sind Geschichten hauptsächlich dazu da, daß man sie dann in Bücher bindet, daß man dann 12, 13, 14 Erzählungen von einem Autor bringt, und die haben dann auch nicht mehr diese spontane Wirkung, wie wenn sie in der Zeitung oder einer Zeitschrift erscheinen. Wenn vielleicht der »Spiegel« oder der »Stern« mit ihren Millionenauflagen so ganz prononciert die Geschichte, die Kurzgeschichte der Woche oder des Monats bringen würden, könnte das eine Art Signal sein.

Die Kurzgeschichte in der Schule

   D.: Nun ist die Situation ja in gewisser Weise paradox. Wenn man solche Initiativen einleiten würde, bedeutete das ja nicht, daß man ein künstliches Treibhaus um dieses Pflänzlein Kurzgeschichte errichten würde. Denn die Kurzgeschichte ist ja sehr populär. Sie ist sehr populär in einem subliterarischen Bereich, so möchte ich es einmal nennen, im Bereich der Schule und auch im Literaturunterricht der Universitäten, im In- und Ausland. Hier hat sich ein bestimmter Zweig der Distribution herausgebildet, der offenbar noch in der Lage ist, diese literarische Gattung zu tragen. Wenn also solche Initiativen, wie Sie sie hypothetisch erwähnten, tatsächlich zustande kämen, würde das nur bedeuten, daß das, was unterhalb des Bewußtseins von sogenannter literarischer Öffentlichkeit vorhanden ist, ausgebaut wird, in dieses literarische Bewußtsein integriert wird. Das könnte der Kurzgeschichte neuen Auftrieb geben.

B.: Ja, in den Schultexten spielt die Kurzgeschichte eine große Rolle. Ich habe beobachten können, wie das ganz langsam angefangen hat. Als wir damals unsere Geschichten schrieben, kamen sie noch nicht ins Lesebuch. Dann sind fast nochmals fünf, sechs Jahre vergangen. Da gab es einen Germanistenkongreß in Berlin, wo ich der Moderator war, und rechts von mir saß Grass, und links saß Höllerer, Norbert Miller, glaub ich, saß mit am Tisch. Man hat in der Diskussion gemerkt, was da noch für eine Verwirrung herrschte über die Kurzgeschichte. Der eine hat gesagt: Ich lese sie vor, so am letzten Tag vor den Ferien oder um die Stunde abzurunden. Und ein anderer hat gesagt: Ich habe jetzt hier gelernt, daß man drei, vier, fünf Stunden über eine Kurzgeschichte sprechen kann. Was heute ein so selbstverständliches Erlebnis ist, das war damals etwas ganz Neues. Danach ist viel über die Kurzgeschichte geschrieben worden. Darüber müßte man eigens sprechen. Und dann sind an die Stelle der Kurzgeschichte die Texte geraten, und sie wurden dann von den Lehrern propagiert. Heute, kann man sagen, zeigt sich eine Wende zur Kurzgeschichte. Ich merke das schon am Eingang meiner Post. Schüler der Hauptschulen und der Gymnasien schreiben mir. Sie stellen fest: Der Autor lebt, und wir können ihn selber fragen. Unser Lehrer sagt das, ich bin aber der Meinung, ...schreiben sie und wollen meine authentische Meinung hören. Ich habe einen regen Briefwechsel, der zum Teil sehr mühsam ist, mühsam, die gleichen Fragen immer wieder zu beantworten. Ich habe einen Brief an eine Schulklasse geschrieben, worin ich ausgeführt habe, wie man Kurzgeschichten interpretieren soll. Ich bin etwas der Zeit voraus gewesen. Ich habe nämlich damals gesagt: Geht möglichst frei um mit einem Text! Klammert euch nicht daran, so wie unsere Lehrer es von uns erwartet haben. Was steht drin? haben sie gefragt. Nein, die Schüler sollen mit dem Text frei umgehen, ihre Phantasie soll in Gang gesetzt werden! In den »Akzenten« sind Beispiele erschienen, Gedichtinterpretationen in der Schule, wobei die Lehrer das Tonband hingestellt haben. Da kann man dann hören, wie ein Gedicht die Phantasie der Schüler beflügelt hat. Für meine Geschichten speziell stelle ich immer wieder fest, daß sie den Schülern noch eine zusätzliche Schwierigkeit aufgeben; sie spielen in der Vergangenheit, im Krieg, in der Gefangenschaft, Situationen, die sie aus eigener Erfahrung nicht kennen. Gottlob! Doch das Interesse hat auch da wieder zugenommen. Ich bin neulich in der Pädagogischen Hochschule in Schwäbisch Gmünd gewesen, und da wurde ich immer gefragt: Wie würden Sie es machen? Und da hab ich gesagt: Da haben Sie ja schon einmal eine Möglichkeit, ganz weit wegzugehen von der Kurzgeschichte und zu sagen: Was ist das für ein historischer Hintergrund? Wie ist es zu dieser Situation gekommen? Warum sind diese Menschen, diese Männer, in einer Baracke? Und sie haben Hunger, sie zanken sich, und sie wollen ein Stück Brot. Es hat den Schülern sehr gefallen, daß man also möglichst weit ausholen darf bei einer solchen Geschichte.

D.: Es gibt andererseits bei Ihnen auch eine Reihe von Geschichten, die nicht so eng mit der Situation des Zweiten Weltkrieges verklammert sind. Ich denke an die »Klosterschule«, die die Initiationsproblematik darstellt.

B.: Ja, ja.

D.: Die Einführung der Kinder in das Erwachsenenleben, in die Gefahren und psychologischen Probleme, die damit verbunden sind.

B.: Es freut mich, daß Sie das hervorheben. Ich hab mich immer gewehrt gegen diesen Stempel: Krieg, Gefangenschaft. Ich sage dann immer: Ich habe auch andere

Geschichten geschrieben. So hat ein Lehrer meine Geschichte »Fondue« – Sie erinnern sich an die Situation, eine Studentin wird zu Neureichen eingeladen und ist ganz unglücklich – im Unterricht gelesen. In dieser Klasse waren auch Kinder von türkischen und italienischen Arbeitnehmern. Dann hat er die Geschichte spielen lassen. Anstatt der Studentin der Geschichte hat er ein Gastarbeiterkind genommen. Die Schüler hat das angeregt, über Essen zu sprechen, über den Unterschied zwischen deutschem, türkischem und italienischem Essen. Ja, die Geschichte hat sogar bewirkt, daß die deutschen Kinder am nächsten Sonntag türkische und italienische Kinder eingeladen haben. Sie haben meinen »Freitisch« also ganz frei nachgespielt. Das, finde ich, ist eine schöne Wirkung einer Geschichte, wie überhaupt diese Situation, das Spiegelbildliche, das die Kurzgeschichte enthält, das Identifizieren, wichtig sind. Das hat man eine Zeitlang sehr verachtet, ich denke an Äußerungen von Heißenbüttel etwa aus dieser Zeit, der Zeit des »Textes«: Die Identifikation war verschmäht, die Figuren sind gar nicht mehr sichtbar gewesen. Es hieß dann: er und sie, er kommt herein, sie gibt die Hand usw. Personen und Situationen blieben vage. Das war der größte Gegensatz zur Kurzgeschichte.

Schreibanlässe und Schreibmuster

D.: Wenn ich mir Ihre Kurzgeschichten im Überblick anschaue, dann fällt mir auf, welche große Vielfalt von formalen Möglichkeiten Sie verwirklicht haben. In der Regel sagt man ja: Sie stehen sehr stark unter dem Einfluß Hemingways. Es gibt vielleicht einige Erzähltexte, die das nahelegen können, etwa »Die Wölfe kommen zurück«. Oder ist das jetzt sehr von außen gesehen? Die Sparsamkeit des Dialogs, die Vorbereitung des zentralen Motivs, das wird ganz allmählich gesteigert, am Ende dann die Konfrontation in einer Situation, die eigentlich sinnlos ist: Wenn dieses riesige Rudel von Wölfen die am Wegrand Beobachtenden wittern würde, wäre es um sie geschehen.

B.: Ich habe natürlich damals Hemingway und Faulkner und vor allem Steinbeck sehr gern gelesen. Von Steinbeck gab es eine Sammlung von kurzen Erzählungen. Ich habe aber auch Russen gelesen. Natürlich ist die Frage, inwieweit ist man beeinflußt, inwieweit direkt beeinflußt? Man schreibt ja nicht ab, man macht kein Plagiat, man ist gestimmt. Und wenn zum Beispiel in meinem Roman der Held Robert heißt, dann könnte man vielleicht sagen: Ja, das war so ein Lieblingsname bei Hemingway. Aber in meinem Dorf wimmelte es von Jungen, die Robert hießen. Ich habe selbsterlebte Stoffe genommen, ich habe die Stoffe nicht aus den Büchern der Autoren geholt, die ich aufgezählt habe, sondern ich habe das verwendet, was ich selber erlebt habe. Später hat man uns ja vorgeworfen, besonders als die Emigranten zurückkamen: Warum habt ihr uns nicht als Vorbild genommen? Ich habe auch ein deutsches Vorbild gehabt. Das ist Friedo Lampe gewesen. Lampe wurde einmal nach seinen Vorbildern gefragt, und er hat mindestens 10, 12 genannt, zum Beispiel war Herman Bang dabei, Joyce war dabei, Sherwood Anderson, Katherine Mansfield u. a. Ich habe das damals nicht gewußt, aber ich bin dann auf die Spur gekommen, warum mir das gefallen hat. Das ist wieder einmal das Internationale, das bei Friedo Lampe eingeflossen war, und auf der andern Seite dieses Technische, das er von überall hergeholt hat, zum Beispiel von Sherwood Anderson, das Filmische und Impressionistische bei Herman Bang. Lampe hat das eingebracht, und davon bin ich sicher beeinflußt; bewußt–unbewußt beeinflußt, wie jeder Autor beeinflußt ist. Kein Autor sagt: Ich fange ganz neu an, ich entdecke jetzt etwas. Das wäre viel schlimmer, als wenn man mir sagen würde, ich wäre von Wilhelm Schäfer, von Friedrich Griese oder von Kolbenheyer und diesen Leuten beeinflußt.

D.: Ich denke an Ihre Geschichte »Halbe Sonne« – so heißt der Titel wohl –, die Darstellung von verschiedenen Menschen und Situationen aus einer wechselnden, gleichzeitigen Perspektive, die man bildlich als Vogelperspektive bezeichnen könnte. Die zeitliche Gleichzeitigkeit wird umgesetzt in eine räumliche Simultaneität. Das ist vielleicht mit dem Begriff filmisches Erzählen zu charakterisieren, den Sie einmal selbst, bezogen auf Lampe, gebraucht haben.

B.: Ja.

D.: Es ist also ein Erzählansatz, der sich sehr stark unterscheidet etwa von einer Geschichte wie »Schafsblut«, die man auch in eine gewisse Nähe zu Hemingway gerückt hat und rücken kann. Aber auf der andern Seite: Es gibt auch eine Kurzgeschichte von Ihnen, die ganz im inneren Monolog geschrieben ist [»Guten Winter, Garçon!«]: der Monolog des Kellners am Ende des Sommers. Sie haben in Ihrem wichtigen Essay über die Kurzgeschichte ja auch auf den »Leutnant Gustl« von Schnitzler hingewiesen –

B.: Ja, daß das die erste Geschichte im Präsens ist, ja.

D.: All diese Beziehungen, die sich herstellen lassen, sind ja nicht in dem Sinne mißzuverstehen, daß hier Abhängigkeiten konstituiert würden. Mir scheint, diese Formulierung, die ich in einem Ihrer autobiographischen Aufsätze gefunden habe, »Warum ich nicht wie Friedo Lampe schreibe«, ist in gewisser Weise richtig und kennzeichnend, da sagen Sie: Wer sein Vorbild vorbehaltlos bewundert, wer sich seines Modells sicher ist, dem ist die halbe Schwierigkeit abgenommen. Deshalb schreiben an Jahren jüngere Menschen leichter. – Aber Sie haben dann den Satz angefügt: Die Schwierigkeit zu schreiben hat sicherlich mit dem Lebensalter zu tun – und das ist jetzt ein Satz, den ich autobiographisch auf Sie beziehen möchte, indem ich die Frage stelle: Wie kommt es, daß Sie, der Sie so wichtige Texte zur Gattung Kurzgeschichte beigesteuert haben, sich heute nur noch relativ selten dieser Gattung bedienen? Hat es auch damit zu tun, daß diese Orientierungsmöglichkeiten, die wir gerade durch verschiedene Namen von anderen Autoren charakterisiert haben, verblaßt sind und daß die Gattung Kurzgeschichte selbst – fast könnte man sagen, pathetisch ausgedrückt – in die innere Emigration innerhalb der literarischen Situation der Gegenwart gegangen ist und daß Sie deshalb auch nicht mehr den Antrieb verspüren, weiterhin auf diesem Gebiet zu arbeiten, neue Geschichten zu schreiben?

B.: Ich habe einige neue geschrieben. Meine letzte, die heißt »Bettelgehn«, habe ich in letzter Zeit oft vorgelesen. Und dann bin ich so ungefähr wie ein Mensch, der horcht, wie oft der Kuckuck ruft. Man sagt sich eben: Wird die genauso zünden wie damals »Die Wölfe kommen zurück«? Und diese Zündung ergibt sich dann nicht mehr, und das irritiert einen, zumal wenn man überzeugt ist, es ist eine gute Geschichte. Man sagt sich: Da hast du fast die andere Geschichte erreicht. Aber was sind die Gründe, daß sie nicht mehr wirkt? Das ergibt dann eine gewisse Lähmung, die man natürlich empfindet. Und dann war natürlich diese andere Literatur da, die es inzwischen gegeben hat, also die sogenannte Text-Literatur – um nur bei der Prosa zu bleiben –, die hat uns natürlich auch verwirrt. Man hat gesagt: die wird so hochgeschätzt, daß wir gar nicht mehr in den Vordergrund treten können mit unseren Geschichten. Man sollte – so sehe ich das heute – eigentlich ganz unbeunruhigt sein, man hätte einfach das weitertun sollen, was man vorher tat, also ruhig, wie Böll sagt, die Masche weiterstricken sollen. Das würde sich vielleicht dann doch eines Tages auszahlen, daß man sagt: Jetzt finde ich wieder ein Echo, jetzt ist eine andere Situation eingetreten, und du hast in der Zwischenzeit alles das geschrieben, was du erlebt hast. Ich weiß aber auch, so einfach ist das nicht. Wenn ich mich jetzt hinsetze und sage: Ich schreibe nun wieder eine Short Story wie damals, ich kenn ja die Mittel, und ich kann meinen ersten Satz so schreiben und meinen letzten Satz so, ich kann genau das gleiche Understatement verwenden – es wäre nicht mehr die gleiche Geschichte wie 1955. Niemand steigt in den gleichen Fluß, heißt es.

D.: Also hat es doch mit gewissen Vorbehalten gegenüber der literarischen Gattung Kurzgeschichte zu tun?

B.: Wenn ich ganz ehrlich bin: es hat damit zu tun. Bei mir hat es dann noch speziell zu tun mit dem, was eben die Zeitschrift von mir erfordert, daß ich also einfach nicht nur die viele Arbeit habe, die eine Zeitschrift macht, sondern daß man auch immer die Texte anderer liest. Um es kurz zu sagen: Das ist nicht sehr ermunternd, eher hemmend für das, was man dann selber schreibt.

D.: Hat es auch damit zu tun – und indirekt scheint mir das schon von Ihnen angedeutet worden zu sein –, daß ein anderer Traditionsvater der Short Story, nämlich O. Henry, in der Zwischenzeit skeptischer gesehen wird? In Ihrem Essay »Ortsbestimmung der Kurzgeschichte« gibt es ja eine sehr positive Formulierung über O. Henry, daß er eigentlich die Reinform der Kurzgeschichte, der Short Story geschaffen habe. Vor einigen Tagen las ich gerade das Nachwort, das Böll zu dem zweiten Band der O. Henry-Ausgabe im Walter Verlag geschrieben hat – Böll hat ja zum Teil als Übersetzer O. Henrys an dieser Ausgabe mitgearbeitet –, und da kommt doch so etwas wie eine gewisse Ermüdung an dem, was man den O. Henry-Twist nennt, zum Ausdruck, eine Ermüdung an der bewußten Komposition der O. Henryschen Short Story auf das überraschende Ende zu. Wenn ich jetzt an Ihre Geschichte denke, »Die Wölfe kommen zurück«, an diesen sehr enigmatischen, zündenden und in gewisser Weise formal auch als Pointe charakterisierbaren Satz »Die Wölfe kommen zurück. Sie wittern den Frieden« – dann könnte man möglicherweise argumentieren, daß das eine Geschichte ist, die auch noch in einer gewissen von O. Henry herkommenden Tradition steht. Und wenn Sie jetzt sagen: Die Schwierigkeit besteht, Geschichten zu schreiben, die so ankommen wie damals, dann hat das vielleicht auch damit zu tun, daß dieses bewußte Komponieren auf dieses paradoxe pointenhafte Ende zu als literarische Möglichkeit der Short Story inzwischen auch von Ihnen skeptischer gesehen wird.

B.: So bewußt war mir das nicht in dem Moment, als ich diesen Satz schrieb. Mir war nicht O. Henry gegenwärtig oder irgendein anderer. Es war einfach die Situation, die Stimmung, die mir diesen Satz eingegeben haben. Ich habe diese O. Henry-Bände, die Sie erwähnten, sogar besprochen, ja habe auch Böll zitiert. Einem andern Band hat man einen Aufsatz von Pavese vorangestellt. Ich habe O. Henry von all diesen amerikanischen Vorbildern fast am wenigsten geschätzt, vielleicht auch deshalb, weil noch nicht so viel von ihm übersetzt war und weil man bis dahin auch nicht die richtigen Geschichten von ihm übersetzt hatte. O. Henry ist viel differenzierter, das hab ich an diesen Geschichten bemerkt. Was mir vor allem so gut gefallen hat: Wieviel Zeitklima er eingefangen hat, doch eine Zeit, die man durch Filme, durch Literatur und durch Unterrichtung ja viel besser kennt, als man dieses erste Jahrzehnt in Amerika damals kannte. Damals hat man das nur so als Geschichten gelesen, und O. Henry mußte ja auch immer so ein bißchen herhalten für den Autor, der es zu perfekt gemacht hat, der die Mittel zu gut beherrscht hat.

D.: Mir ist – wenn ich das von meiner Lektüre her sagen darf – aufgefallen, daß einige Ihrer Geschichten in einer solchen Pointe konstruktiv – wie sie erzählt, wie sie gearbeitet sind – gipfeln. Auch »Iljas Tauben« zum Beispiel: diese mit Understatement vorgetragene Pointe, daß eben dieser Leutnant im Grunde sein Wort gebrochen hat und die Tauben gegessen hat. Am Ende heißt es dann: Er wurde erschossen von den Partisanen.

B.: Da hat mir jemand mal etwas sehr Gutes gesagt, nämlich da sei noch ein alter novellistischer Kern vorhanden. Der Böse, der alles angerichtet hat, der bekommt die gerechte Strafe. Und das habe ich akzeptiert. Ja, ich hab gesagt, das steckt eben noch in mir, diese humanistische Bildung und die Kenntnis der Novelle. Der Kurzgeschichtenschluß, der ist im Satz vorher, wo es ganz salopp heißt: Wer weiß, ob ich mal wieder Tauben esse. Da hätte die Geschichte aufhören können. Ich weiß auch, daß ich damals gegen diese zu perfekte Saloppheit schon eine Art Widerwillen hatte und daß dann dieser Schluß hinzugekommen ist. Noch etwas müßte ich zu diesem Schluß sagen: Das ist ziemlich kompliziert, dieser Leutnant, an den ich dabei gedacht habe, wurde tatsächlich erschossen. Ich habe vorhin gesagt, ich verarbeite häufig Selbsterlebtes. Nun ist es allerdings oft so, wenn ich jetzt darüber sprechen müßte: Gerade das Selbsterlebte kann man meist nicht einbringen. Man muß genau das Selbsterlebte hinterher streichen. Das Komprimierte muß man einbringen. Man muß etwas von dorther holen, von dorther und von dorther, und daraus wird dann die Geschichte. Aber das wäre ein eigenes Thema.

D.: Ihren Hinweis auf ein gewisses novellistisches Ende in »Iljas Tauben« würde ich akzeptieren, gerade auf dem Hintergrund, daß jetzt bestimmte Deutungsmöglichkeiten –

B.: – aber nicht in der Art von O. Henry –

D.: Nein, bei O. Henry ist es witzig, humoristisch, mit einem gewissen Maß an Common sense, der Triumph des Common sense geradezu, bei Ihnen ist es eher metaphysisch akzentuiert, und zwar deutet sich fast – überspitzt formuliert – eine Art von verklausulierter Theodizeebegründung an. Da gibt es also offenbar noch eine Art Gerechtigkeit.

B.: Ich habe ja den Begriff geprägt: »die Kurzgeschichte deutscher Spielart«. Ich wollte damit – das steht so in einer Zeile und ist mir auch gar nicht so bewußt – etwas ganz Bestimmtes sagen. Ich wollte sagen: Sie ist irgendwie doch abgesetzt von allen fremden Vorbildern. Es gibt irgendwie eine deutsche Spielart. Aus der kann man so einfach nicht heraus. Wenn ich jetzt an die Kurzgeschichtenautoren denke wie Schnurre oder Elisabeth Langgässer, an Schnabel oder Böll, keiner hat so eine Geschichte geschrieben, von der man hätte sagen können: die hätte auch O. Henry schreiben können. Es ist doch immer eine deutsche Spielart, eine deutsche Schattierung.

D.: Bei Böll ist mir dieser Unterschied beim Wiederlesen seiner frühen Kurzgeschichten klar geworden. Da gibt es in seinen Texten häufig ein offenes Ende, ganz bewußt schon in der Interpunktion angedeutet durch die drei Punkte. Von einer Erzählstruktur, die auf ein pointiertes Ende hin zugespitzt ist, kann du häufig nicht die Rede sein. Bei Böll scheint es mir – im Unterschied zu Ihren Geschichten – sehr viel stärker so zu sein, daß ein anderer Typus von Kurzgeschichte zum Tragen kommt, den man mit dem Blick auf die amerikanische Literatur vielleicht am Beispiel von Sherwood Anderson beleuchten könnte: die sogenannte Slice-of-Life-Story. Das war ja bei Anderson auch eine bewußte Reaktion auf die allzu raffiniert und selbstbewußt konstruierte literarische Story.

Dadurch wurde also nun ein größeres Maß an Realität, an Realitätsgestaltung in die Story eingebracht. Man verzichtete bewußt darauf, der Kurzgeschichte eine ausgefeilte Struktur zu geben mit einem akzentuierten Anfang, der Steigerungskurve des Zentralmotivs, der Peripetie des Umschlags am Ende, der Schlußpointe. Diese Struktur ließe sich vielleicht noch an Ihrem Text »Die Wölfe kommen zurück« nachweisen.

B.: Ich habe zum Beispiel auch die Aichinger zu dieser Form gezählt, was eigentlich nicht richtig sein kann. Ich hab darauf gewartet, daß es einen Widerspruch gibt oder einen Widerspruch von ihr selber. Ludwig Rohner zählt sogar – auf diese Idee wäre ich nie gekommen – Gerd Gaiser hinzu. Gerd Gaiser, der für mich doch ein großer Gegensatz zur Short Story war. Das Metaphysische bei ihm, das hab ich immer als fremd empfunden in der Kurzgeschichte, nicht das Surreale etwa, wie es Ilse Aichinger hatte.

Deutungsperspektiven

D.: Andererseits könnte man sagen, daß eben diese metaphysische Schicht auch bei Ihnen zum Vorschein kommt. Ich erwähnte schon das Ende von »Iljas Tauben«. Auch am Beispiel des Gegenstücks dazu – so möchte ich einmal sagen –, der Geschichte »Die Schlucht«, könnte man das sagen. Diese Geschichte wird vom Ende her aufgebaut: aus der Perspektive des gefallenen und schon toten Soldaten. Und am Schluß heißt es da dem Sinn nach: Die Schlucht ist tief, sie wird immer tiefer. – Das ist hier – nun in der Umkehrung zu »Iljas Tauben« – die Abwesenheit dessen, was man das Prinzip der Theodizee nennen könnte, die tröstliche Gewißheit von einer insgeheim dennoch wirkenden Gerechtigkeit wird hier ganz offensichtlich zurückgenommen. Da bilden sich also – ob es Ihnen beim Vorgang des Schreibens bewußt gewesen ist oder nicht – metaphysische Koordinaten in Ihrem Text ab.

B.: Ja, Cordan hat einmal zu mir gesagt: Das ist der Katholizismus, der in dir steckt, Wölfe und Tauben, diese Symbole! Da hab ich vielleicht eine gewisse Ähnlichkeit mit Elisabeth Langgässer, bei der das alles noch eine größere Rolle spielt. Auf der andern Seite hab ich mich dagegen gewehrt, wenn ich von Schülern gefragt wurde: Was sind die Ratten und was bedeuten sie? Ich habe dann gesagt: Sie waren da, ich hab sie gesehen, sie sind durch die Baracken gehuscht, es waren keine Symbole für mich. Aber wahrscheinlich sind's doch irgendwelche Symbole. Sie haben vorhin noch »Schafsblut« erwähnt, und da haben manche – Sie deuteten es vorhin an – eine Ähnlichkeit zu Hemingway feststellen wollen. Ich wollte damals nach »Eine Sache wie die Liebe« einen zweiten Roman schreiben, der sollte an einem Truppenübungsplatz spielen, Baumholder, wo ich selber Soldat gewesen war und wo dann die Amerikaner einzogen. Ich habe dort acht Tage mich aufgehalten, habe die Leute beobachtet, habe mir Skizzen gemacht und habe – der Roman ist nicht zustande gekommen – ungefähr 40 Seiten geschrieben. Aber ich habe dort in der Zeitung einen Hinweis gelesen, daß die Schäfer nicht mehr ihre Schafe auf dem Truppenübungsplatz weiden dürfen. Das war die Zündung für diese Geschichte. Alles andere habe ich dann hineingeholt aus meinen Beobachtungen: wie die Amerikaner aussehen, wie die Einheimischen Englisch sprechen usw., daß sie sich nicht verstehen beim Sprechen, und so sind dann die einzelnen Themen hineingekommen.

D.: Ja, man denkt bei Ihrer Geschichte natürlich unwillkürlich an die berühmte Geschichte Hemingways aus dem Spanischen Bürgerkrieg, »Alter Mann an der Brücke«. Es gibt eine Reihe von stofflichen Parallelen, die sich indirekt andeuten oder?

B.: Sagen wir mal – das klänge jetzt etwas komisch, wenn ich jetzt sagen würde: Ich hab die Geschichte von Hemingway gar nicht gelesen –, das kann sein, das kann ich jetzt nicht mehr nachweisen. Wie gesagt: für mich war eben diese Zeitungsnotiz die Auslösung dieses Erlebnisses –

D.: Es gibt ja in der Geschichte der deutschen Short Story nach 45 einige Beispiele für bewußte Adaptionen von amerikanischen Modellen: Hermlins »Der Leutnant Yorck von Wartenburg« bezieht sich direkt auf Bierces »Das Ereignis auf der Eulenflußbrücke«, Siegfried Lenz' »Der Anfang von etwas« ist eine Adaption von Hemingways »The End of Something«. Eine solche werkgeschichtliche Verklammerung hat ja nichts Diskriminierendes an sich.

B.: Zu Hemingway gibt es das bei mir nicht, aber zu Lampe, in der »Halben Sonne«. Ich nenne ihn ja auch dort, der Dichter sagt ja: Solche Geschichten möcht ich schreiben, die keinen Anfang und kein Ende haben usw.

D.: Ja, das ist mir aufgefallen, daß sich diese Formulierung mit einer Formulierung in einem Ihrer Essays deckt: Ich will keine Geschichten schreiben, die so ausgehen, wie die Leser es wünschen ...

B.: Das ist eine Verneigung, eine Huldigung. Das war für mich eine Entdeckung. Übrigens haben wir uns damals alle vergewaltigt gefühlt durch die Titel dieser Sendereihe, also »Warum ich nicht wie Hemingway schreibe«, »Warum ich nicht wie Friedo Lampe schreibe« usw. Ich weiß noch, besonders Nossack war wütend über »Warum ich nicht wie Hermann Broch schreibe«. Der Redakteur hatte so die Themen gestellt. – Ich wollte in meinen Aufsatz ein Dutzend Vorbilder hineinbringen, und da wurde ich eben so einrangiert. Das ist gefährlich, das wird dann wiederholt, das wird nochmals wiederholt.

D.: Trotzdem, wenn ich das jetzt einfügen darf mit dem Blick auf den Anfang unseres Gespräches: Ist es nicht so, daß ein Autor wie Jürg Federspiel im Grunde recht hat – und das haben auch viele amerikanische Autoren pro domo behauptet –, daß die Short Story neben dem Musical eine originale künstlerische Leistung der amerikanischen Kultur sei. Die Hinweise, die wir zu Anfang gegeben haben auf die idealen Publikationsvoraussetzungen, die diese Gattung in Amerika vorfindet, alles das deutet doch auf eine singuläre Stellung der Short Story in Amerika hin, und daher ist es ganz natürlich, Einflußmöglichkeiten auf die junge deutsche Literatur, die sich sehr an die amerikanische nach 45 anlehnte, ernst zu nehmen. Wenn wir einen Autor wie Friedo Lampe nehmen, dann ist es doch so, daß es sich um eine sehr isolierte, aus jedem Kontext von Überlieferung gelöste Figur handelt, heute – leider – schon fast wieder vergessen. Interessant wäre es, das Spannungsverhältnis zu beleuchten, das zwischen einem Autor wie Friedo Lampe, der ja großenteils während des Nazi-Reiches schrieb, und der von der Nazi-Literaturpolitik protegierten Form der Kurzgeschichte vorhanden war.

B.: Friedo Lampe war dem Dritten Reich nicht genehm, seine Geschichten »Am Rande der Nacht« sind ja verboten worden. Ich kenne leider nicht diese Diskussion im Dritten Reich, aber ich kann mir vorstellen, daß man vor allem den didaktischen Wert der Kurzgeschichte, die Beeinflussung, die sie möglich macht, erkannt hat, und wie diese Kurzgeschichte dann hätte aussehen sollen. Wenn ich an meine Schullektüre denke, dann fällt mir eine Geschichte wie »Fort damit« ein, die, glaub ich, von Hans Franck stammte, dem mecklenburgischen Autor. Unsere Lehrer schwärmten von ihm: das wäre einer der besten Geschichten- und Novellenschreiber. Das andere, was mir einfällt, ein, zwei

Geschichten von Bergengruen, die man gleichfalls als Musterbeispiele hervorhob. Aber ich glaube, das Wort Kurzgeschichte haben wir überhaupt nie gebraucht. Ich war damals dreizehn, vierzehn, da liest man eigentlich keine Zeitungsgeschichten. Ich kann mich nicht erinnern. Da hält man sich auch noch keine literarische Zeitschrift. Diese Diskussion war mir unbekannt. Aber daß dieser Friedo Lampe, der »sophisticated« war, seine Vorbilder aus ganz Europa geholt hat, Menschen auftreten läßt, Außenseiter, sogar Homosexuelle – bei ihm spielen sie eine große Rolle –, das war im Dritten Reich völlig tabu, und deshalb, glaube ich, sind seine Geschichten, als sie bei Rowohlt erschienen, dann gleich verboten worden. Ein anderer Autor, der damals ähnliche Geschichten geschrieben hätte, ist mir nicht geläufig.

D.: Es hat in den frühen dreißiger Jahren eine erstaunlich umfangreiche Diskussion über die nationalsozialistische und die Kurzgeschichte überhaupt in der Moskauer Exilzeitschrift »Das Wort« gegeben, wo allerdings zum Teil auch die alten, schon bekannten Vorurteile über die künstlerische Unzulänglichkeit dieser Gattung – besonders von dem Herausgeber Fritz Erpenbeck – geäußert wurden. Da wird die Kurzgeschichte als billige Magazin-Form charakterisiert, die nur in einem kapitalistischen System, das auf schnellen Warenumschlag ausgerichtet ist, zustande kommen konnte, als Wegwerfliteratur, ohne die sprichwörtliche deutsche Tiefe. Auch das scheint mir sehr paradigmatisch zu sein für die Schwierigkeiten, die diese Gattung Kurzgeschichte gehabt hat und hat.

Möglichkeiten des Erzählens

D.: Ich würde gern nochmals auf Ihre eigenen Geschichten eingehen, auf die verschiedenen Facetten des Erzählens, die Sie erprobt haben.

B.: Mir hat das Filmartige, das Impressionistische sehr gut gefallen. Ich habe es damals als neu empfunden. Solche filmartigen Bilder haben andere Kurzgeschichtenautoren, soviel ich weiß, nicht verwendet. Als die Ruth Lorbe damals den ersten Aufsatz über »Die Wölfe kommen zurück« geschrieben hat, hat mich sehr überrascht, als sie von Kabinen gesprochen hat. Sie sagte, diese Geschichte wäre aufzuteilen in vier Kabinen. Ich hatte es also unbewußt getan. Die Form kam immer durch den Stoff und vor allem durch den ersten Satz, der ja so wichtig ist. Ich weiß noch, wie lange es gedauert hat, bis mir zu »Iljas Tauben« der erste Satz einfiel: »Mein Leutnant hatte immer Hunger . . .« Und damit war auch gleich die Perspektive festgelegt, daß also sein Bursche erzählt, daß ein einfacher Mensch diesen ganzen Vorgang berichtet. So könnte ich von jeder Geschichte, wenn ich mich genau erinnerte, sagen, wie ich zu der Form gekommen bin. Ich war nicht so formbewußt damals, daß ich mir etwa vorgenommen habe: Ich will brillieren mit der Form oder ich will spielen mit der Form. Ich habe sie zum jeweiligen Stoff gefunden. Ich habe manchmal auch versucht, später, bewußt nochmals eine Geschichte zu bearbeiten und vielleicht zu ändern. »Die Wölfe kommen zurück« zum Beispiel hätte ich gern nochmals geschrieben. Aber das geht dann nicht mehr. Die Geschichte ist festgelegt durch die erste Veröffentlichung. Zum Beispiel stimmt dort die Perspektive nicht so ganz. Das kommt manchmal bei mir vor: eine Figur denkt und kommentiert, und dann meldet sich der Autor plötzlich mitten in der Geschichte. Aber diese perfekten Formen, die soll man nicht so hochschätzen, möchte ich einwenden. Diese Sehnsucht nach der Perfektion, die wir Flaubert verdanken. Verdanken in Gänsefüßchen.

D.: Ja, das ist eine reiche Skala von Erzählmöglichkeiten, die man in Ihren Kurzgeschichten entdecken kann. Beim Wiederlesen Ihrer Texte fiel mir auf, daß man zwar häufig – gleichsam unter technischem Aspekt – bestimmte Erzähler und Erzählperspektiven identifizieren kann. Was aber kontinuierlich fast durch alle Erzähltexte hindurchgeht, ist eine gewisse Distanzierung des Erzählers als Person, des realen Erzählers, meine ich, der sich selbst engagiert. Das ist mir besonders klar geworden beim parallelen Lesen von frühen Short Stories, die Böll geschrieben hat. Bei Böll ist es fast immer so, daß man auch – so will ich einmal sagen – die spezifische humane Situation – seine Emotionen und Spannungen – des Erzählers identifizieren kann, selbst wenn sich der Erzähler im technischen Sinne nicht ganz einwandfrei benennen läßt. Da ist sozusagen ein Böllsches Kontinuum hinter dem Erzähler zu entdecken. Bei Ihnen ist es jedoch so, daß der Erzähler als Person – wie er sich selbst vermittelt – mitunter stark ausgespart ist. Und wenn der Erzähler ganz klar zu erkennen ist wie im Monolog des Kellners, dann ist es nur ein vorgezeigtes Ich, ein Rollen-Ich.

B.: Ja, ja. Da ist in mir, glaub ich, so ein Idealbild vom Erzähler, der ganz bestimmt vom Realismus herkommt: je objektiver er ist, je weniger er sichtbar wird, je weniger er urteilt usw., um so mehr mag ich ihn, um so mehr glaube ich ihm, um so mehr stimme ich ihm zu. Das ist, glaub ich, in mir drin, und da hat natürlich in den letzten fünfzehn Jahren Kritik eingesetzt, beim Vorlesen, bei Zuhörern, die dann sagten: Sie nehmen ja gar keine Stellung. Ich habe dann wiederholt eine Aussage von Tschechow zitiert, worin er gesagt hat: Wenn ich als Dichter über einen Pferdediebstahl schreibe, dann schreibe ich nicht, daß das etwas Böses ist, das man bestrafen muß, das ist nicht Sache des Dichters, sondern des Richters. Ich stelle den Pferdediebstahl dar. – Da kommt dieses alte realistische Postulat, dieser realistische Standpunkt des Nichturteilens beim Erzähler hinein. Als ich kürzlich Aufzeichnungen vorgelesen habe, wo auch so kleine Geschichten dabei sind, sagte ein Zuhörer: Es war seltsam, Sie sind an einem festen Punkt, und das andere um Sie herum, was geschieht, das beobachten Sie lediglich. Das hat mich betroffen gemacht, weil es richtig war. So möchte ich eigentlich die Dinge darstellen. Man könnte sagen: Nach dem Furchtbaren, was passiert ist mit Ihrer Generation, nach dieser Schuld, die Ihre Generation auf sich geladen hat, müßte doch einmal ein Protest oder eine Stellungnahme laut werden. Ich könnte antworten: Das hat von uns eigentlich nur einer getan: Wolfgang Borchert, den man auch schon fast vergessen hat. Bei mir ist die Stellungnahme trotzdem da, sie ist zu spüren. Selbstverständlich habe ich meine Proteste, meine Schuldgefühle anderswo ausgesprochen.

D.: Vielleicht abschließend noch eine Frage zu einem Punkt, den Sie vorhin schon kurz berührt haben, als Sie davon sprachen, daß die Short Story in der deutschen Literatur der letzten Jahre von der sogenannten Text-Literatur überlagert und an den Rand gedrängt worden sei. Nun denke ich – von Heißenbüttel und Jürgen Becker einmal abgesehen – an Erzählbeispiele, wie sie sich bei Handke finden oder auch Chotjewitz. Da gibt es zum Beispiel Nacherzählungen von Film-Western oder auch parabelhaft ziselierte Prosastücke wie bei Lettau in den »Auftritten Manigs«, selbst manche der literarischen Skizzen von Jürgen Becker, die sprachliche Ausschnitte von Wirklichkeit sein wollen, könnte man in diesem Zusammenhang anführen. Zeichnen sich Beispiele einer literarischen Kurzprosaform ab, die sich völlig abgespalten hat von dem, was man Short Story nennen kann, wenn man noch darauf beharrt, daß zum Beispiel ein Plot, eine realistisch dargestellte Wirklichkeit, wie fragmentarisch auch immer, zur Short Story gehören. Oder könnte man bei diesen Texten sagen, daß – bei Handke oder Chotjewitz, bei Lettau läßt sich ja noch zum Teil von einer Erzähl-Fabel sprechen, wenn auch vielfach abgeleitet, reproduziert – gewisse Möglichkeiten der Short Story weiterentwickelt worden sind und daß da vielleicht unterirdisch doch noch eine Kontinuität der Gattung vorhanden ist?

B.: Ich habe darüber geschrieben, in einer amerikanischen Zeitschrift, »Kenyon Review«. Das ist genau die Antwort auf das, was Sie fragen. Von außen sieht es so aus, als wäre dieser Strang durchgeschnitten, aber wenn man diese Texte, die auf anderen Theorien basieren, einmal genauer untersucht, stimmt das nicht. Die Kurzgeschichte hat sich nur variiert, sie hat sich verändert, sie hat sich zu Recht geändert, weil die Auffassung der Wirklichkeit eine andere geworden ist. Aber Haupteigenschaften der Short Story, etwa offener Anfang oder offenes Ende, lassen sich auch bei diesen Texten erkennen. Das gilt auch für anderes: Daß sie keine Stellungnahme enthalten, daß sie leicht verwertbar sind und daß sie möglichst schnell erscheinen wollen, wenn irgendein aktueller Anstoß gegeben ist. Wenn man lange darüber nachdenkt, würde man noch viele Eigenschaften finden. In Amerika ist es nämlich auch so gewesen. Bei der Beat-Generation und später bei der Post-Beat-Generation, die ja hauptsächlich Gedichte geschrieben haben, finden sich ab und zu auch einige richtige Short Stories. Wenn man eine Anthologie von amerikanischen Short Stories macht, kann man diese unmittelbar als letzte Beispiele anfügen. So findet man auch hier Erzählbeispiele von jüngeren Autoren der sechziger und der siebziger Jahre, wo man sagen kann: Da lebt die Kurzgeschichte untergründig weiter.

(18. 3. 1977)

5. »Die Gunst dieser negativen Situation«. Gespräch mit Günter Kunert

Zur Tradition und Situation der Kurzgeschichte in der DDR

Durzak: Herr Kunert, ich möchte in unserm Gespräch nicht auf den wichtigen Lyriker Günter Kunert eingehen, sondern auf den Erzähler, und hier nicht so sehr auf den Romancier, sondern auf den Kurzgeschichtenautor. Man darf ohne Übertreibung sagen, daß Ihr Name und die Geltung der aktuellen deutschen Kurzgeschichte, in der DDR und weit darüber hinaus, fast synonym sind. Nun hat es die Kurzgeschichte in der deutschen literarischen Situation ja immer besonders schwer gehabt, sowohl bei den Autoren als auch bei den Lesern, abgesehen von jener kurzen euphorischen Phase unmittelbar nach 1945. Andererseits habe ich hier ein Buch vor mir liegen, das »Vom Handwerk des Schreibens« betitelt ist, sich im Untertitel als »Sachbuch für Schreibende« zu verstehen gibt, das kürzlich in der DDR erschienen ist und auch Ausführungen über die Kurzgeschichte enthält, die so relativ enthusiastisch akzentuiert sind, daß der Eindruck entstehen könnte: Diese Prosagattung spielt in der Literatur der DDR eine ganz besondere Rolle. Da wird zum Beispiel, unter Verwendung eines Zitats von Alexej Tolstoi, ausgeführt, daß die Kurzgeschichte, weil sie eine der schwierigsten Kunstformen sei, eine ausgezeichnete Schule für den jungen Schriftsteller sei. Und dieser didaktische

Aspekt wird – so scheint mir – durchaus auf die jungen Autoren in der DDR bezogen. Ist es tatsächlich so, daß die Kurzgeschichte diese wichtige Funktion für die Schreibenden, für die Prosaautoren in der DDR hat?

Kunert: Ich glaube, daß wir zunächst trennen sollten zwischen Kurzgeschichte und kurzer Prosa, die vielleicht doch stärker reflektorisch und weniger erzählend ist. Und darum möchte ich eigentlich sagen: Die kurze Prosa – das ist vielleicht jetzt etwas generalisierender, aber wir sollten vielleicht doch dabei bleiben – ist für Leute, die die ersten Schritte machen, aber nicht nur in der DDR, sehr wichtig. Ich glaube, daß niemand mit einem fünfhundertseitigen Roman begonnen hat, das ist die Ausnahme, das ist das ganz Außerordentliche. Sonst beginnt man ja immer mit Formulierungen, mit ersten Schritten, mit einem tastenden Sicartikulieren, also eigentlich mit ganz engen und kurzen Formen, also kleiner, kurzer Prosa und auch Kurzgeschichten.

D.: Das gilt sicherlich für die meisten Schreibenden, die am Anfang stehen, ganz unabhängig davon, wo nun einer schreibt. Aber dieses »Sachbuch für Schreibende« – das stellt ja an sich schon ein Novum dar, ich wüßte kein Buch in der Bundesrepublik, das sich ähnlich als Handwerksinstrument für Schreibende versteht – definiert die Kurzgeschichte doch noch präziser, durchaus auch im Sinne einer genaueren formalen Bestimmung, die diese Verallgemeinerung zur Kurzprosa eigentlich nicht mitmacht. Da wird etwa gesagt: Die Kurzgeschichte ist nicht darauf angelegt, Entwicklungen zu bieten, Vorgeschichte zu erzählen oder gesellschaftliche Verhältnisse zu erläutern. Es werden darüber hinaus formale Kriterien skizziert, die diese Form als Kurzgeschichte definieren. Von daher ist doch wohl – zumindest von diesem Buch aus geurteilt – der didaktische Aspekt, der mit dieser Gattung verbunden wird, ganz entscheidend: Den jungen Autoren bietet sich hier eine Form an, sich schriftstellerisch zu erproben.

K.: Ja, das ganz gewiß. Denn es ist ja auch so teilweise in der Praxis gewesen, daß junge Leute – wahrscheinlich heute nicht mehr in dem Maße wie vor zehn Jahren – die Ambition hatten, mit umfänglicheren Arbeiten gleich zu beginnen. Das war zu der Zeit in der DDR, als die Trilogie gepflegt wurde, als eigentlich fast kein Erzähler mehr einen kleinen Roman oder überhaupt einen relativ übersichtlichen Roman schrieb oder schreiben wollte, sondern sich alle Romane immer verstanden als erster Band einer Trilogie oder eines Riesenentwurfes, eines Zeitgemäldes. Und wenn so eine bestimmte Form favorisiert wird, dann hat das natürlich negative Auswirkungen, d. h. auf junge Leute, die dann vor diesem Werk standen und es dann auf dem ersten Viertel des Weges schon wieder verließen, also daran scheiterten.

D.: Das Merkwürdige ist ja, daß wir im Augenblick, was das Prosaschreiben in der Bundesrepublik betrifft, offenbar eine ähnliche Situation, wie Sie sie vorhin in der DDR charakterisiert haben, vorliegen haben. Es gibt ja eine ganze Reihe von Autoren, von Uwe Johnson bis Walter Kempowski und Peter Weiss, die Trilogien und Tetralogien, und was noch darüber hinausgeht, schreiben und die für die Kurzgeschichte kaum zu erwärmen sind.

K.: Geschrieben haben.

D.: Und schreiben. Der vierte Band der »Jahrestage« fehlt noch, der dritte Band der Weiss-Trilogie »Ästhetik des Widerstands«, auch in Kempowskis Großentwurf fehlen zumindest noch zwei Bände.

K.: Ja, ich weiß, aber das entsteht ja schon über einen ziemlichen Zeitraum hinweg. Als die »Jahrestage« als Projekt begonnen wurden, war die Situation vielleicht auch etwas

anders, eine Situation, die auf eine sehr verborgene und indirekte Art in Beziehung zu der
– obwohl das alles so unterschiedlich aussieht und scheint – in der DDR stand. Es gibt ja
auf seltsame Weise immer bei diesen doch so ganz unterschiedlichen Gesellschaftssyste-
men Entsprechungen, merkwürdigerweise, die sich auch in der Kunst- und Literaturproduktion, gerade in der Literaturproduktion, zeigen, vielleicht in der DDR mit einer
gewissen Verspätung. Aber da sind Gleichzeitigkeiten zu beobachten.

D.: Von der aktuellen literarischen Situation in der DDR her geurteilt, hat sich also
dann doch etwas geändert. Könnte es sein, daß mit der erneuten Betonung der
Kurzprosa, der Kurzgeschichte an eine Tradition angeknüpft wird, für die in der DDR
beispielsweise Namen wie die von Brecht, von Anna Seghers oder auch von Erwin
Strittmatter stehen. Lassen sich diese Autoren – die Liste wäre sicherlich zu erweitern, zu
variieren – als gewisse Traditionsväter der Kurzgeschichte in der DDR betrachten?

K.: Das ist ganz schwierig zu entscheiden. Als ein über die Kurzgeschichte der DDR
nicht so umfassend informierter Leser glaube ich, was mir also manchmal vor die Augen
kommt, das hat eigentlich weniger diesen stark realistischen Impetus, wie also die
Geschichten von Anna Seghers ihn haben, sondern eher einen, der aus anderen
Bereichen kommt: also eher aufs Parabelhafte, Gleichnishafte – auch mit surrealen
Einsprengseln – Gehendes. Ich würde also diese drei Gründerväter oder Vorfahren nicht
so als die Starthelfer nennen wollen. Ich glaube, das speist sich aus ganz merkwürdigen
Quellen, unter anderm auch zum Beispiel, wie ich glaube, aus den Geschichten der
Romantiker. Ich bin ganz sicher – das ist nun kein Kurzgeschichtenschreiber –, daß E. T.
A. Hoffmann auch eine ganz bestimmte Rolle spielt. Das läßt sich erkennen an dieser
Schreibweise, die Realität benutzt, um sich eine besondere Welt aufzubauen, die aber
parabelhaften Charakter hat. Also eher noch Brecht, nicht Seghers.

D.: Das wären Aussagen, die man vermutlich –

K.: Ich möchte vielleicht ein Beispiel geben. Es läßt sich immer an Beispielen am
besten reden. Eine sehr gute kurze Geschichte von Fritz Rudolf Fries war in »Sinn und
Form«, die Geschichte heißt, glaub ich, »Das Feuer, das Wasser, die Liebe« – ich weiß
nicht genau, mit Titeln ist es ohnehin schlecht –: Das ist eine Geschichte, die in einem
ganz engen Rahmen spielt, mit ganz kleiner Besetzung, eigentlich nur zwei Personen. Ein
Mann, der glaubt, seine Mutter, die aber schon tot ist, im Mitropa-Restaurant im
Bahnhof Friedrichstraße wiederzufinden, und er fährt mit ihr – er ist eigentlich
Stadtschreiber unter Friedrich dem Großen, es ist aber trotzdem Gegenwart –, er fährt mit
ihr ins Jenseits. Aber die Praxis dieser Jenseitsfahrt ist wieder teilweise von ganz harter
Realität bestimmt. In Geschichten, kleineren Texten etwa von Elke Erb finden Sie
ähnliche Prinzipien. Ich finde, das ist etwas, was vielleicht nicht für die Mehrheit der
üblichen Kurzgeschichte bestimmt ist, aber das ist eigentlich der wichtigere Teil. Und dort
sind die Einflüsse nicht die Segherschen und auch nicht die Hemingwayschen. Das ist
nicht dieser Realismus, sondern etwas ganz anderes.

D.: Was mich motiviert, von der Kurzgeschichte her – nun einmal völlig abgesehen
von diesem »Sachbuch für Schreibende« – nach den Besonderheiten der literarischen
Situation in der DDR zu fragen, hat auch – so scheint mir – mit einem ganz speziellen, so
nur in der DDR vorhandenen Sachverhalt zu tun. Um es ganz generell auszudrücken:
Was geschrieben und veröffentlicht wird – wenn es veröffentlicht wird –, stößt, ob positiv,
ob negativ, auf eine viel größere Aufmerksamkeit in der DDR. Das ist durchaus ein
Unterschied zu der Situation in der Bundesrepublik. Von daher geben auch ganz

bestimmte Gattungen dem Autor Möglichkeiten in die Hand, sich zu profilieren, sich bemerkbar zu machen. Wenn das nun stimmt, was ich skizziert habe, daß es für den jungen Autor in der DDR leichter ist, Resonanz beim Leser hervorzurufen, dann könnte es ja auch so sein, daß spezielle Hindernisse, die die Kurzgeschichte in der Bundesrepublik bis heute belasten, Rezeptionshemmnisse, wenig Resonanz beim Publikum, Zögern der Verleger, wenig Zeitschriften, wenig Zeitungen, die Kurzgeschichten bringen – daß alles das nicht in der DDR vorhanden ist und daß daher die Möglichkeiten der Gattung Kurzgeschichte viel intensiver genutzt werden können.

K.: Es ist wahr, daß das Interesse an Literatur aus unterschiedlichen Gründen und aus vielen Motiven heraus viel stärker ist, so daß natürlich alle literarischen Produktionen eo ipso auf einen größeren Leserkreis stoßen. So einfach ist jedoch die Lage und die Praxis für junge Autoren nicht. Die Publikationsmöglichkeiten sind so phantastisch auch nicht. Es gibt zwei Literaturzeitschriften, »NDL« und »Sinn und Form«, dann gibt es eventuell noch die Möglichkeit, im »Sonntag« – das ist diese Kulturzeitschrift – etwas zu veröffentlichen, und damit ist es aber eigentlich schon vorbei.

D.: Keinerlei Zeitungen sonst, keinerlei Möglichkeiten im Rundfunk?

K.: Im Rundfunk ist noch eine Möglichkeit, ja. Aber die Zeitungen bringen eigentlich, so wie ich es sehe, auch keine Kurzgeschichten. Man sieht eigentlich in den Kultur-Seiten, den Feuilletons der Zeitungen, kaum freie Arbeiten, also Gedichte, Kurzgeschichten und dergleichen. Die Kultur-Seiten beschäftigen sich in der Hauptsache mit Rezensionen und Kritiken, mit der Propagierung bestimmter Dinge. Da erscheint also sehr wenig. Aber, wie gesagt, das Interesse ist groß, weil das Verhältnis zur Literatur ein anderes ist, weil die Literatur im Positiven wie im Negativen überschätzt wird. Der Leser hat eine ganz andere Erwartung, und das, was er woanders vermißt und was er auch vielleicht in seinem Leben nicht findet, das erwartet er dann immer von der Literatur. Er erwartet etwas – es klingt etwas großartig, aber es ist schon so –, er erwartet immer etwas wie einen Sinn, er will eine Sinnmitteilung für sich finden, die er verloren hat, die überhaupt nicht mehr da ist. Und darum liest er viel intensiver, weil er meint, es lohne sich, und darum ist auch das Interesse an Literatur weiter verbreitet. Aber auch die Literatur kann diesen Sinn niemals geben, so daß die Gefahr besteht, daß der Leser eines Tages, nach einem längeren Zeitraum, wenn er erkannt hat, daß auch die Literatur nicht in der Lage ist, ihm das zu geben, was er für sein Dasein braucht – daß der Leser sich vielleicht enttäuscht von ihr abwendet. Das ist durchaus möglich. Aber dieser Moment ist noch nicht gekommen.

D.: Jetzt ganz pragmatisch bezogen auf die Möglichkeiten der Gattung Kurzgeschichte in der DDR: Dann weist Ihr Resümee doch in eine ähnlich desillusionierte Richtung, wie es der Fall ist, bezogen auf die Situation der Story in der Bundesrepublik? Nun sind Sie ein ausgezeichneter Kenner der amerikanischen Literatur. Sie waren selbst längere Zeit in Amerika. Sie haben in Ihrem Amerika-Buch, »Der andere Planet«, darauf hingewiesen, daß ganz bestimmte amerikanische Autoren Paten Ihrer literarischen Anfänge gewesen sind. Allerdings erwähnen Sie da in erster Linie Lyriker, Masters, Sandburg, Whitman. In einem sehr wichtigen Aufsatz gehen Sie jedoch auch ausführlich auf Edgar Allan Poe ein. Und wenn ich Sie recht verstanden habe, ist die Geburtsstunde der Kurzgeschichte für Sie die Veröffentlichung des ersten Erzähltextes von Poe 1833.

K.: Ja.

D.: Die Publikationsmöglichkeiten sind ja in den USA ganz anders, viel besser, die Kurzgeschichte profitiert davon und gilt nach wie vor als eine der wichtigsten Gattungen.

Dann stimmt also eher – bezogen auf die Kurzgeschichte – das Bild in der DDR mit dem in der Bundesrepublik überein als mit dem in den USA?

K.: *Von der Publikation in Zeitschriften oder Magazinen her, ja. Von seiten des Autors her eigentlich nein, nicht ganz so. Wir haben eigentlich – und jetzt sag ich wieder Kurzprosa – in der Relation zu anderen Gattungen unverhältnismäßig viel Kurzprosa, weil sich in der Kurzprosa am schnellsten eigentlich und – ja, wie soll ich es sagen – am konzentriertesten reagieren läßt, ähnlich in der Lyrik, während ja die großen Formen, eben der Roman, eine lange kontinuierliche – auch in der Außensituation kontinuierliche – Zeit brauchen. Diese kleinen Prosaformen werden unter anderm so bevorzugt, weil sie die Möglichkeit bieten, blitzartig – zumindest zu versuchen – das unterzubringen, was einen im Moment beschäftigt. Und die Chance – es ist ja eine negative Aussicht –, mit einem größeren Werk zu scheitern, ist eigentlich viel bedrückender als mit einer Kurzgeschichte, als mit einem kleinen Prosatext, so daß vielleicht unbewußt bei vielen ein kleiner Prosatext bevorzugt wird in der Unsicherheit: Würde ich denn ein größeres Werk veröffentlichen können, hätte ich damit Chancen? Ich glaube, das ist auch ein innerpsychologischer Antrieb für kleine Prosa. Das spielt bestimmt eine ganz große Rolle, davon bin ich überzeugt.*

D.: *Ja, ich finde, das ist ein sehr einleuchtender Erklärungsgrund, nur ist dieser Erklärungsversuch nun doch wieder konfrontiert mit den reduzierten Publikationsmöglichkeiten in der DDR. Gibt es nicht einmal etwas wie – ja, wie soll ich es sagen – Rudimente einer kulturpolitischen Stützung? In Analogie etwa zu dem Georg Mackensen-Preis für die Kurzgeschichte in der Bundesrepublik, dem »Westermanns Monatshefte«-Preis also?*

K.: *Das gibt es nicht. Soviel ich weiß – ich will also jetzt nichts Falsches sagen – oder soweit ich weiß, gibt es keinen Kurzgeschichten-Preis.*

Amerikanische Autoren – Anregungen und Abgrenzungen

D.: *Ich habe vorhin schon kurz auf die Situation der Short Story in den USA hingewiesen. Es ist ja so, daß man, vereinfacht gesagt, die rapide Blütezeit der deutschen Kurzgeschichte nach 1945 in Verbindung mit der umfangreichen Aufarbeitung von amerikanischer Literatur, nicht zuletzt von Short Stories, in Deutschland gebracht hat. Ob zu Recht, ob zu Unrecht, ist eine andere Frage. Aber es ist ja unbestreitbar, daß die Kurzgeschichte für ca. ein Jahrzehnt eine Lieblingsform von deutschen Schriftstellern gewesen ist.*

K.: *Gewiß.*

D.: *Noch heute gibt es Autoren – Böll wäre ein Beispiel –, denen die Kurzgeschichte eine der kompliziertesten und zugleich liebsten Formen ist. In diesem von der amerikanischen Literatur her skizzierten Rezeptionsrahmen wird immer eine Reihe von amerikanischen Autoren erwähnt: Poe, der auch bei Ihnen erscheint, Bierce, der interessanterweise auch an einer Stelle Ihres Amerika-Buches als Klassiker zitiert wird, so daß die Vermutung naheliegt, daß Sie auch die Geschichten von Bierce kennen.*

K.: *Ja.*

D.: *Dann werden aber auch und in erster Linie eigentlich Autoren wie Hemingway, Faulkner, Steinbeck, vor allem aber Hemingway erwähnt. Und da fand ich es sehr interessant, daß Sie in einem Gespräch, das Sie mit einem DDR-Schriftstellerkollegen geführt haben, Hemingway äußerst kritisch gesehen haben. Sie charakterisieren ihn als einen Autor, der im Grunde nur mit realistischen Dingen arbeite, aber im Ergebnis unrealistisch, geradezu romantisch sei. Und Hemingway ist ja nun so etwas –um es ironisch zu sagen – wie der Heilige Geist der deutschen Kurzgeschichte, wenn wir an Autoren wie Siegfried Lenz, Ernst Schnabel oder Hans Bender denken. Wie steht es also, aus Ihrer persönlichen Perspektive geurteilt, um diese amerikanischen Einflüsse, um diese amerikanischen Autoren? Sind sie ähnlich wichtig für Ihre eigene kurzgeschicht-liche Prosa gewesen, sind sie vielleicht auch wichtig für die Kurzgeschichten anderer DDR-Autoren?*

K.: *Für meine Geschichten waren sie sicherlich nicht sehr wichtig. Wir hatten angefangen mit Poe, und ich könnte jetzt noch eine ganze Reihe von Namen nennen. Mich haben in viel stärkerem Maße die Kurzgeschichtenerzähler beeinflußt, die dieses Moment der Phantastik haben. Und das geht eben bis zu Meyrink, bis zu den Meyrinkschen Geschichten, E. T. A. Hoffmann ist auch schon erwähnt worden. Und ich glaube auch – das hab ich vorhin schon erwähnt im Hinweis auf Fries, und Sie finden es in der DDR nicht nur in Kurzgeschichten, sondern eigentlich auch in neueren Romanen –, daß diese Phantastik eine sehr große Rolle spielt, zu spielen begonnen hat vor ca. fünf, sechs Jahren und, wie ich glaube, sich noch weiter entwickeln wird. Wahrscheinlich ist es eine Art Reaktion auf einen sehr lange Zeit praktizierten ziemlich platten Realismus, der also doch an einer mehr oder weniger glaubwürdigen Äußerlichkeit haften blieb. Nachdem dieser Pendelschlag, diese Gegenbewegung einsetzte, spielen eben – so glaube ich – diese Autoren, eben die Klassiker des nun klischeehaft abgestempelten Phantasti-schen, des Horrorhaften, die Erzähler, die phantastische Elemente in ihren Arbeiten haben, eine sehr große Rolle.*

D.: *Das würde ja nun sowohl zutreffen auf Poe als auch auf Bierce.*

K.: *Ja.*

D.: *In beiden Fällen kann man ganz starke Elemente des Irrationalen feststellen.*

K.: *Ja, da sind ja auch ein paar Traditionen eben in der deutschen Literatur, wenige zwar, E. T. A. Hoffmann und andere, aber es sind einige da, und ich würde mich zu diesen Einflüssen bekennen wollen.*

D.: *Nun nehme ich bestimmt an, daß Sie die frühe Anthologie »Tausend Gramm«, die Wolfgang Weyrauch herausgegeben hat, kennen.*

K.: *Nein, kenne ich leider nicht.*

D.: *Ich erwähne Wolfgang Weyrauch deshalb, weil er doch der deutsche Autor gewesen ist, der eine gewisse biographische Rolle in Ihren Anfängen gespielt hat, der erste Gedichte und Geschichten von Ihnen im »Ulenspiegel« veröffentlichte. Diese Anthologie »Tausend Gramm« ist ja durch ihr programmatisches Nachwort so wichtig geworden: der Interpretation des literarischen Neubeginns nach 45 unter dem Aspekt des Kahlschlags, des absoluten Neuanfangs. Weyrauch geht auch auf Modellautoren ein, Hebbel, Hebel, Kleist, Tschechow, Maupassant, druckt Beispielgeschichten von ihnen ab. Aber diese Linie, die Sie gerade als so wichtig hervorgehoben haben, das Phantastische, das Eindringen des Irrationalen, die Tradition – vielleicht – des angelsächsischen Gothic Horror Tale – das fehlt dort.*

K.: *Was bei Maupassant ja übrigens nicht fehlt, da hat man das auch. Ich erinnere Sie zum Beispiel nur an die Geschichte von der abgehauenen Hand, es gibt unglaubliche Geschichten bei ihm.*

D.: Freilich ist das nicht der Aspekt, der Maupassant für Weyrauch musterhaft macht. Was ich sagen will, ist, daß die Bestandsaufnahme Ihrer persönlichen Anfänge als Kurzgeschichtenschreiber divergiert mit der Anfangssituation der deutschen Literatur nach 1945, bezogen jetzt auf die Kurzgeschichte. Ihre Darstellung läßt sich offenbar nicht in Übereinstimmung bringen mit den Ansätzen, die Weyrauch skizziert und seiner Anthologie zugrunde legt. Ein großer Unterschied zeigt sich auch, wenn man Ihre Beziehung zu Hemingway nimmt, der ja für viele andere deutsche Kurzgeschichtenautoren damals von größter Bedeutung war.

K.: Ich muß jetzt noch eine kleine Einschränkung machen, weil Sie eben sagten: das Irrationale im Phantastischen, also im Gothic Tale. Wenn ich jetzt vom Moment des Phantastischen rede, meine ich nicht ein Irrationales, sondern eigentlich ein ins Rationale Aufgehobenes. Da, wo ich es in den von mir erwähnten Beispielen finde, ist es eingesetzt als ein ganz bestimmtes kritisches und, wie ich finde, auch höchst realistisches Moment, weil es oft hinter die Fassade geht. Und wenn ich meine, daß Phantastik wichtig geworden ist für die DDR-Literatur, für mich wichtig ist, so meine ich nicht die irrationale, diese ganz spekulative Phantastik, sondern eine, die bestimmte Realitäten und bestimmte Entwicklungslinien so weit steigert, färbt, auch verfremdet, daß sie ins Phantastische aufgehoben werden, ohne dabei ihre Wesentlichkeit zu verlieren. So könnte ich eigentlich sagen: Kafka ist auch ein phantastischer Autor, wer wird schon zu einem Käfer? Und das ist zugleich doch alles andere als so eine Horrorgeschichte, es ist etwas ganz anderes. Nicht diese Phantastik der Spätromantiker, Barbey d'Aureville, diese ganze französische Poe-Nachfolge, mit diesem Teuflischen, diese vielen berühmten Geschichten, späte schwarze Romantik, das meine ich eigentlich nicht, das ist eine andere Phantastik.

D.: Aber wenn ich jetzt an Ihren Essay über Poe denke, »Ein Gentleman aus Virginia«, dann arbeiten Sie doch dort sehr stark die verschiedenartigen Brüche heraus, die in der Vita Poes stattgefunden haben, Unvereinbarkeiten, und aus der Erkenntnis dieser Brüche entsteht eine ganz neue Interpretation –

K.: Und aus seiner Realität –

D.: Aus seiner Realität –

K.: – die die Brüche verursacht.

D.: Ja, eine Realität, die selbst nicht mehr auf eine rationale, plausible Formel zu bringen ist. Interessanterweise erwähnen Sie ja auch Bierce in Ihrem Amerika-Buch, als Sie die Bowery in New York beschreiben, jene trostlose Gegend von gestrandeten Existenzen, die nichts mit dem Bilderbuch-Amerika vom Land des Fortschritts und des Reichtums für jeden zu tun haben. Bierce hat ja auch Erfahrungen dargestellt, wo – auf dem Hintergrund des Amerikanischen Bürgerkrieges – gleichfalls die schlüssigen Bilder und Interpretationen der Realität in die Brüche gehen.

K.: Ja, natürlich.

D.: Und an diesen Bruchstellen dringt nun das Phantastische ein, aber das Phantastische, das jetzt als neue, beunruhigende Dimension der Wirklichkeit erfahren wird.

K.: Die Chiffre einer sonst nicht so darstellbaren Realität.

D.: Aber dieses Phantastische, das Irrationale – ich meine es jetzt ganz neutral, nicht irgendwie ideologiekritisch akzentuiert –, das läßt sich doch nicht auf eine Ebene heben, wo es sich auflöst, wo es eingeht in eine Art von Sinnstruktur, die sich aus den literarischen Texten ergibt? Und hier möchte ich eigentlich jetzt auch Ihre eigene

Definition der Kurzgeschichte einbeziehen. Sie sagen ja an einer Stelle, daß die Kurzgeschichte in gewisser Weise eine revolutionäre Form sei, weil sie nämlich durch das Formelement der Peripetie, der überraschenden Wendung am Ende, dem Leser vor Augen führt, daß die Dinge auch ganz anders ausgehen können, als er es eigentlich erwartet. Und da sehe ich auch diesen Einbruch des Phantastischen, wenn wir so wollen, des Irrationalen, des Widerspruches gegen gängige Plausibilität, die sich aufdrängt.

K.: Bei der Kurzgeschichte ist es eindeutiger und ist da als leicht erkennbares Prinzip. Zum Phantastischen bedarf es dann immer wieder des Schlüssels. Den muß der Leser schon mitbringen oder mitzubringen versuchen.

D.: Nun gibt es natürlich auch die Möglichkeit – und die ist ja in der amerikanischen Literatur sehr weit verbreitet –, das Phantastische, das Irrationale jetzt in der Weise zu »rationalisieren«, daß man es ganz verständlich macht, also: das Irrationale ist gar nichts Unerklärliches, wie zum Beispiel der Mord in der Detektiv-Story. Da wird doch zumeist am Ende in diesen affirmativen Schlüssen die Ordnung wiederhergestellt. Der Täter wird gebrandmarkt, ausgeschieden, und das schöne Muster der abgerundeten Wirklichkeit stellt sich am Ende wieder her. Das ist doch auch eine ganz starke Tradition, die bis heute eigentlich in der amerikanischen Literatur existiert. Das wäre eine Möglichkeit, die Sie aus Ihrer Perspektive eher negativ sehen würden?

K.: Ganz gewiß, ganz gewiß. Ich glaube, daß in dieser Tradition und unter diesem Schema noch ältere liegen, ältere Muster kommen eigentlich hinter der Detektivgeschichte zum Vorschein, dessen bin ich mir ganz gewiß. Das kann eben nicht beispielhaft sein, weil sich nichts anderes tut, als immer wieder eine heile Welt herzustellen, die ja gar nicht vorhanden ist. Die Kurzgeschichte, ja eben da, wo sie gut ist und eben verblüfft – und so ein Moment der Verblüffung muß ja eigentlich in jeder guten Kurzgeschichte stecken –, ist ja dieses Aufklappen der Realität, die macht den Einblick möglich. Das macht aber auch die Geschichte mit dem phantastischen Einschlag, ganz gewiß, nur erschwert sie es dem Leser etwas.

D.: Ich würde gern diesen Aspekt des Phantastischen nochmals aufgreifen, vielleicht ein bißchen später, wenn es um die Erörterung des Grotesken geht, der grotesken Kurzgeschichten, aber vielleicht an dieser Stelle nochmals die Frage: Warum ein so wichtiger Autor wie Hemingway, für die Geschichte der Short Story geradezu zentral, offenbar bei Ihnen in einer so negativen Beleuchtung erscheint? Oder überinterpretiere ich hier jene Äußerung von Ihnen, die ich vorhin bereits erwähnte?

K.: Ich würde eigentlich gar nicht Überinterpretation sagen. Ich finde, daß bei Hemingway doch auf einer ganz anderen Ebene Ähnliches geschieht wie in der Detektivgeschichte, daß der Held zwar vielleicht scheitert oder auch untergeht, aber daß er immer – und das ist das Fatale – auf einer anderen Ebene gerettet erscheint. Er ist in der Niederlage immer der Sieger. Und das ist eigentlich, was mich immer an Hemingway gestört hat, weil das für mich ein romantischer Aspekt ist. So ist Realität ja nicht, und das ist jetzt ganz unabhängig davon, ob da jemand mit diesem großen Fisch kämpft oder mit Stieren oder boxt. Es gibt ja auch diese Boxkampfgeschichte mit diesem kleinen Mexikaner, der unbedingt siegen muß, eigentlich aus ideologischen Gründen.

D.: Es gäbe andere Beispiele, die nicht unbedingt in diese Interpretation Hemingways hineinpassen, etwa »Alter Mann an der Brücke«, diese Geschichte aus dem Spanischen Bürgerkrieg über den alten Mann, der jetzt auch noch die Tiere, das einzige, was er noch hatte und woran ihm noch lag, verloren hat und der wirklich am Ende ist. Die

Darstellung der Realität ist hier nicht unbedingt auf den einzelnen, der übersteht und heroisiert wird, zugeschnitten. Aber ganz unabhängig von solchen inhaltlichen Dingen: Ist Hemingway nicht in erster Linie durch seinen sprachlichen Ansatz entscheidend gewesen, jetzt auch auf dem Hintergrund der Sprachverseuchung – gewiß ein pathetisches Wort, aber in diesem Falle zutreffend –, die um sich griff in den Jahren vor 1945 in Deutschland? Wurde das nicht als eine Art Befreiung empfunden, so ganz lakonisch, ganz faktisch, in kurzen Sätzen, ganz dinglich zu schreiben? Das ist sicherlich ein wesentlicher Aspekt, der die Faszination von Hemingway ausgemacht hat.

K.: *Bei sehr vielen Autoren bestimmt, für mich hatte das nicht diese Bedeutung.*

D.: *Er ist also nicht gelesen worden von Ihnen damals?*

K.: *Doch, ich habe ihn gelesen, ganz sicher, aber er hat mich nicht gefesselt. Er hat mir nichts – das muß nicht an Hemingway liegen –, er hat mir nichts gesagt. Und gerade dieser Lakonismus war mir eigentlich eher arm, armselig.*

D.: *Warum?*

K.: *Weil es auch eine Eingrenzung war, eigentlich, eine Einengung, eine Einschränkung. Und vielleicht habe ich gerade unter den Umständen, unter denen ich Hemingway gelesen habe – und das waren ja eingeschränkte Umstände, das war die Zeit der Ärmlichkeit, kurz nach 45, auf jeden Fall –, diese Kargheit als besonders karg empfunden. Das ist gut möglich, daß da so eine Kongruenz in der Situation und in der Sprache Hemingways bestand, das ist durchaus möglich. Aber ich hab auch gefunden, daß ich ein bißchen an andere Dinge gebunden war, also an Groteskes, an Phantastisches in der Literatur, auch ans Parabelhafte und auch durch Heine oder Tucholsky ans Ironische und auch sogar vielleicht an das beinah Witzige – und Hemingway ist ja nirgendwo auch nur mal ironisch. Das ist alles von einem gleichbleibenden Ernst. Ich hab da gar keine Ansatzpunkte gefunden, und er hat vielleicht auch keinen Zugang zu mir gefunden, weil dies alles schon besetzt war durch andere Grundhaltungen.*

D.: *Es fällt mir in diesem Zusammenhang ein, daß Sie offenbar einen Autor mit großer Anteilnahme gelesen haben, der vielleicht nicht ganz dieser literarischen Tradition, die Hemingway verkörpert, fernsteht. Ich meine Jack London. Sie erwähnen einmal: Sie haben alle vierzig Bücher von Jack London gelesen. Und das ist ja auch ein Reporter-Schriftsteller.*

K.: *Den Jack London habe ich natürlich viel früher gelesen als Hemingway. London habe ich zum Teil schon als Kind gelesen.*

D.: *Was ja vielleicht die Wirksamkeit, die unterirdische Wirksamkeit eher noch verstärken könnte.*

K.: *Zumindest sie nicht abschwächt.*

D.: *Aber andererseits vielleicht Hemingway abgeschwächt hat, weil das sozusagen bereits rezipiert –*

K.: *– abgearbeitet worden war. Ja, das ist durchaus möglich.*

D.: *London ist, aus Ihrer heutigen Lektüre-Erfahrung beurteilt, ein Autor, den Sie unter Umständen wiederlesen würden?*

K.: *Ich habe es nicht mehr versucht, nein, ich habe es nicht mehr versucht.*

D.: *Bei den amerikanischen Autoren, die wir bisher erwähnt haben und die auch in Ihren Büchern offenbar als wichtige Autoren für Sie erscheinen, da ist mir aufgefallen, daß ein ganzes Segment der amerikanischen Short Story herausfällt, das ich mit zwei Namen kurz andeuten will: O. Henry und Sherwood Anderson, in beiden Fällen*

Autoren einer Kurzgeschichte, die sich als sehr realitätsbezogen versteht. Bei O. Henry getragen vom amerikanischen Common sense, einer verträglichen Verschmitztheit, die häufig in der Pointe zum Ausdruck kommt, auf die die Geschichten zugeschrieben sind, eine Pointe, die dem Leser zugleich eine Art Befreiung zuteil werden läßt, da sich das geschilderte Problem sozusagen mit dem Zünden der Pointe und mit der Einsicht des Lesers auflöst. Bei Sherwood Anderson andererseits eine bewußt gegen die ziselierte, artifiziell gewordene »Kunst-Geschichte« gerichtete Prosa, die Bestandteile der Realität möglichst unverstellt einbringen will. Sind das also Autoren, die aus der amerikanischen Literatur, die für Sie wichtig gewesen ist und noch ist, herausfallen, oder hat es da möglicherweise Anknüpfungspunkte gegeben, die man von außen nicht so schnell erkennen kann?

K.: *Hat es sicher schon. Also: O. Henry habe ich auch relativ früh gelesen und finde ja auch, daß bei dem wirklich ins maximal Konstruierte Gehenden dieser Kurzgeschichten auch gerade das Parabelhafte vorhanden ist. Das ist ja bei O. Henry ganz stark. Das hat ja in manchen Geschichten schon – für unsern Geschmack heute – ein bißchen etwas zu sehr aufgetragen Symbolhaftes. Das hat schon seinen Einfluß ausgeübt. Aber man spricht auch nicht immer über alles, was man gelesen hat. Ich weiß nicht, warum ich es eigentlich nie getan habe. Er war wohl wichtig, aber nie von einer solchen starken Eindrücklichkeit wie die andern, vielleicht darum. Er hat mich auch sehr beeinflußt. Ich hab es mehrfach gelesen und fand es in Amerika eigentlich ganz sichtbar wieder auf in »Manhattan Transfer« von Dos Passos. Den habe ich dort bekommen, mir geliehen. Das war für mich eigentlich auch ganz, ganz wesentlich. Ich weiß eigentlich nicht, warum ich nicht in den Arbeiten, in denen ich auf amerikanische Autoren eingehe, nie auf solche gekommen bin wie eben Dos Passos, der ja wirklich ganz wesentlich ist, »Drei Soldaten« etwa, dieses frühe in der Malik-Bücherei erschienene Buch, das gehört wahrscheinlich zu jenen vielen Büchern, deren Wirkung man auf sich selber nicht gleichmäßig bewußt ist. So setzt man natürlich manchmal auch etwas blind Prioritäten, vielleicht.*

D.: *Und wie steht's mit einem Autor wie James Thurber?*

K.: *Sehr wichtig, eben wegen der Groteske, auch wegen der satirischen Aggressivität, der Ironie, auch vielleicht – darüber haben wir noch nicht gesprochen – wegen eines gewissen Maßes an Sentimentalität. Thurber ist eigentlich auch ein bißchen sentimental. Wichtig auch wegen der Bandbreite des Grotesken, vom Phantastischen bis hin zum Karikaturistischen. Bei Thurber ist ja eigentlich diese Breite gegeben, von der völligen Phantastik, wenn sie auch in einer Art innerem Monolog erscheint wie in »The Secret Life of Walter Mitty«, bis eben hin zu doch ganz kritisch realistischen, fast kaum grotesken Geschichten. Auch seine Fabeln und Einfälle, das war für mich sehr wichtig. Der Wolfgang Weyrauch gab mir nach der Währungsreform, als bei Rowohlt der erste Thurber-Band erschien, diesen Band, er bat mich, ihn zu illustrieren, einfach so mit Tintenstift auf die Seiten, die schon von Thurber so herrlich illustriert waren. Das war ganz schwierig, denn mit Thurber war nicht zu konkurrieren. Das hat mich eigentlich sehr beeindruckt.*

Zur Poetik der Kurzgeschichte

D.: *Sie haben ja nun auch interessante theoretische Überlegungen über die Form der Kurzgeschichte angestellt. Mir scheint – wenn ich das so sagen darf –, daß Sie der Autor sind, der vielleicht die witzigste Apologie der Kurzgeschichte geschrieben hat, und zwar an jener Stelle, wo Sie die Rezension eines Ihrer Bücher reflektieren und die Formel des Rezensenten zitieren: die verwirrende Vielfalt der Prosaformen. Ihre Überlegung schließt sich an: Der Rezensent sei also verwirrt durch die Vielfalt der Formen, das sei so, wie wenn man vom Dorf in die Stadt komme: so viele Häuser, so viele Dinge, die man nicht kennt, daheim im Kuhstall sei alles übersichtlicher. Das hat ja auch einen starken polemischen Unterton, aber eine Polemik, die sicherlich gerechtfertigt ist angesichts der vielen Möglichkeiten, die Sie tatsächlich erproben. Sie sind jedoch nicht nur bei solcher Polemik stehengeblieben, sondern haben auch einen aufschlußreichen Definitionsversuch der Kurzgeschichte vorgelegt, und zwar in Ihrem Essay »Kurze Betrachtung der Kurzgeschichte«. Da wird ja nun auch ganz präzis die Form der Kurzgeschichte bestimmt, wobei das Überraschende ist, daß Sie Elemente aufgreifen, zumindest terminologisch, die zurückdeuten auf die Poetik der Tragödie. Sie heben die Peripetie hervor, Sie sprechen an einer Stelle von der Katharsis. Sind das nun bewußte Begriffsentnahmen aus der Poetik der Tragödie oder sind das nur Formulierungen, die Sie als passend übernommen haben, aber im Grunde in einen völlig neuen Zusammenhang hineinbringen?*

K.: Ja, das würde ich sagen. Das ist keine bewußte Übernahme, sondern es kam mir darauf an, eben mit den stärkstmöglichen Begriffen zwei wesentliche Kennzeichen der Kurzgeschichte zu bezeichnen: Der Umschlag, dieses völlige Umkippen ist ja wahrscheinlich doch das primäre Kennzeichen der Kurzgeschichte.

D.: Wenn wir jetzt einen Augenblick lang zurückblicken auf die Tradition, die von O. Henry herkommt, dann wäre ja eigentlich die Pointe das Entscheidende, und die Pointe ist ja in dem Sinne in Ihrer Theorie nicht vorhanden. Die Pointe ist ein Befreiungsvorgang dadurch, daß sich blitzartig der Sinn des Ganzen aus einer unerwarteten, neuen Perspektive ergibt. Das ist ja nicht unbedingt in der Peripetie so, die durchaus auch etwas Verstörendes haben kann.

K.: Ja, natürlich, ja.

D.: Die Pointe fällt da sozusagen heraus?

K.: Ich würde sagen – wenn wir jetzt wieder Namen nennen –, wir haben ja Peripetien bei Bierce, wo eigentlich die Geschichte am Ende umschlägt, wie zum Beispiel in der berühmten Eulenfluß-Geschichte die Hinrichtung. Das verstehe ich darunter, und das würde ich niemals als Pointe sehen. Die Pointe ist das Kleinere. Eine Pointe liegt vor – wenn Sie sich vielleicht an die Geschichte von O. Henry erinnern: Sie schildert den Weg von zwei Goldgräbern durch den Dschungel; also zwei Goldgräber sind unterwegs, sie haben irgendwo Gold gegraben, und das Pferd des einen beginnt zu lahmen und muß erschossen werden. Die Erzählfigur entledigt sich dann des Partners, das ist eigentlich noch gar nichts in der Geschichte, und dann kommt die Pointe: Die Erzählfigur wacht auf in einem New Yorker Bankhaus und sagt: Also, die Maxwell Bank kann die Last nicht mehr tragen, Miller, der Partner, muß weg. Das ist die Pointe, auf die es auch strikt zuläuft. Das ist kein Umschlag wie eben bei Bierce, keine Peripetie, sondern nur noch einmal ein Hochziehen, also eben ein Pointieren, aber schon einer ansetzenden absehbaren Linie.

D.: Wenn ich Sie recht verstehe, ist dann eigentlich die Pointe ein struktureller Gegenbegriff zu dem der Katharsis.

K.: Ja, das würde ich sagen.

D.: *Aber nun haben Sie, wenn ich recht sehe, doch auch klassisch zu nennende Pointengeschichten geschrieben, ein Beispiel ist die satirische Geschichte dieses aus Eisen bestehenden Mannes in »Märchenhafter Monolog«, wo sich eigentlich am Ende die Pointe aus der Zeitungsannonce ergibt. Daß eben dieser sehr freundliche und umgängliche Wissenschaftler, dieser Dr. Mullberger, der Grausamste und Brutalste ist, der ihn mitleidlos liquidiert, das steht dann in zwei Sätzen am Ende. Und da wird doch eigentlich auch die Einsicht an den Leser weitergegeben: Diejenigen, die ihre Grausamkeit tarnen, sind möglicherweise die schlimmsten. Von daher ist das auch ein bestimmter Befreiungs-, Erkenntniseffekt, der sich beim Leser einstellt, aber eine Katharsis im Sinne von Verstörung und Irritation wird dadurch fast ausgeklammert.*

K.: *Das ist wahr, ja, das ist völlig richtig. Das ist eine ausgesprochene Pointengeschichte.*

D.: *Von daher muß man also Ihre Theorie der Kurzgeschichte – wenn ich das einmal abgekürzt so nennen darf – doch in einer gewissen Spannung sehen, in der sie sich zu Ihren eigenen kurzgeschichtlichen Arbeiten befindet.*

K.: *Ja, das ist so. Das liegt aber auch am – was man manchmal erst beim Schreiben sieht – Stoff der Geschichte selber und an ihrer Entwicklung. Nicht immer ist man in der Lage, einer Geschichte oder einer ungeschriebenen Geschichte, einem Stoff anzusehen, was er an Möglichkeiten birgt. Es gibt sicher Autoren, die das genau können. Ich kann das nicht bei allen Stoffen und würde es auch nicht können wollen, weil das Moment der Selbstüberraschung dann wegfällt, was einen Reiz des Schreibens darstellt. Und so schreibt man selbstverständlich auch gegen und neben seinen eigenen Einsichten. Das ist aber durchaus eine bei allen Autoren zu entdeckende Wahrheit. Das finden Sie, vom großen Brecht angefangen bis zu ich weiß nicht wem. Die Theorie läuft immer ein bißchen neben der Praxis her, nie ist sie deckungsgleich und auch in diesem Falle hier nicht. Das ist eben so, weil sich die Praxis des Schreibens doch von der Reflexion über das Schreiben unterscheidet. Auch das Bewußtsein der Kurzgeschichte ist ein anderes als das des Theoretikers der Kurzgeschichte.*

D.: *Sicherlich, aber trotzdem würde ich meinen, daß Sie als Autor von Kurzprosa eigentlich viel stärker der literarischen Tradition der Short Story zuzuordnen sind als etwa Leute, die ich jetzt nur als Beispiel erwähne, weil ich deren Bücher gerade vor mir liegen habe – Leute wie Kunze oder Schädlich, wo ganz stark biographische Erfahrungen in den Prosaskizzen verarbeitet sind und wo also die Stoffe, die aufgegriffen werden, nicht so eindeutig auf bestimmte literarische Traditionen verweisen wie bei Ihnen.*

K.: *Das ist wahr, ja.*

D.: *In dem Sinne könnte man durchaus auch die Formel poeta doctus auf Sie beziehen, man könnte sie abstützen durch Formulierungen, die beispielsweise in Ihrem Poe-Essay stehen, wo Sie, von der Reflexion über Poes schriftstellerische Antriebe ausgehend, dann über sich selbst ausführen, daß Sie das meiste in Ihrer poetischen Produktion aus der Realität, der Geschichte, aus den Naturwissenschaften, vielfältigen Informationen und eben auch aus anderer Literatur abgeleitet haben und daß das jeweils Eigene, das Individuelle, nur auf Sie Zurückweisende im Moment der Kombination, der Verwendung und der Verwandlung zum Vorschein kommt. Also ein sehr reflektiertes, ein sehr gefiltertes literarisches Schreiben, das sich offenbar auch der Traditionsimpulse viel stärker bewußt ist als bei anderen Autoren, die relativ spontan und literarisch naiv schreiben. Von daher auch für mich Ihre Schlüsselfunktion als – so hätt' ich fast gesagt*

– *Kronzeuge bei einem solchen Gespräch, das ja auch die Möglichkeiten der Kurzgeschichte in der DDR-Literatur ausloten will. Auf diesem Hintergrund ergibt sich ja eigentlich die Vorstellung, daß da möglicherweise noch viel mehr an literarischen Antrieben und Anregungen zu entdecken ist, bezogen auf Ihre eigenen Arbeiten, vor allem auch, wenn man sich Ihre Erzähltexte in einer gewissen chronologischen Entwicklungsreihe anschaut.*

K.: Ganz gewiß, was zum Beispiel auch einen wesentlichen Einfluß ausgeübt hat, vor sehr langer Zeit, sind die kleinen Gedichte in Prosa von Baudelaire. Das sind diese Spleen von Paris. Das war für mich auch ein ganz wichtiges Buch. Und auch eine sehr interessante, eine sehr große Vielfalt unterschiedlichster Kurzformen, vom fast nackten, nirgendwo angesiedelten Dialog, der sich scheinbar in ein Vakuum begibt, bis zu ganz konkreten Beschreibungen von Häfen, Straßen, Sonnenuntergängen, abendlichen Stimmungen, bestimmten Dingen – ganz wichtig. Davon kann man auch etwas – Literatur hängt ja immer mit Fäden zusammen – bei Benjamin finden, zum Beispiel. Es gibt Texte Benjamins, Rezensionen, in denen konkrete Gegenstände und Realität mit einbezogen werden als Vergleich oder vielleicht einfach nur, um Folie zu bilden. Da bin ich mir ganz sicher, daß dies auch undenkbar wäre ohne Baudelaire, wie das da erscheint: in der Stimmung – es ist so häufig eine Abendstimmung –, in einer gewissen Dämmerung, Dämmrigkeit, etwas auch schon vorgeprägt Großstädtisches, das ist bei Benjamin durchaus da.

D.: Bei Benjamin gibt es ja auch – im Trauerspiel-Traktat – diesen Begriff der Konstellation, daß eine bestimmte Anordnung von Dingen sich plötzlich blitzartig in einem bestimmten Sinn erschließt. Es gibt – zur Illustration – diese Anekdote, daß ihm die Konzeption zum » Ursprung des deutschen Trauerspiels« klar geworden sei, als er in einem Puppentheater einen König sah, dem die Krone verrutscht auf dem Kopf saß.

K.: Sehr schön.

D.: Das bringt mich jetzt auf einen anderen Autor, der möglicherweise dieses Bild vervollständigen könnte, was die literarischen Antriebe aus der Tradition betrifft. In einem Ihrer Essays reflektieren Sie an einer Stelle über James Joyce. Es geht da um die Beschreibbarkeit eines bestimmten Tages, und Sie sagen: Wenn man es machen wollte, müßte man es wie Joyce machen, und wenn man das große literarische Format einmal wegläßt, dann genügten auch schon Epiphanien. Stellt sich da nicht ein Zusammenhang her zwischen – wie Sie es genannt haben – Peripetie, Konstellation bei Benjamin und Epiphanie, wie Joyce sie gesehen hat? Ein literarischer Ansatzpunkt, der möglicherweise von Ihnen in Ihre Kurzprosa eingebracht worden ist? Stellt die Epiphanie vielleicht eine Art Verjüngungsmöglichkeit für die Kurzgeschichte dar?

K.: Nein, das ist eigentlich nur eine Pointe.

D.: Es ist nur eine Pointe? Ich erwähne die Epiphanie, das blitzartige Innewerden des inneren Zusammenhangs der Dinge, der Wirklichkeit, ich erwähne das deshalb, weil ja die » Dubliners« von Joyce, seine Short Stories, durchaus vom Begriff der Epiphanie her gedeutet werden können. Epiphanien hat aber auch ein Autor wie Elias Canetti geschrieben, dessen Skizzen über Marrakesch nur so – scheint mir – gedeutet werden können. Auch ein Autor wie Walter Höllerer hat sich sowohl theoretisch als auch in seinen Prosaarbeiten mit dem Strukturmuster der Epiphanie beschäftigt, er bestimmt sie als eine der Kurzgeschichte verwandte, zu ihr tendierende Prosamöglichkeit, um Dinge im ganz kurzen Format zu gestalten, ohne daß diese Dinge Fragment bleiben. Also das weisen Sie für sich zurück? Joyce hat da keine produktive Rolle gespielt?

K.: *Nein, das ist eigentlich wirklich nur ein Scherz.*

D.: *Eine Pointe am Schluß eines theoretischen Aufsatzes?*

K.: *Nicht eines theoretischen. Das ist ja eine Pointe am Schluß einer Realitätsbeschreibung, des Versuchs einer Realitätsbeschreibung –*

D.: *– vielleicht eines »narrative essays«. Das wäre ja ein Mischgattungsbegriff, der interessanterweise in der amerikanischen Tradition durchaus mit der Short Story in Verbindung gebracht wird.*

K.: *Nicht die Epiphanie, sondern etwas anderes ist wichtig für mich, das von Benjamin herkommt und was auch Einfluß auf mich hatte oder zumindest immer mein Interesse hat: Das sind diese berühmten Denkbilder, eben in der Beschreibung eines Gegenstandes etwas außerhalb des Gegenstandes aufzudecken oder zu entdecken.*

D.: *Das ist nun wiederum für mich ein überraschendes Moment. Ich hab das bei Ihnen gelesen, fand auch die Herleitung von Benjamin, aber ich glaube, daß Benjamin hier einen Begriff aufgenommen hat, der in eine ganz andere Tradition verweist, als wir bisher immer angesprochen haben. Mir scheint, daß auch eine ganz andere Auffassung von Literatur, Einstellung zur Literatur damit verbunden ist. Das Wort geht auf George zurück: »das denkbild sich zur sonne heben möge« – und geht – in weiterer Ableitung – auf den holländischen Dichter Verwey zurück. Denkbild gehört also unzweifelhaft in einen symbolistischen Poetik-Kontext. Benjamin ist ja zeit seines Lebens in einer Art Haßliebe an George und seinen Kreis gebunden gewesen. Das Wort Denkbild schleppt also – ganz salopp formuliert – einige geistesgeschichtliche Hypotheken mit sich herum.*

K.: *Der Begriff ist unbelasteter geworden als früher.*

D.: *Dennoch ein Begriff, der vor George nicht vorhanden war.*

Vielfalt der Formen

D.: *Wenn man Ihre zahlreichen Kurzprosaarbeiten überblickt, so drängt sich der Eindruck von einer großen formalen Vielfalt auf, der Eindruck eines erstaunlich großen Spektrums, was Traditionsaufarbeitungen und experimentelle Schübe betrifft. Mir scheint, daß dieser Eindruck völlig jenem widerspricht, den einmal Enzensberger in einer englischen Rezension über Ihre Gedichte formuliert hat. Enzensberger wies darauf hin, daß Ihre Sprache in eine bestimmte Tradition eingebettet sei, daß sie sich abgeschottet hätte von allen modernen Einflüssen – ich vergröbere jetzt seine Argumentation. Auf Ihre Prosaarbeiten bezogen, dominiert viel eher der Eindruck von stilistischer Brillanz, von Adaptions- und Assimilationsfähigkeit, bezogen auf neue Motive und Anregungen, auf literarische Traditionsstränge, eine große Vielfalt auch von Themen, die Sie aufgreifen. Was Enzensberger also eher negativ am Beispiel Ihrer Lyrik formuliert, das wäre als positiv an Ihren Prosatexten hervorzuheben. Allein der Aspekt der großen Stoffülle, eine erstaunliche Bandbreite von Themen, die Sie aufgreifen, Ihre Geschichten lassen sich im Überblick geradezu – ganz positiv gemeint – als Kaleidoskop von Stoffmöglichkeiten betrachten: von der spannenden Aktionsgeschichte, der Abenteuergeschichte bis hin – wenn ich recht sehe – zur chassidistischen Parabel. Ich denke etwa an Ihren Erzähltext »Das Holzscheit« als Beispiel für das zuletzt Genannte, oder irre ich mich?*

K.: Nein, nein.

D.: Diese Parabelform scheint ja für Sie besonders wichtig zu sein. Läßt sie sich noch im Gattungsmuster Kurzgeschichte unterbringen? Lassen sich hier Verbindungslinien erkennen, die auf die religiös-jüdische Tradition zurückweisen? Oder ist Kafka hier die Relaisstation gewesen, über die Sie diese Parabelform erreicht hat und wichtig für Sie geworden ist?

K.: Vielleicht sollte ich nur rasch ein Wort zu Enzensberger sagen. Ich kenne diese Rezension. Das war wohl auch eine von den Rezensionen, in der eine bestimmte, theoretisch stark präformierte Ansicht ihm vielleicht ein bißchen den Blick verstellt hat. Denn soweit ich sehe, hat er eigentlich auch andere nicht ganz exakt gesehen. Ich glaube, es war zu der Zeit, als man ohnehin anfing, von zwei deutschen Literaturen zu sprechen, und dann glaubte, dies hier entdeckt zu haben. So kann man, wenn man sich schon eine Meinung vorgebildet hat, dann plötzlich glauben, irgendwo etwas bestätigt zu finden. Also ich teile eben diesen Glauben nicht ganz. Zur Parabelform: Einfluß nicht aus einer tatsächlich real existierenden jüdischen Tradition, denn in der steh ich ja eigentlich gar nicht. Ich komme ja nur zu einem Teil aus einem Hause, in dem assimilierte deutsche Juden waren, die also schon allem Religiösen ganz fernstanden. Aber natürlich, da mag immer eine Affinität zu bestimmten Dingen bleiben, das ist ganz klar. Wenn man sich mit diesen Dingen beschäftigt, nicht nur mit Kafka, sondern auch mit den frühen Buber-Sammlungen – und es gab ja in den zwanziger Jahren eine Fülle von Übersetzungen aus dem Jiddischen oder auch aus dem Hebräischen, Legenden und Märchen und unter anderm, immer wiederkehrend durch die ganzen Zeiten hindurch, diese Golem-Geschichte –, dann ist das eigentlich nicht ein dauernd bewußtes oder parates Feld, aus dem dann sofort etwas sprießt, wenn man nur irgendwo einen Tropfen aufgenommen hat. Es bildet sich so eine Latenz, die dann da ist; wenn sie irgendeine Anregung erfährt, mit einem Text reagiert – so eigentlich entstehen häufig Dinge.

D.: Andererseits gibt es wiederum Kurzgeschichten bei Ihnen, die vielleicht zurückweisen auf Autoren wie Jack London, also Stories, die Elemente des Abenteuerlichen enthalten, etwa die Geschichte über »El Dorado«, die vom Stofflichen her ja dieser exotischen Tradition zuzuordnen ist, der Tradition der exotischen, der abenteuerhaften Literatur. Aber das Stoffliche wird im Erzählvorgang auf eine neue Ebene gehoben, so daß eigentlich eine philosophische Parabel daraus wird. Philipp II., der zu Anfang gehaßt worden ist, verwandelt sich später, als die Freiheit sich als etwas ganz anderes herausstellt, zum Sehnsuchtsbild für die verlorene Heimat; er wird – paradoxerweise – zum neuen Inhalt der Vorstellung von Freiheit. Das eindrucksvollste Beispiel für diese Sublimierung der Aktions-, der Abenteuergeschichte scheint mir Ihre Geschichte »Die Taucher« zu sein. Es ist auf der einen Ebene – selbst für einen zwölfjährigen Jungen, ich hab es einmal ausprobiert – eine unheimlich spannende Geschichte und auf einer anderen Ebene zugleich als eine melancholische Reflexion über die Sinnlosigkeit zu lesen, die menschlichem Tun – jetzt sehr allgemein ausgedrückt – zugrunde liegt.

K.: In diesem Fall ja einem aggressiven Tun, nicht dem Tun überhaupt, sondern einfach im Konflikt.

D.: Ja, ein Tun, das deutlich negative Akzente trägt, wenn sich die beiden Kontrahenten, von der Mechanik der Dinge überwältigt, auf dem Meeresgrund einander gegenüberstehen und sich aus Konkurrenzgründen gegenseitig umbringen. Dieser schöne desillusionierende Schluß: Der Tresor ist leer, und im verdämmernden

Bewußtsein flammt noch einmal dieser Traum auf, der das Denken der Matrosen auf dem Deck des Bergungsschiffes beherrscht. Diese Kombination von schierem packenden Lesevergnügen und philosophischer Ausdeutung scheint mir in der deutschen Kurzgeschichte der letzten Jahre singulär zu sein. Woher dieses Abenteuerliche? Ist das literarisches Kalkül, daß das rein Stoffliche umschlägt und einen Sinnzusammenhang sichtbar macht, der das Ganze viel ernster werden läßt, als man beim ersten Lesen den Eindruck hat?

K.: Das Abenteuerliche ist eigentlich immer das, was uns verlockt, das uns auch zu einem Teil während unseres Lebens fesselt. Ich meine, wer hätte nicht die großen Abenteuergeschichten von Stevenson, »Treasure Island«, bis hin zu Chandler und Hammett gelesen. Das ist ja eine bestimmte Linie. Und es ist klar, wenn man versucht, etwas Bestimmtes zu sagen – in diesem Fall, wie ich heute finde, etwas zu offenkundig –, eine »message« zu bringen, dann muß man ja ein Pferd dazu haben, und Kleidung, die Satteltaschen und das alles muß dazu gehören. Und dazu bietet sich dann eigentlich an, wovon man eigentlich schon immer hingerissen war und was auch garantiert, daß es sich auf ein jedem Menschen innewohnendes Interesse, eine Neugier, eine Freude auch, eine Hinneigung zum Schrecken richtet. Darum eigentlich solche – nicht Verpackung, das ist es ja nicht, es bricht ja nicht auseinander. Das, was gesagt wird, ist ja eigentlich ganz integriert, und eine Trennung ist auch hier nicht möglich. Die Form der Parabel kann eigentlich nicht von ihrem Inhalt, von ihrer Pointe hier in diesem Fall, wirklich getrennt werden. Aber die guten und – wie man meint – die interessanteren Geschichten sind eben die, die auch stark aktionistisch sind.

D.: Es muß doch in diesem speziellen Fall bestimmte stoffliche Kristallisationen gegeben haben, nicht nur bezogen auf Hemingway und seine ähnlich gelagerte Geschichte »After the Storm«. Mir ist aufgefallen, daß das Schiff, das den Namen »Golden Arrow« trägt, nochmals auftaucht, und zwar in der Geschichte »Der Hai«. Das ist auch eine Seefahrergeschichte. An einer Stelle erwähnen Sie einmal Joseph Conrad. Wäre auch das eine bestimmte literarische Tradition, ein stoffliches Reservoir –

K.: Nein, überhaupt nicht.

D.: Aber die Faszination des Meeres –

K.: Durch Unkenntnis. Ich bin ja niemals mit einem größeren Schiff über eine größere Wasserfläche gefahren. Und eigentlich, finde ich, ist das auch ein Reiz gerade dieser Texte. In ihnen erscheint die Seefahrt so wie Amerika bei Kafka – so ist es ja gar nicht. Das ist durch Unkenntnis verfremdet, das hat die Brechung, die nur durch Hörensagen Bekanntes hat.

Die groteske Geschichte

D.: Nun gibt es eine ganze Reihe von Ihren Geschichten, die man unter einem bestimmten Aspekt betrachten könnte: dem Aspekt des Grotesken. Da taucht jetzt wieder der Begriff des Phantastischen auf, aber doch in einer spezifischen Akzentuierung. Das Groteske wird offenbar von Ihnen verstanden als Bild, als Zerrbild, das einer Wirklichkeit gegenübergehalten wird, um diese zur Konfrontation mit sich selbst und damit zur Einsicht zu bringen. An einer Stelle haben Sie einmal geäußert, daß sich das Groteske eigentlich aus einer grotesken Weltverfassung ergibt. Das ist ein Satz, der auch von Friedrich Dürrenmatt gesagt sein könnte. Bei Dürrenmatt ist dieser Satz das Resultat

einer – so möchte ich es einmal vereinfacht nennen – sehr agnostizistischen Geschichtsin-
terpretation. Eigentlich liegt diesem Satz die Feststellung zugrunde, daß diese Wirklich-
keit absurd ist. Für mich ist das bei Ihnen ein fast widerborstiger Satz, angesichts einer
literarischen Tradition, der Sie sich ja sonst einordnen mit Ihrem Werk, und das ist eine
Tradition, die einen bestimmten, rational progressiven Begriff von Geschichte hat. Wie
steht es hier mit diesem Element des Grotesken, die geschichtsphilosophische Interpre-
tation des Grotesken und auch seine Verwendung in Ihren Geschichten und Kurz-
prosatexten?

K.: *Das eine schließt das andere ja überhaupt nicht aus. Und wenn die Weltverfassung*
eben grotesk ist und uns nicht nur grotesk erscheint, dann entspricht das, so finde ich,
absolut einer – ich sag mal vorsichtig – historisierenden Sicht. Denn diese Sicht geht ja
von anderen historischen Möglichkeiten aus und kann das Groteske ja nur erkennen
mittels dieser Meßwerte. Gerade im Hinblick auf andere historische und gescheiterte
historische Möglichkeiten müssen einem geschichtsbewußten Menschen ganz besonders
die hypertrophen Entwicklungen in weiten Bereichen des berühmten zwischenmenschli-
chen Zusammenlebens natürlich ganz grotesk und als eine absolute Verzerrung des
Denkbaren, Wünschbaren, auch Nützlichen und Sinnvollen erscheinen. Ich sehe da
überhaupt kein Moment des Agnostizismus oder des Irrationalismus. Im Gegenteil.

D.: *Agnostizismus, von Dürrenmatt her gesehen, der jeden Sinnanspruch der*
Geschichte, vom Menschen artikuliert, verneint.

K.: *Ja, natürlich.*

D.: *Der Satz von der schlimmstmöglichen Wendung des Geschehens, die zur Komödie*
führe, die Absurdität und das Groteske als Anschauungsformen der Komödie – darüber
gibt es eigentlich – bei Dürrenmatt – keinen Schritt hinaus. Bei Ihnen taucht ja das
Groteske in verschiedener Schattierung auf. Wenn ich einen Text nehme, wie »Monolog
eines Beines«, dann ergibt sich das Groteske eigentlich aus diesem verfremdenden
Einfall, daß die beiden Beine wie Personen miteinander verkehren und als Knechte
gebunden sind an diesen Herrn, den Körper, wobei wahrscheinlich von Ihnen ganz
bewußt die römische Fabel vom Haupt und den vier rebellierenden Gliedern verarbeitet
worden ist.

K.: *Nein.*

D.: *Nun, dann ist das nur eine Assoziation, die sich einstellt. Aber hier hat das*
Groteske durchaus eine rationale Struktur.

K.: *Ja, es ist durchaus kritisch.*

D.: *Aber es gibt auch andere Elemente des Grotesken bei Ihnen: Ich denke an diese*
sehr beunruhigende Geschichte »Zentralbahnhof«, die etwas an Kafka erinnert, an den
»Prozeß«. Eine Geschichte, die eigentlich auf eine ganz irritierende Weise endet: Der
Angeklagte tritt in diese Toilette ein, und dann kommt ein harter, fast filmischer Schnitt,
und dann erscheinen dort die beiden Angestellten und ziehen den Leichnam heraus. Man
weiß nicht recht: Ist er exekutiert worden, hat er Selbstmord begangen? Der Leser wird
eigentlich zurückgelassen mit diesem offenen Ende. Und das Groteske zeigt sich hier
eigentlich in der Gestaltung des irrationalen Drucks von Angst, von Befürchtungen, von
Gefährdung. Es ist also nicht rational aufzulösen.

K.: *Rational aufzulösen natürlich durch den Kontext von Realität, meine ich.*

D.: *Aber nicht im Kontext der Geschichte.*

K.: *Nein, das ist richtig. Aber die Geschichte geht auch nicht so offen aus, wie es scheint. Denn der letzte Satz ist, soweit ich mich erinnere – es ist ja der Bahnhof, über dem man immer den Rauch dieser Lokomotive sieht, was eigentlich doch eindeutig auf die Ermordung des Mannes hindeutet –, der letzte Satz heißt ja: Es hängt immer der Rauch der Lokomotiven über dem Bahnhof, und nie hat ein Zug den Bahnhof verlassen. Damit ist eine Assoziation gegeben, die eindeutig ist: Es kann kein Selbstmord und auch kein zufälliger Herzinfarkt gewesen sein.*

D.: Obwohl man natürlich sagen könnte, daß diese Umsetzung innerhalb der Plot-Struktur des Textes den realistischen Anspruch überfordert, den dieses Zeichen am Ende der Geschichte erhebt.

K.: Obwohl sich die Geschichte bemüht, dauernd Assoziationen hervorzurufen, Assoziationen an real vorhandene Tötungsmechanismen. Also zum Beispiel diese Toilette: Das ist eigentlich schon fast so wie diese Pseudobäder in den Vernichtungslagern. Da sind ja Ähnlichkeiten anvisiert.

D.: Aber die Irritation – ich spreche jetzt ganz subjektiv von meiner Leseerfahrung –, die ist doch sehr stark, und das Groteske hat hier eine beunruhigende Wirkung.

K.: Ja. Das ist schön, so soll es sein.

D.: Ganz anders wiederum in Ihrem Text »Märchenhafter Monolog«: Da bilden sich sehr viele groteske Elemente ab, aber doch auf einer witzigen, satirischen Ebene und sind daher ständig aufzulösen in Rationales. Das Rationale ist hier die Kritik an bestimmten historischen Verhältnissen, die in einer satirischen Revue aneinandergereiht werden bis hin zu diesem Wissenschaftler, der Eisenhans übertölpelt und sich als der Schlimmste erweist. Da wird auch das Groteske aufgelöst. Möglicherweise sind Geschichten wie »Zentralbahnhof« sogar diejenigen, die der Leser am längsten in Erinnerung behält, weil sie ihn am nachhaltigsten beunruhigen, weil er mit ihnen nicht auf Anhieb zu Rande kommt. Sie haben ja auch Erzähltexte geschrieben wie »Lieferung frei Haus«, wo in gewisser Weise eine Kombination von beidem vorhanden ist, Irritation und Sinnerhellung, beides verhält sich in der Schwebe. Mir scheint, daß das vielleicht sogar der Text ist, der auf geradezu klassische Weise Ihre Theorie der Kurzgeschichte umsetzt. Man erkennt, ganz klar herausgearbeitet, die Peripetie, an dieser Stelle, wo Sie sagen: Schmall ist der einzige Unschuldige unter lauter Schuldigen, und dann erfolgt der Umschlag im Hinweis auf die Schuld seiner Selbstgerechtigkeit, mit der er indirekt seine Braut umgebracht hat. Die Peripetie ist vorhanden und auch die Katharsis: die Aufforderung, die an den Leser gerichtet ist. Das entspricht doch völlig Ihrer Definition der Kurzgeschichte?

K.: Das ist völlig richtig.

D.: Wenn ich nun nochmals einige dieser grotesken Elemente aufgreife, dann scheint es mir so zu sein, daß sich hier ganz stark ein Antrieb bemerkbar machen könnte, der eigentlich auf die antike Komödie zurückweist, und zwar auf Aristophanes – auch die Beispiele Canetti und Dürrenmatt weisen in diese Richtung –, für den der Einfall das Initial der Komödie ist, der Einfall im Sinne von Deformation, von Verfremdung der vertrauten Realität, der groteske Einfall, könnte man vereinfacht sagen. In vielen Ihrer Texte könnte man ähnliche Einfälle nachweisen: die Beine, die plötzlich Personen sind und miteinander reden; die Leichen im Keller und in der Vergangenheit – das »skeleton in the closett«, ganz buchstäblich genommen –, die plötzlich frei Haus geliefert werden. Läßt sich bei Ihnen – in Analogie zu Canetti oder Dürrenmatt – gleichfalls von einer solchen Theorie des Einfalls sprechen?

K.: Diese Theorie ist mir bis jetzt fremd gewesen, ich kenn sie nicht. Aber diese Verarbeitung von Einfällen – und eben auf diese bestimmte Art – nämlich mit grotesken Mitteln – resultiert aus zwei Dingen: einerseits wahrscheinlich aus meiner psychischen Lagerung, die mich doch sehr früh bewogen hat, Dinge so grotesk zu empfinden, unbewußt grotesk zu empfinden, in den Situationen das Groteske zu erkennen; und dann die Gunst dieser negativen Situation, daß ich eigentlich schon als Kind sehr früh sehr vieles gelesen habe und mich gerade die Literatur so sehr fasziniert hat, in der solche grotesken Elemente eine so große Rolle spielen. Zum Beispiel erinnere ich mich: Ich habe als Kind etwa zwanzigmal, immer mit dem gleichen Schrecken, »Das Gespenst von Canterville« von Oscar Wilde gelesen. Da war ich vielleicht acht Jahre alt oder so. Und dieses Element des Grotesken kann ja eben bis zur Phantastik gehen oder auch nur bis zum Karikaturhaften, wie eben bei Tucholsky. Aber wo es immer auftaucht, hat es mich besonders angesprochen. Es mag sein, daß andere Leser oder andere Autoren in dieser Literatur etwas anderes entdecken, daß für sie etwas anderes dominiert. Natürlich interessiert mich bei Tucholsky nicht allein das Groteske, aber das Groteske ist bei Tucholsky für mich etwas ganz Wesentliches: die deformierten Gestalten, eben der deutsche Spießer oder Herr Wendriner, dieses ganze Bestiarium der deutschen Bürger- und Kleinbürgerwelt, das ist eigentlich alles Groteske. Und da mich das aus meiner Lebenssituation heraus eigentlich immer so sehr beeinflußt hat und es mir immer gleich entgegentrat, hat sich auch beim eigenen Schreiben diese Seite wahrscheinlich besonders stark entwickelt.

D.: Das Groteske bei Ihnen hat ja offenbar auch mit Ihrer speziellen eidetischen Begabung zu tun. Sie sind ja eigentlich auch Maler, Zeichner, Filmemacher. Sie haben einige Jahre an einer Kunstakademie studiert und offenbar auch Autoren wie Meyrink – der Ihnen ja auch unter diesem Aspekt nahesteht – eidetisch gelesen. Das heißt: Das Groteske, das Phantastische hat ja für Sie auch eine starke visuelle Qualität.

K.: Ja, das ist wahr. Sie wissen, daß ich auch hin und wieder Filme mache. Ich glaube auch, daß der absolut größte Teil aller Geschichten, Prosatexte, die ich geschrieben habe, vielleicht auch ein bißchen dieser Denkbilder, Parabeln – sehr filmisch ist. Sie bedienen sich zum Teil auch der Technik des Films, nicht nur im Schnitt, daß sie also Schnittfolgen haben, daß sie Sequenzen enthalten, sondern es gibt auch – könnte man fast sagen – optische Fahrten an die Personen heran, an Dinge heran und wieder fort, zum Beispiel unterschiedliche Einstellungen, Totale, Halbtotale – wie man das im Film hat. Das ist jetzt gar nicht bewußt angewendet, daß ich mir sage, jetzt hier mach ich mal eine Halbtotale oder hier eine Kamerafahrt auf eine Figur zu, aber weil mich Film eben sehr interessiert und immer noch interessiert – ich bin ein sehr großer Filmseher und habe, wie gesagt, auch selbst Filme gemacht –, kann man das ja gar nicht trennen. Man kann nicht sagen: So, jetzt bin ich nur der Prosaiker und vergesse, daß ich jemals in meinem Leben Filme gemacht und gesehen habe. Das geht ineinander auf. Ich glaube, daß eigentlich dieses Filmische ganz wichtig ist, auch für diese Texte, die ja dadurch eben stark optisch wirksam sind.

D.: Möglicherweise ist diese oszillierende Facettenvielfalt Ihrer Texte auch mit ein Grund dafür, daß man daraus eine gewisse Kritik abgeleitet hat, jetzt innerhalb der literarischen Situation der DDR. Gegen Ihre Position als Schreibender hat man Formulierungen wie »Ambivalenzdogmatik« gestellt. Daß Realität in Ihren Texten im

Grunde nicht in allen ihren Irritationen auflösbar ist in ein Schema, das hoffnungsvoll in die Zukunft verweist –

K.: Eindeutig, ja, eben diese Eindeutigkeit, das war wahrscheinlich das, was vermißt wurde. Es ist ja nicht mehr ganz so kraß. Ich meine, das war jetzt eine psychologische Erklärung in der Hauptsache für diese Haltung. Das wird schon so sein. Das Literaturverständnis in der DDR ist nicht mehr ganz so kraß wie vor wenigen Jahren, eigentlich weniger ein Kunstverständnis als ein Ideologieverständnis, das also immer die Dominanz der Ideologie in der Kunst suchte und sie in meinen Texten nicht so recht fand. Da war natürlich die Verwirrung groß. Und wir wissen ja, daß verwirrte Leute die Verwirrung nicht zuerst bei sich selber suchen, sondern bei dem Gegenstand, der die Verwirrung in ihnen ausgelöst hat. Das ist genau der verkehrte Weg, sich zu entwirren.

(13. 11. 1977)

6. »Ein gewisses Faible für die Kurzgeschichte«. Gespräch mit Gabriele Wohmann

Literarische Initiation

Durzak: Frau Wohmann, die Kurzgeschichte gilt in Deutschland seit einigen Jahren als eine relativ rezeptionsunfreundliche Gattung. Es gibt eine Reihe von Autoren, die sich darüber beklagen, daß ihre Versuche in dieser Erzählgattung nicht genügend honoriert worden sind und werden, weder von den Verlagen noch von den Lesern. Dabei muß man natürlich die kurze Phase von einigen Jahren unmittelbar nach 1945 ausnehmen, als sehr viele deutsche Autoren diese Erzählform aufgegriffen haben und sich in dieser Zeit mit Kurzgeschichten einen Namen machten. Doch schon in den mittleren fünfziger Jahren und danach ist die Resonanz dieser Prosaform, so scheint es, ständig zurückgegangen, übrigens im Unterschied zu vielen andern Ländern, vor allem den USA, wo sich die Short Story nach wie vor einer immensen Geltung, bei Autoren und Lesern, erfreut. Auf diesem Hintergrund wirkt es paradox, daß Sie eigentlich als Autorin in Deutschland bekannt, berühmt geworden sind durch Ihre Kurzgeschichten. Sind Sie die Ausnahme, die die Regel bestätigt? Und haben da Momente hineingespielt, die dem Außenstehenden auf den ersten Blick nicht deutlich sind?

Wohmann: Insofern wäre ich dann auch ein Außenstehender, weil ich nicht wüßte, welche anderen Momente hineingespielt haben könnten. Meine Erfahrung ist, wenn man Leser fragt, daß sie es sehr gern mit Erzählungsbänden zu tun haben, daß sie die gern kaufen, weil sie sich gar nicht unbedingt sofort auf einen ganzen Roman einlassen wollen. Na ja, beim Verlag ist das anders. Wenn man sich ein Bild vom Autor macht, dann gilt der Roman eigentlich doch immer als das Hauptereignis, und die Kurzform ist nicht verpönt, das wäre verkehrt zu sagen, aber sie erscheint als nicht so wichtig, nicht als so bedeutend. Ich glaube, das ist etwas Deutsches, die Suche und die Hoffnung nach Ausführlichkeit, nach dem ganzen Kosmos, danach, was ein Autor insgesamt über die Welt bieten kann. Das Bruchstückhafte ist vielleicht ein bißchen verdächtig, vielleicht gilt es als etwas leichtfertiger. Ich selbst habe keine schlechte Erfahrung gemacht mit der Kurzgeschichte.

D.: Ich glaube mich daran zu erinnern, daß einer Ihrer Kritiker, der Ihre frühen Arbeiten rezensiert hat, darauf hinwies, daß Ihre ersten Geschichtensammlungen in verschiedenen Verlagen erschienen sind, ein Band wurde sogar als Privatdruck von einer Literarischen Gesellschaft veröffentlicht, glaube ich. Daraus hat man den Schluß gezogen, das sei doch ein Beweis für die Rezeptionsmisere dieser Gattung, im Hinblick auf die Verlage. Oder ist das eine falsche Interpretation?

W.: Ich glaub, das ist eine falsche Interpretation. Daß das in einem Privatsammel-druck-Band erschienen ist, lag einfach daran, daß ich zu dieser Zeit sehr viele Kurzgeschichten geschrieben hatte. Ich schrieb wirklich massenhaft Kurzgeschichten, und was sich dann an Veröffentlichungsmöglichkeiten bot, das hab ich auch ergriffen, ohne furchtbar viele Skrupel. Am Anfang des Schreibens macht einfach alles irgendwie noch mehr Spaß, das ganze Veröffentlichen erschien damals als wichtiger. Ein Verlagswechsel, das hängt ja jeweils mit internen Situationen zusammen, daß ein Lektor weggeht, aber nicht, daß irgendein Verlag neue Erzählungen von mir nicht gewollt hätte. Ich habe auch in meinen ersten Schreibjahren Romane geschrieben. Mir selbst würde es nicht genügen, immer nur Kurzgeschichten zu schreiben. Wenn ich Prosa schreibe, dann, finde ich, muß ich auch von mir selbst verlangen, Romane zu schreiben oder schreiben zu wollen.

D.: Lassen Sie mich versuchen, auf diese Anfangsphase noch etwas ausführlicher einzugehen, und zwar am Beispiel des ersten kurzgeschichtlichen Textes, den Sie veröffentlicht haben, am Beispiel der Geschichte »Ein unwiderstehlicher Mann«, die Anfang 57 in den »Akzenten« erschienen ist. Das Interessante scheint mir zu sein, daß das ein Erzähltext ist, der, gemessen an bestimmten Gattungskriterien, technisch sehr gekonnt wirkt, aber andererseits auch völlig herauszufallen scheint aus Ihrem Prosa-werk, besonders was die sprachliche Formung betrifft. Beim wiederholten Lesen dieser Geschichte drängte sich mir der Eindruck auf, daß das stilistische Vorbild dafür möglicherweise aus der französischen Literatur stammt. Maupassant fiel mir ein, zu Recht?

W.: Ich glaube, daß ich damals, also 57, als das auch entstand, eher beeinflußt war von so gegensätzlichen Autoren wie Aldous Huxley oder Thomas Mann. Daß diese Geschichte herausragt, liegt wohl daran, daß sonst nichts Ähnliches da ist, da ich ähnliche Sachen, die zur gleichen Zeit entstanden sind, dann nicht veröffentlicht habe. Ich kann zu dieser Erzählung gar nicht mehr viel sagen, weil ich nie dasitze und meine alten Sachen lese.

D.: Nun ist bei dieser ersten Geschichte immerhin zu bemerken, daß Sie sie 1972 wiederaufgegriffen haben, daß Sie sie umgearbeitet haben zu einem Skript, das dann im Fernsehen verfilmt wurde. Und vielleicht wäre auch zu bemerken, daß unter stofflich-thematischem Aspekt sicherlich Verbindungslinien vorhanden sind zu späteren Prosa-texten. Ich deute nur kurz an: die Erzählerin, die Protagonistin, die ältere Frau fühlt sich ausgeschlossen vom Leben und versucht, diese Leere und diesen Mangel auszugleichen – das taucht ja, häufig mit weiblichen Mittelpunktsfiguren, in vielen Ihrer Erzähltexte auf. Der Unterschied liegt nur in der stilistischen, in der sprachlichen Form. Daß dieser sprachliche Impuls sozusagen abgeleitet wirkt – das ist für mich das Verblüffende, das mit dieser Geschichte verbunden ist.

W.: Ja, ich hatte damals ein Faible für diesen Konversationston. Dieses Faible ist dann halt abhanden gekommen. Wiederaufgegriffen habe ich da gar nichts. Damals hat ein

Regisseur massenhaft Erzählungen von mir gelesen auf der Suche nach einem Stoff, nach einem verfilmbaren guten Plot. Er fand ihn nun gerade in dieser Geschichte. Ich hab mir aber dann nicht die Erzählung vorgenommen und danach ein Drehbuch geschrieben. Das wäre auch verkehrt. Solche Literaturverfilmungen taugen meist ja nichts. Denn bei dem einen kommt's mehr auf die Sprache an, bei dem andern mehr auf Handlung und Optisches. Ich hab eigentlich wirklich nur den Plot hinübergenommen, hab das dann auch nach Deutschland verlegt. So hat dieses Drehbuch »Witwen« nicht mehr so viel zu tun gehabt mit diesem »Unwiderstehlichen Mann« in der ersten Erzählung, der gegenüber ich eigentlich nichts empfinde, also keine Nostalgie, aber auch kein Michabsondern. Das wird schon mit mir von damals identisch sein. Ich denke nicht über mich nach, wie ich war.

D.: Wenn man sich die Texte anschaut, die in diesem ersten Band gesammelt sind, er trug wohl den Titel »Erzählungen« –

W.: Das war nicht der erste Band. Der erste Erzählungsband erschien 1960 bei Piper und hat ganz andere Erzählungen enthalten, romantischere, gefühlvolle, Adjektivge-schichten. Dieser »Unwiderstehliche Mann« kam dann erst später wieder auf, als der Verlag Langewiesche-Brandt so eine Reihe plante, die man mit einem Band von mir anfangen wollte. Aus der Reihe ist dann nichts geworden, und mein Band blieb übrig, als einziger, glaub ich, vielleicht gab's zwei, drei andere Bände. Ja, der Verleger trifft eine Auswahl oder der jeweilige Lektor und stellt Erzählungen zusammen nach seinem Geschmack, und so kam das. Erst viel später wurde das dann die Titelgeschichte bei Rowohlt, wohl ein sehr verkaufsfördernder Titel. Der Band geht auch sehr gut. Traurig, daß die alte da nun die Titelgeschichte ist.

D.: Gut, was die Werkchronologie betrifft, es ist nicht der erste Band, aber doch eine der wichtigen ersten Sammlungen, was Ihre literarische Statur betrifft, besonders bei der Kritik.

W.: Ja.

D.: Wenn ich mich recht erinnere, hat dieser Band die Besprechung eines Literaturkritikers ausgelöst, die dann auf vielen Waschzetteln Ihrer Bücher zitiert wurde.

Erzählvoraussetzungen und -muster

D.: Bei Ihren ersten Geschichtensammlungen fällt auf, daß Sie eine ganze Skala von Formen der Kurzgeschichte ausprobieren, darunter auch durchaus traditionelle Formen. Es gibt also beispielsweise die Pointengeschichte, die witzige Geschichte. Ich denke etwa an die Geschichte »Eine Okkasion«, die das Muster der Pointengeschichte überlegen aufgreift: eine Ehebruchsgeschichte, eine Dreiecksgeschichte eigentlich, deren Mechanik vertraut zu sein scheint, aber der eigentliche Überraschungseffekt enthüllt sich erst am Ende im Kommentar der Erzählerin, die alles plötzlich in ein neues Licht rückt: das Ganze war von ihr und ihrem Ehemann arrangiert worden. Das ist doch eine Geschichte, die bewußt auf diesen Effekt hin geschrieben ist. Man könnte fast sagen, es ist im Formalen das Modell der O. Henry-Kurzgeschichte mit ihrem Überraschungs-Twist – man könnte viele Beispiele heranziehen. Ist es ein ganz falscher Eindruck, wenn man hier eine bestimmte Lektüreaufarbeitung von kurzgeschichtlichen Texten bei Ihnen vermutet? Daß Sie – vereinfacht formuliert – sozusagen Modelle ausprobieren und eigene Variationen dieser Modelle vorlegen?

W.: Das wäre wirklich ganz schlimm, wenn es so gewesen wäre. Wenn ich also sehr viel vorher gelesen hätte und mich dann hingesetzt hätte – also sagen wir mal: Vormittags lese ich und nachmittags probiere ich die Modelle aus. Sicher habe ich früher viel gelesen, eigentlich mehr gelesen, als ich zu schreiben anfing. O. Henry übrigens war nicht darunter. Ich bin nicht sehr belesen.

D.: Nennen Sie doch einige Beispiele von Kurzgeschichtenautoren.

W.: Katherine Mansfield.

D.: Es fällt mir ein, daß Sie in »Ausflug mit der Mutter« an einer Stelle Katherine Mansfield erwähnen. Aber darüber hinaus? Es müßte doch noch eigentlich andere Autoren geben. Maupassant hatte ich vorhin in einer Frage erwähnt. Gar nicht?

W.: Vielleicht ganz früher, als ich vielleicht fünfzehn war. Da hat er mich interessiert. Nachher hat mich eigentlich die angelsächsische Literatur interessiert und daher auch ein gewisses Faible für die Kurzgeschichte damals, in der damaligen Zeit.

D.: Sie sagen jetzt sehr generell: angelsächsische Literatur. Wäre es möglich, das ein bißchen konkreter auszuführen?

W.: Ja, das ist furchtbar generell. Ich kann es im Augenblick gar nicht konkreter sagen.

D.: Vielleicht ist es dann doch berechtigt, auf einen bestimmten Unterschied hinzuweisen, auf einen Generationsunterschied zwischen den Autoren, die heute 50, 60 sind und nach 1945 im Alter von 20, 30 Jahren angefangen haben, Kurzgeschichten zu schreiben, und den Autoren Ihrer Generation. Die heute älteren waren damals ganz stark beeinflußt –

W.: Ja, von Hemingway.

D.: Von der amerikanischen Literatur, die damals eifrig rezipiert wurde. Sie haben etwa Mitte der fünfziger Jahre angefangen zu schreiben, und da war natürlich diese intensive Rezeption der amerikanischen Literatur bei den deutschen Autoren eigentlich schon passé.

W.: Ja, ja. Wenn ich nun zum Beispiel sage, daß ich Faulkner sehr verehrt habe, so kann man das doch gar nicht wiederfinden in dem, was ich geschrieben habe, fast Gott sei Dank. Oder daß ich Joyce und Proust sehr schätze – nun ja, das hat eigentlich dann gar nichts mehr zu tun mit dem, was man liest, gelesen hat, gottlob, hoff ich. Oder Thomas Mann, vielleicht noch ganz am Anfang, ja, da hab ich wohl ein bißchen seinen Stil kopiert, ein bißchen viel wohl in Sachen, die ich auch nicht veröffentlicht habe.

D.: Zum Beispiel solch ein Satz wie der, den die Erzählerin Marcelle in Ihrer Geschichte »Ein unwiderstehlicher Mann« sagt: Wir sind Rationalisten und keine Romantiker. – Das ist hier ein Hinweis auf den französischen Esprit, den französischen Common sense der Erzählerin. Ein Satz, der eigentlich nicht mehr in Übereinstimmung zu bringen ist mit den Protagonistinnen in Ihren späteren Erzählstücken.

W.: Ja, ja.

D.: Das sind doch eigentlich – wenn sie als Erzählerinnen fungieren – Frauen, die verschreckt sind, vom Leben in die Enge getrieben, Frauen, die aus bestimmten Angstreaktionen heraus reflektieren und sprechen, manchmal handeln. In der vorhin genannten Geschichte hingegen wird von dieser Erzählerin eine Überlegenheit der Interpretation der Dinge und der Welt beansprucht, was doch eigentlich ein bißchen wie ein Fremdkörper wirkt.

W.: Nun ja, ich kann dazu nicht so viel sagen. Das liegt daran, daß ich nicht sehr viel theoretisch über mich und meine Figuren nachdenke. Ich mach mir also nun nicht

Gedanken wie: Hast du nun diese Art Frauentyp durchprobiert, wie Sie sagen, solltest du nun diese Frau noch in eine andere Situation hineinstellen? Das ist eigentlich eher alles von selbst gekommen, mehr zufällig. Das wollen Sie nicht so gern glauben?

D.: Ich seh es fast – wenn ich das sagen darf – als eine Art Mythisierung Ihrer schriftstellerischen Arbeit an.

W.: Mythisierung? Das haß ich wirklich, wenn Sie das so nennen. Das sollte man nicht tun. Beim Schreiben kommt furchtbar viel aufs Kalkül an, aufs Berechnen, auf Genauigkeit, sicher, aber beim Herangehen an Stoffe wie bei Kurzgeschichtenstoffen habe ich wirklich nicht vorher recherchiert, mit welchem Typ und mit welchem Milieu fängst du mal jetzt am besten eine Geschichte an, ganz sicherlich nicht. Das ist damals wirklich alles ziemlich spontan geschrieben worden. Man weiß, woher das kommt. Von Leuten, mit denen ich vielleicht damals umgegangen bin. Bei der »Okkasion« fällt mir wirklich ein bestimmter Mensch ein, ein Klavierhändler, der mir dann plötzlich die Figur dieses gräßlichen Ehemanns war.

D.: Dennoch darf man vielleicht sagen – wenn auch aus der Außenperspektive –, daß offenbar eine große Skala von kurzgeschichtlichen Modellen von Ihnen durchgespielt worden ist, zumindest in der ersten Phase.

W.: Ja, ja, aber indem Sie das schon sagen mit dem »durchgespielt«, »durchprobiert«, wirkt es wirklich so, als wär ich so ein Bastler, darauf aus, das alles schön auszustudieren.

D.: Nun fällt bei Ihren späteren Arbeiten auf, daß – in »Gegenangriff« zum Beispiel – die Sprachreflexion plötzlich ganz wichtig geworden ist. Ich meine also: dieses Element des Reflektierens kann nicht völlig ausgespart gewesen sein, nicht völlig untergetaucht gewesen sein in dieser Spontaneität des Schreibens.

W.: Wissen Sie, bei diesen Anfangsgeschichten: da hab ich wirklich sehr viel spontaner geschrieben und bedenkenloser, vielleicht auch unschuldiger, optimistischer, weniger kalkulierend als dann später in »Gegenangriff«. Da hab ich mir dann wirklich mehr Gedanken gemacht und Handlungen einfach nicht mehr für glaubwürdig gehalten. Kann sein, daß auch mein Vorrat an Motiven, an Handlungsstückchen da ein bißchen verbraucht war. Denn immerhin hab ich wohl ca. 250 Kurzgeschichten geschrieben. Ich glaub, es war nicht meine glücklichste Zeit, als ich diese sprachexperimentellen Sachen gemacht habe, aber sicherlich waren sie auch so wichtig für mich.

D.: Wenn wir daran festhalten, daß diese technisch sehr perfekten Erzählstücke aus Ihrer ersten Phase dazu beigetragen haben, Sie als Autorin bekanntzumachen, Ihren literarischen Status zu begründen, dann ergibt sich eigentlich nun – so scheint mir – ein Paradox. Das sind, wenn ich Sie recht verstanden habe, Texte, von denen Sie sich – aus heutiger Perspektive – eher distanzieren –

W.: Das will ich nicht sagen. Ich will nochmal sagen, daß ich mit ihnen identisch bin, aber das ist ja weit weg, das war vor zwanzig Jahren.

D.: Schön, Texte, von denen Sie historisch abrücken, die offenbar nicht mehr die Bedeutung für Sie haben wie die Sachen, die Sie später geschrieben haben.

W.: Das liegt daran: Was ich auch damals geschrieben hätte, das hätte nicht die Bedeutung für mich, weil ich mich überhaupt nicht darum kümmere, weil ich immer wieder etwas Neues mache und eigentlich wirklich keine alten Sachen von mir lese. Das würde ich auch für Zeitverschwendung halten. Dann sollte ich lieber Goethe lesen als mich selber.

D.: Ich habe mich so ein bißchen hartnäckig konzentriert auf diesen Punkt, auch deshalb, weil es bestimmte Äußerungen von Ihnen gibt, wo Sie sagen: Beim Schreiben stört mich besonders die Erfindung eines Plots, einer Geschichte; ich hasse es, Personen in bestimmte Zusammenhänge zu stellen.

W.: Leider, wenn ich an den Roman denke, leider. Ja, das ist ein Manko.

D.: Andererseits sind das Aussagen, die doch eigentlich widersprochen werden von Ihren frühen Erzählstücken, wo Sie doch eine große Erfinderin von Plots sind, wo Sie gewisse Sachen auszirkeln, perfekte Pointengeschichten schreiben.

W.: Ja, das hab ich eben viel gemacht. Es kann sein, daß sich das verbraucht hat. Aber ich will über so etwas Gefährliches lieber nicht nachdenken.

Arbeitsprobleme

D.: Ich deutete vorhin schon kurz an, daß die Geschichte »Ein unwiderstehlicher Mann« in gewisser Weise stofflich-thematisch fortgewirkt hat, wenn ich an einen Text denke wie »Treibjagd« oder die Geschichte »Sand der Enttäuschung« in Ihrer Sammlung »Alles zu seiner Zeit«, einmal die Frau, die über eine Heiratsannonce Kontakt zu einem Mann zu finden hofft, und zum andern die Frau, die in den Ferien auf einen Heiratsschwindler hereinfällt und ihn am Ende dann doch nicht anzeigt. Es gibt eine ganze Reihe von Erzählstücken, die thematisch ähnlich gelagert sind und vergleichbare Frauengestalten in den Mittelpunkt stellen. Natürlich liegt jetzt der biographische Fehlschluß nahe, in dieser Darstellung von femininer Sensibilität eine psychologische Aufarbeitung von biographischen Sachverhalten zu sehen. Das ist sicherlich eine Sackgasse?

W.: Das ist eine Sackgasse.

D.: Das Ironische, das unfreiwillig Ironische an diesen Erzähl-Protagonistinnen, diesen unverstandenen, zumeist älteren Frauen, die an Kontaktarmut leiden, die isoliert sind, liegt für mich – wenn ich das einmal so zuspitzen darf – darin, daß das eigentlich eine Art von engagierter Literatur ist, die sich vielleicht in Übereinstimmung bringen ließe mit feministischer Literatur. Das heißt: Sie haben sich sozusagen – unfreiwillig – auf eine weibliche Minorität konzentriert und vertreten – in einer ganzen Reihe von Erzählungen – sozusagen deren Lebensrecht. Das ist ganz unfreiwillig zustande gekommen?

W.: Ja, wirklich.

D.: Aber woher dann – werkgeschichtlich gesehen – die Kontinuität dieser Figuren?

W.: Ja, vielleicht ist mir einfach nichts mehr eingefallen. Ich hab das nicht bewußt gemacht, ich habe kein Ziel damit verfolgt, um etwa einen bestimmten Frauentyp zu rehabilitieren, als Vorläufer von Women's Lib – obwohl es dort völlig andere Sachen sind, die die beschäftigen –, also muß diese Unfreiwilligkeit darin liegen, daß mir immer wieder diese Art Frau eingefallen ist. Das ist eine gewisse Einseitigkeit, die ja bei Autoren häufig vorkommt. Zu späteren Zeiten oder auch jetzt fällt mir eigentlich immer nur der Schriftsteller ein. Das muß ich jetzt mal dringend ändern, und ein bißchen bewußt muß ich zwischendurch schon auch sein, mir zwischendurch sagen: Jetzt hast du diesen Typ verbraucht oder dieses Milieu. Aber das ist schwierig zu wechseln. Mit der Zeit ist dann auch immer mehr von mir selber in meine Figuren hineingekommen, in dieser frühen Geschichtenschreibzeit eigentlich noch weniger, da hab ich Situationen und Leute noch mehr von außen gesehen, Leute, die nicht unbedingt mit mir zu tun hatten. Ich glaube, daß ich dann mehr auf mich zugeschrieben habe.

D.: Es gibt diese Äußerung von Chotjewitz, daß Ihre Erzähler zumeist Frauen sind und daß diese Frauen zumeist transparent würden auf die reale Autorin Gabriele Wohmann hin. Da wird eine Art von biographischer Rückbeziehung konstruiert. Dies nur als Beispiel.

W.: Das ist ganz fehlgeschlossen, auch kennt Chotjewitz mich gar nicht gut genug, um zu wissen, was das für eine Transparenz ist, die auf mich deutet, auf meine Biographie, von der hat er überhaupt keine Ahnung. Wir waren ein paar Monate Nachbarn in der Villa Massimo, und da hat er vielleicht den Eindruck gehabt, da sei irgendeine Ähnlichkeit zwischen mir und meinen Erzählfiguren. Das halte ich eher für belanglose freundliche Sticheleien. Das Vorwort ist mit Absicht etwas Heiteres in der »Selbstverteidigung«, das sollte damals nicht so akademisch sein. Deswegen hatte der Verlag die Idee, den munteren Chotjewitz zu bitten. Ich weiß nicht, ob der Erfolg von diesem Vorwort besonders groß ist.

D.: Es ist sehr witzig geschrieben, Formulierungen wie der »Zirkus Wohmann«, der so viele Attraktionen aufweist. Ich selbst meine freilich auch, daß man diese biographische Rückbeziehung vermutlich nicht ganz unterschlagen darf.

W.: Nie.

D.: Wenn ich Sie recht verstehe, ziehen Sie sich eigentlich auf die Position der Autorin zurück, die also bestimmte Sachen darstellt, arbeitet und im übrigen die Sachen für sich stehen läßt.

W.: Ja.

D.: Ist das nicht auch eine gewisse Art von Defensivmechanismus?

W.: Das kann natürlich sein. Aber ich finde es ermüdend, über Schreiben auch noch zu sprechen. Schreiben sollte ja seine eigene Aussagekraft haben, darum bin ich vielleicht etwas defensiv oder aggressiv, wenn ich dann immer über das Schreiben rede. In dem Roman »Schönes Gehege« habe ich mich ausgiebig auf vielen, vielen Seiten mit dem Schreibproblem eines Schriftstellers, der ungefähr in meiner Lage ist, beschäftigt, und ich hab auch immer das Gefühl, bei allem – ich meine, ich mach ja Erfahrungen mit dem Reden über das Geschriebene –, daß ich mit mir selbst nicht zufrieden bin, mit meinen Auskünften über das Schreiben, weil ich immer etwas weglasse, weil man das nie alles – jetzt wird es wieder so mystifiziert, es klingt jedenfalls so – durcherklären und auserklären kann, womit ich nicht sagen will, daß rätselhafte Vorgänge im Spiel sind, die aber doch ganz sicherlich im Spiel sind. Wenn ich mich nun erinnere an früher, als ich alle diese Kurzgeschichten schrieb – wirklich eine Art Überproduktion –, dann muß ich einfach denken, daß ich damals noch sehr spontan war und nicht sehr viele Skrupel hatte und daß mir dauernd danach zu Mute gewesen sein muß, solche Kurzgeschichten zu schreiben. Da blieb wirklich nicht sehr viel Reflexionszeit. Andererseits weiß ich natürlich auch, daß man nie ganz und gar frei vom Denken an das, was man schreibt, ist. Auf jedem Spaziergang denkt man eigentlich wieder darüber nach. Man prüft ja schon seine eigenen Gefühle, ob sie verwertbar sind. Da ist ja im Grunde überhaupt bei dem Beruf, den man hat, gar nichts mehr spontan. Ich kann ja überhaupt keinen Brief mehr schreiben, so unspontan bin ich schon durch meinen Beruf geworden. So ist es also auch wieder fragwürdig, von Spontaneität zu reden. Nun bin ich sicherlich nicht ein Schriftsteller, der während des Schreibens viel herumgrübelt und sich vorstellt, was er für ein Modell ausprobiert, oder der sehr viel auf Lektüreerfahrungen zurückgreift, weil ich eigentlich, je länger ich schreibe, um so weniger lese, zumindest Zeitgenossen.

D.: Da fällt mir ein, daß Sie doch mit einiger Regelmäßigkeit Neuerscheinungen von Schriftstellerkollegen besprechen.

W.: Manchmal.

D.: – und Kolleginnen rezensieren.

W.: Manchmal locken mich die schönen Honorare.

D.: Ja, schön, das seh ich jetzt auch als einen Defensivmechanismus. Ich glaube nicht, daß das Honorar allein ausschlaggebend ist, wenn Sie einen neuen Roman von Karin Struck verreißen. Da muß wohl auch ein bestimmtes literarisches Interesse vorhanden sein.

W.: Das war's in dem Fall wirklich, das war völlig unmoralisch von mir, das zu machen. Noch dazu in der »Welt«.

D.: Aber das Urteil, das Ihnen da – in Anführungszeichen – erpreßt wurde, dazu stehen Sie noch?

W.: Ja, ja. Ich denke mir auch, daß es mir gut tut, meinen Kopf auch wieder mal zu diesem Sekundärvorgang zu gebrauchen. Rezensieren ist ja Sekundärschreiben, ist aber auch sehr wichtig, sich ein kritisches Urteil bilden, vor allem es äußern können. Das fällt mir überhaupt nicht leicht, das Rezensionenschreiben wie die gesamte journalistische Arbeit, ich schätz das sehr hoch ein.

D.: Sie sind eine Autorin, die eigentlich in Ihrer Generation fast als einzige mit ihren Kurzgeschichten wirklich da ist, gelesen wird. Von daher dann eben auch das Interesse an der literarischen Rolle, die Sie spielen. Wenn ich Sie nun darüber sprechen höre, habe ich fast den Eindruck, daß es eine – ich möchte es einmal so nennen, wenn Sie erlauben – autistische Position ist, die Sie einnehmen: daß Sie sich ganz auf sich selbst zurückgezogen haben und diese kurze Prosa auch ganz für sich selbst schreiben, ohne Gedanken an den Leser, den literarischen Markt, das literarische Leben.

W.: Anfangs schon, später wird man immer bewußter. Ich kann mich überhaupt nicht mehr lösen vom Gedanken an die Leute, die meine Sachen lesen und kritisieren, in Verlagen und all das. Im Schreibmoment ist man natürlich allein, autistisch.

D.: Nun ist doch die Kurzgeschichte eine Form, die ganz besonders auf Kommunikation angelegt ist. Beim Roman mag diese Schaffensklausur eher einleuchten. Wenn wir das angelsächsische Beispiel nehmen, dann sind doch eigentlich Kurzgeschichten, kurze Texte dazu da, um möglichst schnell einen Leser zu erreichen. Die Kurzgeschichte ist vielleicht per definitionem eine leserfreundliche Gattung. Und das ist ja gar nichts Negatives.

W.: Überhaupt nichts Negatives.

D.: Aber das ist dann wiederum das Paradoxe an Ihrer Situation: Sie weisen die Wirkung eher von sich ab, als ob es Sie im Grunde nicht so interessiert.

W.: Nein, das interessiert mich sehr. Hab ich nicht vorhin gesagt: Je mehr Leser ich hab, um so froher bin ich? Das interessiert mich doch, Leser zu haben. Außerdem ist diese Zeit ja vorbei. Sie sagen: Sie schreiben diese Kurzgeschichten. Ich schrieb sie, das ist wirklich vorbei. Ich würde bloß noch einen Mechanismus nachmachen oder mich selber nachahmen, wenn ich noch diese Geschichten von damals schriebe. Das sind natürlich Bände, die jetzt immer wieder veröffentlicht werden. Das sind alte Sachen.

D.: Gut, dann würde ich sagen: »Ausflug mit der Mutter« ist im Grunde eine Kurzgeschichte, zwar ein anderer Typus, eine Long Short Story vielleicht, aber kein Roman.

W.: Ja.

D.: *Eine Arbeit, die ja noch nicht lange zurückliegt?*

W.: Nein.

D.: *Diese Kontinuität ist also offenbar nicht abgebrochen?*

W.: Ja, das ist ja sogar gut so. Es freut mich ja, wenn es eine Kontinuität hat. Nur: das ist ein absolut autobiographischer Stoff gewesen, daß ich mich da gar nicht als erzählerisch empfinden kann, so als würde ich irgend etwas erzählen, was nichts mit mir zu tun hat. Da ist ein biographisches Moment gewesen, indem ich keinen andern Schreibstoff gesehen habe und das so zwingend empfand, daß daraus ein Buch wurde. Also, da weiß ich nun wirklich noch ziemlich genau, in welchem Reflexionszusammenhang das entstanden ist. Das ist mir viel klarer als etwa die Umstände, wie es je dazu kam, so eine Geschichte wie »Okkasion« zu schreiben, etwas ganz außerhalb von mir selbst Liegendes, solch eine Situation je zu erfinden. Das hat mir damals wohl Spaß gemacht. Anders kann es nicht sein. Ich hab mich damals, glaub ich, wohl nicht dazu gezwungen. Später hat das Schreiben dann viel eher mit Zwang, mit innerem Zwang zu tun.

Schreiben und Reflektieren

D.: *Lassen Sie mich nochmals auf das Moment des Zurückweisens von Reflexion zurückkommen und lassen Sie mich jetzt diesen Band von 1972, »Gegenangriff«, einbringen. Da scheint es ja – auf den ersten Blick zumindest – ganz deutlich zu sein, daß Sie die Sprache selbst in Ihren Texten reflektieren, in Texten zudem, die eigentlich das Erzählerische stark ausklammern. Aber mir scheint, daß hier die Reflexion auf einer sprachlichen Ebene zum Ausdruck kommt, die gewisse Irritationsmomente aufweist, einfach von der Terminologie her, vielleicht sogar – ein bißchen überspitzt gesagt – von der Verbrauchtheit einer bestimmten Terminologie her. Ich will nur ein paar Beispiele nennen aus dem Erzählstück »Sylvester«: »Wir treiben hier unser kommunikatives Handlungsspiel.« Es wird von einer »semantischen Situation« gesprochen, dann heißt es im Text »Überglücklich umarmt«: »Unser Zitatenschatz, unser Verzweiflungsvolumen, unsere vielsprachige, gestenreiche, in der Farbskala unschlagbar universale innere Erlebnis-Anarchie, wohin denn verdammt nochmal, verdammt weggesackte, abgerutschte Ergiebigkeit innerhalb der westlichen Sprachen, dahin.«*

W.: Hm.

D.: *Lassen Sie mich dieses Irritationsmoment ein bißchen präzisieren: Sind das nicht eigentlich Begriffshülsen, die von Ihnen aufgegriffen worden sind. Sie geraten in Ihren Text hinein, sie lassen dessen Sprache – so scheint es – zu einer Metasprache werden, zu einem Idiom, das sich selbst reflektiert, aber dabei werden vielleicht nur Reizwörter aufgegriffen, die eigentlich nicht Reflexion stimulieren, sondern eher ersticken. Ich stell's als Frage.*

W.: Hm. Ja.

D.: *Das ist so?*

W.: Das ist so.

D.: *Das heißt: Sie würden sich im Grunde heute von solchen Texten distanzieren?*

W.: Ja, ich könnte das jetzt – Das ist jetzt getan. Ich hätte nicht vor, es wieder zu machen. Die Wörter, die Begriffe haben mich gereizt, ich wollte sie zugleich ironisieren. Ich wollte sie auch dringend verwenden, nicht wahr, ich war auch fasziniert davon, vom kommunikativen Handlungsspiel. Ich kann das jetzt auch noch immer ein bißchen begreifen. Die starke Faszination der Fachsprache, der ich immer wieder erliege, medizinischen Dingen zum Beispiel.

D.: Was war der Anlaß für diese Problematisierung der Sprache? Warum ist das plötzlich fragwürdig für Sie geworden?

W.: Das weiß ich nicht. Meinen Sie irgendeinen biographischen Anlaß? Es gab nichts.

D.: Was waren die Impulse, die dazu geführt haben, daß plötzlich das Erzählen –

W.: Vielleicht gewisse Ermüdungserscheinungen. Es fiel mir nichts mehr ein. Mit den Plots war ich vielleicht eine Zeitlang am Ende. Ich hab das ja massenhaft getan. Dann wußt' ich eigentlich nicht weiter. Ich weiß nicht, ich hab keine Tagebuchnotiz darüber. Ich weiß doch nicht genau, wie das kam.

D.: Nun haben Sie ja auch – abgesehen von der Verlagsbetreuung – einen literarischen Berater, Ihren Mann. Könnte man ihn vielleicht sogar als Ihr schriftstellerisches Alter ego bezeichnen? Hilft er Ihnen konkret bei Ihrer Arbeit? Korrigiert er Ihre Texte?

W.: Ja, manchmal ist es so. Jetzt zur Zeit, ja.

D.: Gibt es Texte, die verändert worden sind, auf Ratschläge Ihres Mannes hin?

W.: Ich brauch schon dringend jemand, der sehr kritisch liest, viel streicht.

D.: Können Sie ein Beispiel nennen, daß eine Kurzgeschichte dann eine ganz andere Form erhalten hat als in der ersten Fassung?

W.: Nein, nicht bei den Kurzgeschichten, die hab ich spontan geschrieben, jedenfalls sehr rasch geschrieben. Kürzere sind manchmal wirklich in einem Zug geschrieben worden, die hab ich so gelassen. Ich glaube, in den »Gegenangriff«-Zeiten, da hab ich mehr rumgefeilt an meinen Sachen. Ich glaube, damals war auch die Beteiligung meines Mannes geringer. Von dieser Phase hat er nicht so viel gehalten. Aber jetzt setzt meine Erinnerung eigentlich aus – zu meinem Glück.

D.: Nun gibt es andererseits Sätze in »Gegenangriff«, die wirklich aufhorchen lassen und die wahrscheinlich auch ein Problem präzisieren, das wichtig ist über Ihre Schreibantriebe und Schreibschwierigkeiten hinaus. Etwa ein Satz wie der: Unsere Verständigungsmittel, unsere linguistischen Illusionen, unsere verbalen Mechanismen sind noch die des Urmenschen. – Ich möchte jetzt nicht unfair sein und das beziehen auf die Texte Ihrer frühen Phase mit dem Blick jetzt auf die Spontaneität, die Sie dort für sich in Anspruch nehmen. Deutet das nicht jetzt bei Ihnen im Grunde auf eine kritische Position gegenüber dieser – wie ich es genannt habe – mythisierten Spontaneität?

W.: Ich befürchte, daß dieser Satz, den Sie erwähnt haben, der jetzt wichtig, aufschlußreich gewesen wäre, eigentlich einfach bloß ein Zitat ist. Das hab ich sicherlich irgendwo gelesen, das ist ein Fund. Ich hab es hier einmontiert. Das ist überhaupt nicht von mir, fürcht ich fast.

D.: Es ist nicht gekennzeichnet als Zitat.

W.: Hm, ja, ich hab da wohl ziemlich unredlich gearbeitet, wie es überhaupt beim Schreiben sehr leicht vorkommt.

D.: Gut, selbst wenn es so sein sollte, daß es ein angelesenes Zitat –

W.: Angelesen? Warum angelesen? Gelesen, gefunden, gebraucht, benutzt.

D.: Also: ein von Ihnen gebrauchtes, aber nicht gekennzeichnetes Zitat –

W.: Kann sein, fürchte ich fast.

D.: Aber es wird ja nicht willkürlich in Ihren Text montiert worden sein. Es muß doch dafür auch gewisse Gründe gegeben haben?

W.: *Ja, wenn man über diesen Satz nachdenkt, ist einem das doch alles plausibel. Es läßt einen ein bißchen erschrecken und macht einen auch wieder ganz ruhig, daß wir immer noch auf dieselben Verständigungsmittel angewiesen sind wie die Urmenschen. Daran gibt's doch überhaupt nicht viel zu rätseln. Der Satz spricht für sich selber.*

D.: *Aber enthält dieser Satz nicht eigentlich auch einen Angriff gegen die Erkenntnismöglichkeit durch Sprache, enthält er nicht Kritik am naiven, am spontanen Schreiben?*

W.: *Ich veranschlage überhaupt das Spontane nicht sehr hoch. Im Umgang mit andern Menschen geht meine Kritik ja immer gegen das Spontane. Ich finde, daß die vielgepriesene Spontaneität furchtbar viel Schaden angerichtet hat, daß Menschen sich pausenlos aufs fröhlichste spontan kränken, nur weil sie so herrlich spontan sind. Spontaneität wird immer so als etwas Wundervolles hingestellt und ist im Grunde etwas Schlimmes. Man sollte erst mal nachdenken –*

D.: *Darf ich das jetzt wieder in den Kontext Ihrer Aussagen von vorhin stellen?*

W.: *Besser nicht. Aber bitte.*

D.: *Stellen Sie also damit nicht indirekt auch die Spontaneität in Frage, die Sie als Autorin vorhin beansprucht haben?*

W.: *Nein, das war wohl schon etwas anderes. Außerdem: Ich kann das ja gar nicht unbedingt für mich beanspruchen, sondern ich kann mir nur vorstellen, daß es gar nicht anders gewesen sein kann. Denn sonst hätte ich nicht so viel geschrieben und veröffentlicht, damals, das hätte ich doch gar nicht machen können. Diese Produktivität von damals ist wahrscheinlich nur so zu erklären. Man müßte vielleicht ein anderes Wort erfinden für diese Spontaneität. Jedenfalls waren es damals keine sehr skeptischen, schaffenskrisenartigen Zeiten.*

D.: *Das, was vorhin bei Ihnen anklang, ist schon verschiedentlich von Ihnen in anderen Zusammenhängen mit einem bestimmten Wort bezeichnet worden, und zwar Graphomanie. Haben Sie damit nicht auch der Kritik eine Art Köder vorgeworfen?*

W.: *Natürlich, aber das macht mir Spaß. Das ist ja das Amüsante. Ich schrieb zum Beispiel einen Nachruf, der absolut ironisch gemeint war – wer schreibt schon einen ernstgemeinten Nachruf auf sich selbst? –, und das wird dann immer wieder ganz ernsthaft, ganz seriös verwendet: In einem Nachruf, den sie selber schrieb, meint sie, sie habe doch nur mehr die kleinen Bitterkeiten soundso – alles das, was ich ironisiere, weil ich es bei den Kritikern komisch fand, wird wiederum ganz ernst genommen.*

D.: *Haben Sie wirklich das Gefühl, in einer bestimmten Phase zu explosiv, zu vehement geschrieben zu haben?*

W.: *Nein, überhaupt nicht. Das wär' ja lächerlich, wenn ich ein schlechtes Gewissen hätte, weil ich viel geschrieben habe. Ich habe doch immer wieder gesagt, daß ich mit mir völlig identisch bin, mich allerdings nicht so gut verstehe, weil ich nicht über mich nachdenke. Ich sitze ja nicht herum und frag mich: Was war ich vor fünfzehn Jahren? Es ist ja nur gut, wenn ich auf eine große Produktivität zurückblicken kann als auf ein paar kümmerliche Erzeugnisse. Es gibt den einen Typus von Schriftsteller, und es gibt den andern. Der eine schreibt sehr viel, und hinterher kann man sagen: es sind nicht alle Sachen gut, sondern nur ein, zwei. Der Gegentypus produziert nur sehr wenig. Man kann doch nicht dem einen seine Produktionsgewohnheiten vorwerfen?*

D.: *Das leuchtet ein. Die Produktionsgewohnheiten haben natürlich hier auch etwas* mit der Gattung Kurzgeschichte zu tun, wie ich schon vorhin andeutete. Es ist die Gattung, die unbedingt auf den Leser, auf Rezeption angelegt ist.

W.: Hab ich denn heute nachmittag irgendwann gesagt, daß ich den Leser so weit wegrücke?

D.: Nein, Sie nehmen den Leser ernst, er ist Ihnen wichtig. Das ist schon richtig. Aber der Leser spielt – so scheint mir – unter dem Aspekt keine so große Rolle für Sie, daß Sie ihn hineinnehmen in Ihre Schreibanlässe und Schreibmodelle – so will ich's ganz neutral formulieren –, sondern da zeigt sich eben – ein Hilfswort – Ihre autistische Position.

W.: Wenn ich ein ehrlicher Mensch bin, kann ich doch wirklich nur das schreiben, was mir einfällt, und nicht, was mir einer zuträgt. Es kann doch nicht einer kommen mit einem Stoff und sagen: Schreib mir das mal bitte. Das kommt natürlich laufend vor, daß Leute einem ihre Lebensgeschichte als Stoff anbieten wollen.

D.: Sie schreiben Fernsehskripte. Das sind doch wohl Auftragsarbeiten? Großenteils?

W.: Nein.

D.: Aber das Drehbuch »Witwen«, das war doch sozusagen nach Ihrer Geschichte bestellt?

W.: Nein, es war kein Auftrag.

D.: Gut, dann eine Aufforderung, ein Anerbieten –

W.: Eine Stimulierung. Ich mein nur, es stimmt nicht mit meinem Autismus. Wenn mich was anregt, kann ich ja nur dankbar dafür sein. Ich kann nicht mutmaßlich auf eine Anregung zugehen, ich kann sie mir nicht suchen. Ich kann nicht herumlaufen mit einem Notizblock: Jetzt ist der Moment, wo ich angeregt werden möchte. Das ist eben doch eher zufällig. Ich arbeite ja nicht als Reporter, gehe nicht auf meinen Fall zu.

D.: Ja, es ist auffällig, daß es von Ihnen auch kaum theoretische Texte gibt. Sie sind da – wenn ich das recht sehe – eine Ausnahme unter den Autoren Ihrer Generation.

W.: Wieso?

D.: Weil fast jeder Autor sein Schreiben reflektiert, angefangen bei Martin Walser bis hin zu Uwe Johnson und alles, was dazwischen kommt, selbst Schriftsteller wie Günter Herburger –

W.: Selbst – das ist gut: Herburger ist ein großer Theoretiker. Aber Handke zum Beispiel schreibt nicht mal Rezensionen.

D.: Sicher, Herburger auch, aber Reflexion auf einer anderen Ebene. Handke hingegen hat vergleichsweise außerordentlich viele theoretische Texte geschrieben, sehr viele Rezensionen verfaßt, von Patricia Highsmith bis hin zu Hermann Lenz.

W.: Ja, so ein paar Sonderfälle, ja.

D.: Ich würde sagen, daß Handke zumindest in seiner Anfangsphase stärker als Theoretiker wahrgenommen wurde als durch seine poetischen, erzählerischen Texte.

W.: Also gut: ich geb Ihnen recht.

D.: Auf diesem Hintergrund läßt sich vielleicht bei Ihnen eine Leerstelle erkennen. Ist das alles eine Auswirkung von Zusammenhängen, die Sie jetzt schon dargestellt haben?

W.: Es ist einfach so, daß ich nicht unbedingt etwas machen wollte, was mir nicht von selbst sehr liegt. Ich glaube, ich bin in der glücklichen Lage, eben diesen freien – in Anführungszeichen – Beruf zu haben, der mir die Wahl läßt, das zu tun, was ich möchte.

(31. 5. 1977)

II. Die deutsche Kurzgeschichte. Die Geschichte ihrer Autoren

1. Wolfgang Borchert. Das Gedächtnis der Zeit – O. Henry

Unter den deutschen Autoren der frühen Nachkriegszeit nimmt Wolfgang Borchert auf Grund seines Schicksals und seines meteorhaften Ruhms eine Sonderstellung ein. Einen Tag vor der Premiere seines Stückes »Draußen vor der Tür« (in den Hamburger Kammerspielen) im November 1947 gestorben, verbanden sich in der unerwartet großen Resonanz des Schauspiels vom Heimkehrer Beckmann, der in die zerstörte Heimat zurückkehrt, keine Möglichkeit zum Weiterleben findet und in die Elbe hineingetrieben wird, die Erschütterung von dem gleichnishaften kurzen Leben des Autors mit der Ergriffenheit von dem stellvertretenden Scheitern seiner Dramenfigur. Die nationalsozialistische Verfolgung des regimekritischen jungen Mannes, seine Erfahrungen als »Kanonenfutter« an der russischen Front, die nachhaltige Schwächung seiner Gesundheit durch den Krieg und die verschiedenen Haftzeiten verliehen der Darstellung in seinem Drama eine moralische Authentizität, die in der nachhaltigen Wirkung weit über literarische Resonanz hinausging. Borchert wurde solcherart, wie man gesagt hat, auf paradoxe Weise »der Günstling einer ganz besonderen Stunde«[1]. Die Darstellung des zerstörten Lebens auf der Bühne und das Wissen um die Zerstörung seines eigenen Lebens in der Realität verliehen seinem kurzen Dasein und der hektischen Phase seiner eruptiv herausgeschleuderten literarischen Produktion eine zeitgeschichtliche Repräsentanz, die für eine ganze Generation, ja das Los Deutschlands unmittelbar nach 1945 galt. Inzwischen wird man auch diesen Ruhm als zeitgeschichtliches Faktum begreifen und bei aller Anerkennung der impetuösen Moralität seines Heimkehrer-Dramas nicht die Augen davor verschließen können, daß hier literarische Wege des expressionistischen Dramas, insbesondere Ernst Tollers in seinem Erstlingsstück »Die Wandlung«[2], nachvollzogen wurden und mancher Formzug seines Textes literarisch abgeleitet wirkt.

Die auch im Rückblick gewichtigere literarische Leistung Borcherts liegt bei seinen Prosaarbeiten, von denen sich viele als exemplarische Kurzgeschichten ansprechen lassen und auch bereits sehr früh so gedeutet worden sind[3]. Borcherts biographische Misere und den existentiellen Druck seines Schreibens im Sinn, hat man diese Texte vielfach aus jener Bekenntnishaltung heraus zu deuten versucht, die er selbst in einigen autobiographisch getönten Erzähltexten ausgedrückt hat. Das gilt etwa für den Text »Generation ohne Abschied«[4], der das Verlorenheitsgefühl von Borcherts Generation festhält und in seinem pathetischen Grundgestus vielfach wörtlich genommen wurde: »Wir sind die Generation ohne Bindung und Tiefe. Unsere Tiefe ist Abgrund. Wir sind die Generation ohne Glück, ohne Heimat und ohne Abschied. Unsere Sonne ist schmal, unsere Liebe grausam und unsere Jugend ist ohne Jugend. Und wir sind die Generation ohne Grenze, ohne Hemmung und Behütung – ausgestoßen aus dem Laufgitter des Kindseins in eine Welt, die die uns bereitet, die uns darum verachten.« (59) Schon die Elemente einer rhetorischen Steigerungsstruktur, die sich hier erkennen lassen, das sorgfältig instrumentierte Prinzip der Wiederholung[5] von Kernbegriffen und Wendungen, die durch das stilistische Verfahren der Amplifikation (der Verdeutlichung durch Variation) mit Bedeutung angereichert werden, weisen darauf hin, daß es sich nicht nur um spontanen literarischen Ausdruck handelt, impulsiv in Worte umgesetzt und kaum vom Kalkül der künstlerischen Kontrolle berührt. Gewiß läßt sich nicht verkennen, daß Borchert in anderen Texten, zum Beispiel in »Das ist unser Manifest«[6], selbst eine solche Rezeptionsweise seiner Prosaarbeiten provoziert hat. Mit allem Nachdruck wird dort von ihm die Wendung gegen alles Artistische und Kalligraphische vollzogen und der Akzent von der formalen Gestaltung auf den inhaltlichen Ausdruck gelegt. Vielzitierte Sätze wie die folgenden wurden fast in den Rang einer poetologischen Selbstaussage erhoben und als Bestimmung der künstlerischen Intention hinter den tastenden Schreibversuchen einer neuen Generation von jungen Autoren verstanden, die dem Krieg und seinem Grauen gerade noch entkommen waren: »Wer schreibt für uns eine neue Harmonielehre? Wir brauchen keine wohltemperierten Klaviere mehr. Wir selbst sind zuviel Dissonanz. [...] Wir brauchen keine Dichter mit guter Grammatik. Zu guter Grammatik fehlt uns Geduld. Wir brauchen die mit dem heißen und heiser geschluchzten Gefühl. Die zu Baum Baum und zu Weib Weib sagen und ja sagen und nein sagen: laut und deutlich und dreifach und ohne Konjunktiv. [...] Nein, unser Wörterbuch, das ist nicht schön. Aber dick. Und es stinkt. Bitter wie Pulver. Sauer wie Steppensand. Scharf wie Scheiße. Und laut wie Gefechtslärm.« (310/312)

Das deutet im stilistischen Gestus bereits auf das berühmt gewordene Kahlschlag-Nachwort in Wolfgang Weyrauchs Anthologie »Tausend Gramm« voraus. Aber während es bei Weyrauch tatsächlich als Analyse und Programmentwurf einer neuen Literatur gemeint ist, wirkt Borcherts Text vor allem als eine Prosadithyrambe, die sich ihrer rhetorischen Volten voll bewußt ist und sie mitunter fast mit rhetorischer Koketterie entfaltet, etwa an einer solchen Stelle: »[...] sag dann die Wahrheit: Sag, daß du gehst und für immer. Sei gut wie der Tod. Nitschewo. Kaputt. For ever. Parti, perdu und never more.« (313)

Rühmkorf hat zu Recht darauf aufmerksam gemacht, daß die vordergründige Identifikation mit dieser offenbar in Bekenntniswallungen geratenen Prosa ein Moment von Unmittelbarkeit in die Texte Borcherts projiziert hat, so »daß Borchert im reziproken Sinne das Opfer seiner Interpreten wurde, weil nämlich ernste Kritiker zum Anlaß der Abwertung nahmen, was erst durch die Jünger- und Anhängerschaft in ein falsches Licht und eine falsche Lage gerückt worden war«. (I,150) Und in deutlicher Absetzung von diesen Stilisierungstendenzen, die Borcherts Texte vom gestalterischen Kalkül weg- und in die irrationale Aura existentiellen Ausdruckszwangs rückten, hat Rühmkorf betont, daß er »Borchert für einen ausgezeichneten, eigenwilligen, stilprägenden und feinnervigen Schriftsteller halte« (I,150). Entgegen der in der Borchert-Kritik geradezu obligatorischen Betonung des Aufschrei als »eine[r] literarische[n] Qualitätskategorie« (I,151) wird gefordert: »Ein anderes und weitaus wichtigeres wäre da schon, wenn man einem Dichter und Schriftsteller seinen Sinn für Syntax und Wortstellung zugute rechnet, sein Ohr für Lautfolgen, seinen Nerv für Neubildungen. Seine Fähigkeit, beispielsweise ein Paradox zu polen oder Antithesen auszubalancieren.« (I,151)

Man wird gut daran tun, solche Sätze in Erinnerung zu behalten, wenn man in der Borchert-Kritik auf Feststellungen wie die folgende stößt: »Zu Lebzeiten Wolfgang

Borcherts waren in ›Story‹ eine Geschichte von Faulkner und drei von Hemingway erschienen, und es ist kaum anzunehmen, daß der todkranke Mann, der in zwei knappen Jahren möglichst viel von dem, was ihm Anliegen war, zu Papier bringen wollte, sich stark um Vorbilder oder Theorien der Form bekümmerte.«[7] Eine solche mit biographischer Plausibilität und psychologischer Wahrscheinlichkeit operierende naturgeschichtliche Sicht von Borcherts poetischem Arbeitsprozeß unterschlägt die künstlerische Sensibilität des Autors, den poetischen Lernprozeß, der sich in den verschiedenen Phasen seines Werks sichtbar abzeichnet, ebnet im Gedankenschema einer irrational gelagerten Schaffensspontaneität alle artistischen Differenzierungsmöglichkeiten ein.

Daß, auf die Kurzgeschichten von Borchert bezogen, die Lektüre der amerikanischen Vorbilder von einer konstitutiven Wirkung auf sein eigenes Schreiben war, läßt sich nicht bezweifeln. Alfred Andersch hat zu Recht in einem frühen Aufsatz[8] über Borchert darauf aufmerksam gemacht: »Borchert hat freilich seinen Thomas Wolfe gelesen. Gepriesen seien die Freunde, die ihm Wolfe, Faulkner, Hemingway in die Hand gaben. Hätte er das, was er zu sagen hatte, mit den Stilmitteln Wiecherts oder Carossas, Hesses oder Thomas Manns ausdrücken können? Als der Krieg ausbrach, war er 18 Jahre alt. Als er ins Gefängnis kam, 23. Als er starb, 26. Front, Kerker, Nachkriegshunger, Tod – man hat da keine Zeit für esoterischen Symbolismus und humanistische Bildung.« (928)

Um der historischen Vollständigkeit willen ist freilich hervorzuheben, daß Borcherts literarische Anfänge formal nicht nur von Traditionalismen des poetischen Ausdrucks belastet sind (was vor allem für die Rilke-Manier seiner frühen Verse gilt), sondern auch in ihrer zwischen Sentimentalität und rhetorischem Gefühlsüberschwang wechselnden Grundstimmung alle Zeichen schwärmerischer Verworrenheit tragen. Und selbst bezogen auf die politische Position des jungen Borchert, der ja bald in das Räderwerk des Regimes geriet und an den damals empfangenen Wunden dann letztlich zugrunde ging, läßt sich nicht von einer dezidierten politischen Opposition sprechen, sondern, wie Rühmkorf[9] bemerkt hat: »Borcherts Haltung gegenüber der faschistischen Diktatur trägt alle Züge einer romantischen Opposition.« (II,53)

Um so erstaunlicher ist der Durchbruch zu einer unpathetischen, Realitätspartikel synkopisch zusammenziehenden und in einem hämmernden Stakkato der Sätze präsentierenden Prosa, die gesättigt ist von der Wirklichkeitserfahrung jener Jahre und in der Tat den Absprung von der Harmonielehre der poetischen Tradition geschafft hat. Angefangen bei den Erzähltexten der »Hundeblume« bis hin zu den späten Sammlungen »Die traurigen Geranien« und »Preußens Gloria«[10], verwirklichte Borchert eine ganze Skala von Erzählweisen, deren strukturelle Differenziertheit man auf ganz verschiedene Nenner zu bringen versucht hat. In den neunzehn Geschichten der Sammlung »An diesem Dienstag«, die im ersten Teil, »Im Schnee, im sauberen Schnee«, die Desillusionierungserfahrungen an der russischen Front umsetzen und in den satirisch überzeichneten Zustandsbildern die Sinnlosigkeit des Krieges und der kriegerischen Aktivitäten der Soldaten in einem eisigen Sperrkreis der Zerstörung dokumentieren, hat man »Grotesken«[11] zu erkennen versucht. In den reflektorischen Monologgeschichten wiederum, die sich als herausgerissene Fragmente einer Bewußtseinsstromdarstellung deuten lassen und als Zustandsverdichtungen weitgehend die

Plot-Elemente der Kurzgeschichte vermissen lassen, hat man eine »Art von Infinitesi-malprosa«[12] gesehen, die entfernt an den »narrative essay« in der amerikanischen Kurzgeschichtentradition erinnert, aber bereits hier gattungsgeschichtlich den Beschreibungsversuch einer Übergangsform darstellt, die nur noch am Rande zum Gattungsspektrum der Short Story gerechnet wird[13].

Dennoch besteht kein Zweifel daran, daß im Zentrum von Borcherts Prosaarbeiten in der Tat die Kurzgeschichte steht, so auf dem Hintergrund der amerikanischen Schreibmodelle definiert, wie es Böll getan hat oder auch Rühmkorf. Ein Text wie »Die lange lange Straße lang«[14] hat alles Geschehen nach innen verlegt und das Bewußtsein des Leutnants Fischer, der von den unauslöschbaren Erinnerungen an seine Schuld an der russischen Front beunruhigt wird, zum Schauplatz einer assoziativ verknäuelten Gedankenhandlung gemacht. Das Hier und Jetzt von Fischers Situation wird bezeichnenderweise nur kurz eingeblendet: Er ist ein Heimkehrer, ein Überlebender, unterwegs zur Straßenbahn, unmittelbar nach 1945. Ein Erzähltext wie »Das Brot«[15] hingegen stellt eine bestimmte, auf einen Augenblick zusammengedrängte Situation in kurzen Dialogpartien und Beschreibungssätzen vor den Leser und läßt in diesem Situationsbild zugleich die Tiefendimension der damaligen Zeitgeschichte aufleuchten: der frühen Nachkriegszeit mit ihren Hungerproblemen und dem wölfischen Drang des einzelnen zu überleben, notfalls auch auf Kosten des andern.

Wie stark die materiellen Bedingungen damals das menschliche Zusammenleben zersetzt haben, wird am Beispiel des älteren Ehepaares dargestellt, daß seit »neununddreißig Jahre[n] verheiratet« (305) ist. Die Frau, aus deren Perspektive erzählt wird, wacht mitten in der Nacht durch ein Geräusch in der Küche auf und findet dort ihren Mann, der sich heimlich eine Schnitte Brot abgeschnitten hat und wie ein ertappter Sünder seine Handlungsweise verbirgt, obwohl der Frau die Umstände von vornherein klar sind. Die Maskerade, die sie einander bereiten und gleichzeitig durchschauen – der Mann gibt vor, durch ein Geräusch aufgeweckt worden zu sein, und die Frau geht gutwillig auf diese Notlüge ein –, enthüllt in einem Erkenntnisblitz die Misere ihrer Situation: Die Liebe, die sie einmal verband, scheint längst geschwunden, sie sehen sich selbst mitleidig als körperlich alte Menschen, für die das Hungergefühl wichtiger geworden ist als das Gefühl, das sie einmal füreinander empfanden.

Und dennoch zeigt Borchert zugleich in der Reaktion der Frau, die die Lüge des Mannes zum Schein akzeptiert und dann im wieder dunklen Schlafzimmer die Kaugeräusche des Mannes hört, der die heimlich abgeschnittene Brotscheibe verschlingt, eine neue Form von Liebe, die das Mitleid für den andern und den eigenen Verzicht mit einbegreift. Denn am nächsten Abend – das ist die Pointe der Geschichte – gibt sie dem Mann vier statt bisher drei Scheiben Brot. Sie verzichtet selbst auf eine Scheibe und greift dabei ihrerseits zu einer Lüge: das Brot bekomme ihrem Magen nicht. Diese Handlungsweise muß nicht nur dem Mann klar machen, daß seine Frau sein Verhalten in der Nacht begriffen hat, sondern zeigt ihm zugleich, daß die Liebe der Frau zu ihm durch ihren Verzicht unwiderlegbar dokumentiert wird.

Böll hat in einem frühen Aufsatz[16] über diese Geschichte Borcherts gemeint: »[…] sie ist Dokument, Protokoll des Augenzeugen einer Hungersnot, zugleich aber ist sie eine meisterhafte Erzählung, kühl und knapp, kein Wort zuwenig, kein Wort zuviel – sie läßt uns ahnen, wozu Borchert fähig gewesen wäre: diese kleine Erzählung wiegt viele gescheite Kommentare über die Hungersnot der Nachkriegsjahre auf, und sie ist mehr noch als das: ein Musterbeispiel für die Gattung Kurzgeschichte, die nicht mit novellistischen Höhepunkten und der Erläuterung moralischer Wahrheiten erzählt, sondern erzählt, indem sie darstellt.« (162)

In der Tat scheint der Autor sich jeder kommentierenden Einmischung zu enthalten. Aber indem er unverkennbar aus der Perspektive der Frau erzählt und ihre Handlungsweise am Ende zur Demonstration von menschlicher Liebe auch angesichts der miserablen materiellen Lebensbedingungen werden läßt, setzt Borchert dennoch unverkennbar einen moralischen Akzent, ohne ihn freilich in eine begriffliche Formel umzusetzen. So wie die Frau ihre Liebe zeigt, indem sie handelt, stellt der Erzähler moralisches Verhalten dar, ohne es zu kommentieren. Und auch die Abwesenheit von »novellistischen Höhepunkten« läßt sich durchaus in Gattungsentsprechung zur Kurzgeschichte setzen, da das Sujet ohne jede herausgehobene Theatralik ist und sich auf einen anscheinend banalen Augenblick des täglichen Zusammenlebens bezieht.

Freilich, die Umkehrung, die Borchert zwischen der Handlungsweise des Mannes und der Frau am Ende der Geschichte deutlich macht, erlaubt es dennoch, von einem Umschlag in der Handlung zu sprechen und in dem Sinne von einem Höhepunkt: Es zeichnet sich kein pointierter Schluß im Sinne einer rationalen Auflösung ab, sondern der Durchblick auf eine menschliche Konstante, die unter Umständen (wie in dieser Geschichte) auch dem Hungersog zu widerstehen vermag. In dieser Weise ist wohl auch der Satz Bölls zu verstehen: »Wo das Röntgenauge eines Dichters durch das Aktuelle dringt, sieht es den ganzen Menschen, großartig und erschreckend – wie er in Borcherts Erzählung ›Brot‹ zu sehen ist.« (164)

Diese Prägnanz des Erzählens, das die alltägliche, auf einen Augenblick zusammengezogene Situation zum Mosaikstein der Tiefenstruktur der Zeitgeschichte erhebt und in dem ganz dinglichen, Dialogpartie und Berichtsstenogramm verschmelzenden Beschreiben über den einen Augenblick hinaus zugleich die Kontinuität der Zeit festhält, läßt sich in einer ganzen Reihe von Erzähltexten Borcherts erkennen. Auf einige exemplarische Beispiele dafür hat gleichfalls Rühmkorf aufmerksam gemacht und diese Texte auf eine Kurzgeschichten-Poetik bezogen, die er folgendermaßen umschreibt: »[...] der andere, der hier vertretene Typus zeichnet sich gerade durch seine handlungsbedingte Zielstrebigkeit aus. Es ist der Typus, den man gemeinhin mit dem Gattungsbegriff ›Kurzgeschichte‹ zu fassen sucht. [...] man könnte [...] sagen, daß der Gattungsanspruch dort am ehesten erfüllt scheint, wo eine Kurzgeschichte aus dem Augenblick lebt und wo auf der Schneide des Moments ein Schicksal sich entscheidet [...] ein Daseinsbruch und eine Bewußtseinswende im scheinbar Unscheinbaren zutage treten.« (I,154–156)

Das sind gattungsgeschichtliche Definitionsleitlinien, die die bei Böll angedeuteten ergänzend weiterführen, insofern als Rühmkorf zu Recht darauf aufmerksam macht, daß die Abwesenheit des stilisierten novellistischen Höhepunktes in einer auf Außerordentlichkeit zugespitzten Situation nicht mit dem Fehlen jeglichen strukturellen Wendepunktes gleichgesetzt werden darf. Auch in der Kurzgeschichte vollziehen sich Sprünge und Umkehrungen, aber jenseits der Theatralik einer schicksalsmächtig grundierten Situation, sondern gleichsam im Wirklichkeitsmaterial des Alltags: vor allen Augen und für jeden nachzuvollziehen, so wie auch das Handlungsmuster der Kurzgeschichte generell dem jedem zugänglichen Erfahrungsreservoir der Wirklichkeit entstammt.

Die von Rühmkorf als »musterhaft und meisterlich« (I,155) hervorgehobene Kurzgeschichte »Die Kirschen«[17] wirkt geradezu wie eine Variation der in der Geschichte »Das Brot« gestalteten Situation. Der fiebernde Junge, der durch das Geräusch eines klirrenden Glases aufgeschreckt wird, ist nur von dem einen Gedanken beherrscht: daß der Vater jenes Glas Kirschen essen könnte, das zum Abkühlen vors Fenster gestellt worden ist. Als er die Tür öffnet und den Vater mit einer rötlich gefärbten Hand auf der Erde hocken sieht, stellt sich seinen vom Fieber getrübten Augen die Situation in aller Klarheit dar: Die Hand des Vaters ist vom Kirschsaft gerötet und seine begütigend an den Kranken gerichteten Worte, sich doch wieder ins Bett zu begeben, deutet er nur spontan als Ausdruck des schlechten Gewissens.

Die ganz aus der Perspektive des fiebernden Jungen erzählte Geschichte enthält eine Umkehrung, die im Unterschied zu der Geschichte »Das Brot« dieses Mal nicht den Handelnden bloßstellt, sondern den Beobachtenden. Während der Vater versuchte, die Kirschen in eine Tasse umzufüllen und dem Kranken zu bringen, dabei die Tasse zerbrach und sich an der Scherbe die Hand verletzte, zudem auf der Erde ausrutschte, erblickt der Junge in ihm nur den Konkurrenten, der ihn um den Genuß der begehrten Früchte bringen will. Der Erkenntnisruck vollzieht sich im Bewußtsein des Jungen, der plötzlich alles als Unterstellung erkennen muß und in der Pointe des Schlusses seine Scham zum Ausdruck bringt: »Als der Vater mit den Kirschen kam, hatte er den Kopf tief unter die Decke gesteckt.« (17)

Auch hier wird nirgendwo moralisierend erläutert oder die Beziehung zwischen Vater und Sohn im Deutungsspektrum psychologisierend erweitert[18]. Die unspektakuläre, ganz auf Vorgänge und Verhaltensweisen konzentrierte Erzählweise macht dennoch hinter dem alltäglichen Einzelfall das zeitgeschichtliche Klima deutlich, in dem der egoistische Drang des einzelnen tradierte menschliche Verhaltensweisen, auch der Moral, überspielte und jeder zum Konkurrenten des anderen wurde, auch in der Familie.

Borchert hat in einer beachtlichen Zahl von anderen Erzählstücken diesen zeitgeschichtlichen Erfahrungsraum in eindrucksstarken Momentaufnahmen festgehalten und ist damit stärker noch als Böll in seinen frühen Kurzgeschichten zum erzählerischen Chronisten geworden, der in seinen Geschichten das Gedächtnis seiner Zeit verkörpert.

Unter der Gattungsperspektive der Kurzgeschichte ist dabei bemerkenswert, daß Borchert auch andere Möglichkeiten des Erzählens erprobt, nicht nur bis hin zur völligen Auflösung der Plot-Struktur der Kurzgeschichte in den erzählerischen Bewußtseinsstrom-Darstellungsfragmenten, sondern auch im Sinne einer erzählerischen Differenzierung, die den Schwerpunkt der Darstellung ganz auf die Zeitstruktur legt und die räumliche Konkretisierung des Augenblicks kaleidoskopisch ineinanderschiebt. Ein Musterbeispiel dafür ist der Erzähltext »An diesem Dienstag«.[19] Walter Höllerer[20] hat diesen Typus der Kurzgeschichte »Überblendungsgeschichte« (244) genannt. Er ließe sich ebensogut als Simultaneitätsgeschichte kennzeichnen, weil eine Vielzahl von räumlich getrennt verlaufenden Aktivitäten im Muster eines bestimmten Augenblicks, des tragenden Erzählmoments, gleichzeitig zusammengebunden wird. Ein Beispiel dafür ist Friedo Lampes Kurzgeschichte »Das dunkle Boot«[21], wo die Abendstunde in einem Dorf in Norddeutschland mit ihren verschiedenen Tätigkeiten und Lebenszeichen festgehalten wird, oder Hans Benders von Lampe beeinflußte Geschichte »Die halbe Sonne«, die den Augenblick einer Sonnenfinsternis zu einem Simultaneitätskaleidoskop erweitert. Die Geschichten von Ernst Schnabel »Um diese Zeit« oder von Peter Handke »Über den Tod eines Fremden«, auch Josef Redings »Während des Films« sind andere Beispiele für diese Spielart der Kurzgeschichte.

Borchert hat das Simultaneitätsspektrum seiner Geschichte, die sich an einem bestimmten Dienstag[22] während der Kriegszeit abspielt, in neun Abschnitte zerlegt, die gleichsam in einer in Beschreibung umgesetzten Zoombewegung bestimmte Aspekte der Wirklichkeit in Großaufnahme aufleuchten lassen. Statt der einen bestimmten räumlich-zeitlichen Situation, die den Handlungsrahmen der beiden andern analysierten Kurzgeschichtenbeispiele bezeichnet, ist die Zeit, der Augenblick, der bestimmte Tag, zur abstrakten Einheit des anschauenden Erzählerbewußtseins geworden, und der Raum hat sich vielperspektivisch erweitert. Während in den beiden andern Geschichten Borcherts das Ganze der Wirklichkeit durch die Komprimierung auf die eine bestimmte Situation evokativ als mitgestaltete Dimension der erzählerischen Tiefenschärfe für den Leser erkennbar wird, beschreitet Borchert hier den Weg der räumlichen Ausdehnung, die das Ganze der Wirklichkeit auch extensiv, in einzelnen gegeneinandergestellten und zeitlich ineinandergerückten Stationen bewußt macht. Mit welchem genauen künstlerischen Kalkül er dabei erzählerisch arbeitet, läßt sich an der Signalstruktur der einzelnen Textabschnitte erkennen, die mit der Variation und Amplifikation bestimmter Kernwendungen und -bilder ein Verweisungsnetz entstehen lassen, in dem der ideologische Sud der Wirklichkeit sich fängt.

Die den zeitlichen Bedeutungsumfang des Wochentages Dienstag ganz nüchtern bezeichnenden drei Einleitungssätze, die der Geschichte wie ein Motto vorangestellt sind, lokalisieren diesen bestimmten Dienstag nicht nur genau im historischen Kontext – »Der Krieg hat viele Dienstage.« (191) –, sondern kennzeichnen zugleich den historischen Krankheitsherd, dessen Symptome im folgenden in beiden Bereichen der Wirklichkeit, der alltäglichen Realität daheim und der brutalen Realität an der Kriegsfront, diagnostiziert werden: Es ist der Krieg, der Krieg, der für das Mädchen Ulla und ihre Klassenkameradinnen in der Schule in den patriotischen Dunstkreis einer ideologisch verniedlichenden Historie eingelagert ist, in der der eigene Vater, der als Soldat im Feld ist, in Beziehung gesetzt wird zum siegreichen alten Fritzen und zum heroischen Waffenrequisit der alten Berta und nicht zu Leid, Blut und Tod. Mit einem einfachen orthographischen Kunstgriff macht Borchert freilich auf diesen verdeckten ideologischen Untergrund aufmerksam, indem er die Lehrerin die falsche Schreibung des Wortes Krieg durch Ulla, nämlich mit »ch« statt mit »g«, folgendermaßen korrigieren läßt: »G wie Grube.« (191) Das semantische Assoziationsfeld, das von Borchert bewußt eingebracht wird, ist deutlich genug: Das Hineinkriechen in die Todesgrube erscheint als die eigentliche Sinngebung hinter der heroischen Aufgabe, die der Vater als Soldat im Feld erfüllt.

Die Kluft zwischen dem Elend des Sterbens im Krieg und den ideologischen Selbsttäuschungsbarrieren, die in der Heimat davor aufgebaut werden, wird im folgenden jeweils in Kontrastbildern akzentuiert. Der seines roten Halstuches wegen kommunistischer Sympathien verdächtigte Kompaniechef Ehlers, der von seinem Bataillonskommandeur zusammengestaucht worden ist, wird von einer Kugel getroffen. Der unter Fleckfieberverdacht ins Seuchenlazarett eingelieferte Hauptmann

Hesse soll von den Daheimgebliebenen mit literarischem Trost, Hölderlin oder Wilhelm Busch, aufgemöbelt werden. Während die Ärzte die Todesstatistiken im Seuchenlazarett bereden, erfreut sich »Frau Hauptmann Hesse« (193) an der »Zauberflöte«. Der Tod Hesses und die seelenlose Strafarbeit seiner Tochter Ulla, die zehnmal den Satz »Im Krieg sind alle Väter Soldat« (194) schreiben muß, lassen die Diskrepanz zwischen Ideologie und Realität schneidend hervortreten. Die am Ende des Erzähltextes stehende Wiederholung der Rechtschreibregel »Und der Krieg mit G. Wie Grube« (194) erweist sich, durch das Assoziationsfeld zu Anfang vorbereitet, als pointierte Zusammenfassung dessen, was sich tatsächlich an diesem Dienstag zugetragen hat.

Die indirekte Pointe dieser Geschichte besteht freilich darin, daß die vom Erzählerbewußtsein gestaltete Gleichzeitigkeit kontrastiert wird von dem jeweils ideologisch eingezäunten Bewußtsein der einzelnen Handlungsträger, die gleichsam als Zitate der damaligen Wirklichkeit eingeblendet werden. Jeder hat seine private Rechtfertigung zur Hand, mit der er das Entsetzen des Krieges keimfrei macht: Die Lehrerin betet ihre patriotischen Litaneien herunter und trichtert den Kindern Krieg und Soldatsein als patriotische Naturgesetzlichkeiten ein. Der Bataillonskommandeur achtet auf die politische Anpassung seiner Untergebenen, damit ihm keine Schwierigkeiten auf seinem Karriereweg unterlaufen. Herr Hansen glaubt, den Schrecken des Krieges durch Literatur abmildern zu können. Frau Hesse sonnt sich im Glorienschein der Beförderung ihres Mannes. Die Krankenschwester Elisabeth im Seuchenlazarett hält nur durch den Trost ihres christlichen Glaubens durch. Und auch Ehlers und Hesse, die beide als Opfer des Krieges zugrunde gehen, scheinen von der Erkenntnis der Zusammenhänge weit entfernt. Lediglich der Unterarzt, über den es leitmotivisch heißt, »als trüge er ganz Rußland durch den Saal« (194)[23], scheint jener Erkenntnis der geschichtlichen Zusammenhänge nahe zu sein, die Borchert im gestalteten Simultaneitätsspektrum seiner Geschichte als Erkenntnishaltung an seine Leser weitergeben will, die gezwungen sind, sich in den beispielhaft vorgeführten Haltungen selbst zu sehen.

So wie in Bölls »Abenteuer eines Brotbeutels« Geschichte und Zeit gleichsam in einem Gegenstand gerinnen und eine Simultaneitätsbedeutung annehmen, die auf die Sinnlosigkeit der politischen Geschichte aufmerksam machen soll, läßt sich auch in Borcherts Beispiel von einer politisch aufklärerischen Geschichte sprechen, die durch syntaktische Verknappung, leitmotivische Kontrapunktik und erzählerisch konstruierendes Verweisungskalkül eine Bedeutungsexpansion erreicht, deren künstlerisches Merkmal dennoch auch hier Komprimierung und Verkürzung ist.

Wie Borchert sich dabei im einzelnen zu der von der amerikanischen Short Story begründeten Erzähltradition verhält, sei an einem Beispiel ausgeführt, das zum Vergleich mit einer berühmten amerikanischen Vorlage einlädt. Gemeint ist O. Henrys[24] (eines der Traditionsväter der modernen amerikanischen Short Story und wenn nicht ihr Großmeister überhaupt) Geschichte »The Gift of the Magi«[25], die in der Zeit der großen amerikanischen Depression spielt und in der Situationsschilderung des jungen amerikanischen Ehepaares Mr. und Mrs. James Dillingham Young (in der Arbeitslosigkeit des Mannes und der materiellen Not der beiden) die sozialen Narben der damaligen Zeitsituation unpathetisch benennt. Borcherts Geschichte »Die drei dunklen Könige«[26], die bereits im Titel auf O. Henry verweist, entwirft eine ähnliche zeitgeschichtliche Situation, diesmal auf dem Hintergrund der frühen Nachkriegszeit in Deutschland und der materiellen Not, die für jene Tage galt.

In beiden Fällen wird diese Notsituation an einem Weihnachtsabend, dem Zeitpunkt des Schenkens und Beschenktwerdens, verdichtet. In der erzählstrukturellen Organisation fällt auf, wie O. Henry, der im ersten Teil seines Textes vor allem aus der Perspektive Dellas, der Frau, erzählt (mit deren Augen die Armut ihres Zuhauses registriert wird), sich für den Leser erkennbar als Erzähler ins Spiel bringt, indem er, die zeitlich-räumliche Kontinuität einer bestimmten Situation erweiternd, arrangierend und kommentierend die einzelnen Momente seiner Geschichte aneinanderreiht: die Beschreibung des ärmlichen Heims der beiden, den Hinweis auf die beiden größten Schätze, die Della und Jim besitzen, ihr wunderschönes Haar und Jims ererbte goldene Uhr, und den Versuch, dem andern dadurch eine Freude zu machen, daß jeder seine größte Kostbarkeit verkauft, um dem andern ein Geschenk zu machen, das nur einen Sinn hat, wenn wenigstens der andere seine Kostbarkeit weiter besitzt.

Die erzählerische Ökonomie, die O. Henry dabei anwendet, tritt vor allem darin hervor, daß er lange Zeit die Perspektive des Lesers mit der Dellas identifiziert, ihn miterfahren läßt, wie Della ihr Haar verkauft, eine Platinkette für Jims Uhr erwirbt, der seine Kostbarkeit bisher nur an einem einfachen Lederband trug. Als Jim schließlich auftritt und Della ungläubig anstarrt »with that peculiar expression on his face« (9), löst sich die Spannung erst in der mitgeteilten Pointe auf, daß Jim das gleiche getan hat wie Della: Auch er hat seine Uhr verkauft und dafür einige schöne Kämme für Dellas Haar als Geschenk besorgt, das nun ebenso nutzlos ist wie die Platinkette, die Della durch den Verkauf ihres Haars für Jim als Geschenk erwarb. Daß beide dadurch ihre gegenseitige Liebe in einer Klarheit bezeugt haben, die über jedes nutzbringende Geschenk weit hinausgeht, wird von O. Henry durch einen zusätzlichen Erzählerkommentar zum Ausdruck gebracht und ans Ende seiner Geschichte gesetzt, indem er die Geschenke Dellas und Jims über die der drei Weisen stellt: »Of all who give and receive gifts, such as they are wisest. Everywhere they are wisest. They are the magi.« (11)

Bei Borchert ist der kommentierende Erzähler ganz ausgespart. Er läßt sich nur vermittelt erkennen in der Darstellung aus der Erzählperspektive des Mannes, der mit leeren Händen und dem Zorn im Herzen gegen die Ungerechtigkeit der Zeit am Weihnachtsabend nach Hause zurückkehrt, wo ihn seine Frau und das schlafende Kind erwarten. Die Heiligen Drei Könige, die bei O. Henry nur im Erzählerkommentar auftauchen, stellen sich in Borcherts Geschichte buchstäblich ein: Es sind drei Heimkehrer in abgerissenen alten Uniformen, die nach einem Zuhause suchen und für einen Augenblick einen Unterschlupf in dem Zimmer des Paares finden. Der geschnitzte Esel, den sie dem Kind schenken, die Zigarette, die sie an den Mann abtreten, und die beiden Bonbons, die sie der Frau geben, sind in gewisser Weise die Geschenke, die die Weisen hinterlassen: keine spektakulären Kostbarkeiten, Armseligkeiten eigentlich, aber Ausdruck einer mitmenschlichen Verbundenheit, die auch diese Dinge zum Ausdruck der Liebe werden läßt, ähnlich wie die um ihren Nutzen gebrachten Geschenke in O. Henrys Geschichte.

Die wesentlich straffer erzählte, auf die eine bestimmte Erzählsituation zugespitzte Geschichte Borcherts wirkt nüchterner und stärker eingestimmt auf die Möglichkeiten der Kurzgeschichte als – paradoxerweise – O. Henrys Erzählbeispiel, der den Augenblick der Geschenkübergabe umständlich vorbereitet und dadurch gleichsam eine Vorgeschichte in seinen Erzähltext integriert[27]. Und selbst in der Darstellung des Ethos, das aus beiden Geschichten spricht, daß nämlich die für den Menschen gedachten Geschenke nur so lange sinnvoll sind, als sie keine Bedeutung an sich annehmen und nur Übermittler von Zuneigung sind, zeugt Borcherts Darstellung von größerer Verhaltenheit der Akzentuierung. Der Schlußsatz »[...] vom Ofen hier fiel eine Handvoll Licht hell auf das kleine schlafende Gesicht« (187) erschließt sich in seiner Bedeutung erst auf dem Hintergrund jener Beschreibung der drei Männer, als sie das Zimmer betreten und das Licht »wie ein Heiligenschein« (186) auf sie fällt. Bei O. Henry übernimmt der auktoriale Kommentar am Schluß diese Funktion. Andererseits fällt auf, daß Borchert in seiner Konzentration auf die Situationsmuster des weihnachtlichen Abends inhaltlich viel stärker ein christliches Muster variiert als O. Henry, bei dem zum Beispiel nicht das biblische Schenkungsritual (mit dem Kind als Adressaten) variiert wird, sondern das zur christlichen Konvention gewordene Sich-gegenseitig-Beschenken. Und sicherlich läßt sich auch nicht verkennen, daß in der prinzipiellen Erzählsituation der beiden Autoren nicht nur eine historische, sondern auch eine soziale Differenz hervortritt, da der für Zeitschriften und ein breites Publikum schreibende O. Henry seiner Leserschaft viel näher stand als der deutsche Autor, für den der Leser nicht so sehr Zerstreuung und Unterhaltung suchender Konsument war, sondern mitbetroffener Zeitgenosse einer zeitgeschichtlichen Misere, die Borchert in seinen besten Kurzgeschichten wie die im Bernstein eingeschlossenen Fossilien einer inzwischen schon fast wieder vergessenen Historie mit unverminderter Klarheit festgehalten hat.

2. Heinrich Böll. Die Verdichtung der Zeitgeschichte – Salinger

Über seine besondere Beziehung zu dieser Prosaform hat Böll mehr als einmal bekannt: »Die Kurzgeschichte ist immer noch meine Lieblingsform. Ich schreibe auch immer noch welche.«[1] Er hat allerdings im Kontext dieser Gesprächsaussage zugleich den Satz angefügt: »Nur wird man selber wohl mißtrauischer gegenüber Formen, die man beherrscht.« (30)
Es wäre naheliegend, diese Beherrschung auch so auszulegen, daß Böll nicht nur das Gattungspotential dieser Prosaform in der Schreiberfahrung eines langen Lebens vertraut geworden ist, sondern auch die Poetik dieser Form. Tatsächlich sucht man jedoch in den zahlreichen essayistischen Äußerungen Bölls nichts vergeblicher als eine präzise Definitionsbestimmung dieser Form, die ihm unter allen Prosamöglichkeiten am nächsten steht. Wenn Böll auf Fragen nach der spezifischen Form seiner Romane stets hartnäckig antwortet: »Ich muß Ihnen sagen, ich weiß gar nicht ganz genau, was ein Roman ist«[2], so gilt die gleiche Abwehrhaltung gegenüber allen auf Eindeutigkeit zielenden Definitionsbemühungen der Kurzgeschichte.
Bezeichnend dafür ist seine Reaktion, als er im Rahmen einer Sendereihe des Hessischen Rundfunks über literarische Vorbilder von deutschen Gegenwartsautoren statt eines biographischen Reports (wie die anderen Autoren) einen fiktiven Text erfand[3], der in der neuen Gesamtausgabe dann auch folgerichtig unter den

Erzählungen abgedruckt wurde[4] und nicht unter den Essays. Das Thema »Heinrich Böll und seine literarischen Vorbilder« (32) – so der Untertitel – wird von Böll dort spielerisch mystifiziert, indem er als größten literarischen Eindruck seiner Jugend die in einem Provinzblatt als Fortsetzungsgeschichte veröffentlichte Kurzgeschichte eines Autors mit Namen Jacob Maria Hermes beschreibt, der für ihn das Muster der Gattung geschaffen habe, ohne daß es ihm je möglich gewesen sei, die Fortsetzung zu jener Geschichte aufzuspüren. Das Spiel mit der Ironie, das sich hier andeutet, wird auf einer anderen Ebene variiert, indem Böll zugleich einen andern fiktiven Autor, Heinrich Knecht, zitiert, der im Jahre 1913 eine Schrift mit dem Titel »Das Geheimnis des siebten Koffers oder Wie verfasse ich kurze Prosa« veröffentlichte, einen Text, mit dem sich Böll offenbar über alle jene – nicht zuletzt in den angelsächsischen Ländern weitverbreiteten – Leitfäden zur Abfassung von Kurzgeschichten lustig macht: »Ich meine, es gibt so viele Anleitungen, wie man eine Kurzgeschichte schreiben muß, daß es mich oft wundert, wenn nicht mehr gute geschrieben werden.« (37)

Dieses ironische Versteckspiel, das der Autor hier mit seinem Leser betreibt, ist in seiner Intention deutlich zu erkennen: So wie es irrig wäre, ihn selbst, den Kurzgeschichtenautor Böll, auf bestimmte Vorbilder und Modelle zu reduzieren, wäre es generell ein Mißverständnis, hinter der Prosaform der Kurzgeschichte, deren Knappheit und Kürze das Vorurteil eines literarischen Leichtgewichts in der Vorstellung der Leser zu provozieren scheint, ein einfaches Herstellungsrezept zu vermuten, nach dem sich Texte leicht und in billiger Fülle produzieren lassen. Die ironische Scharade, die Böll inszeniert hat, dokumentiert vielmehr indirekt seine außerordentliche Hochschätzung dieser Form, die für ihn von einer Komplexität ist, die nichts mit ihrem Umfang zu tun hat, und unter diesem Aspekt jeder anderen literarischen Gattung strukturell gleichzusetzen ist.

Was Böll hier gleichsam in der Negation ausführt, läßt sich freilich nur sehr schwer durch Elemente einer positiven Formbeschreibung der Kurzgeschichte bei ihm ergänzen. Zwar hält auch er an einem Initialmoment fest, das ihn mit vielen Autoren seiner Generation verbindet, die gleichfalls Kurzgeschichten schrieben und zum Teil noch schreiben: an der produktiven Begegnung mit der amerikanischen Literatur nach 1945 und vor allem den Vertretern der amerikanischen Short Story: »Natürlich war die amerikanische Shortstory damals ein sehr starkes Erlebnis für uns alle. Wir haben ja viele Kurzgeschichten geschrieben nach 1945. Aber ich habe merkwürdigerweise schon, als ich anfing zu schreiben, mit 18 oder 17 oder 19, sehr gern kurze Prosa geschrieben. Ich glaube, daß da eine deutsche Affinität zur kurzen Prosa mitspielt, die sich natürlich nach dem Kriege durch die Anregung der Shortstory entwickelt hat.«[5]

Darüber hinausreichende formale Bestimmungen, die das Gattungsspektrum der Kurzgeschichte definitorisch ausmessen, lassen sich nur sehr indirekt aus seinen Äußerungen erschließen. So weist er etwa auf den viel intensiveren Wirklichkeitsbezug der Kurzgeschichte im Vergleich zur Novelle hin: »Es war mehr oder weniger bewußt der Abschied von der Novelle, die eine sehr aristokratische Form der kurzen Prosa ist.«[6] So fließt in einer Besprechung[7] über Short Stories von Truman Capote an einer Stelle die normative Gattungsdefinition ein: »Nur eine einzige Geschichte ›Der silberne Krug‹ wäre als ›short story‹ zu klassifizieren, als eine meisterhafte, fast klassische, mit Spannung und Pointe« (259f.). Eine Feststellung, die darauf hinzuweisen scheint, daß Böll als Typus der Kurzgeschichte vor allem die von großem erzählerischen

Kalkül zeugende und auf eine Pointe hin zugespitzte Short Story des amerikanischen Autors O. Henry vorschwebt. Mit O. Henry, dessen Geschichten er zusammen mit seiner Frau zudem übersetzt hat, beschäftigt er sich denn auch in einem Essay[8] ausführlicher und dokumentiert dort nochmals am Beispiel von O. Henry-Texten seine Vorstellung von dem, was aus der amerikanischen Perspektive als gelungene Short Story gilt: »[...] gute Storys sind in Amerika solche mit einer Pointe, und Zwang zur Pointe macht viele der Geschichten von O. Henry für unser Empfinden schwach.« (79)

Was freilich hier im Sinne eines Sichabsetzens von der amerikanischen Vorbild-Tradition mißverstanden werden könnte, hat Böll im selben Essay korrigiert und damit nochmals den produktiven Konnex zwischen der amerikanischen Short Story und der jungen deutschen Kurzgeschichte nach 1945 ausdrücklich anerkannt: »Der Einfluß der amerikanischen ›short story‹ auf die deutsche Kurzgeschichte ist unverkennbar und unbestritten, sie stieß in ihrer nüchternen und kurzatmigen Frische auf eine gewisse deutsche Begabung der Tradition der kurzen Prosa, Anekdote, Kalendergeschichte, Novelle, die bei Hebel, Kleist und Brecht, Storm und anderen ihre Dauer erwiesen hat. Die amerikanische ›short story‹ in allen ihren bemerkenswerten Sensibilitäts-Variationen, wie sie Hemingway, Sherwood Anderson und Faulkner entwickelt haben, ist in O. Henrys und Jack Londons Geschichten vor- und ausgebildet worden und ist, völlig von Europa emanzipiert, zu etwas sehr Amerikanischem geworden, immer noch variationsreich in ihrer unterschiedlichen Sensibilität, wenn man an Autoren wie Capote, Salinger, Vonnegut, Updike und Malamud denkt.« (79 f.)

Nein, eine Poetik der Kurzgeschichte[9] läßt sich nicht abziehen von den Äußerungen Bölls, der mit der Akzentuierung der »Sensibilitäts-Variationen« dieser Form in der literarischen Tradition Amerikas geradezu betont, daß das künstlerische Spektrum dieser Gattung so weit reicht wie das Können der einzelnen erwähnten Autoren. Aber daß die Entfaltung dieses künstlerischen Spektrums in den deutschen Kurzgeschichten nachhaltig von der Begegnung mit den amerikanischen literarischen Mustern gefördert wurde, ist nicht nur eine pauschale Feststellung, die für die junge deutsche Literatur nach 1945 schlechthin gilt, sondern auch konkret für ihn selbst, sein eigenes Kurzgeschichten-Œuvre.

Dieses Kurzgeschichten-Œuvre, das vor allem am Beginn von Bölls schriftstellerischem Weg unübersehbar hervortritt, läßt sich denn auch kaum auf bestimmte formale Typen der Kurzgeschichte zurückführen, sondern verdeutlicht in seiner Vielfalt von durchgespielten Ansätzen, bezogen auf Bölls eigenes Werk, jenes Spektrum der »Sensibilitäts-Variationen«, das er am Beispiel der amerikanischen Short Stories beschreibt. Stärker als formale Gliederungen bieten sich inhaltliche Gliederungen bei Bölls Kurzgeschichten an, wobei der Erfahrungshintergrund der Zeit die Stoffe und Themen provozierte. 1950 erschien Bölls erste Kurzgeschichtensammlung unter dem Titel »Wanderer, kommst du nach Spa...«[10]. Aber nicht nur die unvergleichliche Titelerzählung, auf die noch in Teil III einzugehen sein wird, verdeutlicht bereits die Meisterschaft, mit der er diese Prosaform handhabt. Unter den fünfundzwanzig Erzählstücken sind nicht wenige, die auch im Rückblick den Begriff vom künstlerischen Potential dieser Gattung in der deutschen Nachkriegsliteratur konturieren halfen. Im Mittelpunkt steht dabei die Gestaltung der Kriegs- und frühen Nachkriegszeit.

Charakteristisch für Böll ist, daß er die Trostlosigkeit jener Zeithistorie nicht aus einer neutral beobachtenden Erzählerposition heraus registriert, sondern durch eine personal verankerte Erzählperspektive, die häufig die Ich-Erzählung ist, im Grauen und in der Zerstörung letzte Rudimente des Humanen aufzuspüren versucht.

So präsentiert die Geschichte »Auch Kinder sind Zivilisten« (1950)[11] einen stationären Augenblick der Sinnlosigkeit an der russischen Front. Der Ich-Erzähler, der sich mit einer Kopfverwundung im Lazarett aufhält und die politische Ahnungslosigkeit, mit der er wie viele seinesgleichen in diesen Krieg gestolpert ist, leitmotivisch mit dem Bild des verwundeten Dichters der Befreiungskriege, Theodor Körner – »[...] ich hatte einen dicken Kopfverband und sah aus wie Theodor Körner.« (56) –, dem Vorbild patriotischer Begeisterung, zum Ausdruck bringt, erkennt in dem kleinen russischen Mädchen, das vor dem Lazarett Kuchen verkauft, die Erinnerung an ein verlorengegangenes Zuhause, eine Verkörperung von Menschlichkeit und Heimat. Indem er sich dem Befehl des Postens widersetzt, zu dem Mädchen hinausgeht und ihr alle Kuchen abkauft, versucht er, sich gleichsam die Illusion des Zuhause zurückzukaufen, einen Akt der Menschlichkeit wahrzumachen, um am Ende schließlich in aller Schärfe den Kontrast zwischen dieser bloß verinnerlichten menschlichen Haltung und der brutalen, ihn abweisenden Realität zu erkennen: »Und jetzt erst roch ich, daß es da in der Ecke abscheulich stank, nach Pissoir, und die hübschen kleinen Kuchen waren alle mit einem zarten Zuckerguß von Schnee bedeckt.« (57)

Die Ernüchterung, die den Ich-Erzähler am Ende ergreift, steigert sich zur chaotischen Verlorenheit seiner Situation, in der keine sinnvolle menschliche Handlung mehr nötig zu sein scheint und in die ihn seine patriotische Verblendung hineingeführt hat: »Irgendwohin muß man gehen, auch wenn man verwundet ist in einem fremden, schwarzen, sehr dunklen Land ...« (57) Der winzige Augenblicksausschnitt aus dem Krieg wird in der behutsamen Akzentuierung Bölls zur Situationsverdichtung jener in den Krieg verstrickten, idealistisch motivierten jungen Soldaten, die den Bruch zwischen der alles Menschliche abweisenden Wirklichkeit und ihrem innerlichen Drang nach Menschlichkeit in aller Schärfe erkennen müssen.

Was Böll hier in einer ganz behutsam entwickelten Textur verdeutlicht hat, wird in der Geschichte »Wiedersehen in der Allee« (1948)[12] sehr viel stärker akzentuiert, aber dadurch zugleich auch vergröbert. Wiederum handelt es sich um die zeitliche Einheit einer bestimmten Situation, die freilich durch Erinnerungsrückblicke aus der Perspektive eines der beiden beteiligten Soldaten, des Leutnants Hecker, zur Vergangenheit hin erweitert wird. Der mit seinem vorgesetzten Offizier im Schützengraben liegende Erzähler sieht sich gleichfalls in ein Ritual hineingezogen, das den Krieg durch einen vergeblichen Akt von Menschlichkeit augenblickhaft aufzuheben versucht. Die Bedeutung, die die Kuchen des kleinen russischen Mädchens im ersten Text haben, kommt hier dem französischen Kognak zu und den Zigarren, die Leutnant Hecker in den Schützengraben hineingeschmuggelt hat und deren Genuß beiden über die Misere der Kriegssituation hinweghelfen soll.

Der sich steigernde Zustand der Betrunkenheit bei dem Leutnant wird zugleich mit einem immer stärkeren Eindringen in die Erinnerung der Vergangenheit verbunden, konkret: mit dem Erinnerungsbild eines Mädchens, das am Ende einer Allee auf ihn wartet und zu dem er in einer halluzinatorischen Bewegung, die ihn den Unterschied zwischen augenblicklicher Wirklichkeit und Erinnerungswirklichkeit verwischen läßt, aufbrechen will. Auch der Umschlag, den im vorangegangenen Text die Verlorenheit im Schnee und die Orientierungslosigkeit des Ich-Erzählers bezeichnen, erfolgt hier mit einer größeren Intensität. Der sich jäh im Schützengraben aufrichtende Hecker wird von einer russischen Salve getroffen, und der Erzähler berichtet: »[...] sank ich schluchzend zu Boden, von einem gräßlichen Grauen gepackt, denn Heckers Kopf hatte sich ein wenig gehoben, kaum merklich, aber sichtbar, und es quoll Blut heraus und eine fürchterliche gelblichweiße Masse, von der ich glauben mußte, daß es sein Gehirn war; es floß und floß, und ich dachte mit starrem Schrecken nur: woher kommt diese unendliche Masse Blut, aus seinem Kopf allein?« (102)

Es fällt auf, wie Böll hier die Textur aus der Perspektive seines Ich-Erzählers heraus emotionalisiert, das Grauen nicht allein aus der Beschreibung sprechen läßt, aus dem Kontrast der Situation, daß der mit dem Toten Alleingelassene vergeblich nach Hilfe ruft. Er signalisiert zugleich auch die subjektive Wertung dieses Grauens durch superlativische Adjektiv-Zusätze (wie »gräßliches Grauen« oder »fürchterliche gelblichweiße Masse«), aber schwächt dadurch gleichzeitig die Darstellung des Grauens ab, da sie vor allem im Bewußtseinsreflex seines Erzählers erscheint. So ist es denn auch zweifelhaft, ob es ihm tatsächlich gelingt, die Intensität dieses Grauens durch eine Überdrehung des Geschehens am Ende der Geschichte nochmals zu potenzieren. Denn nicht nur Hecker stirbt, sondern die Stalinorgel trifft auch den Erzähler tödlich.

Aus der Erzählperspektive des Sterbenden wird nun dieses erschreckende Todeserlebnis am Beispiel des getöteten Hecker merkwürdig spiritualisiert und in eine tröstliche Aura getaucht, die von der Situation selbst nicht mehr getragen wird. Denn jene Allee, zu der Hecker aufbrach, tritt nun als halluzinatorisches Hoffnungsbild auch in sein Bewußtsein ein: »[...] und ich sank immer, immer tiefer, bis ich mich glücklich lächelnd am Eingang jener Allee fand, die Hecker nicht hatte beschreiben können, denn die Bäume waren kahl, Einsamkeit und Öde nisteten zwischen fahlen Schatten, und die Hoffnung starb in meinem Herzen, während ich ferne, unsagbar weit, Heckers winkende Silhouette gegen ein sanftes goldenes Licht sah...« (103)

Nicht nur die Gestalt des winkenden Todesboten, der vorher in seiner kreatürlichen Zerstörung dargestellt worden war, wirkt wie ein verwandeltes Zitat des dem sterbenden Aschenbach zuwinkenden Tadzio in Thomas Manns »Tod in Venedig«, auch die auf dem Goldgrund gezeichnete Gloriole des Todes umgibt das Katastrophenantlitz der Wirklichkeit mit einem befremdenden metaphysischen Heiligenschein, der zu suggerieren scheint, als sei das allein die einzig mögliche Alternative zum faktischen Grauen der Situation gewesen. Hier spielt zweifelsohne die religiöse Situierung von Bölls Denken in die Kurzgeschichte hinein und zeigt seinen Text etwa der Kurzgeschichte »Die Schlucht« von Hans Bender unterlegt, wo gleichfalls aus der Perspektive des Sterbenden und des bereits Toten der Tod selbst in seiner unmenschlichen Endgültigkeit viel unpathetischer, trostloser und damit letztlich auch ergreifender dargestellt wird. Solche religiösen Utopiesignale finden sich in nicht wenigen von Bölls frühen Kurzgeschichtentexten. So sehr sie aus der Entstehungssituation dieser Texte psychologisch nachvollziehbar sind, so sehr bezeugen sie andererseits im Rückblick eine gewisse religiös-ideologische Fixiertheit von Bölls Denken.

Das gilt selbst für eine Geschichte wie »Lohengrins Tod« (1950)[13], in der Böll die im gleichen Jahr geschriebene, unvergleichliche Kurzgeschichte »Wanderer, kommst du nach Spa...« gewissermaßen im historischen Kontext der frühen Nachkriegszeit nachgestaltet hat. In beiden Fällen handelt es sich um Initiationsgeschichten, d. h. um Texte, die aus der Perspektive von jugendlichen Protagonisten ihre Assimilationsversuche an die Wert- und Wirklichkeitssysteme der Erwachsenenwelt darstellen. Nur daß ihre Integrationsanstrengungen mit einer Wirklichkeit konfrontiert sind, die sich ihnen verweigert, ja die sie letztlich zugrunde richtet.

Erzählstrukturell ist auch hier die Einheitlichkeit eines bestimmten Zeitrahmens erkennbar. Der beim Kohle-Organisieren von einem Zug gestürzte Junge, der einen der germanophilen Namen seines Geburtsjahrgangs 1933, Lohengrin, trägt, wird mit zerschmetterten Beinen und, vor Schmerzen ununterbrochen schreiend, von den gleichgültigen Krankenhelfern auf der Bahre ins Krankenhaus gebracht. Die Seelenlosigkeit im Verhalten der Menschen untereinander in dieser frühen Nachkriegszeit verdeutlicht Böll, jeweils wechselweise personal erzählend, aus der Perspektive der einzelnen Menschen, die wie eine menschliche Kulisse das hilflose, schreiende Bündel Mensch umgeben.

Die Träger denken bereits an die nächsten Patienten, die sie hereinzubringen haben. Der junge Arzt, der mit einem Kollegen offenbar Medikamente auf dem Schwarzmarkt verschiebt und nervös auf die längst fällige Ablösung durch seinen Kollegen und Komplizen wartet, versucht mechanisch den Schreienden durch eine schmerzstillende Injektion zu beruhigen. Die Nonne, die erregt das Krankenzimmer betritt, ist mit ihren Gedanken bei einem andern Patienten. Die Nachtschwester, die die Personalien des Jungen aufnehmen und ihn für die Röntgenaufnahme vorbereiten soll, kommt nur gedankenlos ihrer Pflicht nach.

Die Erzählperspektive verlagert sich jedoch mehr und mehr in das Bewußtsein des Jungen, der auf die Wirkung der schmerzstillenden Droge mit einem unverhofften Glücksgefühl reagiert und in Gedanken zugleich die Vorgeschichte und die Umstände seiner Situation halluzinatorisch im Delirium rekapituliert: die Sorge um die beiden kleinen Brüder, die er zu Hause gelassen hat, den Versuch, durch den Zentner gestohlene Kohle vielleicht auf dem Schwarzmarkt zwei Tafeln Schokolade für die kleinen Brüder einzuhandeln, die Angst um den Vater und den älteren Bruder.

Durch den im Wundfieber gestammelten Monolog bricht immer wieder der von der Frage der Nachtschwester ausgelöste Signalsatz: »[...] ich bin nicht getauft.« (128) Daß schließlich die Nonne in ihrer Ratlosigkeit und Verzweiflung den sterbenden Jungen mit einem Reagenzglas voll Wasser zu taufen versucht, hat nichts von einem leeren Sinnbild einer religiösen Ausflucht an sich, sondern ist ein in der hoffnungslosen Geste vermitteltes kritisches Zeichen, das die Wirkungslosigkeit der christlichen Heilsbotschaft angesichts dieses von der Wirklichkeit zerstörten Jungen erweist, der »ungetauft« in der Situation, in die ihn die Wirklichkeit hineingestellt hat, moralisch handelte, indem er aus Sorge für das Überleben seiner Geschwister sein Leben riskierte. Sein verwüstetes Leben fällt auf die Wirklichkeit und ihre Repräsentanten zurück, wie die beiden Ärzte, die am Ende lachend das Krankenzimmer betreten – da ihr Geschäft offenbar gut ausgegangen ist – und registrieren müssen: »Lohengrin war tot...« (129)

Daß die schmerzstillende Droge dem Jungen die Möglichkeit zu einem anderen, erfüllteren Leben zeigt – »[...] das Glück war etwas Herrliches, er hatte es noch gar nicht gekannt; die Tränen schienen das Glück zu sein, das Glück floß aus ihm heraus

[...]« (126) –, ist als Anklage gegen die Wirklichkeit von einer Schärfe, die kein Appell erreicht und die dieser Geschichte Bölls ihren festen Platz in der Literatur der frühen Nachkriegszeit zuweist.

Böll hat das Initiationsthema, wiederum in einer anderen Zeitsituation, nochmals in der 1954 geschriebenen Geschichte »Daniel, der Gerechte«[14] aufgegriffen. Das Besondere an dieser Geschichte ist, daß sie nicht aus der Perspektive des Kindes erzählt wird, eines elfjährigen Jungen, der nach dem Willen seiner ehrgeizigen Mutter die Aufnahmeprüfung fürs Gymnasium machen soll, sondern aus der Perspektive des Direktors der Schule, Heemkes, der vor dreißig Jahren vom Lande in die Stadt kam und, im Hause von Verwandten wohnend, eben diese Prüfung absolvieren sollte.

Das die Gegenwartsebene bezeichnende Zeitkontinuum repräsentieren die Morgenstunden des bestimmten Tages, an dem der Protagonist, jetzt Direktor des Gymnasiums, die Prüfung abnehmen soll. Markiert wird dieser Zeitrahmen von den Gesprächen mit seiner Frau, die ihm den Sohn von Bekannten als Prüfling ans Herz legt, und dem Gespräch mit dem Jungen Wierzok, in dem sich Heemke gleichsam selbst erkennt. Aber auf der Erinnerungs- und Reflexionsebene läuft zugleich eine andere Zeit ab, die Zeit seiner eigenen Prüfung damals, in der er das erstemal versagte, die Torturen des Bildungsmartyriums, das er hinter sich bringen mußte, die Erinnerung an jene beiden Schwachsinnigen, von denen der eine, Thomas, nur ständig den Satz sagte: »Wenn es nur Gerechtigkeit auf dieser Welt gäbe.« (109) Jene beiden sind später dem Euthanasieprogramm der Nazis zum Opfer gefallen, so wie auch die politische Opposition, die auf einem Bild in der Wohnung des Onkels mit dem Wort Streik auf Transparenten und roten Fahnen verkürzt eingeblendet wird, von dem Regime des Dritten Reiches unterjocht wurde.

Der Prüfungsaufsatz, den Heemke damals schrieb und über den er als Thema den Satz »Wenn es nur Gerächtigkeit auf der Welt gäbe« – Gerächtigkeit, weil er sie vom Wort Rache ableitete – stellte, signalisiert jenen moralischen Impetus, der unverwirklicht über seinem Leben stand und ihm damals den Spitznamen »Daniel, der Gerechte« eintrug. Und auch in seiner augenblicklichen Situation sieht er jenen moralischen Antrieb und jenes Seelenbild seiner selbst hinter gesellschaftlichen Masken und Anpassungsgesten verborgen. Er, der nach außen hin seinen honorigen Weg gemacht hat und allgemein respektiert wird, eine schöne Frau geheiratet hat, um die ihn die andern beneiden, sieht sich im Rückblick auf jenes Kindheitsbild des Elfjährigen um sein eigenes Ich betrogen und versucht, sich symbolisch zu retten, indem er sein verschüttetes Kindheits-Ich wiedererkennt in jenem Jungen Wierzok und ihn vor jenem Weg schützen will, den er selbst durchlief: Er wird ihn durchfallen lassen, obwohl die Zeugnisse und die Fürsprache der Lehrer dem Jungen eine erfolgreiche schulische Karriere voraussagen.

Diese Immunisierung der Kindheit, die Böll hier anzudeuten scheint, ist allerdings zweideutig, da sie mit der Brandmarkung der schulischen Bildungsmöglichkeit zugleich die damalige Gesellschaft in ihrem Selbstverwirklichungspotential für den einzelnen verneint. Heemke, der selbst als Identitätsmöglichkeit für sich die Haltung des monoton die Gerechtigkeit anrufenden schwachsinnigen Thomas erwägt, scheint auch den Jungen in eine Außenseiterposition hineinmanövrieren zu wollen, die generell von der Auffassung getragen wird, daß die Gemeinschaft der Gerechten nicht diese Gesellschaft sein kann und die wahren Menschen sozusagen nur in der Tarnung oder in der offenen Isolation existieren können. Unabhängig von der politisch-ideologischen Verzwicktheit der Böllschen Position in diesem Text – das deutet in vielem auf die heilsgeschichtliche Konstruktion der beiden antagonistischen Gemeinschaften voraus, die Böll in »Billard um halbzehn« im Zeichen der Lämmer und im Zeichen der Büffel beschreibt, so wie Heemke selbst auf den einsamen Gerechtigkeitsfanatiker Schrella dort hindeutet –, ist erzählstrukturell hervorzuheben, wie es Böll gelingt, das lineare Muster der einen zeitlich festgelegten Situation durch Assoziationen und Gedankensprünge anzureichern und in den schmalen Text seine Auseinandersetzung mit der zeitgeschichtlichen deutschen Wirklichkeit der Adenauer-Ära einzubringen.

Unter erzählstrukturellem Aspekt ist auch eine andere Kurzgeschichte hervorzuheben, die gleichfalls eine neue Möglichkeit des ästhetischen Spektrums dieser Form in Bölls Werk verdeutlicht und zudem einen Typus von Kurzgeschichte, der sich auch im Werk anderer Autoren – Kunerts Geschichte »Märchenhafter Monolog« wäre ein Beispiel – findet, vorstellt. Gemeint ist der Text »Abenteuer eines Brotbeutels« (1950)[15]. Während für die andern bisher erwähnten Texte das Zeitkontinuum einer bestimmten Situation als Erzählgerüst gilt und sich von einer raumzeitlichen Einheit sprechen läßt, die nur durch die Erinnerungsschübe im Bewußtsein der Protagonisten zur Vergangenheit hin geöffnet wird, umspannt die Geschichte vom »Abenteuer eines Brotbeutels« eine Zeit von mehreren Jahrzehnten, genau vom Jahr 1914, als der polnische Uhrmacher Stobski den Brotbeutel erhält, um in den Ersten Weltkrieg zu ziehen, bis zum Mai 1945, als der noch in russische Kriegsgefangenschaft geratene Deutsche Walter Habke in jenem polnischen Niestronno stirbt, aus dem einst Joseph Stobski in den Krieg aufgebrochen war. Die Pointe der Geschichte besteht darin, daß Stobskis Mutter den Brotbeutel ihres Sohnes nach einer Irrfahrt über mehrere Besitzer schließlich bei dem jungen Deutschen findet, aber die Zusammenhänge nicht begreift, da sie kein Interesse hat, den Brotbeutel weiter zu untersuchen, und ihn künftig lediglich zum Zwiebelaufbewahren benutzt. Das Kontinuum dieser Geschichte ist sozusagen der Gegenstand, der Brotbeutel, dessen absurde Historie zum Spiegelbild einer absurden politischen Geschichte wird, deren sich gegenseitig aufhebende Bewegungszüge sich in dem Gegenstand wie in einem Brennpunkt treffen.

Wenn Walter Benjamin über Hebels berühmte Geschichte »Unverhofftes Wiedersehen« ausgeführt hat, daß in der Darstellung der geschichtlichen Abläufe nach dem Unfalltod des jungen Mannes die Naturgeschichte die politische Geschichte durchdringt, da nicht die politischen Ereignisse und Errungenschaften, sondern der Wechsel vom Leben zum Tod den Rhythmus des Geschehens markieren,[16] so läßt sich auch Bölls Kurzgeschichte unter einem ähnlichen Aspekt betrachten. Denn die fünf Männer, die zeitweise die Besitzer des Brotbeutels waren, enden jeweils in einem absurden Tod, dessen ideologische Glorifizierung immer stärker abbröckelt bis hin zu dem Punkt, wo der Brotbeutel pures Relikt und zum Zwiebelbehälter wird. Aber nicht nur der naturgeschichtliche Rhythmus von Werden und Vergehen wird von Böll hinter der politischen Geschichte sichtbar gemacht, sondern auch da, wo von geschichtlicher Bewegung die Rede ist, zeigt sich ein sinnloses Wiederholungsspiel. So heißt es über jenen Ort Niestronno: »Inzwischen war Niestronno deutsch gewesen, polnisch geworden, war wieder deutsch, wieder polnisch geworden, und Stobskis Mutter war fünfundsiebzig alt.« (63) Ein ähnlich absurder Wiederholungszwang zeigt sich in den Bewegungen der Kriegsgefangenen: »Im Jahre 1939 waren polnische Gefangene ostwärts an ihnen vorbeigezogen, andere polnische Gefangene westwärts, später russische Gefangene westwärts an ihnen vorbeigezogen, und nun zogen schon lange deutsche Gefangene ostwärts an ihnen vorbei [...]« (64).

Auch hinter den Stationen der Odyssee des Brotbeutels, von Berlin nach Niestronno, von dort nach Belgien, anschließend nach London und wieder weiter nach Südamerika, zurück nach Deutschland und schließlich wieder nach Polen, läßt sich kein Kalkül im Sinne einer vernünftig ablaufenden Geschichte erkennen. Daß der Mensch – im Widerspruch zu aller offiziell verkündeten Ideologie – selbst zum Objekt der Geschichte wird, die mit ihm nach Belieben verfährt und zugrunde richtet, wird von Böll sinnfällig zum Ausdruck gebracht, indem der Gegenstand zum Helden seiner Kurzgeschichte wird und die Menschen zu Begleitumständen dieses Gegenstandes zusammenschrumpfen.

Diese Gegenstandsgeschichte, wie man diesen Typus von Kurzgeschichte[17] bezeichnen könnte, durchbricht also das erzählstrukturelle Muster der raumzeitlichen Einheit, die zumeist im tragenden Moment einer zentralen Situation hervortritt, und bringt in kunstvoller Verkürzung die zeitliche Totalität von Geschichte ein, deren Kontinuität eine rein formale, sinnentfremdete wird: sie erstarrt im Gegenstand, der unverändert durch alle Wechselfälle hindurchgeht. Freilich setzt eine solche erzählstrukturelle Verkürzung von geschichtlicher Totalität bereits voraus – das gilt auch für Kunerts Parallelbeispiel »Märchenhafter Monolog« oder Borcherts »Die Küchenuhr« –, daß die politische Historie ihre Sinnsetzung eingebüßt hat und sich auf einen zufälligen Wechsel von äußeren Ereignissen beschränkt. Daß sich dennoch mit guten Gründen von einer Kurzgeschichte sprechen läßt, beweist die Pointe, mit der die Geschichte endet und die eine Art von ironischem Gegensinn in diese sinnlosen Wechselfälle der Zeitgeschichte projiziert: Der Brotbeutel des gefallenen Stobski, des ersten Besitzers, gelangt schließlich doch in die Hände seiner Mutter, für die er freilich – wenn auch unfreiwillig – keinerlei vaterländisches Relikt mehr ist, sondern zum Nutzgegenstand verwandeltes Überbleibsel.

Die ironischen Untertöne in dieser Kurzgeschichte machen bereits auf eine Dimension in Bölls Kurzgeschichten-Œuvre aufmerksam, die, zum Typus einer mit satirischen Mitteln vorgehenden Prosaform entwickelt, geradezu einen Hauptstrang seines Schaffens darstellt. Auch Autoren wie Wolfdietrich Schnurre, Günter Kunert und selbst Gabriele Wohmann haben diesen Typus der Kurzgeschichte modifiziert, von dem sich in Bölls Werk eine große Zahl gelungener Beispiele findet. Böll hat zum Teil selbst die Gattungsbezeichnung »Satiren« für diese Sonderform der Kurzgeschichte verwendet, eine Charakteristik, die auf der einen Seite durch den stilistischen Gestus des entlarvenden Schreibens gerechtfertigt wird, aber auf der andern Seite zugleich inhaltlich bezogen, daß sich der Autor im dialektischen Gegenzug zum kritischen Initial seines Schreibens dennoch der Wirklichkeit wieder stärker bejahend annähert. Ihre – aus der isolierten Perspektive der Protagonisten in den frühen Kurzgeschichten gesehen – generelle Sinnlosigkeit wird eingeschränkt, indem nur Teilbereiche der Realität kritisch entlarvt werden und das Ganze der Wirklichkeit aus dem Blickfeld gerät.

Unter diesem Aspekt ist es aufschlußreich, daß sich in der Frühphase von Bölls Kurzgeschichtenwerk kaum Satiren entdecken lassen und erst in den fünfziger Jahren diese Form allmählich in den Vordergrund tritt. Unter gattungsgeschichtlichem Aspekt wird es zwar mitunter fraglich, inwieweit satirische Personenporträts wie »Die unsterbliche Theodora« (1953)[18], wo der zum unsterblichen Lyriker hochgejubelte Poet Bodo Bengelmann mit satirischem Angriff gegen den Literaturbetrieb demontiert wird, oder »Doktor Murkes gesammeltes Schweigen« (1955)[19], das die weltanschaulichen Anpassungsklimmzüge des Starkritikers Bur-Malottke der Lächerlichkeit preisgibt, noch der Kurzgeschichte zuzurechnen sind.

Das konstitutive Gattungsmoment der zentralen Situationseinheit fehlt hier. Indem sich die Erzählerinitiative auf das dominierende Personenporträt konzentriert, dringt sowohl eine zeitlich aufgefächerte wie auch räumlich größere Vielfalt in die Darstellung ein. Tatsächlich wäre unter gattungsgeschichtlichem Aspekt hier in Erwägung zu ziehen, ob Böll hier nicht eine tradierte Form satirischen Schreibens wiederbelebt, die Theophrast in seinen »Charakteres« entwickelt hat und die auch ein zeitgenössischer Autor wie Elias Canetti, Theophrast bewußt adaptierend, in den »fünfzig Charakteren« – so der Untertitel – seines Prosabandes »Der Ohrenzeuge[20]« wiederaufgegriffen hat.

Ein Beispiel dafür bei Böll ist der frühe Text »Der Lacher« (1952)[21], der, aus der Ich-Perspektive des Porträtierten erzählt, das Muster einer entfremdeten Existenz zeichnet, deren Tätigkeit, das professionelle Lachen bei Veranstaltungen – ein gesteigerter Claqueur sozusagen –, irrtümlicherweise mit einer Haltung von Fröhlichkeit und Optimismus gleichgesetzt wird. Der Betroffene hingegen ist ein tiefernster Mann, ein Pessimist obendrein, der durch seinen Beruf in Widerspruch zu sich selbst geraten ist, da ihm das eigene Lachen auf Grund der permanenten Fremdbestimmung verhaßt ist und sein Leben sich als Widerspruch in der paradoxen Pointe der Geschichte summiert: »So lache ich auf vielfältige Weise, aber mein eigenes Lachen kenne ich nicht.« (42)

1967 wurde Böll mit der Frage konfrontiert: »Einst stand die Kurzgeschichte im Mittelpunkt Ihres Werks. Worauf führen Sie zurück, daß Sie in den sechziger Jahren nur sehr wenige kurze Erzählungen veröffentlicht haben?«[22] Böll hat die bezeichnende Antwort gegeben: »Ich habe keine Erklärung dafür. Wahrscheinlich ist es der Überdruß am eigenen Können. Ich möchte die Kurzgeschichte gern wieder zum ›Mittelpunkt‹ machen. Aber wenn ich es versuche, gerate ich immer wieder ins eigene Strickmuster. Ich bin eifrig bemüht, diesen Zustand zu ändern. Vielleicht wird mir etwas glücken. Die Kurzgeschichte ist immer noch die schönste aller Prosaformen.« (67) Tatsächlich sind in den letzten Jahren eine Reihe von Erzählstücken entstanden, die dokumentieren, daß Bölls Meisterschaft keineswegs in der Routine versandet ist, sondern daß es ihm vielmehr gelingt, das oft von ihm erprobte Muster zu variieren und neue Bedeutungsnuancen sichtbar zu machen. Läßt sich hinter den Kurzgeschichten Bölls aus der frühen Phase unverkennbar als Schreibmodell Hemingways Short Story erkennen, so spiegeln sich in den erzählstrukturell komplizierter angelegten und die soziale Alltagsrealität aufnehmenden Erzählstücken der letzten Jahre andere Orientierungsmuster. Eines der gewichtigsten sind die Short Stories von Jerome D. Salinger, dessen Arbeiten Böll zum Teil zusammen mit seiner Frau übersetzt hat und dessen Roman »The Catcher in the Rye« von Böll eingestandenermaßen in seinem Roman »Ansichten eines Clowns« adaptiert worden ist[23]. Die Meisterschaft des Kurzgeschichtenautors Salinger[24] dokumentiert sich vor allem in den Erzählstücken seiner mittleren

Phase, die in der Sammlung »Nine Stories«[25] gesammelt worden sind. Ein Erzähltext wie »Pretty Mouth and Green my Eyes«[26] ist von einer erzählerischen Virtuosität, die innerhalb der amerikanischen Short-Story-Tradition vertraute Formelemente (die Konzentrierung auf die zeitliche Situationseinheit, die Herausarbeitung der überraschenden Wende am Schluß, die sich fast im herkömmlichen Sinne als Pointe präsentiert) ganz selbstverständlich aufnimmt, ohne im geringsten routiniert oder epigonal zu wirken.

Erzählzeit und erzählte Zeit sind hier nahezu vollkommen zur Deckung gebracht, so daß die vom Leser bei der Lektüre aufgewendete Zeit identisch ist mit der Zeitspanne des Telefongespräches, das der ältere Kollege mit dem Bekannten und Arbeitskollegen Arthur – beide sind in demselben New Yorker Anwaltsbüro angestellt – führt. Die ironische Brisanz besteht darin, daß das Thema des Gespräches zugleich, wenn auch weitgehend sprachlich stumm und nur gestisch präsent, mit Teil der Erzählsituation ist: Joanie, die sich im Bett des Angerufenen befindet. Denn Arthur ruft bei dem älteren Kollegen Lee an, weil Joanie, seine Frau, von einer Party nicht nach Hause zurückgekehrt ist und er, von Eifersucht gequält, vermutet, sie habe sich wieder in eine ihrer zahllosen Affären eingelassen. Die fast ganz im Dialog aufgehende Geschichte, die hier eine Form vorwegnimmt, die Schnurre in seinem letzten Kurzgeschichtenband »Ich brauch Dich« zum erzählmethodischen Prinzip erhoben hat, läßt im Gesprächsaustausch nicht nur indirekt das Bild jener Joanie für den Leser entstehen, die, eine »Madame Bovary at Columbia Extension School« (126), wie sie an einer Stelle charakterisiert wird, ein aus hohlen Konventionen, aufgeschnappten Slogans, Bildungsgetue und triebhaftem Umhergetriebensein bestehendes Ich-Konglomerat darstellt, eine Hohlform von Subjektivität: »the greatest living undeveloped, undiscovered actress, novelist, psychoanalyst, and all-around goddam unappreciated celebritygenius in New York« (126). Zugleich wird auch das Verhalten und der Charakter der beiden Männer mitgestaltet: die sonoren und sich als hilfreich gebärdenden Phrasen des älteren Mannes, der mit jener Joanie gerade im Bett liegt und den Freund betrügt und von dem Ehemann erfahren muß, daß er nur einer unter vielen ist und daß es für Joanie letztlich keine Rolle spielt, mit wem sie ins Bett geht; das von seiner Ehemisere aufgeriebene Selbstgefühl des betrogenen Arthur, der am liebsten in die Armee oder die dörfliche Abgeschiedenheit Connecticuts emigrieren würde und zudem auch beruflich vom Mißerfolg gezeichnet ist, da er einen wichtigen Prozeß, den er zu vertreten hatte, verloren hat und nun in Angst vor dem Juniorchef der Firma lebt, der ihn vermutlich an die frische Luft setzen wird.

Die überraschende Wende zeichnet sich am Ende ab, als das bereits beendete Telefongespräch durch einen erneuten Anruf Arthurs auf einen Augenblick fortgesetzt wird und er dem Freund, der sich wegen seiner souveränen Überlegenheit bereits von Joanie bewundern läßt, mitteilt, Joanie sei eben nach Hause gekommen, und eingesteht: »I mean she's a helluva good kid basically [...]« (135), ja, im Grunde überzeugt ist, daß sie alle Schwierigkeiten überwinden und weiter zusammenbleiben können, vor allem, wenn ihm der Freund behilflich ist, die berufliche Klippe in der Anwaltsfirma zu nehmen. Die offenbare Lüge Arthurs wird paradoxerweise aus einem Zeichen der Schwäche zu einem Zeichen der Stärke. Denn zum erstenmal begreift der heuchlerische Gesprächspartner, daß Arthur seine Frau wirklich liebt, eine Realität, die nicht nur jenseits seiner eigenen Empfindungsmöglichkeiten liegt, sondern ihm zugleich die Unmoral seines eigenen Verhaltens bewußt macht. Der plötzliche Anfall von Kopfschmerzen, mit dem er nach dem Ende des Telefongespräches die Annäherung Joanies zurückweist, wird zum gestischen Eingeständnis seiner Niederlage. Lee erkennt nicht nur die Verlogenheit seiner Gesprächssituation, sondern auch seiner Beziehung zu Joanie, die der Freund einmal am Anfang ihrer Liebesbeziehung in dem Vers eines Gedichtes – »Pretty mouth and green my eyes« – beschrieben hatte und die für Lee nur das darstellt, was der Ehemann an einer Stelle so beschreibt: »You know what she needs? She needs some big silent bastard to just walk over once in a while and knock her out cold – then go back and finish reading his paper.« (130) Das ist die Affäre der beiden als ein Akt der Inhumanität auf die Formel gebracht, ebenso wie in den konventionellen Phrasen, mit denen beide sich umschreiben: Lee, der von sich sagt: »Basically, we're all animals« (125), Joanie, die sich nach dem Anruf ihres betrogenen Mannes so beschreibt: »God, I feel like a dog!« (133)

Der aus seinem Gefühl der Liebe heraus zur Lüge greifende betrogene Ehemann, der an einer Hoffnung festhält, obwohl seine berufliche Katastrophe der Ehekatastrophe nicht nachzustehen scheint, ist menschlicher und ergreifender als die beiden, die äußerlich über ihn triumphieren. Daß Salinger hier zugleich mit einer beispiellosen Virtuosität die längst zum literarischen Klischee gewordene Dreiecksgeschichte verlebendigt und den in der Regel kollektiv verspotteten Gehörnten vermenschlicht und überlegen macht, sei nur am Rande bemerkt.

Es liegt nahe, diese Salinger-Geschichte auf eine Kurzgeschichte Bölls aus den letzten Jahren zu beziehen, den Text »Bis daß der Tod Euch scheidet« (1976)[27]. Die thematischen Analogien liegen auf der Hand. Auch eine erzählstrukturelle Ähnlichkeit zeigt sich, freilich mit dem Unterschied, daß hier nicht der Dialog, sondern der Bewußtseinsmonolog der Protagonistin die Erzählweise bestimmt. Die im mittleren Alter stehende Frau, deren Ehe gerade geschieden worden ist und die sich auf einen Augenblick zu einer Tasse Kaffee in ein Café gesetzt hat, läßt in ihren Gedanken nicht nur ihre gescheiterte Ehe vorüberziehen, sondern macht zugleich einen Ausschnitt aktueller bundesdeutscher Wirklichkeit – der Protagonist Arthur bei Salinger spricht an einer Stelle bezeichnenderweise vom »rat race« (135), der Jagd nach dem Erfolg – sichtbar, in der das Streben nach den Annehmlichkeiten des Konsums und nach Erfolgserlebnissen – selbst im Ehebett – die zwischenmenschlichen Beziehungen zersetzt hat.

Die biographischen Trümmer, die die Frau in ihrer Gedächtnisarbeit abräumt, sind die Kulissen eines fehlgeleiteten Lebens, in dem sich an einer Stelle das ereignet hat, was beim Eheschließungsritual der Satz »Bis daß der Tod Euch scheidet« nur als naturgeschichtliches Faktum zu postulieren scheint. Es ist jedoch – und das ist die bereits im Titel der Geschichte signalisierte Pointe – auch ein sozialgeschichtliches Faktum: das Siechtum der menschlichen Kommunikation bei allem Streben nach materieller Sicherheit, erfolgreicher beruflicher Position und großem Haus, der unbemerkt eintretende Tod der Gefühle. Die Frau, die eher zufällig in eine Ehebruchsaffäre hineingeschlittert ist, will am materiellen Gewinn der überwundenen Ehe nicht beteiligt werden, sondern in ihrem ehemaligen Beruf neu Fuß fassen und sich der Sorge um ihren Jungen widmen. So überzeugend Böll das individuelle Scheitern der Eheleute auf die gesellschaftlichen Voraussetzungen hin durchsichtig macht, so stilisiert wirkt freilich dieser Aufbruch in ein neues Leben bei der Frau, da das real vorhandene sozialgeschichtliche Gewicht der Schwierigkeiten von ihm verkleinert wird.

Dennoch gelingt es Böll zumeist auch in den Erzählbeispielen der Gegenwart[28], nicht nur das Gattungspotential der Kurzgeschichte – die erzählstrukturelle Konzentration auf einen tragenden Zeitmoment, auf eine bestimmte Situation – zu erfüllen, sondern zugleich ihren auf die Darstellung der Zeitgeschichte gerichteten Anspruch einzulösen: Die in seinen Geschichten verdichtete Wirklichkeit gibt zugleich ihre Geschichte preis.

3. Alfred Andersch. Seismographisches Erzählen – Poe/Hemingway

Im Vorwort zu seinem Erzählband »Geister und Leute«[1], der den Untertitel »Zehn Geschichten« trägt, äußert Alfred Andersch an einer Stelle: »Man mag dieses kleine Lesebuch also als ein Brevier verschiedener Erzählungen betrachten oder als Demonstration der Verhaltensweisen, die der Geschichtenerzähler einnehmen muß, je nachdem, was für eine Art von Geschichte er zu erzählen beabsichtigt.« (6)

Das ist sicherlich nicht in erster Linie als ironische Feststellung intendiert, die mit der Bedeutung des kirchlichen Stundengebetbuches spielt, sondern bezieht sich auf den säkularisierten Wortsinn von Brevier als Sammlung von Musterstücken aus dem Œuvre eines Autors oder einer literarischen Gattung. In dieser Weise wird auch in »Des Autors Inhaltsangabe« zu dem genannten Erzählband von Andersch eine ganze Palette von Möglichkeiten für die Kurzgeschichte in den kurzen Charakteristiken erwähnt, in denen jeweils signalhaft auf den Gattungsort der einzelnen Erzählbeispiele aufmerksam gemacht wird: von »langsamen Geschichten«, über »Geistergeschichten«, »Zustandsgeschichten« bis hin zu Beispielen, »die vielleicht am ehesten dem Genre der amerikanischen short story entsprechen« (5).

Die Gattungsreflexion seines Erzählens, die Andersch hier andeutet, ist mehr als ein Schnörkel der Koketterie bei einem Erzähler, der sich auf die handwerkliche Solidität seiner schriftstellerischen Arbeit etwas zugute hält, sie beleuchtet entstehungsgeschichtliche Zusammenhänge, die dem Standort des Geschichtenerzählers Alfred Andersch eine exemplarische Geltung in der deutschen Literatur nach 1945 verleihen.

Im Prozeß der Neukonstituierung einer deutschen Literatur nach 1945, die in den amerikanischen Kriegsgefangenenlagern auf amerikanischem Boden begann[2], ist Andersch eine Schlüsselfigur, die bewußt auch im Nachkriegs-»Ruf«[3], der Zeitschrift, der die Alliierten bald die Lizenz entzogen, die Fundamente für eine neue demokratische Tradition in der Politik und in der Kunst zu legen versuchte. Die Entstehung der Gruppe 47, in deren Anfangsphase Andersch neben Hans Werner Richter, Walter Kolbenhoff und Walter Mannzen die dominierende Gestalt war, ist in dieser Situation verwurzelt. Andersch hatte zu jenen von den Alliierten ausgewählten deutschen Kriegsgefangenen gehört, die, durch ihre antifaschistische Haltung und ihren intellektuellen Einsatz motiviert, für den schwierigen Umerziehungsprozeß im Deutschland nach 1945 vorbereitet werden sollten. Er hat in einem frühen Aufsatz in den »Frankfurter Heften«, »Getty oder Die Umerziehung in der Retorte«[4], durchaus respektvoll und anerkennend über diese Phase seines Lebens berichtet, die ihn auch in engen Kontakt mit der zeitgenössischen amerikanischen Literatur brachte.

Schon der junge Andersch hatte sich bewundernd mit Hemingway und »mit den Romanen Upton Sinclairs«[5] beschäftigt. In der amerikanischen Kriegsgefangenschaft schrieb er für die Vorform der Nachkriegszeitschrift »Der Ruf« einen Aufsatz über »Die neuen Dichter Amerikas«[6], in dem er nicht nur im Hinweis auf Whitman, Poe, Dreiser, Sherwood Anderson, Hemingway, Thomas Wolfe, Faulkner, Wilder und Steinbeck seine intensive Beschäftigung mit dieser Literatur bezeugt, sondern auch ihren charakteristischen, sich von den Traditionen der deutschen Literatur abhebenden Stellenwert beschreibt: »Die amerikanische Literatur kreist um das amerikanische Leben. Das ist einer der Gründe, warum sie für den, der diesen Erdteil begreifen will, so wichtig ist. Realismus ist der Grundzug dieses Lebens und wir finden ihn wieder in der Dichtung.« (5)

Im Kontext dieser Ausführungen geht Andersch auch auf die Entstehung der amerikanischen Short Story ein. Er deutet sie nicht primär als individualistische Ausdrucksform von einzelnen Autoren, sondern bestimmt ihre Genese im literatursoziologischen Kontext des späten 19. Jahrhunderts, als der amerikanische Markt bis 1891 – dem Jahr der Einführung einer ersten Copyright-Regelung – von zahlreichen ausländischen Autoren, besonders englischen überflutet war, die man honorarlos nachdruckte, und als die jungen amerikanischen Autoren aus wirtschaftlichen Überlebensgründen auf die Magazine und die von ihnen favorisierte Form der Short Story angewiesen waren: »Sie machten aus der Not eine Tugend und aus ihren kurzen Geschichten, welche die Magazine brauchten, Kunstwerke voller Leben. So wurde die short story geboren.« (5)

Für wenige andere deutsche Kurzgeschichtenautoren ist eine so intensive Verarbeitung der amerikanischen Short-Story-Literatur konstitutiv als Durchgangsphase im Prozeß ihrer eigenen schriftstellerischen Individuation gewesen wie für Andersch. Es ist auch aufschlußreich für die Rezeptionshaltung Anderschs, daß ihm besonders die Erzählstücke Sherwood Andersons in »Winesburg, Ohio« als Musterbeispiele der Gattung erschienen. In der Tat haben ja die aus dem alltäglichen Leben gegriffenen Sujets von Andersons Geschichten eine in der Tradition der amerikanischen Short Story neue Annäherung an die Realität des amerikanischen Alltags gebracht. Aber selbst bei Hemingway, die andere und vielleicht von Andersch noch höher eingeschätzte Vorbildfigur[7], wird nicht so sehr die auf die Transparenz symbolischer Entscheidungssituationen und existentieller Grundmuster zugespitzte Gestaltung hervorgehoben, sondern der karge, auf faktische Mitteilung gerichtete Schreibgestus, der sich gegen die Reflexionszusätze und differenzierte Psychologisierung weitgehend sperrt: »Dieses Buch, wie alle anderen Arbeiten Hemingways, ist realistisch, mit asketischer Härte gibt es nur Tatsachen, verzichtet auf Deutung, auf das Reden über die Dinge. Aber merkwürdig ist es, wie gerade in dieser Sparsamkeit die Magie der Welt sichtbar wird. Der Realismus bleibt, aber er verschafft sich den Zugang in die Zone, in der deutlich wird, daß die Dinge nur Hieroglyphen der Schrift sind, mit denen sich der große uralte Zauber in die Wirklichkeit schreibt.« (5)

Gewiß, ähnlich wie bei Böll läßt sich hier kaum von einer gattungsspezifischen Poetik der Kurzgeschichte sprechen, aber ästhetische Momente dieser Form, die in das

Gattungsspektrum der Short Story gehören, lassen sich dennoch erkennen: die aus der zeitgeschichtlichen Wirklichkeitserfahrung stammenden Sujets des Schreibens, der karge, auf sinnliche und dingliche Faktizität dringende Duktus des Beschreibens, die Doppelbödigkeit der gestalteten Situationen, die der Tagesrealität ganz anzugehören scheinen und zugleich auf Grundmuster der Wirklichkeit schlechthin durchsichtig werden. Es ist aufschlußreich, daß Andersch diese auf die amerikanische Short Story indirekt gerichtete definitorische Linie wenige Jahre später nochmals in einem Aufsatz aufnimmt, der unter dem Titel »Eine amerikanische Erzählung« (»Tularecitos Herkunft«)[8] erschien. Am Beispiel einer Kurzgeschichte von John Steinbeck wird nicht nur der ästhetische Ort dieser Dichtung sehr ähnlich beschrieben, sondern zugleich auch, vom Hintergrund seiner eigenen Erfahrung her, eine Art von Rezeptionsprogramm für die deutsche Nachkriegsliteratur aufgestellt: »Schon jetzt wird ein wichtiger Tatbestand sichtbar: daß Deutschland zur geistigen Verarbeitung der neuen amerikanischen Literatur bisher noch nicht gekommen ist. Ihre großen Schöpfungen, die Werke Hemingways, Faulkners, Thomas Wolfes und anderer gelangten allerdings noch bis etwa 1935 in Deutschland zur Ausgabe; ihre Erörterung und weitere Verbreitung aber wurde abgeschnitten, und einige wesentliche Ausschnitte fehlen vollständig, so vor allem das Gesamtwerk John Steinbecks. [...] Es fehlt ferner John Dos Passos mit seinen nach ›Manhattan Transfer‹ entstandenen Hauptwerken, es fehlen Hemingways südafrikanische Erzählungen [...] es fehlen Erskine Caldwells ›Tobacco Road‹ und die außerordentliche Katherine Anne Porter mit ihren Erzählungen, ganz zu schweigen von der jüngsten Entwicklung [...]« (940).

Diese Ausführungen bezeugen, auf Andersch selbst bezogen, die außerordentliche Intensität seiner Beschäftigung mit der amerikanischen Literatur und den hohen Stellenwert, den die amerikanische Short Story als Orientierungsmuster für sein eigenes Schreiben einnimmt. Im Kontext dieser Ausführungen wird denn auch am pronunciertesten Position bezogen gegen das, was Andersch am Beispiel von Ernst Jünger die bewußt »symbolisch erhöhte« (940) Schreibweise nennt, die nicht nur gegen theoretische Aufsätze des Jahres 1947 über vermeintlichen Nihilismus der Amerikaner ins Feld geführt wird, sondern auch gegen die allegorisch skelettierte Erzählweise eines Hermann Kasack (»Die Stadt hinter dem Strom«) oder eines Stefan Andres (»Die Sintflut«), die die neu entstehende Literatur nach 1945 schon bald wieder zu bestimmen begann. Die politische Gefährlichkeit dieser Literatur beleuchtet Andersch in der Gegenüberstellung von Jünger mit Döblin: Während die Nazis Jünger immerhin noch ertragen hätten, sei der Realist Döblin außer Landes getrieben worden. Was Andersch im Begriff einer »offen sprechende[n] Literatur« (940) als Alternative dazu skizziert, meint nicht eine plakative Tendenzliteratur, sondern wird explizit am Beispiel der amerikanischen Short Story verdeutlicht.

So wie die Geschichte Steinbecks »anscheinend völlig kunstlos heruntererzählt« wirkt, sei sie dennoch »von bewegender Größe [...] sie ist [...] so bedeutsam, weil sie in ihrem Verzicht auf alle Reflexion und ›Erhöhung‹ ein Grundgesetz des Realismus bloßlegt: sein episches Wesen, das einfache ›Erzählen‹ [...] die Geschichte verzichtet auf alle Kunstmittel der psychologischen Novelle, auf alle Spannung und auf alle starken Effekte des Tendenzromans.« (941) Diese auf Faktizität und dingliche Komprimierung ausgerichtete Erzählweise sieht Andersch keineswegs in einem »flachen Naturalismus« (941) versanden, sondern umschlagen in eine sich aus der äußersten Verknappung der Form ergebende Tiefendimension des Inhalts: »Der Realismus bindet den Dichter also keineswegs an den Vordergrund der Welt, an den normalen Fall, an die durchschnittliche Wirklichkeit.« (941)

Das sind immerhin Ausführungen von beachtlicher analytischer Präzision, die das Gattungsumfeld der Short Story erhellen. Obwohl sich Andersch schon damals dagegen ausgesprochen hat, »eine mechanische Verpflanzung der amerikanischen Prosa nach Deutschland [zu] fordern« (940), hat er jedoch auch in der Folgezeit an dem produktiven Reizwert dieser Literatur für sein Schaffen keinen Zweifel gelassen und so 1951[9] mit dem Blick auf Hemingway und Wilder bekannt: »Sie beweisen wieder einmal, daß die neue amerikanische Epik vorläufig die letzte wirklich erregende Literatur unserer Epoche ist.« (767)

Die produktive Umsetzung dieser Einstellung in seinem eigenen Erzählwerk scheint Andersch auf den ersten Blick schuldig zu bleiben. Der 1971 erschienene Band »Gesammelte Erzählungen«[10], der alle vorher erschienenen Geschichtensammlungen und -veröffentlichungen zusammenfaßt, umspannt einen Zeitraum von 1951 bis 1963 und spart also die unmittelbare Nachkriegszeit aus. Tatsächlich wäre es jedoch ein Mißverständnis, davon auszugehen, daß der Erzähler Andersch erstmals 1952 mit dem autobiographischen Bericht »Die Kirschen der Freiheit« an die Öffentlichkeit trat. Vorausgegangen waren vielmehr Kurzgeschichtentexte, von denen sich zumindest zwei lokalisieren lassen: einmal die 1945 unter dem Pseudonym Anton Windisch im »Ruf« veröffentlichte Kurzgeschichte »Fräulein Christine«[11] und eine weitere in Wolfgang Weyrauchs Anthologie »Tausend Gramm«[12], die 1949 erschienene Kurzgeschichte mit dem Titel »Die Treue«[13]. Im Vergleich zur erzählerischen Virtuosität des späteren Andersch fällt das künstlerische Understatement, die formale Schmucklosigkeit dieser auf zwei weibliche Mittelpunktsfiguren konzentrierten Erzähltexte auf. Es ist sicherlich nicht von der Hand zu weisen, in dieser hier dokumentierten Erzählweise Anderschs bewußten Versuch zu sehen, das an den amerikanischen Erzählmodellen Gerühmte zu adaptieren und ihm eine deutsche Entsprechung an die Seite zu stellen.

Die Konzentration auf eine bestimmte zeitliche Situation, die durch Erinnerungsassoziationen, die im Bewußtsein der Protagonistin ablaufen, erweitert wird, die Bevorzugung des knappen Monologs und Dialogs, die unmetaphorische parataktische Schreibweise und der Überraschungscoup der Schlußpointe lassen unverkennbar formale Kennzeichen der Short Story hervortreten. Das Gespräch des jungen Mädchens mit dem sich um sie bemühenden Dr. Witte, der unter den Auspizien des Dritten Reiches seine Universitätskarriere verheißungsvoll begonnen hat, kennzeichnet das Klima der schleichenden intellektuellen Vergiftung und Anpassung. Christine, die Plastiken Barlachs bewundert, die sie kürzlich auf einer Reise in die Schweiz zu Gesicht bekam, als sie im Auftrag ihres Vaters die Asylmöglichkeit für einen jungen befreundeten Schriftsteller der Familie, Werner Rott, erkundete, muß sich von Witte, »diesem Anwalt der neuen Ansichten« (201), über Barlach sagen lassen: »Aber er [Barlach] gehört nicht in unsere nordische Welt mit seiner lastenden Schwermut. Es fehlt ihm das Heroische, das Pathos im besten Sinne, das wir heute brauchen.« (201) Der junge Arbeiterschriftsteller Werner Rott hingegen, der sich gleichfalls um Christine bemüht, der in einer Motorenfabrik arbeitet und offenbar in der kommunistischen Jugendarbeit tätig war – die autobiographischen Züge im Bild Rotts sind klar zu erkennen –, scheint Christine zwar der intellektuellen Eloquenz Wittes unterlegen, ist aber durch seine starke Ausstrahlung zugleich derjenige, der ihre Gedanken beschäftigt und der ihr im Kontrast die bereits ideologisch angekränkelte Suada Wittes deutlich werden läßt. Als sie nach dem Gespräch mit Witte, von einem plötzlichen Drang nach einem Gespräch mit Rott bewegt, bei jenem anruft, erfährt sie von Rotts Mutter lapidar am Telefon: »Er ist vor zwei Tagen verhaftet worden. Bitte, rufen Sie nicht mehr an.« (203) Andersch gelingt es hier, in der Ausgangsphase des Dritten Reiches mit wenigen Strichen ein eindringliches Bild jener fast unmerklichen mentalen Einschnürung zu zeichnen, die die ideologische Krankheitssituation in Deutschland bloßlegt, als die meisten noch vom Aufbruch in die neue Zeit schwärmten.

Auch die Kurzgeschichte »Die Treue« verdichtet in einem winzigen Zeitausschnitt die Lebenssituation im Dritten Reich. Die Protagonistin, aus deren Bewußtseinshorizont heraus erzählt wird, ist freilich nicht mit einem politischen Erkenntnisschock konfrontiert, sondern mit der Zerbrechlichkeit ihrer bürgerlichen Moralvorstellungen. Seit zwei Jahren von ihrem Mann getrennt, der sich im Feld befindet und in Gefangenschaft geraten zu sein scheint, beginnt die Sensualität ihres Körpers die bürgerlichen und moralischen Orientierungssysteme ihrer Lebenshaltung zu zersetzen: »Ich hab seit zwei Jahren mit keinem Mann mehr geschlafen. Ich bin siebenundzwanzig und eine unbefriedigte Frau.« (38) Sie ist gewillt, den Besucher, der sich bei ihr angekündigt hat, zum Anlaß des Ehebruchs werden zu lassen, und fühlt sich zugleich durch die Vorstellung, den Liebesakt gleichsam unter körperlichem Zwang zu vollziehen, gedemütigt und in ihrer Auffassung von sich selbst und von ihrer Ehe irre gemacht. Daß sie sich schließlich doch entscheidet, beim Klingeln des Besuchers die Tür nicht zu öffnen und statt des antizipierten Ehebruchs einen langen Spaziergang zu machen, ist freilich nur eine vorübergehende Lösung.

Gewiß, es handelt sich hier nicht um einen weitausgreifenden Text. Das Sujet der Geschichte ist begrenzt. Es geht nicht um eine existentielle Entscheidungssituation, um einen Konflikt politischer Art. Aber daß Andersch hinter der Oberfläche der festgeschriebenen Verhaltensweisen, die nur die Schwarzweiß-Alternative von entsagungsvoll treuer Ehefrau oder triebhafter Nymphomanin gelten läßt, auf ein Konfliktpotential privatester Natur aufmerksam macht, das bis in die körperliche Existenz der Frau hinabreicht und sie allen ihr vertrauten Moral- und Wertbegriffen zu entfremden scheint, hebt dieses Erzählstück über eine bloße Prosa-Etüde hinaus.

Für den Kurzgeschichtenautor Andersch ist freilich eher der in der ersten Geschichte beschrittene Weg einer Gestaltung des politischen Konfliktstoffes seiner Wirklichkeitserfahrung charakteristisch, und in einer Reihe von Texten, auf die in Teil III noch einzugehen sein wird, hat er denn auch die verschiedenen Phasen der Zeitgeschichte, von der Situation im Dritten Reich (»Die Inseln unter dem Winde«), über die Erfahrungen in der amerikanischen Kriegsgefangenschaft (»Festschrift für Captain Fleischer«), über die sich im Wirtschaftswunder konsolidierende Nachkriegszeit (»Mit dem Chef in Chenonceaux«) bis hin zur Aufbruchsstimmung der Studentenbewegung Ende der sechziger Jahre (»Jesuskingdutschke«), erzählerisch so kristallisiert, daß sich wie in einem Prisma das ganze Spektrum der jeweiligen Wirklichkeitserfahrung darin bricht. Zu welcher erzählerischen Meisterschaft[14] Andersch dabei vorgestoßen ist, wird sich vor allem in der Analyse dieser Texte erweisen. Aber sie läßt sich auch an Textbeispielen ablesen, die, in der Sammlung »Geister und Leute« enthalten, von

Andersch selbst als formale Adaptionen der amerikanischen Short Story angesprochen wurden. Gemeint sind damit die beiden Geschichten »Vollkommene Reue«[15] und »Blaue Rosen«[16].

Es ist aufschlußreich, daß Andersch in beiden Fällen in der Einheit des zeitlichen Rahmens das Gattungsmerkmal der Kurzgeschichte akzentuiert. Er spricht von »zwei ganz realistischen Momentaufnahmen« (5). Im ersten Fall ist es eine fast im Böllschen Wirklichkeitsfeld der »Trümmerliteratur« angesiedelte Geschichte von der Situation eines katholischen Priesters, der einem Mann die Beichte abnehmen soll, der sich anklagt, seine kleine Tochter geschlagen zu haben. »Vor drei Jahren aus dem Osten geflüchtet und sehr arm« (58) und zudem seit kurzem von seiner Frau verlassen, hat er unter großen Opfern für seine kleine Tochter eine Puppe besorgt, die sie im Spiel zerstört hat.

Die lineare Struktur dieser Geschichte wird freilich von Andersch erweitert, indem er einmal die im Bewußtsein des Priesters ablaufenden Reflexionsvorgänge in das Gespräch des Priesters mit dem Mann einblendet und zum andern, auf die Technik der literarischen Montage zurückgreifend, die Bewußtseinsvorgänge einschiebt, die sich in dem kleinen Mädchen abspielen, das auf einem Trümmerberg seine verlorene Kindheit erinnernd nachspielt und den jähen Zornesausbruch des Vaters längst vergessen hat. Der Priester, der den mit sich selbst zerfallenen Mann ohne Absolution gehen läßt, sieht sich zugleich in einen Zwiespalt gestürzt. Das im religiösen Ritual des Abendmahls erhöhte Leiden Christi ist im Grunde zum Ornament erstarrt, da er das stellvertretende Leiden am Beispiel des Mannes nicht rechtzeitig erkannt hat: »Einmal ist das Gesicht eines Menschen auf mich zugekommen, dachte der Priester. Und ich habe es nicht erkannt. Ich habe es nicht erkannt. Ich bin nicht wert, hier zu stehen.« (61) Der von seiner eigenen Tat geschlagene und gebrochene Mann verkörpert für ihn den Widerspruch, in den er selbst wie jeder andere gestellt ist: »Gott, warum schlägst Du uns?« (61)

Wesentlich bezeichnender für die Akzentuierung des Wirklichkeitsbildes in Anderschs Erzähltexten ist die Geschichte »Blaue Rosen«, die gleichfalls ein Situationsbild der frühen Nachkriegszeit entwirft, und zwar des Jahres 1948, als die Berliner Blockade die erste Phase des kalten Krieges markierte. Das Palmenhaus in Frankfurt, in dem sich der junge Mann, aus dessen Perspektive erzählt wird, mit der jungen Berlinerin Bettina von Demski verabredet hat, die am selben Tag nach Berlin zurückfliegen will und Schwierigkeiten hat, einen Platz in einer der amerikanischen Dakotas zu finden, wirkt wie die allegorische Kulisse der maskenhaften Realität, in der sich die beiden jungen Leute bewegen und die satirisch zusammengefaßt wird in der Gesprächsübertreibung des jungen amerikanischen Soldaten, der seinem deutschen Mädchen im Palmenhaus von der Rosenpracht Kaliforniens vorschwärmt, wo es auch blaue Rosen gäbe. Diese blauen Rosen sind so phantomhaft wie die von den amerikanischen Besatzungssolda-ten und ihren »hessischen Mädchen in Times-Square-Aufmachung« (62) vorgespielte Normalität des Alltags, so phantomhaft wie die schon zu Beginn auseinanderfallende Liebesbeziehung zwischen dem jungen Deutschen und der Berliner Freundin, die, wenn sie nach Berlin zurückgekehrt sein wird, für ihn unerreichbar ist, freilich nicht nur der Blockade wegen, sondern auch des eingebildeten Gefühls wegen, das sich in dem jungen Deutschen breitmacht. Der den Abschied präludierende Satz »Du mußt nur bedenken, daß nicht alles Unglück in der Liebe durch die Blockade kommt« (66), läßt die kulissenhafte Situation auch zur Verdeutlichung des auf falschen Hoffnungen gründenden Gefühls werden.

Aus der Perspektive von unterschiedlichen Generationsprotagonisten wird in beiden Geschichten ein bestimmtes Situationsbild der Nachkriegszeit entworfen, das exemplarisch eine bestimmte Bewußtseinslage andeutet: im ersten Fall die sich in religiöse Rituale flüchtenden Schuldgefühle der Menschen, die an ihrer Stellung in dieser mit Wundmalen bedeckten Nachkriegswirklichkeit und an sich selbst irre werden; im zweiten Fall die sich in private erotische Gefühle steigernde Subjektivität, die angesichts der Nachkriegswirklichkeit ebenso eskapistisch wirkt wie die künstliche Wirklichkeitszone des Palmenhauses, hinter dessen Ersatz-Exotik das deprimierende Äußere der Nachkriegswirklichkeit vergessen werden soll.

Die Virtuosität dieses Erzählens, das betont unmetaphorisch knappe Aussagesätze aneinanderreiht, den blockweise eingeblendeten Dialog bevorzugt und, aus der Perspektive einer oder mehrerer Mittelpunktsfiguren erzählt, Assoziationen und Reflexionsvorgänge kontrastierend oder vertiefend einmontiert, ist oft hervorgehoben worden. Andersch hat diese Erzählweise sowohl in den epischen Entwürfen seiner Romane[17] intensiviert und ausgeweitet als auch in einigen Großerzählungen, vor allem den drei Erzählstücken der Sammlung »Ein Liebhaber des Halbschattens«. Aber er ist zugleich auch immer wieder zu knappen Erzählentwürfen zurückgekehrt, die in der Konzentration auf eine bestimmte zeitliche Situation aus der Perspektive einer Mittelpunktsfigur die Wirklichkeit in einem Erzählmuster festschreiben, das den winzigen Wirklichkeitsausschnitt jeweils mit einer Leuchtkraft durchdringt, die auch das Ganze der Wirklichkeit dahinter erhellt.

Das Muster, das Andersch dabei eindrucksvoll erweitert hat, läßt sich gleichfalls bei Hemingway entdecken, auch wenn Andersch zunehmend die parataktische Lakonie, den aufs Wesentlichste zusammengedrängten Dialog und das karge Interieur der tragenden Situationen expandiert durch reflektierende Innenschau aus der Perspektive des Protagonisten, durch Montageüberblendungen von verschiedenen Zeitebenen, durch ineinandergeschobene Schreibebenen, auf denen auch erzählperspektivisch verschiedene Wirklichkeitsebenen zum Ausdruck gelangen. Schon in den letzten Erzählstücken des Bandes »Geister und Leute«, »In der Nacht der Giraffe« und »Drei Phasen«, wird dieses vielperspektivische Erzählverfahren, das das Grundmuster der Kurzgeschichte virtuos erweitert, ja es streckenweise hinter sich läßt, eindrucksvoll eingesetzt. Aber eine Short Story Hemingways wie »A Clean, Well-Lighted Place«[18] ist in ihrer stoischen Illusionslosigkeit, in ihrer nur den einzelnen und den Sperrkreis der Trostlosigkeit um ihn aufzeigenden Klarheit, hinter der nur das Nichts steht, auch für Andersch nach wie vor von paradigmatischer Geltung.

Poe hatte über seine Short Story »The Man of the Crowd«[19] als Motto das Zitat von La Bruyère gesetzt: »Ce grand malheur, de ne pouvoir être seul« (131), und die Existenzprobleme des modernen Menschen in seiner Unfähigkeit diagnostiziert, allein zu sein. Poes »decrepit old man, some sixty-five or seventy years of age« (135), den der Erzähler, der in London die vorüberflanierende großstädtische Menschenmasse beobachtet, plötzlich entdeckt und dem er fasziniert vom Abend bis zum nächsten Morgen folgt, ist dem alten schwerhörigen Mann verwandt, der in Hemingways erwähnter Short Story allabendlich ein bestimmtes spanisches Café aufsucht, um sich schweigend zu betrinken und dann nach Hause zu wanken. Das im ritualisierten Wiederholungszwang erstarrte Leben des alten Mannes gilt auch für den merkwürdigen Fremden, den Poes Erzähler verfolgt, um herauszufinden, daß jener sinnlos durch die Stadt eilt und sich nur dort vorübergehend wohlfühlt, wo er in einer Masse von Menschen untertauchen kann: »Still more was I astonished to see him repeat the same walk several times –« (136). Als der Erzähler, schließlich müde von der rastlosen Verfolgung und von der Sinnlosigkeit im Tun des Alten, vor dem Fremden stehenbleibt, nimmt der ihn überhaupt nicht wahr: »He noticed me not, but resumed his solemn walk« (139). Und der Erzähler folgert: »This old man [...] is the type and the genius of deep crime. He refuses to be alone. He is the man of the crowd. It will be in vain to follow; for I shall learn no more of him, nor of his deeds.« (139)

Was Poe[20] gewissermaßen als soziales Krankheitsphänomen nur aus einem Versagen des alten Mannes abzuleiten scheint, wird bei Hemingway – und auf anderer Ebene auch bei Andersch, wie sich zeigen wird – in einer radikalen Umkehrung gesellschaftlich interpretiert[21]. Die eigentliche Erkrankung des Menschen zeigt sich in seiner Unfähigkeit, die Einsamkeit zu überwinden, die die Seelenangst darstellt, an der sowohl der Alte in Poes als auch in Hemingways Geschichte leidet. Der ritualisierte Drang, unter Menschen zu gelangen, ohne in ihrer Nähe zur Kommunikation fähig zu sein, ist nur ein vergeblicher Versuch, die Isolation zu überwinden. Während Poes Erzähler den Alten ganz aus der Außenperspektive zu einem merkwürdigen sozialpathologischen Sonderfall in seinem Bericht abstrahiert, läßt Hemingway im Gespräch der beiden Kellner über den tauben alten Gast, den sie beobachten müssen, da er im Zustand der Volltrunkenheit zumeist zu zahlen vergißt, die Geschichte des Alten verdeutlichen. Er ist offenbar ein reicher Mann, was sie aus seiner Kleidung und Haltung schließen. Er hat in der letzten Woche einen Selbstmordversuch unternommen und wurde nur im letzten Augenblick von seiner Nichte gerettet. Daß die Antwort des einen Kellners auf die Frage des andern nach dem Grund »Nothing« (379) lautet, ist keineswegs ein bloßes Wortfüllsel, hinter dem sich Ignoranz verbirgt, sondern macht auf die existentielle Vereinsamung aufmerksam, die freilich nicht nur für den tauben alten Mann gilt, der im Kognak Vergessen sucht. Im Verlauf des Gespräches zwischen den beiden Kellnern (die den Alten schließlich im Hinweis auf die fortgeschrittene Zeit hinauskomplimentieren) stellt sich nämlich schließlich heraus, daß im Bild des Alten die Existenzangst des älteren Kellners beschrieben wird, der gleichfalls ein isoliertes Leben führt und jede Nacht, mit dem Bewußtsein der Sinnlosigkeit seiner Existenz konfrontiert, schlaflos verbringt. Das saubere und hellbeleuchtete Café wird zu einer vorübergehenden Ruhezone in dem Kreislauf der Sinnlosigkeit, der als Leben vor ihm liegt: »What did he fear? It was not fear or dread. It was nothing that he knew too well. It was all nothing and a man was nothing too. It was only that and light was all it needed and a certain cleanness and order. Some lived in it and never felt it but he knew it was all nada ... Hail nothing full of nothing, nothing is with thee.« (382 f.) Die Einsamkeit und Isolation werden hier nicht als kreatives Reservoir des einzelnen gesehen, wie es, noch idealistisch akzentuiert, bei Poe angedeutet ist. Die Unfähigkeit, allein zu sein, ist nur die letzte Konsequenz eines Prozesses der Sinnaustrocknung und eines Lebens in einer existentiellen Vakuumzone, aus der kein Ausweg mehr möglich scheint.

Die sozialhistorische Analyse hat sich bei Andersch in einer seiner jüngsten

Kurzgeschichten, »Vormittag am Meer«, in seiner bisher letzten Erzählsammlung »Mein Verschwinden in Providence«[22], eher noch verschärft. Dargestellt wird eine auf den ersten Blick völlig unspektakuläre Situation: der Ferientag eines jüngeren Durchschnittsdeutschen, Jahrgang 1935, der, als Tiefbauingenieur in Dortmund tätig, an der französischen Atlantikküste zusammen mit seiner Frau und den beiden kleinen Töchtern Urlaub macht. Die Wirklichkeit, die in der Geschichte abgebildet wird, erscheint gleichsam im Bewußtseinsreflex des Mannes, der ein erfolgreiches und geordnetes Leben hinter sich gebracht hat, aber ein Leben ohne menschliche Wärme und ohne Sinnerfüllung, das nur in der statistischen Erfolgsaufrechnung materieller Leistungen Bestand zu haben scheint.

Bezeichnend ist, daß er auch in den Ferien in seiner Isolation verharrt, ohne wirklichen Kontakt zu seinen Kindern und zu seiner Frau die Zeit verbringt und im Kontrast dazu bei den Franzosen am Strand beobachtet: »Sie erschienen in geschlossenen Familien oder Kameradien.« (79) Die Erledigung der verschiedenen monatlichen Zahlungen, die Gedanken, die sich mit dem materiellen Sinnbild seines Erfolgs, dem – gegen den Willen seiner Frau – erworbenen Haus, beschäftigen, der kleinbürgerliche Stolz auf die geordneten Verhältnisse in seinem Leben, das durch seine erwartete Verbeamtung das gewünschte endgültige Gütesiegel erhalten wird, sind einzelne Aspekte, mit denen Andersch gleichsam die Oberfläche des Bewußtseins bei seinem Protagonisten abtastet. An der Oberfläche scheint buchstäblich alles in Ordnung zu sein. Doch die unterschwelligen Gefahrenmomente, die Leere, die sich dahinter verbirgt, werden ebenso unauffällig registriert: das körperliche Unwohlsein des Mannes, die nur aus Nachgiebigkeit gegenüber seiner Frau gefällte Entscheidung, den Urlaub an der französischen Küste zu verbringen, das Bewußtsein seiner Isolation, der für ihn selbst noch unerklärliche Drang, sich, von einem Fernseh-Feature stimuliert, mit der Historie der Katharer zu beschäftigen, deren längst von der Geschichte verwehter Kult in Südfrankreich in dem Glaubenssatz wurzelte: »die Schöpfung sei nicht das Werk Gottes, sondern des Teufels« (79). Die spontane Identifikation der Mittelpunktsfigur mit diesem Glauben – »Er dachte: Wenn ich religiös wäre, wäre ich Katharer« (79) –, gesteigert noch durch das Buch über die Sekte, das er sich als Ferienlektüre mitgenommen hat, erweist sich als unfreiwilliger Urteilsspruch über das, was als individuelle »Schöpfung« in der Leistungsstatistik seines Lebens zum Vorschein kommt: eine Ordnung ohne Ziel, ein Streben nach Erfolg ohne eigentlichen Sinn.

Die verdeckte Pointe am Ende der Geschichte, daß er nämlich trotz der Warnung durch die beiden französischen Strandwächter vor der bewegten See hinausschwimmt ins Meer, einfach weil es dem Ferienritual entspricht, liegt nicht darin, daß er aus mangelnder Vorsicht die Gefahren des Meeres unterschätzt und einem Unfall zum Opfer fällt, sondern darin, daß der Tod im Wasser zum unfreiwilligen Entscheidungsschritt wird: Durch seinen instinktiv herbeigeführten Untergang revoltiert er sowohl gegen die Sinnlosigkeit seines verwalteten Lebens, wie er andererseits die letzte Konsequenz aus dieser Sinnlosigkeit zieht. In der Feriensituation für einen Augenblick aus der Betriebsamkeit seines Lebens entlassen, beginnt er gleichsam die leere Rotation seines Lebens, seine verkümmerte menschliche Kommunikationsfähigkeit, den Ekel vor dem nächsten bereits voraussehbaren Schritt körperlich zu begreifen, indem er indirekt einen Akt des Suizids herbeiführt.

Es besteht kein Zweifel daran, daß Andersch in der Momentaufnahme dieser

Kurzgeschichte wie in einem Röntgenbild die mentale Erschlaffung analysiert, die sich in der bundesdeutschen Wohlstandsgesellschaft der späten sechziger Jahre wie eine Lähmung ausbreitete und sich zeitgeschichtlich sowohl in den oppositionellen Wallungen der Studentenbewegung wie in den den Tod mit einschließenden Exzessen der Terrorakte der siebziger Jahre in der Bundesrepublik dokumentierte. Daß die Kurzgeschichte nicht nur Situationsstenogramm und analytische Sonde der Bewußtseinslage, sondern zugleich poetischer Seismograph sich unter der Oberfläche andeutender Erschütterungen der geschichtlichen Szene zu sein vermag, hat Andersch nicht nur in diesem Erzähltext beispielhaft bewiesen.

4. Wolfdietrich Schnurre. Erzählen im Zeitalter der Information – Hemingway

Als sich die Gruppe 47, faktisch bereits knapp vor einem Jahrzehnt verblichen, im Herbst 1977 zu einem letzten, den Generationssprung von dreißig Jahren beschließenden Erinnerungstreffen zusammenfand, ließ Hans Werner Richter mit seinem Sinn für literarische Rituale Wolfdietrich Schnurre nochmals jenen Text verlesen, mit dem im September 1947 in Bannwaldsee bei Füssen die Lesungen der Gruppe 47 auf den jährlichen Tagungen begonnen worden war: »Das Begräbnis«. Die lakonische, im kurzen Slang-Dialog geschriebene Kurzgeschichte von einem alt gewordenen Gott, der, von keinem mehr wirklich beachtet, an Altersschwäche in seiner konfusen Schöpfung zugrunde gegangen war und zu dessen Beerdigung man sich eher unwillig begab, akzentuiert nach außen hin eine zyklische Abrundung der Gruppen-Arbeit, aber läßt auch unfreiwillig ironische Deutungen auf jenen Fetisch Literatur zu, der in der Gruppe 47 gegen den Willen der Autoren von Zeitungs- und Medienkritik, vom Verlagsmanagement allmählich aufgebaut worden war und sich in der politischen Protestbewegung Ende der sechziger Jahre dann bald als tönerner Koloß erwies und von seinem Sockel herabstürzte. Bezogen auf den Autor Wolfdietrich Schnurre, tritt die eigentliche Bedeutung dieses Jubiläumsrituals jedoch darin hervor, daß mit ihm ein Schriftsteller momentan wieder in den Mittelpunkt der Öffentlichkeit gerückt wurde, der wie wenige andere das literarische Leben im Nachkriegsdeutschland des ersten Jahrzehnts repräsentiert hat.

Unter Schnurres mehr als vierzig Buchveröffentlichungen[1] – er hat auch eine beträchtliche Zahl von Hörspielen, Film- und Fernsehskripten geschrieben[2] – gibt es zahlreiche Kurzgeschichtensammlungen, die mit dem Band »Ich brauch Dich« in die unmittelbare Gegenwart reichen. Man könnte ausgiebig darüber nachdenken, warum Schnurre, abgesehen von jenen ersten Jahren der Nachkriegszeit, als sein Name selbst dem Bölls an Ausstrahlung und Repräsentanz gleichkam, nicht im gleichen Maße an dem Publizitätssog der Gruppe 47 teilhatte wie andere Autoren, die gleichfalls damals mit Kurzgeschichten debütierten. Das mag eine Frage des literarischen Temperamentes sein, des Verzichts auf Impresario-Getue, der Sperrigkeit gegen Kollektivhaltungen, aber es hat sicherlich auch etwas mit dem Öffentlichkeitsnimbus der literarischen Gattung zu tun, in der Schnurre seine besten Leistungen gegeben hat: der

Kurzgeschichte, deren formales Filigran man leicht unterschätzt. Wo andere Autoren sich zu größeren Prosaformen fortentwickelt haben und komplizierte epische Pflichtfiguren aufs Romanpapier zeichneten[3], lief Schnurre sozusagen ununterbrochen Kür, blieb der Kurzprosa als Ausdrucksmittel hartnäckig ergeben, ohne dabei erzählerischer Routine zu verfallen. Er hat vielmehr die Möglichkeiten der Kurzgeschichte systematisch erweitert, von den der amerikanischen Short Story unübersehbar verpflichteten Erfahrungsgeschichten seiner Anfänge bis hin zu den komplizierten Dialoggeschichten seiner letzten Sammlung »Ich brauch Dich«.

Daß Schnurres 1978 erschienenes Prosabuch »Der Schattenfotograf«, das in seiner vielperspektivischen Kombinationsstruktur aus autobiographischen Notaten, Arbeitstagebuch, politischem und literarischem Reflexionsfilter, das eigene Leben und Schreiben begleitendem Rechenschaftsbericht, mit zahlreichen eingestreuten Kurz- und Kürzestgeschichten, eine große Dichte und Strahlkraft der poetischen Kristallisation erreicht (das die in der Schreibabsicht ähnlich angelegten Aufzeichnungen Peter Handkes in seinem Band »Das Gewicht der Welt« als narzißtisch gespreiztes literarisches Leichtgewicht entlarvt), in der Kritik zu enthusiastischen Reaktionen geführt hat[4], könnte der längst fällige Durchbruch zu einer Geltung sein, die nicht zuletzt vom künstlerischen Gewicht seiner Kurzgeschichten her gerechtfertigt ist.

Schnurre hat sich darüber hinaus in seinem Anfang der sechziger Jahre veröffentlichten Essay »Kritik und Waffe«[5] auch intensiv um eine theoretische Ortung seiner Prosa-Lieblingsform, der Kurzgeschichte, bemüht, einem Essay, der zum »besten, was deutsche Schriftsteller dazu schrieben«[6], gerechnet worden ist. Dennoch läßt sich nicht übersehen, daß dieser Aufsatz eng auf die erste Phase der deutschen Kurzgeschichte in der unmittelbaren Nachkriegszeit bezogen ist und einen Typus skizziert, der spätere entwicklungsgeschichtliche Mutationen nicht mehr umgreift. Bei aller engagierten Klarheit der Ausführungen lassen sich diese historischen Einschränkungen nicht übersehen.

Auch Schnurre läßt keinen Zweifel daran, daß die Berührung mit der amerikanischen Literatur auslösendes Moment für die enthusiastische Zuwendung der deutschen Autoren zu dieser Prosaform war: »Im Formalen gab den Anstoß die plötzliche Bekanntschaft mit der amerikanischen short-story. [. . . .] Und so waren Story-Bände wie ›Neu-Amerika‹ (Suhrkamp, 1947), ›Junges Amerika‹ (Ullstein, 1948) oder Rowohlts verdienstvolle Zeitschrift ›story‹ wahre Offenbarungen für die deutschen Nachkriegsautoren.« (64) Den inhaltlichen Antrieb für die Übernahme dieser Form sieht er freilich in der spezifischen Wirklichkeitserfahrung der jungen deutschen Autoren von damals wurzeln: »in der Überfülle an peinigenden Erlebnissen aus den Kriegsjahren. Schuld, Anklage, Verzweiflung – das drängte zur Aussage. Zu keiner ästhetisch verbrämten, auch zu keiner durchkomponierten oder gar episch gegliederten; nein: zu einer atemlos heruntergeschriebenen, keuchend kurzen, mißtrauisch kargen Mitteilungsform.« (64)

Das entspricht sicherlich in der Haltung den frühen Erzählversuchen Schnurres, Borcherts oder Bölls, aber so wenig sich Form und Inhalt aus ihrer dialektischen Identität lösen lassen und mit der Anlehnung an die Form auch die Affinität zu bestimmten Wirklichkeitsdeutungen verbunden ist, so wenig läßt sich andererseits übersehen, daß Schnurres Charakteristik der sprachlichen Gestaltungsweise in dieser Prosaform bestimmte künstlerische Vorbehalte dieser Prosaform gegenüber, nur mit anderen Vorzeichen versehen, erkennen läßt. So ist denn auch die hier postulierte Authentizität der Wirklichkeitsumsetzung in der Kurzgeschichte nicht mit einer falschen Unmittelbarkeit gleichzusetzen, die den Prozeß der künstlerischen Verwandlung überspringt. Und wenn Schnurre die Modelle der deutschen Autoren in »Mark Twains Grotesken, Edgar Allan Poes Nachtstücken oder in O. Henrys mathematisch erklügeltem Pointengeprassel« (61) erblickt, so widerlegen alle diese Autoren auf unterschiedliche Weise eine vorausgesetzte »unliterarisch« einfache Form: Das gilt für die satirisch instrumentierten Stories Mark Twains ebenso, der den augenzwinkernden, ständig seinen Leser und Zuhörer adressierenden Erzähler kunstvoll umständlich einsetzt[7], wie für die mit rationalem Kalkül ausgeklügelten Geschichten Poes, die da, wo sie phantastische oder kriminalistische Sujets aufgreifen, sich bewußt dem Anspruch stellen, das den Common sense außer Kraft setzende ungewöhnliche Ereignis mit den Mitteln der erzählerischen Rationalität transparent werden zu lassen[8], wie für die auf die auflösenden Spannungs- und Überraschungspointen zu geschriebenen Kurzgeschichten von O. Henry aus dem amerikanischen Alltagsleben. Ganz zu schweigen von einem Autor wie Hemingway, der in seinen gelungensten Erzählstücken die Kunst des Schreibens durch Aussparung zur Virtuosität entwickelt hat und über den Schnurre Ende der sechziger Jahre bemerkt hat: »Und da wäre es unaufrichtig, sich nicht zur amerikanischen short-story zu bekennen, wie zum Beispiel Hemingway sie so blendend zu schreiben verstand.«[9] Auch wenn Schnurre hier im Kontext anmerkt: »Als Autor allerdings war Hemingway ohne Bedeutung für mich. Ich meine: Ich hatte nicht das Bedürfnis, ähnlich zu schreiben wie er« (117), bleibt fraglich, ob das nicht primär eine Schutzbehauptung ist, die die entstehungsgeschichtliche Übernahmesituation reduzieren möchte, obwohl andererseits an der Affinität zur Schreibweise Hemingways, von den Texten Schnurres her geurteilt, nicht zu zweifeln ist. Selbst im Kurzgeschichten-Essay wird ja die prononcierte Direktheit und damit spontane Einfachheit dieser Prosaform wieder eingeschränkt, wenn die Ökonomie der Kurzgeschichte, das, was sich in Anlehnung an Henry James das »explosive principle« der Short Story nennen läßt, also die Kombinations- und Kontraktionsstruktur des Kurzgeschichtentextes, seine Intensivierungstendenzen und Verdichtungsgrade, so bezeichnet wird: »Das ganze Augenmerk ist auf den präzisen, spannungsreichen Handlungsablauf gerichtet. Der Autor bleibt an der Oberfläche seiner Geschichte; nicht, was sein Held denkt, was er *tut,* ist ihm wichtig. Doch es gibt Tiefen genug, sie klaffen zwischen den Zeilen. Wie überhaupt eine gute Kurzgeschichte, bei aller scheinbaren realistischen Schreibweise, unterkellert ist von einem wahren Fallgrubensystem, aus dem sich der arglose Leser nur mit großer Anstrengung wieder befreit. Auch der Dialog untertreibt; er ist von einer an Raffinesse grenzenden Monotonie, doch hört man genau hin, nimmt man einen ungemein sensiblen Resonanzboden wahr [...]. Andeuten gilt dem Short-story-Autor für wichtiger als erklären, auslassen für vielsagender als betonen. Andererseits liebt er die exakte Schilderung scheinbar alltäglicher Vorgänge; er verwendet sie kontrapunktisch zum Handlungsablauf« (62). Das liest sich auf den ersten Blick wie ein Widerruf auf das Postulat von der Wirklichkeitsauthentizität des spontanen Schreibens und läßt sich auf der andern Seite ohne große Abstriche als eine sehr genaue phänomenologische Beschreibung des Stils ansehen, den beispielsweise ein Autor wie Hemingway in seinen Kurzgeschichten perfektioniert hat. Der Widerspruch löst sich nur dadurch auf, daß man die von

Schnurre geförderte Direktheit und Wahrhaftigkeit des künstlerischen Ausdrucks in der Kurzgeschichte auf die literarischen Voraussetzungen der zeitgeschichtlichen Umstände in der Nachkriegszeit bezieht: auf ein kalligraphisches, indirektes Schreiben, das Autoren der sogenannten inneren Emigration ermöglichte, in der Eiszeit des Dritten Reiches ästhetisch zu überwintern, und ein auf ideologische Repräsentation angelegtes, heroische Klischees und politische Lügen verbreitendes ästhetisches Schreiben in der damals offiziell anerkannten Literatur.

Auch ein weiterer Akzent, den Schnurre 1961 seiner Kurzgeschichten-Poetik beifügt, ist aus anderen zeitgeschichtlichen Umständen abzuleiten, nämlich Schnurres Forderung nach einer sozial engagierten Kurzgeschichte, die nur unter bestimmten gesellschaftlichen Bedingungen künstlerisch produktiv sein könne: »Es müssen angreifenswerte soziale oder politische Mißstände vorhanden sein, die der Short-story-Autor attackieren kann. In einem geregelten Staatsleben, einem wohlhabenden Land ist die Kurzgeschichte unmöglich, beziehungsweise degeneriert sie zur bloßen Unterhaltungsware.« (63)

Das ist ein Reflex der von Schnurre desillusioniert erlebten Rückkehr zum Status quo einer sich politisch konsolidierenden und wirtschaftlich aufwärtsentwickelnden Gesellschaft, die die moralischen Erschütterungen, die auf die NS-Zeit und die Kriegserfahrungen zurückgehen, zu verdrängen begann und sich literarisch Ende der fünfziger Jahre wieder einer Literatur der christlichen und philosophisch-allegorischen Mythenbildung zuwandte, mit andern Worten: ideologische und kulturelle Anpassung betrieb. Tatsächlich widerlegt nicht nur die Entwicklungsgeschichte der amerikanischen Short Story die hypothetische Implikation in Schnurres Feststellung, sondern auch die Entwicklung der Kurzgeschichte im Werk vieler deutscher Autoren (auch Autoren der jüngeren Generation) und nicht zuletzt in Schnurres eigenen, bis in die Gegenwart reichenden Kurzgeschichten.

Selbst da, wo er präzis formale Details der Kurzgeschichte charakterisiert, sind seine Ausführungen aus der zeitgeschichtlichen Perspektive von 1961 zu relativieren, so wenn es etwa heißt: »Sie ist, grob gesprochen, ein Stück herausgerissenes Leben. Anfang und Ende sind ihr gleichgültig; was sie zu sagen hat, sagt sie mit jeder Zeile. Sie bevorzugt die Einheit der Zeit; ihre Sprache ist einfach, aber niemals banal.« (61) So wichtig die Betonung der zeitlichen Einheit für die Konstruktion der Kurzgeschichte ist, so sehr müssen andererseits die Feststellungen, die eine formale Architektur der Kurzgeschichte völlig in Frage zu stellen scheinen, als polemische Untertreibung gesehen werden. Die poetische Praxis Schnurres sprach seinerzeit bereits eine andere Sprache. Bezeichnenderweise wurde in der literarischen Kritik schon damals der Begriff eines »magischen Realismus«[10] zur Charakteristik der Wirklichkeitsdarstellung in seinen Geschichten gebraucht und nicht der einer naturalistischen Wirklichkeitswiedergabe. Wie sehr sich inzwischen auch die theoretische Position Schnurres gewandelt hat, verdeutlicht zum Beispiel die Reflexion im »Schattenfotograf«, die er an eine von dem Philosophen Ernst Bloch rekapitulierte ostjüdische Geschichte im Vergleich zur verwässerten mündlichen Überlieferung dieser Geschichte anschließt: »Schulbeispiel, wie wichtig es ist, eine so gute, formal starke Geschichte nur schriftlicher Überlieferung anzuvertrauen.« (295)

Von einer »Gleichgültigkeit« gegenüber der Kompositionsstruktur der Kurzgeschichte kann hier keine Rede mehr sein, vielmehr wird der Akzent mit allem Nachdruck auf das künstlerische Kalkül der Gestaltung gelegt. Auch das kurze Inhaltsstenogramm jener Geschichte, die Schnurre als »beste Geschichte meines Lebens« (158) im »Schattenfotograf« mitteilt, läßt einen sorgfältig gesteigerten Handlungsaufbau bis hin zum Überraschungsumschlag der Pointe erkennen: »Anderthalb Maschinenseiten vielleicht. Autor vergessen; in der Zeitung gelesen. Zwei Schwerkranke im selben Zimmer. Einer an der Tür liegend, einer am Fenster. Nur der am Fenster kann hinaussehen. Der andere keinen größeren Wunsch, als das Fensterbett zu erhalten. Der am Fenster leidet darunter. Um den anderen zu entschädigen, erzählt er ihm täglich stundenlang, was draußen zu sehen ist, was draußen passiert. Eines Nachts bekommt er einen Erstickungsanfall. Der an der Tür kann die Schwester rufen. Unterläßt es; denkt an das Bett. Am Morgen ist der andere tot; erstickt. Sein Fensterbett wird geräumt; der bisher an der Tür lag, erhält es. Sein Wunsch ist in Erfüllung gegangen. Gierig, erwartungsvoll wendet er das Gesicht zum Fenster. Nichts; nur eine Mauer.« (158)

Die alltägliche Situation der Kranken in dieser Geschichte erweitert sich zu einem existentiellen Paradigma, in dem elementare menschliche Antriebe, Neid, Mißgunst, Schuld bis hin zum moralischen Versagen, zum Vorschein kommen und die Phantasietätigkeit bei dem nach dem Fensterplatz Verlangenden ebenso zum eigentlichen Lebensimpuls wird wie bei dem Patienten, der den Fensterplatz einnimmt und durch seine Ausmalung der Außenwelt den Glanz einer Wirklichkeitserfahrung für den andern erzeugt, die nur ein Produkt der menschlichen Einbildungskraft ist. Die Überlegenheit des Kranken, den der andere in der Nacht sterben läßt, lag nicht in dem äußerlichen Faktum des Fensterplatzes, sondern in der kreativen Kraft seiner Phantasie, mit der er den Zustand des Ausgeschlossenseins von der Welt überwand. Daß diese dem Erfahrungsstoff des Alltags entstammende Geschichte zugleich eine poetische Variation des philosophischen Erkenntnis-Mythos Platons vom Höhlengleichnis in seiner »Politeia« darstellt, ist eine Bedeutungsebene, die zu diesem System der Unterkellerung gehört, das Schnurre als Charakteristikum der Kurzgeschichte beschrieben hat. Der Erzählgrundriß läßt sich spontan erkennen, auch wenn sich die weiteren Bedeutungsschichten erst allmählich erschließen.

In diesem Sinne erfüllt diese Geschichte jenen Appell, den Schnurre generell im »Schattenfotograf« über seine schriftstellerische Arbeit gestellt hat: »Verständlich sein. Im Grunde die einzige Pflicht, die ich als Schriftsteller habe. [...] Solange nicht auch der Hilfsschüler meine Geschichten zu lesen versteht, gestehe ich, meinen Beruf noch nicht voll zu beherrschen.« (389 f.) Damit wird freilich ein Schreibziel von höchstem Anspruch aufgestellt: die Komplexität der Wirklichkeitsdurchdringung in einer maximal zugänglichen literarischen Form zu gestalten, deren »Einfachheit« das Ergebnis höchster Verdichtung ist. In diesen Kontext gehört wohl auch eine Feststellung wie die folgende aus dem »Schattenfotograf«, die sich auf den ersten Blick gegen die erzählerische Strukturierung der Kurzgeschichte zu wenden scheint: »Die Zeit der ›rein literarischen‹ Geschichte, die verläßlich, spannend und handlungsstark ihren Faden zwirbelt, ist abgelaufen [...] Der Mensch ist gar zu gut in ihr aufgehoben. Wir müssen ihm jetzt anders beizukommen versuchen. Es gilt auch nicht nur Verhaltensweisen aufzudecken. Es gilt, vorgefundene Fingerzeige, erfahrene Zeichen und Gleichnisse aufzubauen. Auch: bereits gedeutete Zeichen umzuinterpretieren. Es ist vieles gar nicht so morsch, wie es aussieht.« (492)

Diese Reflexion, durch ein Benjamin-Zitat ausgelöst, das einen Rückgang des Erzählens durch die Verbreitung der Information verursacht sieht, ist geradezu ein Plädoyer für die Kurzgeschichte, deren sozialer und politischer Wirklichkeitsgehalt, ihr dokumentarischer Aussagecharakter sie dem von Benjamin signalisierten Umorientierungsprozeß der Literatur in Richtung auf informative Funktionen viel stärker zuordnen als eine vergleichsweise »rein literarische« Prosaform wie die Novelle, die durch Sujet und künstlerische Formung eine größere artifizielle Distanz zur Wirklichkeit schafft als die demokratische Form der Kurzgeschichte. Ihre Leser sind nicht die »geschmäcklerischen Auguren« (493), die Schnurre als Adressaten einer anderen, nur scheinbare Weiterentwicklung der Short Story versprechenden Richtung am Beispiel der Fiktion und philosophisches Kalkül integrierenden Geschichten des Argentiniers Jorge Luis Borges erkennt, dessen »Fiktionen« und »Labyrinthe« – so die Titel von zwei seiner wichtigsten Geschichtensammlungen – auch seit den frühen sechziger Jahren in Deutschland als faszinierende Beispiele eines kühlen alexandrinischen Erzählens wahrgenommen wurden[11]: »Seine geschichts- und philosophiedurchtränkten Gleichnisgeschichten interessieren, wen Philosophie interessiert; beschäftigen, wen Geschichte beschäftigt; sind für den Mitwisser, für den geschmäcklerischen Auguren geschrieben.« (493)

Gewiß, Schnurres Ausführungen über die Poetik der Kurzgeschichte sind von den Narben und Verknotungen der zeitgeschichtlichen Umstände gezeichnet, in denen sie formuliert wurden. Sie sind oft polemisch überspitzt, vom Mut zum Widerspruch charakterisiert und nicht auf eine schlüssige theoretische Position zu reduzieren. Aber gerade dadurch dokumentiert sich in Schnurres theoretischer Beschäftigung eine Entwicklungsdimension der Gattungspoetik, die sie von vornherein erweitert über eine bloß archivarische Position hinaus, die für viele Autoren in der frühen Nachkriegszeit gilt. Diese Kontinuität der theoretischen Auseinandersetzung wird nicht nur legitimiert durch die permanente poetische Praxis Schnurres im Gattungsumfeld der Kurzgeschichte, sondern spiegelt auch insgesamt die Mutationsschübe, Entwicklungsverknotungen und Weiterführungen der Kurzgeschichte in der deutschen Literatur seit 1945. Und so wenig sich Schnurres Kurzgeschichten in seine theoretischen Orientierungsversuche auflösen lassen, so wenig läßt sich die vielfältig überkreuzte, von Adaptionsversuchen und Neuansätzen, von hartnäckiger Schaffenskontinuität der einzelnen Autoren und sporadischer Aufmerksamkeit der literarischen Öffentlichkeit charakterisierte Entwicklungsgeschichte dieser Gattung in der deutschen Gegenwartsliteratur auf ein einfaches, plausibles Mutationsmuster zurückführen. Die exemplarische Stellung des Kurzgeschichtenerzählers Schnurre tritt nicht zuletzt in dieser korrelativen Entsprechung hervor.

Bereits einer der frühesten Erzähltexte Schnurres, die Geschichte »Der Ausmarsch«[12], läßt trotz der engen zeitgeschichtlichen Verklammerung, des bewußt untertreibenden Stakkatosatzes, der scheinbar nur realistische Eindrücke aneinanderreiht, erkennen, wie Schnurre die realistische Wiedergabe durch Überdrehung in der Darstellung grotesk verfremdet und zugleich die deskriptiven Details durch konzentrierte Akzentuierung mit Bedeutung anreichert. Das absurde politische Unterfangen, in der Endphase des Krieges durch ein Aufgebot uniformierter Hitlerjungen die letzten Soldatenreserven zu mobilisieren, wird von Schnurre von Anfang an dadurch bloßgestellt, daß er übertreibend einen Schritt weitergeht und den Ausmarsch von Vierjährigen schildert, die sich mit Gewehren in der Hand zum Rapport gemeldet haben und dabei noch ihre Teddybären, Puppen und Kasperles in der Hand halten, während die Mütter mit Zuckertüten wie bei der Einschulung vor dem Tor stehen. Daß der Feldwebel selbst das Abzählen des Kinderbataillons besorgen muß, da die Kleinen noch nicht zählen können, enthüllt die Lächerlichkeit der militärischen Prozedur ebenso wie die Tatsache, daß die Kinder bei der Begrüßung durch den einbeinigen Hauptmann jenen mit »Onkel« anreden und ein paar aus der Reihe laufen wollen, um »ihm die Hand zu geben« (10).

Die vaterländischen Phrasen des Hauptmanns wie die heuchlerischen Sprüche des uniformierten Pfarrers werden durch die eingeblendeten ruppigen Schimpfereien des Kochs auf seinen Gehilfen an der Gulaschkanone persifliert, der mit »Quatsch!« (11) und »Mist!« (11) kommentiert, was die beiden pathetisch von sich geben. Und auch das Lied, mit dem das Kinderbataillon schließlich ausrückt, nämlich »Hänschen klein!« (13), wird mit dem Vers »Hat ja nun kein Hänschen mehr!« (13) zur Vorwegnahme dessen, was mit den Kindern geschehen wird. Nicht nur die Prägnanz der satirischen Überbelichtung besticht, sondern auch die atmosphärische Dichte der Beschreibung, die im Stenogramm weniger Sätze die trostlose Zeitsituation von damals einfängt: »Auf den Feldern stoppelten Greise Kartoffeln. Ihre Säcke waren leer. Krähenschwärme warfen sich in den Wind. Am Stadtrand qualmten die Munitionsfabriken.« (13) Der Schlußsatz »Der Himmel war grau« (13) kehrt zwar zu der Feststellung des Erzählbeginns »War noch dunkel« (9) zurück, ist aber durch die in der Geschichte aufgewiesene Desillusionierung, was die patriotischen Lügen der Offiziere, die christliche Heuchelei des Pfarrers und die sich duckende Dummheit der Mütter betrifft, zugleich der Ausdruck der trüben Zukunftsperspektive der Kinder, die ahnungslos und verblendet in ihren Untergang stolpern. Die utopische Mythe vom Kinderkönig, der »mit dem Schlüssel zu seinem Reich im Mund«[13] eintrifft, um die Kinder in eine märchenhaft befriedete Wirklichkeit zu führen – von dem Ingeborg Bachmann in einem ihrer schönsten Gedichte, »Das Spiel ist aus«, singt –, wird hier mit der Brutalität der Wirklichkeit konfrontiert und als Wunsch-Legende widerlegt. In Schnurres Geschichte ist das Spiel unwiderruflich aus, ausgelöscht von einer mitleidlosen Wirklichkeit, die ohne Hoffnungsdimension ist.

Schnurre hat in einer Reihe von Geschichten »diesen tiermenschlichen Grunderlebnissen«[14], diesen »Steinzeiterfahrungen [... wie] Angst, Tod, Grauen, Hunger, Mut« (191) im Krieg und in der frühen Nachkriegszeit, Ausdruck verliehen. Beispiele dafür sind Geschichten wie »Auf der Flucht« (worauf in Teil III eingegangen wird) oder »Die Reise zur Babuschka«[15], die thematisch an Benders »Die Schlucht«, Anderschs »Die Letzten vom ›Schwarzen Mann‹« oder Bölls »Wiedersehen in der Allee« erinnert. Der deutsche Obergefreite Karl, der, selbst von einem Lungenschuß verletzt, den »russischen Pferdeknecht« (198) Aljoscha, einen sogenannten »Hiwi« (198), der von einem Bauchschuß getroffen ist, aus der Frontlinie rettet und zum Sanitäter schleppt, holt sich nur einen Rüffel seines militärischen Vorgesetzten, der seine Hilfsaktion für einen Russen nicht verstehen kann: »Ehre haben Sie wohl gar nicht mehr im Leib?« (198)

Das Gespräch zwischen den beiden tödlich Verwundeten auf dem Pferdefuhrwerk unterwegs zum Lazarett wird zu einer Erinnerungsreise in die Vergangenheit ihres

Lebens und gleichzeitig zu einer Reise in den Tod. Karl, der den Russen spontan gerettet hat, merkt im Gespräch, wie sehr er Aljoscha braucht, weil der körperliche Schmerz und die Aussicht des Todes für Aljoscha von der Erinnerung an das dörfliche Zuhause und die Großmutter Babuschka aufgehoben werden, die in den Wundfieberphantasien des Sterbenden die Umrisse einer mythischen Figur, Mütterchen Rußlands, annimmt und eine naturhafte Sicherheit des Lebens in einer dörflichen Umwelt verkörpert[16]. Während Aljoscha von dem Leben bei Babuschka erzählt, sie als Nährerin und Beschützerin des Lebens charakterisiert, die auch durch den Tod von Aljoschas Bruder Gregory (der im Kampf gegen die Deutschen fiel) nicht aus ihrer Lebenssicherheit aufgeschreckt wird – »die hat die Ikone verhängt für zwei Tage, und am Mittag sind wir aufs Feld gegangen« (209) –, blickt der Deutsche auf ein Leben zurück, aus dem keinerlei Sicherheit und Erinnerungsstärke spricht: »Und er dachte wieder an seine Ehe, diese Schinderei. Dieses dauernde Experimentieren [...]. Ehe, Krieg, Freundschaft, Mut –: Experimente, Experimente. Ausweichen, Flucht« (203). Auch der Entschluß des Deutschen, sich freiwillig zur Armee zu melden, ist eine Fluchtreaktion auf die Verworrenheit seines Lebens, das er vorher geführt hat. Die Brutalität der Kriegsregel scheint ihm paradoxerweise ehrlicher zu sein als die von Heuchelei kaschierte Brutalität im sogenannten normalen Alltag: »Ewig andre Menschen kaputtmachen. Leben – diesen ganzen Mist. Diese Lüge. Satt hatte ich's, verstehst du: satt.« (205)

Freilich wäre hier kritisch anzumerken, daß dieses »Nichts« (207), vor dem sich Karl auf der Flucht sieht, ebenso abstrakt schematisch bleibt (da die soziale und politische Konkretisierung im Kontext seiner Lebenserfahrung nur sehr verkürzt, wenn überhaupt angedeutet wird), wie andererseits die zur mythischen Personifikation werdende Babuschka Teil einer naturgeschichtlichen Idylle wird, die politisch auch regressive Züge trägt.[17] So beschreibt Aljoscha etwa Babuschkas Einstellung gegenüber einer Einebnung der sozialen Unterschiede zwischen Reichen und Armen, ausgedrückt darin, daß beide die gleiche Kleidung tragen, folgendermaßen: »Dann, hat die Babuschka gesagt, glaubt der Arme, daß er reich ist, und der Reiche, daß er arm ist; dann geht alles Gesetz kaputt, und niemand weiß mehr, wer der andre jetzt ist, weil sie doch alle jetzt gleich sind von außen. Weil doch der Faule so aussieht wie der Tüchtige jetzt, und der Gute so wie der Böse, Aljoscha.« (207) Doch dieses Hohelied einer bäuerlichen Existenz, in dem sich das Gute so einfach von dem Bösen trennen läßt wie die Spreu vom Weizen, entwirft ein Wunschbild der Wirklichkeit, das möglicherweise nicht einmal von der historischen Realität dieser Babuschka getragen wird, die ja immerhin in einem Rußland lebt, in dem die genossenschaftliche Sozial- und Wirtschaftsform der Kolchose bereits Realität ist[18]. Und wenn Karl auf jene ihm berichtete Einstellung der Babuschka erwidert: »[...] da hat die Babuschka wieder was Richtiges gesagt« (20), so entsteht der Eindruck, als sähe der zum Beispiel eines entwurzelten Zivilisationsmenschen gewordene Deutsche in einer agrarisch rückschrittlichen Lebensweise, die sich im Einklang mit der Natur zu bewegen scheint, ein Heilmittel gegen den ihn auch in der Erinnerung aufzehrenden Sog des »Nichts« (207) in seinem Leben. Das Haus der Babuschka, das in den Fieberphantasien des Deutschen Realität anzunehmen beginnt und das er sich mit Sonnenblumen im Vorgarten vorstellt, obwohl nur Mais dort wächst, und das er sich weiß leuchtend »wie ein Segel mittags, wie eine Wolke« (210) ausmalt, obwohl es braun und rissig ist, wird auch für ihn zur bildlichen Konkretisierung des Ziels, zu dem sie beide beim Überschreiten der Todesschwelle aufbrechen.

Doch auch die Antiklimax, mit der Schnurre diese Geschichte enden läßt, die kaltschnäuzigen Kommentare der beiden Fahrer – »Die Fuhre hättst du dir sparen können« (212) –, die nach einer eingelegten Pause die beiden gerade Gestorbenen auf der Fuhre entdecken, täuschen nicht darüber hinweg, daß Schnurre hier den Tod im Bildmuster einer legendenhaften Spiritualisierung ähnlich romantisiert wie Böll in seiner Geschichte »Wiedersehen in der Allee«, wo der tödlich getroffene Erzähler dem vor ihm gefallenen Leutnant Hecker plötzlich am Eingang jener Allee wiederzubegegnen scheint, zu der Hecker, in Erinnerung an sein Mädchen, plötzlich aufbrechen wollte und dabei von der feindlichen Kugel getroffen wurde. Die hier als Gegenkraft zur Zerstörung des Krieges evozierte Natur trägt bei Schnurre nicht die Züge einer paradiesischen Gegenwelt wie in der Rettungshalluzination des Sterbenden in Bierces Short Story »An Occurrence at Owl Creek Bridge«[19], sondern ein mythisch agrarisches Gesicht, so wie auch hinter der Person der Babuschka die mythologischen Umrisse einer Erdmutter Gäa oder der Göttin Demeter sichtbar werden.

Diese Mythisierung der Natur läßt sich selbst in einer so überzeugenden Geschichte wie »Das Manöver« erkennen, wo die Tiere als Verkörperung der Naturkraft gleichsam zur Rache gegen ihre Zerstörer, die Menschen, antreten (diese Geschichte wird in Teil III ausführlich analysiert). Und auch der Grundriß einer anderen Geschichte, »Die Kiebitze«, die Schnurre, »seit Beginn des Rußlandkrieges im Kopf« (194), im »Schattenfotograf« mitteilt[20], läßt diese Mythisierung der Natur erkennen: Der russische Bauernjunge, der beim Vormarsch in seinem Panzer von einem Kiebitzpaar ununterbrochen verfolgt wird, entdeckt an seinem Kettenfahrzeug Spuren von Kiebitzeiern und begreift, daß er unwissentlich mit seinem Panzer »über das Gelege der beiden Vögel gefahren« (194 f.) ist. Die hartnäckige Verfolgung durch die beiden Vögel irritiert ihn so sehr, daß er vor Beginn einer wichtigen Schlacht aus dem Panzerturm klettert: »Er will wissen, ob die Kiebitze ihm endlich verziehen haben und umgekehrt sind. Nein. In ihrem unermüdlichen Torkelflug umkreisen sie in engen Spiralen den Turm. Oizek entsichert die Pistole. Er preßt den Lauf gegen die Schläfe, drückt ab. Im selben Moment, wie sein lebloser Körper neben die vibrierenden Gleitketten fällt, setzt die Artillerieabwehr ein.« (195)

Der Tod wird als Sühne des russischen Bauernjungen gezeigt, der, selbst in dieser Natur ganz und gar verwurzelt, sich opfert, um den Akt der Zerstörung wiedergutzumachen. Dieses gleichsam in die Natur verlegte moralische Gesetz verdeutlicht eine verdeckte pantheistische Grundhaltung, die sich in einer Welt der Zerstörung ein heimliches, religiös grundiertes Refugium schafft. Die schöne Schrecklichkeit oder die schreckliche Schönheit der Natur, ihre moralische Indifferenz, die Stephen Crane in seiner Short Story »The Open Boat« oder Stephan Hermlin in seiner Kurzgeschichte »Arkadien« aufdecken, scheint letztlich von größerer Überzeugungskraft als das irrationale Hoffnungspotential, das Schnurre in seine mythologische Naturvorstellung projiziert.

Auch in der Geschichte »Der Platz«[21], die das Muster der Gegenstandsgeschichte variiert und die Simultaneität der Zeit im Brennpunkt eines Objektes und seiner Veränderungen vergegenwärtigt – thematisch und strukturell deutet sich eine Analogie zu Hermlins Geschichte »Kassberg« an –, wird die Entwicklung einer vom Menschen bestimmten Historie an der Widerstandskraft der Natur gemessen, die sich immer wieder zur Wehr setzt und das in den Anfangszustand zurückzuverwandeln sucht, was menschliche Eingriffe schließlich in denaturierte und betonierte Wirklichkeit verwandeln.

Der ursprünglich als Ausstellungsgelände für die Grabsteine eines Steinmetzen dienende Platz – ein großer unvollendeter Stein, auf dem man »einen mit Eichenlaub bekränzten Weltkriegsstahlhelm und darunter ein Todesdatum erkennen« (168) kann, bleibt bis zu allerletzt als allegorisches Relikt auf dem Platz liegen – wird bald vergessen und von der Natur überwuchert. Der Platz dient Kindern und Selbstmördern als Fluchtversteck. Als ein Geschäftsmann ein Kaufhaus darauf errichten lassen will, muß er auf Grund der politischen Situation sein Vorhaben bald aufgeben, der Platz verrottet erneut, Vögel, Mäuse und Eidechsen breiten sich auf ihm aus, er wird überwuchert von Büschen und Pflanzen. Als der Platz zum Schuttabladeplatz wird, nisten sich die Ratten ein. Während überall Bomben fallen und die bewohnten Viertel zerstören, bleibt der Platz nahezu unversehrt und weist in der Nachkriegszeit »die gleichen Kletten- und Taubnesselbüsche wie vor Jahrzehnten« (172) auf. Man bestattet Tote auf ihm, man vergißt den Platz wieder, bis er eines Tages von einem Geschäftsmann in Augenschein genommen wird und man bald darauf ein »große[s] Neubauprojekt« (172) auf ihm zu errichten beginnt. Als die Planierraupen dabei sind, den Platz plattzuwalzen und die letzten Reste der Natur auf ihm zu vernichten, stößt man auf eine Unebenheit im Boden, auf jenen mittlerweile im Erdreich versunkenen großen unvollendeten Grabstein, der herausgerissen wird: »[...] und schon Wochen darauf schallten die ersten Kommandos über den Platz.« (173)

Jene zielgerichteten Tätigkeiten, die den Inbegriff einer vom Menschen bestimmten Geschichte ausmachen, werden von Schnurre aus dem Blickwinkel der Natur gleichsam in ihr Gegenteil verkehrt. Solange der Platz für den Menschen unbrauchbar ist und von ihm nicht beachtet wird, breiten sich auf ihm und in ihm die Pflanzen und Tiere der Natur aus, deren gleichbleibende Beständigkeit das Auf und Ab der menschlichen Geschichte, das zwischen den beiden Polen Aufbau und Zerstörung in einer absurden Pendelbewegung schwankt, überlegen scheint, bis die Menschen schließlich siegreich sind und die Natur endgültig zugrunde richten. Die Zukunftsperspektive, die Schnurre hier auf die menschliche Historie richtet, ist pessimistisch eingefärbt: was sich als zivilisatorischer Fortschritt präsentiert, ist, aus dem Blickwinkel einer vom Menschen zerstörten Natur betrachtet, eine Kette von Niederlagen.

Es wäre sicherlich zu einfach, diese Naturvorstellung, die auf den poetischen Parallelkontext der Naturlyrik eines Wilhelm Lehmann, Oskar Loerke oder Friedrich Georg Jünger verweist, nur als regressive Wunschvorstellung zu werten, die sich historisch längst außer Kraft gesetzten Idyllen zuwendet. Der ökologische Raubbau, der im Namen einer um ihren steten Wirtschaftszuwachs besorgten modernen Industriegesellschaft am Wachstum der Natur begangen wurde und für den erst in der Gegenwart der letzten Jahre eine Sensibilität entwickelt worden ist, spricht eine andere Sprache.

Diese Tendenz der Naturdarstellung läßt sich auch in einer anderen Schnurre-Geschichte erkennen, die sich, im Modell der Initiationsgeschichte, der Gestaltung der Nachkriegszeit zuwendet und in einer von Hemingwayschem Understatement bestimmten Aussparungstextur ein präzises Bild der sozialen Verhärtungen aus der

Perspektive eines halbwüchsigen Jungen entwirft: »Ein Fall für Herrn Schmidt«[22]. Die dörfliche Umwelt, in der diese Geschichte in der frühen Nachkriegszeit spielt, läßt freilich keine Züge von Idylle erkennen. Im Gegenteil: Der unscheinbare, kleine und glatzköpfige Herr Schmidt, der von einer Detektivagentur zu dem Bauern Schurek geschickt wurde, um einige rätselhafte Hühnerdiebstähle aufzuklären, trifft auf eine heuchlerische Anständigkeit, die bei den Schureks den abendlichen Kirchbesuch und die rücksichtslose Ausbeutung des verwaisten vierzehnjährigen Flüchtlingsjungen Bertram, der vor einigen Tagen verschwunden ist, ohne weiteres einschließt. Die Befragung einzelner Dörfler durch Schmidt dient nicht nur der Suche nach Indizien, sondern zugleich auch der Porträtierung dieser heilen dörflichen Sozietät in ihrer Verlogenheit. Mit Ausnahme des Lehrers, der seine Sympathie für die Lage Bertrams bezeugt, aber selbst nichts unternahm, um ihm zu helfen, bringen alle andern zum Ausdruck, daß sie an Bertram nicht interessiert sind. Besonders aufschlußreich ist dabei die Haltung des Dorfgeistlichen, den Schmidt in seinem Garten beim Rosenaufbinden antrifft und für den die zum Ziergartenschmuck gewordene Natur ein Trostmittel gegen die Härten des Lebens ist: »Überhaupt dieses Leben –! Manchmal hat selbst unsereins Anfechtungen. Was glauben Sie, wie mir da diese Blumen hier helfen; es ist wirklich wahr. Immer kurz vor der Sonntagspredigt gehe ich hier ein wenig hin und her. Sofort fällt alles Graue und Ungute von einem ab, und man ist wieder fähig, Trost zu spenden und Zeuge zu sein.« (124 f.) Diese zum Dekorum gewordene Natur, die für den Geistlichen die Funktion eines Narkotikums hat, ist ebenso äußerlich wie seine verbal behauptete Moralität, der es eben nicht gelingt, »Zeuge zu sein«.

Schmidt kommt auf Grund verschiedener Andeutungen schon bald zu dem Schluß, daß die Hühnerdiebstähle und Bertrams Verschwinden in einem Zusammenhang stehen und daß auch die verschwundene Katze der Schureks, die gerade Junge geworfen hatte, in diesen Zusammenhang gehört. Die Katze verkörpert für den Jungen jene kreatürliche Wärme, die in der Beziehung der Schureks zu ihm völlig fehlt. Seine Flucht ist dadurch motiviert, daß er die jungen Katzen retten wollte und die Hühner stahl, um die Katze und ihre Jungen am Leben zu erhalten. Als Schmidt nach sorgfältigen Recherchen schließlich im Wald das Versteck des Jungen findet, schildert Schnurre gleichsam die Epiphanie eines Naturbildes, an dem der schlafende Junge unmittelbar Anteil hat: »Er sah sie alle. Die Katze saß mit nervös zuckender Schwanzspitze vor einem Mauseloch, der Junge schlief, und die Kleinen krochen tolpatschig über ihn weg. Es war nicht gut, lange hinzusehen. Herr Schmidt lehnte sich an einen Baumstamm und starrte abwesend auf den Waldboden nieder. Es war Abend geworden. Ein Eichelhäher schrie. In einem der Dörfer bellte ein Hund. In allen Dörfern läuteten Glocken. Der Himmel war von einem sanften, mit Rosa überhauchten Blaugrün.« (128)

Diese im Zentrum der Geschichte plazierte Naturidylle läßt einen utopischen Augenblick lang eine Gegenwirklichkeit aufleuchten, die sich am Gegenpol zu der Bigotterie der dörflichen Sozietät und auch der dekorativen Natur des Geistlichen befindet. Da, wo die traditionelle Detektivgeschichte, mit deren Muster Schnurre hier gleichfalls spielt, enden würde, nämlich bei der Auffindung des Übeltäters, läßt Schnurre den Handlungsumschlag seiner Geschichte erst einsetzen. Denn Herr Schmidt, der außer dem Lehrer als einziger die Lage Bertrams versteht und der in der Erinnerung an eine Situation seiner eigenen Kindheit (als er eine Katze retten wollte) den Jungen auch aufspürt und das eine Vereinigung von Mensch, Tier und Natur zart andeutende Bild bewegt betrachtet, muß zugleich die Harmonie dieses Bildes zerstören und den Jungen, der sich verzweifelt wehrt, zu jenen Leuten zurückbringen, die ihn im Grunde nur als Arbeitssklaven ausnutzen. Daß er durch den Widerstand und die wiederholten Fluchtversuche des Jungen dabei gegen seinen Willen in eine aggressive Haltung getrieben wird und er den Jungen dabei schlägt, führt dazu, daß die Verhältnisse völlig auf den Kopf gestellt werden. Der Weg an den Menschen auf der Dorfstraße vorbei wird zum Spießrutenlauf der Verachtung für ihn; er muß sich von einem aufgebrachten Herrn Schurek, der im Grunde für alles verantwortlich ist, als »Unmensch« (131) titulieren und mit der Polizei wegen brutaler Verprügelung des Jungen drohen lassen und ist selbst vom Vertreter des um Aufklärung bemühten Rechts zum Angeklagten und Schuldigen geworden, der sich beim Warten auf den Zug »in der kahlen Zelle des Wartesaals« (132) wie im Gefängnis fühlt.

Das Bild der von einer Hundemeute umzingelten Katze, die ihre im Sack gefangenen Jungen verteidigt und bereits von Bißwunden gezeichnet ist – »Das Tier stand fauchend und buckelnd vor dem Sack mit den Jungen und teilte krallige Schläge aus.« (130) –, deutet nicht nur auf den Flüchtlingsjungen, sondern auch auf Herrn Schmidt, der einen Augenblick lang »die Faust in der Hosentasche um den Totschläger« (131f.) ballt, als der eigentlich Schuldige, Schurek, ihn anklagt[23]. Die Situation der Verstörung, in der Schnurre seinen Detektiv zurückläßt, teilt sich dem Leser mit, der in der von Glockenläuten, christlichen Kruzifixen und Rosenvorgärten geschmückten idyllischen Dorfszenerie einen Abgrund von Unterdrückung, Heuchelei, falscher Moral und gedankenlosen Lügen entdeckt. Die dörfliche Utopie, die Schnurre in der »Reise zur Babuschka« andeutet, könnte nicht überzeugender korrigiert werden.

Tatsächlich ist auch Schnurres Position in den bei weitem meisten seiner Kurzgeschichten nicht die eines Naturidyllikers, die sich regressiv vor den Ansprüchen der modernen Zivilisationswirklichkeit abkapselt. Er hat sich gerade dieser Wirklichkeit, die häufig die großstädtischen Züge Berlins trägt[24], geöffnet, wenn auch mit Vorliebe abseits vom etablierten Glanz in jenen Randbezirken, in denen die Gestrauchelten und Gescheiterten, die im Wirtschaftswunder und in der Wohlstandsgesellschaft Zukurzgekommenen angesiedelt sind. Über diese Geschichten hat man gemeint: »Viele Stories sind hartgesotten. ›Blau mit goldenen Streifen‹ mag an Hemingways ›Die Killer‹ erinnern.«[25] Doch eine solche Feststellung beruht nur auf der vagen Analogie zwischen den Eingangssequenzen beider Geschichten, der Gesprächssituation von Gästen am Tresen einer Bar, vom Erzähler in beiden Fällen ohne irgendeine expositionelle Einführung an den Anfang gestellt. Bei Hemingway[26] ist das die Introduktion zu einer spannend aufgebauten Aktionsgeschichte, in der zwei auf Bestellung arbeitende Mörder auf den Eintritt eines ehemaligen Schwergewichtsboxers warten, der sich jeweils um sechs Uhr zum Abendessen in dieser bestimmten Bar einfindet. Die Spannung entsteht nicht nur durch das allmähliche Vorrücken der Zeit und das Vorbereitungsritual der Gangster, sondern auch durch die Beobachterperspektive Nick Adams, der zufällig in dem Lokal ist, von den Gangstern zusammen mit dem Koch gefesselt wird und auf die Ausführung des Verbrechens wartet, das jedoch überraschenderweise nicht stattfindet, da Ole Andreson, der Boxer, nicht eintrifft und die Gauner unverrichteter Dinge – »they looked like a vaudeville team« (285) – abziehen müssen. Doch die eigentliche

Überraschungswendung steht dem Jungen Nick Adams bevor, als er den Boxer in seinem Hotel aufsucht, um ihn vor dem Anschlag zu warnen, und erfahren muß, daß Andreson völlig ungerührt reagiert: »There isn't anything I can do about it« (287). Nicks Initiationserfahrung von Gewalttätigkeit, die sich im Vorbereitungsstadium wie ein selbstverständliches, zur Erwachsenenwelt gehörendes Geschehen präsentiert, wird noch zusätzlich dadurch beunruhigt, daß das voraussichtliche Opfer sich mit stoischer Gleichgültigkeit in sein Schicksal ergibt.

In Schnurres Geschichte »Blau mit goldenen Streifen«[27] steht die Eingangssequenz an der Bar in keinerlei Beziehung zum tatsächlich erzählten Geschehen, sondern gibt nur den Rahmen der Erzählsituation für den Gerichtsreporter Rob ab, der am Tresen seinen Zuhörer über die Hintergründe des grotesken Mordfalls Butgereit informiert. Im Mittelpunkt dieser Geschichte steht der Tapezierermeister Krause, bei dem Butgereit erscheint, um die Dekoration eines Zimmers zu bestellen, und zwar mit einer Tapete, die das Muster aufweist: blau mit goldenen Streifen.

Die von dem Gerichtsreporter rekapitulierte, aber aus der Figurenperspektive Krauses erzählte Geschichte bezieht ihr Spannungsmoment aus der Tatsache, daß Krause während des Tapezierens plötzlich entdeckt, daß sich in dem Bett die Leiche von Butgereits Frau befindet. Die Geschwindigkeit, mit der Krause seine Arbeit zu Ende führt, steht in unmittelbarer Beziehung zu seiner wachsenden Angst. Als Krause die Wohnung unbeschadet verlassen und die Polizei benachrichtigt hat, stellt sich heraus, daß Butgereit die Leiche seiner Frau im Bett buchstäblich vergessen hatte und erst beim Vorbereiten der Tapezierarbeiten wieder darauf gestoßen war. Diese aus der virtuosen Verwendung des Berliner Slangs im Dialog einen grotesken Humor filternde Rahmengeschichte, die den Tapezierer zum unfreiwilligen Detektiv werden läßt, wirkt wie eine Parodie auf das Muster der Kriminalgeschichte, läßt sich aber nirgendwo auf eine analoge Darstellungsintention und Schreibweise Hemingways beziehen.

Da, wo Schnurre Hemingway ähnlich wird oder gleichkommt, erreicht er diese Annäherung nicht auf dem Wege der stofflichen und thematischen Analogie, der erzählerischen Adaption, sondern der sinnlichen Verdichtung seines Stils, der, wie zur Haut der Wirklichkeit geworden, diese selbst tastbar, schmeckbar, anschaulich werden läßt. Was Schnurre über Hemingways Nick-Adams-Story »The Battler«[28] ausgeführt hat, gilt für ihn selbst an solchen Höhepunkten der sprachlichen Verdichtung: »Literatur kann Sinneswahrnehmungen vollauf ersetzen; wenn nicht übertreffen. Urbegriff eines Frühstücks, das ich rieche, bruzzeln höre, sehe, schmecke: Wie Hemingways story-Held vor Sonnenaufgang an dem Bahndamm, den er entlangtrampt, das Lagerfeuer entdeckt und den Mann daran, der den Speck zerschneidet, die Spiegeleier brät, die Zwieback bereitlegt und den ungesüßten Kaffee in die zerbeulten Blechbecher gießt.«[29]

Dennoch hat Schnurre in der einen skurrilen Sonderfall mit augenzwinkerndem schwarzen Humor behandelnden Geschichte »Blau mit goldenen Streifen«, die weitgehend aus Dialog besteht, einen formalen Gestaltungsweg beschritten, der unmittelbar auf die Geschichten seiner letzten, erst kürzlich veröffentlichten Sammlung »Ich brauch Dich«[30] verweist, Geschichten, die erzählstrukturell ganz im Dialog aufgelöst worden sind und eine Technik der Aussparung entwickelt haben, die der Imaginationskraft des Lesers bedarf, der, vom Dialog stimuliert, die Zwischenräume und Pausen auszufüllen hat. Im »Schattenfotograf« hat Schnurre das Darstellungsziel bei diesen Geschichten folgendermaßen zu umschreiben versucht: »Dialoggeschichten. Keine Hilfe für den Leser. Weder Namenshinweis noch Prosabrücke. Plastische Sprache: Die Figuren beschreiben sich selber – nur durch die Art, wie sie reden. Streng literarisch. Hörspielkriterien unangebracht: Lesbar, nicht sprechbar. Talmudtechnik. Den Dialog aus der Situation entwickelt; assoziativ, ganz von der Figur her; auch rhythmisch.« (48)

Es sind Geschichten der zum Problem gewordenen, der scheiternden oder gescheiterten menschlichen Kommunikation, mit Vorliebe an der Partnerschaftsbeziehung der Ehe exemplifiziert, von der zur Mörderin ihres Mannes gewordenen, permanent Unterdrückten, die im Beichtstuhl den noch jungen Pater um Hilfe bei der Beseitigung der Leiche bittet, in der realistischen Groteske »Zuflucht«, über die im Zirkus durch eine Mutprobe zu einem neuen Selbstbewußtsein gegenüber ihrem Mann Erwachte in der Humoreske »Eine Heldin« bis hin zu der versöhnlich gestimmten Geschichte »Wendemarke«, wo sich die gerade geschiedenen Eheleute zum erstenmal im Gespräch gegenseitig zu verstehen beginnen und begreifen, wie ihre Ehe hätte sein können, nachdem sie vorüber ist. Ein virtuoses Beispiel ist die Geschichte »Eine Heldin«[31], die zugleich das Muster der Pointengeschichte aufnimmt.

Die Gesprächssequenz zu Anfang präsentiert einen patriarchalisch gespreizten, an seiner Ehefrau nörgelnden Ehemann, der ständig ihre Aussprache verbessert und ihr klarmacht, daß er ihr dreißig Jahre lang vergeblich »so etwas wie Bildung beizubringen« (77) bemüht war. Seine Drohung, ihr das Haushaltsgeld zu sperren und im Lokal zu essen, führt zur ersten Peripetie, nämlich zur plötzlichen Konfrontation mit einem Revolver in der Hand der Frau, mit dem sie zu erreichen versucht, was ihr in dreißig Ehejahren bisher nicht gelungen ist: »Daß du mir einmal zuhörst im Leben.« (78)

Die in diesen Situationsrahmen eingelagerte eigentliche Geschichte stellt die Mutprobe dar, die die Frau im Zirkus absolvierte, als die Direktion beim Raubtierdressurakt zur Publikumsbeteiligung aufrief, nämlich ob einer der Zuschauer den Mut besäße, einem Berberlöwen den Kopf ins geöffnete Maul zu halten. Die Erzählerin, Marta, entschloß sich dazu, es »stellvertretend« (81) zu tun, was ihr durch die Reaktion einiger Frauen bestätigt wird: »Nur n paar ältere Damen haben geklatscht; die hattens begriffen.« (81) Die aberwitzige Mutprobe gelingt ihr zum Schrecken des Dompteurs und des Zirkusdirektors, die sie mit einer großzügigen Prämie von weiteren ähnlichen Mutbeweisen abhalten wollen, zu denen sie sich nur aus einem einzigen Grund entschlossen hat: »Wenn ich nich n Leben lang unterdrückt worden wär, hätt ich nie so n Unsinn gemacht. Aber ich mußte mir einfach beweisen, ich trau mir noch was.« (83)

Der Revolver, den sie dem Dompteur in einem unbeobachteten Augenblick stahl und den sie nun auf den Ehemann gerichtet hält, hat ihr dazu verholfen, den ehelichen Dressurakt, der dreißig Jahre lang andauerte, umzukehren. Freilich, die Schlußpointe der Geschichte läßt offen, ob aus dieser Umkehrung wirklich ein neues Verhältnis der beiden entstehen könnte. Denn als der Ehemann nach dem zweimaligen Klingeln die Haustür öffnet, kommt er in Begleitung zurück: »Der Dompteur, meine Liebe. Er erbittet seinen Revolver zurück.« (84)

Nicht in allen Geschichten des Bandes »Ich brauch Dich« gelingt es dem Erzähler Schnurre, sich mit gleicher Konsequenz in die Figurenperspektive der Gesprächspartner zu verwandeln und die Fabel, die Situation und das Profil der Figuren völlig aus der Gesprächskonstellation sprechen zu lassen. Schnurre, der im »Schattenfotograf« in kurzen Inhaltsstenogrammen nicht wenigen Geschichten dieser Sammlung gewissermaßen zweite Versionen in der Form von Kürzestgeschichten zur Seite gestellt hat[32], merkt dort bereits mitunter an, daß es sich um Keime zu Geschichten oder auch Filmen[33] handeln könnte. Die visuelle Komponente, die Schnurre verschiedentlich als Charakteristikum seiner Prosaarbeiten hervorgehoben und als Beleg für seine Affinität zu medienliterarischen Formen (im Film und im Fernsehen) erwähnt hat[34], läßt denn auch nicht ganz ausschließen, daß das Experiment dieser Dialoggeschichten mit von seinen zahlreichen Arbeiten fürs Fernsehen und für den Film geprägt ist. Manche Geschichten sind zudem paradoxerweise in der hingetuschten Abkürzungsform im »Schattenfotograf« bildhaft konkreter als in der dialogischen Facettierung in »Ich brauch Dich«. Das könnte darauf hindeuten, daß der experimentelle Grund, den Schnurre in der Form der Dialoggeschichte zu legen versuchte, letztlich als Fundament für eine Neuformung der Kurzgeschichte nicht ausreicht. Daß Schnurre ihr jedoch neue Wege der Gestaltung zu erschließen versucht, bezeugt ebenso sein außerordentliches schriftstellerisches Engagement für diese Prosaform, wie er auch generell in der Entwicklungsgeschichte dieser Gattung durch eine Reihe von Erzählbeispielen einen herausragenden Platz einnimmt.

5. Stephan Hermlin. Überlebenskämpfe – Bierce

Sein literarischer Rang scheint durch seine Lyrik bezeichnet, die am Schnittpunkt zwischen formaler Verfeinerung der dichterischen Tradition, wie sie im symbolistischen Gedicht französischer Prägung hervortritt, und den in die (von politischen Katastrophen bewegte) Gegenwart vordrängenden Themen entstand, eine Poesie von rhapsodischer Kraft und überdunkelt von den Verlustmeldungen und Leiderfahrungen der Zeitgeschichte[1]. Es ist sicherlich kein Zufall, daß sich dieser transitorische Charakter seiner Poesie auch in seiner privaten, von der Zeitgeschichte nachhaltig beeinflußten Vita spiegelt. Der Entscheidungsschritt aus dem großbürgerlichen Elternhaus in die politische Arbeit eines kommunistischen Jugendverbandes in der Weimarer Republik ist hier ebenso zu nennen wie die durch sein Judentum mitgeprägte Entschlossenheit seines illegalen Widerstandskampfes gegen das NS-Regime, das seine mehrjährige Exil-Odyssee, mit Stationen in Frankreich, im Spanien des Bürgerkrieges, in Nordafrika und der Schweiz verursachte[2]. Daß Stephan Hermlin nach 1945 in dem neubegründeten Frankfurter Rundfunk an wichtiger Stelle kulturelle Wiederaufbauarbeit zu leisten begann und sich, zum Teil in Kooperation mit Hans Mayer[3], für eine weltliterarische Öffnung des so lange diktatorisch geknebelten deutschen Kulturlebens einsetzte, unterstreicht seine Vermittlungsfunktion ebenso wie die Tatsache, daß er auch nach seiner politisch motivierten Entscheidung zur Verlegung seines Wohnsitzes in das Gebiet der späteren DDR der Anwalt einer progressiven und sich nicht politisch anpassenden Literatur blieb, als Anreger, als Förderer, polemischer Widerpart der offiziellen Kulturpolitik (und gelegentlich als ihr Opfer) die Integrität einer nicht festgelegten individuellen Position vertrat. Das zeigte sich am nachhaltigsten vor wenigen Jahren bei der Ausweisung von Wolf Biermann und der das politische

Bewußtsein der DDR-Bürokratien nachhaltig verunsichernden Protestresolution namhafter DDR-Autoren und -Künstler, die ohne den Einsatz von Hermlin nicht zustande gekommen wäre.

Man hat von Hermlin gesagt, er gelte »als Doyen der DDR-Literatur – und als ihr Grandseigneur; in Freundschaft verbunden mit vielen Schriftstellern in vielen Ländern, hat er nachhaltigen Einfluß auf die junge DDR-Literatur ausgeübt. Hermlin hat Aragon, Eluard, Neruda übersetzt, Nazim Hikmet und amerikanische Lyriker vorgestellt, Wolf Biermann und Sarah Kirsch entdeckt.«[4] Wie zutreffend oder nicht dies auch im einzelnen sein mag, so scheint die Rolle des Literators Hermlin die des Autors zu verdunkeln. Ein Mißverhältnis, das nicht nur vom Gewicht seiner Lyrik her zu korrigieren wäre, sondern auch von seiner erzählerischen Prosa her, die sich mit Vorliebe der Kurzform und nicht selten der Kurzgeschichte zugewandt hat. Die Besonderheit dieser Kurzprosa liegt einmal darin, daß sie von ihrem Wirklichkeitsstoff und ihren Themen her vielfach eine Verbindung zu einer selbst heute noch nicht genügend wahrgenommenen Traditionsvoraussetzung der deutschen Literatur nach 1945 herstellt, nämlich zu der Exilliteratur, deren Rang Hermlin auch in seiner Lyrik in vorderster Linie repräsentiert. Die Behandlung von Themen, die aus der aktuellen Wirklichkeit der DDR-Gesellschaft stammen, tritt demgegenüber deutlich zurück. Zum andern hat Hermlin in seinen Kurzgeschichten bewußt eine Verbindung zur amerikanischen Short Story hergestellt[5], und zwar am Beispiel des außerordentlichen Chronisten des amerikanischen Bürgerkriegs Ambrose Bierce[6], dessen »Tales of Soldiers and Civilians«, die später unter dem Titel »In the Midst of Life« veröffentlicht wurden, er zu einer Zeit wiederentdeckt hat, als Bierce in Deutschland so gut wie vergessen war und man seinen Namen und seine literarische Leistung auch in Amerika erst voll einzuschätzen begann.

Bierces Geschichte »An Occurrence at Owl Creek Bridge«[7] ist in ihrer Konzentration auf den winzigen Augenblick des Todes, der in der Vorstellung des Protagonisten die Vergangenheitsgeschichte und die vergebliche Zukunftshoffnung seines Lebens in einen halluzinatorischen Bewußtseinsfilm zusammendrängt und am Ende abrupt in den Todesvollzug umschlagen läßt, nicht nur der Prototyp einer Short Story, die eine Bedeutungstotalität in einem winzigen Erkenntnismoment entfaltet, sondern auch in der Gestaltung der schockhaft unpersönlichen, rational nicht zu erklärenden Zerstörungsgewalt des Krieges von einer prophetischen Hellsichtigkeit, die auf die Schlachtfelder des Ersten und Zweiten Weltkrieges vorausdeutet. Wie sehr Bierce dabei die objektivierende Haltung eines sich gleichsam für die Wirklichkeit engagierenden Erzählers aufgibt, der aus einer Zeugenhaltung heraus von außen wertend registriert, verdeutlicht dabei sein – für die Short Story in der Folgezeit richtungweisendes – Verfahren der souverän eingesetzten Figurenperspektive[8], die die objektive chronologische Zeit durch die subjektive Erfahrungszeit des Protagonisten ersetzt und so schockhafte und faszinierende Ansichten des Grauens präsentiert, die nicht mehr in ein vorgefaßtes System von Wirklichkeit integriert werden können: Der Leser selbst ist zur wertenden Beteiligung aufgerufen. Was man im Hinweis auf die Wirkung der Kurzgeschichte das »perspektivische Weiterdenken«[9] genannt hat, das sie vom Leser fordere, ist von Bierce entwickelt und so zum Beispiel in der Short Story »Chickamauga«, wo das Kriegsgeschehen aus der Perspektive eines spielenden taubstummen Kindes registriert wird, zu hoher Kunstfertigkeit gesteigert worden.

Bierce, der sich auch mit der Poetik der Short Story[10] (in enger Anlehnung an die Theorie Poes[11]) auseinandersetzte und ihre künstlerische Überlegenheit über den Roman nachdrücklich unterstrich, da in der Short Story alles auf die Konzentration und auf die Imaginationsstimulierung[12] des Lesers ankomme und nicht auf die reporterhafte Wiedergabe von Realitätszusammenhängen wie im Roman, die das Vorwissen des Lesers nur bestätigten, hat Stephan Hermlin die Gattungscharakteristika seiner Kunst der Short Story nicht im Begriff, sondern im erzählerischen Wort vermittelt. Hermlin folgt dabei der von ihm selbst an anderer Stelle ausgesprochenen Empfehlung: »Für dringend notwendig halte ich, überall den Gebrauch abstrakter Begriffe durch die vorurteilslose, kritische, ernste Untersuchung von Künstlern und Kunstwerken zu ersetzen.«[13] So läßt sich denn auch der Essay, den er über Ambrose Bierce geschrieben hat[14], nur indirekt auf seine Sicht der Gattungsmöglichkeiten der Kurzgeschichte beziehen. Wo sich solche Definitionshinweise andeuten, bleiben sie unmittelbar auf die Texte des amerikanischen Autors bezogen, den er freilich von der schulterklopfenden Herablassung traditionell orientierter Literaturkritiker (auch in der amerikanischen Literaturgeschichte[15]) befreit, indem er Bierce als Erzähler mit allem Nachdruck »der großen Erzähler-Linie der Poe, Hawthorne, Melville, Crane« (45) zuweist, ihn als den »Chronist[en] einer neuen Apokalypse« (45) rühmt und sein bewegtes, von journalistischem Broterwerb und häuslichen Katastrophen gezeichnetes Leben in Relation setzt zu der Leistung, die ihm möglich war: »Ein Schriftsteller, gezeichnet von einer dubiosen Brotarbeit, ist immerhin sicherlich so bedeutend wie das, was ihm gelungen ist.« (43)

Was Hermlin an den drei Erzählstücken von Bierce, auf die er näher eingeht (neben »An Occurrence« und »Chickamauga« ist es »A Horseman in the Sky«), hervorhebt, ist einmal die Präzision einer reporterhaften Schreibweise, die an der Oberfläche der Außenwelt orientiert zu sein scheint, aber diese Oberfläche so exakt ins Bild setzt, daß auch die Wirklichkeit neu gesehen wird. So betont Hermlin Bierces »Lakonismus, die Akribie, mit der er visuelle und akustische Akzente setzt« (44). Gleichzeitig erhält jedoch dieses Bild der Wirklichkeit eine Tiefendimension, die ein Ergebnis von Bierces spezifischer Technik des figurenperspektivischen Erzählens ist. Dadurch daß er aus dem Bewußtseinshorizont von in das Erzählgeschehen verwickelten Protagonisten erzählt, wird die Außenwirklichkeit zugleich kontrastiert und ergänzt von einer Bewußtseinswirklichkeit, so daß das dargestellte Bild der Dinge und Ereignisse immer auch ein Bild der Ängste, Wünsche und Hoffnungen ist, die der einzelne an die Wirklichkeit heranträgt. So rühmt Hermlin »die Präzision, den Realismus, mit dem Halluzinatorisches, Visionäres dargestellt wird« (44).

Das, was Bierce in seinen theoretischen Ausführungen selbst mit dem Begriff der Imagination umschreibt, bezeichnet also den Prozeß der Entdeckung einer inneren Zeitdimension, der Bewußtseinserfahrung der Wirklichkeit, wobei beides, objektiv verlaufende und subjektive Zeit, sich überlagert, sich widersprechen oder disproportional aufeinander bezogen sein kann: der winzige äußere Zeitaugenblick erweitert sich zur Erfahrung eines ganzen Lebensabschnittes. Mit dieser perspektivischen Technik macht Hermlin zugleich auf eine andere Besonderheit von Bierces Short Stories aufmerksam, und zwar auf ihren Irritationsschub, der für den Leser dadurch zustande kommt, daß er zur Identifikation mit der Figurenperspektive stimuliert wird und dadurch die harten Schnitte, mit denen am Ende die Außenwelt von Bierces

Geschichten zumeist gegen die Innensicht des Protagonisten gestellt wird, als aufschreckendes und ihn verunsicherndes Signal empfindet.

Der beim Kriegsspiel im Wald eingeschlafene Junge, der die in nächster Umgebung tobende Schlacht buchstäblich verschläft, sieht in »Chickamauga«[16] auch noch die durch den Wald kriechenden Verletzten und Verkrüppelten als Partner seines Spiels an, bis er plötzlich zu dem brennenden Elternhaus zurückfindet, auf den verstümmelten Leichnam seiner Mutter stößt und in unartikulierten Lauten den entsetzlichen Fall aus der Spielwirklichkeit in die grausame Kriegsrealität vollzieht: »The child moved his little hands, making wild, uncertain gestures [...] The child was a deaf mute.« (23) Einen ähnlichen Sturz in die Wirklichkeit läßt das Beispiel des auf die Wache abkommandierten und in Schlaf gefallenen Soldaten in »A Horseman in the Sky«[17] erkennen, der nach dem Aufwachen in dem feindlichen Offizier der Südstaaten, der sich in einiger Entfernung auf seinem Pferd der Klippe genähert hat, seinen Vater erkennt, aber nach einem kurzen Moment des erschreckten Zögerns dann doch den tödlichen Schuß abfeuert: »The man's face was white, but he showed no other sign of emotion.« (9) Daß der Vater als patriotischer Virginier auf seiten der Südstaaten kämpft, während der Sohn, zum Verräter geworden, sich den Nordstaaten anschloß und der politische Konflikt dadurch unmittelbar in die Familie getragen und der Sohn zum Mörder des Vaters gemacht wurde, gibt den Blick in einen Abgrund der Absurdität frei, den die patriotischen Phrasen auf beiden Seiten nur überdecken.

Dieser für den Leser zum schmerzhaften Riß in der Wirklichkeit führende Erkenntnis-schritt bedeutet für die Konstruktion der Fabel bei Bierce, daß die Handlung auf einen überraschenden Wendepunkt zueilt, der die Konfrontation von innerem Wirklichkeits-bild mit dem Außenbild der Realität abrupt dokumentiert. Diese auf Erkenntnis-schocks angelegte Schreibweise von Bierce wird noch dadurch gesteigert, daß er die Naturszenerien, die das absurde menschliche Geschehen umgeben, zumeist mit einer ruhigen Abgeklärtheit, ja Schönheit zeichnet, die die sinnlose menschliche Zerstö-rungsgewalt im Kontrast um so schärfer hervortreten läßt.

Wenn Hermlin die Leistung von Bierce so zusammenfaßt: »Er hat um psychologische und artistische Dinge gewußt, die zu seiner Zeit noch nicht erkannt worden waren« (46), so gehört dazu sicherlich auch ein Aspekt, den er eher mit Bedauern registriert: »– von Glaube an die Menschheit ist bei ihm kaum etwas zu finden.« (46) In der Tat, vor allem diese die ideologischen Rechtfertigungen und patriotischen Tarnungen des Krieges zersetzenden Erzählattacken Bierces[18] unterstreichen den seiner Zeitsituation weit vorauseilenden Impetus seines Schreibens: eine desillusionierte Wahrheitshal-tung, die das Grauen minuziös registriert und die Wunschbilder der Hoffnung als vergebliche Phantasieausgeburten enthüllt.

Daß Hermlin, in dessen biographischer Erfahrung die Katastrophenereignisse der politischen Zeitgeschichte immer wieder einwirkten, von Bierces »Reportagen von den katalaunischen Feldern« (45) fasziniert war, überrascht nicht, und noch im Abstand von fünfundzwanzig Jahren hat er über die Intensität der ersten Begegnung mit Bierces Arbeiten im Schweizer Exil des Jahres 1944 ausgeführt: »Deutlich entsinne ich mich des Eindrucks, den mir vor fünfundzwanzig Jahren beim ersten Lesen ›An Occurrence at Owl Creek Bridge‹ machte, eines Eindrucks, der so jäh, alles übrige ausschließend und imperativ war, daß ich ihn nur durch den Versuch bewältigen konnte, selber auf der

Stelle etwas nach dem doch unnachahmlichen Modell des unvergleichlichen Stücks zu versuchen.« (43) Es handelt sich um Hermlins, kurz nach dem 20. Juli 1944 geschriebenen, den gescheiterten Attentatsversuch Stauffenbergs auf Hitler thematisierenden Erzähltext »Der Leutnant Yorck von Wartenburg«[19].

Bierce hat in der »Occurrence« die Möglichkeiten der Short Story gewissermaßen bis ins Extrem vorangetrieben, indem er die dargestellte Situation auf einen winzigen Zeitabschnitt zusammendrängt und in diesem Zeitabschnitt zugleich in intensivster Verdichtung die Bedeutung eines ganzen Lebens zur Anschauung bringt. Die psychologische Ausnahmesituation, daß in der Sekunde des Todeseintritts das Leben im Zeitraffer eines Lebensfilms im Bewußtsein des Protagonisten vorbeiblitzt, hat Bierce in einer Intensität verwirklicht, die seiner Geschichte eine künstlerische Repräsentanz verleiht, hinter der als Darstellungsabsicht zum Vorschein kommt, was er in einem Brief einmal so formuliert hat: » All ›explanation‹ is unspeakably tedious and is to be cut as short as possible. Far better to have nothing to explain – to *show* everything that occurs, in the very act of occuring.«[20]

Daß es Bierce dabei in der Tat gelingt, Bewußtseinsprozesse jenseits psychologisierender Begrifflichkeit in Anschauung umzusetzen, ist ein Hinweis auf das Gelingen seiner künstlerischen Darstellung, die die Stilabsicht Hemingways im wesentlichen bereits vorwegnimmt. Wie aus einer unbeteiligten Beobachterperspektive werden die Anstalten geschildert, die ein Kommando von Unionssoldaten zur Exekution eines Südstaatenzivilisten, des Plantagenbesitzers Peyton Farquhar aus Alabama, in die Wege geleitet hat. Der Beschuldigte steht, die Schlinge um den Hals, auf einer den Owl Creek überspannenden hölzernen Eisenbahnbrücke, die Füße auf einer losen, in den Fluß hineinragenden Schienenschwelle, die unter seinem Körpergewicht herunterstürzen wird, sobald der Unionssoldat zur Seite getreten ist, der sie mit seinem Gewicht am andern Ende belastet. Doch bereits der erste Satz »A man stood upon a railroad bridge in northern Alabama, looking down into the swift water twenty feet below« (9) signalisiert die zentrale Perspektive des Erzählers: Es ist die Figurenperspektive Peyton Farquhars, zu der er nach der Beschreibung der Landschaftsszenerie und der Hinrichtungsvorbereitung wieder zurückkehrt: »He looked a moment at his ›unsteadfast footing‹, then let his gaze wander to the swirling water of the stream racing madly beneath his feet. A piece of dancing driftwood caught his attention and his eyes followed it down the current.« (11)

Indem der Blick von der losen Holzbohle, auf der er steht, zu dem im Wasser wirbelnden Stück Treibholz wandert, wird in der assoziativen Bildtextur gleichsam die ganze Entwicklung zusammengefaßt, die zu dieser Todessituation geführt hat[21]. Das Stück Treibholz weist auf das an die hölzernen Brückenpfeiler angeschwemmte Treibholz zurück, das Peyton Farquhar anzünden wollte, um durch die Zerstörung der Brücke den Vormarsch der Unionstruppen aufzuhalten. Diese auf die Vergangenheit zurückdeutende assoziative Verbindung wird freilich zugleich auch in die Zukunft ausgedehnt: Denn in dem im Wasser treibenden Stück Holz sieht Farquhar die Holzbohle, die im Augenblick des Erhängtwerdens ins Wasser stürzen und so im Fluß treiben wird wie dieses Stück Holz. Und noch eine dritte Bedeutungsassoziation wird von dem im Wasser treibenden Stück Holz ausgelöst: Farquhar sieht sich selbst, seinen Körper, im Wasser treiben; das Bilddetail wird so zum Auslösungsimpuls seiner Rettungshalluzinationen.

Der Wechsel zwischen der Außen- und der Figurenperspektive des Erzählers zeigt sich auch in der kurzen eingeschobenen Rückblende, die in der Art eines retardierenden Erzählblocks in dem Augenblick eingeschoben wird, als der befehlshabende Offizier den Vollzug der Exekution veranlaßt: »[...] the captain nodded to the sergeant. The sergeant stepped aside.« (11) Bierce holt in dieser erzählerischen Rückblende nicht nur die Exposition zu dem sich in der Gegenwart vollziehenden Ereignis nach, sondern akzentuiert auch ganz nachdrücklich die Absurdität dieses Ereignisses im Kontext der kriegerischen Auseinandersetzung. Denn Farquhar, der als Plantagenbesitzer und Sklavenhalter, »ardently devoted to the Southern cause« (12), charakterisiert wird, ist zu jenem aus patriotischem Übereifer versuchten Sabotageakt durch einen Unionsspion motiviert worden, der ihn in der Uniform eines Konföderierten eines Abends vor seinem Haus aufsuchte und durch falsche Informationen über die Bewachung der Brücke zu seinem Unternehmen veranlaßte. Daß der aus naivem Patriotismus in die Maschinerie des Krieges geratene Farquhar als Spion erhängt wird, während der eigentliche Spion von der Logik des Krieges gerechtfertigt wird und vermutlich noch den Besitz Farquhars später für sich reklamieren kann, unterstreicht die Widersprüchlichkeit einer Kriegssituation, die mit patriotischen Rechtfertigungslügen überdeckt worden ist.

Die innovative literarische Kraft Bierces zeigt sich vor allem im dritten Teil seiner Short Story. Denn jener Augenblicksgedanke, der kurz vor dem Exekutionskommando Farquhars Bewußtsein durchblitzt – »If I could free my hands, I might throw off the noose and spring into the stream. By diving I could evade the bullets and, swimming vigorously, reach the bank, take to the woods and get away home« (11) –, wird im dritten Teil in eine halluzinatorische Realität umgesetzt. Farquhar gelingt es offenbar, die Hände freizubekommen, er rettet sich schwimmend vor den Kugeln der Soldaten hinter eine Biegung des Flusses, er eilt durch den Wald nach Hause und sieht auf der Schwelle seines Hauses seine Frau, die ihre Arme nach ihm ausstreckt.

Die Wirklichkeit des Krieges scheint ausgelöscht durch eine paradiesische Gegenwirklichkeit, die sich in der Schönheit der Natur – »The trees upon the bank were giant garden plants; he noted a definite order in their arrangement, inhaled the fragrance of their blooms. A strange roseate light shone through the spaces among the trunks and the wind made in their branches the music of aeolian harps.« (16) – und in der Schönheit seiner Frau zu erkennen gibt. Im Moment der Umarmung löst sich sein Bewußtsein in einer Woge von Licht auf. Die Rettungsvision und die Utopie einer Gegenwirklichkeit werden durch den Schlußsatz des Erzählers, der den am Strick über dem Fluß pendelnden Körper des Toten beschreibt, zur halluzinatorischen Hoffnung in jenem Bruchteil von Zeit erklärt, als die Schlinge sich zum Erstickungstod zusammenzog.

Die Wirkungsintensität dieser Short Story von Bierce liegt nicht nur darin, daß er den Krieg in seiner chaotischen Sinnlosigkeit demaskiert, sondern daß er Bewußtseinsvorgängen jenseits aller Psychologisierung eine körperhafte Konkretheit und Wirklichkeitsdichte verleiht, auf die die Frage des Malers Reichmann in Hermlins Kurzgeschichte »Reise eines Malers in Paris«[22] hindeutet: »[...] wie kann ich wissen, wo die Wirklichkeit anfängt oder wie viele Wirklichkeiten es gibt.« (14)

Hermlin hat das Modell dieser Geschichte Bierces unmittelbar übernommen. Auch in »Der Leutnant Yorck von Wartenburg«[23] steht eine (dem gescheiterten Unternehmen des 20. Juli 1944 folgende) Exekutionssituation im Mittelpunkt, und im Augenblick des Vollzugs blitzt im Bewußtsein seines Protagonisten gleichfalls die Vision einer Befreiung und Rettung, einer Gegenwirklichkeit, auf, die in einer Lichtexplosion erlischt, als der Protagonist im Wagen aus der Kurve geschleudert wird, unterwegs nach Deutschland, wo ein großer revolutionärer Aufstand dabei ist, die Macht der Nazis und Hitlers zu brechen. Die Unterschiede, die sich dennoch bei Hermlin zeigen, sind nicht nur Differenzen einer andern historischen Situation und eines andern historischen Hintergrundes. Dem amerikanischen Bürgerkrieg bei Bierce entspricht bei Hermlin die deutsche Widerstandsbewegung gegen Hitler. Bei der literarischen Kristallisation dieser Geschichte läßt sich denn auch nicht von der Entstehungssituation absehen: Die Nachricht vom gescheiterten Attentat der deutschen Offiziere, die Hermlin im Schweizer Flüchtlingslager erreichte, hat dazu geführt, daß der Leutnant Graf Yorck von Wartenburg, den Hermlin (entgegen der Historie) als jungen Offizier zeichnet, den Part Peyton Farquhars übernimmt. Aber jener stolpert eher zufällig aus einem naiven patriotischen Idealismus in die Fallgruben des Krieges hinein. Bei Yorck steht eine instinktive politische Entscheidung dahinter, die sich gefühlsmäßig der Ablehnung Hitlers gewiß ist, aber dennoch erst am Beginn eines politischen Erfahrungsweges steht.

Die Vision der Rettung und einer paradiesischen Gegenwirklichkeit, die im Bild der Frau für Farquhar personale Züge gewinnt, wird im Todesaugenblick bei Yorck zu einer politischen Utopie erweitert, die nicht bei der Rückkehr zu dem geliebten Mädchen Anna stehenbleiben kann, sondern sich zu einer zukunftsgewandten politischen Aktivität erweitert. Yorck verläßt daher wieder das Haus des befreundeten Freiherrn v. H., der ihm Schutz gewährt hatte, läßt Anna hinter sich zurück und entscheidet sich zum Übertritt zu den russischen Linien, wo er im Kreis der deutschen Offiziere der Bewegung »Freies Deutschland« (für die die Stalingrad-Niederlage zur Erfahrungszäsur geworden war) eine politische Lehrzeit absolviert, die ihn an die Idee eines antifaschistischen und demokratischen neuen Deutschlands teilhaben läßt. Yorck hat damit gleichsam nochmals den Schritt seines berühmten Vorfahren nachvollzogen, der, zu Beginn der Befreiungskriege, Napoleon 1812 bei Wartenburg in Ostpreußen die Gefolgschaft verweigerte, ohne das Plazet seines Königs zu haben. Der im nachhinein sanktionierte Entscheidungsschritt, der zur Begründung eines neuen freien Preußen führte, gibt auch die Zukunftsperspektive für den jungen Leutnant ab, die vom Ausbruch eines allgemeinen Aufstands gegen Hitler nachdrücklich unterstützt wird.

Bierce hat den Glauben an einen Sinn der Geschichte aufgegeben, Hermlin hält daran fest, indem er nicht eine Aporie von sinnloser Kriegswirklichkeit und paradiesischer Gegenwirklichkeit verkündet, sondern aus den Gegebenheiten der damaligen zeitge-schichtlichen Situation – und darin spiegelt er fraglos die politischen Hoffnungen des deutschen Widerstands und Exils wider – das Bild einer neuen politischen Ordnung entwirft, die an die Stelle des gegenwärtigen Schreckbildes treten könnte. Während Bierce denn auch bezeichnenderweise den das Bewußtsein Farquhars auslöschenden Lichtblitz mit dem lapidaren Schlußsatz vom eingetretenen Erstickungstod des Delinquenten hart kontrastiert, läßt Hermlin das halluzinierende Bewußtsein Yorcks nochmals in die Gegenwart zurückkehren und Yorck im vollen Bewußtsein seiner Hoffnungen sterben: »Aber nichts erreichte ihn mehr. Kein Schmerz war in ihm und keine Enttäuschung. Er war ganz allein, und auf die Hand, die nun die Schraube zu drehen begann, spiegelte sein ruhiger Blick den letzten Widerschein von Städten, Menschen, Gefühlen und Erkenntnissen seines geträumten Lebens.« (73)

Freilich ist die politische Erweiterung dieser Hoffnungsperspektive bei Hermlin zugleich mit einem Verlust der evokativen Kraft jener Rettungsvision verbunden, die bei ihm Züge eines didaktischen Planspiels annimmt und jene sprachliche Hautnähe der Darstellung mitunter einbüßt, die bei Bierce aus der konsequenten Einhaltung der Figurenperspektive erwächst. Am grundsätzlichen Kurzgeschichtenmodell der einen zentralen Situation, der Todessituation des Protagonisten, der im Sekundenbruchteil des Sterbens eine zum Lebensfilm verdichtete blitzartige Erkenntnisreise seines Bewußtseins erlebt, läßt sich auch bei Hermlin nicht zweifeln.

Das gleiche strukturelle Modell läßt sich bei Hermlin auch in einem andern Erzähltext erkennen, der von seinem Umfang her das Maß der Kurzgeschichte zu sprengen scheint, aber in der Ausweitung einer zentralen Erzählsituation durch halluzinatorische Bewußtseinsschübe eine der Kurzgeschichte analoge Anlage erkennen läßt. (Eine ähnliche formale Überlegung läßt sich auch auf die Struktur der Geschichten »Arkadien« und »Die Kommandeuse« erweitern, auf die in Teil III einzugehen sein wird.)

In diesem Erzähltext, »Reise eines Malers in Paris«, wird, gleichfalls in engstem zeitgeschichtlichen Kontext des Exils während der NS-Zeit, dargestellt, wie der emigrierte deutsch-jüdische Maler Hans Reichmann, dessen Kunstausübung mit der zwanghaften körperlichen Ausschweifung des Quartalssäufertums untrennbar verbunden scheint, beim Eintritt in den U Bahn Schacht der Pariser Metro eine halluzinative Erinnerungsreise antritt, die die Angstzustände des Exils verdeutlicht und gewisse Stationen seiner Biographie vergegenwärtigt. Ohne in psychologische Deskription zu verfallen, werden die Angstzustände Reichmanns an dem aus der Figurenperspektive verfremdeten und deformierten Bild der Außenwirklichkeit deutlich gemacht, so wenn es etwa heißt: »Die Fassaden des Quartier Latin schienen wie Papier zu wallen, aus dem jeden Augenblick die Flamme schießen konnte. Ein fahles Licht brodelte in den Straßen.« (9) Oder an einer anderen Stelle: »Die schattenlose Straße empfing ihn mit einem Licht, das die Augen wie ein Keulenschlag traf.« (10)

Indem nur aus der Optik Reichmanns Eindrücke registriert werden, gestaltet Hermlin zugleich das mentale Klima der Verunsicherung und Bedrohung mit, das den Eintritt in den Metro-Schacht zum Eindringen in eine Hadeswelt werden läßt, die von Lemuren der Vergangenheit bevölkert wird. Die sich in einem Bewußtseinsschock vollziehende Vermischung der Zeiten, die im Bilde »eines Sturzes aus sehr großer Höhe, eines Sturzes ohne Halt und Rettung« (17) verdeutlicht wird, läßt ihn plötzlich eine Situation des Juli 1936 im Spanischen Bürgerkrieg wiedererleben, den er, ein »Berichterstatter von den Katalaunischen Feldern« (20), als absurdes grausames Geschehen vergegenwärtigt, so wie Bierce den amerikanischen Bürgerkrieg: »Drüben auf dem Trottoir lag ein kleines Mädchen mit offenem Rücken; sein Kopf hing über die Bordschwelle, als wolle es aus der Gosse trinken. [...] Ein aufgerissenes Haus schlug mit geblähten Vorhängen wie ein gespenstisches Schiff, das alle Segel gesetzt hat.« (23)

Diese »Vision eines unterirdisch lebenden Kontinents« (23), der Reichmann überwältigt, meint die rauschhafte Ausdehnung seines halluzinierenden Bewußtseins, das ihn in scharfem Schnitt in eine andere Erinnerungssituation weiterträgt, als er sich als Jude in einem Internierungslager befand und nur aus Zufall der Selektion entging, weil sich beim Aufrufen seines Namens ein Namensvetter an seiner Stelle meldete. In diese halluzinatorische Bewußtseinsreise wird gegen Ende noch eine andere Station eingeblendet, die Reichmann – und hier ist die Parallele zum Übertritt Yorcks zu den russischen Linien deutlich – plötzlich in China in der Umgebung der revolutionären Armee des Generals Tschou En-lai zeigt, der ihm »Wasser- und Ölfarben, Leinwand, Papier« (45) beschafft und ihm ein kurzes Refugium künstlerischer Arbeit ermöglicht, die offenbar jetzt ein anderes, politischeres Ziel hat als die frühe Arbeit Reichmanns, die »eine Wunderwelt von Graswäldern und submarinen Landschaften« (9) entwarf, und sich auch von jener resignativen Haltung unterscheidet, die Reichmann in Spanien bestimmte, wo die »völlig neue Existenz [als] eine Existenz der Handlungslosigkeit, des pflanzenhaften Dahindämmerns« (26) erscheint.

Der Hohlweg, in den sich Reichmann plötzlich in der chinesischen Landschaft versetzt sieht und hinter dem er »Explosionen« (47) dröhnen hört und den »Widerschein aufkommender Feuer« (47) erkennt, nimmt als metaphorische Mutation des Metro-Tunnels eine transitorische Bedeutung an und führt ihn plötzlich wieder in die Gegenwart zurück. »Auf einmal wußte er, daß die große Woge, die ihn damals fortgerissen hatte, gleich, in diesem Augenblick noch sich am Gestade der Gegenwart brechen würde.« (47) Damit wird im Bild eine Gedächtnissimultaneität hergestellt, die die ganze Erinnerungsreise auf jenen Bruchteil von Zeit zusammendrängt, in dem in seiner Erinnerung jene im Spanischen Bürgerkrieg erlebte Serie von Explosionen aufblitzt, von der zu Anfang gesprochen wird: »In diesem Augenblick dröhnte über Reichmanns Kopf eine lange Kette von Explosionen. Der Feuerstoß lief durch Eisenblech und Fensterglas wie Nadeln einer riesigen Nähmaschine.« (18 f.)

Was also im Nacheinander der erzählerischen Progression entwickelt wird, ist zusammengedrängt auf diesen Erinnerungsblitz, der Reichmanns Bewußtsein in die Vergangenheit, in die Zukunft und wieder in die Gegenwart zurückträgt, als er die Metro verläßt und sich mit der Unsicherheit seines Exilzustandes in Paris erneut konfrontiert sieht: »Von Gewalten überkommen, er wußte nicht wie, hatte er eine lange Reise beendet, die ihm nicht aufgetragen gewesen war. Nun schloß sich die Stadt wieder um ihn – was hieß Dauer an ihr, Gewißheit, Bestand, Überleben?« (48)

Überleben bedeutet für Reichmann am Ende konkret die Rückkehr zu seiner künstlerischen Arbeit, deren Sinn ihm dunkel bleibt, aber dennoch der einzige Sinn ist, den er noch wahrzunehmen vermag. Keine Frage, daß das auch die Antwort Hermlins ist, der hier die Katastrophenerfahrung seiner Existenz im Exil eingebracht hat und die politischen Hoffnungen, die das mühsame Überleben ermöglichten, in halluzinatorischer Überblendung so unwirklich darstellt, wie sie konkret in der damaligen Situation wirkungslos waren.

Hermlins Erzähltext ist damit in ähnlicher Weise zu einem herausragenden Beispiel der Exilliteratur geworden wie auch die Erzählstücke »Die Zeit der Einsamkeit«, wo er, gleichfalls im Frankreich der dreißiger Jahre, die Rache des um das Leben seiner Frau betrogenen Emigranten Neubert darstellt, »Die Zeit der Gemeinsamkeit«, wo er in einer literarischen Montagetechnik den Aufstand im Warschauer Ghetto im Erinnerungsrückblick rekonstruiert, oder »Der Weg der Bolschewiki«, wo er den Ausbruchsversuch russischer Häftlinge aus einem KZ darstellt. Doch für alle diese zuletzt erwähnten Texte gilt, daß sie formal nicht jene zentrale Zeit- und Situationseinheit

aufweisen, die auch noch »Die Reise eines Malers in Paris« als Kurzgeschichte zu
erkennen gibt. Die aus verschiedenen Etappen zusammengesetzte Zeitstruktur, die an
verschiedenen Handlungssträngen entwickelte Fabel, die Ausweitung des erzählperspektivischen Blickfeldes über die Optik des Figurenerzählers hinaus facettieren die
Erzählstruktur in einer Weise, daß sich hier kaum mehr von Kurzgeschichten sprechen
läßt. Anders ist es hingegen bei den Texten »In einer dunklen Welt«[24] und
»Kassberg«[25].

Im ersten Beispiel stellt Hermlin eine Erkenntnissituation dar, die konkret mit seiner
Arbeit an den Porträts von Widerstandskämpfern gegen das NS-Regime verbunden ist,
die er in dem Band »Die erste Reihe«[26] vorgelegt hat. An »Livius und Sueton«[27]
geschulte Porträts, die ohne »falsches Pathos und unziemliche Weitschweifigkeit« das
Andenken an jene jungen Menschen wachhalten sollten, die zu den namenlosen
Opfern des NS-Regimes gehörten. Bei den Recherchen für das Porträt eines
Jugendfreundes, der zu diesen Opfern gehört, nimmt der Erzähler die Verbindung zu
dessen Schwester auf, die, mit einem Engländer verheiratet, inzwischen in London lebt
und ihm nach anfänglichem Zögern mit Informationen helfen will. Als der Erzähler in
London eintrifft, kommt es nur zu einer telefonischen Begegnung, da das Zögern der
Schwester ihm die Zusammenhänge plötzlich klar werden läßt: Die Schwester, die
damals des in der kommunistischen Jugendarbeit engagierten Bruders wegen nicht
»vom Studium ausgeschlossen werden« (242) wollte, hatte den Bruder selbst
angezeigt: »Er sollte nur einen Denkzettel kriegen und lernen, daß man auf seine
Familie Rücksicht zu nehmen hat.« (241 f.)

Die die Schwester scheinbar bestätigende Information »Als er verhaftet war, hat
Hermann nicht mehr daran geglaubt« (241) ist für den Erzähler nur die schockierende
Bestätigung dafür, daß sie »ihn zum zweitenmal umgebracht« (241) hat, ihn aus
egoistischem Drang nach Anpassung und einem normalen Leben nicht nur physisch
vernichtete, sondern auch seine Hoffnung und seinen Idealismus tötete. An einer
gleichsam alltäglichen Begebenheit stellt Hermlin hier die den Sinn der Historie in
Frage stellende Erfahrung von Bierces »A Horseman in the Sky« dar: so wie dort der
Sohn zum Mörder des Vaters wird, nur weil er dem militärischen Kodex gehorcht und
weil der Vater ihn mit dem Spruch hatte gehen lassen: »[...] whatever may occur do
what you conceive to be your duty« (5), ist hier die Schwester aus Eigennutz und
Gedankenlosigkeit zum Mörder des Bruders geworden.

»Kassberg« wiederum besitzt eine Erzählstruktur, in der ein Gegenstand oder ein
bestimmter Ort zum Simultaneitätsschnittpunkt der Geschichte wird. Die zeitliche
Situationseinheit ist hier mutiert zur Kontinuität eines Objektes, in dem sich die
Progression der Geschichte gleichsam vergegenständlicht hat: eine petrifizierte
Simultaneität, die im Erinnerungsprozeß des Erzählers in ihr ursprüngliches Nachein-
ander wieder zerlegt wird. Dieses Muster einer Gegenstandsgeschichte, wie es bei Böll
am Beispiel seines Textes »Abenteuer eines Brotbeutels« bestimmt wurde, läßt sich in
»Kassberg« modifiziert erkennen.

Der topographische Schnittpunkt der Zeit erscheint in einem »kleinen kreisrunden
Platz mit Villen« (245), wo der Erzähler einmal als Kind gelebt hat. Und auch hier trägt
diese Kurzgeschichtenstruktur dazu bei, auf dem Wege der Kontraktion und
Verkürzung eine Lebenstotalität in winzigen Ausschnitten zu verdeutlichen: der
Anblick eines Flugzeugs über dem Garten im Kriege; die Erinnerungsintensität einer

vom Fieber geschaffenen Ruhezone im Kinderzimmer; das Bild der Mutter; die Rückkehr nach mehreren Jahren ins Haus der Großeltern, Lektüreeindrücke, Sportbegeisterung und erste politische Signale, die noch unverstanden das Bewußtsein des Dreizehnjährigen erreichen; die Verwandlung der Szenerie während der Nazizeit mit den gegen die Juden gerichteten Plakaten; und zwanzig Jahre später die Wiederbegegnung mit der vom Krieg ausgebrannten Straße, einer »Straße aus Leere« (249): »Auch der dreieckige Platz ist kleiner.« (249) Fünfzehn Jahre später anläßlich einer Jubiläumsfeier im einst besuchten humanistischen Gymnasium die Konfrontation mit dem auf- und umgebauten Platz, der nichts mehr mit der alten Erinnerung gemein hat: »Ich gehe fort, ich kenne hier niemand. Auf das Gitter am Straßenrand gestützt, schaue ich nach meiner unbekannten, unheimlichen Geburtsstadt aus. Die Freier sind fort, und mit ihnen Penelope.« (250)
Eine in Kontrastbildern ineinanderstürzende Geschichte, die den Erzähler fremd, heimatlos sich selbst überläßt und als Erinnerungsrefugium nur jenes im Fieber erlebte Krankenzimmer im Winter der fernen Kindheit zurückläßt: »Mehr war vom Leben nicht zu erwarten gewesen. Alles andere war Täuschung. Es bleibt nur dieses Glück.« (246) Ein vom Platz und von der Außenwelt abstrahiertes Innenbild, das nur noch in der Vorstellung und Erinnerung des Erzählers lebt und jenem utopischen Bild einer Gegenwirklichkeit gar nicht so fernsteht, das der Sterbende in Bierces »Occurrence« an der Schwelle des Todes imaginiert.
Die Überlebenskämpfe, von denen die Kurzgeschichten Stephan Hermlins in poetischer Eindringlichkeit aus den Katastrophenzonen der Zeitgeschichte berichten, münden nicht ein in die Fanfarenstöße politischer Überzeugungsgesänge. So wie der Erzähler am Ende seines Erinnerungsweges buchstäblich ortlos geworden ist und sich in der verwandelten und austauschbar gewordenen Physiognomie des Platzes nicht mehr wiedererkennt, ist auch seine poetische Hoffnung ortlos geworden, und das meint, ganz wörtlich genommen, utopisch, aber eine Utopie, die keinen Programmen, sondern nur der eigenen Melancholie und Erfahrung, der Sensibilität einer oft beispiellosen dichterischen Sprachkraft verpflichtet ist.

6. Wolfgang Weyrauch. Die Auflösung der Geschichte in Geschehen – Poe/Bierce

Kein epischer Langstreckenläufer, dessen Roman-Runden in den literarischen Feuilletons ausgiebig diskutiert würden, kein dramatischer Zauberkünstler, der auf den Bühnen seine szenischen Rituale dem Publikum vorexerziert, vielmehr Hörspiele[1], Gedichte und kurze Prosa: eine Lyrik, die sich den jeweils herrschenden Trends verweigert und nach dem von ihm geprägten, berühmt gewordenen Wort »Mein Gedicht ist mein Messer«[2] ein Instrument der individuellen Existenzorientierung und bewältigung ist, und eine Prosa, die sich nach dem landläufigen Konsens der rituellen Bescheidenheit verschrieben hat, nämlich den kurzen Formen, der Kurzgeschichte insbesondere, die der Hauptstrang von Weyrauchs literarischem Werk bis in die unmittelbare Gegenwart hinein geblieben ist. Wie viele Mißverständnisse, auf die literarische Gattung Kurzgeschichte bezogen, und wie viel Mißverstehen, bezogen auf die literarische Leistung des nun über siebzigjährigen Wolfgang Weyrauch.

Auf der spektakulären literarischen Szene hat er nie zu den Hauptakteuren gezählt, aber dennoch mit einer nie nachlassenden Energie als literarischer Lektor, als überragender Anthologist, als Spurensucher und Förderer jungen literarischen Talents, als Mentor einer gegen jede Form von Selbstzufriedenheit rebellierenden Literatur am Gespräch hinter der Szene teilgenommen[3] und den Dialog weitergeführt, wenn die Bühnenlampen längst erloschen und die Augenblicksakteure im Literaturhimmel oder -orkus verschwunden waren. Die Kontinuität in der literarischen Aktivität dieses Autors und die nie erlahmende Energie, die vor allem aus den experimentellen Sprüngen, Neuansätzen und Weiterführungen seines Prosawerks spricht, weisen die groben Raster der nachträglichen literaturhistorischen Einordnung in der Regel als unzureichend zurück.

Denn registriert hat man ihn, gleichgültig, ob bejahend oder ablehnend, zumeist mit einem zum monumentalen Stereotyp gewordenen Slogan, der über der Anfangsphase der deutschen Nachkriegsliteratur in fast allen literaturgeschichtlichen Bestandsaufnahmen steht: dem des Kahlschlags, der Kahlschlag-Literatur als Trendmarkierung und Situationsbestimmung der aus dem Krieg zurückkehrenden und sich mit den moralischen und materiellen Verwüstungen auseinandersetzenden jungen deutschen Autoren.

Aber schaut man sich jene legendäre »Sammlung neuer deutscher Geschichten«, die unter dem Titel »Tausend Gramm« 1949 erschien, näher an und setzt Weyrauchs »Nachwort«[4] in Beziehung dazu, dann liegen die eigentlichen Akzente nicht auf dieser mit Nachdruck verkündeten Zäsur eines kompromißlosen Neuanfangs, die Weyrauch im Bild des zu rodenden Dickichts mit dem Wort Kahlschlag umschreibt. Die scheinbare Traditionslosigkeit, die als Voraussetzung literarischen Neubeginns und als Heilmittel gegen Traditionszerstörung und -inflation propagiert wird, gibt nur einen Aspekt seiner Bestandsaufnahme wieder. Gewiß hat Weyrauch damals formuliert: »Die Kahlschlägler fangen in Sprache, Substanz und Konzeption von vorn an« (214), aber diesen Neubeginn nicht in einem geschichtsleeren literarischen Raum plaziert.

Den Beispielen einer neuen Kurzgeschichte, die für ihn die »Stellvertreterin der großen Prosa« (210) ist, werden prononciert im ersten Teil seiner Anthologie »fünf Modellgeschichten« (5) vorangestellt, die jenseits des Trümmerfeldes, das das Dritte Reich hinterlassen hat, Traditionsanknüpfung erlauben: Texte von Hebel, von Kleist, von Hebbel und ferner von Tschechow und Maupassant. Überraschenderweise fehlen hier noch ganz die Amerikaner, die bis in die fünfziger Jahre hinein der geradezu hektischen Produktivität der deutschen Kurzgeschichtenautoren Vor- und Leitbilder wiesen. Weyrauchs eigene literarische Entwicklung hat diesen Modellkanon entsprechend erweitert und in Ambrose Bierce einen der Traditionsväter der amerikanischen Short Story auch als literarischen Paten seines Kurzgeschichten-Œuvres akzeptiert.

Im Kontext der damaligen literarischen Situation betrachtet, entspricht die offenbare Zurückdrängung der im Bewußtsein der literarischen Nachkriegsöffentlichkeit tatsächlich dominierenden amerikanischen Autoren – zum Teil zumindest – bewußt der Strategie, die junge deutsche Literatur bei ihren Versuchen der Emanzipation von diesen Vorbildern zu bestärken: Anregungen zwar aufzunehmen, aber zugleich in eigene, neue Zusammenhänge zu integrieren. Als Ermunterung zur Selbständigkeit, zur Einschlagung eines eigenen Weges war das Nachwort von Weyrauch seinerzeit daher auch gemeint: »Wir achten die fremden Wegweiser. Aber – ich bin davon überzeugt, daß es so ist – die Literaturen der andern können uns erst dann achten, wenn wir uns mit ihnen auseinandersetzen, wenn wir sie nicht, direkt oder indirekt, nachahmen, wenn wir vor den Kopien, die sich zeigen, warnen, und wenn wir versuchen, eine Literatur, in diesem Zusammenhang also eine Prosa, zu gründen und zu entwickeln, welche die unsre ist. Eine deutsche Literatur, die nimmt – aber auch gibt!« (213)

In diesem Kontext ist das literaturtheoretische Programm, das Weyrauch skizziert hat, als Dokument der Selbstbewußtwerdung dieser jungen deutschen Literatur, deren Anfangsphase konkret ja bereits abgelaufen war, von zentraler Bedeutung, da es von vornherein auf eine Gemeinsamkeit der Autoren zielt, die ersten Trendentwicklungen und Ansätze bündelt und eine Wegrichtung skizziert, die bewußt über die Zielrichtung von Weyrauchs eigenem literarischen Werk hinausreicht. 1949 war die von Böll beschriebene und von Autoren wie Borchert oder Schnurre mitrepräsentierte Phase der »Trümmerliteratur« im wesentlichen bereits überwunden. Nach der enthusiastischen Öffnung der kulturellen Barrieren für die einströmenden ausländischen Literaturen ergab sich die Notwendigkeit zu einer ersten Sondierung und Identitätsbestimmung des künftigen Weges dieser neuen deutschen Literatur. Weyrauchs Nachwort gehört daher in den zeitgeschichtlichen literarischen Kontext der Definitionsanstrengungen der von Richter, Andersch und Kolbenhoff repräsentierten Nachkriegszeitschrift »Der Ruf«. Anderschs leidenschaftliches Plädoyer[5] gegen die restaurative Neubelebung einer kalligraphischen Literatur – eine Begriffsbestimmung, die auf Gustav René Hocke[6], einen andern Autor des »Rufs« zurückgeht – wird denn auch an einer Stelle in Weyrauchs Nachwort direkt erwähnt: »[...] die Verfasser der Kahlschlag-Prosa [...] widerstreiten [...], manchmal sogar ultimativ, der Fortsetzung der kalligraphischen (Alfred Andersch) Literatur in Deutschland, der Verhängung und dem Verhängnis eines neuen Nebels bei uns, worin die Geier und die Hyänen nisten und tappen.« (216)

Vieles von dem, was hier anklingt, ist als konkretes literarisches Verhalten dann Teil jenes Begriffes von Literatur geworden, die sich nach dem von den Besatzungsbehörden programmierten Scheitern des »Rufs« in der Gruppe 47 verwirklicht hat, der Weyrauch bereits früh angehörte. Weyrauchs Appell an diese Literatur, sich zu einer eigenen Identität zu bekennen und um deren Verwirklichung zu bemühen, versucht also faktisch, einen Mittelweg zu skizzieren zwischen einer bis zur Selbstaufgabe reichenden Angleichung an die Haltungen und Muster der enthusiastisch rezipierten ausländischen (vor allem amerikanischen) Literatur und einer Rückkehr zu ästhetizistischen Sackgassen deutscher Innerlichkeit. Moral und Literatur sind für ihn ebenso unabdingbar miteinander verbunden wie literarische Gestaltung und Auseinandersetzung mit der Wirklichkeit: »Die Schriftsteller dienen, wo immer sie schreiben, der Verminderung des Bösen im Menschen.« (210) Ja, er geht an einer Stelle sogar so weit, die These aufzustellen: »Die Schönheit ist ein gutes Ding. Aber Schönheit ohne Wahrheit ist böse. Wahrheit ohne Schönheit ist besser.« (217)

Das erinnert an das poetische Manifest[7] eines Wolfgang Borchert, der sich gleichfalls gegen »eine neue Harmonienlehre« (310) der Literatur ausgesprochen und statt dessen erklärt hatte: »Wir brauchen keine Dichter mit guter Grammatik.« (310) Bei

Weyrauch wird das jedoch ohne dithyrambischen Überschwang als Aufruf zur Selbsterkenntnis einer Literatur verstanden, die sich Ende der vierziger Jahre schon wieder anschickte, nicht nur das Schlachtfeld des Hürtgenwaldes mit seinen verstümmelten Bäumen und »unendlich viele[n] tote[n] Soldaten« (212) – Alfred Andersch ist Jahrzehnte später in seinem Roman »Winterspelt« zu diesem Schlachtfeld zurückgekehrt – wieder zu verdrängen, sondern darüber hinaus ihre schuldhafte Beteiligung an diesem Schlachtfeld: »Sie wissen nicht, daß sie den Hürtgenwald selbst verursacht haben.« (212)

Wenn Weyrauch die schriftstellerischen Arbeitsmöglichkeiten kategorisiert und zwischen vier Grundhaltungen unterscheidet – »Die einen schreiben das, was nicht sein sollte. Die andern schreiben das, was nicht ist. Die dritten schreiben das, was ist. Die vierten schreiben das, was sein sollte« (217) –, so sieht er die Autoren des Kahlschlags jenseits einer entweder anklägerischen oder Wunschvorstellungen erfüllenden oder utopische Hoffnungen antizipierenden Literatur mit der »Methode und [...] Intention des Pioniers« (217) auf dem Wege einer realistisch beschreibenden und beschreibend analysierenden Literatur: »Sie fixieren die Wirklichkeit. Da sie es wegen der Wahrheit tun, photographieren sie nicht. Sie röntgen. Ihre Genauigkeit ist chirurgisch [...]. Die Methode der Bestandsaufnahme. Die Intention der Wahrheit. Beides um den Preis der Poesie.« (217)

Die Autoren begannen, wie Weyrauch es mit einem Schlüsselwort für seine eigene Position beschreibt, »beim Stand der Anabasis« (216). Jenes berühmte Prosawerk des Xenophon, das den oft die Grenze der Vernichtung berührenden Rückzug einer Truppe von griechischen Söldnern aus der Perspektive der Augenzeugenschaft oder des durch Augenzeugen Verbürgten schildert, ist gleichsam ein allegorisches Signal für die Situation der deutschen Autoren: So wie die in den persischen Bürgerkrieg nichtsahnend hineingeratenen griechischen Söldner, 2000 Kilometer von ihrer Heimat entfernt, sich auf den gefahrvollen, von Entbehrungen gezeichneten Rückweg begeben müssen, sieht Weyrauch die deutschen Autoren, abgeschlagen in einer kulturellen Einöde, die das Dritte Reich hinterlassen hat, an dem Ausgangspunkt einer literarischen Expedition zurück in das bewohnte Gelände einer europäischen, einer kosmopolitischen Literatur. Als Kompaß für diese Expedition war seine Anthologie gedacht, als Geländekarte für den zurückgelegten und noch zurückzulegenden Weg sollte sein programmatisches Nachwort fungieren.

Es ist charakteristisch, daß Weyrauch in dieser Situation der Kurzgeschichte die Möglichkeit zuschreibt, die einzelnen Wegstrecken und Fortschritte zu markieren, und nicht dem Drama oder dem Roman, am ehesten noch dem Gedicht. Freilich handelt es sich um eine Kurzgeschichte, die nicht »bei der Addition der Teile und Teilchen der Handlung, beim A-B-C der Sätze und Wörter« (216) stehenbleibt, sondern bei der Beschreibung der Oberfläche der Wirklichkeit zugleich das Kräftespiel in ihrem Innern, ihre Mechanismen und Gesetzmäßigkeiten, mit analysiert: »Solche Geschichten verlassen schon die Deskription, ohne sie indes je zu verlieren, sie tragen sie mit sich fort, sie begeben sich bereits zur Analyse, sie beginnen die Auseinandersetzungen des Geists.« (218)

Das sind, zugegeben, sehr allgemein gehaltene Umschreibungen, die sich kaum auflösen lassen in eine Poetik des strukturellen Aufbaus, der diesen Typus der Kurzgeschichte charakterisieren soll. Und auch die von den (der Anthologie

vorangestellten) fünf Modellbeispielen abzuziehenden Formmuster ergeben nur einen
breit aufgefächerten Katalog möglicher Geschichtentypen, wobei die handlungsstarke,
sich im Erzählgestus abrundende Geschichte zwar eindeutig dominiert, aber ein
gemeinsames strukturelles Grundmuster aller dieser Geschichten schwerlich zu
erschließen ist. Nur an einer Stelle des Nachworts skizziert Weyrauch – ironischerweise
am Beispiel eines Erzähltextes von Stefan Andres, »Trockendock«, einem Autor, der
in der Geschichte der deutschen Short Story eher einen peripheren Platz einnimmt
– einige Facetten der Form, die er bestimmt sieht »durch ihre Mathematik, durch ihre
Kausalität, durch ihre Unausweichlichkeit – sie kreisen und kreisen, immer enger und
schneller fliegend, und dann stürzen sie sich auf die Beute, das Ergebnis, den Akzent,
das Fragezeichen, herab –« (218)
Diese metaphorischen Orientierungssignale stimmen in einer formalen Grundtendenz
überein: Sie bezeichnen eine sorgsam konstruierte und spiralenförmig gesteigerte,
handlungsbetonte Geschichte, die auf den Höhepunkt einer Konfrontation, eines
Umschlags, eines Angriffs, einer Pointe, zu aufgebaut ist. Die Kurzgeschichte stellt also
kein »Stück herausgerissenes Leben« (61) dar, indifferent gegen einen sprachlich
akzentuierten Anfang und die Steigerung auf ein Ende zu, wie Schnurre einseitig
formuliert hat[8], sondern ist ein durchaus kalkuliertes, mit den Risiken der Sprache
bewußt umgehendes, sich seiner Form bewußtes Unternehmen, das seine Erkenntnisabsicht von seiner sprachlichen Verwirklichung nicht abzulösen vermag. Da, wo sich
die Short Story ihrer von Weyrauch georteten künstlerischen Verantwortung bewußt
ist, gehört sie einer Literatur an, die Weyrauch von der herkömmlichen mit rigorosem
Anspruch trennt: »Es sollte, stets und überall, zwei Literaturen geben: eine Literatur für
jedermann, die, wenn sie weniger gut als am besten ist, schlecht ist, und eine Literatur
des Versuchs, der Kühnheit und des Ausgesetztseins, welche die kommende Literatur
für jedermann vorbereitet.« (209)
Ohne Frage wird hier die Perspektive skizziert, der sich die Erzähltexte von Weyrauchs
Anthologie zuordnen sollten. Hinter »Tausend Gramm« stand damals in der Tat die
Hoffnung, daß ihre Autoren – Andersch, Fleißer, Kolbenhoff, Kreuder, Kusenberg,
Schnabel, Schroers, Weisenborn sind darunter – »die Fibel der neuen deutschen Prosa«
(217) schreiben würden, ein Lehr- und ein Lernbuch für eine von vorn beginnende
Literatur. Manches davon ist in der Tat in der Geschichte der deutschen Short Story
zum Tragen gekommen, manches hat die Gruppe 47 in ihren zahlreichen literarischen
Arbeiten eingelöst. Aber die eigentliche Fibel hat Weyrauch selbst geschrieben in
einem dichten, Jahrzehnte überspannenden Kurzgeschichtenwerk[9], das in seinem
quantitativen und qualitativen Reichtum überrascht und den Leser mit einer Erfahrung
konfrontiert, die Martin Walser[10] einmal so formuliert hat: »Wolfgangs Prosa aber
kommt mir völlig unentdeckt vor. Ich komme mir vor wie sein erster Leser. Ich weiß, das
stimmt nicht. Aber daß es mir so vorkommt, liegt an der Freude, die er mir, als ich ihn
lesen gelernt hatte, machte.« (234f.)
Die Sammlungen »Mein Schiff, das heißt Taifun« (1959), »Etwas geschieht« (1966),
»Geschichten zum Weiterschreiben« (1969), »Beinahe täglich« (1975), »Mit dem
Kopf durch die Wand« (1972/77) sind Beispiele dafür. Keine ausgeschriebenen
Muster oder Erzählarien einer zur Routine verflachenden Virtuosität, keine sehr
zuversichtliche Möglichkeit auch, aus der Geschichte der Gattung Short Story
abgezogene Kategorisierungen auf seine Texte überzeugend anzuwenden, da die

experimentelle Energie von Weyrauchs Schreiben, seine Lust und Neugier auf Entdeckungen jeweils die überkommenen Formmuster sprengen, ausweiten und in neue Richtungen entwickeln.

Es scheint geradezu das Charakteristikum seines poetischen Verfahrens zu sein, daß er das Begriffliche völlig eingeschmolzen hat in das, was man an der Sprache sinnlich konkret begreift. Es entsteht solcherart der Eindruck einer erstaunlichen Symbiose zwischen experimentierfreudiger Schreibstrategie, die den abstrakten Prospekt vorauszusetzen scheint, und spontan zugreifender Schreibfreude, die den Schreibakt geradezu sinnlich erfährt. Weyrauch »versucht, das unmittelbare Engagement mit der Progression formaler Neuerungen in Einklang zu halten [...] und dennoch so zu schreiben, als wäre Schreiben die einfachste und selbstverständlichste Tätigkeit der Welt«[11]:

Das Unruheelement in Weyrauchs schriftstellerischer Orientierung, das Nichtfestgelegte, permanent Jugendhafte seiner Haltung, daß er wie ein »Verunsicherer aus eigener Nötigung«[12] wirkt, daß er ständig neue formale Ansätze und Möglichkeiten erprobt, daß er bei aller häufig bekannten moralischen Verantwortung seines Schreibens, bis hin zu der Forderung nach einem hippokratischen Eid[13] der Schriftsteller als Ethos ihrer Tätigkeit, primär von formalen Impulsen und Neugierden in seinen Geschichten motiviert zu sein scheint – alles das ließe sich in einer literarischen Situation, der es auf Entwicklungsabrundung und plausible Übersichtlichkeit ankommt, leicht als Unentschlossenheit, als Ambivalenz, als Unsicherheit auslegen. Aber an den Forderungen, die Weyrauch seinerzeit im Nachwort zu »Tausend Gramm« aufstellte, gemessen, ergibt sich auch eine andere Möglichkeit der Einschätzung: »Das macht die Konsequenz seines Weges aus, der durch zwanzig Jahre Nachkrieg führte und auf dem ›etwas geschah‹, was man Selbstverwirklichung nennen könnte.«[14]

»Zugegeben: er schreibt auch gelegentlich virtuose Prosastücke.« (70) Diese Einschränkung in dem Lob Karl Krolows ergibt sich nur angesichts der Grundlinie von Weyrauchs Erzählwerk, das stärker durch experimentierende Neuansätze als durch die virtuose Variation übernommener Muster charakterisiert wird. (Auf zwei Beispiele dieser Virtuosität, die Geschichten »Im Gänsemarsch« und »Uni« wird in Teil III einzugehen sein.) Die Tatsache, daß Weyrauch seine Geschichten mit Vorliebe im Präsens schreibt (wie übrigens auch Bobrowski), ist nicht nur ein Hinweis darauf, daß er den Leser mit größerer Intensität anzusprechen versucht, sondern bestimmt auch die strukturelle Organisation seines Erzählens.

Die Vorgänge, Situationen und Bewußtseinslagen, die er darzustellen versucht, werden gleichsam in den aktuellen Prozeß des Geschehens, Entstehens oder Sichabbildens überführt, wobei die formale Differenz zwischen dem realen Erzähler und der Figurenperspektive seines Erzählens nahezu aufgehoben wird. Mit andern Worten: zurückliegendes Geschehen wird nicht als Vergangenheitsmoment aus dem Horizont des betroffenen Protagonisten in erzählerischen Verkürzungs- und Verknappungsformeln zusammengefaßt, sondern unmittelbar in den sprachlichen Bewußtseinsprozeß umgesetzt. Während das traditionelle Erzählen aus der Figurenperspektive nicht die sprachliche Organisation der einzelnen Erzählmomente selbst betrifft, sondern nur den Wirklichkeitscharakter des Erzählten, da sich der reale Erzähler kein Urteil mehr anmaßt, sondern nur auf die Beurteilung der darin verwickelten Person zurückzieht, ist bei Weyrauchs Verfahren unmittelbar die Form der sprachlichen Details betroffen. Es findet sich, am Beispiel gesprochen, fast nie die erlebte Rede, die in der sprachlichen Organisation auf den realen Erzähler zurückweist, sondern stets der innere Monolog; es wird selten über Gespräche berichtet, sondern – wie Schnurre es auch in den Erzählstücken seines Bandes »Ich brauch Dich« getan hat – direkt in Dialoge aufgelöst (etwa im Beispiel »Die Brandstifter« in »Mein Schiff, das heißt Taifun«); Berichte, Anreden, Protokolle, Briefe, Exposés werden nicht als aus der Realität genommene sprachliche Funktionsformen fiktional arrangiert, sondern von Weyrauch direkt sprachlich umgesetzt.

Viele Geschichten Weyrauchs könnte man deshalb als Rollenprosa bezeichnen, wobei jedoch der Akzent nicht darauf liegt, daß bestimmte Sprachmuster, die auf Funktionszusammenhänge sprachlicher Kommunikation in der Realität zurückweisen, einfach benutzt werden, sondern daß die Wirklichkeit selbst gleichsam noch im verflüssigten Zustand, als pure Gegenwärtigkeit und sich in der Zeit akut vollziehendes Hier und Jetzt, anschaulich gemacht wird. In diesem Sinne läßt sich Weyrauch als Präsens-Erzähler charakterisieren, oder wie Walser ihn genannt hat: »den Dichter des Akuten, den Dichter im Vollzug, den Dichter des Nu« (232).

Der Augenblick der Kurzgeschichte, den Weyrauch in seinen Erzähltexten greifbar werden läßt, ist nicht bereits eingefroren in das Muster einer bestimmten Situation und eines bestimmten Plots, sondern ereignet sich gleichsam im Prozeß des Erzählens, dessen einzelne Sätze so zu Elementen der voranschreitenden Zeit werden: Die rhythmische Gliederung dieser Prosa wird so durchsichtig auf die Bewegung der Zeit. Es leuchtet auf diesem Hintergrund ein, daß die zahlreichen Hörspielarbeiten Weyrauchs diese Erzähldisposition beeinflußt haben könnten, da ja im Hörspiel die zeitliche Progression, die in der Sprache zum Ausdruck gelangt, konstitutiv ist[15]. Rückbeziehungen auf das mystische Nu, die Walser im Hinweis auf Heinrich Seuse[16] andeutet, berühren dabei lediglich assoziative Erklärungsmöglichkeiten, die ausgelöscht werden durch den grundlegenden Eindruck, den die Auslotung der subjektiven Zeit im Moment der Todeserwartung in der berühmten Kurzgeschichte von Ambrose Bierce, »An Occurrence at Owl Creek Bridge«[17], auf Weyrauch gemacht hat. Die von Weyrauch in einer Reihe von Texten, angefangen bei der berühmt gewordenen »Minute des Negers« (der Dokumentation des Todesaugenblicks des Piloten Joseph Billings, der im Flugzeug auf den Mount Whitney zurast), durchgeführte erzählerische Atomisierung der Zeit in Sekunden und Sekundenbruchteile ist ohne die Simultanei tätsgestaltung in Bierces Short Story nicht denkbar.

Bereits ein auf die zeitgeschichtliche Situation des Krieges zurückweisender Text wie »Das Ende von Frankfurt am Main«[18] (der thematisch an Nossacks Geschichte »Der Untergang« über die Zerstörung von Hamburg denken läßt) demonstriert, mit welcher Entschlossenheit Weyrauch hier der Erwartung des Lesers ausweicht, in der Identifikation mit dem Leid einzelner Menschen zu einer moralischen Bewältigung dieser zeitgeschichtlichen Vorgänge zu gelangen. Weyrauch hat die Perspektive verkehrt, nicht nur räumlich, indem er den Blick aus dem Flugzeug auf die Trümmerlandschaft richten läßt, die einmal Frankfurt gewesen ist, sondern auch psychologisch, indem er nicht die Perspektive eines Opfers, sondern eines der anonymen Zerstörer gewählt hat: eines Piloten der Sieger, der im Flugzeug das Golgatha der Zerstörung überfliegt, es photographieren und dokumentarisch festhalten soll. Die erzählerische Exposition präsentiert als Zitat aus dem Bordbuch des Piloten die Daten, die Absicht und die Methode seines Auftrags. Die Bewußtseinsvorgänge, die sich bei der Ausführung dieser Mission im Piloten abspielen, werden »ins Unreine« (71) notiert und dokumentieren das eigentliche Geschehen, das sich an diesem Piloten ereignet. Zu Anfang registriert er nur die einzelnen Stadien der Zerstörung, die die Stadt, in der er selbst einmal vor Jahren gewohnt hat, mit einem merkwürdigen Lack überzogen hat, der offenbar von einer riesigen, reglos über der Stadt hängenden Mückenwolke stammt, die, vermutlich unter Einwirkung der verwendeten geheimen Waffen, die Stadt mit einem fremdartigen, glänzenden Leichentuch überzieht.

Steht am Anfang des Beobachtungsfluges die nüchterne Feststellung: »Allerdings ist die Stadt noch immer vergiftet« (72), so wird der Pilot selbst schrittweise, durch seine Beobachtungen und Kindheiterinnerungen, durch Relikte der religiösen Tradition, die das Bild des erstarrten Doms assoziativ in ihm wachruft, in einen Sog der Verunsicherung hineingezogen, der am Ende (durch eine in die Flugzeugkanzel geratene Mücke) zur panischen Angst vor der eigenen Vergiftung und Vernichtung wird: »Alles wird mit Lack überzogen sein. Inzwischen hat sich nämlich die Mücke im fliegenden Gegenstand vermehrt. [...] Jedermann wird auf das Ding zeigen, das sich starr und glitzernd in der Luft befindet. Das vergiftet ist und vergiftet.« (81) Die Schlußsätze »Alle werden mich meiden wie die Pest. Aber es wird ihnen nichts nutzen. Nichts« (81) lösen dieses Nichts aus der syntaktischen Verklammerung dieser Sätze als Bestätigung für die Nutzlosigkeit des Tuns der andern heraus und verleihen ihm die Bedeutung eines absoluten Endpunktes der Zerstörung, die Sieger und Besiegte ergreift.

Daß Weyrauch in dieser Science-fiction-Elemente[19] assoziativ nutzenden Erzählapokalypse zugleich die Schrecknisse einer ökologischen Katastrophe andeutet, in denen sich die Natur gegen den Menschen wendet, hat seine Untergangsvision in der Zwischenzeit nur realistischer werden lassen, wie auch die sich dem Leser mitteilende Schockwirkung der Verunsicherung inzwischen eher noch zugenommen hat. So wie Nossack durch die mythologische Folie, die er hinter seiner Darstellung der Zerstörung Hamburgs andeutet[20], das menschliche Vorstellungskraft überschreitende Ausmaß des Grauens begreifbar macht, taucht auch Weyrauch die Katastrophe in ein verfremdendes »unmenschliches« Licht, das den Himmel verdunkelt: »Den Himmel, der die Farbe eines Auges hatte, das vom grünen Star befallen ist.« (76)

Hat Weyrauch hier und in anderen Geschichten (etwa »Proust beginnt zu brennen«[21]) das Muster der Science-fiction-Geschichte aufgebrochen, so läßt sich an einer Reihe von Geschichten ein ähnlicher Vorgang demonstrieren, bezogen auf ein anderes Traditionsmuster: die Detektivgeschichte, die in Edgar Allan Poes »The Murders in the Rue Morgue«[22] und dem das Verbrechen mit der Klarheit eines analytischen Verstandes aufklärenden C. Auguste Dupin gleichsam ihren Archetypus hat[23]. Indem Dupin durch genaue Beobachtung die Details des grausamen Doppelmordes an Mutter und Tochter im Haus an der Rue Morgue zur Indizienkette einer analytischen Denkoperation ordnet, gelingt es ihm, das rätselhafte, weil ohne offenbares Motiv ausgeführte Verbrechen induktiv zu lösen und durch die als Köder veröffentlichte Annonce über den im Bois de Boulogne gefundenen Orang-Utan auch den Besitzer des Tieres, das tatsächlich den grausamen Doppelmord ausgeführt hat, aufzuspüren. Poes vom Glauben an die Aufklärungsenergie des rationalen Verstandes getragenes

Bekenntnis »It will be found, in fact, that the ingenious are always fanciful, and the truly imaginative never otherwise than analytic« (142), das zwischen der die (dem Augenschein verborgenen) Zusammenhänge der Dinge durchdringenden Imaginationskraft und der Phantasie unterscheidet, die sich spielerisch und frei über die Dinge hinwegsetzt, nicht analytisch operiert, sondern sich selbstherrlich bekundet, hat eine lange Tradition der Detektiv-Story inspiriert, aber für Weyrauch seine Bedeutung verloren. Die Titelgeschichte seines Bandes »Geschichten zum Weiterschreiben«[24] bezeugt, daß der Kriminalkommissar, der im Auftrag des Präsidenten eine Brandstifterin und einen Mörder beschattet, der puren Zufälligkeit der sich überkreuzenden Wege der Verdächtigen verfällt. Indem jeweils wechselnd aus der Perspektive des Kommissars, des verdächtigten Mannes und der Frau, einer Schauspielerin, die vorangegangene Situation bis zur Begegnung an einer Verkehrsampel auf dem Bahnhofsplatz rekonstruiert wird, ergibt sich auf jeder Ebene ein Sammelsurium von faktischen Details, die jedes unterstellte Ordnungsmuster als unsinnig widerlegen. So wird weder geklärt, warum sich der Verdächtige des Röntgenfotos eines Mädchens bemächtigt hat, warum er sich zum Schlafen auf der Bahnhofstoilette einriegelte noch warum die mit ihrem Rollenangebot offenbar unzufriedene Schauspielerin Feuer legt.
Die Begegnung zwischen den beiden auf dem Bahnhofsplatz sieht nur für den Polizisten nach einem geheimen Treffen aus, weil seine an konspirativen Mustern geschulte Logik sich selbst die Fallen stellt, in die er hineinfällt. Konsequent heißt es auch am Ende aus der Perspektive des Kommissars: »Ich bin irr.« (93) Und nur dadurch, daß er die Mechanismen des Polizeiapparates in Bewegung setzt und seinen Stellvertreter informiert, wird der Schein eines logischen Zusammenhangs erzeugt: »Der Mörder und die Brandstifterin haben sich getroffen. Zufällig? Es scheint so. Was tun sie? Sie unterhalten sich. Worüber? Es wird festgestellt.« (93)
Gewiß, die auf Aufrüttelung und Beunruhigung gerichtete Intention Weyrauchs ist deutlich, aber wird in der erzählerischen Durchführung so skelettiert, daß die beabsichtigte Schockwirkung den Leser nur noch abgeschwächt erreicht. Da, wo er die eingefahrenen Denk- und Verhaltensklischees gleichsam spielerisch denunziert und im Filigran seiner Sätze auflöst, erweist sich der Aufklärungsschub als ungleich wirkungsvoller.
Die Geschichte »Meine 11 Töchter«[25] wirkt auf den ersten Blick wie der Rollenmonolog eines alt gewordenen, vertrottelten Vaters, der die Charaktereigenschaften und Lebensläufe seiner Töchter herunterhaspelt, aber nicht eigentlich die Individualität der jeweiligen Tochter erkennbar werden läßt, sondern die anonyme Austauschbarkeit ihrer Existenzmuster, die an Äußerlichkeiten orientiert sind. Während die erste Tochter sich in der Welt herumtrieb und mit einem Mann auf Nimmerwiedersehen verschwand, die zweite gar nicht zur Welt kam, weil sie offenbar abgetrieben wurde, die dritte sich zur erfolgreichen Kokotte entwickelte, die vierte sich ihren Lebensstil vom Kalender diktieren ließ, die fünfte zum Mauerblümchen wurde und überraschend verstarb – der Katalog der Lebensklischees wird bis zur zehnten Tochter fortgesetzt –, löst die am Schluß stehende Pointe alle diese biographischen Muster in einem Überraschungsknalleffekt auf: »Meine elfte Tochter hat mir dies diktiert.« (60)
Die den Vater ganz und gar für sich beanspruchende elfte Tochter denunziert, aus einer übertriebenen Anhänglichkeit an den Vater heraus, offenbar die anderen Geschwister. Das Dokument dieser Denunziation, die dem Vater diktierte summarische Aburtei-

lung der zehn Geschwister, ist gleichsam die Konkretisierung ihrer Liebe, auch in ihren absonderlichen und alleinigen Besitzanspruch anmeldenden Aspekten. Der Überraschungseffekt, den die Pointengeschichte in der Regel erzielt, daß nämlich ein bestimmter, eine Deutung anbietender Zusammenhang aus einem ganz anderen, unerwarteten Blickwinkel heraus plausibel wird, ist von Weyrauch hier bis ins Extrem gesteigert worden, da die Pointe gewissermaßen die vorangegangene Geschichte – und nicht nur die sich anbietende Lösung dieser Geschichte – auflöst. Unter diesem Aspekt läßt sich sagen, daß Weyrauch hier parodistisch das Schreibmuster der Pointengeschichte zerlegt, obwohl er ihre Formalien, Peripetie und Überraschungsvolte für den Leser, in diesem Text zugleich überlegen handhabt.

Die Geschichte »Ist die Maus zuhaus?«[26] gehört zu jener Gruppe von Erzähltexten Weyrauchs, die sich dadurch auszeichnen, daß sie die Darstellung der Zeit auf eine neue Weise zu bewältigen versuchen. Auf den ersten Blick sieht es so aus, als ginge es dem Autor darum, ein Genrebild von familiärer Häuslichkeit zu entwerfen: aus der Perspektive des Hausvaters, der sich um sieben Uhr auf den Weg zu seiner Arbeit macht, mit seinen Blicken das abgenutzte Mobiliar in der Wohnung registriert, die Geräuschkulisse im Radio wahrnimmt, kurze Ordnungskommandos an die beiden Töchter weitergibt, die sich in einem kindlichen Phantasiespiel über das Verbleiben einer Maus unterhalten und die Elefanten durch die Luft fliegen lassen. Die morgendliche Situation dieses winzigen Zeitausschnitts wird gleichsam in pointillistischer Technik von Weyrauch aufgezeichnet, bis hin zu dem Milchmann, der unten auf der Straße in seinem Wagen vorüberzieht, oder zu den Geräuschen des Aufstehens, die die unter ihnen wohnende Familie macht. Das Geplapper der beiden Mädchen über eine aus Anlaß eines Geburtstages nachgeholte Kindergesellschaft gehört ebenso dazu wie die am Spiel der Kinder teilnehmende Frau.
Daß dieses so liebevoll gezeichnete Genrebild für den Mann im Grunde ein Schreckbild darstellt, nämlich die zu einem stationären Augenblick geronnene Alltäglichkeit, die sich im Grunde nicht verändern wird, signalisieren bestimmte Assoziationen im Bewußtsein des Mannes am Ende dieser ersten Erzählsequenz: Er erinnert sich an ein aus einer Illustrierten herausgeschnittenes Bild, das zeigt, wie kleine Kinder in Nußschalen aufs Meer hinausschwimmen; er sieht eine Photographie der Schauspielerin Joan Crawford, die für ihn das ganz andere Leben repräsentiert; er sagt sich schließlich in Gedanken: »ich komme nicht wieder.« (64)
Die zweite Erzählsequenz scheint der ersten bis auf wenige Abweichungen zu entsprechen. Das Verhalten, die Redewendungen des Mannes, die Reaktionen der Kinder und der Frau, das Drumunddran der Situation, haben sich offenbar nicht geändert, bis auf einige Kleinigkeiten: Aus dem Radio ertönt nicht Brahms, sondern der Plattenspieler bringt ein Konzert von Corelli; der Hamster im Käfig heißt nicht mehr Habakuk, sondern Xerxes; das Foto der exotischen Frau, an die er denkt, ist diesmal von Rita Hayworth. Doch auch seine Absicht, aus dem Trott dieses Alltags auszubrechen, hat sich gesteigert: »Er dachte: diesmal komme ich bestimmt nicht wieder.« (67)
Die dritte Erzählsequenz bietet im Grunde das gleiche Bild, mit einigen neuen Modifikationen, die den Fortschritt der inzwischen verflossenen Zeit signalisieren: Die Töchter sind jetzt durch die Enkelchen ersetzt; der Hamster heißt nun Mümmelmann;

der Mann denkt an ein Foto von Ursula Andress. Die Energie zur Revolte gegen dieses
monotone Gleichmaß seines Lebens scheint jedoch erloschen zu sein, wie sich auch die
Diktion des Erzählens in dieser Sequenz rhythmisch verkürzt hat: »Ich gehe jetzt, sagt
er. Er ging.« (70)

Die das Bewußtsein einengende Gleichförmigkeit der Zeit wird von Weyrauch nicht
psychologisch erläuternd beschrieben, sondern konkret sichtbar gemacht, indem er die
Monotonie des Alltagstrotts, in dem ein Augenblick gegen den andern austauschbar
wird, am Beispiel der drei morgendlichen Zeitausschnitte, zwischen denen offenbar
Jahre liegen, demonstriert. Was sich beim ersten Lesen als freundliches häusliches
Genrebild präsentiert, stellt zugleich eine kritische Attacke auf die Beschränktheit
eines solchen Lebens dar.

Während es Weyrauch hier darum zu tun war, die extensive Dimension der Zeit, ihre
sukzessive gleichförmige Aufeinanderfolge, darzustellen, hat er in einer Reihe von
Erzählstücken den umgekehrten Weg gewählt und die intensive Dimension der Zeit
sichtbar gemacht, d. h., er hat den einzelnen Augenblick nicht als ununterscheidbar von
den andern dargestellt, sondern im winzigen Zeitmoment eine Lebenstotalität
aufleuchten lassen. Daß er hier der (schon in anderm Zusammenhang ausführlich
analysierten[27]) Short Story Bierces »An Occurrence at Owl Creek Bridge«, wo im
Todesmoment des Protagonisten dessen ganzes Leben in seinen Hoffnungen und
Wünschen aufleuchtet, verpflichtet ist, wurde bereits bemerkt. Autoren wie Ernst
Schnabel, Stephan Hermlin oder Ilse Aichinger haben ähnliche, zum Teil direkt von
Bierce inspirierte Darstellungen eines solchen Simultaneitätsspektrums im Zeitraffer-
verfahren eines Lebensfilms versucht. Bei Weyrauch gibt es eine ganze Reihe von
Beispielen dafür: »Die Minute des Negers«[28], »Kinderspiel«[29], das durch die
numerischen Sekundeneinblendungen auf eine Minute zusammengedrängt ist, der auf
zwölf Sekunden zerlegte Todesaugenblick des erhängten Soldaten in »Etwas ge-
schieht«[30] oder der Todesaugenblick des jungen Liebespaares, das sich, gleichfalls in
»Etwas geschieht«[31], vom Hochhaus stürzt, wobei der winzige Zeitausschnitt durch die
Zahl der Stockwerke, an denen sie vorbei in die Tiefe stürzen, gegliedert wird.

In allen diesen Beispielen geht es um eine Todessituation, die, auf einen Bruchteil von
chronologischer Zeit zusammengedrängt, die Ausdehnung der psychischen Zeiterfahrung darstellt. Gewiß führt die für Weyrauchs Schreibverfahren charakteristische
Auflösung der Geschichte in Geschehen auch hier dazu, daß die erzählerische
Einkleidung der sich ereignenden Situation weggelassen wird, um den Leser um so
intensiver in den akuten Erzählprozeß einzubeziehen. Das hat zur Folge, daß
konventionelle Gattungsbestimmungen die entstandenen Texte nur noch unvollkommen charakterisieren. Bezeichnend dafür ist, daß das monologisch angelegte Gedicht
»Die Minute des Negers« verschiedentlich auch als »Kantate«[32] bezeichnet wurde.
Und auch bei den andern Texten, die monologisch strukturiert sind, läßt sich am
ehesten von Rollenprosa sprechen, da die Erzählperspektive mit der Figurenperspektive fast nahtlos identisch geworden ist.

Gattungselemente der Kurzgeschichte lassen sich am ehesten noch in dem Text
»Kinderspiel« erkennen. Die Eingangssequenz rekapituliert, offenbar noch aus der
Außenperspektive, den Konflikt, in den der Junge Karl mit seiner Mutter geraten ist,
für die er noch Karlchen ist, während der Junge bereits bestimmte Pubertätserfahrun-
gen macht, sich für die körperlichen Besonderheiten des andern Geschlechts

interessiert. Die ihn auf seine Kindlichkeit zurückstoßende Mutter – »Er will nicht ihr Liebling sein.« (26) – hat durch Bestrafung bestimmter erotischer Berührungsspiele mit einem Mädchen der Nachbarschaft die Situation ausgelöst, in der sich Karl befindet: Sein erotisches Angerührtsein (der Mutter ist offenbar eine erotisch anzügliche Zeichnung in seiner Hand aufgefallen) und seine Frustration durch die Bestrafung der Mutter und ihren Überlegenheitsanspruch befreien sich in einer Aggressionsphantasie: Er dreht den Wasserhahn in der Küche auf, läßt die ganze Wohnung überfluten und will in einem U-Boot nach Amerika fliehen. Die in der Phantasie erlebte Gefahrensituation – er sieht sich schon aus dem Fenster geschwemmt und auf dem Straßenpflaster aufschlagen – steigert sich bis zur Angstvorstellung seines eigenen Todes. Das Schlußwort »Mutti« (33) signalisiert sein Einlenken und das Akzeptieren der ihm von der Mutter aufgedrängten Karlchen-Identität, während er längst zu Karl geworden ist.

Freilich will sich das solcherart dargestellte Geschehen, das sich über Gattungsmuster hinwegsetzt, nicht mehr zur formalen Identität einer Geschichte zusammenfügen und oszilliert in einem Niemandsland der Gattungen, das die sinnliche Anschauungskraft von Weyrauchs Erzählexperimenten untergräbt. Das gilt vor allem für die Textstücke des Bandes »Etwas geschieht«. Von daher ist es nicht ohne Plausibilität, daß er über die knappen Kurzgeschichten seiner Mitte der siebziger Jahre erschienenen Sammlung »Beinahe täglich« berichtet hat: »Erst jetzt hatte ich mir nichts vorgenommen, sondern schrieb so vor mich hin. Dann, als – ich habe vergessen wie viele – Geschichten sich von irgendwoher auf das Schreibmaschinenpapier begeben hatten, merkte ich, daß eine Art – für mich fremde – Struktur entstanden war. Anderswo nennt man so etwas Kurzgeschichten. Wie ich es nennen soll, weiß ich nicht, allenfalls Luken-Geschichten.«[33]

Die (an die Adresse seines Verlagslektorats gerichtete) eulenspiegelhafte Verschmitztheit dieser Aussage einmal abgerechnet, läßt sich nicht verkennen, daß Weyrauch in diesen Erzählstücken in der Tat zum Prosamodell der Kurzgeschichte zurückgekehrt ist, daß er zwar aus der Figurenperspektive erzählt, aber nicht aus dem Mittelpunkt des Geschehens heraus, sondern aus der Distanz des Er-Erzählers[34]. Und eine Geschichte wie »Sie selber wäre fast gestorben«[35], die in einem »Sechsbettenzimmer« (17) die zur Gesprächs- und Denkkonvention gewordene eigene Todesvorstellung von sechs Frauen mit dem stereotypen Satz-Versatzstück intoniert: »Sie selber wäre fast gestorben [...]« (17), das von jeder Frau mit einer anderen Sterbemöglichkeit variiert wird, wirkt denn fast wie eine Parodie auf die vorher erwähnten Todesaugenblicks-Auslotungen, zumal sich die Todeskandidatinnen am Ende dieser Geschichte, keineswegs sterbenskrank und fragil, in die Haare geraten: »Die neben ihr haut auf sie ein [...] Die neben ihr zieht sie an den Haaren. Sie selber beißt der neben ihr in die Hand.« (18 f.) Die ausgesparte, aber angedeutete Pointe der Geschichte ist, daß sich der Satz: »Sie selber wäre fast gestorben [...]« im Laufe und als Folge dieser Prügelei tatsächlich und gleich verschiedentlich bewahrheiten könnte.

So viele Geschichten, so viele Möglichkeiten des Erzählers Wolfgang Weyrauch, der, was sein eigenes Werk betrifft, den Kahlschlag wie wenige aufgeforstet hat und, außerhalb der Treibhäuser und künstlichen Ziergärten, in eine unscheinbar wirkende, aber zeitresistente Landschaft der Literatur verwandelt hat, die einer um Klassifizierung bemühten Gattungsbotanik widersteht.

7. Elisabeth Langgässer. Berichte aus der Quarantäne – Saroyan

»Mindestens zwischen 1945 und 1955 galt Elisabeth Langgässer unbestritten als die bedeutendste Dichterin Deutschlands.«[1] Der Grundstein ihres Ruhms war ihr 1946 veröffentlichter Roman »Das Unauslöschliche Siegel«, der mit seiner eruptiven Sprachkraft, seinen kompositionellen Kühnheiten und seiner Verbohrtheit in die Probleme einer religiösen, an den Abgründen der Realität strauchelnden und sich ent- langtastenden Sinnfindung die irdische Höllenfahrt des getauften Juden Belfontaine zu einem Gleichnis erhob, das nicht mit der trügerischen Harmonie frömmelnden Trostes faszinierte, sondern mit dem fanatischen, alle Untiefen und Schattenseiten der aufzehrenden Suche darstellenden, unermüdlichen Drang nach einem solchen sich eher verweigernden Trost, der freilich – daran läßt die katholische Glaubensausrich- tung Elisabeth Langgässers keinen Zweifel – in einer christlich aufgehobenen Geschichtsdeutung liegen könnte.

Das sicherlich erstaunliche Echo des Romans in der frühen Nachkriegszeit, der die Autorin, die seit 1936 als Halbjüdin von der Reichsschrifttumskammer mit Schreibver- bot bestraft worden war und die Quarantänesituation des Dritten Reiches in Deutschland durch ein Wunder überlebt hatte, schlagartig berühmt machte, hat freilich aus heutiger Sicht mit dazu beigetragen, daß ihr Werk so ferngerückt wirkt. Indem man ihrer Dichtung »das Gepräge von sozusagen ontologischer Forschung«[2] zusprach, ihr Hauptwerk als »die Geschichte einer Gnadenwahl«[3] deutete und es »dem Drama des alten Welttheaters [...] verwandter als dem modernen Roman«[4] deklarierte, wurden die Gestalt der Autorin und ihr zentraler Roman in eine Aura angestrengtester Religiosität getaucht. Die Parallelen, die sich in der Zeitsituation der frühen Nachkriegsjahre zu einer sich christlich zurückbesinnenden Literatur bei Reinhold Schneider, Stefan Andres, Ernst Wiechert, Ina Seidel oder Gertrud von Le Fort ergaben[5], haben dazu geführt, Elisabeth Langgässers Werk in dieser literarischen Zeit- strömung aufgehen zu lassen[6] und mit der Abrückung von dem – psychologisch ver- ständlichen – Trostinitial dieser Literatur gleichfalls von ihrem Werk abzurücken.

Der im amerikanischen Exil lebende Hermann Broch hat seinerzeit aus einem anderen sozialen und kulturellen Rezeptionskontext heraus die außerordentliche Sprachener- gie des »Unauslöschlichen Siegels«, die innovative Aufbrechung der geschlossenen Form des psychologischen Romans, die sinnliche Erdhaftigkeit des Ausdrucks und seine Kulmination in kühnen Metaphernstauungen, die viel stärker an die Nähe zum Roman eines Alfred Döblin[7] denken lassen als eines Stefan Andres oder Edzard Schaper, viel treffender charakterisiert, als er ausführte: »[...] es versteht sich nur von selbst, daß die Kraft ihrer inneren Dimensionen und ihrer Vielfalt die übliche Romanform sprengt und der Darstellung einen Reichtum verleiht, der jeden Satz bis zum Rand anfüllt: das Buch ist ein Hexen- und Engelskessel, in dessen Tiefen es unaufhörlich gärt und kocht, während die Oberfläche darüber – in dichtester und dabei zartester Bewegung wie kaum sonst in einem Prosawerk – mit allen Farben des Zaubertums schillert. [...] Die Sibylle, die da am Werk ist, betreibt zugleich Taschenspielerkunststücke, höchst preziöse, höchst kunstreiche, dennoch Kunststük- ke, besonders dort, wo sie sich entblößen und didaktisch werden.«[8]

Die imperative Geltung dieses Romans und seine von der Zeitgeschichte belastete

Rezeption, durch zwei weitere Romane, »Gang durch das Ried« und »Märkische Argonautenfahrt« nur unwesentlich modifiziert, hat dazu geführt, daß aus der Sicht der frühen sechziger Jahre nicht zu Unrecht über ihre Wirkung geäußert wurde: »[...] nach dem Tod der Dichterin [...] ist ihr Werk innerhalb der deutschen Gegenwartsliteratur immer noch eine kaum erforschte Enklave.«[9] Das gilt erst recht für den Bereich ihrer schriftstellerischen Arbeiten, der von ihrer Lyrik und ihrem dominierenden Romanwerk von vornherein überschattet wurde, für ihre Kurzgeschichten, die in zwei Sammlungen, »Der Torso« und »Späte Erzählungen«, 1947 und 1949 erschienen, in denen sie sich von ihren klassische Muster der deutschen Literatur adaptierenden Anfängen novellistischen Erzählens[10] ebenso emanzipiert wie von der alle Gattungen zersetzenden, drängenden Sprachgewalt ihrer Romane.

Diese Geschichten, in der frühen Nachkriegszeit nicht zuletzt aus wirtschaftlichen Überlebensgründen für Zeitschriften, so den »Ulenspiegel«, geschrieben[11], nehmen in der Geschichte der deutschen Short Story einen außergewöhnlichen Platz ein, da sie stärker, als es in den Geschichtenbänden von Marie Luise Kaschnitz[12] oder Luise Rinser[13] der Fall ist, die politische und kulturelle Quarantänesituation des Lebens im Deutschland des Dritten Reiches, mit aller Atemnot des geistigen Existierens und des körperlichen Überlebens ins Bild bringen und damit gewissermaßen die Vorgeschichte der Nachkriegszeit nicht aus der Perspektive der Zerstörungsängste des Krieges an der Front, sondern aus der Perspektive des an der Oberfläche noch normal weiterlaufenden Lebens im deutschen Hinterland dokumentieren.

Daß es Elisabeth Langgässer dabei gelungen ist, sich von der metaphysischen Verbohrtheit und vom Metaphernstau ihrer Sprache zu lösen und zu einer präzisen, die zeitgeschichtliche Szenerie beängstigend ausleuchtenden, dinglichen Sprache zu gelangen, hat freilich auch damit zu tun, daß sie sich den Schreibmustern der amerikanischen Short Story mit Enthusiasmus geöffnet hat. Allerdings entspricht es der von ihrer eigenen Werkgeschichte bezeugten Kontinuität des Schreibens, daß sie die Kurzgeschichte nicht als einen absoluten Neubeginn in der deutschen Nachkriegsliteratur gewertet hat, sondern als eine Mutationsform, die vorhandenen Schreibenergien eine neue Richtung der Gestaltung wies. Von daher leuchtet es ein, daß sie sich, wenn auch polemisch übertreibend, gegen die von Wolfgang Weyrauch verkündete These eines kompromißlosen Neubeginns im Kahlschlag gewandt hat: »das erste Symptom dieser Art Kurzgeschichten ist ihre Vertauschbarkeit. Das zweite, nicht weniger deutlich und fast noch schrecklicher als das erste, ist ihre Sprachlosigkeit. Weil das Personsein all dieser Menschen so gründlich amputiert ist, ist es auch ihre Sprache. [...] Wenn sie aufhört zu blühen, hört sie auch auf, die Frucht und den Kern in der Frucht zu hegen; wenn der Schriftsteller nicht mehr zwischen dem Ast und dem Wildwuchs zu unterscheiden vermag, schneidet er vorsichtshalber das Auge und die tragenden Äste ab. Sehr erklärlich, daß er sein Werk dann ›Kahlschlag‹ und sich selber einen ›Kahlschläger‹ nennt, einen Totschläger –«[14].

Freilich irritiert nicht nur diese naturgeschichtliche Sicht der Sprache, sondern auch der überzogene, auf eine klassizistische Ästhetik zurückweisende Kunstanspruch, den sie an die Kurzgeschichten in Weyrauchs Anthologie »Tausend Gramm« heranträgt, deren Abstinenz im formalen Ausdruck, deren Understatement der Diktion sie als Rationalisierungsmanöver für künstlerische Ausdrucksnot, ja Ausdrucksunfähigkeit hinzustellen versucht: »Ich weiß nur noch, daß alle diese Geschichten in ein graues diffuses Licht gehüllt und unspezifisch sind: wenn ein Mann auftaucht und zu sprechen anfängt, läßt er aus, was man eigentlich wissen müßte, um seinen Schmerz zu verstehen; und weil der Kurzgeschichtenerzähler wahrscheinlich einmal läuten gehört hat, daß Kunst ein dauerndes Weglassen ist, läßt er nicht nur das Überflüssige fort, sondern zuletzt auch die Kunst.« (9) Daß die von Weyrauch zumindest zum theoretischen Prinzip erhobene Reduktion ein Aufruf zur Askese ist nach den ideologischen Exzessen, die die Sprache während des Dritten Reiches aufgebläht und ausgepowert haben, wird ebenso mißdeutet wie sein Appell zur Konzentration auf die jeden Menschen betreffenden konkreten Bedingungen seines Lebens, die er in Günter Eichs Gedicht »Inventur« für die literarische Situation der ersten Nachkriegszeit exemplarisch ausgedrückt fand[15].

Was Elisabeth Langgässer in ihrem Pamphlet »Das Kreuz der Kurzgeschichte« 1949 gegen eine neue Generation von Autoren, die großenteils in der Nachkriegszeit erstmals schriftstellerisch hervortraten, ins Feld führt, hatte sie zwei Jahre vorher in ihrem Bericht »Schriftsteller unter der Hitler-Diktatur«[16] noch ganz anders und durchaus in Entsprechung zu Weyrauchs grundsätzlicher Ausgangsposition gesehen. Denn dort weist sie ausdrücklich auf die ideologische Inflation der Sprache durch die offiziöse Literatur der Nationalsozialisten und der sich an ihre Doktrin anpassenden Autoren hin: »Die Sprache verlumpte und verlodderte, sie wurde blutrünstig und ganovenhaft, unecht wie eine Münze, der man schlechtes Metall untergemischt hat, und schließlich für die Zwecke des Dichters auf weite Strecken hin unbrauchbar und nicht mehr verwendungsfähig.« (38) Sie geht sogar noch weiter. Ihre Ablehnung erstreckt sich auch auf jene in eine Zwischenzone der Realitätsdarstellung emigrieren-de Literatur, die Literatur der »Esoteriker«, in deren Darstellung »verengerte sich ihre Welt auf das Idyllische hin, auf das Lokale, das falsche Sichbescheiden oder auf tiefsinnige Afterlegenden und romantische Seifenblasen« (39). So sehr wie sie »dieses anakreontische Tändeln mit Blumen und Blümchen über den scheußlichen, weit geöffneten, aber eben mit diesen Blümchen überdeckten Abgrund der Massengräber« (39) ablehnt, so scharf distanziert sie sich zugleich von jenen Autoren, die »das Spiel mit mehreren Bällen« (40) betrieben haben, d. h. ihre Einstellung und Überzeugung in einem Widerstandskode der Sprache kompliziert verschlüsselten, nach der rückblik-kend nur von ihnen selbst nachvollziehbaren Devise: »[...] denn ›eigentlich‹ ist meine ganze Dichtung nur eine Ablehnung ihrer Weltanschauung gewesen, gerade weil ich mich anscheinend ihrer Ausdrücke bedient habe« (40 f.).

Die in der ersten Nachkriegszeit sich breitmachenden sogenannten »Naturlyriker«[17] waren für sie ebenso ein Beispiel für eine trügerische literarische Kontinuität, die die Zäsur von 1945 ungeschehen machen wollte, wie auch Autoren in der Art Ernst Jüngers oder Werner Bergengruens[18], die, sich auf die verschlüsselte Lesart ihrer zum Teil im Dritten Reich veröffentlichten Romane berufend, eine verstärkte Resonanz in der Nachkriegszeit fanden. Und während sie ausdrücklich davor warnt – »Noch glaubt man vielerorts, eine Sprache und Ausdrucksweise ungeprüft übernehmen zu können, die einmal in den Händen von entsetzlichen Verbrechern und fürchterlichen Dummköpfen der Vernichtung und dem Untergang unseres Kontinents gedient haben« (41) –, setzt sie sich ihrerseits ein für sprachliche Askese, für eine Art Inventur, für einen Neubeginn von den Grundvoraussetzungen her, für die Klarheit und Einfachheit stehen: »Nun gilt es, bescheiden zu werden, wachsam, demütig und einfach – ja, allererst einfach. Ich meine damit jene Einfachheit, die ohne Tiefe nichts wert ist – und eine Tiefe, die nicht Gefühlsschwämme, Trieb und Gedankenarmut in sich schließt, sondern höchste, unerbittliche Klarheit, Redlichkeit und Moralität. Fangen wir an!« (41)

Kein Zweifel, das ist Elisabeth Langgässers persönlicher Aufruf zum »Kahlschlag«, zur Rückbesinnung auf eine ästhetische Grundposition, die in ihrer Beschreibung unmittelbar auf die Gattung der Kurzgeschichte hinweist, der sie sich in ihren letzten Lebensjahren mit großer Intensität angenähert hat. Ihr Überleben in der Vakuumsituation des Dritten Reiches und der materielle Überlebenskampf in den ersten Nachkriegsjahren haben dazu ebenso beigetragen wie die Berührung mit den großen, in der Ökonomie ihrer künstlerischen Mittel voll anerkannten Meistern der amerikanischen Short Story, »diesen herrlich unreflektierten Burschen: dem franziskanischen Saroyan, dem aus Feuer und Eis gemischten, prägnanten Hemingway, dem überquellenden Wolfe...«[19].

Während sie in ihren Briefen ausführlich auf ihre Romane und Gedichte eingeht, werden allerdings ihre Kurzgeschichten, in denen sie die Zeitgeschichte bestürzend einfängt – »Das Bomben- und Hungerberlin, das heimliche Leben, Hoffen, Versagen der Menschen, die Angst der Verfolgten und ihrer Helfer wird beschrieben.«[20] – und in denen sie im Geiste der amerikanischen Vorbilder einen höchst eindrucksvollen poetischen Terraingewinn verzeichnet, von ihr eher verschwiegen. Das ist jedoch wohl auch eine Reaktion auf die Einstellung von befreundeten Schriftstellern, die sie als metaphysisch zergrübelte, dem religiösen und mythischen Urgrund der Dinge zugewandte Autorin nun plötzlich in ihren »Short Stories«[21] zur amerikanischen Literatur und Journalistik konvertiert sahen. Bezeichnend ist ihre Antwort auf einen Brief des Freundes Horst Lange: »Noch dunkler und unverständlicher bleibt mir Dein Brief. Soweit ich ihn verstanden habe, sagst Du, die Journalistik sei in die Bezirke der Dichtung – und also auch in meine – eingedrungen. Oh Gott, Horstel! Dabei sagen mir alle Leute: ›Ja, das ist aber ganz unamerikanisch; das ist in erster Linie *Dichtung!*«« (144)

Gewiß trifft der von der amerikanischen Re-Education-Politik der frühen Nachkriegszeit bestimmte Rezeptionsmechanismus – »dann hat man zu schreiben wie Faulkner oder Hemingway« (154) – auf ihre Kurzgeschichtentexte nicht zu. Dennoch ist unverkennbar, daß hier ein durch das Erkenntnisfilter der amerikanischen Literatur hindurchgegangener neuer Ton ihrer Sprache anklingt und auch eine unverstelltere Annäherung an das zeitgeschichtliche Erfahrungsumfeld in Deutschland kurz vor und nach 1945 sichtbar wird. Die Disziplinierung ihrer poetischen Ausdruckskraft, die größere Öffnung ihrer Darstellungssensorien zur sehr diesseitigen Leidensgeschichte ihrer Protagonisten in den Kurzgeschichten, die beispielsweise in ihrer Sammlung »Torso« »im Grunde ein einziger fortlaufender Bericht«[22] sein sollten, ein Bericht von den Schwierigkeiten des Überlebens in einer kulturellen und politischen Quarantänestation, haben im Rückblick nun paradoxerweise nicht dazu geführt, daß ihre Geschichten mit der Erinnerung an diese Zeit vergangen sind. Das Gegenteil trifft zu, wie Horst Krüger zu Recht hervorgehoben hat: »Diese Geschichten [...] sind merkwürdig modern und zeitgenössisch geblieben [...]. Es sind [...] authentische Blitzlichtaufnahmen aus dem späten Berlin um 1945. Sie wenigstens gehörten als Pflichtlektüre in jedes deutsche Schulbuch.« (355) Während der die expressionistischen Stilmomente nochmals eindrucksvoll auftürmende Sprachgestus ihrer Romane die historische Distanz zum heutigen Leser ebenso nachdrücklich unterstreicht wie die religiös-mythische Aura, die sie als Lebensfluidum um die Personen ihrer Romane breitet, macht sie in ihren Kurzgeschichten die inzwischen abgelaufenen Jahrzehnte so vergessen, wie sie das Vergessen der Zeitgeschichte in der bestürzenden Vergegenwärtigungskunst ihrer Darstellung aufhebt.

Daß Elisabeth Langgässer unter den wichtigen amerikanischen Short-Story-Autoren (vor Hemingway und Wolfe) an erster Stelle William Saroyan erwähnt, ist sicherlich kein Zufall. Saroyan ist als einer der wenigen amerikanischen Autoren nicht nur während des Krieges noch ins Deutsche übersetzt worden, sondern war »in den Nachkriegsjahren der führende Autor«[23] unter den amerikanischen Schriftstellern, denen sich das deutsche Publikum öffnete. Ein Indiz dafür ist auch die Tatsache, daß in Rowohlts wichtiger Zeitschrift »story« von 1947 bis 1952 Saroyan mit neun Geschichten der am häufigsten vertretene aller amerikanischen Autoren war. Warum er für Elisabeth Langgässer so wichtig war, deutet das Adjektiv »franziskanisch« an, der Hinweis auf ein humanitäres Ethos in Saroyans Geschichten, das man seinerzeit durchaus stellvertretend im Initial seiner Short Stories gesehen hat, »in jedem den göttlichen Funken aufzuzeigen, so daß zuweilen aus einer trostlos trüben Atmosphäre ein wunderbares, märchenhaftes Licht hervorbricht«[24].

Es leuchtet ein, daß diese Komponente[25] in Saroyans Geschichten der religiös eingestimmten Grundhaltung Elisabeth Langgässers viel stärker entsprach als die stoische Lakonie des »aus Feuer und Eis gemischten, prägnanten Hemingway«[26], dessen Ethos mit der existentiellen Widerstandskraft seiner Einzelgänger-Protagonisten identisch ist.

Und eine der berühmten, ihn als Autor berühmt machenden Short Stories Saroyans, die Geschichte »The Daring Young Man on the Flying Trapeze«[27], die er 1934 als erste Kurzgeschichte im »Story Magazine« veröffentlichte, läßt sich denn auch in der Grundfigur der Handlung, in der Konzentration auf eine Elendslage, bei der es ums Überleben geht, an eine Kurzgeschichte der Langgässer wie »An der Nähmaschine« denken. Freilich ist das Thema hier in eine andere politisch-soziale Lage eingebettet und wird letztlich auch von einer anderen Gestaltungsabsicht getragen.

Saroyans aus der Figurenperspektive eines jungen arbeitslosen Schriftstellers geschriebene Geschichte deutet in der Traumsequenz des Erzähleingangs, simultan ineinandergeblendet, die Katastrophenentwicklung der Zeitgeschichte an, der sich die Katastrophe des individuellen Schicksals einfügt: »[...] black Titanic, Mr. Chaplin weeping, Stalin, Hitler, a multitude of Jews, tomorrow is Monday, no dancing in the streets.« (495) Der Untergang des Luxusdampfers und das Weinen des melancholischen Clowns öffnen den phantasmagorischen Zukunftstraum auf eine Geschichte hin, in der die zentralen Schlächterfiguren schon ebenso sichtbar werden wie die Heerschar der Opfer.

Wenn in der zweiten »Wakefulness« (495) überschriebenen, den Hauptteil der Short Story ausmachenden Erzählsequenz aus dem Blickwinkel des erwachenden jungen Mannes die visionäre Gleichzeitigkeit des Traums so bestimmt wird: »It is only in sleep that we may know that we live [...] it is there that the centuries merge in the moment, that the vast becomes the tiny, tangible atom of eternity« (495), so wird damit nicht nur eine Deutungsperspektive in bezug auf das isolierte Leben des einzelnen aufgetan, sondern im Sinne eines poetologischen Signals auch auf die ästhetische Erkenntnisabsicht der Kurzgeschichte, die in der formalen Nußschale des gestalteten Augenblicks, des individuellen Schicksals einer herausgehobenen Situation oder Aktion gleichfalls die Koordinaten des Ganzen zeichnet.

So verläuft auch das Leben des jungen Mannes in Saroyans Geschichte auf zwei Ebenen, der materiellen der ihn bedrängenden Lebensrealität und der spirituellen der Bewußtseinsbefreiung. Er sieht mit den Augen »the superficial truth of streets and structures, the trivial truth of reality« (495) und erhebt sich gleichzeitig mit der Imaginationskraft seines Bewußtseins vom Erdboden in die Luft, er ist »the daring young man on the flying trapeze« (495). Freilich, der Pfennig, den er auf der Straße findet, den er poliert und auf dem ihn emblematisch das Bild Lincolns als Inbegriff der amerikanischen Demokratie anblickt, macht ihm die Lebensgefährlichkeit seiner Situation ebenso bewußt wie sein absurdes Unterfangen, sich selbst gegen das Gewicht der Münze aufzuwiegen. Seine Lage, die Lage eines halbverhungerten, arbeitslosen jungen Mannes, dessen Träume zu den Visionen der großen Literatur fliehen wollen, zu »Hamlet« und »Huckleberry Finn«, verkürzt sich zu der brutalen Gewißheit: »It was good to be poor, and the Communists – but it was dreadful to be hungry.« (495)

Der Drang zu überleben aktiviert seine letzten Energien: Er macht sich auf die Suche nach Arbeit in New York; er sieht die Stadt majestätisch und abweisend vor sich liegen; er beschließt »An Application for Permission to Live« (496) zu schreiben; er macht sich auf die vergebliche Hoffnungsreise durch die Stadt. Das kurze Interview in einer Firma mit einer fünfzigjährigen Angestellten endet ergebnislos. Er strandet im Y.M.C.A., stiehlt Papier, um seinen Antrag auf Genehmigung zur Fortsetzung seines Lebens zu schreiben, zieht sich in die große öffentliche Bibliothek zurück, liest Proust und merkt, wie ihn allmählich seine Kräfte und sein Bewußtsein verlassen.

Die Rückkehr in sein Zimmer, das leer ist, da er seinen ganzen Besitz bereits verkauft hat, akzentuiert eine ironische Erkenntnisperipetie. Die im Emblem erstarrten Versprechungen der amerikanischen Demokratie erweisen sich als offener Hohn auf seine Lage, angefangen beim Bild Lincolns bis hin zum eingravierten Spruch »In God We Trust 1923« (498) und zum lateinischen Versprechen »E Pluribus Unum« (498), über das Kurt Vonnegut einige Jahrzehnte später in seiner Satire auf die zugrundegerichtete amerikanische Demokratie, »God Bless You, Mr. Rosewater«[28], zu Recht ausgeführt hat: »E pluribus unum is surely an ironic motto to inscribe on the currency of this Utopia gone bust, for every grotesquely rich American represents property, privileges, and pleasures that have been denied for many.« (12 f.)

Daß der verhungernde Zweiundzwanzigjährige den Penny an ein Kind verschenken will, wird freilich nicht mehr durchgeführt. Der über seinem Bett Zusammenbrechende verliert das Bewußtsein, er wird zum Artisten, der von seinem Trapez abstürzt und sich im Augenblick des Sterbens mit allen Geschöpfen eins fühlt – »For an eternal moment he was all things at once: the bird, the fish, the rodent, the reptile, and man.« (499) –, aber dann in einer visionären Katastrophe mit zugrunde geht, die auf die zu Anfang angedeutete Katastrophe zurückweist: »The city burned. The herd crowd rioted. The earth circled away, and knowing that he did so, he turned his lost face to the empty sky and became dreamless, unlive, perfect.« (499) Der mitleidlose, leergefegte Himmel läßt nicht nur den Traum der amerikanischen Demokratie erlöschen, sondern auch den

Traum von der magischen Befreiung durch die Phantasie, die sich über die materiellen Fesseln wegsetzt. Die Fesseln werden zur Schlinge, die alles Leben erdrosselt.

Fraglos hat diese Geschichte, die die Elendserfahrung in der amerikanischen Depressionszeit verdichtet, in der materiellen Elendssituation der Kriegs- und frühen Nachkriegsjahre in Deutschland eine neue Aktualität erlangt. Von dieser Elendssituation legt Elisabeth Langgässer in ihrer Kurzgeschichte »An der Nähmaschine«[29] Zeugnis ab. Der kurze Dialog des Arbeitsuchenden mit der Angestellten der Firma in Saroyans Geschichte wird bei Elisabeth Langgässer zur tragenden Handlung in einer Aneinanderreihung von ähnlichen Konfrontationen erweitert: mit dem Bürokraten auf dem Arbeitsamt, einem »kleinen Kerl mit unbarmherziger Fresse« (275), der Frau Behagel Arbeit zuweist, mit der häßlichen Sekretärin in dem Konfektionsbetrieb, die »scharf wie ein Messer« (276) ihre durch das amtlicherseits eingestempelte »M« im Paß dokumentierte Überlegenheit über den jüdischen »Mischling« (276) ausnutzt, mit der Direktrice, die mit einem Blick, »als ob zwei geschliffene Klingen einander angerührt hätten« (277), Frau Behagel und den andern ihr zugewiesenen Frauen die Arbeit an der Nähmaschine erklärt und auf Frau Behagels Eingeständnis hin, sie habe noch nie an einer Nähmaschine gesessen, boshaft ausführt, ihr Mann sei ja »doppelt gestraft. [...] Na ja, eine jüdische Frau, die nicht einmal tüchtig ist.« (278)

Wenn die Chefin des Betriebs, eine elegant aufgemachte Blondine, am Ende tobt: »Totaler Krieg! Wer nicht arbeiten will, wird morgen angezeigt« (280), so faßt dieser Satz die emotionale Vergiftung des menschlichen Zusammenlebens, die Zersetzung jeder menschlichen Beziehung und ihre Ersetzung durch Neid, Mißgunst, Schadenfreude wie in einer Formel zusammen. Die intellektuelle Halbjüdin, die »alte Sprachen studiert« (280) und sich auf »antike Gräbersymbolik« (280) wie ihr Mann, ein Archäologe, spezialisiert hat, ist in ihrer Wehrlosigkeit und Ungeschicktheit an der Nähmaschine das rituelle Opfer, an dem sich alle jene weiden, die im Grunde in einer ähnlichen Lage wie sie sind, aber die Verrohung ihres Gefühls nicht durch Mitleid überwinden, sondern durch Schadenfreude eher noch steigern: »– alle Frauen und Mädchen standen wieder wie um ein Zirkustier um Frau Behagel herum und lachten vor Vergnügen –« (279). Die Inhumanität dieses Rituals, an dem alle beteiligt sind, spricht sie indirekt alle schuldig.

Die überraschende Wendung der Geschichte kommt darin zum Ausdruck, daß die Chefin, die die Spießrutenzusammenrottung der Frauen mit dem Hinweis auf den totalen Krieg brutal auseinanderjagt, zugleich diejenige ist, die einen Rest von menschlichem Gefühl verrät, indem sie Frau Behagel eine Arbeit in einem Elektrobetrieb zuweist, wo sie als »Mischling« eigentlich gar nicht arbeiten dürfte, und der erbosten und »wütenden Tippmamsell« (281) mit dem Satz über den Mund fährt: »»Kümmere dich um Sachen, die du verstehst, alte Trulle...‹ sagte sie liebevoll.« (281) Die Verhärtung des menschlichen Zusammenlebens in der Endphase des Krieges in Berlin – »Die Russen stehen schon an der Oder.« (279) –, die Grausamkeit der sadistischen Stichelei, die sich jeweils auf die Schwächste richtet, dokumentiert eine Kältezone des Verhaltens, die die Übergänge fließend werden läßt: Die Unmenschlichkeit der Konzentrationslager war vorbereitet in den Gesten und Verhaltensweisen des Alltags. Der Weg in die Hölle der Vernichtungslager begann mitten in dem, was man den normalen Kriegsalltag nannte. Das von Elisabeth Langgässer analysierte Verhalten der Menschen weist in schmerzhafter Eindringlichkeit in diese Richtung.

Und auch ein anderes Klischee wird von ihr widerlegt: als seien die Handlanger des Systems in den Büros und Funktionsapparaten selbst nur in ihre Rollen gepreßte Opfer gewesen, die insgeheim ganz anders gedacht und gehandelt hätten. Die Chefin des Betriebs, die mit dem politischen System identifiziert war, verhält sich im entscheidenden Augenblick menschlicher als die Sekretärin, die die Erniedrigung der halbjüdischen Intellektuellen aus einem sadistischen Impuls heraus genießt.

Die Doppelbödigkeit der Wirklichkeit im Dritten Reich hat Elisabeth Langgässer im Kontrast des Überraschungsumschlags noch deutlicher in einer anderen Geschichte dargestellt, die die Peripetie in den Schlußsatz der Geschichte verlegt. Der Titel »Saisonbeginn«[30] thematisiert bereits diese Doppelbödigkeit und scheint von der Jahreszeit und der Landschaftsumgebung her – es ist Frühling in einer Berglandschaft – auf den Beginn der touristischen Saison hinzudeuten: »[...] dann würden die Fremden, die Sommergäste, kommen [...] Das Geld würde anrollen.« (191)

Das friedliche Ritual der drei Männer, die damit beschäftigt sind, einen hölzernen Pfosten mit einem Schild an gut sichtbarer Stelle aufzurichten, scheint sich dem harmonischen Eindruck der mit der Zuversicht neuen Wachstums gesegneten Natur ohne Irritation einzufügen: »[...] in strahlenden Tümpeln kleinblütiger Enziane spiegelte sich ein Himmel von unwahrscheinlichem Blau.« (190) Daß das der Bläue des Himmels beigefügte Adjektiv nicht nur ein rhetorischer Schmuck ist, sondern, ganz wörtlich genommen, der Szenerie einen Hauch von Irrealität verleiht, macht auch der Hinweis auf jene anderen Schilder deutlich, denen sich das neue Schild einfügen soll: »Ein Schild kam zum andern, die Haarnadelkurve zu dem Totenkopf, Kilometerschild und Schilder für Fußgänger: Zwei Minuten zum Café Alpenrose.« (191)

Gewiß, der Totenkopf als Warnemblem für große Gefahr signalisiert hier eine Schwierigkeit der Verkehrslage, aber weist unterschwellig zugleich auf das elitäre Herrschaftszeichen einer militärischen Kooperation des Dritten Reiches hin: die SS. Dieser aus indirekten Andeutungen sich zusammenfügende Kontext von Gefahr und Leid wird deutlich intensiviert durch das Relikt christlicher Tradition, ein Wegkreuz mit dem leidenden Christus, dem gegenüber die drei Männer sich schließlich entscheiden, den Pfosten mit dem neuen Schild anzubringen. Aus der räumlichen Konstellation der in der Anordnung der Bildzeichen evozierten Erinnerung ergibt sich plötzlich die Topographie eines neuen Golgatha, mit dem neuen Zeichen »zur Rechten« (192) von Christus genau an jenem Platz, der im biblischen Golgatha jenem Häscher zukam, der Christus lästerte: »Bist du nicht der Christus? Hilf dir selbst und uns!« (Luk. 23,39)

Und auch das Jesus bei der Kreuzigung verspottende Volk ist indirekt anwesend: in den Schulkindern, die »sich gegenseitig die Ehre streitig [machten], dabei zu helfen« (192), in den Frauen, die stehenbleiben, um die Inschrift auf dem neuen Schild »zu studieren« (192), in den »von der Holzarbeit oder vom Acker« (193) kommenden Männern, die »lachten« (193) oder schweigend den Kopf schütteln und in der Mehrzahl »gleichgültig« (193) bleiben, so wie ihnen das Bild des Christus auf dem Wegkreuz und seine Botschaft längst gleichgültig geworden sind. Erst im letzten Satz wird die Inschrift, über die es aus dem Blickwinkel der Christus-Figur heißt: »Unerbittlich und dauerhaft wie sein Leiden, würde sie ihm nun für lange Zeit schwarz auf weiß gegenüberstehen« (193), enthüllt: »In diesem Kurort sind Juden unerwünscht.« (193)

Die Frühlingsverheißung der Landschaft, die sich im Verlauf der Geschichte unverkennbar in eine Schädelstätte des Leidens verwandelt, signalisiert in den ersten Symptomen einer vom Menschen hineingebrachten Veränderung die Ausbreitung einer Seelenepidemie, deren Nährboden die gedankenlose Gleichgültigkeit und Anpassung normaler honoriger Menschen war, die sich auf ihre christliche Tradition etwas zugute hielten, aber zugleich mit dazu beitrugen, unauffällig diese Tradition in Heuchelei und Lüge zu verkehren. Der Titel »Saisonbeginn« nimmt auf diesem Hintergrund eine andere Bedeutung an: die Saison der Vergiftung der menschlichen Beziehungen setzt ein, die in den Exzessen der Judenverfolgung gipfelte. Die außerordentliche analytische Kraft der Erzählerin Langgässer dokumentiert sich – wie auch bereits in »An der Nähmaschine« – darin, daß sie die bequeme Schwarzweißzeichnung von unschuldig Getriebenen und dämonischen Antreibern aufhebt und nachweist, wie das Grauen tatsächlich entstand: Zur alles überschwemmenden Sturzflut konnte es nur werden, weil die Dämme der Menschlichkeit bereits im Alltag des sogenannten normalen Zusammenlebens unterminiert wurden, weil jeder, so auch die drei Männer, die sicherlich nur im Auftrag der Behörde des Ortes das antisemitische Schild errichten, durch seine kleinen Kompromisse, durch seine schrittweise Anpassung, durch seine Gleichgültigkeit und partielle Blindheit mit dazu beitrug, daß das Golgatha dann in der Tat im Vernichtungsexzeß des Krieges und der Konzentrationslager wiedererstand.

Diese die zeitliche Geschlossenheit einer bestimmten Situation in einer eher beiläufigen Handlung dokumentierende Geschichte verfügt über keinen herausgehobenen Protagonisten, sondern im politischen moralischen Sinn Handelnde sind alle Personen, die auftauchen, von den drei Männern, die das Schild aufrichten, über die Schulkinder, die Frauen, die vorüberkommenden Männer bis hin zu den beiden Nonnen, die sich zwar unsicher anblicken, aber dann auch wortlos weitergehen. Von daher leuchtet es ein, daß diese Geschichte – erzählstrukturell gewiß eine Ausnahme – nicht aus einer bestimmten Figurenperspektive erzählt wird, sondern aus der Perspektive eines, so scheint es, über den Dingen stehenden Beobachtererzählers, der sich freilich in seinem Ethos mit jener Gestalt identifiziert, die als bildliches Mahnzeichen im Zentrum dieser Geschichte steht: Aus der Perspektive des leidenden Christus wird denn auch in der Tat diese Geschichte erzählt und dokumentiert damit durch dieses formale Aufbauelement mit allem Nachdruck das religiöse Engagement der Autorin, ohne daß sie zu moralischen Appellen der Anklage und Aburteilung zu greifen braucht.

Der Erkenntnisschock, der vom Schlußsatz ausgeht, ist denn auch weit mehr als eine auf den letzten Steigerungspunkt zueilende Pointe: Er bedeutet das Zerreißen eines Vorhangs, der über der Oberfläche der Dinge liegt und sie als freundlich und normal ausweist, während unter der Oberfläche die Vergiftung bereits eingesetzt hat und sich unaufhaltsam ausbreitet. Die Janusköpfigkeit der politischen Realität schlägt unmittelbar durch das Frühlingskostüm der erwachenden Landschaft durch. Der auf dem andern Verkehrsschild warnend angebrachte Totenkopf und der Diskriminierungsspruch des neuen Schildes treten in eine Verbindung ein und lassen bereits jene mit dem Totenkopfemblem ausgerüsteten schwarzen Gestalten erahnen, die im Hintergrund die Konsequenz aus dem inhumanen Spruch des neuen Schildes zu ziehen angetreten sind.

Wie das Golgatha wurde, das man sich in Deutschland zu errichten anschickte, hat

Elisabeth Langgässer aus der Perspektive der unschuldig-schuldigen Mitläufer und der gezeichneten und kasteiten Opfer wiederholt in schmerzhafter Prägnanz dargestellt, etwa in der Geschichte »Glück haben« (auf die in Teil III einzugehen sein wird), die das Glück einer sich anpassenden deutschen Frau aus einer bitter ironischen Kette von Unglücksfällen filtert, die sich jeweils gegenseitig relativieren, oder in der Geschichte »Untergetaucht«[31], die die Überlebensanstrengungen einer verfolgten Jüdin ebenso bitter kommentiert. Die während der sogenannten Hamsterphase der frühen Nachkriegszeit rückblickend aus der Perspektive der Helferin erzählte Geschichte von der Jüdin Elsie Goldmann, die eines Tages – der Mann der Erzählerin »war gerade in die Partei frisch aufgenommen worden und Oberpostsekretär« (207) – vor ihrer Laube steht, für eine Nacht unterschlüpfen will und dann eine Zeitlang bleibt, beginnt mit dem verräterischen Satz: »Ich war schließlich auch nur ein Mensch« (206). Um welche Art von Menschlichkeit es sich handelt, dokumentiert ihre Geschichte: Sie nimmt, von Elsie überrumpelt, die ehemalige Schulfreundin auf und arrangiert sich mit der neuen Situation, zumal ihr gutmütiger Mann zustimmt.

Erst als die »Frau des Blockwalters« (208) Elsie einmal zufällig von draußen am Fenster sieht und Verdacht schöpft, beginnt sich ihr Verhalten zu ändern. Die Angst, ertappt zu werden, führt schrittweise dazu, daß sie in ihrem Verhalten all jene Vorurteile der antisemitischen Verblendung unwillkürlich übernimmt: »[...] je mehr ich die Elsie betrachtete, desto jüdischer kam sie mir vor.« (209) Obwohl Elsie in ihrer äußeren Erscheinung keines der zum Klischee der Denunziation gewordenen Körpermerkmale aufweist, führt die ideologische Gehirnwäsche, genährt durch die Angst, zu einer Vergiftung ihres Bewußtseins, die sich auch auf Elsie selbst erstreckt, die wie der Andri in Frischs Stück »Andorra« »jüdisch« zu agieren beginnt, weil man unaufhörlich unterstellt, Juden verhielten sich eben so.

Die Situation der eher unwilligen Hilfe wandelt sich, aus der rückblickenden Perspektive der in der Geschichte agierenden Erzählerin Frieda betrachtet, in eine Situation des gegenseitigen Hasses, der die eigentliche Menschlichkeit des appellativen Satzes, man sei schließlich auch nur ein Mensch, enthüllt: »Ich bin schließlich auch nur ein Mensch und hätte nichts andres im Sinn gehabt, als meinen Kopf zu retten« (210) –, äußert die zuhörende Freundin bezeichnenderweise, als Frieda über jenen Tag berichtet, als die Gestapo schließlich in der Laube erschien, um Elsie abzuholen. Nicht nur, daß sie Frieda und ihren Mann deckte und vorgab, »sie habe sich durch den Garten und die Hintertür in das Haus geschlichen, weil sie glaubte, das Haus stünde leer« (210), sie ist zudem so geistesgegenwärtig, blitzschnell ein Tuch über den Käfig des Papageis zu werfen, der ihren Namen inzwischen längst sprechen gelernt hat und verraten hätte, daß sie bereits längere Zeit als »Unterseeboot« (209) im Haus der Freundin untergetaucht war.

Die Verfolgte und aller Voraussicht nach im Todeslager Umgekommene verhält sich wirklich »menschlich«, rettet die Leute, denen sie im Grunde nur zur Last fiel, und hat damit ironischerweise für Frieda einen Glorienschein in der Nachkriegszeit geschaffen, der ihr vermutlich auch helfen wird, ihren vor die Spruchkammer zitierten Mann durch das Entnazifizierungsverfahren zu bringen. Die aus der Figurenperspektive in einer Rahmensituation, die die eigentliche Erzählerin als zweite Zuhörerin ausweist (die gleichfalls auf dem Bahnhof der Vorortsiedlung auf den »Kartoffelexpreß« [206] wartet), kunstvoll geschürzte Geschichte gipfelt gleichfalls in der Peripetie eines

Erkenntnismoments, der die moralischen Gewichte verkehrt: Nicht die in der Nachkriegszeit ob ihrer Hilfe für die verfolgte Jüdin unterstellte Menschlichkeit der Erzählerin Frieda wird bestätigt, sondern die Menschlichkeit der verfolgten Jüdin, an der die Devise des Satzes »Homo homini lupus« konkret exerziert wurde, während sie diese wölfische Natur des Menschen, die Überzeugung des »Jeder ist sich selbst der Nächste« selbst im Angesicht des Todes überwand.

Zu welchen Exzessen diese aus allen Moralbindungen entlassene wölfische Natur des Menschen fähig war, hat die Autorin in einer anderen Kurzgeschichte, »Nichts Neues«[32], schlagend demonstriert, die im Berlin der ersten Nachkriegstage spielt, als die von den Verteidigern gefluteten U-Bahn-Tunnel zum Teil noch unter Wasser standen und ein »entlassener Landser« (227), aus dessen Perspektive erzählt wird, mit anderen U-Bahn-Reisenden ein Stück auf dem Holzsteg des Tunnels zu Fuß zurücklegen muß, bevor die U-Bahn ihre Fahrt fortsetzen kann. Er wird, in einen Strom von Menschen eingekeilt, unfreiwillig der Zeuge eines Gespräches zwischen einem anderen älteren Mann und dessen Begleiter. Freilich fängt er nur jeweils Abschnitte des Gespräches auf und versucht, den Zusammenhang durch seine Assoziationen zu ergänzen. Das ganze Gespräch scheint ihm von den grauenhaften Ereignissen der unmittelbaren Gegenwart bestimmt: er denkt beim Zuhören an Buchenwald, an den Prozeß gegen die Geschwister Scholl und schließlich, bei der erneuten Steigerung der Greueltaten, an Auschwitz.

Als sich der ältere Mann schließlich beim Erreichen des Eingangs von seinem Gesprächspartner mit dem Hinweis auf die bestialische Hinrichtung der Offiziere des deutschen Widerstands gegen Hitler in Plötzensee verabschiedet – »Eigentlich war es damals nicht anders als später in Plötzensee. Die Methoden die gleichen, die Wirkungen auch [...] Der Mensch bleibt der gleiche... die Menschheit in ihrer Ganzheit ebenfalls... Er ändert sich nicht, und seine Natur –« (230) –, will der unfreiwillige Zuhörer des Gespräches endlich über den Zusammenhang informiert werden und redet den Sprechenden mit der Bitte um Erklärung an. Die Antwort für den neugierigen ehemaligen Soldaten enthält so etwas wie die Peripetie der Kurzgeschichte, nämlich die Aufforderung, seine im Kontext des Dritten Reiches verlaufenden Assoziationen auf einen größeren Zusammenhang von Geschichte zu beziehen, der von ähnlichen Blutspuren gezeichnet ist: »Der alte Mann [...] sagte zu dem Soldaten: ›Von den koreanischen Märtyrerakten und dem "Tagebuch der Verfolgung". Diese Geschichte ereignete sich vor genau hundert Jahren. Nichts Neues unter der Sonne... Alles schon dagewesen.‹« (230)

Sicherlich läßt sich nicht verkennen, daß diese im Verlauf der Historie immer erneut dokumentierte wölfische Natur des Menschen aus der religiösen Perspektive Elisabeth Langgässers die grundsätzliche Verderbtheit des Menschen dokumentiert, aus der ihn nur die Gnade Gottes auslösen kann. Diese Einordnung der Greuelspuren der NS-Zeit in das Zerstörungsbild eines monumentalen Golgathas der Geschichte, das sich im Grunde nicht wandelt, sondern höchstens intensiviert, führt freilich dazu, gerade jene von ihr im exakten historischen Kontext des NS-Deutschlands aufgewiesenen Verwüstungen unter einer christlichen Perspektive zu nivellieren. Die analytische Kraft ihres Erzählens in diesen Kurzgeschichten überzeugt jedoch weit mehr als der – zudem hier nur angedeutete – heilsgeschichtliche Hintergrund[33].

8. Kurt Kusenberg. Heiter bis tückisch – Thurber

Kaum ein anderer deutscher Erzähler hat sich mit dieser Ausschließlichkeit auf die Form der Kurzgeschichte konzentriert wie Kurt Kusenberg, dessen Kurzgeschichten-sammlungen die einzigen literarischen Arbeiten sind, die er veröffentlicht hat[1]. Die Besonderheit von Kusenbergs literarischer Position zeigt sich auch darin – das gilt auch im Vergleich zu Wolfgang Weyrauch –, daß er aus der Generation der hier großenteils behandelten Autoren, für die 1945 das Schicksalsjahr ihrer Biographie und ihres Schreibens geworden ist, herausfällt. So wie viele seiner Geschichten bereits in den späten dreißiger und frühen vierziger Jahren geschrieben wurden und in Sammlungen 1940 und 1942 erschienen[2], fehlen auch in seinen Arbeiten gleichsam jene unter Ausdruckszwang geschriebenen, das Elend des Krieges und der frühen Nachkriegszeit aufgreifenden Erzählstücke, wie sie bei Borchert, Böll oder Schnurre als künstlerische Verarbeitung der zeitgeschichtlichen Situation zu finden sind[3].

Kusenberg verkörpert damit eine Generation von Autoren, die ähnlich wie Friedo Lampe, zu dem sich Hans Bender als einen der Lehrmeister seiner Kurzgeschichten bekannt hat[4], unter einer ganz spezifischen, von vielen politischen und psychologischen Restriktionen gekennzeichneten Schreibsituation zu arbeiten und zu publizieren be-gannen. Es ist nicht auszuschließen, daß die zwangsläufig erfolgende Anpassung an diese Restriktionen mit dazu beigetragen hat, daß in Kusenbergs umfangreichem Kurzgeschichtenwerk der Typus der Fabuliergeschichte (in der die gebräuchliche Ordnung der Welt auf den Kopf gestellt wird), der heiter schmunzelnden Pointenge-schichte (in welcher der für den Leser bereitete Überraschungseffekt stärker das Interesse des Erzählers in Anspruch nimmt als der in seiner Geschichte verwendete Wirklichkeitsstoff), der sich mitunter zur ironischen, ja tückisch hinterlistigen Parabel steigernden (aber auch dann mit einem in ein abstraktes Muster gebannten Erzählstoff) satirischen Geschichte dominiert[5]. Gleichwohl läßt sich nicht übersehen, daß oft genug die Grenze nach unten hin überschritten wird und die angestrengten Geistreicheleien sich als Feuilletonarabesken, als hingeplauderte Seifenblasen erweisen, die beim fragenden Zugriff des Lesers spurlos zerplatzen.

Überraschenderweise hat sich Kusenberg selbst verschiedentlich in Essays, die sich mit der Poetik der Kurzgeschichte und der literarischen Genealogie der von ihm verwendeten Formen beschäftigen[6], ausdrücklich zu der Ahnenschaft der amerikani-schen Short Story bekannt, auch wenn er selbstverständlich deutsche Autoren, vor allem Johann Peter Hebel (ausdrücklich jedoch nicht E. T. A. Hoffmann), in diese Galerie von Namen mit einbezieht. Sicherlich ist es zutreffend, wenn er in diesem Kontext über Edgar Allan Poe und den von ihm begründeten Typus der Short Story ausführt: »Der Zugang zu Edgar Allan Poe wird manchem Leser durch melodramati-sche Stücke verstellt, die von Liebe, Tod und Wiederkunft handeln. Am besten liest man sie erst gar nicht und macht sich sofort an die Geschichten, in denen eine Bedrohung, ein Verbrechen, eine Rache, ein grausiges Ereignis kühl, sachlich und ungemein intensiv erzählt werden. Das ist neu, das hat vor ihm noch keiner gemacht und gründet in Poes seltsamer Doppelbegabung, kühn zu phantasieren und logisch zu analysieren. Nie verliert er sich, wie Hoffmann, an einen wuchernden Stoff«[7].

Paradoxerweise ist jedoch dieser Zugang Poes zur Kurzgeschichte für Kusenberg selbst keineswegs produktiv geworden. Thematische und erzählstrukturelle Analogien zu Poes Geschichten wie »The Pit and the Pendulum«, »The Man of the Crowd« und »A Descent into the Maelstrom«, Beispiele, die Kusenberg erwähnt[8], finden sich in seinem Werk auch nicht der Andeutung nach. Ein Autor wie O. Henry wiederum, von dem sich Kusenberg eher abfällig distanziert[9], ist mit seinen den unterhaltsamen Plauderton nicht verschmähenden, phantasievollen und auf eine Pointe hin geschriebenen Short Stories viel eher das Modell für einige der Kurzgeschichten von Kusenberg.

So wird man denn auch die Reflexionen über die Poetik der Kurzgeschichte und über die Autoren, die auf ihn einen Einfluß ausgeübt haben, nur in Grenzen als produktionsästhetische Bestandsaufnahme auf seine eigenen Schreibversuche beziehen können. Freilich, eine wichtige Prämisse dieser Reflexionen trifft auf seine eigene Produktion durchaus zu: »Wer sich aus Leidenschaft mit Kurzgeschichten befaßt, erlebt zu seiner Verwunderung, daß diese Gattung unter dem Einfluß eines Phänomens, das man Mutation nennen könnte, unablässig neue Arten hervorbringt, die allenfalls klassifiziert, schwerlich jedoch in ein System gebracht werden können, weil es ein System nicht gibt.« (832) Diese Vielgesichtigkeit gilt sicherlich für Kusenbergs zahlreiche Geschichten. Ob sie auch künstlerischer Vielgesichtigkeit entspricht, ist freilich häufig die Frage.

Dennoch hat Kusenberg auch in seinen auf die Form der Kurzgeschichte gerichteten Überlegungen auf bestimmte Konstanten aufmerksam gemacht. Eine davon, die elementarste, bezeichnet das Festhalten an einem erzählerischen Kern, an der Plot-Struktur der Geschichte: »Die Kurzgeschichte ist und bleibt eine literarische Gattung, die einen erzählerischen Sachverhalt, er sei äußerer oder innerer Natur oder beides, möglichst komprimiert mitteilen möchte. Für Experimente, wie etwa der nouveau roman sie anstellt, ist in ihr kein Raum« (838). Er hat denn auch, in einem gewissen Widerspruch zum vorher behaupteten Chamäleoncharakter der Kurzgeschichte, diese formale Konstante weiter differenziert und mit dem Begriff der »Grundfigur« (836), die durch jede Kurzgeschichte hindurchscheinen müsse (»eine paradoxe Wendung« [837], die in jedem Plot als Gelenkstelle angelegt sein soll), eine unverzichtbare Eigenschaft des Plots hervorgehoben. Kusenberg befindet sich damit durchaus auf der Linie der tradierten Kurzgeschichten-Poetik, die im Handlungsumschlag, im »Schicksalsbruch«[10] ein künstlerisches Ingredienz dieser Prosaform erblickt. Die acht möglichen Plot-Modelle, die Kusenberg als Grundfiguren in seinem Kurzgeschichten-Essay erwähnt[11], stellen nur jeweils inhaltliche Variationen einer Plot-Struktur dar, die das folgende Beispiel hinreichend illustriert: »Einer, der seinem Schicksal entgehen will, läuft diesem durch seine Flucht geradenwegs in die Arme.« (836)

Es ist für Kusenbergs literarische Position – und wohl auch für die politischen Zustände, unter denen er zu schreiben begann – bezeichnend, daß die formalen Impulse seines Schreibens primär sind und die inhaltlichen und thematischen Motivationen eine untergeordnete Rolle spielen. In seinem fiktiven Nekrolog hat er genau diesen Punkt präzisiert und, wenn auch mit ironischem Augenzwinkern, eingestanden: »Er war kein engagierter Schriftsteller. Das ist, wie jeder weiß, etwas sehr Schlimmes. Für den Fall, daß man ihm sein Manko vorwerfe, hielt er den Satz parat: ›Mein Engagement ist die Sprache‹« (78). Welche Auffassung von der Geschichte und der Wirklichkeit sich im Grunde hinter dieser inhaltlichen Indifferenz verbirgt – auf dem zeitgeschichtlichen Hintergrund der NS-Jahre, in die Kusenbergs schriftstellerische Anfänge fallen, wird das indirekt auch zu einer politischen Aussage –, hat er an anderer Stelle näher erläutert, wo es um die stoffliche Wirklichkeitsorientierung der Kurzgeschichte geht: »Es ist wohl so, daß ihr täglich neue Stoffe aus dem Leben zuwachsen, die aber nicht unbedingt neue Situationen und Konflikte ergeben, weil die Natur des Menschen sich wenig ändert, jedenfalls in ihren Uranlagen und ihren Verhaltensweisen« (837).

Was hier, unfreiwillig selbstkritisch, auf den Begriff gebracht wird, ist die merkwürdige Geschichtslosigkeit, die an vielen seiner Erzähltexte irritiert. Daß sich die Menschen in seinen Geschichten in Kutschen fortbewegen, in biedermeierliche Häuslichkeiten oder Schlösser in die Obhut von Dienern zurückziehen und verrückten Einfällen in Phantasiekulissen nachjagen, sind ja nicht nur Äußerlichkeiten, sondern Symptome einer Wirklichkeitsdarstellung, die sich eskapistisch von der Zeitgeschichte abgeschottet hat und literarische Fluchtmuster entwirft, die mit dem geschichtlichen Ort des Autors nichts mehr zu tun haben.

Was damit gemeint ist, wird besonders deutlich, wenn man an amerikanische Vergleichs- und Orientierungspunkte für Kusenbergs Geschichten denkt: etwa die Short Stories des von oben herab abgefertigten O. Henry oder besser noch die von James Thurber, die Kusenberg nicht von ungefähr einmal rühmend hervorhebt[12]. In O. Henrys Geschichten[13], wie gedrechselt und auf die voraussehbare Pointe sie auch immer geschrieben sein mögen, ist die soziologische und mentale Atmosphäre des kleinbürgerlichen Amerika zur Zeit der großen Depression und davor unverkennbar eingefangen. Seine Short Stories erweisen sich als Mosaiksteine zu einem Bild Amerikas nicht nur von rührender, humorabgemilderter Menschlichkeit, sondern auch von zeitgeschichtlicher Prägnanz. Ähnliches gilt für die tückisch boshaften Entlarvungsgeschichten von Thurber[14], dessen bevorzugter Protagonist, der kleine Mann von der Straße[15], ob er nun Walter Mitty oder Mr. Preble heißt, nur dadurch seine universelle Repräsentanz gewinnt, daß er als typischer Vertreter einer spezifisch amerikanischen Mittelschicht im Mittleren Westen oder in New York und Umgebung künstlerisch glaubwürdig gezeichnet ist.

Diese soziologische Humusschicht, diese Aura von historischer Individualität sucht man in vielen Geschichten von Kusenberg vergeblich. Wenn er mit dem Blick auf die Adaption von großen Vorbildern ausgeführt hat: »Wer sich heute Kipling oder O. Henry oder Maupassant zum Vorbild nimmt, ohne sein Modell gehörig zu transponieren, schreibt mit großer Verspätung« (837), so ist das sicherlich richtig, nur daß die formalen Umsetzungen mit neuen Inhalten einhergehen müssen, da aus einem bloß formalen Antrieb erzeugte künstliche Inhalte letztlich sprachlos bleiben, weil sie die Sprache aus dem Konnex zur Wirklichkeit gelöst haben und mit ihr ein Spiel betreiben, das Kusenberg selbst durch die Analogie zum Märchen noch abzudecken versucht hat: »Es sei jedoch nicht bestritten, daß meine Erzählungen eine gewisse Ähnlichkeit mit Märchen haben, schon allein durch das freie Spiel der Imagination, die Aufhebung der Kausalität, die Ungebundenheit an Zeit und Ort, den herbeigewünschten und deshalb so gern berichteten Sieg des Guten über das Böse – oder sagen wir lieber: des Listig-Humorvollen über das Humorlose.« (76 f.) Die phantasievoll überspitzte Überdrehungsgeschichte, die das Bild einer verkehrten Welt vor den Leser stellt, mag in den Details der Phantasie freien Lauf lassen, aber meint mit dem durch

Phantasieüberschuß zustande gekommenen Negativbild dennoch die Wirklichkeit, deren zu korrigierende Aspekte durch die Überblendung nur herausgehoben werden.

Unter den zahlreichen Kurzgeschichten[16], die Kusenberg geschrieben hat, gibt es nicht wenige, die Symptome jener künstlerischen Atemnot aufweisen, die dennoch in einzelnen Geschichten immer wieder überwunden wird. Das Spektrum der künstlerischen Möglichkeiten, das sich dabei abzeichnet, reicht von der parabelhaft verschlüsselten und für Kusenbergs Werk eher untypischen satirischen Geschichte bis hin zur komisch überschäumenden Fabuliergeschichte, die dem formalistischen Vakuumsog widersteht und in kontrastierender und satirisierender Rückbeziehung intentional auf die Wirklichkeit verweist. Interessanterweise haben die am frühesten entstandenen Geschichten am wenigsten der Zeit standgehalten.

Die Geschichte »Die Audienz« (1957)[17] wirkt auf den ersten Blick wie eine didaktische Parabel über die Schwierigkeiten, die Macht eines Diktators zu brechen, der sich auf jede erdenkliche Art abgesichert hat. Die Komik entsteht dadurch, daß die rationale Planung auf seiten der Verschwörer mit der rationalen Kontrolle auf seiten des Diktators kollidiert und politische Aktivität so indirekt in den Bereich des Theatralischen gerückt wird, wo nur die naive Parzifal-Figur, die spontan handelt, letztlich Erfolg hat. Die sechs Verschwörer wollen in die Rolle der sechs Bauern, die sich bei dem Diktator zur Audienz angesagt haben, hineinschlüpfen. Aber nur fünf der Bauern lassen sich fesseln, der sechste, Pedro, überwältigt den sechsten Verschwörer und betritt, nach außen hin einer der Verschwörer, den Palast des Diktators, der die Audienz selbst als Theaterprobe benutzt, da er dabei ist, sich Doubles zur Entlastung und zur Absicherung zuzulegen und während der angesetzten Audienz zwei Doppelgänger testen will.

Der aus der Perspektive Pedros berichtende Erzähler läßt die sorgfältige Planung zuschanden werden, indem er aufweist, wie jeder durch das vorgetäuschte Tun des andern zu Fehlschlüssen gelangt. Weder gelingt es den Verschwörern, den Diktator zu überwältigen, noch der Palastwache, die sich insgeheim gleichfalls zur Revolte entschlossen hat, sondern nur Pedro hat Erfolg. Von dem Zechgelage der vorangegangenen Nacht noch halb betrunken, stört er durch seine Bemerkungen den geregelten Ablauf der Audienz, wird vom Oberst der Polizeiwache entfernt, überwältigt diesen jedoch und entdeckt schließlich die Geheimkammer, von der aus der wirkliche Diktator mit dem andern Double das Spiel des ersten Doppelgängers beobachtet und begutachtet.

Der komische Höhepunkt der Handlung entsteht, als Pedro die beiden Beobachter mit dem dritten Diktator-Darsteller konfrontiert und die Verschwörer beim besten Willen nicht entscheiden können, wer eigentlich zu stürzen ist, da jeder der drei vorgibt, nicht der wirkliche Diktator zu sein. Schließlich werden alle drei von den Verschwörern gefangengenommen, und während die Fahne der siegreichen Revolution gehißt wird, gesteht der eigentliche »Revolutionsheld«, der durch sein spontanes, unkontrolliertes Handeln im Grunde alles erreicht hat – und das ist zugleich das Urteil über politische Aktivität schlechthin –: »Ich fürchte, ich bin immer noch betrunken.« (281)

Was Kusenberg durch die bravourös umkippende komische Handlung seiner Geschichte demonstrieren will, ist deutlich genug: So wie der Diktator seinen eigenen Auftritt als Schmierenauftritt inszeniert, gleicht auch die politische Bühne insgesamt einer Schmiere, auf der man sich nicht mit Überzeugung und rationaler Umsicht durchsetzt, sondern nur durch vom Zufall diktiertes spontanes Handeln, das gar nicht auf politische Zielsetzungen schielt. Freilich hat die Pointe der Geschichte auch einen vom Erzähler nicht kontrollierten Hintersinn. Der politische Umbruch kommt zwar durch die Aktivität des tumben Toren zustande, der, da er ja nicht Subjekt des politischen Handelns ist, von den politischen Drahtziehern, in diesem Fall den Verschwörern, benutzt wird, die das Ergebnis für sich reklamieren und damit letztlich auch Pedros Spontaneität für sich ausbeuten. Der Hinweis auf die Betrunkenheit Pedros am Ende der Geschichte enthält also nicht nur ein Urteil über die politische Realität, sondern auch über den Akteur, der letztlich blind durch die Kulissen stolpert und auch ganz zuletzt nicht begreift, was sich eigentlich abgespielt hat und abspielt.

Der jedes rationale Ordnungssystem düpierende irrationale Zufall als Kern von mißverständlichem Handeln steht auch im Mittelpunkt einer anderen Geschichte von Kusenberg, »Ein verächtlicher Blick« (1962)[18], die eine überzeugende Satire auf Untertanengeist und sich spreizende, borniere Obrigkeit darstellt. Der Wachtmeister Kerzig, der sich durch den verächtlichen Blick eines rotbärtigen Mannes in seiner Ehre gekränkt sieht, veranlaßt durch den Polizeipräsidenten eine Razzia, der zwar achtundfünfzig rotbärtige Männer ins Netz gehen, nicht aber jener bestimmte, der Kerzig verächtlich ansah, weil dieser ihn an einen ungeliebten Verwandten erinnerte. Daß die Polizeiaktion, die durch eine Trivialität ausgelöst worden ist, von sich aus das Gerücht erzeugt, »die Hetzjagd gelte einem Massenmörder« (454), ist ein ironischer Effekt am Rande.

Kusenberg hat die komische Verwicklung noch dadurch gesteigert, daß er den Protagonisten just zur Zeit der Razzia ein attraktives Arbeitsangebot im Ausland annehmen läßt. Der Mann rasiert sich den roten Bart ab, muß sich aber, um möglichst schnell einen Paß zu erhalten, ausgerechnet ins Polizeipräsidium begeben, wo ihm Wachtmeister Kerzig, diesmal gestützt von zwei Krankenwärtern, wiederbegegnet, ihn jedoch geflissentlich übersieht. Als der bürokratische Trott es zu verhindern scheint, daß der Mann seinen Paß sofort bekommt, da jede offiziöse Angelegenheit ihr gehöriges Quantum Wartezeit beansprucht, verlangt er den Polizeipräsidenten zu sprechen, der hier eine Möglichkeit sieht, das Öffentlichkeitsbild der Polizei wohltuend zu korrigieren, und ihm den Paß selbstverständlich sofort aushändigt. Erst als ein Friseur der Polizei berichtet, er habe einen rotbärtigen Mann von seinem Bart befreit, und seine Beschreibung den um einen Paß Ersuchenden einwandfrei identifiziert, gehen dem Polizeipräsidenten die Augen auf, und er versucht, zum Flughafen zu jagen, was Kusenberg so beschreibt: »Der Fahrer tat, was er vermochte. Er überfuhr zwei Hunde, zwei Tauben und eine Katze, er schrammte eine Straßenbahn, beschädigte einen Handwagen mit Altpapier und erschreckte Hunderte von Passanten. Als er sein Ziel erreichte, erhob sich weit draußen, auf die Sekunde pünktlich, das Flugzeug nach Istanbul von der Rollbahn.« (457)

Die Pointe ist der konsequente Schlußpunkt einer sich in einem rationalen Regelsystem (der polizeilichen Suche nach einem »Schuldigen«) verbergenden absurden Geschichte, die am Ende den obersten Ordnungshüter auf seine Lächerlichkeit reduziert. Die Bravour, mit der Kusenberg den doppelten Handlungsumschwung herausarbeitet, daß nämlich das Arbeitsangebot aus der Türkei gleichzeitig zur Entfernung des Bartes wie den vermeintlichen Übeltäter ins Polizeipräsidium führt (wo er zu seinem Erstaunen in allen Vernehmungszimmern rotbärtige Männer vorfindet, die unter Zwang alle möglichen Delikte gestehen), ist ebenso bemerkenswert, wie sich andererseits die Absurdität der Details zum Bild einer verkehrten Welt verdichtet, die im Grunde das satirische Zerrbild der gegenwärtigen Welt ist, deren Verwaltungsmechanismen, einmal in Bewegung gesetzt, mit einer immanenten Logik und Motorik ablaufen, die selbst von den Funktionären der Verwaltungsbereiche nicht mehr zu kontrollieren sind.

Daß der rotbärtige Protagonist zu Anfang seinen Vetter Egon nicht leiden kann und deshalb Kerzig, der ihn an Egon erinnert, verächtlich ansieht, setzt eine Kette von Ereignissen in Bewegung, die, an sich betrachtet, lächerlich sind, aber, als Aktionen der Ordnungsmacht von außen gesehen, gleichsam automatisch Respekt beanspruchen. Gegen diese den Untertanengeist demonstrierende Haltung setzt sich Kusenberg zur Wehr, mit einer auf den ersten Blick absurd-verspielt wirkenden Geschichte, die dennoch den grotesken Einfall ähnlich zur Demaskierung der Wirklichkeit benutzt, wie es beispielsweise Dürrenmatt in vielen seiner Stücke getan hat[19]. Daß Kusenberg diese Wirkung innerhalb eines so schmalen literarischen Grundrisses entfaltet, spricht dafür, daß er punktuell erreicht, was ihm vorschwebt: »der kleine, erzählerische Raum, über den die Kurzgeschichte verfügt, muß aufs äußerste verdichtet und homogen sein [...] Dies knappe Gebilde soll in der Substanz größer sein als im Format: so wie manche Häuser, die innen geräumiger wirken, als man es von außen vermutet. Eine solche Wirkung kann nur zustande kommen, wenn die Kurzgeschichte als ein kleiner Teil für das große Ganze steht, wenn sie, mit anderen Worten, transparent und damit welthaltig ist.« (832)

Diese Transparenz und Welthaltigkeit scheint in der gerade analysierten Geschichte erreicht zu sein, da die absurden Einfälle sich von den geschilderten Umständen ablösen lassen und das Bewußtsein der Realität für den Leser irisierend vieldeutig machen. Es tritt damit eine Wirkung ein, die Kusenberg bei E. T. A. Hoffmann, dessen Ahnenschaft man ihm oft – gegen seinen Widerspruch – zuspricht, nicht erreicht sieht: »Er beunruhigt den Leser nicht, seine krause Dämonie ist harmlos.« (73) Unter diesem Aspekt weisen die kauzigen Einfälle und Erzählkapriolen von Kusenberg auf eine Doppelbödigkeit der Realität hin, auf Zwischenböden und Hohlräume, in die man unversehens einbricht, wenn man sich dem scheinbar gefälligen Fabulieren seiner Geschichten anvertraut. Dahinter steht nicht so sehr eine sich selbst genießende Phantasie, ein unkontrollierbarer Überschuß an Einfällen, die wie ein Feuerwerk versprüht werden, sondern Angstbeschwörung und versuchte Angstüberwindung[20]. Die Wirklichkeit, die sich dem Leser so abgerundet und selbstverständlich darbietet, zerfällt in ein Arrangement von Zusammenhängen, die im Detail grotesk, ja absurd sind und dennoch in den Systementwürfen der Ideologien stets als hundertprozentige Plausibilitäten an den Mann gebracht werden.

Malcolm Cowley[21] hat zu Recht darauf aufmerksam gemacht, daß ja auch – Kusenbergs eigentliche Vorbildfigur – der gleichfalls ganz und gar auf die Kurzgeschichte spezialisierte James Thurber, der durch seine jahrzehntelange redaktionelle Arbeit am »New Yorker« einen speziellen Typus der amerikanischen Short Story (der bis zu John Cheever und John Updike reicht) kultivieren half, nicht nur der liebenswert kauzige Nachfahre Mark Twains ist, sondern daß er zugleich die verdeckten Angstträume und Neurosen der amerikanischen Mittelstandsgesellschaft diagnostisch verarbeitet. Thurbers Kurzgeschichten sind, so führt Cowley aus, »largely based on nightmares, hallucinations or elaborate and cruel practical jokes. Entering Thurber's middle-class world is like wandering into a psychiatric ward and not being quite sure whether you are a visitor or an inmate.« (102)

Eine von Thurbers berühmten Short Stories, »Mr. Preble Gets Rid of His Wife«[22], ist ein Beispiel dafür. Der unscheinbare amerikanische Anwalt Preble, der pflichterfüllt sein Tagwerk absolviert und zu Hause von einer dominierenden amerikanischen Matrone, deren erotische Anziehungskraft längst erloschen ist, tyrannisiert wird, beginnt in kleinen Gesprächsscherzen mit seiner attraktiven jungen Sekretärin die Möglichkeit zu einem anderen Leben zu erwägen, vor dem jedoch seine Ehefrau, die ihm die Scheidung verweigert, wie ein Zerberus steht. Schließlich macht er seiner Frau den Vorschlag, mit ihr in den Keller zu gehen, und verwickelt sich in lauter absurde Begründungen dafür, bis er ihr eingesteht, er möchte sie loswerden und seine Sekretärin heiraten. Seine Frau ist nicht etwa schockiert, sondern verwickelt ihn nach ehelicher Routine in ein Gespräch darüber, in dem sie wie stets das letzte Wort zu haben versucht. Um über ihren Mann zu triumphieren, steigt sie schließlich in den Keller hinab und hält auf Grund der dort herrschenden Kälte ihrem Mann schnippisch vor: »You *would* think of this, at this time of the year! Any other husband would have buried his wife in the summer.« (268)

Die Perversion dieser versteinerten ehelichen Beziehung demonstriert Thurber also nicht nur am Beispiel des Mannes, sondern auch der Frau, der jedes Argument recht ist, ihrem Mann eins auszuwischen. Als ob das gewählte Wetter in bezug auf die auszuführende Tat, einen Mord, eine Rolle spielte. Und als Preble ihr ankündigt, er wolle sie mit einer Schaufel erschlagen, bleibt sie weiterhin die ihrem Mann überlegene amerikanische Matrone, die ihm vorhält, daß sich jeder Detektiv so alles von vornherein zusammenreimen könne. Sie schlägt ihm vielmehr vor: »Go out in the street and find some piece of iron or something – something that doesn't belong to you.« (268) Und als Preble hinauseilt, um sich ein passenderes Totschlaginstrument zu besorgen, und die Kellertür offenläßt, schreit sie ihm noch hinterher: »And shut the door behind you! ... Where were you born – in a barn?« (268)

Die groteske Umkehrung, die Thurber in dieser Geschichte erreicht, besteht darin, daß der Leser nicht zur moralischen Entrüstung über die geplante Tat des Herrn Preble veranlaßt wird, sondern daß ihm auf Grund des Verhaltens der Frau, die selbst einen Schritt entfernt vom Grab ihre Unterdrückungspose nicht aufgibt, sozusagen die Gründe für Prebles Tun plausibel gemacht werden. Das Mitleid gilt eher dem Täter als dem Opfer, das sogar noch seinen eigenen Totschlag zu arrangieren versucht und dem Ehemann auch hierbei nur die Domestikenrolle zubilligt. Freilich weist Thurber in diesem absurden ehelichen Disput zugleich darauf hin, daß der eigentliche Totschlag in der Partnerbeziehung längst mit Worten ausgeführt worden ist, daß der in die vier Wände seines Berufes und seiner Häuslichkeit eingezwängte kleine ältliche Anwalt bereits wie in einem Sarg lebt und sich mit einer verzweifelten Anstrengung, die ihn nur in einen anderen Sarg, die Gefängniszelle, bringen wird, daraus zu befreien versucht.

Aber nicht nur die auf die amerikanische Gesellschaft, die Eheinstitution, zielende bösartige Bissigkeit unterscheidet Thurber von Kusenberg. Der Unterschied tritt auch in einem formalen Element des Erzählens hervor. Wo Kusenberg in seinen

Fabulierkapriolen die raumzeitliche Einheit einer tragenden Erzählsituation weitgehend auflöst und an dem jeweiligen Protagonisten ein Karussell räumlicher und zeitlicher Stationen vorüberziehen läßt, hält Thurber zumeist an der Situationseinheit fest und ist damit gattungsgeschichtlich viel eher am Hauptstrang der Kurzgeschichte angesiedelt.

In dem Maße, in dem Kusenberg dazu neigt, die Wirklichkeit fabulierend zu zerfasern und die absurden Einfälle zu eigenen Konfigurationen tendieren läßt, löst sich bei ihm das Erzählgerüst der Situationseinheit auf. Das gilt etwa auch für eine Geschichte aus den letzten Jahren wie »Kein Tag wie jeder andere« (1966)[23], in der dem Protagonisten Herrn Gronau eine Serie von merkwürdigen Zufällen widerfährt bis hin zur Verleugnung seiner Identität und merkwürdigen Auftritten von fremden Menschen in seinem Haus, einer fremden Leiche im Wohnzimmer, einem attraktiven Mädchen in einer Sänfte und einem Liebespaar in seinem Bett. Nicht nur Herr Gronau – er sieht auch die Sonne doppelt – versucht, sich damit abzufinden und sich auf diese neue Wirklichkeit einzustellen, sondern auch die Leute vom Wasserwerk, die ungerufen bei ihm erscheinen, der Mann, der vorgibt, von Gronaus Hund gebissen worden zu sein, oder die Polizisten, die nach der Leiche suchen und nur noch einen grünen Fleck auf dem Teppich vorfinden. Als Gronau seinen Arzt anruft, gibt ihm dieser den bezeichnenden Rat: »Ich wollte, mir stieße dergleichen zu. Das ist doch alles recht amüsant, verglichen mit dem eintönigen Leben, das ich führe.« (497)

Das ist eine vergleichsweise harmlose Transparenz, die hinter der Geschichte aufscheint, so flach wie die Schlußpointe, daß am nächsten Morgen die Welt für Herrn Gronau wieder im Lot ist und alles für ihn buchstäblich nur eine Schnapsidee war. Nicht nur im Kontrast zu Thurber erweist sich diese Geschichte in ihrer künstlerischen Substanz als sehr dünn. Das gilt auch im Vergleich zu einer gelungenen Geschichte Kusenbergs wie »Herr Schramm verreist« (1959)[24]. Daß die umständlichen, im Detail absurd wirkenden Aktivitäten der Menschen nicht nur lächerliche Skurrilitäten, sondern insgeheim Manöver zur Angstüberwindung sind, wird am Beispiel des Herrn Schramm überzeugend demonstriert. Um jeden Zufall, jeden denkbaren Unglücksfall auszuschalten, hat Schramm, der wie so oft bei den Protagonisten von Kusenberg über die entsprechenden finanziellen Mittel verfügt, ein kompliziertes Netz von Sicherungen und abschirmenden Maßnahmen entworfen, das am Beispiel einer Zugreise, die er antritt, vorgeführt wird. Nicht nur, daß er sich durch ein kompliziertes Ritual wecken läßt, mit einer Lastwagenladung voll Koffern verreist (u. a. mit einem Asbestanzug, einer kugelsicheren Weste, einer Strickleiter, einer Gasflasche und einer kompletten Apotheke) und mit einem ganzen Konvoi von Fahrzeugen zum Bahnhof fährt, er läßt auch vor Antritt der Reise Wetter- und Verkehrslage sorgfältig erkunden. Die Ironie besteht darin, daß bei Anbruch der Reise eine Serie von Zufällen eintritt, die nach und nach alle Vorsorgemaßnahmen Herrn Schramms außer Kraft setzen, ja sie sogar gegen ihn wenden. Denn als der Lastwagen mit der Gepäckladung auf Grund eines Schadens liegenbleibt und das Begleitpersonal die Koffer auf andere Fahrzeuge umlädt, ruft ein Kneipenwirt, dem das nach einer Diebesaktion aussieht, die Polizei an, die beim Öffnen der Koffer u. a. auf die kugelsichere Weste und die anderen Instrumente stößt, die nur einen Schluß zulassen. Das Begleitpersonal von Herrn Schramm wird ebenso verhaftet wie er selbst am Bahnhof, auch wenn sich das Mißverständnis nach einiger Zeit wieder auflöst.

Ähnlich wie in den Geschichten »Audienz« und »Ein verächtlicher Blick« gießt Kusenberg seinen Hohn über alle rationalen Systeme aus, die vorgeben, die Wirklichkeit gebändigt und bewältigt zu haben. Sie setzt sich mit einer störrischen Resistenz, die im Moment des Zufalls sichtbar wird, zur Wehr und verwandelt die Rationalisierungsanstrengungen der Menschen in groteske Eskapaden, die in das Gegenteil ihrer ursprünglichen Absicht umschlagen: irrational werden. Sicherlich läßt sich nicht verkennen, daß hier die Wirklichkeit in die Kurzgeschichten Kusenbergs eindringt, deren heitere Oberfläche tückische Untiefen überdeckt, in die er den Leser immer wieder einbrechen läßt. Freilich wird diese Wirklichkeit in Plot-Modellen gespiegelt und transponiert, die nur noch sehr mittelbar auf die zeitgenössische Realität verweisen und ein Sozietätsmuster variieren, das vielfach Züge des 19. Jahrhunderts trägt.

Darin treten ebenso Einschränkungen des Kurzgeschichtenerzählers Kusenberg zutage, wie bezogen auf die gattungsgeschichtliche Konsistenz seines Erzählens. In dem Maße, in dem die Fabulierkraft die raum-zeitlichen Bezüge spielerisch durcheinanderwirbelt und Kausalitätsmuster als grotesk entlarvt, löst er die tragende Erzählsituation in der Kurzgeschichte auf, verfeinert sie einerseits zu kompliziert entwickelten Plot-Gebilden wie in der »Audienz« oder löst sie in eine Serie von Einzelereignissen, die, weitgehend unabhängig von ihrer raum-zeitlichen Abfolge, der Erzähler aneinanderreiht, auf und läßt nur die Protagonisten, auf die diese Serie von Ereignissen eintrommelt, als Konstanten gelten.

Sicherlich läßt sich diese erzählstrukturelle Mutation dadurch begründen, daß Kusenberg an eine sich in kausalen, raum-zeitlichen Zusammenhängen abbildende Wirklichkeit nicht mehr glaubt. Ein Glaube, der ihn mit Kurzgeschichtenerzählern wie Wolfgang Hildesheimer in seinen »Lieblosen Legenden«[25] oder Herbert Rosendorfer in den Erzählstücken seiner Sammlung »Der stillgelegte Mensch«[26] oder Günter Bruno Fuchs in seinen »Fibelgeschichten«[27] verbindet, wo jeweils durch die Sprengkraft der Phantasie die mimetischen Konventionen außer Kraft gesetzt werden. Das erste Moment jedoch, das mit dem Ausschnitt der Wirklichkeit zu tun hat, auf die Kusenbergs Geschichten hin transparent werden, ist Symptom einer rückgewandten Haltung, die manchen seiner Erzählstücke jenes Flair von Geschichtslosigkeit verleiht, das ihre künstlerische Lebensfähigkeit auf Dauer in Frage stellt.

9. Hans Bender. Erzählerische Zeugenschaft und Zeugniskraft – Hemingway

Sein Name hat für die Geschichte der deutschen Short Story fast eine kanonische Geltung. Das liegt nicht nur an seinem eigenen Kurzgeschichten-Œuvre, das ihm, seine wenigen Lyrikveröffentlichungen und seine die zeitgeschichtlichen Stationen des Krieges und der frühen Nachkriegszeit suggestiv und unprätentiös einfangenden schmalen Romane »Eine Sache wie die Liebe« und »Wunschkost« überschattend, in der literarischen Kritik den Rang eines »Meister[s] der Kurzgeschichte«[1] eingetragen hat, sondern auch an seiner herausragenden Rolle als Theoretiker und praktischer

Förderer dieser Prosaform. In den »Akzenten«, der nach wie vor wichtigsten und lebendigsten bundesdeutschen Literaturzeitschrift, hat er als Herausgeber nun schon im dritten Veröffentlichungsjahrzehnt neuen Kurzgeschichtentexten stets eine Publikationsmöglichkeit eröffnet. Als Theoretiker dieser Prosagattung hat er in einer Reihe von Aufsätzen[2], am maßgeblichsten in seiner »Ortsbestimmung der Kurzgeschichte«[3], die entstehungsgeschichtlichen und gattungstypologischen Kategorien entwickelt, um das »Chamäleon der literarischen Gattung, ein sanftes Reptil, das sich in die Farbe seiner Umgebung tarnt« (207), in seiner gattungsgeschichtlichen Identität und literarischen Wichtigkeit verläßlich zu beschreiben.

Bender hat dabei zugleich mit einer bemerkenswerten Offenheit die vor allem in die angelsächsische (die amerikanische) Literatur hinüberweisenden Traditionsvoraussetzungen dieser Prosaform – aber auch auf russische und französische Literaturvoraussetzungen weist er hin, wie er auch auf innerdeutsche Vorstufen von Stifter bis Hebel aufmerksam macht – bekannt und ihr Gewicht im einzelnen bestimmt: vor allem Hemingway und O. Henry – »Eine O. Henry-Geschichte ist die Kurzgeschichte schlechthin.« (207) –, aber auch Crane und Steinbeck werden von ihm genannt. Auf dem Umweg über den von ihm geschätzten und heute fast schon wieder vergessenen Kurzgeschichtenautor Friedo Lampe haben auch die Short Stories von Sherwood Anderson und Katherine Mansfield die deutsche Literatur und vor allem auch ihn selbst erreicht[4].

Die analytische Klarheit, die Bender solcherart in die diffuse Herkunftsgeschichte der deutschen Short Story gebracht hat, ist nicht hoch genug zu veranschlagen, da sie noch bis in die fünfziger Jahre hinein von vielerlei Hypotheken belastet schien: von der Profilneurose eines literarischen Parvenüs, die aus der Gegenüberstellung mit der aristokratischen, ihre Formbewußtheit allzu kokett ausspielenden Novellenform entsprang; von der ideologischen Kompromittierung[5], die auf die Literatursituation im Dritten Reich zurückging, das in ihr ein wirksames propagandistisches Werkzeug für die Verbreitung didaktischer Polit-Parabeln erblickt hatte[6]; oder auch von der allzu enthusiastischen Übernahme amerikanischer Schreibmodelle, die einen Zustand übergroßer Abhängigkeit[7] und in Gegenbewegung dazu ein Gefühl schamhafter Verdrängung in der jungen deutschen Literatur nach 1945 hinterlassen hatten.

Bender hat diese Situation unpathetisch korrigiert. So hat er mit Nachdruck den Unterschied zur Novellenform akzentuiert, die mit ihrer Vorliebe für historische Sujets und Interieurs und eine auf außerordentliche, dramatische Zuspitzung zueilende, vom Geschehen des Alltags weit weggerückte Handlungskurve[8] (nicht zu vergessen die bewußte Stilisierung einer literarischen Sprachgebung) die »demokratische« Wirklichkeitsnähe der Kurzgeschichte im Handlungsstoff und in der Sprachform fälschlicherweise in die Nähe der Kunstlosigkeit rückt: »Ich skizziere die Kurzgeschichte mit ihrer demokratischen Haltung und Wirkungsabsicht gegen die aristokratische Haltung und Wirkung der Novelle. Die short story oder Kurzgeschichte in Amerika, England, Irland, Rußland und später in Österreich oder Deutschland stand in Zeitungen und Zeitschriften zuerst. Sie wollte die Leute erreichen, die in ihr dargestellt waren.«[9]

Gegenüber der politischen Nutzanwendung der Kurzgeschichte in der offiziösen Literatur des Dritten Reiches, wo sie der Propagierung des heroischen, sich dem Dienst am Vaterland widmenden Menschen dient, hat er festgestellt: »Die Kurzgeschichte war ein Gegensatz zur Literatur vorher, die so positiv war, die so kernige, gute, rechtschaffene Menschen dargestellt hat; während die Kurzgeschichte doch von vornherein schon Negationen enthält. Sie schildert unsympathische Menschen, schwierige verrückte, spleenige oder ganz durchschnittliche Menschen.«[10] Am nachhaltigsten und differenziertesten hat Bender die Einflüsse der amerikanischen Short Story auf die deutsche Entwicklung beleuchtet, wobei auch für ihn die Schlüsselstellung Hemingways unzweifelhaft gilt: »Der Zeitpunkt, an dem wir – ich denke an meine Generation – Hemingway entdeckten, war entscheidend. Sein Ton war frisch und ungewohnt, deshalb traf er uns. Existentielles Geschehen war wiedergegeben in spiegelbildlichen, menschlichen Handlungen. So wie seine Gestalten handelten, empfanden und redeten, so handelten, empfanden und redeten auch wir; so wollten wir schreiben. [...] Es gibt bei den deutschen Schriftstellern in jenen Tagen fast gleichlautende Zeugnisse; und es gibt von Hemingway beeinflußte Prosa. Notierungen, Stenogramme, chronikhafte Vorzählungen, die alle Geschehnisse, die einmal groß und heroisch genannt worden waren, in ihrer Kläglichkeit bloßlegten.«[11]

Dahinter steht, ähnlich wie auch bei Siegfried Lenz, die für eine ganze Generation aus dem Krieg desillusioniert zurückkehrender deutscher Autoren beispielhafte Repräsentanz eines Schriftstellers, der die Wirklichkeit als ein chaotisches Kräftespiel zeichnet, in dem der einzelne sich mit einer entschlossenen, stoischen Selbstbehauptung zu bewähren hat, auch wenn die Ereignisse sich gegen ihn richten. Bender bezieht sich hier nicht nur auf den Krieg oder die eine kämpferische Auseinandersetzung thematisierenden Short Stories Hemingways, sondern schließt auch die aus der kindlichen Initiationsperspektive des Jungen Nick Adams geschriebenen frühen Geschichten der Sammlung »In Our Time« mit ein. Die mit dem Rhythmus und der Schönheit einer noch wilden, ungezähmten Natur identische Wirklichkeit, in der sich der Junge mit einer schlafwandlerischen Selbstverständlichkeit bewegt, gibt sich ihm als ein von Schmerzen und Angst bestimmter Kreislauf zwischen Geburt und Tod zu erkennen, auch wenn Nick – Bender geht ausführlich auf Hemingways Geschichte »Indian Camp« ein[12] –, der als Helfer seines Vaters, des Arztes, die Geburt des Indianerkindes miterlebt und auch den Verzweiflungstod des die Schmerzensschreie der Gebärenden nicht mehr ertragen könnenden Mannes, noch von der Unantastbarkeit dieser Jugend überzeugt ist: »he felt quite sure that he would never die.« (95) Daß Bender in der dinglichen Erzählweise Hemingways (besonders bei den Naturschilderungen), die in präzis gesehenen Details die Zusammenhänge evoziert und seelische Vorgänge gleichsam an den Veränderungen der Oberfläche in der erzählerischen Blickweise verdeutlicht, Analogien zu dem poetischen Verfahren Stifters erkennt – »Hemingway ist – obgleich er wohl nie eine Zeile Stifter gelesen hat – sein Wahlverwandter.« (42) –, ist nicht so überraschend, wenn man andererseits bedenkt, daß in Stifters Naturbeschreibungen das Echo James Fenimore Coopers nachklingt, eines gemeinsamen literarischen Ahnen[13] beider Autoren.

Die formalen Möglichkeiten, die dem Kurzgeschichtenautor offenstehen und die Bender bei Hemingway zur Perfektion geführt sieht, werden von ihm präzis benannt: »Der Autor [...] rettet sich in die Beschränkung, in die Dinglichkeit, ins Detail, in die punktuelle Beschreibung; er arbeitet mit Aussparungen; auch das Schweigen redet. Die Gestalten haben Umrisse, die vom Leser auszufüllen sind.«[14] Diese den Stakkatosatz, den häufig eingeblendeten, gleichsam nackten Dialog und das stilistische

Understatement bevorzugende Schreibweise, deren Gesamteindruck Lakonie ist, wird von Bender in einer Weise bestimmt, wie sie sich bei Henry James in seinem Begriff des »explosive principle« andeutet oder bei Bobrowski in seinem Verfahren des gestischen Schreibens anklingt. Nichts anderes meint Bender, wenn er ausführt: »Die Wörter rufen die Bilder herbei. Der Autor erzwingt die Umrisse und ihre Schraffur, indem er das signifikante Wort wählt.« (221) Die Qualität dieser Sprache ist nicht ausschmükkend, attributiv, beschreibend, sie stützt sich nicht auf eine metaphorische Bildlichkeit, sondern auf das mit Assoziationskraft versehene spezifische Wort, auf seine Organisation in syntaktischen Strukturen, die die Bedeutungszusammenhänge unausgesprochen signalisieren. Das ist eine Sprachform, die eine erzählerische Grundhaltung voraussetzt, die Bender einmal am Beispiel eines Satzes von Jorge Luis Borges verdeutlicht hat: »Uns fehlt der Optimismus des 19. Jahrhunderts, zu glauben, die Welt ließe sich auf fünfhundert Seiten einfangen; deshalb wählen wir die kurze Form!« (213) Das schließt den Verzicht auf die Darstellungsperspektive eines allwissenden Erzählers ein, der, nur weil er der Überzeugung ist, das Ganze der Wirklichkeit überschauen zu können, auch sein episches Abbild der Welt in einer allgegenwärtigen und über alles informierten Erkenntnishaltung als rational durchsichtiges Totalitätsgebilde zu entwerfen versucht[15]. Die Skepsis des Kurzgeschichtenautors der Wirklichkeit gegenüber führt formal zur Konsequenz der Figurenperspektive: »Der Kurzgeschichtenschreiber läßt seine Figuren sprechen, ohne sich einzumischen [...]. Die Objektivität – Tschechow hat sie entschieden formuliert – ist so weit getrieben, daß die Figuren allein sind, unter sich.« (221)

Eine Ästhetik der Kurzgeschichte, die Bender nicht zu einer begrifflichen Poetik skelettiert, sondern konkret an Beispielen beschreibt: von O. Henrys »The Gift of the Magi«[16] über Stephen Cranes »The Open Boat«[17] bis hin zu Hemingways »Indian Camp«[18] oder »Today is Friday«[19]. Das historische Relief der Gattung, das Bender dabei zeichnet, ist weit mehr als der Grundriß seines eigenen Kurzgeschichtenwerks, aber schließt dieses mit ein. Als Kennzeichnung der produktionsästhetischen Voraussetzungen seiner eigenen Kurzgeschichten verstanden, wäre dieser Grundriß allerdings an einer Stelle entscheidend zu erweitern: Sie betrifft das knappe Erzählwerk des schon erwähnten Bremer Autors Friedo Lampe, zu dem sich Bender wiederholt als einer seiner literarischen Vaterfiguren bekannt hat. Eine der Geschichten Lampes aus dem Nachlaß ist »Laterna Magica«[20] überschrieben und signalisiert bereits im Titel ein erzählerisches Verfahren, das den an eine bestimmte räumliche Situation gebundenen Erzählaugenblick zur Simultaneitätsperspektive der Wirklichkeit erweitert, indem wie in einer rasch wechselnden filmischen Sequenz eine Vielzahl von verschiedenen räumlichen Wirklichkeitsausschnitten und Begebenheiten auf einen winzigen Zeitmoment zusammengedrängt wird. Die am Beispiel von Bierces Short Story »An Occurrence at Owl Creek Bridge« analysierte[21] Ausdehnung der Bewußtseins- und Erinnerungszeit zu einer Erkenntnissimultaneität in einem winzigen Ausschnitt der chronologischen Zeit ist hier von Lampe aus der Figurenperspektive gelöst und zur Erzähloptik eines beobachtenden und betrachtenden Erzählers geworden, der einen panoramatischen Querschnitt durch die Wirklichkeit in einem bestimmten, begrenzten Zeitabschnitt versucht. Es handelt sich in gewisser Weise um die erzählerische Komplementarstruktur zu der in einem bestimmten, gleichbleibenden Objekt vergegenständlichten Simultaneität der geschichtlichen Progression in der Gegenstandsgeschichte[22]. Einige von Benders gelungenen Kurzgeschichten weisen ein solches Simultaneitätsspektrum auf.

Bender, der erst 1949 als sogenannter »Spätheimkehrer« aus der russischen Kriegsgefangenschaft zurückkam[23] und an den ersten tastenden Ansätzen der »Trümmerliteratur« nicht mehr teilhatte, hat dennoch ähnlich wie Borchert, Böll oder Schnurre aus der Zeugenschaft seiner Erfahrung im Krieg heraus in der Kurzgeschichte das gestaltet, was ihn als Wirklichkeitserfahrung unmittelbar bedrängte: »Für mich – dazu bekenne ich mich gern – ist *Leben*, mein eigenes Leben und das Leben der anderen, ein faszinierender Stoff, der auch nicht auszuschöpfen ist.«[24] Und selbst da, wo der stoffliche Keim seiner Kurzgeschichten nicht unmittelbar auf die biographisch vermittelte Erfahrung zurückgeht, sind es häufig – mitunter nur beiläufig aufgenommene – Signale aus der Wirklichkeit gewesen, die die Kristallisation der entsprechenden Geschichte veranlaßten: durch ein zufällig aufgefangenes Wort, durch eine Wendung, eine Geste, die sich einprägten. Bender hat selbst dafür Beispiele genannt[25]. Diese sich aufdrängende Zeugenschaft seiner Geschichten, die Authentizität, mit der vor allem Kriegserfahrungen von Bender festgehalten wurden, hat allerdings auch dazu geführt, das tatsächliche Themenspektrum seiner Geschichten künstlich einzugrenzen auf jene Beispiele, die ihn berühmt machten, wie »Die Wölfe kommen zurück«, eine Geschichte, die Eingang in viele Lesebücher im In- und Ausland fand[26], oder die Geschichte »Die Schlucht«, von der ein Kritiker gesagt hat: »Ich halte sie für eine der großartigsten Erzählungen der Literatur überhaupt.«[27] (Beide Texte werden in Teil III näher zu erläutern sein.)
So sehr auch die Kriegs- und die frühe Nachkriegszeit in einer Reihe von Geschichten dominieren, die tatsächliche Skala seiner erzählerischen Arbeiten reicht weiter. Bender hat einige der schönsten Initiationsgeschichten geschrieben, von denen er vier in der Sammlung »Das wiegende Haus«[28] zusammenfaßte. Gerade weil die Diktatur der Zeitgeschichte ihn mit Militärdienst, Soldatenzeit und Gefangenschaft um ein Jahrzehnt seines Lebens, vom 20. bis zum 30. Lebensjahr, betrog, hat der Vergangenheitsblick zurück in die Kindheit in einer ländlich abgelegenen deutschen Provinz, des Kraichgaus in der Nähe des Odenwaldes[29], eine utopische Leuchtkraft in diesen Geschichten sichtbar gemacht, die Bender einmal selbst so umschreibt: »Die Kindheit wird bei mir eigentlich immer sehr schön, glücklich, problemlos dargestellt.«[30] Bei aller Genauigkeit des realistisch gesehenen Details, bei aller unsentimentalen Wärme, mit der er die dörfliche Sozietät in Erinnerungsbildern wachruft, erscheint hier so etwas wie der ins Kleinbürgerliche mutierte Topos einer glücklichen Zeit, aus dem das Ich seine Widerstandskraft gegen den Sog der Zeitgeschichte nimmt.
Doch auch die Gegenwart der fünfziger Jahre dringt in eine Reihe von Erzähltexten, vor allem den Reisegeschichten der Sammlung »Mit dem Postschiff«, ein, kurzen Situationsbildern und Momentaufnahmen von Orts- und Gefühlszuständen, die die Wirklichkeitsszenerien von Reisestationen oder der zum normalen Alltag zurückgekehrten Lebensumstände aufmerksam registrieren und den wachsenden Abstand der Menschen von diesen Realitätskulissen, ihr Fremdheitsgefühl und ihre Kommunikationsabstumpfung, ins Bild bringen.
Der unscheinbaren Vielfalt dieses Themenspektrums von Benders Geschichten

entspricht auch eine sich eher verbergende Variationsbreite von erzählstrukturellen Verfahren: angefangen bei der Pointengeschichte O. Henryscher Prägung[31] über die lakonische Situationsgeschichte in der Art Hemingways[32], über die Monologgeschichte[33], als deren Ursprung er einmal selbst Schnitzlers »Leutnant Gustl« bestimmt hat[34], bis hin zur vielperspektivisch montierten Simultaneitätsgeschichte[35], die die Wirklichkeitseindrücke in kurzen filmischen Sequenzen ineinanderblendet und den winzigen Zeitabschnitt zum Inbegriff der Zeit, zur Gleichzeitigkeit, werden läßt.

Daß Benders Geschichte »Schafsblut« »nicht nur thematisch, sondern auch strukturell viel Ähnlichkeit«[36] mit einer berühmten Short Story Hemingways, nämlich seiner Geschichte aus dem Spanischen Bürgerkrieg »Old Man at the Bridge«[37], aufweist, ist von der Kritik bereits registriert worden, auch wenn sich nicht direkt von einer Adaption der amerikanischen Vorlage bei Bender sprechen läßt. In der Tat, stoffliche und stilistische Analogien drängen sich auf. In beiden Fällen geht es um die Einsamkeit eines alten Menschen in einer Wirklichkeit, deren Regeln vom Militär bestimmt werden und jene Wirklichkeit unterdrücken, die allein für die beiden alten Männer zählt: die Tiere, um die sie sich bisher gekümmert haben. In dem Maße, in dem die Tiere zu Opfern der gedankenlosen Gewalt der Soldaten werden, spiegelt sich in ihrer Schutzlosigkeit zugleich die Situation der beiden alten Männer in den Geschichten: Sie sind ebenso hoffnungslos ins Getriebe einer vom Kriegsgesetz bestimmten Wirklichkeit geraten wie die Tiere, um deren Los sie sich sorgen.

Hemingways Geschichte wird aus der Perspektive eines Offiziers der Internationalen Brigaden dargestellt, der an einer Pontonbrücke, die den Ebro überspannt und der vor den Truppen Francos zurückflutenden republikanischen Armee zur Überquerung des Flusses dient, einen am Ufer reglos dasitzenden alten Mann erblickt, der seine Haltung nicht verändert hat, als der Erzähler das Gelände auf der andern Seite des Flusses erkundet hat und wieder zur Brücke zurückgekehrt ist. In dem Gespräch, das sich zwischen dem Erzähler und dem alten Mann entspinnt, wird dessen Schicksal in kurzen unpathetischen Sätzen zusammengefaßt.

Er hat als letzter die Stadt San Carlos verlassen und mußte jenen Besitz zurücklassen, der als einziges für ihn zählte und seine einzige Verbindung zur Wirklichkeit darstellte: »I was taking care of animals [...] There were three animals together [...] There were two goats and a cat and then there were four pairs of pigeons.« (78 f.) Indem er die Sorge um das Schicksal seiner Tiere beschreibt, läßt er im Kontrast zugleich die Hoffnungslosigkeit seiner eigenen Lage um so deutlicher hervortreten. Denn während die Katze vermutlich selbst für sich sorgen wird und die Tauben wegfliegen, da er den Taubenschlag vor seinem Weggang öffnete, und sich seine Sorge also auf die beiden Ziegen konzentriert, wird deutlich, daß sein eigener Zustand der Ermüdung und Erstarrung, der Hoffnungslosigkeit (da er niemanden in der Umgebung von Barcelona kennt, wohin der Fluchtweg ihn führen wird) noch die schutzlose Situation der Tiere übersteigt. Der Satz, in dem er die Frage des Erzählers nach seiner politischen Orientierung beantwortet, faßt wie in einem Brennpunkt die Trostlosigkeit seines Zustands zusammen: die Reduktion auf eine kreatürliche Not, die jenseits jeder politischen Programmatik liegt. So heißt es: »I am without politics [...] I am seventy-six years old. I have come twelve kilometers now and I think now I can go no further.« (79) Daß er nach der Aufforderung des Erzählers weiterzugehen, ein paar Schritte macht, sich jedoch kraftlos wieder im Staub niederhockt und monoton vor sich hin murmelt: »I was only taking care of animals [...]« (80), wirkt wie die Vorwegnahme des Schicksals, das den Alten erwartet. Auch der Erzähler, der sich ja politisch für die Sache der Republikaner engagiert, läßt an dieser Hoffnungslosigkeit keinen Zweifel: »[...] the fact that cats know how to look after themselves was all the good luck that old man would ever have.« (80)

Die stellvertretende Bedeutung im Schicksal dieses alten Mannes wird von Hemingway nicht ausdrücklich akzentuiert, aber spricht unverkennbar aus diesem Text: Der Krieg ist eine mechanistische Zerstörungsorgie, ein Tank, der, einmal in Bewegung gesetzt, alles niederwalzt, nicht nur die Angreifer und Verteidiger, sondern auch die unzähligen Namenlosen, die mit den politischen Parolen, die die Zerstörung auf beiden Seiten begleiten, nichts im Sinn haben. Nicht nur die knapp dreijährige blutige Bürgerkriegs- auseinandersetzung in Spanien dokumentierte das konkret, sondern auch der Zweite Weltkrieg, der als »totaler Krieg« alle Zerstörungsalpträume noch weit in den Schatten stellte. Hemingway hat die Unmenschlichkeit des Krieges nicht im Detonationsfeuer der Schützengräben und im Schmerzensschrei der Sterbenden erkennbar werden lassen, sondern er beschreitet den umgekehrten Weg: Er zeigt die Leere und Erstarrung im Innern, das Auge des Taifuns, und dokumentiert damit zugleich die Sinnlosigkeit, die dem Ganzen zugrunde liegt, um so schmerzhafter.

In Benders Geschichte »Schafsblut«[38] handelt es sich nicht mehr um eine Situation im Kriege, sondern in der frühen Nachkriegszeit, aber die vom Krieg in Gang gesetzte und zur Gewohnheit gewordene Mechanik der Zerstörung läßt sich auch hier noch deutlich erkennen. In einem kurzen bildlichen Kontrast wird die Entwicklung der Situation bereits vorweggenommen. Dem Bild der Schafe als Inbegriff von schutzloser Kreatur – »[...] drängten sich die Schafe, weißgraue, wollige, stumme Hügel. Ihre Gesichter sahen nach vorn, die Nasen, die Augen, die Tränengruben.« (67) –, die in der Beschreibung von Bender zugleich zum Menschlichen hinüberweisende Züge erhält, treten jene von den amerikanischen Besatzungssoldaten überall angebrachten Bildzeichen gegenüber: »›Betreten verboten! – Blindgänger – Off Limits‹ – und kalkweiße Tafeln mit schwarzen Totenschädeln und gekreuzten Knochen.« (68) In der einfachen bildlichen Konstellation von Naturwesen und Todessignalen wird bereits die Konfrontation angedeutet, die zwischen dem alten Schäfer, der seine Schafe auf dem Manövergelände weidet, und der amerikanischen Besatzung besteht, deren Komman- dant die Schlachtung der Tiere befohlen hat. Die Ratlosigkeit des Schäfers, der an seinen Tieren hängt, entspricht der Ratlosigkeit des alten Mannes bei Hemingway. Und wie jenem der Offizier der Internationalen Brigaden nicht zu helfen vermag, kann auch der Fahrer Alex, mit dem der Schäfer bei Bender redet und um dessen Fürsprache beim Kommandanten er bittet, keinerlei Hilfe geben, da sich die verantwortlichen amerikanischen Militärs hinter ihre bürokratischen Regeln zurückziehen.

Der englische Satz, den der im Dienst der Amerikaner stehende Alex dem Freund als Schutzbehauptung beibringt: »I not kill my sheep.« (69) und der dem Schäfer die sprachliche Kommunikation mit den Amerikanern ermöglichen soll, wird paradoxer- weise zum auslösenden Signal des Zerstörungsrituals. Das Dutzend vom Truppen- übungsplatz herüberkommender amerikanischer Soldaten, denen der Schäfer seinen englischen Satz trotzig entgegenhält, reagiert mit Lachen und Freundlichkeit auf ihn, und für einen Augenblick hat er die Vorstellung, »nun werde alles gut, sie sagten es dem Kommandanten, und er dürfe die Schafe auf dem Truppenübungsplatz weiden wie die

Jahre vorher. Und wenn sie Futter hätten, wäre er nicht gezwungen, sie zu schlachten«
(70).

Der Handlungsumschwung, der auf diese Rettungsvision des Schäfers folgt, wird
ausgelöst von jenem englischen Satz, den die amerikanischen Soldaten so auslegen, als
suche der Schäfer jemanden, der für ihn das Geschäft des Schlachtens besorge. Die
Soldaten, sauber angezogene und mit goldenen Kettchen behängte Gestalten, tun es
mit einer selbstverständlichen Gewohnheit des Tötens, die gerade durch den Kontrast
zwischen ihrer Erscheinung, ihrem freundlichen Gehabe und dem blutigen Geschäft,
dem sie nachgehen und noch als Gefälligkeit für den Schäfer sehen, um so stärker in
ihrer gedankenlosen Grausamkeit hervortritt: Einer nach dem andern stößt einem
Schaf das Messer in den Hals, um sich nach dem Vollzug des Rituals mit einem »Okay?«
(71) noch die Zustimmung des Schäfers zu holen, dessen Katastrophe Bender nur in
dem kurzen Satz: »Ja, schon gut!« (71) ausdrückt und durch den Schlußsatz als schrille
Dissonanz in das Gedächtnis des Lesers eingräbt: »Der Schäfer sah ihnen nach, bis sie
anfingen zu singen.« (71)

Auch hier wird der einzelne, durch die irreführende sprachliche Kommunikation noch
gesteigert, als das Opfer einer anonymen Mechanik gezeigt, die mit den lachenden
Gesichtern der Handlanger den alten Mann dessen beraubt, was in seinem Leben allein
noch zählte. Ähnlich wie Hemingway die Unmenschlichkeit des Krieges in einem
Moment der Bewegungslosigkeit um so schärfer hervortreten läßt, wird auch von
Bender die Mechanik des Tötens um so schmerzhafter bewußt gemacht, da es sich ja
um eine »Friedenssituation« in der frühen Nachkriegszeit handelt. Die Schafe, die hier
geschlachtet werden, entsprechen den Tauben in Benders Geschichte »Iljas Tauben«,
wo die russischen Bauern die Tauben ihres auf russischer Seite kämpfenden und
inzwischen von den Deutschen gefangenen Sohnes als seinen kostbarsten Besitz vor
der Freßlust des deutschen Leutnants schützen wollen und sie ihm schließlich dann
doch zum Essen anrichten, weil jener verspricht, den Sohn aus dem Gefangenenlager
herauszuholen. In beiden Geschichten wird die Beziehung zur tierischen Kreatur
intensiver und »menschlicher« gezeigt als die Beziehung der Menschen untereinander.
Die Lüge des Leutnants in »Iljas Tauben« – er bricht sein Versprechen und befreit Ilja
nicht – und das Mißverständnis der Amerikaner in »Schafsblut« dokumentieren das
mit aller Deutlichkeit. Bedenkt man, daß Hemingways Geschichte gegen Schluß die
kurze Zeitangabe enthält: »It was Easter Sunday and the Fascists were advancing
toward Ebro« (80), daß die Schafe bzw. Lämmer und Tauben bei Bender in religiöse
Zusammenhänge eingebettete Bildzeichen sind, so wird die unmenschliche Welt, die
beide Autoren darstellen, zugleich auch im Widerspruch zu allen Übereinkünften einer
christlich fundierten Moral gezeigt. Es ist eine von den Menschen entfernte und
gottesferne Welt, die sie in ihren Geschichten darstellen.

Dieser religiöse Zusammenhang wird von Bender in einem anderen Erzähltext noch
unverhüllter angedeutet. Diese aus der Perspektive eines vierzehnjährigen Mädchens
erzählte Geschichte »Forgive me«[39] verbindet auf ähnliche Weise die Erfahrung des
Krieges mit der Initiationsperspektive von kindlichen und jugendlichen Protagonisten
wie in Schnurres »Ausmarsch«, Redings »Junge Bäume bluten weiß« oder Bölls
»Wanderer, kommst du nach Spa...«. Doch nicht nur die Berührung mit Gewalt,
Zerstörung, mit dem Tod stellt Bender als Initiationserfahrung dar, sondern auch das
Gefühl ersten Verliebtseins, das sich, noch mitten im Krieg, auf das Erlebnis des

Frühlings in der Natur überträgt:»Seit diesem Morgen weiß ich, wie schön der Gesang der Lerchen ist.« (54)

In einer Erzählsequenz von wenigen, zeitlich ineinander übergehenden Situationsausschnitten wird von Bender kunstvoll unaufdringlich der allmähliche Übergang aus der Gewißheit eines verträumt unbewußten Lebens in die Konfrontation mit Blut und Grauen, mit Tod und Schmerz und der vergeblichen Einsicht dargestellt. Die zu Anfang skizzierten Erfahrungen der Protagonistin sind von einer traumhaften Irrealität: die im Englischunterricht in der Schule als abstrakte Vokabel im Gedächtnis haftengebliebene Wendung »Forgive me« (52); die Träumereien der Erzählerin, einmal Schauspielerin zu werden; ihre sich spielerisch bewußt werdenden verliebten Gedanken um den Mitschüler Siegbert, der sie jedoch übersieht; und schließlich der Einbruch der Kriegsrealität mit dem Artilleriebeschuß der vorrückenden amerikanischen Front, den »amerikanische[n] Tieffliegern«, den »Lastwagen mit SS-Leuten« (53), die eine strategisch wichtige Rheinbrücke sichern sollen, am Ende auch hier mit dem Aufgebot der Kinder-Soldaten zur letzten Verteidigung.

Während die Erzählerin sich als Proviantzubringerin für die »auf einem Hügel vor der Stadt« (53) liegenden uniformierten Jungen nützlich macht, entspinnt sich zwischen ihr und Siegbert der kurze Augenblick einer keimenden Liebesgeschichte, von Bender mit dem Understatement großer Sensibilität, einer fast zärtlichen Zurückhaltung dargestellt. Das Liebesgeständnis des Jungen spricht ebenso deutlich aus dem von trotzigen Verdrängungsängsten zeugenden Satz »Du, ich habe mich getäuscht, du bist kein Flittchen – eher ein Junge« (53), wie die von dem Mädchen gemeinsam mit ihm gerauchte »erste Zigarette« (53) gestisch für Umarmung und Kuß steht.

Als der Angriff der Amerikaner auf die Stadt zurollt und der Ernstfall eintritt, ist die wagemutige Reaktion Siegberts »Mal nachsehen« (54) mehr eine Geste männlichen Renommierens vor dem Mädchen als Ausdruck heroisch vernarrter Verteidigungsentschlossenheit. In dem Augenblick, in dem er den Kopf über den Graben erhebt, trifft ihn eine tödliche Kugel: »Da schoß das Blut aus seinem Hals, ein roter Strahl, wie aus einer Röhre ... In der Kirche war ein Bild: Das Lamm Gottes über einem Kelch. Blut, ein roter Bogen, wölbte sich aus einer klaffenden Halswunde zum Kelchrand. So war es bei Siegbert.« (54) Die sich der Erzählerin imperativ aufdrängende Assoziation läßt nicht nur ein im religiösen Ritual vermitteltes Bild grausame Realität werden, sondern macht ihr schockartig auch die Sinnlosigkeit dieses Todes, die Aufhebung aller moralischen Regeln, die das religiöse Bild zu verbürgen scheint, bewußt. Daß der amerikanische Soldat, der den Schuß reflexhaft abfeuerte, von ihr als »Sein Mörder!« (55) angesehen wird, ist eine Ausflucht, die in dem Moment zunichte wird, als jener Soldat in einer spontanen Regung der Reue ihr die eigentliche Bedeutung der im Englischunterricht eher gleichgültig aufgenommenen Sprachformel »Forgive me« (55) bewußt werden läßt: »Er beugte sich herab, riß meine Hände an seine Brust und sagte: ›Forgive me.‹« (55) Im Situationsmodell dieser Geschichte hat Bender gleichsam das ganze Spektrum der Initiationserfahrungen aufleuchten lassen: Liebe und Tod, die Grausamkeit des Opfers und den christlichen Imperativ, dem reuigen Mörder zu vergeben.

In der Geschichte »Im Alter der süßen Seufzer«[40] – nicht nur der ironische Titel, sondern auch die Initiationsproblematik erinnert an die themenverwandte Geschichte Bölls »Das Tal der donnernden Hufe«[41] – hat Bender auf sehr verkleinertem Grundriß eine Variation dieser Geschichte geschrieben, sich dabei allerdings auf die Darstellung der tastenden erotischen Annäherungsversuche von jungen Leuten – die Geschichte ist aus der Perspektive von zwei befreundeten jungen Mädchen geschrieben – beschränkt. Wie virtuos Bender auch im knappen Dialog die Gefühlswelt und das Persönlichkeitsbild der jungen Leute modelliert, die Pointe der Geschichte, daß die beiden Burschen, die die Mädchen einladen, an das falsche Mädchen geraten sind und jeder der Freundin von der anderen vorschwärmt, wirkt so vergleichsweise harmlos wie auch die in die Feierabendatmosphäre dieser Geschichte eindringende Wirklichkeit, deren zeitgeschichtliche Lokalisierung schwerfällt.

Unmittelbar auf das restaurative Klima der frühen fünfziger Jahre weist hingegen der Erzähltext »Fondue oder Der Freitisch«[42], wo gleichfalls aus der Perspektive eines Mädchens, einer jungen mittellosen Studentin, die biedermeierliche Gespreiztheit einer neudeutschen Gesellschaft seziert wird, die das Ritual des sonntäglichen Almosentisches für arme Studenten nur dazu benutzt, sich mit den wieder erworbenen Versatzstücken eines gutbürgerlichen Lebensstils zu brüsten. Die Beschreibung des Hauses, des Mobiliars, des Tafelgeschirrs dient so der Sichtbarmachung der Außenhaut dieser biedermeierlichen Lebensform, wie auch der im Kommandoton geführte Dialog zwischen Herrn und Frau Sutor und vor allem zwischen Vater und Sohn ein Klima patriarchalischen Miefs verdeutlicht, der auf allzu vertraute ungelüftete Stuben zurückdeutet.

Ein Satz wie der folgende illustriert unübertrefflich das mentale Klima, das in dieser Familie herrscht: »Frau Sutor klatschte in die Hände, was Herrn Sutor fast erschreckte; er zog die Hand, die Oskar ohrfeigen wollte, zurück.« (137) Der patriarchalische Popanz, der den Sohn zu einem grinsenden Duckmäuser erzieht, der nur in unbeobachteten Situationen aufmüpft, muß wohl oder übel in der Frau die eigentliche Kommandeuse der Familie akzeptieren, die zugleich den Ton der Konversation bei Tisch angibt, nämlich die verbale Ausmalung der großartigen Delikatesse, die das Fondue darstellt: »Es sind die besten Käsesorten, teuerster Genever.« (138)

Daß die Eingeladene Übelkeit befällt und sie abrupt den gastlichen Tisch verläßt, signalisiert den sich auch auf den Leser übertragenden Ekel vor einer Gastfreundlichkeit, die den Eingeladenen als gekauften Claqueur für die Errungenschaften des eigenen Lebensstils und der eigenen Großartigkeit mißbrauchen will. Die satirische Prägnanz Benders in dieser Geschichte gibt sich darin zu erkennen, daß er nicht übertreibend karikiert, sondern nur realistische Details präzis aneinanderreiht und aus diesen Notaten der Wirklichkeit den theatralischen Schein und die Heuchelei der vorgezeigten Hilfsbereitschaft für den andern hervortreten läßt.

In allen bisher analysierten Geschichten läßt sich die zeitliche Einheit einer bestimmten handlungstragenden Situation erkennen, auch wenn die räumliche Verklammerung dieser Situation Verlagerungen, freilich dennoch nie wirklichen topographischen Wechsel sichtbar macht. Und in allen Geschichten läßt sich auch die Erzählperspektive eines – zum Teil als Ich-Erzähler unmittelbar erkennbaren – Figurenerzählers ausmachen, aus dessen Blickwinkel heraus das Geschehen dargestellt wird. Geschichten wie »Auf den Uferwiesen«[43] oder »Die halbe Sonne«[44] weisen eine andere erzählerische Organisation auf. Im Gespräch zwischen den beiden jungen Leuten in der zuletzt genannten Geschichte heißt es an einer Stelle: »Friedo Lampe hat solche Geschichten erzählt« (117). Dieser Satz läßt sich aus dem Kontext herauslösen und auf die Erzählstruktur dieser Geschichten insgesamt beziehen, die deutlich auf Muster Friedo Lampes zurückdeuten. In einer Notiz zur Erzählstruktur seines Romans »Am Rande der Nacht« hat Lampe einmal ausgeführt: »Lauter kleine, filmartig vorübergleitende, ineinander verwobene Szenen nach dem Hofmannsthalschen Motto: ›Viele Geschicke fühle ich neben dem meinen, / Durcheinander spielt sie alle das Dasein.‹ Alles leicht und fließend, nur ganz locker verbunden, malerisch, lyrisch, stark, atmosphärisch.«[45] Bender, der diese Äußerung Lampes verschiedentlich zitiert hat, erkennt in ihr nicht nur eine programmatische Geltung für die Prosa Lampes, sondern hat sie auch in einigen seiner Erzählstücke unmittelbar strukturell umzusetzen versucht: »Auf den Uferwiesen« und »Die halbe Sonne« sind Beispiele dafür.

Die Uferwiese, auf der der Gymnasiast Peter und das Mädchen Lilo an dem heißen Sommertag sitzen und überlegen, ob sie in dem schmutzigen Fluß schwimmen sollen, ist ganz konkret der perspektivische Schnittpunkt für eine Reihe von anderen Akteuren, die jeweils in unmittelbarer Nähe, mit dem Blick auf die beiden, zur gleichen Zeit vorgeführt werden. Das gilt für die beiden Jungen, die im Paddelboot auf dem Fluß vorübertreiben, wobei der eine im Gespräch mit einiger Häme die beiden sozial identifiziert und sie zugleich unfreiwillig mit versteckten Neidgefühlen als Liebespaar beschreibt. Der alte Mann, der mit seinem Hund vorüberkommt und ein Gespräch mit den beiden beginnt, ist ebenso auf diesen räumlichen Schnittpunkt bezogen wie auch das alte Ehepaar Landsittel, das von der Brückenkanzel aus über den Fluß blickt und die beiden in den Uferwiesen unfreiwillig beobachtet. Der Assoziationsimpuls, der dadurch in ihrem Gespräch ausgelöst wird, vergegenwärtigt nicht nur das Erinnerungsbild ihres eigenen Sohnes, der nach dem Absolvieren seines Studiums als Soldat fiel, sondern richtet ihre Gedanken auch auf ihre eigene, nun fast vierzigjährige Ehe, für die das »schöne Bild« (106) des jungen Paares auf der Uferwiese zum Kontrastbild der eigenen Ehewirklichkeit wird, aus der alle Romantik gewichen ist.

Und auch in dem Gespräch zwischen dem korrekten, nicht mehr ganz jungen Herrn und Fräulein Stemmle, die auf dem Ausflugsboot auf dem Fluß vorüberfahren und die beiden auf den Uferwiesen sehen, wird das Bild des Paares zu einem möglichen Antizipationsbild ihrer eigenen, sich im Stadium der Annäherung befindenden Beziehung. Selbst für den Jurastudenten, der sich um ebendiese Zeit am Fluß mit seinem Lehrbuch niederläßt, um zu pauken, wird das Bild des Paares zu einem Assoziationssignal: »Ja, es wäre schön, eine Freundin zu haben.« (111) Daß er einen Stein ins Wasser wirft, um herauszufinden, ob beide sich wirklich lieben – falls sie erschrecken, ist das für ihn nicht der Fall –, zeigt auch bei ihm den unterdrückten Wunsch, in einer ähnlichen Situation zu sein. Im perspektivischen Wechsel kehrt Bender immer wieder zu dem Paar auf den Uferwiesen zurück, in dessen spielerischer und sich neckender Unterhaltung er zugleich in allmählicher Steigerung den Übergang vom Gesprächs- zum gestischen Gefühlsausdruck zeigt. In einem Streit über das Medaillon des Jungen, das er vorgibt, von einem anderen Mädchen namens Lilo zu haben, und das ihm das Mädchen wütend abreißt, kommt es aus einer Geste der Aggression heraus plötzlich zur Umarmung.

Diese auf einen winzigen Zeitausschnitt zusammengedrängte Vielfalt von Akteuren erschöpft sich keineswegs in einem bloßen Eindruckskaleidoskop, vielmehr wird deutlich, wie der Erzähler ständig von außen und von innen her die Bedeutung dieser Liebesbeziehung verdichtet und steigert, so daß sich das Liebesspiel der beiden auf den Uferwiesen zum Sinnspektrum vergangener und künftiger Situationen, die in einer Liebesbeziehung möglich sind, erweitert: von der Ausgeschlossenheit der Jungen, des in seine Arbeit vergrabenen Studenten, des alten Mannes bis hin zu der erstarrten Liebe bei dem alten Ehepaar und den fast verschütteten Gefühlen bei dem Paar auf dem Schiff.

Mit welcher verhaltenen Ironie Bender dabei die Beziehung der Menschen untereinander charakterisiert, sei nur an einem Beispiel erläutert. Als der Jurastudent in seinem Lehrbuch auf den Satz stößt: »[...] und die Befriedigung selbständiger Interessen von Einzelpersonen bzw. Individualinteressen –« (111), vermag er auch nach mehrmaligem Ansatz nicht über diese Stelle hinwegzulesen, da die abstrakte Aussage unmittelbar auf die Realität hinweist, die er in der Gestalt des jungen Paares vor sich sieht und die ihm die Lebensleere der Denkformeln, mit denen er sein Bewußtsein füllt, plötzlich bewußt macht.

Das Simultaneitätsspektrum der Zeit erstreckt sich in dieser Geschichte noch auf eine weitgehend kontinuierliche Raumdarstellung, obwohl dieser Raum, abgesehen von Lilo und Peter, nur noch ein Schnittpunkt für die verschiedenen Aktionen und Bewegungen von zahlreichen anderen Personen ist, die sich hier treffen. In der Geschichte »Die halbe Sonne« hält Bender zwar gleichfalls an diesem Simultaneitätsspektrum der Zeit fest, dem Augenblick kurz vor und während einer Sonnenfinsternis, hat aber die räumliche Einheit durch eine ineinandergeschobene Vielfalt von anderen Orten ersetzt, an denen sich die episodisch auftauchenden Akteure im Moment der Sonnenfinsternis aufhalten. Obwohl sich im Zentrum der Geschichte auch hier ein junges Paar, Hans und Elisabeth, entdecken läßt, zu dem der Erzähler immer wieder zurückkehrt, hat er jedoch weitgehend die thematische Klammer der Liebesdarstellung fallengelassen. In diesem Erzählbeispiel kommt Bender der in kurzen filmischen Sequenzen vorüberhuschenden Zustandsgeschichte am nächsten, die die atmosphärische Gegenwärtigkeit eines bestimmten Erlebnisaugenblicks festhält und die Handlung in episodische Miniaturen und Aktionsausschnitte aufgelöst hat, hinter denen sich nur noch das abstrakte Element der Lebensbewegung und keine zielgerichtete Absicht mehr erkennen läßt.

Möglicherweise hat er sich hier der Friedo Lampe vorschwebenden Form der Geschichte am stärksten genähert, die der junge Dichter an einer Stelle in Benders Erzähltext so beschreibt: »Ich will keine Geschichten schreiben, wie Peter sie schreibt, die so ausgehen, wie er und die Leser es wünschen, Geschichten, die mit einem Kuß, mit einer Hochzeit oder einem Totogewinn enden. Ich will Geschichten schreiben, die keinen Anfang und kein Ende haben, die nicht der Dichter macht, sondern die die Figuren der Geschichte selber machen.« (116)

Das ist ohne Frage ein Widerruf auf jene handlungsbetonte Pointengeschichte, wie Bender sie am Beispiel von O. Henrys Geschichten als exemplarisch hervorgehoben hat und wie sie sich auch in seinen frühen Sammlungen als Typus findet. Aber es ist andererseits sehr die Frage, ob die Auflösung der Fabel und die Ausdehnung des Zeitaugenblicks zu einer gleichsam rein physikalischen Simultaneität (und nicht zur Simultaneität einer Erinnerungs- und Lebenstotalität) nicht auch die Möglichkeiten der Kurzgeschichte aufheben. Das Problem ist bereits in der Kurzgeschichte und der

Kurzprosa Anton Tschechows vorgezeichnet, der einerseits im Gespräch mit dem jungen Schriftsteller Alexander Kuprin erklärte:»Wozu über einen Mann schreiben, der in ein Unterseeboot steigt und zum Nordpol fährt, um mit der Welt ins reine zu kommen, indes sich seine Geliebte mit einem wilden Schrei vom Turme stürzt? Alles das ist unwahr und ereignet sich nicht im wirklichen Leben. Man muß über einfache Dinge schreiben: Wie Peter Semjonowitsch und Maria Iwanowna heirateten. Nicht mehr als das.«[46] 1889 hatte sich diese Position Tschechows radikalisiert, und in einem Brief an seinen Bruder führte er aus:»Im übrigen denke ich daran, daß Liebeserklärungen, Treuebrüche von Männern und Frauen, Tränen von Witwen, Waisen und allerlei anderen Personen schon längst beschrieben wurden. Das Sujet muß neu sein, die Fabel kann fehlen.«[47]

Das liest sich wie eine Antizipation der Entwicklungsschwierigkeiten der Kurzgeschichte, wie sie sich individuell im Werk Hans Benders unmittelbar abbilden und eigentlich bereits als nächsten Schritt der Entwicklung die konsequente Auflösung aller mimetischen Reststrukturen in rein sprachliche Bewußtseinskonzentrate nahelegen. Die Prosa von Jürgen Becker wäre ein Beispiel dafür. Von daher überrascht es nicht, daß Bender in dieser Text-Literatur eine Mutation der deutschen Kurzgeschichte hat sehen wollen[48]. Sein Verstummen als Kurzgeschichtenautor spricht jedoch eine andere Sprache, deutet vielmehr darauf hin, daß hier eine Gattungsschwelle erreicht ist, hinter der sich die Form aufzulösen beginnt. Daß Bender in den letzten Jahren kaum mehr Kurzgeschichten geschrieben hat, mag mit darauf zurückzuführen sein. Er hat, so scheint es, die Möglichkeiten der Gattung für sich erschöpft, aber er tat es auf eine so intensive Weise, daß der Rang der deutschen Kurzgeschichte nicht zuletzt durch seine erzählerische Leistung verbürgt ist.

10. Siegfried Lenz. Vom heroischen zum alltäglichen Augenblick – Hemingway/Crane

Wenige Erzähler der deutschen Nachkriegsliteratur sind so prädestiniert, als literaturgeschichtliche Kronzeugen für die Entwicklung und die künstlerischen Möglichkeiten der deutschen Kurzgeschichte angerufen zu werden, wie Siegfried Lenz. Das gilt unter verschiedenen Aspekten: einmal für das Engagement, mit dem sich Lenz als Erzähler für die Kurzgeschichte eingesetzt hat, zum zweiten für die Intensität, mit der sich Lenz gattungsgeschichtlichen Klärungsversuchen dieser Prosaform zugewandt hat, und drittens für den großen und nachhaltigen Eindruck, den die amerikanische Short Story, besonders die Kurzgeschichten Hemingways, auf die Erzählkunst von Lenz ausgeübt haben.

Ja, selbst die soziologische Situation, innerhalb der sich viele amerikanische Autoren von Mark Twain bis hin zu Ernest Hemingway dieser Prosaform zugewandt haben, nämlich als an der journalistischen Praxis geübte Prosaisten, die ihr Publikum, den Leser, nie aus den Augen verloren, mit pragmatischem Sinn an ihren Texten feilten, anstatt sich von produktivem Überschwang überwältigen zu lassen, trifft auf Siegfried Lenz zu, der als Journalist zu schreiben lernte und nicht zuletzt: Kurzgeschichten zu schreiben. Lenz hat in einem Gespräch[1] darüber berichtet: »Zuerst habe ich Erzählungen für die Zeitung geschrieben. Ich bekam von einem älteren Feuilleton-Redakteur das Ressort ›Geschichten‹ in der Zeitung, und ich las Geschichten. Einige waren gut, aber einige mißfielen mir ganz besonders, und um eine Balance zu schaffen, schrieb ich selbst einige Geschichten, die mir selbstverständlich gefielen, und die dann in der Zeitung gebracht wurden.« (98)

Lenz, der, als gescheiterter »Heldenlehrling«[2] aus der englischen Gefangenschaft entlassen, sich in Hamburg als Schwarzhändler durchschlug, gleichzeitig ein Philologiestudium zu absolvieren versuchte und schließlich eher zufällig in die Redaktion der »Welt« eintrat und sich allmählich als Autor zu profilieren begann, ist in dieser Situation des Abdriftens in Richtungen, die nicht mehr zu kontrollieren waren, auf die Short Stories Hemingways gestoßen, deren stilistische Lakonie, das Understatement der schmucklosen Sätze ihn faszinierte, die ganz dinglich Sachverhalte und Menschen beschrieben und sich von jeder reflektierenden Einmischung des Autors zurückhielten, aber in der sorgsamen Anordnung der Geschehnisse und dem eher durch Aussparung als durch Ausmalung demonstrierenden Kalkül dennoch eine sehr bewußte Schreibstrategie verrieten. Doch nicht nur die Hemingwaysche Schreibweise hat zu diesem nachhaltigen Eindruck beigetragen, sondern gleichfalls das Ethos, das der Amerikaner in seinen Kurzgeschichten demonstrierte, die den einzelnen und vielfach den Einzelgänger mit einer chaotischen Welt konfrontieren, von der er zwar oft genug in die Enge getrieben wird, ohne jedoch zu unterliegen und den Glauben an sich selbst zu verlieren. Eher im Gegenteil: die Situation des unaufhebbaren Zwanges steigert sich häufig genug zu einer existentiellen Kraftprobe des einzelnen, der, so an den äußersten Rand gedrängt, erst die Klarheit über sich selbst und seine Möglichkeiten gewinnt.

Solch einen sich schockartig ereignenden Individuationsprozeß hat Hemingway musterhaft, wenn auch in dem etwas mondänen afrikanischen Safari-Ambiente, in seiner Geschichte »The Short Happy Life of Francis Macomber«[3] dargestellt. Der bei der ersten Jagdkonfrontation als Stümper und Feigling versagende reiche Gelegenheitsjäger, den die Verachtung seiner Frau trifft (die ihn provokativ mit dem angeheuerten Großwildjäger betrügt), erweist sich bei der Fortsetzung der Jagd in einer neuen Gefahrensituation als Jäger von großem Mut und großer Kaltblütigkeit, als ein Mann und wird von seiner Frau, die seine sich schockartig ereignende Individuation erlebt, in einem getarnten Unfall erschossen, da sie gleichzeitig instinktiv begreift, daß sie ihren Mann auf immer verloren hat.

Dieses die Gefahr, ja die Todeskonfrontation einschließende Männlichkeitsethos ist für den desillusionierten ehemals jungen Soldaten[4] Lenz von großer Suggestivkraft gewesen, da er hier ein Entscheidungsmuster erblickte, das sich offenbar auch im Material seiner eigenen Erfahrungen abgebildet hatte. Lenz hat in seinem Bekenntnisessay »Mein Vorbild Hemingway. Modell und Provokation«[5], wo er in aller Offenheit die tiefreichende Wirkung des amerikanischen Autors auf ihn und seine literarischen Anfänge bilanziert, explizit ausgeführt: »Die Wahrheit, die Hemingway in der Welt fand und seinem Leser anbot, war die Wahrheit einer ›Welt im Krieg‹. Die Haltung des Menschen wird in all seinen Konflikten von der Kriegsregel bestimmt. [...] Was allein gilt, ist die Wirklichkeit des Kampfes – eine Wirklichkeit, die auch da besteht, wo anstelle des gegnerischen Soldaten der Stier getötet wird, der Löwe oder der Marlin. [...] Ihre Prüfung, die Prüfung der Hemingway-Helden, geschieht in einer einzigen

Sekunde der Feigheit oder des Muts; angesichts des Todes erst beginnt das Verhalten des Menschen rein zu werden – rein, aber auch geheimnisvoll.« (51)
In der Tat lassen sich denn auch in den frühen Kurzgeschichten von Lenz in der Sammlung »Jäger des Spotts«[6], die mit dem Untertitel »Geschichten aus dieser Zeit« unverkennbar auf Hemingways berühmte Kurzgeschichtensammlung von 1925 »In Our Time« verweist, viele Beispiele einer solchen aktionistischen Erzählweise erkennen. In einem mitunter auch exotischen Milieu – Afrika in »Lukas, sanftmütiger Knecht«, Sardinien in »Nur in Sardinien«, Alaska in der Titelgeschichte »Jäger des Spotts« – werden solche Entscheidungssituationen stilisiert, die zwar die Niederlage des Protagonisten im Angesicht der Wirklichkeit bezeugen, aber ihn selbst in seinem Ichgefühl eher noch stärken und sicherer gegen die Welt und die anderen machen: der Farmer in Kenia, der in den Mau-Mau-Aufständen seinen ganzen Besitz verliert, Vittorio in Sardinien, der sich in seiner Revolte gegen die korrupten Zustände auf der Insel von allen verraten glaubt, auch von der Frau, die ihn liebt, der Eskimojäger, der die Verspottung seines Namens zu tilgen versucht, indem er den gefürchteten Moschusochsen allein erlegt, aber das Fleisch an die Eisbären verliert und nur mit dem Gehörn des Bullen ins Dorf zurückkehrt.
Ich bin an anderer Stelle ausführlich darauf eingegangen, in welcher Weise – bis hin zur Wahl der Sujets – sich hier Adaptionsversuche Hemingways durch Lenz abzeichnen und daß beispielsweise ein Erzähltext wie »Das Wrack«, der eingestandenermaßen nach dem Modell von Hemingways Short Story »After the Storm« geschrieben worden ist, im Entwurf und im künstlerischen Gelingen hinter der Hemingwayschen Vorlage zurückbleibt[7]. Wichtig für die schriftstellerische Entwicklung von Lenz ist jedoch nicht so sehr seine Faszination durch die Hemingwayschen Sujets, das sich im Handeln beweisende Ethos seiner wortkargen, in sich verschlossenen Mittelpunktsfiguren, sondern die stilistische Schulung, die Lenz für sich aus den Short Stories Hemingways ableitete und die er in seinem Hemingway-Essay so auf den Begriff zu bringen versucht: »Sein Stil gibt bereits sein ganzes Verhältnis zur Welt preis, sein Prosastil enthält bereits den absoluten Ausdruck seines Inhalts. Und auch in dieser Hinsicht zeigte mir Hemingway damals eine Möglichkeit: man kann schreiben mit dem einzigen Wunsch, verstehen zu lernen.« (52)
Freilich wäre im einzelnen zu klären, inwiefern diese Entsprechung von Stil und Inhalt, von der Dokumentation des Wirklichkeitsbezuges und der seine Texte konstituierenden Schreibweise, zutrifft, ob nicht diese Technik der bewußten Ausstanzung von Lücken im Schreibvorgang auch nur ein bestimmtes Muster der Realität erzeugt, mit andern Worten: ob sich nicht eine Hemingway gleichsam unterlaufende Stilisierung verrät. Wenn Lenz die produktive Wirkung dieser Stilmethode für seine literarische Ausgangsphase auch durchaus positiv beschreibt – »Hemingway, das glaubte ich verstanden zu haben, wollte erregen durch Unerregtheit, kommentieren durch Kommentarlosigkeit, zur Teilnahme bewegen durch distanzierte Kälte.« (55) –, so setzte dennoch allmählich ein Akt der Distanzierung bei ihm ein, ein Sichbewußtwerden über die von Hemingway bei seiner Schreibmethode angewandten Auswahlverfahren der Wirklichkeit gegenüber. Nur da, wo die Realität ein Katastrophenantlitz trug, wo sie die aktionistische Bewährung im Handeln herausforderte, entsprach sie dem Hemingwayschen Realitätsbegriff, der Übergangsschattierungen und Ruhezonen der Alltäglichkeit ebenso ausließ wie die Nuancen der Reflexion, die als alternative

menschliche Haltung in seinem aktionistischen Grundmuster keinen Platz hatte. Lenz hat diesen Vorgang der allmählichen Abrückung von dem rückhaltlos bejahten Vorbild überzeugend so charakterisiert: »Ich lernte einsehen, daß Leben nicht nur aus Momenten gewaltsamer Erprobung besteht. Ich kam zu der Überzeugung, daß auch andere Augenblicke Würde beanspruchen oder verleihen als nur die Nähe des Todes. Und schließlich machte ich die Erfahrung, daß in dieser Welt eine verändernde Intelligenz wirksam ist, die bei Hemingway nicht vorkam.« (59)

In der Auseinandersetzung mit Hemingway hat Lenz jedoch nicht nur die literarischen Vermittlungsmöglichkeiten der Wirklichkeit differenzieren gelernt, sondern zugleich auch die Gattungsmöglichkeiten der Kurzgeschichte als eines spezifischen literarischen Typus, der an einem erzählbaren Handlungskern festhält und Wirklichkeit in mimetischen Mustern abbildet. Lenz hat sich solcherart eine literarische Qualifikation erworben, die Horst Krüger[8] folgendermaßen umschrieben hat: »Siegfried Lenz ist einer, der in unserer spürbar manieristisch und weltlos gewordenen Gegenwartsliteratur noch wirklich erzählen kann. Er hat noch den Mut und die Sprache zur Story.« (7) Freilich hat die Nobilitierung als »elementarer Geschichtenerzähler, der unbeirrt von allen Modeströmungen der Zeit sein Garn abspinnt«, (7) auch zu dem Mißverständnis geführt, bei Lenz handle es sich um eine konventionelle Erzählroutine, die vor allem in den Geschichten von »So zärtlich war Suleyken« oder den Bollerup-Geschichten[9] bezeichnenderweise in eine provinzlerische heile Welt eskapiere und sich den Forderungen des Hier und Jetzt in seiner zeitgeschichtlichen Gegenwartssituation widersetze[10].

Tatsächlich bezeugt jedoch der Hemingway-Essay eine bemerkenswerte Bereitschaft zur Selbstkritik und Selbstanalyse. Darüber hinaus hat Lenz die von ihm mit Vorliebe gewählte Form der Kurzgeschichte nicht nur spontan übernommen und impulsiv erprobt, sondern auch ihre Gattungsgesetzlichkeiten mit analytischem Engagement zu bestimmen versucht. Sein Essay »Gnadengesuch für die Geschichte«[11] ist einerseits eine ironische Ehrenerklärung für die Kurzgeschichte, gerichtet gegen jene, die »ihre Denunziation als fragwürdige Erscheinung der Literatur« (129) betreiben, und andererseits der Entwurf einer Poetik dieser Prosaform und wichtig über Lenz' eigene Versuche hinaus.

So hält er in bewußter Wendung gegen eine auf dokumentarische Authentizität gerichtete und die Vermittlungsmöglichkeit von Realität im personalen Muster bezweifelnde experimentelle Literatur ausdrücklich an der wirklichkeitsabbildenden Funktion der Kurzgeschichte fest, indem er ihr als Gestaltungszentrum »die Fabel, den anekdotischen Kern, den unbeliebigen Konflikt« (127) zuspricht. Das läßt sich ebenso in Übereinstimmung bringen[12] mit dem von zahlreichen amerikanischen Autoren skizzierten Gattungsspektrum der Short Story, wie auch andererseits Lenz' Betonung der zeitlichen Einheit, des dominierenden Augenblicks als Zeitdimension der Kurzgeschichte[13], die klassische Gattungsbestimmung der Short Story in der amerikanischen Tradition anklingen läßt: »Ihre Möglichkeit und ihre Grenze ist der Augenblick. Ihre Legitimität liegt darin, daß ein Widerruf eingeräumt wird; zwar hält sie sich an eine einzige Möglichkeit, gibt aber gleichzeitig zu erkennen, daß verschiedene Möglichkeiten in ihr enthalten sind.« (128)

Wenn er mit allem Nachdruck auf die »verpflichtende Architektur« (129) der

Kurzgeschichte hinweist, so betont er eine Wirklichkeitsorientierung dieses Erzählens, die über die eines abbildenden Reports weit hinausgeht. Gerade mit seiner Betonung des artistischen Kalküls macht er nachdrücklich darauf aufmerksam, daß die Wirklichkeitsdurchdringung im Erzählvorgang eine andere, nur aus den eingesetzten Mitteln der erzählerischen Organisation zu erklärende Qualität annimmt, nämlich bedingt durch »planvolle[n] Eingriff oder die plötzliche Bedeutung, die entsteht, wenn isolierte Wahrnehmungen in einen Zusammenhang geraten. Beliebigkeit immerhin beweist wenig oder nichts, und mehr als aufs Abbilden kommt es doch wohl darauf an, einen Gegenentwurf zu liefern.« (130)

Es besteht wenig Zweifel daran, daß Lenz hier versucht, jene künstlerische Faszination auf den Begriff zu bringen, die er an den Short Stories von Hemingway, Faulkner[14] und Sherwood Anderson bewundert hat. Intentional wird damit zugleich das gattungsgeschichtliche Umfeld seiner eigenen Kurzgeschichten umschrieben, die in der Frühzeit, noch ganz unter dem Bann der Hemingway-Einwirkung, die herausgehobene Situation und den heroischen Augenblick bevorzugen, aber sich im Fortgang seiner literarischen Entwicklung immer stärker von den exotischen Sujets befreien und die Wendung vom heroischen zum alltäglichen Augenblick vollziehen, zur unscheinbaren Wirklichkeit, die er durch erzählerische Konzentration »zur Offenbarung ihrer Identität zu zwingen« (128) versucht. Welchen künstlerischen Erfolg er dabei hatte, soll im folgenden exemplarisch an einigen Erzählbeispielen näher erläutert und analysiert werden.

So gesehen, will es scheinen, daß auch die Wendung des Erzählers Lenz zu den masurischen Geschichten des Suleyken-Bandes oder den norddeutschen Geschichten des Bollerup-Bandes nicht von vornherein erzählerische Regression in die dörfliche Idylle darstellt oder literarische Absetzbewegung eines mittlerweile routinierten Erzählers in die Fluchtzone behäbiger dörflicher Randwirklichkeit. Vielmehr zeigt sich hier der Schritt von der im Geiste Hemingways stilisierten Wirklichkeit der Kampfkonflikte und Entscheidungssituationen auf die unspektakuläre Alltagswelt zu. Ähnlich hat ja auch Sherwood Anderson in gewisser Weise die Konsequenzen aus jener Forderung eines anderen großen amerikanischen Short-Story-Erzählers, nämlich Bret Hartes, gezogen, der bei aller Anerkennung Poes jedoch von den außergewöhnlichen Situationsmustern in den Geschichten Poes wegzukommen versuchte und verkündete: »But is was not the American short story of to-day. It was not characteristic of American life. American habits nor American thought. It was not vital and instinct with the experience and observation of the average American«[15]. Unter diesem Aspekt scheint es nicht so abwegig zu sein, Lenz' imaginierte Suleyken- oder Bollerup-Welt in Analogie zu setzen zu jenem kleinstädtischen, im amerikanischen Mittelwesten gelegenen erzählerischen Kosmos, den Anderson in den Kurzgeschichten seines Bandes »Winesburg, Ohio« mit der grotesken Galerie von amerikanischen Originalen so unvergleichlich verlebendigt hat[16]. Daß Lenz zumindest Ähnliches, wenn auch liebenswert kauzig abgemildert, im Sinn gehabt hat[17] und nicht aus Routine erzählerische Idyllen bosseln wollte, steht außer Frage. Ein Kritiker wie Rudolf Walter Leonhardt hat denn auch mit guten Gründen gemeint[18], daß der Erzähler Lenz in den Suleyken-Geschichten erstmals er selbst geworden sei und seine eigene künstlerische Handschrift gefunden habe.

Die Beispiele, die die Entwicklung des Erzählers Lenz in ihren verschiedenen Etappen demonstrieren, sollen jedoch nicht aus seinen Kurzgeschichtenzyklen genommen werden, sondern aus den Erzählsammlungen der Frühzeit und dem 1975 erschienenen Band »Einstein überquert die Elbe bei Hamburg«. Das Spektrum der künstlerischen Konkretisierung der Gattung Kurzgeschichte im Werk von Lenz beginnt in gewisser Weise dort, wo er sich bewußt von seiner Schülerschaft Hemingways zu befreien versucht und statt spontaner Adaptionen Umformungen und Gegenantworten auf Hemingway zu schreiben beginnt. Lenz hat selbst darauf aufmerksam gemacht, daß sich die Situation der produktiven Distanzierung von dem idolisierten Vorbild in einer seiner Kurzgeschichten kristallisiert, die als bewußte Gegengeschichte zu einer berühmten Short Story Hemingways konzipiert ist. Gemeint ist die in den Band »Das Feuerschiff«[19] aufgenommene Geschichte »Der Anfang von etwas«[20], die bereits mit dem Titel signalhaft auf eine Geschichte Hemingways verweist, »The End of Something«[21], die zu den frühen Erzähltexten der Sammlung »In Our Time« gehört, die um den heranwachsenden Jungen Nick Adams gruppiert sind und seine Initiationserfahrungen festhalten[22].

»The End of Something« fügt sich damit von vornherein einem erzählerischen Kontext ein, der dem Harry Hoppe in Lenz' Geschichte, dem Wachmann eines Feuerschiffes, fehlt, der im Schneetreiben die Ausfahrt seines Schiffes verpaßt. In der Darstellung der psychologischen Erfahrung, mit der beide Protagonisten konfrontiert werden, zeigt sich freilich eine gewisse Parallelität. Unter den die Erfahrungen der Grausamkeit, des Verbrechens, der Lüge und des den Menschen zerbrechenden Schmerzes darstellenden Erzählstücken von »In Our Time«, wo die Initiationsschritte Nick Adams in die Erwachsenenwelt aufgezeichnet werden, wirkt »The End of Something« eher wie der Abgesang auf die Vergänglichkeit von Gefühlen, die nur für eine gewisse Zeit die Einsamkeit des Ichs überbrücken, die Hemingway im Titel einer anderen Kurzgeschichtensammlung leitmotivisch festgehalten hat: »Men without Women«.

In der Eingangssequenz der Geschichte wird in einer direkten dinglichen Beschreibung ohne jegliche Tiefenschürfung in der Psyche Nicks und seines Mädchens Marjorie der augenblickliche Zustand ihrer Gefühle rekapituliert. Von der einst für die Gegend von Hortons Bay (wo Nick und Marjorie so gern zum Forellenfang ausfahren) so wichtigen großen Sägemühle ist nur noch eine Ruine zurückgeblieben, die als Vergangenheitsmoment auf den Zustand ihrer Gefühle bezogen wird, wenn Marjorie zu Anfang beziehungsreich sagt: »There's our old ruin, Nick« (108). Die Rituale ihrer Beziehung scheinen alle noch intakt. Sie fahren zum Fischen aus, das Marjorie genauso mag wie Nick, sie verstehen sich, ohne viele Worte zu machen. Und doch hat sich inzwischen alles geändert. Zurückgeblieben ist nur eine Ruine der Konvention. Als sie sich nach dem Fischen am abendlichen Feuer hinlagern und Marjorie wie eine sorgsame Hausfrau das Abendessen vorbereitet, wird die Verstimmung, Enttäuschung, ja das Eingeständnis, daß alles unwiederbringlich vorbei ist, von Nick in kurzen unwirschen Sätzen artikuliert, eigentlich ohne Erklärung, ohne Angabe von Gründen. Er weist Marjories immer dominieren wollende Besserwisserei zurück – »You know everything. That's the trouble.« (110) –, er gesteht den Leerlauf ihrer Beziehung ein, auch auf den Liebesaustausch bezogen – »It isn't fun any more.« (110) –, er spricht über die grundlegende Veränderung, die sich in ihm vollzogen hat: »I feel as though everything was gone to hell inside of me.« (110) Marjorie verläßt ihn ohne ein Wort der

Auseinandersetzung, ohne Szene, nimmt das Boot, das Nick für sie ins Wasser schiebt, und rudert zurück. Und als der Freund Bill nach einiger Zeit zu dem allein gelassenen Nick zum Feuer kommt und behutsam fragt, was vorgefallen sei, hat Nick nur den einen Wunsch: »Oh, go away, Bill! Go away for a while.« (111)

Sicherlich läßt sich nicht verkennen, daß Hemingway menschlichen Beziehungen hier die Qualität eines Naturgeschehens verleiht und humane Kommunikation, die den Partner wissend mit einschließt, eigentlich zurückweist. Ebensowenig ist zu übersehen, daß die Erzählperspektive hier der stilisierten Einzelgängerpose Nicks ein strukturelles Übergewicht verleiht, das jede personale Identität Marjories untergräbt und sie zur Reflexgröße Nicks werden läßt. Wenn sich die Dinge auf unerklärliche und unerklärte Weise verändert haben, schickt man die Frau einfach weg, die, schweigend und selbst im Scheitern gehorsam, von der Bühne abtritt. Anlaß zur Korrektur und Gegenantwort scheint also in diesem Erzähltext reichlich vorhanden.

Lenz hat sich vor allem auf den Aspekt konzentriert, den er als Aussagekern Hemingways in dieser Geschichte bestimmt: »[...] es ist die Erfahrung, wonach Unglück darin besteht, daß sich das Unglück ebenso durch das rechtfertigen läßt, was vor uns liegt: durch offene Räume, durch offene Entscheidungen.« (60)

Doch der Harry Hoppe von Lenz in der Geschichte »Der Anfang von etwas« wird nicht im Kontext der Initiationsproblematik vorgeführt. Er ist eher ein bereits desillusionierter Mann, »32 Jahre, verheiratet« (120), in dessen Ehe die Liebe gleichfalls bereits zur Vergangenheit gehört und der sich seine Frau Anne schon in Gedanken an der Seite des Rivalen, des biedermännischen »Kontorvorstehers Evers« (122), vorstellt. Hoppe, der die Ausfahrt seines Feuerschiffes verpaßt hat und sich in der Hafenkneipe zum Aufwärmen einfindet, wird mit seiner Vergangenheit auf zweifache Weise konfrontiert. Denn in der Kellnerin Paula erkennt er eine einstige Freundin wieder, von der er sich offenbar unter ähnlichen Umständen einmal getrennt hat wie Nick von Marjorie in Hemingways Geschichte. Ihre jetzige Tätigkeit erklärt Paula nämlich damit: »Ich arbeite jetzt hier [...] Ich mußte etwas anfangen.« (114)

Unter diesem Aspekt ließe sich sagen, daß die Korrektur, die Lenz an Hemingways Geschichte ansetzt, darin besteht, daß er die stilisierte Einzelgängerrolle Nicks am Ende der Geschichte in Frage stellt. Hoppe, der Paula verlassen hat, fand an der Seite von Anne keineswegs die Erfüllung, die er erhoffte, sondern nur neue Desillusionierung. In diesem Sinne wird auch das im Gestus des Wieder-mit-sich-allein-Seins von Hemingway betonte Hoffnungspotential am Ende seiner Geschichte von Lenz bezweifelt. Man könnte also sagen, daß Lenz in gewisser Weise, wenn auch in einem anderen Wirklichkeitsrahmen und einer anderen soziologischen Situation, die Fortsetzung zu der Hemingway-Geschichte geschrieben hat. Der Drang nach dem ganz neuen und anderen Leben – »Uns hilft keine Behandlung mehr, wir können uns nur noch neu machen lassen, mit allem neu. Was uns fehlt, ist ein neuer Anfang.« (115) – übersteigt die Möglichkeiten des einzelnen. Der Neubeginn läßt sich nur realisieren, wenn der alles verändernde Zufall zu Hilfe kommt. In Hoppes Fall ist es die Nachricht, daß sein Feuerschiff bei der Ausfahrt mit einem anderen Schiff kollidierte und in den Grund gebohrt wurde. Er liest in der Zeitungsnachricht darüber seinen eigenen Namen unter der Liste der Toten und sieht seinen amtlich beglaubigten Tod als die Chance zu einem absoluten Neuanfang.

Aber ist die neue Identität tatsächlich schon erreicht, als Hoppe in einem plötzlichen

Entscheidungsschritt sein Gepäck, die Hülle seines alten Ichs, ins Wasser wirft? Er taucht unter, er verschwindet. Das wirkt jedoch eher wie die verzweifelte Bilanz eines unerfüllten Lebens als der Beginn zu einem neuen Leben. Denn mit der Namensvertauschung allein ist noch nichts gewonnen. Die Isolation, die am Ende der Hemingway-Geschichte steht, läßt sich paradoxerweise auch am Ende der Lenz-Geschichte erkennen, und was als Korrektur intendiert gewesen sein mag, erweist sich letztlich als Bestätigung der Desillusionierung bei Hemingway. Also auch hier eher das Ende von etwas als ein wirklicher Neubeginn. Ja, die Entwurzelung Hoppes reicht sogar noch weiter, da Hemingway seinen Protagonisten in den naturgeschichtlichen Gleichklang von Landschaft und natürlicher Umwelt eingegliedert sieht, während Hoppe zum zivilisatorischen Einzelgänger wird, über dessen künftige Wegrichtung keinerlei Aussage gemacht wird.

Dieser Unterschied zu Hemingway tritt auch in der veränderten Schreibweise von Lenz hervor. Während Hemingway seine Protagonisten gleichsam als Interieurs der Natur beschreibt und deutlich macht, wie sie sich verhalten, indem er zeigt, wie sie handeln, wird bei Lenz weitgehend aus der Innenperspektive Hoppes psychologisiert und die im Aufruhr befindliche Natur geradezu am Gegenpol zum Menschen gezeigt: Der auf Grund der Wettersituation verursachte Tod seiner Mannschaft schafft ihm die Tarnung zu einem neuen Ich. So plausibel Lenz seinen Korrekturversuch theoretisch umschreibt: »Ich wollte Hemingway antworten, daß nichts mit dem Ende aufhört, und daß andererseits jeder Anfang nicht makellos vorhanden ist, sondern seinerseits eine Vorgeschichte voraussetzt« (61), so ambivalent wirkt der erzählerisch versuchte Schritt über Hemingway hinaus.

Sicherlich, unter dem Aspekt der Gattungsmöglichkeiten der Kurzgeschichte ist hervorzuheben, um wieviel schärfer (im Vergleich zu Hemingways Geschichte) hier das lineare Situationsmuster konturiert ist. Das gilt nicht nur für die im Mittelpunkt der Geschichte stehende Szene in der Kneipe, wo Hoppe gleichsam zur reflektierenden Begegnung mit seiner Vergangenheit, mit seinem bisherigen Leben, gezwungen wird, sondern auch für die diese Szene umschließende Rahmensituation: Das eher beiläufige Verpassen der Ausfahrt seines Schiffes wird unverhofft zum Schicksalssprung, führt zur plötzlichen Peripetie seines Lebens.

Wie erdrückend stark dennoch der Schatten der amerikanischen Short Story über einzelnen Stücken der Sammlung »Das Feuerschiff« liegt, beweist nicht zuletzt die Titelerzählung, die in ihrer aktionistischen Theatralik und mit ihrem die eher verborgene Widerstandskraft des einzelnen modellierenden Pathos deutlich auf Hemingways Roman von 1937 »To Have and Have Not« zurückweist[23]. Der Kapitän Freytag, der an die drei aufgenommenen schiffbrüchigen Verbrecher offenbar ohne Widerstand sein Schiff zu verlieren scheint, entschließt sich ganz zuletzt, als es um den Bestand des Schiffes geht, doch zum Handeln, so wie auch Harry Morgan mit den vier kubanischen Bankräubern an Bord, die er nach Kuba bringen soll, von ihrer Grausamkeit angewidert, schließlich zum Kampf antritt, auch wenn er seine Chancen gering einschätzt.

Und auch über eine andere Kurzgeschichte der Sammlung »Das Feuerschiff« fällt der Schatten einer berühmten amerikanischen Short Story. Gemeint ist eine Geschichte des den realistischen Stilduktus von Ambrose Bierce aufnehmenden Stephen Crane, der in vielem wie eine Antizipation von Hemingway wirkt und in seiner Geschichte

»The Open Boat«[24] den Kampf von vier Schriffbrüchigen mit der Unerbittlichkeit des in Aufruhr geratenen Meeres zu einem der klassischen Texte in der Geschichte der amerikanischen Short Story verdichtet hat. Die beispiellose Faszination, die der Text von Crane[25] ausstrahlt, besteht darin, daß er den Überlebenskampf der Männer, die sich hartnäckig dem Aufruhr der Elemente widersetzen, das kaum mehr zu kontrollierende Rettungsboot dennoch bändigen, sich bei dem endlosen Kampf gegen Sturm und Meereswogen ablösen, ganz konkret und ohne aufgesetzte Tendenzen zum Gleichnis einer existentiellen Auseinandersetzung des Menschen mit der Natur erhöht. Die Natur wird dabei nicht aus der Perspektive der hoffnungslos Kämpfenden zu einem monströsen Feind des Menschen deklariert und aus der psychologischen Perspektive der Betroffenen nur als Bedrohung gezeigt, sondern in ihrer grandiosen unmenschlichen Kraft, ja in ihrer Schönheit in Bildern von poetischer Präzision und unerhörter Eindrucksstärke eingefangen. An einer Stelle wird dieser Eindruck der Natur aus der Perspektive des Korrespondenten, der sich neben dem Kapitän, dem Koch und einem Maschinisten im Boot befindet, am Beispiel des Windturms, der auf das Boot drückt, so beschrieben: »This tower was a giant, standing with its back to the plight of the ants. It represented in a degree, to the correspondent, the serenity of nature amid the struggles of the individual – nature in the wind, and nature in the vision of men. She did not seem cruel to him then, nor beneficent, nor treacherous, nor wise. But she was indifferent, flatly indifferent.« (280)

Die poetische Genealogie dieser Geschichte, die zu Poes »A Descent into the Maelstrom«[26] zurückreicht und in Ernst Schnabels Kurzgeschichte »Hundert Stunden vor Bangkok« ein weiteres Mal in der deutschen Literatur der Nachkriegszeit aufgenommen und variiert wurde, schließt auch Lenz' Kurzgeschichte »Stimmungen der See« mit ein. Obwohl in Details die Beziehungen offen zutage liegen[27], läßt Lenz' Geschichte jedoch die existentielle Konfrontation zwischen Mensch und Gewalt der Natur, die für die Grausamkeit einer unmenschlichen Schöpfung schlechthin steht, vermissen. Die drei Männer, die in »Stimmungen der See«[28] die Flucht über die Ostsee nach Schweden versuchen und im Nebel den Kutter verpassen, der die Flüchtlinge übersetzen soll, sind ohne jene »subtle brotherhood of men« (267) gezeichnet, die Crane als die menschliche Beziehung der vier Männer untereinander beschreibt. Lenz läßt den jungen Mann Lorenz, den Professor und Tadeusz, der ihre Flucht arrangiert hat und sie zum Kutter rudern soll, sowohl innerhalb eines psychologischen als auch politischen Kontextes agieren und läßt die Natur, den dichten Nebel, der über der Ostsee lagert, die Funktion eines unglücklichen Zufalls annehmen, durchaus in Analogie zu seiner Geschichte »Der Anfang von etwas«. Dem Schneetreiben, das Hoppe die Ausfahrt seines Schiffes verpassen läßt und dadurch zugleich sein Leben rettet, entspricht hier im Nebel allerdings die gegenteilige Wirkung: Der Fluchtversuch scheitert, die Männer werden an die Küste zurückgetrieben, und während der Professor beim Kentern des Bootes offenbar in der Brandung ertrinkt, werden Tadeusz und Lorenz von bewaffneten und uniformierten Männern in Empfang genommen.

Freilich hat Lenz die politischen Realien so abstrahiert, daß die Auslegbarkeit seiner Geschichte beide Deutungen zuläßt: eine Flucht aus der DDR oder die Flucht aus dem nationalsozialistischen Deutschland. Dennoch sprechen weit mehr Indizien für die zweite Möglichkeit. Im Mittelpunkt der Geschichte steht jedoch nicht die Auseinandersetzung zwischen den Menschen und der Natur, sondern die gespannte Beziehung zwischen dem Professor und Lorenz, der die Betulichkeit des älteren Mannes ironisiert und verspottet und über den der Ältere an einer Stelle in der erlebten Rede ausführt: »Ausgerechnet er, der Schüler, den ich zu hassen nie aufgehört habe, ist mein Führer auf der Flucht. Der argwöhnische Ausdruck seines Gesichtes, schon damals sah er so aus, und an dem Abend, als wir uns unvermutet trafen – er trug die Uniform –« (175). Es liegt nahe anzunehmen, daß Lorenz sich zuerst der nationalsozialistischen Bewegung angeschlossen hatte und später wieder distanzierte und die schwankende Opposition seines Lehrers zur Fluchtentscheidung verstärkte. Auch aus der Perspektive von Lorenz – »Jetzt glaubte er, daß er diesen Mann schon immer gehaßt hatte« (186) – bleiben die Gründe für diese wechselseitige Haßbeziehung bis zuletzt unklar. Der Ausbruch dieses Hasses, als der Professor die kleine Giftkapsel als letzte Fluchtmöglichkeit vorweist und, von der Verachtung des Schülers getroffen, die Kapsel ins Wasser fallen läßt, bezeichnet zwar die Klimax dieser psychischen Spannung, aber läßt die Voraussetzungen dazu im ungewissen. Im Erzähltext »Das Feuerschiff« heißt es an einer Stelle: »Daß Sie das verschweigen, worauf es Ihnen ankommt – so wie es in einer guten Erzählung der Fall ist. Man braucht nicht alles zu verstehen, und einige Ungewißheiten muß man in Kauf nehmen.« (72) Als Signal der Kurzgeschichten-Poetik von Lenz verstanden, fiele die Anwendung dieser Äußerung auf die Erzählstruktur von »Stimmungen der See« nicht schwer. Demzufolge läge die eigentliche Unentrinnbarkeit in der Situation der beiden Flüchtigen, vom Ende der Geschichte, der unfreiwilligen Rückkehr zum Ausgangspunkt, fast pointenhaft überdeutlich zum Ausdruck gebracht, darin, daß sie die wechselseitige Verblendung der Haßgefühle nicht überwinden, die schwerer wiegen als die Bedrohung durch die politischen Bedingungen ihrer Lage. Aber indem der Haß trotz aller Psychologisierung letztlich als Vergiftung der Gefühle wie ein Naturfaktum präsentiert wird, gilt auch für den politischen Hintergrund der Geschichte, daß er zur bloßen Staffage schrumpft. Die Unentschlossenheit des Erzählens, was die politischen Realien der Situation der Flüchtenden betrifft, wäre so ein Indiz für eine der Kurzgeschichte von Lenz innewohnende Ambivalenz, die sich durchaus als Moment der künstlerischen Schwäche deuten ließe.

Die künstlerische Substanzeinbuße scheint deshalb besonders bemerkenswert, weil Lenz in den späten Geschichten des Bandes »Einstein überquert die Elbe bei Hamburg«[29], etwa in den Texten »Wie bei Gogol« oder »Die Wellen des Balaton« (auf die in Teil III einzugehen sein wird), durchaus Beispiele von Kurzgeschichten geschaffen hat, die das sozialpolitische Gesicht der Gegenwart in der Bundesrepublik nicht hinter Abstraktionsmustern und Stilisierungen verbergen. Einen wirklich befreienden Abstand zwischen dem übermächtigen Vorbild der amerikanischen Short Story (und vor allem Hemingways Geschichten) und seinen eigenen Schreibversuchen in diesem Genre zu legen gelingt Lenz erst dort, wo er in seinen Geschichten mit den Mitteln der Ironie, ja der Satire seine Beziehung zur Wirklichkeit gestaltet. Unter diesem Blickwinkel bezeichnet nicht »Der Anfang von etwas« die produktive Befreiung vom Vorbild Hemingways, sondern die gleichfalls im »Feuerschiff« stehende Geschichte »Lieblingsspeise der Hyänen«[30]. Die Überlebtheit des Hemingwayschen Männlichkeitskults, der das durch den Krieg verursachte Chaos gleichsam als Material zu seiner Verwirklichung gebraucht, wird hier in der Situation der Nachkriegszeit

222 II. Die deutsche Kurzgeschichte. Geschichte ihrer Autoren

demonstriert. Daß mit dem Amerikaner, der sich in Begleitung seiner Frau und seiner erwachsenen Tochter auf einer Erinnerungsreise in Europa befindet, tatsächlich der sprichwörtliche Hemingwaysche Held gemeint ist, verdeutlicht die unverkennbare Anspielung auf eine berühmte Kurzgeschichte Hemingways aus dem Spanischen Bürgerkrieg, »Old Man at the Bridge«[31].

Die ironische Umkehrung besteht nun darin, daß der Amerikaner gar nicht dazu kommt herauszufinden, ob jener alte Mann mit den Schafen auf der Brücke umkam oder gerettet wurde, als er seine Mission damals, die Brücke zu zerstören, erfüllen mußte. In die Zivilisationswelt der Nachkriegszeit zurückgekehrt, ist er der Untergebene eines anderen Regelsystems geworden, das von seiner Frau und seiner Tochter repräsentiert wird. Anstatt daß er ihnen während der Reise die Stätten seiner einstigen kriegerischen Heldentaten vorführt, haben sie ihn völlig domestiziert und sind auf allen Reisestationen nur an einem interessiert: Schuhe zu kaufen, wo immer sie sich aufhalten, Schuhe, »die Lieblingsspeise der Hyänen« (129).

Der auf existentielle Erprobung ausgerichtete Hemingway-Protagonist wirkt lächerlich in einer alltäglichen, nur von Konsumgewohnheiten bestimmten Wirklichkeit. Seine Virilitätspose ist von der Zeit überholt worden. In der Tat, der von Lenz in dem deutschen Zuhörer des Amerikaners personal eingebrachte Erzähler in diesem Text dokumentiert einen entscheidenden strukturellen Wandel. Es wird nicht aus der Perspektive des Protagonisten erzählt und damit eine Identifikation mit seiner Haltung provoziert, sondern gleichsam aus der Haltung eines neutralen Beobachters, der in einem ironischen Abstand zur Wirklichkeit bleibt.

Die analoge Erzählsituation zeigt sich in der Titelgeschichte des Bandes »Der Spielverderber«[32], wo der von der Polizei gesuchte Joseph Wollina, der, als er bereits gefesselt abgeführt wurde und beim Kentern einer Fähre den Ordnungshütern entkam, im Gespräch mit der Fürsorgerin den Grund für seine Asozialität erzählt. Es handelt sich in gewisser Weise um eine Simultaneitätsgeschichte, weil das Gedächtnis Wollinas personifizierte Simultaneität ist. Denn er ist jemand, der nicht nur jedes Ereignis und jede Information, die sein Bewußtsein berühren, photographisch speichert, sondern der auch verschüttete Zusammenhänge mit telepathischer Hellsicht erkennt und zum Erschrecken der Betroffenen ausspricht.

Das betrifft seinen Lehrer Pienkogel, hinter dessen prächtiger englischer Standuhr er den Namen des ehemaligen jüdischen Kollegen von Pienkogel erkennt, aus dessen Besitz er die Uhr an sich brachte, als der jüdische Kollege emigrieren mußte. Das gilt für den Vater des Freundes Jens Matthiessen, in dessen Haus er plötzlich den Vorfall um jenen deutschen Deserteur erkennt, der sich im Keller des Hauses verborgen hatte und dann von Matthiessen verraten worden war. Das zeigt sich bei dem Chefarzt, der Wollina seinen Studenten als Gedächtniskünstler präsentiert und schließlich erleben muß, wie jener die Namen von osteuropäischen Patienten an die Tafel malt, mit denen der Arzt während des Krieges experimentierte. Das führt schließlich bei dem Reeder Hansen, dessen Versicherungsbetrug mit zwei untergegangenen Frachtern Wollina erkennt, dazu, daß ihm die Polizei als Störenfried auf den Hals geschickt wird.

In einer auf Verdrängung und Vergessen angelegten, sich wirtschaftlich konsolidierenden Gesellschaft wird das absolute, zur moralischen Sonde werdende Gedächtnis von Wollina zum Unruhestifter: »Das Mißtrauen, das ich hervorrief und das mich umgab, bestätigte nur meine asoziale Veranlagung; es ließ mich erkennen, daß ich ein

Außenseiter war und es so lange bleiben würde, wie es mir nicht gelang, mein Gedächtnis zum Verstummen zu bringen« (60).

So wie in Bölls Geschichte »Abenteuer eines Brotbeutels« die Vielfalt der Historie im Gegenstand zur umfassenden Gegenwärtigkeit geronnen ist, wird das Gedächtnis Wollinas zur Verkörperung von verräumlichter Simultaneität, und unter diesem Aspekt läßt sich dennoch von einer Kurzgeschichte sprechen, auch wenn sich die tragende Situationseinheit des Plots zur bloß formalen Erzählsituation des Gesprächs zwischen Wollina und der stumm zuhörenden Fürsorgerin, die ihn nach seinem Unfall und seiner Rettung aufspürt, entleert hat. Stärker als die Kunde von den Augenblicken der heroischen Erprobung in den frühen Kurzgeschichten[33] von Lenz ergreift die künstlerisch verwirklichte Gedächtnisarbeit, die die Wunden der Zeit unter den Narben und Schutzverbänden des Alltags aufspürt und künstlerisch bewußt macht.

11. Heinz Piontek. Epiphanien des Alltags – Anderson

Richtig wahrgenommen hat man den Erzähler und Lyriker Heinz Piontek im Kulturbetrieb und an den Medienschaltstellen erst, als er 1976 den nach wie vor angesehensten deutschen Literaturpreis der Gegenwart, den Büchner-Preis der Darmstädter Akademie, erhielt und nicht Peter Rühmkorf, für den sich einige Feuilletonstrategen stark gemacht hatten. Bis dahin hatte er eher in der zweiten Riege am kulturellen Leben in der Bundesrepublik teilgenommen, auch wenn sein stetig gewachsenes lyrisches und erzählerisches Werk die literarische Wichtigkeit seiner Arbeiten von Jahr zu Jahr mehr unterstrich. Obwohl in Anthologien seit langem häufig vertreten, hat auch die auf die Gegenwartsliteratur gerichtete Forschung eher einen Bogen um sein Werk gemacht[1]. Und da, wo man sich vereinzelt mit ihm auseinandergesetzt hat, standen die Arbeiten des Lyrikers Piontek im Vordergrund. Seine erzählerische Leistung wurde an die Peripherie gedrängt. Bezeichnend ist, daß auch die literaturkritische Resonanz seines 1976 veröffentlichten Romans »Dichterleben«, wo er sich im Erfahrungsspiegel des Schriftstellers Achim Reichsfelder auch kritisch mit dem bundesdeutschen Literaturbetrieb auseinandersetzt und die individuelle Schaffenskrise seines Protagonisten in Beziehung setzt zu der verfahrenen kulturellen Situation, an die, von der Nachkriegszeit bis in die Gegenwart, sein Protagonist gebunden ist, vor allem den Aspekt eines autobiographisch getönten Schlüsseldokumentes hervorhob, von der Gereiztheit zusätzlich motiviert, die die Büchner-Preisverleihung im deutschen Feuilleton hinterlassen hatte[2].

Für die Entwicklung der deutschen Kurzgeschichte seit 1945 ist das in einer Reihe von Erzählbänden vorgelegte Prosawerk[3] von Piontek von literarischem Gewicht. Die Intensität, mit der er sich der Kurzprosa zuwendet, vor allem das Gattungsmodell der Kurzgeschichte aufgenommen und in seinen formalen Möglichkeiten weitergeführt hat, wird zugleich von der gattungsgeschichtlichen Reflexion ergänzt, mit der sich Piontek um eine Definition dieser Prosaform bemüht hat. Auch für ihn ist dabei der entstehungsgeschichtliche Konnex mit der amerikanischen Short Story eine unabdingbare Voraussetzung, die nicht nur für die Entstehung der deutschen Kurzgeschichte nach 1945, sondern auch für sein eigenes kurzgeschichtliches Erzählen gilt. Sein 1959 veröffentlichter Aufsatz »Graphik in Prosa. Ansichten über die deutsche Kurzgeschichte«[4] stellt denn auch einen der zentralen, von einem Autor stammenden Definitionsversuche der deutschen Kurzgeschichte dar und ist als Sondierung von gattungsgeschichtlichen Voraussetzungen, die auch für seine eigenen Kurzgeschichten gelten, von Bedeutung.

Piontek geht dort zwar auch auf die internen Traditionsvoraussetzungen in der deutschen Literatur ein, indem er Novelle, Anekdote, Kalendergeschichte, Erzählung als der Kurzgeschichte verwandte Prosaformen registriert, aber stellt dann mit allem Nachdruck fest, daß die deutsche Kurzgeschichte nicht lediglich eine Mutationsform dieser traditionellen Kurzprosaformen darstellt, sondern betont nachdrücklich ihre transatlantische Entstehungsgeschichte und die paradigmatische Geltung der amerikanischen Short Stories für die deutsche Nachkriegsliteratur: »Wer die Inauguratoren der Short-story ermitteln will, muß sich bis zu Bret Harte und Jack London zurückbegeben. [...] Aber erst die ›Verlorene Generation‹ verschaffte ihr Weltgeltung. Beinahe jeder der amerikanischen Erzähler, die heute in aller Munde sind, hat sie aufgegriffen und an ihrer Entwicklung und Vervollkommnung mitgearbeitet.« (276) Und bei dem Hinweis auf die Namen Sherwood Anderson, Gertrude Stein, Francis Scott Fitzgerald, John Dos Passos, William Faulkner, Thomas Wolfe heißt es zugleich in Übereinstimmung mit der fast schon kanonisierten Einflußrolle von Hemingway: »Zweifellos ist Hemingway von allen Vätern und Förderern der Short-story der gewichtigste. In seinen Erzählungen tritt die neue Form am reinsten und eindrucksvollsten in Erscheinung.« (276)

Die formalen Kriterien, die Piontek im einzelnen als Gattungscharakteristika der Kurzgeschichte herausstellt, sind abgezogen von der berühmten Hemingway-Geschichte »Old Man at the Bridge« und haben in der Hypostasierung dieses Textbeispiels zur Short Story schlechthin allerdings auch ihre leicht erkennbaren Grenzen. Bestimmungen Pionteks wie die folgenden sind sicherlich von heuristischem Erkenntniswert: »In der Short-story wird das Entscheidende nach innen verlegt.« (278) Oder: Der Kurzgeschichtenautor interessiere sich für »die Explosionen und Schicksalsstürze, nicht die theatralischen Haupt- und Staatsaktionen, sondern das Simple und Tagtägliche und Unauffällige, kurz gesagt: er hält das weithin Allgemeine für bedeutungsvoller als den atemnehmenden Sonderfall. [...] Daher interessieren ihn vor allem solche Lagen, in denen der Mensch Farbe bekennen muß, wo ihm Zusammenhänge aufgehen oder sein Bewußtsein wichtige Erweiterungen erfährt. [...] Hier handelt es sich um ein plötzliches Innewerden von Wahrheit, das auf Entschiedenheit im Leben drängt.« (278 f.)

Das in der Schreibweise der Kurzgeschichte operationalisierte Understatement, die Tendenz zur Auslassung und zur Konzentration auf die wesentlichen Linien – von Piontek sehr einleuchtend am Beispiel der Graphik verdeutlicht, die sich durch ähnliche Zusammendrängung und Aussparung von den traditionelleren Formen der Bildenden Kunst unterscheide –, die Hinwendung zu Lebensausschnitten, die der herausragenden Außergewöhnlichkeit entraten, zwar der realistisch gezeichneten Alltagserfahrung entstammen, aber zugleich als Erkenntnissituationen den bloßen Zufall übersteigen – alles das läßt sich als Zugang zur Formbestimmung der Kurzgeschichte akzeptieren wie auch der Satz: »Genau genommen geht es dem Kurzgeschichtenverfasser demnach um die epische Darlegung und Ausdeutung eines *Zeitpunktes*« (279).

Eine Reihe von Bestimmungspunkten ist jedoch sichtbar zu eng gefaßt und verkleinert selbst das formale Spektrum, das Hemingway in seinen Short Stories erprobt hat. Interessanterweise handelt es sich hier vor allem um Überlegungen Pionteks, die sich mit dem Ende der Kurzgeschichte beschäftigen. Er spricht vom »Fortfall der Pointe« (278), da er »weder einen markanten Anfang noch ein dezidiertes Ende« (279) der Kurzgeschichte zu erkennen glaubt und argumentiert: »Anstatt zu enden, hört die minimale Handlung der Story einfach auf.« (279)

Schon ein Beispiel Hemingways wie »The Short Happy Life of Francis Macomber« reichte aus, um zu belegen, daß Piontek hier lediglich einen Typus der Kurzgeschichte verallgemeinert, der von Bret Harte bis Sherwood Anderson bewußt gegen die literarisch stilisierte Short Story gesetzt wurde und als »Slice of life«-Story in die amerikanische Tradition der Short Story integriert wurde. Auch die Handlungsführung der Kurzgeschichte charakterisierende Sätze Pionteks – »Von der Handlung der Kurzgeschichte müssen wir uns eine lineare Vorstellung machen. Der Erzähler weicht Verschlingungen, Verschachtelungen aus, meidet Knoten und Wirbel« (278) – unterschlagen jene bereits bei Hemingway realisierten Erweiterungen des linearen Handlungsverlaufs durch die Darstellung von Erinnerungs- und Bewußtseinsprozessen, wie sie etwa in der Geschichte »The Snows of Kilimanjaro« hervortreten, wo die Gegenwartssituation ständig durch die eingeblendeten Bewußtseinsvorgänge der Mittelpunktsfigur, des sterbenden Schriftstellers Harry, zur Vergangenheit und zur Totalität des vorangegangenen Lebens und, in der Vision der Befreiung gegen Ende, auch zum Künftigen hin ausgedehnt wird. Die differenzierte Instrumentierung der Darstellung[5] läßt das einfache lineare Muster ebenso hinter sich, wie Hemingway auch in der Verwendung leitmotivischer Zeichen, des Schnee-Bildes für Tod und Unsterblichkeit, des im Gipfeleis erstarrten Leoparden für den Drang des Menschen, das Unmögliche zu erreichen, das künstlerische Gestaltungsspektrum expandiert.

Piontek hat seine Poetik der Kurzgeschichte zudem selbst eingeschränkt, indem er auch die Wandlungen und Bereicherungen registriert, die die Entwicklung der Short Story im Überblick über die letzten Jahrzehnte in Amerika erkennen läßt. Wenn er im Vergleich der Kurzgeschichten Bölls mit denen von Herbert Eisenreich das ausgesprochene Virtuosentum des Österreichers herausstreicht und auf die Adaption der Erzähltechniken Faulkners bei Eisenreich[6] zurückführt, so hat er sicherlich grundsätzlich recht, auch wenn die von ihm hervorgehobene Schnitt-und Montagetechnik sich entstehungsgeschichtlich nicht so eindeutig von dem Erzählwerk Faulkners ableiten läßt, der viel stärker durch seine Romane als durch seine Kurzgeschichten (die zudem nicht selten in seine Romane aufgegangen sind) auf die deutsche Literatur nach 1945 eingewirkt hat[7]. Zudem hat selbst ein Autor wie Sherwood Anderson, der in »Winesburg, Ohio« die einfache lineare Geschichte zu bevorzugen scheint, in einzelnen Erzählstücken eine Komplexität des Darstellungsstils entwickelt, die seine Lehrerschaft für Autoren wie Hemingway und Faulkner[8] auch in der Sache zu begründen vermag.

Derjenige, der als einer der ersten die damit verbundene produktionsästhetische Problematik, nicht zuletzt auch in bezug auf die Short Story, auf den Begriff gebracht hat, ist Henry James, der im Vorwort zu »Daisy Miller«[9], die er »essentially and preeminently a nouvelle« (78) nannte, ausführt: »Any real art of representation is, I make out, a controlled and guarded acceptance, in fact a perfect economic mastery, of that conflict: the general sense of the expansive, the explosive principle in one's material thoroughly noted, adroitly allowed to flush and colour and animate the disputed value« (78). Die Schwierigkeit des künstlerischen Arbeitsprozesses als eines Aktes der ökonomischen Schreibbalance, nämlich eine Vielfalt von Bedeutungen in einer überschaubaren Form zu komprimieren, bezeichnet im Element des »explosive principle« eine Wirkungsenergie des literarischen Textes, die gewissermaßen über den geschriebenen Wortlaut hinausgeht und im begrenzten ästhetischen Formarsenal eine Totalität von Bedeutung freisetzt. Das ist eine produktionsästhetische Schwierigkeit, die erst recht für die Kurzgeschichte gilt, die über das lineare Muster einer einfach erzählten Situationsgeschichte hinauszugelangen versucht und im einzelnen erzählten Augenblick zugleich die Vergangenheit und Zukunft mitgestalten will. Die Schnitt- und Montagetechnik, die Piontek an Faulkners Texten als wegweisend hervorhebt, wäre also nur die Illustration des »explosive principle« im Gattungsrahmen der Kurzgeschichte.

Pionteks Feststellung über die Short Story: »Heute werden ihre amerikanischen Urheber kaum noch imitiert« (281) war aus der Perspektive von 1959 sicherlich bereits berechtigt, da sich mittlerweile Kurzgeschichtenautoren einer neuen Generation profilierten – Gabriele Wohmann und Alexander Kluge sind nur die herausragendsten Beispiele –, deren literarische Initiation nichts mehr mit der Nachkriegszeit zu tun hat und die aus anderen literarischen und historischen Antrieben heraus zu schreiben begannen. Auf Pionteks eigenes Erzählwerk trifft das jedoch nicht zu. Die entstehungsgeschichtliche Kontinuität seines Prosawerks läßt nicht nur die historischen Entwicklungsoptionen der deutschen Kurzgeschichte wie in einem Spiegel erkennen, sondern ist in den besten Geschichten Pionteks auch ein Beleg für seine Überzeugung: »Die Short-story ist niemals die Vorstufe eines Werkes, weder die erste Notiz eines plötzlichen Einfalls noch Figuren- oder Milieustudie, sondern ein durchgeformtes, abgeschlossenes Gebilde, das der Novelle und Erzählung an künstlerischem Wert in keiner Weise nachsteht.« (280)

Schon die Kurzgeschichte, die in etwa am Beginn von Pionteks Erzählwerk steht, zeigt ihn in sicherer Beherrschung der formalen Möglichkeiten dieser Prosagattung. Dieser Text, »Erde unter dem Schnee« (1954)[10], wird aus der Figurenperspektive des schlesischen Bauern Wittek erzählt, der in den Nachkriegswirren mit den großen Flüchtlingstrecks nach Westdeutschland gekommen ist, nun bereits fünf Jahre lang hier lebt und allmählich erkennen muß, daß die Rückkehr in die alte Heimat von Tag zu Tag unwahrscheinlicher wird. Die den lakonischen Kurzsatz bevorzugende Schreibweise, die immer wieder knappe Dialogpartien einschiebt, die gestisch die Sprechenden charakterisieren, ist zwar auf eine einheitliche Erzählsituation zusammengedrängt, die im Zeichen einer bestimmten, Wittek abverlangten Entscheidung steht. Aber Piontek hat die zeitliche Geschlossenheit dieser Situation zugleich perspektivisch aufgefächert, indem er fünf Situationsausschnitte akzentuiert, die so etwas wie eine Progression der äußeren und inneren Handlung hervortreten lassen.

Die äußere Handlung kulminiert in der Entscheidung, zu der er sich allmählich durchkämpft, nämlich die Stute, die ihm noch geblieben ist, zu verkaufen, damit der erwachsene Sohn sich das Motorrad zulegen kann, das er braucht, um morgens pünktlich zu seiner entfernt gelegenen Arbeitsstelle zu gelangen. Die innere Handlung zeigt sich in der schmerzhaften allmählichen Loslösung von dem Wunschtraum, in die alte Heimat zurückzugelangen, die gewissermaßen im Bild des Pferdes, an dem er auch emotional hängt, konkret verkörpert wird.

Die einzelnen Situationsausschnitte lassen sich mit dem von Höllerer geprägten[11] Begriff »Kabinen des Erzählens, die in sich zusammenhalten, die sich gegenseitig stützen oder sich Widerpart geben« (233), zutreffend charakterisieren, da es Piontek durch diese erzählerische Akzentuierungstechnik zugleich gelingt, das soziale Umfeld mit einzubringen und die Haltung der verschiedenen Menschen zu charakterisieren, des Sohns, für den das Gerede von der alten Heimat nur noch eine sentimentale Erinnerung ist, des eingesessenen Bauern, für den Wittek arbeitet und der den Flüchtling lieber zurückkehren sehen möchte und daher zur Überlegung beim Verkauf rät, seiner Frau, die ihn mit Tränen in den Augen das Pferd wegbringen sieht, oder der verwachsenen alten Magd, die nur den Satz sagt: »So ein Jammer ist auf der Welt« (17).

Daß Wittek schließlich seine Entscheidung umsetzt und sich mit seinem Pferd zu dem Käufer auf den Weg macht, läßt sich auch erzählstrukturell als Steigerung der Handlungsführung deuten. Denn während er im Gehen mit der Stute leise spricht und sich vor ihr wie vor einem Menschen rechtfertigt, läßt er die zum Abschluß gelangte Vergangenheit noch einmal in der Erinnerung lebendig werden. Indem er gewissermaßen den Lebenslauf der Stute noch einmal vergegenwärtigt, rekapituliert er zugleich seine eigene Biographie bis hin zu seinem Entscheidungsschritt. Piontek akzentuiert keineswegs nur einen resignativen Abschied von der alten Zeit, die mit dem Verkauf der geliebten Stute endgültig für Wittek vorbei sein wird. Zwar werden Gegenwart und Vergangenheit im bildlichen Kontrast von Pferd und Motorfahrzeug polemisch gegeneinandergestellt, zugleich will Wittek jedoch einen Teil des Geldes dazu benutzen, sich »einen Streifen Feld, einen halben Morgen« (20) zu kaufen, um in der neuen Heimat seßhaft zu werden. Der Hoffnungsaspekt, der in dem Geschehen verborgen ist, wird gleichfalls gegen Ende gestisch zum Ausdruck gebracht: »Wittek war ein schmächtiger Mann und ging gebückt, doch sein Schritt griff aus.« (21)

Es ist sicherlich nicht zu hoch gegriffen, darauf hinzuweisen, daß es Piontek gelungen ist, in der unaufdringlichen Erzählstruktur dieser Geschichte ein Stück deutscher Zeithistorie zu gestalten, unsentimental und dennoch in der Sparsamkeit seiner Sätze sensibel für die nicht artikulierten und eher unterdrückten Schmerzen, die diese Historie im Bewußtsein und in den Gefühlen der Menschen hinterlassen hat. Der sich aufdrängende Analogieschluß, der 1925 selbst in Oberschlesien geborene Piontek habe hier autobiographisch getönten Erzählstoff verwendet und sich als Chronist einer Heimatvertriebenen-Vergangenheit erzählerisch profiliert, wäre jedoch abwegig, auch wenn die Themen und Motive Pionteks mitunter in seinen Geschichten auf die Erfahrungsdimension seiner Jugend zurückweisen. Er hat vielmehr in einigen seiner eindrucksvollsten Geschichten die Jugenderfahrung, losgelöst von dieser spezifisch regionalen Verknüpfung, ins Zentrum seines Erzählens gerückt, und zwar unter dem Aspekt, der sich als Initiationsproblematik bezeichnen läßt und in der Geschichte der amerikanischen Short Story, von den Geschichten des jungen George Willard in Andersons »Winesburg, Ohio« bis hin zu den Nick-Adams-Geschichten Hemingways, von Hawthornes »Young Goodman Brown« bis hin zu Poes »The Masque of the Red Death«, bereits in der Ausgangssituation einen thematischen Hauptstrang bildet[12].

Einige der eindrucksvollsten Kurzgeschichten Pionteks sind Initiationsgeschichten, in denen aus der Perspektive jugendlicher Protagonisten der Schritt in die Erwachsenenwelt, die entweder mit ihren materiellen Lebensproblemen ganz und gar beschäftigt ist oder bereits wieder in der Konvention erstarrt, dargestellt wird, thematisch zumeist konkretisiert in der Liebeserfahrung. Erzählstücke wie »Verlassene Chausseen« (darauf wird in Teil III einzugehen sein), »Auf dem Lande« oder »Die Traurigkeit in eines Bären Brust« sind Beispiele dafür.

»Auf dem Lande« (1962)[13] wird aus der Ich-Perspektive vom Ende her erzählt, als der Protagonist in einem Eifersuchtsanfall plötzlich über den Liebhaber seiner Frau herfällt und ihn ersticht. Zwischen den Sätzen zu Anfang »Ich möchte aber sagen, daß ich das vergammelte Bajonett plötzlich zwischen den Fingern hatte, als wäre es mir von irgendwem in die Hand gedrückt worden« (278) und dem Satz am Ende »Plötzlich hatte ich das alte vergammelte Bajonett in der Hand, dreimal stieß ich zu« (291) erstreckt sich das Erzählgeschehen. Im Geständnis des Täters wird gewissermaßen die Vorgeschichte seiner Tat aufgerollt, nur daß es hier primär nicht darum geht, nach einem kausal angesetzten Verschuldungsmechanismus gewisse psychologische Beweggründe zu klären, die seine Schuld juristisch faßbar machen. Vielmehr wird versucht, jenes subkutane Emotionsgeflecht offenzulegen, das ihn zu der Tat getrieben hat. Alles das, was im Augenblick des Tötens in ihm zum Durchbruch kam, wird gewissermaßen aus der ereignishaften Gleichzeitigkeit in ein zeitliches Nacheinander verwandelt, wobei gewisse aufblitzende verbale Leitmotive immer wieder auf diese simultane Verknüpfung aufmerksam machen. Die aus der winterlichen Situation abgeleitete eisblaue Farbe, die »in dem eisblauen 12 M« (280) variiert wird, der dem Rivalen Harry gehört, und nicht nur die Augenfarbe des Mädchens Ingrid bezeichnet, sondern auch des Rivalen (wie der Protagonist im Augenblick seiner Tat erkennt), ist ein Beispiel dafür. Die Erzählsituation des Geständnisses gibt dabei erzählstrukturell wieder den Einheitsrahmen ab, der die auseinandergefaltete Simultaneität des Tötungsaugenblicks zusammenfaßt.

Piontek gelingt es dabei, dem Erzählvorgang eine Bedeutung zu verleihen, die ein amerikanischer Kritiker in anderem Zusammenhang einmal so umschrieben hat: »The story is, in our time, the equivalent of the microscope in science.«[14] Der kriminalistische Sonderfall wird transparent auf die Seelenverfassung der jungen Leute im Deutschland der fünfziger Jahre, wo sich die alten sozialen Dünkel wieder neu etabliert haben, wo die Tochter des honorigen Prokuristen, die das Gymnasium besucht und kurz vor dem Abitur steht, mit einem Speditionspacker, der zudem straffällig wird, nichts zu tun haben darf. Daß die gegen »den Mief der ganzen Welt« (282) rebellierende Tochter sich ausdrücklich dem in den Augen der andern Deklassierten anschließt, von ihm ein Kind erwartet und schließlich auch mit der zähneknirschenden Zustimmung ihrer Eltern eine Muß-Ehe mit ihm eingeht (sie verliert das Kind durch eine Fehlgeburt), ist freilich nicht so sehr Ausdruck einer alle sozialen Schranken überwindenden Liebe, sondern Trotzreaktion der Tochter, die sich in einem romantisierten, aus Poesie-Zitaten und Griechenland-Träumen bestehenden Wunschbild (sie sieht sich selbst als Hetäre) eine Ersatzwirklichkeit zimmert, eine Subkultur in einer Gruppe von

Freunden, und ihren Mann in dem Augenblick fallenläßt, als ihr ein anderer attraktiver vorkommt. Es ist als erzählerische Leistung Pionteks hervorzuheben, daß er diesen Sachverhalt aus einem kriminalistischen Sonderfall in ein soziales Paradigma verwandelt, das mitten in der Phase der hektischen Restauration auf soziale und emotionale Defizite aufmerksam macht, die sich erst Ende der sechziger Jahre in der Bundesrepublik vernehmlich artikulierten.

Der Erzähltext »Die Traurigkeit in eines Bären Brust« (1959)[15] läßt sich in gewisser Weise als Kontrastgeschichte dazu auffassen. Alle Irritationsmomente sozialer Art sind hier ausgeklammert. Der Neunzehnjährige, der seine elegant aufgemachte sechzehnjährige Freundin zum erstenmal der Großmutter und Mutter zu Hause vorstellt, verhält sich konventionell in einem konventionellen Milieu, das die nächsten Phasen seiner Biographie geradezu vorausberechenbar macht. Das sich in der Zeitspanne von zwei Tagen entwickelnde Geschehen ist auf drei Situationsabschnitte verteilt, die die Einordnung der Liebe in das gesellschaftliche Regelsystem und damit zugleich die Zerstörung ihres Potentials an Aufregung, an Neuentdeckung des Gefühls, an Träumerei und Sehnsucht verdeutlichen. Die aus der Perspektive des jungen Mannes erzählte Geschichte, die mit dem konventionellen Akt der Vorstellung seines Mädchens zu Hause beginnt, veranschaulicht die Irritation bei dem notwendigen Entwicklungsschritt, die Phase der Jugend hinter sich zu lassen und ein vorausberechenbares Leben an der Seite des sicherlich attraktiven Mädchens zu beginnen.

Indem er beim Federballspiel im Garten abrupt die Schläger wegschleudert und allein in den Wald geht, dort seinen Freund trifft und ihm beim Montieren seines Faltbootes hilft, wird der unbewußte Drang, in eine bereits verlassene Entwicklungsphase zurückzugelangen, unbeschwert spielender Junge zu sein, ebenso verdeutlicht, wie das letzte Bild, das ihn am nächsten Tag als Koch für die beiden Frauen und das eingeladene Mädchen zeigt, bereits den Akt der Domestizierung in einem künftigen Eheleben vorwegnimmt, zu dem er zwar bereit ist, aber in dem melancholischen Bewußtsein: »Denn das verdammt Selige, das blinde Erzittern in Liebe vor der Vollkommenheit, das war hin, und der Traum davon oder die Illusion, oder was zum Teufel es immer war, dem er noch nachhing, machte den Verlust nur schlimmer. Es gab keine Vollkommenheit auf der Welt. Das war die Wahrheit. Und aus der Liebe, wie er sie kannte und allein anerkannte, war nichts Besonderes geworden« (333).

Gewiß, so eng wie das soziale Spektrum, das in diesem Text von Piontek erfaßt wird, so konventionell bleibt auch die Erkenntnisdimension, die er aufdeckt. Die Desillusionierungserfahrung, die ein Erzähler wie Eisenreich in seiner thematisch ähnlich gelagerten Geschichte »Ein Mißverständnis« darstellt, ist von größerer Präzision. Doch der affirmativ wirkende soziale Firnis, der diese Geschichte überlagert und sich auch mitunter in der stilistischen Glätte der Diktion bemerkbar macht – »Dann raffte sie den edlen blauen Rock, und das Haar fiel ihr in die Stirn.« (326) –, wird kontrastierend und korrigierend aufgebrochen von einem Text wie dem zuvor erwähnten, der werkgeschichtlich interessanterweise auch später entstanden ist.

Zu welcher darstellerischen Vertiefung der Initiationsproblematik die Kurzgeschichte fähig ist, sei im Vergleich an einem Erzählbeispiel Sherwood Andersons aus »Winesburg, Ohio« demonstriert, der Geschichte »Death in the Woods«[16], freilich nicht direkt bezogen auf die Liebesthematik, sondern auf den Einbruch des Todes in den Erfahrungsumkreis des jugendlichen Erzählers George Willard. Stofflich gesehen – von der Darstellung des Todes der alten Frau her –, läßt sich zugleich eine gewisse Analogie zu Pionteks Geschichte »Die Zeit einer Frau« erkennen.

Andersons Darstellung einer geradezu brutalistischen amerikanischen Countryside, die eine sozial wehrlose Frau von Anfang an in ein Leben der sprachlosen Unterdrückung drängt, erst als Waise im Dienst des deutschstämmigen Farmers, der ihr nachstellt, und dann an der Seite des Raufboldes Jake Grimes und später des gemeinsamen Sohns, der ein Double des Vaters wird, ein Trunkenbold und Mann dunkler Geschäfte, wirkt aus der Perspektive des jungen Erzählers noch erschreckender, weil die erdrückende Lebensszenerie der Frau eher beiläufig entworfen wird, ohne sozialkritischen Impetus. Die dominierende Situation des Erzählens betrifft den Tod der Frau, die von dem einsam gelegenen Farmhaus mit den Hunden ihres Mannes im bitteren Winter aufbricht, um Fleisch und Fleischreste für die Männer und Tiere vom Dorfschlachter zu holen und die, mit einem gefüllten Sack auf dem Rücken unterwegs im Walde rastend, erfriert und stirbt.

Das »explosive principle« des Erzählens, das dazu führt, daß zugleich die biographische Vorgeschichte der Frau, ihr Lebensweg, in kurzen Stenogrammen rückblickend aufgerollt wird und so das ganze zurückgelegte Leben der Frau für den Leser überschaubar wird, hat jedoch mit der Erzählsituation George Willards zu tun, mit seiner Unzufriedenheit mit all dem, was man später, auch in seiner Familie, über die Frau erzählt hat, mit der ständigen Irritation, die mit diesem Ereignis in seiner Erinnerung verbunden ist. An einer Stelle wird diese Schwierigkeit unmittelbar angesprochen: »The whole thing, the story of the old woman's death, was to me as I grew older like music heard from far off. The notes had to be picked up slowly one at a time. Something had to be understood.« (202)

Indem der Erzähler damit gewissermaßen die Reflexion des Lesers aktiviert, wird deutlich, daß es um mehr geht als die Darstellung eines bizarren Unglücksfalls in einer barbarischen amerikanischen Einöde. Das merkwürdige Todesritual der Hundemeute, die die Sterbende umkreist, aber auch nach ihrem Tod ihren Körper nicht anfällt, sondern nur den Sack von ihren Schultern zu reißen versucht, und auch die einer Epiphanie gleichkommende Verwandlung der alten Frau im Tod weisen darauf hin: »[. . .] in death it looked like the body of some charming young girl [. . .] My brother and I stood near the tree, beneath which the old woman had died [. . .] Neither of us had ever seen a woman's body before. It may have been the snow, clinging to the frozen flesh, that made it look so white and lovely, so like marble.« (199/201)

Diese Elemente einer von der Natur bewerkstelligten mythischen Verwandlung[17] werden nicht nur im Anblick der toten Frau sichtbar gemacht, die gleichsam die Attribute ihres Alters verloren hat und wie die Marmorstatue eines jungen schönen Mädchens im Schnee liegt[18], sondern an einer Stelle auch vom Erzähler akzentuiert, wo er das miserable Leben der Frau äußerlich zusammenfaßt und zugleich indirekt auf eine andere Bedeutungsebene dieses Lebens, die mythische einer naturhaften Lebensspenderin, einer Demeter-Figur, aufmerksam macht: »The woman who died was one destined to feed animal life. Anyway, that is all she ever did. She was feeding animal life before she was born, as a child, as a young woman working on the farm of the German, after she married, when she grew old and, when she died [. . .] Her daughter had died in childhood and with her son she had no articulate relations. On the night

when she dies she was hurrying homeward, bearing on her body food for animal life.«
(202)

Diese von einer außerordentlichen Komplexität zeugende Geschichte ist keineswegs
»the simple story« (203), als die der Erzähler sie am Ende ausgibt, sondern
demonstriert Andersons Verfahren, von der einfach erzählten Oberfläche aus
schrittweise in Binnenschichten der Bedeutung vorzustoßen und eine Erkenntnisdimension sichtbar zu machen, die die Initiationserfahrung des jugendlichen Erzählers
zur möglichen Sinnerfahrung von Leben und Tod erweitert. So wie das biographische
Ganze des Lebens der alten Frau ins erzählerische Blickfeld gerät, wird auch die Frage
nach der Sinnganzheit des Lebens gestellt. Und hier liegt das eigentliche Irritationszen-
trum, das die Imagination des Erzählers nicht zur Ruhe kommen und immer wieder zu
dieser Geschichte zurückkehren läßt.

Für die Bedeutung von Andersons Erzähltext ist also die mitgestaltete Erzählerbeziehung von großer, den Erzählstoff organisierender Wichtigkeit[19]. Darin liegt vor allem
der Unterschied zu einer Kurzgeschichte wie Pionteks »Die Zeit einer Frau« (1963)[20],
ganz abgesehen von den ganz anderen sozialen und historischen Umständen des
erzählten Lebens. Auch hier geht es um die Situation des Sterbens einer alten Frau,
aber erzählt aus der Innenperspektive der Sterbenden, die, im Todesaugenblick die
Ganzheit ihres Lebens überschauend, jene Erfahrung macht, die Ambrose Bierce in
seiner klassischen Short Story »An Occurrence at Owl Creek Bridge«[21] am Beispiel des
exekutierten Südstaatenpflanzers Peyton Farquhar demonstriert, der im Moment des
Erhängtwerdens die Vision seiner Rettung halluziniert, und die Ernst Schnabel in
seiner Geschichte »Ein Tag und eine Nachtwache«[22], vermutlich das Beispiel Bierces
vor Augen, so formelhaft zusammenfaßt: »Sein Leben fiel ihm ein, in einer Sekunde
dachte er an alle seine Jahre – zugleich: er sah zehntausendmal die Sonne aufgehen und
wieder versinken« (51). Dieses Bild des in die Sonne eintauchenden Bewußtseins
erscheint auch am Anfang und Ende von Pionteks Geschichte »Die Zeit einer Frau«:
»eine große Sonne, in die du hineinrennst« (377). Die winzige Ausdehnung der Zeit,
die sich zwischen Anfang und Ende erstreckt, wird durch einen unmerklichen Hinweis
signalisiert, den grammatischen Wechsel vom Du zum Ich: »Da ist eine große Sonne, in
die ich hineinrenn« (381), heißt es am Schluß. Das Bewußtsein des sterbenden Ichs ist
sich selbst nicht mehr Reflexionsgegenstand, sondern löst sich gleichsam in einem
Lichtblitz auf. Dazwischen leuchtet in kurzen Momentaufnahmen die Erinnerung der
Achtzigjährigen an ihr zurückgelegtes Leben auf, die Heirat mit dem strahlenden
Mann, »der am schönsten war, als er mit hochgezwirbeltem Bart, prall wie ein Stier
von den Ulanen heimkam und seine Reiterlanze mitbrachte« (379), der Mann,
dessen Glanz aber rasch zerfiel, der sich zum Spieler entwickelte und die beiden
Höfe durchbrachte, während sie eine Zahl von Kindern zur Welt brachte, von
denen die Töchter das Sterbebett umgeben, nicht jedoch der geliebte Sohn »Jorg, den
sie Samson nannten« (380), an den sie denkt und von dem die Töchter der Sterbenden
erzählen.

Was Piontek hier auf einige überblendete Erinnerungsbilder zusammengedrängt hat,
erinnert erzählstrukturell an Ilse Aichingers berühmte »Spiegelgeschichte«[23], wo
ebenfalls aus der Bewußtseinsperspektive der sterbenden alten Frau das vorangegangene Leben simultan überschaut wird, wobei diese Simultaneität erzählerisch als
Umkehrung der zeitlichen Bewegung vorgeführt wird und das Bewußtsein im

Augenblick des Sterbens beim Augenblick der Geburt anlangt: »Es ist der Tag deiner Geburt. Du kommst zur Welt und schlägst die Augen auf und schließt sie wieder vor dem starken Licht.« (48)

In beiden Fällen wird der Erzählaugenblick der Kurzgeschichte, der konkret den Sterbemoment der alten Frauen darstellt, zur Lebenszeit verdichtet. Abgesehen von der größeren erzählerischen Virtuosität in Ilse Aichingers Geschichte, bleibt dennoch zu fragen, ob nicht durch die mitgestaltete Erzählerbeziehung in Sherwood Andersons »Death in the Woods«, wodurch sich Leben und Tod der alten Frau letztlich der begrifflichen Festlegung entziehen und in eine Aura der beunruhigenden und erhebenden Rätselhaftigkeit getaucht bleiben, Anderson an poetischer Verdichtungskraft den beiden deutschen Erzählbeispielen überlegen ist. Aber alle Erzähltexte, auch der Pionteks, machen darauf aufmerksam, daß die Knappheit und Intensität der künstlerischen Struktur in der Kurzgeschichte nicht mit einer Einschränkung des in Gestaltung umgesetzten Wirklichkeitsreservoirs gleichzusetzen ist. Das »explosive principle«, als künstlerisch organisierter Sprengsatz in der erzählerischen Struktur angelegt, vermag im Augenblick der Bedeutungszündung Bereiche blitzhaft zu erhellen, die über die in den Texten gestalteten Situationen und Situationsausschnitte weit hinausreichen. In einigen seiner Erzählbeispiele ist auch Piontek dieser poetischen Erkenntniskraft auf der Spur.

12. Herbert Eisenreich. Wahn- und Warnbilder der Existenz – Mansfield

Einen einzigen Ausflug in Roman-Gelände gibt es bisher von Eisenreich, mit zweifelhaften Ergebnissen und schon gar nicht als Manifestation der Universalität angelegt, die Eisenreich dem Roman seines bewunderten österreichischen Schriftstellerkollegen Heimito von Doderer so häufig zugesprochen hat[1]. Dieser Roman »Auch in ihrer Sünde«[2] kommt eher einem Arrangement von Impressionen und sich verfilzenden Detailentwürfen gleich, die, wie scharf und genau im einzelnen auch immer beobachtet und namhaft gemacht, sich in der Hohlform einer Fabel verlieren, die im buchstäblichen Sinne bodenlos ist. Neben einem berühmt gewordenen Hörspiel[3] ist eine erstaunlich umfangreiche essayistische Tätigkeit zu registrieren, allerdings vielfach vom Broterwerb des Rezensierenmüssens motiviert, aber sie dokumentiert in dem Band »Reaktionen«, der diese Essays zur Literatur gesammelt hat, immer wieder die Absicht Eisenreichs, das ihm vorgegebene Material als Wegschneisen zu umfassenderen Terrains zu benutzen, auch wenn bei diesen Erkundungsversuchen der zaghafte Kompaßausschlag häufig allzu rasch und zu eindringlich als Indiz für neue Vermessungsmöglichkeiten gewertet wird. Eisenreich neigt zu provozierenden Übertreibungen, die, aus dem Kontext genommen und gegeneinandergestellt[4], sich häufig zu neutralisieren scheinen und in ihrer konstitutiven Ambivalenz zumindest den Eindruck erwecken, hier komme es einem Autor mehr auf die aufrüttelnde Wirkung seiner Gedanken als auf die Plausibilität und Schärfe seiner Gedankenführung an. Aber am Zentrum seines eigentlichen literarischen Werks gemessen, handelt es sich hier eher um Randzonen[5] seiner Produktivität, die ganz im Zeichen der Kurzgeschichte steht, die er mit einer außerordentlichen Schreibintensität von den Anfängen seiner literarischen Betätigung in der unmittelbaren Nachkriegszeit bis in die Gegenwart der letzten Jahre hinein immer wieder aufgegriffen und in ihrem künstlerischen Volumen zu erweitern versucht hat. Das sozial-kulturelle Erfahrungsumfeld unterscheidet den Österreicher Eisenreich, der sich später in einem weitausholenden Essay um eine Identitätsbestimmung der österreichischen Literatur bemüht hat[6], dabei kaum von dem seiner deutschen Generationsgenossen, da jenes Großdeutschland, dessen Ende 1945 gekommen war, auch bei ihm dafür sorgte, daß er die entsprechenden Etappen der Kollektivbiographie seiner Generation durchlief. Er war von 1943 bis 1945 Soldat, wurde verwundet und vertauschte das Lazarett mit dem Gefangenenlager, bevor er 1946 im Elend der Nachkriegszeit, das Österreich nicht ausnahm, begann, erste zaghafte Schritte auf eine bürgerliche Existenz hin (Abschluß der Mittelschule zum Beispiel und kurzes Studium der Germanistik in Wien) zu machen.

Der kreative Ausbruchsversuch in die Literatur wurde auch bei ihm bestärkt und unterstützt von dem großen Beispiel der amerikanischen Short Story, die vor allem durch Hemingway eine bestimmende Ausstrahlung für ihn hatte, von der noch der Anfang seines fingierten Nekrologs »Das schlechte Beispiel des Herbert Eisenreich«[7] trotz aller ironischen Distanzierung zeugt: »– ach Gott! was hatte denn er, der doch so gar kein Naturbursche war, im Schnee auf dem Kilimandscharo verloren?« (26) Diese den Titel einer berühmten Short Story Hemingways variierende Feststellung ist ebenso ein bezeichnendes Signal wie seine Beschäftigung mit Jack London[8], die Kenntnis von Poe[9] oder die immer wieder erfolgenden Hinweise auf die große neuseeländische Short-Story-Autorin Katherine Mansfield, deren Geschichte »Cup of Tea« Eisenreich in seinem Text »Erlebnis wie bei Dostojewski«[10] adaptierte und auf die er auch in seinen Essays[11] zu sprechen kommt. Keine Frage, Katherine Mansfield, auf die er vermutlich durch eine Veröffentlichung in Rowohlts Nachkriegszeitschrift »story« aufmerksam wurde[12], ist für Eisenreichs eigene Schreibversuche zu einem produktiven Orientierungsbeispiel geworden.

Das ist für die gattungsgeschichtliche Konstellation der deutschen Kurzgeschichte auch deshalb von Bedeutung, weil Katherine Mansfield selbst die angelsächsische Short Story in einer Richtung erweitert hat, die sie ihrerseits in der Kurzprosa von Anton Tschechow vorgezeichnet fand: statt der handlungsstarken, auf äußerliche Spannungsverknüpfung und zündende Pointe zu konstruierenden Geschichte verlagert sie, hier Tschechow folgend, die Darstellung auf inneres Geschehen, auf seelische Situationsauslotung[13]. Über Katherine Mansfield nähert sich Eisenreich damit in gewisser Weise einer Traditionsrichtung der Kurzgeschichte an, die bereits gegen Ende des 19. Jahrhunderts entwickelt worden ist und sich beispielsweise auch bei Maupassant[14] bestimmen läßt, dessen Geschichten dann zu einem anderen wesentlichen Beispiel für die Kurzgeschichten Eisenreichs wurden. Berücksichtigt man in diesem Zusammenhang, daß Eisenreich auch eine Adaption einer Maupassant-Geschichte geschrieben hat[15], daß ferner seine Geschichte »Statue einer Frau« von Thomas Manns »Wälsungenblut« beeinflußt ist, daß er Anregungen Stendhals und Gerd Gaisers in Teilveröffentlichungen seines unabgeschlossenen Romans »Sieger und Besiegte« verarbeitet hat[16], daß seine Geschichte »Die neuere (glücklichere) Jungfrau von Orléans« im stilistischen Gestus unverkennbar auf Kleists kurzen Erzähltext »Der neue (glücklichere) Werther« verweist (von Wolfgang Weyrauch in seine Anthologie »Tausend Gramm« als eine der Modellgeschichten für die junge deutsche Prosa aufgenommen), so entsteht der Eindruck eines literarischen Assimilationstalents, eines alexandrinischen Überlieferungsspielers, dessen eigener literarischer Standort irisierend vieldeutig und schwer bestimmbar wird. Doch dieser Eindruck täuscht.

Die universale Verfügbarkeit, die die literarische Tradition für Eisenreich zu besitzen scheint, ist Ergebnis seiner Überzeugung, daß die pure stoffliche Erfindung für den literarischen Arbeitsprozeß sekundär ist, daß, wie er es in seinem Aufsatz »Sprache als Organ«[17] formuliert hat, die Authentizität des literarisch Dargestellten nichts mit der Qualität der literarischen Gestaltung zu tun hat: »[...] wahr ist nicht unbedingt das, was wirklich geschehen, sondern nur das, was wirklich gesagt ist. Und wirklich gesagt ist nur das, was die Sprache sagt.« (25) Doderer hat in einem kleinen Aufsatz, »Eisenreichs Einfälle«[18], genau diesen Sachverhalt literarisch pragmatisch erläutert: »Jeder Einfall ist im Grunde ordinär, eine Geschwulst im Denken. Ein wirklicher Erzähler, wie Herbert Eisenreich, geht ihm entgegen und durch ihn hindurch, teilt ihn, erweitert die eingefallene Stelle [...] es ist das Zeichen, daß ein Erzähler seinen Einfall überwunden und geopfert, in den Blutbahnen des eigenen Lebens wieder aufgelöst hat« (7 f.).

Eisenreich selbst hat ein platonisches Philosophiekonstrukt, das wie aus den Theorien Hermann Brochs[19] abgezogen wirkt, bemüht, um diesen künstlerischen Verwandlungsprozeß, den der stoffliche Vorwurf im Akt des Dichtens durchläuft, zusätzlich zu erläutern. Im Vorgang des poetischen Schaffens gewinne nicht nur der Autor einen Zugang zu seiner verschütteten Identität, sondern bringe auch die Identität der Wirklichkeit zur Anschauung, so daß ein sich wechselseitig durchdringender Gleichgewichtszustand zwischen Subjekt und Objekt entstehe. Der Autor »weiß dabei aber doch, daß die direkte Objektsbewältigung nur der Vorwand ist, die Sprache in ihre organische Funktion zu setzen, welche letzten Endes darin besteht, die Objektsbewältigung überhaupt unnötig zu machen, indem in ihr, der eigentlichen Sprache, der Bruch zwischen innerer und äußerer Wirklichkeit profund verheilt zur ungeteilten ganzen; indem sie, die eigentliche Sprache, jene von der angewandten Sprache gefüllten Vor-Urteile zerstreut, mit denen wir uns den Blick auf die Wahrheit verstellen. Deshalb sagen wir ja, daß dichterisch sprechen [...] nichts Geringeres bedeutet als: der ansonsten, von der ganzen Sprache, verheimlichten, ja verfälschten wahren Natur des Kosmos, also der Einheit nicht bloß der Erscheinungen, sondern auch der von Geist und Gestalt, recht inne zu werden. Bei solchem Stand der Dinge allerdings: bei freier Austauschbarkeit von Phänomen und Wesen; bei aufgehobenen Schranken zwischen Objekt und Subjekt« (29).

Auf die gedanklichen Tiefen oder auch Untiefen dieser idealistischen Konzeption soll hier nicht näher eingegangen werden. Sie wird deshalb erwähnt, weil sie einerseits für die Einschätzung von Eisenreichs adaptivem Verfahren bei rein stofflichen Übernahmen wichtig ist, aber andererseits auch die gedankliche Basis für jene Reflexionen ist, die Eisenreich im Anhang seines Kurzgeschichtenbandes »Böse schöne Welt« von 1957 als seine Poetik der Kurzgeschichte zu umschreiben versucht hat: »Eine Geschichte erzählt sich selbst. Vorläufige Erfahrungen eines Autors«[20]. Der Satz des fingierten Nekrologs: »[...] so bleibt als heute noch lesbarer Kern dieses Werks ein Häuflein Kurzgeschichten [...]« (26 f.) wird zwar auch dort als Legitimation seines theoretischen Erkundungsversuches dem Sinn nach erwähnt, aber zugleich abgebogen durch das Bekenntnis: »Trotzdem, ich bin nicht imstande, das, was ich eine Geschichte nenne, zu definieren, und ich will es auch gar nicht versuchen.« (16)

Was er dann tatsächlich gedanklich entwickelt, erweist sich als eine Variation jener philosophischen Prämisse, daß sich im Akt des künstlerischen Sprechens eine Wesensaufschließung von Subjekt und Objekt vollziehe. In der Erkenntnisbewegung ganz analog führt er hier aus: »[...] der Geschichtenerzähler bedient sich im Hinblick auf seinen Gegenstand der Methode des Lyrikers, indem er die epische Distanz aufgibt zugunsten der Intimität bis zum völligen Aufgehen ineinander, wodurch die natürliche Faktizität des Gegenstandes auf ein andeutungsweises Minimum reduziert wird.« (166) Wenn er auf Grund dieser Feststellung folgert: »Ich meine, daß sich in einer Geschichte gewisse wesentliche Züge des Gedichtes wiederfinden« (169), wird spätestens hier deutlich, daß es sich keineswegs um einen neuartigen Ansatz in der Theorie der Kurzgeschichte handelt, wie man unterstellt hat[21], sondern um die Wiederaufnahme einer theoretischen Position von Edgar Allan Poe, dessen genaue Kenntnis Eisenreich auch an anderer Stelle bezeugt[22].

Nicht allein der platonische Hintergrund dieser Erkenntnisfunktion von Dichtung weist auf Poe zurück, der in »The Poetic Principle«[23] in der Schönheit als Gestaltungsziel des Gedichtes zugleich die platonische Trias von »Pure Intellect, Taste, and the Moral Sense« (469) – mit andern Worten: das Wahre, das Schöne, das Gute – gestaltet sieht. In seiner zum Grunddokument der Kurzgeschichten-Poetik gewordenen Rezension der Hawthorne-Tales[24] hat er darüber hinaus die strukturelle Analogie zwischen dem Gedicht und dem kurzen Erzähltext – Poes Terminus ist »tale« – hervorgehoben, die einmal in der wirkungsästhetischen Kategorie der »unity of effect or impression« (35) zum Vorschein komme, da Gedicht wie Geschichte die Auffassung des Lesers unmittelbar und ohne Unterbrechung ergreifen und jene »exaltation of the soul« (35) erzeugen, die zugleich zum andern die Voraussetzung für den eigentlichen Erkenntnisgewinn von Gedicht und Geschichte sei: das Ergreifen des Schönen im Gedicht und das Begreifen des Wahren in der Kurzgeschichte. Beider Ziel ist zwar letztlich miteinander identisch, da es sich nur um unterschiedliche Zugänge zum gleichen Wesenskern handelt, aber indem Poe das Erkenntnismoment im rationalen Zugang intensiviert sieht im Vergleich zum emotionalen Zugang, folgert er sogar, »that the tale has a point of superiority even over the poem« (36).

Die Kurzgeschichte, von Eisenreich »als ein wortgewordener Augenblick« (172) definiert, wo der Autor »urplötzlich mit einem aus dem Welt-Mosaik ihm ins Auge gefallenen Steinchen Leben innigst konfrontiert« (172) wird, erhält auch für ihn eine vergleichbare Erkenntnisintensität, wobei er allerdings weitgehend die formale Architektur dieser Prosaform unterschlägt und lediglich gelten läßt: »[...] die Geschichte aber ist immer fragmentarisch offen, sie ist immer nur lautgewordenes Fragment eines immerwährenden Erzählens« (173). In der Theorie, die »das Erzählen an und für sich« (171) in den Mittelpunkt der Kurzgeschichte rückt, wird damit von Eisenreich ein Weg beschritten, der tendenziell in die Richtung der Prosaexperimente von Jürgen Becker, Helmut Heißenbüttel oder Ror Wolf weist[25], wo in der Tat in der bewußten Zersetzung der letzten Fabelrelikte belegt zu werden scheint, was Eisenreich theoretisch behauptet: »Die Geschichte aber setzt sich selber an die Stelle dieses Etwas, sie macht die Methode zum Thema, sie erzählt sich selbst.« (170)

Eisenreich selbst steht mit seinen Kurzgeschichten, auch den letzten der Sammlung

»Die blaue Distel der Romantik« in krassem Gegensatz dazu, da er immer an einer Grundvoraussetzung (auch da, wo er adaptierend verfährt) der Kurzgeschichte festhält: dem Abbild der Wirklichkeit in der erzählerischen Fabel, der Plot-Struktur des Geschichtenerzählens. Man tut daher gut daran, Eisenreichs theoretischen Überschwang in seiner Kurzgeschichten-Poetik mit jener Feststellung seines Essays »Der Roman. Keine Rede von der Krise«[26] zu konfrontieren: »Aber dieser ›Plafond der Zufälle‹ ist und bleibt vorhanden, gewissermaßen als das Medium der Transzendenz, oder technisch gesprochen: als Gegenständlichkeit, und das heißt für den Roman: als Handlung. Der Hans liebt die Gretel, aber die Gretel liebt den Fritz: das ist die unerläßliche gemeinsame Basis aller Erzählkunst, und was der Autor sagen will, und sei das die tiefste Philosophie von der Welt: er muß sie, diese Philosophie, entstehen und geschehen lassen in diesem Spannungs-Dreieck von Hans und Gretel und Fritz.« (52)
Gilt diese Gestaltungsprämisse nicht in gleicher Weise auch für die Kurzgeschichte? Diese mimetische Grundfunktion des Erzählens läuft freilich nicht auf eine Aufwertung des rein Stofflichen hinaus, sondern nur auf ein Festhalten an ihm als Material der künstlerischen Transformierung. Auch für diesen Vorgang gelten, auf die Kurzgeschichte bezogen, Sätze Eisenreichs wie die folgenden über den Erzähler: »Sein schöpferischer Genius, seine Phantasie, bestätigt sich nicht im Erfinden, sondern in der sinnvollen Auswahl, im bildhaften Zusammenschauen der wesenhaft zu einander gehörenden Elemente, kurz: in der Komposition« (59). Hier, wo Eisenreich nicht explizit auf die Form der Kurzgeschichte reflektiert, scheint er der Einsicht in ihre künstlerische Anatomie wie Autonomie näher als im theoretischen Hochflug seines der Poetik dieser Gattung geltenden Essays.

Eisenreichs Kurzgeschichten sind denn auch alles andere als erzählmethodische Exerzitien, sondern wie im Standbild eingefrorene Momentaufnahmen einer hektischen Realität, deren zeitgeschichtliche Narben, deren historische Hintergründe und Abgründe sichtbar gemacht werden. Geschichten wie »Die neuere (glücklichere) Jungfrau von Orléans« oder »Doppelbödige Welt« (auf die in Teil III näher einzugehen sein wird) verdichten die Realitätserfahrung während des Krieges und in der Nachkriegszeit mit einer Intensität, die den gelungensten Erzählstücken bei Andersch, bei Böll oder Schnurre gleichkommt. Werden diese Erzählbeispiele auch von einer bewegten Handlung bestimmt, die von der zeitgeschichtlichen Einbettung der Sujets her plausibel wirkt, so läßt sich jedoch, auf viele andere Kurzgeschichten Eisenreichs bezogen, sagen, daß er die stofflichen Vorwürfe transponiert und, aus der Perspektive des Figurenerzählers betrachtet, in die Komplexität seelischen Geschehens verlagert. Der Weg, der dabei beschritten wird, deutet sich nicht von ungefähr in manchen Erzählstücken der neuseeländischen Autorin Katherine Mansfield an.
Als Modell- und Kontrastbeispiel sei hier die Short Story »At Lehmann's« herangezogen, die in der frühen und die literarische Position der Neuseeländerin begründenden Geschichtensammlung »In a German Pension«[27] enthalten ist, wo sie großenteils jenen Wirklichkeitsstoff verarbeitet hat, der auf die Erfahrungen ihres Kuraufenthaltes in Bad Wörishofen im ersten Jahrzehnt dieses Jahrhunderts zurückgeht[28]. Protagonistin der Geschichte ist Sabina, die im Haushalt der Lehmanns angestellt ist, von fünf Uhr morgens bis spät in die Nacht auf den Beinen ist und sich

obendrein im Café der Lehmanns um die Gäste zu kümmern hat. Sie wird ausgebeutet, aber ist zugleich, wie aus ihrer Figurenperspektive erzählerisch deutlich gemacht wird, von einer noch so ungebrochenen Natürlichkeit, daß der monotone Kreislauf ihres Alltags die seelische Schutzschicht noch nicht zersetzt hat. Hinzu kommt, daß sie eine aufblühende junge Frau ist, die in der naiven Anmut, die sie ausstrahlt, einen weiteren Schutz gegen die Auszehrung durch die Außenwelt hat.

Was Katherine Mansfield in einem völlig alltäglichen Situationsmodell darstellt, ist so etwas wie die erotische Initiation dieses Mädchens im soziologischen Kontext der damaligen Zeit. Der Kunstgriff der Geschichte besteht darin, daß sie die Gegenwartssituation des Mädchens nicht durch gedankliche Psychologisierung in die Zukunft verlängert (indem sie Sabina zum Beispiel ausführlich in Gedanken ausmalen ließe, was es wohl mit der Liebe und dem Kinderkriegen auf sich habe), sondern durch einen personalen Kontrast. Denn während sich im Café die Annäherung des attraktiven jungen Mannes an Sabina vollzieht, ist sie gleichfalls immer damit konfrontiert, daß Frau Lehmann jeden Augenblick ein Kind zur Welt bringen wird, wobei dieser Sachverhalt bezeichnenderweise in die Tarnphrase »Journey to Rome« (54) gehüllt wird und es aus der Perspektive Sabinas heißt: »She knew practically nothing except that the Frau had a baby inside her which had to come out – very painful indeed. One could not have one without a husband – that she also realized. But what had the man to do with it?« (54)

Ihre auf Frau Lehmanns Zustand gerichtete Reflexion und der sich in der Gegenwart vollziehende Prozeß der Annäherung des jungen Mannes – er beginnt zuerst mit ihr zu sprechen, dann zeigt er ihr die Illustration einer unbekleideten Frau in einem Buch, worauf sie ganz natürlich und ohne affektierte Scham reagiert – überkreuzen sich in ihrem Bewußtsein und werden mit einer erstaunlichen Subtilität der Autorin in einer Szene gesteigert, die das Erwachen der Sexualität in beiden zum Ausdruck bringt: bei Sabina durch ihr plötzliches emotionales Überschwangsgefühl, als sie das Holz ins Feuer nachlegt – »It seemed the most exciting adventure in the world.« (59) –, und bei dem jungen Mann durch seine Aktivität, indem er sie umarmt, küßt und seine Hände auf ihre Brüste legt. Die Pointe der Geschichte ist, daß in diese Situation der erotischen Erregung bei beiden das dünne Stimmchen des gerade geborenen Babys dringt und Sabina gewissermaßen schlagartig bewußt macht, was am Ende dieser erotischen Initiation auf sie wartet.

Es liegt nahe, Eisenreichs Geschichte »Ein Mißverständnis«[29] als Kontrast- und Ergänzungsbeispiel auf diesen geglückten Erzähltext der Katherine Mansfield zu beziehen. Auch hier handelt es sich um eine Geschichte der erotischen Initiation, aber diesmal aus der Perspektive eines jungen Mannes dargestellt und verständlicherweise innerhalb eines anderen Sozialmilieus (der Arbeitswelt einer großen Wiener Speditionsfirma). Der Protagonist, der gerade die Handelsschule absolviert hat und dessen Gedanken ganz von der romantisch schwärmerischen Liebe zu seinem Mädchen Elfi erfüllt sind, wird während eines Betriebsausfluges von Wien in die Wachau unfreiwilliger Ohrenzeuge der unablässig zotenden Unterhaltungen unter den Männern, die ihm eine verbale erotische Initiation zuteil werden lassen, die seinen Ekel erregt, zumal er sich den Widerspruch schwer erklären kann: »lauter musterhafte Gatten und Vater, die hier nun ein Gemeinschaftsbad nahmen in Schlamm und Morast« (341). Gegen seinen Willen beginnt diese priapeische Verbalerotik sein

Bewußtsein zu beeinflussen und jenes Bild zu verwirren, das er sich in romantischer Übersteigerung von Elfi macht: »Gewaltsam, mit einer körperlich spürbaren Anstrengung seines Gehirnes, schob er vor dieses Bild ein Bild von Elfi, wie er es selber sich malte: mit dem Gedanken an ihre Reinheit schirmte er sich ab gegen all den ihm um die Ohren fliegenden Dreck.« (343)

Am Abend des Ausflugstages mit Elfi verabredet, läßt er sich von seiner in Aufruhr geratenen Sinnlichkeit zu gerade dem gegenüber Elfi hinreißen, was in den Zoten der Männer ständig als Ziel präsentiert wurde. Nur daß die Pointe für ihn einen desillusionierenden Gegeneffekt freisetzt. Denn als er nach der Vereinigung mit Elfi aus den Büschen hervorkommt, äußert sie: »Darauf hab ich all die Zeit lang gewartet, daß du so lieb bist zu mir, wie du's heute gewesen bist. So lieb, so fürchterlich lieb!« (344)

Sie, die er seinem Gefühl nach erniedrigt hat, sieht seine Tat, da sie ihre Sinnlichkeit längst in ihr Selbstgefühl integriert hat, als Ausdruck der Liebe an und verrät sich zugleich unfreiwillig durch die Redewendung »fürchterlich lieb«. Die Scham, die ihn lähmt, weicht erst, als er danach in ein Bordell geht und plötzlich unverhofft zu lachen beginnt. Es ist ein Lachen des Spotts, ja des Hohns, das ihm selbst gilt und seiner romantischen Liebesvorstellung, aber auch dem Mädchen, das sich ihm gerade dadurch, daß es ihm willfährig war, entfremdet hat, weil er nicht die Realität dieses Mädchens, sondern sein Bild von ihr geliebt hat.

Wie es Eisenreich gelingt, in dieser Initiationsproblematik, für die die Antinomie zwischen romantisiertem Liebesbegriff und Verteufelung des Körperlichen charakteristisch ist, die Normierung durch gesellschaftliche (christliche) Konventionen sichtbar zu machen, das individuelle Schuldgefühl und die Desillusionierung als das Ergebnis einer tabuisierten und in die Randzonen der Zote abgedrängten Sexualität aufzuzeigen, ist ein eindrucksvolles Beispiel seiner Schreibkunst und durchaus der Short Story Katherine Mansfields, wenn auch auf einer anderen Ebene, vergleichbar, wo die Tabuisierung des Sexuellen allerdings noch bis zur völligen Verdrängung reicht.

Ähnlich wie in den Kurzgeschichten von Wolfgang Weyrauch stellen Sexualität, erotische Beziehungen, das eheliche Trauma einen thematischen Leitstrang in vielen Erzähltexten Eisenreichs dar. Ein anderes Beispiel dafür ist die Geschichte »Ein Ästhet«[30], die im Titel gewissermaßen den moralischen Impetus des Erzählers signalisiert. Die Geschichte wird als Gedankenmonolog der Hauptfigur vom Ende her aufgerollt und schließt mit dem Eröffnungssatz »Erst als er das sah, brach er zusammen« (267) zyklisch Anfang und Ende zur Situationseinheit zusammen: zum Schuldbekenntnis des Mannes an der Bahre seiner Frau, die an einer verpfuschten Abtreibung, zu der er sie beredet hat, zugrunde gegangen ist. Im Fortgang des Erzählprozesses, der zugleich die Reflexionsbewegung des Mannes darstellt, werden alle jene Barrieren abgebaut, die er zur Entschuldigung vor sich selbst aufgebaut hat: sein Motiv für die Abtreibung, weil er den Fasching nicht mit einer von der Schwangerschaft aufgedunsenen, unattraktiven, hysterischen Frau feiern wollte; seine Verschleierungen vor dem herbeigerufenen Unfallarzt, vor dem er simuliert, er habe nicht gewußt, daß seine Frau schwanger gewesen sei, so daß der von dem herbeigerufenen Arzt verweigerte Totenschein auch nicht von dem Gemeindearzt ausgefertigt wird, da er eine Obduktion anordnen will, um die vermutete Ursache des Todes bestätigt zu finden.

Die Einkreisung des vor seiner Verantwortung am Geschehen und vor seiner Schuld fliehenden Mannes ist in dem Augenblick beschlossen, als er, mit der Toten allein gelassen, plötzlich den Eindruck hat, sie bewege sich, und jäh, als er ihre Kopfstellung verändern will, ihr Mund aufklafft: »[...] man sah auch die Lücke im Gebiß, die er ihr einige Tage vorher geschlagen hatte [...] Doch dieser offene Mund war scheußlich. Er hatte sich gut gehalten und die ganze Zeit hindurch, aber das war zu viel für ihn, und als er gesehen hatte, daß er den Mund nicht mehr zubrachte, sagte er alles.« (278 f.)
Die Paradoxie des Endes, daß der geöffnete Mund der Toten ihn veranlaßt, seinen Mund zu öffnen, d. h. seine Schuld einzugestehen, weist diese Geschichte in ihrem präzisen Aufbau nicht nur als Muster einer Pointengeschichte aus. Stärker als ihr künstlerisches Kalkül wirkt das moralische Engagement des Autors, der von einem Trümmerfeld menschlicher Beziehungen berichtet, das in die Realitätserfahrung jedes einzelnen hineinreicht.
Die beeindruckende und bedrückende Kunde, die Eisenreich von diesen häuslichen Schlachtfeldern gibt, bedarf dabei keineswegs der katastrophalen Zuspitzung wie in der zuletzt erwähnten Geschichte. Eisenreich gelingt es, auch da auf Abgründe aufmerksam zu machen, wo die honorige Fassade eigentlich nicht verletzt wird. Ein Beispiel dafür ist die Geschichte »Ein Bild von Mann und Frau«[31], wo eine alltägliche, ja geradezu banale Situation dazu dient, das jahrelange Martyrium eines lebenslangen Ehealltags aufzudecken.
Ein älteres Ehepaar »aus Siegen« (62), das, nach München in die große Welt geraten, sich in einem großen Gasthaus zum Mittagessen niederläßt, gerät durch das Imponiergehabe der Frau in einen Konflikt mit der Bedienung. Die Metzelsuppe, die ihnen serviert worden ist und die dem Mann nach dem ersten Löffel vorzüglich mundet, wird von der herrischen Matrone als »völlig verdorben« (64) zurückgewiesen. Die Reklamation, zu der die Frau den Ehemann veranlaßt, führt zwar zu zwei neuen Tellern Suppe, aber zugleich zu einer Rechnung für vier Teller. Der Mann, der schon zahlen will, wird von der Frau erneut zum Einspruch veranlaßt, der jedoch nicht hilft, da der von der Serv. herbeigerufene Geschäftsführer hart bleibt. Der Mann, der gezwungenermaßen zahlt, ist das eigentliche Opfer, da beim Verlassen des Restaurants die Ouvertüre zu seiner Bestrafung von der Matrone in dem Satz angedeutet wird: »Daß du so nachgeben konntest!« (68) Der Schlußsatz der Geschichte öffnet die Perspektive auf einen Ehealltag, der wie ein ins Endlose verlängertes Spiegelbild der gerade zu Ende gegangenen Situation wirkt: »Er aber, sichtlich am Ende seiner Kräfte, spürte den Peitschenschlag ihrer Stimme schon nicht mehr; er war vermutlich nur froh, nicht mehr kämpfen zu müssen, und ließ sich willenlos abführen.« (68) Auch hier gelingt es Eisenreich, die erzählte Episode, wie banal sie auch sein mag, transparent zu machen auf eine Bedeutung hin, die die Leere eines ganzen Lebens greifbar werden läßt.
In der Geschichte »Tapetenwechsel«[32] heißt es an einer Stelle über die Protagonistin, eine sich modern gebende, nicht mehr ganz junge Österreicherin, die mit einem Strafrichter verheiratet ist und gleichfalls eine in Wohlstand eingebettete, monotone Ehe führt: »[...] sie sah die Menschen, bildlich gesprochen, so wie man Dinge im Warenhaus angreift: mit spitzen Fingern.« (135) Mit dem gleichen Satz ließe sich die Protagonistin charakterisieren, die im Mittelpunkt einer der bekanntesten[33] Kurzgeschichten Eisenreichs steht, »Erlebnis wie bei Dostojewski«[34]. Die relative Handlungs-

vielfalt dieser Geschichte und ihre Steigerung auf das pointierte Ende zu, das durch einen erzählperspektivischen Wechsel zustande kommt, rechtfertigen die Aufmerksamkeit, die das künstlerische Kalkül Eisenreichs hier stimuliert. Gegen Ende der Geschichte wird nicht mehr aus der Perspektive der reichen gelangweilten Frau (die sich das augenscheinlich arme Mädchen wie das Teeservice aneignet, zu dessen Kauf sie sich beim Antiquitätenhändler nicht entschließen kann), sondern aus der Perspektive des Opfers erzählt, das während des ganzen ersten Teils der Geschichte stumm bleibt und Dinge mit sich geschehen läßt. Heißt es über die Richtersgattin in »Tapetenwechsel« ironisch, daß sie Böll und Siegfried Lenz liest und durch die Lektüre des »Zeit«-Feuilletons »genau im Bild über Walter Jens und dergleichen« (134) ist, so wird die reiche Müßiggängerin in »Erlebnis wie bei Dostojewski« so charakterisiert: »Bildete Geist und Gemüt durch die tägliche Lektüre großer Autoren, der Zeit der Russen vornehmlich« (209). Das vermeintlich arme Mädchen, das sie um eine Geldgabe anbettelt, als sie, wegen ihrer mangelnden Kaufentschlossenheit mit sich selbst unzufrieden, den Antiquitätenladen verläßt, wird denn auch von ihr geradezu vampirhaft als Chance, mit dem wirklichen Leben in Berührung zu kommen, aufgefaßt, nämlich Erlebnisse zu haben, die ihr sonst nur aus der Literatur vertraut sind: »Und was für ein Erlebnis! Handgreiflich nicht nur vor sich zu haben, sondern selber zu tun, mit hineingeraten, hineingerissen zu sein in etwas, das sie noch nie erlebt, sondern bisher nur gelesen hatte, in ein Erlebnis wie bei Dostojewski.« (217)
Die Begegnung mit dem Mädchen erweckt nicht ihre spontane Hilfsbereitschaft, sondern verwandelt sich für sie in eine Erlebnisware, die sie sich selbst bereits vor ihren Freundinnen ausmalen sieht. Die Brutalität dieser Tyrannei aus Sanftmut, die mit dem sozial Unterlegenen verfährt, als habe er keinen eigenen Willen und müsse für jedes Almosen dankbar sein, wird nicht nur in der Art und Weise demonstriert, wie sie das Mädchen behandelt, sondern auch darin, daß sie in ihrer Haltung gleichsam die Klassenunterschiede verinnerlicht hat und unbewußt die Borniertheit ihres sozialen Standortes verrät. Als sie in einem Spielzeuggeschäft nach einem Flohspiel für ihre Kinder Ausschau hält, heißt es: »wo Arbeiterfrauen elektrische Eisenbahnen und filmgetreue Indianerkostüme kaufen für ihre Brut« (211). Bezeichnenderweise führt sie die vermeintlich Arme nicht in das erste beste Restaurant, sondern sucht das Bahnhofsrestaurant aus, weil es noch am ehesten zu dem armen Mädchen paßt.
Der Handlungsumschlag erfolgt in dem Augenblick, als das verschüchterte, schweigsame Mädchen plötzlich brüsk aufsteht und davonstürzt und aus ihrer Perspektive die Vorgeschichte der Begegnung nachgeholt wird. Sie ist das Opfer eines tyrannischen Vaters, der sie von dem Mann getrennt hat, den sie liebt und der gerade, während sie von der reichen Frau in das Bahnhofsrestaurant geschleift wurde, dabei ist, auf Nimmerwiedersehen wegzufahren, und den sie ein letztes Mal am Bahnhof sehen wollte, ohne jedoch das Geld für die Bahnsteigkarte zu haben. Ihre Bitte nach etwas Brot, die das ganze Mißverständnis erzeugt hat, war von der Überlegung motiviert, daß Leute am ehesten vom Beispiel einer Hungernden zur Mithilfe gerührt würden. Das in den Ritualen eines luxuriösen Lebens längst erstickte Leben der reichen Frau, die Erlebnisse nur noch auf dem Umweg über die Dinge, die sie sich aneignet, findet, Ersatzerlebnisse, wird gegen Ende der Geschichte in ein Zwielicht getaucht, von dem sich das noch empfindende, am Leben leidende, unglückliche junge Mädchen um so deutlicher abhebt.

Das gleiche gesellschaftliche Ritualspiel einer im Wohlleben entfremdeten Existenz stellt Eisenreich in seiner Geschichte »Tapetenwechsel« dar, nur daß das von der Mansfield-Vorlage der vorangegangenen Geschichte übernommene, in die Vergangenheit weisende Sozialmilieu hier von zeitgenössischen Lebensumständen ersetzt wird. Die hier ebenfalls mit allen materiellen Vorteilen gesegnete Frau, die jede Mode mitmacht, sich alle gängigen geistigen Trends in den Schlagwörtern aneignet, aber mit einem Mann verheiratet ist, von dem es heißt: »Er haßte nichts auf der Welt und nicht einmal seine Frau, die ihm bloß zuwider war [...]« (132), verkörpert nur noch die Hohlform eines wirklichen Lebens. Die als ununterbrochener Gedankenbericht ganz aus der Perspektive der Frau erzählte Geschichte, die ihren Ausbruch aus der ehelichen Monotonie, die Flucht in einen Ferienort, die Annäherung verschiedener, von ihr karikierter Männer, ihren Neid auf die Attraktivität anderer Frauen schildert, dokumentiert ihr ohnmächtiges Aufbegehren gegen die Barrieren, die sie kraft ihrer sozialen Stellung, ihrer Vorurteile, ihrer heuchlerischen Moral einzwängen. Als sich tatsächlich die in Gedankenspielen durchgeprobte Möglichkeit zu einem Ehebruch bietet, flieht sie erschreckt nach Hause zurück, in die leere Routine ihres bisherigen Lebens: »[...] sie turnte zwar nicht mehr mit Ilse Buck, aber ließ sich zwei Mal die Woche zu Hause massieren und schluckte Entschlackungs-Tabletten, ohrfeigte ihren Mann, und so weiter.« (138)

Was dieser Geschichte an Handlungsvielfalt im Vergleich zur vorher erwähnten fehlt, macht sie durch die satirischen Glanzlichter, mit denen der »Ferien-Zoo« aus der Perspektive der Frau beleuchtet wird, wett. In allen hier analysierten Beispielen setzt Eisenreich eine erzählerische Sonde an, die im biographischen Schutt seiner Protagonisten verdeckte Krankheitsherde aufdeckt, die auf die Gesellschaft selbst zurückweisen, auf die von ihr errichteten Klimakammern des Wohlstands, in denen das Leben zu marionettenhaften Ritualspielen erstarrt. Das Mosaik der Wirklichkeit, das sich aus diesen schlaglichtartig erleuchteten Einzelbildern zusammensetzt, ist nicht nur von zeitgeschichtlicher Prägnanz, sondern auch von einer therapeutisch instrumentierten Verzerrung bestimmt, die aufrütteln und nicht bestätigen will.

13. Johannes Bobrowski. Gestisches Erzählen – Conrad

Als literarischer Grenzgänger hochanerkannt, als ein »Genie der Freundschaft, ja ein Apostel der unzerstörbaren Einheit der deutschen Literatur«[1] gepriesen, hat der DDR-Autor Johannes Bobrowski, dessen Lyrik vor allem ihn bekannt machte, den Brückenschlag zwischen ost- und westdeutscher Literatur versucht und darüber hinaus die Kontinuität der geschichtlichen Beziehung zu einem eher ins Vergessen gerückten östlichen Kultur- und Geschichtsraum wiederherzustellen versucht. Was er im Titel eines seiner Gedichtbücher mit dem mythischen Wort Samartien[2] umschreibt, bezieht sich auf das Gebiet der Weichselgegend, nicht fern von der literarisch immer wieder ausgeloteten Kaschubei des Günter Grass, ein Grenzland der stetigen geschichtlichen Bewegung, wo östliches Judentum, vorwärtsdrängende Deutsche und ansässige Slawen aufeinanderstießen. Das Ausmaß an geschichtlicher Schuld, nicht zuletzt der Deut-

schen, das sich in den verschiedenen Entwicklungsschüben der politischen Historie
hier, nahezu unbemerkt von der offiziellen Geschichtsschreibung, allmählich an-
häufte, ist von Bobrowski immer wieder als einer der zentralen (auch inhaltlichen) Beweggründe seiner schriftstellerischen Arbeit hervorgehoben worden: »Ich
stamme aus einer Gegend, in der die Deutschen mit ihren Nachbarn durcheinander und miteinander gelebt haben, an der früheren deutsch-litauischen Grenze.
Ich habe einiges an Kenntnissen und an Erfahrungen mitbringen können für dieses
Thema, und sonst ist die Wahl dieses Themas so etwas wie eine Kriegsverletzung.
Ich bin als Soldat der Wehrmacht in der Sowjetunion gewesen. Ich habe dort das noch
vor Augen geführt bekommen, was ich historisch von der Auseinandersetzung des
Deutschen Ritterordens mit den Völkern im Osten und von der preußischen Ost-
politik aus der Geschichte wußte. Ich habe nur wegen dieses Themas angefangen zu
schreiben.«[3]
Motive in Bobrowskis Gedichten, die Themen seiner beiden Romane »Levins Mühle«
und »Litauische Claviere« weisen auf diesen historischen Erfahrungsbereich der
Vergangenheit und der Biographie Bobrowskis zurück[4], und auch einige seiner
Kurzgeschichten sind eng auf dieses Umfeld bezogen. Der Erfahrungsfilter, durch den
Wirklichkeit Bobrowski erreichte, unterscheidet ihn also grundlegend von den
Schriftstellern seiner Generation, die unter anderen historischen und literarischen
Bedingungen in der unmittelbaren Nachkriegszeit zu schreiben begannen und in der
hektisch und enthusiastisch rezipierten amerikanischen Literatur auf die Short Story
als literarisches Gattungsmuster trafen, das ihrer nach Ausdruck drängenden Absicht
am ehesten entsprach. Mit andern Worten: Bobrowski fällt hier aus dem Umkreis von
Autoren wie Andersch, Schnurre oder Böll heraus. Diese Besonderheit wird noch
dadurch unterstrichen, daß Bobrowski erst relativ spät in den fünfziger Jahren zu
schreiben begann, nach ersten tastenden Versuchen in anderen künstlerischen
Ausdrucksformen: der Malerei und der Musik[5]. Seine Versuche in Prosa datieren sogar
noch später.
Von daher ergibt sich für die Einschätzung seiner Kurzgeschichten eine andere
Schwierigkeit, die Stephan Hermlin in seinem Nachruf[6] auf Bobrowski so formuliert
hat: »Bei Johannes Bobrowski [...] gab es keine poetische Entwicklung. Er gehört
nicht zu denen, die ein zögernder, tastender Anfang zum Finden der eigenen Stimme,
zu höheren Leistungen führt. Er begann sofort, und zwar nicht mehr ganz jung, als ein
großer Dichter; ihm blieb, zu unserem Unglück, nicht viel Zeit, einer zu sein.« (43)
Wenn auch diese Voraussetzungslosigkeit von Bobrowskis schriftstellerischer Initiation im einzelnen entwicklungsgeschichtlich zu differenzieren wäre, gilt doch, daß sich
Bobrowskis poetische Leistung – und das erst recht auf dem Gebiet der Kurzprosa, der
Kurzgeschichte – nicht von seiner Zuordnung zu vertrauten Zusammenhängen der
literarischen Überlieferung her bestimmen ließe, nimmt man, auf seine Lyrik
bezogen[7], große Leitfiguren wie Klopstock oder Hölderlin einmal aus. Bei dem
Erzähler Bobrowski, der auch von der Arbeit an seinen Kurzgeschichten her bekannte:
»Ich pflege Geschichten immer so anzufangen, ohne daß ich eine Handlung vor mir
habe«[8], hat sich daher ein Eindruck verfestigt, den Zuckmayer[9] anläßlich der
Verleihung des Charles-Veillon-Preises an Bobrowski (1965 für seinen Roman
»Levins Mühle«) so formuliert hat: »Was uns vor allem [...] überzeugte, ja
überwältigte, ist die Kraft des natürlichen Erzähltons, die gleichsam wellenhaft

strömende Bewegtheit des vorgestellten Geschehens« (194). Aber einer solchen naturgeschichtlichen Mythisierung des Erzählens ist entgegenzuhalten: »Realismus muß produziert werden, Realismus ist kein Naturzustand. Naturzustand ist Ideologie, Träumen.«[10]

Was man Bobrowski als Urwüchsigkeit seines epischen Tons unbefragt konzidiert, erwiese sich, beim Wort genommen, als Bagatellisierung der artistischen Transparenz seiner Sprache, der formal (wenn auch nicht begrifflich) operierenden Logik seiner Wort- und Bildfügungen. Wie sehr tatsächlich hinter der Unbefangenheit seines Erzähltons, der von mündlichen Redeweisen, von dem Wortmaterial der Umgangssprache und dem Protest gegen literarische Formalisierungen bestimmt ist, künstlerisches Kalkül steckt, hat der Autor an Details selbst immer wieder aufgewiesen. So heißt es beispielsweise einmal über den von ihm mit Vorliebe in seiner Prosa verwendeten Stil: »Ich habe ganz bestimmte Befürchtungen für den Zustand der Sprache. Ich fürchte eine gewisse Stagnation in der Entwicklung, wenn wir in dem bisherigen Literaturdeutsch bleiben. Und ich habe mich also bemüht, volkstümliche Redewendungen, sehr handliche Redewendungen, eben volkstümliches Sprechen bis zum Jargon, mit einzubeziehen, um einfach die Sprache ein bißchen lockerer, ein bißchen farbiger und lebendiger zu halten. Außerdem geht das auch auf die Syntax. Ich bemühe mich da um verkürzte Satzformen, um im Deutschen nicht so sehr gebräuchliche Konstruktionen, die alle etwas Handliches haben. Ich muß das gut lesen und sprechen können, was ich da geschrieben habe.«[11]

Das berührt sich überraschenderweise in der Sache eng mit der Schreiberfahrung amerikanischer Autoren, die gleichfalls aus pragmatischen Zusammenhängen heraus, zum Teil durch die journalistische Praxis, in der sie schreiben lernten, zusätzlich motiviert – an Mark Twain, Sherwood Anderson oder Hemingway wäre zu denken –, die Sprache zu einem Instrument von größter Knappheit, Klarheit und zugleich Allgemeinverständlichkeit und Wirklichkeitsnähe umzuformen versuchten. Und auch ein anderer Stilzug, den man Bobrowskis Prosa testiert hat, nämlich: »Eine Besonderheit der gestalterischen Methode Bobrowskis ist die Aussparung«[12], steht faktisch unverkennbar in der Nachbarschaft des Stilwillens, der auf weiten Strecken aus der amerikanischen Short Story dieses Jahrhunderts spricht.

Gewiß, diese Zusammenhänge lassen sich nur als analogische Strukturen darstellen. Sie sind von Bobrowski selbst nicht innerhalb solcher Beziehungszusammenhänge vorgezeichnet worden. Und wenn sie ihn erreicht haben, dann über zusätzliche Relaisstationen der Vermittlung: Eine der wichtigsten wäre in diesem Kontext das literarische Werk von Heinrich Böll, auf das sich Bobrowski verschiedentlich bezieht[13]. So überrascht es denn auch nicht, daß – soweit ich sehe – nur ein einziges Mal der Name eines amerikanischen Short-Story-Autors auftaucht, nämlich William Saroyan[14], und selbst dann nicht in Zusammenhängen, die unmittelbar auf die Kurzgeschichte hindeuten. Und auch in jenen Formulierungen, in denen sich Bobrowski explizit zu der Kurzgeschichte als einer der wichtigen Gattungsmöglichkeiten seines Werks bekennt – »Sicher, ich habe früher nur Gedichte geschrieben und dann Kurzgeschichten und so einen Roman«[15] –, bleiben die amerikanischen Schreibmuster, die für die meisten deutschen Kurzgeschichtenautoren der Nachkriegszeit eine zentrale Rolle spielten, unerwähnt.

Eher läßt sich von einer impliziten Distanzierung Bobrowskis vom Typus der traditionellen handlungsbetonten Kurzgeschichte sprechen: »Ich versuche für meine Person, ein bißchen vom Zwang zur Fabel wegzukommen, wie er vor einem Jahrhundert etabliert worden ist [...] Ich glaube schon, daß das von Nutzen wäre, besonders für die Kurzgeschichte, also für eine, wie ich sie auffasse, offene Form [...] Mir ist die offene Form angemessener, weil sie mir erlaubt, die Dinge so scharf nebeneinanderzustellen – ohne verschmierte Fugen und so etwas, wozu man durch eine geschlossene Form, durch einen genau vorzutragenden Handlungsablauf gezwungen wäre.« (86 f.)

Doch diese Tendenz zur Reduktion der Fabel hält zugleich an einem formalen Element in der Konstruktion dieser Fabel fest, das sich strukturell entweder im überraschenden Handlungsumschwung gegen Ende der Kurzgeschichte oder gar, ganz an den Schluß verlegt, in der überraschenden Pointe zu erkennen gibt. Denn auf nichts anderes weist Bobrowski offenbar hin, wenn er ausführt: »Ich brauche diese Form – und habe dabei so eine ganz besondere Lieblingstechnik: Ich bringe mit Vorliebe den Spaß herein in diese ernsthaften Geschichten und will damit so eine kleine Schocktherapie. Ich möchte den Hörer und den Leser zu einem Gelächter kriegen und möchte dann durch den Fakt, den ich dahintersetze, bewirken, daß ihm das Lachen im Hals steckenbleibt.« (87) Allerdings fügt er gleich zur Einschränkung hinzu: »Ganz so theoretisch fährt sich eine Geschichte natürlich nicht durch. Die hat dann auch noch andere Gesetze, die in ihrer Anlage begründet sind von Anfang an.« (87) Diese Einschränkung gilt allerdings nicht nur für diese die Reaktion des Lesers aktivierende Überraschungswendung, hinter der das traditionelle Formelement der Pointe erscheint, sondern auch für die zuvor erläuterte Zurückdrängung der Fabel in der Kurzgeschichte.

In vielen von Bobrowskis Kurzgeschichten, nicht zuletzt denjenigen, die sich um die Darstellung von Lebenssituationen historischer Persönlichkeiten[16] bemühen oder die durch bestimmte bereits in eine Form gebrachte Konzentrate historischer Wirklichkeit ausgelöst wurden – etwa die Geschichte »Im Guckkasten: Galiani«[17], die von einem venezianischen Kupferstich ausgeht –, lassen sich noch deutlich Fabelkonstrukte erkennen, wenn auch historisch abgerückt und aus einer distanzierten Erzählperspektive dargeboten. Und einige der geglücktesten Kurzgeschichten Bobrowskis wie »Lipmanns Leib« oder »Der Tänzer Malige« (auf diese Texte wird in Teil III eingegangen) haben nicht nur die zeitgeschichtliche Wirklichkeit des Ersten und Zweiten Weltkrieges eingefangen, sondern zugleich im Brennpunkt von erzählerischen Plot-Modellen verdichtet.

In einem Gespräch auf die große Wirkung von Brecht auf die Autoren der Gegenwart (nicht zuletzt in der DDR) angesprochen, hat Bobrowski, der freilich für sich mehr den Lyriker als den Dramatiker Brecht gelten lassen will, gemeint: »Und es ist wirklich kein Schade, von einem Meister etwas zu beziehen.«[18] Der einzige Meister, von dem der Kurzgeschichtenautor Bobrowski nachweislich etwas bezogen hat, weist nun interessanterweise doch auf die angelsächsische Literatur zurück, wenn auch am Beispiel eines Schriftstellers, dessen biographische Situierung die Affinität des Grenzgängers Bobrowski betont. Es handelt sich um den Polen Josef Korzeniowski, der unter dem Schriftstellernamen Joseph Conrad zu einem der großen Epiker der englischen Literatur – nicht zuletzt auf dem Gebiet der Short Story – geworden ist. In einem Gespräch hat Bobrowski über ihn bekannt: »Ansonsten hänge ich meinem sagenhaften Urgroßonkel an, dem Joseph Conrad. Von dem möchte ich noch einiges lernen, was die Technik der Perspektive in der Erzählung anlangt.« (79)

Freilich die »Tales of Unrest«, wie eine Kurzgeschichtensammlung Conrads[19] im Titel nicht unzutreffend überschrieben ist, zeugen nicht nur von einer den Leser gefangennehmenden Aktionsvielfalt (die vielfach stofflich in der Seefahrterfahrung Conrads wurzelt), sondern übersteigen auch häufig in der Komplexität ihrer Handlungsführung, in der Differenziertheit der eingebrachten Zeitstruktur, in der sich auf symbolträchtige Interieurs konzentrierenden Schreibweise die gattungsgeschichtlichen Umrisse der Kurzgeschichte zur Großerzählung hin. Wie sehr auch Bobrowski von dieser Erzählkunst angezogen gewesen sein mag, stilistische Adaptionen oder gar stoffliche Analogien dazu sucht man in seinen eigenen Erzähltexten vergebens. Seine Erzählanlässe sind nirgendwo in jenes Fluidum des Exotischen getaucht, daß die in bestimmte Entscheidungssituationen getriebenen und auch konkret in der Welt umhergetriebenen Protagonisten Conrads etwa in »The Heart of Darkness«, »Nostromo« oder »The Secret Sharer« kennzeichnet. Und auch die komplizierten Erzählschichtungen Conrads sucht man in den Erzähltexten Bobrowskis vergeblich.

In der Konzentration auf eine bestimmte Erzählsituation, die in einem bestimmten Zeitkontinuum entworfen wird, taucht bei Bobrowski vielmehr ein Grundmuster der Kurzgeschichte auf. Der Text »Epitaph für Pinnau« (1961)[20] in seiner ersten Geschichtensammlung »Boehlendorff und andere« ist ein Beispiel dafür. Dargestellt wird ein Zusammentreffen von Freunden des Philosophen Kant in dessen Königsberger Haus – darunter Hamann – zu einem Essen, ein gehobener Honoratiorenstammtisch gewissermaßen oder besser: das Stelldichein eines kleinen Sonnensystems des Geistes mit Planeten und Monden und Kant als Fixstern im Zentrum, der sich zu Beginn der Geschichte gerade in der Küche aufhält: »Dort steht Kant im braunen Fräckchen und schüttet aus einem gelben Büchschen Pfeffer über das schöne Essen.« (37)

Während die Herren bereits ungeduldig auf den Eintritt des Philosophen warten, wird dieser von Hamann darüber informiert, daß sich der Buchhalter Pinnau am gleichen Morgen erschossen hat. Immerhin macht Hamann zumindest den Versuch, einen Grund für diesen Selbstmord ausfindig zu machen – »Er hat geschrieben, Poesien – – er hat gewollt, was nicht möglich ist, sagt er.« (38) –, indes Kant seine Ratlosigkeit in dem Satz verrät: »Er hat nicht bei mir gehört, sagt Kant, hat er überhaupt?« (39) Die gleiche Konfusion kennzeichnet auch das Verhalten der anderen Honoratioren: »Warum erschießt sich ein Mensch wie Pinnau, sagt Scheffner, und für Motherby ist das eine Frage, er weiß es nicht. Wer weiß das schon? Es ging ihm ganz gut, Buchhalter am Lizent, er wollte heiraten, sechs Bäume von Stockmars Garten waren ihm zugesprochen. Keine dienstlichen Gründe, nicht wahr, Herr Hamann?« (40)

Die stilistische Ironie des Erzählers, der von Figuren- zu Figurenperspektive wechselt und durch die elliptische Syntax, durch häufig eingeblendete wörtliche Rede (die vielfach ohne grammatische Introduktion ist und auch nicht durch Interpunktion eigens kenntlich gemacht, sondern vielmehr direkt eingeblendet wird) und nicht zuletzt durch das wie so häufig in den Kurzgeschichten Bobrowskis eingehaltene Erzählpräsens eine konventionell und eingängig vorgetragene Erzählsequenz vermeidet und dieser Prosa eine erstaunliche Facettierung verleiht, wird schon zu Anfang deutlich, wenn der gravitätische Aufzug der einzelnen Herren geschildert wird. Die Gespreiztheit dieser auftrumpfenden und von ihrer Wichtigkeit durchdrungenen Herren wird von Bobrowski an der ritualisierten Handhabung eines modischen Instruments, ihrer Spazierstöcke, zum Ausdruck gebracht: »Nun also die Stöcke gehoben und hinein ins Haus. Der kräftige Scheffner sagt laut zu den Wänden hinauf: Gesegnete Tageszeit, und Lampe, der Diener, sagt: Bitte schön, der Herr Kriegsrat, und nimmt ihm den Umhang ab.« (37)

Die Lächerlichkeit dieser gestischen Gespreiztheit, die Bobrowski durch syntaktische Umstellungen und Verknappung auf engstem Darstellungsraum anschaulich macht, wird durch die Sprach- und Ratlosigkeit der Intellektuellen bei der Nachricht vom Selbstmord Pinnaus betont. Vor einem simplen brutalen Faktum des Lebens versagt der intellektuelle Anspruch – das schließt auch den Philosophen Kant mit ein –, alles mit den Mitteln des menschlichen Verstandes in plausible Muster übersetzen zu können. Diese Bloßstellung der Intellektuellen wird noch dadurch gesteigert, daß Kant gewissermaßen wieder zur Tagesordnung übergeht und dem Oberhofprediger Schulz das Zeichen zum Beginn des Essenszeremoniells gibt: in einem gedankenlos vorgesprochenen Gebet, das den ewigen Rat jenes Schöpfers anruft, den Pinnau durch seine Tat im tiefsten in Zweifel gezogen hat. Die Pointe – in Bobrowskis Terminologie: die Schocktherapie für den Leser – ist dieser Satz des Gebetes, der die Geschichte beschließt: »– – versammelst uns täglich um deine Gabe, versamme uns, Herr, um deinen Thron.« (41)

Die durch das Faktum des Todes, das keinem Intellektuellen deutbar ist, letztlich außer Kraft gesetzte sinnvolle Weltordnung wird in einer leeren Repetition, die sich sowohl im fortgesetzten Essenszeremoniell als auch im Gebetsritual dokumentiert, weitergeführt, wobei zugleich ihr Sinn durch das Geschehen aufs höchste zweifelhaft geworden ist. Daß das aus der Perspektive Hamanns – »Ja, und Schulz soll endlich den gezückten Segen herabsausen lassen.« (41) – bereits andeutungsweise ironisiert wird, unterstreicht nur zusätzlich die zur Hohlform gewordene Konvention des alltäglichen Lebens und der Religion. Was Alexander Kluge in seiner Geschichte »Ich bin, wenn ich nicht ich bin« dargestellt hat, wird im Ergebnis auch ähnlich von Bobrowski charakterisiert: es geht um die existentielle Schizophrenie des Intellektuellen, der die Gegenstände seines Denkens und die Realität seines Lebens nicht mehr ineinander zu integrieren vermag und sein Dilemma unter der Tarnoberfläche der vertrauten Konventionen verbirgt.

Die aufklaffende Lücke, die Bobrowski im Leben der Intellektuellen darstellt, erscheint auf anderer Ebene auch im Leben der alten Frau in der Geschichte »Brief aus Amerika« (1961)[21]. Auch hier steht die an eine bestimmte Situation gebundene Zeiterfahrung im Mittelpunkt, wird jedoch durch den Brief des Sohnes Jons, den die alte Erdmuthe Gauptate gerade erhalten hat, durch die »Photographie aus Amerika« (71), die ihren Sohn an der Seite ihrer amerikanischen Schwiegertochter Alice zeigt, und durch die Erinnerung der Frau an ihren eigenen, inzwischen verstorbenen Mann »Annus von Tauroggen« (72) zur Vergangenheit hin erweitert. Die Schockreaktion der alten Frau auf die Nachricht des Briefes, daß der Sohn mit seiner Frau nun doch nicht kommen wird, da seine Frau dagegen ist und der Schwiegervater ihm gerade »das Geschäft überschrieben« (71) hat, wird von Bobrowski nicht durch psychologische Innensicht deskriptiv dargestellt, sondern wiederum gestisch. Der depressive Schock, das Schwindel- und Vernichtungsgefühl, die das Bewußtsein der Alten ergriffen haben, wird in der Eingangssequenz der Geschichte in der sinnlosen Kreisbewegung der Frau um ihr Apfelbäumchen im Garten zum Ausdruck gebracht, wobei in einem leitmotivisch eingeblendeten Satz der aus der Depression, aus dem Liebesentzug des Sohnes entstehende Todeswunsch signalisiert wird: »Liebe Sonne, brenn mich, brenn mich.« (71)

Die Handlung, die sich entwickelt, ist völlig in den Innenbereich, in das Bewußtsein der alten Frau, verlegt. Der Zustand der Entfremdung von ihrem Sohn, der es in der Neuen Welt zu etwas gebracht hat, aber sich von ihrem Sohn Jons zugleich in den naturalisierten Amerikaner John verwandelt hat, der seine Mutter und die alte Heimat allmählich vergißt, wird von der Frau nicht nur als depressives Leid erfahren, sondern in einer unauffälligen Entscheidungstat endgültig gemacht: zu einem Faktum ihres vereinsamten Lebens. Das im Wunsch, von der Sonne verbrannt zu werden, ausgedrückte Todesverlangen wird gewissermaßen von ihr reflektiert und verliert seinen emotionalen Zwangscharakter, indem sie diesen Vernichtungswunsch nun auf die Dinge überträgt, die bisher scheinhaft die Nähe ihres Sohns verbürgten: Sie nimmt den Brief und die Photographie, um damit das Feuer im Herd anzuzünden und sich ihrerseits von ihrer Vergangenheit zu lösen. Der Schlußsatz der Geschichte »Werden wir die Milch aufkochen, sagt sie und geht hinaus, Holz holen« (72) bringt zum Ausdruck, daß das normale Leben weitergeht, auch im Zustand ihrer nun zum Lebensfaktum gewordenen Vereinsamung.

Diese Lebensbewältigung einer privaten Katastrophe wird von Bobrowski mit den sparsamsten Mitteln veranschaulicht. Obwohl hier durchgängig aus der Perspektive der alten Frau erzählt und die Position des Sohnes und der Schwiegertochter nur im Zitat des Briefes eingeblendet wird, beschreibt Bobrowski den Vorgang nicht eigentlich mit psychologischen Kategorien, sondern stellt ihn gestisch dar, läßt die seelischen Vorgänge im Verhalten der alten Frau sichtbar werden, wobei zugleich der Rhythmus der Phrasierung, die syntaktische Verkantung der kurzen Sätze die seelische Bewegtheit der Protagonistin zum Ausdruck bringen. Dieses Prinzip des gestischen Schreibens, wie sich diese Stilhaltung in Anlehnung an einen Begriff des Lyrikers Brecht[22], den Bobrowski ja hochverehrt hat, bezeichnen läßt, kommt erstaunlicherweise dem Aussparungsprinzip der Kurzgeschichtendiktion, die sich auf das stilistische Vorbild Hemingways beruft, sehr nahe. Auch hier wird etwa in der Phrasierung und Akzentuierung des Dialogs das seelische Profil der Gesprächspartner mit gestaltet, ohne daß es zusätzlich deskriptiv vom Autor ausgedeutet würde. Was man von Hemingway gesagt hat – »The powers of connotation, the possibilities of oblique suggestion and semantic association, are actually grasped by Hemingway«[23] –, trifft in der Tendenz auch auf Bobrowski zu, der die Sprache gleichsam in die Gegenstände und Prozesse, die erzählt werden, verlegt und dabei die syntaktischen Zwischenräume und die Pausen der Interpunktion als indirekte (nicht verbale) Elemente ihrer Strukturierung mit gestaltet.

In welcher erstaunlichen Weise es Bobrowski gelingt, in dem einfach scheinenden Situationsumfeld der Protagonisten seiner Geschichten historische und ideologische Bedingungen ihrer Lebenssituation mit zu erfassen, lassen besonders jene Kurzgeschichten erkennen, die sich auf zeitgeschichtliche Konstellationen beziehen, die der Wirklichkeitserfahrung des Lesers zeitlich näher stehen als die gelegentlich in das folkloristisch wirkende Kolorit seiner östlichen Grenzheimat eingebetteten Geschichten wie »Begebenheit«, »Litauische Geschichte«, »Roter Stein« oder die sich surrealistischen Phantasiestücken nähernden Texte wie »Mäusefest« oder »In Finegals Haus«[24]. Ein Beispiel für die zeithistorische Prägnanz, die die Kurzgeschichte bei Bobrowski durchaus erreichen kann, ist etwa die Geschichte »Unordnung bei Klapat« (1962)[25], die im Dritten Reich spielt und das alltägliche Zeremoniell des Ehepaars Klapat am Weihnachtsabend darstellt: den opulenten Schweinebraten – »Schöne Erfindung, so tote Sau, muß man sagen.« (40) – vorher und den Besuch des Weihnachtsgottesdienstes nachher, zu dem Klapat, »in Uniform, Beamter, Frontkämpfer, EK II, und mein Sohn ist im Felde« (42), allerdings weniger bereit ist. Das hat einmal mit der vergorenen Ideologie zu tun, die sich auch in den Bürogesprächen über das christliche Relikt des Weihnachtsbaumes verrät – »Der Prellwitz immer von Weltesche und sowas. Soll man also den Baum an die Decke hängen« (40) –, und zum andern mit den defaitistischen Reden des Dompfarrers, die dem ehrlich überzeugten kleinen Nazi Klapat nun gar nicht zusagen.

Die ganz aus der Perspektive von Klapat erzählte Geschichte, die in der komisch wirkenden Stolper-Syntax seiner Sprache zugleich sein Bewußtsein und seinen Charakter gestisch konkretisiert, scheint kaum eine Handlung zu besitzen, es sei denn, man sieht die schließlich zum Erfolg führenden Überredungsversuche seiner Frau, doch den Gottesdienst zu besuchen, als Handlung an: »[...] man geht doch wohl Weihnachten in die Kirche, weil Weihnachten ist« (44). Die eigentliche Handlung ist auch hier in einen Innenbereich verlegt, in die Reaktion Klapats auf die Predigt des Dompfarrers, der überraschenderweise nicht vom Krieg oder gegen den Krieg redet, sondern ganz ausführlich vom Frieden und Klapat dadurch wie den andern in einer dialektischen Wendung bewußt macht, wie miserabel ihr augenblicklicher Zustand, die Situation im Krieg, ist. Die emotionale Wirkung, die Klapat halb unwillig an seiner Frau feststellen muß – »Und Lina sitzt da, lange Haare, kurzer Sinn, aber dafür gleich am Wasser gebaut. Soll sie.« (43 f.) –, gilt auch für ihn selbst. Denn wider Erwarten beginnt sein Bewußtsein all jene Erinnerungen wachzurufen an die Weihnachtsfeste seiner Kindheit, an die »Kriegsweihnachten, siebzehn, da haben wir geheiratet« (44). Nicht nur, daß er entgegen seiner Ankündigung den Gottesdienst nicht verläßt und zu Hause plötzlich seine alte Geige hervorholt, ein Weihnachtslied spielt und mit seiner Frau »einen Brief [...] an den Jungen« (44) schreibt, die Irritation, die die ideologisch eingefahrenen Denkklischees bei ihm außer Kraft gesetzt hat, zeigt ihn potentiell auf dem Weg zu politischer Einsicht: »Frieden, wo jetzt Krieg ist. Paßt alles nicht, hinten und vorne nicht, denkt Klapat [...] Aber sind denn solche Feste dazu da, daß man durcheinander kommt?« (44 f.)

Freilich entspricht es dem Realismus von Bobrowskis Darstellung, daß er den kleinen Mitläufer nun nicht schlagartig zum politisch Aufgeklärten werden läßt. Der Schlußsatz »Das weiß ich nicht« (45) signalisiert eine Unsicherheit Klapats, die die Vorbereitung zu einer Änderung seiner Haltung sein könnte, aber in der Realität oft genug verschüttet wurde und, so gesehen, von zeitgeschichtlicher Repräsentanz ist.

Noch schärfer und zugespitzter hat Bobrowski diesen Prozeß der Gleichschaltung des Bewußtseins und der Zerstörung der Persönlichkeit durch ideologische Manipulation in seiner Geschichte »Das Stück« (1965)[26] dargestellt, in der unverkennbar die Lebensbedingungen, die kulturpolitische Situation in der DDR aufscheinen. Es überrascht daher nicht, daß diese Geschichte erst aus dem Nachlaß veröffentlicht wurde. Der parodistische Gestus, mit dem die Geschichte einsetzt, die sich gewissermaßen einen Protagonisten wie eine Marionette aus verschiedenen Fertigteilen zusammensetzt – »Wir stellen ihn erst her.« (53) –, zielt unmittelbar auf jene offizielle Literaturregelung, in deren Räderwerk die künstliche Figur Albert Erich Knolles, der ein Stück schreiben will, gerät. Sein Stück »Die Panne« – »sollte in einem Industriewerk spielen. Es sollte kritisch sein.« (53) – wird jedoch seiner »zersetzenden« (54) Kritik wegen von den Weichenstellern des Literaturlebens zurückgewiesen. Knolle, beruflich ein wohlsituierter Verlagslektor, der jedoch von sich selbst sagt: »Ich bin ein einsamer Mensch, müssen Sie wissen« (54), entschließt sich, gegen seine Einsicht, das Stück nochmals zu schreiben, findet den Zuspruch eines Dramaturgen und vollendet schließlich »Die Panne« unter dem Titel »Die verhinderte Panne«: »Knolle hat eine Entwicklung durchgemacht und seiner Kritik eine aufbauende Wendung beigebracht.« (55)

Daß Bobrowski hier die künstlerischen Schaffensbedingungen in der DDR satirisiert, daran läßt der kurze Passus keinen Zweifel, der die Verallgemeinerung des Einzelfalls Albert Erich Knolle andeutet, im Rekurs auf die amtlicherseits angebotene Schematik für den Erkenntnisweg des Protagonisten: »Der kritisierte Vorgang oder Gegenstand erwies sich nur als scheinbar kritikwürdig. Die Hauptperson war einem Irrtum unterlegen. Der löste sich auf, die Einsicht triumphierte breit. Solche Stücke werden angeboten. Am längsten halten die Schauspieler dabei aus.« (55) Die satirische Prägnanz wird möglicherweise noch in der Schlußpointe der Geschichte überboten: »Jetzt ist Knolle fertig, als Figur. Nun soll er selber sehen, wie es mit ihm weitergehen kann.« (55) Der Schlußsatz nimmt jene Formulierung wieder auf, als der Erzähler Knolle zusammengesetzt hat und es heißt: »Da geht er. Was kann man noch über ihn sagen? Er hat einen unordentlichen Gang.« (53) Der semantische Doppelsinn von Wendungen wie »er ist fertig« und »Figur«, nämlich »er ist erledigt« und zur perfekt steuerbaren Marionette geworden, wird auch in der grammatischen Fügung des unpersönlichen »es«, das zum Subjekt in »weitergehen« geworden ist, erkennbar: Knolle, der zu Anfang immerhin noch gehen konnte, wenn auch unordentlich und stolpernd, hat inzwischen auch diese rudimentäre Fähigkeit zu eigener Aktivität eingebüßt: er ist in ein gesichtsloses Etwas verwandelt worden, in ein Versatzstück des offiziellen Kulturbetriebs, das man nun nach Belieben manipulieren kann.

Die offizielle DDR-Literaturpolitik, die sich Bobrowskis, nicht zuletzt durch eine Reihe von verliehenen Literaturpreisen, affirmativ annahm, hat ihn mit Vorliebe auf seine Lyrik und die Prosa seiner Romane festzulegen versucht und ihn daher in der Laudatio Alfred Kurellas[27] zur Verleihung des Heinrich-Mann-Preises 1965 – als »Das Stück« entstand – durchaus stellvertretend so gesehen: »Mit großem sprachlichen und gestalterischem Können zeichnet Johannes Bobrowski in diesem Roman ein realistisches Bild von den Bewohnern des alten Westpreußens vor der Jahrhundertwende und beschwört an einer äußerlich unscheinbaren Geschichte ein Vorspiel zu den tragischen Ereignissen, die sich dort in jüngster Vergangenheit vollzogen.« (192) Von den tragischen Ereignissen, die sich in seiner Gegenwart vollzogen, zeugen viel eher seine Kurzgeschichten[28], die ihm ein bleibendes Heimatrecht in der Geschichte dieser Gattung in der deutschen Gegenwartsliteratur verschafft haben.

14. Günter Kunert. Die Genauigkeit der Phantasie – Poe/Hemingway

»Den deutschen Schriftstellern schwellen die Einfälle und Ideen unter der Feder an, als schrieben sie auf Hefte, fünfhundert Seiten, achthundert, tausend, um nach dem Finis von diesem Turm, meist ist er Makulatur, stolz um sich zu schauen, ungeduldig, wo denn der Lorbeer bleibe. Weit unten am Fuße des schriftstellerischen Gaurisankars, kaum mit bloßem Auge zu erkennen, befindet sich die Kurzgeschichte. Verächtlich fällt der Blick des Neuolympiers auf den literarischen Wurmfortsatz. Gesunder Reflex: zu verachten, wessen man nicht fähig ist.«[1]

Diese ironische Bestandsaufnahme der literarischen Konventionen, die die Kurzgeschichte zum Aschenputtel der Gattungen machen, mag den zum Klischee gewordenen literarischen Konsens, bezogen auf den künstlerischen Stellenwert dieser Prosaform in der deutschen Literatur, übertreiben, aber bezeichnet dennoch zu Recht einen neuralgischen Punkt ihrer Wirkungsgeschichte, die auf einer zementierten Hierarchie der Gattungen aufbaut und sich nur zögernd und im nachhinein umorientiert. Wer würde noch das knappe lyrische Gedicht der mäanderstrophigen Ballade unterordnen, den Roman dem Epos, während andererseits noch die aristokratische Form-Aura der Novelle dem vitaleren republikanischen Pendant Kurzgeschichte vorgezogen wird, vom Roman und seinen weitausladenden Darstellungsdimensionen ganz zu schweigen?

Günter Kunert, der sich mit »Im Namen der Hüte« bisher nur einmal in Roman-Gelände verirrt hat, sonst vorwiegend als Lyriker seine einprägsame und mittlerweile zum neuen, vielbeschilderten Weg gewordene literarische Spur[2] im Gegenwartsschrifttum hinterlassen hat, läßt mit seinem proteisch vielgesichtigen, umfangreichen Kurzprosawerk keinen Zweifel daran, daß er angetreten ist, jenes von ihm zitierte Stigma der Kurzgeschichte zu revidieren. Die außerordentliche Intensität, mit der er sich schon frühzeitig Anregungen der amerikanischen Literatur, von Poe über Jack London, O. Henry bis hin zu Hemingway und Thurber, geöffnet hat, unterstreicht die Schlüsselstellung seiner literarischen Position im Kontext der DDR-Literatur ebenso wie seine Hartnäckigkeit in der theoretischen Ergründung des Gattungsfundamentes, das die Kurzgeschichte in der amerikanischen Literatur, vor allem am Beispiel von Poes Werk, besitzt. Auf Poes Theorie – »Eine Short story müsse auf einen Sitz gelesen werden können, damit die Ganzheit des beabsichtigten künstlerischen Effekts wahrzunehmen sei« (212) – geht Kunert denn auch in seiner »Kurzen Betrachtung der Kurzgeschichte« ausführlich ein, wie er auch generell in Poes 1833 erster veröffentlichter Geschichte das eigentliche Geburtsjahr der Short Story sehen will. Mit Poe hat er sich zudem eindringlich in einem Essay[3] auseinandergesetzt, mit der merkwürdigen Heterogenität seiner schriftstellerischen Persönlichkeit, die sich so prononciert aus dem Kontext der zeitgeschichtlichen Tendenzen auszugliedern versuchte und im Rückblick gerade dadurch »diese Tendenzen im Brennpunkt ihres eigenen abwegigen Daseins konzentriert und ihnen somit über den historischen Moment hinausreichende Gültigkeit gibt« (140).

Poes kalkulatorische Brillanz, die mit der Introduktion des Detektivs Dupin in »The Murders in the Rue Morgue«[4] die traditionell vorausgesetzte Allwissenheit des

Erzählers in die prozeßhaft vorgeführte intellektuelle Erkenntniskraft seines Detektivs umsetzt, wird nicht nur in der Begründung fortzeugungsmächtiger Genres der Erzählprosa gesehen, der Detektivgeschichte und der phantastischen Geschichte vor allem, sondern auch in seinem »unfehlbaren Instinkt für Technik, für Effekte und Wirkungsmöglichkeiten« (148 f.) im erzählerischen Aufbau seiner Texte. Die Geschichten Poes, die er heranzieht, »William Wilson«, »The Man of the Crowd«, »The Pit and the Pendulum«[5], »The Cask of Amontillado«, »The Masque of the Red Death«, »Hop-Frog«, werden freilich keineswegs nur als Beispiele für neuartige erzähltechnische Strategien analysiert oder gar als dem puren stofflichen Sensationseffekt verhaftete Vorläufer-Horrorgeschichten, sondern sie sind für ihn Beispiele einer »Sozialpathologie der bürgerlichen Gesellschaft« (150), deren Verdrängungen, Tabus, seelische Rückstände und Katastrophenlatenz Poe in seinen Geschichten ausleuchtet. Was Poe aus der Erfahrung eines von zentrifugalen gesellschaftlichen Kräften bestimmten, einer permanenten Zerreißprobe unterworfenen Lebens an Defiziten und Verlustrechnungen (bürgerliche Entwurzelung, Verwaisung, Adoption durch einen reichen Südstaatler, ein Leben in Luxus, erneuter Verlust der bürgerlichen Sicherheit nach einer nicht mehr heilbaren Auseinandersetzung mit dem Stiefvater, Versuche, in einer militärischen Karriere Fuß zu fassen, Scheitern, der Versuch, sich als Redakteur und Schriftsteller durchzuschlagen, notorische Trunksucht) verarbeitet und verinnerlicht hat, sieht Kunert in den zur Schock- und Horrordarstellung tendierenden exotischen Fabelmustern seiner Geschichten auf Umwegen abgeleitet und gestaltet und damit ins Zentrum der Wirklichkeit zurückgeführt.

Keine Frage, was Kunert hier an der sozialhistorischen Situation eines »Gentleman aus Virginia« in vermeintlicher historischer und kultureller Abrückung analysiert, skizziert eine Deutungsmöglichkeit, die seine eigene von ideologischen Zentrifugalkräften bestimmte Lage als Schriftsteller in der DDR gleichfalls meinen könnte: »Maskieren und Demaskieren – so ließe sich dieser dialektische Vorgang auf den Kürzestnenner bringen, wollte man bezeichnen, was immer wieder zwischen Kulturpolitikern und Kulturschaffenden stattfindet oder von Zeit zu Zeit ausbricht. [...] Und für uns Autoren selber bei diesem Geschäft: Sich maskieren, um das Gesicht nicht zu verlieren.«[6]

Die Analogie zu Poes Lage hat er selbst angedeutet und sie zugleich verstärkt durch ein anderes Ähnlichkeitsmoment, das einen eher technischen Teilaspekt des schriftstellerischen Arbeitsprozesses berührt: »Aus meiner eigenen Sicht, aus der eines ebenfalls in seinen erzählenden Texten aufs Gleichnishafte gerichteten Autors, überzeugt mich obige [...] Behauptung von Poes Inspiration durch eine Vorlage sofort. Denn: so viel und so andauernd, wie der Leser denkt, erfindet kein Schriftsteller. Ich für mein Teil muß gestehen, das meiste aus der Realität, Geschichte, Naturwissenschaft, Information und eben anderer Literatur abgeleitet zu haben: Eigenes ist immer die Kombination, die Verwendung, Verwandlung im individuell geprägten Medium der Sprache, was oft phantastisch erscheint, ist pure Wirklichkeit oder doch in ihr tendenziell angelegt – auch wenn solche Tendenz noch nicht allgemein sichtbar ist.« (151) Eine Formulierung, die den schriftstellerischen Standort Kunerts mit erstaunlicher Offenheit beschreibt, sich, auf die Beispiele seiner Kurzgeschichten bezogen, der falschen Gloriole des neue Stoffe und Muster erfindenden originalen Erzählers entledigt und seinen Platz im Kontext eines permanenten literarischen Austausches beschreibt, der die Muster kombinatorisch zerlegt, erweitert, erneuert, die fiktionalen Kristallisationskerne durch Filter der Reflexion gehen läßt und sie auf dem Wege der verändernden Übernahme mit neuen Erzählstrukturen umkleidet.

Die Offenheit und Empfänglichkeit einer solchen Schreibhaltung hat konkret in Kunerts Fall sicherlich dazu beigetragen, daß er in seinem Prosawerk immer neue Ansätze erprobte und sich mit gleicher Selbstverständlichkeit auf einer Ebene bewegt, die der Aktionsgeschichte eines Jack London oder der phantastischen Geschichte eines Poe entwachsen zu sein scheint, wie er andererseits Erzähleben beschreitet, die die Nähe zur philosophischen Parabel, zum chassidistischen Gleichnis, zur didaktischen Lehrfabel, zur fragmentarischen Prosa-Epiphanie eines Eindrucks, Augenblicks oder Gegenstands, zur autobiographischen Kristallisation, zum »Denkbild«, wie er es genannt hat, erkennen lassen. Jedoch auch die handlungsbetonte, auf einen überraschenden Umschlag im Modell einer zeitlich kompakten, zentralen Situation angelegte Kurzgeschichte gehört zu diesen Möglichkeiten, die er in seiner Kurzprosa immer wieder erprobt hat. An ihrer transatlantischen Herkunft ist für ihn kein Zweifel. So wie er generell bekannt hat: »[...] kein Schriftsteller schreibt in einem literarischen Vakuum, er hat Vorgänger und Zeitgenossen«[7], und sich selbst so charakterisierte: »[...] dessen ferneren Lebenslauf die amerikanische Literatur begleitete«[8], ist auch seine Poetik der Kurzgeschichte, selbst da, wo er sie mit Begriffen einer klassizistischen Dramenästhetik beschreibt, von den Schreibmodellen eines Poe, eines Bierce, eines O. Henry oder Thurber abgezogen und in Einzelfällen auch musterhaft aus seinen Erzählstücken zu filtern.

Die beiden formalen Elemente, die Kunert als Gelenke der Kurzgeschichte herausstellt und die er mit den Begriffen Peripetie und Katharsis bezeichnet, sind aus einer historisch vorgehenden Formbeschreibung der Short Story bereits vertraut: der Handlungsumschwung, die überraschende Wendung, die die Erwartung des Lesers düpierende pointenhafte Zuspitzung, die zeigt, daß alles ganz anders kommt, als man angenommen hat, und dadurch die Irritation und schockhafte Aufrüttelung der Denkhaltung und -muster, mit denen der Leser der Wirklichkeit in der Regel gegenübertritt. Freilich ist diese Peripetie mehr als eine bloße Überraschungspointe, die den Leser mit einem sprachlichen Trick überfällt. Sie ist für Kunert Ausdruck eines jähen Erkenntnisblitzes, der das vertraute Bild in einer neuen, ungewohnten Beleuchtung präsentiert und damit auf Möglichkeiten aufmerksam macht, die bisher übersehen wurden: Sie bezeichnet ein utopisches Potential der Kurzgeschichte. Nicht anders hat er die Wirkung dieser Peripetie beschrieben: »[...] die erstaunliche Wendung, die der Leser nicht erwartet hat und die ihn einen Augenblick lang der vorgeblichen Gesetzmäßigkeit des eigenen Daseins entreißt, um ihm schlaglichtartig die ungeahnten, reicheren Möglichkeiten des sogenannten Lebens bewußt zu machen. Eine mindere, doch nicht minder wichtige Katharsis vollzieht sich durch Verblüffung und Erstaunen, daß alles ganz anders gehen könnte und kann und daß die Welt nicht nur ein Räderwerk ist, in der man mahlt und zermahlen wird. Insoweit ist die Kurzgeschichte eine revolutionäre Schreibweise, indem sie am Ende gegen ihre prädeterminierte Handlung revoltiert.« (213)

Die Qualität dieser Erkenntnis, die Kunert hier mit Umschreibungen wie »schlaglichtartig« oder mit dem »Effekt des Blitzlichthaften« (213) andeutet, macht darauf aufmerksam, daß der Begriff der »Epiphanie«[9], den er in anderem Zusammenhang einmal von Joyce her übernimmt (und den jener in den Short Stories der »Dubliners« umzusetzen versuchte), eine analoge Erkenntnisdimension bezeichnet. In »Stephen Hero«[10] hat Joyce in Anlehnung an Gedanken Thomas von Aquins das Erkenntnisspektrum[11] der Epiphanie mit den drei Begriffen integritas, consonantia und claritas oder splendor veri erläutert und die Epiphanie folgendermaßen umschrieben: »By an epiphany he meant a sudden spiritual manifestation« (211). Gewiß, der theologische Entstehungsgrund dieser zum Ursprung hin durchschlagenden Erkenntnissituation liegt Kunert fern, aber an dieser sich jäh erschließenden Erkenntnissituation selbst, in welchem Stoff – ob Aktionsgeschichte, Groteske, Parabel oder stationärem Erinnerungsaugenblick – sie sich auch immer erzählerisch materialisiert, hält er fest. Viele seiner Kurzgeschichten sind erzählerische Exemplifikationen solcher Erkenntnisenergien, die utopische Durchblicke gewähren auf andere Wirklichkeit und ein mögliches anderes Leben.

Kunert hat einmal über Lektüreanregungen seiner Prosaarbeiten ausgeführt: »Ich habe viel gelesen, was mich überhaupt nicht beeinflußt, aber frappiert hat. Ich habe beispielsweise den ganzen Jack London gelesen, über vierzig Bände. Was mich beeindruckt, das ist mehr die reflektierende Prosa: Kafka, und auch der merkwürdige Jean Paul mit der sich selber erzählenden Erzählweise, auch die reflektierende, essayistische, philosophische Prosa von Benjamin bis Améry, die finde ich nun doch sehr bedeutend.«[12] Diese aus der Perspektive der frühen siebziger Jahre getroffene Feststellung mag sicherlich die Akzente so setzen, wie sie sich in dieser Entwicklungsphase seines Schreibens damals herausgebildet hatten. Aber tatsächlich lassen die nicht wenigen Geschichten Kunerts, die exotische, abenteuerliche Stoffe aufgreifen, erkennen, wie sehr die aktionistische Literatur von London bis Hemingway bei ihm nachgewirkt hat. Freilich, die im Modell von Aktionsgeschichten abgehandelten Stoffe werden von Kunert nicht mehr wie naive Schaustücke spannenden Erzählens präsentiert, sondern vielfältig gebrochen, gefiltert, in sprachlicher Spiegelung und Gegenspiegelung, ironischer Introversion und raschem Perspektivenwechsel, in Montageschnitt und eingeblendetem direktem Zitat so mehrschichtig komplex wiedergegeben, wie es der in diesen Plot-Mustern eingefangenen widersprüchlichen Realität entspricht: »In der erzählenden Prosa habe ich unter anderem ausprobiert, mir eine Methode zur Vereinheitlichung heterogener Haltungen zu erschreiben: Sentiment, Witz, Groteske, Melancholie, Trauer, Sexus, Brutalität, Dokumentarisches sollte zur Einheit werden dadurch, daß ich diese Dinge nicht direkt bezeichnete, sondern sie durch ihren Widerspruch an Dingen und Gegenständen sichtbar zu machen suchte.«[13]

Ein Beispiel für diese Schreibweise ist die Geschichte »El Dorado«[14], die die in den Mythos vom Aufbruch in eine neue Welt eingebettete Eroberung Lateinamerikas durch die Spanier aufgreift, die die Utopie des anderen Lebens in der materiellen Vision eines märchenhaften Goldlandes zu finden hofften. Kunert zeichnet die in der Geschichtsschreibung zu mutigen, wenn auch skrupellosen Konquistadores stilisierten Eroberer als einen Haufen gescheiterter und von der damaligen spanischen Gesellschaft ausgespiener Existenzen, die nur durch ihre Unzufriedenheit vereint werden und sich das hochstaplerische Etikett »von Herrenrasse« (40) zulegen, weil der spanische König Philipp das politische Machtspiel in Europa bestimmt. Nachdem sie sich durch einen Überfall eines Schiffes bemächtigt haben, in der fremdartigen neuen Welt angelangt sind und ihr Schiff verbrannt haben, stellen sie fest, daß das Wunschbild vom Land des Goldes eine Lüge ist: »Löwen weideten nicht neben Lämmern. Aus den schlammigen Quellen floß kein Wein. Nichts war da als Freiheit.« (40)

Die vom Trugbild eines materiellen Reichtums überdeckte Vorstellung der Freiheit erweist sich als das, was sie eigentlich ist: als die schrittweise zu verwirklichende Möglichkeit zu einem neuen Leben, das als Aufgabe und Leistung selbstbestimmten Zielen und Anforderungen entspricht. Die verwirklichte Utopie, so stellt Kunert dar, besteht darin, daß die Männer den Wald zu roden beginnen, Tabak anpflanzen, Früchte sammeln, sich als Jäger und Fischer ihren Lebensunterhalt beschaffen, in der alltäglichen, keiner Fremdbestimmung, sondern nur ihren eigenen Lebenswünschen unterliegenden Arbeit so etwas wie Selbstverwirklichung zustande bringen. Die utopische Hoffnung, die sie in »das unbekannte, ungeahnte, ungeheuerliche Grün der Dschungel« (40) geführt hat und Spanien »nicht mehr als eine überwundene Krankheit« (40) erscheinen ließ, richtet sich in dieser neuen, beschwerlichen Lebenssituation auf ihr vergangenes Leben in Spanien, das, von der Erinnerung gereinigt, zu einem Sehnsuchtsbild wird, zu dem sie – vergeblich – zurückzugelangen versuchen: »[...] vor ihrem inneren Auge [fiel] alles Blut von des Königs Bild; er erschien, von Gloriole umgeben, seine irrenden Söhne zu erwarten.« (41) Der Schlußsatz »Sie kehrten nie zurück« (41) läßt keinen Zweifel daran, daß dieser Kreislauf der Selbsttäuschung unentrinnbar ist.

Gewiß wäre zu fragen, inwieweit eine solche geschichtsphilosophische Parabel noch im Gattungsspektrum der Kurzgeschichte anzusiedeln ist. Der individuelle Protagonist fehlt ebenso wie das Zeitkontinuum einer bestimmten Situation, die sich hier in einem unbestimmten historischen Dämmerlicht verflüchtigt. Was Kunert an der Peripetie der Handlungsentwicklung demonstriert, ist der Mechanismus des Selbstbetruges, der im utopischen Sehnsuchtsinitial der Menschen zur Wirkung gelangt. Die gehaßte und sie sozial benachteiligende Gegenwart, der sie entflohen sind in ein neues Land der Verheißung, verwandelt sich im Rückblick zur Wunschwirklichkeit, weil der historische Abstand den Blick trübt. Die sich selbst desavouierende Utopie wird in diesem Erzählmuster bloßgestellt, Utopie, die das vom Menschen durch Arbeit auszufüllende Feld neuer Möglichkeiten verkennt und in tödlichem Selbstwiderspruch den Begriff des Neuen schließlich in der Vergangenheit des schlechten Alten zu finden hofft. Der Topos der guten alten Zeit, die Vergoldung der Kindheit aus der Erinnerungsperspektive alter Menschen, die sich nur noch an das Angenehme erinnern, ja die philosophische Hypostasierung des Ursprungs – alles das wird von Kunert als ideologisches Manöver beschrieben, das dem Menschen den Blick für die Gegenwart lähmt.

Auch in der Geschichte »Mann über Bord«[15] läßt sich auf den ersten Blick ein Aktionsplot erkennen. Doch wie unterschiedlich Kunert diesen Aktionsplot nutzt, zeigt der Vergleich mit einer Geschichte Ernst Schnabels, der in »Hundert Stunden vor Bangkok«[16] gleichfalls den Überlebenskampf eines über Bord gegangenen Seemanns mit aller äußeren Dramatik darstellt und seine Schreibmethode zu Anfang des Erzähltextes so begründet: »Wer sich anschickt, die Geschichte eines ungewöhnlichen Vorfalls zu erzählen, tut gut daran, sich mit exakten Aufgaben einzuschränken und auf einen nachprüfbaren Punkt festzulegen [...] Meine Methode, ohne Umschweife, jedoch genau und chronologisch zu erzählen, zwingt mich dazu, vorher noch etwas einzuschieben, die Ereignisse der nächsten Minute nämlich.« (96 f.)

Nichts könnte Kunert ferner liegen. Zwar setzt auch er mit der aktuellen Situation des Unfalls ein, der den angetrunkenen Matrosen bei einem leichten Schlingern des Schiffes über Bord gehen läßt. Die sich tatsächlich entwickelnde Dramatik – ein Rettungsboot versucht vergeblich, den Mann aufzufischen, es wird von einer Welle zum Kentern gebracht, das Schiff, das auf Befehl des Kapitäns auf den Schiffbrüchigen zuhält, wird dabei von einem Korallenriff leckgeschlagen und geht unter – wird von Kunert eher beiläufig und knapp dargestellt. Geradezu bezeichnend für seine Stilhaltung ist der Satz: »Der Kapitän versackte wie üblich zusammen mit dem tödlich verwundeten Schiff.« (7) Daß Haie über die Schiffbrüchigen herfallen und sie zerfleischen, daß die wenigen, die sich in einem Rettungsboot retten konnten, auf dem Meer verdursteten, steigert im Kontrast nur die wunderbare Rettung des einen Matrosen, der von einer Drift an die Küste einer Insel getragen wurde und sich, von der Gloriole seiner Rettung und vom Mitleid der andern umgeben, auf ein angenehmes Leben auf der Insel einrichtet und sozusagen von seiner Geschichte lebt.

Wie der Gerettete dabei von Mal zu Mal das Schiffsunglück immer stärker ausmalt, selbst von einer Kesselexplosion ins Meer geschleudert worden sein will, deutet bereits die Peripetie der Geschichte an, von Kunert durch ein gestisches Signal zum Ausdruck gebracht: »Wenn ein Fremder auftauchte, verschwand der Schiffbrüchige, erblassend und zitternd und erfüllt von einer Furcht, die keiner deuten konnte« (8). Die sensationelle Rettungsgeschichte, der der Matrose sein angenehmes Leben auf der Insel verdankt, scheint Seemannsgarn zu sein wie vermutlich auch die Geschichte vom untergegangenen Schiff. Die Angst, die er beim Eintreffen von Fremden an den Tag legt, ist die Angst vor einer Aufdeckung seines Lügengespinstes. Aber Kunert ironisiert nicht so sehr die Überlebenslüge des Matrosen, sondern die Mitmenschlichkeit und Hilfsbereitschaft der andern, die erst dann auf den Plan treten, wenn das erfundene sensationelle Drumunddran, die Grausamkeit des Untergangs, dem wunderbar Geretteten eine Gloriole verleiht, in der sie sich selbst bespiegeln, indem sie ihm helfen. Der von der Phantasie erzeugte Schein wird gleichsam zur Realität, indem die andern ihn durch ihre Reaktionen wahr werden lassen. So wie die Freiheit in der vorangegangenen Geschichte nie als das verstanden wird, was sie eigentlich ist, als Inbegriff vom Menschen auszufüllender neuer Möglichkeiten, wird auch Menschlichkeit in den andern nicht dadurch wachgerufen, daß der andere sie einfach braucht. Die das Bewußtsein erreichende und bestimmende Realität ist immer schon ein Konglomerat von Fakten, Vorstellungen und Wünschen, überlagert von Bildern und Ideologien, Wunschvorstellungen und Lügen, in denen der einzelne lebt und überlebt.

Eine der schönsten und auch im Sinne der Gattungsmöglichkeiten der Kurzgeschichte konsequentesten Aktionsgeschichten ist »Die Taucher«[17], wo ein Lieblingsstoff Kunerts variiert wird, der sich abgewandelt auch in »Der Hai«[18], dort freilich auf größerem erzählerischen Grundriß ausgebreitet, erkennen läßt. Dieser Erzähltext Kunerts ist zugleich als kritische Auseinandersetzung und ideologiegeschichtliche Korrektur auf eine Short Story eines der Meister der amerikanischen Aktionsgeschichte bezogen, Hemingways, über den Kunert bei aller Anerkennung des produktiven Einflusses, den jener auf die deutsche Nachkriegsliteratur gehabt hat, ausführte: »Und es gibt eine realistische Literatur, die mit Realität wenig zu tun hat. Zum Beispiel halte ich Hemingway für einen unrealistischen Schriftsteller, der eigentlich nur mit Dingen aus der Realität arbeitet, aber in der Grundhaltung, in der Grundtendenz absolut unrealistisch, ja im Grunde ganz romantisch ist. Das, was man den Romantikern vorwirft, wird dort produziert, nämlich eine merkwürdig verblasene Haltung zur Welt.«[19]

In »After the Storm«[20], einer Geschichte, die Hemingway an der Südspitze Floridas in einer seiner Lieblingsregionen zur Zeit der großen Depression angesiedelt hat, wird die für Hemingways Short Stories geradezu typische existentielle Kraftprobe dargestellt: wie so häufig im Kontext von menschlicher Aggression und Naturgewalt. Der Erzähler, der in einer Hafenkneipe in eine zur Messerstecherei ausartende Auseinandersetzung mit einem Betrunkenen gerät, flieht, zumal er fälschlicherweise glaubt, seinen Kontrahenten getötet zu haben, in seinem Boot aufs Meer hinaus und entdeckt dort eher zufällig das Wrack eines untergegangenen Passagierschiffes, das ihm den Glücksfund seines Lebens zu versprechen scheint: »She must have had five million dollars worth in her.« (374)

Seine Versuche, hinabzutauchen und zu dem Glücksfund vorzudringen, werden von den Naturkräften, vor allem einem heraufziehenden Sturm, verhindert. Als er nach dem Abflauen des Sturms in Begleitung von Freunden zu der Fundstelle zurückkehrt, muß er feststellen, daß andere vor ihm da gewesen sind: »They got the safe with dynamite. Nobody ever knows how much they got. She carried gold and they got it all.« (376) Der zum Greifen nah gewesene Reichtum löst sich als Fata Morgana auf. Die Gedanken des vom Wetter und der Konkurrenz der andern geschlagenen Erzählers richten sich in der Spiegelung der eigenen Situation auf eine andere Situation der Konfrontation und Gewalt, nämlich die, welche zum Untergang des Schiffes geführt hat. In einen Kreislauf von Hoffnungen und Niederlagen eingespannt, hat sich der einzelne zu behaupten, auch wenn sich die Welt gegen ihn verschworen hat: Seine heroische Beharrlichkeit, sein Selbstbewußtsein sind die einzige Moral, die ihm zu überleben erlaubt.

Was Kunert hier kritisiert, läßt sich an seiner Reaktion auf das Ende einer anderen Prosaarbeit Hemingways, »Across the River and into the Trees«, erkennen: »Dieses Sterben des Generals, der noch einmal mit der Gondel durch Venedig fährt, herzkrank, der dann im Auto stirbt, dieser schöne Tod, dieses schöne Sterben. Das ist für mich ein ganz unglaubwürdiges und unrealistisches, romantisierendes Buch«.[21] Dieser Akt der heroischen Selbstbehauptung, der auch den Erzähler angesichts seiner Niederlage in »After the Storm« charakterisiert, stellt in Kunerts den einzelnen im Kontext sozialer und geschichtlicher Kräfte deutender Perspektive eine Glorifizierung individueller, durch nichts als die Pose des Ichs beglaubigter Widerstandskraft dar.

Von daher ist es konsequent, daß Kunert die Konfrontation zwischen dem einzelnen und der Naturgewalt bei Hemingway auf die Auseinandersetzung zwischen zwei Protagonisten verlagert, die Exponenten einer wirtschaftlichen Konkurrenzsituation sind. Die mit einer die Fakten (den Untergang der »Golden Arrow« 1906 in einem Taifun im Gelben Meer) präsentierenden expositionellen Sequenz einsetzende Geschichte konzentriert sich schon bald auf eine zentrale, in ein Zeitkontinuum eingelagerte und die beiden Kontrahenten zusammenführende Situation. Die Taucher John D. und Karl F. versuchen, jeweils für ihre Bergungsgesellschaft das Wrack aufzuspüren und auszunehmen, bevor die andern ihre Hand daran legen können. Als beide zufällig gleichzeitig auf das Wrack stoßen, wird die wirtschaftliche Gesetzmäßigkeit der ausschließenden Konkurrenz um jeden Preis zum Beweggrund ihres Handelns, das alle menschlichen Attribute verloren hat, da es ausdrücklich heißt: »John D. fühlte keinen Haß gegen Karl F. Auch Karl F. spürte nichts Derartiges John D. gegenüber. Doch zog er sein Haimesser, indes John D. das Harpunengewehr entsicherte.« (58) Das aus dem Aktionsschema des Western entliehene Muster des Shoot-outs der beiden Kontrahenten wird von Kunert in der parodistischen Nachzeichnung der beiden in Zeitlupe operierenden Taucher auf dem Meeresgrund allen heroischen Scheins entkleidet: Sie sind zwei Automaten der Zerstörung. Ihre menschliche Erinnerung ist so fern, wie sie in der Einsamkeit auf dem Meeresgrund von aller menschlichen Gemeinschaft entfernt sind: »So standen sie einander gegenüber, als John D. das Harpunengewehr abschoß. Er hatte nicht mehr das Geringste gegen Karl F., nur durfte ihm keiner das Wrack streitig machen.« (58) Während John D. den Gegner mit dem Harpunengewehr tötet, gelingt es jenem noch, ihm eine schwere Wunde mit dem Haimesser beizubringen. Als John D. unter schwindenden Kräften das Innere des Schiffes erreicht und den Tresor mit den vermuteten Schätzen findet, stellt er fest: »Der Tresor enthielt nichts.« (59) Im Augenblick des Sterbens durchzuckt sein Bewußtsein jener Erkenntnisblitz, der ihm, als Wirkung der Peripetie, die Sinnlosigkeit seines vorangegangenen Lebens und seines bis zum Mord entschlossenen Tuns deutlich macht. Indem er die falschen Hoffnungen der Matrosen auf dem Deck des Schiffes, wo sie seine Rückkehr erwarten, augenblickhaft erkennt, begreift er die Sinnlosigkeit einer nur materiellen Utopie, die sich in einer Anhäufung von Waren, von Luxusdingen eines leichten Lebens, erschöpft. Allein auf dem Grund des Meeres, konfrontiert mit der Schwärze der Nacht und des Wassers, sieht er die Matrosen von all jenen Dingen bis zur Verleugnung ihres menschlichen Ichs bestimmt, die ihn selber zum Mörder und Verlierer gemacht haben: »Matrosen [...], die sich ausmalten, was sie mit den geborgenen Reichtümern beginnen würden, Land kaufen zum Beispiel, Tabak pflanzen, rauchen, Rum saufen, Whisky, Bier [...] Prost: Für alle stand die Zukunft fest. Der sie aus den unbekannten Tiefen ans Licht bringen würde, nur auf den wurde gewartet und gewartet.« (59) Die dem Bewußtsein des Sterbenden dämmernde »wahre Wahrheit« (59) wird sie nicht mehr erreichen, so wenig sie für John D. noch eine Aufhebung seines Zustands bringen kann.

Wo Hemingway dem einzelnen in einer naturgeschichtlichen Kulisse existentielle Mutproben abverlangt und ihn auch in der Niederlage nicht am Ethos seiner Individualität zweifeln läßt, zeigt Kunert den einzelnen im Zentrum eines sozialgeschichtlichen Kräftespiels, das seine Individualität, die Möglichkeit zu seinem eigentlichen Ich, längst vernichtet hat, bevor er in einem sinnlosen Kreislauf der von den Sachen auf die Menschen übertragenen Gewalt sich selbst und den andern liquidiert. Die Wurzeln des Wahns, die darunter hervortreten, werden in den Mechanismen des gesellschaftlichen Zusammenspiels aufgedeckt, das dem einzelnen keine Chance läßt, ihn in ein Ding verwandelt und als verdinglichtes Tötungsinstrument einsetzt, selbst um den Preis der Selbstvernichtung. Die Aktionsgeschichte wird bei Kunert unverhofft zu einer sozialgeschichtlichen Parabel, aber ohne daß die didaktische Absicht die erzählerische Darstellung von vornherein skelettiert. »Die Taucher« ist auch eine der »spannendsten« Geschichten, die Kunert geschrieben hat.

Daß die kulinarische Erzählhaltung nicht die Erkenntnisabsicht seiner Kurzgeschichten blockiert oder gar neutralisiert, lassen auch jene Erzählbeispiele erkennen, die das dargestellte Bild der Wirklichkeit von vornherein grotesk überblenden, aber hinter den satirisch instrumentierten Pointen Verdrängungs- und Krankheitssymptome der Wirklichkeit aufleuchten lassen. »Märchenhafter Monolog«[22] präsentiert auf den ersten Blick eine ganz und gar phantastische Geschichte, hinter deren spielerischer Übertreibung nicht nur eine scharf pointierte Geschichtsrevue von 1730 bis zur Gegenwart in der monologisch zusammengefaßten Lebenserfahrung eines Homunkulus, eines Eisenmannes, erscheint, sondern auch die satirisch auf die Spitze getriebene Verdinglichung des sprichwörtlichen Untertanen, der in allen Kriegen als Soldat eine eiserne Konstitution haben und noch vor einer Generation hart wie Kruppstahl sein sollte.

Der von dem Preußenkönig Friedrich Wilhelm I. und einer Müllerstochter, die er im Wald vergewaltigte, gezeugte Eisenhans, der mit seinem gleichfalls metallenen Zwilling Nickelpeter den Hexenprozeß, den man der Mutter bereitet, übersteht und sich mit dem Bruder in einen Waldtümpel zurückzieht, wo sie von Zeit zu Zeit vorüberkommende Förster verspeisen, erlebt den geschichtlichen Fortschritt, der sich in den zweieinhalb Jahrhunderten seiner Lebenszeit abzeichnet, nur als eine Vervollkommnung der Methode, ihn, den Zwitter von Ding und Mensch, in die Hand zu bekommen und für andere Zwecke zu benutzen. Kurz nach seiner Geburt will man ihn nur aus religiösem Irrwahn vernichten (was bei seiner Mutter gelingt, nicht jedoch bei ihm und seinem Bruder Nickelpeter), dreißig Jahre später hat man ihn und seinen Bruder als Rohmaterial für Kanonen und Kugeln vorgesehen (was Nickelpeter zur Flucht nach Loch Ness und zu seiner Dauerresidenz als »Royal monster« (83) in Schottland veranlaßt), Anfang des 20. Jahrhunderts stöbert ihn ein patriotischer preußischer Genetiker beim Angeln auf, der ihn erst als »ostisch-baltisch, mit einem mongoloiden Einschlag« (84) einstuft, aber prompt seine »markante Stirn, Schild weltumspannender Pläne« (85), rühmt, als er von Eisenhans erfährt, es handle sich bei ihm um einen echten Hohenzollern. Der Sohn dieses Professors Schulmann, ein strammer Nazi, versucht, ihn dreißig Jahre später als Geheimwaffe gegen die vorrückenden Alliierten einzusetzen, und appelliert an sein völkisches Verantwortungsgefühl: »Also! Morgen früh kommt ein Tieflader und holt dich. Zahnbürste und einmal Unterwäsche genügt. Sieg heil!« (87)

Der Zusammenbruch des Dritten Reiches verhindert den Einsatz von Eisenhans, der erst eine Generation später von einem freundlichen Dr. Mullberger wieder aufgestöbert wird, der in dem »Bericht eines SS-Oberscharführers« (89) auf Hinweise über Eisenhans gestoßen war. Mullberger, der Eisenhans von der Alterskorrosion seines Metallkörpers befreit und zum Liebesspiel mit gebärwilligen jungen Mädchen motiviert, mit dem Erfolg, daß Eisenhans zwanzigmal Vater wird und den genetischen Grundstock für eine eiserne Nation legt, ist zugleich der perfekteste Unterdrücker, auf den Eisenhans im Laufe seiner langen wechselvollen Lebensgeschichte gestoßen ist. Denn als die Nachkommenschaft da ist und Mullberger die »eiserne Menschheit« (92) erbmäßig gesichert sieht, entledigt er sich Eisenhans' wie eines Gegenstandes, der nicht mehr gebraucht wird. Die Pointe der Geschichte enthält der Epilog: »Annonce im Anzeigenteil der ›Tagespost‹. Zirka zwei Tonnen bestes Eisen (Fehlguß einer Statue) gibt weit unter Schrottwert ab: Dr. H. Mullberger, Institut für Makrobiologie.« (92)

Geschichte erscheint hier als ein rotierendes Karussell von Ideologien, die sich des Protagonisten bemächtigen wollen und sich nur im Raffinement der getarnten Absichten unterscheiden. Der am freundlichsten von allen Unterdrückern auftretende Wissenschaftler ist zugleich derjenige, der Eisenhans am umfassendsten manipuliert und am rücksichtslosesten mit ihm verfährt. Was die vom Hexenglauben Indoktrinierten mit Mutter und Homunkulisöhnen im frühen 18. Jahrhundert ausführen – die drei wurden in einem Pfuhl versenkt, und nur die metallenen Söhne überlebten –, führt mit verfeinerten Methoden Mullberger an dem gutgläubig zutraulichen Eisenhans aus: er liquidiert ihn mit der kalten Sachlichkeit des Wissenschaftlers, hinter der sich eine neue nicht weniger wahnwitzige Ideologie zu erkennen gibt: »Den Kosmos zu regieren ist nur eine eiserne Menschheit berufen, und ich, Dr. Horst Mullberger, werde ihr Prophet sein!« (92)

Eisenhans ist gewissermaßen die ironische Personifikation eines von den politischen Ideologien jeweils im Namen irgendeines Fortschritts verdinglichten Subjekts: er ist konkret Person und Ding zugleich, und da er der Schnittpunkt der verschiedenen historischen Phasen ist, die sich jeweils an ihm konkretisieren, läßt sich Kunerts »Märchenhafter Monolog« erzählstrukturell als Gegenstandsgeschichte bestimmen, wie sie bereits an verschiedenen Erzählbeispielen (bei Böll, Hermlin, Schnurre u. a.) analysiert worden ist. Andererseits läßt sich jedoch nicht übersehen, daß im ersten Teil der aus der Perspektive von Eisenhans aufgezeichnete Monolog die Erzählstruktur abgibt und dadurch ein Einheitsmoment in die Erzählstruktur eingeführt wird, das die Situationsgeschlossenheit der Struktur der Kurzgeschichte auf Umwegen annähernd wieder erreicht.

Eine im Höllererschen Sinne für die Kurzgeschichte musterhafte Kabinen-Struktur läßt sich in einer anderen Groteske Kunerts erkennen, die gleichfalls im Steigerungsmoment einer Pointe gipfelt: »Lieferung frei Haus«[23]. Hat Kunert im vorangegangenen Text die gedankenlosen Redewendungen von einer eisernen Gesundheit, von einer eisernen Nation in ihrer verdeckten aberwitzigen Tendenz satirisch entlarvt, so nimmt er hier die Redewendung von der »Leiche im Keller« (»skeleton in the closett« im Englischen) gewissermaßen beim Wort, setzt den idiomatischen Ausdruck in Realität um und zeigt die peinlichen Verwicklungen, die dabei entstehen.

Die in sieben Kabinen untergliederte Geschichte wird aus der Figurenperspektive von Friedrich W. Schmall erzählt, eines sich keiner Schuld bewußten honorigen Kleinbürgers, der eines Tages beobachtet, wie von Speditionsfirmen merkwürdige Kästen an verschiedenen Stellen abgeliefert werden, Kästen, die Särgen gleichen und tatsächlich auch Särge sind, die jene Leichen enthalten, die auf das Konto nach außen hin unschuldiger Mitmenschen gehen. Der Wohnungsinhaber Helmbrecht erhält zwölf Leichen, die aus der Kriegszeit stammen; der Backermeister die Leiche einer Frau, die er bei einem Verkehrsunfall tötete; bei dem Oberpostsekretär, einem Mann mit brauner Vergangenheit, werden sogar vierzig Kisten angeliefert. Aber nicht die Tatsache, daß eine geheimnisvolle Gerechtigkeitsinstanz in Aktion ist und die Vergangenheit der Menschen durchforscht – »Eine bisher unbekannte Art von ausgleichender Gerechtigkeit war hierbei am Werk« (242) –, steht im Mittelpunkt der Geschichte, sondern das Verhalten Schmalls, der von seiner Unschuld absolut überzeugt ist, bei den ersten Bekundungen dieser Gerechtigkeitsinstanz sogar mit spontaner Genugtuung und Schadenfreude reagiert: »Recht geschieht dem Bäcker!

Fast hätte Schmall gelacht!« (241) Seine einzige Sorge scheint zu sein, daß sich ein Irrtum bei dieser Aufrechnung ergeben könnte und ein Unschuldiger plötzlich mit Leichen konfrontiert werden würde, ohne die Möglichkeit zum Unschuldsbeweis zu haben.

Diese abstrakte Haltung der Selbstgerechtigkeit Schmalls wird Schritt für Schritt abgebaut, angefangen bei der Schadenfreude über die andern bis hin zu seiner Reaktion seiner Braut gegenüber, als er zufällig mit ansehen muß, wie ein Kindersarg bei ihr abgeliefert wird, da Felicia einmal ein Kind abgetrieben hat. Schmall weicht vor Felicia wie vor einer Stigmatisierten zurück, besucht sie dann doch, von seiner Liebe getrieben, und hält ihr dabei ihr Versagen moralisch vor und verläßt sie anschließend auf immer: »Er, der einzige Unschuldige unter lauter Schuldigen.« (245)

Die Pointe der Geschichte ist, daß er, zu seiner Wohnung zurückkehrend, selbst eine Kiste in Empfang zu nehmen hat: Sie enthält den Leichnam von Felicia, die Selbstmord begangen hat, weil Schmall sie verließ. Die sich hier dokumentierende Schuld des Unschuldigen ist seine Selbstgerechtigkeit, die die mitmenschliche Hilfe, das Verständnis für die andern vermissen läßt und gerade dadurch den andern, hier die Braut, in die Verzweiflung und in den Untergang treibt. Ein Thema, das auch Siegfried Lenz in seiner Geschichte »Der Spielverderber« am Beispiel des zum Aussätzigen der Gesellschaft gewordenen Mannes variiert hat, der kraft seines phänomenalen Gedächtnisses plötzlich die verdrängten Schuldkonten in den Biographien der andern Menschen erkennt und ausspricht, wird hier von Kunert in einer dialektischen Prägnanz umgesetzt, die jede scheinbar moralische Einteilung in Gut und Böse als falsch erweist und die wirkliche Moral aus einer zu Verboten und Geboten vergegenständlichten Doktrin in die Realität des menschlichen Zusammenlebens überführt, wo das aktive, die Widersprüche des Lebens einkalkulierende und verstehende Verhalten allein Moral und Gerechtigkeit vorzuleben und nicht vorzusprechen vermag. Schmall, der sich über mögliche Irrtümer dieser geheimnisvollen Gerechtigkeitsinstanz Gedanken macht, vergißt, von seiner Schuldlosigkeit absolut überzeugt, mögliche Irrtümer seines Verhaltens zu bedenken.

Diese bereits politische Verhältnisse der Vergangenheit und Gegenwart berührende Darstellung der Schuld hat Kunert in einer anderen Geschichte, die Kafkas »Prozeß« zum Grotesken hin variiert, »Zentralbahnhof« – mit offenbarem Bezug auf die Judenvernichtung im Dritten Reich –, zusätzlich intensiviert (darauf wird in Teil III einzugehen sein). Er hat die gesellschaftliche Dimension der Schuld auch mit dem Blick auf die Gegenwartswirklichkeit seiner Situation in anderen Geschichten überzeugend gestaltet. »Die Waage« (worauf gleichfalls in Teil III einzugehen sein wird) wie die Geschichte »Die Beerdigung findet in aller Stille statt«[24] sind Beispiele dafür.

Der Sektionsleiter für Unfallstatistik Konrad Schöngar wirkt dem selbstgerechten Biedermann Friedrich W. Schmall wie aus dem Gesicht geschnitten, allerdings geht seine Beteiligung am Tode seiner Frau weit über die Schmalls hinaus, dessen Lieblosigkeit die Braut Felicia in den Tod trieb. Auch für Schöngar zeigt sich ein Riß zwischen jenem verdinglichten Moralkodex, den er amtlicherseits zu vertreten hat, »entsprechend dem moralischen Imperativ, der jede Gesellschaft regiert« (106), und der Moral, die seinem eigenen Verhalten und persönlichen Leben zugrunde liegt oder liegen müßte: »Ein großer Energieaufwand ist notwendig, die Menge von Moral in sich zu erzeugen [...] Ist meine Moral wirklich meine Moral? Ist sie nicht eher eine völlig

verrostete Rüstung, die jede notwendige, lebendige Bewegung unmöglich macht?«
(102)
Die Erzählsituation setzt ein bei der Beerdigung von Schöngars Frau, die an den
Abgasen des laufenden Automotors in der geschlossenen Garage, durch eigenes
Verhalten offenbar, an einem Unfall also, zu Tode gekommen ist. Die von Schöngar als
Trauerformel verabreichte Redewendung, »die Beerdigung fände in aller Stille statt«
(99), die leitmotivisch eingeblendet wird, nimmt dabei schrittweise eine ganz neue
Bedeutung an, die erst in der Schlußpointe enthüllt wird: Die Stille schließt ein
Verschweigen der tatsächlichen Umstände des Unfalls und der schuldhaften Beteiligung Schöngars mit ein. Das in der Zeitsequenz des einen Tages, der der Beerdigung
folgt, entwickelte Geschehen rekonstruiert durch Erinnerungseinblendungen Schöngars, durch Reaktionen seiner Arbeitskollegen und seines Vorgesetzten am Arbeitsplatz allmählich ein Bild des kleinbürgerlichen Horrorstückes, das sich hinter der
honorigen Fassade Schöngars und hinter dem Tod seiner Frau verbirgt. Obwohl
Schöngar offenbar bemüht ist, alle »Spuren seines geheimen außerehelichen Verhält-
nisses« (100) mit einer Kollegin zu vertuschen, deren ausladende Oberweite Krisen-
und Jugendgefühle in dem Dreiundvierzigjährigen ausgelöst hatte, sind die Umstände
an seinem Arbeitsplatz dennoch durchgesickert. Er wird von seinem Chef zur Rede
gestellt, kann sich jedoch auf den von der Feuerwehr bekundeten Unfalltod seiner Frau
zurückziehen, kommt mit einer Rüge wegen »skandalösen amoralischen Verhaltens«
(103) davon und vermag sich auch vor seiner Geliebten, die er am Abend desselben
Tages besucht, von aller möglichen Schuld reinzuwaschen, indem er ihr detailliert den
Unfallverlauf schildert.
Der »grau lackierte Mörder Frau Schöngars« (106) ist jedoch nicht das Auto, sondern
der in das graue Flanell des Bieder- und Ehrenmannes gehüllte Ehemann, der, als er
am Abend dieses Tages ins verwaiste eheliche Heim zurückkehrt, an jene in seinen
Schreibtisch eingeschlossene Akte denken muß, die das beim Tod seiner Frau exakt
befolgte Unfallmuster enthält. Er hatte den Tod seiner Frau, die ihm ihren Entschluß
zum Säubern des Autos angekündigt hatte, durch eine subtile Waffe verursacht, da »ein
seidenpapierumhülltes Päckchen geschickt plaziert worden war, um die Neugier zu
bewegen, sich in den tödlichen Dunst zu bücken« (110). Was als Mord geplant und
durchgeführt wurde, wird in dem von Schöngar repräsentierten Ordnungsraster der
Unfallstatistik ironischerweise als Unfall geführt: »Das grobe Sieb der Statistik hält nur
Zahlen. Alles andere fällt aus der Realität, als wäre es nie gewesen.« (110)
Das skeptische Resümee Kunerts, das dahinter erscheint, ist von unaufdringlicher
Überzeugungskraft: Wenn das moralische Vermögen im einzelnen erloschen ist, wird
keine zur Moraldoktrin gewordene Instanz von außen her die Gewichte wieder
tarieren. Was durch die Faktenraster und Indizienlücken der Realität fällt, vermag
nicht die Deskription, sondern erst die Genauigkeit der Phantasie zu erreichen und ins
Bild zu bringen.
Wie schwer eine solche Aufgabe und Zielsetzung gerade in einer auch kulturpolitisch in
ein komplexes System von Verordnungen und Zielbestimmungen eingelagerten
gesellschaftlichen Wirklichkeit wie der DDR zu erfüllen ist, hat Kunert in einer
anderen, zur ironischen Parabel tendierenden Geschichte reflektiert, die thematisch an
Bobrowskis Geschichte »Das Stück« erinnert. Gemeint ist Kunerts »Ballade vom
Ofensetzer«[25].

Der Ofensetzer Albuin errichtet in einem »Schaffensrausch« (85) ein Meisterwerk von Kachelofenturm, völlig hingegeben an sein Werk und die übrige Realität darüber vergessend: »Einmal verpaßte er den Moment des Aussteigens, versunken ins eigene Werk, blind vor Schöpfertum.« (85) Als er die letzte Platte eingesetzt hat, begreift er, daß er sich im Innern des Ofens befindet und nur hinausgelangen könnte, wenn sein Kunstwerk wieder zerstört würde. Der Meister und die Gesellen, die hinzukommen, beginnen »laut und eindringlich diesen außerordentlich gelungenen Hitzespender zu preisen; wahrscheinlich Albuins bestes Stück, das er kaum werde übertreffen können« (85).

Die Situation, in die sich der Künstler Albuin dadurch, daß er ganz den Gesetzen seiner Tätigkeit folgte, hineinmanövriert hat, ist von einer komplexen Widersprüchlichkeit gekennzeichnet, die die andern in ihren Meditationen erwägen. Seine individuelle physische Existenz steht seiner Reputation als Künstler gegenüber. Wenn er dem einen folgt, muß er das andere zugrunde richten. Außerdem würde die Vernichtung des Ofens gegen die Belange der Gesellschaft verstoßen, da die in das neue Haus einziehenden Leute ohne Ofen sein und frieren würden. Zudem würde der Name der Ofensetzer-Zunft mit einem untilgbaren Makel bedeckt, »falls bekannt würde, die Ofensetzer seien derart unfähig, daß sie wieder zerstörten, was sie eben erst errichtet?« (8). Da der einzelne sich der Gesellschaft unterzuordnen hat, scheint die Lösung dieses Konfliktes nur auf Kosten des einzelnen möglich. Es ist eine Lösung von größter Grausamkeit, die sich nach außen hin mit dem Lobpreis auf das Kunstwerk und den Großmut des Künstlers, der sich selbst opfert, tarnt. Man wirft Papier in den Ofen und zündet ein Feuer an, »gut gewärmt und fröhlich gestimmt durch das anheimelnde Geräusch, welches ein kräftig flackerndes Feuer hervorbringt« (86).

Keine Frage, die Geschichte des Ofensetzers Albuin ist eine ironisch-bittere Meditation über die Lage des Künstlers in der DDR, der dann, wenn er den Gesetzen seiner Kunst ganz und gar folgt, sich in Widerspruch zu den offiziell festgelegten Richtlinien dieser Gesellschaft bewegt und dem in dieser Konfliktsituation nur übrigbleibt, entweder sich selbst seiner Kunst zu opfern, mit andern Worten: seine physische Unterdrückung einzukalkulieren, oder sich an die offiziellen Doktrinen anzugleichen und seine Kunst zu zerstören. Die Anwendbarkeit dieser Parabel auf die kulturpolitische Realität in der DDR, von Wolf Biermann bis hin zu Jurek Becker und Stefan Heym, von Reiner Kunze bis hin zu Hans Joachim Schädlich und Rolf Schneider, fällt nicht schwer[26].

Was Becker Ende 1977 über das Prosabuch Schädlichs »Versuchte Nähe« schrieb[27], ist als in der Realität zustande gekommener Kommentar unmittelbar auf Kunerts Geschichte bezogen: »Wenn ein Autor über etwas schreibt, worüber die Kollegen seines Landes lieber schweigen, so muß das nicht ihm angekreidet werden, sondern der Meute seiner Kollegen. (Ein wachsendes Problem: Die einen wissen, wie man sich zu benehmen hat, können aber nicht schreiben. Bei wenigen anderen ist es umgekehrt.)« (254) Freilich sind diese dann auch gezwungen, »einen großen Teil ihrer Begabung aufs Überleben [zu] verwenden« (257).

Kunert ist es bisher (noch) nicht wie dem Ofensetzer Albuin ergangen, obwohl er schon manchen »gelungenen Hitzespender« (85) errichtet hat und mehr als einmal in seinem Kunstwerk gefangen schien. Der Kraft seiner Phantasie, der er sich buchstäblich verschrieben hat, scheint es bisher noch immer gelungen zu sein, durch jene

»Feuerklappe« (85) zu entkommen, durch die sich Albuin nicht einmal mehr mit Meister und Gesellen verständigen konnte. Kunert gelingt das Kunststück so, wie Wolfgang Hildesheimer es in seiner Geschichte »Warum ich mich in eine Nachtigall verwandelt habe«[28] beschrieben hat: »Im September vorigen Jahres begab ich mich in mein Schlafzimmer, öffnete das Fenster weit, verzauberte mich und flog davon. Ich habe es nicht bereut.« (81) Freilich ließe sich bei Kunert eher von einem Phönix als von einer Nachtigall sprechen. Das Feuer und die Asche gehören mit zu seiner Situation[29].

15. Josef Reding. Notate aus der Alltagswelt – Caldwell

Der Erzähler Josef Reding ist ein Beispiel dafür, wie sehr die intensive und fast ausschließliche Konzentration auf die Kurzform der Prosa, die Kurzgeschichte, den Autor wirkungsgeschichtlich in ein Ghetto führen kann, aus dem ihm auch verliehene Literaturpreise[1] und die Aufnahme seiner Texte in Anthologien[2] nur zögernd hinaushelfen. Zu dieser unausgesprochenen Stigmatisierung im literarischen Leben trägt sicherlich auch die Tatsache bei, daß Reding sich in vielen Geschichten seiner zahlreichen Kurzgeschichtensammlungen ausdrücklich zu der sozialen Realität seiner Lebensregion bekennt, des Ruhrgebietes, einer, zugegeben, nicht gerade kultur- und literaturfreundlichen Region, zumindest aus der Außenperspektive betrachtet.
Was der kalauernde Kabarettist Jürgen von Manger in seinen im typischen Kohlenpott-Schnack präsentierten Witzeleien eine Zeitlang ausgebeutet hat und was sich als »kulturelle« Umsetzung der Lebensrealität in dieser Region einer breiteren Öffentlichkeit anbot, belastet freilich eher die Wirkung von Autoren wie Reding, der mit genauem Blick für die Wunden und Narben des sozialen Lebens in diesem von der industriellen Produktion weitgehend bestimmten Lebensbereich ein Prüffeld sozialer Mißstände, Spannungen, akuter Konflikte zwischen Menschengruppierungen, nicht zuletzt Deutschen und sogenannten Gastarbeitern, ausmachte, die der Sog der industriellen Produktion in diesen Schmelztiegel geführt hat. Das ist sicherlich wichtig für die Einschätzung der literarischen Sensibilität des Autors Reding, wichtig auch für die Einordnung nicht weniger Realitätsstoffe, die er in seinen Kurzgeschichten behandelt.
Freilich wäre es ein Mißverständnis, Redings Engagement in Richtung auf ein Literaturverständnis zu deuten – gleichgültig, ob man das als Vor- oder Nachteil einschätzt –, das in dem Programm vom »Werkkreis Literatur der Arbeitswelt« zum Ausdruck kommt[3], wo Autoren, die großenteils Arbeiter und Angestellte waren (oder noch sind), die in der bürgerlichen literarischen Tradition unterdrückten Realitätszonen – und das sind vielfach die Bereiche der industriellen Produktion mit allen damit verbundenen sozialen Konfliktherden – bewußt sprachlich durchleuchten und darstellen mit dem Fernziel einer gesellschaftlichen Bewußtmachung, die sich letztlich in konkreten Veränderungsstrategien auswirken soll. Eine Anthologie wie »Stories für uns«[4], die der »Werkkreis Literatur der Arbeitswelt« herausgegeben hat, enthält nicht nur keinerlei Textprobe von Reding, sondern versteht sich auch primär als »Sozialfibel« (97) (wie der Titel einer Geschichte von Peter Fischbach lautet), d. h. als Buch mit

beispielhaften, einfachen Lesestücken, die Informationen aus dem Produktionsbereich, den Lebenszuständen und Arbeitsumständen von abhängig Tätigen darstellen, möglichst in einer kulinarischen literarischen Verpackung, wie der Mitherausgeber Fischbach in seinem »Vorwort« ausdrücklich hervorhebt: »In den ›Stories für uns‹ haben wir versucht, eben diesen Spaß an der Veränderung aufzuzeigen. Dabei soll auch das Lesen Spaß machen. Verständlicherweise haben die meisten Werktätigen nach acht bis zwölf Stunden Arbeit ein Bedürfnis nach Unterhaltung und Entspannung.« (7) Der auf solche Kurzgeschichten bezogene Stoßseufzer eines Kritikers »Ich mag keine illustrierten soziologischen Feuilletons«[5] ist sicherlich nicht unangebracht, aber angesichts der Kurzgeschichten von Josef Reding großenteils gegenstandslos, da sie mehr sind als erzählerische Fallstudien soziologisch und politisch gewichteter Mißstände oder Pamphlete in der Verkleidung von erzählerischen Feuilletons. Gewiß, es soll hier nicht übersehen werden, daß eine solche Unterscheidung mit einer grundsätzlichen Scheidung in zwei Literaturbegriffe zu tun hat: Literatur einmal als Strategie von sozialer Bewußtmachung, die in der gesellschaftlichen Aktion ihr Ziel weiß, Literatur zum andern als ein die Defizite der Wirklichkeit bewußtmachendes ästhetisches Erkenntnissystem, das, mit einem antizipatorischen Utopiepotential versehen, ein Gegenbild der Wirklichkeit entwirft, aber, zugleich von der ästhetischen Konkretisierung nicht ablösbar, nur als Initial an den Leser weitergibt.

Diese mit aller Offenheit der Formulierung skizzierte ideologische Wasserscheide der literarischen Strömungen betrifft auch den Kurzgeschichtenautor Reding, für den die kurze Prosaform eben nicht nur ein handliches Instrument zur effektiven Verbreitung von sozialen Informationen ist, sondern ein zwar auf die Gegenwartserfahrung zugeordnetes, aber in seiner literarischen Identität eindeutig benennbares Gattungsmodell des Prosaschreibens, auf das er wie so viele deutsche Autoren seiner Generation im amerikanischen Kriegsgefangenenlager erstmals traf und als Fulbright-Student in den USA in den frühen fünfziger Jahren in der amerikanischen Literatur ausgiebig kennenlernte und als Ausdrucksmittel für seine Wirklichkeitserfahrung und -darstellung schätzen lernte.

Über diesen ersten Kontakt mit der amerikanischen Short Story im Gefangenenlager hat Reding berichtet[6]: »Als 16jähriger hatte ich diese literarische Form zum erstenmal kennengelernt: bei den amerikanischen Soldaten, die mich gefangennahmen. Sie hatten Zeitschriften und Taschenbücher mit Stories von O. Henry, Hemingway, Saroyan und Caldwell dabei. Mein Lesehunger drückte sich offenbar noch leidenschaftlicher aus als meine Sehnsucht nach Brot; jedenfalls vergaßen meine Bewacher von Zeit zu Zeit das Fraternisierungsverbot und überließen mir ihre Lektüre.« (6)

Die ästhetischen Momente, die er als entscheidend für seine Wahl dieser Prosaform hervorhebt, lassen die bereits vertrauten Charakteristika der sprachlichen Nähe zum Umgangsidiom erkennen, der Verneinung einer literarisch stilisierten Sprachform, der andeutenden Lakonie, der Einbeziehung der Phantasietätigkeit des Lesers, der vom Detail und seiner sprachlich »explosiven« Formung her auf die Zusammenhänge schließt, ohne daß sie deskriptiv in Erscheinung treten: »Mich begeisterte die Ökonomie der Kurzgeschichte, die Einfachheit, die Klarheit der Sprache. Mich faszinierte der Anspruch, dem Leser nur zwei Daten zu überlassen in der Zuversicht, daß er genug Kreativität besitzt, um selbst zum Datum drei bis neun zu kommen.« (6)

Wie wichtig Amerika als Vermittlungsstation für die Kurzgeschichten Redings geworden ist, zeigt sich nicht nur an dieser Poetik der Form, die von den amerikanischen Beispielen abgeleitet ist, sondern auch daran, daß viele der frühen Kurzgeschichten Redings auch konkret Stoffe der amerikanischen Wirklichkeit aufgreifen. Gewiß geht es Reding auch in den dort intendierten Kristallisationen herausgehobener Wirklichkeitssituationen, die sich unprätentiös zu exemplarischen Momentaufnahmen eines in industriell geprägte, von Konkurrenzdenken, Waren- und Menschenverschleiß gezeichnete Gesellschaftsformen eingebetteten Lebens verdichten, bereits um mehr als die sprachliche Einfrierung von bestimmten Erfahrungsbruchstücken auf einem in den fünfziger Jahren noch vergleichsweise exotischen, nämlich amerikanischen Hintergrund. Aber die Authentizität dieses Erzählens erweist sich erst dort, wo er das Wirklichkeitsumfeld der Region, in der er verwurzelt ist, ins Bild bringt: »In dieser Landschaft herrscht im sprachlichen Umgang das Knappe vor, eine anziehende Sprödigkeit des Ausdrucks. Der Gesprächspartner [...] bekommt nur weniges mitgeteilt und muß sich auf manche karge Anspielung seinen ›eigenen Reim‹ machen, muß also mitdenken, mitdichten.« (6)

In seinen besten Kurzgeschichten hat Reding mehr als sprachliche »Dokumente der Bewußtseinslage« (7) der Zeithistorie geschaffen, mehr auch als geglückte Erfüllungen des Story-Modells der hart zupackenden, den Gegenwartsproblemen engagiert geöffneten und eine einfache künstlerische Textur bevorzugenden Geschichte, wie sie von Bret Harte bis Erskine Caldwell in einem wichtigen Segment der Geschichte der amerikanischen Short Story hervortritt. Seine geglückten Geschichten sind Beispiele eines realistischen Erzählens, das zur Begründung seiner Legitimation[7] keiner Ableitung bedarf.

Redings Geschichte »Junge Bäume bluten weiß«[8] erinnert an Erzähltexte wie Schnurres »Der Ausmarsch«, Benders »Forgive me« oder Bölls »Wanderer, kommst du nach Spa...« und entstammt auch hier einem Erfahrungsumfeld, das dem Sechzehnjährigen, der in der Endetappe des Zweiten Weltkrieges zum Fronteinsatz abkommandiert worden war, unmittelbar vertraut war. Der Junge, der sich unter dem viel zu großen Stahlhelm mit Karabiner und Panzerfaust in sein Erdloch duckt, wartet auf das stählerne Monstrum des feindlichen Panzers, den es zu knacken gilt, um die Heimatstadt zu verteidigen. Reding bringt die Absurdität dieser Situation, die dennoch ganz real existierte, darin zum Ausdruck, daß er den Riß zwischen den militärischen Requisiten des Jungen, die ihn in eine manipulierte »heroische« Identität hineindrängen wollen, und seinem noch kindlichen Bewußtsein aufzeigt. Die Eindrücke der Umwelt, die den Jungen erreichen, die Rufe der Rohrdommeln, die ersten Sonnenstrahlen, die den Vierzehnjährigen in seinem Erdloch wärmen und seine Gedanken auf den Frühling richten, die Wolken am Himmel, die sich zu Phantasiegebilden entfalten, werden von ihm auf kindliche Weise assoziativ umgesetzt: Die Rohrdommelrufe lösen in ihm die Erinnerung an Kinolieder aus, wobei die Erwähnung Zarah Leanders – »Die Rohrdommel brummelt so tief wie Zarah Leander« (201) – auf jenen im nachhinein sehr politisch wirkenden Schlager aus der Endphase des Krieges verweist: »Ich weiß, es wird noch ein Wunder geschehn [...]«; während er den Karabiner in den Händen hält, läßt ihn die wärmende Sonne an seine Fanfare denken; die Wolken werden ihm zu »Hochzeitschleiern« (202); den Panzer, auf den er wartet, läßt er aus Wolkenformationen am Himmel entstehen, und wenn er ihn zum Halten gebracht hat, wird er in seiner Vorstellung zum »Maikäfer, der auf dem Rücken liegt und sich zu Tode strampelt« (203). Die Wirklichkeit erreicht ihn durch das Filter seiner noch kindlichen Assoziationen, die die Signale der Außenwelt entweder in Natureindrücke oder in Phantasievorstellungen umsetzen und die monströse Hoffnungslosigkeit seiner realen Lage überdecken.

Als dann tatsächlich nicht der rasselnde Stahlkoloß eines Panzers im Visier seines Karabiners erscheint, sondern vier amerikanische Soldaten mit Maschinenpistolen, deren Mündungen nach unten weisen, und einer von ihnen »zwischen den Zähnen eine Blume« (203) trägt, führt dieses unverhofft menschliche Gesicht des Feindes zu jener Reaktion der spontanen Enttäuschung und des Zögerns bei dem Jungen, die ihn in der brutalen Arithmetik des Kampfes zum Opfer werden läßt. Die Männer, die er schon im Visier hatte, sind wieder verschwunden, und »daß er diesmal über den Schrei der Rohrdommel erschrak« (204), ist eine Folge der Tatsache, daß das, was sein Bewußtsein als Vogelruf wahrnimmt, in Wirklichkeit das Geräusch der feindlichen Maschinenpistolen ist, die ihn tödlich treffen: »Und als er den Himmel zugedreht bekam, einfach zugedreht, da wischte ein violetter Schwamm erst den Kreidepanzer und dann den Himmel aus« (204).

Die aus der Figurenperspektive der vier amerikanischen Soldaten erzählte Schlußsequenz läßt gerade im Hinweis auf die Erstarrung der Männer, als sie unter dem Stahlhelm das Gesicht des Kindes entdecken, im Hinweis auf ihre Unfähigkeit zu artikulieren, was als Gedanke ihr Bewußtsein bestimmt (der Schrecken über diesen sinnlosen Vorgang des Tötens, der Schock darüber, daß der Getötete etwa so alt ist wie der Sohn eines der Soldaten), jenen Riß in der Wirklichkeit erkennen, den der Krieg zwischen der Rollenfunktion der Männer als Soldaten und ihrer moralischen Identität als Menschen hat entstehen lassen. Die kurze Bemerkung des einen Soldaten über die aufgerissene Rinde der jungen Pappel, neben der der Tote liegt – »Junge Bäume bluten weiß.« und: »Die Leute setzen Pappeln, wenn sie vor der Zeit Brennholz haben wollen.« (204) –, wandelt, der Wahrnehmungsperspektive des Jungen entsprechend, auch seinen Tod in ein naturgeschichtliches Ereignis um, aber die Natur, die dahinter erscheint, ist für den Raubbau und die Zerstörung vorgesehen. Daß die Männer am Ende selbst bei dem Schrei der Rohrdommel zusammenzucken, verdeutlicht unüberbrückbar die Kluft zwischen der Naturauffassung des Jungen und der der erwachsenen Männer. Daß alles von Zerstörung gezeichnet ist und daß die auf die Ankunft des Frühlings hindeutenden Natureindrücke des Jungen einer kindlichen Ganzheitserfahrung entstammen, die auf der Initiationsschwelle, beim Schritt in die Erwachsenenwelt, zerbricht, erreicht als Erkenntnis zwar das Bewußtsein des Jungen nicht mehr, wird aber durch seinen Tod als Erkenntnis unwiderlegbar akzentuiert.

Ähnliche zeithistorische Prägnanz weist auch die Kurzgeschichte »Mühsam stirbt der Schnee«[9] auf, die ein Situationsbild der fünfziger Jahre entwirft, die im Zeichen der Wiedergewinnung von ökonomischer Normalität stehen, aber auch der Rückkehr zur moralischen Gleichgültigkeit und schlimmer noch: zu Vorurteilen, hinter denen kaum überwundene politische Irrtümer sichtbar werden. Fräulein Herzel, »das alte verknitterte Mädchen« (111), das in das Zimmer ihrer ehemaligen Wohnungswirtin, einer agilen Matrone, eintritt, ist aus Israel zurückgekehrt, um auf immer in Deutschland zu bleiben, wo sie jahrelang als Lehrerin unterrichtete und wo sie sich trotz aller politischen Skrupel und Hypotheken der Vergangenheit wohlfühlte, wie ihr erst in ihrer rettungslosen Einsamkeit in der neuen Heimat Tel Aviv klarwurde.

Die Argumentation, mit der die Zimmerwirtin Frau Herbermann der jüdischen Lehrerin ihr Mitgefühl versichert, läßt die Motive ahnen, die jene zur Emigration nach Israel motiviert haben: »Sie haben uns doch so viele Vorteile gebracht, seinerzeit. Wenn ich auf dem Wohnungsamt nur sagte, wir haben 'ne Jü – eine rassisch Verfolgte bei uns, dann war alles in Ordnung, tabu und heilig.« (112) Das ihr während des Sprechens bewußt werdende schlechte Gewissen betrifft freilich nur den stigmatisierten Ausdruck Jüdin, der mit so vielen kaum überwundenen Erinnerungen verbunden ist, und nicht ihre zur Schau gestellte Großmütigkeit, die sie als Dankbarkeit für erwiesene Vorteile zurückerstattet, während von eigentlichem Mitgefühl, durch die nur wenige Jahre zurückliegenden Ereignisse hundertfach begründet, nichts zu spüren ist.

Auf die gleiche Haltung, nur noch weniger kaschiert, stieß die jüdische Lehrerin, als sie am Bahnhof nach ihrem aus Tel Aviv abgesandten Koffer fragte und eine jüngere Frau mit Kind kommentierte: »Geht das schon wieder los mit diesen Leuten! Wir haben mit uns und unseren Flüchtlingen genug zu schaffen. Warum bleiben die nicht im Gelobten Land?« (113) Die Unverfrorenheit im zustimmenden Gelächter von zwei anwesenden Männern dokumentiert in aller Deutlichkeit, wie wenig sich wirklich am geistigen Klima geändert hat, wie sehr die unterdrückten Vorurteile noch gegenwärtig sind. Aus der Figurenperspektive der Lehrerin wird diese mentale Situation im Deutschland der Nachkriegszeit in einem kurzen Bild konkret dargestellt, das in einer Beschreibung der Wettersituation bei ihrer Rückkehr zugleich die Voraussetzungen der sich allmählich auflösenden mentalen Vereisung mit beschreibt: »vorhin, als ich über den Rolandplatz zu Ihnen kam, da hatte das Tauwetter den Schnee schon fast ganz zerfressen. Aber eine Menge weißer Packen blieb noch zurück. An den Rändern grau, zerlappt und wäßrig. In der Mitte aber noch fest. Der Schnee ist kalt, Frau Herbermann. Der Schnee stirbt mühsam. Unendlich mühsam...« (113)

Freilich akzentuiert Reding am Ende seiner Geschichte die Hoffnung, daß »auch der Schnee auf den Herzen der Menschen« (113) allmählich weniger werden wird. Die Einladung zur Tasse Kaffee und zum erneuten Wohnen in dem Haus wie die Aussicht, daß Fräulein Herzel vermutlich wieder ihren Beruf als Lehrerin ausüben kann, daß auch das Verhalten der Menschen sich ändern könnte und die Vergangenheit nicht lediglich verdrängt, sondern verstehend in die Gegenwartssituation integriert werden könnte.

Es sind vorwiegend die Gestrandeten, die Ratlosen, die Versager, die von den Konflikten Aufgeriebenen, die das Personal von Redings Geschichten abgeben. Auf diesem Hintergrund ist es bezeichnend, daß der Buchhalter Marchner, das Beispiel einer sozial kaputten Existenz, der eine Unterschlagung begangen hat, seine Familie verließ, weil er kurz davor stand, in einem besinnungslosen Protest gegen sein Leben und seine Lebensumstände seine Frau umzubringen, im Gespräch mit dem Bartender im Lokal Babylon in der Geschichte »Allein in Babylon«[10] sich ausdrücklich von Hemingway und seinen lakonisch überlegenen Männergestalten distanziert. Auf die Frage des Bartenders: »Mögen Sie Hemingway nicht?« (123), erwidert Marchner: »Ich kann mit ihm nichts anfangen. Seine Helden sitzen zu weit weg von mir. Alles hartfäustige Männer. Mannmänner. Großwildjäger, Offiziere, Dschungelkenner und

Whiskyschlucker. Nur Buchhalter kommen bei ihm nicht vor: schlecht ausgeschlafene, verstopfte Buchhalter.« (123)

In der Tat, Marchners soziale Verluste, seine Ratlosigkeit, die Protestgeste der Unterschlagung, mit der er einige Jahre finanziell sorgenfrei überwintern will, lassen sich nicht in das heroische Ethos eines Einzelgängers umsetzen, der seinen Weg ungeachtet aller Widerstände geht. Er ist ein Gescheiterter, der im Grunde nicht weiter weiß. Es signalisiert seine ausweglose Situation, als er beim Verlassen der Bar plötzlich in eine Sackgasse gerät: »Erst als er vor der Kirche stand, wußte er, daß es eine Sackgasse war.« (125) Daß er zögernd die Kirche betritt und den katholischen Priester im Beichtstuhl aufsucht, ist nicht ein Zeichen von neu erwachender Religiosität und plötzlicher Reue, sondern nur der verzweifelte Versuch, in einem Gespräch mit einem andern Menschen einen Kontakt herzustellen, der ihm in der Bar am Tresen nicht gelingt und der ihm auch im Gespräch mit seiner Frau längst abhanden gekommen war, da ihre Ehe als »unterdrückter kontrollierter Haß auf beiden Seiten« (128) von ihm beschrieben wird.

So wie der Priester in Anderschs Geschichte »Vollkommene Reue« vor dem Mann, der sich beschuldigt, seine kleine Tochter geschlagen zu haben, versagt, ist auch der Geistliche in Redings Geschichte im Grunde in der Situation des Mannes, der sich Hilfe von ihm erhofft: »Der Priester zuckte mit der Hand. Sie erstarrte in der Andeutung des Segens. Ich bin ein Versager, Herr, dachte der Priester. Ich laufe in deinem Weinberg umher und trampele kranke Reben in die Erde, anstatt sie zu heilen.« (129) Daß Marchner anschließend wieder in der Babylon-Bar strandet und sich mit dem Schlußsatz der Geschichte »Ich möchte großes Geld klein kriegen« (129) in den Unterhaltungstrubel stürzt, ist eine Geste der getarnten Verzweiflung, die eine existentielle Sackgasse anzeigt.

Die aus der Figurenperspektive von Marchner ausgesprochene Distanzierung von Hemingway kennzeichnet sicherlich Redings eigene Einstellung, auch wenn er in der Schmucklosigkeit seiner Diktion, in der auf konkrete Dinglichkeit ausgerichteten Beschreibung, die auch seelische Prozesse mittelbar an Vorgängen der Außenwelt sichtbar macht, stilistisch in die Nähe zu Hemingway gerät. Von daher ist es sicherlich kein Zufall, daß Reding unter den amerikanischen Autoren, die ihn schon früh beeindruckt haben, neben Hemingway jene erwähnt, die sich mit der sozialen Misere des Kleinbürgers, des Proletariers, der von der bürgerlichen Gesellschaft an den Rand Gedrängten, Mißachteten, Diskriminierten und Unterdrückten beschäftigten. Das gilt für O. Henry und Saroyan, das trifft besonders auf Erskine Caldwell zu, über dessen zahlreiche Kurzgeschichten, die überwiegend in einer Katastrophenphase der amerikanischen Sozialgeschichte wurzeln, der Zeit der großen Depression, man gesagt hat: »[...] his most impressive stories, with a few exceptions, are those which portray Negroes and poor whites in rural areas of the Deep South as victims of social and economic injustice. These tenant farmers and sharecroppers, especially the Negroes, have no recourse when they are treated oppressively by their landlords [...]«[11].

»Nennt mich nicht Nigger« ist die Titelgeschichte einer frühen Kurzgeschichtensammlung Redings[12] (erneut von ihm verwendet für seine Sammlung von »Kurzgeschichten aus zwei Jahrzehnten«). Die dort im amerikanischen Sozialmilieu verankerte Unmenschlichkeit im Kodex des herrschenden Rechts Rechtlosen gegenüber ist freilich für Reding ein durchaus auf deutsche Verhältnisse übertragbares Phänomen:

»Die menschenunwürdige Diskriminierung eines Gastarbeiters bei uns wiegt bei uns nicht leichter als die Diskriminierung von Farbigen in anderen Regionen.« (7)

Zu welcher Schärfe der sozialen Anklage eine Kurzgeschichte in einem solchen Zusammenhang fähig ist, verdeutlicht beispielhaft Caldwells Geschichte »Masses of Men«[13], die von der zur Gewohnheit gewordenen Unterdrückung des Eisenbahnarbeiters Hugh Miller berichtet, dessen stumme Anpassung von vagen Hoffnungen getragen wird.

Beides, die Hoffnung auf den sozialen Aufstieg durch Beförderung zu einer besseren Position und die Hoffnung auf eine gesicherte Pension am Lebensabend, erweist sich als Illusion. Miller, der zwölf Jahre lang das Mädchen Cora, das er liebt, nicht heiratet, weil sein Lohn ein finanzielles Auskommen in der Ehe als unmöglich erscheinen läßt, heiratet sie schließlich doch, hat mit ihr drei Kinder, plagt und rackert sich ab und vergißt schließlich den Traum vom sozialen Aufstieg, altert ebenso wie seine Frau, die sich zu Hause für das Wohlergehen der drei Kinder von morgens bis abends abmüht. Als Miller eines Tages von einem Auto überfahren wird und sein Leichnam in der ärmlichen Wohnung aufgebahrt wird, signalisiert Caldwell durch eine einfache Beschreibung, daß das in der Plackerei der Arbeit untergegangene, entfremdete Leben im Grunde bereits den Tod bedeutet hat, den Cora nun sprachlos an ihrem Mann zu verstehen versucht: »She went back home and looked at Hugh, but she could not notice any difference in him; at home, he was always asleep.« (435)

Doch die eigentliche, den seelischen Tod der Frau und der Kinder thematisierende Geschichte beginnt nach dieser trostlosen Eingangssequenz. Die Eisenbahngesellschaft, von der Cora länger als einen Monat irgendeine Art von finanzieller Entschädigung nach dem Tod ihres Mannes erwartet, verbirgt ihre Unmenschlichkeit hinter einem Schein von Ignoranz, der dem Titel der Geschichte seine bitter ironische Bedeutung verleiht: Der mit dem Allerweltsnamen Hugh Miller versehene Arbeiter, der sich immer stumm anpaßte, seine Pflicht erfüllte, geht unidentifizierbar in der Masse all jener anderen Hugh Millers unter, die gleichfalls für die Gesellschaft arbeiten. Er ist zum Niemand geworden, als hätte er nicht einmal existiert. Die indirekte Vernichtung seiner Existenz im Arbeitsprozeß, der seine Persönlichkeit völlig aufgezehrt hat, wird gleichsam konkret anschaulich gemacht, indem er auch in den Akten der Firma als nicht vorhanden geführt wird. Der Ausbeutungsmechanismus, dem sein Leben und seine Identität als Person zum Opfer gefallen sind, wird nun gleichsam in die Familie hineingetragen, so daß die ohne jegliches soziale Netz von Sicherheit zurückgelassene, am Hunger ihrer Kinder und an ihrem eigenen Hunger leidende Frau in ihrer Verzweiflung sich selbst und ihre Kinder ausbeutet, die zehnjährige Tochter Pearl, die, erstes Zeichen ihrer erotischen Attraktivität, langes blondes Haar besitzt. In einer den Hauptteil der Geschichte ausmachenden Erzählsequenz von schmerzhafter Eindringlichkeit gelingt es der um Geld bettelnden Cora nach großer Mühe, 25 Cent von einem Mann zu bekommen, der sich mit der Absicht auf ihre Tochter in ihre Wohnung locken läßt. Die Zerstörung der kindlichen Identität des Mädchens in dieser aus sozialen Zwängen heraus entstandenen Situation der Prostitution wird von Caldwell an den Reaktionen des Kindes in einer so ätzenden Schmerzhaftigkeit bewußt gemacht, daß die Wirkung jedem Pamphlet sozialer Anklage überlegen ist und hinter dem von der Angst zerstörten Gesicht des Kindes, dem von der Überlebensnot verzehrten Gesicht der Mutter und dem von seiner Gier und Furcht vor Entdeckung verzerrten Gesicht des Mannes die anonyme Fratze einer Gesellschaft erkennbar wird, die im Zeichen von Profit und Erfolg die am einzelnen Menschen ausgerichtete Moral längst zu Grabe getragen hat wie den einzelnen Menschen, der aus diesem System herausgefallen ist. Der Schlußsatz der Geschichte – »When the children woke up, the food would be there for them.« (441) – ist ohne jeden Trost, da die momentane Verlängerung der physischen Existenz die Zerstörung der Person nicht ungeschehen zu machen vermag.

Gewiß mag man einwenden, daß Caldwell hier eine historisch zurückliegende soziale Zwangslage zeichnet, und es ist bezeichnend, was man über die Wirkung dieser Short Story berichtet hat: »The story caused no shock when published in a magazine in 1933, for the degradation caused by extreme poverty was all around.«[14] Die Zwänge, auf die Reding in verhärteten Gesellschaftsstrukturen aufmerksam macht, präsentieren sich anders und auf den ersten Blick weniger schmerzhaft, sind Vorurteile und Verhaltensklischees, ideologische Umsetzungen des Status quo im Denken von Menschen, die ihre soziale Lage auf Kosten der anderen halten wollen, doch diese Zwänge sind nach wie vor da. Und auch der »Defraudant und potentielle Mörder« (193) Marchner, der dem Typus des Entwurzelten, des gegen die moderne Waren- und Konsumwelt revoltierenden, Geld unterschlagenden Kassierer aus Kaisers »Von morgens bis mitternachts« ebenso ähnlich ist[15] wie dem Kassierer mit dem sprechenden Namen W. Schweiger, der in Frischs »Graf Öderland« aus unerklärlichen Gründen zum Mörder wird[16], steht, in einer anderen historischen und sozialen Situation, in gewisser Weise gleichfalls als Beispiel für »Masses of Men« da wie der Hugh Miller in Caldwells Geschichte. Reding hat Marchners Schicksal in zwei weiteren Kurzgeschichten dargestellt, Marchners Rückkehr ins eheliche Schlafzimmer und seinen Mordversuch an der sich schlafend stellenden Ehefrau, die glaubt, ihr Mann sei, von Reue und Zärtlichkeit bewegt, zurückgekommen, in »Allein in Babylon II«[17] und das Gespräch zwischen zwei Arbeitskollegen über Marchners sozialen Absturz in »Allein in Babylon III«[18].

Gerade dieses Gespräch zwischen dem älteren Kollegen Kolkrab, der Marchner seit langem kennt und sich in seine Situation einfühlen kann, und dem jungen Kollegen Teupner, der, auf Aufstieg in der Firma programmiert, Anpassung als soziale Strategie auf seine Fahnen geschrieben hat und im Grunde nur Entfremdung nach oben hin demonstriert, macht auf die Gründe für Marchners Verhalten aufmerksam, das aus der Perspektive einer an Erfolg und Anpassung orientierten Gesellschaftsmoral einem sozialen Defekt entspringt und als Versagen Marchners erscheint. Kolkrabs Hinweis: »Sie kannten Marchner nicht [...] Er war so empfindsam, daß er die Welt hier [...] als Zuchthaus empfunden hat. Die Welt hier und zu Hause, bei seiner Frau. Wenigstens manchmal.« (193) Diese aus der Einfühlung in die Perspektive Marchners getroffene Feststellung wird nicht nur als subjektiver Reflex Marchners gezeichnet, wie die nüchterne Einschätzung der Arbeitswelt aus der Perspektive Kolkrabs bezeugt: »Wenn auch die Arbeiter erst Belegschaft, dann Gefolgschaft und schließlich Betriebsangehörige hießen, so hieß der Direktor immer noch Direktor. Ein Zeichen von Stabilität.« (192) Die kosmetischen Veränderungen der Außenhaut haben die Machthierarchie und die Herrschaftsstrukturen im Grunde wenig verändert. Und die von dem jungen, auf sein Abitur stolzen Kollegen Teupner eloquent vertretene Ideologie der Effizienz und Anpassung, sein Vorwurf, Marchner sei inkonsequent gewesen (er hätte entweder mit der unterschlagenen Summe auf Nimmerwiedersehen verschwinden und wenn schon einen Mord, diesen wenigstens erfolgreich durchführen müssen, mit konsequentem Selbstmord als Abrundung der Affäre), stellt für Kolkrab, der Teupner auf seine Theorie hin ironisch einen »Schulmeister für Lebensmüde« (192) nennt, nur eine Entfremdung anderen Grades dar, die die Mechanismen der Arbeitswelt bereits verinnerlicht und sich in einem Ideologiegehäuse bereits wohnlich eingerichtet hat.

Solche sozialen Konditionen, die das Verhalten der Menschen bestimmen und deformieren, hat Reding noch in einer Reihe von geglückten anderen Kurzgeschichten dargestellt: »Fahrerflucht«, »Die Bulldozer kamen« oder »Während des Films« (worauf in Teil III einzugehen sein wird) sind einprägsame Beispiele dafür. Sie alle zeichnen sich durch eine unpathetische Diktion, den genauen Blick für Details der sozialen Realität, durch die Konzentration auf eine herausgehobene, zeitliche Kontinuität dokumentierende Situation aus und tragen Bausteine zu einer literarischen Sozialgeschichte der bundesdeutschen Gegenwart zusammen.

In der Titelgeschichte des Kurzgeschichtenbandes »Schonzeit für Pappkameraden«[19] demonstriert Reding das an einem anderen Beispiel und lädt zugleich dazu ein, den Bogen zurückzuschlagen zu jener frühen Geschichte »Junge Bäume bluten weiß«, die die Abrichtung der Kinder zum heroischen Vernichtungskampf in der Endphase des Zweiten Weltkrieges so nachdrücklich demaskiert. In der neuen Geschichte geht es um den Kunstschützen Dworski, der in die Bundeswehr eingezogen wurde und zum Ärger seiner Vorgesetzten, der Leutnants Sebaldt und Rollinck, beim Zielschießen eine Fahrkahrte nach der andern schießt. Auch Rollinck, der sich etwas darauf zugute hält, immer den richtigen Zugang zu den Soldaten zu finden – »Richtige Ansprache als Pforte in die Mentalität des Soldaten, so hieß einer der Vorträge, mit dem Rollinck beim rhetorischen Kurs für Offiziersanwärter Eindruck machte.« (9) –, versagt bei Dworski, da jener ihm erklärt, daß er in jeder Pappfigur unwillkürlich einen Menschen sieht, den er bei seinen Darbietungen als Kunstschütze stets knapp verfehlen muß: »Aber wenn ich hier anfange, ein Abbild zu treffen, dann vergesse ich mich demnächst während der Vorstellung und treffe ins lebende Ziel. Und dann ist Schluß. Schluß mit dem Menschen, den ich verkrüppelt oder totgeschossen habe. Schluß mit mir. Schluß mit unserem kleinen Schaugeschäft. Kapieren Sie denn nicht, daß ich es darum nicht fertigbringe, auf den Pappkameraden zu schießen?!« (12)

Die Anklage, die Reding hier ganz unpathetisch gegen den militärischen Drill in jeglicher Armee formuliert, besteht in der möglichen Umkehrung des bedingten Reflexes beim Kunstschützen Dworski. Denn so wie jener es auf Grund seines Trainings nicht kontrollieren kann, daß er an jedem Zielbild vorbeischießt, kann der Drill den Soldaten dazu bringen, später gleichsam automatisch auf jeden lebenden Menschen zu schießen, der im Visier seiner Waffe als Bedrohung erscheint. Der militärische Drill, wie human er sich auch nach außen gibt, manipuliert den einzelnen stets zum Tötungsinstrument, das gleichsam bewußtlos funktioniert. Es wirkt nur als Bestätigung dieses Vorgangs, wenn Rollinck dem widerspenstigen Kunstschützen mit übergeordneten Stellen droht: »Dann müssen sich andere Instanzen mit Ihnen beschäftigen. Höhere. Der Militärpfarrer. Oder die Armee-Psychologen. Oder das Gericht. Oder alle zusammen.« (12)

Die Doppelbödigkeit der genormten Gesellschaftsformen, der Anpassung an eingespielte Verhaltensmuster, von Dworski in seiner Situation unfreiwillig aufgedeckt, wird von Reding in zahlreichen Kurzgeschichten als ein System von Fallgruben sichtbar gemacht, in die der einzelne unversehens immer wieder einbricht. Das Engagement des Erzählers Reding wird dabei von der Hoffnung getragen, daß die Einbrüche, die er sichtbar macht, der Gesellschaft und ihren fest eingefahrenen Regelsystemen ihre Endgültigkeit nehmen.

16. Gabriele Wohmann. Verlustanzeigen aus dem Mittelstand – Mansfield

Die annähernd 250 Kurzgeschichten, die Gabriele Wohmann ihrem eigenen Bekenntnis zufolge bisher geschrieben hat, machen sie von der Fülle ihres Werks her gewissermaßen zum O. Henry der deutschen Literatur[1], mit dem sie auch die Vorliebe für die auf die Pointe zueilende Geschichte teilt und das stoffliche Interesse an der Seelenfauna eines mittelständischen Personenensembles, das bei Gabriele Wohmann allerdings mehr von großbürgerlichen Sehnsüchten bestimmt wird. Bei O. Henry ist der kleinbürgerliche Wurzelgrund stärker ausgeprägt, und viele seiner Protagonisten sind Außenseiter auf Grund ihrer Asozialität: Diebe, kleine Gauner, Herumtreiber, die sich den mißvergnügten Ehemännern und erfolglosen kleinen Geschäftsleuten an die Seite gesellen. Dieser Schmelztiegel einer kunterbunten amerikanischen Sozietät wird von O. Henry nicht nur mit schriftstellerischem Behagen, sondern auch mit scharfem Blick für die sozialen Defizite des einzelnen ins Bild gesetzt und ist auch in der sprachlichen Verwendung von Slang- und Dialektelementen von einer Präzision der sozialhistorischen Bestandsaufnahme, die man in den Kurzgeschichten der Wohmann, bezogen auf die Bundesrepublik der letzten Jahrzehnte, in dieser Darstellungsbreite vergeblich sucht.

Die Konfliktlagen ihrer Protagonisten – sie sind sehr häufig weiblichen Geschlechts – sind zumeist aus dem gesellschaftlichen Aktionsraum nach innen verlegt, werden in abgeleiteter und abgemilderter Intensität in den Sozialparzellen des Verwandtschafts- und Freundeclans, der Familie und Ehe ausgetragen, in Privat- und Freiräumen also der gesellschaftlichen Aktion. Noch häufiger werden diese Konfliktlagen nur noch im Reflex des Seelenzustands der Protagonisten diagnostiziert, in einem unbestimmten Ekelgefühl, einer Dauerdepression, die aus der Perspektive der betroffenen Figur nach außen projiziert wird und die Wirklichkeitsimpressionen der Außenwelt wie mit einem grauen Schleier überzieht[2].

Dieser Vorgang der Internalisierung führt im Ergebnis nicht selten dazu, daß ununterscheidbar wird, ob die Malaise-Erfahrung der Protagonisten eine emotionale Reaktion auf die Außenwirklichkeit ist oder die trübe Beleuchtung der Außenwelt nur ein Ergebnis des getrübten Blickfeldes der Protagonisten ist, wobei die Frage nach den Gründen dafür bereits nicht mehr gestellt wird. Und hier liegt denn auch der stärkste Unterschied zwischen Gabriele Wohmann und einem Autor wie O. Henry (dessen Werk ihr zudem ihrem Zeugnis nach unbekannt geblieben ist): Während sich jener in einem Akt der optimistischen Identifikation für die sozial Zukurzgekommenen engagiert und ihnen auch in ihren in der sozialen Arena aufgewiesenen Niederlagen durch seinen Humor das Wohlwollen seiner Leser sichert, hat Gabriele Wohmann zu Recht über ihre Schreibhaltung in vielen frühen Geschichten ausgeführt: »Ich glaube, daß ich es früher zu einseitig gemacht habe, indem ich bloß das Schäbige und Miese beschrieben habe, weil da etwas gefehlt hat, weil das Schreckliche mehr Dimensionen, mehr Schrecken bekommt, wenn man auch das Schöne, das mögliche Schöne, wenn auch vergängliche Schöne, nicht unterschlägt.«[3] So drängt sich besonders in jenen von weiblichen Hauptfiguren handelnden Erzähltexten gelegentlich der Eindruck von rituellen Selbstkasteiungen auf, wie es andererseits ebenso Texte gibt, die in einer manischen Fixiertheit des Blicks das vorgeführte Personal zu einer absonderlichen Spezies machen, deren negatives Rollenverhalten nicht eigentlich aus Situationen des sozialen Verhaltens abgeleitet wird, sondern aus einer Aneinanderreihung von eher sekundären Details. Aus der satirischen Bloßstellung wird so die Aburteilung, wobei der Prozeß der Urteilsfindung, der den Urteilsspruch nachvollziehbar machen könnte, schon nicht mehr mitgestaltet wird.

Gewiß, das sind eher die Grauzonen der erzählerischen Virtuosität einer Autorin, die, zur Generation der in den dreißiger Jahren Geborenen gehörend, erst Ende der fünfziger Jahre zu schreiben und zu publizieren begann und, von jener Blütephase der deutschen Kurzgeschichte in den ersten Nachkriegsjahren bereits getrennt, dennoch gerade auf dem Gebiet der Kurzgeschichte ihre herausragenden Leistungen vorgelegt hat. Der Funk-Erzählungspreis des Süddeutschen Rundfunks, der Georg-Mackensen-Preis für die beste deutsche Kurzgeschichte des Jahres 1965, der Kurzgeschichten-Preis der Stadt Neheim-Hüsten 1969 signalisieren das ebenso wie die zur Kanonisierung tendierenden Feststellungen in der Literaturkritik: »Denn Gabriele Wohmann gehört zu den besten Erzählern [...] Und im Bereich der Kurzgeschichte gibt es im ganzen deutschen Sprachraum nur sehr wenige Schriftsteller, die diese Autorin übertreffen oder ihr auch nur gleichkommen [...] es zeigt sich, daß Gabriele Wohmann die Technik der Kurzgeschichte virtuos beherrscht.«[4] Was es mit dieser »Technik« allerdings auf sich hat, läßt sich zumeist weder aus der in der Regel hochgestimmten Literaturkritik ablesen noch aus theoretischen Verlautbarungen der Autorin, deren Theorieabstinenz geradezu notorisch ist und die hinter ihren Geschichten und großen Prosaarbeiten verschwinden möchte.

Wenn in einer die sozialpathologischen Aspekte thematisierenden Untersuchung von Gabriele Wohmanns Prosa[5] gesprochen wird vom »Zusammenbruch retrospektiver Reflexionshaltungen, die weitgehend die Perspektivierung der Erzählungen bestimmen« und es heißt: »Gerade die prinzipielle Unfähigkeit, reinterpretierend die unsicher gewordene Identität erneut zu stabilisieren, muß als symptomatisch [...] angesehen werden« (231), so liegt es nahe, dies auch auf die theoretische Abwehrhaltung der Autorin zu beziehen, die einer begrifflichen Festlegung ihrer Position nicht nur im Sinne einer Rollenfestschreibung widerstrebt, sondern auch im Sinne eines Identitätsnachvollzuges, der die eigene Persönlichkeit im geschichtlichen Prozeß nicht als bloße Reflexgröße, deren Kontinuität nur die biographisch psychologische ist, sondern als aktives, ein Lebensprogramm vertretendes Subjekt begreift.

Die Problematik ihrer Position als Autorin hat sicherlich mit der Begrenztheit ihres sozialen Erfahrungsfeldes zu tun. Bezeichnend dafür ist ihre Äußerung: »Der Stoff, das ist mein Problem. Ich erlebe äußerlich ganz wenig.«[6] Und auch ihre Abneigung davor, Plots auszudenken und Handlung zu erfinden – »Was mich am meisten anödet beim Schreiben, ist, daß man immer irgendeine Art von Handlung erfinden, Fäden verknüpfen muß«[7] – ist ja nicht nur ein Bekenntnis zur Authentizität von literarisch umgesetzten Erfahrungen – »[...] also werde ich beim Schreiben auch immer so ziemlich in meiner eigenen Nähe bleiben«[8] –, sondern zugleich eine Abwehrhaltung einer Realität gegenüber, die sich in komplexen Kausalitätsmustern und Aktionsverschränkungen darbietet und deren mimetische Transparenz im literarischen Werk das soziale Darinverwickeltsein voraussetzt. Von daher lassen sich die Schaffensprobleme der Autorin Wohmann paradoxerweise eher an ihren Romanveröffentlichungen[9] ablesen, wo einerseits von den Gattungsvoraussetzungen des Romans her die soziale Abbildungsfunktion des Schreibens viel dominierender ausgeprägt sein müßte und sie sich andererseits dennoch viel stärker auf die solipsistische Position der Mittelpunktsfiguren zurückzieht. Daß die Protagonisten dabei zumeist Künstler sind – die Schriftstellerin in »Ernste Absicht«, der Schriftsteller Robert Plath in »Schönes Gehege«, der Komponist Hubert Frey in »Frühherbst in Badenweiler« – und in einem von sozialen Zwängen weitgehend freien Raum agieren, der sich ihrer meditativen Innenschau, ihrem Wirklichkeitsekel, ihren künstlerischen Arbeitsstockungen, ihren Ressentiments über Um- und Mitwelt öffnet, hat erst recht jenen Eindruck bestätigt, den Chotjewitz[10] bereits an vielen Geschichten der Wohmann diagnostiziert: »Die Wohmann schreibt ihre Geschichten häufig in der ersten Person und jene Leute, die in der dritten Person beschrieben werden, sind den ersten Personen sehr ähnlich. Hinzu kommt, daß die Hauptperson oft eine Frau ist. So kommt es, daß viele Figuren der Wohmann die Wohmann sind.« (12)

In dem Maße, in dem der Roman von seinen Gattungsvoraussetzungen her das Eingehen auf sozial abbildbare Wirklichkeit fordert, macht sich der Rückzug auf die solipsistische Position der Künstler-Mittelpunktsfigur stärker bemerkbar, wobei das Gattungsvolumen zugleich dazu beiträgt, daß die subjektivistische Introspektion überproportional ausgeweitet wird. Auch von daher spricht alles dafür, daß der spöttisch an die Adresse der Literaturkritik gerichtete Satz ihres fingierten Nachrufes[11]: »[...] während wir dabeiblieben, daß die sogenannte Kleine Prosa ihre Stärke sei [...]« (309) eine durchaus ernstzunehmende Selbstaussage enthält. Denn der schmale Grundriß der Kurzgeschichte setzt nicht nur eine größere Variabilität in seiner immer erneuten Ausfüllung voraus, sondern verhindert zugleich jene Aufblähung der individualistischen Innensicht, die für die meisten Romane der Wohmann charakteristisch ist. So ließe sich folgern, daß auch die Konstitution der Autorin in ihrer Beziehung zur Realität, in ihrem sozialen Umfeld mit Nachdruck unterstreicht, daß die Affinität zur Gattung der Kurzgeschichte nicht das Ergebnis einer zufälligen Entwicklung ist, sondern sich aus den Voraussetzungen ihres Schreibens nahezu notwendig ergibt.

Die Fülle dieses Kurzgeschichten-Œuvres macht es unumgänglich, sich auf bestimmte stoffliche Trends und thematische Leitstränge zu konzentrieren. Dabei ist auffällig, daß besonders in der Ausgangssituation des Schreibens der Typus der handlungsbetonten, auf eine Steigerung – häufig die Schlußpointe – zueilenden Geschichte nicht selten vertreten ist. »Eine Okkasion« ist ein Beispiel dafür. In der Geschichte »Wiedersehen in Venedig«[12] äußert der Schriftsteller an einer Stelle der befreundeten Erzählerin gegenüber: »[...] ein uraltes Thema: Mann, erste Frau, zweite Frau. Die alte Dreiecksgeschichte. Aber ich packe sie ganz anders an als üblich, wirklich neuartig.« (32) Das liest sich wie die Schreibanweisung für die Geschichte »Eine Okkasion«[13], nur daß es sich hier um eine Frau zwischen zwei Männern handelt.

Der aus der Ich-Perspektive der Frau geschriebene Erzähltext konzentriert sich auf die Gesprächssituation in einem Restaurant, wo sich die drei Leute zum Essen niedergelassen haben: die achtunddreißigjährige Erzählerin, ihr wesentlich älterer Ehemann, der Klavierhändler Leo, und der vierundzwanzigjährige Bekannte René, der, ein schmatzender Naturbursche, »zufrieden mit dem Messer die Forelle blau quälte« (35) und in Ergänzung seiner flegelhaften Manieren auch noch einen heftigen, sich vorerst auf die Körpersprache beschränkenden Flirt mit der Frau seines Gastgebers beginnt. Das, was sich an Kommunikation in dieser Situation entwickelt, läuft dabei auf drei Ebenen ab: einerseits die Konversationsebene, auf der der Ehemann Leo dominiert, besonders dann, wenn im Gespräch sein Lieblingsthema Klaviere angeschnitten wird, andererseits die Blicke, Knie- und Fußberührungen des Naturburschen René, der zudem intensiv mit dem Essen beschäftigt ist, und zum dritten die Bewußtseinsvorgänge, die sich in der Erzählerin abspielen. Sie nimmt nicht nur in ihren Gedanken bereits den Ehebruch vorweg, indem sie sich vorstellt, was nach dem Essen zwischen René und ihr geschehen wird, sondern erweist sich auch in ihrer Beziehung zu den beiden Männern offenbar als Überlegene.

Sie ist nicht das Weibchen, das aus dem Ehejoch in die kurze Freiheit der außerehelichen Amour entweicht, aus einer Unterdrückung in eine andere, sondern dokumentiert ihre Überlegenheit in der Kritik an beiden. Diese in winzigen Beschreibungsdetails signalisierte Kritik – Leos »Hand war alt, von fetten blauen Adern aufgetrieben. Renés Hand war breit und vulgär.« (36) – gilt für die Haltung der beiden Männer insgesamt: die mit ihrer Jugend protzende lächerliche Überlegenheitspose des ungebildeten Männlichkeitsausbundes René und die altmännerhafte Redseligkeit Leos, der sein eigentliches Ich in endlosen Improvisationen an seinem Flügel verströmt und jeweils im Anschluß daran von »Augenblicksrausch« (38) spricht.

Freilich, in den Text leitmotivisch eingestreute Wendungen, die an die Adresse Leos gerichtet sind – »Er pries mich ihm an wie ein Verkäufer seine nicht mehr ganz frische Ware« (36) oder: »Nun sah er aus wie eine männliche Bordellière« (39) –, enthüllen ihren Nebensinn erst am Ende der Geschichte. Denn als der Ehemann die Erzählerin am nächsten Morgen in ihrem Zimmer aufsucht, stellt sich heraus, daß das Ganze ein abgekartetes Spiel zwischen Ehefrau und Ehemann war, um der Ehe nach außen hin zu jener Erfüllung zu verhelfen, die zur bürgerlichen Ehe nun einmal gehört: »Aber Leo bekam nicht das erhoffte Kind. Wir hätten René einweihen sollen – vielleicht wäre es dann auch etwas amüsanter für ihn gewesen.« (40)

Die traditionelle Rolle des gehörnten Ehemannes ist also hier ins Gegenteil verkehrt worden: Er war der Arrangeur des Ganzen, und derjenige, der unwissend in das Abenteuer hineingestolpert ist, war der Liebhaber. Was normalerweise die bürgerliche Katastrophe heraufbeschworen hätte, das illegitime Kind als Folge des Seitensprungs, hätte hier die vollste Zufriedenheit des Ehemanns ausgelöst, ja war das eigentliche Ziel seines Plans. Der Umkehrung des sozialen Rollenspiels in dieser Dreiecksgeschichte entspricht freilich auch eine völlige Verdrehung der Moralvorstellungen, die mit der bürgerlichen Ehe nach außen hin verbunden sind. Die in die Ehe eingebundene Sexualität hat sich gewissermaßen emanzipiert und führt als purer körperlicher Genuß hinter einer Fassade von Honorigkeit ein Eigenleben, das im Partner immer nur das auslösende Moment des Genusses sieht. Der Patriarch wiederum, der seine Potenz-schwäche als naturgegebenes Faktum akzeptiert, will die Gebärfähigkeit der Frau dennoch für sich nutzen, falls nur der Schein gewahrt bleibt und das erwünschte Kind nach außen hin als sein Kind gelten kann. Daß zur Liebe neben dem körperlichen Akt auch der Akt der Sublimierung gehört, die eine partnerschaftliche Beziehung konstituiert, in der menschliche Begegnung möglich wird, scheint Ehemann und Ehefrau gleichermaßen fremd zu sein. Der noch nach außen hin gewahrte Schein der bürgerlichen Ehe dokumentiert ihre Scheinheiligkeit. Die Bindung ist zum reinen Interessenverband geworden, zur wirtschaftlichen Versorgungsangelegenheit für die Frau und zur Möglichkeit der bürgerlichen Erweiterung seines Ichs durch den erwünschten Erben für den Mann.

Allerdings zeigt sich, daß auch die Überlegenheit der Erzählerin, die den Leser gleichsam zum Komplizen ihres Abscheus vor den beiden Männern macht, nur Schein ist, da sie zu keiner Konsequenz in ihrer sozialen Stellung führt. Sie spielt das von den Männern arrangierte Spiel mit und läßt sich von beiden so benutzen, wie sie selbst vorgibt, die Männer zu gebrauchen. Die Bordellsituation, auf die die Erzählerin an zwei Stellen anspielt, ist keineswegs eine Übertreibung. Sie ist die Konsequenz der Heuchelei und eines vorgetäuschten Rollenspiels, das die Möglichkeit zur sozialen Existenz aushöhlt, ja in die Lüge verkehrt hat.

Wie Gabriele Wohmann hier im Zeitkontinuum einer eher alltäglichen Situation die moralische Doppelzüngigkeit eines bürgerlichen Ehepaares bloßstellt, zeugt von einer erzählerischen Bravour, die in vielen ihrer Geschichten gerade den Auflösungsprozeß der Sozialinstanz bürgerliche Ehe demonstriert. Die Symptomatologie dieser Krank-heitsgeschichte wird in anderen Erzähltexten zusätzlich erhellt. Die ganze Misere einer lebenslangen Ehe wird so in der Geschichte »Der Antrag«[14] bereits in der Ausgangssituation des Paares erkennbar, das übereinkommt, den Bund fürs Leben einzugehen. Als der Mann, Leiter einer Privatschule und nicht mehr ganz jung, sich dem Mädchen erklärt, das mit ihm zusammen am Strand liegt, läßt er nichts von romantischem Gefühlsüberschwang spüren, sondern eher von einem Kaufvertrag, der abgeschlossen wird. Den unfreiwillig zum autoritären Signal-Utensil gewordenen Kugelschreiber in der Hand des Mannes, in ihrem Bewußtsein leitmotivisch in dem Drohbild »Sein spitzzulaufender Zeigefinger« (143) zusammengefaßt, sieht denn auch die Erzählerin, der der Heiratsantrag gilt, in Gedanken Zahlenkolonnen schreiben und addieren: »Ehen ohne Liebe sollen am haltbarsten sein. Vernunft kittet den Bund der Vernünftigen. Sein spitzzulaufender Zeigefinger.« (144)

Nicht von seinen Gefühlen spricht der Mann, sondern von der Solidität seiner sozialen Stellung, von der bürgerlichen Sicherheit, die er ihr bieten kann, Komfort daheim, Rente und jährlichen Urlaub. Daß die unerweckte Gefühlswelt der Angesprochenen, die nur lakonisch antwortet und in dem autoritären Zeigefinger bereits den künftigen »Scheidungsgrund« (143) erahnt, in eine ganz andere Richtung als dieses bereits verpackte und luftdicht abgeschlossene Leben weist, wird unaufdringlich immer wieder dadurch deutlich gemacht, daß die Erzählerin während der Erklärungslitanei ein Liebespaar am Strand beobachtet, das in seinem gestischen Verhalten alles das zu besitzen scheint, was ihr in dieser künftigen Ehe fehlen wird. An einer Stelle erklärt sie denn auch vor sich selbst ihr Zögern mit dem Satz: »Ja, ja, ein anderer. Sie kennen ihn nicht, ich auch nicht, einer, auf den ich warte.« (145) Daß dieses Traumbild einer wirklichen Liebesbeziehung am Ende irreal wird, akzentuiert behutsam die perspektivische Entfernung von jenem beobachteten jungen Paar, als die Erzählerin und ihr Begleiter den Strand verlassen und sich an der Promenade zu einem Eis niedersetzen: »Fern am Strand zwei bunte Punkte, ein Mann und ein Mädchen, fast nicht zwei Personen.« (148) In diese Irrealität drängt sie auch ihre eigenen Wünsche und Hoffnungen ab, wenn es am Ende auf die Frage des Mannes: »– Wollen Sie meine Frau werden?« (148) in völligem Widerspruch zu ihrem eigenen Empfinden in einer Überraschungspointe heißt: »Ja, sagte sie und senkte den kühlen Alpakalöffel ins Eis.« (146) Das gestische Signal ist deutlich genug: die Kältekammer der künftigen Ehe wird dahinter sichtbar, die auch noch jene Gefühlsregung erstarren lassen wird, die sie bereits hier schon nicht mehr ausspricht, aber in ihrem Bewußtsein deutlich spürt.

Die Kurzgeschichte »Schöne Ferien«[15] stellt gewissermaßen die nächste Entwicklungsphase dar. Auch hier liegt die Ich-Erzählerin am Strand, hinter ihr der Ehemann Asmus, ein ewig nörgelnder Besserwisser, auf dessen »Kommandos« (47) man ständig Rücksicht nehmen muß. Das alltägliche Ferieneinerlei, das sich zwischen den mitgereisten Familienangehörigen entwickelt, wird, so scheint es, nicht von Asmus durcheinandergebracht, sondern harmonisch geglättet von einem andern männlichen Begleiter, der für jeden das rechte Wort hat, sich ideal verhält und über den die Erzählerin bekennt: »Sogar Nelson zu lieben, strengt kaum an.« (46) Was dem Leser als sanfte Variation von »Eine Okkasion« vorkommt, erweist sich freilich in der Überraschungspointe des Schlusses als eine Radikalisierung der Entwicklung, die in »Der Antrag« bereits angedeutet wird. Der am Strand beim Liebesgeturtel beobachtete junge Mann, der allmählich aus dem Blickkreis der Erzählerin entschwindet, ist hier zur Bewußtseinsprojektion der Erzählerin geworden, deren Gefühlsleben sich völlig gegen die Außenwelt abgeschottet hat und den Bewußtseinsfilm einer anderen Wirklichkeit in ihrer Vorstellung ablaufen läßt, aus der sie der Ehemann aufschreckt: »Hallo, Asmus, kümmere dich gefälligst mal um deine Frau, weck sie auf, los! Ich lasse die Augen zu. Bei geschlossenen Lidern, ruhig, ruhig, verwöhnt mich Nelson, meine Erfindung.« (47) Die Aufspaltung in eine Doppelexistenz, in ein Leben der bürgerlichen Fassade und in ein unterdrücktes eigentliches Leben, das sich in Träume flüchtet, wird hier mit den Zügen einer sanften, schizophrenen Idylle dargestellt.

In der Geschichte »Alberts Programm«[16], die sich ein weiteres Mal wie die chronologische Fortführung desselben Themas lesen läßt, ist das Gewohnheitsritual der Ehe zu einem leeren Gehäuse geworden, das das Bewußtsein der Frau unentrinnbar umgibt. Auch hier handelt es sich um eine Feriensituation an der Nordsee, die einzelnen alltäglichen Etappen werden im Gedankenmonolog der Erzählerin an der Seite des Ehemanns Albert zurückgelegt, der eher aus Langeweile unternommene Seitensprung mit einem Mann, mit dem sie das Ferienprogramm ihres Ehemannes ironischerweise auch nach der ehelichen Katastrophe absolvierte, so wie jetzt, als sie wieder im vertrauten Ferienort ankommt, in ihren Gedanken von Albert ununterbrochen begleitet, obwohl es in der Schlußpointe heißt: »Und alles ohne meinen Mann Albert, der seit einem Jahr nicht mehr lebt.« (186) Die Formel »Endlich allein – endlich zu zwein«, mit der eine andere Geschichte überschrieben ist[17], faßt die

Austauschbarkeit beider Situationen zusammen: An der Leere der Gewohnheit ändert sich auch dann nichts, wenn das Ritual durch den Tod des Partners unterbrochen wird. Der zur Gewohnheit gewordene Lebenstrott wird einfach weitergeführt. Allerdings wird auch hier als Prämisse der Darstellung vorausgesetzt, daß Albert seine Frau in gesicherten bürgerlichen Verhältnissen zurückgelassen und die Fortführung des Rituals wirtschaftlich möglich gemacht hat.

In der Geschichte »Treibjagd«[18] wird nicht nur auf anderer Ebene die Ausgangssituation von »Der Antrag« variiert, sondern zugleich werden die sozialen Störfaktoren, die mit der Rolle der Protagonistin verbunden sind, viel stärker berücksichtigt und damit das Ausmaß an mitgestalteter sozialhistorischer Realität vergrößert. Die opportunistische Entscheidung der Erzählerin zur Ehe an der Seite eines ungeliebten Mannes in »Der Antrag« wird hier gewissermaßen von den sozialen Möglichkeiten her gerechtfertigt, die die bürgerliche Gesellschaft einer alleinstehenden Frau anbietet. Die Protagonistin Eva Maria, aus deren Perspektive »Treibjagd« erzählt wird, ist ein Beispiel dafür: Sie ist bereits nicht mehr ganz jung, geht einer monotonen Bürotätigkeit nach in einer Gemeinschaft von älteren Frauen, die alle wie sie bereits in die Rolle der alten Jungfer abgedrängt worden sind: der Frau, die nicht attraktiv genug ist, einen Mann zu finden, und die den andern zur Last fällt. In Eva Marias Beispiel gilt das für ihre Eltern, mit denen sie zusammenlebt und deren ganzes Denken und Wünschen darauf gerichtet zu sein scheint, daß sie endlich doch noch einen Mann findet und damit eine bürgerliche Erfüllung ihrer Existenz.

Die Treibjagd, die der biedere Bauingenieur Herbert Panter auf sie inszeniert, als sie auf eine Heiratsannonce hin zu einem ersten Rendezvous mit ihm zusammentrifft und plötzlich in einer Angstreaktion buchstäblich vor ihm ausreißt, hat längst vorher begonnen: Die sozialen Zwänge, die Vorstellungen ihrer Eltern, die Rollenklischees, mit denen sie sich umgeben sieht, ergeben bereits einen Sog, dem sie kaum widersteht. Die psychischen und somatischen Reaktionen[19] Eva Marias, ihre Angst vor Kindern und vor Hunden, ihr in Unordnung geratener Stoffwechsel, den sie planlos mit Medikamenten bekämpft, sind Symptome einer Verunsicherung, die sie längst als Opfer erweisen, bevor der mit dem allegorischen Namen Panter versehene Biedermann sie sich als Beute aussucht.

Das Umfeld dieser psychischen Verunsicherung der Frau wird mit einer ebenso großen Differenziertheit von der Autorin anschaulich gemacht, wie sie andererseits den auf Frauenfang gegangenen Biedermann jeweils in kurzen satirischen Überbelichtungen als bürgerliches Scheusal einer künftigen patriarchalischen Ehe darstellt: in seiner zur Selbstbeweihräucherung ausufernden Suada über die humanitären Aktionen der »Hortensia Freundschafts-Liga« (92), deren »Präsidentschaft in Aussicht« (92) für ihn steht, in der Grobheit, mit der er ihren Vorschlag zum Spazierengehen pariert, indem er auf seine Krampfadern hinweist und sich dabei etwas auf seine Ehrlichkeit zugute hält, in dem umständlichen Essensritual, mit dem er den Kuchen generalstabsmäßig verschlingt, in dem Ausbruch von plötzlicher Intimität, mit der er die kußunwillige Eva Maria während des Spaziergangs überfällt.

Daß ihre vier Bürokolleginnen, über die Umstände des Treffens informiert, sich gleichfalls eingefunden haben, um Panter aus kollegialem Interesse heraus in Augenschein zu nehmen, steigert nur noch die Situation der psychischen Einkreisung, aus der dann Eva Maria spontan ausbricht, indem sie einfach wegläuft, was allerdings sowohl von Panter als auch von ihren Bekannten als Spiel ausgelegt wird und von ihnen anfänglich sowenig durchschaut wird wie von ihren Eltern, die Panters sich anbiedernden Brief, den er ihr nach dem »Sonntag mit der Katastrophe« (99) schrieb, nett finden. Wenn es gegen Ende über die mögliche Fortsetzung heißt: »Zehn Tage bis zu Herbert Panters nächstem Besuch. Diesmal käme er ins Haus. Er würde die Eltern kennenlernen und allen miteinander das Du anbieten« (99) und Eva Maria offenbar damit einverstanden ist, so zeichnet sich hier bei ihr die gleiche opportunistische Anpassung ab wie bei der Erzählerin von »Der Antrag«. Auch hier wird die Falle zuschnappen, und das Jagdopfer wird auf immer in den Käfig des bürgerlichen Ehe-Zoos eingesperrt sein.

Gewiß ist hervorzuheben, mit welcher scharfen Eindringlichkeit es Gabriele Wohmann gelingt, institutionalisierte Kommunikationsformen des bürgerlichen Zusammenlebens als Rituale der Unterdrückung des einzelnen bloßzustellen und damit unter der honorigen Oberfläche bürgerlicher Alltäglichkeit Horrorerfahrungen der Ich-Kasernierung und Ich-Zerstörung aufzudecken, die vom Ritual her ironischerweise gerade der Ermöglichung von Kommunikation (mit dem Wunschziel der Ehe) dienen sollen. Die von ihren Eltern oder ihren Arbeitskolleginnen verinnerlichten Normen, die die alleinstehende ältere Frau zu einem gescheiterten und nutzlosen und obendrein wirtschaftlich nicht versorgten Mitglied der Gesellschaft machen, zwängen die Protagonistin ebenso in die passive Opferrolle hinein wie jene geschäftsmäßigen Institutionen der Partnerschaftsvermittlung, die ihr noch offenstehen, um Kontakte herzustellen, die ihrer in Berufs- und Privatleben bereits entfremdeten Existenz spontan nicht mehr möglich sind. Auch das von der Gesellschaft stigmatisierte Faktum ihres biologischen Alters spielt in diesem Zusammenhang eine Rolle. Das Unterdrückungssystem ist so bereits perfekt. Die ironische Pointe der Geschichte ist, daß es in der möglich gewordenen Ehe nicht aufgehoben, sondern eher noch gesteigert werden wird.

Daß sich die Protagonisten dabei unfreiwillig über ihren Part in diesem bürgerlichen Horrorstück im klaren sind, wird immer wieder in ironischen Streiflichtern akzentuiert. Wenn Panter gegen Ende in seinem Brief von einer »Aktion Rotkäppchen« berichtet, die er so erklärt: »Es ist hierbei daran gedacht, Kinder und alte Leute einander wieder näherzubringen, und zwar, ohne daß der böse Wolf dazwischenkommt« (99), so weist die Märchen-Metapher des bösen Wolfs unmittelbar auf ihn. Und auch die Fluchtreaktion Eva Marias ist ja eine instinktive Erkenntnis ihrer Lage. Freilich fehlt ihr die Kraft, dem bürgerlichen Verhängnis auf immer zu entgehen. Die Anpassung durch Gewohnheit, die Unabänderlichkeit von Lebensformen, denen man nicht entgehen kann, erweisen sich als das eigentliche Krankheitssyndrom.

Gewiß könnte man der Autorin vorhalten, daß sie die Ich-Stärke ihrer Protagonistinnen von vornherein nur im Zustand der Schrumpfung vorführt, daß sie die Möglichkeit zu Befreiungsschüben vorweg verneint, daß sie also paradoxerweise gerade im Hinweis auf die Auswegslosigkeit der Situation faktisch die bürgerliche Lebensform zu einem umfassenden Zwangssystem perfektioniert und damit aus der Geschichte herausnimmt. Dabei läßt sich keineswegs übersehen, daß die gesellschaftlichen Voraussetzungen, die sich in den Plot-Modellen ihrer Geschichten zu erkennen geben, eine im Wohlstand saturierte und von unmittelbaren Existenzproblemen nicht mehr geplagte Gesellschaft implizieren, mit andern Worten: daß ihr Gesellschaftsbild unmittelbar auf die sechziger und siebziger Jahre verweist und in der frühen Nachkriegszeit undenkbar gewesen wäre.

Daß sie das Bewußtsein ihrer Protagonistinnen so hermetisch von der Geschichte abschließt und auf die aktuelle Situation reduziert, wäre ebenso als Prämisse ihres Schreibens in Frage zu stellen wie auch der erzählperspektivische Bruch, der sich in der Struktur der »Treibjagd« zu erkennen gibt: Im Unterschied zu den Protagonistinnen von »Eine Okkasion« und »Der Antrag« ist die satirische Präsentation Panters aus der Perspektive Eva Marias nicht zu integrieren in den Einkreisungszustand ihres Bewußtseins und ihrer sozialen Rolle. Sie, die einerseits aus unterdrückter Angst bereits die Kontrolle über ihren Körper verloren hat und sich reflexhaft passiv in die Begegnung mit Panter hineindrängen läßt, während des Spaziergangs nicht nur psychisch, sondern auch physisch leidet (da ihr Körper nicht zuletzt auf Grund der übermäßig eingenommenen Medikamente revoltiert), registriert die Lächerlichkeit seines Auftritts andererseits mit einer Klarheit der satirischen Durchleuchtung, die sie phasenweise zum Mundstück der Autorin werden läßt. Durch die Verlagerung von der Ich- zur Er-Perspektive hat Gabriele Wohmann diese Differenz zwar erzählstrukturell zu berücksichtigen versucht, fällt aber dennoch im Erzählverlauf ihrer Figur immer wieder ins Wort und läßt sie Einsichten und Sentenzen artikulieren, die ihr Bewußtsein überschreiten.

So präzis sie die dreiphasige Kabinen-Struktur dieser Kurzgeschichte entwickelt hat, die Introduktion des Themas im Büro, die Vorbereitung und Durchführung der Begegnung und die Folgen, so souverän sie auch die Einheit eines Zeitkontinuums als Verbindung der drei Erzähl-Kabinen sichtbar macht und so perfekt böse sie die kleinbürgerlichen Lebenszwänge vor den Leser hinstellt, für den perspektivischen Standpunkt der Autorin ergibt sich dennoch dabei, was sie an einer Stelle über die Protagonistin ausführt: »– die Summe davon ergab, addiert zu dem Schicksalsschlag [...] eine fürchterliche Verzagtheit.« (96)

Daß es der Autorin dennoch gelingt, innerhalb dieses enggesetzten Wirklichkeitsrahmens Symptome der Seelenvergiftung aufzuweisen, die letztlich das System dieser bürgerlichen und kleinbürgerlichen Lebenszwänge in Frage stellen (wenn auch nicht die Frage danach stellen), beweisen andere stofflich ähnlich gelagerte Erzählstücke, die andere, zeitlich vorangeschrittene Ansichten aus dem Horrorkabinett der bürgerlichen Ehe präsentieren. Das gilt in diesem Sinne für buchstäbliche Kabinettstücke wie »Verjährt« und »Ländliches Fest« (auf die in Teil III eingegangen wird), satirische Durchleuchtungen der moralischen Labilität, die sich unter der honorigen bürgerlichen Oberfläche verbirgt, aber auch für eine Geschichte wie »Das stärkere Geschlecht«[20].

Dargestellt wird die Unterhaltung von zwei nicht unattraktiven Matronen mittleren Alters, von denen die eine, Bella, ihren Mann nach vierzehn Tagen Ehe verloren hat, während die andere, Hanne, unter ihrem Sadisten von Ehemann zu leiden vorgibt und schwärmt: »[...] bevor ich heiratete, war mein Leben erfüllter.« (61) Die andere vertritt genau die gegenteilige Position: »[...] was hab ich denn vom Leben [...] als Witwe.« (55) Während die eine sich bei Kuchen und Schlagsahne und die andere sich beim Bier vergnügt, glaubt jede von der anderen, daß sie das bessere Los gezogen hat.

In dieses Gespräch wird ein anderes von zwei Männern, die sich in derselben Kneipe

befinden, eingeblendet. Der um die beiden Frauen kreisende Klatsch holt gewissermaßen deren Vorgeschichte nach, zum Beispiel im erwähnten Gerücht, daß Bellas Mann sich nach vierzehn Tagen freiwillig vom Baugerüst stürzte. Während die beiden Frauen ihren eigenen Tod bereden und dabei mit Appetit und Durst kräftig zulangen, wird Hanne von der Kellnerin die Nachricht überbracht: »– Ihr Mann ist eben gefunden worden, im Bett. Selbstmord.« (63)
Die in dieser Pointe gipfelnde Geschichte läßt sicherlich die erzählerisch differenzierte Struktur der »Treibjagd« vermissen, aber läßt sich dennoch im Sinne einer ergänzenden Korrektur auf diese Geschichte beziehen. Die vom sozialen Ritual zu Opfern Gemachten erweisen sich mitunter als die eigentlichen Monster, die sich nach einiger Zeit in ihrer Hölle bequem einrichten und zu getarnten Foltermeistern ihrer Unterdrücker werden. Gabriele Wohmann ist eine Chronistin dieser lautlosen Kämpfe zwischen Tisch und Bett in den sprichwörtlichen eigenen vier Wänden, die sich mitunter in eine elisabethanische Kampfstatt verwandeln, so wie zu Anfang ihrer Geschichte »Böse Streiche«[21]: »Das Bakker-Ehepaar, das friedfertigste von allen, war auf dem schönen weißen Teppich im stillen molligen Wohnzimmer tot aufgefunden worden, vormittags, nachdem sie die ganze Nacht über so da gelegen haben mußten, entstellt und verschrammt von Verwundungen, die sie offensichtlich einer dem andern beigebracht hatten, denn neben ihren platt hingestreckten Körpern lagen zwei schmierige Mordmesser.« (65)
Diese Darstellung der bürgerlichen Ehe als eine permanente Zimmerschlacht schränkt nicht nur die Bedeutung dieser sozialen Parzelle als Inbegriff von bürgerlicher Gesellschaft ein, sondern funktioniert auch zu häufig die Mängelerfahrungen dieser Gesellschaft in Eigenschaften ihrer Personenträger um, so daß sich auch unter diesem Aspekt der Darstellung die Vorstellung eines geschlossenen Wirklichkeitssystems ergibt, das letztlich, wenn auch gegen die Absicht der Autorin, eine affirmative Bedeutung erhält[22].

Es wäre sicherlich eine Vereinfachung, Gabriele Wohmann ganz auf diese Horrorgemälde bürgerlicher Sozietät festzulegen. Ihr erzählerisches Spektrum, vor allem was ihre Kurzgeschichten betrifft, reicht stofflich und thematisch weiter, schließt das beißende satirische Porträt (wie in »Sonntag bei den Kreisands«), die phantastische Geschichte, die den Einbruch des Unerwarteten in den Alltag darstellt (wie in »Die Lok«) oder die sprachkonstruktivistisch angelegte Erzähletüde (vor allem in der Sammlung »Gegenangriff«) ebenso ein wie die hingetupften Stimmungsaugenblicke von Adjektivgeschichten (wie in der Sammlung »Sieg über die Dämmerung«) oder die ausgezirkelten Pointengeschichten in der Art von »Eine Okkasion«.
Dennoch läßt sich von einem anderen thematischen Hauptstrang ihrer Kurzgeschichten sprechen, dem sich viele Erzählbeispiele zuordnen. Es sind Geschichten mit jugendlichen Protagonisten, zumeist Kindern, die in der Kollision mit der Erwachsenenwelt gezeigt werden: als ihre Opfer, als Geschädigte oder auch als aus der Naivität der Kindheit heraustretende junge Menschen, die Erfahrungen machen und verarbeiten müssen, die sie in einer Phase des Übergangs, unterwegs in die Erwachsenenwelt, zeigen. Es sind, mit einem Wort, Initiationsgeschichten. Die die weibliche Protagonistin und häufig auch die Ich-Erzählerin bevorzugende Erzählhaltung Gabriele Wohmanns zeigt sich hier am stärksten in der Nähe der von ihr bewunderten Katherine

Mansfield. Sie hat in ihren Geschichten jenen subtil nuancierten Beschreibungsstil perfektioniert, der aus Augenblicksimpressionen, die gleichsam auf der Netzhaut der Sprache wahrgenommen werden, das soziale Umfeld ihrer Geschichten aufbaut, einer von viktorianischer Selbstüberzeugtheit durchdrungenen Bürgerlichkeit, die sich verwandelt auch bei der deutschen Autorin wiedererkennen läßt. Eine Geschichte wie »The Garden Party«[23], die zum Vergleich mit der Geschichte »Die Geburtstagsgesellschaft«[24] von Gabriele Wohmann einlädt, läßt jedoch erkennen, daß die Immunisierung der bürgerlichen Lebensform bei Katherine Mansfield durch perspektivische Kontraste entschlossener aufgehoben wird als bei Gabriele Wohmann, die andererseits die grotesken Details dieser Lebensform so entschieden aufspießt.

Das große Fest, das im Garten der Sheridans für die Kinder und deren Freunde vorbereitet wird, mit einem Festzelt, mit Blumenpracht, festlicher Bekleidung und Schleckereien, setzt einen materiellen Reichtum der Lebensform voraus, der von den meisten Familienmitgliedern und besonders von der zum Luxus neigenden Mrs. Sheridan als quasi naturgegeben empfunden wird und in zahlreichen, von der Autorin behutsam registrierten Hinweisen der Borniertheit einer großbürgerlichen Arroganz festgehalten wird[25]. Daß die junge Tochter Laura sich mit den Arbeitern, die das Zelt aufbauen, unterhält und feststellt: »Oh, how extraordinary nice workmen were, she thought« (26), ist ein erster Hinweis darauf, daß in ihrer Empfindung jene Grenzen zwischen Arm und Reich keine wirkliche Rolle spielen – »these absurd class distinctions. [...] She felt just like a work-girl.« (28) –, während sie andererseits für ihre Mutter oder ihre ältere Schwester Jose eine selbstverständliche, nicht in Frage zu stellende Gegebenheit sind.

Dieses allmähliche Erwachen aus dem naiven Traum der Kinderzeit, aus der Vorstellung einer Welt, in der alles harmonisch an seinem Platz ist, wird in jenem Lied präludiert, dessen Vortrag Jose für das Gartenfest übt: »This Life is Wee-ary, / Hope comes to Die. / A Dream – a Wakening« (34). Jose, die, bereits eine Kopie ihrer Mutter, es liebt »giving orders to the servants« (34), singt jene Verse von einem ganz anderen Leben, zu dem Trauer und Tod gehören, ohne Verständnis; für Laura nehmen sie plötzlich Wirklichkeit an, als sie vom Küchenpersonal erfährt, daß nicht weit von ihrem Haus, in einer armseligen Wohngegend, ein junger Arbeiter tödlich verunglückt ist und sie, spontan bewegt, ihre Schwester Jose und die Mutter bewegen möchte, das Fest abzusagen. Ihr spontanes soziales Mitgefühl wird von der Mutter kalt abgewiesen mit dem Satz »People like that don't expect sacrifices from us« (46), wobei die Verwendung des Wortes Opfer für die Absage des Festes (das ihr nur die Gelegenheit geben soll, »for once in my life [... to] have enough canna lilies. The garden-party will be a good excuse« [32]) zugleich ihre törichte Gedankenlosigkeit bloßstellt, da das Opfer nur im Kontext des Unglücksfalls seinen wahren Sinn hat. Daß es der Mutter gelingt, Laura mit dem Schmuck des Hutes, den sie eigentlich für sich vorbereitet hat, aber nun der Tochter aufsetzt und der jener die Komplimente von allen einbringt, von ihrer Absicht vorübergehend abzubringen, verzögert allerdings nur Lauras »Erwachen«, die Erkenntnissituation, an deren Schwelle sie steht.

Als die Mutter am Schluß des Festes die übriggebliebenen Speisen der Familie des getöteten Arbeiters bringen lassen will, ist das bei ihr kein Akt der Einsicht, sondern eher eine Verlegenheitslösung, bezogen auf die Verwendung der Essensreste. Für Laura jedoch, die den Korb zu der Familie hinübertragen soll, wird es die Fortsetzung ihres Erkenntnisweges, auch wenn sie sich gegen die Taktlosigkeit dieses Vorschlags anfänglich wehrt. Der Weg zu der Hütte des Verunglückten in der Abenddämmerung ist der Schritt in eine Welt, die jenseits der Träume der Kindheit liegt. Das vom Weinen geschwollene Gesicht der Witwe wird für Laura ebenso zu einem Bild dieser Welt wie das schlafende Gesicht des Toten: »He was wonderful, beautiful. While they were laughing and while the band was playing, this marvel had come to the lane. Happy ... happy ... All is well, said the sleeping face. This is just as it should be.« (58) Diese zwischen dem schmerzverzerrten Gesicht der Frau und der merkwürdigen Todesschönheit des Verunglückten sich erstreckende Erfahrung zerreißt für Laura endgültig jenes kindlich-naive Ritual, das als Form des unbewußten Lebens im Gartenfest bildhaft zum Ausdruck kam. Ihre gestammelte Entschuldigung für ihren Hut und ihr Weinen am Ende der Geschichte deuten diese schmerzhafte Erkenntnis ebenso an wie die an ihren Bruder Laurie gerichtete Frage: »›Isn't life‹, she stammered, ›isn't life —‹ But what life was she couldn't explain. No matter. He quite understood.« (60)

Auch am Ende von Gabriele Wohmanns Geschichte »Die Geburtstagsgesellschaft« ist das Weinen des jungen Mädchens Meline, das im Garten der Eltern ihren Geburtstag mit den Freundinnen feiert, der gestische Ausdruck eines aufgestauten Konfliktgefühls. Hier geht es gleichfalls um die Darstellung einer Situation, die an der Grenze zwischen Kindheit und pubertärem Erwachsenwerden steht, dessen verdeckte erotische Bedeutung unverkennbar in dem Ritual des Haarekämmens der Freundinnen untereinander akzentuiert wird: »– Was für herrliches Haar, sagte Meline.« (31) Das unbewußte Zurückschrecken Melines vor dieser neuen Erfahrung und das Zurückverlangen in den vorherigen Kindheitszustand wird in der unterschwelligen Eifersuchtsbeziehung zu der kleinen Schwester Tine angedeutet.

Meline hat zum Kummer Tines durchgesetzt, daß sie nicht bei den Geburtstagsspielen mit den Freundinnen dabeisein darf, und beobachtet nun beim Spielen zufällig, wie Vater, Mutter und Tine friedlich in der Küche beim Kaffeetrinken sitzen: »[...] warum stimmte das Bild der drei sie so wehmütig –« (24). Dieses Bild der kreatürlichen Zusammengehörigkeit ist einerseits ein Wunschbild für sie, aber signalisiert andererseits einen Zustand, den sie instinktiv verlassen möchte: »Ach Tinchen, Tinchen, weiches armes liebes Fleisch wie mein Fleisch, ach Mutter, Vater; ach weglaufen von der schmerzenden Fessel.« (30) Sie empfindet »Abneigung« (26) und ein Gefühl der »Angst«, das sie in Tinchen und die Freundinnen projiziert, Gefühle, die aber eigentlich ihren eigenen Zustand meinen, das Aufgeschrecktsein aus der naiven Sicherheit des Kindseins: »[...] weg weg laufen an irgendeinen ganz neuen Platz.« (28)

Zum Ausbruch kommt dieser Gefühlsstau in dem Augenblick, als die Mutter, Tinchen auf dem Arm, unten erscheint, nachdem sich Meline doch bereitgefunden hatte, Tine zum Mitspielen einzuladen: »– und jäh stand sie auf [...] sie schleuderte den Kamm weg und lief den Kiesweg hinauf [...] Im Schlafzimmer warf sie sich auf ihr Bett: endlich weinen. So viel und so lang weinen, bis alles vergessen ist und nichts mehr bleibt zu wissen und zu spüren. Bis die Welt ruhig und leer ist, bis die Stimmen stumm geworden sind, das Laub naß und dunkel vom Regen. Sie stand auf, ging ans Fenster: hinter der Hecke blitzte rot und blau und hell auf der Wiese ihr heißer Geburtstag.« (32)

In einer Kurzgeschichte wie dieser entfaltet sich die Schreibvirtuosität in einer Zartheit und Subtilität der Nuancierung, die die kindliche Bewußtseinswelt, jene zwischen

Traum und Erwachen schwebende Wirklichkeitsauffassung so zur Anschauung bringt, daß die Kunst der Katherine Mansfield hier ein Gegenstück gefunden hat. Hier und nicht in den denunziatorisch instrumentierten Zerrbildern bürgerlicher Normalität, die mit einer boshaften Kälte in Erzählstücken wie »Sonntag bei den Kreisands«[26] oder »Die Bütows« inventarisiert wird, beweist Gabriele Wohmann, daß sie über den umfassenden und nicht nur »bösen« Blick einer Erzählerin verfügt, daß sie Realität nicht aus einem Abwehrmechanismus heraus in eine Serie grotesker Details aufsplittert, sondern in ihren Licht- und Schattenkonstellationen wiederzugeben vermag.

Im Vergleich zu Katherine Mansfields Geschichte fällt freilich auf, daß der Erkenntnisschritt der Hauptfigur hier im Rahmen der Gesellschaftsszenerie verbleibt, daß die angedeutete politisch akzentuierte kritische Perspektive fehlt, die etwa am Beispiel der Mutter in »The Garden Party« deutlich genug skizziert wird. Erzähltexte wie »Die Geburtstagsgesellschaft« und andere über kindliche Personen handelnde Erzählstücke wie »Ich Sperber«, »Konrad und was übrigbleibt«, »Der Knurrhahn-Stil«[27] oder »Denk immer an heut nachmittag« sind nicht nur in ihrer Konzentration auf das Zeitkontinuum einer zentralen Situation, die sich zur Erkenntnissituation ausweitet, formal Musterstücke einer Kurzgeschichte, sondern erhalten auch durch die erzählperspektivisch eingesetzte kindliche Kontrastoptik eine kritische Schubkraft von größerer Legitimität, als sie zumeist die Erzählperspektive der weiblichen Mittelpunktsfiguren besitzt, die sich trotz aller Ekelgefühle an die Zustände anpassen und den Leser in eine Komplizenschaft der Kritik hineinzwängen, deren Spontaneität zwar artikuliert, deren Voraussetzungen und Ziele aber unsicher bleiben.

17. Hermann Kant. Kulinarische Aufklärung – O. Henry

Unter den Erzählern der mittleren Generation der DDR-Literatur hat sich niemand mit mehr Nachdruck und Öffentlichkeitswirkung in beiden Teilen Deutschlands durchgesetzt als Hermann Kant. Obwohl sein Œuvre nicht sehr umfangreich ist – es umfaßt neben den drei großen Romanen zwei Bände kurzer Prosaarbeiten –, hat es jedoch die literarische Statur von Kant so nachhaltig modelliert und das Gesicht der Gegenwartsliteratur in der DDR so unübersehbar mitgeformt, daß schon jetzt an dem gewichtigen Stellenwert von Kants Prosa nicht zu zweifeln ist[1]. Da man zudem mit guten Gründen darauf aufmerksam gemacht hat, daß auch die »Romane von Kant in Aufbau und Stil entschieden zu Haltungen des Kurzgeschichten-Erzählens tendieren«[2], und generell über die jüngste Entwicklung in der DDR-Prosa ausgeführt wurde: »Im Laufe der sechziger Jahre ist in unserer Literatur ein auffälliger Zuwachs an Geschichten festzustellen«[3], ist es auch unter diesen Aspekten gerechtfertigt, Kants Kurzgeschichten in diesem Kontext ein bestimmtes Repräsentationsgewicht zuzuschreiben, das zugleich Entwicklungstendenzen und -möglichkeiten der jüngeren DDR-Literatur insgesamt charakterisiert.

Wie sehr man einerseits die Kurzgeschichten Kants in der DDR schätzt, beleuchtet beispielhaft die Haltung der Kritikerin Anneliese Große[4], die bekannte: »Der Wunsch bleibt, daß der vortreffliche Geschichtenerzähler auch wieder einmal die kurze Form wählen möge, weil eben auch sie zu unserem Leben gehört und wir nichts im Ensemble unserer Literatur vermissen möchten.« (73) Andererseits ist es ebenso charakteristisch, daß man auf die gattungsgeschichtliche Zuordnung dieser Kurzgeschichten im Umfeld der zum Modell gewordenen amerikanischen Short Story mit Unsicherheit, ja mit einer Abwehrhaltung reagiert, da die produktive Rezeption einer Literatur, die jenseits der ideologisch gezogenen Grenzlinien angesiedelt ist, sich auf Konfliktkurs mit der offiziell verkündeten literaturpolitischen Marschrichtung bewegt und daher notorisch ins gattungsgeschichtliche Ungefähr abgedrängt wird. Bezeichnend dafür sind die Ausführungen von Almut Giesecke, die sich am Beispiel von kurzen Prosatexten Sarah Kirschs und Christa Wolfs explizit mit dem »Leistungsvermögen« der Kurzgeschichte beschäftigt, aber den Gattungsbegriff aus folgenden Gründen ablehnt: »Als Arbeitsbegriff wird im folgenden zur Genrebezeichnung der Begriff ›Geschichte‹ benutzt [...] So hat er zum Beispiel gegenüber dem Begriff ›Kurzgeschichte‹ den Vorzug, kaum von traditionellen Formmustern belastet zu sein, während zu beobachten ist, daß die Benutzung der Bezeichnung ›Kurzgeschichte‹ vielfach mit Vorstellungen verbunden ist, die in Richtung der amerikanischen Short-story gehen oder unter Umständen an der extrem pointierten Prosa Tschechows orientiert sind.« (111)

Doch der Konnex mit der amerikanischen Literatur bei dieser Gattung ist ja keineswegs eine Konstruktion der Literaturgeschichtsschreibung, sondern Resultat von Rezeptionsvorgängen, die sich auch in der DDR-Literatur abgezeichnet haben und nicht nur von Stephan Hermlin oder Günter Kunert nachdrücklich bestätigt werden, sondern auch von einem Autor wie Hermann Kant. Daß über Kants Schreibtisch dem Vernehmen nach ein Bild Hemingways[5] hängt, ist möglicherweise ebensowenig pures Ornament wie die Tatsache, daß er in der »Aula« seinen Protagonisten, den DDR-Journalisten Robert Iswall, der zu Recherchen über die Hamburger Flutkatastrophe der sechziger Jahre nach Hamburg fährt, im Zug Raymond Chandler[6] lesen läßt und keinen offiziösen DDR-Wandlungsroman. Ja, Kant hat sich zu diesen Einflüssen der amerikanischen Literatur und speziell der Short Story direkt bekannt[7] und über die Anfänge seiner literarischen Arbeiten, d. h. über die Konzeption seiner »Kleinen Schachgeschichte«, ausgeführt: »Von der weiß ich allenfalls noch, daß mich beim Schreiben der geringfügige Wunsch erfüllte, es möchte das von mir Gefertigte ungefähr in solchen Graden pfiffig sein, wie es die Sachen von diesem O. Henry waren. Ein bißchen, ein bißchen doch hat es mich immer gekränkt, daß in dem vielfältigen Angebot von Schreibernamen, das meine Kritiker mir mit der Aufforderung unterbreiteten, ich sollte es als Liste meiner literarischen Vorbilder unterzeichnen, der gute O. Henry nie aufgetaucht ist.« (133)

Und noch in der »Aula« läßt sich indirekt an jener Stelle, wo Iswall den einstigen Nebenbuhler Trullesand nach mehreren Jahren wiedersieht, diese Verehrung O. Henrys erkennen. Denn Iswall führt dort über den Freund aus: »[...] und er freute sich, daß Trullesand immer noch auf eine Pointe hin erzählen konnte, trotz aller Wissenschaft« (304). Das ist eine Verbeugung vor dem Erzählvirtuosen O. Henry, dessen Kurzgeschichten-Notate aus dem Alltag des amerikanischen Kleinbürgers auf die zum Lachen und Erkennen hin angelegte Pointe geschrieben sind und das pralle kleinbürgerliche Pandämonium seiner Kurzgeschichten mit einer Art von liebevoller

Anteilnahme schildern, die sicherlich mitunter in Sentimentalität gerinnt, aber nie dabei vergißt, den Leser auch gut zu unterhalten[8].

Dieser kulinarische Aspekt des Geschichtenerzählens ist auch für Kant wichtig, obwohl er sich freilich der erzählerischen Mittel nicht mehr mit jener Naivität zu bedienen vermag[9], wie es noch O. Henry möglich war. So hat Kant zwar in seiner Geschichte »Gold«[10] von sich selbst als Schriftsteller gesagt: »Niemand, dem es Beruf ist, sich und andere zu unterhalten, indem er der Menschen Lebensläufte aufspürt, die Ergebnisse seiner Explorationen in Worte faßt und zu Papier bringt [...]« (147), aber andererseits gerade in diesem Erzähltext durch immer wieder neue Unterbrechungen, Abschweifungen, Reflexionseinschübe, die jeweils die Tätigkeit des Erzählens ironisieren und auf ihre Möglichkeiten hin rational erwägen, die mit dem Anfangssatz »Als mein Vater das Gold gefunden hatte, freuten wir uns alle sehr. Er fand so selten Gold« (133) begonnene Geschichte nie zu Ende geführt, da der »voller Naivität« (151) hingeschriebene Anfangssatz ihm während des Schreibens fragwürdig wurde und es am Ende heißt: »[...] ich will mich mühen, eine andere, eine höchst neuartige Geschichte zu ersinnen, eine ohne allzu viele Wörter, ohne Moral, ohne Kommata und klein geschrieben.« (151)

Kant hat im Gespräch[11] zwar eingestanden, daß es sich in »Gold« um eine indirekte Selbstbezichtigung seiner »recht naiv realistischen Erzählungen« (47) wegen in »Ein bißchen Südsee« handele, aber noch viel stärker um eine Apologie, hinter der sich die Polemik gegen eine theoretisch propagierte Erzählweise verbarg, die das kulinarische Geschichtenerzählen zugunsten experimenteller Schreibweisen aufgegeben hatte: »[... ich] griff aber zugleich jene Apologeten einer von der Gesellschaft entfernten Literatur, die gerade damals in der westdeutschen Literaturtheorie lautstark ihre Ideen priesen, heftig an. Sie wollten aus der Literatur die, wie sie sagten, reine Kunstform machen, waren für Geschichten ohne Moral und Kommata, wie es wohl auch in ›Gold‹ gesagt wird.« (47)

Es fällt nicht schwer, die experimentelle Ausrichtung dieses Prosaschreibens mit Namen zu benennen: Helmut Heißenbüttel, Jürgen Becker[12] oder Ror Wolf wären Beispiele, die ihre Texte als Akte der Bewußtseinslotung zu sehen vorgeben, wobei die zutage geförderten Klischees, Vorurteile, der angesammelte Gedächtnisschutt zum eigentlichen Wirklichkeitsbild erhoben werden, das in den Köpfen der Leute wohnt. Wenn der Erzähler in »Gold« an einer Stelle ausführt: »Zur Beschreibung der weiteren Vorkommnisse in dieser Nacht möchte ich mich des Zitates bedienen, eines literarischen Mittels also, das, wie ich kürzlich einem ausgewogenen Vortrag entnehmen konnte, an Legitimität um so mehr gewinnt, als sich diese Welt immer deutlicher als schon ausgesagt herausstellt« (139), so ist der parodistische Bezug auf Heißenbüttel implizit gegeben, der Wirklichkeit als restlos versprachlichtes Formelsystem auffaßt und nur noch mit verbalen Fertigteilen operiert, die freilich dadurch als ideologische Sprachhaut der Wirklichkeit bewußt gemacht werden sollen.

Es wäre sicherlich zu einfach, diese von Kant polemisch geführte Auseinandersetzung auf zwei unvereinbare Positionen zurückzuführen, die als Gegenüberstellung von experimentellem mit traditionellem Schreiben Kant gänzlich zum Verfechter der Erzähltradition werden lassen. Er setzt sich mit dem Instrumentarium des modernen Erzählens ironisch auseinander, nimmt die »Technologie des Herstellungsprozesses« (142) in seine Schilderung mit hinein, persifliert an einer Stelle im Bewußtseinsstrom-

Monolog der Frau Mylamm[13] – zwar in Kleinschreibung, aber noch unter Verwendung von Interpunktion – ein wenig mühsam Molly Blooms berühmten Monolog am Ende von Joyces »Ulysses«, aber plädiert andererseits nicht für eine einfache Rückkehr zu erzählerischen Konventionen, sondern vertritt durchaus im Sinne einer positiven Setzung den Standpunkt: »Denn wie Kunst nichts anderes ist als disziplinierte Abschweifung [...]« (147) oder: »Literatur muß sich auf den ersten Blick wie ein Druckfehler ausnehmen.« (135)

Auch ihm geht es also nicht darum, nur vertraute Erwartungshaltungen zu erfüllen, auch er will den Leser eher aus seiner Gewohnheit aufschrecken als ihn darin bestätigen, auch seine Schreibweise will nicht einfach gradlinig den Erzählfaden abspulen, sondern durch Verknotungen, durch Abschweifungen die Phantasie- und Gedankenarbeit des Lesers aktivieren. Freilich ist er nicht bereit, dabei die Darstellungsperspektive und -position eines Erzählers aufzugeben. Der zu Anfang von »Gold« geäußerte Satz »In dieser Geschichte bestimme ich« (136) drückt mehr aus als ein konventionelles Beharrungsvermögen, ist Bekenntnis zum partnerschaftlichen Akt des Erzählens, das Autor wie Leser gleichermaßen umgreift.

Eine Bestätigung für diese Ausgangshaltung findet sich in dem Entstehungsbericht, den Kant von seinem ersten Geschichtenband gegeben hat: »Auch die Geschichten sind zum Teil durch Anstöße von außen entstanden. Zum Beispiel hatte ich der Mutter von Stephan Hermlin, die aus der Emigration gekommen war und sich nicht auskannte mit uns, deshalb auch sehr energisch nach unserem Tun und Lassen fragte, so manche Geschichte erzählt. Eines Tages sagte sie, das müsse einfach wirtschaftlicher gestaltet werden, man müsse das aufschreiben, damit mehr Leute davon erführen. Dies trieb mich dazu, mich hinzusetzen in einer Haltung: ich erzähle euch mal etwas, weil ich glaube, ihr solltet es wissen. Ein solches Wenden an das Publikum war mir ein Bedürfnis.«[14]

Daß Kants Geschichten sich dabei nicht selten in ihrer formalen Organisation an dem Modell der Kurzgeschichte ausrichten, ist sicherlich nicht das Ergebnis einer bewußten gattungsgeschichtlichen Orientierung, sondern eher eines spontanen Erprobens von Möglichkeiten, die ihm aus seiner Lektüre – nicht zuletzt der O. Henrys – vertraut waren. Seine Feststellung: »Ich glaube, daß der Schriftsteller eine Art von Besonderheit in seiner Gedächtnisarbeit hat. Sie besteht darin, daß er sehr genau hinhört und sammelt, was ihm in sehr verschiedenen Bereichen und zu unterschiedlichen Zeiten gesagt wird [...]«[15] gilt sicherlich auch in diesem Zusammenhang.

In der Tat, einige seiner Erzähltexte sind nicht nur unverkennbar auf eine Pointe hin geschrieben, sondern weisen auch jene Charakteristika auf, die Manfred Jendryschik im Nachwort zu seiner Kurzgeschichtenanthologie »Bettina pflückt wilde Narzissen«[16] gattungsgeschichtlich zu benennen versucht hat. Jendryschik hebt dort »die Einheit der Handlung, des Ortes und der Zeit« (433) als ebenso grundlegendes Gattungskennzeichen hervor, wie er in »der präzisen Beschreibung *einer* Situation, *einer* Szene« (433) das eigentliche Zentrum der Darstellung erkennt. Hier lassen sich unschwer bereits vertraute gattungsgeschichtliche Orientierungslinien wiedererkennen: die in einem bestimmten Zeitkontinuum wurzelnde, sich innerhalb einer dominierenden Situation erfüllende Handlung der Short Story.

Die konsequenteste Erfüllung dieses Gattungsmusters läßt sich in Kants »Lebenslauf, zweiter Absatz«[17] erkennen, aber auch in einer Reihe von anderen Geschichten, nicht zuletzt in der berühmt gewordenen »Kleinen Schachgeschichte« (auf die in Teil III einzugehen sein wird) scheint dieses Gattungsmuster deutlich durch. Ein Beispiel dafür ist auch die Geschichte »Auf einer Straße«[18]. Der Erzähler ist im Auto unterwegs in Polen und nimmt eher unwillig ein polnisches Mädchen mit, von dem es heißt: »Sie hatte die Länge eines Basketballmädchens und würde es schwer haben, einen Mann zu finden, der sich traute, neben ihr über die Straße zu gehen.« (96) Die kurze Zeit der gemeinsamen Autofahrt wird in einem mühsamen Gespräch überbrückt, in dem der Erzähler stockend berichtet, daß er sich auf einer Erinnerungsfahrt befindet, daß er im Krieg als Soldat in Polen gewesen war und anschließend vier Jahre lang als Häftling in einem Gefängnis in Warschau zubrachte.

Das Gespräch nimmt jedoch eine für den deutschen Erzähler unerwartete Wendung. Jene fragmentarischen Auszüge aus seiner Vorgeschichte, die er mitteilt, werden von einem unfreiwilligen Selbstbezichtigungsdrang bestimmt, indem er jene Phasen dieser Vorgeschichte, die ihn selbst in Mitleidenschaft zogen, so erzählt, daß sie als Folge für schuldhaftes Verhalten erscheinen. Dieses aus der Situation dem polnischen Mädchen gegenüber entspringende kollektive Schuldgefühl wird von der Polin als bloßes Rationalisierungsmanöver erkannt, indem sie unter dieser rückblickend arrangierten Vorgeschichte das eigentliche Geschehen von damals spürt, die Angst und kreatürliche Verlorenheit des Erzählers: »Darunter ist der Schnee von damals und das Feuer auf den Scheunendächern und dann der Freund, der sich eine Granate an den Kopf gehalten hat, und Ihre Angst, aber Sie sagen: Es war furchtbar komisch!« (101)

Das menschliche Mitgefühl des polnischen Mädchens für ihn ist für den Erzähler ebenso überraschend wie das Mitgefühl des polnischen Historikers und einer polnischen Filmregisseurin, die von seinen vier Jahren Haft im Warschauer Gefängnis erfahren haben und voller Verständnis für seine individuelle Notlage von damals sind und das keineswegs in einer kollektiven Schuldbilanz zwischen beiden Völkern aufrechnen wollen. Der sich nach wie vor den Polen gegenüber schuldig fühlende Erzähler ist ihrer Kraft des Verstehens und Vergebens unterlegen, was auch in der überraschenden Wendung am Schluß der Geschichte akzentuiert ist. Der wirtschaftlich überlegene und mit dem Luxusgegenstand Auto ausgestattete Deutsche, der das polnische Mädchen gnädig mitnimmt, wird am Ende von ihr zu einer Tasse Kaffee eingeladen und verabschiedet sich schließlich von ihr wie von einer Vertrauten: »Sie hatte schmutzige Jeans an und einen weiten Pullover. Sie war sehr groß, aber es mußte schon sehr viel Dummheit dazu gehören, nicht mit ihr über die Straße zu wollen.« (102)

Der Erkenntnisumschlag, der im Situationsmodell dieser Geschichte vorgeführt wird und aus dem zu Anfang als unattraktiv wirkenden polnischen Mädchen einen dem Erzähler an Verständnis überlegenen Gesprächspartner macht, aktualisiert das Gattungsspektrum der Kurzgeschichte ebenso wie die Geschichte »Lebenslauf, zweiter Absatz«, die, stofflich betrachtet, unmittelbar Teil jener Vorgeschichte ist, von der der Erzähler dem polnischen Mädchen erzählt. Denn in dieser – später in Kants dritten Roman »Der Aufenthalt« eingearbeiteten – Geschichte wird ein winziger Zeitabschnitt dargestellt, dessen Handlungsgewicht nicht nur darin zum Ausdruck kommt, daß der Erzähler, ein achtzehnjähriger Soldat, in polnische Kriegsgefangenschaft gerät, sondern daß schlagartig alle jene Verhaltensmuster aufgehört haben zu existieren, die bisher für ihn das System der Wirklichkeit abgaben, nach dem er sich richtete: »Es ist schwer, so etwas zu schätzen, wenn keine Regel mehr gilt, außer daß es Tag wird und wieder Nacht.« (119)

Der gerade in einem polnischen Bauernhaus beim Essen sitzende junge Soldat flüchtet sich mit einem Sprung unter das Bett, als an die Tür geklopft wird und man offenbar von seiner Anwesenheit weiß: »Ein Jahrhundert vorher hatte ich noch am Tisch gesessen.« (119) Er ist nicht nur aus dem äußerlichen Ordnungssystem der Armee herausgeraten, das sich in geregelter Dienstzeit, »Appell ist um sieben und Lale Andersen singt um Mitternacht —« (120), verrät, sondern auch jene verinnerlichten Regeln, die »aus den Heldenepen« (120) stammen und die ihm — mit Kleistschen und Schillerschen Zitaten[19] — heroisches Verhalten als Soldat in jeder Situation suggerieren, haben aufgehört zu existieren: »Anstatt die Feinde zu werfen, hatte ich mich davongemacht, nur: weil die Feinde auf mich schossen. Anstatt das große Ganze zu sehen, hatte ich alles persönlich genommen. Ich hatte an mein Fell gedacht [...]« (121).

In jenem kurzen Augenblick, der bis zur Gefangennahme des Erzählers vergeht, läßt Kant im Zeitrafferverfahren die Vorgeschichte dieser Situation im Bewußtsein des Betroffenen vorüberflimmern, seine Konfrontation mit einem Küchensoldaten, den er erschoß, »weil er sonst mich erschossen hätte« (121), als er, von Hunger geplagt, den appetitanregenden Gerüchen der Küche nicht widerstehen konnte, seine nun bereits eine Woche währende überstürzte Flucht bis hin zu der kurzlebigen Essensidylle im polnischen Bauernhaus: »Hatte mein Heer vergessen gehabt, das mich längst vergessen hatte. Hatte das Heer des Feindes vergessen gehabt, das mich nicht vergessen hatte.« (124)

Hat Kant noch in »Gold« die Bewußtseinsstromdarstellung persifliert, so ist gerade hier hervorzuheben, mit welcher Differenziertheit des künstlerischen Kalküls Kant das vor Angst in hektischen Aufruhr geratene Bewußtsein des Protagonisten darstellt. Die Angst wird nicht einfach deskriptiv registriert, sondern zeigt sich konkret in den Wucherungen der Phantasie, die von dem Angstgefühl stimuliert werden. Das zum Schicksalspochen gewordene Klopfen an der Tür, das den Sprung unter das Bett veranlaßt hat, nimmt in der Vorstellungskraft des Verängstigten eine überdimensionierte Bedeutung an: »Es pochte an der Tür. Es pochte wie ein Pferdehuf. Es klopfte wie von einem Rammbock. Dreihundert Köche machten poch mit dreihundert Nudelhölzern. Dreihundert Mongolenrosse donnerten gegen die Bohlen. Dreihundert Pferdekräfte gingen gegen des Bauern und meine Pforte. Die 1. Belorussische Front tat einen kollektiven Faustschlag an unsere Tür.« (125) Die Steigerung des Angstgefühls, das in der ersten Phase nur als Geräusch metaphorisch zu wuchern beginnt, mündet schließlich in das Schuldgefühl des Erzählers dem Küchensoldaten gegenüber und in die Furcht vor den Russen ein.

Der winzige Zeitausschnitt, der vom ersten Pochen an der Tür, dem Sprung unters Bett bis zum Handlungsschritt am Ende — »Was Wunder, daß ich aufstand, als der Bauer aufstehn schrie. Dann ging ich zur Tür. Dann hob ich die Hände.« (125) — reicht, wird zur beispielhaften Erkenntnissituation des Erzählers intensiviert, der sein bis zu diesem Augenblick »bewußtlos« geführtes, nur aus Reaktionen und Reflexen bestehendes Leben überdenkt und aus der Gefangenschaft der Bewußtlosigkeit, aus der er gerade zu erwachen beginnt, in die andere Gefangenschaft geht. Kant hat hier eine mustergültige Kurzgeschichte geschrieben, die an jene »Lebensfilm«-Geschichten denken läßt, wie sie sich – wie bereits ausgeführt wurde – von Ambrose Bierces unerreichter Vorlage »An Occurrence at Owl Creek Bridge« her bei Stephan Hermlin, bei Ernst Schnabel, Ilse Aichinger oder Heinz Piontek erkennen lassen. Der thematische Unterschied liegt bei Kant darin, daß es sich zwar auch bei ihm um eine existentielle Schwellensituation handelt, jedoch nicht um den Todesaugenblick, sondern nur den Augenblick der Gefangennahme, der die Vision des eigentlichen Lebens nicht zu einer halluzinatorischen, aus der Wirklichkeit herausgeratenen Wunschvorstellung macht, sie vielmehr in eine Zukunft verlegt, wie leer und hoffnungslos sie auch immer am Ende dieser Geschichte akzentuiert wird[20].

Eine Mutationsform der sich in der Pointe auflösenden Schmunzelgeschichte O. Henryscher Provenienz läßt sich am ehesten in der Geschichte Kants erkennen, die »Das Kennwort«[21] überschrieben ist. Freilich ist der menschenfreundliche, gelegentlich affirmative Humor O. Henrys bei Kant einem Sarkasmus der Darstellung gewichen, der den Protagonisten, den sozialdemokratischen Hundedresseur Louis Fischer, zum puren Demonstrationsobjekt kleinbürgerlicher Borniertheit macht, die im Kontext der Weimarer Zeit einen selbstzerstörerischen Akzent trägt. Auch O. Henry hat in einer seiner Geschichten, »Ulysses and the Dogman«[22], das Verhältnis zwischen Herrn und Hund ironisch verkehrt, indem er Sam Telfair, den Protagonisten der Geschichte, nicht nur als domestizierten Untergebenen der Ehefrau Marcella, sondern auch ihres Hundes zeigt, den Sam auszuführen hat und der, wenn er ihn anfällt, eher das Mitgefühl seiner Frau findet als er selbst. Als Telfair zufällig auf der Straße einen alten Freund wiedertrifft, der im Westen sein Glück gemacht hat und wieder auf dem Rückweg dorthin ist, nutzt er in einer spontanen Entscheidung die Situation zur Rettung vor Weib und Hund.

Die Erfahrungen mit dem Hund gründen bei Telfair auf Episoden wie der folgenden: »The other night he chewed a piece out of my leg [...]« (843), bei Louis Fischer sind wichtigere Körperteile in Gefahr. Denn er, der an »Ordnung, Recht und Eigentum« (88) glaubt und sozialdemokratisch wählt, hat für den zur gleichen Partei gehörenden Polizeipräsidenten einen Schäferhund dressiert, der zum tödlichen Sprung an die Kehle ansetzt, wenn der »mit einem Klaps an die Stirn kombinierte Zuruf ›Freiheit!‹« (91) ertönt. Der Widerspruch zwischen der ausgelösten Hundereaktion und dem Wort Freiheit führt ebensowenig zu politischem Nachdenken bei Fischer wie der Wunsch des Polizeipräsidenten nach einem so effektiven tierischen Leibwächter. Fischer ist ein getreuer Handlanger, der »den gewünschten Totbiß in das Erziehungsprogramm« (90) aufnimmt und als Gegenleistung vom Polizeipräsidenten eine schwarzrotgoldene Sammeltasse mit dem Spruch erhält: »[...] der Bahn, die uns geführt Lassalle!« (91) Daß der Polizeipräsident gestürzt wird, weil die Nationalsozialisten in Deutschland an die Macht kommen, und Fischer selbst auf Grund seiner sozialdemokratischen Sympathien in Schwierigkeiten gerät, wird in einer Szene von absurder Konsequenz zum politischen Lehrstück erhöht. Die SA-Leute, die eher zufällig mit dem Schäferrüden bei Fischer erscheinen, ihn in ein Gespräch verwickeln, in dem er aus Ungeschicklichkeit eingesteht, selbst »bei diesem Lassalle-Verein« (94) gewesen zu sein, versucht Fischer durch seine fachliche Kompetenz für sich einzunehmen. Er erzählt ihnen die spezielle, mit dem Kennwort verbundene Dressur und verbürgt sich dafür mit dem unfreiwillig herausgerutschten Satz: »[...] da halt ich meinen Kopf für hin!« (94) Der

SA-Mann, der neue Herr des Hundes, macht die Probe aufs Exempel, und es heißt in der Schlußpointe der Geschichte: »›Tatsächlich‹, sagte der SA-Mann, und Louis Fischer konnte es eben noch denken.« (95)

Gewiß, die politische Nutzanwendung dieser Geschichte bietet sich geradezu aufdringlich an und macht unfreiwillig mit den politischen Vergröberungen, die die Sozialdemokratie und ihre politische Funktion in der Weimarer Republik betreffen – hier spielt Kant ja nur auf ein weitverbreitetes ideologiegeschichtliches Klischee an, ohne das aus der politischen Reflexion heraus zu erhärten –, auf eine neue politische Blindheit aufmerksam, die andererseits doch gerade am Beispiel von Louis Fischer kritisiert werden soll. Daß der sich auf seinen Fachverstand reduzierende einzelne, der sich von politischen Regimen einspannen läßt, ohne die Kausalitäten zu reflektieren, letztlich sein eigenes Grab gräbt, wird dennoch mit einer Schlüssigkeit von Kant demonstriert, die diese Geschichte über ihre aufdringliche Tendenz hinausreichen läßt.

Gewiß, auch in der Geschichte »Eine Übertretung«[23] läßt sich die politische Nutzanwendung erkennen: Die zweiundneunzigjährige Frau Schmidt, die mit heimeligem Tambourgesang, pittoreskem (an die Großmütter in Grass-Romanen erinnernden) westpreußischem Dialekttonfall, mit »Waschgestühl, Kernobst und Marga ihrn Großen« (87) auf Bildern zu dem in Richtung Kassel fahrenden Erzähler ins Auto geladen wird (weil sie bereits drei Stunden am Grenzübergang wartet, der erwartete Neffe jedoch nicht erschienen ist und die »Grenzer« (78) sie ihm als Fahrgast durch das Niemandsland ins Auto komplimentieren), wirkt wie eine Personifikation jener Gesellschaft und Geschichte in Deutschland, die in der DDR-Gegenwart zum bloßen Requisit geworden ist. Kants Erzähler beschreibt sie liebevoll ironisch, nicht ohne nostalgische, aber auch groteske Akzente, so wenn Mütterchen Schmidt dem autofahrenden Erzähler bei der Fahrt durch das Niemandsland ins Ohr flüstert: »Mechst mir immer noch nich wolln, Siegfried?« (81) Daß er mit diesem Ensemble von Vergangenheitsrelikten durchs Niemandsland rumpelt – »Werst woll nich so sausen, Siegfried!« (80) –, entspricht zwar aus der Perspektive Kants dem geschichtlichen Ort dieses sympathischen Fossils, aber löst gleichzeitig in dem Erzähler eine Reflexion aus, die den phantastischen Charakter von »Mütterlein Schmidt« (79) nun verwandelt auch in der politischen Situation dieser Gegenwart diagnostiziert, wo es einen zum Niemandsland deklarierten Streifen Deutschland gibt, der einen ebenso unsicheren Wirklichkeitscharakter hat wie Tannhäusers »Wartburg« (77): »Ist man wirklich in niemandes Land, wenn man Schwarzrotgold mit Werkzeug hinter sich und Schwarzrotgold mit Greifvogel noch vor sich hat? Wem, wenn es sie gibt, gehört die langgezogene Parzelle zwischen Herrnburg und Hirschberg? Wäre sie noch zu haben? Gegen schweren Verdacht: Ich möchte sie nicht, hab ein geregeltes Zuhause.« (82)

Der phantasmagorische Charakter der uralten Dame, die den Erzähler während der kurzen Überfahrt mit der Möglichkeit ängstigt, daß aus der »Übersiedlung [...] Überführung« (86) wird, »sie entseelt und ich entgeistert« (86), überträgt sich auf die durch politische Konstruktionen geschaffene Realität selbst, die hier nicht in Deckung zu bringen ist mit den vom politischen Lineal gezogenen Grenzen, so wie auch die Übersiedlung der steinalten Frau Schmidt mit dem pittoresken Sammelsurium ihres Besitzes auf keine politische Logik hin plausibel zu machen ist. Diese in ein mildes satirisches Licht der Irrealität getauchte Geschichte, die der Erzähler selbst als

292 II. Die deutsche Kurzgeschichte. Geschichte ihrer Autoren

»Traumgebild« (86) vorstellt, ironisiert eine Reißbrettpolitik (auf beiden Seiten von Schwarzrotgold), deren Logik, der Wirklichkeit übergestülpt, Reaktionen und Randzonen des Grotesken schafft, die sich jeder Logik sperren. In einer Geschichte wie dieser, die im Handlungsgrundriß und in der Situationsgeschlossenheit die Kurzgeschichtenstruktur von »Auf einer Straße« variiert, entfaltet sich das Kalkül des Erzählens bei Kant in einem Anspielungsreichtum und einer Kunst der fabulierenden Nuancierung[24], die Kant in seinen großen Romanen perfektioniert hat und die er auch auf dem schmalen Terrain der Kurzgeschichte überlegen erprobt.

18. Alexander Kluge. Zwischen Dokument und Fiktion

In einem internationalen Symposium, das Ende der sechziger Jahre die Entwicklung der Short Story aufzuarbeiten und zu dokumentieren versuchte, vertrat der als Repräsentant der westdeutschen Literatur anwesende Hans Bender[1], selbst einer der wichtigsten Autoren dieser Gattung, den Standpunkt, daß die theoretisch verkündete Absage an die Kurzgeschichte zugunsten des Textes nicht darüber hinwegtäusche, »that the prose ›texts‹ are nothing other than continuations of short stories, intensifications and radicalisations of their method and theories. In these ›texts‹ the short story continues to live unrecognized« (91).
Welche Gattungsproblematik in der Entwicklung der jüngsten deutschen Prosaliteratur Bender damit anschnitt, verdeutlicht schlaglichtartig ein (gleichfalls Ende der sechziger Jahre aufgezeichnetes) Gespräch zwischen den beiden Prosaautoren Reinhard Lettau und Jürgen Becker[2], deren Prosawerk diesen gattungsgeschichtlichen Entwicklungssprung unmittelbar demonstriert. Lettau hält in den Prosakonzentraten seiner Geschichtensammlungen, »Schwierigkeiten beim Häuserbauen« oder »Auftritt Manigs«, noch an Rudimenten fiktionalen Erzählens fest, an bestimmten, wenn auch weitgehend skelettierten Personenträgern in fragmentarischen Fabelmodellen. Für die Prosatextsammlungen Beckers, von »Felder« über »Ränder« bis hin zu »Umgebungen« gilt jedoch, was er in dem Gespräch so formuliert hat: »Ich verkleide die Erfahrung nicht, ich kostümiere das Ereignis nicht. Ich lasse es beim Authentischen. Ich bin, sozusagen, ein Fanatiker des Authentischen, ich möchte die Dinge authentisch haben, wie ich sie erlebt habe – d. h. nicht nur konkret auf der Straße, sondern wie ich sie durchs Denken erlebt habe, wie ich sie in der Phantasie erlebt habe, so möchte ich sie eigentlich auch genau rekapitulieren in der Sprache.« (83)
Auf die Problematik dieses Begriffes von Authentizität, hinter dem man noch die Öffentlichkeitsaura der damals vielberedeten dokumentarischen Literatur[3] verspürt, soll hier nicht näher eingegangen werden, auch nicht auf Beckers pauschale Begründung für die historische Bedingtheit und Überlebtheit von Prosagattungen: »[...] äußere gesellschaftliche, soziale Umstände [...] existieren nicht mehr, sie sind geschichtlich überholt, und schon deshalb sind diese Gattungen für mich nicht mehr tauglich unter den heutigen gesellschaftlichen, sozialen, politischen Umständen.« (77)
Interessant ist, daß sich selbst bei dieser zum Programm erhobenen Reduktion der mimetischen Möglichkeiten der Prosadarstellung, die nur noch das wirklichkeitsauf-

nehmende, registrierende und sprachlich verarbeitende Bewußtsein des Erzählers, losgelöst aus allen historischen und sozialen Wirklichkeitszusammenhängen, gelten läßt, dennoch Relikte des Fiktionalen entdecken lassen, worauf auch Lettau damals bei Becker aufmerksam machte, da seine Texte aus verschiedenen Bewußtseinsperspektiven geschrieben seien, Becker, mit andern Worten, »Rollenprosa« (84) schreibe: »Du läßt einen Touristen erzählen, wie es im Dom war, um den Dom zu zeigen, und zugleich auch sozusagen zu interpretieren innerhalb eines größeren Kontexts.« (84)

Der Umriß einer Fabel, das historisch-soziologisch skizzierte Profil eines fiktionalen Protagonisten läßt sich auch bei Becker an einigen Beispielen seiner Texte wiedererkennen[4], wenn auch auf einen einzigen Bewußtseinsausschnitt in der Darstellung zusammengedrängt und ohne eine Ausdehnung der Zeit über das Bewußtsein hinaus in Handlung. Wirkt das nicht wie eine Bestätigung der eingangs erwähnten These von Hans Bender? Und auch der von Becker als seine literarische Orientierungsfigur erwähnte Helmut Heißenbüttel, der die Absage an fiktionale Handlungsmodelle in der Prosa am rigorosesten verkündet hatte[5], aber für jene aus formalen Sprachmodellen neu zu entwickelnden epischen Großstrukturen den Beweis schuldig geblieben ist, ja in seinem Prosakonglomerat »D'Alemberts Ende« eher den gegenteiligen Beweis lieferte, ist inzwischen in den Erzähltexten seines Prosabandes »Eichendorffs Untergang und andere Märchen« wieder zu fiktionalen Handlungsmodellen seines Erzählens, wenn auch parodistisch arrangierten, zurückgekehrt und hat offenbar damit jene »Sackgasse« überwunden, die Lettau und Becker in ihrem Gespräch Ende der sechziger Jahre thematisierten.

Diese Zusammenhänge sind wichtig für einen Autor wie Alexander Kluge[6], der gleichfalls von experimentellen Ansätzen aus, die freilich in seiner filmischen Arbeitserfahrung wurzeln und mit dem sprachkonstruktivistischen Theorieumfeld bei Becker oder Heißenbüttel so gut wie nichts zu tun haben, die Geschlossenheit von mimetischen Fabelmodellen in seiner Kurzprosa aufzubrechen versuchte und noch zuletzt in seinem »Neue Geschichten« überschriebenen umfangreichen Prosaband Mutationsformen des Erzählens fortführt, die möglicherweise noch (oder wieder) auf den gattungsgeschichtlichen Umkreis der Kurzgeschichte zu beziehen sind. Kluge hat sich dabei völlig von den literarischen Entstehungszusammenhängen emanzipiert – das ist zum Teil durch das simple Faktum seiner Zugehörigkeit zu einer anderen, jüngeren Generation motiviert –, die für die meisten deutschen Kurzgeschichtenerzähler gelten: Die amerikanische Literatur als umfassendes Reservoir von bereits erprobten Erzählmöglichkeiten und Orientierungslinien der Short Story spielt für ihn so gut wie keine Rolle, obwohl andererseits die zeitgeschichtliche und literarische Situation, in der Kluge zu schreiben begann, verdeckt sicherlich noch von den Komponenten dieser Voraussetzungen gekennzeichnet bleibt.

Die produktive Reizzone, auch für Kluges literarische Kreativität, muß woanders gesucht werden: im visuellen, im filmischen Medium. So hat Kluge bekannt[7]: »Ich mache zwar Filme am liebsten. Aber eine Hierarchie existiert da nicht. Es gibt Dinge, die ich mit Film überhaupt nicht, literarisch dagegen gut ausdrücken kann.« (177) Das schließt allerdings nicht aus, daß die in den unterschiedlichen Bereichen gemachten Arbeitserfahrungen auch die künstlerische Sensibilität für die jeweilige Ausdrucksform schärfen. Daß das in den Prosatexten Kluges vielfältig und differenziert eingesetzte Montageverfahren, von der reinen Materialmontage, die zitierend Dokumentenblöcke gegeneinandergestellt, bis zur assoziativen Überblendung, die die Auffassungsgleichzeitigkeit im Bewußtsein umzusetzen versucht[8], daß die damit verbundene Schnitt-Technik und das Zeitrafferverfahren, das Ereignisse und Lebensläufe auf ein bestimmtes Grundmuster zusammendrängt, von der filmischen Arbeitserfahrung geschärft wurden, bedarf keiner ausführlichen Begründung. Das Überraschende ist, daß diese Komprimierungs- und Aussparungstechnik im literarischen Material tendenziell den Gattungsmöglichkeiten der Kurzgeschichte viel eher entgegenkommt als etwa einem in großem Umriß entworfenen Roman.

Wenn Kluge einmal, von Erfahrungen am Schneidetisch her, wo das Filmmaterial auf die für den Verleih bestimmte Fassung des Spielfilms komprimiert wird, geäußert hat: »Ich halte das Formprinzip, das Formen durch einen Autor, eigentlich für einen Fehler«[9], so hat er diese Feststellung im Kontext zugleich mit einer Alternative konfrontiert, die sich mit den formalen Ausdrucksmöglichkeiten der Kurzgeschichte in Deckung bringen läßt: »Ich bin der Meinung, daß die wirkliche Qualität eines Autors in der Aufmerksamkeit liegt, durch die er aus der Vielfalt gesellschaftlicher Phänomene *ein* Bild herauswählt, das dann wie ein Kristallgitter funktioniert. Um dieses Kristallgitter, die ursprüngliche idée fixe, kristallisiert sich jetzt ein ganzer Zusammenhang« (157).

Das steht nicht nur in einer erstaunlichen Analogie zu dem, was Henry James das »explosive principle« des Schreibens genannt hat, die Verkürzung und Verdichtung der darzustellenden Wirklichkeit auf das ausgewählte bedeutungsträchtige und bedeutungsorganisierende Detail, sondern läßt sich generell als Darstellungsprinzip von Kurzprosa fassen, das ja in den herausgehobenen Augenblicken des Erzählens, in der Situationseinheit des dargestellten Ereignisses nicht den x-beliebigen Stoff oder den Zufall wählt, sondern jeweils Momente der Zeit und Wirklichkeit, die jenes Kristallisationsvermögen besitzen, das die Zusammenhänge erkennbar macht, auch wenn sie nicht explizit gestaltet sind.

Auf diesem Hintergrund überrascht es nicht, daß der Autor Kluge stärker als die umfangreiche Materialcollage die kurze Prosageschichte bevorzugt, wobei das Gattungssignal Geschichte völlig zu Recht gebraucht wird, da ein Fabelkern, ein Plot in diesen Texten vorhanden ist und historische Wirklichkeit, wenn auch sehr gefiltert, in seinen Geschichten erkennbar bleibt. Freilich fehlt vielfach eine wichtige Dimension in seinen Texten: der Erzähler. Er ist weder stilistisch erkennbar[10], läßt sich also nicht sprachlich identifizieren, noch kann seine Erzählhaltung, die Perspektive, unter der er erzählt, als organisierendes Erzählprinzip verläßlich benannt werden. Die traditionelle Funktion des Erzählers hat sich, vor allem in den frühen Erzähltexten Kluges in dem Band »Lebensläufe«, auf ein rein formales Verfahren reduziert: die umfassende Montagetechnik, die freilich nicht mit dokumentarischen Materialien hantiert, sondern mit fiktionalen Sprachbausteinen, die sich als dokumentarisch präsentieren[11]. Nur in dieser (formal durchaus noch beschreibbaren) Negation läßt sich der Erzähler erkennen. Vor allem die beiden letzten Textsammlungen Kluges, »Lernprozesse mit tödlichem Ausgang« und »Neue Geschichten«, erhalten damit einen Formcharakter, den er in Hinblick auf den Film einmal so umschrieben hat: »Und wenn ich die Form frei wählen könnte, wenn die Zuschauer auf mich eingehen würden, dann würde ich Muster-Filme machen, also Filme, die aus unbeschnittenen ›Mustern‹ bestehen. Ich würde das Material ›rein‹ darbieten.« (157)

Darin deutet sich, auch auf den Erzähler Kluge bezogen, die Zurücknahme des Anspruches an, in seinen Texten Sinngebilde geschaffen zu haben, deren künstlerische Form notwendig ist. Kluge bezeichnet daher die Texte in seinem jüngsten Buch als »Geschichten ohne Oberbegriff«[12], was sowohl die gattungsgeschichtliche Zuordnung seiner Texte in Abrede stellt als auch die Rezeptionserwartungen des Lesers, vom Autor Sinnzusammenhänge vorbuchstabiert zu bekommen, über deren Kalkül und deren formale Notwendigkeit sich der Autor im klaren ist. Damit werden freilich die Textsammlungen nicht tendenziell zum literarischen Musterkoffer gemacht, in den vieles und auch Zufälliges hineingeraten ist und über dessen Inhalt der Autor selbst nicht unbedingt am besten Bescheid weiß. Denn im Vorwort zu seinen »Neuen Geschichten« hat Kluge andererseits erklärt: »Wenn ich etwas verstanden habe, setze ich mich in Bewegung, reise, handle, oder ich schreibe ein theoretisches Buch. Dies hier ist keines. Deshalb meine ich nicht weniger, was ich schreibe.« (9)

Von den Gattungsmöglichkeiten der Kurzgeschichte her betrachtet, wie sie bisher entwicklungsgeschichtlich bestimmt worden sind, lassen sich die biographischen Montagepanoramen, die Kluge in seinen »Lebensläufen« vorgelegt hat und die in ihrer collagierten Mischstruktur stilistisch an »Exposés, Auszüge, Treatments«[13] erinnern, kaum als Kurzgeschichten, auch nicht im weitesten Sinne, betrachten. Wenn sich hinter den kombinatorisch zusammengefügten Lebensbildern ein Erzähler entdecken ließe, so wäre es der unbeteiligte allwissende, der hier nicht einmal im stilistischen Gestus aufzuspüren ist, da es sich hier eher um biographische Recherchen in einer Behördensprache handelt und die in der Summe von zitierten Auszügen eingebrachte zeitliche Lebenstotalität die Gestaltungsvoraussetzungen der Kurzgeschichte auflöst.

Wo in der Kurzgeschichte biographische Lebenstotalität erscheint, wird sie aus der Figurenperspektive eines sich erinnernden Protagonisten präsentiert, der, etwa in der Todessituation, im Zeitraffer seines »Lebensfilms«, sein vorangegangenes Leben blitzartig überschaut. Auf Beispiele dafür wurde bei Piontek, bei Ernst Schnabel, bei Ilse Aichinger aufmerksam gemacht. In Stephan Hermlins »Der Leutnant Yorck von Wartenburg«, hier direkt von Ambrose Bierces berühmter Short Story »An Occurrence at Owl Creek Bridge« inspiriert[14], wird eine ähnliche Lebenstotalität als kondensierte Bewußtseinsgleichzeitigkeit in der Todessituation dargestellt. Von einer solchen künstlerischen Integration in die Situationskontinuität der Kurzgeschichte kann bei Kluge in den »Lebensläufen« zumeist nicht die Rede sein und auch nicht in den ähnlich montierten biographischen Kaleidoskopbildern seiner Textsammlung »Lernprozesse mit tödlichem Ausgang«. Bezeichnend ist, daß der einzige Text, der in den »Lebensläufen« kurzgeschichtlich disponiert scheint, »Ein Liebesversuch«[15] (darauf wird noch in Teil III einzugehen sein), zu dem Einheitsrahmen einer bestimmten Erzählsituation zurückkehrt. Denn hier handelt es sich offenbar um einen Ich-Erzähler, der in einer Verhörsituation die Vergangenheit rekapituliert und so das an den beiden Inhaftierten erprobte grauenvolle Experiment aus seiner personalen Erfahrungsperspektive vergegenwärtigt. Erzählt wird also weitgehend aus dieser Personenperspektive, die hier die gleichsam allmächtige Überlegenheit des Kamera-Auges (wie in den anderen »Lebensläufen«), das unbeteiligt alles überschaut und im Zeitraffer zusammenzieht, ersetzt hat.

Mag Kluge auch, gemessen an der Gesamtstruktur der »Neuen Geschichten«, dort an dem Collageprinzip festgehalten haben, für einzelne Erzählstücke dieses ozeanischen »Textkonglomerats«[16] läßt sich dennoch sagen, daß er das Verfahren der »Lebensläufe«, wo er »exemplarische deutsche Schicksale als Tatsachenberichte, Gerichtsprotokolle, behördliche Gutachten oder Befunde von Soziologen verkleidet hatte«[17], verlassen und sich viel stärker der fiktionalen Struktur der Kurzgeschichte angenähert hat[18]. Das gilt zum Teil bereits für die erweiterte Neuausgabe der »Lebensläufe« von 1974. Ein Textbeispiel wie »Allewischs Diamanten«[19] nimmt unmittelbar das Muster der Gegenstandsgeschichte auf, so wie sie Böll in den »Abenteuern eines Brotbeutels« exemplifiziert hat. Auch hier wird die Geschichte als gefrorene Zeit im räumlichen Schnittpunkt eines bestimmten Objektes vorgeführt, in dem sich der historische Ablauf gleichsam simultan versammelt. Es handelt sich wie bei Böll um eine sinnentfremdete, chaotische Geschichte, die sich im Verhalten der Menschen demaskiert, die die vermeintlichen Wertstücke, die Diamanten, für sich retten wollen. Die Frau des jugoslawischen Zuckerfabrikanten, in deren Unterrock sie eingenäht sind, wird zusammen mit ihrem Mann als vermeintliche Partisanin erschossen. Der deutsche General, der die Juwelen an sich brachte und sie, schwer verwundet, verschluckte, um sie zu retten, stirbt und wird für seinen Fahrer zu einem Kadaver, der lediglich die Wertstücke enthält und deshalb aufgeschnitten und davon befreit werden muß. Über eine Kellnerin, an die der in Jugoslawien verbliebene Fahrer sie nach dem Krieg verschenkt, erreichen sie den Geschäftsführer eines jugoslawischen Hotels, der sie in die Bundesrepublik schmuggelt, um sie zu verkaufen, und schließlich dort entdecken muß: »Herr Allewisch reinigte die Steine sorgsam unter Leitungswasser. Er hält sie gegen das Licht der Schreibtischlampe. Sie funkeln – ganz ähnlich wie Diamanten.« (231) Das erweist sich bis hin zu der Pointe, die die Sinnlosigkeit aller um die Erhaltung der Steine gerichteten Mühen enthüllt und damit zugleich die Sinnlosigkeit der geschichtlichen Ereignisse, als geradezu modellhafte, prägnante Kurzgeschichte.

Ein analoges erzählstrukturelles Verfahren, das gleichfalls die Affinität zur Kurzgeschichte unterstreicht, hat Kluge in den »Neuen Geschichten« in dem Textbeispiel »›Der Baum, der grünt, die Gipfel von Gezweigen . . .‹; glattmachen«[20] erprobt. Auch hier wird in einem bestimmten Bildzeichen die Progression der Zeit, die die Entwicklung der Ehe von Alice und Ernst K. betrifft, verdichtet und damit die allmähliche eheliche Entfremdung am Verhalten der beiden zu dem bestimmten Gegenstand beschrieben. Es ist in diesem Fall ein Baum, eine Esche, die die Frau von Anfang an fällen lassen wollte, um den Sonnenschein besser im Garten genießen zu können, an der der Mann jedoch aus Naturliebe festhält, auch wenn das sich ausbreitende Wurzelwerk den im Garten angelegten Teich zerstören könnte. Die heimlich befürchtete Katastrophe, die für den Garten des Anwesens antizipiert wird, betrifft jedoch zugleich die eheliche Beziehung.

Als Ernst K. eingezogen wird, ordnet die Frau in seiner Abwesenheit »das Abhacken dieses zentralen Gartenbaumes« (124) an, ohne jedoch den Baum völlig zu roden: ein Stumpf mit dem Wurzelwerk, das immer noch arbeitet, bleibt im Boden. Der während eines kurzen Urlaubs damit konfrontierte Mann beschließt zwar nicht, »Scheidung einzureichen« (124), aber registriert Symptome eines Entfremdungsprozesses, der seinen Höhepunkt erreicht, als Garten und Haus durch den Krieg verwüstet werden und die Frau ihn schließlich eines andern Mannes wegen verläßt. So wie Kluge im Geschick des Baumes gleichsam die Geschichte der Ehe spiegelt, gleicht auch der inzwischen gleichfalls von seiner Tochter allein gelassene Ernst K. dem Baumstumpf, dessen Wurzeln zwar noch arbeiten, aber dessen Rest von Stamm ohne Wachstum und eigentlich nutzlos ist. Der Schlußsatz »Aber wirkungslos« (125) bezieht sich in erster Linie auf das fehlgeleitete sinnlose Wachstum des Baumes, ist aber zugleich das Urteil über das Leben, das Ernst K. geführt hat. Auch hier wird die Geschichte in ihrem Verlauf gleichsam überschaubar. Der Baum ist gewissermaßen – in der Terminologie von Kluge – das »Kristallgitter«, um das sich der Zusammenhang des ganzen Lebenslaufes herausbildet.

Und selbst die ganze Lebensläufe im Zeitrafferverfahren zusammendrängende Geschichte »Die Befreiung«[21], wo die höhere Tochter Dorte bei ihrem Ausbruchsversuch in eine bürgerliche Vakuumkammer gerät, die Ehe mit einem älteren, aber nicht wunschgemäß sterbenden Mann, die sie für den Rest ihrer Zeit einfriert – »Sie wollte gern aufwachen« (188), lautet der Schlußsatz –, wird als erzählerische Sequenz, großenteils aus der Perspektive der Betroffenen kontinuierlich dargestellt und nicht aus einzelnen kaleidoskopartigen Materialsplittern diskontinuierlich zusammenmontiert.

Eine ähnliche Erzählstruktur weist auch die biographische Geschichte »Ich bin, wenn ich nicht ich bin«[22] auf, wo das Schicksal eines Philosophen und Soziologen vorgeführt wird, der rechtzeitig vor dem Nationalsozialismus in die Schweiz emigriert, in eine andere Vakuumkammer der Wirklichkeit, nämlich eine Naturidylle im Tessin: »Hier war er sicher, konnte aber hier nicht leben, wenn leben denken ist. Er war nicht in Not, damit also *nichts*.« (240) Mit dem Verlust der politischen Gefährdung, die paradoxerweise die Wichtigkeit seiner Existenz begründet hatte, ist eine umfassende Sinnschrumpfung verbunden, die sich gleichsam in der Tätigkeit eines entfremdeten Denkens (eines gehirnlichen Luxusartikels, der in keiner inneren Beziehung zu seinem Leben steht) ausdrückt.

Dieser Prozeß des Identitätsverlustes im Denken, der die Descartes-Formel des »Cogito, ergo sum« auf den Kopf stellt, wird noch dadurch gesteigert, daß sich dieses Denken vampiristisch eines Schülers bemächtigt, der aus Verehrung für den Philosophen dessen »Denkhemmungen« ungeschehen macht, indem er unter dessen Namen und in dessen Manier weiter Aufsätze publiziert, die mit ihm selbst, seinem eigenen Leben, überhaupt nichts zu tun haben. Der im Titel der Geschichte erscheinende Satz »Ich bin, wenn ich nicht ich bin« ist gleichsam die Formel für die existentielle Schizophrenie, nämlich ein Bewußtsein im Denkakt zu manifestieren, das zugleich in keinerlei Beziehung zum eigenen Leben, zur Praxis im umfassendsten Sinne, steht, oder wie der Schüler auf den Einwand seiner Freundin »Du hast doch selber Substanz [...]« (241) sagt: »Entsubstanzialisiert habe ich Substanz.« (241) Das führt, auf die Praxis angewendet, zu dem unsinnigen Vorschlag an die Freundin: »Schlafe eine Stunde für mich mit.« (241) Die von der Wirklichkeit bloßgestellte Lächerlichkeit dieses Vorschlags des Schülers gilt auch für seine Denkoperationen, vor allem auch für die letzte, zu der sich der Philosoph und Meister selbst aufraffen will, als er vom Krankenlager im Hospital aus mit einer Zeitschriftenredaktion über einen Aufsatz telefoniert, »um ostentativ sein *Nichtwissen* vom Tod darzustellen« (242). Die lakonische Pointe des Schlußsatzes »[...] verließ aber diese Anstalt als Toter« (242)

widerlegt die Absurdität seines in abstrakte Ritualspiele geflüchteten Denkens ein für allemal.

Gewiß, sowohl das unsichere Zeitkontinuum als auch die Außenperspektive des Erzählens übersteigen hier jene bisher am historischen Beispielmaterial der Kurzge-schichten aufgewiesenen Gattungsumrisse. Dennoch läßt sich hier auch nicht jene aus dokumentarischen Mosaiksteinen zusammengesetzte Textstruktur erkennen, sondern eine Erzählsequenz, die eine deutliche Kabinen-Gliederung aufweist, die immer näher auf das Ich des Protagonisten zurückt: von dem Expositionscharakter tragenden Eingangsstenogramm zu Anfang über die Situation des in das Denken des Meisters geschlüpften Schülers bis hin zu der Todessituation des Philosophen und seinem absurd wirkenden Rationalisierungsmanöver angesichts der Todesgefahr.

Die Affinität zur Kurzgeschichte hat sich in jenen Textbeispielen verstärkt, wo Kluge im Situationsmodell bestimmter Alltagsereignisse Binnenstrukturen menschlichen Verhaltens aufdeckt und dabei freilich eher in die Nähe zur didaktisch demonstrieren-den Kalendergeschichte[23] gerät, die einfache Ereignisse des Lebens mit einer lehrhaften Tendenz am Ende vorführt, als daß er sich zurückbewegte zu den dokumentarisch drapierten, collagierten Biographiestenogrammen der »Lebensläu-fe«. Ein Beispiel dafür ist die Geschichte »Die Fahrtrichtung durch Entgleisung ändern«[24], die an einem fast banal wirkenden Handlungsmodell paradigmatisches menschliches Fehlverhalten vorführt und darüber hinaus Einsichten in soziale Zusammenhänge vermittelt, ohne sie explizit auszuführen. Daß der Ehemann der Uschi Grabowski als Erdölingenieur auf einer fernen Bohrinsel in der Nordsee arbeitet, charakterisiert diese Ehesituation ebenso, wie andererseits die Ehe ihrer Schwester dadurch charakterisiert ist, daß das Kind nicht in die Ferien mitgenommen wird, sondern bei der Schwester Uschi zurückbleiben muß, die ihrerseits gern ein Kind hätte und vorübergehend das Kind ihrer Schwester als Ersatz für ein eigenes aufnimmt. Daß sich die ganze aufgestaute und um ihre Konkretisierung betrogene mütterliche Energie der Uschi Grabowski nun darin befreit, dem Kind der Schwester, koste es, was es wolle, das Nuckeln abzugewöhnen, ist ebenso das Ergebnis sozialer Deformation, wie Uschi Grabowski andererseits das instinktive Verhalten des Kindes deformiert. Erst nach mehreren gescheiterten Versuchen, das Kind vom Nuckeln abzulenken, hat sie Erfolg, als sie durch ausgedehnte Bewegungsspiele jeden Abend – »Oft tollten sie so bis 12 Uhr, 1 Uhr nachts. Das Kind vergaß allmählich das Nuckeln« (469) – das Kind ermüdet, aber es paradoxerweise damit in seinem Verhalten so konditioniert, daß es ohne eine Fortsetzung dieser Bewegungsspiele künftig nicht mehr schlafen will: »weder mit weinen, noch mit tollen oder auf das Kind einsprechen, d. h. Geschichten erzählen bis 23 Uhr, war es zum Schlafen zu veranlassen. Erschöpft schlummerte es manchmal ab 3 Uhr nachts. Morgens war es quärrig.« (469)

Das Beispiel sozialen Fehlverhaltens, das Kluge hier aufdeckt und als dessen Opfer das Kind erscheint, wird allerdings von ihm durchsichtig gemacht auf soziale Defizite hin, die in der Ehe der Uschi Grabowski und der Reduktion ihrer Aktivitäten in dieser Ehe zum Vorschein kommen. Die simpel scheinende Episode verdichtet sich zu einem Musterfall, in dem das soziale Klima der Gegenwart in einem bestimmten Ausschnitt erscheint. Die erzählerische Gradlinigkeit, mit der Kluge (abgesehen von dem kurzen Eingangszitat, das den physiologischen Mechanismus des bedingten Reflexes erläu-tert) hier vorgeht, zeigt ihn ebenso im Umkreis kurzgeschichtlichen Erzählens wie auch die Darstellung der zentralen Situation, die sich auf die Protagonistin Uschi Grabowski und das Kind konzentriert.

Eine ähnlich simple Alltagssituation ergibt das Handlungsmuster der Geschichte »Sonntagsspätnachmittags«[25] ab. Der ansonsten so großzügige Pätzold »verhält sich in der einen ›Konstellation‹ so und in der anderen so« (248). Als der Arbeitskollege am Sonntagnachmittag auf einem Waldstück Pätzolds Auto durch ein Versehen anfährt und ein Kratzer an der Wagentür entsteht, kommt es zu einem »zwanzigminütige[n] Entgegnungsgefecht zwischen Meixner und Pätzold« (249). Im Verlauf dieser sich an einer Trivialität entzündenden Auseinandersetzung bröckeln alle Konventionen gemeinsamer zwölfjähriger Freundschaft ab. Das Verkehrsinstrument Auto, um das der Streit geht, nimmt die Bedeutung eines Fetischs an, der das Verhalten der Menschen viel stärker bestimmt, als sie selbst wahrhaben wollen. Der atavistische Ausbruch von verbaler und direkter Handgreiflichkeit, der sich dabei entwickelt – »Pätzold geht zu Meixners Wagen und tritt gegen das Blech des Kotflügels, es entsteht eine Beule« (249) –, gibt den Blick in Abgründe frei, in dem soziale Mängelerfahrungen und Kompensationsanstrengungen, Unsicherheitsgefühle und deren rituelle Überdeckung sichtbar werden: »Es ist genau die Außenhaut von Pätzolds unsichtbarem Lebenszaun beschädigt worden, Pätzolds fahrbares Grundstück (häuslich wohnt er zur Miete), sein eingerichtetes Eigentum ist unachtsam angerissen worden. Er weiß nicht mehr, was er machen soll.« (249)

Daß die Dinge, mit denen sich der Mensch umgibt, geradezu zu Erweiterungen seiner entfremdeten Subjektivität werden, das wird ebenso eindringlich von Kluge dargestellt wie die Auflösung dieser Subjektivität in ein Konglomerat von Haltungen, die sich nicht mehr in ein und dieselbe Person integrieren lassen: »Sechs, acht, zwölf zertrennbare Persönlichkeiten, die sich auf diesem wiesenähnlichen Teilstück eines Waldes, das man kaum als Weg bezeichnen kann, auseinandersetzen.« (250) Die Schärfe, mit der Kluge hier den Alltagsvorfall auf die sozialen Verknotungen und Wunden hin durchsichtig macht, ist ebenso bemerkenswert wie die sprachliche Präzision, mit der ihm das gelingt, bis hin zu dem die private Katastrophe nahezu perfekt zusammenfassenden Schlußsatz: »Pätzold kommt, eigentlich wider Erwarten, ohne Unfall zu Hause an, legt sich grußlos schlafen.« (250)

Was freilich diese beiden zuletzt genannten Texte dennoch in einer gewissen formalen Ambivalenz verharren läßt, ist die Schlüssigkeit der rationalen Argumentation, die sich dahinter erkennen läßt und diesen Texten trotz aller lakonischen Virtuosität eine merkbare erzählerische Spannungslosigkeit verleiht: Der Text geht allzu glatt in eine bestimmte rationale Einsicht auf, die dahinter steht. Es fehlt offenbar jenes die Phantasie des Lesers aktivierende Moment, das Kluge am Beispiel seiner Filmarbeit einmal so beschrieben hat: »[...] je mehr diese Assoziationen auseinandergerissen sind, umso besser kann der Zuschauer in diese Bruchstelle selber hineinfliegen.«[26] Diese Bruchstellen, die Kluge in den frühen Texten der »Lebensläufe« gleichsam durch die Machart seiner Prosa, ihre Montagestruktur, technisch zu erreichen versuchte, fehlen hier als im Text mitgestalteter Zwischenraum an Bedeutung, als funktionale Leerstelle, die das Auffassungsvermögen und die Phantasietätigkeit des Lesers zusätzlich aktiviert.

Dennoch gilt für viele dieser Prosastücke Kluges, daß sie im Unterschied zu Texten wie den von Jürgen Becker zu erzählten und erzählbaren Handlungsmodellen zurückkehren, Realität nicht auflösen in sprachliche Bewußtseinsreflexe, die der Autor mit dem Anspruch größter Authentizität und Wirklichkeitsnähe zu Papier bringt, sondern Wirklichkeit mimetisch wiedergeben, aber in einem solchen »realistischen Verhalten«[27] des Autors die Bedingungen mit gestalten, die sich als ideologische Kraft, als formierende soziale Zwänge in den erzählten Handlungsmustern abbilden.

Es besteht wohl wenig Zweifel daran, daß der Autor Kluge seine Texte unter Absehung der literarischen Tradition der Kurzgeschichte entworfen hat und daß die Wendung von den montierten Personenviten seines frühen Prosabandes zu Erzählsequenzen von annähernd erzählerischer Geschlossenheit nicht einer Konversion zum epischen Traditionalismus gleichkommt, sondern primär die Schreiberfahrung der sich hier abzeichnenden Möglichkeit zur intensivierten Wirkung spiegelt, also ganz pragmatisch zu sehen ist. In diesem Sinne haben sich die Beispiele von Kurzprosa, die sich bei Kluge finden, grundlegend emanzipiert von der dominierenden Vorbildrolle der amerikanischen Short Story für die deutsche Literatur. Daß Kluge jedoch damit zugleich der Kurzgeschichte neue Wege gewiesen hat, unterstreicht die Wichtigkeit, die seine Arbeiten in der Tat von ihrer erzählerischen Substanz, von ihrer formalen Luzidität und sprachlichen Verdichtungskraft her zu herausragenden Beispielen der Kurzprosa in der deutschen Literatur der Gegenwart macht.

Gattungsgeschichtlicher Exkurs: Formelemente und Typologie der Kurzgeschichte

»Da ich immer noch glaube, von Natur ein Kurzgeschichtenschreiber zu sein, haben mich natürlich die Kurzgeschichtenschreiber unter den Kollegen am meisten interessiert [...] Ich komme darauf, weil ich jetzt wieder anfange, Kurzgeschichten zu schreiben, und merke, wie wahnsinnig schwer das ist [...] Ich glaube, Kurzgeschichten sind am besten mit Aquarellen zu vergleichen, eine scheinbar rasche, aber mit viel intensiver Arbeit gemachte Ausdrucksform.«[1] Die hier von Böll, einem erklärten Liebhaber der Kurzgeschichte, eingestandene Schwierigkeit, die Formgesetze dieser Prosagattung zu erfüllen, die ihre artistische Differenziertheit an einer leicht zugänglichen Oberfläche zu verbergen scheint – diese Schwierigkeit ist nicht geringer, wenn man die Kriterien ihrer Form und das Gesetz ihres ästhetischen Lebens auf die Grundbestimmungen einer Poetik zurückzuführen versucht.

Die in den vorangegangenen Kapiteln vorgelegten Bausteine zu einer induktiv vorgehenden, historisch beschreibenden Poetik lassen sich zweifellos nicht in dem streng und scharf begrenzten Regelkanon einer normativen Poetik aufheben, sondern nur auf einige phänotypische Grundtendenzen hin verallgemeinern, die das formale Spektrum der Kurzgeschichte charakterisieren können[2]. Ein solches von der formalen Beschaffenheit der einzelnen Texte ausgehendes Verfahren scheint sinnvoller zu sein, als die gattungstypische Besonderheit der Kurzgeschichte aus der großenteils widersprüchlichen Forschungsliteratur zu filtern, wie die von Rohner[3], Kuipers[4], Gutmann[5] oder Donnenberg[6] in den letzten Jahren vorgelegten Darstellungen bestätigen, die um summarische Erfassung der von der Forschung angelegten Deutungsperspektiven bemüht sind, so wichtige Aufschlüsse sich im einzelnen auch aus ihren Ausführungen ergeben.

Auch der Versuch, eine solche Gattungstheorie der Kurzgeschichte aus den entstehungsgeschichtlichen Reflexionen und Kommentaren zu erschließen, würde das tatsächliche Spektrum der Gattung nicht nur erheblich verkürzen, sondern auch in zahlreiche widersprüchliche Positionen hineinmanövrieren[7], was nicht zuletzt die Situation der amerikanischen Short-Story-Forschung paradigmatisch bezeugt, da sich die Theorie der Autoren nur in eine historische Abfolge einzelner Standortsbestimmungen auflösen läßt, aber nicht in die Teleologie einer bestimmten Gattungsentelechie, die sich konsequent und kontinuierlich in der Geschichte der amerikanischen Literatur entfaltet hätte[8]. So wichtig die theoretischen Orientierungssignale der einzelnen Autoren für ein Verständnis ihrer Kurzgeschichten sind[9], eine monolithische Theorie der Gattung läßt sich ebensowenig daraus schließen, wie sich poetische Praxis und theoretische Orientierung jeweils in Deckung bringen lassen. Die Divergenzen, die sich unter diesem Aspekt bereits bei einzelnen Autoren abzeichnen, nehmen entsprechend zu, wenn das Untersuchungsfeld erweitert und auf ein durchgängiges Muster, in der Theorie wie in der Praxis, transparent gemacht werden soll.

Dennoch sollen diese Überlegungen nicht als Plädoyer für einen Gattungsrelativismus verstanden werden, der sich angesichts der Kurzgeschichte in der Formel dokumentiert, es gebe nicht *die* Kurzgeschichte, sondern nur Kurzgeschichten[10]. Die in den vorangegangenen Kapiteln zugrundegelegte Methode der historischen Analyse ging zwar nicht von der postulierten Wahrheit einer hypothetischen Gattungsidentität der Kurzgeschichte aus, sondern hat die Wahrheit konkret bei den einzelnen Erscheinungen und Erzählbeispielen zu finden versucht, aber nichtsdestoweniger im Überblick, bei aller Vielfalt der individuellen Nuancen und Abweichungen, bestimmte Grundlinien der strukturellen Beschaffenheit und inhaltlichen Fixierung der Kurzgeschichte sichtbar werden lassen, die sich in bestimmten Kriterien der Formgebung und Inhaltsgewichtung aufschlüsseln und didaktisch formalisieren lassen.

Diese Resultate, die auf einen bestimmten Phänotyp der Kurzgeschichte hindeuten, werden nicht zuletzt dadurch in ihrer Funktion als Elemente einer gattungsspezifischen Struktur legitimiert, daß es möglich war, zahlreiche der sich als Gattungskriterien konkretisierenden formalen Charakteristika auch im Material der angelsächsischen Short Story vorgeprägt zu finden. So wie es grundsätzlich außer Zweifel steht, daß der produktive Wirkungskonnex mit der amerikanischen Literatur für die deutschen Kurzgeschichtenautoren nach 1945 von herausragender Bedeutung war, sind auch die Entsprechungen in den Formen und Themen der Kurzgeschichte in beiden Literaturen großenteils nicht als bloße Analogien und Parallelentwicklungen abzutun, sondern Ausdruck eines produktiven literarischen Austausches, der sich hier zwischen den Autoren verwirklicht hat.

Einzelne stoffliche und inhaltlich festgelegte Muster haben sich, von Amerika ausgehend, als ungemein reichhaltige Kristallisationskerne von Untergattungen der Kurzgeschichte erwiesen. Es sei nur an die Detektivgeschichte, die phantastische Geschichte oder die Science-fiction-Story erinnert, wobei, wie Günter Kunert zu Recht hervorgehoben hat[11], solche Kurzgeschichten »nicht unbedingt trivialer Unterhaltungstendenz unterliegen; Science-fiction-Autoren wie Bradbury oder Asimov gehen weit über Unterhaltung hinaus und bieten schärfste Zeit- und Gesellschaftskritik« (212).

Innerhalb einer solchen inhaltliche Schwerpunkte formalisierenden Typologie ließen sich, mit dem Blick auf die amerikanische Short Story dieses Jahrhunderts, vor allem auch die satirische Geschichte[12] und die Initiationsgeschichte[13] als zentrale inhaltliche Orientierungsraster der Kurzgeschichtengattung bezeichnen. Auch die Aktionsgeschichte, die exotische und abenteuerliche Sujets bevorzugt und zum linearen spannungssteigernden Plot tendiert, ließe sich als ein entscheidendes inhaltlich bestimmtes Segment der Kurzgeschichte im einzelnen bestimmen. Ähnliches gilt für die lyrisch-atmosphärisch geprägte Adjektivgeschichte[14].

Viel wichtiger als solche auf inhaltliche Differenzierung ausgerichteten Gattungsraster sind formale und erzählstrukturelle Charakteristika, die die Gattungsidentität der Kurzgeschichte begründen helfen. Unter diesem Aspekt kommt der Darstellung der Zeit in der Kurzgeschichte eine fundamentale erzählstrukturbildende Funktion zu. Die zeitliche Dimension der Kurzgeschichte ist grundsätzlich die Gegenwart. Wo Vergangenheit und Zukunft in die Kurzgeschichte eindringen, geschieht es auf dem Wege der Simultaneitätsdarstellung, die nur eine Ausweitung der Gegenwartsdimension darstellt, aber nicht in einer sukzessiven Aufeinanderfolge der chronologischen Ereignisse auseinandergefaltet wird. Unter diesem Aspekt läßt sich sicherlich sagen, daß dieses

Einheitsmoment, das aus der Zeitdarstellung entspringt, die Kurzgeschichte im Idealfall auf einen bestimmten Augenblick, eine spezifische Lebenssituation, ein bestimmtes Ereignis konzentriert, ohne daß dieser Augenblick freilich den realistisch gezeichneten, sozialen Horizont der Historie im Muster einer außergewöhnlichen Schicksalsbegebenheit sprengt. Es kann sich um den Augenblick des Sterbens handeln, um einen Unglücksfall, einen Konflikt, eine Begegnung, aber ebenso um eine von einer Belanglosigkeit ausgelöste Erkenntnispause im normalen Alltagsverlauf.

Die Zeitdarstellung in der Kurzgeschichte ist stets intensiv und nie extensiv, was sich aus dem konstitutiven Verhältnis zwischen Erzählzeit und erzählter oder vielmehr: erzählbarer Zeit[15] in der Kurzgeschichte ergibt. Die vom Umfang her gesetzte Begrenzung der Erzählzeit erlaubt bei der Einbringung größerer Zeitzusammenhänge erzählstrukturell nur die formalen Mittel der Komprimierung und nicht der Ausdehnung, die zur Gattungsauflösung der Kurzgeschichte zur Großerzählung, zum Roman hin führen würde. Zahlreiche der durchgeführten Analysen haben gezeigt, daß dabei keineswegs zutrifft, was man als Unterscheidungsmoment zwischen Novelle und Kurzgeschichte hervorgehoben hat: »Entscheidend in allen Versuchen zur Charakterisierung dieser Erzählform ist der Hinweis auf die radikale Isolierung des zentralen Ereignisses [...], daß in ihr, wie so oft in der Kurzgeschichte, die Unvertrautheit und die Vertrautheit des durchschnittlichen Lebenslaufes in ein beziehungsloses Nebeneinander auseinandergerissen werden.«[16] Bei der Novelle hingegen komme es zur Darstellung »jener Gegensätze, die das Ganze des Daseins ausmachen« (232).

Von der Darstellung der Zeit in der Kurzgeschichte her lassen sich diese Aussagen eindeutig korrigieren. Denn unterstellt wird hier, daß tatsächlich nur der isolierte Augenblick, das einzelne zum Zufallsmoment gewordene Ereignis im Mittelpunkt der Darstellung steht. Dieses Mißverständnis ist darauf zurückzuführen, daß die Rolle des Erzählers in der Kurzgeschichte nicht beachtet wird. Er ist nicht der allwissende Erzähler, der aus der Außenperspektive eine Monade der Realität darstellt und folgerichtig auf Grund der geringen Dimensionierung des Wirklichkeitsausschnittes keinerlei Zusammenhänge andeuten kann. Den Objektivität der Erzählhaltung beanspruchenden, neutralen, Übersicht besitzenden oder postulierenden Erzähler gibt es in der Kurzgeschichte nicht mehr, sondern vielmehr den Figurenerzähler, der als Ich-Erzähler unmittelbar im Erzählkontext agiert oder aus dessen Perspektive in der Er-Form dargestellt wird.

Nicht selten führt diese strukturelle Institution des Figurenerzählers dazu, daß der Erzähler auch sprachlich völlig hinter seinem Protagonisten verschwindet und die Kurzgeschichte formal zur Monolog- oder Dialoggeschichte wird. Durch die Verlagerung der Erzählperspektive auf das Bewußtsein von einer Figur (oder auch alternierend von mehreren Figuren) wird die Augenblicksdimension der Zeit als reine Gegenwärtigkeit, die sich in einem Ereignis, einer Handlung, einem Plot manifestiert, erweitert durch die Simultaneitätserzeugung der Zeit im Bewußtsein des Protagonisten. Die Erinnerungen, Ängste, Erwartungen und Hoffnungen, die im Bewußtsein des Protagonisten die Handlungsgegenwart der Kurzgeschichte nach rückwärts und vorwärts erweitern und formal durch Montageeinblendungen auch die Vergangenheit und Zukunft in die Zeitdarstellung integrieren können, erweitern die Gegenwartsdimension nicht selten zur zeitlichen Totalität eines ganzen Lebens, das (wie in Bierces berühmter Short Story »An Occurrence at Owl Creek Bridge« zu einem

Lebensfilm komprimiert in der Todesminute) im Bewußtsein des Protagonisten vorüberblitzt.

Was sich von der Zeitdarstellung her inhaltlich dann als Simultaneitäts- oder Lebensfilmgeschichte charakterisieren ließe, besitzt, gleichfalls unter dem Aspekt der Zeitdarstellung, in der sogenannten Gegenstandsgeschichte sein Korrelat. Der Unterschied liegt nur darin, daß die Simultaneität der Zeit nicht im Bewußtsein des Protagonisten, gleichsam in einer psychologischen Zeitdimension, zustande kommt, sondern in einer Verräumlichung der Zeit am Beispiel eines Objektes, eines Gegenstandes, der in seinen Veränderungen und seinem gleichbleibenden Kern zum räumlichen Schnittpunkt der verschiedenen Zeitebenen wird, die sich in ihm treffen. In einem Akt der erzählerischen Mythisierung verwandelt sich der Erzähler gleichsam in das Bewußtsein des Objektes, aus dessen ihm widerfahrener Geschichte, gleichfalls auf dem Wege formaler Verdichtung, die Ganzheit einer bestimmten historischen Phase oder politischen Situation dargestellt werden kann.

Die erstaunliche Komplexität in der Zeitdarstellung, die in der Kurzgeschichte möglich ist, deutet bereits darauf hin, daß es gleichfalls eine Vereinfachung wäre, aus der Augenblicksdarstellung eine lineare Handlungseinheit zu folgern. Das ist sicherlich ein mögliches Grundmuster dort, wo in der Tat die pure Gegenwart eines Augenblicks die Zeitdimension der Kurzgeschichte darstellt. Aber selbst bei einer (den Grundtypus der Kurzgeschichte wie im Reagenzglas des Erzählens vorführenden) Kurzgeschichte wie Salingers »Pretty Mouth and Green My Eyes«, wo Erzählzeit und erzählte Zeit durch das Telefongespräch nahezu identisch sind und das Telefongespräch selbst die Handlung darstellt, wird durch den divergierenden Bewußtseinskontext der Sprechenden – der betrogene Ehemann fragt ausgerechnet jenen Mann um Rat, der ihn gerade mit seiner Frau betrügt – die Gegenwartsebene ständig durch Anspielungen auf die Vergangenheit und Zukunft hin erweitert. Dennoch läßt sich sagen, daß in vielen der hier behandelten Kurzgeschichten eine bestimmte Situationseinheit bzw. Handlungseinheit dominiert, und selbst dort, wo diese Handlungseinheit in eine Kabinen-Struktur[17] aufgelöst wird – wie zum Beispiel in Thurbers »The Secret Life of Walter Mitty« –, sind die einzelnen Erzähl-Kabinen nicht im Sinne einer komplex und damit auch zeitlich verschränkten Anordnung aufeinander bezogen, sondern in einer auf Steigerung zielenden Reihungsstruktur, die entweder eine Pointe vorbereitet oder durch eine Überraschungsklimax kontrastiert wird. Unter diesem Aspekt läßt sich sicherlich argumentieren, daß der Raumdarstellung in der Kurzgeschichte deutliche Grenzen gesetzt sind im Unterschied zur Zeitdarstellung, die ein viel größeres künstlerisches Volumen erlaubt.

Es ist also durchaus zutreffend, wenn man gefolgert hat, »welch eine geringe Bedeutung der erzählte Raum in den meisten Kurzgeschichten hat«[18]. Und selbst da, wo der Raum eine größere Bedeutung zu haben scheint, nämlich in der sogenannten Überblendungsgeschichte in der Art Friedo Lampes, wo eine Vielzahl räumlicher Stationen nicht nach dem Reihungsprinzip der Kabinen-Struktur (das sich ja am Handlungsverlauf orientiert) hintereinandergeschaltet, sondern wo gleichsam von einem bestimmten, fixierten Zeitpunkt aus ein Querschnitt durch den Raum gelegt wird und verschiedenartige räumliche Segmente in der Gleichzeitigkeit des einen bestimmten Augenblicks präsentiert werden, bleibt die Darstellung primär an der

Zeitstruktur orientiert. Man könnte denn auch die Überblendungsgeschichte als eine Sonderform der Simultaneitätsgeschichte definieren: Simultaneität, die nicht im Bewußtseinsraum des erinnernden und vorausblickenden Protagonisten durch vom Erzähler ausgeführte Zeitmontagen hergestellt wird, Simultaneität, die gleichfalls nicht in einem bestimmten Objekt (wie in der Gegenstandsgeschichte) zur verräumlichten Gleichzeitigkeit des geschichtlichen Prozesses gerinnt, sondern vielmehr die Simultaneität des zu einer räumlichen Vielfalt erweiterten Augenblicks, dessen Dimension nicht horizontal, zur Vergangenheit und Zukunft hin, sondern gleichsam vertikal, zur Gleichzeitigkeit des räumlich Getrennten hin, erweitert wird.

So sehr sich auch generell von einer Dominanz der geschlossenen und in einem Zug ablaufenden Handlung, einer linearen Handlung also, in der Kurzgeschichte sprechen läßt und die Eingrenzung des räumlichen Aktionsfeldes in der Kurzgeschichte diese Feststellung unterstützt, so muß andererseits jedoch von der äußerst differenzierten Vielfalt der Zeitdarstellung her darauf hingewiesen werden, daß es häufig erforderlich ist, zwischen einer äußeren Handlung, die sichtbar in den Zeit-Raum-Koordinaten abläuft, und einer inneren Handlung, die sich im Bewußtsein des Protagonisten abbildet, zu unterscheiden. Es ist nicht selten so, daß die eigentliche Dramatik in den Innenraum des Protagonisten verlegt wird. Während äußerlich nur ein stationärer alltäglicher Augenblick dargestellt wird, stehen nicht selten die durch äußere Signale stimulierten Bewußtseinsvorgänge im eigentlichen »Handlungszentrum« der Darstellung. Eine Verschmelzung von äußerer und innerer Handlung ist dann gegeben, wenn die Figurenperspektive die Erzählperspektive völlig absorbiert. Das ist der Fall in der Monologgeschichte und gleichfalls in der bis zum Extrem vorangetriebenen Dialoggeschichte, wie Schnurre sie in seinen letzten Arbeiten[19] durchzuführen versucht hat. Nicht zu verwechseln damit ist die sogenannte – aus der Novellenliteratur bekannte – Rahmengeschichte[20], die einen fiktiven Erzähler einführt, der die eigentliche Geschichte innerhalb einer fiktiven Rahmensituation erzählt. Das hier den Erzählverlauf strukturierende Spiegelungsprinzip zwischen der fiktiven Gegenwart des Erzählenden und der Vergangenheit des von ihm Erzählten setzt mehrschichtige Strukturierungsvorgänge voraus, die für die Kurzgeschichte untypisch sind.
Mit dem Blick auf die Handlungsentwicklung in der Kurzgeschichte ist von den zahlreichen untersuchten Erzählbeispielen her eine andere Konzeption zu revidieren, die in der Forschungsliteratur hartnäckig immer wieder auftaucht und sich vereinzelt auch auf das theoretische Selbstzeugnis von Autoren (Schnurre etwa) berufen kann: als werde das geschilderte Ereignis generell in einer fragmentarischen Erzählstruktur präsentiert. Mit andern Worten: Erzählanfang und Erzählende unterlägen keiner erzählstrukturellen Gliederung, die Kurzgeschichte fange irgendwo an und höre irgendwo auf.
Tatsächlich ist es so, daß die expositionell informierende Introduktion der Erzählsequenz relativ selten vertreten ist[21] und statt dessen der abrupte, die Aufmerksamkeit des Lesers provokativ in Anspruch nehmende Erzählbeginn überwiegt, auch wenn Gutmann zu Recht von seinem umfangreichen Untersuchungsmaterial her betont hat: »Nur wenn man einseitig Borchert im Blick hat, kann man den offenen, abrupten Anfang als typisches Strukturmerkmal der Kurzgeschichte bezeichnen; eine Verallgemeinerung dieses Kriteriums für *die* Kurzgeschichte läßt sich [...] nicht rechtfertigen.

Ein orientierender oder bildhafter Erzähleingang kann ebenso eine Kurzgeschichte einleiten.« (122)
Freilich lassen sich diese Momente nicht isoliert formalisieren, sondern werden erst von der Funktion des Erzählers, seiner Figurenperspektive des Erzählens und seiner den Leser in den Erzählprozeß mit einbeziehenden Strategie her plausibel. Darauf wird noch hinzuweisen sein. Doch bereits hier läßt sich mit allem Nachdruck darauf hinweisen, daß nichts weniger typisch für die Erzählkadenz der Kurzgeschichte ist als ein abrupter und damit fragmentarischer Erzählabbruch[22]. Wenn bisher von der Dominanz der linearen Handlung in der Kurzgeschichte gesprochen wurde, dann nur in dem Sinne, daß die komplex verschachtelte und kausal verschränkte Handlungsentwicklung – mit der wichtigen Ausnahme der Detektivgeschichte – fehlt. Linearität ist jedoch nicht als ungegliederte Flächigkeit eines Situationsausschnitts zu verstehen, der irgendwo beginnt und irgendwo aufhört.
Tatsächlich ist es so, daß die äußere Handlung in der Kurzgeschichte vom Erzählbeginn zum Erzählende hin eine deutliche Steigerungskurve durchläuft und ihren strukturellen Kulminationspunkt am Ende zumeist in einem überraschenden Handlungsumschwung, in einer Peripetie, die die Erwartungshaltung des eingestimmten Lesers mit einer ganz neuen, verblüffenden Wendung konfrontiert, oder in einer Pointe gipfelt, die eine sich im Erzählverlauf bereits andeutende Entwicklung zusammenfaßt und ihre Tendenz übertreibend akzentuiert und dadurch dem Leser eine Deutungsperspektive auf den gesamten Handlungsverlauf anbietet. Als eine die erzählstrukturelle Handlungsentwicklung transzendierende Sonderform dieser Kulmination läßt sich auch die Epiphanie auffassen, das plötzliche Sichtbarwerden eines Sinnzusammenhangs im Kontext einer bestimmten Erzählsituation, ohne daß diese Erzählsituation von sich aus kausal auf diesen Sinn hindeutet. Sogenannte verschwebende Erzählschlüsse sind in der Regel selbst dort nicht gegeben, wo sie wie bei Böll in zahlreichen frühen Geschichten durch die Interpunktion (die drei Punkte am Ende, die ein allmähliches Ausblenden markieren) angedeutet werden. Auch dort ist der Kulminationspunkt in der Handlung bereits erreicht worden, und es ist gleichsam nur eine erzähltechnische Frage, mit welcher erzählerischen Geschwindigkeit die Erzählsequenz zu Ende geführt wird. So kann – wie in Bierces »Occurrence« – ein einziger Schlußsatz ausreichen, um Kulmination, Peripetie und Handlungsende zum Ausdruck zu bringen. Es wäre jedoch unvertretbar, von einer jähen Unterbrechung der Geschichte zu sprechen.
Auf dem Hintergrund der vorangegangenen Interpretationserfahrungen und Überlegungen läßt sich also sagen, daß die Erzählschlüsse in der Kurzgeschichte von einem strukturell ungleich größeren Gewicht sind als die Erzählanfänge. Unter diesem Blickwinkel zeichnet sich in der Tat ein strukturelles Spannungsverhältnis zwischen dem untypischen Erzähleinstieg und dem typischen Erzählende in der Kurzgeschichte ab. Der direkte, provokative Einstieg, der ohne expositionelle Introduktion unmittelbar in die dargestellte Situation oder Handlung führt, ist in der Regel kombiniert mit einem Erzählausklang, der erzählerisch sorgsam aufgebaut ist und in einem Kulminationspunkt, welcher Akzentuierung auch immer, gipfelt, wobei auch der Erzählanfang zumeist vom Ende her seine Plausibilität gewinnt.

Die Dominanz des provokativen Erzähleinstiegs hat, wie bereits angedeutet wurde, mit dem Erzähler der Kurzgeschichte zu tun, der eben nicht mehr der allwissende Erzähler der epischen Tradition ist, der seine Materialien arrangiert, sein Personal vorstellt, sein Handlungskonzept ausbreitet und dann wie der Spielmacher auf dem Spielfeld die einzelnen Handlungszüge und Aktionen durchführt. Der Erzähler der Kurzgeschichte ist der Figurenerzähler, d. h., erzählt wird aus der Perspektive eines (oder auch mehrerer) Protagonisten, wobei in der Monolog- und Dialoggeschichte Erzählperspektive und Figurenperspektive völlig ineinander übergehen.

Das erklärt den Wegfall der umständlich informativen Exposition und die Methode des induktiven Erzählens aus der Perspektive eines Protagonisten, der sich selbst, seine Person, seine Lebensumstände und -konflikte im Erzählprozeß selbst vermittelt und damit erst sukzessiv für den Leser konkretisiert. Hier an der Funktion des Erzählers lassen sich auch fundamentale Unterschiede zu anderen Gattungen (etwa der Novelle) akzentuieren. Denn der Figurenerzähler setzt auch grundsätzlich voraus, daß seine Individualisierung ihn als Person ebenso auf den Leser hin zubewegt, wie auch die in der Kurzgeschichte dargestellte Wirklichkeit auf die Wirklichkeitserfahrung des Lesers zugeordnet ist. Mit andern Worten: die Kurzgeschichte kann es sich im Unterschied zur Novelle nicht leisten, auf historisch zurückliegende und stofflich umständlich zu rekonstruierende Handlungsmuster einzugehen oder ein Personal vorzuführen, das nur im Kontext der Historie verbürgt ist und gleichsam zitiert wird oder das in der didaktischen Abstraktheit einer Parabel nur als Typus gegenwärtig ist.

Die Transmission, die zwischen der Realitätsdarstellung der Kurzgeschichte und der Realitätserfahrung des Lesers möglich sein muß, sollte auch als Identifikationsvoraussetzung zwischen Leser und Personal der Kurzgeschichte gegeben sein. Von daher erklärt es sich, daß die Kurzgeschichte in deutlichem Unterschied zur Novelle eine demokratische Gegenwartsform ist, ihre Stoffe aus der Wirklichkeitserfahrung des Lesers nimmt und individualisierte Personen vorführt, in denen sich der Leser wiederzuerkennen vermag. Natürlich läßt sich das, mit dem Blick auf das Herkunftsland der Kurzgeschichte, Amerika, auch distributionstechnisch begründen: die größtmögliche Verständlichkeit der Short Story war ein Kriterium für ihren Druck und ihre Verbreitung[23]. Aber auch das ist eher ein Einzelphänomen innerhalb eines sich umorientierenden Literaturprozesses, der von der Tendenz zur Demokratisierung der Bildung gekennzeichnet ist und in der Kurzgeschichte eine Gattung herausbildete, die die Distanz zwischen Leser und Literatur entscheidend einebnete, indem eben der Leser zum erzählstrukturell wichtigen Orientierungspunkt für den Darstellungsprozeß des Kurzgeschichtenautors wurde.

An dieser Stelle sind zwei andere Mißverständnisse zu klären, die mit diesem Demokratisierungsprozeß der Literatur, der sich am Beispiel der Kurzgeschichte und ihrer Entwicklung dokumentiert, assoziiert werden. Der eine Punkt betrifft das künstlerische Volumen der Kurzgeschichte, das eben durch die Annäherung an den Leser – vor allem im Vergleich zur Novelle und zu ihren artistischen Abbreviaturen – entscheidend reduziert worden sei und zu einer sprachlich dem Umgangsidiom angenäherten, flächig vordergründigen Diktion geführt habe.

Der zweite Punkt kritisiert einen flachen auf photographierbare Wirklichkeit eingeengten Realismus der Darstellung. Gewiß, die realistisch instrumentierte Lebensausschnittsgeschichte läßt sich in vieler Hinsicht als eine Grundform der Kurzgeschichte – in den angelsächsischen Ländern und in der deutschen Nachkriegsliteratur – bezeichnen. Aber bereits der Blick auf inhaltlich orientierte Gattungstypologien der Kurzgeschichte macht deutlich, daß in der Detektivgeschichte oder phantastischen Geschichte Poescher Provenienz, in der Science-fiction-Geschichte, in der satirischen Geschichte, in der Fabuliergeschichte, in der die Realität spielerisch aufgelöst wird, in der Horrorgeschichte auch ganz andere Zonen der »Wirklichkeit« zur Darstellung gelangen. Die am Beispiel der differenzierten Zeitdarstellung beschriebene Bewußtseinsauslotung in der Kurzgeschichte läßt sich hier konsequent erweitern in Richtung auf jene Zonen der unterdrückten Ängste, Triebe, Befürchtungen, Phantasien, Träume und irrationalen Befreiungsschübe, die in den subliminalen Bereichen des Bewußtseins verwurzelt sind und zum Bild der den Leser erreichenden Wirklichkeit gleichfalls gehören und folglich auch in die Darstellung der Kurzgeschichte eingebracht werden.

Der erste vorhin erwähnte Punkt bezeichnet eines der hartnäckigsten Vorurteile, das etwa in die folgende – durch zahlreiche andere zu variierende – Formulierung gekleidet ist: »Im Wirbel des Verkehrs und Betriebs hascht der Mensch nach immer neuen Anregungen, bei der Fülle des Bedarfs dürfen sie (die Kurzgeschichten) aber weder in die Tiefe gehen noch zu umfangreich sein.«[24] Sicherlich haben die zahlreichen Analysen von Kurzgeschichtentexten sichtbar gemacht, daß der demokratische Grundzug der Kurzgeschichte sich auch sprachlich in der Bevorzugung des gesprochenen Idioms, des Slangs, der Umgangssprache dokumentiert und daher auch nicht die gegliederten Hypotaxen einer Literatursprache bevorzugt, sondern das syntaktische Stakkato der umgangssprachlichen Verständigung.

Doch was sich an der Diktion Hemingways als geradezu beispielhafte sprachliche Gestaltungsweise der Kurzgeschichte manifestiert, die von äußerstem Kalkül und zugleich äußerster Sparsamkeit des Ausdrucks bestimmte Herstellung von Bedeutungskontexten, die nicht mit extensiven Sprachmitteln wie komplizierten Symbolzusammenhängen oder Leitmotivstrukturen arbeiten, sondern mit indirekten Hinweisen, Andeutungen, dem Understatement, der Bedeutungsnuancierung durch den harten Schnitt, durch die Lücke im Text – alles das gilt für die sprachliche Gestaltung der Kurzgeschichte generell. Formelhaft zusammengefaßt, könnte man sagen, daß die Kurzgeschichte nicht extensiv sprachlich gestaltet, sondern intensiv: sie dehnt die sprachlichen Strukturen nicht aus, sondern komprimiert, verknappt sie und lädt sie dadurch mit Bedeutung auf. Daß sie sich dadurch dem Verständnis der Leser annähert, der ihre einfach scheinende Oberfläche leichter erkennt und erst allmählich die Systeme der formalen Unterkellerung, die sich darunter befinden, entdeckt, ist ja eher ein Zeichen ihrer formalen Brillanz im Unterschied zur Novelle, die den bildungsbürgerlichen, literaturkundigen Leser voraussetzt und ihr Wirkungspotential durch ihre sprachlichen Techniken künstlich eingrenzt.

Das »explosive principle«[25], wie Henry James dieses Gestaltungsproblem der Short Story auf den Begriff gebracht hat, wirkt in der Kurzgeschichte – im Bild gesprochen – gleichsam auf dem Wege der Implosion. Denn die Bedeutungsverdichtung führt nicht zu einem Aufschwellen der Textur, sondern zu ihrer Filterung und Konzentration. Im Idealfall wird jeder Satz, jedes Wort wichtig, und eben darum muß es von jedem Füllsel, von jedem überflüssigen Beiwerk befreit werden. Bekenntnisse wie die von William Faulkner[26] sind ja keine bloße Koketterie: »Jeder Romancier träumt anfangs davon, Verse zu schreiben, merkt aber bald, daß er's nicht kann, und versucht sich daraufhin an der Kurzgeschichte, dem nach der Lyrik anspruchsvollsten Genre. Wenn er auch darin versagt, dann erst läßt er sich mit dem Roman ein.« (156)

Truman Capote hat ähnlich berichtet: »Mein hartgesottener Ehrgeiz kann nicht ablassen von dieser Form. Nimmt man sie wirklich ernst, dann wird die Kurzgeschichte – das ist meine Meinung – zur schwierigsten aller Prosaformen, denn keine andere verlangt vom Autor soviel Disziplin. Alles, was ich an kritischer Kontrolle und technischer Fertigkeit besitze, verdanke ich ausnahmslos dem Training in diesem Genre.«[27] Und auch Heinrich Böll hat noch kürzlich aus der Arbeitssituation beim Schreiben von Kurzgeschichten heraus bekannt: »Es ist ein verhängnisvoller Irrtum, wenn etwa ein Redakteur zu einem Autor sagt: Schreiben Sie uns doch mal eine Kurzgeschichte. Sie können das doch. Es ist ungefähr so, als wenn er sagte: Holen Sie mir doch mal eben eine Sternschnuppe. Es kann Jahre dauern, ehe ich mit einer Kurzgeschichte zu Rande komme«[28].

Gerade weil dieses »explosive principle« so zentral für die Gestaltung der Kurzgeschichte ist, scheint es auch wenig sinnvoll zu sein, eine Reduktionsform der Kurzgeschichte, die sogenannte »Kürzestgeschichte«, als legitime Variationsmöglichkeit ihres Gattungsgrundrisses anzusehen. Solche Kürzestgeschichten, wie sie eine Zeitlang durch Veröffentlichungen in den »Akzenten« gefördert wurden[29], wie sie Reinhard Lettau in seinen Prosabänden[30] »Schwierigkeiten beim Häuserbauen« und »Auftritt Manigs« vorgelegt hat, wie sie kürzlich Herbert Somplatzki in seinen »Schrumpfstories«[31], Wolfgang Weyrauch in seinem Band »Hans Dumm. 111 Geschichten«[32] oder Helmut Heißenbüttel in manchen Textstücken seines Erzählbandes »Eichendorffs Untergang und andere Märchen«[33] veröffentlicht haben, wie sie bei Günter Bruno Fuchs in seinen »Gesammelten Fibelgeschichten«[34] dominieren, verengen das Gestaltungsspektrum so sehr, daß die Gattungscharakteristika der Kurzgeschichte ausgelöscht werden und in der Tat nur Schrumpfgeschichten zurückbleiben, die zum Aphorismus, zur Parabel, zum Tagebuchnotat tendieren: Zwischenformen, erzählerische Zwitter, die man mit dem Wort Kürzestgeschichte zu Unrecht auf das Gattungsspektrum der Kurzgeschichte bezieht.

Die Möglichkeit zur Wirklichkeitsdarstellung wird eingeebnet auf einen einzigen Reflex des Autors, auf eine bestimmte Stilfigur, auf einen Satz, eine Geste, ein Zeichen. Eine solche Durchlöcherung der hier an formalen Kriterien aufgewiesenen Gattungsgrenzen der Kurzgeschichte zeigt sich auch tendenziell in der Fabuliergeschichte (Kusenbergscher Prägung), die an abbildbaren Bezügen der Realität, wie phantastisch oder satirisch verfremdet auch immer, nicht mehr festhält, sondern sie auflöst in Spielelemente einer sich in einem sozialen Vakuum absolutsetzenden Subjektivität, deren Phantasie zu einer leeren, sich selbst vergnügenden Aktivität wird.

Was für ein außerordentlich feiner Seismograph geschichtlicher und sozialer Vorgänge die Kurzgeschichte zu sein vermag, werden die Kapitel im folgenden erweisen, in denen die Geschichte der deutschen Kurzgeschichte durchsichtig wird auf jene andere Geschichte hin, die sich im politischen und sozialen Umfeld der letzten vierzig Jahre in einem hektischen, zwischen Verblendung und Zerknirschung, zwischen Hochflug und Absturz eingespannten Auf und Ab konkretisiert hat und die hier, in diesen Texten, jene Gedächtnissignatur erhalten hat, die unser Bewußtsein und unsere Auffassung dieser Geschichte möglicherweise in der Zukunft mitbestimmen wird.

III. Die Darstellung der Zeitgeschichte in der deutschen Kurzgeschichte. Interpretationen

1. Die Doppelbödigkeit der Welt: Wirklichkeit im Krieg

I. Die Erfahrung des Zweiten Weltkrieges ist nicht nur das zeitgeschichtliche Schlüsselereignis, das die Entwicklung der deutschen Kurzgeschichte mit ausgelöst und nachhaltig thematisch beeinflußt hat, sondern verdeutlicht zugleich auch mit allem Nachdruck die ideologiekritische Kehrtwendung gegen ein literaturpolitisches Dogma der in ideologische Zweckbestimmungen eingelagerten, von der Zustimmung der politischen Öffentlichkeit getragenen offiziösen Literatur der dreißiger Jahre. Gemeint ist das zum Zentraltopos – auch der nationalsozialistischen Kurzgeschichte – stilisierte Fronterlebnis heroischen Soldatentums, zumeist konkretisiert an Stoffen aus der zurechtgebogenen Vergangenheit des Ersten Weltkrieges, aber mit einer unverkennbaren Perspektive auf die nationalsozialistische Gegenwart hin akzentuiert.

Auf welcher breiten ideologischen Strömung die NS-Literaturdoktrinäre hier aufbauen konnten, verdeutlichten in den frühen dreißiger Jahren Bekenntnisse von Autoren und Gelehrten wie Ernst Jünger und Ernst Robert Curtius, von denen der erste 1930 in dem von ihm herausgegebenen Sammelband »Krieg und Krieger«[1] feststellte, »daß die deutsche Jugend sich der symbolischen Erscheinung des Frontsoldaten als ihrem Vorbilde zuzuwenden beginnt« (29), und der andere, in die anachronistische Euphorie des Kriegsausbruchs 1914 zurückfallend, 1932 die »Elite der Frontkämpfer«[2] beschwor, die Deutschlands weltpolitische Mission – wieder einmal – in den frühen dreißiger Jahren zu ihrer eigenen Sache machen sollten. Man hat daher mit guten Gründen festgestellt: »Lange vor der nationalsozialistischen Machtergreifung war der Krieg zum gesellschaftlichen Idealzustand stilisiert, der, so hoffte man, allein der aktuellen Misere gewachsen war.«[3]

Die von den nationalsozialistischen Kulturfunktionären popularisierte Kurzgeschichte wurde in den Dienst dieser ideologischen Mission gestellt. Als »Kriegs- und Soldaten-Kurzgeschichte«[4], die kameradschaftliches Zusammengehörigkeitsgefühl, das Ethos des Einer für Alle, vaterländische Opferbereitschaft und heroisches Akzeptieren des eigenen Todes im Feld propagierte, wurde sie zu einem weitverbreiteten Instrument der politischen Gehirnwäsche, die Legenden aus der preußischen Vergangenheit (mit Vorliebe an der Gestalt des Alten Fritz orientiert[5]) und selbst die eher niederdrückende Erinnerung an den verlorenen Ersten Weltkrieg mit patriotischem Wunschdenken vergoldete, ja die geschichtlich verbürgte Realität der Ereignisse durch schöne Trugbilder ersetzte. Obermann hat das in seinem frühen Aufsatz an einer Reihe von Textbeispielen belegt.

Auch hier ist jedoch darauf hinzuweisen, daß nicht allein die literarischen Mitläufer und gefälligen Textzulieferer zur Kompromittierung der literarischen Gattung Kurzgeschichte beitrugen – Gerhard Dabels »Zwei Kameraden halten zusammen«, Claus Dorners »Der rote Sven«, Albert Mahls »Befehl zum Rückzug« und Jan Murrs »Kasematte Eins ausgefallen« sind Beispiele, auf die sich Obermann bezieht –, sondern daß die Weichen von angesehenen und keineswegs mit dem Nationalsozialismus zu identifizierenden Schriftstellern gestellt wurden – lange vor 1933. Der einen patriotischen Vitalismus des Krieges feiernde Grundton von Ernst Jüngers Vorwort zur dreizehnten Auflage seines Kriegstagebuches »In Stahlgewittern«[6] (1931) ließ sich in allen Schattierungen der Literatur damals erkennen: »Wir haben viel, ja vielleicht alles verloren. Eines bleibt uns: die ehrenvolle Erinnerung an Euch, an die herrlichste Armee und an den gewaltigsten Kampf, der je gefochten wurde.« (VII)

Dieses Pathos, zum ideologischen Klischee verflacht, reicht bis hin zum Vorwort des Freiburger Germanisten Philipp Witkop zu einer 1933 veranstalteten Neuausgabe einer Sammlung »Kriegsbriefe gefallener Studenten«[7], in der das ideologische Programm gewissermaßen auf die Formel gebracht wird: »Alle Tiefen des deutschen Geistes, aller Adel der deutschen Seele sind vor den Horizonten des Krieges, des Todes, des Vaterlandes in diesen jungen Helden Gestalt und Wort geworden. Religiöse Innerlichkeit, künstlerische Anschauungs- und Darstellungskraft, ein strahlendes Gefühl für die Schönheit und Fülle der Natur, noch im Trichterfeld und im Schützengraben, eine klassenüberwindende, todestreue Kameradschaft verbinden sich eiserner Tapferkeit, heroischer Ausdauer, heiliger Opferbereitschaft. In diesen Tagen nationaler Selbstbesinnung beugen wir uns vor ihnen und schwören ihrem Andenken, daß sie nicht vergebens gefallen sein sollen, daß wir ihr Testament einlösen« (6). Was am Ende dieser Testamentserfüllung stand, ist bekannt: der vollkommene Bankrott, nicht nur der Ideologie, sondern auch der physischen Existenz.

Von daher leuchtet es ein, daß die in den Kurzgeschichten vieler junger Autoren nach 1945 dominierende Verarbeitung der Kriegserfahrung in zweifacher Hinsicht zentral ist: Die Reduktion auf die kreatürliche Angst und Leiderfahrung des dem technisierten Morden überlassenen einzelnen führte zur Wiederentdeckung einer biographischen Authentizität, die sich zugleich in völligem Widerspruch zu dem befindet, was die offiziöse NS-Literatur als ästhetische und ideologische Lesart des Krieges angeboten hatte. Der Durchbruch zum Realismus der Darstellung, der an die verschüttete Tradition des desillusionierten Kriegsromans eines Erich Maria Remarque, Ludwig Renn, Arnold Zweig oder Edlef Köppen[8] faktisch, wenn auch nicht bewußt wieder anschloß, geht zugleich Hand in Hand mit einer scharfen Aburteilung der ideologischen Wunschvorstellungen, mit denen die politische Erbauungsliteratur über heroisches Soldatentum und adelndes Fronterlebnis der dreißiger Jahre verbunden war. Von Borchert über Böll bis hin zu Bender und Schnurre lassen sich im Werk zahlreicher deutscher Kurzgeschichtenautoren Beispiele für diese illusionslose Sicht und Darstellung des Krieges finden. Unter rein quantitativen Gesichtspunkten läßt sich in diesen den Krieg verarbeitenden Geschichten sogar ein thematischer Hauptstrang der deutschen Kurzgeschichte nach 1945 erkennen.

Freilich hat man nicht zu Unrecht schon Ende der fünfziger Jahre darauf aufmerksam gemacht: »Viele Kurzgeschichten verdanken ihre Entstehung dem Krieg oder dem Zusammenbruch und ihre Popularität der Schilderung des Grauens. Sie sind nach einem Schema gemacht, das leicht zu durchschauen ist [...] Vermutlich werden viele der um das Kriegsgeschehen kreisenden Erzählungen in dem Maße ihre Anziehungskraft einbüßen, als die Erinnerung an die Leiden jener Zeit verblaßt.«[9] Das gilt für jene Geschichten, die im unverstellten Ausdruck der persönlichen Erfahrung von Not, Grauen und Zerstörung ihr Ziel erblickten und bei den Zeitgenossen unmittelbar nach

1945 auf eine emotionale Resonanz stießen, die im wesentlichen von der Identifikation mit den Erlebnisinhalten dieser Geschichten getragen wurde. Die Schrumpfung der Wirklichkeitserfahrung zum nackten Ausdruck der materiellen und kreatürlichen Zwangslage hatte sicherlich ihr Gutes auf dem Hintergrund jener pseudomythischen Kollektivmuster, in die der einzelne bei Autoren wie Werner Beumelburg oder Hans Zöberlein[10] als Träger völkischen Schicksals eingebettet worden war.

Aus der Perspektive der Gegenwart betrachtet, läßt sich jedoch nicht verkennen, daß sich das subjektive Bekenntnismoment dieser Geschichten mitunter zum Privaten einengt und die Besonderheit der geschilderten Situation nicht die Konkretisierung der geschichtlichen Lage eines bestimmten einzelnen ausmacht, sondern den dokumentarischen Einzelfall, dessen literarische Legitimation allein auf dem Bekenntnispathos des betreffenden Autors beruht. Nur da, wo die von den Autoren behauptete moralische Identität ihrer Handlungs- und Leidensträger sich zur sozialen Identität ihrer geschichtlichen Lage erweitert und die individuelle Notlage die Wunden der geschichtlichen Situation sichtbar macht, ist die literarische Gestaltung auch im Rückblick überzeugend. Wirklichkeit wird hier nicht nur zum subjektiven Reflex verdünnt, sondern wird in ihrer widersprüchlichen Komplexität ins Bild gebracht. Ihre im literarischen Spiegelungsprozeß sichtbar gemachte Doppelbödigkeit bedeutet nicht nur die Erhellung jener Fallgruben und Brüche, die dicht unter der Oberfläche angelegt sind, sondern auch die perspektivische Durchdringung des gegenwärtigen Situationsausschnitts auf die Voraussetzungen der Vergangenheit und die Hypotheken und Hoffnungen der Zukunft hin.

Für alle der in diesem Kapitel behandelten Kurzgeschichten gilt daher, daß sie nicht nur realistisch-dokumentarische Reportage von den Trümmerfeldern des Zweiten Weltkrieges sind, literarisch gefilterter Schmerzensschrei oder Wehruf der betroffenen Opfer, sondern im Situationsbild gefrorener geschichtlicher Augenblick, aus dem der Medusenblick des historischen Verhängnisses aufscheint.

II. Schnurres Geschichte »Das Manöver« – wie auch Bobrowskis Erzähltext »Der Tänzer Malige« – beleuchtet dieses Verhängnis noch im Vorbereitungsstadium von außen: nicht im Detonationsgeheul der Granaten und Bomben, sondern in der relativen Ruhezone eines Manövergeschehens, das den Krieg ins rationale Kalkül militärisch-operativer Planung überführt zu haben scheint. Das Ganze erweckt den Anschein einer reibungslos funktionierenden Aktion, die sich jederzeit vom Spielbrett des Manövergeländes in die Realität der Schützengräben übertragen lassen könnte. Dahinter verrät sich die Überzeugung einer technisierten Militärstrategie, die durch die Anfangserfolge der Hitlerschen Armeen in den sogenannten »Blitzkriegen« ebenso legitimiert schien wie durch das Bewußtsein des von seiner militärischen Allmacht durchdrungenen Generals, »der sich in zwei Weltkriegen und Dutzenden von Schlachten bewährt hatte« (217).

Der Kunstgriff des Erzähltextes besteht darin, daß Schnurre sich erzählerisch nicht in satirischer Vorentscheidung von vornherein polemisch auf die Seite der von diesem System Übermannten schlägt und aus offenkundiger kritischer Distanz heraus enthüllend erzählt. Indem er vielmehr erzählperspektivisch großenteils aus dem Blickwinkel des Generals und der andern auf dem Beobachtungshügel anwesenden und das Manövergeschehen überblickenden Stabsoffiziere erzählt, demaskiert er das von seiner Überlegenheit überzeugte militärische System ebenso beiläufig, wie dieses System sich in den Köpfen der Betroffenen als schier nicht zu übertreffende Autorität etabliert hat. Den Riß, den er zwischen Wirklichkeit und Ideologie – und als Ideologie ist hier der im strategischen Kalkül absorbierte Irrationalismus militärischer Zerstörung anzusehen – aufzeigt, stellt er auf zwei Ebenen dar. Zum einen wird die zum reinen Manövergelände degradierte Landschaft, die – mit einem Brechtschen Wort – ganz in die Funktionale gerutscht ist und nur noch durch ihre Gebrauchsfähigkeit für militärische Spielaktionen definiert ist, als sich dem Menschen widersetzende Natur schrittweise bewußt gemacht bis hin zur sinnbildträchtigen Konfrontation zwischen General und angreifendem Widder. Zum andern wird hinter der Figur des Generals, der durch seinen militärischen Rang und seine Machtstellung vollends definiert scheint und damit gleichfalls zur puren Funktion geworden ist, und zwar innerhalb des Systems militärischer Hierarchien, ein Personenkern aufgedeckt, der in Schichten hinabreicht, die durch die militärischen Autoritätsinsignien nur verdeckt worden sind: Gemeint sind jene Zonen emotionaler, ja kreatürlicher Erlebnisfähigkeit, die, durch die Entwicklung der Situation hinter der militärischen Verschalung wieder aufgedeckt, mit zum Untergang des Generals beitragen.

Schnurres Geschichte läßt sich also nicht auf die dualistische Formel verengen, daß die von der militärischen Maschinerie korrumpierte Natur sich gleichsam zur Wehr setzt und in dem rächenden Widder eine mythisch zu deutende Bestrafung verordnet. Vielmehr prägt der General ironischerweise durch seine »menschlichen« Reaktionen, dadurch daß er wütend wird, in Zorn gerät und ein Exempel setzen will, gerade zu seinem Untergang bei. Diesen auf zwei Ebenen ablaufenden Prozeß der Zersetzung hat Schnurre kunstvoll in jener Manöversituation zusammengefaßt, die den Handlungskern seiner Geschichte darstellt. In einem zur »Sperrzone« erklärten Gelände, in dem »sich kein menschliches Wesen mehr [...] befand«, scheint das von den Stabsoffizieren des Generals arrangierte Manöver ganz programmgemäß abzulaufen. Die Analogie zwischen der »blendenden Laune« der Offiziere und dem »strahlenden Wetter« scheint ganz darauf hinzudeuten, daß sich alles wunschgemäß entwickeln wird. Tatsächlich hat Schnurre bereits in dieser Ausgangssituation seiner Geschichte die Widersprüchlichkeit durch deskriptive Details unübersehbar akzentuiert. Die zufälligen militärischen Requisiten, die sich über das Gelände ausgebreitet haben, werden mit jenen Elementen des Lebens konfrontiert, die diese Landschaft als ihren natürlichen Lebensraum ausweisen: mit dem kreisenden Bussardpaar, den Lerchen über der Heide, dem Raubwürger im Gebüsch, dem Goldammernschwarm, den zirpenden Grillen. Wo aus dem Zweckdenken der Militärs heraus das Landschaftstableau mit Höhenzügen, verstreuten Gehöften und der angrenzenden Heide für ein Manöver »geradezu prädestiniert« scheint, bringt sich die Natur hier mit ihrem natürlichen Rhythmus des Lebens unverkennbar in Erinnerung. Daß der General »dieses Manöver für eine Farce hielt, denn es fehlte die Luftwaffe«, unterstreicht unfreiwillig zugleich die Perspektive, die der Erzähler dem Leser in bezug auf diese Situation anbietet: Um eine Farce handelt es sich in der Tat, aber nicht auf Grund der fehlenden Luftwaffe, sondern auf Grund der Blindheit der militärischen Sachlogik, die die Schönheit der Natur nicht wahrnimmt und glaubt, ihre Zwecke allem überordnen zu können.

In der ersten Phase des Manövers scheint die Natur hoffnungslos zu unterliegen. Die

Gefechtsübungen schreiten programmgemäß voran. Panzer und mit grünen Büschen getarnte Infanterie bestimmen das Bild: »der Lärm hatte den Lerchengesang ausgelöscht [...]«. Die aus ihrem natürlichen Lebensraum aufgeschreckten Vögel suchen, vom Lärm verängstigt, ironischerweise auf jenem Hügel Zuflucht, von dem der General und seine Offiziere das Manövergelände überblicken. Daß ein plötzlich aufkommender Wind den Pulverdampf auf den Beobachtungshügel zutreibt und damit die Sicht versperrt, verursacht bei dem General eine erste ärgerliche Reaktion, deren Unsinnigkeit der Erzähler unaufdringlich akzentuiert, indem es heißt, der General ärgerte sich, »daß der Wind sich ihm widersetzte«. Dieser Größenwahn militärischer Selbstüberzeugtheit, die selbst die Gesetzmäßigkeiten der Natur sich unterordnen möchte, kommt erst recht zum Ausdruck, als plötzlich eine durch den Lärm in Panik geratene Schafherde in das Manövergelände einbricht und trotz aller Vertreibungsversuche das Terrain nicht verläßt. Der Satz »Doch die Tiere gehorchten anderen Gesetzen« demaskiert nun in allmählicher Steigerung am Beispiel der Reaktionsweise des Generals den unsinnigen Absolutheitsanspruch des Militärs. Unsinnig ist bereits der den Offizieren erteilte Befehl: »Die Schafe [...] hätten umgehend zu verschwinden, die verantwortlichen Herren sollten sofort die entsprechenden Befehle erteilen«, unsinnig seine Reaktion auf den Mißerfolg der Offiziere – »[...] er werde die verantwortlichen Offiziere nach Beendigung des Manövers zur Rechenschaft ziehen [...]« –, vollends grotesk ist sein spontan gefaßter Entschluß, selbst die Schafherde zu vertreiben, indem er seinen Fahrer mitten in die Herde hineinfahren läßt. Und selbst als ihm die Fragwürdigkeit seines Tuns bewußt zu werden beginnt, stört ihn nur die Lächerlichkeit seines Auftritts, der, vermutlich zum Gegenstand der Witzeleien der untergebenen Offiziere geworden, seinen Gefühlsausbruch bis zu dem Punkt steigert, wo er, den geschmähten Schafen in der irrationalen Reaktion ihrer Panik tendenziell gleich, vollends die Kontrolle verliert: Er riß, »[...] verrückt fast vor Zorn, die Pistole aus dem Gurt und schoß, wahllos in die Herde hineinhaltend, sein Magazin leer«.
Die Peripetie, der Erkenntnisblitz ereignet sich in dieser Situation der konkreten Auswegslosigkeit und äußersten Verbohrtheit: Sein von den Schafen zum Stehen gebrachter Jeep wird umgestürzt, und ein riesiger Widder, den er vorher in seinem unkontrollierten Zornesausbruch verwundet hat, steht plötzlich als urtümliche Bedrohung vor ihm und reduziert ihn jenseits all seiner militärischen Autorität auf seine kreatürliche Schwäche und Angst: »Sein Zorn war verflogen. Er dachte auch nicht mehr an die Bemerkungen der Herren auf dem Manöverhügel, er dachte nur: Er darf mich nicht töten, er darf mich nicht töten. Er war jetzt kein General mehr, er war nur noch Angst, nackte, bebende Angst«.
Während es vorher noch geheißen hatte, daß der Lerchengesang durch den Lärm der Panzer ausgelöscht worden war, heißt es jetzt über die Panzer: »[...] die Panzer ragten wie zum Untergang bestimmte Stahlinseln aus dieser Tierflut hervor.« Diese sich auf den Leser erstreckende Erkenntnisperspektive wird noch dadurch verstärkt, daß die in den Konventionen des Militärs befangenen Offiziere auf dem Beobachtungshügel gar nicht begreifen, was sich abspielt. Der sich so jenseits jeglichen Glorienscheins von Heldentum und Dienst am Vaterland ereignende Tod des Generals wird zu einem peinlichen Zwischenfall, der den Funktionsmechanismen des Militärs widerspricht, aber keineswegs als Angriff auf sie verstanden wird.
Bezeichnend ist, daß der rangälteste Offizier das Manöver nicht etwa aus menschli-

chem Takt angesichts des unerwarteten Todes seines Vorgesetzten abbricht, sondern nur aus manöverstrategischen Gesichtspunkten: Die Wiederherstellung der Ausgangssituation des Manövers hätte »gut dreifachen Spritverbrauch« bedeutet. Als die Armee mit ihrem Troß abgezogen ist, scheint die ursprüngliche Ordnung der Natur wiederhergestellt: Die Vögel kehren zurück mit neuem »Lebensmut«, und die landschaftliche Harmonie scheint unberührt wie zuvor. Diese ganz in konkreter Beschreibung aufgehende Geschichte erweist sich als eine anspielungsreiche Textur, die mit der Bedeutung des Wortes Kadavergehorsam spielt und in ironischer Verkehrung gerade die Tiere, die sich üblicherweise blind zur Schlachtbank führen lassen, den Menschen überlegen zeigt. Und wenn sich auch bei Schnurre in dem naturgeschichtlichen Gegensatz zwischen kreatürlicher Irrationalität der Natur und rationaler Überheblichkeit der Menschen die Tendenz zur Vereinfachung andeutet, läßt sich andererseits nicht verkennen, daß jener unkalkulierbare Winter, der die in Rußland vordringenden Armeen Hitlers zum Stillstand brachte und letztlich ihren Untergang einleitete, eine ähnliche Revolte der Natur signalisiert, wie sie Schnurre im Handlungsmuster seiner Geschichte so überzeugend vorführt.

Die in einen kontinuierlichen Zeit- und Raumrahmen eingelagerte dominierende Situation, die in einem Handlungsumschlag gipfelt, weist seinen Text als musterhafte Kurzgeschichte aus. Und selbst die Mimikry seines Erzählers, der sich hinter der Perspektive des Generals bzw. seiner Offiziere verbirgt und die Betroffenheit eines sich engagierenden und den Leser mit einbeziehenden Erzählers auf den ersten Blick vermissen läßt, erweist sich als funktionaler Zug seines Erzählens, da die satirische Schärfe in dem Maße Überzeugungskraft gewinnt, wie er nur die Fakten sprechen läßt, auch wenn die Ökonomie in der Auswahl der Fakten unverkennbar auf das Engagement des Erzählers verweist. Ein allwissender, die Dinge in olympischer Unbeteiligtheit überschauender Erzähler läßt sich hinter dieser Mimikry von Schnurres Erzähler keineswegs erkennen. Es ist vielmehr ein kritisch engagierter Erzähler, der freilich seinen polemischen Impetus ganz in den objektiven Gestus der Darstellung überführt hat. Von daher heißt es auch nicht die Bedeutungsintention seines Erzähltextes überbeanspruchen, wenn man hinter dem von ihm dargestellten Popanz Militär nicht nur die Hitlerschen militärischen Repräsentanten, sondern Militärs jeglicher Couleur und nationaler Schattierung in seinem Bild porträtiert findet[11].

Die im militärischen Kalkül definierte Wirklichkeit erweist sich als ein mit Abgründen und Schründen durchsetztes Gelände, dessen Widerborstigkeit nicht nur die Operationspläne des Manövers zum Scheitern verurteilt, sondern auch die Arroganz der militärischen Autorität, die sich allem übergeordnet glaubt.

III. Auf analoge zeitgeschichtliche Prämissen macht auch Bobrowski in seiner Geschichte »Der Tänzer Malige« aufmerksam, die im August 1939 an der polnischen Grenze in einer landschaftlichen Idylle spielt, die der Name eines nahegelegenen Dorfes, nämlich »Paradies«, stellvertretend signalisiert. Die hier zum Militärdienst eingezogenen Reservisten sind biedere Leute, die das militärische Intermezzo als Unterbrechung des Alltagstrotts empfinden, sich zum Saufen und Kartenspielen zusammenrotten, die Reden »von Mannestugenden, deutschen Tugenden« über sich ergehen lassen: »[...] man glaubt nicht so sehr an einen neuen Krieg [...]

Also denkt man: eine Militärübung, wie gehabt.« Der damals gerade zwischen Stalin und Hitler geschlossene »Nichtangriffspakt« wiegt die Leute in eine trügerische Sicherheit.

Der kleinbürgerliche Mief, in den die Anfangsregungen des Krieges eingebettet sind, täuscht jedoch. Und auch das dilettantische Gehabe der Kriegsakteure verdeckt nicht die Prämissen der Katastrophe, die sich bereits andeutet. Das zeigt sich ebenso bei dem Soldaten, der im Suff mit dem Bajonett »ein Huhn an die Erde [...] nagelt«, wie bei dem jungen Leutnant Anflug, dessen »Mannesrede von Polengesindel und Verjudung« voll ist und bei dem sich ein ähnlicher ideologischer Größenwahn verrät wie bei dem General in Schnurres Geschichte »Das Manöver«.

Mit einer Gruppe von alten Juden, deren »schwarze Kaftane, Bärte, schwarze Hüte« sie als orthodoxe Gläubige kennzeichnen, inszeniert Anflug ein menschenverachtendes Schauspiel: Er läßt die alten Juden unter großen Mühen eine schwere Kabeltrommel einen Hang hinaufwuchten und tritt ihnen die Trommel aus den Händen und läßt sie den Abhang wieder hinunterrollen, wenn sie die sinnlose Aufgabe zur Hälfte bewältigt haben. Diese das Schicksal der Juden behutsam auf den Mythos von Sisyphos beziehende Tortur wird von dem Leutnant mit der zynischen Erklärung gerechtfertigt: »Und was hat das nun für einen Sinn: Hinunterrollen lassen, wieder hinauftragen, wieder hinunterrollen lassen? Arbeiten lernen, meint Anflug.«

Bobrowski, der auch hier gestisch erzählt und je nach Beobachtungsstandort und berichtetem Detail eine Vielzahl von rasch wechselnden perspektivischen Momenten aneinanderreiht, läßt die satirische Demaskierung nicht indirekt aus der Erzählerperspektive hervorgehen wie Schnurre, sondern instrumentalisiert sie an der eigentlichen Zentralperson seiner Kurzgeschichte, dem Tänzer Malige, einem Varietékünstler, der gleichfalls unter die Reservisten geraten ist und dessen Spezialität im Varieté zuletzt ein »Kraftakt genannt: Handstand einarmig auf einem grünen Flaschenhals« war. In einem plötzlichen pantomimischen Einsatz kommt Malige den Juden zu Hilfe: Er tanzt in komischer Übertreibung den Hang hinauf, wobei er, bärenstark, die Kabeltrommel leichtfüßig vor sich herträgt »wie ein Zauberkistchen«. Die gegen die alten Juden gerichtete rassistische Schikane des jungen Leutnants Anflug wird indirekt lächerlich gemacht, da Malige das mit spielerischer Leichtigkeit bewältigt, was als unüberwindliches Hindernis von dem Leutnant gedacht war. Zugleich demonstriert Malige mit wegwerfender Geringschätzung, daß er in seiner körperlichen Überlegenheit, in der Kraft seiner Arme, allemal jener militärischen Autorität, die auf Schulterabzeichen und verliehener Befehlsgewalt beruht, überlegen ist. Auch hier wird gleichsam ein naturgeschichtliches Faktum gegen den formalen Autoritätsanspruch des Offiziers ins Feld geführt.

Indem der Leutnant von Malige pantomimisch, also gestisch in die Enge getrieben wird, reagiert er in einem emotionalen Ausbruch ähnlich wie der General in Schnurres Geschichte. Und auch hier demaskiert die Regression ins Vitalistisch-Unkontrollierbare nicht nur den Anspruch der rationalen Überlegenheit bei dem Offizier – »Anflug oben schwankt, setzt seinen Fuß vor, greift nach seiner Feldmütze, nach dem Koppelzeug, hat zu schreien begonnen, schreit, schreit wie ein Tier [...]« –, sondern akzentuiert konkret zugleich seine Niederlage, da Anflug völlig seine Fassung verliert, »die Pistole herausgerissen hat, beim Durchladen das Magazin verliert, sie fallen läßt, plötzlich, und kehrt macht, davonläuft, noch immer schreiend«.

Freilich, der Blick auf die Hohlheit des Militärs, den diese von Bobrowski berichtete Episode stellvertretend freigibt, leitet keine Veränderung ein. Wenn die militärische Führung Anflug »Unmögliches Verhalten« vorwirft und ihn zur Strafe zu einer anderen Einheit versetzt, so werden die von der Geschichte angedeuteten Voraussetzungen zu diesem unmöglichen Verhalten wieder zugeschüttet. Die moralische Anklage, die auch Bobrowski impliziert, reicht weit über diesen Einzelfall hinaus. Die Unmenschlichkeit, die der Krieg am Verhalten der Menschen zum Vorschein brachte, ist in dieser Ausgangssituation bereits zu erkennen, auch wenn die biedermännische Tarnung das noch zu verhüllen scheint. Dadurch daß der Erzähler, der offensichtlich damals zu jenen Reservisten gehörte, die Geschichte rückblickend als eine Erinnerung an die Vergangenheit erzählt, stimuliert durch eine bestimmte Abendstunde in einer räumlichen Umgebung, die an jene Gegend der Geschichte von 1939 erinnert, vollzieht er im Erinnerungsvorgang eine Erkenntnisarbeit, die auch moralisches Versagen bei ihm selbst andeutet, da er damals – wie viele – geschwiegen hat. Die Schlußbemerkung »– begegnete man sich nicht selber, ausgerechnet hier, in dieser polnischen Stadt, ohne auch nur einen Grund dafür zu finden« deutet unverkennbar auf eine Konfrontation des Erzählers mit seiner eigenen schuldhaften Vergangenheit hin, die potentiell viele seiner Leser mit umgreift.

IV. Eine ganz andere Technik der Demaskierung des Krieges hat Hans Bender in seiner Geschichte »Die Schlucht« gewählt, die zu einem der beeindruckendsten Dokumente der literarischen Auseinandersetzung mit dieser Katastrophenzeit gehört. Der Erzähler, aus dessen Perspektive der sinnlose Opfergang einer Gruppe von Soldaten geschildert wird, die auf Befehl des Generals eine Höhe in Griechenland erstürmen müssen und dabei fast alle aufgerieben werden, ist ein gefallener junger Leutnant, der – in einer surrealistischen Reflexionsbewegung – aus dem Zustand des Todes heraus das Treiben seiner Kameraden in seiner sinnlosen zerstörerischen Fremdheit überblickt. Indem die Situation, die zu seinem Tod geführt hat, rekapituliert wird, überblickt er zugleich die verlorenen Hoffnungen seines eigenen kurzen Lebens und des Lebens seiner Mitkämpfer, die, soweit sie noch leben, sich noch immer so sinnlos verhalten wie er selbst, als er den widersinnigen Befehl des Generals dennoch akzeptierte und, Hurra schreiend, gegen den Höhenzug vorstürmte: »Sonderbar, sie schreien wieder Hurra! Sie sind jenseits der Höhe. Der Widerstand ist gebrochen. Ich höre es aus ihren Stimmen. Ob sie noch an mich denken?«
Das, was die sinnlose militärische Tortur aus der Sicht der noch Lebenden legitimierte, nämlich der errungene Sieg, ist ohne Bedeutung für ihn. Was für ihn allein zählt, ist das Faktum seines Todes, der jedoch ohne Erschrecken von ihm dargestellt wird. Erschreckend ist für ihn vielmehr die Sinnlosigkeit der militärischen Aktion, in deren Verlauf er gefallen ist: »Warum haben wir uns da oben aufgerieben, eine Höhe zu besetzen? Warum Bomben, Granaten und Geschosse zur Explosion gebracht, um einige Meter vorwärtszukommen? Die Offiziere schrien, ich schrie. Wer hat uns so zugerichtet, daß wir glaubten, jenseits der Höhe säße der Feind, und es sei notwendig, ihn zu töten und die Stadt an der Bucht zu besetzen? Nichts war notwendig. Der Tod nimmt alles.«
Indem er nun rückblickend die einzelnen Stationen des Kampf und Zerstörungsrituals vergegenwärtigt, stellt er einerseits mit aller Schärfe das Ausmaß der Entmenschli-

chung dar, das sich an ihm und den mit ihm kämpfenden Soldaten ereignet hat, und
verdeutlicht zugleich in einer utopischen Gegenbewegung die verschütteten Möglichkeiten zu einem ganz anderen, einem menschlichen Leben. Die Anklage gegen den
Krieg wird nicht von einem subjektiven Affekt der moralischen Entrüstung beim Autor
getragen, sondern ist Teil der kontrapunktischen Struktur des Erzählprozesses. So wird
das Bild der von der Wichtigkeit ihrer militärischen Aufgabe überzeugten Soldaten zu
Anfang durch die Erinnerung an den kurzen Liebesaugenblick mit dem Mädchen
Xenia, hinter der die nicht erfüllte Liebe zu einem anderen Mädchen in der Heimat,
Eva, aufleuchtet, als unwichtig ausgelöscht. Die wunderbare Ruhe der morgendlichen
Natur mit der im Meer aufgehenden Sonne, ihrem Farbenspiel und den Vögeln, die das
Licht mit ihren Flügeln teilen, wird konfrontiert mit dem kriegerischen Exzeß der
Menschen, der nicht nur die Natur zerstört, sondern auch die Menschen selbst, die
jenseits aller Gloriole von heldenhaftem Untergang in der Faktizität ihrer körperlichen
Verwüstung dargestellt werden: »An Toten vorbei, an jungen, eben gefallenen Toten
mit klaffenden Wunden, aus denen Blut sickerte, Toten mit blutdurchnäßten
Uniformen, abgerissenen Gliedern, Händen neben Armstümpfen, Füße, meterweit
von gespaltenen Beinen. Die alten Toten waren halb verwest, Mumien mit gelber,
lederner Haut. Ameisen krochen in die Haare, und Käfer schlüpften erschreckt in ihre
Nasenlöcher [...].«
So wie die Körper der Toten hier zu Requisiten des Verfalls entmenschlicht worden
sind, läßt sich auch hinter den kämpfenden, angreifenden Soldaten kein menschliches
Gesicht mehr erkennen, sondern eine Fratze, die am Beispiel des Soldaten Hektor so
beschrieben wird: »[...] Hektor [...], der an der Spitze lief und die Maschinenpistole
über dem Stahlhelm schwenkte. Er stieß Tierlaute aus, wild und langgezogen.« Die
menschlichen Gesichter seiner Soldaten entdeckt der tote Erzähler nun im Rückblick
in jener kurzen Ruhezone während der Nacht vor dem Angriff, in dessen Verlauf er
fiel: »In dieser Nacht lernten wir uns kennen. [...] Sie hatten Tränen in den Augen, sie
lachten, sie legten einander die Hände auf die Schultern, teilten ihr Brot und ihre
Zigaretten und rückten zusammen im Schlaf.«
Benders kritische Perspektive bleibt freilich nicht nur auf den Kontrast dieser
Gegenbilder beschränkt. Hinter der Verwandlung des menschlichen Gesichtes der
Soldaten in die tierische Fratze eines auf Vernichtung gedrillten Raubtiers erscheint der
militärische Popanz eines allmächtigen Generals, der, in die Aura einer pseudoreligiö-
sen Erscheinung gekleidet, an einer Stelle gleichsam zu den Soldaten heruntersteigt:
»Dann kam der Chef aus seinem Haus im Dorf, stieg herab in die Gärten. Seine Stiefel
glänzten, sein Hemdkragen blendete, und sein Gesicht war rot vom Wein.« Die
Tötungsmaschinerie wird von ihm in Bewegung gesetzt und weiter vorangetrieben,
selbst als bereits viele Soldaten gefallen sind. Der junge Leutnant erhält von ihm den
»strikten Befehl«, in die Schlucht vorzustoßen. Die mit diesem Befehl verbundene
militärische Floskel: »Sie haben die Verantwortung«, d. h., er habe die Befehlsgewalt
bei dem Unternehmen, enthält für ihn einen moralischen Doppelsinn: sie meint die
Verantwortung für das Leben seiner Soldaten; sie deutet auf die Kategorie der Schuld
hin, mit der der Tod der andern ihn belastet. Daß er sich in der Nacht vor der
entscheidenden Attacke entschließt, allein zu stürmen, ist ein Entschluß, der zwar seine
moralische Integrität unter Beweis stellt, aber im Angesicht der Ereignisse nichts
verändert und sinnlos bleibt: »Ein Befehl, der so unsinnig und schwer ist, wird besser

von einem allein ausgeführt als von dreißig oder fünfzig. Es ist besser, einer verliert sein Leben als viele.«

Daß sein Tod damit indirekt die Bedeutung einer Opfertat annimmt, wird auch durch andere Hinweise betont. Auf die unterlegte religiöse Folie einer Passion macht auch der Name jenes zu erstürmenden Hangs aufmerksam, der in den Gesprächen der Soldaten nur der Ölberg heißt und auf die biblische Analogie hindeutet. Die erzählerische Konsequenz dieser Geschichte tritt jedoch nicht zuletzt darin hervor, daß Bender keine aus religiöser Inbrunst geborene heilsgeschichtliche Hoffnung hinter dieser Schädelstätte des Krieges andeutet, wie es z. B. häufig bei Böll in den frühen Kurzgeschichten der Fall ist. Der in die Unabänderlichkeit des Todes gestürzte Erzähler sieht sich zwar den der Blindheit des Krieges verfallenden Lebenden überlegen – »Die Toten liegen hinter den Lebenden, horchen und lächeln ein wenig über sie.« –, aber die Schlucht, in der er konkret gefallen ist, stellt im übertragenen Sinne zugleich die Bodenlosigkeit des Nichts dar. Es ist ein Riß in der Schöpfung, ein klaffender Bruch, den kein metaphysischer Trost der Vergangenheit mehr zu überbrücken vermag: »Die Lider stehen offen, doch die Welt wird schwarz. – Dort waren die Umrisse des Ölbergs. – Eine schwarze Wand. – Der Himmel, ein rußiges Glas. – Die Sterne? – Wann kommt Gott? – Ich sehe nichts mehr, ich höre nichts mehr, ich falle, ich falle.«

Die Unabänderlichkeit des Todes ist die Endgültigkeit des Nichts, in der auch die Hoffnung auf den Jüngsten Tag und auf die Ankunft eines Gottes erloschen ist. Mit einer an Ambrose Bierces beste Kriegsgeschichten gemahnenden Eindringlichkeit schließt die Desillusionierung des Krieges bei Bender auch die Gloriole eines Heldentodes mit ein, der das Opfer des eigenen Lebens rückblickend verklärt. Die Grausamkeit des Krieges wird vielmehr dargestellt als das, was sie ist: als ein Zerstörungsritual, über dessen absolute Sinnleere die Menschen sich mit ideologischen Lebens- und Todeslügen hinwegzuhelfen versuchen. Durch die surrealistische Verfremdung im erzählerischen Ansatz, daß also aus der Perspektive des gefallenen jungen Leutnants erzählt wird, macht Bender das Doppelgesicht der Wirklichkeit in einer schneidenden Schärfe bewußt, die über eine satirische Demaskierung noch hinausreicht.

Die Kontinuität des zeitlichen Ablaufes, der im Rückblick aufgerollt wird, die Konzentration auf einen zentralen Handlungsort und die Zuspitzung des Geschehens auf eine Schlüsselsituation, den Todesaugenblick, und die konsequent durchgehaltene Figurenperspektive seines Erzählers lassen die Ingredienzen der Kurzgeschichte in geradezu musterhafter Anordnung erkennen. Aber nicht nur das hebt Benders Erzähltext als exemplarisch hervor. Exemplarisch ist er nicht allein in der Reinheit seiner künstlerischen Form, sondern auch in der Radikalität seines Erkenntnisengagements, das alle Trosthüllen (patriotische, religiöse, existentialistische) zersetzt, mit denen man die faktische Brutalität des Krieges tarnen und seinen gnadenlosen Zerstörungssog aufheben könnte.

V. Der Erzähler in Herbert Eisenreichs Kurzgeschichte »Doppelbödige Welt« ist Benders Erzähler zum Teil vergleichbar. Auch hier wird die gleichsam alltägliche Grausamkeit des Krieges für den einzelnen aus der Ich-Perspektive vorgeführt: Der Krieg wird hier bereits in der Endphase seiner Auflösung gezeigt, in den Ruinenfeldern der zerstörten Städte, durch die der Erzähler zusammen mit seinem militärischen Vorgesetzten auf der Suche nach seiner Einheit irrt. Das »explosive Prinzip« des Erzählens, das Bender in seinem Text souverän handhabt und das dazu führt, daß auch ein weiter Radius von biographischer Erfahrung von ihm evoziert wird, obwohl er andererseits streng konzentriert auf die Hauptbegebenheit erzählt, hat sich bei Eisenreich in ein größeres Kontinuum von erfahrener biographischer Zeit aufgefächert. Daß dennoch die für die Kurzgeschichte geforderte zentrale Situationseinheit, gekoppelt mit zeitlicher und räumlicher Kontinuität, eingehalten wird, hat damit zu tun, daß sich eine zentrale Rahmensituation deutlich erkennen läßt: die Verwundung des Ich-Erzählers, sein Eintauchen in den Zustand der absoluten Indifferenz als Folge einer weitgehend unbewußten Genesungsverweigerung und schließlich die Rückkehr aus diesem Zustand der seelischen Erstarrung und des Beinahe-Gestorbenseins in die Bereitschaft, weiterzuleben: »[...] ich war nicht tot, aber ich hatte aufgehört zu leben, ohne es gemerkt zu haben, [...] denn ich begehrte nichts, erhoffte nichts, befürchtete nichts, es gab keine Spannung zwischen dem Leben und meinem Zustand jenseits des Lebens, es gab nichts, gegen das ich mich hätte stemmen oder zur Wehr setzen können, wie der Tod gegen das Leben.«

Was der Erzähler nun rückblickend aufarbeitet, ist die soziale Krankheitsgeschichte, als deren Ausdruck die seelische Erstarrung nach seiner Verwundung zu sehen ist, nämlich zu leben »ohne Ordnung, ohne die Aussicht auf endliche Orientierung, nur Eindruck in einer unabsehbaren Isolation [...]«. Die Erlebnissplitter und Erfahrungsbruchstücke, die er dabei aneinanderreiht und die dazu führen, daß der äußere Umfang einer Kurzgeschichte fast gesprengt wird, sind dabei als Erinnerungsrückblicke in die Erzählstruktur integriert und lassen in ihrer neunphasigen Gliederung zugleich eine chronologische Schichtung des Krieges erkennen, immer bezogen auf das reflektierende Ich des verwundeten Erzählers, der die in seinem Bewußtsein automatisch aufblitzenden Erinnerungsfetzen so kommentiert: »– ich dachte an lauter sinnlose, für mich völlig unbrauchbare Dinge«.

Doch die sich ihm aufdrängende Sinnlosigkeit ist nicht ein subjektiver Reflex seines Erinnerungsvermögens, sondern eine Ausfaltung der Sinnlosigkeit des Krieges in seiner subjektiven Erfahrungsdimension. Die Erinnerung an den siebzehnjährigen Soldaten Kussitzki, der am Westwall auf seinem Posten einschläft und einem die Wachsamkeit der Soldaten kontrollierenden Leutnant in die Hände fällt; die Erinnerung an den Leutnant Priene, der den Gefreiten Täding, mit dem sich der Erzähler kurz vor seiner Verwundung zu seiner Einheit durchschlagen will, gern unter den Gefallenen gesehen hätte, weil er ihn nicht leiden kann; die Erinnerung daran, daß Täding, dem der Erzähler seine Pistole übergibt, seine Frau durch einen feindlichen Tiefflieger verloren hat, der Jagd auf Zivilisten machte; die Erinnerung an seinen ersten Aufenthalt in einem Feldlazarett; die Erinnerung an einen Mitsoldaten, der ihn und andere Soldaten bei einem Dummejungenstreich fast mit einer Granate in die Luft gesprengt hätte; die Erinnerung an eine andere Handgranate, die ihn fast getötet hätte, wenn sie nicht ein Blindgänger gewesen wäre; die Erinnerung an einen Soldaten, der ihn um eine Zigarette bat, die er ihm nicht gab, und der im nächsten Augenblick fiel; die Erinnerung an eine Episode, als sie einen Weinkeller ausräumten und in ein Feuergefecht gerieten und fast getötet worden wären; und schließlich die Erinnerung an die Schlacht in Le Mans, die ihm den Krieg in seiner ganzen technisierten

Grausamkeit und absurden Zerstörungsmonotonie demonstrierte – alles das ergänzt sich im Bewußtseinsreport zu einem kaleidoskopartigen Bild des Krieges, der als absurde Zerstörungsorgie erscheint, jenseits jeglicher Sinnprojektion.

Indem Eisenreich beide Bewegungen erzählerisch miteinander koppelt, die Erinnerungsreise des Erzählers und seinen Transport in das Lazarett, begründet er zugleich den Zustand der Lähmung, der Selbstaufgabe, des Sterbenwollens, der absoluten Interesselosigkeit, der beinahe den physischen Tod des Erzählers herbeiführt. Die Aushöhlung jeder subjektiven Sinnprojektion im Leben des Erzählers – im übertragenen Sinn die eigentliche Diagnose seiner Krankheit – ist nur eine Folge der Sinnleere, die der Krieg in ihm hinterlassen hat. Wie der tote Erzähler in Benders Geschichte hat auch der neunzehnjährige Soldat Eisenreichs den Boden unter den Füßen verloren und ist dabei, in die Bodenlosigkeit des Nichts hinabzustürzen. Daß die Unabänderlichkeit dieses Sturzes, wie es scheint, dennoch bei Eisenreich aufgehoben wird, hat nichts mit einem Überzeugungspostulat des realen Erzählers zu tun, der sich plötzlich zum Sprung in die Utopie entschließt. Es ist das Ergebnis einer differenziert gestalteten erzählerischen Peripetie, die den Erzähler gleichsam mit dem Erkenntnisblitz einer Epiphanie ins Leben zurückholt, ohne daß sich diese plötzliche Sinnaufschließung in ein rationales Muster übersetzen ließe. Ein junges Mädchen, das den in seinem Lähmungszustand Erstarrten und offenbar auch in den physischen Tod Hinüberdämmernden betrachtet, sagt in einer Regung des Mitleids, der Liebe und des schmerzlichen Verzichts: »Schau dir diesen Jungen an! Schade um ihn.« Dieser spontane Funke menschlichen Gefühls durchbricht den Lähmungszustand, der das Ichgefühl des Erzählers schon beinahe tödlich erstarren ließ: »Ich aber spürte den doppelten Boden der Welt, welche unsere ist. In jenen Tagen hatte ich all mein Gewicht verloren und damit das Gefühl des Bodens unter mir, und dieser Verlust bedeutete ein währendes Fallen, aber nun war ich aufgeprallt auf den andern Boden [...] Nun stand für mich das Spiel wieder auf Tod und Leben [...] die Vertrautheit des Körpers kehrte wieder, die Fremdheit der Welt kehrte wieder [...] ich hatte den Widerstand entdeckt, gegen den ich mich aufbäumen konnte: eigentlich war ich gerettet.«

Die Doppelbödigkeit der Welt, die Eisenreichs Erzähler wiederentdeckt, ist nicht die phantasmagorische Doppelbödigkeit eines Spiegelsaales, in dem sich alle Bilder der Wirklichkeit verflüchtigen, sondern die Erkenntnis einer menschlichen Dimension von Geschichte, die aus dem bewußten Protest gegen das mechanisierte Grauen erwächst, das Menschen und Dinge im Krieg in Requisiten eines Trümmerfeldes, einer Schädelstätte verwandelt. Die Ahnung eines ganz anderen Lebens, das den anderen Menschen in Liebe einschließt, springt als Funke aus jenem Satz des Mitgefühls, den das Mädchen äußert, auf ihn über. Indem er sich selbst wieder annimmt, sein Ichgefühl wieder aufspürt, den Zustand, »aus mir selber gestülpt« worden und pures Objekt, mit dem nur noch etwas geschieht, geworden zu sein, überwindet, gewinnt er auch jenen Boden wieder, auf dem er sein Leben fortsetzen könnte.

Sicherlich ließe sich im Vergleich mit Benders Geschichte sagen, daß Eisenreich die Kompromißlosigkeit der »Schlucht« vermissen läßt. Aber es wäre falsch, daraus einen Gegensatz konstruieren zu wollen. Beide Geschichten ergänzen sich vielmehr. Das widersprüchliche Bild der Wahrheit des Krieges schließt die Gefallenen und die Überlebenden mit ein. In beiden Erzähltexten wird der Zerstörungssog des Krieges ohne Beschönigung dargestellt. Aber Eisenreich versucht zugleich, die Rückkehr aus dem Totenreich darzustellen. Daß er dabei ohne religiöse Trost-Katapulte auskommt und die Rückkehr ins Leben nicht als heilsgeschichtliche Erweckungsfahrt darstellt, läßt seine Geschichte auch über einen zeitgeschichtlichen Report hinaus zum Dokument einer poetischen Aufklärung werden, an der, bezogen auf die ideologische Schönfärberei des Krieges, Schnurre, Bobrowski, Bender und Eisenreich in ihren Kurzgeschichten gleichermaßen teilhaben.

2. Zerstörung und Verstörung: Auswirkungen des Krieges

I. Daß die ideologische Verbrämung des Krieges nicht vor der behüteten Kinderstube der bürgerlichen Welt haltmachte, sondern als »Krieg in den Bilderbüchern« (39), wie Böll schreibt[1], in eine heroische Gloriole getaucht war, die die Halbwüchsigen von Schlachtenlärm und Heldentum träumen ließ, ist bekannt. Und daß Hitler und seine militärischen Bankrotteure in der Endphase des Krieges auf die Fünfzehn- und Sechzehnjährigen als letztes Aufgebot zurückgreifen konnten, ist ohne die bewußtseins-beeinflussenden Praktiken der Hitler-Jugend nicht zu verstehen, die einen selbstmör-derischen Enthusiasmus in den Halbwüchsigen entzündete, für den freilich in den vorangegangenen Jahrzehnten bereits Voraussetzungen geschaffen waren. Walter Kempowski hat in seiner Bilddokumentation »Wer will unter die Soldaten?«[2] am Beispiel der unzähligen Spielsoldaten, die die Phantasie der Kinder in eindeutige Bahnen lenkten, diesen kindlichen Ideologiehaushalt inventarisiert und in diesen »miniaturisierten Denk-Mälern«[3] die Wundmale einer ideologischen Verwirrung aufgedeckt, deren Spuren unverwechselbar von den Spielzeugkisten zu den Munitions-kisten in den Gräben des Zweiten Weltkrieges führten. Der Sturz aus der kindlichen Bewußtseinsverblendung in die blutige Grausamkeit des Kriegs stellte einen so schmerzhaften Erwachensschock dar, daß physische Vernichtung und seelische Verstörung in gleicher Weise schrecklich waren.
Die drei im folgenden zu besprechenden Kurzgeschichten stellen diesen Einbruch des Krieges und seiner Folgen in die kindliche Bewußtseinswelt dar und thematisieren den Riß zwischen den Verhaltensmustern einer normalen, behüteten Kindheit, den moralischen Konventionen, in die man hineingewachsen ist, und der alle Regeln außer Kraft setzenden brutalen Vernichtung, die mit dem am eigenen Leib erfahrenen Krieg identisch ist. Unter diesem Aspekt läßt sich bei allen drei Kurzgeschichten von Initiationsgeschichten sprechen. Kindliche Akteure tasten sich freilich nicht behutsam und unsicher auf Erwachsenenterrain vor und tun den Schritt aus dem naiven, unbewußten Leben ihrer Jugend nicht allmählich in die widersprüchliche Vielschich-tigkeit der Erwachsenenwelt. Sie werden vielmehr in die Erwachsenenwelt hineinge-schleudert und erfahren einen schmerzhaft plötzlichen Szenenwechsel, der mit den Requisiten des Grauens alles das in Frage zu stellen scheint, was für die kindliche Vorstellungswelt zuvor als Wirklichkeit existierte. Gerade hier, in der Konfrontation mit den kindlichen Opfern, zeigt sich das brutale Gesicht des Krieges besonders kraß.

II. Borcherts Kurzgeschichte »Nachts schlafen die Ratten doch«[4] entwirft mit äußerster Sparsamkeit der erzählerischen Requisiten und Akteure ein beklemmendes Bild des Initiationsschocks, den der Krieg Ende der vierziger Jahre in der von Bombentrichtern durchpflügten Trümmerwüstenei der Städte für junge Menschen verursachte. Mit einer an Hemingway gemahnenden Präzision wird streng aus der Perspektive des neunjährigen Jungen erzählt, über den der Schatten eines älteren Mannes, mit Korb und Messer in den Händen, wie eine Bedrohung fällt. Das Angstgefühl des Jungen, der die Augen schließt, und die in kurzen Sätzen entworfene Szenerie – »Staubgewölke flimmerte zwischen den steilgereckten Schornsteinresten. Die Schuttwüste döste.« – verdeutlichen die hoffnungslose Isolation des in der Trümmerwüste verirrten, von den Eltern weggelaufenen Jungen und tauchen die Ausgangssituation der Geschichte in eine Aura der Verunsicherung und Furcht.

Der als Bedrohung empfundene Erwachsene, der in dem Trümmergelände nach Kaninchenfutter sucht und eher versehentlich auf den Jungen stößt, erweist sich jedoch ganz im Gegenteil als ein verständnisvoller Gesprächspartner. Er will zwar den Grund für das merkwürdige Ausharren des Jungen in diesem Trümmergelände herausfinden, tut es jedoch nicht mit der Autorität des Erwachsenen, der dem Jungen einfach Fragen stellt, sondern lockt ihn in ein Gespräch, das altersmäßig und psychologisch der Denkweise des Jungen entspricht, obwohl ihn die Umstände bereits zum Erwachsenen gemacht haben: Er harrt allein aus, er dreht sich Zigaretten, er spielt, vorzeitig in die neue Rolle hineingedrängt, einen entschlossenen Einzelgänger und ist andererseits noch ein Neunjähriger, der an den Kaninchen des Mannes (von denen der ihm erzählt) interessiert ist und sich am liebsten eines aussuchen würde. Wenn er, aus seiner Reserve gelockt, allmählich gesteht, daß er mit seinem Knotenstock Ratten vertreiben will, taucht hinter dieser merkwürdigen Absicht das ganze Ausmaß des Grauens auf, das sich hinter seinem stoischen Ausharren verbirgt: »Mein Bruder, der liegt nämlich da unten. [...] Unser Haus kriegte eine Bombe. Mit einmal war das Licht weg im Keller. Und er auch. Wir haben noch gerufen. Er war viel kleiner als ich. Erst vier. Er muß hier ja noch sein. Er ist doch viel kleiner als ich.«

Weil er sich von der Schule her an den Satz eines Lehrers erinnert, daß nämlich die Ratten über die Toten herfallen, harrt er offenbar schon längere Zeit in einer sinnlosen Entschlossenheit aus, die bezeichnenderweise von der Schule ausgelöst worden ist, die den Jungen mit einem Wissen versehen hat, das nutzlos ist, ja, das ihn verleitet, sein eigenes Leben aufs Spiel zu setzen. Wenn der ältere Mann die sicherlich richtige, aber nutzlose Information des Lehrers mit der Lüge pariert: »Nachts schlafen die Ratten doch«, so rettet er mit dieser Lüge paradoxerweise das Leben des Jungen, holt ihn in die Wirklichkeit zurück, indem er ihm verspricht, ihm ein junges Kaninchen zu schenken und obendrein seinem Vater zu zeigen, wie man einen Kaninchenstall baut. Daß er damit den Verlorengegangenen zugleich zu seinen Eltern zurückbringen wird, läßt sich als Hoffnungsperspektive am Ende von Borcherts Geschichte erkennen. Der ältere Mann rettet den Jungen, indem er ihn wieder zum Kind werden läßt und aus jener Zwangslage erlöst, in die ihn die Bombendetonation und der Satz des Lehrers gebracht haben.

Das ganz in den knappen Dialog verlagerte innere Geschehen läßt einen ähnlichen Kontrast zwischen der Liebe des Jungen zu seinem Bruder bzw. zwischen dem liebenden Mitgefühl des älteren Mannes für den Jungen und der brutalen Zerstörung des Krieges entstehen, wie er sich in anderen, zahlreichen polaren Bildstrukturen[5] andeutet: zwischen Ratten und Kaninchen, zwischen dem Grau des Schutts und dem Grün des Kaninchenfutters, zwischen der nutzlosen Liebe des Jungen für den toten Bruder und der helfenden Liebe des Mannes für den lebenden Jungen, zwischen dem Satz des Lehrers und der Notlüge des älteren Mannes. Borchert hat hier in äußerster Verdichtung ein Situationsbild entworfen, das den grauenhaften Einbruch des Krieges in die kindliche Vorstellungswelt begreifbar macht, ohne daß er psychologisiert. Was sich als Bild der Wirklichkeit dem Bewußtsein des Jungen schmerzlich einprägt, ist die Erkenntnis ihrer Widersprüchlichkeit, das Begreifen, daß sich die Realität eben nicht so erschließen läßt wie die Anzahl der Kaninchen des Mannes, die ihm jener mit der einfachen Multiplikationsaufgabe drei mal neun beibringt.

III. Wird das Unheil des Krieges von Borchert wie ein Verhängnis dargestellt, das den Jungen als unschuldiges Opfer überrennt, so hat Böll in seiner zu Recht berühmt gewordenen Geschichte »Wanderer, kommst du nach Spa...«[6] ein Bild der Katastrophe entworfen, das die historischen Voraussetzungen dazu zum Teil analytisch klärt und auch in der Radikalität der Darstellung – was das Ausmaß des Grauens betrifft – weiter geht. Anstelle der statischen Trümmerlandschaft, die Borchert als schweigendes Totengelände in der Abendsonne zu Anfang seiner Geschichte skizziert, findet sich in der Eingangssequenz von Bölls Erzähltext das Inferno einer Bombennacht, die »die ganze Stadt wie eine Fackel« brennen läßt und nur noch die eine Feststellung zuläßt: »Die Toten hierhin, habt ihr Tote dabei?«
Dieses Bild von Hölle und Tod bildet sich im Bewußtsein des jugendlichen Erzählers ab, der schwer verwundet – »[...] und ich hatte keine Arme mehr, auch kein rechtes Bein mehr, und ich fiel ganz plötzlich nach hinten [...]« – von den Sanitätshelfern in ein Schulgebäude gebracht wird, das zum Lazarett gemacht worden ist. Hinter der räumlichen Bewegung der Geschichte, der Ankunft im Schulhof, dem Weg auf der Bahre durch die verschiedenen Korridore in den Operationssaal, den ehemaligen Zeichensaal, wo der Erzähler plötzlich seine Handschrift auf der Tafel erkennt, läßt sich verkürzt das Muster der Initiationsreise erkennen. Nur daß das Ziel der Reise hier bei Böll nicht die unter Schmerzen erreichte Sozialisierung des Jugendlichen und seine Eingliederung in das Wirklichkeitssystem der Erwachsenen darstellt, sondern als Inversion dieser Reise in den Tod einmündet. Die Kausalität, die zur Umkehrung des ursprünglichen Reiseziels, des bewußten Lebens in der Welt der Erwachsenen, geführt hat, wird nicht nur in den zerstörerischen Zeichen des Krieges von Böll signalisiert, sondern, ins Konkret-Anschauliche gewendet, am Bildungs- und Ideologieinventar jenes Gebäudes sichtbar gemacht, in dem die Initiation in die Erwachsenenwelt begann: nämlich an dem Schulgebäude, in dem sich humanistische Bildungsweise und politische Ideologie zu einem charakteristischen Amalgam verquickt haben.
Daß der tödlich verwundete Junge zufällig in seine alte Schule gebracht wird, bedeutet keineswegs die Heimkehr in einen verlorenen Kindheitstraum, sondern die jähe Konfrontation mit jenen Bildungskräften, die ihn auf jene Bahn gedrängt haben, die ihn zum Krüppel gemacht und dem Tod in die Arme getrieben hat. Das fiebernde Bewußtsein des Jungen, das die vertrauten Relikte der alten Schule wahrnimmt, wird zugleich in einer schmerzhaften Erkenntnisschärfe mit einem Warenhaus der Bildung

konfrontiert, in dem das »Bild des Dornausziehers«, den Kleist in seinem Marionetten-theater-Aufsatz als Inbegriff anmutiger jugendlicher, von Ratio noch nicht zersetzter Schönheit beschreibt, die »Nachbildung des Parthenonfrieses in Gips« und zugleich die Porträts »vom Großen Kurfürsten bis Hitler« zu einer widersprüchlichen räumlichen Koexistenz zusammengebracht wurden. Eine Koexistenz, die Auskunft gibt über eine Bildungsvorstellung, die das humanistische, auf die Griechen zurückweisende Erbe nur als ästhetische Verbrämung von patriotischer Mannestugend, preußischem Vaterlands-stolz und Hitlerschem Größenwahn gelten läßt. Die Indifferenz dieser Bildungsrelikte und ihre ideologische Überwucherung durch die Signale der Bewußtseinspest, die sich im Dritten Reich übermächtig ausbreitete, charakterisieren die nächsten Stationen der Bilder- und Bildungsgalerie: einerseits das geradezu kitschig glorifizierte »bunte Bild des Alten Fritzen mit der himmelblauen Uniform«, andererseits die die völkische Ideologie des Dritten Reiches demonstrierenden »Rassegesichter«, die bezeichnen-derweise aus dem Blickwinkel des beobachtenden Jungen mit dem »Kriegerdenkmal mit dem großen, goldenen Eisernen Kreuz« verschmelzen, das das Lebensziel dieser Gesichter überdeutlich signalisiert.

Einen ähnlichen Verweisungscharakter besitzt die Zusammenstellung von Büsten der altrömischen Geistesgrößen »Cäsar, Cicero, Marc Aurel« mit einem »Bild von Togo«, in dem die kolonialistische Vergangenheit Preußens zu einer Wunschvorstellung geronnen ist, für deren erneute Verwirklichung sich der Welteroberungsdrang des nationalsozialistischen Größenwahns einsetzte. Ein Bild Nietzsches in der Mitte weist unverkennbar auf diese Zusammenhänge hin, wobei das sich bei Nietzsche assoziativ einstellende Schlagwort vom »Willen zur Macht«, das die NS-Kohorten auf ihre Fahnen schrieben, ins Lächerliche gewendet wird durch den Zettel, der halb Nietzsches Porträt verdeckt: »Leichte Chirurgie«.

Der vor Schmerzen schreiende Unterprimaner, der in seine ehemalige, zum Notlaza-rett umgewandelte Schule zurückkehrt, sieht sich von den Requisiten dieser Bildungsideologie umstellt, die als Wegmarken zu einem Ziel fungiert haben, das ihn nun als ohnmächtiges, schreiendes und mit dem Tod ringendes Bündel Mensch zeigt. Das preußische humanistische Gymnasium, dessen historische Pervertierung Böll schlaglichtartig an den Namen jener drei Gymnasien demonstriert, die im Heimatort des sterbenden Erzählers vorhanden waren – von der Schule »Friedrich der Große« über die Albertus-Schule zur Adolf-Hitler-Schule[7] –, wird als ein Ideologielieferant bloßgestellt, der sich jeweils anpaßte und die Schüler zur Anpassung erzog, den »Krieg in den Bilderbüchern« glorifizierte und als Erinnerung an ihn nicht seinen Schrecken und seine blutige Grausamkeit gelten ließ, sondern nur die in eine Aura patriotischer Verlogenheit getauchten Kriegerdenkmäler als steingewordene Aufforderungen zur Nachahmung. Die kritischen Implikationen in der Beschreibung des Erzählers zielen daher über den unmittelbaren Anlaß hinaus. So hat er den Eindruck, in »das Museum einer Totenstadt« getragen zu werden, oder empfindet die Rückkehr in seine Schule als Einkehr in ein »Totenhaus«. Auf diesem Hintergrund ist es zwar konsequent, daß der Erzähler die einzige menschliche Erinnerung an diese Schule nicht mit einem seiner Lehrer verbindet, sondern mit dem sozial deklassierten Hausmeister Birgeler, in dessen »dämmerigem kleinen Stübchen« die Schüler Milch zu trinken erhielten oder, was in den offiziellen Räumen der Schule als Verstoß geahndet worden wäre, eine Zigarette rauchen durften. So sind es bezeichnenderweise auch nicht die Ärzte, die dem Sterbenden auf seiner Passionsreise helfen, sondern ein »müdes, altes, unrasiertes Gesicht über einer Feuerwehruniform«, hinter dem der Sterbende Birgeler wiedererkennt. In einer hilflosen Geste des Zurückverlangens in den unwiederbringlich vergangenen Zustand des Kindseins bittet der Sterbende Birgeler nochmals um Milch. Diese mit dem Verdämmern des Bewußtseins verbundene Erkenntnis eines Menschen, der ihm hilft, wird zugleich kontrastiert durch einen anderen Erkenntnismoment, der die Klimax der Geschichte darstellt: das erschreckende Ansichtigwerden der eigenen Handschrift, die in einer Variation verschiedener klassischer Schrifttypen siebenmal ein klassisches Zitat an die Tafel geschrieben hat, das den Erzähler nun als Menetekel, als buchstäbliche Schrift an der Wand bestürzt. An einem Detail von explosiver Bedeutungskraft verdeutlicht Böll hier nochmals den fehlgeleiteten Bildungsauftrag der Schule. Obwohl der Zeichenlehrer, der den Beginn der klassischen Botschaft des Spartaners Leonidas (der 480 v. Chr. den Thermopylenpaß gegen die vordringenden Perser verteidigte und sein Leben und das seiner 300 Gefährten für sein Vaterland »heroisch« opferte) nur als Muster für formale Schreibübungen an die Tafel schrieb, hat er, wenn auch unfreiwillig, zugleich bestimmte ideologische Inhalte propagiert: daß nämlich der Dienst am Vaterland im Feld und der Schlachtentod das höchste Lebensziel darstellen.

Der erbarmungswürdige Zustand des verstümmelten Erzählers demaskiert dieses klassische Zitat nicht nur in seiner verdeckten ideologischen Gefährlichkeit, sondern macht dem Erzähler zugleich auch bewußt, daß er selbst daran geglaubt hat, selbst beteiligt war, so wie er auch diesen Satz immer wieder an die Tafel schrieb. Aus dem heroischen Schlachtentod der vaterländischen Legende ist die unmenschliche Hinschlachtung des jungen Menschen geworden. Dieser Zustand ist durch nichts mehr aufzuheben, auch nicht durch das Kreuzeszeichen, dessen Schatten nach seiner Entfernung von der Schulwand durch die Nazis, obwohl vielfach überpinselt, noch immer sichtbar ist und das auf den Sterbenden herabblickt, ohne daß es ihn trösten könnte.

Durch die semiologische Topographie[8], durch den Zeichencharakter der Bildrequisiten an den Schulwänden gelingt es Böll, seine Erzähltextur, die sich durch Situationsgeschlossenheit, räumliche und zeitliche Kontinuität auszeichnet und auf eine Handlungsklimax und Erkenntnisperipetie hin angelegt ist, so mit Bedeutung aufzuladen, daß er hinter dem sterbenden jungen Erzähler zugleich seine Bildungsgeschichte sichtbar macht, die ihn in diese Situation hineingebracht hat. Der Tod des irregeleiteten Jungen erweitert sich zur Kritik an jener Bildungsinstitution, die in ihrer Mischung aus glorifizierter humanistischer Antike und preußischem Patriotismus, in ihrer Anpassungsbereitschaft an die jeweiligen ideologischen Trends mit an der Verblendung des Bewußtseins und an der Zerstörung teilhatte.

Die »drei Monate«, die vergangen sind, seitdem der Erzähler in naiver Überzeugtheit den Satz des Leonidas an die Tafel schrieb, haben ihn in eine Wirklichkeit hineingestoßen, auf die ihn die Schule eben nicht vorbereitet hat, eher im Gegenteil: für die ihn die Schule blind machte. In jener »kleinen Sekunde«, die der Verstümmelte durch die Korridore seiner alten Schule in den Operationssaal getragen wird, um von einem achselzuckenden Arzt als hoffnungsloser Fall abgeschrieben zu werden, stürzt nicht nur seine Welt zusammen, sondern auch die Welt, die ihn auf das Leben draußen vorbereiten sollte.

Diesen Zusammenbruch verdeutlicht nicht nur die Umwandlung des Schulgebäudes zum Lazarett, die körperliche Verstümmelung des Erzählers, die seinen Tod als unausweichlich erscheinen läßt, sondern wird zeichenhaft bereits in jenem verstümmelten Zitat angedeutet, das der Erzähler als Schrift an der Wand erkennt und das das Schicksal des Leonidas zum nachahmenswerten Beispiel für Generationen von Schülern deklarierte. Indem die fragmentarische Fassung dieses Zitats die Ergänzung im Bewußtsein des Lesers assoziativ stimuliert – »Wanderer, kommst du nach Sparta, so sage, du habest uns liegen gesehen, wie das Gesetz es befahl.« –, gibt sie auch den Erkenntnisimpuls an den Leser weiter: Das Gesetz, das hinter dem erbarmungswürdigen Verdämmern des Unterprimaners steht, war Lüge und Täuschung. Das Wort, das die Geschichte über Leonidas überlieferte, ist ebenso falsch wie jenes andere klassische Zitat des römischen Dichters Horaz, das vom süßen und ehrenvollen Tod für das Vaterland spricht: »Dulce et decorum est pro patria mori.« Der Tod, den der einzelne erleidet, sieht ganz anders aus: er ist furchtbar und menschenunwürdig. Der mit dem ohnmächtigen Wunsch, die Zeit wieder zurückdrehen zu können und wieder Kind zu sein, sterbende jugendliche Erzähler ist ein bewegendes, ein schockierendes Beispiel dafür.

IV. Auch die Kurzgeschichte »Die rote Katze«[9] von Luise Rinser ist eine auf die Zerstörung des Krieges bezogene Initiationsgeschichte, die streng aus der Perspektive eines jungen Erzählers – ganz deutlich auch im sprachlichen Gestus, was für Borchert andeutungsweise, jedoch für Böll kaum gilt – dargeboten wird. Der Krieg ist hier gerade zu Ende gegangen, aber die Wunden, die er geschlagen hat, sind noch überall sichtbar. Der nackte Überlebenskampf, mit dem die Menschen konfrontiert sind, verhindert, daß diese Wunden vernarben. Die Autorin, die eine der erfolgreichsten deutschen Schriftstellerinnen, nicht zuletzt im Ausland, ist, jedoch von Literaturkritik und Literaturwissenschaft eher stiefmütterlich behandelt wird, hat in ihrem Erzählband »Ein Bündel weißer Narzissen« eine Reihe von Kurzgeschichten vorgelegt, die den Vergleich mit bekannt gewordenen Mustern dieser Gattung in der deutschen Nachkriegsliteratur nicht zu scheuen brauchen. Sie hat zudem durch ihre Erfahrungen im Dritten Reich[10] – sie erhielt 1940 nach der Veröffentlichung ihres ersten Prosabuches »Die gläsernen Ringe« Publikationsverbot, wurde von der Gestapo überwacht, und »am Volksgerichtshof in Berlin lief ein Prozeß gegen mich wegen Wehrkraftzersetzung und Widerstands gegen das Regime, aber das Urteil wurde nicht vollstreckt, denn der Krieg war zu Ende« (75) – die Höhen und Tiefen »jener bösen Jahre« (75) besonders intensiv wahrgenommen: »[...] einige Kurzgeschichten wie ›Die rote Katze‹ [...] gehör[en] zum Teil noch in jene Phase.« (76)
Als Initiation in die Erwachsenenwelt wird hier, wie erwähnt, nicht mehr unmittelbar die verstörende Konfrontation mit der Grausamkeit und Zerstörung des Krieges dargestellt. Die Zeit ist 1946, aber der Krieg ist noch allgegenwärtig und wird von dem dreizehnjährigen Jungen, aus dessen Perspektive erzählt wird, in dem charakteristischen Einleitungssatz angedeutet: »Es hat damit angefangen, daß ich auf dem Steinhaufen neben dem Bombentrichter in unserm Garten saß. Der Steinhaufen ist die größere Hälfte von unserm Haus.« Das Überlebenmüssen in einem halbzerstörten Haus ist ebenso Ausdruck der Not- und Zwangslage in der frühen Nachkriegszeit wie der Kampf um das tägliche Stück Brot. Der Erzähler, der mit seinen beiden jüngeren

Geschwistern Peter und Leni und der Mutter die Nachkriegszeit zu durchstehen hat, weiß, wie unschätzbar wichtig ein Stück Brot ist; er ist wie ein Erwachsener mit Hamstern und Organisieren beschäftigt, ob es sich nun um Kohle oder um Kartoffeln handelt. Die materielle Not dieser frühen Nachkriegsjahre wird aus der Perspektive des Jungen ganz unpathetisch und nüchtern festgehalten und demonstriert, wie sehr ihm und seinen Geschwistern das verlorengegangen ist, was man als Geborgenheit, als Nestwärme bezeichnet. Die mitleidlosen Forderungen, die das nackte Überleben an den einzelnen stellt, lassen keinen Platz für Gefühle.

Dieses Defizit an Zutraulichkeit und Wärme wird durch das Verhalten des Erzählers und seiner Angehörigen zu einer zugelaufenen roten Katze katalytisch enthüllt. Die Katze, die zu Anfang der Geschichte aus dem Verborgenen nach einem Stück Brot des Erzählers schnappt, in einer ersten Reaktion von ihm vertrieben wird, aber am Ende dann doch einen Bissen von seinem Brot erhält, verdeutlicht einen Zustand des Umsorgtseins und Behütetwerdens, der für den Erzähler und seine Geschwister längst nicht mehr gilt. Das allmähliche Vertrautwerden der Kinder mit dem Tier, die Mitleidsbeweise, zu denen das Tier sie veranlaßt, wächst sich jedoch zunehmend zur Gefahr für das Überleben der Familie aus. Als der Erzähler, der weit über seine Lebensjahre hinaus in die Rolle eines verantwortlichen Ersatzvaters hineingewachsen ist, entdeckt, daß die beiden kleinen Geschwister den halben Liter Magermilch, der ihnen zur Verfügung steht, großenteils der Katze gegeben haben, wirft er das Tier wütend zum Fenster hinaus.

Was der Erzähler als Initiationserfahrung zu verarbeiten hat, ist die Tatsache, daß Grausamkeit und Zerstörung nicht nur als von außen zugefügtes Verhängnis zum Leben gehören, sondern daß er aus Liebe zu seiner Familie und um ihres und seines nackten Überlebens willen selbst gezwungen ist, Gewalt und Zerstörung auszuüben. Das Übermanntwerden von Mitleid für das Tier, das sich aus einer verhungerten Kreatur in ein wohlgenährtes schnurrendes »Ungeheuer« verwandelt hat, bedeutet letztlich die Untergrabung der eigenen Überlebensmöglichkeiten. Als der Erzähler sieht, daß sein Vorschlag, die Katze zu schlachten und zu verzehren, auf den Abscheu der Geschwister stößt und ihm von der Mutter den moralischen Verweis einträgt: »Daß du so ein böses Herz hast, hab ich nicht geglaubt«, bleibt ihm, gerade weil er ein gutes Herz hat und für seine Familie leidet, nur noch die Möglichkeit, grausam gegen das Tier zu sein und den unerwünschten und schädlichen Fresser zu beseitigen.

Die Szene, in der der Erzähler das in kurzen Berichtssätzen darstellt, ist nicht nur die Klimax der äußeren Handlungsentwicklung, sondern, auf die innere Entwicklung des jugendlichen Protagonisten bezogen, zugleich der Vollzug des endgültigen Initiations-schrittes in die Erwachsenenwelt: der unwiderrufliche Austritt aus der Welt der Kindheit in einem Akt, der ihn schuldig werden läßt, weil er zur Ausübung von Grausamkeit gezwungen ist, aber ohne diese Grausamkeit viel grausamer in bezug auf das Überleben seiner Familienangehörigen wäre: »Und auf einmal hab ich ganz laut geschrien, und dann hab ich das rote Vieh an den Hinterläufen genommen und habs an einen Baumstamm geschlagen. Aber sie hat bloß geschrien. Tot war sie noch lange nicht. Da hab ich sie an eine Eisscholle gehaut, aber davon hat sie nur ein Loch im Kopf bekommen, und da ist Blut herausgeflossen, und überall im Schnee waren dunkle Flecken. Sie hat geschrien wie ein Kind. Ich hätt gern aufgehört, aber jetzt hab ich's schon fertig tun müssen. [...] Eine Katze hat sieben Leben, sagen die Leute, aber die hat mehr gehabt. Bei jedem Schlag hat sie laut geschrien, und auf einmal hab ich auch geschrien, und ich war ganz naß vor Schweiß bei aller Kälte. Aber einmal war sie dann doch tot.«

Das ist sicherlich kein sadistischer Exzeß, keine vandalistische Verirrung eines Jugendlichen, der Tierquälerei begeht, sondern eine ihm von den Umständen auferlegte Tortur, unter der er als Ausübender gleichfalls leidet. Das Schreien des Tieres, das ihn an ein gequältes Kind erinnert, und sein eigenes Schreien, das von einem gequälten Kind stammt, gehen ineinander über. Die Grausamkeit der Lebensumstände, die vom einzelnen verlangen zu vernichten, um selbst überleben zu können, und die den Abschied von einer moralischen Weltordnung zeigen, die den Kindern als schönes abgerundetes Bild der Erwachsenenwelt vorgeführt wird, verdichtet sich beklemmend in dieser Szene. Die Übelkeit des Erzählers nach Vollzug seiner Tat, die Zerknirschung, die er empfindet, bringen überdeutlich zum Ausdruck, daß kein irrationaler Exzeß stattgefunden hat, sondern eine Tat, die er selbst als Schuld empfindet, aber um seiner Angehörigen willen auf sich genommen hat. Der Schlußsatz »Eigentlich frißt so ein Tier doch gar nicht viel« signalisiert dieses Schuldbewußtsein und sein Verlangen, alles wieder ungeschehen zu machen und zurückzukehren in den vorherigen Zustand. Auf der andern Seite bringt das in einem kurzen Satz geäußerte Mitgefühl der Mutter zum Ausdruck, daß sie versteht, was stattgefunden hat: »Ich versteh dich schon. Denk nimmer dran.«

Der Tod des kleinen Bruders beim Bombenangriff, von Borcherts Erzähler wie ein Verhängnis von außen erfahren, auf das er mit der hilflosen und sinnlosen Geste seiner Totenwache reagiert, die indirekt zur Gefährdung für sein eigenes Weiterleben wird, der mitleidlose Todessog, dem sich der grausam verstümmelte Erzähler Bölls ausgesetzt sieht in einem Inferno der Zerstörung, deren Voraussetzungen er in seinem eigenen, ideologisch akzentuierten Erziehungsweg angelegt erkennen muß, der Tod des Tieres, der Luise Rinsers Erzähler aktiv schuldig werden läßt – in allen drei Fällen führen die Umstände des Krieges zu einer Initiationserfahrung der jugendlichen Protagonisten, die Gewaltsamkeit und Zerstörung, den an andern oder am eigenen Leib erfahrenen oder sogar als Vollstrecker ausgeübten Tod, als Teil der Wirklichkeitserfahrung ausweist, die den Riß zwischen der Welt der Kindheit und der Welt der Erwachsenen endgültig macht. Die Verdrängungsmechanismen, die der eigentliche Inbegriff der Schnellebigkeit der Zeit sind, haben die Verstörungsängste, die traumatischen Schocks, die im Bewußtsein des einzelnen mit dem Krieg verbunden waren, unter Gedächtnisschutz abgelagert und zugeschüttet. In Kurzgeschichten wie den hier analysierten werden sie auf den ästhetischen Begriff gebracht und als Teil einer kollektiven Erfahrungsgeschichte, die Leitlinien für künftiges Tun abgeben müßte, bewußt gemacht. Es sind Dokumente der menschlichen Verstörung, in denen trotz der Grausamkeit der geschilderten Vorgänge die Sehnsucht nach einem alternativen Leben wohnt. Von daher ist es plausibel, daß die Protagonisten und Erzähler dieser Geschichten Kinder sind, an deren Wunden, an deren Leiden sich die grausame Erwachsenenwelt mit ihren sinnlosen Zerstörungsexzessen um so schärfer abbildet.

3. Anpassung bis zum Untergang: Deutschland im Dritten Reich

I. Jene zwölf Jahre nationalsozialistischer Herrschaft, die zu den dunkelsten Perioden der deutschen Geschichte gehören, haben sich durch Massenaufmärsche, pompöse Kundgebungen, militärische Imponierrituale und schließlich durch Gewalt und Zerstörung, durch ein Trümmerfeld ohnegleichen dem Gedächtnis eingeprägt. Man vergißt leicht darüber, daß die Auswahlmechanismen der Erinnerung und der Geschichtsschreibung sich sozusagen ständig auf die außergewöhnlichen Situationen konzentrieren und jene Zwischenräume der Alltäglichkeit ausklammern, die zum Leben jener Jahre gleichfalls gehören. Was sich da politisch in Deutschland abspielte und nach außen hin in seinen Ritualen so protzig und monolithisch wirkte, war ja nicht wie eine große Verschwörung über das Land hereingebrochen mit Drahtziehern, die im Schatten der Kulissen alle Fäden in der Hand hielten. Gewiß, diese Drahtzieher gab es, aber ihre »Allmächtigkeit« war zumindest zu Anfang bloß suggeriert, suggeriert von einem mächtigen Apparat der politischen Propaganda, die den jeweils wünschenswerten nächsten Schritt bereits als real vorspiegelte, bis auch die passiven Zuschauer von der Unvermeidlichkeit dieser Realität überzeugt waren und sie damit real werden ließen. Sebastian Haffner hat zu Recht darauf aufmerksam gemacht: »Auch die Jubler jubelten nicht die ganze Zeit, sondern vielleicht ein, zweimal im Jahr, oder auch nur alle paar Jahre. Dazwischen hatten sie anderes zu tun. Die Nazis waren nicht die ganze Zeit damit beschäftigt, Nazi zu sein; und die Antinazis nicht die ganze Zeit damit, Hitler zu hassen. Politik war auch damals nur ein verhältnismäßig kleiner Teil des wirklichen Lebens der Menschen, und der Nazismus saß viel lockerer und oberflächlicher im Erdreich der deutschen Wirklichkeit, als er wahrhaben wollte; auch die Gesinnungen waren differenzierter, schwankender und beweglicher als öffentlich zum Ausdruck kam.«[1]

Es ist wichtig, das jener Optik entgegenzuhalten, die die Wirklichkeit jener Jahre wie einen Film betrachtet, der im Zeitrafferverfahren jene Phasen der relativen Normalität und des alltäglichen Lebenstrotts dem rückblickenden Betrachter entzieht. Ein solches Zeitrafferverfahren läßt sich, zum methodischen Prinzip der Darstellung erhoben, auch in jenen literarischen Texten[2] erkennen, die damals das Bild der nationalsozialistischen Wunschwirklichkeit vor den Leser stellten und den Eindruck erwecken wollten, es gäbe sie wirklich, die völkische Renaissance, das Wiedererwachen des heroischen Menschentums im Krieg und im Alltag, die von einer Kollektivbegeisterung durchdrungene Menge, die zum Wohle Deutschlands segensreich wirkende Partei. Daß ein großer Teil davon propagandistischer Schwindel war, ändert nichts daran, daß dieses Bild als Bewußtseinsdroge wirkte und die Auffassung der Wirklichkeit einfärbte, bis propagandistisches Muster und Abbild der Realität tatsächlich für viele ununterscheidbar wurden.

Auf der andern Seite gibt jedoch jene andere Literatur, die den raunenden völkischen Beschwörungston als Bewußtseinsgift zu entlarven versuchte, gleichfalls nur einen Ausschnitt der Wirklichkeit wieder. Das poetische Wahrheitsserum, das aus den Erzähltexten einer antifaschistischen, sozialistischen Widerstandsliteratur[3] dringt, ist als Gegenmittel dem literarischen Bewußtseinsgift zugeordnet. Es entwarf alternative Utopien, als Kampfansage an die offiziöse NS-Literatur, es orientierte sich gleichfalls nicht so sehr an der manchmal trübsinnig monotonen Alltagsrealität als vielmehr an den Augenblicken der Erhebung und Revolte gegen die Abschnürung und politische Gleichschaltung. Es ist, am andern Ende des Spektrums, ebenfalls eine Literatur der künftigen Wirklichkeit und nicht so sehr ein minuziöses Abbild der irritierenden Alltagsnormalität, die zum Bild jener Jahre gehört und vermutlich erst die Begründung dafür liefert, warum sich jenes menschenverachtende System so erfolgreich festsetzen konnte. Die Politik blieb gleichsam auf die offiziellen Anlässe beschränkt. Die politischen Rituale und Massenexerzitien konzentrierten sich auf die Zentren. An den Randzonen der Wirklichkeit, in den dörflichen und kleinstädtischen Idyllen, in den eigenen vier Wänden, die den Bereich der Privatheit traditionell wie undurchdringliche Mauern umschlossen, schien das Leben so weiterzugehen wie bisher.

Wie es jedoch tatsächlich weiterging, wie der einzelne schuldig wurde, ohne daß er sich in die braunen Reihen direkt einreihte und sein Parteiabzeichen trug, wie Lethargie und Mißverständnisse, aus Angst geborene Vorsicht und Anpassungsbereitschaft ein Klima der schleichenden Lähmung schufen, läßt sich aus den im folgenden behandelten Kurzgeschichten mit erstaunlicher Präzision ablesen. Obwohl die grauenhaften Konsequenzen dieser Wirklichkeitsvergiftung in aller Schärfe hervortreten, zerfällt die Darstellung dennoch nicht in ein Schwarzweißschema, das sich aus den Gegensätzen brutalistische Partei-Arroganz und selbstloser Widerstandsmut, rückgratloser Opportunismus und kämpferische Entschlossenheit, lügenhafte Feigheit und Tapferkeit im Angesicht der eigenen Vernichtung zusammensetzt. Die Wirklichkeit jener Tage tritt viel eher an den Bruchstellen hervor, sie zeigt sich an den Übergängen, in den Zwischennuancen, die es schwierig machen, mit moralischen Werturteilen diese Phase deutscher Geschichte zu kartographieren. Die Kurzgeschichten stellen mögliche Meßblätter dafür dar.

II. Anderschs Geschichte »Die Inseln unter dem Winde«, die erst Anfang der siebziger Jahre in seinem Band »Mein Verschwinden in Providence« erschien, weist mit der autobiographisch grundierten Mittelpunktsfigur des Franz Kien auf Anderschs früheste Schaffensphase zurück, die mit der Erfahrung des Dritten Reiches unmittelbar verknüpft ist: »Auch habe ich zu den ›Kirschen [der Freiheit]‹ Nachträge geliefert: die Erzählungen ›Alte Peripetie‹, ›Die Inseln unter dem Winde‹ und ›Brüder‹; sie handeln, wie übrigens auch jene Erinnerung an einen amerikanisch-jüdischen Militärarzt Fleischer, von einem gewissen Franz Kien, der ich selber bin. Ich werde weitere Geschichten aus dem Leben Franz Kiens erzählen; es gibt im Leben eines Schriftstellers Augenblicke, in denen sich die Erinnerung zur Erzählung verdichtet, bei der er, aus irgendwelchen rätselhaften Gründen lieber die dritte als die erste Person Einzahl gebraucht.«[4]

»Die Kirschen der Freiheit«, Anderschs autobiographischer Report über seine Desertion aus dem nationalsozialistischen Deutschland und dessen Armee ist in der ersten Person geschrieben. Das Buch ordnet sich jedoch einer Gattung des Schreibens zu, die Andersch an einer Stelle seiner Titelerzählung »Mein Verschwinden in Providence«[5] mit dem Begriff »Analyse« charakterisiert: »Transposition von Analyse in Erzählung; die Erzählung ist ebenso wahr wie die Analyse, doch reicher an Bedeutungen; die Erzählung legt nicht fest, sondern plaziert die Fest-Stellung in einem Spiel-Raum; die Erzählung gibt keine Antworten, sondern stellt Fragen –« (133).

Die Distanz zum Erlebnisstoff, die durch das Moment des Reflektorischen in der »Analyse«, im »Bericht« gegeben ist, bedarf nicht der zusätzlichen Entfernung vom autobiographischen Ich des Autors. Die Erzählung hingegen – und hier läßt sich ohne weiteres der Begriff der Short Story verwenden, den Andersch an einer Stelle von »Mein Verschwinden in Providence« geradezu synonym verwendet[6] – rückt, ohne vorgefertigte Antworten des Verstandes, näher an die irisierende Komplexität der subjektiven Erfahrung heran und ist aus diesem Grunde auf die distanzierende Brechung der Erzählperspektive viel stärker angewiesen.

So ist denn auch kein Zweifel daran, daß der Text »Die Inseln unter dem Winde« durchweg aus der Perspektive von Franz Kien dargestellt ist, in dessen sozialer Situation sich das politische Klima der frühen dreißiger Jahre abbildet. Kien ist als Regime-Gegner schon drei Jahre lang arbeitslos. Da er Mitglied der kommunistischen Jugendorganisation war, ist er ins Konzentrationslager Dachau gebracht worden, aus dem man ihn vor kurzem entlassen hat, obwohl er von der Gestapo weiter beobachtet wird und sich zur Überprüfung in gewissen Zeitabständen einfinden muß.

Um seine höchst prekären materiellen Lebensumstände zu verbessern, hat ihm sein Bruder die Bekanntschaft eines englischen höheren Beamten vermittelt, der in München zu Besuch ist und sich die Stadt von einem Ortskundigen zeigen lassen möchte. In dem vielerfahrenen älteren englischen Kolonialbeamten, dessen berufliche Karriere ihn als Zivilgouverneur nach Malta, vorher als Gouverneur auf die Windward-Inseln geführt hat und noch früher als Richter nach Ostafrika, und in dem jungen, von den Nazis verfolgten Kommunisten Kien werden zwei politische Erfahrungssysteme miteinander konfrontiert, deren Kommunikation lebenswichtig wäre: einerseits ein Vertreter einer der ältesten Demokratien Europas, andererseits ein politisch engagierter junger Mensch, der in einer faschistischen Diktatur lebt, von einer anderen, besseren Gesellschaft träumt und die Hoffnung auf deren Verwirklichung noch nicht ganz aufgegeben hat – trotz seiner biographischen Niederlagen und Überlebensprobleme.

Die Lebenswichtigkeit dieser Kommunikation wird noch durch eine andere Begegnung gesteigert, die kurz vor dem ersten Zusammentreffen zwischen Kien und Sir Thomas Wilkins stattfindet. Kien trifft in einem Café überraschenderweise auf einen Bekannten, Wolfgang Fischer, der ihm politisch nahesteht, auch wenn er nicht zur kommunistischen Partei, sondern zum Internationalen Sozialistischen Kampfbund gehört. Der ehemalige Freund, der als Jude bereits unter den Auswirkungen der Rassenverfolgung leidet und seine Auswanderung nach Palästina in die Wege leitet, reagiert seinen Groll an Kien ab, indem er ihn für den Antisemitismus der Nationalsozialisten mitverantwortlich macht: »Spiel doch nicht den Ahnungslosen! Ihr Deutschen seid euch doch jetzt alle einig über uns Juden.«

Selbst bei denjenigen, die sich in ihrer Ablehnung des Regimes einig sein müßten, ist die Vergiftung der Atmosphäre bereits so weit vorangeschritten, daß eine Verständigung nicht mehr möglich scheint. Die Scham und der Ärger, die Kien bei Fischers Worten empfindet, verhindern es, daß er jenen über seinen KZ-Aufenthalt in Dachau aufklärt. Was Andersch hier, bezogen auf die politische Zeitsituation, signalhaft verdeutlicht, ist die hoffnungslose Zersplitterung der deutschen Opposition gegen Hitler, die, selbst in ideologischen Querelen und daraus entstehenden Mißverständnissen entzweit, indirekt mit zur Festigung von Hitlers Regime beitrug. Auf den

Erzählzusammenhang bezogen, unterstreicht diese Episode den Hoffnungsaspekt, der für Kien in der Begegnung mit dem Vertreter einer der ältesten europäischen Demokratien liegen könnte.

Der räumlichen Bewegung der Geschichte entsprechend – die beiden schauen sich München an, am ersten Tag das Deutsche Museum und am nächsten Tag einige sehenswerte historische Gebäude – läßt sich von einer äußeren Handlung nicht sprechen. Dennoch entwirft der Text mehr als ein reines Situationsbild, ist keineswegs nur eine Zustandsgeschichte, sondern hat das Damoklesschwert der politischen Situation, das Kien über sich empfindet, in ein räumliches Zeichen übersetzt, in dem sich der Konflikt der Geschichte sichtbar kristallisiert. Schon in den ersten Sätzen des Erzählers wird auf dieses räumliche Zeichen hingewiesen: »Auf diese Weise vermied er es, an dem Mahnmal der Nationalsozialisten vorbeigehen und den Arm zum Deutschen Gruß erheben zu müssen.«

Dieses Mahnmal, wie Kien Wilkins später erklärt, erinnert an den Hitler-Putsch von 1923, als die Nationalsozialisten zum erstenmal die Machtergreifung versuchten und scheiterten. Als Kien nach der ihn verstörenden Begegnung mit Fischer fast am Mahnmal vorbeigegangen wäre, ändert er kurz vorher seinen Weg, um jenes Zeichen der gestischen Anpassung um jeden Preis zu vermeiden, das euphemistisch als Deutscher Gruß umschrieben wurde: die ausgestreckte rechte Hand. Während der ganzen Stadtbesichtigung achtet er nicht nur sorgfältig darauf, dieser öffentliche Unterwerfung fordernden Weihestätte des NS-Regimes aus dem Weg zu gehen, sondern wartet auch ständig auf ein erlösendes Wort des Engländers, das dessen eigenen Standpunkt zur politischen Gegenwart Deutschlands enthüllen, möglicherweise sogar Sympathie für den jungen Deutschen bezeugen würde.

Doch die SA-Männer in braunen Uniformen, die ihnen unterwegs begegnen, lassen den Engländer kalt: »Franz Kien hatte erwartet, daß Wilkins etwas über sie bemerken, vielleicht sogar die politischen Verhältnisse in Deutschland betreffende Fragen stellen würde, aber er hatte nichts gesagt.« Er ist ein überaus gebildeter Engländer von feinsten Manieren, der Kien die technischen Apparaturen im Deutschen Museum zu erklären vermag, der sich für Musik interessiert und eine Wagner-Partitur kauft, der 1888 in Dresden studiert hat, sich also in Deutschland bestens auskennt. Er betrachtet mit Kennerschaft und mit Respekt die historischen Gebäude, die Kien ihm zeigt, berichtet witzig über seine auseinandergegangene Ehe und erzählt Kien von den Stationen seiner Karriere, aber ist trotz all seiner enzyklopädischen Beschlagenheit im Grunde mit Blindheit geschlagen: er begreift nicht, was um ihn vorgeht, ja macht nicht einmal die Anstrengung, seine Umgebung wirklich zu verstehen. Das zeigt sich auch in seiner Beziehung zu dem jungen Deutschen, dessen persönliche Geschichte ihn nicht weiter interessiert. Gerade noch, daß er ihn fragt, ob er Arbeit habe, und ihn bei dem Hinweis auf Kiens Arbeitslosigkeit damit tröstet, daß es auch England wirtschaftlich schlecht gehe, aber künftig wohl alles besser werde.

Als sie am zweiten Tag beim Stadtrundgang wider Erwarten erneut in der Umgebung der Feldherrnhalle, also in Nähe des Mahnmals, sind und Kien wie selbstverständlich annimmt, Wilkins werde sich weigern, das Ritual der gestischen Gesinnungserklärung nachzuvollziehen, ist der Engländer jedoch keineswegs bereit, über eine nahegelegene Gasse auszuweichen, die im Volksmund bezeichnenderweise »Drückebergergäßlein« genannt wird. Während Kien sich bereits ausmalt, wie Wilkins grußlos an dem

Mahnmal vorübergehen und die ihn zur Rede stellenden Gestapo-Beamten mit seinem englischen Paß beeindrucken würde, erhebt der Engländer seinen Arm zum Deutschen Gruß. Kien fühlt sich so überrumpelt, daß er mechanisch die Grußbewegung nachvollzieht. Was Kien als Verrat vorkommt, den er subjektiv immerhin damit entschuldigen könnte, daß er, bereits gemaßregelt und unterdrückt vom Regime, zur äußerlichen Anpassung gezwungen ist, rechtfertigt der Engländer, seine politische Blindheit, ja Torheit, dadurch noch steigernd, mit dem Satz: »Ich mache in einem fremden Land gerne alles, was die Bewohner machen. Man versteht sie besser, wenn man ihre Sitten annimmt.«

Das Gegenteil ist richtig. Weder läßt sich das System der Unterdrückung, das in solchen verordneten Ritualen zum Ausdruck kam, kulturgeschichtlich als traditionelle Sitte auffassen, noch versteht er die Deutschen. In der Reflexion Kiens, die dieser enthüllenden Begebenheit folgt, wird die politische Instinktlosigkeit des Engländers so auf den Begriff gebracht: »Franz Kien betrachtete den ehemaligen Zivilgouverneur von Malta, Gouverneur der Windward-Inseln, Richter in Ostafrika. Ein Engländer, der mit ausdruckslosem Gesicht die Sitten der Eingeborenen studierte. Die Sitten der Eingeborenen von Malta und den Windward-Inseln, von Ostafrika und München. [...] Es hätte keinen Zweck gehabt, ihm von Dachau zu erzählen.«

Der Aufforderung des Engländers beim Abschied, ihm zu schreiben, ist Kien nie nachgekommen. Bei einem Besuch in London nach dem Krieg war Wilkins dann bereits gestorben. Was in der gutgemeinten Appeasement-Politik des Engländers Chamberlain so folgenreich das Hitler-Regime stützte, die Tatsache, wie wohlwollend das Ausland, nicht zuletzt England, die propagandistische Selbstdarstellungsinszenierung der Berliner Olympiade zur Kenntnis nahm und damit zur Aufwertung des Hitler-Regimes beitrug – der politische Stellenwert solcher Phänomene ist von Andersch mit gemeint. Es handelt sich um Anpassung und Stützung des Regimes nicht nur von innen her, durch die Gesinnungsfeigheit und Gesinnungsknechtung der Deutschen, durch die Zersplitterung der Opposition in Mißverständnissen und Unterstellungen. Auch die Anpassung von außen her, die sich in der Haltung des Auslands verriet – die Appeasement-Politik Englands, das Vatikanische Konkordat, die um gutes Wetter mit Hitler bemühte Flüchtlingspolitik der Schweiz und ähnliches mehr –, ist ursächlich beteiligt gewesen an der Festigung des Regimes.

Wenn der doch so aufgeklärte und gebildete englische Aristokrat das München der Nazizeit so exotisch wie die Inseln unter dem Winde erlebt – so lautet der Name der Windward-Inseln im Deutschen –, so hat er unfreiwillig jenen Wind in Deutschland mitgesät, den als Sturm zu ernten dann nicht allein England gezwungen war. Dahinter verrät sich eine »verstehende« relativistische Geschichtsanschauung, die Andersch an anderer Stelle so umschreibt: »Geschichte sei ein Verkehrsunfall, dem man vom Straßenrand aus zusehen könne.«[7]

In dieser atmosphärisch dichten, keinerlei zentralen Aktionshöhepunkt darstellenden Kurzgeschichte, die aus dem Reflexionshorizont der Mittelpunktsfigur zwar die zeitliche Kontinuität zur Vergangenheit und Zukunft hin erweitert, aber innerhalb eines kompakten Zeitrahmens erzählt, hat Andersch mit seiner räumliche Topographien herausarbeitenden Erzählstruktur ein beeindruckendes Situationsbild der Ausgangslage in der NS-Zeit entworfen. Die Erschütterungen im Fundament, die sich später zum alleszerstörenden Erdrutsch steigern, sind alle schon zu bemerken, dicht unter der Haut der Oberfläche, über deren Krankheitssymptome sich damals jedoch nicht nur die Deutschen hinweglogen. Andersch verdeutlicht mit einer unpathetischen und um so intensiveren Konsequenz, daß es in jener Wirklichkeit verwerflich war, sich nicht zu engagieren und Position zu beziehen. Der Traum von der sich über alles hinwegrettenden Privatsphäre war der erste Schritt zur Anpassung, an deren Ende dann der Anpassungszwang stand, ob in den Massenaufmärschen der Partei, in den Konzentrationslagern oder den Schützengräben. Bezahlt dafür haben alle, auch jene, die wie Sir Thomas Wilkins über den Dingen zu stehen glaubten.

III. Der auf literarische Großwerke von »Zettels Traum« bis »Abend mit Goldrand« festgelegte Autor Arno Schmidt »hat auch [...] einmal klein angefangen«[8], konkret: als Kurzgeschichtenerzähler. Er hat in der Frühphase seines monomanischen Werks, das sich bemüht, von den tradierten Prosaformen des 18. Jahrhunderts wegzukommen und eine dem menschlichen Vorstellungs- und Erinnerungsvermögen genauer entsprechende, sich aus aneinandergereihten und sich überlagernden Mosaikstrukturen bestehende epische Darstellungstechnik zu entwickeln, durchaus diese tradierten Formen verarbeitet, deren historischen Ort er an einer Stelle seiner »Berechnungen I (Ein Werkstattbericht)«[9] so beschreibt: »Kennzeichnend für [...] unsere bisher gebräuchlichsten Prosaformen [...] ist, daß sie ausnahmslos als Nachbildung soziologischer Gepflogenheiten entwickelt wurden. Der Erzähler im lauschenden Hörerkreis war das Vorbild für Roman und Novelle. Die tägliche Übung der Korrespondenz lieferte zwanglos die vorbildliche formale Lösung des Briefromans für das Problem, mehrere geographisch und geistig voneinander geschiedene charakteristische Lebensräume organisch in Beziehung zueinander zu setzen.« (112)
Da Schmidt für die Biographie und das Tagebuch als literarische Formen einen ähnlichen Erklärungsweg vorschlägt, läge es nahe, die Kurzgeschichte, von der sich in der Frühphase seines Werks immerhin eine große Anzahl findet, gleichfalls als Adaption eines solchen literarischen Musters aufzufassen. Es ist der Zeitungs- und Zeitschriftenleser, dessen Aufmerksamkeit, auf Schlagzeilen, Kolumnen und außergewöhnliche Ereignisse gerichtet, den Kontext nur noch im isolierten Einzelfall erhält und die Zusammenhänge mit seiner Imaginationskraft hinzuassoziieren muß. Andererseits wäre es ebenso möglich, in Schmidts Ablehnung der Kontinuität eines epischen Flusses der Darstellung, weil es seiner Ansicht nach eine solche Kontinuität des Erinnerungsvermögens nicht gebe, vielmehr nur herausragende Erlebniseinheiten – er erwähnt »zeitrafferisch, einzelne sehr helle Bilder (meine Kurzbezeichnung: ›Fotos‹), um die herum sich dann im weiteren Verlauf der ›Erinnerung‹ ergänzend erläuternde Kleinbruchstücke (›Texte‹) stellen« (113) –, die in eine diskontinuierliche Beziehung zueinander treten, aus der Chronologie gelöst, verschoben, verlagert – in dieser Ablehnung eine indirekte Bevorzugung der Prosakurzform, der Kurzgeschichte zu vermuten. Denn es geht ja der Kurzgeschichte häufig darum, ein einziges großes Erinnerungsbild, eine tragende Situation, einen Vorfall, eine Erfahrung in den Mittelpunkt zu stellen und so zu beleuchten, daß sie für den Leser einen möglichen Zusammenhang reflektieren, auch wenn dieser Zusammenhang selbst explizit nicht gestaltet ist.
In den »23 Kurzgeschichten«[10] der Sammlung »Sommermeteor« scheinen die letzten, die um den Vermessungsrat a. D. Stürenburg als Erzähler gruppiert sind, der

erzählerischen Konvention noch ziemlich nahezustehen. Insbesondere die Geschichte »Er war ihm zu ähnlich«[11] weist mit der Ausmalung einer erzählerischen Rahmensituation, die zur eher novellistischen Konstruktion von zwei Erzählern greift, dem in der Geschichte erzählend agierenden Stürenburg und dem zuhörenden und die Geschichte aufzeichnenden Ich-Erzähler, der aber im ganzen merkwürdig farblos bleibt, auf ein sehr konventionelles Erzählstück hin, das man nur mit Zögern der Kurzgeschichte zurechnet.

Von einem eher beiläufigen Gespräch über Meßtischblätter ausgehend, erinnert sich Stürenburg plötzlich an jenen Vorfall, der dazu führte, »daß ich vor zwanzig Jahren, im Dritten Reich, vorzeitig pensioniert wurde –«. Auf einer dienstlichen Autofahrt wurde er damals auf drei Landvermesser aufmerksam, die ihr Gerät so dilettantisch handhaben, daß er sie zur Rede stellte und es bei ihrer barschen Reaktion zu Handgreiflichkeiten kam, die er jedoch zusammen mit seinem Chauffeur erfolgreich überstand. Erst als er die vermeintlichen Geodäten in die Flucht geschlagen hat und zu seiner Verwunderung erkennt, daß das zurückgelassene Fernrohr mitten auf den Eingang einer Villa zeigt, beginnt er die Zusammenhänge zu begreifen. Der Besitzer der Villa, den er neugierig aufsucht, informiert ihn: »er sei Jude, und sein Haus würde seit drei Tagen von verkleideter Gestapo bewacht, die nur darauf warteten, daß einer seiner längst gesuchten Verwandten sich zu ihm stehlen wollte. Dann sollte auch er ›abgeholt‹ werden!«

Der naiv-behäbige Stürenburg, eher ein kauziger unpolitischer Einzelgänger als ein Gegner des Regimes, wird durch die Situation ironischerweise zum Regime-Gegner: er läßt sich von dem jüdischen Arzt erweichen und bringt ihn zur nahegelegenen holländischen Grenze. Wie wenig dieser Vorfall jedoch bei Stürenburg dazu geführt hat, politisches Nachdenken auszulösen und sich mit den Praktiken des NS-Regimes vertrauter zu machen, beleuchtet stellvertretend die Reaktion des seiner Geschichte gleichfalls zuhörenden ehemaligen Hauptmanns, über den es heißt, »nicht direkt Antisemit, aber immerhin jedem vorgeschriebenen Gesetz gehorsam zu sein erzogen«.

So geht auch die sich der eher unfreiwilligen Rettungstat Stürenburgs anschließende Kollision zwischen ihm, seinem Vertrauten Hagemann und »zwanzig SS-Männer[n]« im ganzen glimpflich aus. Er wird vorzeitig aufs Altenteil geschickt und setzt seine kauzig versponnene Existenz fort, ohne politisch zu »erwachen«. Und selbst die im strukturellen Kalkül durchaus kurzgeschichtlich wirkende Peripetie seiner Geschichte, daß er kurze Zeit nach dem Vorfall auf die Todesanzeige des jüdischen Arztes in der Zeitung stößt und jenen selbst im Sarg sieht, bevor er geschlossen wird, er jedoch andererseits wenig später einen Brief des Arztes aus Holland mit seinem eigenen Führerschein erhält, der jenem zum Grenzübertritt nach Holland verholfen hat, löste damals zumindest kein weiterführendes Nachdenken in ihm aus. Der offenbare Widerspruch läßt nur den Schluß zu: »Vielleicht hat der SS-Führer, der ja wohl auch, wie damals üblich ›mit seinem Kopf‹ für den Erfolg des Auftrages einstehen mußte, seinen ganzen Sturm antreten lassen [...] vielleicht hat ihm Einer zu ähnlich gesehen?«

Die absurde Konsequenz wirft ein bezeichnendes Licht auf das System, das unablässig unter Erfolgszwang stand und Legitimationsbeweise vorzeigen mußte. So zufällig, wie die Rettungstat Stürenburgs motiviert war und zustande kam, so grotesk zufällig ist die

Grausamkeit der Nationalsozialisten, die einen der Ihren offenbar umbringen ließen und als vermeintliches Opfer vorwiesen, weil ihnen das wirkliche Opfer entgangen war.

Gewiß, die Absicht Schmidts, die dahinter steht, läßt sich nicht übersehen: Sowohl die vermeintlichen Heldentaten als auch die Greueltaten, die damals stattfanden, waren nicht das Ergebnis wohlüberlegter Aktionen, sondern kamen vielfach zufällig zustande und sind mitunter von entlarvender Lächerlichkeit. So wie er den Widerstand entheroisiert, entdämonisiert er die Nazischergen, die sich gelegentlich durchaus verprügeln ließen und groteskerweise gezwungen waren, einen der Ihren als Opfer zu präsentieren, weil ihnen das wirkliche Opfer entgangen war. So heilsam das als Perspektive sein mag und die Trivialität des wirklichen Lebens gegen seine positive und negative Glorifizierung ins Feld führt, so läßt sich andererseits doch nicht übersehen, daß die Zeitgeschichte eine andere Sprache sprach. Wenn die Nationalsozialisten sich tatsächlich in ihren eigenen Schlingen gefangen hätten und gezwungen gewesen wären, sich gegenseitig umzubringen – was sie zeitweise taten, wie der sogenannte Röhm-Putsch belegt –, wäre ihre Herrschaft bald zu Ende gewesen. Millionen Leidensgenossen des jüdischen Arztes wurden tatsächlich umgebracht. Kauzige Biedermänner wie Stürenburg oder der befehlsfromme Hauptmann haben indirekt mit dazu beigetragen, daß es so weit kommen konnte. Diese Perspektive, auf die die Geschichte von Andersch unverkennbar hinweist, gilt auch für die Kurzgeschichte von Arno Schmidt, hier freilich nur, wenn man sie gegen den Strich liest.

IV. Eine andere, träumerisch verschlüsselte Situation der Anpassung an das Dritte Reich stellt die Geschichte von Marie Luise Kaschnitz »Laternen« dar. Ähnlich wie Arno Schmidts Kurzprosa sich nur unter Abstrichen auf das Gattungsmuster der Kurzgeschichte zuordnen läßt, hat man auch über die Geschichten der Kaschnitz ausgeführt: »Die Stoffe haben meist etwas Novellenhaftes, auch deshalb trifft die Kennzeichnung ›Kurzgeschichte‹ nicht ganz.«[12] Das gilt freilich für das Muster der Kurzgeschichte, das vom Vorbild Hemingways herkommt und sowohl die Situationseinheit eines Handlungsmoments als auch die zeitliche und räumliche Kontinuität und die dingliche Beschreibung unter Aussparung der psychologisierenden Innensicht betont. Bender macht zu Recht darauf aufmerksam, daß es nicht diese in Geschichten verdichteten Wirklichkeitskonzentrate sind, die sich hinter den Erzähltexten der Kaschnitz erkennen lassen, sondern eher die poetischen Aufbrechungen dieser Form, wie sie in den »poetischen Geschichten von Carson McCullers, Flannery O'Connor, William Goyen, Truman Capote« (38) zum Vorschein kommen. Ja, er geht sogar so weit, auf direkte Beziehungen zwischen Kaschnitz-Texten und Erzählbeispielen der McCullers hinzuweisen[13].

Während in der »klassischen« Kurzgeschichte Profil und Charakter der tragenden Figur nur insoweit dargestellt werden, wie die Darstellung funktional integrierbar ist in den Handlungsaugenblick, die Mittelpunktssituation, das Ereignis im Zentrum der Kurzgeschichte, und sich die Subjektivität der handelnden Figur nicht in der psychologischen Textur einer berichteten Innensicht verrät, sondern mit Vorliebe in der gewählten Erzählperspektive, sind bei McCullers, Capote, aber auch bei Marie Luise Kaschnitz die zentralen Personen wichtiger. Die räumlich zeitliche Geschlossenheit des tragenden Situationsaufrisses in der Geschichte wird durchlöchert. Eine größere zeitliche Vielfalt dringt in die Darstellung ein und ist als erzählerisch verdeutlichter Erinnerungsvorgang der Mittelpunktsfigur nicht mehr unbedingt in diesen Situationsaufriß integriert. Von der andern Seite aus betrachtet, könnte man daher auch sagen, daß die Kaschnitz-Texte noch stärker Elemente der erzählerischen Tradition aufgenommen haben, gleichgültig, wie man diese Tradition im Einzelfall benennen mag, ob stärker in der Umgebung der Novelle oder der Großerzählung.

So läßt sich auch in dem Erzähltext »Laternen« ein chronologisch gegliedertes Spektrum von Zeit erkennen, das zwar nicht kontinuierlich entfaltet wird, aber in seinen einzelnen herausgehobenen Stationen dennoch deutlich an dem Lebensgang der Hauptfigur orientiert ist, des eher mittelmäßigen, aus kleinbürgerlichen Verhältnissen stammenden Bürgers Hellmuth Klein, der von einem Erfolgserlebnis träumt, das alles grundlegend verändern könnte. Er glaubt, das Rezept dazu während seiner Schulzeit von einem Mitschüler erhalten zu haben, der ihm eine bestimmte Handbewegung vorführt, die ihn, zur rechten Zeit richtig ausgeführt, gleichsam unverwundbar machen und alle Anfechtungen der Außenwelt von ihm abwenden könnte. Die bereits zu Anfang der Geschichte signalisierte Ironie, daß Leidhold, der Mitschüler, trotz seiner Wundergeste überraschend stirbt, untergräbt nicht die Faszination, die dieser traumhafte Ausweg aus allen Schwierigkeiten für Hellmuth Klein annimmt. Er erprobt sein magisches Zeichen einige Male, scheint Erfolg zu haben und ist bei Mißerfolg gleich bereit, von »einem technischen Versagen« zu sprechen.

Die große Stunde seines Geheimnisses scheint gekommen zu sein, als er, inzwischen Lehrling in einer Bank und weiterhin überzeugt von der geheimnisvollen Macht seiner Handbewegung, in dem in Deutschland an die Macht gekommenen Adolf Hitler »einen Nebenbuhler [sieht], der nicht zu üben brauchte, dem die Macht über die Menschen gegeben war von Anfang an«. In Klein erwacht der Wunsch, diesen Nebenbuhler zu übertrumpfen, ihn unschädlich zu machen und damit selbst zum politischen Retter zu werden – »[...] ich rette euch alle, Herr Direktor, Sie werden schon sehen« –, obwohl die politische Absicht dieser Rettung ebenso verworren ist wie das Mittel, dessen Klein sich zu seiner Rettung bedienen will. Denn als ein Besuch Hitlers in seiner Heimatstadt angekündigt ist – inzwischen hat der »Anschluß« Österreichs stattgefunden –, will er vom Beobachtungsposten einer Laterne aus, an der Hitler in seiner Parade ganz nah vorbeifahren wird, seinen magischen Trick ausführen und den Widersacher stürzen: »[...] eine Bombe, wo denkst du hin, die Lächerlichkeit soll dich töten, du sollst dich selbst ins Narrenhaus bringen, ein wahnsinniger Anstreicher, und die dir zugejubelt haben, schleichen beschämt nach Hause.«

Der Tag, an dem Klein den Diktator stürzen will, geht anders aus, als er erwartete, und geht doch so aus, wie der Leser zu erwarten vorbereitet ist: »Hellmuth [...] fiel erschöpft von der Laterne, wie eine Birne vom Baum. Er wurde aufgefangen, bedauert und gelabt, die Begeisterung war wohl zu viel gewesen für das schwache Kerlchen, ein Stück Schokolade wurde ihm in die Tasche gesteckt.« Die tatsächliche Peripetie der Geschichte zeigt sich darin, daß er nach der Demütigung durch seine Niederlage anschließend in der Bank in jenem Fräulein Erika, das ihn früher verspottete und nun, da ihre Mutter Jüdin ist, verängstigt zu ihm findet, einen Partner erkannt zu haben glaubt, der in Wirklichkeit keiner ist und der ihn mitleidlos auslacht, als er einmal von seiner »Kindertorheit« sprach, »dabei seltsam ergriffen, so als sei das Ganze doch denkbar gewesen und es habe ihm nur in jenem Augenblick die wirkliche Kraft gefehlt«.

Freilich gibt sich Marie Luise Kaschnitz nicht damit zufrieden, die träumerische Versponnenheit Kleins zu ironisieren, die sich Widerstand und Veränderung in Phantasiebildern ausmalt, die von der Wirklichkeit lächerlich gemacht werden, was der Sturz von der Laterne gestisch zum Ausdruck bringt. Gewiß, es ist möglich, dahinter auch eine Form der Anpassung zu erkennen, Anpassung, die sich in Fluchtmanövern über die Realität hinwegsetzen will und letztlich doch dieser Realität unterliegt. Die eigentliche, pessimistische Pointe der Geschichte besteht darin, daß Klein, inzwischen von seiner ihm wie »Strandgut [...] in einer stürmischen Nacht« zugetriebenen Frau längst wieder verlassen, zu der Erkenntnis kommt, »daß ohne Einsatz nichts zu gewinnen war und daß man mit kindischen Träumen die Heimat nicht retten und die Weltgeschichte nicht ändern kann«. Doch auch diese Erkenntnis nützt ihm nichts. Sein Leben ändert sich so wenig, wie er den Verlauf der Geschichte ändern kann. Die Situation, in der der Schluß der Geschichte Klein zeigt, hat jene Situation nur radikalisiert, als er sein magisches Attentat auf Hitler ausführen wollte. So wie er damals aus der Welt der Träume abstürzte, liegt er am Ende, inzwischen gezwungenermaßen Soldat geworden und von einem Tiefflieger tödlich in der Lunge getroffen, unter einer anderen sehr ähnlichen »altmodischen Laterne«, diesmal in einer russischen Stadt, »in einen fürchterlich blauen Himmel starrend, friedlich, Hellmuth Klein, Hellmuth Kanonenfutter, aber gestorben für die Freiheit, weil am Ende alle für eine zukünftige Freiheit sterben«.

Dieser mitleidlose Schluß, der ihn nun tödlich abgestürzt zeigt, korrigiert offenbar auch jenen politischen Erkenntnisschritt, mit dem er sich zum Einsatz in der Realität entschloß. Es war nicht der Entschluß zum tätigen Widerstand gegen das Regime, sondern ein Überlaufen zu der einst »verhaßte[n] Fahne«, der er als »kein schlechter Soldat« diente: Anpassung bis zum Untergang – ganz buchstäblich genommen. Das Beispiel der Geschichte Kleins ist von einer bitteren zeitgeschichtlichen Repräsentanz, die ein Leben beleuchtet, das einen anfänglich traumhaft versponnenen Widerstand, die verinnerlichte Gebärde des Abscheus vor dem Regime, mit der opportunistischen Selbstaufgabe und Unterordnung unter das Regime bezahlt. Die kindliche Phantasie, die einmal den Willen zum Widerstand beflügelte, und die dafür eingetauschte ideologische Lüge, die vom Dienst im Namen einer zukünftigen Freiheit spricht, unterscheiden sich durchaus in der Gefährlichkeit der Auswirkungen für den einzelnen. Aus dem Absturz in die Lächerlichkeit ist der Absturz in den Tod geworden. Ein Preis, den viele gezahlt haben.

Die erzählerische Zwischenlage, die sich in dem Text unter gattungsgeschichtlichen Aspekten erkennen läßt, kommt nicht nur in dem großen Spektrum an chronologisch entfalteter Zeit zum Ausdruck, die sich tendenziell zur Darstellung der Lebenstotalität der Hauptfigur, von der Kindheit bis zum Kriegstod als erwachsener Mensch, erweitert. Sie verrät sich vor allem in einem bezeichnenden Schwanken zwischen der Figurenperspektive der Hauptfigur und der distanzierten Übersichtsperspektive eines über den Dingen stehenden, wissenden Erzählers, der nicht selbst in die Erzählstruktur integriert ist, sondern von außen her ordnet und arrangiert. Es ist, so läßt sich unschwer erkennen, der Übersicht und Überlegenheit beanspruchende Erzähler der Tradition, obwohl andererseits die Konzentration auf den erzählerischen Höhepunkt der

Hitler-Begegnung durchaus deutlich einen kurzgeschichtlichen Modus des Erzählens signalisiert.

V. Auf eine andere Randzone scheinbar provinzlerisch heiler Welt richtet Bobrowski den Blick in seiner Geschichte »Lipmanns Leib«[14]. Es ist für ihn bezeichnendes erzählerisches Gelände, das östliche Grenzland mit dem topographischen Schwerpunkt der Weichselmündung. Im Mann der Rosa Lipmann, die eine Kneipe betreibt, ist die Erinnerung an den ersten Krieg noch unübersehbar gegenwärtig. Er war damals nach Rußland verschleppt und übel mißhandelt worden von einem zaristischen Offizier, der sich offenbar Besseres von Leibs erzwungenen Diensten als Ortskundiger versprochen hatte. Leib kehrte, nicht mehr bei klarem Verstand, aus Rußland zurück und wird von seiner Frau umsorgt, obwohl er von allen verspottet wird und den Part des Dorfnarren spielt, an dem jeder seine Überlegenheit erproben kann. Der erste Teil der Geschichte, der aus der Perspektive Rosas erzählt wird, die in ihrer Kneipe hantiert, von Zeit zu Zeit hinausblickt und mit ihren Gedanken zu den Leuten in der Umgebung wandert, entwirft, so scheint es, das Bild einer friedlichen dörflichen Welt, abgesehen von dem Lehrer Sikorski, der ihr »mit seinen lauten Reden und dem ewigen Gesinge vom deutschen Rhein« auf die Nerven geht. Und auch ihr Warten auf den Ehemann, der in der Flußgegend, seinem Lieblingsrevier, stromert, scheint auf keine besondere Unruhe hinzudeuten.

In der Mitte der Geschichte wechselt die Perspektive, und erzählt wird nun aus dem Blickwinkel einer Gruppe von dörflichen Spießern, die sich in der Kneipe halbwegs um ihren Verstand getrunken haben und nun im Dunkeln schwadronierend und schwankenden Fußes nach Hause wanken. Der gleichfalls aus dem Wald nach Hause zurückkehrende Leib kommt ihnen in die Quere. Der sowieso Verspottete reizt die Biedermänner nicht nur zu billigen Späßen, die sie an ihm ausprobieren, sondern da Leib Jude ist, erhält das Unterdrückungsritual plötzlich eine neue Dimension.

Was Bobrowski nun darstellt, ist ein antisemitischer Exzeß, der nicht von ausgesprochenen Nazis verübt wird, sondern von Kleinbürgern, die sich gegenseitig in eine aggressive Haltung hineinsteigern und, ehe sie sich versehen haben, zu Mördern geworden sind. Der Hinweis auf die Reinlichkeit der Juden und das offensichtlich verwahrloste und verschmutzte Aussehen Leibs lassen sie unversehens auf den Gedanken kommen, Leib durch Eintauchen in den Fluß zu waschen. Was anfänglich nach einem kindischen Streich aussieht, gewinnt zunehmend an Brutalität, in die sich die Biedermänner hineinsteigern. Man taucht ihn immer länger unter Wasser, um den ganzen Schmutz – »[...] der Dreck ist von Weihnachten« – von ihm herunterzuholen, plötzlich ist bei dem Lehrer Sikorski der Haß auf einen anderen Juden mit im Spiel, den er aus seiner Soldatenzeit kannte, einen Intellektuellen, einen Bücherschreiber, dem sich Sikorski unterlegen fühlte. Der unterdrückte Haß von damals wird nun abreagiert, so sehr, daß der wiederholt unter Wasser gedrückte Leib nicht wiederauftaucht. Das Erschrecken der Männer über den gemeinschaftlich ausgeführten faktischen Mord schlägt nun keineswegs in bestürzte Hilfsbereitschaft und Suche nach dem Untergegangenen um, sondern in eine überstürzte Flucht aus Angst vor möglichen Folgen: »Die Männer stehen noch immer da. Haut bloß ab, sagt Köhn. Sikorski rennt das Ufer hinauf. Um das Dorf herum, denkt er, in einer Stunde bin ich zu Hause. Vom schönen Rhein hat er genug. Der Strom hier ist anders. Ganz weiß. Man geht da entlang und

weiß nicht, daß man stehen bleibt. Man spürt den losen Sand unter den Füßen und steht doch wie auf einem Stein. [...] Über die Wiesen hinauf kriecht der Nebel.«
Diese in kurzen Beschreibungssätzen angedeutete Auffassung der Umgebung verdeutlicht nicht nur die psychologische Situation der Verängstigung bei dem Übeltäter, das Gefühl, den Boden unter den Füßen zu verlieren und im Nebel ohne Orientierung zu sein, sondern wirkt auch wie ein bildliches Stenogramm der politischen Erschütterung, die sich in dieser dörflichen Randzone andeutet. Die Nazischergen, die aus ideologischer Überzeugung die Juden zusammentrieben, sind erst gar nicht erforderlich gewesen, um die Unterdrückungsrituale in Gang zu setzen. Die dörflichen Biedermänner, die unpolitisch wirkenden einzelnen, die voll unausgegorener Gedanken und Gefühle steckten, sind bereits von sich aus vorbereitet gewesen, um daran teilzunehmen[15].
Die am Schluß zu Rosa Lipmann in der Kneipe zurückkehrende Erzählerperspektive läßt nun mit aller Deutlichkeit sichtbar werden, daß die Idylle trügerisch ist, daß das Warten auf ihren Mann hoffnungslos bleiben wird, wie auch die eine dörfliche Harmonie vortäuschenden Requisiten in »Rosa Lipmanns Schnapsbude« schon bald auseinanderfallen werden. Mit seiner spezifischen Technik des gestischen Erzählens, die man charakterisiert hat als »Verschmelzung von lyrischem Ich, Erzählerfigur, fiktiver Gestalt und beteiligtem Leser, in dessen Namen sowie aus dessen Perspektive häufig gesprochen zu werden scheint«[16], verleiht Bobrowski seinem Text auch hier eine irisierende Vielfalt, die sich als permanentes Überraschungsmoment für den Leser bei jedem Perspektivenwechsel zu erkennen gibt und so seine Aufmerksamkeit ständig intensiviert. Zu dieser gleichsam aus der Technik des Erzählens hervorgehenden Irritation für den Leser gehört freilich auch, daß Bobrowski mit allem Nachdruck darauf aufmerksam macht, daß die Judenverfolgung keineswegs nur eine Sache der bürokratisch verordneten Vernichtung durch die Nationalsozialisten war. Ohne die im so friedlich scheinenden Alltag angelegten Prämissen dazu hätte sie nicht so perfekt abrollen und zu einem so grausigen Ergebnis führen können.

VI. Von der bürokratisch perfektionierten Unmenschlichkeit berichtet Alexander Kluge in seinem Erzähltext »Ein Liebesversuch«. Die Geschichte Kluges ist angelegt als ein Gespräch zwischen einem ehemaligen KZ-Schergen und einem Zuhörer, der immer wieder präzise Fragen stellt, die das Geschehen von damals im Konzentrationslager unter allen Aspekten beleuchten. Bei Versuchen, Massensterilisation in den Lagern einzuführen, und zwar durch Röntgenbestrahlung, wird zur Erfolgskontrolle der heimlich durchgeführten Maßnahmen ein Häftlingspaar ausgesucht, das über alle Voraussetzungen für ein Gelingen des heimlich zu beobachtenden Paarungsversuches zu verfügen scheint. Es handelt sich bei dem Häftling um den ehemaligen Geliebten der Frau, die seinetwegen ihre Ehe aufgegeben hatte und ihrem Geliebten auf der Flucht nach Prag und Paris gefolgt war, bevor sie nacheinander verhaftet worden waren.
Doch alle Versuche, eine »erotische Spannung« zwischen den beiden herzustellen, scheitern, obwohl man davon ausgehen kann, daß sie nicht über den Grund ihrer Zusammenführung informiert sind. Die Apathie der beiden ändert sich nicht, auch nachdem man sie durch gute Verpflegung, Getränke, musikalische Berieselung zu stimulieren versucht hat. Der zum grotesken Ritual ausufernde Versuch stellt vielmehr die verantwortlichen SS-Führer bloß, die ein Publikum aus Vorgesetzten eingeladen

haben, um den Erfolg ihrer Maßnahme zu demonstrieren. Ja, dieses groteske Mißverhältnis zwischen der Pseudowissenschaftlichkeit des Aufwands bei diesem sogenannten Experiment und der Erniedrigung der beiden Betroffenen auf die Ebene der puren mechanischen Kopulation, worin sich das rassistische Ideologem vom »Untermenschentum« der Juden überdeutlich verrät, wird noch dadurch gesteigert, daß die beobachtenden SS-Leute durch die Situation faktisch als Voyeure bloßgestellt werden: »Wir konnten schließlich nicht selbst hineingehen und unser Glück versuchen, weil das Rassenschande gewesen wäre.«

Dieses in der nüchternen Sprache eines Reports berichtete unmenschliche Geschehen demaskiert auch den Erzähler, der damals offenbar in untergeordneter Funktion an dem »Experiment« teilnahm und rückblickend so darüber berichtet, als habe es sich um ein objektives wissenschaftliches Unternehmen gehandelt. Die prononcierte Nüchternheit dieser Sprache entlarvt noch rückblickend die geschäftsmäßige Betriebsamkeit einer bürokratisch betriebenen Menschenvernichtung und wird durch den kurzen Satz, mit dem auf das Schicksal widerspenstiger Versuchspersonen hingewiesen wird, in seiner grausigen Konsequenz entlarvt: »Die widerspenstigen Versuchspersonen wurden erschossen.«

Von daher ist es bezeichnend, daß die Frage der Schuld sich nur noch rudimentär in wenigen versprengten Signalen für den berichtenden Erzähler stellt, so wenn er die nicht zu durchbrechende Apathie der beiden mit der Frage zu erklären versucht: »Lag das Unglück des Lagers wie eine hohe Wand zwischen ihnen?« Oder wenn der den Erzähler befragende Zuhörer am Ende – und das ist sozusagen die begriffliche Engführung der Geschichte, um den Ausdruck Pointe zu vermeiden – das den unmenschlichen Versuch entlarvende Resultat so formuliert: »Soll das besagen, daß an einem bestimmten Punkt des Unglücks Liebe nicht mehr zu bewerkstelligen ist?«

Doch hinter dem wohlfeilen Wort »Unglück« verbirgt sich hier die Unterdrückungsapparatur des Systems, die von Handlangern bedient wurde, in deren Vorstellung moralische Kategorien als zentrale Dimension des Menschen zu existieren aufgehört hatten. Das gegen Ende an einer Stelle als poetisches Versatzstück eingeblendete Zitat »Will ich liebend Dir gehören, / kommst Du zu mir heute Nacht?« akzentuiert einen ebenso starken Gegensatz zwischen der poetischen Gefühlssprache und dem bürokratischen Idiom der Unterdrückung, wie es auch auf zwei verschiedene Menschenbilder aufmerksam macht. Das biologistische Menschenbild der Unterdrücker unterwirft alles kausal strukturierten und materiell fundierten Erklärungsversuchen, reduziert den Menschen auf ein biologisches Schema, das sich beliebig manipulieren läßt. Das Menschenbild, auf das die beiden durch ihre Verweigerung aufmerksam machen und das in dem poetischen Zitat beispielhaft aufleuchtet, läßt das Körperlich-Materielle nur im Kontext seelischer, moralischer, gefühlsmäßiger Zusammenhänge sinnvoll werden.

Daß es neben dem Tod als Unterbrechung der körperlichen Funktionen auch einen seelischen Tod gibt, unterstreichen die grauenhaften Konsequenzen mit aller Deutlichkeit, in die jener Versuch eingelagert war. Denn wäre bei Willigkeit der Häftlinge eine Schwängerung der Frau eingetreten, hätte man »beide Körper seziert und untersucht«, wie der berichterstattende Erzähler den faktischen Mord wissenschaftlich kaschiert. Bei Widerspenstigkeit der Versuchspersonen drohte die Bestrafung durch Erschießen. In diesem Kreislauf brutalster Vernichtung existiert die Liebe konsequent nur noch als purer körperlicher Akt, als Perversion ihrer eigentlichen Bedeutung.

Die den Leser geradezu mit Schärfe attackierende Geschichte erweist ihre Zuspitzung nicht nur darin, daß die am Ende gestellte Frage nach der Möglichkeit von Liebe im »Unglück« unmittelbar zur Frage des Lesers wird und eine Antwort nur in seiner eigenen Reflexionsanstrengung finden kann. Der Leser wird vielmehr auch dadurch attackiert, daß er erkennen muß, wie die die eigenen Sprachgewohnheiten spiegelnde Immoralität des Erzählers jenen ebenso schuldig macht – obwohl er nur als kleiner Mitläufer zu erscheinen versucht, der am Rande beteiligt war, aber keinerlei Verantwortung trug – wie den Leser selbst, wenn er Unmenschlichkeit und Unrecht durch ideologische Mimikry der Sprache[17] – um welchen Jargon es sich dabei auch handeln mag – euphemistisch entschärft und erträglich macht. In dieser Gesinnungstäterschaft der Sprache macht Kluge kritisch auf Zusammenhänge aufmerksam, die die zeitgeschichtliche Zuordnung seiner Geschichte übersteigen und sie unmittelbar auf die Gegenwart des Lesers beziehen.

VII. Die sich bei Kluge eher indirekt erschließende Sprachkritik gibt sich in Kunerts Geschichte »Zentralbahnhof« als satirische Absicht des Erzählens direkt zu erkennen. Ein nicht weiter charakterisierter »Jemand«, aus dessen Perspektive erzählt wird, empfängt eines Morgens unverhofft ein »amtliches Schreiben«, das ihm in grotesk wirkender bürokratischer Nüchternheit mitteilt, er habe sich »am 5. November des laufenden Jahres morgens acht Uhr in der Herrentoilette des Zentralbahnhofs zwecks [...] Hinrichtung einzufinden. Für Sie ist Kabine 18 vorgesehen. Bei Nichtbefolgung dieser Aufforderung kann auf dem Wege der verwaltungsdienstlichen Verordnung eine Bestrafung angeordnet werden. Es empfiehlt sich leichte Bekleidung, um einen reibungslosen Ablauf zu garantieren.«
Die Schizophrenie dieser amtlichen Sprache, die bürokratische Funktionalität vortäuscht und gleichzeitig von Hinrichtung spricht – die berüchtigte Wendung von der »Endlösung des Judentums« stellt sich assoziativ ein –, wird durch die groteske Wendung vollends entlarvt, bei Nichtbefolgung der Hinrichtungsaufforderung habe man mit Bestrafung zu rechnen. Der offenbare Widersinn verdeutlicht einerseits die Präzision im Detail und die Irrationalität des übergeordneten Zusammenhangs, der so absurd scheint, daß sich der Verstand des »Jemand« weigert, daran zu glauben. Die Irritation des Betroffenen, die an die Situation Josef K.s in Kafkas »Prozeß« erinnert, wird freilich durch die Reaktionen in seinem sozialen Umfeld – auch hier fällt die Übertragung auf die Verhältnisse im Dritten Reich nicht schwer – keineswegs abgebaut. Der bürokratisch verordnete Aberwitz trägt ihm nur »bedeutungsvolles Kopfschütteln« seiner Freunde ein: »Ein entscheidender Hinweis, ein Hilfsangebot bleibt aus.« Ja, die Berührung mit dem Stigmatisierten wird als Beeinträchtigung der eigenen Sicherheit angesehen, und man ist froh, ihn wieder losgeworden zu sein. Die Reaktion dieser nicht unmittelbar beteiligten Menschen läßt sich nicht auf irgendeinen Begriff von Schuld bringen, trägt aber zweifelsohne mit dazu bei, daß der amtlich verordnete Aberwitz wirklich werden kann.
Das Schreiben, so absurd es anmutet, wird als subjektives Verhängnis des einzelnen akzeptiert. Indem man sich selbst in Sicherheit wiegt, überläßt man ihn seinem Schicksal, vor dem ihn auch nicht der Rechtsanwalt bewahrt, der ihn zu Vertrauen auffordert und mit dem sophistischen Erklärungstrick, Hinrichtung sei ein Druckfehler und Einrichtung sei gemeint, eine Eingabe verabredet, allerdings vor dem angesetzten

Termin des 5. November, »um Repressalien auszuweichen«. Auch sein fadenscheini-
ger Abwiegelungsversuch täuscht nicht darüber hinweg, daß er im Grunde gleichfalls in
Angst vor jenem amtlichen Schreiben lebt und damit seine Aufforderung zum
Vertrauen bei dem Betroffenen selbst lächerlich werden läßt. Der Nachbar schließlich,
an dessen Tür sich der Betroffene in der Nacht vor dem 5. November in seiner
Schlaflosigkeit und Furcht wendet, öffnet ihm nicht einmal mehr, nachdem er durch das
Guckloch gesehen hat, wer bei ihm läutet.

Diese im gesellschaftlichen Umfeld der Hauptfigur sichtbar gemachte Kollaboration
zwischen der geheimen Furcht vor dem Hineingezogenwerden und der Haltung des
Nur-nicht-Auffallens macht erst die Durchführung der absurden Anordnung möglich.
Denn mit sich und seiner Furcht allein gelassen, erscheint der zur Hinrichtung
Befohlene, wie zu einer sportlichen Übung bekleidet, am Morgen des angesetzten
Tages im Zentralbahnhof und sucht die angegebene Kabine der Herrentoilette auf. Er
hat sich selbst einzureden versucht, daß das Ganze ungefährlich sei und seine Furcht in
der Tat von einem Druckfehler ausgelöst worden sei: »Man will ihn nur einrichten,
weiter nichts!« Die Peripetie der Geschichte wird in einem kurzen erzählerischen
Anhang geliefert, der von zwei Toilettenmännern spricht, die einen leichtbekleideten
Leichnam aus der Kabine 18 herausziehen und in den »Tiefen des Zentralbahnhofes«
damit verschwinden.

Die satirische Anklage Kunerts richtet sich hier nicht in erster Linie gegen den von
seiner Furcht kopflos gemachten einzelnen, der sich obrigkeitsgläubig und voll Respekt
vor bürokratischer Ordnung freiwillig zu seiner Schlachtbank einfindet – allein
gelassen mit seiner Furcht und ohne jegliche Hilfe, ist seine Reaktion noch am ehesten
verständlich –, sondern gegen seine Umwelt, die bereit ist, allen Lügen zu glauben,
solange es ihr nur nicht selbst an den Kragen geht. Denn so heißt es am Schluß über den
Zentralbahnhof: »[...] von dem jeder wußte, daß ihn weder ein Zug jemals erreicht
noch verlassen hatte, obwohl oft über seinem Dach der Rauch angeblicher Lokomotiven hing.«

So wie man die Realität der Konzentrationslager im Dritten Reich mit der
euphemistischen Vokabel »Konzertlager« überdeckte[18], war man auch allzu gern
bereit, das als Lokomotivenrauch hinzunehmen, was in Wirklichkeit der Rauch von
Gasöfen war. Der groteske Aberwitz, der aus der Sprache des amtlichen Schreibens am
Anfang der Kurzgeschichte dringt, der Widerspruch zwischen planvoll wirkendem
bürokratischen Detail und irrationalem Vernichtungsritual, läßt sich auch auf anderer
Ebene im Verhalten der sogenannten normalen Deutschen erkennen, die, nur um
unbehelligt zu bleiben, sich selbst über alle offenkundigen Symptome hinweglogen.
Die soziopathologische Verirrung, die sich auf seiten der Opfer und auf seiten der
unbeteiligten Mitläufer erkennen läßt, ist als Prämisse der Judenverfolgung im Dritten
Reich von entscheidendem Gewicht. In dieser Kurzgeschichte, die indirekt zur
politischen Parabel tendiert, hat Kunert diese Verirrung mit ätzender Logik in allen
ihren grotesken Aspekten seziert. Die schwadronierenden Biedermänner Bobrowskis,
die sich einen Jux machen wollen, der bürokratische Mitläufer Kluges und die um ihre
eigene Sicherheit besorgten Mitbürger in Kunerts Geschichte – sie alle haben ihr Teil
dazu beigetragen, daß die Zerstörungsrituale der Nationalsozialisten Wirklichkeit
werden konnten.

VIII. Für den 1939 geborenen Autor Friedrich Wilhelm Korff stellt das Dritte Reich eine frühe Kindheitserinnerung dar und ist keine bewußt durchlebte Phase mehr, die mit einem persönlichen Schuldkonto für ihn verbunden wäre. Seine Kurzgeschichten, von denen bisher vierundzwanzig in einem Band veröffentlicht worden sind[19], neben einigen neueren Stücken in Zeitungen und Zeitschriften, wirken zwar strukturell einerseits durch die Komprimierung, durch Situations- und Handlungseinheit, durch ihren dramaturgischen Aufbau wie Musterformen der Gattung Kurzgeschichte, neigen jedoch andererseits mit Vorliebe zu einem klassisch wirkenden Stilduktus der wohltemperierten Beschreibung, die eher einen traditionellen Erzähler vermuten läßt.

Korff, selbst als Hochschulphilosoph mit dem Geschäft des Reflektierens unablässig beschäftigt, verhüllt nach außen hin eher die theoretischen Implikationen seines Schreibens: »Theoretische Statements gebe ich nicht ab, ich verdunste lautlos, wenn ich gearbeitet habe, spreche nicht darüber und gucke mir nicht hinter die Finger.«[20] Die stilistische Ausgewogenheit seiner Geschichten, die Luzidität der sprachlich sichtbar gemachten Details läßt denn auch eher als an Affinitäten zu zeitgenössischen deutschen Autoren an einen Autor wie Jorge Luis Borges denken, bei dem sich analoge Momente erkennen lassen. Nicht nur die Vorliebe Korffs für südamerikanisches Ambiente in seinen Geschichten läßt darauf schließen, sondern vor allem die für Borges eigentümliche Dialektik dieses luzid ausgewogenen Stils: Die rationale Umkreisung der Wirklichkeit stößt immer wieder auf Brüche und Sprünge, wo die Erklärungsversuche versagen, so daß diese Erzählmethode geradezu dazu dient, die Vorstellung einer in logische Muster übersetzbaren Welt als Fiktion zu entlarven. Es entsteht ein Sog des Irrationalen, der sich als plötzliches Erschrecken vor einer rätselhaften Wirklichkeit dem Leser mitteilt.

Die Geschichte »Jericho« beginnt wie eine Ferienidylle in der Endphase des Krieges. Der Erzähler, offenbar ein militärischer Kurier, wird im Sommer 1943 auf einer Mission kurz vor Wien durch äußere Umstände an der Fortsetzung seines Weges gehindert und sieht sich plötzlich in einem kleinen Ort zwischen Grinzing und Perchtoldsdorf gestrandet, wo er übernachten soll, bevor er seine Mission am nächsten Morgen fortsetzen kann. Um die ihm unverhofft zuteil gewordene Zeit auszufüllen, gerät er eher zufällig in ein Heurigenlokal, wo er sich als schweigender und trinkender Beobachter niederläßt.

Die Beschreibung dieser Situation entwirft so etwas wie ein allegorisches Schaubild der mentalen Verfassung der Menschen und der inneren Beschaffenheit des Regimes kurz vor dem Kollaps des Untergangs: die hektische Flucht von zahlreichen »höheren Offizieren und ihren Ordonnanzen«, deren Dienst-Mercedes-Limousinen protzig vor dem Lokal parken, eine verlogene Heurigen-Seligkeit, die deutschen Soldaten mit ihren österreichischen Mädchen, »die in ihren bedruckten Stoffkleidern wie ausgeliehen aussahen«, das sentimentale »Lili-Marleen«-Gesinge der Angetrunkenen, das Spießergehabe von Unteroffizieren – »Um einen Zipfel an einem Stammtisch standen sieben Unteroffiziere, tranken und setzten sich wieder« –, die sich jeweils im Kollektiv zuprosten und ein zackiges Lied beginnen, die Frontnachrichten, die aus einem Radio im Hintergrund hineinkrächzen und eine Übertragung von Liszts Prélude unterbrechen, die Talmikulisse des Lokalinnern, das »Zum Felsenkeller« heißt und mit »Stalaktiten aus braunem Pappmaché« eine Höhlenumgebung vortäuscht.

Dieses süßlich verkitschte Boschsche Höllenensemble ist von Korff sicherlich als

konkrete Situationsbeschreibung intendiert, erweitert sich unterderhand dennoch zu einem entlarvenden Seelenbild vom Endzustand des Regimes. Das an einer Stelle von den Schrammelmusikanten intonierte »Freut Euch des Lebens« signalisiert die historische Assoziation zu jenem sprichwörtlichen Lustigen Augustin, der, als Wien von der Pestepidemie heimgesucht wurde, zwischen den Leichenbergen vom lustigen Genießen des Augenblicks sang. Die Pest als politische Seuche, als voraussehbare Katastrophe des Krieges läßt sich auch hier im Hintergrund des Bildes erkennen, nur daß kein Augustin vom Genießen und Überleben singt. Der »Gegen-Augustin« in Korffs Geschichte ist der Wirt des Lokals, der von Anfang an das Interesse des Erzählers auf sich zieht, nicht nur weil er ohne viel Federlesen mit einem »betrunken krakeelenden Gefreiten« fertig wird, sondern weil er trotz aller vorgezeigten Servilität seinen Gästen gegenüber dennoch zum Ausdruck bringt, wie sehr ihn das Treiben anwidert: »Einmal – als er sich unbeobachtet fühlte – sah ich ihn mit weit nach hinten gezogenen Mundwinkeln beiseite ins Leere, Dunkle sprechen.«
Eine Frage des Erzählers an einen am Nebentisch sitzenden Mann, »vermutlich den Lehrer des Orts«, läßt schlaglichtartig erkennen, welche Emotionen unter dieser verkitschten Oberfläche lebendig sind und was die Verachtung des Wirts für dieses Treiben motiviert: »Ein Lump ist das, ein Saujud, ein verdackelter Zigeuner! Ihr habt es nur noch nicht spitz bekommen, weil seine Papiere in Ordnung sind«.
Die Pointe der Geschichte – auch hier allegorisch instrumentiert – zeigt sich gegen Ende, als bei Anbruch der Polizeistunde die Gäste das Lokal zu verlassen haben und groteske Auflösung sich überall zeigt: »Ein Gefreiter stürzte und ruderte bäuchlings auf der Tanzfläche. Eine Frau, die auf irgendeine Weise ihr Kleid losgeworden war, erbettelte es sich, schwer betrunken, von den Tischen und hielt mit ausgestreckten Armen die Gehenden zurück.« Vertrieben werden sie alle von dem Wirt, aber nicht durch Worte oder durch Gesten, sondern durch eine Handlung, die, wie die Trompeten von Jericho das Ende der großen Residenzstadt des Herodes ankündigten, das Ende dieses Mummenschanzes intoniert: »[...] hoch aufgerichtet am Eingang des Felsenkellers, stand der Wirt und blies eine Trompete, so laut, so falsch und so lange, bis der letzte Gast aus seinem Garten verschwunden war.«
Die Situationsbeschreibung des Dritten Reiches, die Korff in dieser Geschichte vorlegt, scheint nur aus zufälligen Bilddetails zu bestehen und vertieft sich dennoch unauffällig zu einem unter die Haut der Wirklichkeit vordringenden Röntgenbild des Krankheitszustandes, der schon bald die Schwären und Wunden überall aufgehen ließ. Mit welchen relativ einfachen erzählerischen Mitteln und wie eindrucksvoll das Korff gelingt, scheint ebenso bemerkenswert wie die Bedeutungsvielfalt, mit der er den schmalen erzählerischen Grundriß seiner Kurzgeschichte auflädt.

IX. Wie der Kollaps des Regimes dann tatsächlich stattfand, hat der Autor Heiner Müller, der vor allem als Dramatiker bekannt geworden ist, jedoch auch eine Reihe von eindrucksvollen Erzähltexten vorgelegt hat[21], in seiner Geschichte »Das Eiserne Kreuz« in schneidender Klarheit dargestellt. Bereits der Erzähleingang macht darauf aufmerksam, daß Müllers Geschichte sich strukturell zum Teil an anderen Traditionen orientiert als an der von der angelsächsischen Short Story herkommenden Kurzgeschichte. So verschenkt der erste Satz gleichsam einen Teil der erzählerisch erst zu realisierenden Handlung. In der Art einer Überschrift, eines Informationssteno-

gramms wird die Absicht jenes namenlos bleibenden mecklenburgischen Papierhänd-
lers an den Anfang gestellt. Das eigentliche Erzählgeschehen konzentriert sich auf die
Durchführung dieses Entschlusses und die Analyse des Verhaltens, das dahinter steht.
Die Parabelstruktur, die sich hier erkennen läßt, die Absicht der Demonstration eines
Paradigmas dominieren im Erzählverlauf und begründen die Schrumpfung der
individuellen Aura der handelnden Personen zur Allgemeinheit von Typen.

Das ist zum Teil sicherlich auch das Ergebnis einer bestimmten sozialpolitischen
Deutung der reduzierten Möglichkeiten von Selbstverwirklichung im Kontext einer
bestimmten politisch festgelegten Wirklichkeit. Aber unabhängig davon gilt auch für
die Kurzgeschichte – der Protagonist in Kunerts »Zentralbahnhof« ist ein Beispiel
dafür –, daß sie sich diesen sozialpolitischen Gegebenheiten stellt, aber dennoch
individuell nuanciert, nicht zuletzt durch die gewählte Erzählperspektive, die zumeist
die des zentralen Protagonisten ist. Müllers Erzähler ist zwar formal auch auf die
Beschreibung der Verhaltensweise des Papierhändlers konzentriert, aber der Erzähler
ist als erzählerischer Außenbeobachter nicht eindeutig zu lokalisieren und zu
benennen. Erzählt wird nicht eigentlich aus der Personenperspektive, sondern aus
einer Distanz den Personen und dem Geschehen gegenüber, die aus einer bestimmten
historischen Beurteilung entspringt. Von daher wird es verständlich, daß die Frau und
Tochter des zum politischen Kollektivmord bzw. -selbstmord entschlossenen Papierhändlers nicht nur namenlos, sondern auch gesichtslos bleiben, daß jede Wiedergabe
von Dialogen vermieden wird, daß auch die Beschreibungscharakteristika, mit denen
der Mann als Hauptfigur ausgestattet wird, sich auf wenige austauschbare Versatzstük-
ke beschränken: Er war Reserveoffizier im Ersten Weltkrieg, er besitzt noch einen
Revolver aus dieser Zeit mit zehn Schuß Munition, er ist Träger des Eisernen Kreuzes
und offenbar ein idealistisch loyaler Hitler-Anhänger, der Hitlers Weg in den Tod mit
seiner Familie – in einer Art selbstverhängter Sippenhaft – folgen will.

Der erste Teil der Geschichte scheint denn auch bestimmt von dem bis zur
Bewußtlosigkeit eingeübten Verhalten überzeugter Hitler-Anhänger. Die Gefolg-
schaftsideologie, die ständig von der Treue bis in den Tod fabelte, läßt so auch nur den
Entschluß zu, den Freitod des Führers zu imitieren. Die vierzehnjährige Tochter, mit
der Ideologie des Systems bereits aufgewachsen, verhält sich vorausberechenbar. Der
Frau wird erst gar nicht die Möglichkeit zu einer eigenen Antwort zugestanden. Sie hat
sich in ihr Schicksal zu fügen und den durch ihren Mann vollzogenen politischen
Ritualmord als Erfüllung des Kodex von nationalsozialistischer Ehre zu akzeptieren.
Das von den NS-Schergen vorher oft genug eingesetzte Unterdrückungsprinzip der
sogenannten Sippenhaft, der Bestrafung, ja Vernichtung von Familienangehörigen
eines aktiven Regime-Gegners, erscheint hier in einer grotesken Inversion und
demonstriert damit zugleich in einer letzten Steigerung die Menschenverachtung dieses
Herrschaftssystems. Wenn die Macht, andere zu morden, durch die offenbare Niederlage unmöglich geworden ist, richtet sich der Unterdrückungs- und Vernichtungs-
mechanismus gegen die eigene Familie, gegen das eigene Leben. Das Korporations-
prinzip des Nationalsozialismus, das den einzelnen ständig in ein hierarchisch gegliedertes System von Sozialzellen mit jeweils Verantwortung tragenden Führerfiguren ein-
gliederte, ist im Erzählmodell von Müllers Geschichte nur noch in der Einzelfami-
lie intakt, wo der patriarchalische Popanz die Befehlsgewalt hat. Gewöhnt zu gehor-
chen, fügen sich Tochter und Mutter in ihr unvermeidlich scheinendes Schicksal.

Wäre die Geschichte hier zu Ende, wäre sie nur eine historische Fallstudie für selbstzerstörerischen Nazi-Wahn. Tatsächlich ist das jedoch nur die Einleitung, da der eigentliche Handlungsverlauf der Geschichte, der in einer Peripetie gipfelt, nun am Verhalten des Mannes demonstriert wird, der plötzlich alle übergeordneten politischen Bezugspersonen verloren hat, auf sich selbst zurückgestoßen wird und in seinen Gedanken jäh ganz anders zu reagieren beginnt, als er seiner Frau und Tochter vorspielte. Der Weg, den die drei zurücklegen müssen, um an einem geeigneten abgelegenen Ort den Entschluß des Mannes in die Tat umzusetzen, ist in gewisser Weise, auf den Mann bezogen, ein »Entwicklungsweg«, da er allmählich die selbstzerstörerische Theatralik seines Vorhabens einzusehen beginnt. Während er zu Anfang des Weges noch ideologisch überzeugt vorneweg marschiert, befiehlt er auf halbem Weg den Frauen voranzugehen, teils weil er fürchtet, sie könnten ihm den Gehorsam verweigern, teils weil er plötzlich den Drang verspürt, seine Pistole wegzuwerfen und selbst zu fliehen. Er, der gelernt hat, in einem System zu funktionieren, das einem ständig Aufgaben zudelegiert, ist als Person so ausgehöhlt, daß die Unterdrückung jedes moralischen Sinns und seine Entscheidungslabilität zu der grotesken Konsequenz führen, daß er vom Zufall erhofft, er werde ihm in dem Augenblick helfen, als er seiner Tochter den Revolver an die Stirn setzt. Die Waffe versagt jedoch nicht. Auch das Zittern und Schreien seiner Frau ist ohne Wirkung. Erst als beide getötet worden sind und er buchstäblich mit sich allein gelassen ist, beginnt er aus seiner Identität als Reserveoffizier und überzeugter Hitler-Anhänger – das Eiserne Kreuz am Rockaufschlag ist das Signal für beides – herauszufallen und sich ganz unheroisch, sozusagen »menschlich« zu verhalten: »Da war niemand, der ihm befahl, die Mündung des Revolvers an die eigene Schläfe zu setzen. Die Toten sahen ihn nicht, niemand sah ihn. Das Stück war aus, der Vorhang gefallen. Er konnte gehen und sich abschminken.«

Er, der aus ideologischer Konformität und innerer Feigheit zum Mörder an seiner Frau und seiner Tochter geworden ist, wählt nicht den »heroischen Abgang« als Nachfolge seines Führers, sondern – und das ist die Überraschungswendung der Geschichte – wirft die Relikte seiner alten Existenz, also Revolver und Eisernes Kreuz, wie Versatzstücke von sich und flieht nach Westen in eine neue Existenz, »nicht ohne Hoffnung«, was seine Zukunftsaussichten »unter fremdem Namen, ein unbekannter Flüchtling, durchschnittlich und arbeitsam«, betrifft.

Müllers noch einmal davongekommener »Jedermann«, der durchschnittliche Mitläufer der Nazizeit ist ein Anpassungsvirtuose und springt, auswechselbar und austauschbar geworden, von einer Existenz in eine andere. Dahinter erscheint unverkennbar die Kritik an jener verbal weitverbreiteten deutschen Haltung nach dem »Zusammenbruch«, daß plötzlich auch die, die am eifrigsten »Heil Hitler!« geschrien hatten, nun plötzlich alle dagegen gewesen waren und, durchs Nadelöhr der Entnazifizierung geschleust, plötzlich gleichsam über Nacht zu Demokraten wurden.

Freilich läßt sich andererseits nicht verkennen, daß die politische Aufklärungsabsicht Müllers aus dem braungefärbten Biedermann, der die Anpassung bis zum Untergang seiner Familienangehörigen, aber nicht zu seiner eigenen Vernichtung betrieb, ein groteskes Monstrum geschaffen hat, mit dem sich zwar politisch gut argumentieren läßt, das aber andererseits fatalerweise an jene Menagerie erinnert, die die Nazi-Ideologen ihrerseits mit Zerrbildern – der »Untermensch« ist nur das verhängnisvollste Beispiel – bevölkert haben. Der Verzicht auf individuelle Nuancierung, auf die ästhetische Realisierung dessen, was Georg Lukács die Kategorie der Besonderheit nennt[22], bedeutet den Verlust künstlerischer Glaubwürdigkeit, durchaus im Sinne eines Realismus-Begriffes, der Vielschichtigkeit und Komplexität, nicht zuletzt historische Widersprüchlichkeit über die flache Regelbuchdarstellung theoretischer Festschreibungen stellt.

Müllers Geschichte, deren Tendenz zur Typisierung, zur Lehrhaftigkeit einer historischen Parabel an die Kalendergeschichte Brechtscher Provenienz denken läßt – eine gattungsgeschichtliche Zuordnung, die freilich in sich höchst problematisch und umstritten ist[23] –, weist andererseits in ihrer Konzentration auf eine bestimmte räumlich und zeitlich verankerte Situation, auf einen zentralen Handlungsaufriß und dessen sichtbare Gliederung durch einen Handlungsumschwung Strukturelemente der Kurzgeschichte auf. Freilich fehlt Müllers Geschichte der den Leser unmittelbar in den Erzählvorgang mit einbeziehende persönliche Erzähler der Kurzgeschichte, ob es sich dabei um den in der dritten Person aus einer Figurenperspektive darstellenden Erzähler oder den Ich-Erzähler handelt.

Auf den Kontext der anderen hier behandelten Geschichten bezogen, akzentuiert Müllers Geschichte den Endpunkt einer moralisch-politischen Perversion, deren Voraussetzungen und Konsequenzen von den anderen Autoren gleichfalls gestaltet worden sind. Die unpolitischen Zeitgenossen, die Kleinbürger und Biedermänner, die kompromißlerisch und zögernd in das Debakel des Nationalsozialismus hineinschlitterten, wandelten sich aus biederen Familienvätern nicht selten zu monströsen Handlangern des Systems, dessen mit bürokratischer Selbstverständlichkeit und blinder Anpassung betriebene Grausamkeit alles menschliche, alles moralische Maß sprengte.

4. Die Blutspur zur Freiheit: Kollaboration und Widerstand

I. In der Einleitung zu einer Sammlung »Letzter Briefe zum Tode Verurteilter 1939–1945«[1], die aus allen Teilen Europas stammten und im Widerstand gegen das Hitler-Regime fielen, schrieb Thomas Mann 1954: »Die Erde ist nicht die Stätte des Glücks und reiner Moralität, und am wenigsten wird sie dazu durch den Krieg – sei es auch der gerechteste, notwendigste.« (14) Die Freiheit, die man sich in den Jahren der Nazi-Okkupation in den verschiedenen europäischen Ländern erträumte, nicht zuletzt in Frankreich, wo die Résistance zu einem der wichtigsten Widerstandsblöcke gegen den Nationalsozialismus wurde und durch die Aufspaltung in ein Frankreich der politischen Anpassung unter Petain und ein Frankreich der nationalen Ehre und Erhebung einen Prozeß der schmerzhaften, ja blutigen nationalen Selbstfindung einleitete, war nicht in einem einzigen heroischen Anlauf zu verwirklichen. Sie mußte, von Blutgeruch und Schrecken verhüllt, ihre Botschaft in der Sprache der Gewalt verkünden und durchsetzen, auch wenn sie im Namen der Gerechtigkeit stritt. Grauenerregende Exzesse wie die Vernichtung von zahlreichen Maquis-Kämpfern im Hochland von Vercors im Sommer 1944 oder das durch Aktionen des Maquis ausgelöste Massaker an der französischen Zivilbevölkerung in Oradour wenige Wochen vorher haben sich dem Gedächtnis eingeprägt als Leidensstationen einer politischen Bewegung, die nicht nur den verhaßten Feind jenseits des Rheins treffen wollte, sondern auch dessen Bundesgenossen im eigenen Land, die Handlanger der Vichy-Regierung, von Darlans »Miliz«, den »Francs-Gardes«, bis hin zu Clementis »Parti Collectiviste«.

Während die Résistance, rückblickend fast zum politischen Mythos verklärt, zu einem der großen Themen der französischen Nachkriegsliteratur wurde[2], ist der Widerstand gegen Hitler eher das Thema einer apokryphen deutschen Literatur. Bücher dokumentarischen Ranges, die vom Widerstand der untergetauchten Regime-Gegner im Deutschland der NS-Zeit sprechen wie Jan Petersens Romane[3] »Unsere Straße« oder »Die Bewährung« sind, obwohl vor allem »Die Straße«, ins Ausland geschmuggelt und übersetzt, eine große Resonanz unter den Hitler-Gegnern auslöste[4], nur im andern Teil Nachkriegsdeutschlands nachdrücklich bekannt geworden. So wie die verschiedenen Gruppierungen des deutschen Widerstandes im wesentlichen eine Bewegung von oben darstellten und nicht von der Haltung einer breiten Bevölkerungsgruppe getragen wurden, hat auch eine literarische Bewußtmachung nur sporadisch stattgefunden. Was sich an Widerstandsliteratur kristallisierte, verbarg sich hinter den allegorischen Abstraktionsritualen der sogenannten »inneren Emigration«[5], die ihre Opposition in ihren literarischen Vexierrätseln so durchschlagend verhüllte, daß sie dem politischen Regime nicht mehr gefährlich werden konnte und, von den Herrschenden auch als harmlos eingestuft, überwinterte.

Gewiß, das literaturpolitische Regulierungssystem, das die NS-Kulturfunktionäre mit gestaffelten Maßnahmen der Verfolgung und Unterdrückung der literarischen und künstlerischen Meinungsfreiheit errichtet hatten[6], schuf eine kulturelle Vakuumkammer, in der fast nichts mehr gedeihen konnte. Dennoch: eine Literatur des Samizdat, der die staatliche Zensur unterlaufenden geheimen, selbstvervielfältigten und individuell weitergereichten Literatur, wie sie sich in der Sowjetunion trotz aller staatlichen Reglementierungsmaßnahmen ausgebreitet hat, sucht man im nationalsozialistischen Deutschland weitgehend vergeblich. Sie existierte praktisch nicht, wenn man einzelne Gruppierungen ausnimmt, wie etwa den »Bund proletarisch-revolutionärer Schriftsteller«, der in der Illegalität in Deutschland und später im Exil des Auslands literarisch und politisch tätig blieb. Die in Deutschland verbliebene bürgerliche Literatur kapselte sich ab und schrieb, überspitzt formuliert, Sonette.

II. Stephan Hermlin stellt angesichts der beschriebenen Situation eine Ausnahme dar. In zahlreichen Erzähltexten seines schmalen epischen Werks steht der Kampf gegen das Hitler-Regime thematisch im Mittelpunkt. Von seinen Geschichten »Der Leutnant Yorck von Wartenburg«, »Die Zeit der Gemeinsamkeit« und »Der Weg der Bolschewiki« bis hin zu den Erfahrungen der französischen Résistance (an der Hermlin aktiv beteiligt war) verarbeitenden Erzähltexten »Reise eines Malers in Paris«, »Die Zeit der Einsamkeit« und »Arkadien«. Freilich handelt es sich auch hier um ein erzählerisches Werk, das weitgehend in der Emigration entstanden ist.

Die Kurzgeschichte, die den provozierenden Titel »Arkadien« trägt, handelt von Krieg, Verrat, Bestrafung und Vernichtung. Ein »dreiundzwanzigjähriger Hirtenjunge aus der Auvergne«, Marcel, ist zum Verräter am Maquis geworden und wird – es ist der

Sommer 1944 – ein halbes Jahr später von der Résistance gefaßt. Aus einem französischen Gefängnis, in das ihn die Deutschen, seine neuen Herren, eines Diebstahls wegen vorübergehend gesteckt haben, wird er von Charlot, einem französischen Widerstandskämpfer, und dem Erzähler, einem Deutschen, der auf seiten der Résistance gegen die Nazis kämpft, abgeholt. Marcel, der dreiundzwanzig Kameraden auf dem Gewissen hat und im Anschluß an seinen Verrat zum Chauffeur des Gestapochefs von Auriac avancierte, ist dem Erzähler noch aus der Zeit bekannt, als er in der dörflichen Heimat Marcels Unterschlupf suchte und der Hirtenjunge ihm ohne weiteres half und später dann als Lastwagenfahrer den Maquis unterstützte. Die kindliche Unschuld, die Marcel im Gesicht geschrieben steht – »Was ist das nur für ein Gesicht? [...] Es war durchschnittlich, gutherzig, rosig unter dem blonden Haar« –, ist für den Erzähler von rätselhafter Irritation. Marcel, der von Charlot auf dem Marktplatz als Verräter zur Schau gestellt wird und von seiner leiblichen Tante mit Tränen der Empörung im Gesicht dem Erhängen preisgegeben wird, ist in seiner reflexhaften Natürlichkeit, zu der Reflexion ebensowenig gehört wie patriotische Begeisterung oder moralische Überlegung, für den Erzähler so widersprüchlich wie die Natur selbst, die immer wieder in Bildern von großer poetischer Eindringlichkeit wie eine zeit- und geschichtslose andere Wirklichkeit der Zerstrittenheit der Menschen, ihrem unsinnigen Kampf, ihrem Blutvergießen gegenübergestellt wird: »In den Kulissen der Landschaft verbarg sich eine unaufhörliche, blinde Bewegung; die Wälder, die sich da emportürmten, waren voll von Grotten, unsichtbaren Gewässern, Lichtungen, zyklopischen Wegen, auf denen halbwilde Ziegenherden weideten. Hinter den Höhen, dachte Louis, könnte eine Bucht liegen mit ihrem zwischen Sonnenaufgängen und Sonnenuntergängen wechselnden Licht; man sieht keine Menschen [...]«.
Die »leeren, unschuldigen Augen«, mit denen Marcel den Erzähler anblickt, sind wie ein Ausdruck dieser Natur, in die der Mensch als Fremdkörper eingebrochen ist, Zerstörung säend und Vernichtung hervorrufend. Dieses Bild Arkadiens, das den ziegenhütenden Hirtenjungen einmal mit einschloß und das den Erzähler in seiner rückschauenden Reflexion bezeichnenderweise »jedesmal ohne Schuld, jedesmal voller Rätsel« anblickt, ist auch vom Maquis mit zerstört worden, der die Hilfe des Hirtenjungen für sich in Anspruch nahm, ihn in die Welt der Auseinandersetzungen hineinzog, wo er in der ersten wirklichen Konfliktsituation versagte, weil er, von den Deutschen gefangengenommen und ausgehorcht, einfach Angst empfand und alles gestand, auch ohne Foltern. Marcels Verhalten – das macht seine Widersprüchlichkeit aus – ist nicht mit den Kategorien der politischen Moral adäquat zu werten, da er jenseits solcher politischen Moral lebt, pflanzenhaft gegenwärtig nur den instinktiven Regungen seines Körpers folgt, in seiner Empfindungsweise noch Teil jenes Gleichklangs mit der Natur ist, der ihn in seiner früheren »arkadischen« Lebensweise charakterisierte.
So ist denn auch Hermlins Geschichte weit davon entfernt, so etwas wie eine antifaschistische Parabel zu entwerfen, die, mit der einfachen Gleichung politischer Arithmetik operierend, die Bestrafung des Verräters durch den letztlich doch siegreichen Maquis demonstrieren will – als Exempel für vergleichbare geschichtliche Anlässe. Die Gegenbewegung, die er in seinen Erzähltext kunstvoll hineingearbeitet hat, läuft auf eine Peripetie zu, die auf merkwürdige Weise den Verräter Marcel wieder rehabilitiert, und zwar in seinem Verhalten angesichts des Todes und nicht in dem, was

Marcel durch seinen Verrat politisch heraufbeschworen hat. Der aus kreatürlicher Angst zum Verräter Gewordene ist nun, da er seinen Tod wie ein Naturgeschehen akzeptiert hat, gänzlich ohne Furcht. Die kurze Verhandlung, an deren Ende das Urteil des Todes durch Erhängen steht, wird von Marcel zu keinerlei Ausreden oder Rechtfertigungsversuchen benutzt. Er beschleunigt ihren Ablauf durch eine ähnliche Bereitwilligkeit, die ihn in der anderen Situation gegenüber den Deutschen zum Verräter werden ließ. Die merkwürdige Überlegenheit, die Marcel so gegen Ende der Geschichte auszeichnet, hat Hermlin noch durch ein gestisches Zeichen gesteigert. Die Gardinenschnur, die man für den Vollzug der Exekution herbeigeschafft hat, wird nicht etwa deshalb von ihm zurückgewiesen, weil er sie als Todesinstrument sieht, sondern weil sie das Gewicht seines Körpers nicht aushalten wird. Daß der Verurteilte an der Schwelle des Todes noch so selbstverständlich aus seinem körperlichen Selbstgefühl heraus spricht, demonstriert, daß das Faktum des Todes sein Bewußtsein im Grunde gar nicht erreicht, daß er, gleichsam mit sich identisch, den Schwellenübertritt vollziehen wird.

Ja, Hermlin hat diese Peripetie, die den Verurteilten auf so groteske Weise seinen Exekuteuren überlegen macht, noch dadurch gesteigert, daß die Gardinenschnur in der Tat reißt und Marcel diesen Vorfall nicht als momentane Verlängerung seines Lebens begrüßt, sondern nur als Bestätigung für die Richtigkeit seines Urteils über die Festigkeit der Schnur empfindet. Und daß Marcel anschließend bei einem neuen stärkeren Seil ein »kaum wahrnehmbares Nicken der Anerkennung« zeigte, ist kein Zeichen der Zerknirschtheit, kein Ausdruck von Masochismus, sondern Teil dieser ihn auszeichnenden Haltung, die den Tod wie ein Faktum der Natur hingenommen hat. Der Erzähler reagiert auf dieses ihn verwirrende Ereignis so wie auf die Natur, die diesen Akt der Vernichtung von menschlichem Leben ungerührt mit ihrer Schönheit einrahmt: »Er empfand die ganze dunkle Unschuld der Landschaft, ihre Wärme, ihre unergründlich-staunende Redlichkeit [...]«.

In einem Schlußbild von großer suggestiver Kraft hat Hermlin diese merkwürdige, sich jeder wertenden Klassifizierung entziehende Todesszene, die die Ausübung von Gewalt und die Vernichtung eines menschlichen Lebens aus der menschlichen Geschichte in eine Naturgeschichte des Werdens und Vergehens transponiert, noch gesteigert: Zwei junge Mädchen sehen der Hinrichtung in einer Haltung zu, aus der gleichfalls die rätselhafte Ruhe und Unergründlichkeit der Landschaft spricht: »Sie standen da, jede einen Arm um den Nacken der anderen geschlungen, mit leicht geöffneten Mündern, als sännen sie einem Liede nach, und sahen mit großen Augen an dem Erhängten vorbei nach den Gärten zu und den Bergen, während auf der Brüstung neben ihren offenen braunen Händen eine Eidechse sich sonnte.«

Es ist mitten in der Zerstörung ein utopischer Blick aus Kinderaugen zurück in ein Arkadien, das nicht eine ins Idyllische verzeichnete Wunschwirklichkeit darstellt, sondern eine Ahnung von einer Wirklichkeit vermittelt, die trotz aller Zerstörung weiter da ist und noch da sein wird, wenn die menschliche Geschichte längst vergangen ist. Jenseits jeder religiösen oder politischen Zukunftshoffnung, die menschliches Tun motiviert, Frevel und Strafe begründet, fällt hier der Blick auf eine eherne Gleichförmigkeit der Welt, die noch dauern wird, wenn die menschliche Erinnerung längst ausgelöscht ist.

So wenig Hermlin in dieser straff auf ein zentrales Ereignis hin zugespitzten Geschichte eine politische Parabel geschrieben hat, so wenig läßt sich andererseits sagen, daß er den Tod ästhetisiert. Gewiß, er stellt ihn nicht dar in seiner äußeren Grausamkeit, sondern als ein Faktum der Existenz, als – so könnte man mit einer paradoxen Formulierung sagen – Teil des Lebens.

Von fern erinnert auch diese Geschichte an Ambrose Bierces Short Story »An Occurrence at Owl Creek Bridge«, die als Adaptionsmodell unverkennbar hinter Hermlins »Der Leutnant Yorck von Wartenburg« steht. Den utopischen Augenblick der halluzinierten Flucht in eine paradiesische Gegenwirklichkeit im Augenblick des Erhängtwerdens hat Hermlin aus der Innenperspektive der Hauptfigur bei Bierce hier in die Betrachtungsweise seines Erzählers verlegt. Indem dieser begreift, daß Marcel einer anderen Wirklichkeit angehört als der, in die er geraten ist, einer sich im naturgeschichtlichen Rhythmus entfaltenden Landschaft und nicht der von Kriegslärm, menschlicher Zerfleischung und von Zerstörung bestimmten Wirklichkeit »menschlicher Geschichte«, gibt auch er aus seiner Verstörung heraus den Blick frei auf ein »Arkadien«, auf eine utopische Welt, die letztlich auch die menschliche Geschichte überstehen wird.

III. Der Schweizer Erzähler Jürg Federspiel, der eine Reihe von Geschichtenbänden veröffentlicht hat und zu einer der substantiellsten Begabungen der jüngeren Schriftstellergeneration gehört, sieht sich selbst noch in der Tradition des Kurzgeschichtenschreibens, die vom Vorbild der amerikanischen Short Story herkommt: »Ich habe mich als sehr junger Mann vorwiegend mit den Amerikanern der heroischen Generation (Lost Generation genannt) befaßt; die Form der Short Story hatte da vor allem Einfluß auf mein Schreiben.«[7]

Eine Geschichte wie »Orangen vor ihrem Fenster«, die gleichfalls die Zeit der französischen Résistance aufgreift, besitzt denn auch in der konsequenten Bevorzugung des Dialogs, der das erzählerische Geschehen der Vergangenheit Mosaikstein für Mosaikstein hervortreten läßt, eine zu Hemingway hinüberweisende Erzählstruktur. Der »kahlköpfige Mann im Lodenmantel«, ein Deutscher, dessen Identität bis zuletzt im ungewissen bleibt und der an einem Zimmer zur Untermiete interessiert zu sein scheint, läßt sich eher unwillig die erst zwei Jahre zurückliegende Geschichte dieses Zimmers von dem Concierge erzählen. Es ist die Geschichte eines bärenhaften deutschen Deserteurs, der sich in der Endphase des Krieges abgesetzt hatte und hier zusammen mit einem französischen Mädchen lebte, das, um ihm zu signalisieren, daß keine Gefahr im Haus war, Orangen vors Fenster legte, wenn er bei Tagesanbruch zurückkam. Die gegen alle politische Vernunft begonnene Liebesgeschichte, die von den in dem Haus wohnenden Franzosen toleriert wurde – »[...] wir mochten die beiden gern, und wir waren eigentlich stolz auf unsern Deserteur [...] Ein Deutscher weniger gegen uns, sagte ich, das ist fast so gut wie einen abschießen [...]« –, diese merkwürdige Idylle, die von dem Concierge mit Sympathie ausgemalt wird, geht auf abrupte Art und Weise durch Verrat, Folterung und Exekution zu Ende, als ein Gestapo- und ein Vichy-Mann plötzlich in der Wohnung erscheinen und den Deutschen so zurichten, daß sie glauben, er sei tot.

Dieser Ereignishöhepunkt, zu dem sich die Geschichte verdichtet, scheint den schweigsamen und murrischen deutschen Besuch, der vorgibt, das Zimmer für seine Frau mieten zu wollen, auf nicht eindeutig geklärte Weise mit einzubeziehen. Denn die

Vichy-Leute tauchten kurze Zeit später in Begleitung eines deutschen Offiziers erneut auf, den man schon früher mit dem Mädchen zusammen gesehen hatte und von dem es heißt, daß er sich im Haus auskannte. Die Beschreibung dieses deutschen Offiziers läßt den Schluß zu, daß er mit dem Besucher identisch sein könnte, daß er jenes Mädchen damals gleichfalls geliebt hat, es noch immer liebt und wie damals auf der Suche nach ihm ist. Über seine damalige äußere Erscheinung heißt es nämlich: »Er war noch ziemlich jung, mit weißblonden Wimpern und Augenbrauen und einem fast kahlen Kopf.«

Die Exekution des gefolterten und schon kaum mehr lebenden Opfers wird in einer Szene von so beiläufiger Grausamkeit geschildert, als handle es sich nicht um einen Menschen, sondern um ein Tier, dessen man sich entledigt: »Einer band ihm ein Seil um den Hals, das beinahe doppelt so lang war wie die Fallänge; es ging alles sehr rasch. Sie warfen ihn wie eine Vogelscheuche über die Brüstung und schossen hinter ihm her. Es war alles sinnlos.«

Die Geschichte Federspiels läßt sich in gewisser Weise als Gegengeschichte zu Hermlins »Arkadien« lesen. Darauf deuten nicht nur komplementäre Entsprechungen in der äußeren Handlung hin. Dem den französischen Widerstand verratenden französischen Jungen Marcel tritt der deutsche Deserteur gegenüber, der offenbar, wie der Concierge vermutet, mit der Résistance zusammenarbeitete. Doch das Strafgericht, das die jeweils Verratenen über den Übeltäter verhängen, mag im vollstreckten Urteil ähnlich aussehen, es unterscheidet sich dennoch im Ausmaß der menschlichen Verwüstung, auch wenn man generell bezweifeln mag, ob sich bei der Vernichtung menschlichen Lebens überhaupt von Unterschieden sprechen läßt. Gibt der Tod Marcel gewissermaßen seine Würde wieder und begreift der Erzähler Hermlins, daß in der Vorstellung einer utopischen Welt das Sterben und Vergehen seinen nicht zu leugnenden Platz hat, so wird der deutsche Deserteur von seinen Peinigern um jeden Rest von Menschenwürde gebracht, mit einer abgrundtiefen Indifferenz wie ein überflüssiges Etwas auf den Müll der Historie geworfen. Die verächtliche betriebsmäßige Gleichgültigkeit, mit der das geschieht, scheint beunruhigender und verstörender zu sein als das rätselhafte Janusgesicht der Natur, das Hermlins Erzähler bestürzt.

Die Ambivalenz, die dort mit dem hingerichteten Marcel und mit der die Hinrichtung umgebenden schönen, aber gleichgültigen Landschaft verbunden ist, hat Federspiel erzählerisch auf einer anderen Ebene, nämlich personal, verwirklicht. Sie tritt in dem Gesprächspartner des Concierge hervor, der von dem Gast am Ende des Gespräches einen Mietvorschuß auf die Wohnung erhält, obwohl jener keineswegs vorhat, hier einzuziehen. So wie der Deutsche für den Concierge auf der einen Seite dem Offizier zu ähneln scheint, der den schändlichen Tod des Deserteurs verursacht hatte, scheint er auf der andern Seite das wiedererstandene Opfer zu sein. Von dorther ist auch der gegen Schluß stehende Satz zu deuten: »Er beschloß, noch an diesem Abend Orangen vor das Fenster zu legen. Vielleicht – Man wußte es nie genau.«

Aber dieses dingliche Zeichen, das als Erinnerungssignal an die hoffnungslose Liebe des Deutschen und des französischen Mädchens erinnert, das spurlos verschwand, ist zugleich ein Erinnerungsstimulans anderer Art und läßt sich im übertragenen Sinne auf Federspiels Kurzgeschichte beziehen: »Es war Krieg [...] Später, nun später trinkt man wieder Apéritifs, und das Grauen bleibt nicht länger in Erinnerung als eben die Toten, und die Toten verblassen sehr rasch.« Der Aufruf zur Erinnerung an diese Ereignisse, die im Glorienschein der wiedergewonnenen Freiheit schon bald verdrängt wurden, bedeutet nicht nur, den Preis dieser Freiheit, ihren Blutzoll, mit zu bedenken, sondern als den einzelnen unmittelbar betreffende Trauerarbeit den Leser zur Einsicht in die Schwächen, in die grauenvollen Verirrungen menschlichen Tuns zu bringen, das, sich auf die Notwendigkeiten des Krieges berufend, seinen eigenen Schuldanteil allzu leicht unterschlägt. Hermlins und Federspiels Kurzgeschichten, die die Blutspur, die zur Freiheit führte, schmerzhaft bewußt machen, schärfen den Blick für Verfehlungen, die mit der Arithmetik des Krieges zwar erklärt, aber damit nur aus dem Gedächtnis verdrängt werden können. Die den Leser beunruhigende Ambivalenz, die beide erzählstrukturell in ihren Texten verwirklichen, ist eine Reflexionsaufforderung an den Leser, der, in seiner Gedächtnisträgheit und in den moralischen Konventionen seines Denkens verunsichert, die Frage nach den Gründen für so viel menschliche Verirrung, für den Absturz in Untiefen und Abgründe selbst stellen muß.

5. Überdenken und Überleben: In der Kriegsgefangenschaft

I. Was als Durchgangserfahrung in die Biographie vieler Deutscher der Kriegsgeneration eingesprengt ist, zwar weniger traumatisch als die Stationen der NS-Zeit und des Krieges, aber in seiner unterschwelligen Verarbeitung durchaus problematisch ist, hat man in der frühen Nachkriegszeit häufig als heilsames Exerzitium dargestellt: die Gefangenschaft. Erhart Kästners 1949 erschienenes und damals vielgelesenes »Zeltbuch von Tumilad«, das die Einsamkeit der Zusammengesperrten im Kriegsgefangenenlager in der afrikanischen Wüste als Voraussetzung zur Einkehr, zur Wandlung und kulturellen Regenerierung beschreibt, entwirft ein idealistisch verzeichnetes Bild, das – ob bewußt oder auch unbewußt – den Umerziehungsbestrebungen der alliierten Sieger tendenziell entgegenkam. An der subjektiven Geltung der von Kästner dargestellten kulturellen und philosophischen Wiederbelebung mag dabei durchaus nicht zu zweifeln sein, eher schon an der von oben verordneten Demokratietaufe, die aus den nationalsozialistischen Heldenlehrlingen gleichsam über Nacht demokratische Konvertiten machen wollte.
Böll hat denn auch im Rückblick diese Bekehrungsbemühungen der Alliierten in den Lagern nicht ohne Humor, aber mit einiger Bitterkeit kommentiert[1], wobei die Bitterkeit freilich nicht nur den alliierten Täufern, sondern auch den deutschen Täuflingen gilt: »Diese Art Bekehrung war eine sehr peinliche Begleiterscheinung der Nachkriegsentwicklung [...] und dann auch das für mich doch fast lächerliche Demokratiegetue der ehemaligen Hitlerjungen, dieser genausosehr aufgesetzte demokratische Habitus [...] diese Posaunen-Demokraten, die jetzt so Mitte vierzig sind und von denen wir ja wissen, daß sie wahrscheinlich alle in englischen Gefangenenlagern zu Demokraten gemacht worden sind.« (61)
Es ist bezeichnend, daß ein die Ambivalenzen der Kriegsgefangenensituation detailliert aufarbeitendes Buch wie Hermann Kants Roman »Der Aufenthalt« erst 1977 erschienen ist. Kants auf weiten Strecken autobiographisches Erfahrungsmaterial verarbeitende Darstellung[2] unterscheidet sich nicht nur von dem kulturellen Verinner-

lichungsgestus in Kästners Bericht, sondern auch von den komplementären Erweckungsviten aus der Sicht des anderen politischen Lagers, die aus dem nationalsozialistischen Saulus mit Vorliebe einen kommunistischen Paulus machen[3]. Indem Kant die politischen Zwiespältigkeiten in den sowjetischen und polnischen Lagern darstellt, mit dem Heer der über Nacht zu Konvertiten gewordenen politischen Anpaßler, den unverbesserlichen Nazis, den Opportunisten und Mitläufern, die nacktes Überleben um jeden Preis auf ihre Fahnen geschrieben hatten, den mit dem Blut von NS-Opfern Besudelten, die sich zu tarnen versuchten, gewinnt er den realistischen Hintergrund für den kompliziert und durchaus nicht musterhaft ablaufenden Erkenntnis- und Bekehrungsweg seiner autobiographischen Figur, die bezeichnenderweise bei der ersten Begegnung mit Vertretern der Bewegung »Freies Deutschland« diesen den Rücken kehrt[4].

Diese Differenzierung im Sinne von Sichtbarmachung einer durchaus vielschichtigen, widersprüchlichen Realität, die man in der frühen Nachkriegszeit allzu bereitwillig auf die Klischees freundlicher, Kaugummi und Lucky Strikes verschenkender Amerikaner und Wodka und Brüderchen anbietender Sowjetsoldat verengte, gilt freilich auch für die andere Seite der Kriegsgefangenensituation. Alfred Anderschs freundlichen Bericht über die fairen Umerziehungsanstrengungen der Amerikaner, »Getty oder Die Umerziehung in der Retorte«[5], wird man durch den viel später geschriebenen und wesentlich skeptischeren Bericht Hans Werner Richters über die Fixiertheit der amerikanischen Sieger auf die Kollektivschuld der Deutschen und die Auswirkungen dieser Haltung in den amerikanischen Kriegsgefangenenlagern zu ergänzen haben[6]. Böll hat das einmal, auch im Namen des zur gleichen Generation gehörenden Schriftstellerkollegen Hermann Lenz, burschikos so formuliert: »Wissen Sie, diese Herablassung und Verachtung, die ich historisch sehr gut verstehe, hab ich persönlich nie akzeptiert. Wir haben das wahrscheinlich im Gefangenenlager auch erlebt: Dauernd wurde man in den Arsch getreten, Nazi und Faschist, gut, gut, ich hab da kein persönliches Ressentiment behalten, weil ich das eben verstand, aber wir hatten hier gelebt, ob schuldig oder unschuldig, mögen höhere Instanzen entscheiden« (48).

Material, auf dem eine solche Entscheidung basiert sein könnte, ist in überreichem Maß in vielen Kurzgeschichten vorhanden, die aus der Erlebnisperspektive der Betroffenen die Kriegsgefangenensituation darstellen, zumeist mit dem Schwerpunkt auf der materiellen Misere der in ein ideologisches Vakuum gestürzten Enttäuschten, die ihren Idealismus, ja Fanatismus als große Täuschung erkennen mußten und in einer Haltung der zynischen Reduktion nur noch zu überleben versuchten. Unzähligen, vor allem in den russischen Lagern, gelang es dennoch nicht. Von der Erniedrigung, der Demütigung gibt Hans Werner Richters Bericht einen Eindruck: »Mit solchen Vorsätzen, deren Verwirklichung mir damals fast irreal erschien, marschierte ich in einer riesigen Kolonne von Kriegsgefangenen, gebeugt unter der Last meiner Lagereinkäufe – einen Seesack auf dem Rücken, zwei schwere Taschen in den Händen – die Nase fast auf dem Asphalt, unter dem Gelächter der Straßenpassanten durch New York zum Hafen hinunter. An jenem Abend haßte ich das von mir so bewunderte Amerika.« (47) Daß das Überleben um des Überlebens willen, die bloße Rettung der eigenen Haut, um welchen Preis der Erniedrigung und Not auch immer, keine wirkliche Lösung war, verdeutlichen die im folgenden behandelten Kurzgeschichten. Ohne den Versuch einer neuen Sinnfindung, ohne ein Überdenken der eigenen Lage und die Erkenntnis des Weges zu einer neuen möglichen Existenz wäre das physische Überleben vergeblich gewesen.

II. Anderschs »Festschrift für Captain Fleischer« beleuchtet am Beispiel von drei Kriegsgefangenen, die nach Amerika gebracht worden sind und in einem Lager der Südstaaten bei der Baumwollernte und später beim Zuckerrohrschneiden helfen müssen, die schwierigen Lernprozesse, die die einzelnen zu durchlaufen hatten, um von ihrer festgelegten Rolle und Haltung Amerika gegenüber wegzukommen. Der Erzähler Franz Kien, der desertiert war und dennoch in Gefangenschaft geriet, steht nicht nur als beobachtender Berichterstatter, sondern auch in der Unvoreingenommenheit seiner Lernbereitschaft zwischen den beiden politischen Antipoden, dem mit Kien befreundeten ehemaligen kommunistischen Funktionär Maxim Lederer (der sich auf Grund seiner Erfahrungen im Krieg freilich desillusioniert von dem taktischen Treiben seiner Partei abgewendet hat) und dem offenbar nach wie vor zu seiner deutschen »Soldatenehre« und damit indirekt zu seinem obersten »Kriegsherrn« Hitler stehenden jungen Soldaten Frerks.

Frerks hat seine deutsche Uniformjacke nicht wie die meisten weggeworfen und mit dem Anlegen des amerikanischen POW-Drillichanzugs äußerlich den Abschied von seiner Vergangenheit vollzogen, vielmehr trägt er ostentativ auch im Lager sein soldatisches »Ehrenkleid«: »Er hatte sie, gleich nachdem sie ins Lager gekommen waren, gewaschen und gebügelt, und er trug sie mit den Obergefreiten-Winkeln, dem Fallschirmjäger-Abzeichen, dem schwarz-weißen Bändchen des EK II, dem Adler mit dem Hakenkreuz.« Dabei ist der Differenziertheit von Anderschs Erzählperspektive zugute zu halten, daß er Frerks keineswegs als einen unbelehrbaren, bramarbasierenden Nazi darstellt, sondern als einen eher schweigsamen jungen Mann, der offenbar aus einem übersteigerten Idealismus heraus an seiner politischen Identität festzuhalten versucht und durch seine Hartnäckigkeit nicht nur das mitleidige Kopfschütteln der vielen anpassungsbereiten ehemaligen NS-Anhänger auslöst, sondern sich unbewußt auch in eine Sündenbocksituation hineinmanövriert, in der sich die Aggression der andern – stellvertretend an ihm – ventilieren kann. Was Andersch am Beispiel von Frerks' Situation im Lager mit souveräner Ironie darstellt, ist die Tatsache, daß nicht eigentlich Frerks, der hartnäckig an seiner alten Identität festhält, der Nazi geblieben ist, sondern jene, die dem amtlich verordneten Umerziehungstrend gefolgt sind und den sich absondernden einzelnen nun so behandeln, wie sie früher jene behandelt haben, die das System damals stigmatisierte. Und das galt in erster Linie für die Juden.

Diese aus der Erinnerungsperspektive von Kien berichtete Begebenheit konzentriert sich in der erzählerischen Darstellung schon bald auf die Situation, die nicht nur von der Handlungsführung her zentral ist, sondern auch als Lernbeispiel von größtem Gewicht für Kien und den Freund Lederer ist. Um die Ironie noch zu steigern – daß nämlich die konvertierten Demokraten im Grunde durch ihr Verhalten dem unbelehrbaren Frerks gegenüber insgeheim als Nazis entlarvt werden, da der vermeintliche Nazi Frerks durch ihr Verhalten zum »Juden« gemacht worden ist –, ist es der jüdische Armeearzt Captain Fleischer, der, bei einem Fieberanfall Frerks' herbeigerufen, jenem gegenüber Verständnis zeigt und das diskriminierende Verhalten von dessen Lagergefährten brandmarkt: »Er schien außer sich zu sein, als ich ihm erzählte, daß niemand von uns mit Frerks zu tun haben will.« Fleischers Antwort »It's easy to hate, easier than to love«

löst bei Lederer den spöttischen Satz aus: »Diese Juden mit ihren Illusionen [...]«, setzt jedoch bei Kien selbst einen Reflexionsprozeß in Bewegung, der sich in einer allmählichen Annäherung an den von allen gemiedenen Frerks zeigt.

Daß der elegante, mit allen materiellen Vorzügen des Lebens ausgestattete Fleischer die deutschen Gefangenen weder aus der Haßhaltung der Kollektivschuld heraus ablehnt, noch in seiner humanen Empfindungsfähigkeit abgestumpft ist, sondern sich mit großem privaten Einsatz um den an einer Lungenentzündung erkrankten Frerks bemüht, wird für Kien zu einem sinnbildlichen Brückenschlag menschlicher Kommunikation. Diese existentielle Evidenz ist auch der politisch programmatischen Position seines Freundes Lederer weit überlegen, der die Bemühungen Fleischers um Frerks nicht versteht und sie mit dem auf ihn selbst zurückfallenden Satz zu überdecken versucht: »Wir sind nicht so sentimental wie die Amerikaner.« Fleischer, der sich auch im Gespräch mit dem Erzähler dafür einsetzt, »solche Lager ohne Stacheldraht ein[zu]richten«, löst als menschliches Beispiel momentan für Kien jenen Traum von einer humaneren, freieren Wirklichkeit ein, für den das Bild Amerikas steht, das auf der Reise der Gefangenen durch das Land immer wieder in einzelnen Bildern von evokativer Kraft wachgerufen wird. Der alte Mann, den Kien auf dem Bahnsteig in Washington sieht und den er in Gedanken den Senator nennt, ist ebenso eine Verkörperung dieses Amerikas wie die intellektuelle Humanität des jüdischen Arztes Fleischer oder der schwarze Streckenarbeiter, den Kien auf einer Bahnstation in Tennessee lange schweigend ansieht.

Freilich, das Amerika, das für Kien zum Seelenbild einer Wunschwirklichkeit wird, trägt offenbar auch rückgewandte Züge, die auf ein einfaches Leben der Pionierzeit zurückdeuten. Dafür spricht das topographische Zeichen, das am Ende der Geschichte steht und an jenen schweigenden Dialog der Blicke auf der Bahnstation in Tennessee anschließt: »Auf einem Holzhaus jenseits des Bahnhofs stand in abblätternder Schrift ›Moses Playhouse Nice clean rooms Meals Cold drinks‹. In der Frühe waren alle Fenster und Türen verschlossen. Hier wäre Franz Kien gerne ausgestiegen, um ein Zimmer zu nehmen.«

Dennoch wäre es falsch, hier von einer regressiven Wunschwirklichkeit zu sprechen. Gewiß, das Bild Amerikas wird zu dem seiner rustikalen Pioniersvergangenheit vergoldet. Aber das Muster eines einfachen natürlichen Lebens, das dahinter erscheint, ist historisch legitimiert durch die umfassende Reduktionserfahrung, mit der der Krieg und die Gefangenschaft den einzelnen konfrontiert haben. Die Rückkehr zum Ursprünglichen und zum Einfachen, von der auch Günter Eichs zeittypisches Gedicht »Inventur« damals spricht, gilt gleichfalls für die Perspektive von Anderschs Erzähler. Ja, sie zeigt sich auch bei Frerks selbst, den das Beispiel des Arztes Fleischer allmählich zur Änderung seiner Haltung führt. Nach der Genesung trägt er zwar anfänglich noch die deutsche Uniformjacke, legt sie jedoch endgültig ab, »nachdem man ihnen Filme aus den Konzentrationslagern vorgeführt hatte [...]«. Er befreundet sich »mit einem Kleinbauern aus der Eifel, einem alten Mann, der als primitiver Anarchist und Eigenbrötler vor dem Kriegsgericht gestanden hatte. Man sah die beiden lange Spaziergänge den Zaun entlang machen, miteinander redend.« Auch an der sozialen Genesung von Frerks ist also nicht zu zweifeln.

Andersch ist es in dieser Kurzgeschichte gelungen, eine ganze Skala von Existenzhaltungen in der Kriegsgefangenschaft vorzuführen. Wenn der Erzähler an einer Stelle

äußert: »Er dachte niemals an die Revolution, sondern nur an die Länder«, so ist das nicht nur ein Satz, der ihn von dem programmatisch argumentierenden Freund Lederer unterscheidet, sondern zugleich ein Bekenntnis, das zum Ausdruck bringt, was eigentlich zählt: die menschliche Tat des einzelnen, die das Bewußtsein nachdrücklich verändert, nicht das programmatische Überzeugungspathos von Ideologien, unter welcher Flagge sie auch immer – vom Hakenkreuz, von der Roten Fahne bis zu Stars and Stripes – erscheinen. Man hat über die strukturelle Komplexität dieser Geschichte ausgeführt, daß sie sich »auf drei Ebenen lesen läßt: einmal als lebendige, oft szenisch verdichtete Reisebeschreibung durch die Südstaaten und Darstellung der Zustände in einem amerikanischen Kriegsgefangenen-Lager 1944/45; als Wiedergabe der Bewußtseinslage des dreißigjährigen Alfred Andersch im Porträt Franz Kiens; und, impliziert durch die Handlungsweise Captain Fleischers, als Aussage des sechzigjährigen Schriftstellers über die richtige Art des ›engagements‹.«[7]
Freilich, auf die zeitgeschichtliche Situation bezogen, die in der Kurzgeschichte zur Darstellung gelangt, verengt sich dieses Deutungsspektrum zur Priorität einer entscheidenden Erkenntnis: Die Relativierung aller ideologischen Positionen, die sich in der erzählerischen Spiegelung wechselseitig aufheben – die zur Demokratie übergelaufenen deutschen Kriegsgefangenen erweisen sich als Nazis in ihrem Verhalten gegenüber dem »Nazi« Frerks, der im Grunde ein verblendeter Idealist ist; der sich im Namen der Menschheit engagierende Lederer ist ein frustrierter Zyniker; der aus der historischen Situation heraus als Deutschenhasser erwartete jüdische Arzt behandelt den irregeleiteten und von den andern Deutschen im Lager stigmatisierten Frerks als Menschen –, läßt für den Erzähler nur den Schluß zu, die Menschen nach dem zu beurteilen, was sie tun, und nicht nach dem, was sie sagen. Von daher auch der am Ende geäußerte Wunsch des Erzählers, erfahren zu wollen: »Wie würden sie leben, jeder für sich, zwanzig Jahre später?« Ihr Leben ist nicht vorausberechenbar nach den theoretischen Prämissen, zu denen sich die Darstellung Anderschs verengen ließe. Wie man lebt, besitzt seine eigene Evidenz. Auch das ist eine Lehre, die der ehemalige Kriegsgefangene Kien mit dem Beispiel des jüdischen Arztes Fleischer verbindet.

III. Hermann Kants »Kleine Schachgeschichte«[8] spielt in einem polnischen Kriegsgefangenenlager und ist, gleichfalls im Erinnerungsrückblick präsentiert, als Gespräch zwischen zwei Schachspielern aufgebaut. Wenn über Anderschs Kurzgeschichte als thematischer Schwerpunkt Einübung in die Demokratie als Einübung in die Humanität stehen könnte, so lassen sich bei dem Erzähler Hermann Kant von vornherein die ganz anderen politischen Leitlinien der Umerziehung nicht übersehen. Denn der Erzähler, der, selbst ein begeisterter Schachspieler, den Spielfanatismus in einem Lager von etwa dreitausend deutschen Kriegsgefangenen als Ausfluchtmanöver zu erkennen gibt, sich für »einen künftigen Staat der Arbeiter und Bauern« engagiert und einen »Antifa-Block Arbeitslager Warschau« mit einigen seiner politischen Gesinnungsgenossen organisiert, muß erkennen, daß im Muster des Spiels alte gesellschaftliche Positionen fortdauern.
An sich wird schon das Schachspiel traditionell der Intelligenzschicht zugeschlagen. Zudem werden auch die – in der Wertschätzung der bürgerlichen Gesellschaft – höhere Berufe (»Lehrer, Rechtsanwälte und Landräte«) ausübenden Offiziere selbst in der Lagerhierarchie bevorzugt behandelt, während die gewöhnlichen Soldaten (»Maurer

und Landarbeiter und Chauffeure« in der bürgerlichen Gesellschaft) auch hier zur ganztägigen Arbeit abgestellt sind. Bei allen zwischen den verschiedenen Lagerbarakken organisierten Turnieren gehen folgerichtig die Offiziere als Sieger hervor und untermauern damit die Geltung einer gesellschaftlichen Lage, die aus der Perspektive des Erzählers eine überholte Klassen-Lage darstellt, die, in der Realität des Lagers, aus jedem konkreten gesellschaftlichen Kontext herausgenommen, in verinnerlichter, abstrakter Weise dennoch fortexistiert und als Bewußtseinsrealität in den einzelnen erst einmal abzubauen wäre.

Diese von Kants Erzähler durchaus ironisch dargestellte Ausgangslage, die die hoffnungslose Situation der politischen Weltverbesserer zeigt – man läßt sie bei allen politischen Missionierungsversuchen ins Leere laufen –, führt zu einem taktischen Verhalten, das sich in dem Satz zusammenfassen läßt: »den Feind mit seinen eigenen Waffen schlagen«. Das Prinzip der Dialektik, das im Kontext der Geschichte in verschiedenen ironischen Brechungen vorgeführt wird und zum Teil durchaus kritisch als bloßer Rechtfertigungstrick der in die Enge Getriebenen relativiert wird, läßt sich dennoch als Kalkül des Handelns hinter den Aktivitäten des kleinen politischen Komitees erkennen. Man wirbt für seine politische Überzeugung nicht dadurch, daß man diese verbal verkündet, sondern daß man sie durch die Tat beweist. Das zeigt sich konkret darin, daß der Erzähler und seine Gesinnungsfreunde einerseits die Schachmanie des Lagers durch eine Reihe von kulturellen Aktivitäten, die sie ins Leben rufen, neutralisieren wollen, daß sie sich andererseits jedoch insgeheim im Schachspiel schulen, um beim nächsten Turnier die von allen vorausgesetzte Überlegenheit der Offiziere brechen zu können.

Die Austragung des entscheidenden Turniers stellt nicht nur die zentrale Handlungssituation dieser Kurzgeschichte dar, sondern erweitert sich auch unterderhand zu einer spielerischen Metapher des Klassenkampfes, da sich in den beiden Gegnern, von deren Spiel am Ende der Sieg abhängt, zwei unterschiedliche gesellschaftliche Lager gegenüberstehen: der Gießereiarbeiter Florian aus Würzburg, der sich nur unter Widerständen zu der Schachspielstrategie entschlossen hat und im Spiel ständig für den rigorosen Angriff und nicht für taktische Verstellung plädiert, und der Oberst aus dem Generalstab, ein erfahrener Offizier, der das von seinem Beruf geschulte taktische Kalkül in sein Spiel mit einbringt. Während der Genosse Willi, der das Wort Dialektik ständig im Munde führt, mit seiner »›dialektischen‹ Spielweise« Schriffbruch erleidet – »So nannte er jedenfalls seine verrückte Art, wie wild auf dem Brett herumzufuhrwerken und sich ständig in Widerspruch mit aller Vernunft und Erfahrung zu bringen.« –, demonstriert Florian aus der konkreten Notlage heraus dialektische Einsicht, indem er nämlich seine Position des Angreifens revidiert, als er im entscheidenden Endspiel von dem Oberst taktisch fast lahmgelegt worden ist. Florian zieht sich zurück, spielt defensiv und schlägt gerade dadurch den Oberst: »Es dauerte eine ganze Weile, dann stand der Oberst auf und verbeugte sich vor Florian. Er sah aus, als ginge er ein zweites Mal in Gefangenschaft. [...] Das kam, weil Hans zum Angriff geblasen und Florian einen Rückzug gewonnen hatte.«

Dieser zu einer Pointe verdichtete Schluß stellt die eigentliche Konkretisierung dessen dar, was in den Erzähltext verbal immer wieder eingeblendet wird: der Dialektik als eines Entwicklungsprinzips der Geschichte, als eines Einheitsmomentes der Widersprüche, die sich von der jeweils erreichten nächsten Position her auflösen. Es fällt auf, daß Kant hier im Unterschied zu Andersch bei dem Erkenntnisweg der Kriegsgefangenen völlig die Rolle der ehemaligen Gegner ausgeklammert hat. Hier deuten sich bereits Verengungen des Darstellungsspektrums an, die die Grenzen der spielerisch inszenierten politischen Parabel signalisieren. Im »Aufenthalt« wird dann ausdrücklich auch der Irrtum der Polen als historischer Widerspruch identifiziert, der den Protagonisten in das Inferno des Straflagers für deutsche Kriegsgefangene stößt, wie dort überhaupt der Erkenntnisweg des Mark Niebuhr als viel schmerzhafter und komplizierter dargestellt wird. Kants Geschichte ist denn auch wohl enger bezogen auf ein anderes literarisches Beispiel, das 1941 erschien: auf Stefan Zweigs »Schachnovelle«, die auf dem Hintergrund der Terrorentfaltung des Dritten Reiches in der Gegenüberstellung des Schachweltmeisters Mirko Czentovic mit dem aus dem Konzentrationslager gerade noch entkommenen Dr. B, für den das Schachspiel in der KZ-Haft zu einer Form des geistigen Überlebens wurde, eine existentielle Konfrontation akzentuiert. Es ist die Konfrontation zwischen der kalten Brillanz einer inhumanen Logik und einer kulturellen Verfeinerung, an deren Unterlegenheit – und das ist auch eine politische Aussage Zweigs, bezogen auf das NS-Regime – Zweig damals im resignativen Ende seiner Geschichte keinen Zweifel läßt.

IV. Hans Bender hat die Situation der russischen Kriegsgefangenschaft in einer Reihe von Kurzgeschichten dargestellt, zum Teil auch – wie in der Geschichte »Der Brotholer« – aus der Perspektive des Gefangenenlagers. Der Erzähltext »Die Wölfe kommen zurück«[9] hebt sich deutlich davon ab. Das hat einmal damit zu tun, daß er die Landschaft Rußlands und seine Menschen in die Gestaltung mit einbezieht, und zum andern damit, daß seine Darstellung der Gefangensituation nicht auf den Krieg und das Dritte Reich als Voraussetzungen fixiert ist, sondern den Blick in eine Zukunft tut, die nicht euphorisch verzeichnet, sondern komplex, ja widersprüchlich skizziert wird. Vom erzählerischen Aufbau des Textes her läßt sich deutlich eine vierstufige Pyramidenstruktur erkennen, die jeweils mit dem Zentralmotiv der Wölfe gekoppelt und in das Zeitkontinuum weniger Tage eingelagert ist.

Das Thema wird erstmals eingeführt im Gespräch zwischen dem Starost von Krasno Scheri und dem jüngsten der sieben deutschen Gefangenen (Maxim), die der Starost aus dem Lager in der Stadt abholt, weil sie offenbar dem Dorf als Arbeitskräfte zugeteilt worden sind. Die Frage nach den Wölfen durch Maxim, aus dessen Figurenperspektive im wesentlichen erzählt wird, findet die Antwort, daß der Krieg die Wölfe nach Sibirien vertrieben hat, wo sie nach dem Wunsch aller Ansässigen bleiben könnten. Die Ahnung des Gefangenen »Die Wölfe könnten längst zurück sein« führt ein Moment der unterschwelligen Bedrohung in die Geschichte ein und wird im folgenden von Stufe zu Stufe gesteigert: so durch den Bericht der Kinder des Starosts, daß sie auf Wolfsspuren gestoßen sind, und schließlich durch die augenblickhafte Konfrontation Maxims mit einem Wolf, den er durch das Fenster im Schnee erblickt. Die Atmosphäre der Bedrohung steigert sich an diesem Punkt zur konkreten Gefahr für das Leben der Kinder, da sie auf dem Weg von der Schule nach Hause sind und von den Wölfen angefallen werden könnten.

Der Starost und Maxim, die, nur notdürftig bewaffnet, den Kindern entgegengehen, erleben im Schneewald den Einzug riesiger Rudel von Wölfen, die aus Sibirien zurückkehren und in ihrer Gier die am Wegrand regungslos in ihrer Furcht

Ausharrenden übersehen: »Ihre Augen sahen sie zuerst, gefährliche, trübe Lichter im Vorhang des Schnees. Ihre Köpfe schoben sich heraus, die steifen Ohren, der Kranz gesträubter Haare um den Hals, die struppigen, zementgrauen Leiber mit buschigen Schwänzen. Wie ein Keil stießen sie aus dem Unterholz über die Felder nördlich der Straße. [...] Die Wölfe liefen entlang der Straße, vorbei, eine stumme, wogende Meute.«

Die erzählerische Dramaturgie, die in dieser Steigerung hervortritt, wird aus der Beobachtungsperspektive des Gefangenen Maxim und durch den pointierten Schlußsatz des Starosts ins Parabelhafte verlagert. Die Feststellung »So zogen Heere in die Städte der Feinde ein, durch die Mauern des Schweigens, der Verachtung, des Hasses« und der Schlußsatz »Die Wölfe kommen zurück. Sie wittern den Frieden« gehören zusammen. Der Krieg, der, wie es an einer Stelle der Geschichte heißt, bereits fünf Monate zurückliegt, hat nicht den Sprung in eine problemlose glückliche Gegenwart gebracht, die die politische Gloriole des Wortes Frieden verdeutlicht. Vielmehr liegen im Frieden neue Gefahren verborgen, für die das Bild des endlosen Zuges von heimkehrenden Wölfen steht. Die wölfische Natur der Menschen, Schweigen, Verachtung und Haß, stellen Kräfte dar, die im Frieden wieder die Oberhand gewinnen könnten.

Unter diesem Aspekt ist es erzählstrukturell entscheidend, daß Bender in Entsprechung zur Intensivierung des Gefahrenmotivs im Bild der zurückkehrenden Wölfe eine Gegenbewegung in seinen Text hineingearbeitet hat, und zwar auf der Ebene der sich intensivierenden menschlichen Beziehung zwischen den »Feinden«, dem jungen Kriegsgefangenen und dem Starost. Als der Starost die Gefangenen abholt, ist sein Verhalten noch von Ablehnung und Mißtrauen bestimmt. Er hält sein Gewehr sichtbar in der Hand, läßt die Gefangenen neben seinem Pferdewagen gehen, läßt sie später voranmarschieren, um sie besser beobachten zu können. Als er Maxim am Abend in sein Haus nimmt, ist die Aufnahme in der Familie durchaus noch zwiespältig. Der Junge, der bezeichnenderweise aus einem Buch den Lobpreis auf das »Väterchen aller Kinder« Lenin und das »Väterchen aller Pioniere« Stalin vorliest, wendet sich brüsk ab, als Maxim ihn anredet. Das Mädchen reagiert hingegen schon freundlich. Wie falsch es jedoch wäre, in dem Jungen einen indoktrinierten Stalinisten zu sehen, verdeutlicht ein winziges Beschreibungsdetail. Unter dem Kopf des lesenden Jungen »leuchtete Papiergold, das die Engel der Dreifaltigkeit umrahmte«. Stalinistische Parteilehre und russische Religiosität existieren nebeneinander, wobei sich im Verhalten zu dem jungen Gefangenen die Menschlichkeit, die mit dieser Religiosität verbunden ist, als durchaus wichtiger erweist. So freunden sich nicht nur die Kinder mit dem Gefangenen an, sondern auch der Starost äußert die Absicht, mit Maxim am nächsten Tag Sarmagonka zu destillieren.

In der Situation der äußersten Gefahr, als die Bedrohung der Kinder durch die zurückkehrenden Wölfe greifbar ist, brechen die letzten Barrieren der Feindschaft zusammen. Die Frau des Starosts gesteht, daß das Gewehr nutzlos ist, da keine Munition vorhanden ist. Doch Maxim sieht damit keineswegs die Gelegenheit zur Flucht gekommen, sondern schlägt spontan die Rettungsaktion für die Kinder vor. Mit einer Axt und einer Sense bewaffnet, ziehen sie los, finden die Kinder und werden, aneinandergerückt als nur noch ängstliche Menschen, die sich gegenseitig helfen wollen, von den Wölfen verschont. Was Bender also komplementär zur Steigerung des

Bedrohungsmotivs herausgearbeitet hat, ist ein sich immer stärker bemerkbar machendes menschliches Verständnis zwischen Maxim, dem Starost und dessen Familie, so daß die Klassifizierung Sieger und Gefangener unwesentlich wird.

Was der Stil der Geschichte sprachlich vorbildlich vorführt, die Reduktion auf die wesentlichsten Momente der Mitteilung, dinglich konkrete Beschreibung, die dennoch von explosiver Aussagekraft ist – geradezu musterhaft ist der Satz: »Krähen schrieben darauf ihre zerfledderte kyrillische Schrift« –, gilt auch für die von Bender sichtbar gemachte Hinwendung der Menschen zu einer elementaren Verständigung, die der Krieg paradoxerweise hervorgebracht hat. Die dialektische Sicht, die hier in bezug auf den Krieg hervortritt, gilt auch für den Frieden, der gerade dann, wenn er die unmittelbare Gefahr von den Menschen nimmt, die verdrängten inneren Gefahren des Hasses, der Verachtung, der Mißgunst, der ideologischen Torheiten wieder zurückbringt.

Freilich läßt auch Bender keinen Zweifel daran, daß dieser Augenblick der Einsicht in die Solidarität alles Menschlichen, die alle nationalen, politischen, ideologischen Grenzen überwinden könnte, nur ein utopischer Augenblick ist. Er stellt ihn bezeichnenderweise so dar: »Nacht umschloß den Starost, den Gefangenen, die Kinder. Lange wagten sie nicht, sich zu lösen, zu bewegen, zu sprechen.« Die im Schlußsatz des Starosts ausgesprochene Erkenntnis, daß auch der Frieden seine Gefahren hat, die es zu erkennen und zu überwinden gilt, ist, so gesehen, eine programmatische Aussage, die den Kontext der Kurzgeschichte transzendiert und sich als Aufforderung unmittelbar an den Leser richtet[10].

Das deckt sich tendenziell durchaus mit der Position, die der Erzähler Anderschs in seiner Geschichte einnimmt. Man mag das im Vergleich zu der politischen Zukunftsvision, die der Erzähler Kants mit der Vorstellung vom künftigen Arbeiter- und Bauernstaat skizziert, als resignative Haltung ansehen, als Zuflucht zu einem abstrakten Humanum. An der künstlerischen Übersetzung dieses Humanums freilich gemessen, sind die Geschichten Anderschs und Benders von einer größeren Überzeugungskraft.

6. Restauration in Ruinen: Probleme der Nachkriegszeit

I. Die ersten Jahre der Nachkriegszeit sind mit Hunger, Wohnungsnot, mit dem Elend des Überlebens in einem politischen Rest-Deutschland angefüllt, das, in Zonen eingeteilt und unter alliierter Verwaltung stehend, etwa zehn Millionen überlebender Deutscher aufzunehmen hatte, deren Heimat die ehemaligen Ostgebiete des Deutschen Reiches waren, die an Polen und Rußland gefallen waren[1]. Der Überlebenskampf, zwischen Hamsterfahrt und Schwarzmarkt, zwischen Organisieren und Handeln in einer Währung, die nach amerikanischen Zigaretten bemessen wurde, ist von den Weiterlebenden vielfach erfolgreich verdrängt worden. In den Kurzgeschichten, die in jenen Jahren entstanden sind, hat sich das mentale und materielle Klima dieser Zeitphase kristallisiert.

Eine andere Hypothek jener Jahre erwies sich im Rückblick möglicherweise noch als verhängnisvoller. Eine Situationsschilderung Hans Werner Richters[2] macht darauf aufmerksam: »Der Schnee [...] deckt Ruinen und Gräber zu. Elend und Hunger wachsen mit den langen Winternächten. Die Öfen sind ungeheizt, die Menschen mangelhaft bekleidet, die Kinder unterernährt. Frierend und hungernd versucht ein jeder sich unter den größten Beschaffungsschwierigkeiten über die kommenden dunklen Monate hinwegzuretten. [...] Das deutsche Volk trägt ein Büßergewand. Es ist ein Volk geworden, das zwischen Freiheit und Quarantäne lebt, ein Volk, das hinter der chinesischen Mauer einer kollektiven Schuld zugleich zu der höchsten Form der gesellschaftlichen Freiheit, zur Selbstbestimmung und zum Selbstbestimmungsrecht erzogen werden soll.« (11)

Was in der Eröffnungsklausel der Potsdamer Konferenz[3], die über das künftige Schicksal Deutschlands entschied, festgeschrieben wurde, der Aufruf zur Buße für die verbrecherischen Verfehlungen eines ganzen Volkes und der Appell zum Wiederaufbau des Lebens auf demokratischer Grundlage, war bereits in sich ambivalent, lange bevor die feindliche Blockbildung zwischen Ost und West im politischen Eiswind des kalten Krieges den moralischen Anspruch solcher Aufrufe fragwürdig werden ließ. Nicht zuletzt dadurch, daß der einer Kollektivschelte unterzogene Zögling, der im Geiste der amerikanischen Demokratie umzuerziehen war, aus den Notwendigkeiten einer neuen politischen Situation heraus vorschnell die demokratische Matura erhielt und, zum Bundesgenossen befördert und schließlich gar zur Verteidigungspflicht aufgerufen, nach außen hin eine Wandlung absolvierte, deren Tempo so atemberaubend wie künstlich war.

Richter, der sich damals mit Gesinnungsfreunden wie Alfred Andersch, Gustav René Hocke oder Walter Mannzen in der Nachkriegszeitschrift »Der Ruf« gegen die These der Alliierten von der Kollektivschuld ausgesprochen und statt des allgemeinen Büßergewandes für alle Deutschen, unter dem sich auch die wirklichen Nazis opportun verbergen konnten, die Bestrafung der eigentlich Verantwortlichen forderte, verlor die Lizenz der Alliierten für seine Zeitschrift, emigrierte in die Literatur, die in der Gruppe 47 dann zwei Jahrzehnte lang zu einer wichtigen kulturellen Instanz im Deutschland der Nachkriegszeit wurde. Aus der Perspektive der frühen sechziger Jahre hat er rückblickend analysiert: »Die Kollektivschuldthese war die erste Entlastung für alle Nationalsozialisten, denn indem sie das ganze Volk für schuldig erklärte, entlastete sie jene und verhinderte so alles, worauf die Gegner Hitlers in Deutschland gewartet hatten: radikale Maßnahmen zur Säuberung der deutschen politischen Schicht, ja, die so notwendige Revolution oder Revolutionierung des öffentlichen Lebens. Schon an diesem Punkt setzt das ein, was später als die deutsche Restauration bezeichnet wurde.« (12 f.)

Man mag in den Details anders nuancieren, die historische Basis dieser Anschauung scheint schwer widerlegbar, zumal auch die demokratischen Umerziehungsbemühungen der Alliierten nicht jenen demokratischen Jungbrunnen darstellten, der die Verpflanzung des Inbegriffs von amerikanischer Demokratie auf das zerschlagene Deutschland der Westzonen ermöglichen sollte. Was sich, später zweifelsohne ganz entscheidend gefördert durch die finanzielle Hilfestellung des Marshall-Plans, im westlichen Deutschland abzeichnete, war für die Breite der deutschen Bevölkerung mehr die Übernahme des American Way of Life, des Erfolgsdenkens, des Drangs nach materiellem Wohlstand und nach Anerkennung, deren Maß vom Pegel dieses

erreichten Wohlstands bestimmt wurde. Die Genese eines demokratischen Bewußtseins war ein viel schwierigerer Prozeß, dessen Probleme von den materiellen
Erfolgsmarken, die man auf dem Weg zum Wohlstand erreichte, eher verdunkelt
wurden.

Die politischen Hypotheken dieser Ausgangsphase lassen sich freilich erst im
Rückblick genauer beschreiben. Sie haben das Denken der meisten Menschen damals
aus verständlichen Gründen nur am Rand berührt, da die ganze Energie zur Sicherung
des kreatürlichen Überlebens aufgewendet werden mußte. Konsequent lassen sich in
den im folgenden behandelten Kurzgeschichten, die das zerklüftete Panorama jener
frühen Jahre vergegenwärtigen, politische Prämissen nur indirekt erkennen. Die
materiellen Zwänge, die Überlebensnöte und die zum Teil grotesken Strategien des
Überlebens stehen im Mittelpunkt. Wenn man das Klima jener Jahre riechen und
schmecken will, wird man kaum zu Romanen greifen können, die, abgesehen von
einigen wenigen Beispielen bei Böll oder Koeppen[4], für diese Zeit der Trümmerliteratur unangemessen schienen. Es sind vor allem Kurzgeschichten, in denen die
Erinnerung eingefroren ist.

II. Pionteks Geschichte »Verlassene Chausseen« spielt an der Nahtstelle zwischen
Krieg, Zusammenbruch und dem Vakuum der ersten Nachkriegszeit, in dem sich alles
verflüchtigt zu haben schien, was im Leben vorher Bestand hatte: Für den
halbwüchsigen Jungen Richard Weinitz, der sich unbemerkt aus dem in einem
ostdeutschen Dorfbahnhof aufgehaltenen Flüchtlingszug abgesetzt hat und sich auf
eigene Faust in den Westen durchzuschlagen versucht, sind die vertraute Umgebung,
das Elternhaus, ja die Eltern zu Erinnerungen an eine unwiederbringliche Vergangenheit geworden. So reflektiert er an einer Stelle über sein vorangegangenes Leben, über
den Vater, der mit vierzig Jahren Latein zu lernen begann, weil er im Frieden nach Rom
fahren wollte, und der inzwischen tot ist: »Du bist tot, dachte der Junge, und unser
Haus ist kaputt, und ich muß Abenteuer bestehen. [...] Der Krieg wird bald aus sein,
sagen die Leute. Schade, daß du es nicht mehr erlebst. Und du hattest schon Geld
gespart für den Frieden und für eine Reise nach Rom, und auch dein Latein war
umsonst. Lieber Vater, dachte er. Wie tot du bist.«

Es ist die Erfahrung einer Tabula rasa, des Ausgestoßenseins in eine Welt, die sich im
Zustand der Auflösung befindet, konkret darin zum Ausdruck gebracht, daß nicht nur
die Jungen, die sich in einem Lager befanden, auf der Flucht sind, sondern auch die
Menschen des Dorfes, das »vor drei Tagen den Räumungsbefehl« erhielt. Die
verlassene Chaussee, auf der der Junge sich ohne eigentliches Ziel mechanisch
weitertreiben läßt, ist leer auch im übertragenen Sinne: alles das, was den
Initiationsweg in die Erwachsenenwelt einmal zu bestimmen schien, ist ohne Belang.
Der Junge ist vollkommen auf sich allein gestellt. Der Vater ist tot, die Mutter
vermutlich auch, da die letzte Nachricht von ihr besagte, daß sie nach der Ausbombung
des Hauses in ein Krankenhaus geschafft worden war. Die mechanische Art und Weise,
mit der der Junge einem einsamen Mann auf der Straße folgt, ohne mit ihm ein Wort zu
wechseln, die abgrundtiefe Gleichgültigkeit, die ihn erfüllt – »Der Junge folgte ihm. In
seinem Geist brütete Unbegreifliches, es war ihm gleich, was geschah.« –, die kurze
Zusammenfassung seiner Vita, seitdem sie aus dem Lager aufgebrochen sind – »Später
hätten ihn welche von der Partei aufgegriffen und wildfremden Leuten übergeben.

Keine freundlichen Leute. Er sei ausgerückt aus dem Flüchtlingszug.« –, das Gespräch mit den beiden LKW-Fahrern, die ihn, selbst mit Ersatzteilen unterwegs zur Front, eine kurze Strecke mitnehmen und ihm von ihren Rationen abgeben, als sie sich trennen müssen, die Suche nach einer Unterkunft für die Nacht in der unfreundlichen, von den Menschen bereits großenteils verlassenen ländlichen Gegend im Osten Deutschlands – alles das verdichtet sich zu der Odyssee der Verlorenheit, sicherlich von zeitgeschichtlicher Repräsentanz für das Schicksal unzähliger sich selbst überlassener, ausgesetzter Jugendlicher.

Diese aus der Perspektive des Jungen erzählte Fluchtgeschichte in der Endphase des sich auflösenden Dritten Reiches kulminiert in der Begegnung mit zwei Mädchen aus einem Arbeitslager, die wie er auf der Flucht sind, und zwei Polen, die dabei sind, die von den Deutschen verlassenen Höfe in Besitz zu nehmen: »Seit dem Morgengrauen war er der Herr auf dem Hof. Der Bauer hatte sofort angespannt, nachdem der Verteidigungskommissar des Bezirks den Abzug befohlen hatte.« Die Mädchen sind wie Weinitz selbst zufällig in dem Haus des offenbar gastfreundlichen Polen gestrandet, der freilich Nebengedanken mit der Anwesenheit der Mädchen zu verbinden scheint, wie der Schnaps, den er den Jugendlichen nach dem Essen anbietet, signalisiert.

Gewiß, hier scheint der Eindruck nicht ganz unberechtigt, als würde die Darstellung Pionteks tendenziös vereinfachen, als hätten sich die vorher unterdrückten Polen nun ihrerseits zu Unterdrückern aufgeschwungen, die nicht nur ihre Rachegelüste an den wehrlosen Jugendlichen ausleben wollen. Tatsächlich wird jedoch ein solches Vorurteil von Piontek ausdrücklich kritisch reflektiert, indem er zeigt, daß der Schein bei dem gastfreundlichen polnischen Knecht trügt, während hingegen der andere Pole, der sich später in dem Haus einfindet und vorgibt, der »Kommandant« zu sein, der die Fahrräder der beiden Mädchen beschlagnahmt, genau diese Nebenabsichten hat und die Wehrlosigkeit der Mädchen ausnutzen will. In dieser Situation der Gefahr, in der die Vergewaltigung durch den zweiten gewalttätigen Polen in greifbare Nähe rückt, entwickelt sich nicht nur eine Solidarität der gegenseitigen Hilfe zwischen dem Jungen und den beiden Mädchen, sondern auch zwischen dem polnischen Knecht und den Jugendlichen. Der Knecht hält den andern unter Aufbietung aller seiner Kräfte zurück und kann dennoch nicht verhindern, daß jener eines der flüchtigen Mädchen ergreift und die sich Wehrende so lange schlägt, bis sie sich nicht mehr rührt. Im Kontext dieser Entlarvung der Raubtiernatur des Menschen stellt Piontek in einem durchaus glaubwürdigen Kontrast dar, wie der aus seiner fatalistischen Lethargie erwachte Junge zu dem andern geretteten Mädchen in eine Beziehung eintritt, die inmitten der Verwüstung und Not alle Zeichen einer zarten Verhaltenheit trägt und seinem eigenen sinnlos gewordenen Leben wieder einen Sinn verleiht. Seine Isolation und Einsamkeit werden durch die Fürsorge für einen anderen Menschen aufgehoben, auch wenn beide kapitulieren müssen, die Freundin Evas aus den Händen des gewalttätigen Polen zu befreien.

Der an Eva gerichtete Satz »Du brauchst keine Angst zu haben« hat das emotionale Gewicht eines Liebesgeständnisses in einer Situation, die vom Chaos gezeichnet ist, durch das die Menschen von ihrer Furcht gejagt werden. Daß es Piontek gelingt, diese aufkeimende Liebe glaubhaft zu machen, ohne im geringsten durch aufgesetzte Sentimentalität die Katastrophenszenerie der Zeitsituation zu überspringen, wird als Hoffnungsperspektive gegen Ende der Geschichte auch künstlerisch glaubwürdig, eine

Hoffnungsperspektive freilich, über der »das Wetterleuchten der Abschüsse [liegt], während sie sich abseits der Heerstraßen durchschlagen. Die Gräben von Waldchausseen. Die ausgebrannten Panzer, zwischen denen sie erbeteltes Brot teilen. Ihre aufgerissenen Augen. Ihr Schweigen. Und die Worte, die sie finden, um über ihr Schweigen hinauszugelangen. Hetzjagden. Angehaltener Atem. Hunger und Beute. Eine anwachsende Kraft für ihn, ein Trotz in ihr, der ihre Verzagtheit fortreißt. Und ihre Zärtlichkeit [...]«.

Die Initiationserfahrung von Tod, Zerstörung, Gewalttätigkeit und Liebe werden als sich überlagernde widersprüchliche Realität glaubhaft gemacht und signalisieren ein utopisches Potential, das die kahle Nüchternheit des Schlußsatzes von innen her aufhellt: »Durch die kalte rieselnde Stille gingen sie hin.« Ist der Junge zu Anfang seines Fluchtweges, als er sich von dem Zug absetzte, sprachlos und ohne ein Wort zu wechseln an dem fremden Mann vorbeigegangen, dem er eine Zeitlang gefolgt war, so sind die darin ausgedrückte Verinselung und Sprachlosigkeit der Menschen gegen Ende der Geschichte einer Solidarität des Humanen, einem Gefühl der menschlichen Zusammengehörigkeit, ja einer Empfindung der wechselseitigen, von der Zeitsituation und ihren Nöten fast verdeckten, aber dennoch nicht verdunkelten Liebe gewichen.

Was sich innerhalb der Koordinaten einer spezifischen Zeitsituation als musterhafte Initiationsgeschichte lesen läßt, zeigt die gleiche Rückbesinnung auf ein Humanum, die sich auch in Benders Geschichte »Die Wölfe kommen zurück« und vielen anderen Erzählbeispielen jener Zeit entdecken läßt. Es wäre sicherlich eine historische Überforderung, hierin nur die Idolisierung abstrakten Gefühls erblicken zu wollen und das Defizit einer politischen Haltung hervorzuheben. Von den Reduktionszwängen der Zeitsituation her betrachtet, ergibt sich ein anderes glaubwürdigeres Bild und auch von der Differenziertheit der künstlerischen Gestaltung her.

III. Die Situation, die im Mittelpunkt von Schnurres Geschichte »Auf der Flucht«[5] steht, schließt unmittelbar an Pionteks Geschichte an: Ein Ehepaar mit einem kleinen Kind, das vor Hunger fortwährend schreit, befindet sich auf der Flucht, ohne zu wissen, wohin: »sie wußten nur, sie konnten in ihrer Heimat nicht bleiben, sie war zerstört.« Nicht nur die menschliche Zivilisation scheint vollends zugrunde gerichtet zu sein, sondern auch die Natur, die sie umgibt, trägt alle Zeichen einer unfruchtbaren Wüstenei, die so mit den Zügen des Verfalls, des Todes zum Seelenausdruck des Zustands der Menschen wird. Der Wald, durch den sie, vor Entbehrung bereits entkräftet, fliehen, bietet keinerlei Schutz. Pilze und Beeren sind von der Sonne verbrannt worden. Wo einst eine Wiese war, befindet sich nur noch ein staubiger Platz. Eine trockene Sandrinne ist von einem Bach übriggeblieben. Die Vögel scheinen verschwunden zu sein. Selbst die Kreuzotter, auf die sie stoßen, ist zugrunde gegangen. Das Dorf, das sie unterwegs finden, ist leer und tot, der Acker unbestellt. Die durch den Krieg in Bewegung gesetzte Zerstörung hat sich wie eine unheilbare Krankheit auch auf die Natur erstreckt. Denn das einzige, was in dem »sterbenden Wald« noch lebt, ist Ungeziefer, die Kiefernstämme bedeckende Raupen: »»Nonnen‹, sagte der Mann, ›sie fressen den Wald auf.‹«

Eine Szenerie, die einerseits realistisch ist und andererseits eine allegorische Tiefenschärfe aufweist, die an den in die Unwirtlichkeit der Heide und des Moores ausgesetzten Lear erinnert, den die menschliche Zivilisation ausgespien hat. Ohne daß Schnurre mit seinen kurzen, auf die knappste Information zusammengedrängten Mitteilungssätzen irgendwo auf eine metaphorische Transformation seines Schreibens hinweist, erweitert sich dieses Panorama einer sterbenden Welt dennoch zu einem Seelenbild des hoffnungslosen Ausgesetztseins der Menschen. Selbst die Natur hat ihre schützende Funktion eingebüßt und erweist sich als Feind des Menschen. Das zeigt sich nicht nur darin, daß die Flüchtigen überall nur auf Zeichen der Verwesung stoßen, sondern auch in dem, was sich als zentrale Handlungssituation dieser Kurzgeschichte bezeichnen läßt.

Der Mann, der die geschwächte Frau und das fast verhungerte kleine Kind zurückläßt, um allein nach etwas Eßbarem zu suchen, das ihnen weiterhelfen könnte, findet in dem verlassenen Dorf ein altes hartgewordenes Brot, das ihre Rettung bedeuten könnte, aber ihm dennoch durch eine in Aufruhr geratene Natur streitig gemacht wird. In einer indirekt auf ein apokalyptisches Strafgericht hindeutenden Szene macht ihm der Himmel selbst diesen Fund abspenstig, indem ein plötzliches Gewitter mit seinem Regenguß das Brot, das er mit seinem Körper vergeblich zu schützen versucht, aufweicht, auflöst und wegzuschwemmen droht. Den moralischen Konflikt, der sich in dieser Situation für den Mann stellt, hat Schnurre in aller Schärfe herausgearbeitet: »Wenn ich es nicht esse, geht es kaputt, ich bleibe schlapp, und wir gehn alle drei vor die Hunde. Eß ich es aber, bin wenigstens *ich* wieder bei Kräften.«

Der physische Zwang erweist sich als so übermächtig, daß moralische Überlegungen, die das Überleben seiner Frau und seines Kindes betreffen, zurücktreten und der Trieb des eigenen Hungers letztlich zum Beweggrund des Handelns wird. Wenn Schnurre das Verschlingen des aufgeschwemmten Brotes so beschreibt: »[...] er schluckte: Kniend, würgend; ein Tier«, so bezeichnet er deutlich die Regression ins Kreatürlich-Tierhafte, die das Leben und Überleben auf dieser Stufe allein noch bestimmt. Schnurre hat einmal im Rückblick[6] auf diese Zeit von »tiermenschlichen Grunderlebnissen« gesprochen und gemeint: »Der Krieg schraubte einen zurück. Man war auf Steinzeiterfahrungen angewiesen. Angst, Tod, Grauen, Hunger, Mut, Verzweiflung, Feigheit hobelten einen auf Null.« (191) Das ist die Beschreibung des Regressionszustandes, den er in der Geschichte »Auf der Flucht« am Beispiel des Mannes aufzeigt.

Die Fluchtbewegung bezieht sich nicht nur auf den Verlust der Heimat, der vertrauten Umgebung, sondern auch auf jene zivilisatorischen Werte, die das Leben einmal menschlich machten. Konsequent fehlt jeder Hinweis auf eine Hoffnung, die sich am Ende von Pionteks Erzählbeispiel noch erkennen läßt. Die Peripetie, auf die Schnurres Geschichte vielmehr gegen Ende aufmerksam macht, bringt höchstens eine zusätzliche Verdunkelung der Situation. Der Mann, der bei der ungewohnten Nahrung von seinem Körper im Stich gelassen wurde und in eine Ohnmacht gesunken war, glaubt zwar bei seinem Erwachen, einen Buchfinken und einen Kuckuck zu hören, Zeichen der Natur, die auf erwachendes Leben hindeuten, aber als er nach dreistündiger Suche endlich seine zurückgelassene Frau mit dem Kind wiederfindet und erschöpft in Schlaf sinkt, wird er nach dem Erwachen mit einer grausamen Nachricht konfrontiert. Ihr Kind ist in der Nacht an Entkräftung gestorben. Der kurze Dialog zwischen ihm und seiner Frau über den Tod des Kindes läßt den Leser in einen Abgrund von Hoffnungslosigkeit blicken, in dem auch die letzten humanen Gegenkräfte, menschliches Zusammengehörigkeitsgefühl, Verantwortung füreinander, Liebe, zugrunde gegangen sind wie das Kind, mit dem als Personifikation der Zukunft jede Hoffnung gestorben ist: »›Es ist gestorben, während du schliefst‹, sagte die Frau. ›Warum hast du mich nicht geweckt?‹ ›Warum sollte ich dich wecken?‹ fragte die Frau.«

Diese Schlußfrage der Frau, die die Nutzlosigkeit jedes menschlichen Tuns bereits vorauszusetzen scheint, wirkt unmenschlich in der fatalistischen Gleichgültigkeit, mit der das Geschehen akzeptiert wird. Aber es ist eine Unmenschlichkeit, in der sich der unerträgliche Druck der Zeitumstände abbildet mit allen grausamen moralischen Konsequenzen für den Mann: Das Brot, das er zu essen gezwungen war, bevor der Gewitterregen es vollends aufgelöst hätte, wäre die Rettung seines Kindes gewesen, das an Hunger und Entkräftung zugrunde ging. Die Frage der Schuld freilich – auch darauf macht Schnurre aufmerksam – ist der moralischen Autonomie des einzelnen Menschen entglitten. Die leise Stimme des Gewissens, die dem Mann den Genuß des Brotes anfänglich noch zu versagen scheint, ist verstummt in einem Sog der materiellen Not, in der sich das Überleben als Problem des nackten physischen Weiterexistierens zeigt.

Schnurre hat in dieser vierphasigen Kurzgeschichte die einzelnen Situationsbilder – die Rast der Familie im Wald und die Weitersuche des Mannes, den Fund des Brotes und seine Vertilgung im Gewitter, die Rückkehr zu Frau und Kind und die Nachricht vom Tod des Kindes am nächsten Morgen – in enger zeitlicher Kontinuität ineinandergefügt, den unmetaphorischen knappen Hauptsatzstil Hemingways eingesetzt, was sich auch an der Verwendung des Dialoges zeigt. Die sprachliche Skelettierung der Wirklichkeit in dieser Stilhaltung deckt sich mit der umfassenden Reduktionserfahrung in der zeitgeschichtlichen Situation, mit dem, was Schnurre als Abhobelung aller menschlichen Erfahrungsmuster auf einige kreatürliche Reflexe bezeichnet hat. An der Wahrheitsdimension dieser Darstellung ist nicht zu zweifeln, nicht nur im Rückblick auf die deutsche Zeitgeschichte der frühen Nachkriegsjahre, sondern auch im Blick auf wachsenden Hunger und sich verbreitendes Elend in der Gegenwart, die den Leser freilich auf Zeitungsblättern und in Spendenaufrufen als Information aus exotischen Ländern gelegentlich noch erreichen, aber kaum mehr sein Bewußtsein durchdringen. Auch das könnte die Aktualität von Schnurres Geschichte erweisen.

IV. Elisabeth Langgässers Geschichte »Glück haben« konzentriert sich im engen zeitgeschichtlichen Kontext der vorangegangenen Kurzgeschichten gleichfalls auf die unerträglichen psychischen Zerreißproben, denen die Menschen in der Endphase des Krieges und in der frühen Nachkriegszeit unterworfen waren, und skizziert in dem eher schnoddrigen Parlando ihrer Erzählerin ein Boschsches Horrorgemälde der Zeit, in der die Verrücktenanstalt als »ein wahres Paradies« erscheint, aber bezeichnenderweise als ein Paradies, »wie es gleich hinterm Friedhof kommt«. Der Ausgangspunkt der Geschichte zeigt denn auch die Erzählerin vor einer Nervenheilanstalt, wo sie auf einer Gartenbank auf einen Bekannten wartet, den ein Nervenschock durch eine Verschüttung in einem zerbombten Haus zu einem grotesken menschlichen Uhrenpendel – »sein Kopf ging wie ein Uhrenperpendikel immer ticktack hin und her...« – verwandelt hatte.

Wenn die Erzählerin, die zuerst durchaus den Eindruck vermittelt, im Besitz ihrer geistigen Selbstkontrolle zu sein, sich zu Anfang als »Glück« ausmalt, vier Wochen in

diesem »Paradies« eines Sanatoriums ausruhen zu können, erfolgt nicht nur ein erster
Hinweis auf das zentrale Motiv der Geschichte, sondern auch ein Hinweis auf die
überstandenen Entbehrungen ihres eigenen Lebens, auf deren Hintergrund allein ihr
Wunsch verständlich wird. Um welche – für viele Menschen damals geltenden
– Entbehrungen es sich im einzelnen handelt, wird durch eine Gegenerzählung zum
Ausdruck gebracht: das Selbstgespräch einer (gleichfalls auf der Gartenbank
sitzenden) offenbar Verrückten, die in kurzen Auszügen ihr vorangegangenes Leben,
ein Leben der ständigen Katastrophenannäherung von einem bestimmten Punkt an,
vorüberziehen läßt. Im Grunde handelt es sich um eine Aneinanderreihung von
permanenten Unglücksfällen, die die Frau aus einem psychischen Selbsterhaltungs-
trieb, einem Mechanismus der Lebenslüge heraus in eine Kette von groteskem »Glück
im Unglück« verwandelt, indem das jeweils folgende größere Unglück das vorangegangene als Glück erscheinen läßt.

Elisabeth Langgässer gelingt es dabei, in exemplarischen Momentaufnahmen die
biographische Folie der Frau durchsichtig zu machen auf die Zeit, die sich wie ein
Katastrophenkarussell immer schneller zu drehen begann. Die Frau, die von sich selbst
in ihrer Jugend sagt: »Ich war ein Glückskind«, entwirft das Bild einer behüteten und
begüterten Kindheit, in der im bürgerlichen Innenraum der Familie alles von ihr
abgehalten wurde, was die Zeit damals bereits erschütterte. Das gilt selbst für den
Ersten Weltkrieg, der vorüberging, »ohne uns weh zu tun«. Diese bürgerliche
Glückssträhne eines behüteten friedlichen, wenn auch abgekapselten Lebens hält bis
zu ihrer Heirat mit einem erfolgreichen Juristen an, der als Syndikus mit seiner Familie,
die inzwischen wunschgemäß durch einen Sohn und eine Tochter erweitert worden ist,
nach Ostdeutschland zog. Der Umschwung, der monologisierenden alten Frau
durchaus bewußt, setzte an diesem Punkt ein, obwohl sie nicht in der Lage ist, die
Gründe für diesen Umschwung zu benennen: »Womit unser Unglück eigentlich anfing,
weiß ich heute nicht mehr genau. Vielleicht hätten wir nicht so schrecklich weit vom
Westen fortgehen sollen [...]«.

Daß das, was sie als persönliches Unglück rekapituliert, tatsächlich in den politischen
Konditionen der Zeitsituation, der frühen dreißiger Jahre, begründet lag, die eben jene
Zeitkatastrophe vorbereiten halfen, der sich auch die private Katastrophe ihres Lebens
einfügt, kennzeichnet die politische Apathie eines durchaus zeittypischen Bewußtseins, das über den eigenen geordneten bürgerlichen Haushalt nicht hinausblickte und
die Krisen und Erschütterungen, die diesen Haushalt schließlich zugrunde richteten,
aus den eigenen vier Wänden heraus zu deuten versuchte. Die vorangegangene
Verwöhnung durch das »Glück« beginnt sich nun zu der Zwangsvorstellung zu
steigern, alles das, was als Mißerfolg und Unglück ihr Leben erreicht, dadurch zu
relativieren, daß sie irgendwo immer noch einen Sinn zu entdecken vermag und sich
daher mit der Optik des Glück-im-Unglück-Habens über alle Fehlschläge hinweg-
rettet.

So hat sie zwar Glück bei der Magenoperation ihres Mannes, der die Operation gut
übersteht, allerdings anschließend an einer Embolie stirbt. Ihr Sohn Harald hat das
Glück, zu einer Nachrichtentruppe versetzt zu werden, fällt dann schließlich doch, vom
Ehrgeiz nach einem Ritterkreuz beseelt, in einer Fallschirmtruppe. Ihre Tochter
Brigitte, inzwischen »Arbeitsführerin im Generalgouvernement«, wird zwar von
einem SS-Kameraden ihres Bruders geschwängert, hat jedoch das Glück, sich mit

einem »Schlipsoffizier« verloben zu können, der zwar fällt, aber nicht ohne daß sie vorher glücklicherweise getraut worden sind. Dieses zur grotesken Negation seiner selbst werdende, ständig verbal von der Frau beschworene Glück verhält sich umgekehrt proportional zu dem lawinenartig anwachsenden Unglück, in dem die Katastrophenfahrt der Zeitgeschichte zum Ausdruck kommt. Einer der grausamsten Höhepunkte ist die Situation auf einem Bahnhof während der Flucht, als die Tochter glücklicherweise die schon verloren geglaubten Koffer wiederfindet, aber auf dem Bahngleis von einem Gegenzug überfahren wird und auch ihr der Großmutter überlassenes Kind kurze Zeit später an Hunger und Kälte stirbt. Der folgende Satz schließt unmittelbar an jene am Ende von Schnurres Geschichte stehende grauenvolle Situation an: »[...] wir warfen schließlich, um Platz zu haben, die hartgefrorenen Kinderleichen herunter in den Schnee.«

Die politische Dimension dieser zeitgeschichtlichen Darstellung Elisabeth Langgässers tritt nicht nur darin hervor, daß sie die selbstbetrügerische Mechanik eines bornierten bürgerlichen Bewußtseins bloßstellt, das, auf das eigene familiäre Wohlergehen fixiert, Privatleben und öffentliches Leben unverbunden nebeneinander herlaufend wähnte und für die politischen Interdependenzen blind war. Darüber hinaus karikiert sie, durchaus auch bezogen auf die ideologischen Bewußtseinsdrogen des öffentlichen Lebens im Dritten Reich, das Klima einer politischen Astrologie, eines kollektiven Polit-Narzißmus, der sich – wie der »Führer« – mit der Vorsehung per Du glaubte, vom Überlegenheitsdünkel einer pseudomythischen Rassenideologie getragen wurde und selbst noch bei den Anzeichen der offenbaren Niederlage von den Wunderwaffen der NS-Propaganda fabelte, die Wendung und Endsieg versprach.

Bezeichnend dafür ist der Satz, der an einer Stelle signalhaft die politische Situation in die Talfahrt der eigenen Vita einblendet: »[...] merkten wir, daß den Führer sein Glück verlassen hatte.« Die politischen und militärischen Kausalitäten, die an diesem Umschwung beteiligt waren, werden mit der Vokabel »Glück« ebenso verdeckt wie die Zusammenhänge, die die Katastrophenbeschleunigung der eigenen Biographie bestimmten. Erst als die Frau, inzwischen ganz allein, im Nachkriegs-Berlin auf der Suche nach Eßbarem, in einem hölzernen mit Wasser gefüllten Bottich zu ihrem Glück Kartoffeln gefunden zu haben glaubt und mit der Hand im Bodensatz in menschliche Exkremente greift, heißt es: »Jetzt war das Maß meines Unglücks voll [...]«. Sie verliert alle Kontrolle, indem sie ununterbrochen »Scheißleben!« zu schreien beginnt. Hier, wo sie auch in ihrem Bewußtsein endgültig die Vorstellung, ein »Glückskind« zu sein, aufgegeben hat und die wahre Situation beim Namen nennt, wird sie paradoxerweise als verrückt eingestuft, während sie im Grunde vorher verblendet, »ver-rückt« war, als sie sich über das tatsächliche Grauen immer mit ihrer Lebenslüge hinwegrettete.

Daß dieses Wort »Scheißleben« die einzige zutreffende Beschreibung ihrer Lage und der Zeitsituation darstellt, hat Elisabeth Langgässer durch einen erzählerischen Kunstgriff zum Ausdruck gebracht, indem nämlich die zuhörende eigentliche Erzählerin plötzlich mitzuschreien beginnt und dadurch diese vom Krebsgeschwür der Zeit zerstörte Vita der Frau auch als stellvertretend für sich selbst akzeptiert. In einem Ausbruch von gestischem Schmerz beginnen beide Frauen auf die Wärterin, die sie zur Ruhe bringen will, einzuprügeln, unterstützt dabei von dem mit dem Kopftick behafteten Bekannten der Erzählerin, der zufällig hinzukommt. Dieses verzweifelte

Um-sich-Schlagen der Menschen führt sie in einer ähnlichen Situation der umfassenden Schrumpfung vor, die in der alles lähmenden Indifferenz am Ende von Schnurres Geschichte ihr Gegenstück findet.

Die ironische Pointe der Geschichte besteht darin, daß der zu Anfang geäußerte Wunsch der Erzählerin nach dem »Glück«, vier Wochen in dem »Paradies« der Anstalt bleiben zu können, erfüllt wird. Als »Verrückte« wird auch sie – zumindest zeitweilig – hospitalisiert: »Es war überhaupt meine schönste Zeit: gutes Essen und Ruhe, die Krankenschwester fand ich schließlich besonders nett [...]«. Aus dem Irrenhaus der Welt hinausgetrieben, wird das Irrenhaus zum utopischen Hort eines menschlichen, eines glücklichen Lebens.

Wenige in der frühen Nachkriegszeit geschriebene Kurzgeschichten haben auch im Rückblick so unvermindert ihre kritische Schärfe behalten und zugleich, mit dem explosiven Prinzip der Darstellungsverdichtung arbeitend, so viel konkrete Zeitgeschichte eingefangen. Wenige Kurzgeschichten sind zugleich so kunstvoll auf das Engagement des Lesers zu geschrieben, der sich zu Anfang in der Position der eher beiläufig zuhörenden Erzählerin befindet und am Ende mit ihr und den andern zusammen in den Verdammungsruf ausbrechen möchte, wobei er freilich von der Autorin genötigt wird, die politischen Zusammenhänge mit zu sehen, die dazu geführt haben, daß das »Glück« vieler Deutscher, die Vorstellung eines friedlichen, dem einzelnen entsprechenden Lebens, damals vom Regen in die Traufe gekommen war – und nicht nur in die Traufe.

V. Als ironische Komplementärgeschichte zu der Kurzgeschichte Elisabeth Langgässers läßt sich Herbert Eisenreichs Erzähltext »Die neuere (glücklichere) Jungfrau von Orléans« bezeichnen. In einer ähnlichen Zusammendrängung, freilich hier nicht in eine bestimmte Erzählsituation integriert, sondern aus der Übersichtsperspektive eines anonym bleibenden Erzählers dargestellt, wird das Leben einer Tochter aus gutbürgerlichem Hause vorgeführt, die es »einfach schick [fand], aus dem bürgerlichen Rahmen zu fallen, und zwar in jedermanns Bett«. Nicht die bürgerliche materielle Glückserfüllung (wie der Protagonistin der Langgässer) schwebt ihr als Lebenserfüllung vor, sondern die nonkonformistische Erfüllung ihrer Sexualität, was sie freilich in den Augen der Gesellschaft trotz aller Anmut in ihrer Erscheinung und trotz ihrer Fähigkeit, die neuesten Tänze zu tanzen, bald sozial stigmatisiert. Das zeigt sich nicht zuletzt darin, daß sie trotz all ihrer Attraktivität und mehrmaliger Verlobung nicht den Ehemann findet, der ihren angeschlagenen Ruf wieder auf bürgerlichen Hochglanz bringen könnte.

Inzwischen schon körperlich verblüht und von abnehmender Anziehungskraft auf die Männer, rettet sie sich plötzlich in eine neue, in eine »politische« Existenz. Als Begründung und Lebenslüge für diesen Sprung in eine andere Identität gilt ihr selbst die Tatsache, daß Hitler ihr bei seinem Einzug in Österreich, als sie mit vielen Landsleuten jubelnd am Straßenrand stand, zufällig die Hand drückte. Der Händedruck fungiert sozusagen als pseudoreligiöse Reinigung, die aus ihr eine nationalsozialistische Volksgenossin machte und sie all jenen Freuden abschwören läßt, die einmal ihr Leben bestimmt haben – bis auf das Rauchen. Der Erzähler freilich gibt aus seiner übergeordneten korrigierenden Perspektive einen andern Grund an: einen grausamen Akt der Demütigung, ihr angetan von einem ehemaligen Verehrer, den sie als junges

Mädchen seines Lispelns wegen verschmähte und von dem sie sich, älter und weniger
anspruchsvoll geworden, in ein Hotelzimmer einladen läßt, nur um sich von ihm, nackt
vor einem Spiegel stehend, sagen zu lassen:»Mit diesem grauslichen Sack voll Fett und
Knochen soll ich ins Bett gehn?« Als letzte Steigerung der Demütigung wird sie mit
einem eigens bestellten Landstreicher zusammen im Hotelzimmer zum Liebesakt
eingeschlossen. Die unmenschliche Entblößung dieses Rituals fällt freilich als
Selbstentblößung auf den Mann zurück und die von ihm verkörperte patriarchalische
Gesellschaft, die um die Frau als Objekt der Lust wirbt und sie bei Nachlassen der
Reize wie einen abgenutzten Gegenstand auf den Müll wirft. So wie die nationalsozialistische Initiation durch den Händedruck des Führers nur den Schein einer neuen
»politischen« Identität errichtet, fungiert sie auch nur als Schauspielerin in einer neuen
Rolle, täuscht Gesinnung vor, während es ihr in Wirklichkeit, besonders zu der Zeit, als
sich Nahrungs- und Genußmittel in der Endphase des Krieges immer mehr
verknappten, nur ums Rauchen geht. So heißt es ironischerweise: »[...] und sehnte
schließlich den lang versprochenen Endsieg vor allem deshalb herbei, weil sie sicher
war, daß es dann wieder genug zu rauchen geben werde.«
Das biographische Relief der Figur, das Eisenreichs Erzähler schlaglichtartig ausleuchtet, gibt freilich nur den Hintergrund für die entscheidende Situation im Mai 1945 ab,
als das Ende des Krieges voraussehbar ist und Eisenreich die grausam-groteske
Theatralik dieser Schlußphase in der unterkühlten, gleichsam beiläufig mitgeteilten
Beschreibung einfängt: »[...] Frauen und Mädchen schaufelten drunten am Fluß und
am Stadtrand Schützengräben und Deckungslöcher, Pioniere hängten Sprengladungen
in die beiden Brücken und bereiteten Straßensperren vor, und Feldgendarmen
knüpften gefangene Deserteure an die Alleebäume; und alle berechneten mehrmals
täglich neu, wer früher hier sein würde, die Russen oder die Amerikaner.«
Die militärische Mechanik der Schlußverteidigung scheint noch völlig intakt bis hin zu
der sinnlosen Exekution von Deserteuren. Die Menschen funktionieren wie in einer
Trance weiter, während sie im Grunde bereits mit der Niederlage und dem Eintreffen
der Gegner rechnen, ja dieses Eintreffen großenteils herbeisehnen. Eisenreichs
Erzähler steigert die grotesken Akzente dieser halbherzigen Verteidigungsübung noch,
indem er aus der Perspektive seiner Protagonistin die Abkehr der Menschen von Hitler
mit ihrer eigenen Biographie parallelisieren läßt: mit dem Abfall der Männer von ihr.
Jener Händedruck Hitlers wird ihr jetzt zur »Besiegelung gleichen Schicksals« und
motiviert ihren Sprung in eine dritte Identität, die Identität einer vaterländischen
Jeanne d'Arc, die auf dem Soziussitz eines motorisierten Hitler-Jungen mit Handgra-
naten und vier Panzerfäusten dem Feind, der 3. US-Armee, entgegenfährt.
Ein Verkehrsunfall, bei dem sie mit dem Leben davonkommt, verändert nicht nur ihre
geplante patriotische Aktion, sondern läßt sie auch in jene Identität wieder
zurückfallen, die sie vergeblich zu verdecken versucht hat. Der Besatzung eines
amerikanischen »Sherman«-Panzers buchstäblich vor die Füße gerollt, beginnt sie für
Zigaretten mit der erotischen Fraternisierung der fünfköpfigen Besatzung und siedelt
schon bald vom Straßengebüsch in einen Heuschober über, wo sie die Amerikaner auf
ihre Weise besiegt und zugleich überlebt: »so kam sie also in diesen paar Tagen auf weit
über hundert Päckchen, mit denen sie sich dann über die schlimmste Zeit hinweghelfen
konnte.«
Bei aller ironischen Instrumentierung dieser grotesken Überlebensgeschichte läßt sich

nicht übersehen, daß auch Eisenreich auf eine Reduktionsform des Menschlichen aufmerksam macht, die in den Vergewaltigungsexzessen der einmarschierenden Siegerarmeen trauriges zeitgeschichtliches Faktum ist. Die menschliche Kommunikation ist zum Gespenst ihrer selbst geworden, zur puren Kopulation. Freilich macht der ironische Kontext der Geschichte zugleich darauf aufmerksam, daß diese alle Züge der Unmenschlichkeit tragenden Regressionsphänomene in der nach außen hin so intakten bürgerlichen Gesellschaft vorher schon verdeckt vorhanden waren. Die brutale Szene der Demütigung im Hotelzimmer durch den einst verschmähten Freier gibt denn auch den Blick in ein Horrorkabinett frei, das, kontrapunktisch auf das Ende der Geschichte bezogen, noch weit erniedrigender wirkt als die gymnastischen Übungen dieser auf ihre Weise siegreichen erotischen Jeanne d'Arc.

Nur am Rande sei darauf hingewiesen, daß die kritische Sonde, die Eisenreich am Beispiel seiner sich so vielfach wandelnden und im Grunde immer gleichbleibenden Protagonistin an den Nationalsozialismus ansetzt, auch den sexualpathologischen Aspekt nicht zuletzt in der Wirkung Hitlers auf weibliche Zuhörer seiner Reden aufweist. Bezeichnenderweise heißt es nach jenem »schicksalsschwangeren« Händedruck: »[...] sie glaubte an jenen Mann, der ihr die Hand gedrückt hatte, und dachte schon nicht mehr an all die Männer, die nicht mit ihr schliefen.« Die Verdrängungsbereitschaft ihrer früheren physisch-sexuell zustandegekommenen Wirklichkeitsbeziehung ist ebenso unterschwellig ein politisches Phänomen, wie ihre physische Fraternisierung mit den amerikanischen Soldaten im Mai 1945 in gewissen Grenzen als Befreiung und Rückkehr zu sich selbst verstanden werden kann.

An dieser ironisch akzentuierten positiven Bedeutung des Endes läßt der Titel der Geschichte keinen Zweifel, der deutlich auf die kurze Geschichte Kleists »Der neue (glücklichere) Werther« zurückdeutet. Der junge Kaufmannsdiener, der sich nach der Frau seines Prinzipals verzehrt, aus unerfüllbarer Liebe Selbstmord begehen will, aber mit seinem Schuß indirekt den Prinzipal tötet (der vor Schreck an einem Schlaganfall stirbt), während er selbst von dem Lungenschuß heilt und sich schon kurze Zeit später in den Armen und im Bett der geliebten Witwe wiederfindet, hat, zumindest, was die Handlungsführung betrifft, in Eisenreichs österreichischer Lebenskünstlerin eine gewisse Verwandte. Aber da hört denn auch die Parallelität schon auf.

Die wie mit Scheinwerfern angeleuchtete Zeitgeschichte läßt deutlich werden, worauf es ihm eigentlich ankommt: Nicht nur die nationalsozialistischen Ideologiepfeiler waren 1945 eingestürzt, zumal sie vielfach nur aus Pappmaché imitiert waren, eingestürzt sind auch alle Konventionen der Moral, wobei die Zugrunderichtung der doppelten bürgerlichen Moral nicht einmal als Nachteil zu sehen war. Eisenreichs ironische Geschichte vom Überleben läßt sich, so betrachtet, als eine melancholische Posse lesen, Posse, weil die Wirklichkeit dazu geworden war, und melancholisch, weil das Groteske zugleich so schmerzhaft ist, daß das Gelächter in der Kehle steckenbleibt.

VI. Gerd Gaiser, der noch bis in die sechziger Jahre hinein als einer der großen zeitgenössischen Erzähler anerkannt[7] und durch eine nicht ganz durchsichtige Attacke auf vermeintliche nationalsozialistische Relikte in seinem Schreiben zunehmend stigmatisiert[8] und in ein wirkungsgeschichtliches Abseits gedrängt wurde, hat dennoch in einer Reihe von Erzählsammlungen Kurzgeschichten vorgelegt, die selbst jenen bilderstürmenden Kritiker zu der Beurteilung nötigten: »Und es gelingt ihm – vor

allem in Novellen und in Kurzgeschichten –, Bilder, Situationen und Vorgänge zu
entwerfen, die seine grundsätzliche Haltung sinnfällig verdeutlichen. Bemerkenswert
ist in dieser Prosa die Signifikanz und Prägnanz der Details«[9]. Wenn Gaiser es einmal
als einen seiner wichtigen literarischen Eindrücke erwähnt[10], daß ein Toledaner Torero
ihm die »Novelas Ejemplares« des Cervantes schenkte, so macht auch das auf jene
Erzählbeispiele in seinem Prosawerk aufmerksam, die der Gattung der Kurzprosa
zuzurechnen sind und in ihrem formalen Gestus einerseits traditionelle Muster
anverwandeln und andererseits in der Thematik und in dem gedrängten Duktus des
Schreibens eindeutig auf die Kurzgeschichte hin orientiert sind. »Die schlesische
Gräfin« gehört zu diesen Texten.

Die seltsame Beziehung zwischen der alten Gräfin von Sorgk und Seskau, die 1945
endgültig »den Einsturz ihrer Welt« erlebt, den »Untergang ihrer Heimat, den Verlust
von Mann und Söhnen, endlich das äußerste körperliche Elend«, und der Witwe Weiß,
die sich, gleichsam ihr proletarischer Schutzengel, an »die alte Standesherrin«
klammert und der die Gräfin »mehrmals ihr Leben verdankte«, kulminiert in einem
Situationshöhepunkt, dessen Peripetie von einschneidender Wirkung ist. Die Gräfin,
die das ganze zeitgeschichtliche Elend »in einer Art Versteinerung erlebte« und ohne
die ihr vom Zufall gewiesene neue Bekannte die Anstrengungen der Flucht bis zur
vorläufigen Rast in einem kleinen süddeutschen Ort nicht überstanden hätte, bleibt
auch in der äußersten Not ein von den Krusten ihrer Standeskonventionen umschlosse-
nes menschliches Fossil.

Solidarität, die aus der Notlage erwächst und die die sich unterordnende fremde Frau
ihr geradezu in überschwenglichem Maße zuteil werden läßt, existiert für sie nicht.
Gaiser, der die Geschichte durchgehend aus der Figurenperspektive der Gräfin erzählt
und die selbstlose Helferin jeweils mit ihren Augen beschreibt, verdeutlicht mit subtiler
indirekter Kritik die Gefühllosigkeit der alten Aristokratin, die, obwohl sie in ihrer
Notlage die Hilfsbereitschaft der Frau ununterbrochen in Anspruch nimmt, diese
Hilfsbereitschaft jedoch nicht als Akt der Menschlichkeit zu sehen vermag, sondern
nur unter dem Aspekt der »Schuldigkeit«, des Belohnens und Entlohnens.

Die Paradoxie besteht darin, daß die einst sozial weit unter der Gräfin plazierte Frau
Weiß ohne jeden Gedanken an materielles Entgelt hilft, während die Gräfin selbst
noch über die Mittel verfügen würde, die Helfende zu bezahlen. Es handelt sich um
ihren Brautschmuck »aus Gold und Türkisen«, den sie durch alle Wirren gerettet hat
und den sie auch vor der Weiß verbirgt, weil sich in diesem Fetisch die Erinnerung an
ihre Vergangenheit, an die soziale Stellung, die sie einmal hatte, verfestigt hat. Statt
ihre Helferin in einer Geste des Vertrauens über den verbliebenen Schmuck zu
informieren, versteckt sie ihn in einem Säckchen im Kanonenofen. Wie sehr der
Standesdünkel ein Teil dieser Frau ist, charakterisiert Gaiser noch mit dem Hinweis:
»Die Gräfin in herrnhutischer Frömmigkeit erzogen, hatte sich selbst oft gescholten
und im Gebet gedemütigt, daß sie es nicht fertigbrachte, sich zu überwinden und der
Person, der sie soviel verdankte, in freundlicher Neigung zu begegnen.«

Die Katastrophe spitzt sich zu, als die beiden, mit dem Sammeln von Bucheckern als
Nahrung für den Winter beschäftigt, von Gewitter und Regen überrascht werden und
die Weiß auf dem Nachhauseweg rascher als ihre alte Gefährtin ist und bei deren
Ankunft bereits den Kanonenofen entzündet hat, in dem der Schmuck der Gräfin
versteckt ist. Bezeichnend ist, daß sich die Gräfin auch jetzt nicht öffnet, kein

menschliches Wort der Kommunikation über ihre Lippen bringt, sondern nur in dem Gefühl, »das letzte Stück ihrer eigenen Welt« zu verlieren, »einen kochenden Haß niederkämpfen« muß. Ohne den Grund der Verstimmung zu nennen, da sie dann ja auch bei all der überströmenden Hilfsbereitschaft der Weiß bekennen müßte, die ganze Zeit über kein Vertrauen zu ihr gehabt zu haben, weist sie die verwirrte Helferin aus dem Zimmer. Dadurch daß sie die Tür zuschlägt und den Lichtschein des Zimmers nicht auf die steile Treppe fallen läßt, verursacht sie zugleich, daß die verstörte Frau die Treppe hinunterstürzt und ins Krankenhaus gebracht werden muß.

Die Peripetie besteht darin, daß die Gräfin merkt, daß die Frau den Schmuck dennoch gerettet und in ihrer Küchenschürze untergebracht hatte, ohne daß sie die Möglichkeit hatte, die Gräfin in jener Situation der Verärgerung darauf hinzuweisen. Als die Gräfin die Verletzte im Krankenhaus aufsuchen will, muß sie erfahren, daß diese gerade gestorben ist. In einem Akt der sinnbildlichen Reue wirft sie bei der Beerdigung das Beutelchen mit dem Schmuck ins Grab der Weiß, befreit sich damit endgültig von ihrer Vergangenheit, von dem versteinerten Hochmut ihres Bewußtseins, von dem Fetisch, der ihr vorgaukelt, es existiere noch ein Teil der Welt, die endgültig vorbei ist, und stirbt ihrer Helferin am Ende der Geschichte nach.

Was Gaiser hier darstellt, ist eine Facette jener Gesellschaft, die sich, mit materiellem Besitz und einem glorreichen Namen gesegnet, vor den nationalsozialistischen Parvenüs abschottete und im Glauben war, ihre aus dem 19. Jahrhundert hinübergerettete Lebensform auch über das Dritte Reich hinweg retten zu können. Daß die Borniertheit dieses Standpunktes ein politisches Faktum war und zur Stabilisierung des Herrschaftsanspruches Hitlers und seiner Gefolgsleute beitrug, wurde ebensowenig erkannt, wie man in der Lage war, sich von der Fiktion der Vergangenheit zu lösen. Wo in den Zerreißproben gegen Kriegsende und während der Flucht Regression, tierhaftes Überleben, oder die Solidarität gegenseitiger Hilfe als Alternative hervortraten, verdeutlicht die Protagonistin Gaisers in ihrer versteinerten Sprachlosigkeit, in ihrer Unfähigkeit, ein menschliches Wort zu sagen, eher eine Form der Regression. Bezeichnend dafür ist, daß es aus ihrer Perspektive heißt: »[...] nahm sie es dumpf hin, daß die neue Bekannte sich wie eine alte Dienerin an sie hielt«. Und als möglicher Grund für die Anhänglichkeit der Frau Weiß erscheint ihr: »Vielleicht auch nährte eine alte Demut vor Würden der Geburt diese Hilfsbereitschaft.«

Menschliche Hilfe wird mit den Kategorien eines überholten Standesdenkens klassifiziert und damit ihrer eigentlichen humanen Spontaneität beraubt. Auch die Erschütterungen der Zeit haben dieses verkrustete Bewußtsein nicht aufgebrochen. Es wirkt fast wie eine Pointe der Geschichte, daß die Gräfin stirbt, als sie ihre Helferin auf immer verloren hat. Denn ohne deren selbstlose Menschlichkeit wäre sie schon vorher häufig verloren gewesen. In gewisser Weise ist auch die Gräfin in Gaisers Geschichte von einem schleichenden mentalen Tod gezeichnet, dem Siechtum des menschlichen Gefühls, das die Zwiesprache mit dem Nächsten verlernt hat. Die absolute Indifferenz, die Schnurre an dem auf der Flucht befindlichen Paar seiner Geschichte aufzeigt, oder die abgrundtiefe Gleichgültigkeit, die für den Erzähler in Lenz' Geschichte »Der Gleichgültige« gilt, sind ähnliche Phänomene des mentalen Sterbens, die freilich hier nicht nur die Nöte des Kriegs und der Nachkriegszeit, sondern auch ein vom Standesdenken verkrustetes Bewußtsein heraufgeführt haben. Der Erinnerungsfetisch an die Vergangenheit wird zum Unglücksherd für die Gegenwart: Er verursacht die ungerechte Ausweisung der Frau und damit indirekt ihren Tod. Die Perspektive, die Gaiser hier auf die Zeitgeschichte richtet, ist deutlich genug. Er hat sie in seinen Romanen, von »Eine Stimme hebt an« (1950) bis zum »Schlußball« (1958) nachdrücklich verschärft.

Wo die Protagonistin und Erzählerin Elisabeth Langgässers unter dem Druck der Verhältnisse »verrückt« werden, d. h. den schmerzhaften Riß in der Wirklichkeit und in ihrem Leben erkennen und in einem solidarischen, wenn auch sinnlosen Akt der gestischen Rebellion sich dagegen zur Wehr setzen wollen, wo die Protagonistin Eisenreichs, von der doppelten Moral der Gesellschaft gebrandmarkt, als Anpassungs-virtuosin zu überleben lernt, präsentiert Gaiser hier ein in sich erstarrtes menschliches Relikt einer vergangenen Epoche, das völlig passiv und lebensuntüchtig geworden ist und nur durch eine parasitäre Ausnutzung der andern zeitweise zu überleben vermag, aber dennoch im eigenen abgeschotteten Bewußtsein von der real längst widerlegten sozialen Besonderheit seiner Stellung überzeugt ist. Der Schlußsatz: Sie »schwand aus dem Leben fast unbeachtet, wie sie in das Städtchen gekommen war« läßt diesen Tod als einen Abschluß erscheinen, der für den Leser kaum mehr in einen emotionalen Kontext von Mitgefühl und Trauer eingebettet ist, im Unterschied zu ihrer »namenlo-sen« Helferin, deren Tod menschlich rührt.

VII. Die Kurzgeschichte von Siegfried Lenz »Der Gleichgültige« und auch Martin Walsers »Die Rückkehr eines Sammlers« beleuchten einen neuen Abschnitt der frühen Nachkriegszeit. Der Schock des Zusammenbruchs mit seinen unerträglichen materiel-len Nöten beginnt langsam zu weichen. Man richtet sich auf das Leben in den Ruinen ein, obwohl die Ruinen nach wie vor mit einem der größten sozialen Probleme damals verbunden sind, der Wohnungsnot, von der auch Böll in seinem 1953 veröffentlichten Roman »Und sagte kein einziges Wort« bewegend zu berichten weiß[11]. Die Ehe der Bogners scheitert daran, weil die fünfköpfige Familie in einem Raum zusammenge-pfercht ist und die physische und psychische Auslaugung der Ehepartner unerträglich wird. Fred Bogner verläßt aus diesem Grund seine Familie und seine Frau, obwohl er sie nach wie vor liebt.

Der Erzähler bei Siegfried Lenz verfügt immerhin über den Luxus einer Wohnung und vermag sogar wieder genüßlich von einem Eis zu träumen, da seine Frau in einer Eisdiele arbeitet. Sein ironisches Resümee, als der unbekannte Finne, den er für einen Hausierer oder Schwarzhändler hält, bei ihm vorspricht, lautet denn auch: »Uns fehlt nur Geld [...] sonst nichts. Alles andere ist reichlich vorhanden.«

Der Drang nach materiellem Komfort und nicht zuletzt nach Geld, das diesen Komfort ermöglicht, hat sich zu einem solchen umfassenden Sog erweitert, daß alle mitmensch-lichen Regungen dahinter abgestorben sind. Der Luxus eines auf Kredit erworbenen Gasherdes in der Küche ist zwar nur dadurch möglich geworden, daß der Herd mit einer Vorrichtung verbunden ist, in die man Geldmünzen hineinsteckt, damit man ihn benutzen kann. Aber immerhin zeichnen die ersten bescheidenen Requisiten des materiellen Wohlergehens den Erzähler in seiner sozialen Überlegenheit deutlich vor dem Finnen aus, der die Küche mieten will. Die an sich absurde Idee, nur eine Küche mieten zu wollen, macht den Erzähler keineswegs mißtrauisch, noch wird er aufmerksam dadurch, daß der Finne sich besonders nach dem Gasherd erkundigt. Menschliche Anteilnahme, die Bereitschaft, sich in die Situation des andern hineinzuversetzen, letzte Rudimente von ethischer Verantwortung für den Nächsten, scheinen dem Verhalten des Erzählers fremd geworden zu sein. Eine abgrundtiefe Indifferenz kennzeichnet ihn, eine Gleichgültigkeit, die egoistisch nur die eigenen Probleme wahrnimmt und sich vor allen Beanspruchungen durch die mitmenschliche Außenwelt zurückhält: »ich hatte nur das Gefühl, mich raushalten zu müssen aus seinen Angelegenheiten, nichts zu teilen, kein Wissen, keine Vermutung.«

Diese emotionale Abschottung, diese Abstumpfung allen Gefühls, diese Abgestorbenheit der moralischen Sensibilität im Erzähler geht sogar so weit, daß nicht einmal der Hinweis des Finnen, er brauche die Küche nur für den Rest des Nachmittags, ihn mißtrauisch macht oder ihm zu denken gibt. Er akzeptiert nur allzu bereitwillig den Mietvorschuß von sechzig Mark und deckt sich genüßlich mit Süßigkeiten ein. Während ein Unfallverletzter, ein »Mann mit zerschnittenem Gesicht«, an ihm vorbeigetragen wird, kauft der Erzähler eine Tüte Rumkugeln, die er seiner Frau in der Eisdiele bringen will. Nicht mal die Neugier am Unglück eines anderen Menschen motiviert ihn mehr; er ist der personifizierte blinde Egoismus. Und selbst als seine Frau Verdacht zu schöpfen beginnt und Fragen nach dem merkwürdigen Mieter stellt, übertönt er diese Zweifel, indem er sie in eine Konditoreiausstellung und anschließend ins Kino schleppt.

Als seine Frau, von Ahnungen ergriffen, während der Filmvorführung plötzlich aufsteht und nach Hause eilt, folgt er ihr eher widerwillig, deckt sich mit neuen Zigaretten ein und beobachtet teilnahmslos, wie einige herumlungernde Kinder offenbar einen Kriegsveteranen, einen alten Mann, dessen Verband sich aufwickelt und aus dem Hosenbein auf die Straße heraushängt, damit ärgern, daß sie ständig auf das Ende des Verbandes treten und ihn immer wieder dazu bringen, den Verband neu aufzuwickeln. Dieses Ritual der Quälerei wird keineswegs durch ein Eingreifen des Erzählers unterbunden. Als er seine Wohnung schließlich wieder betritt, bemerkt er »geringe Spuren von Gasgeruch« und die Verachtung auf den Gesichtern der anderen Mieter. Er bleibt auch davon unberührt und registriert am Ende nur mit Erleichterung, »daß man den Finnen bereits abgeholt hatte«.

Der Erzähler, ein abgestumpfter egoistischer Zeitgenosse, sicherlich auch abgestumpft durch den Tod, den er unzählige Male im Krieg und in der frühen Nachkriegszeit mit angesehen hat, lebt zwar weiter, aber gewissermaßen in einer rudimentären menschlichen Form, da soziale Verantwortung, Mitgefühl, Interesse am Schicksal der anderen Menschen ihm fremd geworden sind. Die moralische Dimension ist in seinem Verhalten amputiert worden. Er hat sich verpuppt in seiner Gleichgültigkeit und versucht, unter moralischem Aspekt selbst eine Ruine, zu überleben, gleichgültig, um welchen Preis. Die Indifferenz des eigenen Verhaltens, die dicke Haut der Gefühllosigkeit, die er sich zugelegt hat, ist die Tarnung, die ihm helfen soll zu überleben.

In einer Wirklichkeit, die sich äußerlich wieder zu konsolidieren begann, deckt Lenz als Hinterlassenschaft des Krieges eine Wüstenei des Gefühls auf, die noch lange unfruchtbar und verödet in jene Phase des Wiederaufbaus hineinreichte, die sich schon bald so atemlos beschleunigen und im sprichwörtlichen deutschen Wirtschaftswunder vom Hochglanz des Erfolgs überstrahlt werden sollte. Der Eigennutz hat die soziale Verantwortung ersetzt, der Drang nach Erfolg stellt keine Fragen nach dem Wieso und Wozu. Lenz stellt mit bitterer Schärfe dar, wie der Gleichgültige gerade durch seine

Unbeteiligtheit indirekt zum sozialen und physischen Tod des Finnen beiträgt. Was zwar formal als Selbstmord der Verantwortung des Erzählers entzogen ist, belastet ihn dennoch, weil seine Blindheit mit zum Tode des Mannes beigetragen hat.

VIII. Eine soziale Grausamkeit anderer Art stellt Walser in seiner Kurzgeschichte »Die Rückkehr eines Sammlers« dar. Der Gleichgültige, der als Ferment der Asozialität seine menschliche Umwelt vergiftet, ist hier ein freundlicher älterer Herr mit »fleischigem Jünglingsgesicht und [...] milchweißen Haaren«: Alexander Bonus, schon Pensionär und aus Hobby Sammler von Vogelfedern, genauer gesagt, von Adlerfedern, insbesondere einer Spezies, die an einer Stelle als »Harpyia destructor« bezeichnet wird. Das ist durchaus ein allegorisches Signal, das ihn selbst und seine soziale Verhaltensweise charakterisiert. Bonus, einstmals Inhaber einer sechszimmrigen Wohnung, wo er in zahlreichen Vitrinen seine Federnsammlung untergebracht hatte, hat diese Wohnung in der frühen Nachkriegszeit abgeben müssen, angesichts der damals herrschenden Wohnungsnot.
Der Krieg hat sich als fernes zeitgeschichtliches Unwetter für ihn zur Vorstellung einer »Verbannung« verflüchtigt, die er dadurch überstand, daß er seiner Kollektion von Raubtierfedern eine Abteilung »Hühner und Hühnervögel« angliederte, freilich nur in der Absicht, die Federn dieser Sammlung später einmal gegen neue Adlerfedern einzutauschen. Die Indifferenz als Wesenscharakteristik dieses freundlichen Ästheten, die Walser skizziert, ist eine ästhetisch garnierte Gleichgültigkeit, die sich mit einer Scheinlegitimation tarnt, der Vorstellung nämlich, einer kulturellen Aufgabe nachzukommen, deren Nutznießer später die Oberschule seiner Heimatstadt sein soll (der er seine Sammlung zu vermachen gedenkt). Überspitzt formuliert, könnte man sagen, daß sich Alexander Bonus während des Dritten Reiches und der Kriegszeit in seinen Ästhetizismus einigelte und als Vertreter der inneren Emigration ziemlich ungeschoren über die Runden kam, von deren politisch motivierter Rotation er auf Grund seiner Blindheit herzlich wenig mitbekommen hat.
Das Destruktionselement, das in seiner Haltung angelegt ist, kommt erst in der Nachkriegszeit voll zur Geltung. Denn durch ständige Eingaben bei den Stadtvätern seiner Heimatstadt gelingt es ihm schließlich, zwei Räume seiner Wohnung zurückzuerhalten. Die beiden Familien mit zusammen sieben Kindern ziehen sich in die restlichen Räume zurück und müssen nun erleben, wie Bonus sie schrittweise aus der restlichen Wohnung vertreibt, und zwar nicht durch Querulantentum, durch Gewalt, sondern gewissermaßen durch die ästhetizistische Ideologie seines Sammlertums, das sich parasitär breitmacht. Durch freundliche Leihgaben, Vitrinen, die er den Kindern seiner Nachbarn übergibt, beginnt er so etwas wie eine stille Invasion von deren Wohnung. Der Protest der Eltern fällt in sich zusammen, als die Öffentlichkeit den Sammler belobigt, der sich inzwischen auf dem Flur häuslich eingerichtet hat, da seine beiden Zimmer bis oben hin mit Vitrinen gefüllt sind. Da »das Kulturgewissen der ganzen Bürgerschaft« auf der Seite von Bonus steht, geben die Eltern schließlich klein bei. Die überall in ihren Zimmern gestapelten Vitrinen machen es unmöglich, dort weiterzuleben: »[...] dann beschlossen sie, um Herrn Bonus und das Gewissen der Öffentlichkeit nicht weiter zu beunruhigen, heimlich in der Nacht auszuziehen und sich irgendwo am Stadtrand in einer Notbaracke oder – wenn es nicht anders ging – sogar im Freien niederzulassen.« Das Ende der Geschichte läßt keinen Zweifel an dem Erfolg

von Bonus, der noch in derselben Nacht beginnt, »seine vielen Vitrinen gleichmäßig auf die sechs Zimmer zu verteilen«.

Diese die didaktische Linienführung einer Parabel verratende Geschichte, die zwar einen Handlungshöhepunkt aufweist, nämlich den freiwilligen Auszug der beiden Familien, aber eine Peripetie, einen Überraschungsumschwung ebenso vermissen läßt wie einen identifizierbaren personalen Erzähler, beleuchtet gleichfalls eine Facette der Restauration: die ideologische Wiederbelebung eines Kulturbetriebs, der, an den Lebensbedürfnissen der meisten Menschen gemessen, sinnlos ist und die Erfüllung dieser Lebensbedürfnisse untergräbt. Der weltfremde, im Dritten Reich mit seinen Adlerfedern-Vitrinen überwinternde Bonus hat buchstäblich in einem Glaskasten gelebt, einem Treibhaus der Ersatzwirklichkeit, das er nun wieder blankpoliert, als habe es nie ein Drittes Reich, einen Zweiten Weltkrieg und die Lebensprobleme der Nachkriegszeit gegeben. Als Raubvogel der menschlichen Gesellschaft im übertragenen Sinne wird der freundliche, Vogelfedern sammelnde Pensionär entlarvt, in dem sich für Walser eine anachronistische Restaurierung von überholten Positionen der bürgerlichen Gesellschaft anzeigt, obwohl die jüngste Zeitgeschichte die fatalen Konsequenzen einer solchen ästhetizistischen Lebensform gerade unter Beweis gestellt hat. Die Harpyia destructor, deren Federn er sammelt, stellt er selbst dar mit seiner von der Wirklichkeit überholten Ideologie, mit der er sich dennoch wieder in der restaurierten Wirklichkeit der ersten Nachkriegsjahre einnistet.

IX. Auf eine Wiederkehr überlebter Muster anderer Art macht auch Wolfgang Weyrauch in seiner Geschichte »Im Gänsemarsch« aufmerksam. Die im Muster eines einzigen Satzes konstruierte Geschichte – nämlich des Satzes: »Ich stelle mir vor [...]« –, die die einzelnen Vorstellungen, die im Bewußtsein des nachdenkenden Erzählers vorüberblitzen, zum Gleichzeitigkeitsspektrum eines einzigen Augenblicks verbindet, stellt eine der für Weyrauch charakteristischen Simultaneitätsgeschichten dar, auch hier auf einen Todesmoment konzentriert. Dieser sein eigenes Nachdenken aktivierende Erzähler, der damit zugleich die Reflexionsfähigkeit seines Lesers entscheidend stimuliert, ist selbst nicht als Handelnder in das Personenensemble dieser Geschichte verstrickt, aber er ist deutlich ein Mann, der in der Gegenwart der Nachkriegszeit, die von erstem bescheidenen Wohlstand und in Entsprechung dazu von der Verdrängung der jüngsten Vergangenheit gezeichnet ist, die eigenen Erfahrungen noch nicht vergessen hat.

Die Nachricht von der Strafexpedition eines amerikanischen Feldwebels, der die fünfundsiebzig Soldaten seiner Kompanie in das winterliche norddeutsche Wattenmeer hinaustapfen läßt, von der Flut überrascht wird und sechs Soldaten verliert, löst bezeichnenderweise zu Anfang der Geschichte die folgende Assoziation aus: »Ich stelle mir vor, wie der Feldwebel, ein fieser, impotenter, schwachsinniger Mörder und Mörderausbilder, einer von der SS-Sorte, obwohl er ein Amerikaner war, aber es hätte auch ein Russe oder ein Deutscher sein können [...]«.

Was Weyrauch hier geißelt, ist die menschenverachtende Mechanik des Militärs, die mit den Druckmitteln der Schikane und des Kadavergehorsams mündige Menschen in »Spielzeugsoldaten« verwandelt, die ihre Selbstachtung und Selbstkontrolle verloren haben und wie »auf einem Laufband dahingleiten«, gleichgültig, wie absurd der entsprechende militärische Befehl ist. Die zur Begründung gegebene Erklärung des

Feldwebels, es gehe darum, die »nächtliche Landung an einer feindlichen Küste« zu simulieren, weist deutlich auf die noch nicht lange zurückliegende Invasion in der Normandie hin, die hier, bereits zum ideologischen Versatzstück geworden, die sadistische Quälerei eines Feldwebels kaschiert, der sich durch ein anzügliches Lied der Soldaten, das er als Anspielung auf das »Unglück, das er bei den Mädchen hatte«, empfindet, zu seinem Wahnwitz veranlaßt sieht.

Was sich im Bewußtsein der sechs Ertrinkenden im Augenblick des Todes abspielt, wird gleichsam in sechs erzählerischen Blitzlichtaufnahmen von Weyrauchs imaginierendem Erzähler ausgeleuchtet und simultan nebeneinandergestellt. Der erste rekapituliert den Hergang des Geschehens, das ihren Tod herbeigeführt hat. Der zweite denkt an eine in alle Klischees des Gefühls eingebettete Liebesgeschichte. Der dritte, offenbar ein Jude, durchlebt nochmals alle Sticheleien und den verdeckten Antisemitismus seiner Kameraden, der ihn fast zum Selbstmord trieb. Der vierte stirbt im Bewußtsein seiner Erbitterung über die Schikaniererei des Feldwebels. Der fünfte, für den sich das Militärleben bisher als mit dem Verstand zu bewältigendes militärisches Planspiel darbot, sieht sich einer unbändigen Angst ausgesetzt, die die apokalyptische Vision aus dem Johannesevangelium in ihm wachruft und ihn plötzlich aus einem seelenlos funktionierenden Soldaten wieder zu einem betenden Menschen macht. Der sechste denkt an seinen Bruder, der im Krieg im Pazifik im Einsatz war und den Befehl hatte, jeden Japaner zu töten, und der, so zum »schwachsinnigen Mörder« gemacht, sich im Frieden in den USA an zwei kleinen Mädchen verging, die er umbrachte, als sie sich weigerten.

Was Weyrauch solcherart erzählerisch vor den Leser stellt, ist ein seelisches Panorama der Angst, der Unterdrückung, der Verfehlung, der ohnmächtigen Wut, der Erbitterung, der Entwürdigung, ein Panorama, aus dem alle Attribute menschlicher Würde eliminiert sind. Während die sechs in den Fluten versinken und der Feldwebel, zur Disziplin aufrufend, sich selbst in Sicherheit bringt und zugleich, indem er einen Ertrunkenen an Land trägt, nach außen hin seine Hilfsbereitschaft dokumentiert, wird von Weyrauch die Rechtsprechung des Militärgerichtes als Farce dargestellt. Der Feldwebel wird als »guter Soldat«, der seine Pflicht tat, aber nur den »Bogen überspannt« hat, gerechtfertigt und aller Voraussicht nach nur milde bestraft.

Es wäre leicht, Weyrauchs Darstellung in ihrem kritischen Engagement durch zeitgeschichtliche Fakten der jüngsten Gegenwart zu aktualisieren, handle es sich nun um den amerikanischen Oberleutnant Calley, der 1968 während des Vietnam-Krieges in dem Dorf My Lai die Zivilbevölkerung in einem Massaker umbringen ließ, oder um den israelischen Fallschirmjägerleutnant Pinto, der im Frühjahr 1978 in einem libanesischen Dorf vier Bauern grausam quälte und umbrachte, von den unzähligen Marodeuren und Mördern in NS-Uniform im Dritten Reich gar nicht zu reden. Aber nicht darum ist es Weyrauch zu tun, nicht um Frontenbildung, um gegenseitiges Aufrechnen unmenschlicher Entgleisungen geht es ihm, sondern um die Entlarvung des Organisationssystems, das – und das ist Weyrauchs politische These – durch seine Funktionsweise solche menschenverachtenden Phänomene geradezu systemimmanent mit sich bringt.

Das ist nicht nur als Akt der heilsamen Nüchternheit gegenüber den in der Zugluft des kalten Krieges schon bald zu emphatischen Freunden und Verbündeten idolisierten Alliierten gemeint, sondern bezieht sich als politische Aussage auch auf die

innerdeutsche Situation, deren neue politische Lebenskeime freilich gerade in dieser Zugluft zu erstarren begannen. 1952 bereits verkündete der andere deutsche Staat die Absicht zur Begründung einer nationalen Verteidigungsarmee. Mitte der fünfziger Jahre erfolgte die Remilitarisierung der Bundesrepublik[12]. Die Humanisierungsträume der Frontkämpfer des Ersten Weltkrieges, von Ernst Toller bis hin zu Fritz von Unruh, die sich für einen Verzicht Deutschlands auf eine neue Armee literarisch und politisch eingesetzt hatten, waren im Marschschritt der NS-Kohorten schon bald zerbrochen. Auch die Humanisierungsträume der aus dem Zweiten Weltkrieg Heimgekehrten, die von einer demokratischen Republik ohne neue militärische Säulen träumten, sahen sich schon bald im Namen der Realpolitik eines Besseren belehrt. Die schöne Vision eines »Totalen Friedens«, von der der damalige Generalsekretär der Vereinten Nationen Trygve Lie in einer Rede 1947 sprach, zerrann schon bald als Fata Morgana. Hans Werner Richter schrieb bereits damals in einem Kommentar[13] im »Ruf« dazu: »Der totale Friede – das wäre die gemeinsame Anstrengung aller, auch der Besiegten, einen Ausgleich zwischen den nationalen Interessen zu finden, die Ursachen der Kriege zu beseitigen und alle ungerechtfertigten imperialistischen und territorialen Machtansprüche aufzugeben. Aber das ist ein Traum – der Traum von dem totalen Frieden. In Moskau aber wird Realpolitik getrieben.« (171)
In diesem Kontext ist auch die Geschichte Weyrauchs eingelagert, die bewußt zu machen versucht, daß die Greueltaten der Nationalsozialisten nicht mit der Auflösung ihrer Macht spurlos vergangen waren, sondern zum Teil zumindest Attribut gesellschaftlicher Phänomene waren, die unter allen Flaggen auftreten können, auch unter den »Stars and Stripes« des Demokratieverkündigers und -bringers Amerika. Restauration in der frühen Nachkriegszeit bedeutet, buchstäblich verstanden, die Wiederherstellung einer materiellen Lebensbasis, die Bekämpfung von Hunger und Wohnungsnot, die Gewinnung der Voraussetzungen für ein neues politisches Leben. Im übertragenen Sinne gibt sich Restauration damals freilich auch als Wiederbelebung von Haltungen zu erkennen, die, im Widerspruch zu gerade gemachten Erfahrungen, wieder an Boden gewannen, sich einnisteten und in Verbindung mit einem großen Verdrängungssog die Vorstellung erweckten, als sei das Nazi-Regime nur eine Episode gewesen, über die sich die Kontinuität der geschichtlichen und gesellschaftlichen Prozesse souverän hinwegsetzte. Gewiß, der sich rapide ausbreitende Wohlstand trug dazu bei, daß eine Fassade aufgerichtet wurde, die diese Sicht förderte. Oder anders gesagt: »Die Entwicklung der Bundesrepublik zeigte jedoch, daß der Aufbau von Häusern rascher vor sich ging als der von Bewußtsein.«[14]

7. Erreichte Wunder, überdeckte Wunden: Die fünfziger Jahre

I. Die fünfziger Jahre stehen im Zeichen eines vorher kaum für möglich gehaltenen wirtschaftlichen Aufschwungs, der das zerschlagene und zerstückelte Deutschland, wenn auch hinfort in zwei separaten Staaten getrennt, die ihren eigenen politischen Kurs nahmen, schon bald in einen Wirtschafts-Phönix verwandelte, der sich – im buchstäblichen Sinne – goldglänzend aus der Asche des Krieges und der Nachkriegszeit erhob. 1950 hatte die wirtschaftliche Produktion in der Bundesrepublik bereits wieder den Vorkriegsstand von 1936/37 erreicht. Im zwölften Jahr ihres Bestehens besaß die Bundesrepublik, »auf den Kopf der Bevölkerung umgerechnet, bereits mehr Gold und Devisen als ›das reichste Land der Erde‹, die Vereinigten Staaten«[1]. Aus dem vom Krieg gebeutelten, mit Nahrungsspenden der Amerikaner – den sogenannten Care-Paketen – und der entscheidenden Wirtschaftshilfe des Marshall-Plans aufgepäppelten entkräfteten Bettlerstaat war im Laufe eines Jahrzehnts eine der mächtigsten Industrienationen der westlichen Welt geworden. Und man hat nicht zu Unrecht gemeint: »Tatsächlich ist es schwer, ein Bild der wirtschaftlichen Situation in der Bundesrepublik zu zeichnen, das nicht eine Aneinanderreihung von Superlativen ist.«[2]

An diesen Superlativen ist in der Tat kein Mangel, handle es sich nun um die jährlichen Wachstumsraten des Bruttosozialproduktes, um den sich ständig steigernden Exportüberschuß und, damit verbunden, um die zunehmende Erstarkung der deutschen Währung oder um die Statistiken des Wohnungsbaus und die Verkaufszahlen des legendären VW-Käfers, dessen unscheinbare Robustheit und sich in allen Ländern ausbreitende Zuverlässigkeit zu einer Art Inkarnation dieses deutschen Wirtschaftswunders wurde. Was sich noch lange Zeit später in dem populären Werbeslogan einer großen deutschen Bank niederschlug, nämlich »Hast Du was, bist Du was!«, bringt denn auch das Credo dieses Aufstiegs auf die eingängigste und simpelste Formel. Es ist ein Spruch, den die Zeiterfahrung der Elends- und Hungerjahre mit monumentaler Schrift in die Köpfe der überlebenden Deutschen eingegraben hatte, die sich mit ihrer allgemein anerkannten wirtschaftlichen Tüchtigkeit einen Teil des Respekts zurückgewannen, den sie mit ihrem politischen Wahn im Dritten Reich so gründlich aufs Spiel gesetzt hatten. An der Alibifunktion dieser wirtschaftlichen Wiedergeburt ist sicherlich nicht zu zweifeln, auch wenn damit das eine nicht aus dem andern kausal erklärt werden kann.

Konkrete wirtschaftspolitische Faktoren wie die Tatsache, daß die Demontage der vom Krieg verschonten Maschinen durch die Alliierten in der frühesten Nachkriegszeit dazu führte, die industrielle Produktion gezwungenermaßen mit den modernsten neuen Maschinen wieder anzukurbeln, die steuerliche Exportunterstützung durch die deutsche Regierung, die verstärkte Finanzierung der Industrie durch Gewinne, die nicht als Dividenden voll an die Aktionäre abgeführt wurden, eine von Glück begünstigte Währungsschutzpolitik und ähnliches mehr haben eine ganz entscheidende Rolle gespielt. Und auch die Tatsache, daß 10 Millionen aus ihrer Heimat, den verlorengegangenen Ostgebieten jenseits der Oder-Neiße-Linie, vertriebener Deutscher mit dem Drang nach neuer wirtschaftlicher Integration ihre Arbeitskraft in den Dienst des Wiederaufbaus stellten, hat eine Konstellation geschaffen, deren Erfolgsgloriole schon bald in die mythisierende Formel vom deutschen Wirtschaftswunder gekleidet wurde.

 Daß der Wirtschaftsgigant Bundesrepublik freilich zum Teil ein Koloß auf tönernem Fuß wurde, ist auch während jenes legendären Jahrzehnts des Wiederaufstiegs von scharfsinnigen Beobachtern immer wieder hervorgehoben worden. Eine Schlüsselstellung, auch im Sinne einer rückblickenden Analyse, nimmt das Mitte der sechziger Jahre erschienene Buch »Wohin treibt die Bundesrepublik? Tatsachen, Gefahren, Chancen«[3] des Philosophen Karl Jaspers ein, der den triumphalen wirtschaftlichen

Wiederaufstieg, zum Teil zumindest, als Ergebnis eines großen Verdrängungsprozesses analysiert, der, auf Jahrzehnte in die politische Hohlform eines neuen Konservatismus gekleidet, im Grunde politische Insuffizienz verbarg. Der Grund für diesen kaschierten politischen Schwächezustand ist für Jaspers die Erkenntnisflucht vor einer wirklichen Aufarbeitung der Gesinnungsirrtümer im Dritten Reich. Mit den – diese Erkenntnis-flucht referierenden – Worten von Jaspers: »Die Deutschen waren eigentlich nie Nationalsozialisten. Sie sind einem bösen Verbrecher durch ein unbegreifliches Verhängnis in die Hände gefallen. Ihre Denkungsart mag durch den Terror, wie es menschlich ist, hier und da getrübt worden sein. Aber im Grunde waren sie immer anständig, wahrheitsliebend und friedfertig geblieben, waren es vorher und sind es heute.« (177)

Es machte sich hier, vielfach unterschwellig, eine Haltung breit, die in vielem als Umkehrung jener Kollektivverdammung wirkt, mit der die Alliierten die Deutschen in der frühen Nachkriegszeit bedachten, als sie den Begriff der Kollektivschuld prägten, deren negativer Bannstrahl jeden überlebenden Deutschen traf. So ungerecht die pauschale Verdammung war, so selbstgerecht wirkte die pauschale Bagatellisierung, mit der man, nach guter deutscher Tradition, die gesellschaftliche Verantwortung der Deutschen dadurch neutralisierte, daß man sich in die dualistische Vorstellung einer falschen politischen, öffentlichen Existenz und einer eigentlichen, privaten Existenz hinüberrettete. In dieser Sphäre der unpolitischen Privatheit sah man sein Wesen bewahrt, unabhängig von den Anfechtungen der Zeit, an denen die Drahtzieher des Öffentlichen beteiligt waren.

So hat denn auch Jaspers hellsichtig damals auf eine Vakuumzone des wirtschaftlich wiedererstarkten (West-)Deutschlands aufmerksam gemacht, als er schrieb: »Es gibt für uns noch immer keinen politischen Ursprung und kein Ideal, kein Herkunftsbe-wußtsein und kein Zielbewußtsein, kaum eine andere Gegenwärtigkeit als den Willen zum Privaten, zum Wohlleben und zur Sicherheit.« (179)

Die zeitkritischen deutschen Autoren, die gegen das Phlegma der wirtschaftlichen Selbstzufriedenheit löckten, haben dieses hinter Glanzfassaden versteckte Vakuum analysiert. Statt einer Wiedergeburt erlebten sie einen Wiederaufbau, statt einer Erneuerung von einer Position der Einsicht aus wurden sie Zeugen einer atemlosen Wiederbelebung. Statt chirurgischer Eingriffe wurden kosmetische Operationen ausgeführt. Die Schriftsteller, nicht zuletzt die Kurzgeschichtenautoren, haben wie wenige das schlechte Gewissen, das dabei unterschwellig im Spiel war, artikuliert. In ihren satirischen Überblendungen, in ihren analytischen Röntgenbildern lassen sich die sozialen und politischen Krankheitsherde hinter der Behaglichkeit des Neu-Bieder-meiers mit aller Schärfe erkennen.

II. Bölls »Der Bahnhof von Zimpren« ist eine satirische Zustandsbeschreibung der ökonomischen Wiederauferstehung in Westdeutschland, übertragen in das erzähleri-sche Muster einer Gegenstandsgeschichte, die die Simultaneität der Zeit im Bild eines Ortes verräumlicht hat. Es handelt sich hier um den imaginären kleinen Ort Zimpren, der durch überraschende Erdölfunde zu einem Mekka des ökonomischen Auf-schwungs wird, einem bundesrepublikanischen Mahagonny, das sich als Inbegriff der Zukunftserwartung, eines ständig steigenden Wachstums, einen pompösen Bahnhof leistet, auf dem selbst D-Züge halten. Dieser Bahnhof wird zum topographischen

Schnittpunkt einer sinnlosen Zukunftsplanung, die sich nur noch von wirtschaftlichen Prognosen bestimmen läßt und alle anderen Wertvorstellungen preisgegeben hat.

Was sich in Zimpren abspielt, spiegelt in nuce den Entwicklungsboom des deutschen Wirtschaftswunders mit hektischer Bodenspekulation, einem alles bestimmenden Wirtschaftsunternehmen, der Ölgesellschaft »Sub Terra Spes« (in deren Namen bereits die ökonomische Verdinglichung der Hoffnungsperspektive signalisiert wird), mit einem rapiden Ansteigen der Bevölkerungszahl von dörflichen Dimensionen auf die einer Industriestadt, die baulich das Gesicht der deutschen Gebrauchsarchitektur der damaligen Zeit trägt mit »Kolonien von Wellblechbaracken, Verkaufsbuden, Kinos [...]«, eine »kleine Stadt, die sogar einmal einen Kongreß von Städtebauern beherbergte«. Bauliche Visitenkarte dieser Stadt ist der Bahnhof, dessen äußere Maße schon für eine Großstadt berechnet sind und der von einem bekannten Künstler mit einer »Kulturgeschichte des Rades« in Form eines Freskos geschmückt wurde, wobei das Rad hier selbst als Abkürzungszeichen des industriellen Fortschritts wirkt.

Was Bölls satirischer Erzähler[4] modellhaft darstellt, ist die Diskrepanz zwischen der Besinnungslosigkeit industriellen Aufschwungs, der, in Rotationsbewegung geraten, eine Art von Pseudolegitimation aus sich erzeugt und ständig neue Entwicklungshektik gebiert, und den materiellen Voraussetzungen dieses Aufstiegs, in diesem Fall den Bodenschätzen der Erde, dem Öl, das ein Geschenk der Natur darstellt und seine eigene, vom Menschen nur negativ zu beeinflussende Entwicklungsgesetzlichkeit besitzt. Das heißt: Es verschwindet um so rascher, je schneller es ausgebeutet wird. Während der Wirtschaftswunderboom für alle Beteiligten zu einer Sache der unendlichen Zukunftsprogression geworden zu sein scheint und so ihre rationalen industriellen Planungen mit einem Schuß absurder Irrationalität durchsetzt, verkörpern in Bölls Geschichte nur die vermeintlich rückschrittliche Bäuerin Flora Klipp und ihr vermeintlich schwachsinniger »Knecht Goswin« als folkloristischer Überrest, [als] Repräsentanten der Urbevölkerung« die ökologische Vernunft.

Flora Klipp weigert sich, an der Bodenspekulation teilzunehmen und ihren Grund und Boden gewinnbringend zu veräußern. Goswin wiederholt stereotyp seinen Kassandra-Spruch »Ihr werdet's ja sehen, sehen werdet ihr's« und wird deshalb als tumb ausgelacht. Der wirtschaftliche Fortschritt scheint selbst so etwas wie eine Pseudoideologie der Politik geworden zu sein. Wer sich dem Fortschritt verweigert, handelt sozusagen wider die wirtschaftliche Vernunft und muß daher politisch destruktiv sein. Dem damaligen Klima der Zeit entsprechend, wird die Verweigerungshaltung der beiden widerspenstigen Originale politisch interpretiert. Daß Goswin einmal zusammen mit einem »kommunistischen Straßenbahner« in einem Häuserblock gewohnt hat, macht ihn politisch anrüchig, ja sogar der »Sabotage« verdächtig. Daß man bei einer Haussuchung auf dem Hof Flora Klipps auf ein »rotes Strumpfband« stößt, wird als politisches Sympathiezeichen interpretiert. Die Absurdität, in die die Alleinherrschaft des ökonomischen Denkens Zimpren getrieben hat, verdeutlicht die Tatsache, daß man das allmähliche Austrocknen der Ölquellen kaschieren muß und die Bohrmißerfolge der »Sub Terra Spes« damit erklärt, daß deren »Prospektoren [...] nicht an Gott glaubten«. Politik und Religion dienen nur als Vorwände, um ökonomische Zwecke zu tarnen, die von der Wirklichkeit längst widerlegt worden sind.

In einem dialektischen Gegenzug verkehrt sich die Beurteilungsperspektive der

Entwicklung. Die vermeintlich rückschrittlichen Bauern Flora und Goswin behalten recht, wobei Flora Klipp in dem wirtschaftlich abgestürzten Zimpren zugleich den wertlos gewordenen Grund und Boden billig aufkaufen und den prächtigen, aber nutzlos gewordenen Bahnhof zur Unterbringung ihres Ackergerätes verwenden kann. Der prophetische Satz ihres Knechts hat sich vom Futur in den Indikativ Präsens verwandelt und dokumentiert nachdrücklich, wer schwachsinnig ist, er oder die blind von der ökonomischen Progression überzeugten Leistungsfanatiker. Der Bahnhof als topographisches Zentrum der Zukunftserwartung, nämlich als Knotenpunkt großen, ja großstädtischen Verkehrs, wird zu einem erstarrten räumlichen Zeichen der absurden Irrtümer einer verabsolutierten ökonomischen Vernunft.

Diese Absurdität wird noch dadurch gesteigert, daß der mit verschwenderischen Personalstellen bestückte Bahnhof auch bürokratisch zu einem Monument fehlgeleiteter Zukunftserwartung wird. Einstmals nach der amtlicherseits verkündeten Devise »Die Zukunft unseres Bezirks liegt in Zimpren« zur Wunschstation aller karrierebedachten Bahnbeamten lanciert, ist er gegen Ende fast zum Sackbahnhof geworden, in den man nur noch strafversetzt wird. Böll, der bei seiner Satire wohl auch an den Bahnhof Rolandseck gedacht hat, ein prächtiges, nutzlos gewordenes Fossil der Wilhelminischen Gründerzeit, als das Rheintal beliebter Ferienort preußischen Kraut- und Geldadels war, ist zwar in den Details, mit denen er einerseits blindwütige Hetzjagd in den ökonomischen Erfolg und andererseits groteske Unbeweglichkeit administrativer Bürokratie in der Bundesrepublik der fünfziger Jahre schildert, überzeugend. Aber er vereinfacht auch in der Gegenüberstellung von Konjunkturrittern und Bürokraten mit den beiden bodenständigen Vertretern Flora Klipp und Goswin die Problematik auf einen Dualismus, der die Widersprüchlichkeit der Wirklichkeit unterschlägt. Die Ideologie des industriellen Wachstums um jeden Preis – auch um den einer menschlichen Vernunft – läßt sich kaum mit einer Rückkehr zum rustikalen einfachen Leben beantworten, zumal Flora Klipp sich durchaus so kapitalistisch wie die Schrotthändler verhält, die die Industrieruine Zimpren ausweiden: Sie bringt insgeheim fast allen Grund und Boden an sich, auch wenn sie ihn nicht bewirtschaften kann, da ihr die Arbeitskräfte fehlen. Als Vorwegnahmen ökologischen Bewußtseins lassen sich daher die beiden »folkloristischen Relikte« nur eingeschränkt deuten, eher als zufällige Nutznießer eines Amoklaufes nach ökonomischem Gewinn um jeden Preis.

Böll, dessen literarische Sensibilität ihn immer in erstaunlicher Fühlung mit der Zeitgeschichte zeigt, hat sich vom Chronisten der Kriegsapokalypse und der Trümmerwirklichkeit hellsichtig zum Kritiker an dem neuen Biedermeier zwischen Gelsenkirchener Barock und Kaufhaus-Plastik-Fassade gewandelt, Potemkinschen Dörfern, hinter denen die Bundesrepublik in den fünfziger Jahren ihren Marsch in die statistischen Hitparaden der Wirtschaftsexperten begann.

III. Im satirischen Biß aggressiver und zugleich im artistischen Kalkül von einer beispiellosen Virtuosität ist Alfred Anderschs Kurzgeschichte »Mit dem Chef nach Chenonceaux«, in der er am Beispiel eines der neudeutschen Wirtschaftskapitäne, eines Krefelder Kunstseidenfabrikanten und millionenschweren Repräsentanten des Erfolgs, einen gesellschaftlichen Typus vorführt, in dessen Porträt sich das Bild der Bundesrepublik jener Jahre spiegelt. Dieser »Deutsche-Wunder-Mann«, der gerade ein Jahrzehnt nach der Befreiung Frankreichs das Nachbarland auf einer kunsthistorischen Kathedralen- und Schlösserfahrt bereist und den »vergammelten« Zustand der französischen Altertumsdenkmäler konstant bekrittelt, ist mit seinem Chauffeur und einem kunstbeflissenen Intellektuellen, der in seiner Abteilung Design und Werbung beschäftigt ist, in seinem »Dreikommazwo-Liter BMW« unterwegs. Er ist keineswegs ein Banause, sondern ein mit historischem Wissen vollgestopfter Geschäftsmann, obendrein ein Gourmet und Weinkenner, der die Güte der Hotels nach der Verpflegung für seinen Chauffeur einstuft. Zugleich ist er jedoch von einer Aura der Isolation umgeben, selbst im protzigen Fond seines Autos in der Gegenwart von seinem Chauffeur Jeschke und seinem Angestellten Dr. Honig, der ihm die Kunstschätze Frankreichs erschließen helfen soll.

Aus der Perspektive dieses Intellektuellen wird Anderschs Geschichte erzählt. Die äußere Progression der Handlung, die sich in den verschiedenen Besichtigungsstationen und Hotels dokumentiert, ist zugleich mit einer sich allmählich aufbauenden Konfrontation zwischen Kapitalisten und Intellektuellen gekoppelt, sichtbar nach außen gewendet in der sich gleichfalls im Fortlauf der Reise entwickelnden Erkältungskrankheit des Intellektuellen, die ihn am Ende im Krankenbett in der Gegenwart des Herrn Schmitz zeigt, als es zur »Explosion« im Gespräch kommt. Dieser keineswegs nur einfach vollgefressene, sondern vom Besten genährte Herr Schmitz, der im Grunde alles besser weiß und, wie Dr. Honig bald herausfindet, nicht dem Chauffeur, sondern eigentlich ihm den Domestikenpart zugedacht hat, während Jeschke als Diener fungiert – »Ein Diener ist ein Mann, der mit seinem Herrn zusammenlebt, es ist ein Fall von Symbiose, wie die Verbindung von Regenpfeifer und Krokodil [...]« –, ist ein Mann, der das deutsche Wirtschaftswunder bereits so verinnerlicht hat, daß er seine ökonomische Überlegenheit auch den ehrwürdigen Zeugnissen der französischen Geschichte gegenüber mit einer Unverfrorenheit zur Schau stellt, die schon wieder verdeckt an den Herrenrassedünkel seiner Landsleute, kaum ein Jahrzehnt vorher, erinnern könnte.

Der Kunsthistoriker, der die einzelnen Bauwerke jeweils im Rahmen ihrer Zeit erblickt und sie unter formalen Aspekten würdigt, muß sich bei seinem Lobpreis einer manieristischen Dachlandschaft des Schlosses von Chambord und einem Chateaubriand-Zitat, das er zur Unterstützung anführt, von seinem pragmatischen Chef sagen lassen: »Quatsch [...] Sie sollten sich lieber den Zustand des Schlosses ansehen!« Zugleich fügt Schmitz einige Informationen an, die den wirtschaftshistorischen Ursprung des Schlosses unter Franz I. erläutern, der seine Leute ausplündern mußte, um dieses Schloß bauen zu können.

Was Andersch in der Konfrontation zwischen reichem Industriellen und dem den Part des Hofnarren spielenden Kunsthistoriker thematisiert, ist nicht auf den Gegensatz zwischen protzig-dummem, aber reichem Pragmatiker und vergeistigtem Intellektuellen zu vereinfachen. Die Charakteristik von Schmitz ist differenzierter, so wie auch Andersch den Typus als weit ernster und gefährlicher einstuft, als jene gründerzeitlichen Monstren aufgefaßt wurden, die in den gründerzeitlichen Karikaturen des »Simplicissimus« erschienen. Die Gefährlichkeit von Schmitz besteht darin, daß er durchaus intelligent, ja in seiner Argumentation dem sich in künstlerischen Selbstgefälligkeiten ergehenden Kunsthistoriker vielfach überlegen ist. Aber wo jener sozusagen in seiner Reflexion die materielle Basis ständig überspringt und die einzelnen Bau- und

Kunstwerke als über der profanen Geschichte gleichsam schwebende Manifestationen des Geistes würdigt, repräsentiert Schmitz die komplementäre Position. Von der Erfahrung im Wirtschaftswunderland Bundesrepublik und nicht zuletzt von der Erfahrung seiner eigenen Erfolgskarriere getragen, schrumpft alle Geschichte für ihn auf Wirtschaftsgeschichte zusammen, auf ein Bilanzbuch ökonomischer Effizienz, in das folgerichtig nur Leute wie er die einzelnen Posten eintragen.

Als der Doktor, nachdem sie »zwei Kathedralen und elf Schlösser ›gemacht‹« haben, schließlich in Bourges psychisch und physisch zusammenbricht und es zur Klimax der Gesprächskonfrontation kommt, berichtet Schmitz dem Erkrankten von dem Palais des »Großkapitalisten« Jacques Cœur, der die Kriege Karls VII. gegen England finanziert habe, und fügt die Überlegung an: »[...] es ist doch gut, zu wissen, daß die heilige Johanna von irgendwem finanziert worden ist. [...] Immer muß es Leute geben, die Geld aufbringen, damit aus Ideen Wirklichkeit wird.«

Indem der Kontrahent das als Gemeinplatz abtun will und ihm, seiner Unterordnung müde, die Pilatus-Frage stellt: »Und für welche Ideen [...] bringen Sie Geld auf?«, schließt die Entlarvungsabsicht wider Erwarten den Intellektuellen mit ein: »Zeigen Sie mir eine heilige Johanna [...] und ich finanziere sie.« Es ist gewissermaßen der »moment of truth«, ein Erkenntnisdurchblick, der sichtbar macht, daß der nur die pragmatische Effizienz idolisierende Wirtschaftsfachmann und andererseits der die Zeugnisse der Vergangenheit abstrakt und geschmäcklerisch genießende Intellektuelle an der gleichen inneren Krankheit ihrer Wirklichkeit leiden: einem Vakuum der geistigen Orientierung, einer Ideenleere, dem Fehlen einer Vision, die in die Zukunft weisen könnte. Und wenn der Intellektuelle Honig, den seine Kollegen neidisch und spöttisch »Kunst-Honig« nennen, Schmitz' Surrogat für diese fehlende Vision mit den Worten beschreibt, »daß Herrn Schmitz' Traum ein Traum von funkelnden Fabriken und funkelnden Schlössern war, eine Phantasmagorie aus glänzenden deutschen Fabriken und nagelneuen französischen Kathedralen, eine Tapisserie, in der Gegenwart und Geschichte aus strahlenden Kunstseidenfäden ineinander gewoben waren, glänzend und für alle Ewigkeit gemacht: Krefeld und Versailles«, so ist die Kritik sicherlich berechtigt. Aber sie schließt andererseits Honig selbst mit ein, der der Gegenwart genauso perspektivlos gegenübersteht und sich in ein schönes Wunschbild der Vergangenheit flüchtet, das er an der Kathedrale von Bourges so beschreibt: »[...] denn die Kathedrale war andererseits zauberhaft in ihrem Verfall, sie war zu groß in ihrer Elefantenmüdigkeit, als daß ein Kapitalist und Deutscher-Wunder-Mann, ein Kunstseidenfabrikant und Krefelder Krokodil, sich um sie zu sorgen brauchte.«

Der Abschied der drei aus Frankreich wird denn auch in einer allegorischen Pointe akzentuiert, die beide einschließt: »Als sie die Kathedrale verließen, wartete bereits die Limousine, in deren schwarzem Lack man sich spiegeln konnte, ein mit schwach zitronenfarbenem Leder ausgeschlagener Sarg. Jeschke hatte ihn prachtvoll gewienert.«

Es gibt wenige Erzähltexte der neueren deutschen Literatur, die diese Dialektik von Aufschwung und Leere, von betäubender Geschäftigkeit und lähmendem Sinnschwund, von blitzender Fassade und innerer Hohlheit als Zeichen der fünfziger Jahre im Wirtschaftswunderland Deutschland so souverän ins Bild gesetzt haben und einen Mangel analysieren, den gegen Ende die Sätze des Erzählers zusammenfassen: »Aber es gab keine heilige Johanna mehr. Nirgends ließ sich auch nur der kleinste Fetzen eines Mythos entdecken, den Herr Schmitz hätte finanzieren können.«

Anderschs Satire ist der Bölls überlegen, weil er die westdeutsche Metamorphose der fünfziger Jahre nicht von außen her an ihrer Erscheinungswirklichkeit beschreibt, sondern an zwei typologischen Repräsentanten analysiert. Und gerade weil er Bölls einfache Alternative vermeidet, die in den Gegenfiguren Flora Klipp und Goswin zum Ausdruck kommt, und die Widersprüchlichkeit der Lage auch an der Intellektuellenfigur demonstriert, geht seine Kritik tiefer, trifft sie der damaligen Wirklichkeit mitten ins Herz.

IV. In Gabriele Wohmanns Erzähltext »Verjährt«, einer Monologgeschichte, die aus einer Jahr für Jahr wiederkehrenden Feriensituation an der Nordsee eine Bestandsaufnahme des Lebensgefühls jener Jahre gibt – der Hinweis darauf, daß die »Nachbarn in der Strandhütte rechts« sich schon vor »ungefähr fünfzehn Jahren« diesen Frieden gewünscht hätten, deutet auf das Ende der fünfziger Jahre hin –, deren Tenor der Satz der Erzählerin signalisiert: »Besser, wir halten uns an das Normale.«

Die friedliche Ferienkulisse, in der alles Ruhe, Ordnung und ein geregeltes Leben ausstrahlt, ist die Außenhaut einer Wirklichkeit, die die Erzählerin und ihren Ehemann, wie auch das benachbarte Ferienehepaar mit einer traulichen Selbstverständlichkeit umschließt. Das gleichsam aus der Ferne betrachtete Tableau, das die schon älteren Nachbarn in der Beschreibung der Erzählerin zu Projektionen ihrer eigenen normalen friedlichen Zukunft werden läßt, verändert sich jedoch schrittweise. Wie in einer erzählerischen Zoombewegung rückt die Perspektive der Erzählerin immer stärker an dieses friedliche, geregelte Leben der Nachbarn heran, das ein Pudel gravitätisch abrundet, und entdeckt aus der Nähe erste Irritationsmomente, die dem Anschein von Harmonie und Geborgenheit widersprechen: »Das Erreichte scheint sie manchmal fast zu lähmen. Stundenlang reden sie kein Wort miteinander.« Und auch das hartnäckige Insistieren der beiden beim Strandhüttenvermieter, »ihr Ruhebedürfnis zu respektieren«, macht eher darauf aufmerksam, daß die vorgebliche Ruhe, die ihr Alltagsritual aus der Außenperspektive zu bestimmen scheint, nur eine Hülle darstellt, etwas verdeckt, daß eben nicht Ruhe ist.

In der Mitte der Geschichte vollzieht sich so etwas wie eine Peripetie, freilich nicht in einen Handlungsverlauf integriert, da es sich bei der ganzen Geschichte um eine statische Zustandsschilderung handelt, die nur gelegentlich durch kurze Anreden der Erzählerin an ihren Ehemann unterbrochen wird, der freilich nie selbst antwortet. Der Perspektivenwechsel der Erzählerin, die plötzlich das Außenbild des Paares in der Gegenwart mit dem Vergangenheitsbild der beiden konfrontiert, erfolgt einigermaßen abrupt und wird erzählerisch nicht eigentlich motiviert. Es bleibt unklar, woher die Erzählerin die Informationen hat, die plötzlich darauf hinweisen, daß das friedliche Alltagsritual der beiden nur den vorgetäuschten Schein eines umfassenden Verdrängungsmanövers darstellt, das die mit Schuld beladene Vergangenheit der beiden aus ihrem Bewußtsein auszumerzen versucht.

Spätestens an dieser Stelle wird deutlich, daß die Zustandsschilderung der beiden eine typologische Funktion hat und das Verhalten jener neudeutschen Spießer beleuchtet, die die Leichen im Keller der Vergangenheit, die politischen und moralischen Vergehen ihres vorangegangenen Lebens, so geschickt verborgen hatten, daß der Anschein von friedlicher Harmonie in ihrer Gegenwart entstehen konnte. Im Falle des Paares gehört zu den Hypotheken der Vergangenheit ein Kind, das der Mann vor Jahren überfahren hat. Es handelte sich um die eigene Tochter, deren Verlust sie nicht als schmerzliches Schicksal zu ertragen versuchten, sondern sich in einer gegenseitigen Schuldaufrechnung ständig vorhielten: »Die Frau fand jahrelang die Auseinandersetzungen mit ihrem Mann schlimmer als den Verlust des Kindes, sie haßten sich, wünschten einer des andern Tod –«. Daß der Pudel, der nun schon seit Jahren zu dem Ferienauftritt des Paares gehört, ersatzweise dieses Kind vertritt, unterstreicht zusätzlich die Pervertierung ihres Gefühls. Über Mann und Frau fällt dabei gleichermaßen der schuldhafte Schatten der Vergangenheit. Das verdeutlicht, bezogen auf die Frau, der Hinweis, daß sie die Geliebte ihres Mannes indirekt in den Selbstmord trieb: »Sie lebt nicht mehr, ihr Selbstmord war der Frau recht: das genügt nicht, um von Schuld zu sprechen.«

In einem zweiten Perspektivenwechsel schließlich wird deutlich gemacht, daß die schuldhafte Vergangenheit des Nachbarnpaares kein Einzelfall ist. Indem die Erzählerin nun den Blick auf ihre eigene und ihres Mannes Vergangenheit richtet, wird nicht nur der Leser appellativ aufgerufen, diese Transponierung weiterzuführen und sich selbst und seine eigene Vergangenheit der kritischen Sonde des Nachdenkens zu stellen, sondern es wird zugleich akzentuiert, daß die eigenen Verfehlungen der Vergangenheit sich nicht sehr von denen des Paares unterscheiden.

Die Erzählerin selbst ist schuld am Unfalltod ihres gemeinsamen Kindes. Ihr Ehemann wiederum hat sich geweigert, jenes Kind aufzunehmen, das die Erzählerin von ihrem Geliebten Gilbert hat. Eine Historie der Unmenschlichkeit, die sich durch immer neue Beispiele ergänzen läßt. So haben die beiden ihr der sterbenden Mutter gegebenes Versprechen gebrochen, den Vater der Erzählerin aufzunehmen. Sie haben ihn in einem »ordentlichen Altersheim« sich selbst überlassen und das heißt: sterben lassen. Eine Kältekammer der Gefühllosigkeit, der ins Bewußtlose abgedrängten Vergehen, ein seelisches Gräberfeld, auf Ferienlandschaft geschminkt, wird von der Erzählerin hinter den Kulissen von friedlicher Urlaubsstimmung schrittweise sichtbar gemacht. Der Sarg, zu dem Andersch am Ende pointiert das protzige Auto des Krefelder Fabrikanten werden läßt, kennzeichnet in gewisser Weise auch die seelische Befindlichkeit der beiden deutschen Ferienpaare.

Kein Zweifel, Gabriele Wohmann analysiert hier die mentale Verfassung eines Jahrzehnts, das dabei war, im wiedererworbenen materiellen Wohlstand die Wunden und Narben der Vergangenheit zu vergessen. Verdrängung ist das Sedativ, das die bohrenden Gewissenszweifel bis zur Unkenntlichkeit betäubt und eine behagliche Szenerie des friedlichen Alltags vortäuscht, der die Vergangenheit nicht mehr sehen will: »Das Meer ist fast schön. Viel Obst, viel Übereinstimmung, viel Ruhe.«

Die Isolation und Leere, die den neureichen Industriekapitän in Anderschs Geschichte charakterisiert und die er durch Diener und akademischen Domestiken vergeblich ungeschehen zu machen versucht, gilt auch für den Kleinbürger, für den der Seeurlaub die Funktion der pompösen Schlösser- und Kathedralenfahrt hat. Obwohl diese Geschichte auch nicht entfernt die kompositionelle Differenziertheit der Anderschschen Geschichte besitzt, sondern einen statischen Zustand unter wechselnden Perspektiven auffaltet (und die dabei durchgeführte Bewegung der Erzählerin selbst nicht erzählstrukturell integriert, sondern außerhalb des Erzählkontextes läßt), wird dennoch deutlich, daß das von Andersch gezeichnete Bild sozialgeschichtlich nach unten verlängert wird. Das Klima der mentalen Vereisung, die Vakuumzone des Innern, gilt für den Erfolgsexponenten der neudeutschen Gesellschaft ebenso wie für den durchschnittlichen Jedermann. Kein Zweifel, die erreichten Wunder der Gegenwart haben die Wunden der Vergangenheit nicht geheilt, sondern nur mit einem Firnis überzogen.

V. In der Geschichte Josef Redings »Während des Films« wird am Beispiel einer Zustandsdarstellung, die die Simultaneität der Zeit nicht durch die monologisch artikulierte Beobachtungs- und Gedächtniskraft eines Erzählers realisiert, sondern durch die Montage von verschiedenen Bewußtseinsbildern, dieser große Verdrängungsprozeß um eine Stufe weitergeführt. Die Leichen, die man im Keller verbirgt, machen nicht nur im allgemeinen Kontext einer Biographie auf subjektive Verfehlungen aufmerksam, sondern deuten auf einen in der Kooperation von vielen durchgeführten Akt der Unmenschlichkeit zurück, an den man damals gleichfalls nicht mehr erinnert werden wollte.

Die Geschichte stellt in acht mosaikartig aufeinander bezogenen Bewußtseinsbildern die Reaktionen eines durch alle Generationen reichenden, repräsentativen Spektrums deutscher Bevölkerung auf – das läßt sich aus dem Kontext erschließen – Alain Resnais' dokumentarischen Film über die Judenvernichtung in deutschen Konzentrationslagern »Nuit et brouillard« (1956) dar, der unter dem Titel »Nacht und Nebel« auch in Deutschland gezeigt wurde. Auf die viehischen Grausamkeiten, die die Henker auf Filmmaterial festhielten, wird in der Eingangssequenz der Geschichte – »als die Haut- und Knochenbündel der ermordeten Häftlinge wie Tierkadaver über einer hölzernen Rutsche in den Graben torkelten« – direkt hingewiesen. Die Reaktion des achtzehnjährigen »Portokassenverwalters« ist die eines an seiner Ehre gepackten »aufrechten Deutschen«, der in dem Film »nur Greuelpropaganda« zu sehen vermag und ihn als Produkt von Ausländern, »wahrscheinlich Juden«, in einen bezeichnenden Diffamierungskontext rückt und die dokumentierte Unmenschlichkeit mit dem Hinweis auf die Grausamkeiten der Franzosen, der Amerikaner, der Russen im Krieg relativiert. Wes politischen Geistes Kind er ist, signalisiert der Schlußsatz, in dem er sich auf »Rommels Panzer in Afrika« freut, ein patriotisches Legendenstück, das den Glauben an deutsche Kühnheit und Größe stärkte.

Kein Zweifel, Reding porträtiert hier einen jungen Menschen, in dessen Patriotismus die Wurzeln des Nazitums unfreiwillig weiterwirkten. Aber auch der dreißigjährige Filmkritiker, der gleichzeitig den Film sieht und den Krieg noch in seinen Endetappen konkret miterlebt haben muß, ist von jeder Einsicht in die geschichtliche Schuld weit entfernt. Er flüchtet sich – Anderschs im Bodenlosen schwebendem Kunsthistoriker und Werbefachmann Dr. Honig gar nicht so unähnlich – in eine ästhetische Beurteilung des kruden dokumentarischen Materials und erweckt den Eindruck, als rühre seine mangelnde Ergriffenheit von der unvollkommenen Form der filmischen Darbietung her. Das Kitsch Szenario, das er selbst in Gedanken für eine adäquate künstlerische Behandlung des Stoffes entwirft, läßt keinen Zweifel daran, daß das Ästhetische für ihn ebenso ein Vorwand ist wie der nationalistische Wahn für den zwölf Jahre Jüngeren.

Während die Vertreter der ganz jungen Generation, der Oberprimaner Teppenbruch und seine Freundin, den Film als lästigen »Problemfilm« einstufen, dessen Kenntnis

Teppenbruch nur unter Umständen im Abitur nützlich sein kann, aber beide im Grunde nur an dem, was nach dem Film im Dunkeln zwischen ihnen passieren wird, interessiert sind, der fünfundvierzigjährige Prokurist Selbmann wiederum ungerührt und gedankenlos seine Erdnüsse kaut und seine einzige Gefühlsreaktion darin besteht, die andern Leute möglichst nicht durch das Knistern seiner Tüte zu stören, werden in der zweiundfünfzigjährigen Lehrerin Bordeler und ihrem Generationsgenossen, dem Kriminalrat Mutt, Angehörige einer Gesellschaft vorgeführt, die selbst, freiwillig oder unfreiwillig, an dem Unheil mitgewirkt haben. Mutt, der darauf verzichtete, den Film zu sehen, freiwillig, denn er war einst der »Oberscharführer Mutt«, Fräulein Bordeler unfreiwillig, denn als überzeugte Parteigenossin hatte sie seinerzeit einen Kollegen angezeigt, der Feindsender hörte und zur Strafe dann auf Nimmerwiedersehen in einem dieser Lager verschwand. Sie ist die einzige, die, wenn auch eher aus pädagogischer Verpflichtung in den Film gegangen, eine menschliche Reaktion zeigt: physische Übelkeit, die auf das psychische Übel zurückgeht, das in ihrer Biographie verschüttet liegt.

Für den Kinobesitzer Mengenberg hingegen ist auch dieser Film reiner Kommerz. Für ihn ist allein entscheidend, daß sein Kino ständig ausverkauft ist. Die Erinnerung an ähnlich erfolgreiche Filme führt ihn im Gespräch mit seiner Kassiererin wieder zurück in die glorreiche Nazizeit, wo er mit strammen Durchhalte-Filmen wie »U-Boote westwärts« ähnlich volle Kassen erzielte. Mengenberg ist absolut indifferent, ein Chamäleon, das seine Gesinnung stets der Umgebung angleicht, er ist – auf einer bescheideneren Ebene – dem Krefelder Kunstseidenfabrikanten in Anderschs Geschichte ähnlich, nur daß Mengenberg noch nicht jenen Zustand der materiellen Übersättigung erreicht hat und damit den Horror Vacui, den Schmitz empfindet, in seiner dumpfen Betriebsamkeit noch nicht kennt.

Diese einfach konstruierte Geschichte, die in ihrer Reihungsstruktur an eine Simultaneitätsgeschichte wie Borcherts »An diesem Dienstag« erinnert, deckt die politische Kausalität hinter jenem kollektiven Verdrängungsmechanismus auf, der viele Deutsche in den fünfziger Jahren dazu veranlaßte, sich hinter neufabrizierten Idyllen des Wohlstands gegen ihre eigene Vorgeschichte abzuschotten. Von dem schleichenden Seelensiechtum, das sich dahinter verbarg, wird in allen diesen Geschichten gesprochen: es ist eine Verkümmerung des moralischen Sinns, die dazu führt, daß auch diese neue glänzende und von vielen beneidete Wirtschaftswunderwirklichkeit ohne Sinn ist, ohne geschichtliche Perspektive in die Zukunft, weil die Aufarbeitung, die Durchdringung der Vergangenheit fehlt.

VI. Auf der Ebene der Transposition in die absurde Verfremdung ist auch Wolfgang Hildesheimers Geschichte »Das Ende einer Welt« auf den zeitgeschichtlichen Kontext der fünfziger Jahre bezogen. Hildesheimer, der sich in den fünfziger Jahren als Dramatiker des absurden Theaters profilierte und dann mit seinen Romanen »Tynset« und »Masante« gewichtige, den Erkenntnisekel des Intellektuellen an einer lemurenhaften Wirklichkeit auslotende Romane veröffentlichte, hat vor allem in seinen »Lieblosen Legenden« Musterstücke absurd verfremdeter Kurzgeschichten vorgelegt. Ihre künstlerische Kraft zeigt sich darin, daß sie bei aller offenbaren Entfernung von abbildbarer historischer Realität in den Kapriolen der Phantasie dennoch nah an den Kern dieser Wirklichkeit heranrücken.

Sicherlich, die Marchesa Montetristo in Hildesheimers Geschichte ist in Wirklichkeit eine »geborene Watermann aus Little Gidding, Ohio«, aber sie könnte genausogut aus Düsseldorf stammen oder – auf den Kontext von Anderschs Geschichte bezogen – aus Krefeld. Die Geschichtsvision von Anderschs Protagonisten, »Krefeld und Versailles«, hat Hildesheimers Pseudoaristokratin gewissermaßen auf ihre Weise verwirklicht, indem sie »östlich von Murano« in der Lagune von Venedig eine künstliche Insel aufschütten ließ, ein exquisites Warenhaus der Kultur, angefangen bei ihrem Palast, der »eine genaue Replika des Palazzo Vendramin« darstellt, bis hin zu einem Sammelsurium von Kunstschätzen, vielfach Fälschungen, und den entsprechenden Vertretern einer »Elite der Kulturträger«, zu denen sich auch der Erzähler vorüberge- hend rechnen darf, weil er, der Besitzer von Marats Badewanne, diese an die Marchesa verkauft.

Sie, die aus bescheidensten Verhältnissen aufgestiegene Neuadlige, hat eine giganti- sche Imponierausstellung von funktionslos gewordenen Rudimenten der kulturellen Vergangenheit und häufig auch der puren Fälschungen geschaffen: ein weiblicher Citizen Kane der fünfziger Jahre, der die vermeintlichen Kostbarkeiten Europas aufkauft und seine Insel damit ausstaffiert, umgeben von einer Schickeria der Wichtigtuer und Schmeichler, die sich als »Kulturträger« hofieren lassen, aber im Grunde nur Parasiten des Reichtums der falschen Marchesa sind.

Das groteske Ensemble von Kulturträgern, zu dem sich der Erzähler Sebald vorübergehend gesellt, ist – und das ist die tragende Handlungssituation dieser Geschichte – zu einer musikalischen Soiree eingeladen, zur Erstaufführung von zwei Flötensonaten »eines Zeitgenossen und Freundes Rameaus«, wobei der Erzähler die kulturellen Weihen dieser Angelegenheit von vornherein dadurch ironisiert, daß er die beiden Sonaten als Fälschungen des Musikforschers Weltli identifiziert. Während man die beiden Sonaten in zwei verschiedenen Sälen zelebriert, dem Silbersaal und dem goldenen Saal, die dem Stil, Barock und Frührokoko, der beiden Musikstücke entsprechen sollen, vollzieht sich der Handlungsumschwung, die allmähliche Auflö- sung des Kulturrituals, was die Kulturträger selbst freilich nicht wahrhaben wollen. Der Erzähler sieht die doch an sich musikliebenden Ratten vor der Musik fliehen, vernimmt »dumpfes Rollen« und »fernes Donnern« und begreift, daß »sich die Fundamente der Insel und damit des Palastes« aufzulösen beginnen. Während sich bereits »kleine Pfützen« auf dem Parkett bilden und er überall »aschfahle Gesichter« der Angst erblickt, wagt doch niemand der Anwesenden bis auf ihn seine Furcht einzugestehen. Als er sich eiligst empfiehlt und gerade noch die letzte Gondel erwischt und davonrudert, sieht er in der Ferne, in einer Szene von grotesker Perfektion, das Finale der Musikdarbietung zum Finale dieser künstlichen Welt werden: »Die Sonate mußte zu Ende sein, denn sie klatschten Beifall, zu welchem Zwecke sie die Hände hoch über den Köpfen hielten, denn das Wasser stand ihnen bis zum Kinn. Mit Würde nahmen die Marchesa und Monsieur Béranger den Beifall auf. Verbeugen konnten sie sich allerdings unter den Umständen nicht.« Kurze Zeit später ist diese Wirklichkeit mit Getöse ins Wasser gestürzt, und es heißt: »Das Meer lag im Mondlicht spiegelglatt, als habe niemals irgendwo eine Insel gestanden.«

Als ironische Pointe des Ganzen betrauert der Erzähler keineswegs den Verlust dieser Welt, sondern höchstens den seiner veräußerten eigenen Antiquität, den Verlust seiner Badewanne. Wenn der Erzähler am Ende sein Bedauern über diesen relativ kleinen privaten Verlust mit dem Satz entschuldigt: »[...] man braucht ja erfahrungsgemäß einen gewissen Abstand, um ein solches Erlebnis in seiner ganzen Tragweite zu erfassen«, so läßt sich das auch auf die Rezeptionshaltung des Lesers beziehen, der nun im historischen Rückblick in diesem überblendeten Bild der fünfziger Jahre die in Anschauung umgesetzte Vorwegnahme einer Unruhe und Erschütterung sieht, die die gelackte Oberfläche damals vielfach noch nicht erkennen ließ.

Das groteske Spektakel des Konsumismus, der hemmungslosen Warenanhäufung nach einer Zeit der biblischen Dürre, des materiellen Hedonismus, der unter der Flagge des Wirtschaftswunders die Wiederauferstehung des politischen Bankrotteurs und Zerstörungsfachmanns als Wirtschafts-Krösus und kultureller Mäzen erlebte, wird in seiner leeren Geschäftigkeit und seinem verblasenen Anspruch enthüllt und der Vergänglichkeit übergeben. Was Hans Magnus Enzensberger nur wenige Jahre später in seiner polemischen Rede[5] zur zehnjährigen Tätigkeit des »Kulturkreises im Bundesverband der Deutschen Industrie« gegeißelt hat, die Aufspaltung der Wirklichkeit in eine Geschäfts- und Dekorationswelt, die die erstere zu verschönern habe, wobei die Künstler »einer public-relations-Schau als Komparserie« (559) dienen, gehört unmittelbar in den Kontext dieser Geschichte. Mit den 430 000 im Jahr aufgewendeten Deutschen Mark sei, so Enzensberger, nicht einmal mehr ein erstklassiger Renoir zu erwerben. Kultur, wie sie richtig verstanden, auch im Wirtschaftsleben wirken sollte, sei nicht die Feierabendbeschäftigung reicher Genießer und darbender Kunstproduzenten: »Sie würden sehen, daß Kultur auch außerhalb von Schlössern und Museen möglich ist, daß die Industrie selbst ihrer fähig ist. Produzieren Sie, meine Herren Unternehmer, ästhetisch und technisch einwandfreie Güter zu vernünftigen Preisen; sorgen Sie dafür, daß in Ihren Betrieben wahrhaft demokratische Verhältnisse herrschen; [...] bauen Sie weniger häßliche Verwaltungsgebäude; verschrotten Sie nicht die Reste unserer Landschaft; sorgen Sie dafür, daß Ihre Werke nicht mit ihren Abwässern unsere Flüsse und mit ihren Abgasen unsere Luft verpesten [...]« (560). Die Krisensymptome, die hier bereits diagnostiziert werden – und das gilt auch für die absurden Abbreviaturen in Hildesheimers Erzähltext –, weisen bereits auf Risse im Gebälk hin, die sich dann in der zweiten Hälfte der sechziger Jahre im Bewußtsein einer jungen rebellierenden Generation auch zu Rissen im Fundament dieser Gesellschaft verstärkten. Die große, auch vom Ausland viel beklatschte Festveranstaltung »deutsches Wirtschaftswunder« mündete in den sechziger Jahren unmittelbar in die Tumulte der Außerparlamentarischen Opposition und der Studentenbewegung ein. Unter diesem Aspekt ist auch die absurde Geschichte Hildesheimers von prognostischer Kraft, auf das nächste Jahrzehnt (west-)deutscher Entwicklung bezogen.

8. Auflösungserscheinungen einer Festveranstaltung: Die sechziger Jahre

I. Die – nach einem Wort des Soziologen Helmut Schelsky – »skeptische Generation« der desillusioniert aus dem Krieg zurückgekehrten Zwanzig- bis Dreißigjährigen, deren verbissene Arbeitskraft und Drang nach neuer wirtschaftlicher Sicherheit die ökonomische Regenerierung der Bundesrepublik maßgeblich gefördert hatten, war inzwischen von einer Generation abgelöst worden, für die das Dritte Reich im Höchstfall noch dunkle frühkindliche Erinnerung an Bombenalarmsirenen, brennende Städte und endlose Flüchtlingstrecks war. Für die weitaus meisten war ihre bewußte Existenz bereits mit dem staatlichen und wirtschaftlichen Rahmen der Bundesrepublik verknüpft. Die ökonomische Stärke und Stabilität der Bundesrepublik hatten sie nicht nur zu einem der wichtigsten Staaten im Rahmen der Europäischen Wirtschaftsgemeinschaft werden lassen, sondern als militärischer Verbündeter der USA auch zu einem militärischen Stützpfeiler in der NATO. Diese nach außen hin ausbalancierte, wenn auch zum Teil vom kalten Krieg eingefrorene Position, die einem Bedürfnis der meisten nach Sicherheit entsprach und vom Florieren der deutschen Wirtschaft und vom ständig steigenden Lebensstandard legitimiert schien, hatte in der Kanzlerschaft Konrad Adenauers eine politische Autorität gewonnen, die nicht mehr hinterfragbar schien.

Daß die heranwachsende Jugend, die sich vor allem an den Universitäten in verstärktem Maße politisch und soziologisch zu orientieren begann, gegen die Kirchhofruhe dieser Demokratie zu rebellieren und die Flucht der Väter in den materiellen Glanz von Wirtschaftsstatistiken zum Teil auch als Verdrängungsstrategie zu verdächtigen anfing, wurde durch Veränderungssignale der politischen Landschaft in Deutschland mit ausgelöst. Das gilt weniger für die transitorische Kanzlerschaft Ludwig Erhards, der 1965 mit ersten Einbrüchen der auf permanenten Aufstieg getrimmten Wirtschaftskurve nicht fertig wurde, sondern vor allem für die Bildung der Großen Koalition zwischen Christdemokraten und Sozialdemokraten unter dem konservativen Kanzler Kiesinger im März 1966, der auf Grund seiner ehemaligen Zugehörigkeit zur NSDAP für viele junge Leute so etwas wie eine politische Symbolfigur der Vätergeneration wurde, die das politische, wirtschaftliche und staatliche Geschehen in der Bundesrepublik bestimmte. Da zudem auch die von dem ehemaligen NS-Verfolgten und Emigranten Willy Brandt geführte Sozialdemokratische Partei zur Kooperation mit der konservativen politischen Strömung bereit war, zeichnete sich auch hier – für viele junge Leute – ein Schwund an Glaubwürdigkeit zugunsten realpolitischer Opportunität ab.

Es begann jene – sozialpsychologisch zu sehende – Abwendung von der Vätergeneration als einer Generation der Mitläufer, realpolitischen Pragmatiker, Konsumfetischisten und Schuldverdränger. Der »skeptischen Generation« folgte gewissermaßen eine »vaterlose Generation«[1], die ihre politischen Wünsche, Hoffnungen, ihre Aggressivitäten gegen den Status quo der angepaßten Politiker in der Außerparlamentarischen Opposition als politische Gegenkraft formierte und – vor allem von den Universitäten aus – Fermente der Irritation, der Aufrüttelung, der politischen Gegenvision in den politischen Kreislauf der Bundesrepublik einschleuste. Jener zum Fanal der Studentenbewegung gewordene Besuch des damaligen Schahs von Persien in Berlin im Juni 1967 mit den daran geknüpften Ausschreitungen auf beiden Seiten und die Verabschiedung der Notstandsverfassung im Mai 1968 im Deutschen Bundestag wurden als innenpolitische Signale von ebenso großer Wichtigkeit wie das alle Grundsätze seines demokratischen Credos widerlegende politisch-militärische Engagement des Hauptverbündeten der Bundesrepublik, der USA, in Vietnam.

Diese politische Mobilisierung der Jugend, der sympathisierende Kritiker freilich

schon damals vorhielten, daß »die Heranwachsenden weitab von der Produktionssphä-re leben und der Wirklichkeit nur durch die Filterschicht von Konsumentenorientie-rungen und Massenmedien begegnen«[2], erschütterte, zumal eine ähnlich gelagerte Protestbewegung von Amerika oder von Frankreich aus als Verstärker wirkte, die politische Selbstgefälligkeit der die Machtpositionen besetzenden Vätergeneration und schuf ein politisches Schisma der Demokratie, das sich in dem Bewußtsein der jungen Leute verriet, die etablierte Politik der bedienten Machtapparaturen korrum-piere notwendig und müsse durch ein alternatives politisches Konzept von außen her aufgebrochen und ersetzt werden. Über dieses alternative Konzept, das schon bald im Thesenhader der einzelnen Gruppen und Grüppchen bis zur Unkenntlichkeit unterging, hat Hartmut von Hentig nicht ganz zu Unrecht ausgeführt: »Die Utopie von den gerechten, gewaltlosen, syndikalistischen, arkadischen Gemeinschaften spiegelt, was unsere Gesellschaft entbehrt. Sie spiegelt gerade nicht, was ihr möglich ist oder bevorsteht. Sie spiegelt auch nicht, was sie jetzt braucht. Die Auflösung unseres Staatswesens in ein Rätesystem stünde in einem grotesken Widerspruch zu den Koordinierungs- und Planungsaufgaben der Industriegesellschaft.«[3]
Das entscheidendste Moment der konkreten politischen Veränderung, die Kanzler-schaft Willy Brandts seit Oktober 1969, noch gesteigert durch seine Wiederwahl im Herbst 1972 und die Reformeuphorie, die sich an diese Wahl knüpfte, hat zwar die Übergangsphase der Unruhe und Erschütterung abgelöst, aber nicht durch eine neue, in die Realität überführte politische Vision auslöschen können, die als neue politische Identität der Bundesrepublik auch von den jungen Leuten akzeptiert worden wäre. Das politische Klima dieses Jahrzehnts liegt auch wie ein Firnis über den folgenden Kurzgeschichten, in einigen von ihnen ist es thematisch unmittelbar in der Gestaltung zu erkennen.

II. Unter den deutschen Erzählern der Gegenwart ist der 1916 in Barmen geborene Robert Wolfgang Schnell einer der unbekanntesten geblieben. Das hat sicherlich auch damit zu tun, daß er, in dessen biographischen Stationen sich ein buntgescheckstes Mosaik bürgerlicher Existenzversuche abbildet, vom Hilfsarbeiter bis zum Maler, vom Laboranten bis zum Theaterinspizienten und Regisseur, vom »Ulenspiegel«-Redak-teur bis zum Drehbuchautor. Was für Schnells kurze »Karriere« als Soldat gilt, nämlich daß er nach vier Monaten floh, gilt für fast alle diese bürgerlichen Existenzversuche, deren Gegenmodell in jener Lebenssituation auftaucht, die ihn, die leibhaftig wiedererstandene Boheme, unermüdlich Geschichten erzählend, am Kneipentisch unter gleichgesinnten Freunden zeigt. Mit den Worten eines Lektors, die Schnell einmal referiert: »[...] was ich geschrieben hätte, das sei ganz nett, aber viel spannender, viel ausgreifender und phantastischer sei, wenn ich mit meinen Freunden am Biertisch säße, da wäre, wenn ich spräche, jeder Satz eine Geschichte und jede Geschichte ein Juwel.«[4]
Aber tatsächlich sind auch viele seiner im Schreiben festgehaltenen Geschichten von einer erzählerischen Brillanz, von einer fabulierenden Phantasiekraft, die ihn unter die ersten Erzähler seiner Zeit in Deutschland einreiht, von einer Phantasiekraft zumal, deren poetisches Initial in seinen Geschichten Schnell an einer Stelle mit einer kleinen Parabel des Chinesen Han Fe Dse verdeutlicht. Jener erzählt von einem König von Tschi, der einen Künstler fragte, was wohl am schwersten zu malen sei und was am

leichtesten. Hunde und Pferde lautete die Antwort im ersten Fall und Geister und Kobolde im zweiten. Die Erklärung dafür trifft auf den Erzähler Schnell selbst zu, »ein Schreiber der alten, klassischen Art, der nie weiter geht, als seine eigenen Möglichkeiten gehen, nicht weiter, als auf den Grund seiner eigenen mager gefütterten Seelenkiste« (127). Denn jener Maler hatte dem chinesischen König erläutert: »[...] Hunde und Pferde kennt jeder, täglich sieht man sie vor sich. Darum ist es schwer, sie zu malen, daß auch alle Leute sie erkennen. Geister und Kobolde hingegen sind unsichtbare Wesen, deren Gestalt die Menschen nie mit eigenen Augen schauen können. Deshalb sind sie auch am leichtesten zu malen.« (129) Es ist das Bekenntnis zu einer Phantasie, die nicht mit Siebenmeilenstiefeln über die Realität hinwegeilen darf und sich im luftleeren Raum absolutsetzt, zu einer Phantasie vielmehr, die auf die Realität gerichtet ist und das, was dem einzelnen in seiner alltäglichen Lebenserfahrung begegnet, ihn neu sehen und erkennen lehrt.

Schon James Thurber hat in seiner berühmt gewordenen Short Story »The Secret Life of Walter Mitty« auf das soziale Syndrom einer Existenzspaltung aufmerksam gemacht, die sich darin zeigt, daß das Leben auf zwei Ebenen abläuft: der Ebene des zweckrationalen Funktionierens, dirigiert von den Belangen der Gesellschaft, bei Thurber personifiziert in dem permanente Bewachung ausübenden ehelichen Drachen, und der Ebene einer Wunschexistenz, auf der man große Leistungen vollbringt und von allen bewundert wird. Während Mitty seine Frau zum Friseur kutschieren, Hundekuchen einkaufen und sich Überschuhe zulegen muß, entflieht er in Gedanken während dieser alltäglichen Monotonie in die Traumexistenz eines Flugkapitäns, der eine Gefahrensituation meistert, eines berühmten Chirurgen, den man für die kompliziertesten Operationen heranzieht, eines Meisterschützen, der ein Experte bei Strafprozessen ist, eines todesmutigen Armee-Captain und – als Pointe dieser Galerie von Wunschexistenzen – eines zum Tode Verurteilten, der der tödlichen Kugel des Exekutionskommandos gleichmütig entgegensieht, im Grunde seines Herzens auch hier unbesiegt.

So deutlich einerseits ist, daß Thurber hier das Hemingwaysche Männlichkeitsideal karikiert, das in dem Wohlstandsamerika einer breiten Mittelschicht zur Farce geworden ist, da es hier auf Anpassung, Unterordnung, auf Funktionieren im Verband der vielen ankommt, so läßt sich andererseits nicht übersehen, daß die Wunschbilder Mittys die Leistungsneurose der amerikanischen mittelständischen Gesellschaft spiegeln bis hin zur Selbstzerstörung des eigentlichen Ichs wie in der geträumten Exekutionsszene am Schluß. Der kleine, von seiner Frau herumgeschubste Walter Mitty möchte ein großer, von allen bewunderter Mann sein, dessen Leistung ihn zum Vorbild der andern Amerikaner, nicht zuletzt seiner Frau, werden läßt.

In der Geschichte »David spielt vor Saul« führt Schnell einen Repräsentanten der wiedererstarkten bundesdeutschen Wohlstandsgesellschaft in gehobener Angestelltenposition, nämlich als Personalchef einer Bank, vor. Auch dieser Steinbach führt eine entfremdete Existenz. Er hat eine Personenfassade vor sich aufgebaut, die seiner Funktion in der Bank entspricht, während das eigentliche Leben des Junggesellen brachliegt und sich in aggressiven Protest- und Wunschträumen befreit, die »zwischen Florian Geyer und dem Massenmörder Haarmann« angesiedelt sind. Seine Wunschvorstellungen schlüpfen also bezeichnenderweise in historische Personenmasken, in denen der Widerstand gegen die bestehende Gesellschaft angelegt ist: bei Florian

Geyer der fränkische Ritter, der zur Zeit der Bauernkriege auf der Seite der Unterdrückten gegen Feudaladel und Klerus kämpfte, bei Haarmann der pathologisch Destruktive, dessen Morde die Gesellschaft durch Furcht und Angst von innen her auflösen. Der Gipfel von Steinbachs Existenzerfüllung wird denn auch bezeichnenderweise in der folgenden Wunschszene von ihm beschrieben: »Er trat nicht, er brüllte nicht, er schoß nicht, allein sein Auftreten verbreitete Furcht und Schrecken.«

Wo Walter Mitty sich in seinen Träumen immerhin noch den Beifall und die Bewunderung seiner Umgebung einhandeln möchte, ist die zweite, die geträumte Existenz Steinbachs zum Inbegriff von purer Provokation und Zerstörung geworden: »Was sollte er in dieser verdammten Stadt tun? Wie King-Kong groß durch die Straßen gehen, die Fenster in den oberen Etagen einschlagen, die Ehepaare auseinanderreißen, die Jungfrauen in den Regen stellen, den Kindern das Essen wegnehmen und die Gullys damit füllen? Es fraß sich die böse Vision in ihn ein, daß er als Oberteufel der Stadt für alle Schändlichkeiten verantwortlich wäre.«

Diese ganz aus der Figurenperspektive Steinbachs erzählte Geschichte entwirft im ersten Teil das alltägliche Einerlei seines Lebens im Beruf und in seiner Privatsphäre, die geheimen Torturen etwa, die er in seinem Verhalten seiner Sekretärin gegenüber exerziert, seinen Besuch in einem Bordell, wo er durch groteske Wünsche den Zorn der Frau auf sich zieht. In einem erzählerischen Feuerwerk, das bereits die Eingangssequenz der Geschichte souverän demonstriert – in der Beschreibung der Funktion von Steinbachs Büromobiliar wird zugleich sein Verhältnis zu andern Menschen anschaulich gemacht –, wird in häufig grotesken Kontrasten ständig das Doppelgesicht seiner Person zum Vorschein gebracht.

Der Handlungshöhepunkt der Geschichte führt Steinbach in das Haus seines jovialen Chefs Questel, der in seiner Behausung eine musikalische Soiree veranstaltet hat, mit seinen zahlreichen Kindern als Musikanten. Das gestelzte Ritual dieses auf Schau geschminkten Kulturereignisses erinnert an Hildesheimers Geschichte, nur daß Schnells Karikatur einer kunstbeflissenen Bürgerlichkeit die Realität weniger phantastisch verfremdet. Die Entwürdigung der Musik zu einem Anlaß der Selbstrepräsentation gilt freilich auch für Questel und sein Publikum: »Da saßen sie nun, die Ortweins, Schulzens, Bommes, Sauerbiers und Grafunders, die sonst hinter den Schreibtischen saßen, die Kontenführer, die manchmal noch Ärmelschoner trugen [...]«.

Steinbach, der sich dem Ritual mit Süffisanz fügt, spielt freilich aus seiner erzählerischen Innenperspektive den Part des Provokateurs, indem er die gestelzten Gesten, das getragene falsche Pathos, die offiziöse Kunstergriffenheit durch seine grotesken Phantasiedeformationen permanent ins Lächerliche zieht. Die Virtuosität, mit der der Erzähler Schnell in diesem Kontext immer wieder den Sprachwitz einsetzt und Volten des Komischen entzündet, indem er die Details der vorgegebenen Situation jeweils ins Groteske verlängert, ist beispiellos. Die groteske Wirkung wird auf dem Höhepunkt der Geschichte noch dadurch gesteigert, daß Steinbach beim Klavierspiel des achtjährigen Sohnes von Questel, Reinhold Korbinian, eines gedrillten musikalischen Automaten, der eine Mozart-Sonate auf dem Piano exekutiert, nur um seinen Vater zufriedenzustellen – »Der Dressurakt zwischen Fleiß und Angst lief. Das Zirkuspferd trabte in der Hoffnung auf sein Stück Zucker.« –, plötzlich wie in einer Erleuchtung sein eigenes Leben in ein Bild überführt sieht. Ein Leben des Drucks, des Zwangs, des Funktionierens, der Selbstentäußerung, das sich hier in den Tönen zu einer ganz anderen Existenzform befreit: »Diese Musik begriff er, er begriff auch Reinhold Korbinian, der beim Zählen den Mund öffnete und die Musik in das Taktgerüst zwängte, ob sie wollte oder nicht. So versucht er, Steinbach, das Leben zu zwingen, nur füllte er sein dürres Gerüst nicht mit unbegriffenen Tönen, sondern mit Wünschen nach Mord und Untergang, mit Wünschen nach Tod und Elend für jedermann.« Als der so ergriffene und zum erstenmal hinter seiner Fassade hervorkommende Steinbach den Jungen nach dem Musizieren küßt, wird diese erste wahre Äußerung seines Gefühls in der Vorstellung der andern Gäste – und das ist die ironische Pointe der Geschichte – als moralische Entgleisung in dem Flüstern von Frau Sauerbier zu Frau Neustern zum Ausdruck gebracht: »Nein so was! [...] Ich dachte, das Laster der Homosexualität sei vollkommen ausgerottet!«

Diese die besten Kurzgeschichten von Andersch oder Schnurre erreichende Erzählkunst Schnells spiegelt das Zeitbild einer bundesdeutschen Gesellschaft, die die Euphorie der neuen Gründerzeit in den Status quo der Behäbigkeit übertragen hat, ein »juste milieu«, das, konservativ situiert und kulturell garniert, die Politik draußen läßt und zwischen zweckgebundener Berufswirklichkeit und ritueller Privatsphäre die Dämpfe einer neuen Innerlichkeit aufsteigen und die Fenster zur Außenwelt beschlagen läßt. Die Unzufriedenheit, die mit dem rituellen Leerlauf dieses Neo-Biedermeiers verbunden ist, wird in den Destruktionswünschen des höheren Angestellten Steinbach, der materiell sichergestellt ist, das Ansehen der andern genießt und zudem als Junggeselle eine erstrebenswerte Partie für Frauen ist, unmißverständlich zum Ausdruck gebracht, Destruktionswünsche, wie sie auch Andersch in seiner Kurzgeschichte »Vormittag am Meer« akzentuiert hat: Der Dortmunder Tiefbauingenieur, der in einem unbewußten Todesverlangen in die stürmische See hinausschwimmt, wird in der Feriensituation schlagartig die Ausgehöhltheit seines Lebens gewahr. Von einem unbewußten Todeswunsch ist auch der bescheidene kleine Amerikaner Walter Mitty insgeheim bestimmt, wenn er sich am Schluß die Kugel des Exekutionskommandos wünscht. Verdeckt gilt dieser Todeswunsch auch für den ständig neue Phantasietorturen für die andern ersinnenden Protagonisten in Schnells Geschichte. »[...] schöne Todesarten, so lange man lebt«, heißt es dann auch am Schluß von Gabriele Wohmanns Geschichte »Ländliches Fest«. Kein Zweifel, das Unruhepotential, das sich dann in der zweiten Hälfte der sechziger Jahre in der Studentenrevolte befreite, war verdeckt auch den Repräsentanten dieses »juste milieu« bewußt, die nach außen hin so vorbildlich repräsentierten und die alten Spiele der sozialen und kulturellen Konventionen noch einmal abspulen ließen.

III. In Gabriele Wohmanns schon erwähnter Geschichte »Ländliches Fest« ist das gebrochene Bewußtsein dieser Lebensphase in die dichte Textur des Bewußtseinsmonologes einer Frau übertragen worden, die als Gastgeberin auf einer abendlichen Party in Italien inmitten einer arkadischen Landschaft mit Tempelruinen, Pinien und einem schönen abendlichen Himmel auftritt und in deren Gehirn sich verschiedene Bewußtseinsstränge überlappen. Sie ist einerseits die Gastgeberin, die ihre Gäste begrüßt, »small talk« macht, sich in Worten und Gedanken am Party-Geschwätz beteiligt, mit ihrem Geliebten schäkert und argwöhnisch beobachtet, was ihr Mann treibt, voll geheimer Eifersucht in Gedanken immer wieder zu einer attraktiven Blondine zurückkehrt, die offensichtlich mehr Anziehungskraft auf die Männer ausübt als sie selbst. Sie muß andererseits ununterbrochen an das Zeitungsfoto eines toten Kindes denken, das ein Werkstudent zufällig hinter einem Bahndamm fand, wo es in der sommerlichen Hitze schon eine Zeitlang lag und der Körper die Zeichen des äußeren Verfalls aufweist. In Gedankensplittern rekonstruiert sie das Geschehen um diesen Tod, den Fund des Leichnams, die Bemühungen der Polizei, die Eltern zu finden, die sich nicht melden, so daß das tote Kind namenlos bleibt. Sie läßt in Gedanken die Stadien der chemischen Zersetzung dieses menschlichen Körpers Revue passieren, immer wieder im Kontrast zu dem Party-Geschwätz dieser Gesellschaft, die in ihrem rituellen plappernden Leerlauf einen schönen Schein aufrichtet, in dem die Gedanken an Tod und Zerstörung ausgemerzt sind.

Die seichte Oberflächlichkeit dieser Gesellschaft – wobei der Doppelsinn von Party und Sozietät durchaus der Intention der Geschichte entspricht – und ihre latente Brutalität werden durch die ständigen Kontraste zwischen Partygeschehen, gedankenlosem »small talk« und Gedankenmonolog um das anonyme tote Kind zum Ausdruck gebracht. Die von der monologisierenden Erzählerin in Gedanken durchgeführte soziale Obduktion des Kindes wird erzählerisch so unterderhand zur Vivisektion dieser Gesellschaft, deren amorpher Körper seziert wird und, im übertragenen Sinne, analoge Symptome des Verfalls aufweist, die die Erzählerin am Leichnam des anonymen Kindes bis hin zu dem Punkt beschreibt, wo die Auflösung des Körpers auch das zum Schwinden gebracht hat, was man konventionell mit Seele benennt. Während der auf der Party anwesende Schriftsteller ein »Gedicht über einen schönen Tod beim Bocciaspiel« schreibt und den Schein der Oberflächlichkeit noch mit einem metaphysischen Firnis überzieht, ist der wirkliche Tod, der im Schicksal des Kindes sichtbar wird, brutal und seelenlos: »Seele? Würden Sie Ihre Bedenken begründen, andernfalls Ihr Einverständnis formulieren?«

Wenn sich von so etwas wie einer Handlungsbewegung in dieser Geschichte sprechen läßt, dann kommt sie in den einzelnen Stadien dieses von der Erzählerin rekapitulierten Todesfalles zum Ausdruck bis hin zu der vorläufigen polizeilichen Auflösung des Falles, da die Polizei auf einer »Dirnenstreife« die »mutmaßliche Mutter des toten Kindes festgenommen« hat, man die Leiche exhumierte, ein Zahnarzt anhand von Plomben die Identität amtlich feststellte und man den Leichnam erneut begrub. Mit der amtlich befriedigenden Registrierung des Todes wird auch das Unrecht, die soziale Not, die hinter dem Schicksal dieses Kindes steht, im buchstäblichen Sinne verscharrt und verdrängt, was auch für die Erzählerin gilt, die zu einem Slowfox an die Seite ihres Freundes flieht und sich im Ritual des Tanzes beruhigt, der in Wirklichkeit einen Totentanz darstellt, als der dieses Leben in der wunderschönen antiken Kulisse eines theatralischen Arkadiens erscheint.

Auch hier läßt sich, auf die saturierte erste Hälfte der sechziger Jahre bezogen, von Auflösungserscheinungen einer Festveranstaltung sprechen, von einem schrittweisen Einlösen jener absurden Untergangsprophetie, die bereits in Hildesheimers Geschichte vom »Ende einer Welt« dargestellt ist. Was nach außen hin so stabil wirkte und als soziales Festival der erreichten Leistung genossen und den andern vorgeführt wurde, die nicht daran teilhaben konnten, wird von einem Bewußtsein des schlechten Gewissens begleitet, in dem sich Leere des materiellen Genusses, Verdrängung sozialen Unrechts, rotierende Betriebsamkeit und geheime Destruktionswünsche disparat verbinden. Die assoziativ verknäuelte, durch Zitateinschübe ständig aufgerissene und zerfranste Textstruktur wirkt wie die poröse und nervöse Sprachhaut dieser Wirklichkeit, deren Brüchigkeiten Gabriele Wohmann in der Gedankensuada ihrer Erzählerin überzeugend sichtbar macht. Das wirtschaftliche Arkadien, das man äußerlich erreicht zu haben schien, war eine Theaterlandschaft wie der Blick aus dem italienischen Hause der Gastgeberin »ins dunkle Grün all der Säulen, der Pinien, der Schafherden, der Stauden«. Die Demontage der Kulissen, die die Erzählerin geradezu obsessiv in ihren Gedanken vollzieht, wurde schon wenige Jahre später im Protesttrubel der jungen Leute politisches Programm.

IV. Die latente Unmenschlichkeit der Gesellschaft, von dem Tod des unerwünschten, namenlosen, hingemordeten Kindes in der Wohmann-Geschichte katalytisch zum Vorschein gebracht, wird in der Geschichte »Wie bei Gogol« von Siegfried Lenz, vor allem auch im Hinblick auf die sechziger Jahre, in einer anderen Facette als gesellschaftlich assimilierte Grausamkeit ergänzt. Es ist eine Geschichte, die das in Sprachlosigkeit eingebettete Verhältnis der Bundesdeutschen zu jener Heerschar von Menschen beschreibt, die als – wie der euphemistische Ausdruck lautet – sogenannte Gastarbeiter aus den angrenzenden und weiter entfernten südlichen Ländern, aus Italien, aus Griechenland, aus Jugoslawien und der Türkei, vor allem in den sechziger Jahren in die Bundesrepublik einfluteten und in einer Zeit der überhitzten Hochkonjunktur als Arbeitskräfte hochwillkommen waren, als Bürger und Mitmenschen des sozialen Gebildes, an dessen wirtschaftlicher Stabilisierung sie arbeiteten, jedoch eher totgeschwiegen wurden.

Eine Gesellschaft, zu deren Vergangenheitshypothek der bürokratisch organisierte Genozid am Judentum gehört und die das eigene Schuldbewußtsein in den lautstarken Protest gegen die amerikanische Diskriminierung der farbigen Bevölkerung projizierte, sah und sieht sich plötzlich wieder mit Minoritäten konfrontiert, die aus einem instinktiven Überlegenheitsimpuls heraus zu Mitbürgern zweiter und dritter Klasse degradiert wurden.

Von dem – zumindest noch in den sechziger Jahren – weitgehend tabuisierten sozialen Unrecht an diesen in das Wirtschafts-Mekka Bundesrepublik eingeströmten Menschen handelt die Geschichte von Siegfried Lenz. Dieses Unrecht zeigt sich im öffentlich geäußerten politischen Bewußtsein darin, daß man hartnäckig darauf beharrte, die Bundesrepublik sei kein Einwanderungsland und das Phänomen der fluktuierenden Arbeitswanderung sei transitorisch, während die Kinder der Gastarbeiter längst die deutschen Schulen besuchten und, ihrem eigenen Herkunftsland entfremdet, mit einem an Deutschland assimilierten Bewußtsein aufwuchsen. Es zeigte sich als soziale Härte auch darin, daß man bei Konjunktureinbrüchen alle Anstalten traf, die plötzlich überflüssig gewordenen einstigen Helfer in ihr Ursprungsland abzuschieben, ohne Fragen der inzwischen erfolgten sozialen Verwurzelung, des Zivilisationsgrabens, der sich zwischen ihrem Arbeits- und Herkunftsland aufgetan hatte, zu bedenken.

In Siegfried Lenz' Geschichte ist der Lehrer, aus dessen Figurenperspektive erzählt wird, das Beispiel eines Zeitgenossen, der in seiner Berufs- und Privatwelt ohne große Komplikationen funktioniert und die visuelle Veränderung des Straßenbildes durch die südländischen Gesichter nur am Rande wahrnimmt. Erst als er, im morgendlichen Hauptverkehr unterwegs zur Schule, plötzlich einen in sein Auto laufenden Türken verletzt, einen »kleinen Mann, Fliegengewicht, in einem abgetragenen Mantel«, wird ihm bewußt, daß er in einer Gesellschaft lebt, die unterschwellig wieder ein soziales Kastensystem eingeführt hat. Nach dem Unfall – obwohl er juristisch nicht auf sein Verschulden zurückgeführt werden kann – von einem spontanen Schuldgefühl bestimmt, will er den Fremden genauso behandeln, wie er einen deutschen Mitbürger behandeln würde. Das heißt: er kümmert sich um ihn, bettet ihn in sein Auto und will ihn zum Arzt fahren. Erst als der Verletzte in gebrochenem Deutsch hartnäckig darauf beharrt, zu einer Privatanschrift gebracht zu werden, willigt der Erzähler ein. Er muß jedoch feststellen, daß der Fremde spurlos verschwunden ist, als er sich bei Taxichauffeuren nach dem Weg erkundigt und kurz bei seiner Frau anruft. Jedoch mit der Adresse des Fremden auf einem Zettel in der Hand, findet er das Haus und tritt plötzlich in eine Welt ein, die sich von der, in der er normalerweise lebt, grundsätzlich unterscheidet.

Lenz' Erzähler geht es wie der feinen Dame in Eisenreichs Geschichte »Erlebnis wie bei Dostojewski«, die in der plötzlichen Begegnung mit dem abgehärmten jungen Mädchen erstmals mit den sozialen Niederungen des Lebens konfrontiert scheint und eine almosenhafte Großzügigkeit an den Tag legt. Der Erzähler von Lenz scheint entsprechend in eine Geschichte von Gogol hineingeraten zu sein, in der die Gesetze von Raum und Zeit aufgehoben sind und die Wirklichkeit durchlässig für das Antikausale, für das Phantastische wird. Der verwundete kleine Türke, den er mit einigen Landsleuten in einer armseligen, von Mietern vollgestopften Unterkunft wiederentdeckt, leugnet, ihn überhaupt zu kennen, und gibt durch seinen Sprecher, einen wortgewandten »sozialen Zuhälter« an, vor zwei Tagen »diesen Unfall auf dem Bau« gehabt zu haben: »Herr Üzkök ist Gastarbeiter, Herr Üzkök hatte Unfall vor zwei Tagen. Ein Auto ist ihm unbekannt.«

Die Leugnung des Unfalls weist auf einen Komplex sozialer Einschüchterung: Seine Krankenversicherung träte voraussichtlich nicht in Kraft, falls es sich nicht um einen Arbeitsunfall handeln würde. Außerdem steht dahinter die Sorge, unliebsam aufzufallen und wieder abgeschoben zu werden in sein Heimatland, während er es doch hier so gut hat. Die implizierte Ironie der Situation fällt auf den Erzähler selbst zurück, der sich von dem Sprecher des Türken immerhin dann doch eine beachtliche Geldsumme in die Hand drücken läßt, die den am Auto verursachten Schaden aller Voraussicht nach entgelten wird.

Als er nach der ausgeführten Reparatur des Wagens feststellt, daß die ihm übergebene Summe zu hoch war, und er den Rest zurückbringen will, trifft er in der Türkenunterkunft Herrn Üzkök nicht mehr an, sondern nur noch den Sprecher der Türken inmitten neuer Gesichter. Der Mann leugnet, Üzkök überhaupt gekannt zu haben. Er leugnet gleichfalls, dem Erzähler je begegnet zu sein. Die Vermutung liegt nahe, daß er die stillschweigende Unterdrückung, die in dieser deutschen Gesellschaft den Gastarbeitern gegenüber angelegt ist, gewissermaßen ans Tageslicht und gegen seinen Landsmann zur Anwendung gebracht hat: Der unliebsam Aufgefallene, der ihnen allen Schwierigkeiten machen könnte, ist abgeschoben worden. Die unterschwellige Furcht, die auf den Gesichtern der sechs im Zimmer anwesenden Männer liegt, ist ein Spiegel ihrer sozialen Situation: »Wie ertappt saßen sie da, einige wie überführt, kein Gesicht, auf dem nicht eine Befürchtung lag.«

Der Erzähler selbst macht freilich keinerlei Anstrengung, diese Mauer des Schweigens zu durchbrechen, er beginnt nicht dieses Netz der stillschweigenden Diskriminierung zu zerreißen. Er hinterlegt nur die Restsumme und glaubt, sich dadurch von seiner sozialen Verantwortung freigekauft zu haben. Kein Zweifel, er spiegelt die Haltung des deutschen Durchschnittsbürgers, der, auf die Situation angesprochen, vermutlich anständig in seinen Worten reagiert, aber der konkreten Situation der Erprobung nach Möglichkeit aus dem Weg geht.

Diese im ganzen eher traditionell erzählte Geschichte, die zeitliche und räumliche Kontinuität, eine Handlungskulmination und Peripetie besitzt, mag im künstlerischen Einsatz nicht herausragen – der aufgepfropfte poetologische Schnörkel im Gespräch zwischen dem Erzähler und einem besserwisserischen Kollegen, der jede Handlung und Situation nur als Wiederholung abgespulter Muster deutet und so auch das Etikett »Wie bei Gogol« über diese Erfahrung klebt, ist durchaus entbehrlich –, im sozialen Engagement ist die Geschichte jedoch wichtig genug. Sie beleuchtet eine Facette des sozialen Lebens, das von Prädispositionen der Unterdrückung, der sozialen Deformation gezeichnet ist, Prädispositionen, deren Folgeerscheinungen und Resultate man in anderen gesellschaftlichen Systemen – handle es sich nun um die Rassendiskriminierung in Amerika oder die Missionierung zur Demokratie über die Leichen der Betroffenen in Vietnam – damals um so bereitwilliger – und sicher mit guten Gründen – kritisierte. Lenz deckt die Latenz der Unmenschlichkeit auch dort auf, wo sie von dem Glanz der Wohlstandsgesellschaft, die Konsum und Chancengleichheit für alle verspricht, verdeckt wird.

V. Die moralische Doppelzüngigkeit dieser Gesellschaft, die auf dem Mechanismus von Konsumbetäubung und Verdrängung aufgebaut ist, hat der DDR-Erzähler Fritz Rudolf Fries mit dem Blick auf das zentrale politische Krisenphänomen der sechziger Jahre, den Vietnam-Krieg, zu dessen freundlicher Duldung und »ideeller Unterstützung« die westlichen Verbündeten Amerikas, nicht zuletzt die Bundesrepublik, angehalten waren, unmittelbar thematisiert. Freilich ist Fries' Geschichte »Der Fernsehkrieg« nicht nur dadurch, daß sie in der DDR geschrieben wurde, in einen Kontext eingelagert, der das im Erzähltext zum Ausdruck gebrachte Engagement im Namen der Menschlichkeit zu einer politisch sehr schwer zu gewichtenden Frage macht: Was man in der eigenen Wirklichkeit an Defiziten zu übersehen gezwungen ist – wobei dieser Zwang schon internalisiert sein kann –, wird um so verletzter am sozialen Bild der politischen Gegengesellschaft gegeißelt. In einen historischen Kontext eingelagert ist die Geschichte von Fries auch deshalb, weil das große politische Identifikationsereignis, das der Vietnam-Krieg für die Linke im weitesten Sinne darstellte, inzwischen zerbrochen ist. Denn daran läßt sich nicht zweifeln: Was der Spanische Bürgerkrieg Mitte der dreißiger Jahre, der Algerien-Krieg der Franzosen in den fünfziger Jahren für die Linke war, das war der – in seiner Brutalität und Grausamkeit an der Spitze stehende – Vietnam-Krieg als Protestfanal für die Linke dieses Jahrzehnts: der große Aufruf zur Menschlichkeit im Namen eines kleinen Volkes, das sich gegen eine militärische Übermacht verbissen zur Wehr setzte und um seine nationale Unabhängigkeit rang, während die Amerikaner nur für ein Abstraktum, für eine Bastion der westlichen Demokratie, im asiatischen Dschungel ein Kriegsinferno entfesselten.

Nachdem Ende der siebziger Jahre freilich die kommunistischen Brudervölker Rot-China und Vietnam gegeneinander gekämpft haben, das befreite und befriedete

Vietnam Mißliebige in einem Massenexodus aufs Meer hinaus in den Untergang trieb und den Nachbarstaat Kambodscha mit einem Vernichtungskrieg überzog, ist auch das Engagement der sechziger Jahre im Rückblick fragwürdiger geworden. Bezeichnend dafür ist der Ende der siebziger Jahre öffentlich ausgetragene Konflikt zwischen den beiden Schriftstellern Peter Weiss und Jan Myrdal, die, beide in Schweden, sich einst mit den unterdrückten Nord-Vietnamesen solidarisiert hatten. So bagatellisierte Weiss das Elend der vietnamesischen Flüchtlinge mit der parteilichen Blindheit einer Blickweise, die eine dem Sozialismus widerstrebende soziale Mittelschicht sah, welche immerhin noch so vermögend war, die horrende Summe für einen Platz auf einem der »Seelenverkäufer« aufzubringen. Dagegen warf Myrdal ihm die Rechtfertigung einer faschistischen Gesellschaft vor, als welche sich das Regime durch die überall errichteten Umerziehungslager entlarve.

Man wird vor diesem Kontext die Augen nicht verschließen können, da er als historischer Rahmen zu der Geschichte von Fries gehört. Fries, der sich durch seine Romane »Der Weg nach Oobliadooh« (1966) und »Das Luft-Schiff – Biographische Nachlässe zu den Phantasien meines Großvaters« (1974) als einer der formal innovationsfreudigsten, phantastische Elemente des Jean Paulschen Romans souverän aufnehmenden DDR-Romanciers erwies, hat diese Schreibweise, die die Konstanten der Wirklichkeit wie die einer festumrissenen Erzählfabel im Bewußtseinsraum seines Erzählers aufhebt, auch in dieser Geschichte eingesetzt. Der Erzähler, der in der DDR in Vogelsdorf lebt, sichtet mit seinem Sohn zusammen die Briefe, Nachrichten und Fotos, die von seinen vier Tanten eintreffen, von denen es zu Anfang heißt: »Nach dem Krieg zogen alle meine Tanten in andere Länder, um endlich und für den Rest ihres Lebens und überhaupt für immer in Frieden und Wohlstand ihr Auskommen zu finden.«

Diese Tanten, Helen, Ida, Isolde und Sabine, die nun in New York, Madrid, Paris und West-Berlin leben, führen ein austauschbares Leben des bewußtlosen Wohlstands, das auf den geschickten Fotos die Betrachter stereotyp bis hin zur Ununterscheidbarkeit anblickt. Überall ähnliches Wohlstandsinterieur, der Hund, der zur Familie gehört, das Fernsehgerät, das die Nabelschnur zur Außenwelt darstellt, und als Relikt der mitteldeutschen Kindheit und deformiertes Heimatsignal die Tänzerin aus Meißener Porzellan, die auf den Fernsehgeräten ihre ewige Pirouette dreht. Von der Betrachtung der Fotos her, von den Erinnerungen, die der Erzähler an die Tanten hat, rekonstruiert er jeweils in kombinierender Montagetechnik ein Zustandsbild dieser Existenzen, wobei er auf den mitfotografierten Fernsehgeräten der Bildabzüge zugleich die eigentliche, die verlogene und von seinen Tanten gar nicht mehr wahrgenommene Schrift der Zeit erkennt.

Der Kardinal Spellmann, der auf dem Fernsehschirm der Tante Helen in New York dem »Herrn Diem aus Vietnam einen Scheck« überreicht, spiegelt die – für das amerikanische Bewußtsein – Ausgangssituation des Vietnam-Krieges, als man den Diktator Diem als »gottesfürchtigen Antikommunisten [...] und Erretter Vietnams« in Amerika feierte. Aus der Perspektive des Erzählers wird zugleich dieses in Amerika propagandistisch verbreitete Schaubild des vietnamesischen Diktators durch sein Gegenbild, sein eigentliches Bild ergänzt: das Bild eines machtbesessenen Taktikers, der Unterdrückung in seinem Land institutionalisiert und vorgibt, »einen Kreuzzug [zu] starten, in welchem vor allem seine Bevölkerung geschützt werden soll«. Das

Erstaunen der Tante Helen, »daß nun wieder Krieg sein soll«, verdeutlicht durchaus eine typische Haltung. Dieser von den öffentlichen Medien, vor allem dem Fernsehen, sozusagen als Polizei- und Hilfsaktion keimfrei gemachte und in Ideologie verpackte Krieg wurde als eine Angelegenheit, fernab vom eigenen Leben, ignoriert, während die von Fries eingeblendeten Verluststatistiken deutlich machen, wie grausam sich dieser Krieg bereits in kürzester Zeit entwickelte.

Das Foto der Tante Ida aus Madrid, die »glücklich [...] ist, in einem Land zu leben, das seit mehr als 20 Jahren auf Frieden hält« – auch wenn es sich um das Zwangsregime des Generals Franco handelt –, vermittelt durchaus einen parallelen Eindruck. Auch sie, im Wohlstand lebend, nimmt den Krieg nur als buntes Spektakel auf dem Bildschirm wahr, wobei der südvietnamesische General Ky bezeichnenderweise nur als »Caudillo Ky« vorgestellt und sein Fernsehauftritt von einem Glaubensgenossen des Kardinals Spellmann eingerahmt wird: »Ein Madrider Kleriker hält eine Ansprache über Sinn und Zweck des antikommunistischen Feldzuges [...]«. Auch die Haltung der Tante Ida gilt für die andern Schwestern und darüber hinaus für die tagträumenden gelegentlichen Betrachter dieses Krieges am Bildschirm in den westlichen Ländern: »[...] doch meine Tante Ida [...] schaltet ab, weil Politik nicht so interessant ist«.

Das Foto der Tante Isolde in Paris wirkt wie ein Abzug der beiden andern Bilder, nur daß der Bildschirm bei ihr offenbar einen politischen Kommentator des Jahres 1965 zeigt, dessen vermutliche Nachricht der Erzähler rekonstruiert: Nachrichten über die Effektivität von Napalmbomben als Kampfmittel in Vietnam. Freilich überschlägt sich an dieser Stelle das Engagement des Erzählers. Während er eine zitierte Frontbesichtigung eines ehemaligen Nazidiplomaten als ADN-Nachricht ausgibt, die lediglich vom damaligen Bonner Botschafter in Saigon spricht, und im gleichen Kontext polemisch anfügt: »Bonn stellte Saigon bisher 252 Millionen Kriegskredite sowie Lieferungen rüstungswirtschaftlicher Waren im Werte von 533 Millionen Mark zur Verfügung«, wird eine Nachricht aus dem »Neuen Deutschland« dagegen montiert, in der von 27 jungen Vietnamesen berichtet wird, die zur fachlichen Ausbildung in Frankfurt an der Oder begrüßt worden sind. Der Erzähler von Fries erweist sich an dieser Stelle unerwartet als seinen Tanten doch sehr ähnlich. Sind jene dem Informationsschwall ihres Bildschirms bewußtlos ausgesetzt, so gilt für ihn das gleiche in bezug auf die Druckerschwärze der Zeitungen.

Das Bild der in Paris lebenden Tante Isolde, die dem Krieg offenbar ein wenig kritischer gegenübersteht, widerspricht aber nur scheinbar dem bekannten Muster. Denn: »Frankreich ist gegen den Krieg in Vietnam, nachdem es seinen Krieg in Vietnam verloren hat –«. Die Freundinnen der in West-Berlin lebenden Tante Sabine schließlich fassen ihre durchaus zeittypische Einstellung zu den Vorfällen im fernen Asien in der Haltung gegenüber der Fernsehberichterstattung zusammen: »Nun stell doch mal den gräßlichen Krieg ab ... ist ja gräßlich, die armen Menschen da unten.«

Diese sich im Bewußtsein des Erzählers herstellende Simultaneität, die die zeitliche Progression des Vietnam-Krieges im Verlauf der Geschichte hervortreten läßt und zugleich die auch für das Bewußtsein der Tanten vorhandenen, aber nicht wahrgenommenen Signale verbindet, wird vom Erzähler als Erkenntniskontext gegen jene andere bewußtlose Simultaneität gestellt, die auf den Fotos der vier Tanten so unübersehbar räumlich dokumentiert ist: »Dieser Krieg steht leibhaftig im Zimmer mit den Möbeln auf Ratenzahlung, den Teppichen, Bildern aus der Bilderabteilung von Neckermann, den Lampen, Anrichten, dem Fernsehtisch mit Flaschen und Programmzeitungen. Auf dem Apparat die Tänzerin, die ihre weißrosa Gleichgültigkeit bis an ihr Lebensende dreht.« Die visuelle Verblendung ist so perfekt, daß auch das, was gezeigt wird – wie ausgewählt und zurechtstilisiert auch immer –, gar nicht gesehen wird. Die Blindheit, der Reflex der Verdrängung sind die Haltung, die zu dieser Hohlform einer westlichen Wohlstandsgesellschaft gehört.

Gewiß, diese Kritik von Fries ist berechtigt, sie betrifft die zur politischen Beeinflussung werdende, bewußtseinsverdunkelnde Macht der Massenmedien, vor allem des Fernsehens, das das Grauen, sterilisiert und in konsumierbare Häppchen gepackt, am abendlichen Bildschirm als permanente Aktionsgeschichte in Fortsetzungen vorführte. Der amerikanische Journalist Michael J. Arlen hat denn auch in aller Schärfe über die Funktion des amerikanischen Fernsehens zur Zeit des Vietnam-Krieges ausgeführt: »a more than ten-year-long television serial [...] for years, until the mood of the country turned, or became ambivalent, the network news programs went out of their way, or so it seemed, to portray the air way – the heavy bombing, the deadly ›gunships‹ – as romantic and ennobling.«[5]

Auch die Berichterstattung im westdeutschen Fernsehen war da keine Ausnahme. Das alles unterstützt das bittere Resümee in Fries' Geschichte, daß eine im Phlegma des Wohlstands blind gewordene Gesellschaft das Grauen, das tatsächlich stattfand, nicht sehen wollte, weil es eingefahrenen Vorstellungen widersprach und zudem die wohlige Ruhe des Tagträumens am Bildschirm unterbrochen hätte. Das Kartell des Schweigens, das den Krieg umgab und mit dem Beharren auf der eigenen unpolitischen Haltung die politische Basis für den Fortgang des Krieges abgab, umspannte sicherlich viele Länder.

Wenn Fries' Erzähler allerdings dieses durchaus ernstzunehmende Engagement am Ende in einer Pointe kulminieren läßt, die ein Schlaglicht auf die Bundesrepublik wirft, macht sich wiederum jene politische Blindheit des Autors bemerkbar, die sich schon an anderer Stelle notieren ließ. Indem er jenes Interview des Generals Ky zitiert, wo jener, nach seinen Vorbildern gefragt, antwortete: »Ich habe nur ein Vorbild: Adolf Hitler. Ich bewundere Hitler. Er hat sein Land auf Vordermann gebracht, als es bedroht war«, und mit der erfundenen Äußerung eines Parteisprechers der NPD zusammenmontiert: »Dieses Land, meine Damen und Herren, liebe Brüder und Schwestern, das muß endlich einmal gesagt werden, muß wieder auf Vordermann gebracht werden!«, wird der Eindruck erweckt, als sei die Bundesrepublik sozusagen ein anderes Süd-Vietnam. Eine Pointe, die auf den Autor selbst zurückfällt, der bei all der Erkenntnisanstrengung, für die seine Geschichte ein Beispiel ist, hier dem Propagandaramsch verfällt, der ähnlich entlarvend ist wie das, was der Erzähler, bezogen auf seine vier Tanten, an Entlarvung vorexerziert.

Auch hier wird der Vietnam-Krieg plötzlich nur ein Mittel zum Zweck, willkommenes Beispiel für den großen, noch nicht abgeschlossenen Kampf zwischen dem friedlichen Sozialismus und dem verbrecherischen Kapitalismus, der in der DDR längst überwunden sei. Das unterscheidet sich tendenziell dann kaum noch von der gefilterten, keimfrei gemachten Darstellung des Krieges auf den Fernsehbildschirmen. So ist der Text von Fries, so virtuos er als Simultaneitätsgeschichte montiert ist[6], ein durchaus ambivalentes Beispiel für die Aufarbeitung der zentralen politischen Krise der sechziger Jahre, einer Krise, auf die die westdeutsche Jugend so leidenschaftlich reagiert hat.

VI. Von der innenpolitischen Zerklüftung, die die Studentenbewegung seit 1967 in die gesellschaftliche Landschaft der Bundesrepublik hineingetragen hat, sprechen die folgenden Kurzgeschichten von Wolfgang Weyrauch und Alfred Andersch. Sie setzen sich weniger mit den politischen Programmen auseinander, markieren keine Sympathieerklärungen für bestimmte theoretische Positionen, in wessen politischen Namen sie damals auch immer behauptet wurden, sondern sie gehen auf die Ergebnisse der Polarisierung ein, die der Agitationsschub der Studentenbewegung damals entstehen ließ, auf die Scheidung zwischen Affirmation und Utopie oder anders ausgedrückt: zwischen Establishment und Revolution.

Die Soziologisierung des Bewußtseins der jungen Generation, die Renaissance des Marxismus an den Universitäten, die Demonstrationen gegen das imperialistische Schreckbild der USA im Angesicht des Vietnam-Krieges schufen eine Gesinnungsfronde der jungen Leute – nicht nur in der Bundesrepublik –, die, in den gesellschaftlichen Freiräumen der Universitäten zu hochfliegenden Vorstellungen stimuliert, angetreten schienen, die Vätergeneration aus den angestammten Machtpositionen zu vertreiben und ein neues utopisches Gesellschaftsmodell der repressionsfreien Demokratie, vielfach sozialistisch akzentuiert, ins Leben zu rufen. Von der Kollision zwischen theoretischem Höhenflug und politischer Erdenschwere sprechen die Kurzgeschichten von Weyrauch und Andersch, wobei Kollision nicht so sehr theoretische Auseinandersetzung meint, sondern die Beschleunigung der gegenseitigen Gewalt als eines Aktionsmechanismus, der, einmal in Bewegung gesetzt, seine eigene, immer schwerer zu kontrollierende Zentrifugalkraft entwickelt.

Die aus der Figurenperspektive eines Polizisten erzählte Geschichte »Uni« von Weyrauch schildert eine solche irrationale Wucherung der einmal in Bewegung gesetzten Gewalt am Beispiel einer Fluchtsituation, die sich im Anschluß an eine von der Polizei zerschlagene Demonstration ergibt. Das, was die jungen Studenten beispielsweise in Frankfurt als ihr politisches Programm auf den Straßen verkündeten, nimmt sich im Bewußtsein des Polizisten, der eine Pflastermalerin, die Teilnehmerin einer solchen Demonstration, verfolgt, folgendermaßen aus: »Er zweifelte nicht daran, daß sie eine Studentin war, eins von jenen Dingern, die sich so gescheit vorkommen, daß sie alles auf den Kopf stellen, und das nennen sie Revolution.«

Dem Polizisten gelingt es, das flüchtige Mädchen im Kellereingang eines Hauses zu stellen, wobei das Zücken der Pistole angesichts des völlig erschöpften und außer Atem geratenen Mädchens nicht nur absurd wirkt, sondern zugleich seine eigene Furcht zum Ausdruck bringt, die mit einer merkwürdigen subkutanen erotischen Erregung gepaart ist: »Sie hatten, wie ein verrücktes Liebespaar, Nachlauf gespielt [...]«. Diese verdeckte erotische Bedeutung wird noch dadurch gesteigert, daß das verletzte Mädchen die Trainingshose ausgezogen hat und der Polizist sie in einer für ihn zweideutigen Situation erblickt, bei der sich ihm assoziativ gleich Gedanken an Verführung einstellen. Die Situation scheint fast wie ein spielerisches Ritual – »Er war der Gendarm, und sie war der Räuber [...]« – ans Ende gelangt zu sein. Er steckt den Revolver ins Futteral und geht die Stufen der Kellertreppe hinunter, als er plötzlich stürzt, auf das Mädchen fällt und dieses ihn mehr in einem Verteidigungsreflex als in einem bewußten Gewaltakt an seinen Genitalien verletzt.

Die Reaktion des Polizisten kommt einem atavistischen Ausbruch gleich. Aus einem regressiven emotionalen Impuls heraus beginnt er zu schießen: »Blindlings zerrte er den Revolver heraus, blind vor Zorn schoß er um sich. Er schoß fünfmal.« Diese brutale reflexhafte Ermordung des Mädchens wird von Weyrauch außerhalb jedes Kontextes von politischem Kampf dargestellt, auf der Ebene einer Regression, in der verdecktes körperliches Begehren, Furcht, verletzter männlicher Stolz und Zorn ein Gefühlsamalgam ergeben, das den Hüter der Ordnung zum atavistischen Totschläger werden läßt, der besinnungslos und zerstörerisch um sich schlägt.

Die grausame Pointe der Geschichte besteht jedoch darin, daß der Polizist an der Leiche des Mädchens nicht zusammenbricht, wenigstens hier menschlich empfindet, sondern die ihm von der Gesellschaft angebotene Tarnungsmöglichkeit für seine Brutalität kaltblütig nutzt. Während er eine Stulle mit seinem »Lieblingskäse« aus dem Stullenpapier wickelt, schreibt er im Angesicht des ermordeten Mädchens seinen offiziellen Polizeibericht, der den Mord zum polizeilichen Notwehrakt eines für die Gesetze der Demokratie kämpfenden Ordnungshüters fälscht. Hier, wo die instinktive emotionale Regression sozusagen auf der Ebene der amtlichen Vernunft nachvollzogen wird, zeigt sich die eigentliche moralische Perversion dieses Protagonisten, der, sein Butterbrot kauend, die fünf auf das Mädchen abgefeuerten Schüsse rekapituliert und jedem dieser Schüsse nachträglich eine amtliche Berechtigung verleiht.

Es wäre sicherlich falsch, diese Geschichte Weyrauchs so mißzuverstehen, als ergriffe er erzählerisch Partei gegen eine Polizei, die hinter der Verteidigung von Recht und Ordnung Mörderinstinkte auslebt. Was er vielmehr darstellt, sind die Auswirkungen, die das Ferment Gewalt im Körper der Gesellschaft hat, die Zersetzungserscheinungen, die dazu führen, daß der Absturz in die Regression nicht nur die Unterscheidung zwischen Recht und Unrecht fragwürdig werden läßt, sondern auch zwischen Gewalt, die pure Anarchie darstellt, und Gewalt, die im Dienste bestimmter hehrer Ziele steht. Jede nachträglich gelieferte Legitimierung, die zum Beispiel auch zwischen der Gewalt gegen Sachen und Menschen unterscheidet und in geradezu notwendiger Eskalation dann zwischen Gewalt gegen Handlanger der Repression und Gewalt gegen Idealisten, stellt aus der Sicht von Weyrauchs Geschichte eine Lüge dar.

Die eigentliche moralische Perversion zeigt sich für ihn in den nachträglich gelieferten Begründungen. Gewalt ist in jedem Falle atavistisch, zerstörerisch, unmenschlich, stärker in den unkontrollierten Triebbereichen des Menschen verwurzelt, seinem tierischen Erbteil, als in den Ideen und politischen Programmen, die ihre Verfechter dafür in Anspruch nehmen. So gesehen, richtet sich der ideologiekritische Impetus dieser Geschichte gegen beide Lager, zeigt aus der Perspektive eines konkreten Falles auf, wie unmenschlich, wie primitiv, wie menschenunwürdig das im Einzelfall war, auf das die Demonstrationszüge der Fahnenträger und die mit Knüppeln und Revolvern bewaffneten Hüter der Ordnung sich einließen.

VII. Stellt Weyrauch den Aktionismus der Gewalt als erbärmliches Schaustück von Mord und Totschlag dar, an dem der Zufall stärker beteiligt ist als die ideologische Überzeugung der beiden Kontrahenten, so nimmt Alfred Andersch in seiner Geschichte »Jesuskingdutschke« die innere Widersprüchlichkeit der Studentenbewe-

gung auf einer Ebene der dialektisch zugespitzten Reflexion auf. Die beiden
befreundeten Studenten Carla und Leo, die mit ihrem bei einer Demonstration am
Kopf verletzten Schweizer Kommilitonen Marcel auf der Flucht vor der Polizei und
unterwegs in das Moabiter Krankenhaus sind (wo Carla als Medizinstudentin arbeitet
und wo Marcel ärztlich behandelt werden soll), entdecken auf ihrem Weg durch das
Berlin der späten sechziger Jahre in der Nähe der Philharmonie an einer Mauer die
Inschrift »Jesuskingdutschke«, von Leo, dem bärenstarken Architekturstudenten, mit
dem Satz »Es gibt doch Irre unter uns [...]« kommentiert und von Marcel, dem
Soziologiestudenten, mit der Bemerkung »Alle diese Apostel der Gewaltlosigkeit!«.
Nur Carla äußert: »[...] so irre finde ich das gar nicht.«
In diesem Signalwort fängt Andersch wie in einem Brennpunkt die chiliastischen
Erlösungshoffnungen der Studentenbewegung ein, die sich hinter aller Revolutions-
rhetorik, hinter allem Soziologenchinesisch, hinter allem Verbalmarxismus entdecken
lassen: die Sehnsucht nach jenem tausendjährigen Reich des Friedens und des Glücks,
das mit der Wiederkunft von Jesus anheben wird. Der passive Widerstand, den Jesus
den Mächten seiner Zeit entgegensetzte, bis hin zum freiwilligen Opfer seines Lebens,
gehört ebenso in diesen Zusammenhang wie der von dem amerikanischen Bürger-
rechtler Martin Luther King verkündete Widerstand der Gewaltlosigkeit wie auch das
von dem damaligen maßgeblichen deutschen Repräsentanten der Studentenbewegung, von Rudi Dutschke, zitierte Wort »vom langen Marsch durch die Institutionen«.
Und selbst der Opfertod von Jesus gibt eine religiöse Folie ab, die auch ansatzweise
hinter den beiden anderen Personen aufleuchtet: am Beispiel des heimtückischen
Attentats, dem King zum Opfer fiel, und am Beispiel des tödlich gemeinten Schusses,
der auf Dutschke am 11. April 1968 abgefeuert wurde.
Andersch stellt nicht nur mit wenigen präzisen Strichen das psychologische Klima der
Polarisierung und Konfrontation dar: am Beispiel jenes Taxichauffeurs, der sich mit
dem Satz »Ick fahre keene Studenten« weigert, die beiden mit dem verwundeten
Freund in ein Krankenhaus zu fahren, und den dreien obendrein eine Polizeistreife
hinterherschickt, da er vorgibt, von ihnen bedroht worden zu sein. Auch das Ritual der
polizeilichen Vernehmung, mit der kalten amtlichen Überlegenheit den beiden
Deutschen gegenüber, deren Personalien – widerrechtlich – schriftlich festgehalten
werden, und dem beflissenen Kotau vor Marcel, als die Polizisten merken, daß es sich
um einen Schweizer Staatsbürger handelt, ist eine Momentaufnahme, die die politische
Verhärtung der damaligen Situation in aller Schärfe hervortreten läßt. Das gleiche gilt
auch für den kurzen, als Erinnerungsrückblick des Kennenlernens von Leo und Marcel
eingeblendeten Hinweis auf die sprachsoziologische Untersuchung von Marcel. Aus
der Lektüre der Tageszeitungen schrieb er nur jene Wörter heraus, die graduell einen
Diffamierungskontext ergeben, den er so definierte: »Vor dem Pogrom. Über die
Technik der Einrichtung von Ghettos durch Sprache.«
Doch im Mittelpunkt dieser Kurzgeschichte steht, wie gesagt, nicht eine psychologische
Situationsausleuchtung der aufgebrochenen politischen Polarität in den großstädti-
schen Zentren der Bundesrepublik in den späten sechziger Jahren, sondern die
Reflexion der politischen Ideen und Hoffnungen, die sich hinter den Appellen und
Aktionen der Studentenbewegung erkennen lassen. Dabei spricht es durchaus für die
Differenziertheit von Anderschs Darstellung, daß er die Protesthaltung seiner drei
Protagonisten nicht mit dem bequemen Trick legitimiert, sie mit verkorksten

Väterfiguren auszustatten. Die gegen die Gesellschaft gerichtete Aktivität wäre dann nur eine Projektion der Feindschaft gegen die Väter. Vielmehr ist Leos Vater ein Arbeiter, der in der kommunistischen Partei gegen den Nationalsozialismus gekämpft hat, ins KZ geraten ist und nun den Aktionen der jungen Leute zwar mit Sympathie gegenübersteht, aber ihrer Spontaneität mißtraut und die Niederlage kommen sieht. Freilich hat sich in der Zwischenzeit auch längst seine Haltung zur Partei gewandelt, die damals alles so sorgfältig plante und jedes Risiko so vorsichtig kalkulierte, daß faktisch nichts erreicht wurde. Sein Resümee »In der Theorie war die Partei imma jroß« ist denn auch ein Urteilsspruch, der seine Distanz deutlich zum Ausdruck bringt.

Mit einem geradezu »perfekten Über-Ich« ist Carla ausgestattet, mit einem Vater, der als jüdischer Arzt im Dritten Reich nur mit Glück überlebte und seiner Tochter »eine ziemlich primitive, aber wirksame Theorie des Widerstandes beigebracht« hat: »Wir haben damals alle gekuscht [...] niemand ist auf die Idee gekommen, daß man gegen Gewalt Gewalt setzen könnte. Niemand hat gekämpft, ich meine wirklich gekämpft, mit der Waffe in der Hand. Es ist doch aussichtslos, hieß es immer. Du bist nur ein Mädchen, Carla, aber halte dich an die, die kämpfen, wenn sie vor der Gewalt stehen!«

So wahr dieses Bekenntnis ist, auf die faschistische Terrorrealität im Dritten Reich bezogen, so problematisch wird seine Übertragung auf die bundesdeutsche Wirklichkeit der späten sechziger Jahre. Diese Problematik wird denn auch am ehesten von jenem zwischen den Generationen der Jungen und Alten stehenden Arzt ausgedrückt, der Marcel im Krankenhaus verbindet und der den jungen Leuten vorwirft, »nach dem Bonbon der Revolution statt nach dem Brot der Reform« zu schnappen. Für ihn ist die programmatische Definition des Gesellschaftssystems nicht entscheidend, sondern die moralische Beschaffenheit der Individuen, die dieses System repräsentieren: »An einer Gesellschaftsordnung ist nur wichtig, ob sie von anständigen oder von unanständigen Leuten gemacht wird.« Es überrascht nicht, daß das als »unbrauchbare Elite-Theorie« von den jungen Leuten abgelehnt wird. Es ist, aus der Trümmerliteratur kurz nach 1945 hinübergerettet, das Beharren auf dem Humanum als letztem Bollwerk gegen die Zerstörungsflut, die moralische Apotheose des Individuums inmitten einer kollektivistischen Welt, deren Mechanismen jedoch nicht vom einzelnen, sondern von Machthierarchien der verschiedensten Zusammensetzung bestimmt werden.

Auf einer anderen Ebene der Reflexion wird diese Frage nach der Wahrheit der politischen Ideen im Gespräch zwischen den drei jungen Leuten unterwegs zum Krankenhaus diskutiert, und zwar am Beispiel der Auseinandersetzung zwischen dem ungarischen Marxisten Georg Lukács und Bucharin, einem der herausragenden kommunistischen Theoretiker der russischen Gründergeneration, der von Stalin wie viele andere in den Moskauer Schauprozessen erniedrigt und anschließend ermordet wurde. Während Lukács die Produktivkräfte in den Arbeitern personalisiert und – das ließe sich als orthodoxe marxistische Position bezeichnen – damit auch durch die Befreiung der Arbeiter die gesellschaftliche Neubestimmung und sinnvolle Verwendung der Produktivkräfte gewährleistet sieht, erkennt Bucharin – mit den Worten von Marcel – »als einziger die Rolle der Technologie [...] ›Jedes gegebene System der gesellschaftlichen Technik bestimmt auch das System der Arbeitsverhältnisse zwischen den Menschen‹«.

Daß Bucharin mit seiner Erkenntnis dogmatisierte Positionen des Marxismus als unwissenschaftlich hinter sich läßt, zum Beispiel die Idolisierung der Arbeiter zur revolutionstragenden Schicht, ist freilich nicht nur als theoretische Differenz historisch interessant, sondern wird im Verlauf des Gespräches mit der Erniedrigung des Menschen Bucharin durch die Praxis der Stalinschen Schauprozesse schmerzhaft verdeutlicht: »Bucharin hat sich vor Gericht als verbrecherischer Charakter bezeichnet. Er hat Trotzki verleugnet. Am Morgen seiner Erschießung mußte man ein wimmerndes Stück Fleisch aus der Zelle ziehen. Noch das Exekutionskommando hat er um sein Leben angebettelt.«

Es ist inzwischen, nicht zuletzt nach der durch Chruschtschow eingeleiteten Entstalinisierung bekannt, mit welcher psychischen und physischen Folter die vermuteten Rivalen Stalins seiner Paranoia geopfert und das heißt: in menschliche Wracks verwandelt wurden. In der Tat, die gesellschaftliche Technik, hier die der umfassenden Repression, die der der Nazis in den KZs wahlverwandt zuzuordnen ist, hat das Verhältnis zwischen den Menschen bestimmt, einen Kampf der brutalen unmenschlichen Zerstörung. Daß das als dunkles Chaos am Ende der Eskalation der Gewalt steht, spricht keineswegs gegen den brillanten Theoretiker Bucharin, der gewissermaßen in einer Zerreißprobe Charakter und Rückgrat habe vermissen lassen, sondern macht deutlich, daß ein solches Bild der individuellen Courage von Revolutionären ein romantisches Klischee darstellt, das von der Wirklichkeit, die, in Gewaltrotation geraten, zum allesverschlingenden Monstrum wird, widerlegt worden ist.

Diese Sichtweise, die hier abstrakt im Gespräch der drei Studenten auftaucht, wird aus der Innenperspektive Leos, aus dessen Figurenblickwinkel auf weiten Strecken erzählt wird, zusätzlich thematisiert. Und erst hier läßt sich das eigentliche Zentrum dieser ungemein differenziert aufgebauten und mit Wechselspiegelungen arbeitenden Kurzgeschichte erkennen. Denn Leo, der das Ereignis um die Verletzung Marcels während der Demonstration in Gedanken ständig neu durchlebt, hätte jenen Schlag des Polizisten abwehren können, hat es jedoch nicht getan, da ihm in jenem entscheidenden Augenblick klar geworden ist: »Nur daß er dann Angst bekommen hatte, ganz gewöhnliche physische Angst, und nicht einmal besinnungslose, sondern klare Angst. Er hatte haarscharf berechnet, was kommen würde, wenn er den Angreifer entwaffnet hätte: sie hätten sich zu fünft, zu zehnt auf ihn gestürzt und ihn total zusammengeschlagen. Und Marcel dazu. Den Schlag auf Marcels Kopf zuzulassen, war das kleinere Übel gewesen.«

In einem jähen Erkenntnisblitz ist ihm deutlich geworden, daß er selbst faktisch in der gleichen Lage enden würde, die sie an einem weit zurückliegenden Beispiel aus der Geschichte der russischen Kommunistischen Partei, am Beispiel Bucharins, debattiert haben. Die in Wucherung geratene Gewalt wird zu einem außer Kontrolle geratenen Tank der Zerstörung, der alles niederwalzt und ein Chaos zurückläßt, aus dem sich zu retten nicht mit moralischen Begriffen wie Feigheit oder Versagen beschrieben werden darf, sondern mit Begriffen wie Einsicht und Vernunft. Das ist die andere Seite der Spontaneität, mit der die Studenten offenbar schon so viel erreicht haben: »Mit nichts als ein bißchen Rabatz in den Universitäten und mit ein paar Demonstrationen.«

Andersch nähert sich hier im Resultat durchaus der Einsicht von Weyrauchs Geschichte an. Der Protagonist seines Erzähltextes desertiert an dieser Stelle, er setzt sich ab nach Rom, um zusätzliches Material für seine Abschlußarbeit über die antiken

Mietskasernen zu sammeln. Es ist Resignation, gewiß, nicht Feigheit, aber zugleich Einsicht in die Antinomien einer Situation, die für den einzelnen nur die Möglichkeit der Zerstörung offenhalten, die unter einer säkularisierten heilsgeschichtlichen Perspektive höchstens als Opfer idolisiert würde. Die ganze parteiliche Programmatik der Studentenbewegung schrumpft solcherart dann tatsächlich zu der chiliastischen Erlösungshoffnung der Formel »Jesuskingdutschke« zusammen. Aus dieser Erkenntnis heraus desertiert Leo. Als seine Freundin Carla aus dem Krankenhaus anruft und ihm mitteilt, die Verletzung Marcels sei glimpflich abgelaufen, vereinbart er kein neues Zusammentreffen, worauf sie wartet. Er setzt sich ab.

Auch mit diesem Erzähltext, der mit einer beispiellosen Verdichtungskraft das Spektrum der innenpolitischen Zerklüftung in der Bundesrepublik Ende der sechziger Jahre einfängt und durchleuchtet, beweist Andersch ein weiteres Mal, daß er unter den deutschen Kurzgeschichtenautoren seit 1945 nahezu singulär ist: im Erkenntnisengagement und in der artistischen Brillanz seines Erzählens.

9. Das Zeitgefühl der Unruhe: Die siebziger Jahre

I. Gerade am Ausgang dieses Jahrzehnts stehend, empfindet man die siebziger Jahre noch als bedrängende Gegenwart, der die Zukunftsperspektive fehlt, aus der sich die verwirrenden Eindrücke zum Grundmuster eines Zeitabschnitts ordnen lassen. Zu widersprüchlich und gegenläufig sind die Ereignisse, die sich als Narben dem noch ungegliederten Gesicht dieses Jahrzehnts eingekerbt haben. Die euphorischen Reformerwartungen, die sich nach der von einer breiten Mehrheit getragenen Wiederwahl Willy Brandts und seiner sozialliberalen Koalition im Herbst 1972 einstellten, liefen vielfach ins Leere, da die vom Vietnam-Trauma der Amerikaner ausgelöste Währungs- und Wirtschaftskrise eine Rezession verursachte, in deren Sog auch die bundesdeutsche Wirtschaft geriet. Gebremste Zuwachsraten, Konjunktureinbrüche und erhebliche Arbeitslosenzahlen, verbunden mit den weltweiten Krisensignalen eines Rohstoffmangels, vor allem bezogen auf Erdöl, legten eine Politik der pragmatischen kleinen Schritte nahe, die Hoffnungen enttäuschen mußte und enttäuschte.

Hinzu kam, daß die linke Bewegung sich sektiererisch aufspaltete, dabei mit einem aktionistischen Ausläufer, der sich an den Aktivitäten lateinamerikanischer Guerilla-Kämpfer orientierte und mit spektakulären Terrorakten, die auch den Mord kaltblütig einkalkulierten und durchführten, ein Klima der innenpolitischen Verunsicherung und Angst schuf. Das schlug sich einerseits in Präventivmaßnahmen der staatlichen Verantwortungsträger nieder – Begriffe wie »Radikalenerlaß«, »Berufsverbot« und »Sympathisantenszene« beherrschten das publizistische Feld – und schuf andererseits eine Situation der wechselseitigen Verdächtigung, die die zur Sicherung der demokratischen Verfassung eingesetzten staatlichen Mittel häufig als Repressionsmaßnahmen erscheinen ließ. Diese auch in der politischen Wertung äußerst zerstrittene Situation, die sich unter der Kanzlerschaft des Sozialdemokraten Helmut Schmidt wieder stabilisierte und auch durch ökonomischen Wiederaufschwung zum Teil neutralisiert wurde, läßt sich hier nicht in allen Facetten einfangen, vor allem nicht wertfrei als phänomenologische Situationsschilderung präsentieren. Begriffe wie »Tendenzwende« und »neue Restauration« sind sicherlich ebenso polemisch befangen wie das entsprechend negativ akzentuierte Vokabular, das auf der linken Seite des politischen Spektrums zur Beschreibung der Situation verwendet wird.

Studentenbewegung und Außerparlamentarische Opposition sind am Ausgang der siebziger Jahre zu historischen Phänomenen geworden. Nicht unmittelbar mit dem politischen Kontext der Bundesrepublik verklammerte, aber ihre politische Situation dennoch bestimmende Probleme stehen aktuell im Zentrum der Aufmerksamkeit. Die stärkere politische Empfänglichkeit, mit der die breite Öffentlichkeit der »mündigen Bürger« auf diese Probleme reagiert – handle es sich nun um Energiekrise und entsprechende Maßnahmen der Energiekonservierung oder um die Umstellung auf eine nukleare Energiegewinnung oder um die industrielle Verplanung der letzten Reservate von natürlicher Umgebung und historisch gewachsenem Siedlungsraum –, sich in Bürgerinitiativen gegen vom grünen Tisch her beschlossene Maßnahmen zur Wehr setzt und sich als von ökologischem Problembewußtsein beherrschte Partei der »Grünen« auch als politische Kraft zu profilieren begann, mag letztlich auch mit eine Auswirkung der Studentenbewegung sein, die die Bürger gelehrt hat, daß Politik und Privatleben sich nicht auf getrennten Schienen fortbewegen, sondern ein und dasselbe sind, wenn das Privatleben in umgekehrter Entsprechung zur industriellen Wachstumskurve nicht ständig mehr »Lebensqualität« – auch dies eines der Signalwörter der aktuellen Situation – verlieren soll.

Für die Schriftsteller, die fast durchweg der linken Aufbruchbewegung sympathisierend gegenübergestanden hatten, erwies sich das, was das Wort »Tendenzwende« schlagwortartig andeutet, als einschneidendste Erfahrung. Die mit administrativen Abwehrmaßnahmen sich panzernde Demokratie ließ den emphatischen Erwartungshorizont der geweckten Reformhoffnung einschrumpfen und zur Resignation werden. Viele, die sich besten Gewissens und sicherlich auch aus lauteren Motiven heraus ideell auf die Seite der aufbegehrenden jungen Leute begeben hatten – Böll ist ein bezeichnendes Beispiel dafür –, sahen sich nun plötzlich als heimliche Drahtzieher, als »Schreibtischtäter« und »Sympathisanten« verdächtigt und wurden mit dem Blick auf die terroristischen Exzesse einer Minderheit zumindest indirekt für die wahnwitzigen Resultate mit verantwortlich gemacht. Die Linke selbst, die sich in ihren intellektuellen Köpfen als Verlängerung einer immer wieder verschütteten Aufklärung in der Geschichte Deutschlands sah, glaubte sich plötzlich einer Diffamierungskampagne gegenüber, die als polemisches Werkzeug einer neuen konservativen Strömung, einer neuen Restauration in die Hände arbeitete.

Unter diesem Aspekt kommt dem öffentlich geführten Briefwechsel zwischen dem liberalen Politologen Kurt Sontheimer und dem maßgeblichen Theorie-Vertreter der Frankfurter Kritischen Schule Jürgen Habermas, Ende 1977 in der »Süddeutschen Zeitung« geführt[1], als Gradmesser des innenpolitischen Frostes Schlüsselbedeutung zu. Sontheimer, keineswegs ein konservativer Gesundbeter, vertrat mit Nachdruck die Überzeugung, »der Terrorismus habe seinen geistigen Nährboden in linken, revolutionären Theorien« (700), und sieht ihn in einen Zusammenhang eingebettet, dessen ursächliche Verknüpfung für ihn zum Vorschein kommt in »der maßlosen Diffamierung unserer Demokratie, ja, daß auch der Terrorismus als eine wahnwitzige politische

Option einzelner nur begreifbar wird vor dem Hintergrund einer böswilligen Verteufelung unserer demokratischen Lebensordnung, in der angeblich alle möglichen Formen von Repression, Ausbeutung und Terror bereits praktiziert werden« (703).

Habermas wiederum, der, mit Carl Schmitts Begriff »innerstaatliche Feinderklärung« operierend, die gegen die linke Sympathisantenszene gerichtete Polemik als »Intellektuellenhetze« (708) einstufte, als »Versuch, den inneren Feind zu definieren« (708), sieht mit der Dämonisierung der Identität der Linken als einer politischen Aufklärungsbewegung zugleich die Identität der SPD als Partei untergraben und hält der führenden Regierungspartei in diesem Zusammenhang vor: »Sie zerstört diese Identität, wenn sie, und wir sind nahe genug daran, das Existenzrecht der Linken in der Bundesrepublik preisgibt, *auch* derjenigen Linken, die den Demokratischen Sozialismus nicht gerade auf der Linie der gegenwärtigen Regierungspolitik anstreben.« (711)

Die geschichtliche Aufgabe dieser linken Bewegung, deren Kontinuität es unter allen Umständen zu wahren gelte, beschreibt er in einem knappen Überblick so: »Während der Adenauer-Erhard-Ära ist die innenpolitische Entwicklung der Bundesrepublik durch eine auffällige Arbeitsteilung bestimmt worden: die Regierung hat für eine (alles in allem erfolgreiche) ökonomisch-gesellschaftliche Restauration gesorgt, während die Intellektuellen, im Gegenzug zur Mentalität des Kalten Krieges und des kapitalistischen Wiederaufbaus, die verdrängte Tradition der Aufklärung von Lessing bis Marx in ihrer ganzen Breite zur Geltung gebracht haben.« (710)

Wenn auch die Formel von »Lessing bis Marx« nur eine Leerformel darstellt, so läßt sich doch, bezogen auf die Schriftsteller, um deren Kurzgeschichten es im folgenden geht, sagen, daß ihre Arbeiten Beispiele dafür sind, diese »verdrängte Tradition der Aufklärung« aufzuarbeiten. Die Haltung, die sie freilich dabei zum Ausdruck bringen, ist nirgendwo mehr von überschwenglicher Hoffnung gezeichnet. Sie schwankt zwischen Zynismus und Melancholie, zwischen Trauer und Ratlosigkeit, zwischen nostalgischer Erinnerung und narzißtischer Selbstbespiegelung. Das Zeitgefühl der Unruhe ist ohne jeden aufbegehrenden, alte Positionen in Frage stellenden Schwung. Es zeugt von Irritation und Unsicherheit, von der Larmoyanz übertriebener Selbstbezogenheit, die als neuer Subjektivismus verstanden werden will[2].

II. Alexander Kluges Erzähltext »Das Zeitgefühl der Rache« aus den »Neuen Geschichten« »Unheimlichkeit der Zeit« wirkt wie eine aus empirischem Wirklichkeitsmaterial collagierte Fallstudie, die die bundesrepublikanische Wirklichkeit von einer grauen Randzone aus, der Prostitution und ihrer geschäftlichen Organisierung, als Kältekammer darstellt, in der die Regeln der Leistungsgesellschaft zur Perfektion der Unmenschlichkeit erstarrt sind, da der Entfremdungssog der Leistung sich hier zur vollzogenen Entfremdung des Menschen – der Mensch selbst ist die Ware – gesteigert hat: »Baronin Mucki, eine Wertanlage. Sie ist als Prostituierte eine spezialisierte Fachkraft.« Die Biographie dieses zur Geschlechtsmaschine gewordenen Menschen schrumpft denn auch in der Darstellung Kluges, die zwischen den Perspektiven ihrer beiden »Zuhälter Tigges und Herrchenröther« und ihrer eigenen wechselt, zu den Investitionsaspekten und -aussichten eines Aktienpaketes zusammen, das bei konsequenter Ausnutzung im Laufe von sechzehn Jahren – das heißt: der Geschäftsspanne, die Mucki zwischen dem Alter von 22 und 38 Jahren zur Verfügung steht – bei Absolvierung von 58 400 Kunden den Gewinn von 5 360 000 DM erbringen muß.

Durch ein perfektes System der Überwachung und Bestrafung, dessen größtes Drohmittel darin besteht, Muckis Kind, das in einem Internat ohne Kenntnis der Lebenssituation seiner Mutter aufwächst, bzw. seine Schule zu informieren, wird die Bewegungsfreiheit der Frau völlig eingeengt. Die einzigen Rudimente von Privatleben, ein Hund, den sie besitzt, und eine »Schwarze Kasse, in die sie kleine Geldsummen abzweigt«, wirken bereits als Entgleisungen, die von ihren »Besitzern« geahndet werden – so im Falle des Hundes, der vergiftet wird – oder würden, wenn sie – so im Falle der Kasse – davon wüßten. Die unterschwellige Obszönität dieses von einer Geschäftslogik verplanten Lebens bringt Kluge bereits durch die Sprache zum Ausdruck, die vorgibt, sachlich zu sein, und sich zugleich verbal selbst entlarvt. So heißt es etwa: »Hitzewelle. Gegen Abend Hauptstoßzeit. Zwei Amateusen, Kellnerinnen in dem Lokal, in dem Mucki hauptsächlich verkehrt, springen ein.« An dem Doppelsinn der Wörter »Hauptstoßzeit« oder »verkehrt« ist in diesem Kontext nicht zu zweifeln. Es ist eine Sachlichkeit, die sich unfreiwillig enthüllt als das, was sie eigentlich ist: obszön.

Die Entwicklungsgeschichte, die diese Frau als Person haben kann, läßt sich nur unter den Aspekten geschäftsfördernd oder geschäftsschädigend auffassen. Das erste ist der Fall, wenn sie, völlig zum entfremdeten Lustgegenstand geworden, reibungslos funktioniert, das zweite, wenn ihre menschliche Person subjektive Gefühlsregungen zu zeigen beginnt, die zu ihrer geschäftlichen Aufgabe in Widerspruch geraten. Genau diese Entwicklung stellt Kluge dar. Ein junger Ausländer, der als Aushilfskellner beschäftigt ist, wird von seinem Wirt an die Luft gesetzt und von der gutmütigen Mucki in ihrer Behausung untergebracht. Daß sie sich bei der privaten kleinen Liebesgeschichte, die sich zwischen beiden entspinnt, zugleich bei Max ansteckt und mit ihm zusammen ein paar Tage das Bett hüten muß, beleuchtet die Ambivalenz der Situation, in die sie hineingeraten ist: »Ein solcher Privatmoment bringt alles durcheinander.«

Die Bestrafungsaktion der beiden Zuhälter, die sieben Tage lang »ihr verschwundenes Wertobjekt Mucki« suchen und sie endlich aufspüren, wird denn auch von Kluge als Repressionsmaßnahme bewußt in Analogie zur Justiz gesetzt: »Das Zuhälterwesen steht der Justiz nicht nach«. Daß die in Panik versetzte Mucki die Existenz ihrer geheimen Kasse gesteht, trägt ihr nicht etwa mildernde Umstände – wie anfänglich in Aussicht gestellt – ein, sondern wird als Schuldbeweis aufgefaßt und führt zu einer verschärften Strafe, da die private Kasse »unzulässig« war. Der Liebhaber Max »wird krank geschlagen«, Mucki stünde ähnliches bevor. In dieser Zwangslage, die sich noch dadurch zuspitzt, daß Mucki weiß, daß eine Kollegin bereits an einer ähnlichen »Behandlung« der beiden Zuhälter gestorben ist, wendet sie sich an jene gesellschaftliche Ordnungsinstanz, die dazu da ist, die Privatsphäre des einzelnen zu schützen und seinen Anspruch auf Recht zu erfüllen.

Das zynische Resultat, auf das die Darstellung Kluges hier aufmerksam macht, besteht gerade in der Umkehrung der Erwartungen, die Muckis Schritt motiviert haben. Gewiß, der Kriminalkommissar Pfuller, »der das Vertrauen zahlreicher dieser Frauen besitzt«, würde Mucki in Schutz nehmen, wäre er nicht seinerseits in eine administrative Hierarchie eingegliedert, die nicht vom Ziel der Rechtsfindung und Rechtsdurchsetzung allein motiviert wird, sondern auch von persönlichem Konkurrenzneid, von Intrigen, ja von offensichtlich die Praxis des Rechtsstaates außer Kraft setzenden

Aktionen. Der »ehrgeizige« Kriminalrat Kobras hat »Pfullers Gespräche mit Wanze abgehört«, nimmt Pfuller den Fall aus der Hand, da er die Chance zu einem großen Schlag gegen das Zuhälterunwesen gekommen sieht und Mucki Schäfer als Kronzeugin gegen die beiden Zuhälter in einem Prozeß einsetzen will. Der Kellner Max wird von ihm einfach ins Ausland abgeschoben. Mucki ist nur von einem System der Unterdrückung in ein anderes übergewechselt, wobei auch dieses System seine pragmatische Funktionstüchtigkeit dadurch unter Beweis stellt, daß Mucki, die unbedingt ihres persönlichen Schutzes wegen ins Gefängnis kommen will und Straftaten begeht, nicht verhaftet wird, da Kobras »eine nicht vorbestrafte Kronzeugin« braucht. Wenn Mucki sich aus Angst davor, von den Zuhältern totgeschlagen zu werden, an die Justiz gewandt hat, so bleibt sie auch jetzt in diesem Kreislauf befangen, denn aus Angst vor der Rache der Zuhälter, die sie als Kronzeugin belasten soll, verstümmelt sie sich selbst ihre Zunge und stirbt daran.

Als der eigentliche Protagonist der Geschichte erweist sich am Ende der »Nuttenvater Pfuller«, der »ein Gedächtnis wie ein Elefant« hat. Die personifizierte Moralität seiner Haltung steht neben der institutionalisierten, entfremdeten Moral des Justizsystems und kann nur dadurch zum Zuge kommen, daß er die formalen Grenzen dieses Systems bewußt überschreitet, freilich den ehrgeizigen Kobras stürzt, aber da er sich »in Straftaten verwickeln« mußte, um Rache für Muckis Tod nehmen zu können, selbst seinen Abschied nehmen muß: »Das ist ihm die Rache wert.«

So wenig in diesen Systemen gesellschaftlichen Funktionierens, wobei Zuhälterbereich und Justizbereich in ihrer Struktur als homologisch erscheinen, private Entfaltung noch möglich ist, so wenig läßt sich auch in der Montagestruktur des Textes ein als Person zu identifizierender Erzähler erkennen. Dennoch besitzt dieser Text in seiner deutlichen Steigerungsstruktur, die freilich aus aneinandergereihten und nicht auseinander entwickelten Stationen besteht, Kurzgeschichtenzüge wie auch in der offenkundigen Peripetie, daß Mucki gerade das Schicksal ereilt, das sie durch ihre Hinwendung zur Justiz vermeiden wollte. Und auch der Schlußsatz läßt sich durchaus im Sinn einer Kurzgeschichte als Pointe bezeichnen, als Summierung einer tendenziellen Bewegung, die die ganze Geschichte zum Ausdruck bringt: Recht und Gerechtigkeit sind als moralischer Wert nur noch in der Aktion von Einzelkämpfern zu finden, die sich außerhalb des etablierten Systems von Recht begeben müssen, um gerade diesem zum Durchbruch zu verhelfen. Die Rache als ein Prinzip der atavistischen Moral besitzt freilich ein Doppelgesicht. Aus der Perspektive der beiden Zuhälter ist sie »Generalprävention«, Unterdrückung in höchster Steigerung, aus der Perspektive von Pfuller ein aus privater moralischer Verantwortung gezündeter Sprengsatz, der zugleich seine eigene Position in diesem System mit zerstört.

Kluge – und hier wird man dann doch Zweifel haben, seine Fallstudie als typologische Situationsdarstellung der bundesdeutschen Wirklichkeit der siebziger Jahre hinzunehmen – zeichnet ein Bild von so geschlossener, »perfekter« Negativität, daß die brüchige und widersprüchliche Wirklichkeit, obwohl er ihre Widersprüche zum Teil namhaft macht, zum Schreckbild geronnen scheint und wie der Alptraum jener Realität wirkt, die den einzelnen umgibt. Mag also auch der Zynismus seiner Bestandsaufnahme eine Zutat des Autors sein, von der Verdüsterung der Lage legt er dennoch unpathetisch Rechenschaft ab.

III. Zeichnet Kluges Geschichte so etwas wie ein düsteres Relief der bundesdeutschen Wirklichkeit der späten siebziger Jahre, so konzentrieren sich die im folgenden behandelten Geschichten von Jägersberg, Böll und Schneider auf Protagonisten, die die Desillusionierungserfahrung jener Jahre zu verarbeiten suchen, den Abschied von den hochgespannten Zukunftserwartungen der Studentenbewegung: der krampfhafte Versuch von Jägersbergs Unternehmersohn, über seinen eigenen Schatten zu springen und als Firmennachfolger sich an die Wirklichkeit des Geschäftemachens zu assimilieren; bei Böll die Kollision zwischen der humanen Hilfsbereitschaft seines Protagonisten und dem vom Sympathisantengerede verdunkelten Bewußtsein seiner Umwelt, die ihm die gewollte Integrierung in die bundesdeutsche Wirklichkeit verwehrt, zumindest erschwert; bei Schneider der nostalgische Trip zurück in die Vergangenheit, das Déjà-vu-Erlebnis als Droge für die Gegenwart, aus der alle Hoffnung gewichen zu sein scheint und in der die Trostlosigkeit überwiegt.

Der zur Generation der im Krieg Geborenen gehörende Otto Jägersberg, der sich durch seine Romane »Weihrauch und Pumpernickel« (1964) und »Nette Leute« (1967) als ein scharf beobachtender und die Trivialität des alltäglichen Lebens boshaft sezierender Erzähler profilierte, der Randgruppen und Randzonen der bundesdeutschen Wirklichkeit analysiert, hat sich auch in seinen Geschichten als einer der bemerkenswerten jüngeren deutschen Erzähler ausgewiesen.

»Dazugehören«, obwohl vom äußeren Umfang her fast schon eine »long short story«, weist dennoch durch die tragende Handlungseinheit, die durch zeitliche und räumliche Kontinuität gestützt wird, den Umschlag der Handlungsführung und das pointierte Ende die Gattungsmerkmale der Kurzgeschichte in geradezu musterhafter Weise auf. Daß es sich freilich um ein Erzählbeispiel handelt, das man den besten deutschen Kurzgeschichten an die Seite stellen darf, hat weniger mit der Erfüllung der gattungsgeschichtlichen Hohlform zu tun als mit der außerordentlichen Intensität und Verdichtungskraft, mit der aus der Erzählerperspektive des auf sein Examen zusteuernden Studenten und Unternehmersohnes das Zeitklima der sogenannten »Tendenzwende« dargestellt wird.

Dieser Franz Kloss, der aus pazifistischer Überzeugung den Wehrdienst verweigerte und auch weil er daran glaubte, »daß nach dem Vergangenen kein Deutscher mehr ein Gewehr haben soll«, und der offenbar auch der Studentenbewegung mit einer gewissen Sympathie gegenüberstand, bringt in seiner Situation des umfassenden Selbstzweifels die Identitätskrise seiner Generation zum Ausdruck. Da ist einerseits die Hoffnungslosigkeit seiner Zukunftsperspektive, die Absolvierung seines Studiums und die mögliche Zukunft an der Seite seiner Freundin Sabine, an deren Liebe er nicht so recht zu glauben vermag, weil sein subjektives Wertgefühl völlig geschrumpft ist. Ebenso nebelhaft ist ihm andererseits die bereits im voraus verplante Zukunft als Junior-Firmenchef in der einst wichtigen, aber nun ständig mit Schwierigkeiten kämpfenden mittleren Baufirma seines Vaters. Diese Identitätskrise, in den beiden miteinander im Widerstreit liegenden Zukunftsperspektiven seines Lebens veranschaulicht, stellt in der Steigerung ihrer Symptome bis hin zur offenen Flucht am Ende die eigentliche, die innere Handlung dar, die aus der Bewußtseinsperspektive von Kloss ständig das Geschehen, das sich auf der äußeren Handlungsebene abspielt, in seiner prallen Tatsächlichkeit hinterfragt und damit fragwürdig werden läßt. Diese äußere Handlung ist eine Treibjagd, zu der sein Vater eingeladen hat. Indem er den Namen seines ältesten

Sohnes mit auf die Einladung setzen ließ, bringt er demonstrativ zum Ausdruck, daß es sich um die berufliche Initiation des Juniorchefs handeln soll, dem auf der Treibjagd die Honoratioren der kleinstädtischen Umgebung und damit die künftigen Geschäftspartner vorgestellt werden.

Die Treibjagd, deren Ablauf solcherart im Mittelpunkt steht und von Jägersberg mit einer Fülle satirischer Streiflichter minuziös und sarkastisch festgehalten wird, erweist sich im psychologischen Kontext der Mittelpunktsfigur zugleich als eine gegen ihn selbst gerichtete Jagd. Und wenn er am Ende, den Kehrreim »aus-ge-lacht« eines von wechselnden Sängern gebotenen Liedes im Ohr, flieht, ist er den Hasen gleich, die sich die Honoratioren vor die Flinten treiben lassen. Freilich ist diese Jagd auf einer anderen Ebene auch eine metaphorische Figur, die die wirtschaftlichen Existenzprobleme seines Vaters und der Firma verdeutlicht. Der Vater, dessen Lebensinhalt Franz völlig zweifelhaft ist – »Aber welche Ziele hat der Vater über Halten und Mehren von Besitz hinaus?« – und vor dessen Nachfolge in der Firma er instinktiv zurückschreckt – »Nur nicht so werden wie der Vater, will Franz, nur nicht so leben wie er und die anderen.« –, hat die Treibjagd auch organisiert, um seine Sorgen um die Zukunft der Firma im Gespräch mit den maßgeblichen politischen Drahtziehern dieser Provinzregion sondieren zu können. Unter diesem Aspekt nimmt das Gespräch zwischen ihm und dem Oberkreisdirektor Markwirth, dessen Stimme bei der Vergabe von kommunalen Bauaufträgen entscheidend ist, eine Schlüsselstellung ein. Obwohl Kloss »achthundert Arbeiter und hundert Angestellte« beschäftigt, ist er nach einer vollzogenen Gemeindereform aus der einst dominierenden Mittelpunktsstellung an die Peripherie gedrängt worden und bekommt es – gerade angesichts der Verschlechterungen in der Baukonjunktur Mitte der siebziger Jahre – schmerzlich zu spüren: »Die Firma Kloss, einst das größte Baugeschäft in der Region, ist in eine Randzone verdrängt und von der neuen Schaltstelle für die Vergabe von kommunalen Aufträgen aus gesehen nur ein kleineres Unternehmen. Und es geht dem Vater um die Fragen, wie weit reicht Markwirths Einfluß unter den neuen Verhältnissen und ist er bereit sich für die Kloss zu verwenden.«

Der zum Statisten dieses Gespräches degradierte Franz ist während dieser ganzen Unterhaltung, bei der sich Markwirth mit freundlichen Gemeinplätzen jeder Festlegung entzieht, ununterbrochen damit beschäftigt, einem angeschossenen Fasan, der zu seinem Schreck noch lebte, als er ihn aufhob, die Kehle zuzudrücken. Auch das ist ein Bild, das zum zeichenhaften Stenogramm seiner Situation und der Situation des Vaters wird, der sich seine Aufträge in Algerien holen muß, weil er daheim keine mehr bekommt, und über dessen wirtschaftliche Zukunft sich Franz im klaren ist: »Die Pleite des in der Struktur gesunden Betriebes ist vorgezeichnet.« Auf ihn selbst bezogen, bringt dieses Bild zum Ausdruck, daß alles das, was an Wünschen und Hoffnungen noch ungeklärt, aber als Möglichkeit in ihm vorhanden ist, erstickt werden wird, sobald er in die Leitung der Firma eintritt und sein künftiges Schicksal unter das Diktat einer wirtschaftlichen Fremdbestimmung stellt, die in Gestalt eines Geschäftsfreundes, der von einer intensivierten Geschäftsverbindung in Form einer Heirat zwischen Franz und seiner Tochter träumt, bereits bis in sein Privatleben reicht.

Dieses Gefühl, ein Versager zu sein, ein Außenseiter, der sich niemals den Regeln des uniformierten und entfremdeten Lebens unterordnen kann, ohne daß er seinerseits eine überzeugende Alternative wüßte, verläßt ihn nur vorübergehend am Schluß der

Jagd, als das als Unterhaltung gedachte Ritual des Jagdgerichtes abgewickelt wird. Der Alkohol, der vorübergehend seine Skrupel löst, gibt ihm plötzlich die Sehnsucht nach dem bewußtlosen Untertauchen in diesem vorgefertigten und vorherbestimmten Leben ein, dessen Gesetzmäßigkeit von außen reglementiert wird: »Und Franz verlangt plötzlich nach dieser Welt, er will mit dabei sein und mitmachen, er will die Firma schon leiten, das kann er, er spürt, er ist der richtige Mann, er will Verhandlungen führen, Leute seiner Wahl einstellen, Versager entlassen, Aufträge reinholen, aufsehenerregende Pläne vorlegen... Er will gleichgültig gegenüber dem persönlichen Glück sein, aber seinen Platz in der Mitte haben, anerkannt sein und normal, normal wie die anderen...«

Kein Zweifel, Jägersberg gestaltet hier phänotypisch die resignative Verzichthaltung einer Generation, die mit ihren politischen Träumen und Veränderungswünschen, mit ihrem Drang nach einem alternativen besseren Leben, einem Leben, das die Selbstverwirklichung eines aus der Entfremdung ausgebrochenen Ichs in den Mittelpunkt der Lebensperspektive stellt, in die Leere gelaufen ist und die sich in einem Akt der mentalen Selbstentleibung dem sogenannten normalen Leben, dem Leben des Jagens und Gejagtwerdens, dem »rat race«, der Treibjagd der Leistung, in die Arme werfen will: »Ich habe Fehler gemacht, all mein Denken war so unerheblich und hat mich nur ins Abseits gebracht, ich war verschlossen und wollte besonders sein. Vorbei. Nicht mehr wahr. Ich will normal sein und meine Pflicht erfüllen... mit euch und für euch leben... meinen Bruder und meinen Vater lieben.«

Die euphorische Umarmung, mit der er in diesem Augenblick seinen Bruder Karl bedenkt, der jenes vermeintlich natürliche Verhältnis zu den Leuten in der Firma hat, das Franz so abgeht, täuscht nicht darüber hinweg, daß es sich um eine theatralische Verbrüderung handelt, um eine Assimilation an das verhaßte Geschäftsleben um den Preis der Selbstaufgabe. Das anzügliche Lied, mit dem er sich in die Stimmung der andern einschmeicheln will, wird nur als peinlich empfunden und macht ihm in einer plötzlichen Erkenntnisperipetie bewußt, daß all sein Verlangen nach Unterwerfung und Überbrückung der Kluft vergeblich war. Im Bewußtsein, von den andern ausgelacht zu werden, ist er am Ende allein und beobachtet, wie »zwei Frauen die Kadaver in einen Kastenwagen verstaun [...]« – ein Hinweis auf Tod, Verwesung und Sarg, der auch ihn selbst einschließt, die Zukunftserwartung seines eigenen Lebens.

Diese Kurzgeschichte zählt zu den erzählerischen Bravourstücken der neueren deutschen Literatur und fängt das Zeitklima der Hoffnungslosigkeit, das hinter dem Signalwort »Tendenzwende« so unübersehbar zum Vorschein kommt, in einer dinglich-konkreten Beschreibungstextur ein, die die aufgezeichneten Phänomene nirgendwo metaphorisch spreizt, aber ihnen im Kontext dennoch eine Transparenz verleiht, die auf die geistige Situation der sich selbst aufgebenden Aufbruchgeneration hin durchsichtig wird und ein beklemmendes Röntgenbild von deren Verfassung entwirft.

IV. Auch in der Geschichte Bölls »Du fährst zu oft nach Heidelberg« geht es um den Versuch der Assimilation des jungen Protagonisten, der, einst Elektriker, über den zweiten Bildungsweg zu einem Studium kam und nun kurz davor steht, nach einem mit Glanz absolvierten Examen in eine bürgerliche Existenz hineingehievt zu werden. Böll hat seinen Protagonisten, aus dessen Perspektive die gerade abgelaufenen zwei Tage rückblickend erzählt werden, keineswegs als politisch Radikalen gezeichnet, der, aus pragmatischer Einsicht zum Konvertiten geworden, sich um Angleichung an die Leistungsgesellschaft bemüht. Als der Protagonist vor dem Büro des in der Kulturadministration tätigen höheren Beamten Kronsorgeler sitzt, bei dem er sich eine berufliche Anstellung erhofft, teilt er einem anderen Kandidaten, der von sich bekennt: »Ich bin Kommunist, du auch?«, ausdrücklich mit: »[...] nein, wirklich nicht – nimms mir nicht übel.« Die ihm zur Verfügung stehende freie Zeit hat er in der Vergangenheit nicht auf Demonstrationen zugebracht, sondern für sein Hobby des Radfahrens aufgewendet. In gewisser Weise stellt er sogar in seiner Vita ein Musterbeispiel für Erfolg durch Leistung dar.

Die drei Situationsausschnitte, in die sich Bölls Geschichte aufgliedert, verdeutlichen zugleich den sozialen Aufstieg. Einerseits das kleinbürgerliche Zuhause in seinem Elternhaus mit einem Vater, der als Automechaniker arbeitet und so wie seine Frau noch nicht so recht daran zu glauben vermag, daß ihr Sohn es fast geschafft hat. Andererseits der Nachmittagskaffee, den er im Hause des Akademikers Schulte-Bebrung trinkt, dem gutbürgerlichen Elternhaus seiner Verlobten Carola, sozusagen eine Projektion der durchaus annehmlichen bürgerlichen Existenz, die auf ihn selbst wartet.

Das Irritationsmoment, das beide Bilder leitmotivisch miteinander koppelt, kommt in dem sehr indirekt und behutsam formulierten Ratschlag von Vater und künftigem Schwiegervater zum Ausdruck: »Fahr nicht zu oft nach Heidelberg –«, ein Ratschlag, dem sich auch seine Braut Carola anschließt, als er sich von ihr verabschiedet: »[...] du hast nur einen kleinen Fehler: du fährst zu oft nach Heidelberg.« Worauf Böll hier ironisch aufmerksam macht, ist ein Klima der Verunsicherung und verinnerlichten Selbstzensur, die die psychologischen Auswirkungen des sogenannten »Radikalener-lasses« verdeutlicht, der eingeführten Praxis der Erforschung der demokratischen Gesinnung bei beruflicher Eingliederung in den öffentlichen Dienst. Die Teilnahme an Demonstrationen der Studentenbewegung, Unterschriften, die man unter Resolutio-nen leistete, die Sympathie, die man bestimmten politischen Gruppierungen gegenüber an den Tag legte oder – als Extremfall – die Zugehörigkeit zu einer kommunistischen politischen Organisation (sämtlich biographisches Geröll, das die Studentenbewegung in der Biographie der einzelnen zurückgelassen hatte) erwiesen sich nun zum Teil als unausräumbare Stolpersteine bei dem Versuch einer beruflichen Integration.

Die bittere Ironie, auf die Bölls Kurzgeschichte freilich hinweist, besteht darin, daß sich von äußeren Indizien her, die in Kontexte der Vermutung und Verdächtigung eingelagert werden, psychologische Beweisketten ergeben, die, sobald sie erst in amtlichen Dokumenten niedergelegt sind, zu Hürden werden, die sich kaum mehr überspringen lassen. So fährt Bölls Protagonist nicht deshalb nach Heidelberg, weil es zur Zeit der Studentenbewegung eine der radikalsten linken Universitäten geworden war und eine terroristische Splittergruppe hier ihren Ausgangspunkt hatte – das ist der falsche Indizienbeweis, der sich von außen her ergibt –, sondern weil er mit einem chilenischen Ehepaar befreundet ist, dem nach dem Sturz Allendes die Flucht geglückt war und das sich nun darum bemüht, eine neue Lebensbasis für sich in der Bundesrepublik aufzubauen: »Sie wußte doch, daß er dort zu Diego und Teresa fuhr, ihnen beim Übersetzen von Anträgen half, beim Ausfüllen von Formularen und Fragebögen; daß er Gesuche aufsetzte, ins Reine tippte; für die Ausländerpolizei, das

Sozialamt, die Gewerkschaft, die Universität, das Arbeitsamt; daß es um Schul- und
Kindergartenplätze ging, Stipendien, Zuschüsse, Kleider, Erholungsheime [...]«.
Diese im Grunde unpolitische, humane Hilfsbereitschaft wird dennoch als öffentliche
Geste der Sympathieerklärung für eine marxistische Haltung vertretende ausländische
Asylanten in einen Kontext der unterschwelligen politischen Verdächtigung eingela-
gert, der letztlich verhindert, daß ihm Kronsorgeler die erhoffte berufliche Tätigkeit
vermittelt. Das Gespräch mit ihm, das im Mittelpunkt des dritten Situationsausschnit-
tes steht, hat denn auch seinen Höhepunkt, als der durchaus freundliche, konziliante
Mann, der sich fast privat mit Bölls Protagonisten unterhält, am Ende, als er auf einen
kleinen Fehler des Protagonisten anspielt, von jenem direkt gestellt wird: »Ja, ich weiß
[...] ich fahre zu oft nach Heidelberg.«
Die Begründung, die Kronsorgeler für seine Absage gibt, wirft denn auch ein
Schlaglicht auf die Ghettoisierung einer Generation, die, vom Odium der Studentenbewegung wissentlich und unwissentlich berührt, gewissermaßen den Reflex der
Berührungsangst bei ihrer sozialen Umgebung auslöst, aber darüber hinaus zugleich
ein Schlaglicht auf eine subtile Repression, deren Auswirkungen dennoch so
einschneidend sind wie bei einer von der Arroganz der Macht getragenen: »Ich kann
Ihnen nicht sagen, wie peinlich mir das ist. Ich habe Ihren Weg, einen schweren Weg mit
Sympathie verfolgt – aber es liegt ein Bericht über diesen Chilenen vor, der nicht sehr
günstig ist. Ich darf diesen Bericht nicht ignorieren, ich darf nicht. Ich habe nicht nur
Vorschriften, auch Anweisungen, ich habe nicht nur Richtlinien, ich bekomme auch
telefonische Ratschläge.« Was als Pointe faktisch am Ende steht, ist ein indirektes
Berufsverbot, das die individuelle Entwicklungsgeschichte seines Protagonisten auf
absurde Weise ins Gegenteil verkehrt.
Gewiß läßt sich argumentieren, daß der öffentliche Dienst ja nur eine Berufsmöglich-
keit unter anderen sei, und an »Alternativen« denkt ja auch gleich Bölls Protagonist
nach der Absage. Hinweisen ließe sich auch darauf, daß Bölls Erzählbeispiel ein
soziales Exempel demonstriert, das die ungerechten Überschneidungen am Rand
aufzeigt, während das breite Spektrum in der Mitte durch ein solches Überwachungs-
verfahren doch möglicherweise adäquat erfaßt werde. Doch Böll macht zu Recht
darauf aufmerksam, daß der Satz vom Hobeln, bei dem Späne fallen, übertragen auf
die Berufssituation, ein unmenschlicher, ein zynischer Satz ist und daß moralisch ein
einziger Fall von Unrecht jede Erfolgsstatistik aus den Angeln hebt.
Aber noch wichtiger ist, daß Böll mit seiner erzählerischen Sonde in Bereiche
vordringt, die man als Privatheit außerhalb des Zugriffs öffentlicher Reglementierung
sieht. Tatsächlich ist es jedoch so, daß das Klima der Einschüchterung internalisiert
wird und als Selbstzensur die Bewegungsfreiheit einengt, noch ehe bestimmte sichtbare
Grenzen sie reglementieren. Gerade weil sich diese Einschüchterung unter der
Oberfläche ausbreitet und auf den ersten Blick kaum zu erkennen ist, wird ihre Gefahr
als um so größer von ihm eingeschätzt. Scheitert der Assimilationsversuch von
Jägersbergs Protagonisten an dem Erkenntnisekel, den er vor einer Welt der leeren,
normalen Geschäftigkeit, des bürgerlichen Alltags empfindet, so wird Bölls leistungs-
bewußtem Protagonisten, der keineswegs an der Identitätskrise der gescheiterten
Linken leidet, diese Assimilation ironischerweise deshalb versagt, weil nicht die Fakten
seiner erbrachten Leistung zählen, sondern die Stigmatisierung durch seine Nähe zu
Personen, denen er sich aus humaner Hilfsbereitschaft zugewandt hat, die jedoch als

politisch Verdächtigte gewissermaßen auf ihn abfärben. Unter diesem Aspekt hat sich die Kritik bei Böll eher noch radikalisiert, weil er sie vom Identitätskonflikt des einzelnen weg auf einen Legitimationskonflikt des demokratischen Gesellschaftsganzen verlagert, das durch seine Praxis in Widerspruch zu seinem demokratischen Credo gerät.

V. Peter Schneider, der in seinem Prosatext »Lenz« (1973) die Bewußtseinskrise eines ehemals politisch engagierten Studenten eindringlich analysiert hat, für den die politische Programmatik zunehmend an Bedeutungskraft verliert und der, von einer gescheiterten Liebesbeziehung motiviert, in Italien auf der Suche nach einer neuen politischen Identität ist, nimmt in seiner Geschichte »Das Wiedersehen« nochmals die Perspektive seiner ersten Prosaarbeit auf. Der Erzähler, der zufällig eine ehemalige Freundin wiedertrifft und sie spontan einlädt, über die Weihnachtszeit ein paar Tage mit ihm in den Schwarzwald zu fahren, hat an einer Stelle, als sie im Skilift einen Hang hinauffahren, den Eindruck: »Plötzlich hatte ich das Gefühl, das alles schon einmal erlebt zu haben. Waren wir nicht denselben Weg schon einmal gegangen, auf der Suche nach merkfähigen Gründen für den bevorstehenden Abschied? Oder war das nur ein ähnlicher Weg in einer anderen Landschaft? Die Angst, daß die ganze Zeit in die Wiederholung eines Spaziergangs zusammenrutschte, trieb uns zur Aufzählung von Errungenschaften, die die Abwesenheit des anderen ermöglicht hatte.«

Dieses Déjà-vu-Erlebnis, der sich zwingend aufdrängende Erinnerungseindruck, als habe man das gegenwärtig Erlebte schon einmal in der Vergangenheit so erlebt, als komme also die Progression der Zeit zu einem Stillstand, wird dem Erzähler als Gefühl der rotierenden Leere schockhaft bewußt und verleiht der ganzen, doch offenbar spontan arrangierten Reise einen Zug des Zwangs, des Versuchs nämlich, etwas, was als Vergangenheit im Bewußtsein abgelagert ist, nochmals zum Leben zu erwecken und damit die dazwischenliegende Zeit ungeschehen zu machen. Das wird auf der Ebene der Reflexion auch von der Freundin Karin zum Ausdruck gebracht, als sie während der ersten gemeinsamen Nacht im Hotel auf die Erstarrung von gestischen Gefühlsbezeugungen plötzlich mit dem Ausbruch reagiert: »Ich habe das vorhin schon gemerkt, als wir voreinander standen, es ist alles verplant, bevor es angefangen hat, ich weiß überhaupt nicht, warum ich mich auf diese Reise eingelassen habe [...] ich rede nicht davon, daß die Zeit zu kurz ist, aber diese Zeit hat kein offenes Ende, und das Ergebnis stand bereits fest, bevor du mich in diesem Café getroffen hast.«

Die persönliche Geschichte, mit der ihre wiederaufgenommene Beziehung als Zukunftsmöglichkeit gesehen sein könnte, existiert nicht, da es sich um die nostalgische Wiederholung eines Rituals handelt, das seine Entwicklungsperspektive eingebüßt hat. Die Erkenntnis des Erzählers: »[...] die Erinnerungen waren aus unseren Fingern gewichen, und als wir uns ansahen, gab es kein Wiedererkennen« verdeutlicht in aller Eindringlichkeit, daß es sich in der Tat um ein arrangiertes Déjà-vu-Erlebnis handelt, um den Versuch, eine Gefühlswirklichkeit herzustellen, die unterderhand die andere, die vergangene Wirklichkeit selbst mittransportieren könnte. Diese andere Wirklichkeit ist von dem Erzähler, der sich inzwischen beruflich integriert und sein Bewußtsein betäubt hat, längst abgefallen. Bezeichnenderweise heißt es an einer Stelle über die Beobachtung Karins: »Sie sah mich an wie jemanden, der sich auf der Flucht befindet.« Dieses untergründig ständig vorhandene Motiv der Flucht läßt sich vor allem an der

Reaktionsweise der Außenwelt ablesen, die die beiden – hierin auf eine indirekte Weise durchaus der Darstellung Bölls vergleichbar – mit einem stillschweigenden Netz von Verdächtigung umgibt.

So gesehen, ist das kurz eingeblendete Zitat aus der Zeitung, die ein Leser am Nebentisch des Cafés dem Erzähler gestisch fast aufdrängt, ein Signal der innenpolitischen Situation: »Irgend jemand, der schon lange gesucht wurde, war gefaßt worden, und irgendein anderer, von dem man noch nie gehört hatte, wurde jetzt gesucht.« Das wird unbewußt durchaus als Anspielung auf die eigene Situation empfunden, die so in eine unterschwellige Aura der Bedrohung getaucht ist. Als Karin an seinen Tisch tritt, heißt es über den Mann am Nebentisch: »Ich schaute ihn an und sah einen Verdacht in seinen Augen.« Und kurze Zeit später, während der Unterhaltung mit dem Mädchen, fühlt er sich »angeschaut von demselben vergleichenden Blick«. Als Karin, festlich angezogen, in dem kleinen Schwarzwald-Hotel, wo sie ausgerechnet am Heiligabend eingekehrt sind, an den Tisch kommt, bemerkt der Erzähler, »daß sie mit ihrem Gang durch die Gaststube eine Prüfung vor einer schweigenden Jury abgelegt hatte«. Die abweisende Fremdheit der andern Leute wird nicht zu Unrecht so übersetzt: »Sie schauen dich an, als ob sie dich kennen. Sie blättern im Geist irgendwelche Steckbriefe durch.« Der Kellner, der sie bedient, »starrte mißtrauisch auf Karins Hand, als würde sich darunter eine Waffe verbergen«. Und als die Hotelleitung die beiden Gäste mit der Ausrede, das Zimmer sei bereits vergeben gewesen und ihnen nur irrtümlich überlassen worden, vertreiben will, wird diese Atmosphäre der psychologischen Verunsicherung von dem Erzähler parodistisch auf die Spitze getrieben, indem er seinen Widerspruch gestisch so untermauert: »Gleichzeitig feuerte ich ein paar Zündkapseln mit der winzigen Anhängerpistole an meinem Schlüsselbund ab.«

Auch hier wird wie bei Böll ein Zeitklima eingefangen, das eine schleichende Vergiftung der menschlichen Beziehungen sichtbar macht, eine in den Köpfen der Leute entstehende Stigmatisierung, die mit Vermutungen und Verdächtigungen Außenseiter schafft. Freilich gilt in dieser Situation kaum mehr, was in der Vergangenheit das Ergebnis solcher Abdrängung war: »Es war das alte Gefühl der Gemeinsamkeit, das durch Abgrenzung gegen Dritte entsteht.« Dieses Gefühl der Gemeinsamkeit stellt sich eben nicht mehr dauerhaft ein. Die Rituale der Subjektivität, die die beiden wiederholen, sind verbraucht. Die nostalgische Flucht zurück in die Vergangenheit erweist sich als Sentimentalität, ja als Selbstbetrug. Das Existenzgefühl, das für den Erzähler und seine Freundin gilt, wird unauffällig in Bildern akzentuiert, die ein Herausgeratensein aus der Wirklichkeit dokumentieren, eine abgrundtiefe Isolation, so wenn sich dem Erzähler beim gemeinsamen Zuhören eines Liedes diese Assoziation aufdrängt: »Das Lied kam wie aus großer Tiefe, die Töne klangen, als würden sie durch Wasser gepreßt. Ich sah die ganze Gruppe auf dem Meeresgrund sitzen: grinsend und mit der Lockerheit betrunkener Wassermenschen spielte sie ihre Instrumente, mit trägen, durch das Wasser gemilderten Bewegungen.« An einer andern Stelle wird diese Isolationserfahrung, wiederum beim Zuhören von Musik, analog so beschrieben: »[...] flüchtige Botschaften von einem anderen Planeten, die nur wir auffangen konnten, dicht unter dem höchsten Punkt der Umgebung.«

Das Ethos dieser neuentdeckten Subjektivität, das ein Autor wie Peter Handke in den siebziger Jahren bis zum Überdruß reproduziert hat, wird von dem Erzähler an einer Stelle in einer filmischen Erinnerung an eine Szene in »Harold and Maude«

beschrieben, als Harold seiner achtzigjährigen Geliebten einen Ring schenkt: »Maude betrachtete ihn lange, dann wirft sie ihn mit einer ganz schnellen und jungen Bewegung ins Meer. Jetzt weiß ich wenigstens immer, wo er ist, sagt sie. In diesem Moment [...] flogen alle, als diese alte Frau eine lächerliche oder langweilige Zukunft wegwarf, um einen Augenblick ganz zu haben.«

Doch gerade dieser nur von sich erfüllte und nur sich selbst meinende Augenblick stellt sich bei den beiden nicht ein. Das Déjà-vu-Erlebnis, das der Erzähler gegen Ende plötzlich verspürt, bezeugt das ebenso wie auch der überstürzte Aufbruch am Ende, als der Erzähler unterschwellig von seiner alten politischen Identität träumt – »Wenn wenigstens die Polizei käme und uns mitnähme zur Identifikation!« – und die auf ihn wartende, dann nach ihm suchende und verloren im Nebel am Straßenrand stehende Freundin wieder zu sich ins Auto nimmt. Die Rückkehr am nächsten Morgen zurück in eine Wirklichkeit, in der jeder für sich allein seinen Weg gehen wird, dokumentiert das endgültige Scheitern dieser Suche nach der Vergangenheit als Suche nach der Subjektivität. Der Schlußsatz »Ich haßte diese Straße, die unter uns weg sauste« ist ein Bild für den Wirklichkeitsschwund, der auch für jene Realität gilt, deren sich die »neue Sensibilität«, die sich Ende der siebziger Jahre wieder einmal auf dem Weg nach Innen befand, bemächtigt zu haben glaubte.

Während für den Erzähler Lenz in Schneiders gleichnamigem Prosastück auch nach dem Verlust des Mädchens in seinen Erinnerungen noch immer der Satz gilt: »Seine Geliebte wird für ihn der Schlüssel zur Welt [...]«[3] und er im Rückblick diese Beziehung zum archimedischen Punkt seines Ichgefühls verabsolutiert, macht der Erzähler im »Wiedersehen« die Erfahrung, daß eine Rückkehr und Fortsetzung nicht möglich ist, daß alles zur schalen Wiederholung gerinnt und in der Mechanik des Déjà-vu vollends ausgelaugt wird. So gesehen, ist die Desillusionierung in diesem neuen Text um vieles verstärkt worden. Zeigte sich Lenz' vage Zukunftshoffnung nach der Rückkehr – er wird von den italienischen Behörden aus Oberitalien abgeschoben – in dem Schlußwort »Dableiben« (90), so ist die rasende Fahrt auf der Autobahn am Schluß des »Wiedersehens« ebenso ein Bild für den sinnlosen Fluchtzustand wie das Bild des »Fallschirmspringers«, das sich dem Erzähler für seine Situation aufdrängt, als er zu Anfang der Geschichte die Schwarzwald-Karte nach einem geeigneten Ferienort absucht. Der Absturz, der sich hier verschlüsselt für seine Situation andeutet, hat sich am Ende nach dem Zusammenbruch der Illusion von der Wirklichkeit, der man im Gefühl zu einem andern Menschen habhaft wird, eher noch verstärkt. Das Zeitgefühl der Unruhe, das alle diese Erzählfiguren bestimmt, weist auf eine reduzierte, melancholisch in sich selbst verkapselte Wirklichkeitserfahrung zurück, die sich von den politischen Veränderungsträumen distanziert hat und richtungslos im nach außen hin abgeschotteten Ichgefühl nach neuen Orientierungen sucht.

10. Das andere Deutschland: Leben in der DDR

I. Die Intensität, mit der sich die Zeitgeschichte der letzten vierzig Jahre in der Short Story im westlichen Teil Deutschlands abgebildet hat, gilt nicht in gleicher Weise für die Stellung dieser Erzählgattung im historischen Kontext der DDR. Die im folgenden gewählten Beispiele heben daher nur einige zeitgeschichtliche Aspekte des Lebens in der DDR hervor.

Die Präambel, mit der auf dem VI. Parteitag der SED vom 15. bis 21. Januar 1963 das erste Programm der Sozialistischen Einheitspartei Deutschlands verkündet wurde, beschreibt einen Staat, eine Gesellschaft, den Neubeginn eines Zeitalters im Indikativ, von dem die meisten DDR-Bürger höchstens im Futur sprechen würden: »Ein neues Zeitalter in der Geschichte des deutschen Volkes hat begonnen: das Zeitalter des Sozialismus. Es ist das Zeitalter des Friedens und der sozialen Sicherheit, der Menschenwürde und Brüderlichkeit, der Freiheit und Gerechtigkeit, der Menschlichkeit und Lebensfreude. Die jahrhundertalte Ausbeutung des Menschen durch den Menschen wird beseitigt. Das Volk, das alle Werte schafft, gestaltet sein Schicksal, das Geschick der Nation. In der neuen Gesellschaft gilt der Grundsatz: Alles mit dem Volk, alles durch das Volk, alles für das Volk. Die Deutsche Demokratische Republik ist in dieses neue, das sozialistische Zeitalter in Deutschland bereits eingetreten. Hier hat die Arbeiterklasse im Bündnis mit den werktätigen Bauern und den anderen Werktätigen die Staatsmacht erobert und gemeistert. Sie wurde dazu befähigt durch die Überwindung der jahrzehntelangen Spaltung der Arbeiterklasse, durch die Vereinigung der Kommunistischen Partei und der Sozialdemokratischen Partei zur Sozialistischen Einheitspartei Deutschlands. Seit über 100 Jahren ist die sozialistische Gesellschaft das Kampfziel der revolutionären deutschen Arbeiterbewegung. Ihrem heroischen und opferreichen Kampf ist es zu verdanken, daß heute der Sozialismus in der Deutschen Demokratischen Republik Wirklichkeit wird.«[1]

Gemessen freilich an der Realität und ihren Problemen, gemessen an den aus der wirtschaftlichen Entwicklungslage und der administrativen Steuerung hervorgehenden Restriktionen, gemessen an dem Klima der Gesinnungserkundung und -gängelung, an einem System von »Erziehungsmaßnahmen«, die der einzelne als Druck und Zwang empfindet, handelt es sich bei der Beschreibung dieser Präambel um »Poesie«. Trotz aller politisch-wirtschaftlichen Krisen, die im Juni 1953 im Aufstand der Arbeiter in Ost-Berlin und im August 1961 im Bau der »Mauer« kulminierten, trotz aller ökonomischen Aufwärtsentwicklung, die den erreichten Lebensstandard der DDR zum Vorbild für die anderen Ostblockstaaten werden ließ, gilt dennoch auch für den aktuellen Zustand im Rückblick auf die drei Jahrzehnte von erreichter Leistung im wesentlichen – zumindest aus der Perspektive der meisten DDR-Bürger und ihrer Einschätzung der ermöglichten »Lebensqualität« – das Resümee, das der Dramatiker Peter Hacks 1958 die Parteirepräsentantin Emma Holdefleiss in seinem damals viel diskutierten und von den Parteiinstanzen gemaßregelten Stück »Die Sorgen und die Macht«[2] sagen ließ: »In meinem leeren Beutel / Trag ich die Fülle der Welt, den Kommunismus, / In den wir einziehn werden und in einem / Nicht fernen Jahr. Es gibt Beschlüsse darüber. / Kollegen, Kommunismus, wenn ihr euch / Den vorstelln wollt, dann richtet eure Augen / Auf, was jetzt ist, und nehmt das Gegenteil; / Denn wenig ähnlich ist dem Ziel der Weg. / Nehmt so viel Freuden, wie ihr Sorgen kennt, / Nehmt so viel Überfluß wie Mangel jetzt / Und malt euch also mit den grauen Tinten / Der Gegenwart der Zukunft buntes Bild.«[3]

Hacks' ironische Polemik, die im wesentlichen auch noch Ende der siebziger Jahre nicht widerlegt war, will freilich als Akt kritischer Solidarität verstanden werden, als Beitrag zur Bewältigung des Weges, der noch unübersehbar vor dem Erreichen des Ziels liegt. Aus dieser Situation erklärt sich auch die besondere Lage der Künstler, die auf ihrer Ebene am Aufbau des Sozialismus mitarbeiten und als Weichensteller des richtigen »Bewußtseins« für die bürokratischen Steuerungszentralen der Partei von größtem Gewicht sind. Von daher ergibt sich auch die paradoxe Situation der schriftstellerischen Arbeit in der DDR: daß sie einerseits nicht in jener sozialen Gummizelle allgemeiner Indifferenz operiert wie vielfach in der Bundesrepublik, sondern als wichtig von den bürokratischen Machtträgern wahrgenommen wird und daß sie andererseits, gerade weil sie so ernst genommen wird, viel stärker mit gegenläufigen Steuerungsmaßnahmen, von der indirekten Zensur bis zum Veröffentlichungsverbot und Ausschluß der Autoren aus dem Schriftstellerverband, konfrontiert ist. Dieses sehr komplizierte Verhältnis des Staates zur Literatur und umgekehrt zwingt dazu, die Frage des kritischen Engagements bei dem einzelnen Autor ständig neu zu überprüfen. Und zwar gilt das nicht nur aus der Perspektive der staatlichen Kontrollinstanzen der DDR, die mit der Reglementierung des Kulturbetriebs befaßt sind und jene jeweils auf die neue ideologische Entwicklungssituation geeichte Waage handhaben[4], die den Trennungsstrich zwischen kritisch subversiv und kritisch solidarisch zu signalisieren vermag. Es gilt auch und erst recht für die Beobachtungsperspektive, die bundesdeutsche Kritiker an die Literatur der DDR ansetzen und dabei mit Vorliebe zwischen einer gleichgeschalteten, systemkonformen Literatur der reinen Affirmation und einer kritisch aufklärerischen, einer oppositionellen Literatur unterscheiden, die – häufig dann aus politischen Gründen – in der Bundesrepublik als die maßgebliche, als die eigentliche DDR-Literatur eingestuft wird[5].

Es kann hier weder die Aufgabe sein, das komplizierte Verhältnis zwischen Literatur und bürokratisch-staatlicher Autorität der DDR in allen Verästelungen darzustellen noch die vielschichtig gelagerte, von Konfliktverknotungen ständig durchsetzte politische Entwicklungsgeschichte der DDR von spezifischen Kurzgeschichten her deutlich zu machen. Dazu reichen weder die im folgenden gewählten Beispiele aus, noch wäre die Kurzgeschichte im innerliterarischen Kontext der DDR ein so tragfähiges Gattungsexempel, daß es erlaubt wäre, eine solche literarische Erkenntnisschneise in die Zeitgeschichte der DDR zu schlagen. Das hat mit der spezifischen Herkunft der Short Story zu tun, für die die amerikanische Literatur konstitutiv ist. Von den großen Erzählern der DDR-Kurzprosa wie Kunert, Bobrowski, Hermlin, Kant wird diese Ableitung ohne weiteres anerkannt, ja sie beziehen sich in ihren Kurzgeschichtsarbeiten auf einzelne, für ihre eigene Entwicklung besonders wichtige amerikanische Autoren. Für die Literaturkritik und -wissenschaft der DDR jedoch ist die Short Story Teil einer ideologisch stigmatisierten Literatur, deren generelle Ablehnung sich auch in Vorurteilen der Short Story gegenüber niederschlägt und indirekt dazu führt, Herkunftszusammenhänge zu konstruieren, innerhalb deren die amerikanische Literatursituation deutlich abgewertet wird. Von daher ist es höchst bezeichnend, daß in dem DDR-»Sachbuch für Schreibende«[6], das den Titel »Vom

Handwerk des Schreibens« trägt, in der gattungstypologischen Skizze über die Kurzgeschichte zwar einerseits widerstrebend anerkannt wird: »Die Kurzgeschichte hat als short story vor allem durch Edgar Allan Poe weltliterarische Bedeutung erlangt« (101), aber andererseits das poetologische Spektrum der Kurzgeschichte nicht an Poes berühmtem Essay über die Hawthorne-Geschichten illustriert wird, sondern an einem Poetik-Statement des russischen Erzählers Alexej Tolstoi, das freilich gegen viele ähnlich gelagerte Ausführungen von amerikanischen Autoren austauschbar ist, bis hin zu dem Schlußsatz: »Die Kurzgeschichte ist die beste Schule des Schriftstellers.« (100)

Und auch für die im ganzen differenziert argumentierenden Ausführungen der DDR-Kritiker Günter Jäckel und Ursula Roisch, die mit ihren beiden Essays »Nachrichten und poetische Informationen« und »Geschichte als Geschichten« eine Grundlegung der »sozialistischen Kurzgeschichte« versuchen[7], ist charakteristisch, daß sie die Herkunftsgeschichte – am Beispiel von Jäckels Ausführungen – so weit auffächern, daß sich jeder literaturhistorische Konnex auflöst: »Die epischen Kurzformen des 15. bis 18. Jahrhunderts – Ausdruck realistischer und oppositioneller Strömungen der Volksliteratur – müssen deshalb ebenso als Vorbilder der modernen Kurzgeschichte begriffen und erforscht werden wie die weltliterarischen Überlieferungen. Sind von diesen besonders die angelsächsischen Einflüsse als maßgebend hervorgehoben worden (von E. A. Poe bis Hemingway, Katherine Mansfield oder J. D. Salinger), so dürfen Tschechow, Gogol, der junge Gorki als Vorbilder ebensowenig unterschätzt werden wie Maupassant oder Zola. Schließlich kommen als dritte bedeutende Quelle des informationsverdichtenden Erzählens seit den zwanziger Jahren die operativen, presseeigenen Genres der proletarischen Literatur hinzu.« (10)

Auf einem solchen zerklüfteten historischen Relief betrachtet, leuchtet es dann durchaus ein, daß eine gattungstypologische Identität der Kurzgeschichte, weil sie eben von einer Fülle von disparatem historischen Material zugeschüttet worden ist, kurzerhand als nicht vorhanden proklamiert wird. Das verleiht zwar der eigenen Argumentation einige Schlüssigkeit, amputiert aber die Gattung als solche: »Es muß jedoch zugleich anerkannt werden, daß zu allen Formen Beziehungen bestehen, die es verhindern, einen Prototyp Kurzgeschichte aufzustellen. Nicht eine kaum zu beschreibende *Struktur* also ist für das Verständnis dieses Phänomens wichtig, sondern die Funktion. Sie besteht, um es thesenhaft und ein wenig vorschnell vorwegzunehmen, in einer abbreviierten Gestaltung der Alltagswirklichkeit, hinter deren vordergründigen Erscheinungsformen in irgendeiner Weise eine umfassendere Wahrheit unserer Epoche sichtbar wird« (Jäckel, 16).

Diese so auf den kleinsten gemeinsamen Nenner gebrachte Gattung, deren Profil nur noch mit einem abstrakten inhaltlichen Hinweis (auf die Sichtbarmachung einer umfassenderen Wahrheit) und einem wirkungsgeschichtlichen Moment (dem Aspekt der Bewußtseinsstimulierung des Lesers zum »perspektivischen Weiterdenken« [Jäckel, 16]) benannt wird, will sich weder als Kurzgeschichte einprägen, noch gar als sozialistische Kurzgeschichte, deren gattungstypologisches Adelsprädikat die folgende Formulierung umreißen will: »Darum führt in der sozialistischen Kurzgeschichte diese Form der Ersparung in Handlung, Charakter oder Detail, im Gegensatz zu Techniken in der spätbürgerlichen Gesellschaft nicht zur Preisgabe der Wirklichkeit, sondern auf dem Wege über eine symbolträchtige Verdichtung zu einer neuen, genrespezifischen Totalität.« (Jäckel, 81)

Was freilich einerseits mit der »Preisgabe der Wirklichkeit« und andererseits mit dem Durchbruch zu einer »neuen, genrespezifischen Totalität« gemeint ist, zeugt zwar von der Anstrengung des poetologischen Begriffes, der die offiziell abgesteckten Leitlinien der Kulturpolitik zu befolgen hat, aber überzeugt nicht als Begreifen der Gattungsidentität der Kurzgeschichte. Auch hier zeigt sich – wenn auch in einer abgeleiteten Weise – das Dilemma, in dem sich die Literatur in der DDR befindet: einerseits dem eigenen künstlerischen Wahrheitsdrang treu zu bleiben und andererseits den Wahrheitsanspruch einer im voraus festgelegten Position akzeptieren zu müssen. Die Konsequenzen, die sich aus diesem Dilemma ergeben, spiegeln bereits im biographischen Umfeld die Lebenswege der DDR-Autoren, deren Erzähltexte im folgenden als Beispiele herangezogen werden. Drei von ihnen, Kunze, Schädlich und Brasch, haben die DDR in den siebziger Jahren verlassen. Klaus Schlesinger ist nach dem jüngsten kulturpolitischen Eklat, der zum Ausschluß einer Reihe von wichtigen Autoren führte, aus dem Schriftstellerverband ausgeschlossen worden. In einer ähnlichen, nicht ganz so zugespitzten Situation »überwintert« auch Ulrich Plenzdorf in der DDR. Stephan Hermlin, der immer wieder gegen den Stachel der offiziellen Gängelung löckte und auf eine Geschichte von Auseinandersetzungen mit der Partei zurückblickt, befindet sich, als Doyen der DDR-Literatur von maßgeblichen Politikern gedeckt, zwar noch immer in der DDR (wie auch Erwin Strittmatter, um den es in den letzten Jahren still geworden ist), während Günter Kunert Ende 1979 gleichfalls in die Bundesrepublik – auf wie lange? – ausgereist ist. Und selbst Strittmatter, der, noch von Brecht gefördert, zu einer der Identifikationsfiguren der offiziellen DDR-Literatur gemacht wurde, hat in den Auseinandersetzungen um seinen Roman »Ole Bienkopp« (1963) in den sechziger Jahren seine Erfahrungen mit den »Literaturpolizisten« (Hermlin) des DDR-Kulturbetriebs gemacht.

Literatur in der DDR ist eine von Konflikten überlagerte Aktivität, die ständig auf dem schmalen Grat zwischen affirmativer Unterordnung und existenzgefährdender kritischer Haltung balanciert, deren Deutung als destruktive Opposition oder als solidarisch aufbauende Kritik der Einschätzung der einzelnen Autoren oft genug entzogen bleibt. Der Einsatz, mit dem die Autoren schreiben, ist sehr groß. Das gilt auch für die Kurzgeschichte der DDR, die Kurzprosa, über die man gesagt hat: »Die ›kleine Prosa‹ – und darunter möchte ich die gesamte Kurzprosa verstehen – dominiert. Das ist unbestritten. Ob das so bleiben wird?« (Roisch, 106)

II. Strittmatters Kurzgeschichten, die sich mit Vorliebe dörflich-provinzieller Sujets jener Bevölkerungsschicht annehmen, der im Arbeiter- und Bauernstaat DDR eine der tragenden Rollen zugewiesen wird, sind ein bezeichnendes Beispiel für den Versuch, die Gattungskontinuität einer sozialistischen Kurzgeschichte zu untermauern. Sie berufen sich einerseits auf eine volkstümliche und zugleich aufklärerische Grundhaltung, die in den Kalendergeschichten Brechts, den »Geschichten vom Herrn Keuner« oder den »Finnischen Geschichten« aus »Herr Puntila und sein Knecht Matti« zum Ausdruck kommt, und andererseits auf die Dorfgeschichten des 19. Jahrhunderts, die allerdings ihre naive erzählerische Direktheit verloren haben und, als »publizistische Formen und ›operative Genres‹ verwendet«[8], auf den Prozeß der sozialistischen Umgestaltung der DDR bezogen werden, als Instrument der Korrektur von konventionell Übernommenem und im Sinne des neuen Staates zu Veränderndem didaktisch eingesetzt werden. Unter diesem Aspekt nehmen auch die Dorfgeschichten Strittmatters eine aktuelle politische Bedeutung an: »Die scheinbar naive Welt des Volkes, überwiegend aus dem dörflichen Milieu, weist auf Hintergründig-Gesellschaftliches; Dorfgeschichten können zum Modell der Weltgeschichte werden, hinter volkstümlich unbekümmertem Erzählen steht die Schärfe einer materialistisch-dialektischen Gesellschaftsanalyse.«[9]

Strittmatters Geschichte »Der Soldat und die Lehrerin«[9a] stammt aus den »16 Romanen im Stenogramm«, wie die launige Umschreibung seiner Kurzgeschichtensammlung »Ein Dienstag im September« lautet, die 1969 erschien. Bei seinem Erzähltext handelt es sich auf den ersten Blick um eine triviale Liebesgeschichte im DDR-Milieu. Ein zum Militärdienst eingezogener junger Mann vom Lande trifft in der größeren Stadt, wo sich seine Kaserne befindet, eine jüngere Frau, eine Lehrerin, mit der er sich beim Tanzen in einem Lokal anfreundet. Er lädt sie nach zwei Wochen Bekanntschaft zu seinen Eltern aufs Dorf ein, wo sie sich einigermaßen affektiert aufführt und zu ihrer großen Begeisterung auf den Maler Weingard stößt, der im selben Dorf wohnt und bei dem sie einen Nachmittag verbringt.

Die sich anschließende Liebesnacht zwischen dem Soldaten und der Lehrerin trägt ihm eine Bestrafung ein, da er den Zapfenstreich mißachtete, und ist zugleich das Ende der gerade begonnenen Liebesgeschichte. Das dritte Bild präsentiert sie, inzwischen mit einem Zeichenlehrer verheiratet, in der von übertriebener gegenseitiger Rücksichtnahme bestimmten Atmosphäre einer »bürgerlichen« Ehe, in der man sich gegenseitig interessante Lesefrüchte und interessante Bilder, auf deren Reproduktionen man in Zeitschriften stößt, aufmerksam macht. So weist ihr Mann sie in einer Kunstzeitschrift auf die Darstellung eines Dorfes hin: »Leicht, wie etwas Zufälliges, liegt ein Dorf in der Landschaft, als ob es sich jederzeit auflösen und in etwas anderes verwandeln könnte: in Wolken und Wald, in Bohrtürme oder glänzende Aluminiumhallen.«

Es ist eine Arbeit jenes Soldaten, der sich zum Künstler entwickelt hat und den sie damals fallenließ, weil er offenbar ihren Ansprüchen nach einem gebildeten und ihr gleichwertigen Partner nicht entsprach. Die Lesefrucht, die ihr Mann ihr gleichzeitig während ihrer schweigenden Betrachtung des Bildes vorliest, wirkt wie eine Erkenntnispointe zu der von ihr abgebrochenen Liebesbeziehung: »Und manchmal will mir scheinen, als ob zwei Menschen wie Billardkugeln aufeinander losrollen, sich treffen und nach einem peitschenartigen Knall auseinanderprallen, ohne sich bewußt zu sein, daß ihr Weg hinfort von diesem Zusammenhang bestimmt sein wird.«

Gewiß ließe sich sagen, daß Strittmatter sich hier auf der Ebene einer behutsam kritischen Ironisierung mit jenen pseudobürgerlichen Dünkeln der neuen DDR-Gesellschaft auseinandersetzt, über die schon Hermann Kant in der »Aula«[10] gespottet hat: »Also du bist jetzt Bezirksschulrat und Oberstudienrat [...]. Wir haben übrigens noch mehr Räte. Aktivist Blank ist was Dickes im Volkswirtschaftsrat, Irmchen Strauch ist auch Studienrat, und Jakob Filter ist, so glaube ich, Forstrat oder so etwas. Ist dies nun der besondere deutsche Weg zur Räterepublik?« (205) Der Drang nach Aufstieg, das Bemühen, auf jeden Fall zur Intelligenz zu zählen, hat in den Köpfen der Menschen und auch dieser Lehrerin eine Leistungsideologie entstehen lassen, die in ihrer Fetischisierung von sozialen Rangabzeichen nicht nur grotesk wirkt, sondern die Menschen auch blind macht für die eigentliche sie umgebende Wirklichkeit.

Bezeichnend ist die soziale Diskrepanz, die zwischen der Lehrerin und den Eltern des Soldaten in der dörflichen Umgebung zum Ausdruck kommt. Als die Mutter sich launisch über den Arbeitseifer ihres Mannes mokiert – »[...] sie könne ihren Brigadier zuweilen nicht ausstehen. Manchmal komme es ihr vor, als lege er es nur darauf an, in der Zeitung gelobt zu werden; dann lebe er, dann glänze er wie ein angebratener Speck.« –, wird die Reaktion der Lehrerin folgendermaßen kommentiert: »Das Fräulein Besuch verhüttet die ganze Erzählung zu einem einzigen Fremdwort. ›Idiosynkrasie‹, sagt es lächelnd und sonst nichts. Soll da ein sterblicher Mensch Lust behalten, etwas ausführlich zu erzählen?« Tatsächlich gilt dieser Kommentar indirekt auch für den Erzähler Strittmatter, der, in der Schlußpointe am deutlichsten zusammengefaßt, zum Ausdruck bringen will, daß die das Prinzip der Wissenschaftlichkeit umsetzende rationale Beschreibung, die im Bewußtsein der Lehrerin dominiert, die Wirklichkeit eben nicht ausschöpft, die mehr ist als ein Netz von Kausalitätsbeziehungen, denen man mit einem wissenschaftlichen Raster zu Leibe rücken kann.

Auf diesem Hintergrund ist seine Geschichte, die das Scheitern einer Liebesbeziehung demonstriert, weil insgeheim ein neues »Klassendenken« im Kopfe der Frau den bäuerlichen Soldaten, der sich später zum Künstler mausert, als nicht »standesgemäßen« Partner abwertet, nicht nur eine Satire auf wiedererstandene Relikte bürgerlichen Verhaltens in der DDR-Gesellschaft, sondern viel stärker noch eine Satire auf das Erkenntnisprinzip einer Kunst, die sich als Kunst des wissenschaftlichen Zeitalters dem »vorwissenschaftlichen« Zeitalter überlegen glaubt. Schon der Einleitungspassus der Geschichte thematisiert diesen Aspekt, wenn es heißt: »Die Sonne geht nicht unter. Wir wissen längst, was geschieht, wenn es Abend wird. Wir beschummeln uns; es hört sich gut an: Die Sonne geht unter.« Indem Strittmatter in einer Art von stilistischer List diesen Anspruch positiv aufzunehmen und zum Prinzip seiner Darstellung zu machen scheint, zeigt er zugleich die grotesken Konsequenzen einer solchen unsinnlichen Betrachtungsweise an stilistischen Details auf, die sich so zueinander verhalten wie das Wörtchen »Idiosynkrasie« zur Beschreibung der Mutter über die Probleme, die sie mit ihrem Mann hat. Es ist eine undingliche, eine abstrakte, die konkrete Eindrucksfülle atomisierende Darstellungsweise, hinter der die Wirklichkeit nur noch als komisch deformierter Reflex aufscheint, wenn sie überhaupt noch sichtbar wird.

So wird etwa die Musik, die die Band im Tanzlokal macht, folgendermaßen beschrieben: »Fünf Musikarbeiter erzeugen mechanisch dosierte Luftschwingungen, blasen, hauchen, scheuchen sie mit Stöcken vom Podium. Die Luftschwingungen rieseln durch Rauch und Geräusch in die Ohren der Saalbesucher«. Die Atmosphäre des mit Zigarettenrauch und Bierdunst gefüllten Lokals wird so dargestellt: »Hopfengas steigt aus Bierneigen, stößt gegen die Wand, walmt zur Raummitte zurück und mischt sich mit blauem Nebel, den die Gäste zum Vergnügen, durch das Verbrennen von in Seidenpapier gewickelten verdorrten Pflanzen, herstellen.« Der Tau, der sich auf den Blättern bildet, soll mit dieser Beschreibung veranschaulicht werden: »Auf den Baumblättern sammeln sich Wassermoleküle, vereinen sich, werden sichtbare Tröpfchen und beanspruchen den Begriff Tau.«

Diese Technik der – indirekt – parodierten Beschreibung bringt einen ebenso großen

Abstand zur Wirklichkeit zum Vorschein, wie er für das Verhalten der Lehrerin zu dem Soldaten gilt. Während jener sich ganz dinglich konkret damit zu beschäftigen hat, »die Teile der Maschinenpistole auswendig« zu lernen, hat jene sich gerade in einem Fortbildungskurs mit »vergleichende[n] Betrachtungen zwischen der ›modernen Entfremdung‹ und der DADA-Literatur ausgangs der zwanziger Jahre« befaßt. »Entfremdet« ist das Verhalten dieser Lehrerin als eines gesellschaftlichen Typus, der einerseits emotional reagiert – so hat sie durchaus nichts dagegen, sich von dem Soldaten ausgiebig küssen zu lassen, ja stellt sich in Gedanken die künftigen »harmonische[n] Kinder« vor und arrangiert es auch geschickt, daß er zu ihrem Liebhaber wird –, aber zugleich seine Emotionen als unwissenschaftlich unterdrückt und von einer rationalen Planung des künftigen Lebens her das eigentliche Zukunftspotential des Lebens, das Unbekannte, das sich nicht vorschnell auf den Begriff bringen läßt, verkennt. Während sie in dem Dorf des Freundes nicht die Natürlichkeit einer harmonischen, aber – gemessen am Entwicklungsstand der DDR – rückschrittlichen Welt wahrnimmt und nur Augen für die Bilder des Malers Weingard hat, sieht sie auch in ihrem Freund nicht primär den menschlichen Partner, sondern den Sozialpartner, der ihr hilft, den erreichten Status in der Leistungsgesellschaft zu festigen oder gar nach oben hin zu verändern. Aus einem solchen entfremdeten Leistungsdenken heraus zerstört sie mutwillig ihre Freundschaft.

Die Kritik, die Strittmatter hier an einem falschen Wirklichkeitsverständnis artikuliert, das zugleich folgerichtig zu einer falschen Kunst- und Menschenauffassung führt, erinnert in der Tat an die satirische Darstellung, mit der Kant sich in der »Aula« von der ideologisch ausgezirkelten Literatur einer mit wissenschaftlichem Erkenntnisdünkel auftretenden Kunstauffassung absetzt: »Mathematik war eine großartige Sache; man konnte erwiesenermaßen Wichtigeres damit berechnen als den Luzifer in Armlängen und den Standort der Hölle, sie war nützlich beim Billard und bei anderen Dingen, aber eine Geschichte schreiben konnte man damit auf keinen Fall, denn die hatte es mit dem Leben, und das hatte Buckel und Risse, und die Menschen hatten sie auch.« (25)

Diese kritische Grundhaltung in Strittmatters Geschichte – die durch die Aufteilung in drei Stationen, die durch zeitliche Progression miteinander verbunden werden, durch die Peripetie der Handlung und die Pointierung am Ende deutlich das Gattungspotential der Kurzgeschichte ausschöpft – hat auch die Erzählperspektive seiner Darstellung bestimmt. Der Erzähler bedient sich immer da, wo er in ironischer Absetzung den Wirklichkeitsschwund einer rational analysierenden Beschreibung demonstriert, der Figurenperspektive der Lehrerin und tendiert zur Perspektive des Soldaten, wenn das Gegenbild zu dieser rational zerfaserten Wirklichkeit aufscheint, obwohl die Erzählperspektive dann personal unbestimmt bleibt und sich nicht einwandfrei als Figurenperspektive des Soldaten identifizieren läßt. Die Irritation, die aus dieser perspektivischen Brechung entsteht, ist ein weiteres Stilelement, mit dem Strittmatter überlegen den an sich banalen Handlungsgrundriß seiner Geschichte transzendiert.

Gewiß bleibt es fraglich, ob er in seiner Darstellungsweise jenen Möglichkeitscharakter der Wirklichkeit zum Leuchten bringt, den der Erzähler am Schluß im Bild des von dem Soldaten gemalten Dorfes beschreibt, das einerseits Inbegriff von vertrauter Wirklichkeit ist und andererseits nicht restaurativ abgeschlossene Idylle, sondern offen für eine Zukunftsentwicklung ist, selbst wenn diese die industrielle Verwandlung bedeuten sollte. Auf ästhetische Koordinaten bezogen, die außerhalb der DDR-Situation angelegt sind, wäre auch zu fragen, ob diese Geschichte noch ihre Vielschichtigkeit behalten wird, wenn man sie aus dem innerliterarischen Kontext der DDR-Situation löst. Wenn der Erzähler gegen Ende, als der sitzengelassene Soldat sich nicht wie der enttäuschte oder in Konflikte verstrickte Liebhaber der Tradition aus Liebeskummer[11] umbringt, lobpreisend resümiert: »Er wird kein Romeo, kein Werther, erst recht kein Othello. Gelobt sei unser Zeitalter!«, so ist das durchaus doppeldeutig gemeint. Das Zeitalter der rationalen Konfliktbewältigung ist nicht unbedingt das Zeitalter der individuellen Farbigkeit. Die Langeweile des Ehealltags, den die Schlußstation der Geschichte am Beispiel der Lehrerin und ihres angeheirateten Kollegen demonstriert, trägt in der Darstellung unverkennbar einen polemischen Akzent.

III. Thematisch ist auch Kunerts Geschichte »Die Waage«[12] auf den konzeptionellen Entwurf von Strittmatters Geschichte bezogen, nur daß er die Diskrepanzen, die im Bewußtsein der Menschen in der DDR-Wirklichkeit nach wie vor vorhanden sind, viel stärker zuspitzt und auch mit größerer Intensität darstellt. Denn der Anspruch der Wissenschaftlichkeit, alles in rationale Muster und Planspiele übertragen zu können, von Strittmatter nur in allgemeinen Umrissen ironisiert, wird von Kunert als politisches Erkenntnisprinzip analysiert, mit dem, unter den Augen des in Goldleisten eingerahmten Dr. Marx, die »Dunstglocke des Aberglaubens« ein für allemal zersetzt wird: »Wir arbeiten an der Abschaffung der Nacht. An der Einführung der Vernunft.«

Kunerts Protagonist Karl Heinrich, der gerade wegen »vorbildliche[r] Planerfüllung« im Elektrizitätswerk einen Orden erhielt und ihn in der Kneipe zusammen mit Arbeitskollegen begießt, ist völlig durchdrungen von der politischen Zweckmoral des Gesellschaftssystems, in dem er lebt. Das Bild der Waage, das für ihn die Wirklichkeit in zwei sauber getrennte Hälften zerlegt – der Fortschritt auf der einen Seite und die abergläubische Vergangenheit auf der andern, das »Gesellschaftsnützliche und Nichtnützliche«, die Einordnung in das Gesellschaftsganze und das störrische Außenseitertum –, hat alle Probleme für ihn gelöst. Da er sich auf der richtigen Seite der Waage befindet – der Orden, den er erhielt, bestätigt es –, glaubt er sich des Segens jener säkularisierten bärtigen Heiligenfigur gewiß, die auch in der Kneipe auf die Zechenden herabblickt. Die aus der Figurenperspektive Karl Heinrichs erzählte Geschichte veranschaulicht in der gestischen Fügung der Sätze, im Vokabular, in der naiven Selbstüberzeugtheit der ideologischen Zirkelschlüsse, die den Fortschritt mit dem eigenen Vorteil identifizieren, sinnlich konkret das normierte Bewußtsein, das sich, seiner Fortschrittlichkeit so ganz und gar gewiß, in der Erinnerung an die Eltern über deren Lektüre der Bibel nur noch lustig zu machen vermag, da die »Nachfahren [...] inzwischen fast alle Probleme gelöst, fast alle Fragen geklärt haben«. Kunert ironisiert dieses verdinglichte Fortschrittsbewußtsein als einen gesellschaftlichen »Paternoster«, dessen Zirkelbewegung gar nicht mehr reflektiert wird, falls er sich nur bewegt.

Das Motorrad, auf das sich der angetrunkene Karl Heinrich nach der Zecherei schwingt, scheint genau jene Bewegung zu produzieren, der man sich auch im Arbeitsprozeß anvertraut: »Auch vom Motorrad aus betrachtet ist alles einfach, weil es immer vorangeht, immer voran. Wer fährt, befindet sich stets in Übereinstimmung mit der Straße, gleich welcher, sie bringt einen ja an ein Ziel, wie man hoffen darf.« Das ist freilich für Kunert nicht nur ein Bild, das eine gleichsam automatisch ablaufende

Bewegung verdeutlicht und als Bewegung – buchstäblich als Fortschritt – bereits sanktioniert ist. Vielmehr verbindet er mit dieser Darstellung einen plötzlich aufbrechenden Konflikt, der die naive Selbstüberzeugtheit des Plansoll-Erfüllers nachdrücklich erschüttert.

Vom Alkohol in seiner Reaktionsfähigkeit gelähmt, erkennt Karl Heinrich nicht rechtzeitig genug jenen alten Mann, dessen Umrisse plötzlich im Scheinwerferlicht auf der Straße auftauchen und der vom Motorrad des Protagonisten tödlich erfaßt wird. In dieser Konfliktsituation beginnt die gesellschaftliche Zweckmoral abzublättern, und jene Moral beginnt sich wieder in ihm bemerkbar zu machen, die auf jenes Buch zurückgeht, das seine Eltern noch abendlich lasen. Die Waage, die dennoch im Gegenzug als gesellschaftlich festgeschriebene Gewissensinstanz zu arbeiten beginnt, bagatellisiert aus einem verdinglichenden Denken heraus das menschliche Leben, das er zerstört hat, zu einer zufälligen Barriere, »die den Weg versperrt«, und wiegt das moralische Versagen mit der Erfüllung des gesellschaftlichen Nutzens auf, der immer primär – also auch in diesem Falle – sei: »Der Abzulösende wartet. Es warten die Generatoren, die Turbinen, die Schornsteine, die Einwohner darauf, daß alles seinen Gang gehe.« Aus dieser Überlegung heraus unterdrückt er sein moralisches Schuldempfinden und begeht Fahrerflucht, um seinen für die Gesellschaft so wichtigen Dienst zu erfüllen, gegenüber dem der Unglücksfall und der Tod eines Menschen nicht wirklich in die Waagschale fallen.

Als er freilich nach dem Ende der Nachtschicht von zwei Polizisten erwartet wird und er, gleichfalls wieder unter dem »Heiligenbild« des Dr. Marx auf der Wache, zu der Begebenheit vernommen wird, »an der heute nacht ein alter Mann verstorben ist«, läßt er, von der gesellschaftlichen Richtigkeit seines Verhaltens nach wie vor überzeugt, die Vernehmung gelassen über sich ergehen. Mit einer zum Taschenspielertrick korrumpierten dialektischen Logik, die die Einzelinteressen hinter den gesellschaftlichen Gesamtinteressen zurücktreten läßt und die moralische Frage von Recht und Unrecht zu der Frage »Nutz oder nichtnutz« veräußerlicht, versucht er sich aus der Affäre zu ziehen, unter Berufung auf jenen zur vieldeutigen Ikonenfigur geronnenen Dr. Karl Marx, ein »personifiziertes Gespenst [...], das in Großhirnrinden umgeht, immer das gleiche und immer ein anderes zugleich«.

Die ideologische Borniertheit dieses Weltbildes, das sich, wie der Hase im Märchen immer mit dem Igel konfrontiert ist, gleichgültig, wohin er läuft, immer auf Karl Marx beruft, bricht plötzlich in sich zusammen, als die Schuld von den staatlichen Ordnungsinstanzen zu einer moralischen, ihn nur als Individuum angehenden Frage erhoben wird, bei deren Beantwortung ihm kein dialektischer Trick und kein Hinweis auf die Ikone Marx mehr hilft: »Es bedarf einiger Mühe, den Protestierenden in eine jener kahlen Kammern zu schaffen, in der sich keine Porträts befinden. Hier kann sich der Hase für allein ans Ziel gekommen halten.«

Wo Strittmatters Kritik an der Idolisierung eines wissenschaftlichen Denkens, das blind für die Wirklichkeit macht, noch vergleichsweise behutsam dosiert ist, macht Kunert in der sich zur Parabel zuspitzenden Struktur seiner Geschichte auf die Rationalisierungsmanöver einer Ideologie aufmerksam, die im Namen des Gesellschaftsnützlichen die moralischen Prinzipien des einzelnen mit Füßen tritt und buchstäblich über Leichen geht. Die Bewußtlosigkeit eines Marxismus, der nicht mit Begriffen, sondern begrifflichen Versatzstücken operiert und das Bild des Philosophen als Legitimationssiegel auf alles und jedes drückt, wird von Kunert mit aller Schärfe enthüllt und mit einer Dimension des menschlichen Bewußtseins konfrontiert, die als moralische Entscheidungssphäre aller gesellschaftlichen Zwecksphäre vorangestellt ist.

Freilich wird Kunerts Kritik andererseits dadurch entschärft, daß er die gesellschaftlichen Ordnungsrepräsentanten, die Polizisten, als nicht infiziert von dieser Borniertheit zeigt, sondern sie im Dienste eines Rechts vorführt, daß somit der Staat, die Gesellschaft selbst noch bemüht gezeigt wird, die persönliche Moral in die zweckrationale Moralität der Gesellschaft zu integrieren. In seiner Gestaltung freilich sind diese Hüter der Ordnung von einer ähnlichen Schemenhaftigkeit, die auch für den eigentlichen Gegenspieler des Protagonisten gilt: das Bild des zum übergroßen Popanz gewordenen Dr. Marx, dessen am Ende der Geschichte gestisch dargestellte Sprachlosigkeit die Veräußerlichung seiner Lehre zu einem Arsenal von Begriffshülsen ausdrückt.

Dieser die klassischen Elemente der Kurzgeschichte, eine zentrale Handlungseinheit, die in zeitliche und räumliche Kontinuität eingebettet ist, Konfliktzuspitzung und Handlungsumschlag aufweisende Erzähltext, in einer Sprache realisiert, die ähnlich wie bei Strittmatter die Bewußtseinshaut des Protagonisten veranschaulicht, gehört zu den überzeugendsten Beispielen nicht nur allein von Kunerts Erzählen. So sehr Milieu und Situation der DDR Ingredienzen dieser Geschichte sind, hat man jedoch nicht zu Unrecht angesichts dieses Textes die Frage gestellt: »Aber werden jene Waagen, auf denen das Individuum rasch verschwindet, nur östlich der Elbe produziert?«[13]

IV. Die Geschichten Strittmatters und Kunerts analysieren spezifische Verhaltensmuster von Menschen, die mit der DDR-Wirklichkeit konform gehen und gerade deshalb in Konfliktsituationen geraten, wobei der Konflikt nur bei Kunert deutlich politische Akzente trägt. Stephan Hermlins »Die Kommandeuse« und Klaus Schlesingers »Der Tod meiner Tante« sind sehr viel deutlicher auf Krisensituationen der DDR-Wirklichkeit bezogen, die einmal mit den historischen Entwicklungsschwierigkeiten der DDR zu tun haben und zum andern durch die Situation des zweigeteilten Deutschlands bestimmt sind. Hermlins Geschichte »Die Kommandeuse«, die in ihrer gedrängten Handlungsstruktur, den Erinnerungsrückblicken der Protagonistin, die die Situation während der NS-Zeit einblenden, und der in einer Peripetie umschlagenden Handlungsführung gleichsam als Gattungsmuster gelten kann, hatte bei ihrer Veröffentlichung 1954, ein Jahr nach dem Aufstand der Ostberliner Arbeiter, von dem die Geschichte handelt, eine lebhafte und kontroverse Diskussion ausgelöst, zu deren Verständnis die psychologisch-politische Situation in der damaligen DDR unabdingbar ist.

Hermlin hatte gleich zwei Tabus gebrochen: einmal hatte er durch sein gewähltes Thema den offiziellen Verdrängungsmechanismus außer Kraft gesetzt, mit dem die maßgeblichen Funktionäre auf den Aufstand des 17. Juni 1953 reagiert hatten; zum andern hatte er durch die Wahl seiner Protagonistin, einer ehemaligen SS-Führerin, die auf eine eindeutige Karriere in einem KZ zurückblickt, der offiziellen Lesart der DDR-Bürokratie widersprochen, daß – gemäß Kunerts Waage – nur die antifaschistischen Widerstandskämpfer am Aufbau der DDR mitarbeiteten, während sich alle ehemaligen Nazis in die Bundesrepublik abgesetzt hätten. Hier muß man wohl das eigentliche – für die damalige kulturpolitische Situation der DDR – Konfliktpotential seiner Geschichte suchen und nicht in der von den Literaturtheoretikern aufgestellten Forderung nach dem »positiven Helden«, der als Veranschaulichung der historischen Entwicklungsperspektive in den Mittelpunkt der Darstellung zu treten habe. In der offiziellen Literaturgeschichte[14] der DDR von 1976 wird denn auch diese historische Rezeption seiner Geschichte revidiert und anerkennend resümiert: »Hermlin befaßt sich mit dem psychischen Zustand einer an diesem Tage aus dem Gefängnis geholten ehemaligen Kommandeuse eines Nazi-Konzentrationslagers und entlarvt damit die scheindemokratischen Phrasen, mit denen die konterrevolutionären Absichten glorifiziert werden. Die zeitgenössische Literaturkritik mißdeutete zeitweilig das Anliegen dieser Erzählung, indem sie sich einseitig an der Forderung nach dem ›positiven Helden‹ orientierte und die Treffsicherheit der Faschismuskritik Hermlins verkannte.« (287)

Aber eben diese nun gerühmte Treffsicherheit stellt die Achillesferse der Geschichte dar, nämlich die von Hermlin festgeschriebene und der offiziellen Sicht der DDR-Verantwortlichen entsprechende Sicht, als habe – um mit einem Artikel des »Neuen Deutschland« zu sprechen, der am 18. Juni 1953 unter dem Titel »Die Verbrechen der Westberliner Provokateure«[15] erschien – es sich bei den Aufständischen »größtenteils um Westberliner Provokateure aus faschistischen Organisationen« (137) gehandelt. So enthält denn Hermlins Text deutlich die Narben der damaligen zeitgeschichtlichen Situation, und nicht erst seit Horst Bieneks Roman »Die Zelle« oder Walter Kempowskis Roman »Ein Kapitel für sich«, die beide detailliert Hafterfahrungen in DDR-Gefängnissen dokumentieren, ist man darüber informiert, wer aus welchen Gründen die DDR-Strafanstalten zum Teil bevölkerte. Man wird diesen Aspekt in Hermlins Geschichte als von der zeitgeschichtlichen Verklammerung bedingte blinde Stelle zu relativieren haben, als gutgemeinte Agitationsüberzeugung eines Autors, der freilich schon bald und immer wieder auf Konfliktkurs zu den Repräsentanten des Systems ging und seine stalinistische Gutgläubigkeit als Täuschung erkannte.

Die Hedwig Weber, die am Mittag des 17. Juni 1953 von zwei Männern aus dem Gefängnis befreit wird, weil sie als politische Gefangene auf einer Kundgebung gegen das DDR-Regime auftreten soll, war, als SS-Führerin im Konzentrationslager Ravensbrück tätig, unter falschem Namen in der DDR untergetaucht, hatte wegen des Diebstahls von »einer Rolle Kupferdraht« bereits eine kurze Gefängnisstrafe verbüßt, bevor sie von einem ihrer ehemaligen Häftlinge in Ravensbrück wiedererkannt und zu fünfzehn Jahren Zuchthaus verurteilt worden war. Als sie plötzlich aus ihrer Haft befreit wird, ist das nicht das Ergebnis einer spontanen Befreiungsaktion, sondern ein sorgfältig geplanter Schachzug, der von Drahtziehern aus dem Westen – von einem ihrer Befreier, Blümlein, heißt es, daß er »noch gestern in Zehlendorf« war, dem Bezirk Westberlins mit einer traditionell konservativen Wählerschaft – in die Wege geleitet worden war und deutlich mit Akzenten eines faschistischen Wiederauflebens versehen wird.

Hermlin hat diesen Eindruck darstellerisch zu festigen gesucht, indem er einmal im Bewußtsein der befreiten Hedwig Weber ständig assoziative Erinnerungsparallelen aus der NS-Zeit zu den aktuellen Vorgängen einblendet und so aus ihrem Bewußtseinshorizont heraus das aktuelle Geschehen als Fortsetzung des nationalsozialistischen Weges erscheinen läßt. Ja, er stützt diesen subjektiven Verweisungszusammenhang noch zusätzlich durch Signale ab, die die Richtigkeit dieser Perspektive zu bestätigen scheinen. Dafür sprechen nicht nur die konspirativen Hinweise auf die Drahtzieher in Westberlin – »Kannst ruhig mithalten. Der Ami zahlt alles.« –, sondern auch ein gestisches Signal wie eine neue Bücherverbrennung, als einer ihrer Befreier in einer Buchhandlung einen Band Tschechow entdeckt und mit den Worten: »Tscheschoff ... Noch so ein Iwan. Ab dafür« das Buch in die Flammen wirft.

Diese historische Konstruktion erhält fast unfreiwillig parodistische Züge, wenn die Weber an einer Stelle mit einer DDR-Zuchthauswachtmeisterin konfrontiert wird, die einer der Befreier nun als »eine der größten Quälerinnen« des Zuchthauses bezeichnet: »Auf dem ersten Treppenabsatz lag die fröhliche, blonde Wachtmeisterin Helmke, mit zertrampeltem Gesicht, aber noch atmend.« Diese Feststellung wird zugleich mit dem Satz kontrastiert: »Die Weber war nie gequält worden. Niemand war gequält worden in Saalstedt.« Daß die Zuchthäuser der DDR von fröhlichen, blonden Wärterinnen bevölkert waren, die niemanden quälten, wirkt in der agitatorischen Gutgläubigkeit so überzogen, daß man in der Tat nur noch von unfreiwilliger Parodie sprechen kann.

Wenn diese Entwicklung einerseits in dem geschriebenen, aber nicht abgeschickten Brief der Weber an ihren Vater in Hannover, dem sie von der Wiederauferstehung der »geliebten SS-Uniform« vorschwärmt, und andererseits in der Freiheitskundgebung auf dem Marktplatz von Saalstedt kulminiert, wo sie von der »Stunde der Abrechnung« mit den Verrätern und Defätisten palavert[16], die sich »den Bolschewisten an den Hals geschmissen« haben und als passende Begleitmusik in der Menge das Horst-Wessel-Lied ertönt, so läßt Hermlin plötzlich die Situation umschlagen, ohne jedoch politisch zu motivieren, wieso die Weber plötzlich verhaftet wird und wieso es überhaupt zu einer solchen Versammlung kommen konnte – mit Genehmigung der Russen zumal –, da die DDR-Verantwortlichen die ganze Zeit über das Heft in der Hand hatten. Tatsächlich macht eine solche Motivationslücke darauf aufmerksam, daß der Autor mit seiner These von einer faschistischen Erhebung in Widerspruch zur Zeitgeschichte gerät und einen erzählerischen Deus-ex-machina-Trick zu Hilfe nehmen muß, um den Umschwung des Geschehens aufzeigen zu können. Andererseits hat er jedoch bei seinem Drang, die regime-loyale offizielle Lesart der Erhebung mit einem Text zu untermauern, unfreiwillig demonstriert, welche Massenaktivitäten eine solche mutmaßlich faschistische Agitation in einem Land auf die Beine stellen konnte, das doch bereits damals von sich behauptete, die antifaschistisch-demokratische Umwälzung von der Wurzel her vollzogen zu haben und mit der Schaffung der Grundlagen des Sozialismus die neue klassenlose Gesellschaft bereits im ersten Ansatz verwirklicht zu haben. Hermlin macht in seinem Erzähltext unfreiwillig darauf aufmerksam, daß es sich im Höchstfall um einen roten Firnis handelte, der bei der geringsten Reibung wieder zerplatzte und die alte braune Farbe an vielen Stellen zum Vorschein kommen ließ.

Hierin dürfte denn auch für die damaligen politischen Repräsentanten das eigentliche Ärgernis dieser Geschichte gelegen haben. Wenn man den Erzähltext solcherart gegen den Strich liest und seine Wahrheit in dieser List der Darstellung erkennt, läßt er sich aus dem agitatorischen Rahmen lösen, der ihn auch heute noch mit einer Gesinnungs-hypothek belastet und ihn teilweise zu einem Text der Sklavensprache werden läßt. Daß das bei einem Autor der Fall ist, der in vielen seiner Gedichte und Erzähltexte zu außerordentlichen künstlerischen Einsichten befähigt war und ist, unterstreicht die immense Erschwerung der Schaffenssituation für den Schriftsteller in der DDR: unter dem Diktat einer Maßregelung zu schreiben, die das künstlerische Maß zersetzt.

Gewiß, aus dem engen zeitgeschichtlichen Konnex des Aufstandes vom 17. Juni 1953 herausgenommen, hat Hermlin in der Protagonistin seiner Geschichte einen Typus charakterisiert, der in der damaligen Situation der beiden Deutschlands noch eine gewisse Geltung hatte. Und wenn er im Bewußtsein der zum Tode Verurteilten jene doppelte Vision aufblitzen läßt, einerseits eine paradiesische südfranzösische Ferienlandschaft an der Seite ihres ehemaligen SS-Liebhabers Worringer und zugleich die Erinnerung an eine Galerie von Franzosen, die man an den Bäumen einer Landstraße in der Gegend von Avignon aufhängen ließ, dokumentiert er erschreckend das Janusgesicht einer Generation, die selbst da, wo sie sich den Verdrängungsträumen synthetisch erzeugter Utopien, wie sie von Schlagern endlos reproduziert werden, überläßt, von der Erinnerung an die blutige Vergangenheit eingeholt wird.

Die kulturpolitische Wirkung dieses Textes in der damaligen DDR-Situation macht auf eine Paradoxie aufmerksam. Da, wo Hermlin – bis hin zur künstlerischen Reduktion – der offiziellen Lesart des Regimes am stärksten entgegenkommt, hat man ihn zugleich am schärfsten kritisiert und jenen Prozeß der Polarisierung eingeleitet, der ihn allmählich in eine vom Kulturbetrieb gelöste, wenn auch von Schriftstellerkollegen hochgeachtete Außenseiterposition hineindrängte. Daß die Konspirationsthese zur Begründung des Ostberliner Aufstandes nicht stichhaltig ist, bedarf keiner eingehenden Begründung. Die Erklärung des ZK der SED vom 17. Juni 1953[17] macht darauf aufmerksam, daß der Stau, der sich bei den Arbeitern entlud, primär auf wirtschaftliche Faktoren zurückging, eine ständig höher geschraubte Arbeitsnorm bei gleichzeitiger asketischer Ausschließung von jenem Konsum, der im Westen Berlins bereits wieder verfügbar geworden war. Diese administrative »Ausbeutung« der Arbeiter wurde in jener Erklärung ausdrücklich kritisiert: »Das Politbüro hält es zugleich für völlig falsch, die Erhöhung der Arbeitsnormen in den Betrieben der volkseigenen Industrie um 10 Prozent auf administrativem Wege durchzuführen [...]. Es wird vorgeschlagen, die von den einzelnen Ministerien angeordnete obligatorische Erhöhung der Arbeitsnormen als unrichtig aufzugeben.« (134) Auch das Tagebuch Alfred Kantorowicz', der unter dem Datum des 24. Juni 1953 den Augenzeugenbericht eines befreundeten Arbeiters über eine Protestversammlung, der sich Ulbricht stellte, wiedergibt[18], macht darauf aufmerksam, daß die von Hermlin angelegte politische Deutungsperspektive im Höchstfall Randphänomene trifft.

So gesehen, ist Hermlins Erzähltext, der eine der ersten großen politischen Krisen des DDR-Staatsgebildes aufgreift, durchaus ein widersprüchliches Dokument. Gerade indem er den Schwächezustand des Regimes literarisch legitimieren will, wird der Text selbst zum Ausdruck der künstlerischen Schwäche. Als Dokumentation der außerordentlichen Schwierigkeiten, mit denen literarische Produktion in der DDR konfrontiert ist, vor allem eine Produktion, die sich loyal zu den politischen Grundlinien dieser Gesellschaftsordnung verhalten will, ist der Text von beispielhaftem Gewicht.

V. An einer Stelle von Hermlins Geschichte wird beiläufig mitgeteilt, daß seine Protagonistin »nach dem Diebstahl einer Rolle Kupferdraht zu vier Monaten verurteilt worden war«. Der Erzähler läßt keinen Zweifel daran, daß dieser Vorgang Rechtens war. Der eine Generation jüngere DDR-Erzähler Klaus Schlesinger, der nach einem Romanversuch »Michael« (1971), Hörspielen, Reportagen und Filmskripten sich mit seinem Geschichtenband »Berliner Traum«[19] als eine der bemerkenswertesten literarischen Begabungen erwiesen hat, inzwischen vom Bannstrahl der Partei getroffen und aus dem Schriftstellerverband ausgeschlossen wurde, entwickelt in seiner Kurzgeschichte »Der Tod meiner Tante« aus einem solchen Vorfall die Zerstörung eines Menschenlebens. Aus der rückblickenden Perspektive des Erzählers, der im Alter von vierzehn Jahren schockartig mit dem Selbstmord seiner Tante konfrontiert wird, werden die Zerstörungskräfte im Leben dieser »energische[n] und lebenslustige[n] Frau« sowohl in ihrem zeitgeschichtlichen Schicksal aufgedeckt als auch – und vor allem – in den besonderen Lebensumständen in der DDR.

Diese Tante, die sich mit ihrer Schwägerin, der Mutter des Erzählers, durch die Misere des Dritten Reiches und der Nachkriegszeit durchschlug, ihren Mann verlor und nur noch einen Sohn hat, der sich nach dem Krieg in Oberbayern niederließ, zum Katholizismus konvertierte und sich ihr immer mehr entfremdete, führt auch in der DDR eine Existenz, die von einer unpolitischen kleinbürgerlichen Moral bestimmt wird: »Meine Tante war zeit ihres Lebens bemüht gewesen, als rechtschaffene, in geordneten Verhältnissen lebende Frau zu gelten. Von ihrer Umwelt wollte sie sich, wie sie sagte, vorteilhaft abheben.« Nachdem sie einen kurzen Besuch ihres Sohnes und seiner Frau in Ost-Berlin mit einer vierwöchigen genehmigten Reise erwidert hat, beginnt sie das in die Wege zu leiten, was in der Rechtsprechung der DDR als eigenes Delikt katalogisiert ist, nämlich als »Republikflucht«, während es ihr im Grunde nur darum geht, in die Nähe ihres Sohnes zu gelangen und ein Stück heiler Familienerinnerung zu retten, die freilich nur noch in ihrem Bewußtsein und kaum mehr im Bewußtsein ihres Sohnes existiert.

Der Erzähler, der mit seinem Rückblick auf das Leben seiner Tante bei ihrem Abschiedsbrief einsetzt, die ersten Stationen ihrer Biographie stenogrammartig zusammenfaßt, konzentriert sich dann auf die – auch im Sinne der Kurzgeschichte – entscheidende Situation, die zur Katastrophe im Leben seiner Tante führt. Um nicht finanziell ganz und gar von ihrem Sohn abhängig zu sein, folgt sie dem Rat einer Nachbarin und bringt »ein paar Kilogramm des Buntmetalls in den Westsektor der Stadt«, wo sie das Altmetall günstig verkauft. Bei ihrer zweiten Fahrt wird sie von einem kontrollierenden Volkspolizisten, der zufällig beim Durchgang durch den S-Bahn-Wagen mit dem Fuß gegen die Tasche stößt, gestellt, einer Leibesvisitation unterzogen und zu weiteren Verhören in die Zentrale gebracht. Das polizeiliche Ritual, das sie über sich ergehen lassen muß, das Abnehmen der Fingerabdrücke, das Fotografiertwerden von allen Seiten, die ständigen Verhöre und die Verdächtigungen, die sie in der Vorstellung der Polizei zu einer notorischen Schieberin machen, leiten eine Kriminalisierung ihrer Person ein und zerstören jenes innere Gleichgewicht, das in dem Bewußtsein zum Ausdruck kam, eine anständige Person zu sein. Die Tatsache, daß sie dem Erzähler »nicht mehr in die Augen« zu sehen vermag, wenn sie mit ihm spricht, ist ein Indiz dieser Ichzerstörung, die nicht nur Züge von Verfolgungswahn annimmt, sondern vermutlich den Zwang der Verhältnisse spiegelt, wenn sie nach diesem Vorfall den Eindruck gewinnt, polizeilich beschattet zu werden.

Das Bagatellvergehen wird durch die Maßnahmen der Behörden so überdimensional aufgebläht, daß die Erosion des Selbstwertgefühls unaufhaltsam zunimmt und die

Angst der Tante, möglicherweise ins Gefängnis zu kommen, sich in ihrem Bewußtsein zur Vorstellung »einer unauslöschlichen Schande, eines untilgbaren Fluchs« auswächst. Daß sie, im vierten Stock eines Mietshauses wohnend, von Passanten beobachtet wird, wie sie, »auf dem Fensterbrett stehend, Anstalten machte herunterzuspringen«, ist ein Warnsignal, das freilich keinerlei menschliche Hilfsbereitschaft auslöst. Kurze Zeit später setzt sie ihre Tat in die Wirklichkeit um und stirbt nach dem Sprung an einem »doppelten Schädelbasisbruch«.

Wenn man über die Personen in Schlesingers Geschichten geschrieben hat: »Schlesingers Menschen bewegen sich im falschen Rhythmus, als sei ein Film falsch eingelegt; er beschreibt immer wieder ihre Bewegungsunfähigkeit, ihre Sprechhemmung – ›Lähmung‹ ist der häufigste Begriff in diesen Texten«[20] –, so wird freilich dieser Lähmungszustand am Beispiel der Tante, dieser einst energischen und optimistischen Frau, deren vergnügtes Händereiben für den Erzähler auch in der Erinnerung das gestische Zeichen ihrer Lebensbejahung war, im sozialen Umfeld ihres Lebens diagnostiziert. Es ist nicht das pathologische Ende einer lebensuntüchtig gewordenen und aus der Wirklichkeit herausgeratenen Frau, sondern das Opfer einer psychologischen Treibjagd, die mit der Kriminalisierung ihrer Person das subjektive Gefühl ihrer moralischen Integrität zersetzt.

Freilich läßt Schlesingers Erzähler diese Geschichte in einer Pointe gipfeln, die sichtbar macht, daß das, was sich als Anklage gegen das System der DDR interpretieren ließe, jenseits und diesseits der politischen Grenzziehungen existiert. Denn jener Sohn, um dessentwillen sich die Tante in das unglückliche Unternehmen gestürzt hatte, schickt zwar bei der Nachricht vom Tod seiner Mutter bürokratische Anweisungen, wie die Beerdigung zu arrangieren sei, kommt selbst aber nicht und unterstellt dem unglücklichen Ende seiner Mutter einen »Sinn«, der zugleich ihn und seine gedankenlose Unmenschlichkeit bloßstellt: »Wenn ich auch den Freitod meiner geliebten Mutter aus Gründen des Glaubens niemals werde billigen können, so ehre ich doch ihr Motiv, sich und mir das Schlimmste ersparen zu wollen.« Die durch das polizeiliche Ritual faktisch vollzogene Stigmatisierung der Mutter zur Kriminellen wird von dem Sohn nachvollzogen, indem für ihn nicht der Tod der Mutter als das Schlimmste erscheint, sondern ihre mögliche Verurteilung zu einer Gefängnisstrafe. In der egoistischen Phrase des Sohnes, der den Anschein erweckt, die Mutter habe sich, um Schande von ihm abzuwenden, gleichsam ihm zu Gefallen umgebracht, verrät sich ein Entfremdungszustand der menschlichen Beziehungen, der an kein bestimmtes politisches System gebunden ist und hüben wie drüben existiert.

Gewiß, von einer im Sinne der Partei argumentierenden Kasuistik ließe sich sagen, daß die Tante, die politisch indifferent bleibt und an der neuen Wirklichkeit, die sich um sie herum entwickelt, nicht aktiv teilnimmt, an den Relikten einer verinnerlichten kleinbürgerlichen Moral erstickt, zumal sie in ihrer Handlungsweise auch formal juristisch gegen gewisse Bestimmungen dieses neuen Staates verstößt. Sie lebt isoliert, ja sie will sich sogar von diesem Staat absetzen, sie begeht einen Verstoß gegen die Regeln dieses Staates. Aber für den Erzähler ist die Tante nicht in erster Linie eine politisch und gesellschaftlich determinierte Person, sondern ein Mensch, der ihm persönlich nahesteht. Und aus dieser erzählperspektivisch begründeten subjektiven Darstellungssicht ist die Zerstörung, die sich am Leben der Tante vollzieht, auch ein Ergebnis einer seelenlosen Bürokratie, die den einzelnen stigmatisiert, der in ihre

Maschinerie gerät. So gesehen, ist die Kritik an dem System, das diese Stigmatisierung ungewollt zustande bringt, keine Unterstellung des Lesers, sondern Teil der gestalteten Bedeutungsstruktur.

VI. Der Mitte der siebziger Jahre durch seine spektakuläre Ausweisung aus der DDR schlagartig bekanntgewordene Lyriker und Erzähler Reiner Kunze[21] läßt in seiner Geschichte »Element« erkennen, daß die von Schlesinger gestaltete Situation der Ich-Erosion nicht auf bestimmte Phasen der politischen Entwicklung in der DDR beschränkt ist. Der von außen ausgeübte Zwang, der die Schritte der Menschen immer mehr lähmt und schließlich ihre Bewegungsfreiheit im Keim erstickt, gehört zur sozialen Wirklichkeit in einem Gesellschaftssystem, das die in Günter Kunerts Geschichte thematisierte »Waage«, die zwischen Gesellschaftsnützlichem und -nicht-nützlichem unterscheidet, mit einer Rigorosität handhabt, die für das Beil eines Scharfrichters gilt.

Kunzes von einem starken moralisch-politischen Appell getragener Prosaband »Die wunderbaren Jahre«[22], zu dem auch die Geschichte »Element« gehört, hat es in der Bundesrepublik zu einer Hunderttausend-Auflage gebracht, ein Echo allerdings, das in erster Linie auf die politische Konstellation zurückzuführen ist, die Kunzes Namen plötzlich zur Personifikation eines vom Regime Verfolgten werden ließ und ihm nach seiner Ausweisung in die Bundesrepublik mit einer Sympathiewelle begegnete. Die leichte Rezeptionszugänglichkeit des schmalen Prosabandes, dessen Texte großenteils literarische Erfahrungssplitter darstellen, epische Aperçus, Fragmente einer Leidensgeschichte auf dem Hintergrund der DDR-Gegenwart und sich in den wenigsten Fällen zur Struktur von Kurzgeschichten verdichten, mag sicherlich auch mit dazu beigetragen haben, daß man mit der Aufmerksamkeit gegenüber diesem Band die weit eher typische Vernachlässigung der DDR-Literatur kompensierte.

»Element« ist eine der wenigen Kurzgeschichten. Der Protagonist der Geschichte, ein junger Mann, dessen in der Oberschule erhaltene Lessing-Medaille – für die »Durchschnittsnote Einskommanull« – signalisiert, daß er bisher durchaus eine leistungskonforme Entwicklung absolviert hat, beginnt in dem Augenblick die Anzeichen einer »unauslöschlichen Schande« aufzuweisen – durchaus in Analogie zu der Protagonistin in Schlesingers Geschichte –, als er im Lehrlingswohnheim, wo er als künftiger Chemiefacharbeiter wohnt, eine Bibel auf sein Bücherbrett plaziert. Die »Lehrerin für Staatsbürgerkunde«, die ihn als »unsicheres Element« klassifiziert, erzeugt jene verbale Stigmatisierung, die sich im Kontext der verschiedenartigen Bewachungsapparaturen der DDR zu einem System der permanenten Kontrolle auswächst, die, einmal in Bewegung gesetzt, nicht mehr auf ihre unsinnige Logik befragt wird, sondern gleichsam selbsttätig funktioniert.

Im zweiten Situationsausschnitt der Geschichte hat sich die stillschweigende Stigmatisierung der Hauptfigur Michael, aus dessen Figurenperspektive erzählt wird, bereits zur Einschränkung seiner Bewegungsfreiheit gesteigert. Ein Vertreter des Staatssicherheitsdienstes nötigt ihn, eine Erklärung zu unterschreiben, daß er während der »Weltfestspiele der Jugend und Studenten die Hauptstadt [. . .] nicht betreten« würde, obwohl er gar nicht vorgehabt hat, zu der besagten Zeit nach Ost-Berlin zu fahren. Obwohl Michael begreift, daß seine Unterschrift unter das Dokument dem »Eingeständnis einer Schuld« gleichkommt, unterschreibt er schließlich doch aus Furcht,

»man könnte ihn nicht in die Hohe Tatra trampen lassen«, sein eigentliches Ferienziel. Dennoch wird ihm zwei Tage vor Beginn seines Urlaubs sein Paß entzogen und nur eine provisorische Legitimation zugestellt, die verhindern soll, daß er das Gebiet der DDR verläßt.

Der bürokratische Druck, der bereits hier mit versteckter Drohung arbeitet und trotz Erfüllung des Rituals dem eigenen Erfolg mißtraut, steigert sich zur konkreten Freiheitsbeschneidung, als Michael seinen Urlaub an der Ostsee verbringen will und, von einer Polizeistreife auf dem Bahnhof gestellt, ein weiteres Mal zur Unterschrift unter jenes Dokument gezwungen wird, daß er nicht vorhabe, an den Weltjugend-Festspielen teilzunehmen, wobei der in Bewegung gesetzte Polizeiapparat durch das Faktum seines ständigen Einsatzes eine Indizienkette zu konstruieren beginnt, die den unschuldig Betroffenen gleichsam automatisch belastet, auch wenn sie in Wirklichkeit nur die Unsicherheit der staatlichen Ordnungsinstanzen dokumentiert.

Als Michael nach mehrstündiger Vernehmung versucht, durch Autostopp sein Ferienziel an der Ostsee zu erreichen, wird er von einer Polizeistreife aufgegriffen und in eine Gemeinschaftszelle eingeliefert, wo sich bereits eine Gruppe von Jugendlichen befindet, die mit einem Biermann-Zitat auf einem Transparent – »Warte nicht auf bessre Zeiten« – nach Ost-Berlin unterwegs war. Michaels Beharren, zur Ostsee und nicht nach Ost-Berlin unterwegs gewesen zu sein, überführt ihn – in der absurden Logik der Polizisten – als Lügner, da nicht sein kann, was nicht sein darf. Auch der erneute Versuch, gleichsam auf Zickzackkurs zur Ostsee zu gelangen, mißlingt, da er, noch bevor er den Kraftfahrer, der ihn mitnehmen wollte, erreichen kann, ein weiteres Mal festgenommen und unter massiven Drohungen veranlaßt wird, nach Hause zurückzufahren. Er resigniert, fährt unter ständiger polizeilicher Bewachung auf den verschiedenen Bahnhöfen mit der Eisenbahn zurück, erhält bei der Ankunft an seinem Ausgangspunkt seinen Paß, der ihm Bewegungsfreiheit garantiert, wieder zurück und widerlegt zugleich diese Bewegungsfreiheit, indem er die Aufforderung der Polizisten: »Sie können gehen« mit der Frage pariert: »Wohin?«

Diese resignative Pointe wirft ein Schlaglicht auf die Lebensprobleme in einem Gesellschaftssystem, in dem die philosophische Prämisse von der Freiheit als Einsicht in die Notwendigkeit des objektiven Geschichtsprozesses sich zur Devise der Anpassung an die herrschenden Regeln, wie unsinnig diese auch immer sein mögen, veräußerlicht hat. Die Freiheit wird solcherart in ihr Gegenteil verkehrt, wie es Kunze konkret an der Situation seines Protagonisten demonstriert, der am Ende nicht weiß, wohin er sich wenden soll, da er, einmal auf die falsche Seite der »Waage« geraten, mit allem, was er tut, Anstoß und Widerspruch erregen wird. Gerade indem Kunze sich darauf beschränkt, nur die Fakten der allmählichen Einkreisung seines Protagonisten mitzuteilen, und jede anklägerische Verallgemeinerung vermeidet, ist die Anklage, unter die die bürokratische Überwachungsmanie dieser Gesellschaft gestellt wird, um so intensiver. Von der Utopie der sozialistischen Selbstverwirklichung in einem vom Klassendenken befreiten Gesellschaftsgebilde ist wenig zurückgeblieben. Die heranwachsende Jugend, die sich als Zukunft der Partei sehen soll, ist mit der Gegenwart so unzufrieden, daß die ideologischen Gleichungen nicht mehr aufgehen.

VII. Kunzes erzählerische Analyse des Glaubwürdigkeitsdefizits, das sich im Verhalten der DDR-Jugend ihrem Staat gegenüber abzeichnet, einfach – wie es aus offizieller

DDR-Perspektive geschieht – auf ein Renegaten-Syndrom zurückzuführen unterschlägt das Gewicht seiner Kritik. Gewiß, Kunze hat sich nach seiner Ausweisung aus
der DDR allzu bereitwillig in die von bestimmten politischen Gruppierungen in der
Bundesrepublik favorisierte Rolle eines DDR-Dissidenten hineindrängen lassen und
diese Rolle – zumindest eine Zeitlang[23] – auch öffentlich gespielt. Aber das reicht als
Begründung nicht dafür aus, auch die Wahrheitssondierung in seinen Geschichten und
Erzählbruchstücken generell in Zweifel zu ziehen. Die Krawalle und Ausschreitungen,
die im Oktober 1977 auf dem Ostberliner Alexanderplatz stattfanden und zu
Gewalttätigkeiten – auf beiden Seiten – zwischen randalierenden unzufriedenen
Jugendlichen und Volkspolizisten führten, signalisieren dieses Glaubwürdigkeitsdefizit
des Staates bei den Jugendlichen ebenso wie die Maifeiertagsunruhen, die sich in
Wittenberge 1978 abspielten, oder die Tumulte und Kollisionen zwischen Volkspolizei
und Jugendlichen auf dem Gelände der Internationalen Gartenbauausstellung in
Erfurt, anläßlich des dort veranstalteten Pressefestes am 28. Mai 1978[24].
Die sich hier und bei ähnlichen Gelegenheiten ganz massiv andeutenden Identifika-
tionsschwierigkeiten, die die junge Generation der DDR diesem Staat gegenüber hat,
der glaubt, bei seinem Leistungsmarathon in eine bessere sozialistische Zukunft auch
die Zukunft der jungen Leute mitzutransportieren, während diese auf Druck und Drill
zunehmend renitent reagieren, hat der Dramatiker Heiner Müller mit dem Blick auf
die heute Dreißigjährigen einleuchtend analysiert: »Die Generation der heute
Dreißigjährigen in der DDR hat den Sozialismus nicht als Hoffnung auf das *Andere*
erfahren, sondern als deformierte Realität. Nicht das Drama des Zweiten Weltkriegs,
sondern die Farce der ›Stellvertreterkriege‹ (gegen Jazz und Lyrik, Haare und Bärte,
Jeans und Beat, Ringelsocken und Guevara-Poster, Brecht und Dialektik). Nicht die
wirklichen Klassenkämpfe, sondern ihr Pathos, durch die Zwänge der Leistungsgesell-
schaft zunehmend ausgehöhlt. Nicht die große Literatur des Sozialismus, sondern die
Grimasse seiner Kulturpolitik«[25].
Der Kampf gegen den Faschismus, der bei der älteren Generation angesichts des
Spanischen Bürgerkrieges oder Hitler-Deutschlands auf biographischer Legitimation
beruht und die offenbaren Lücken des gegenwärtigen sozialistischen Staates im
Vergleich dazu immer noch als erträglich erscheinen läßt, ist für die in den relativen
Wohlstand der Nachkriegsphase der DDR hineingeborenen jungen Leute höchstens
noch als Propagandaphrase auf den Plakaten zu den Jahresjubiläen der DDR oder zu
den Maikundgebungen präsent. Das gegen westliche kapitalistische Gesellschaftssysteme wie beispielsweise auch die Bundesrepublik gerichtete Pathos dieser Phrasen
mußte den jungen Leuten im gleichen Maße suspekt werden, wie sie feststellen
mußten, daß der eigene Staat zugleich alle Anstrengungen unternahm, zum wirtschaftlichen Zwilling der Bundesrepublik zu werden, mit dem man ja auch ökonomisch immer
enger zusammenarbeitete. Dieser offenbare Widerspruch ist nur ein Beispiel dafür,
daß das, was an sozialistischer Gesinnung den jungen Leuten vielfach begegnete,
gewissermaßen in ein Stadium der Entfremdung eingetreten war, die unmittelbare
Verbindung mit der Praxis vermissen ließ und sich zur puren sozialistischen Rhetorik
veräußerlichte.
Auf diesem sozialpolitischen Hintergrund ist es sehr begreiflich, daß das literarische
Debüt Ulrich Plenzdorfs mit der Dramen- und Prosaversion der »Neuen Leiden des
jungen W.« bereits Anfang der siebziger Jahre zu einem der spektakulärsten

literarischen Erfolge der DDR wurde[26]. Der enthusiastisch rezipierte, vieldiskutierte und zum Teil auch angefeindete Text leistete in der DDR-Literatur offenbar zum erstenmal das, was Stephan Hermlin so formulierte: »Das Wichtige an Plenzdorfs Stück ist, daß es vielleicht zum erstenmal, jedenfalls in der Prosa, authentisch die Gedanken, die Gefühle der DDR-Arbeiterjugend zeigt.«[27] In der (auch sprachlichen) Einbringung dessen, was sich als Übernahme westlicher Subkultur, von der Haartracht über die Jeansbekleidung bis hin zur Popmusik, zur offiziell verneinten Gegenkultur im Bewußtsein der jungen nicht gleichgeschalteten DDR-Generation verfestigte, liegt denn auch die eigentliche literarische Sprengkraft dieses Buches und weniger im Fabelkonstrukt. Der Musterschüler und -lehrling Edgar Wibeau, der, desertiert von seinem moralisch labilen, künstlerischen Neigungen nachgebenden Vater, dem »Schwarzen Mann von Mittenberg«, im Gegenzug von seiner erfolgreich angepaßten und eine verantwortliche Position ausfüllenden Mutter zum kompensatorischen Gegenbeispiel des Vaters und damit zur Bilderbuch-Ausgabe eines musterhaften jungen DDR-Bürgers gedrillt werden soll, steigt, nach Querelen mit seinem Meister im Betrieb, aber im Grunde angewidert von dem permanenten Leistungszwang, aus diesem festgelegten Lebensplan aus und taucht in Berlin unter. Freilich wird die Radikalität dieses Widerspruchs gegen die östliche Leistungsgesellschaft von Plenzdorf wieder abgebogen. Das geschieht einmal durch den Einfluß der Kindergärtnerin Charley, in die sich der in einer Schrebergartenlaube abgekapselte und sich als Künstler versuchende Edgar unglücklich verliebt, aber das zeigt sich vor allem darin, daß der schließlich in einer Malerbrigade seinen Lebensunterhalt verdienende Edgar insgeheim an seiner Rehabilitation als nützliches Glied dieser sozialistischen Gesellschaft arbeitet. Denn jene Farbsprühpistole, die sein Brigadeleiter vergeblich zu erfinden versuchte und die ihre Arbeitsleistung erheblich steigern könnte, ja, die rückblickend als entscheidende Erfindung für die Wirtschaft der DDR dargestellt wird, versucht Edgar selbst zustande zu bringen. Es gelingt ihm fast, hätten nicht seine unzureichenden Arbeitsmaterialien, sein verbohrter Individualismus, aber auch das Unverständnis seiner Brigade letztlich seinen Unfall verursacht, der allem abrupt ein Ende setzt.

Dieser von Plenzdorf strategisch auskalkulierte Schluß, der Edgar einerseits recht gibt und andererseits ihn seiner Ichverbohrtheit wegen tadelt, einerseits innerhalb der Gesellschaftsformationen die Arbeitsbrigade kritisiert (da ja Edgars Erfindung von größtem gesellschaftlichem Nutzen gewesen wäre, wenn man ihm nur geholfen hätte) und andererseits sie auch wieder entschuldigt, da Edgar nicht um Hilfe und Verständnis nachsuchte – diese mit bemerkenswertem Geschick zustande gebrachte dialektische Balance ist kompromißlerisch akzentuiert und verrät die historischen Narben der Schreibsituation in der DDR.

Erst auf diesem Hintergrund läßt sich die Radikalität von Plenzdorfs Geschichte »kein runter kein fern« ganz ermessen. Dieser Erzähltext, für den er 1978 den Klagenfurter Ingeborg-Bachmann-Preis erhielt[28], ist in gewisser Weise eine Fortschreibung, aber zugleich auch Zuspitzung der in den »Neuen Leiden des jungen W.« aufgegriffenen Problematik, aber diesmal ohne die Reaktionen der DDR-Kulturpolitik berücksichtigendes literaturpolitisches Netz und ohne entsprechende ideologische Zugeständnisse. Bezeichnenderweise ist dieser Text bisher auch nicht in der DDR veröffentlicht worden.

»kein runter kein fern« ist eine Monologgeschichte par excellence. Die erzählerische Figurenperspektive ist mit der Bewußtseinsperspektive der Hauptfigur verschmolzen, eines zum Versager und Hilfsschüler abgestempelten Arbeiterjungen, der von einem autoritären Vater ebenso in eine psychologische Sackgasse getrieben worden ist wie die Mutter zur Flucht in den Westen, die Mutter, zu der die Gedanken des Jungen ständig zurückkehren. Der als Volkspolizist Karriere machende angepaßte ältere Bruder Manfred wird ihm dabei ständig als besseres Beispiel vorgehalten und steigert nur noch die perfekte soziale Einschnürung, an der der Junge zugrunde geht.

Die räumliche und zeitliche Einheit einer dominierenden Erzählsituation läßt sich klar erkennen. Vom Platz der Republik, wo der 20. Jahrestag der DDR von »Walter Ul«, also dem Honecker-Vorgänger, pompös mit einer der üblichen Militärparaden gefeiert wird und wo der Protagonist sich zu Anfang gleichfalls einfindet, fährt er mit der U-Bahn zur Zonengrenze in die Nähe des Springer-Hochhauses in der Kochstraße. Dort soll sich dem (durch nichts gestützten) Vernehmen nach Mick Jagger mit den Rolling Stones zu einem Konzert einfinden. Die Reise an die Zonengrenze zu »MICKMAMA«/»MAMAMICK« ist einerseits der stellvertretende Ausdruck der Flucht in eine Gegenkultur, der die Rolling Stones in einem ihrer berühmt gewordenen Protestsongs, »I can get no satisfaction« – der in der phonetischen Schreibung »EIKENNGETTNOSETTISFEKSCHIN« immer wieder leitmotivisch eingeblendet wird –, Ausdruck verliehen haben; die Reise ist andererseits eine emotionale Geste des Zurückverlangens zur Mutter, die als einzige zu ihm gehalten hat und nun von Vater und Bruder zur Verräterin verketzert wird. Daß der androgyne Star der Rolling Stones und die Vorstellung von der Mutter im Bildelement des lang herunterhängenden Haares miteinander verschmolzen werden, bringt konkret die Überlagerung dieser beiden Bedeutungsebenen zum Ausdruck, wie sich auch andererseits nicht übersehen läßt, daß die politische Fluchtbewegung, die die Mutter bereits ausgeführt hat, als Lösung für den Protagonisten gleichfalls eine Rolle spielt.

An der Grenze kommt es, durchaus auch im Sinne einer für die Kurzgeschichte kennzeichnenden Handlungskulmination, zum offenen Konflikt: die auf die Rolling Stones wartenden Jugendlichen werden zusammengeprügelt, wobei Manfred, der Volkspolizist, auf den eigenen Bruder einschlägt. Der Satz gegen Ende »ICH BIN HIER DEIN BRUDER«, der in dem Schmerzensschrei des Getroffenen »MAN du sau« erstirbt, hat über die konkrete Bedeutung des familiären Konfliktes hinaus eine Signalwirkung, die auf das biblische Gleichnis von Kain und Abel – es wird an einer Stelle assoziativ eingeblendet – zurückweist, aber vor allem auf die offiziellen Selbstbekundungen dieses Staates, die sich in Form von einmontierten Zitaten der Festtagsredner am 20. Jahrestag und der darüber berichtenden Rundfunkreporter im Bewußtsein des Protagonisten abbilden. Der Tenor dieser Propagandaselbstbekundungen ist: »Die DDR ist richtig programmiert«, »Wir sind auf dem richtigen Weg! Folgt dem Beispiel unserer Besten! Stärkt die Republik mit Höchstleistungen in Wissen!« und »Erfolg haben ist Pflicht! Die sozialistische Menschengemeinschaft ist unser größter Erfolg!«

Die in der Familie der Fleischmanns offen zutage tretenden Antagonismen widersprechen diesen Slogans aufs schärfste: der Vater, der sich vom Arbeiterjungen nach oben gearbeitet hat und erwartet, daß der jüngere Sohn dem älteren folgt; der ihm mit permanentem Druck und Maßregelung als Erziehungsstrategie das Linksschreiben abgewöhnt hat, den Zehnjährigen dadurch zum Bettnässer machte und letztlich auch zum Hilfsschüler abrichtet, was für ihn einer sozialen Stigmatisierung gleichkommt, und der einfach nicht erlauben will, daß dieser Sohn Tischler wird, weil er in diesem Staat bei Leistungswillen Besseres erreichen könnte; der ältere Bruder, der den jüngeren sadistisch quält, weil dieser der permanent Schwächere ist, während er das Lob des Vaters einheimst; die Mutter, die, als sie aus der Ehehölle geflohen ist, aus dem Gedächtnis der Söhne ausgelöscht werden soll, während der jüngere Sohn nach wie vor emotional an ihr hängt, mit ihrer Bluse unter dem Kopfkissen schläft, einem Kleidungsrelikt, das für ihn die Gegenwart der Mutter verkörpert.

Dabei ist es ein außerordentlich wirkungsvoll eingesetzter Kunstgriff Plenzdorfs, daß er die satirische Entlarvung der »sozialistischen Menschengemeinschaft« am Beispiel dieser Familie nicht deskriptiv registriert, sondern prozeßhaft aufzeigt, indem er das eigentliche Protestinitial seiner Geschichte aus der spezifischen Bewußtseinssprache des Monologisierenden hervortreten läßt. Wenn es in einer Erinnerungsassoziation über die sprachlichen Erziehungsmaßnahmen des Vaters heißt: »Er soll nicht immer die Endungen verschlucken, deswegen schreibt er falsch«, so hat Plenzdorf das konsequent zum Darstellungsprinzip dieses Bewußtseinsmonologs erhoben. Während die Einblendungen der Propagandazitate in glattem, tadellosem Hochdeutsch gehalten sind, entspricht die zerfetzte, die Endsilben amputierende, verstümmelte und sich in spielerischen Assoziationssackgassen verlierende Syntax der Monologpartien der Zerrissenheit, dem sozialen Krankheitszustand dieses Bewußtseins. Im Vergleich zu der relativ konventionellen Sprachform der »Neuen Leiden des jungen W.«, einem Text, bei dem ein Öffentlichkeitsrepräsentant der DDR wie der Rechtsanwalt Kaul angeekelt das »Fäkalien-Vokabular«[29] Edgar Wibeaus öffentlich rügte, hat Plenzdorf die Facettierung des Bewußtseins in der Sprache hier mit einer solchen Radikalität vorangetrieben, daß es in der Tat berechtigt ist, auf eine produktive Verarbeitung von sprachlichen Mitteln Döblins[30] und weiter zurück – aber durch Döblin vermittelt – des Iren James Joyce aufmerksam zu machen. Während hinter dem schnoddrigen Jargon Edgar Wibeaus die verhältnismäßig leicht zugängliche Modifikation jenes Jugendlichenidioms erscheint, das Plenzdorfs Vorbild Salinger in seinem Roman »The Catcher in the Rye« ungleich souveräner verwirklichte, wird hier die Annäherung zwischen Sprache und Bewußtsein und damit die unmittelbare Dokumentation des Bewußtseins in der Sprache mit einer beeindruckenden künstlerischen Konsequenz, wenn auch mitunter die Grenzen der Unverständlichkeit streifend, durchgeführt. Die Gegenkultur, in die sich offenbar auch ein beachtlicher Teil der DDR-Jugend abgesetzt hat, im krassen Unterschied zu jenem offiziellen Bild, über das der Radiosprecher anläßlich der Festparade psalmodiert – »leuchtet das Blau der FDJ die Straße herauf« –, wird von Plenzdorf nicht nur behauptet, sondern unmittelbar dargestellt. Das reicht von Verballhornungen von Fremdwörtern wie dem Ausdruck »Roger« der Funkersprache für die empfangene Sendung in den Ausdrücken »rocho« und »rochorepocho«, von gleichsam automatisch ablaufenden spielerischen Assoziationsketten wie etwa »KEIN FERNkalernkalorumkapitalismuskonzentrationsmängel« oder »[…] was machn die mit den leutn was machn die leute Nosse Unterleutnant! derleutnant von leuten befahl sein leutn nicht eher zu MAMA […]« bis hin zu den abgerissenen Erinnerungssequenzen, die die Sozialpathologie dieser Kindheit in der Druckkammer dieser Familie verdeutlichen, und bis zu den gleichsam photographisch registrierten Slogans und

Sprüchen auf den Plakaten, die das Bewußtsein während der U-Bahn-Fahrt sozusagen mechanisch aufnimmt und liest.

Plenzdorf gelingt es in geradezu beklemmendem Maße, hinter dieser sprachlichen Bewußtseinshaut des Protagonisten, mit allen Rissen und Sprüngen, Sackgassen, Wunden und absurden und hilflosen Protestgesten, die soziale Zwangsjacke sichtbar zu machen, die dem einzelnen von dieser auf Erfolg programmierten Gesellschaft übergestülpt wird, falls er der Anpassung ausweichen und eine eigene Position vertreten will. So wie die beiden leitmotivisch eingeblendeten Zitate »DIE DDR IST RICHTIG PROGRAMMIERT.« und »EIKENNGETTNOSETTISFEKSCHIN!« sich unvereinbar gegenüberstehen, die offizielle Ideologie von der Richtigkeit des Erfolgskurses und der Protestappell des einzelnen, der in dieser Gesellschaft keinen Sinn für das eigene Leben zu entdecken vermag, so wie am Ende im Namen der offiziellen Ideologie der Bruder auf den Bruder einprügelt, faßt auch der Titel der Geschichte die Quintessenz dieses entfremdeten Lebens zusammen: »ZWOKOMMAFÜNF KEIN RUNTER KEIN FERN [...]« Wenn der in der Schule Sitzengebliebene, als Versager Abgestempelte und für die Hilfsschule Vorgesehene sich nicht zum unerreichbaren Notendurchschnitt 2,5 aufraffen wird, steht ihm als Strafe der Entzug des (westlichen) Fernsehens bevor, jenes Fensters zu einer anderen Welt, die für den Protagonisten zugleich mit der Gegenwart der Mutter verbunden ist.

Die Selbstmordphantasie, die während der U-Bahn-Fahrt an einer Stelle in seinem Bewußtsein aufblitzt, und die Prügelorgie am Ende der Geschichte mit der an die biblische Mythe von Kain und Abel anklingenden Entzweiung der beiden Brüder signalisieren eine Ausweglosigkeit, die die ausgetüftelte dialektische Balance am Ende von »Die neuen Leiden des jungen W.« weit hinter sich läßt. Der Einsatz der erzählerischen Mittel in dieser Geschichte, die sprachliche Facettierung eines vieldimensionalen Bewußtseinsraums mit allen Schründen und Wunden verdeutlichen zugleich, welcher Reichtum an Gestaltungsmöglichkeiten im Darstellungsspektrum der Kurzgeschichte nach wie vor latent vorhanden ist. Zugleich ist zu sagen, daß in wenigen erzählerischen Texten die soziale Kältekammer, die die DDR-Gesellschaft in mancher Hinsicht darstellt, mit einer solchen Intensität dokumentiert worden ist.

VIII. Das gilt selbst im Vergleich mit den Erzähltexten von Thomas Brasch, der die Desillusionierung von der gegenwärtigen DDR-Wirklichkeit und das Abdriften in eine Fluchtbewegung des Undergrounds beispielsweise in seiner Geschichte »Und über uns schließt sich ein Himmel aus Stahl«[31] gleichfalls beklemmend dargestellt hat. Brasch, der, Anfang dreißig, 1976 »mit sieben ungespielten Stücken und anderen Texten, die er in der DDR nicht veröffentlichen durfte, nach West-Berlin kam«[32], inzwischen durch die Uraufführungen seiner Stücke »Rotter«, »Lovely Rita« und das Georg-Heym-Stück »Lieber Georg« als bildmächtiger, ausdrucksstarker Dramatiker anerkannt wurde, ist nach der Veröffentlichung seiner Prosabände »Vor den Vätern sterben die Söhne« und »Kargo« von Heiner Müller »zu den großen Begabungen seiner Generation«[33] gerechnet worden, ein Urteil, das keineswegs Übertreibung ist, sondern einer eruptiven Sprachmächtigkeit gilt, die bewußt jenen Konflikt auszuhalten versucht, den Brasch am Beispiel Büchners einmal so beschrieben hat: »In Büchners Stücken ist noch vereint, was in der gegenwärtigen Theaterschriftstellerei oft

unglückselig auseinanderfällt: die soziale und die psychologische Analyse. (Heute: Rückzug in die Schädelnerven oder Aufbruch in die Werkhallen.)«[34]
Aber ebendiese Qualität, daß nämlich die psychologische Analyse der individuellen Problematik von herausragenden einzelnen zugleich die geschichtliche Lage der Gesellschaft reflektiert, hat ihm ein genauer Leser und Freund, der Dramatiker Heiner Müller, zugesprochen: »Gerade die Spuren und Narben seiner DDR-Biographie zeichnen seine Texte aus der Masse der westdeutschen Literaturproduktion, die mich im ganzen herzlich langweilt. Ich weiß nicht, was sie dort für Folgen haben werden, in der DDR wird nach dem Erscheinen seiner Bücher ›Vor den Vätern sterben die Söhne‹ und ›Kargo‹ niemand mehr so schreiben können, als ob er sie nicht geschrieben hätte.« (215)
Die Kurzgeschichte »Fliegen im Gesicht« ist in gewisser Weise eine Bestätigung dafür. Der junge Mann Robert hat jene Entscheidung gefällt, die als Wunschvorstellung auch das Bewußtsein des Protagonisten in Plenzdorfs Geschichte bestimmt, freilich dort von einer Durchführung weit entfernt ist: aus der Leistungsgesellschaft der DDR auszusteigen und sich in den Westen abzusetzen. Diese DDR-Gesellschaft mit all ihren propagierten Errungenschaften ist für ihn, wie es an einer Stelle lapidar heißt: ein »Riesenknast mit Grünanlagen«. Sein Ziel ist: »Von vorn anfangen in einer offenen Gegend.«
Er verabschiedet sich nach Schichtwechsel von seiner Freundin, ohne ihr etwas zu sagen. Er benachrichtigt auch nicht seine Mutter (der Vater ist bereits gestorben) und stellt sich nur vor, welche Auswirkungen seine Entscheidung für ihr Weiterleben in der DDR haben wird: »Meine Mutter wird Angst haben. Das erste, woran sie denken wird, ist der Krach, den sie im Betrieb kriegt. Oder sie denkt an Vater: Wenn der noch leben würde, wäre das nicht passiert. Und ich bin vielleicht tot. Aber wenn ich es schaffe, wird alles anders.«
Die Furcht vor der politischen Stigmatisierung hat auch hier die elementaren menschlichen Gefühlsreaktionen ersetzt. Nicht das Zerreißen der persönlichen Bindung und das emotionale Verlustgefühl darüber werden als mögliche Reaktion der Mutter von Robert assoziiert, sondern die politischen Auswirkungen seiner Tat, die die von der Mutter in dieser Gesellschaft eingenommene soziale Rolle unterhöhlen wird. Die untergründige polemische Schärfe, die Brasch trotz der mit trockenem Understatement vorgetragenen Schilderung der Fluchtvorbereitung seiner Darstellung gibt, wird erst vollends durch die zufällig herbeigeführte Begegnung Roberts mit einem kranken alten Mann sichtbar, der ihn, als er sich nun nach der Fahrt mit der S-Bahn zu Fuß der Gegend in der Umgebung der Mauer nähert, beobachtet hat und ihn bittet, ihm ein Kissen heraufzubringen, das er, wie er vorgibt, versehentlich aus dem oberen Stockwerk auf den Bürgersteig fallen ließ.
Der aus Furcht vor Entdeckung nervös reagierende Robert, der bereits einen heimlichen Aufpasser vermutet, bringt das Kissen in den vierten Stock des Hauses und trifft in der jämmerlichen Umgebung einer ärmlichen Wohnung einen heruntergekommenen kranken Alten an, der sich bedankt und ihn zu einem Glas Tee einlädt. Die Reaktion der beiden Jungen, denen Robert beim Aussteigen aus dem Fahrstuhl begegnete und die zu lachen begannen, als er nach Werner, dem alten Mann, fragte, macht bereits deutlich, daß die herbeigeführte Begegnung nicht wirklich zufällig zustande kommt. Dennoch ist der alte Mann alles andere als ein heimlicher Observant,

er ist ein kranker, aus der Gemeinschaft der andern ausgestoßener Alter, dessen einzige Kontakte mit andern Menschen offenbar darin bestehen, daß er unten auf der Straße vorübergehenden Passanten sein Kissen vor die Füße fallen läßt und sie bittet, es ihm heraufzubringen.

Doch Braschs Absicht liegt offenbar nicht primär in einer Parallelisierung der Lebenssituationen des jungen und des alten Mannes. Die Entscheidung zur Flucht, die Robert gefällt hat, würde dann nur vordergründig legitimiert durch die Lage des alten Mannes, die gleichfalls von Kommunikationsarmut, Isolation und Verneinung von Lebensmöglichkeiten für ihn bestimmt ist. Denn jener Alte ist, wie Robert aus bestimmten Requisiten der Wohnung erschließt, ein Vertreter jener Generation, für die die Gesellschaft der DDR nicht die permanente Restriktion der utopischen Möglichkeiten darstellt, die das Programm des Sozialismus in der Theorie laufend verspricht, sondern sie ist vielmehr die Errungenschaft eines aktiven Kämpfers gegen den Faschismus, wie er sich im Spanien Francos und im Deutschland Hitlers breitgemacht hatte. Der Gedanke, der sich in Roberts Bewußtsein assoziativ einstellt, bringt das auf die bezeichnende Formel: »Auch das noch. So einer. Das klassische Paar: Junger Bürger vor der Flucht trifft auf Veteran der Arbeiterbewegung.« Bei Werner handelt es sich offenbar um einen alten Spanienkämpfer, für den dieser dem Faschismus abgetrotzte Staat der DDR trotz seiner Mängel und Unzulänglichkeiten immer noch die viel bessere Lösung darstellt: »Ich war in Spanien. Wir haben gekämpft und wir wußten wofür. Ich habe die Fliegen auf den Gesichtern der Toten gesehen.«

In der Tat handelt es sich um eine im Kontext der DDR-Literatur und -Kulturpolitik geradezu klassische Gegenüberstellung, auf die auch Plenzdorf an einer Stelle seiner Erzählung »Die neuen Leiden des jungen W.«[35] eingeht. Denn jener typische Erbauungsfilm, von dem sich Edgar Wibeau mit Überdruß abwendet, handelt gleichfalls von einem jungen Mann, der auf dem Bau erst in eine Prügelei mit einem Veteranen verwickelt wird, »weil der ihn gereizt hatte in Fragen zu lauter und zu scharfer Musik« (40), aber der im Krankenhaus dann durch einen Agitator, der mit ihm auf demselben Zimmer liegt, zum Sozialisten bekehrt wird: »Als ich das sah, wußte ich sofort, was kam. Der Mann würde so lange auf ihn losreden, bis er alles einsah, und dann würden sie ihn hervorragend einreihen. Und so kam es dann auch.« (40)

Diese typische politische Erweckungsszene, die Plenzdorf hier Wibeau parodieren läßt, findet freilich bei ihm in gewisser Weise ihr positives Gegenstück. Denn der einzige Vertreter der älteren Generation, der für Edgar insgeheim die respektierte Vaterrolle übernimmt und im Sinne der literaturpolitischen Programmatik sozusagen den Part des positiven Helden spielt, ist Zaremba, gleichfalls ein Spanienkämpfer und, wie beiläufig eingeflochten wird, ehemals hoher Richter im Nachkriegs-Berlin. Zaremba hat offenbar gleichfalls seine Konflikte mit der Partei durchstehen müssen – seine gegenwärtige Tätigkeit in der Malerbrigade kommt einer sozialen Degradation durch die Partei und ihre Organe gleich –, ist aber nie am Sozialismus irre geworden und bezeichnenderweise der einzige, der Edgar versteht, zu ihm hält und auch begreift, daß jener am Ende dabei war, die Farbsprühpistole zu erfinden.

Von einer solchen positiven Identifikationsfigur kann bei Brasch nicht mehr gesprochen werden. Der Veteran der Arbeiterbewegung, den er vorführt, ist ein körperlich zerfallener alter Mann, kein vitaler, seinen Platz in der Gesellschaft ausfüllender einzelner wie Zaremba, der bei Plenzdorf gewissermaßen zur allegorischen Personifikation des Lebenselans dieses sozialistischen Staates wird, auch wenn er in vielen Bereichen von administrativer Verknöcherung gekennzeichnet ist. Der körperliche Verfall Werners ist bei Brasch in Entsprechung dazu höchstens ein allegorisches Signal, das auf den Krisenzustand dieser Gesellschaft verweist. Ja, diese untergründige Kritik gewinnt unverhofft an Schärfe, wenn Werner die Situation der Niederlage in Spanien so beschreibt: »Als es keinen Sinn mehr hatte, sind wir über die Grenze gegangen. Es war nicht einfach, doch als es nicht weiterging, mußten wir über die Grenze.« Robert parallelisiert spontan seine Situation mit der damaligen der Spanienkämpfer, d. h. setzt implizit den »Riesenknast mit Grünanlagen«, den die DDR-Gesellschaft für ihn darstellt, mit dem klerikal kaschierten Gefängnis Francos gleich, in den jener die spanische Gesellschaft auf vier Jahrzehnte hineindrängte. Die Angst vor den Fliegen im Gesicht, vor dem Tod, die die Spanienkämpfer beim Grenzübertritt bestimmte, ist auch seine Angst, wenn er die Grenze zum andern Teil Deutschlands überqueren würde. Aber während die Spanienkämpfer immerhin noch die Möglichkeit zur Flucht hatten, die Grenze überschreiten konnten, die Spanien von den anderen, freieren Ländern trennte, sieht Robert sich in der Situation: »Ihr mußtet also über die Grenze und ihr seid gegangen. Über welche Grenze kann ich gehen, wenn es keinen Sinn mehr hat? [...] Schließlich habt ihr um die schönen Häuser auch noch eine Mauer gebaut.« Die hilflose Antwort des Alten ist eine Geste der politischen Nostalgie. Er legt eine Platte mit Kampfgesängen der Internationalen Brigaden (vermutlich mit dem Sänger Ernst Busch) auf und räumt, mit einem resignativen Eingeständnis, dem Tod im Kampf plötzlich mehr Sinn ein als dem Tod, der ihn in dieser Gesellschaft des »Friedens und Fortschritts« erwarten wird: »Manchmal denke ich, es wäre besser, wenn ich in Spanien gefallen wäre. Aber ich werde hier sterben, im Bett neben einem Plattenspieler.«

Die eigentliche Peripetie, die auch im Sinne der Kurzgeschichtenstruktur geradezu musterhaft einen Überraschungsschock im Leser auslöst, wird am Ende von der Zimmernachbarin des alten Mannes artikuliert. Sie stürmt, von dem »Lärm« der Musik verärgert, ins Zimmer und bringt in ihren Worten jene Stimme der Vernunft zum Ausdruck, die das kalte, funktionale, ja unmenschliche Klima dieser gegenwärtigen DDR-Gesellschaft schneidend hervortreten läßt: »Sie gehörn in ein Altersheim oder in die Irrenanstalt. Die Frau wandte sich um. Sind Sie auf seine großen Geschichten reingefallen, sagte sie. Ihnen hat er wohl auch erzählt, daß er ein Freiheitskämpfer war. In Rußland oder in Spanien oder bei den Indianern. Ruhmreiche Vergangenheit, Orden und Ehrenzeichen. Daß ich nicht lache. [...] Der ist in seinem Leben nicht weitergekommen als bis Oranienburg, und jetzt holt er sich jeden Tag junge Leute rauf, spielt ihnen den großen Mann vor [...].«

Braschs Kritik ist nicht zu übersehen. Auch die glorreiche antifaschistische Vergangenheit stellt großenteils bloße Rhetorik, Legende dar, ein verbales Narkotikum, das einem hilft, die miserable Gegenwart zu überstehen, ohne daß man daraus Hoffnung für diese Gegenwart schöpfen könnte. Wo Plenzdorf in der Figur seines Zaremba noch an dieser Hoffnung festhält, räumt Brasch kompromißlos auch mit diesen theatralischen Requisiten einer heroischen Vergangenheit auf. Die eigentliche Entlarvung dieses schauspielerhaften ehemaligen Revolutionärs wird jedoch nicht durch die unmenschliche Stimme der Vernunft, die aus der Frau spricht, ausgeführt, sondern von dem Mann selbst, der sich in ein haßerfülltes, zeterndes menschliches Wrack verwandelt, als er die Attacke der Nachbarin pariert: »Mach, daß du rauskommst. Faschistin, Nazikrähe, solche Weiber haben Hitler an die Macht gebracht, dieses Land ins Unglück gestürzt und jetzt fressen sie den ganzen Tag Butterkremtorte. Die beiden starrten einander haßerfüllt in ihre Gesichter.«

Die Plakatweisheit, die sich im Bewußtsein von Plenzdorfs an die Mauer fliehendem Jungen in »kein runter kein fern« abzeichnet: »Die sozialistische Menschengemeinschaft ist unser größter Erfolg!«, wird in dieser von Haß und Entfremdung gezeichneten Situation endgültig als Phrase enthüllt. Erst jetzt ist sich Robert über die Gründe für seine versuchte Flucht ganz und gar sicher.

Gewiß, die psychologische Analyse Braschs erweitert sich auch hier zu einer sozialen. Gemeint ist: Die Reaktionen der beiden werden nicht auf subjektive Konstanten des Charakters, der emotionalen Veranlagung zurückgeführt, sondern beider Reaktionen vermittelt das soziale Umfeld, das sie zu solchen Haltungen programmiert hat. Die Frau, die sich widerwillig um den Alten kümmert und ihm ständig ihre Verachtung bezeugt, reproduziert die Verachtung, die diese auf funktionalen Arbeitseinsatz abgestimmte Gesellschaft den nutzlos gewordenen Alten gegenüber generell an den Tag legt. Der Alte wiederum, der sich in die Vergangenheitsdroge antifaschistischer Bewährung flüchtet, tut es, um seinen Selbstrespekt zum Teil wenigstens zurückzugewinnen, den ihm diese Gesellschaft verweigert, und auch, weil diese Gesellschaft nur jenen Alten Kränze flicht, die in der heroischen Aufbauphase konkret an den Grundlagen dieser Gesellschaft mitgearbeitet haben. Die Wahrheit, der die Frau Ausdruck verleiht, und die Haßtiraden, mit denen der Alte reagiert, sind komplementäre Symptome des gleichen Krankheitszustandes, dem Robert durch seine Flucht zu entgehen versucht, ohne daß er freilich die Hoffnung hat, daß ihm drüben das andere, bessere Leben gelingen wird. Aber schon die abstrakte Möglichkeit zu einem Neuanfang zählt für ihn und auch für Brasch, den Autor, der sich hartnäckig geweigert hat, nach seinem »Land-Wechsel« wie sein einstiger Landsmann Kunze etwa politische Willenserklärungen abzugeben: »Dabei wird mir bewußt, wie stark nach meinem Wechsel von einem deutschen Land in das andere an mich die Erwartung herangebracht wird, aus einer hermetischen Kunstwelt herauszukommen und die Aufforderung formuliert wird, mich feuilletonistisch zu verhalten... Das deutsch-deutsche Mißverständnis, Ideologie als Ersatz für Wirbelsäule... Kunst war nie ein Mittel, die Welt zu ändern, aber immer ein Versuch, sie zu überleben.«[36]

IX. Auch Hans Joachim Schädlichs Erzählband »Versuchte Nähe«, dessen fünfundzwanzig Texte man als »Parabeln, short stories, Skizzen, Genrebilder«[37] charakterisiert hat, trat, wie Kunze aus dem Schriftstellerverband der DDR ausgeschlossen und schließlich aus der DDR ausgebürgert, in einen analogen Rezeptionskontext in der Bundesrepublik ein, wo die Kritik seine Texte zwar emphatisch lobte, aber – im Gegensatz zu Kunze – die Reaktion der Leserschaft auf sich warten ließ. Wenn man über die Personen in Schädlichs Erzähltexten geschrieben hat: »[...] es sind stets Opfer gesellschaftlicher Verhältnisse«[38], so läßt sich das Muster erkennen, das, aus dem politischen Mißverhältnis zwischen den beiden Deutschlands hervorgehend, an seine Erzählarbeiten angelegt wird. Auf diesem Hintergrund ist es bemerkenswert, daß sich Schädlich in einem Gespräch[39], ähnlich wie Brasch, gegen diese Art der ideologischen Vereinnahmung verwahrt hat: »Es ist mir gesagt worden, mein Ansatz als Schreiber in der DDR sei der Ansatz eines Mannes, der im Widerstand schreibe, im Widerstand gegen Verhältnisse, gegen Umstände. [...] Obwohl ich die Motivation dieser Frage verstehe, finde ich die Frage dennoch falsch gestellt. Denn das Moment des Widerstands ist nicht der Impuls für meine Arbeit gewesen und wird es in dieser vordergründigen Form auch nie sein. Der eigentliche Impuls für die beobachtende und schreibende Tätigkeit ist in erster Linie das, was ich meine Wirklichkeit nenne, als die Wirklichkeit, in der ich mich befand oder jeweils befinde.«

Ähnlich wie in Kunzes Prosaband sind denn auch hier Zweifel erlaubt, ob der weitgehend derivatorische Duktus von Schädlichs Schreiben, der sich häufig hinter adaptierten Stilmustern verbirgt, die gewollte Künstlichkeit seiner semantischen Veränderungen, die syntaktische Verkantung seiner Perioden, jene Aufmerksamkeit ausgelöst hätten, wenn nicht der politisch-ideologische Kontext vorhanden gewesen wäre, der aus ihm, dessen Prosaband in der DDR nicht erscheinen durfte, einen Autor der Opposition machte, einen literarischen Zeugen gegen die DDR. So ist es auch bei der Titelgeschichte »Versuchte Nähe« schwierig, die bewußte Distanzierung von den Erzählkonventionen, was sich in der dezidierten Ablehnung einer handlungsbetonten Geschichte verrät, als Ansatz eines neuen Erzählens zu proklamieren. Der an einer Stelle von dem Erzähler der »Versuchten Nähe« über den Demonstrationszug am 1. Mai, an einem der größten politischen Feiertage der DDR, geäußerte Satz »[...] Feiertagsgäste auf der Suche nach Erzählbarem, wären bloß enttäuscht« läßt sich durchaus auch auf Schädlichs Erzähltext selbst beziehen, der im Sinne einer stationären Zustandsbeschreibung von außen her die zwischen Bereitwilligkeit und Abstand angesiedelte Teilnahme seines Erzählers an dem großen Mai-Umzug in Ost-Berlin darstellt und seine Position der versuchten Nähe, des gewünschten Einswerdens mit der Gesellschaft und der Partei, mit den andern Menschen, in der Reaktion des Parteivorsitzenden auf der Ehrentribüne spiegelt, für den die gleiche Haltung gilt: auch er möchte leutselig nur ein Bürger unter vielen andern sein und ist dennoch als Machtträger von der Gemeinschaft der vielen abgesondert, was die auf den Häuserdächern plazierten Bewacher und der Kordon der Polizisten vor seiner Ehrentribüne unwiderlegbar bezeugen.

Indem Schädlich minuziös von außen her das Ritual der Demonstration festhält, entlarvt er es als politische Veranstaltung der Selbstrepräsentation. Nicht die Verbrüderung aller Werktätigen am symbolischen Tag der Arbeit wird gefeiert, sondern die Gesellschaft, die sich als klassenlose versteht, inszeniert ein Spektakel, das gerade das als Schein entlarvt, was als Wirklichkeit vorgeführt werden soll. Unter diesem Aspekt ist es durchaus plausibel, daß die in den Umzug eingereihten Bühnenkünstler in ihm die Assoziation auslösen: »Er erlaubt sich die Vorstellung, die Bühnenkünstler zögen in Kostümen jener Gestalten vorüber, die ihm besonders wert.« Das heißt: gegen Ende der Zustandsschilderung drängt sich ihm die Vorstellung auf, daß all das, was er mit Anteilnahme zu erleben versucht, im Grunde nur eine arrangierte Theaterangelegenheit darstellt mit Politikern in der Rolle von Landesvätern und einer unbeteiligten, als Claqueure bestellten Masse in der Rolle von bewegten und aus Überzeugung Beifall bezeugenden Mitbürgern.

Angefangen bei den »Porträts bärtiger Männer«, Marx, Engels und Lenin, die man auf Transparenten im Umzug an der Ehrentribüne vorüberträgt, über die Zurschaustellung von neuesten Waffen in den drei Einheiten des Militärs bis hin zu dem sich leutselig gebenden Parteisekretär, der noch auf der Ehrentribüne seinen politischen Geschäften nachgeht, »Boten Nachricht [...] ihm übermitteln und forteilen mit seiner Weisung« läßt, zeichnet sich eben nicht jenes Fest des gegenseitigen Verstehens ab, das Machtträger und Untertanen als Menschen einer neuen, befreiten Gesellschaft zueinander finden läßt. Die Teilnahme des Erzählers, die sich auf den äußerlichen ikonographischen Satz »Ich habe ihn gesehen« reduziert und ihn das Ganze als eine befremdliche Ausstellung erleben läßt, charakterisiert in ihrer gebrochenen Haltung auch die rituelle Repräsentanz des Parteimächtigen, der Leutseligkeit mimt, während doch alle mit ansehen könnten, daß man umfangreiche Anstalten getroffen hat, sein Leben vor seinen Mitbürgern zu schützen: »Warum sagt ihm niemand, fragt er, wie es ist, wenn einer dort geht und ihn sieht. Und, warum versetzt ihn keiner in den da, der dort geht, daß er eins wäre mit dem, wie er an der Straßenecke, weit entfernt von hier, ankommt, seine Kollegen, die schon da sind, begrüßt [...]«.

Kein Zweifel, die Entfremdung der Macht von der Basis des Volkes in einem sozialen Ritual, das gerade die Nähe und Verbrüderung aller demonstrativ verkünden soll, wird als eine zu einem Augenblick der Wahrheit gefrorene Zustandsanalyse den politischen Verkündern von einem befreiten Leben in einer neuen, nicht mehr vom Klassendenken bestimmten Wirklichkeit entgegengehalten. Die durch das Ritual des Mai-Umzuges sich abbildenden Hierarchien der Unterordnung und Macht lassen erkennen, wie weit auch die Utopie des im Sozialismus befreiten Lebens nur als »versuchte Nähe« zu sehen ist, als eine vorgetäuschte Nähe mit andern Worten, die von der Wirklichkeit so übertönt wird, wie am Ende der Geschichte der Offizier durch ein Zeichen aus den Lautsprechern einen Einheitsgesang ertönen läßt, in den alle notgedrungen einfallen, mit Ausnahme der auf den Dächern plazierten Wächter. Dies Lied – vermutlich die Nationalhymne der DDR – schließt durchaus im Sinne einer Pointe dieses Schauspiel der Massenverbrüderung ab, das so wenig den Erzähler ergreift wie die Menschen, die im Umzug mitmarschieren und am Schluß mitsingen müssen.

Haben die Geschichten Schlesingers, Kunzes, Plenzdorfs und Braschs in der Wirklichkeit der DDR Bedrohungszustände aufgedeckt, die aus einer sich spreizenden, allmächtig werdenden Bürokratie hervorgehen, so macht Schädlich vom anderen Ende des Spektrums her darauf aufmerksam, daß diese Wirklichkeit auch da, wo sie sich selbst feiert und feiernd repräsentieren will, Züge der Veräußerlichung aufweist, die das als leeres Ritual ausweisen, was sich ansonsten als Bedrohung und Zwang dokumentiert. Als Bestandsaufnahme der aktuellen Situation läßt seine Geschichte keinen Zweifel daran, daß das von Entfremdungs- und Angstsyndromen durchsetzte Leben in dieser Gesellschaft noch lange nicht jene Qualität gewonnen hat, die ihm die Zukunftsplaner der Partei vorausgesagt haben. Im Gegenteil, die Desillusionierung, die »Versuchte Nähe« auch im Sinne des Scheiterns einer Utopie lesen läßt, hat in jener historischen Phase, die sich zwischen den Texten Strittmatters und Hermlins und den Texten Schädlichs erstreckt, eher noch zugenommen. Die neue kulturpolitische Eiszeit, die die DDR im Jahr ihres dreißigsten Bestehens mit der Ausbürgerung von Schriftstellern, mit ihrer Stigmatisierung, soweit sie in der DDR verbleiben konnten, eingeleitet hat, unterstützt dieses melancholische Resümee.

X. Das Rezeptionsgefälle, das sich bei den meisten Kurzgeschichten von DDR-Autoren entdecken läßt und darin zum Ausdruck kommt, daß man die in ihren Geschichten gestaltete Wirklichkeit von jener Wirklichkeit unterscheiden muß, deren ideologisches Substrat – kommunistische Ostzone und kapitalistischer Westen – in den Köpfen der Menschen diesseits und jenseits der politischen Grenze existiert, ist in der Kurzgeschichte »Die Wellen des Balaton« von Siegfried Lenz indirekt thematisiert worden. Wenn es an einer Stelle mit den Worten von Reimund Wolters (des in der DDR lebenden Schiffsausrüsters, verwandt mit der Schwester des Patentanwaltes Doktor Thape, der, vor langer Zeit aus der DDR geflüchtet, nun im sozialistischen Ausland, nämlich Ungarn, ein Familientreffen arrangiert hat) über die geologische Besonderheit des Plattensees heißt: »Bei keinem Gewässer der Welt gibt es diese Unverhältnismäßigkeit von Wind und Wellen, das heißt, die Wellen gehen hier sehr viel höher, als es der jeweils herrschenden Windstärke entspricht«, so ist das ein Signal, das auf die besondere Lebenssituation in der DDR verweist.

Auch hier läßt sich vom bloßen Augenschein her kein zutreffendes Bild gewinnen, da gleichfalls eine Unverhältnismäßigkeit von Ursache und Wirkung vorausgesetzt werden muß, die auf die besonderen Lebensumstände der DDR-Wirklichkeit zurückgeht, die sich von außen nicht erkennen lassen, so wie sich auch das flache Wasser des Balaton nicht gleich erkennen läßt. Um genau diese »Unverhältnismäßigkeit«, die sich als Verständigungslücke im Kontakt zwischen Bürgern der Bundesrepublik und der DDR bemerkbar macht, geht es in Lenz' Geschichte.

Der erfolgreiche Patentanwalt, der sich mit seiner Frau in dem ungarischen Hotel niedergelassen hat, um auf das Eintreffen von seiner Schwester und deren Mann zu warten, sieht den Kommunismus unter anderm durch »das hiesige Benzin, [das] so mies [ist] wie ihre Streichhölzer«, widerlegt und freut sich zwar, die Schwester wiederzusehen, ist aber aus geschäftlichen Gründen dennoch nicht bereit, ihr mehr als drei Tage zu widmen, da er einen wichtigen Termin in Wien hat. Die Reflexion über die Fotos der beiden, die die Frau zutreffend als »verwandte Fremde« charakterisiert, läßt ein Bild entstehen, das aus Klischeebestandteilen zusammengesetzt ist. So wird der auf den Bildern mit einem optimistischen »Schiller-Kragen« ausgestattete Schwager, der gleichfalls seine Erfahrungen mit der Überwachungsbürokratie der DDR gemacht hat und »zweieinhalb Jahre gesessen [hat] wegen bedenkenloser Vergeudung volkseigener Schiffsausrüstungsbestände«, inzwischen allerdings rehabilitiert wurde, an einer Stelle so bezeichnet: »ein Intellektueller, der unter die Proleten gefallen ist und versucht, sich ihrer Mode anzugleichen«. Die Schwester wiederum, die ihre »vernarbte Wange« auf allen Fotos demonstrativ zur Schau stellt, erzeugt in der Schwägerin die Vorstellung, »wie eine Kommunistin« auszusehen.

Die innere Entfremdung zwischen den Familienangehörigen zeigt sich hier in den Klischees, die im Bewußtsein der Wartenden die Personen mit Zeitungsphrasen zudecken. Lenz, der zu Anfang aus der Perspektive Thapes, jedoch gegen Ende stärker aus dem Blickwinkel des Schwagers erzählt, kontrastiert durch diese erzählperspektivische Verlagerung die jeweils festgeschriebenen Vorstellungen über die andere Wirklichkeit, zumal auch Thape als Typus charakterisiert wird, der selbst einmal DDR-Bürger gewesen ist, sich aber inzwischen völlig an die neue Wirklichkeit in der Bundesrepublik angeglichen und die Existenzbedingungen in der DDR längst verdrängt hat. Die Klischees gewinnen noch dadurch an grotesker Nuancierung, daß das die Bundesbürger repräsentierende Paar in einem Kontrast-Ehepaar, das die wartenden Thapes zufällig treffen, gespiegelt wird: in einem Karikaturbild einer bundesdeutschen Spießerexistenz. Die Masseuse Schuster-Pirchala, die mit ihrem Gerede vom »inneren Rhythmus«, zu dem ihre Behandlung unter anderm Frau Thape verhelfen soll, und dem modischen Dekor ihres Auftritts die gleiche Geschmacklosigkeit zur Schau stellt, ist zusammen mit ihrem weitgehend zur passiven Begleitperson reduzierten und ähnlich ausgestatteten Mann das groteske Zerrbild bundesdeutscher Durchschnittsmenschen, die mit ihrer quängeligen Oberflächlichkeit ihre Meinung über alles zu Markt tragen und von ihrer Überlegenheit über den Kommunismus felsenfest überzeugt sind.

Als der Bus der aus Stralsund Erwarteten endlich eintrifft, kommt die erste Begegnung in der Gegenwart der Komparserie der Zufallsbekannten aus Bremen zustande, und es entwickelt sich eines jener Gespräche, in dem die DDR-Bürger in die Rolle der armen Vettern hineingedrängt werden, die bei den reichen Verwandten vorübergehend bei Tisch sitzen dürfen. Alle Versuche, die Masseuse und ihren Anhang abzuschütteln, schlagen fehl, bis Thape zu einer Grobheit greifen muß, aber freilich diese Grobheit dann indirekt auch gegenüber seiner Schwester und dem Schwager an den Tag legt, denen sie »zwei original verschnürte Päckchen« übergeben, während die Schwester ihm nur die alte Taschenuhr des Vaters als Geschenk bringt. Auf subtilere Weise verläuft das Gespräch dennoch in der gleichen Richtung, die die Geschwätzigkeit der Masseuse angedeutet hat. Es geht im Grunde darum, daß die beiden Thapes in Erzählungen und mit Hilfe von Bildern die materiellen Vorteile ihres Lebens im Westen zur Schau stellen. Und auch der Hinweis Frau Thapes auf ihre permanente Hilfsbereitschaft der Schwägerin gegenüber, der sie immer Pakete mit Sachen schickte, auch wenn diese sie ans Rote Kreuz weiterleitete, macht deutlich, daß die materielle Differenz der Lebensumstände in einer Entfremdungskluft zum Ausdruck kommt, die es verhindert, daß sich menschliche Kommunikation, ein wirkliches Gespräch entwickelt.

Was sich bisher in den herangezogenen Kurzgeschichten von DDR-Autoren kaum erkennen läßt – am ehesten noch bei Strittmatter –, nämlich die Identifikationsfigur eines »positiven Helden«, hat paradoxerweise Siegfried Lenz in dem Reimund Wolters seiner Geschichte gestaltet. Die Kollision mit den staatlichen Behörden hat jenen nicht in die Resignation getrieben oder in den stillschweigenden Widerstand, vielmehr repräsentiert er den Typus eines Technokraten, für den sich die Probleme des Sozialismus in der DDR auf die Verfügbarkeit von »Ersatzteilen« reduzieren und der die Ansicht vertritt: »eine bessere Bürokratie, und die Exportfähigkeit des Sozialismus nimmt zu«.

Wo der Schwager Berti im Gespräch die westliche Freiheit als Vorzug vor der DDR anspricht, aber im Grunde die materielle Überlegenheit meint, akzentuiert Wolters die Situation so: »Du irrst dich – heute kann man nirgendwo mehr die pure Freiheit wählen, sondern nur eine mehr oder weniger umgängliche Bürokratie.« Und auch der am Ende des Wiedersehensgespräches von ihm geäußerte Satz »[...] alles färbt auf uns ab, die Dinge, die Ideen, die Verhältnisse, so oder so, je nachdem, wo einer lebt«, gilt für beide Seiten, auch wenn das die Thapes nicht wahrhaben wollen.

Die Pointe der Geschichte kommt darin zum Ausdruck, daß am nächsten Morgen die armen Vetter aus der DDR zu einem langen Ausflug verschwunden sind und bei ihrer

Rückkehr die reichen Verwandten aus der Bundesrepublik nicht mehr vorfinden werden. Die Brisanz dieser Pointe liegt in der Begründung für den Ausflug. Denn der Mann der Masseuse aus Bremen hat sich mit der Ungarnreise den Jugendtraum erfüllt, einmal die wilden Pferde der Pußta zu erleben. In der Nachricht für die Verwandten aus dem Westen heißt es ausdrücklich: es habe sich ihnen »eine Chance geboten, sehr früh heute morgen, die einmalige Chance, die letzten wilden Pferde der Pußta zu sehen«. Die Reaktion Frau Thapes: »Da ist etwas falsch gelaufen; ich weiß nicht, was es sein könnte, aber etwas ist falsch gelaufen« registriert zwar das Scheitern des Annäherungsversuches, aber vermag nicht einmal mehr die Gründe dafür zu benennen.

Versuchte Nähe – das ist in gewisser Weise auch das Thema der Lenzschen Kurzgeschichte, freilich abgehandelt an einer Kommunikationssperre, die die Menschen der beiden Deutschlands, deren politische Repräsentanten noch den Traum von der Wiedervereinigung nähren, schmerzhaft voneinander trennt. Die Freiheit scheint für beide Seiten, die Spießer aus Bremen und die Touristen aus Stralsund, nur noch in einem vergangenheitsbezogenen Sehnsuchtsbild zu existieren, in einem naturgeschichtlichen Relikt, als das die letzten wilden Pferde der Pußta erscheinen, sie ist in der sozialen Realität der beiden unterschiedlichen Gesellschaftssysteme zum Unterschied einer besser funktionierenden Bürokratie geschrumpft, die ein leichteres und angenehmeres Leben ermöglicht, wobei die Maßstäbe, mit denen ein solches Leben gemessen wird, keineswegs mehr austauschbar sind.

Die Geschichte ist so betrachtet nicht nur ein melancholischer Kommentar zu der Entfremdung zwischen den – wie die Politiker aus dem Westen mit Vorliebe sagen – Brüdern und Schwestern im Osten und den Bundesbürgern, sondern auch ein Widerruf auf den politischen Glaubenssatz von einer Wiedervereinigung, die als Geisterschiff einer nationalen Verbundenheitsideologie zwar noch häufig beschworen wird, aber, an der menschlichen Realität der beiden Deutschlands gemessen, vollends gespenstisch wird. Im Kontext der anderen Geschichten von DDR-Autoren betrachtet, besitzt der Lenzsche Erzähltext freilich eine unfreiwillige Pointe. Sein kritisches Engagement richtet sich primär gegen die bundesdeutsche Realität und ihre Repräsentanten, während die armen Vettern aus der DDR mit dem erzählerischen Perspektivenwechsel von Thape zu Wolters deutlich sympathischer dargestellt werden.

Freilich, die Verbesserung der Bürokratie, von der der pragmatische Realsozialist Wolters träumt und von der er sich die Lösung vieler Probleme verspricht, ist in den Geschichten von Kunert, Schlesinger, Kunze, Plenzdorf, Brasch und Schädlich so dargestellt worden, daß schon ein dialektischer Qualitätsumschlag stattfinden müßte, um die ritualisierte Bewacher- und Observationsbürokratie, die die Schritte der einzelnen Bürger mit paranoider Aggressionsanfälligkeit überwacht, tatsächlich zu verändern. Leben in der DDR ist kein alternatives Leben, gemessen an den Möglichkeiten in der Bundesrepublik. Die Probleme sind anders, aber vielfach existentiell zugespitzt. Das läßt sich nicht gegeneinander aufwiegen, wenn man den Aspekt der materiellen Vorteile – und dieser wiegt freilich nicht gering – einmal ausklammert. Das dialektische Kunststück, das bunte Bild der Zukunft mit den grauen Tinten der Gegenwart zu malen, von Peter Hacks in »Die Sorgen und die Macht« ironisch apostrophiert, haben die wenigsten DDR-Autoren vollbringen können – aus gutem Grund. Es wäre ein Taschenspielertrick gewesen. Statt dessen haben sie – auch die Autoren der hier behandelten Kurzgeschichten – das graue Bild der Gegenwart mit der grauen Tinte ihrer Wirklichkeitserfahrung beschrieben. Es ist ein Bild mit teilweise erschreckenden und den einzelnen bedrohenden Zügen, hinter denen freilich noch immer ein Abglanz jener Utopie sichtbar wird, die von der Zukunft einmal das ganz andere, das befriedete und befreite Leben erwartet, von einer Zukunft freilich, die sich offenbar mit jedem Schritt nach vorn um einen Schritt weiter entzieht.

Schluß: Rezeptionsprobleme und Chancen der deutschen Kurzgeschichte

Aus der Perspektive der Autoren betrachtet, läßt sich nicht daran zweifeln: Die Kurzgeschichte ist nach wie vor eine der vitalsten literarischen Gattungen der deutschen Gegenwartsliteratur, auch wenn die Macher und Weichensteller des Literaturbetriebs, Verleger und Literaturkritiker, durch ihre Haltung häufig den Eindruck erwecken, es sei nicht so. Nicht nur die Präzision und Intensität in der literarischen Verarbeitung der Wirklichkeitserfahrungen spricht für die Wichtigkeit dieser Gattung, sondern auch die Kontinuität, mit der die Autoren immer wieder zu dieser Form zurückkehren und sie als Instrument der Wirklichkeitserkundung, als künstlerischen Kompaß einsetzen. Von daher ist es durchaus unzutreffend, wenn man im Vergleich zwischen Kurzgeschichte und Roman, dessen baldiges Ende man permanent beklagt und der sich dennoch immer wieder wie ein Phönix aus der Asche erhebt, gemeint hat: »Aber während man unaufhörlich den Tod des Romans konstatiert, ist fast unbemerkt eine andere literarische Form wenn nicht gestorben, so jedenfalls in einen bedenklichen Dauerschlaf gesunken – nämlich jene Kurzgeschichte, deren Vorzüge dereinst nachdrücklich gerühmt und deren Blüte hoffnungsvoll prophezeit wurde.«[1]

Von den Autoren her gesehen, ist dieser Eindruck sicherlich falsch. Daß er dennoch entstehen konnte, hat mit den Rezeptionsproblemen der deutschen Kurzgeschichte zu tun, genauer gesagt: mit den Schwierigkeiten der Distribution. Diese Schwierigkeiten trafen nicht immer zu. Die im nachhinein vielgerühmte Zeitschrift »story«, die von 1946 bis 1953 erschien, hat versucht, die Kurzgeschichte als Gattung auch beim deutschen Leser einzubürgern. Das geschah auf verschiedenen Ebenen: einmal dadurch, daß man eine Fülle angelsächsischer Erzähler, zumeist Amerikaner, in Übersetzungen vorstellte und zudem bestimmte ausländische Textbeispiele im Sinne einer Kanonbildung für den Leser durch Modellgeschichten – Wolfgang Weyrauch ist im ersten Teil seiner Anthologie »Tausend Gramm« einen ähnlichen Weg gegangen – präsentierte.

Das künstlerische Spektrum von Geschichten, das sich dabei ergab, war allerdings verwirrend und in der Bereitwilligkeit, mit der es die historischen Grenzen, in die die jeweiligen Texte eingelagert waren, übersprang, nicht unbedingt einer Präzisierung des Gattungsbegriffes förderlich. So wurden beispielsweise im letzten Jahrgang der »story« die folgenden Geschichten als »Klassiker des Monats« vorgestellt: »Die Stuhlflechterin« und »Das Wrack« von Maupassant, »Winterlicher Pfau« von D.H. Lawrence, »Der Knabe und der Delphin« und »Die Witwe von Ephesus« von Claudius Aelianus und Titus Petronius, von den Italienern Tommaso Guardati Masuccio und Niccolò Machiavelli »Veronica« und »Der Teufel, der sich verheiratete«, »Stürmische Überfahrt« von Balzac, »Der Rächer seiner Ehre« von Tschechow, Hauffs »Das Gespensterschiff« und von Arnims »Die Einquartierung im Pfarrhaus«, zudem noch »Der Meisterdieb« von den Brüdern Grimm.

Das Flair der Internationalität, das man so für die Gattung suggerierte, hat ihr mehr geschadet als genützt, wie auch der kühne literarhistorische Brückenschlag von

Texten der Antike bis zu Texten der unmittelbaren Gegenwart das spezifische Profil
dieser Gattung eher verwischt hat. Bei einer so breit angelegten Palette ging jede
spezifische Nuancierung verloren, und das Gattungsmodell Kurzgeschichte entleerte
sich zum abstrakten Formschema einer kurzen Geschichte, für die alles und jedes und
damit im Grunde nichts mit Verläßlichkeit als Gattungskriterium herangezogen
werden konnte. Eine gewisse einheitliche Linie, die durch die Short Stories der großen
amerikanischen Erzähler vorgezeichnet war, verfolgte die »story« am ehesten noch
während der ersten vier Jahre ihres Erscheinens, als Ledig-Rowohlt der verantwortliche Herausgeber war. Wolfgang Cordan, der dann die letzten drei Jahrgänge als
verantwortlicher Redakteur betreute (nachdem der Rowohlt Verlag die Zeitschrift an
den Heliopolis Verlag verkauft hatte und Cordan auf Empfehlung Ernst Jüngers zum
Redakteur gemacht worden war), hat über diese Anfangsphase berichtet: »Ledig hatte
in den ersten Jahren der ›story‹ im Zeitungsformat zunächst einmal eine ›Bildungslük-
ke‹ geschlossen, die das braune Reich verursacht hatte: er brachte Amerikaner, Russen
und die neorealistische Schule. Diese Erziehungsarbeit war im wesentlichen getan, als
ich im Winter 1950 die Redaktion übernahm.«[2]
Cordan, der Emigrant, der nach Exilstationen in Holland und Frankreich lange Zeit in
Mexiko zugebracht und sich zu einem kulturgeschichtlichen Kenner der Maya-Zeit
entwickelt hatte, war viel zu wenig an dem, was an neuer Literatur und an neuen
Kurzgeschichten damals in Deutschland entstand, interessiert, um es in der von ihm
betreuten Zeitschrift nachdrücklich zu fördern. Als seine Intention damals hat er denn
auch im Rückblick bestimmt: »in die schon wieder muffig werdende Atmosphäre
exotische Brisen zu blasen« (51). Daß es ausgerechnet über einem Erzähltext von Arno
Schmidt, von Cordan für die Veröffentlichung angenommen und vom Verleger
blockiert, zum Bruch gekommen ist, erzeugt den falschen Eindruck, als habe sich
Cordan nachdrücklich für die neue deutsche Literatur engagiert. Viel entscheidender
ist jedoch gewesen, daß der seine Redaktionsarbeit deckende Ernst Jünger gleichfalls
mit dem Heliopolis Verlag zerfallen war und Cordan damit die Autorität im
Hintergrund fehlte, die seiner Arbeit Rückhalt verliehen hatte.
So wichtig die ersten Jahrgänge der »story« waren und so sehr man sich auch damals
bemüht zeigte, durch die Veröffentlichung von theoretischen Ausführungen der
Autoren zur Gattung der Kurzgeschichte – von William Saroyan und Henry Miller bis
hin zu Emil Belzner und Wolfdietrich Schnurre[3] – eine Traditionsbildung beim
lesenden Publikum zu fördern, es blieb nur bei einem ersten Beginn, der rasch wieder
versandete, auch wenn die literarische Zeitschrift »Akzente« in mancher Hinsicht die
Erbschaft der »story« antrat, allerdings in ihrem literarischen Spektrum von
vornherein breiter angelegt war und der Kurzgeschichte nur als einer literarischen
Ausdrucksform unter vielen Platz einräumte. Dennoch ist zu sagen, daß viele der
wichtigsten Kurzgeschichten von deutschen Autoren in dieser Zeitschrift als Erstveröf-
fentlichungen erschienen, wie sie auch als Forum für theoretische Standortsbestimmungen der Gattung immer wieder wichtig gewesen ist.
Eine nachhaltige Traditionsbildung beim deutschen Publikum wurde auch dadurch
erschwert, daß die Feuilletons der großen Tageszeitungen schon bald dazu übergingen,
von dem, was in den ersten Nachkriegsjahren noch vielfach die Regel war, nämlich
Platz für Kurzgeschichten einzuräumen, Abstand zu nehmen und, wenn überhaupt,
Kurzgeschichten nur noch gelegentlich zu bringen. An dieser Praxis hat sich auch bis

heute nichts wesentlich geändert. Überregionale Blätter wie die »Die Zeit«, die »Süddeutsche Zeitung« oder die »Frankfurter Allgemeine« nehmen nur selten Kurzgeschichten in ihre Feuilletons auf, und der von dem »Zeit«-Redakteur Dieter E. Zimmer initiierte Versuch einer Neubelebung der Kurzgeschichte im »Zeit-Magazin« bleibt vorerst ein – im Herbst 1979 fortgeführter – Pilotversuch, über dessen Nachwirkung sich zur Zeit nichts Genaues sagen läßt[3a].

Ähnliche Pilotversuche hat es auch in der Vergangenheit gegeben. So schrieb »Die Zeit« bereits 1954 einen Kurzgeschichten-Wettbewerb für deutsche Autoren aus und legte als Rahmenbedingung für die nach zwei Monaten einzusendenden Texte lediglich Umfänge fest: Als obere Grenze für eine Geschichte wurden fünf Manuskriptseiten genannt, 180 Schreibmaschinenzeilen insgesamt. Der Wettbewerb löste eine erstaunliche Beteiligung aus: 2040 Texte wurden an die Redaktion eingesandt, sechzehn davon wurden prämiert und in einem Sammelband[4] veröffentlicht.

Der als Einleitung zu diesem Band geschriebene Bericht des Herausgebers Paul Hühnerfeld macht deutlich, wie sehr die Kurzgeschichte von den vielen namenlosen Autoren als Ausdrucksform der eigenen Realitätserfahrung eingesetzt wurde. Denn zahlreiche der eingesandten Geschichten befaßten sich, zumeist in kritisch reflektierender Absicht, mit der eigenen Vorgeschichte im Nationalsozialismus und im Krieg oder entnahmen ihre Themen der unmittelbaren Gegenwartserfahrung eines Deutschlands, das im sich regenden Wirtschaftswunder ökonomisch wieder zu Kräften kam, aber zugleich Probleme der menschlichen Kommunikation, zwischen Eheleuten, zwischen Familienmitgliedern, entstehen ließ. Wenn der Herausgeber mit Bedauern anmerkt: »Liebesgeschichten waren selten, Liebesgeschichten mit gutem Ausgang gab es unter den zweitausend nur drei« (9), so ist man weit eher geneigt, das als Vorzug einzuschätzen und zugleich als Konsequenz der Gattungsprädisposition der Kurzgeschichte, die sich primär nicht auf die Innensicht subjektiver Erfahrungen, sondern auf die Auseinandersetzung mit der Wirklichkeit konzentriert.

Ebenso wird man angesichts der Fülle von Einsendungen und der hohen Beteiligung der Leser, die als Jury fungierten, Zweifel haben, wenn der Herausgeber ausführt, »daß viele deutsche Leser die Kurzgeschichte nicht lieben, auch die gute amerikanische Kurzgeschichte nicht« (15). Tatsächlich wird man denn auch Hühnerfelds Resümee mit den Worten eines anderen »Zeit«-Redakteurs[5] entgegenhalten müssen, daß es sich bei dieser unterstellten Abneigung des Lesers gegenüber der Kurzgeschichte »um ein Vorurteil und sonst nichts handelt, ein Vorurteil allerdings, das die fatale Eigenschaft hat, sich selber zu bestätigen« (300). In der Tat, die Auflagenhöhen von Anthologien[6] und Kurzgeschichtensammlungen renommierter Autoren (wie Böll oder Siegfried Lenz) sprechen eine ganz andere Sprache. Nur weil man dem Leser Rezeptionsphlegma gegenüber dieser Gattung unterstellt, blockiert man auf seiten der Verlage, Redakteure und Literaturkritiker ihre Entfaltungsmöglichkeiten. Für die Haltung der Verleger und Verlagslektoren gilt dabei: »Von Geschichtenbänden wollen unsere Verleger nichts wissen. Erhalten sie ein gutes Manuskript mit mehreren Erzählungen, dann fragen sie, wenn es sich nicht gerade um einen der wenigen prominenten Autoren handelt, ob es nicht möglich sei, diese Erzählungen mit einer Rahmenhandlung oder wenigstens mit einem Vorspruch zu versehen, um das Buch einen ›Roman‹ nennen zu können [...] Fast immer werden mäßige und sogar schlechte Romane den guten oder

sogar hervorragenden Kurzgeschichten-Bänden vorgezogen. Verleger sind aber nicht Volkserzieher, sondern Kaufleute.«[7]
Für die Redakteure und Literaturkritiker wiederum gilt das Verhalten der Verleger als Beweis für die literarische Überlebtheit dieses Gattungsmodells, das nicht lebensfähig sei, weil die Leser und Autoren ihm ihr Interesse entzögen, und deshalb auch nicht verlegerisch gefördert werden könnte. Das Schema des Zirkelschlusses, das dieser Argumentationskette zugrunde liegt, ist zwar mit den Händen zu greifen, aber hat dennoch längst nicht seine mechanisch eingebürgerte Beweiskraft eingebüßt. Man hat diesen Zirkelschluß zu Recht so beschrieben:»Dem Leser werden sie abgewöhnt, und da sie den deutschsprachigen Schriftstellern nicht abverlangt werden, werden sie oft auch erst gar nicht mehr geschrieben. Die Prognose hätte sich selber erfüllt: Der Kurzgeschichte bleiben weder Autoren noch Leser. Ob eine Literaturgattung floriert oder nicht, hängt in der Tat auch, und zwar stark, von dem Bedürfnis ab, das nach ihr besteht, und das wiederum ist abhängig von dem, was die Vermittler wollen [...] So wären es die fehlenden Veröffentlichungsmöglichkeiten für Kurzgeschichten, die die Gattung zu ihrer Schattenexistenz reduziert haben.«[8]
Man wird diese Argumentation schwerlich widerlegen können, da die Rezeptionsgeschichte dieser Gattung in der Nachkriegszeit ein konstanter Beleg für diesen Mechanismus einer »self fulfilling prophecy« ist, der die Entfaltung der deutschen Kurzgeschichte immer wieder lähmt. So lassen sich denn auch in der Tat aus der Perspektive der Gegenwart jene wenigen Unternehmungen an den Fingern einer Hand herunterzählen, die sich der literarischen Förderung dieser Gattung nachdrücklich verschrieben haben.
1960 begründete der damalige Seniorchef des Westermann Verlags Georg Mackensen aus Anlaß seines 65. Geburtstages den »Georg Mackensen Literaturpreis für die beste deutsche Kurzgeschichte in deutscher Sprache«. Der Preis, ursprünglich auf DM 3 000,– dotiert und seit 1976 auf DM 5 000,– angehoben, ist seitdem fast regelmäßig jährlich verliehen worden und weist eine Reihe von namhaften Kurzgeschichtenautoren unter den Preisträgern auf. 1962, als der Preis erstmals verliehen wurde, erhielten ihn Wolfdietrich Schnurre und Siegfried Lenz, 1963 Erich Landgrebe und Stephan Vajda, 1964 Heinz von Cramer und Marie Luise Kaschnitz, 1965 Gabriele Wohmann und Jürg Federspiel. Nachdem er 1966 nicht vergeben worden war, erhielten ihn 1967 drei Autoren: Adolf Muschg, Günter Seuren und Armin Ayren. 1968 wurden Kay Hoff und Margot Scharpenberg prämiert, 1969 Peter O. Chotjewitz, 1970 Ingeborg Drewitz und Eva Zeller, 1971 Herbert Eisenreich und Theodor Weißenborn. 1972 wurde der Preis nicht vergeben, 1973 erhielten ihn Herbert Rosendorfer und Gunter Radtke, 1974 Ruth Rehmann und Dieter Kühn, 1975 Karl Alfred Wolken und Herbert Schmidt-Kaspar, 1976 Roderich Feldes, 1977 Elisabeth Augustin und Otto Heinrich Kühner, 1978 Hanne F. Juritz und 1979 Günter Kunert.
Zu erwähnen ist auch, daß die Jury, zu der neben dem Verleger Jürgen Mackensen die Redakteure von »Westermanns Monatsheften« Gerhard Joop, Michael Neumann und Paul Barz gehören, auch je nach Ermessen »Fördergaben« an junge Autoren verteilt. Diese Gaben sind freilich so knapp bemessen – DM 500,– ist die Fördersumme –, daß der konkrete Nutzen dieser Geste sich für junge Autoren in bescheidensten Grenzen hält. Man wird auch nicht verkennen, daß die Preisrichter in seltensten Fällen neue literarische Talente entdeckt und zumeist – der Preisträger des Jahres 1979 ist das beste

Beispiel dafür – das Ansehen schon etablierter Autoren durch die Verleihung zusätzlich verstärkt haben.

Gewiß, man hat im redaktionellen Vorspann »1979: zwanzig Jahre Georg Mackensen-Literaturpreis«[9] zu der prämierten Geschichte von 1978, die – wie auch alle anderen preisgekrönten Geschichten der jeweiligen Jahre – im Novemberheft von »Westermanns Monatsheften« erstveröffentlicht wurde, nicht ohne Stolz darauf aufmerksam gemacht: »Gabriele Wohmann oder Peter O. Chotjewitz, um nur diese zwei Namen jüngerer Preisträger zu nennen, erhielten die Auszeichnung zu einer Zeit, da sie allenfalls als literarischer ›Geheimtip‹ galten [...]« (39). Aber das dürften eher die Ausnahmen sein.

Dennoch besteht kein Anlaß, das verlegerische Engagement, das hinter dieser literarischen Einrichtung steht, nicht anzuerkennen, zumal es unrealistisch wäre, von einem personell so schmal angelegten Entscheidungsgremium zu erwarten, daß neue Schneisen der Rezeption geschlagen und ständig neue Autoren entdeckt werden. Die Akklamation bereits anerkannter Autoren hat ja auch reziprok die Wirkung einer Verstärkung des Ansehens, das sich dieser Kurzgeschichten-Preis durchaus im Laufe der Zeit erworben hat.

Schaut man sich freilich die Kriterien an, die von den Preisrichtern auf – jeweils unter dem Namen der Autoren und nicht anonym – eingesendete Manuskripte angewandt werden, so wird deutlich, daß die generelle Unsicherheit dem literarischen Gewicht und der literarischen Identität dieser Gattung gegenüber nach wie vor besteht. So heißt es – in einem internen Informationspapier der Jury[10] – zu den Kriterien der Auswahl: »Kriterien im engeren Sinn können nicht genannt werden, da die Jury bewußt auf zu schmale Maßstäbe verzichtet. Im Grunde ergeben sich diese Maßstäbe aus den Einsendungen eines jeden Jahres, wobei auch das bisherige Niveau der preisgekrönten Geschichten aus früheren Jahren eine Rolle spielt (Texte wie die 1964 ausgezeichnete Geschichte ›Ja, mein Engel‹ von Marie Luise Kaschnitz gelten heute schon als beispielhaft für die gesamte Kunstform – hieraus erwächst natürlich ein Anspruch, dem auch andere Arbeiten standhalten müssen).«

Die methodische Kreisbewegung, die sich in dieser Erklärung erkennen läßt, liegt offen vor Augen. Einerseits wird von einer »Kunstform« gesprochen und rückblickend ein bestimmtes »Niveau« konstatiert. Andererseits werden alle begrifflichen Kategorien, die diese Feststellungen sinnvoll machen könnten, sorgfältig vermieden. Es wird auf die Texte selbst hingewiesen, deren Maßstäbe letztendlich die eines etablierten Literaturkanons, einer – wie im Falle der Kaschnitz – längst eingemeindeten literarischen Autorität sind.

Es wäre in der Tat ein hoffnungsloses Unternehmen, unter den preisgekrönten Texten der beiden letzten Jahrzehnte so etwas wie eine gattungstypologische Grundlinie sichtbar machen zu wollen. Und auch hier reduziert sich dann letztlich die Gattungsbestimmung der Kurzgeschichte auf eine Banalität: »Die heute gültigen Bedingungen verlangen vom Einsender bis zu drei Textseiten zu einer maximalen Länge von 12 Schreibmaschinenseiten. Die Texte dürfen zuvor noch nicht veröffentlicht worden sein.«[11]

Dennoch darf hier nicht voreilig von Theorieverdrossenheit oder gar Wertungsopportunismus des Verleihergremiums gesprochen werden, sondern es handelt sich vielmehr um ein generelles Dilemma, das die Kurzgeschichte in Deutschland begleitet. Es läßt sich bereits in dem Kurzgeschichten-Wettbewerb der »Zeit« von 1954 erkennen. Es gilt auch – cum grano salis – für die zweite Einrichtung im literarischen Leben Westdeutschlands, die sich der Kurzgeschichte seit einigen Jahren kontinuierlich annimmt: den »Deutschen Kurzgeschichtenpreis« und »Internationalen Kurzgeschichtenpreis« der sauerländischen Kleinstadt Neheim-Hüsten. Beide Preise sind gleichfalls mit DM 5 000,– dotiert, wobei der erste der Originalarbeit eines deutschen Autors gilt, der zweite hingegen der besten übersetzten Kurzgeschichte des Auslands.

Auch hier hat die Initiative eines einzelnen, des 1978 im Alter von dreiundvierzig Jahren verstorbenen Hartwig Kleinholz[12], des Leiters der Volkshochschule und des Kulturamts in Arnsberg (das im Zuge einer Gebietsreform in Neheim-Hüsten eingemeindet wurde) 1969 zur Begründung des »Internationalen Autoren-Kolloquiums« in der sauerländischen Provinz geführt. Der Bekanntheitsgrad dieser Veranstaltung ist freilich nach wie vor gering. Die wenigsten deutschen Autoren sind darüber informiert. Einer der als Juroren Eingeladenen, der Journalist Zimmer, hat denn auch in einem Bericht über das Verleihungsritual des Jahres 1978 skeptisch, wenn auch nicht ohne Sympathie, die Anstrengungen zur Förderung der unterschätzten Prosagattung kommentiert[13].

Im Jahre 1978 waren insgesamt 861 Geschichten für die beiden Wettbewerbe eingereicht worden. Nach einer Vorauswahl wurden den einzelnen Jury-Mitgliedern die restlichen 70 Kurzgeschichten, die alle anonym eingesendet worden waren, zur Begutachtung und Beurteilung übergeben. In der Ausschreibung dieses Kurzgeschichtenpreises wird als Absicht die »Klärung des literarischen Standortes der Kurzgeschichte und zur Förderung der Untersuchung, inwieweit sie als moderne künstlerische Ausdrucksform an der Entwicklung neuer Schreibtechniken teilnimmt«[14], genannt und hinzugefügt: »Die Prämierung erfolgt nur nach literarkritischen Gesichtspunkten.«

Was darunter allerdings konkret zu verstehen ist, hat Zimmer, 1978 Jury-Mitglied, so beschrieben: »Beim Lesen denke ich immer genüßlicher: was ist das fast alles für ein gräßlich dilettantisches Zeug. Wie soll man die beste Story finden, wenn es kaum eine einfach gute gibt. Ließe sich der Wettbewerb nicht umdrehen? Man könnte darüber diskutieren, welches die schlechteste Geschichte ist, da gäbe es genug Gesprächsstoff, und verhängte über den Gewinner eine Preisstrafe von 5 000 Mark.«

Diese gewisse Arroganz des professionell mit Literatur Beschäftigten gegenüber den literarischen Parias in der Provinz ist zwar als Signum deutschen Literaturbetriebs aufschlußreich, aber fällt rasch in sich zusammen, wenn es um die Reflexion der literaturkritischen Kriterien des Betreffenden geht, die der Prämierung zugrunde liegen sollen. Da heißt es dann einerseits: »Wie leicht haben es vor all diesen Geschichten jetzt jene, die genau wissen, was eine Kurzgeschichte ist: eine kompakte Fabel, die von einem offenen Anfang aus über einen Höhepunkt zu einem pointierten Ende strebt. Leider kann eine Geschichte diesem Muster aufs genaueste entsprechen und doch nur einfältig sein.«

Das ist sicherlich nicht von der Hand zu weisen, nur ist die Situation auch von der anderen Seite zu betrachten, und das bedeutet konkret: Eine Geschichte, die die genannten Formkriterien erfüllt, kann ebenso eine literarisch originäre Arbeit sein. Die Erfüllung eines theoretisch fixierten Gattungsmusters ist an sich kein Argument gegen oder für die künstlerische Substanz. Andererseits wird denn auch mit bemerkenswerter Offenheit über die Zufälligkeit und subjektive Unverbindlichkeit der eigenen Wertungsvoraussetzungen ausgeführt: »Ich selber muß mir dagegen meine Kriterien aus dem Nichts erfinden. Also, mir gefällt zum Beispiel keine Literatur, die mir erzählt, was ich schon weiß [!], in den Worten, die ich schon hundertmal gelesen habe [!]. Literatur ist vikarisches Leben, da bin ich aus auf neue Erfahrungen. Ich mag keine illustrierten soziologischen Feuilletons. Ich mag keine Literatur, die immerzu mit großen Sammelbegriffen hantiert: Einsamkeit, Schmerz, Verweigerung, Veränderung, Wahrheit... Ich mag keine Literatur, die nur *über* etwas redet, statt es erst einmal gegenwärtig zu machen. Auch sollte die Sprache dem Gegenstand weder besserwisserisch voraus sein noch ihm unbeholfen nachhinken.«

Aber was läßt sich schon aus dieser Ad-hoc-Poetik für die Kurzgeschichte erschließen, die hier im Sammelbecken Literatur ununterscheidbar untergeht, wobei auch die Literatur selbst in allen Farben schillert, je nachdem, wie sie sich im Auge des Kritikers spiegelt? In einem bemerkenswerten Selbstvertrauen zum Standpunkt einer bornierten Subjektivität wird nach altbekannter Münchhausen-Manier das Dilemma so gelöst, daß sich der Kritiker am eigenen Schopf aus dem Sumpf zieht. Aber verläßlichen Boden, auf dem ihm andere folgen können, hat er damit freilich nicht erreicht. Das bezeugt auch das Nachwort Zimmers zu den gesammelten »Vierunddreißig neuen Kurzgeschichten aus der ›Zeit‹«, die vorher im »Zeit-Magazin« erschienen waren und seinen herausgeberischen Versuch dokumentieren, der Gattung wieder zu neuer Resonanz zu verhelfen. Es heißt dort: »Das eine oder andere Stück sei gar keine ›richtige‹ Kurzgeschichte, wird mancher Leser sagen. Das mag sein. Was eine Kurzgeschichte ist, wird nirgends in dieser Sammlung gesagt. Bewußt wurden die Grenzen offengehalten zur Satire, zur Reportage, zum anthropologischen Protokoll, zum lyrischen Dialog. Nur kurz und erzählerisch und eben neu mußten die Stücke sein. Diese, wie man es nimmt, Laxheit oder Großzügigkeit könnte sich durchaus auf den Begründer der heutigen Kurzgeschichte berufen, auf Edgar Allan Poe, der selber höchst verschiedenartige Prosagebilde unter dem Oberbegriff Kurzgeschichte zusammenfaßte. Aber es bedarf der Berufung auf den großen Stammvater wohl nicht. Kein Gesetz schreibt vor, was eine Kurzgeschichte ist und was nicht« (302).

Der »große Stammvater« Poe hat über die Geschichten Hawthornes reflektiert – und zwar unter Verwendung des Gattungsbegriffes »tale« – und seine eigenen Stücke nur mittelbar gemeint. Als Kronzeuge ist er für die terminologische Laxheit und den Gattungsrelativismus, der hinter diesen Ausführungen steht, kaum zu bemühen. Und wenn sich die Kurzgeschichte generell nicht fassen läßt, was hat es dann schon für einen Sinn, eine Skala von literarischen Gattungsformen Revue passieren zu lassen, zu denen die gesammelten Texte jeweils tendierten. In der Nacht – auch der des literaturhistorischen Begriffes – sind bekanntlich alle Katzen grau.

Tatsächlich wird denn auch hier an anderer Stelle implizit mit einem bestimmten Gattungsbegriff der Kurzgeschichte operiert, wenn es heißt: »Eine Kurzgeschichtensammlung jedoch bietet die Möglichkeit zu vielen knappen, aber authentischen Begegnungen [...] Denn eine kurze Geschichte enthält ihren Autor nicht weniger als ein langer Roman [...] immer größer wird die Verlockung, sich mit Literatur in Form von Digests relevanter Passagen bekannt zu machen. Eine Kurzgeschichtensammlung kommt immerhin ohne solche Amputationen aus.« (301)

Der Sache nach wird hier im Vergleich zwischen Roman und Kurzgeschichte mit dem Begriff einer intensiven Struktur operiert, die die künstlerische Individualität eines Autors ebenso enthält wie die extensive Struktur eines voluminösen Romans. Das ist sicherlich richtig, aber diese Feststellung schließt zugleich die Frage nach der künstlerischen Organisierung dieser spezifischen literarischen Struktur mit ein. Das »explosive principle« als Strukturmoment dieser intensiven Gestaltung stellt einen möglichen Schlüssel zu dieser Form dar. Welche anderen Zugänge sich als formale Einstiege und Mittel differenzieren lassen, ist bereits im einzelnen zusammenhängend dargestellt worden. Sie ergeben, wenn man sie zusammennimmt, durchaus einen Gattungsraster, der es möglich macht, das Spezifische dieser Prosaform von anderen Gattungsmodellen zu unterscheiden.

Sicherlich, das geschieht keineswegs auf dem Wege einer normativen Gattungsdefinition, die gleichsam als platonische Idee der Gattung den einzelnen Textbeispielen als sich jeweils annähernde oder entfernende Konkretisierungen gegenübergestellt wird. Und alle Polemik gegen eine Gattungsfestlegung der Kurzgeschichte entspringt denn auch im Grunde aus dem Affekt gegen eine solche normative Festlegung. Die Kurzgeschichte hingegen, die durch die Institutionalisierung eines Erzählers die Hereinnahme des Lesers in die Textstruktur verwirklicht, ist – buchstäblich – als Literatur für den Leser in soziale Kommunikationszusammenhänge eingelagert, die ihre historische Individualität durchaus unterscheidbar von anderen Literaturformen hervortreten lassen.

Zur Dialektik ihrer Form gehört freilich auch, daß die Annäherung an den Leser und seine Wirklichkeit, der Realismus ihrer Darstellungssujets und -stoffe zugleich in den Elementen der Verkürzung und Komprimierung ästhetische Widerstände schafft, die sie dem Verständnis des Lesers wieder entrücken und sie zu einer – entgegen allem Anschein – schwierigen und sich schwer erschließenden Form machen: »Überdies stellen die Erzähler von Kurzgeschichten an die Phantasie, die Aufmerksamkeit und die Intelligenz ihres Publikums hohe Anforderungen: Wie die Autoren mit wenigen Worten eine ganze Welt zeigen wollen, so sind die Leser gezwungen, sich mit nur wenigen Anhaltspunkten und Andeutungen für jenes Bild zu begnügen, das sie sich selbst machen müssen. Daher beansprucht die Kurzgeschichte ebenso vom Autor wie vom Leser die höchste Konzentration [...] Wer [...] in einer Kurzgeschichte einen Absatz oder auch nur einen einzigen Satz nicht wahrnimmt, riskiert, daß sie ihm unverständlich bleibt.«[15] Auch das gehört mit zu den Schwierigkeiten und, was ihr künstlerisches Volumen betrifft, zu den Chancen dieser Gattung, die sich längst als eine der lebens- und wandlungsfähigsten erwiesen hat und auch aus der deutschen Literatur der letzten Jahrzehnte nicht mehr wegzudenken ist.

Anmerkungen

Einleitung: Probleme und Gattungsfragen der Kurzgeschichte

1 In: W. B., »Schriften II«, Frankfurt a. M. 1955, S. 229–258.
2 »Der Schattenfotograf«, München 1978, S. 480 f.
3 In: »Germanistische Studien«, Bd. 2, Braunschweig 1970 (Schriftenreihe der Kant-Hochschule 15), S. 73–160. Teilabdr. auch in: »Theorie der Kurzgeschichte«, hrsg. von Hans-Christoph Graf von Nayhauss, Stuttgart 1977 (Universal-Bibliothek, Nr. 9538), S. 78–81.
4 Hans Bender: »Ortsbestimmung der Kurzgeschichte«, in: »Akzente« 9 (1962) S. 205–225, hier S. 207.
5 Vgl. dazu auch die Ausführungen von Peter Freese in der Einleitung zu seinem Buch »Die amerikanische Kurzgeschichte nach 1945«, Frankfurt a. M. 1974, besonders den Abschnitt »Der Einfluß der Magazine«, S. 21 ff.
6 Vgl. dazu die Ausführungen von Martha Foley im »Vorwort« zu der von ihr herausgegebenen Sammlung »The Best American Short Stories 1977«, Boston 1977, S. XII ff.
7 »Gesammelte Werke«, hrsg. von Adolf Frisé, Bd. 2, Reinbek 1978, S. 1466.
8 Es hat wenig Sinn, mit einer normativen Gattungsdefinition deduktiv zu arbeiten. Welche Probleme die Gattungsgeschichte der Kurzgeschichte aufwirft, haben vor allem zwei als Forschungsüberblicke angelegte Arbeiten dokumentiert: Jan Kuipers, »Zeitlose Zeit. Die Geschichte der deutschen Kurzgeschichtsforschung«, Groningen 1970; Ludwig Rohner, »Theorie der Kurzgeschichte«, Frankfurt a. M. 1973. Das Spektrum der Definitionsoptionen reicht dabei von dem frühen Versuch Klaus Doderers (in seiner Dissertation »Die Kurzgeschichte in Deutschland«, [4]1969), die deutsche Kurzgeschichte selbst von der amerikanischen Short Story zu unterscheiden, weil diese die Gattung der Novelle mit einbegreife (vgl. u. a. S. 91), bis hin zu der jeder Definition abgeneigten Haltung Ruth J. Kilchenmanns in ihrem Buch »Die Kurzgeschichte. Formen und Entwicklung«, Stuttgart 1967, wo der gattungsgeschichtliche Rahmen auf zweifache Weise ausgehöhlt wird: Einerseits wird die Kurzgeschichte als literarisches »Produkt des 20. Jahrhunderts, das von Amerika ausging« (S. 186), in Zweifel gezogen, da sie als literarische Form bereits »im ausgehenden 18. und frühen 19. Jahrhundert in Deutschland« vertreten sei, andererseits wird sie gleichzeitig zur »Ur-form zeitgenössischen Sagens« (S. 195) erhoben.
9 Vgl. dazu im einzelnen die Beiträge des Bandes »Novelle« hrsg. von Josef Kunz, Darmstadt 1973 (Wege der Forschung).
10 Vgl. Erich Straßner, »Schwank«, Stuttgart [2]1978, sowie Textsammlung, Definitionen, Nachwort in: »Deutsche Schwänke«, hrsg. von Leander Petzoldt, Stuttgart 1979 (Reclams Universal-Bibliothek, Nr. 9954 [5]).
11 Vgl. Jürgen Hein, »Dorfgeschichte«, Stuttgart 1976.
12 Heinz Grothe, »Anekdote«, Stuttgart 1971, sowie Textsammlung, Definitionen, Nachwort in: »Deutsche Anekdoten«, hrsg. von Jürgen Hein, Stuttgart 1976 [u. ö.] (Reclams Universal-Bibliothek, Nr. 9825 [5]).
13 Vgl. Jan Knopf, »Geschichten zur Geschichte. Kritische Tradition des ›Volkstümlichen‹ in den Kalendergeschichten Hebels und Brechts«, Stuttgart 1973, sowie Textsammlung, Definitionen, Nachwort in: »Kalendergeschichten«, hrsg. von Winfried Theiß, Stuttgart 1977 (Reclams Universal-Bibliothek, Nr. 9872 [6]).
14 In: »Texte und Zeichen« 1/2 (1955) S. 266–269.
15 Unter den zahlreichen Dokumentationen sei hier nur auf drei in Deutschland erschienene hingewiesen: »Studien und Materialien zur Short Story«, hrsg. von Paul Goetsch, Frankfurt a.

M. 1971; »Die amerikanische Short Story. Theorie und Entwicklung«, hrsg. von Hans Bungert, Darmstadt 1972; »Short-Story-Theorien (1573–1973). Eine Sammlung englischer und amerikanischer Quellen«, hrsg. von Alfred Weber und Walter F. Greiner, Kronberg 1977. Besonders hervorzuheben ist auch Helmut M. Braems umfassende Einleitung zu seiner Anthologie »Amerikanische Erzähler. Short Stories«, Stuttgart 1964 (Reclams Universal-Bibliothek, Nr. 8918 [8]).

16 Vgl. dazu u. a. die Ausführungen von Jan Kuipers, »Zeitlose Zeit«, S. 16–21.

17 Vgl. u. a. Kurt Kersten, »Guy de Maupassant und die Kurzgeschichte«, in: »Das Wort« 8 (1937) S. 50–52.

18 »Museum des Hasses. Tage in Manhattan«, München 1973.

19 Kuipers datiert das erste Auftauchen des Begriffs auf 1904, vgl. »Zeitlose Zeit«, S. 24.

20 Mit dieser Vorgeschichte beschäftigen sich auch einige wenige frühe Dissertationen, vgl. u. a. Hans-Adolf Ebings Arbeit »Die deutsche Kurzgeschichte. Wurzeln einer neuen literarischen Kunstform«, Bochum 1936 – der Hauptteil dieser Dissertation behandelt allerdings die Kurzprosa-Texte von Hans Franck – und die Arbeit Helga-Maleen Damraus »Studien zum Gattungsbegriff der deutschen Kurzgeschichte im 19. und 20. Jahrhundert«, Diss. Bonn 1967.

21 Vgl. dazu u. a. die Ausführungen von Karl Obermann, »Nationalsozialistische Kurzgeschichte«, in: »Das Wort« 8 (1937) S. 53–58, desgl. die Ausführungen von Ludwig Rohner, »Theorie der Kurzgeschichte«, S. 10 ff.

22 Vgl. Anderschs Beitrag »Die neuen Dichter Amerikas«, in: »Der Ruf« (Juni 1945) S. 5.

23 Vgl. Redings Beitrag »Mein Bekenntnis zur Kurzgeschichte«, in: J. R., »Nennt mich nicht Nigger«, Recklinghausen 1978, S. 6–8.

24 Vgl. dazu im einzelnen Hansjörg Gehring, »Amerikanische Literaturpolitik in Deutschland 1945–1953. Ein Aspekt des Re-Education-Programms«, Stuttgart 1976.

25 »Kritik und Waffe. Zur Problematik der Kurzgeschichte«, in: »Deutsche Rundschau« 87/1 (1961) S. 61–66. Auch in: »Theorie der Kurzgeschichte«, S. 24–32.

26 Vgl. Obermann, »Nationalsozialistische Kurzgeschichte«, S. 54.

27 »Short Story«, in: »Das Wort« 8 (1937) S. 39–44.

28 Vgl. Weyrauchs Nachwort in »Tausend Gramm«, Hamburg 1949, S. 209–219. Teilabdr. auch in: »Theorie der Kurzgeschichte«, S. 9–12.

29 Vgl. Dieter E. Zimmer, »Allen Gerüchten zum Trotz: Die Story lebt«, in: »Zeit-Magazin« Nr. 43 vom 20. 10. 1978, S. 1.

30 »Kritik und Waffe«, S. 64.

31 Vgl. dazu die aufschlußreichen, nur auf Englisch veröffentlichten Ausführungen Hans Benders in seinem Beitrag zu »The International Symposium on the Short Story«: »West Germany«, in: »The Kenyon Review« 31/123 (1969) S. 85–92.

32 In: »Newsweek« vom 30. 10. 1978, S. 24–25.

33 Zitiert nach Horst Bienek, »Werkstattgespräche mit Schriftstellern«, München 1965, S. 170.

34 Auf ähnlich intendierte Vorarbeiten, etwa in den Büchern von Klaus Doderer (»Die Kurzgeschichte in Deutschland«, Darmstadt ⁴1969), Ruth J. Kilchenmann (»Die Kurzgeschichte. Formen und Entwicklung«, Stuttgart 1967) und Paul-Otto Gutmann (»Erzählweisen in der deutschen Kurzgeschichte«, Braunschweig 1970) wurde bereits hingewiesen. Auf die wesentlichen, überwiegend in den fünfziger Jahren entstandenen Studien in den Aufsätzen von Hans Bender, Walter Höllerer, Siegfried Unseld, Ruth Lorbe, Helmut Motekat und Josef Donnenberg (Abdr. bzw. Teilabdr. auch in: »Theorie der Kurzgeschichte«) wird im Verlauf der Untersuchung noch hingewiesen werden. Im übrigen sei zur bibliographischen Information auf die schon erwähnten Bücher von Kuipers (»Zeitlose Zeit«) und Rohner (»Theorie der Kurzgeschichte«) verwiesen.

35 Ludwig Rohner hat hier zu Recht gegen die literaturhistorischen Auffächerungsversuche Ruth J. Kilchenmanns im Rahmen einer internen deutschen literarischen Tradition

ausgeführt: »Die deutsche Kurzgeschichte der Nachkriegszeit mutet geradezu wie eine ›Übersetzung‹ der amerikanischen short-story an« (»Theorie der Kurzgeschichte«, S. 7).
36 »Erzählte Zeit. 50 deutsche Kurzgeschichten der Gegenwart«, hrsg. von Manfred Durzak, Stuttgart 1980 (Reclams Universal-Bibliothek, Nr. 9996 [6]).
37 »Eine Geschichte erzählt sich selbst. Vorläufige Erfahrungen eines Autors«, in: H. E., »Böse schöne Welt. Erzählungen«, Stuttgart 1957, S. 166–173.

II. Die deutsche Kurzgeschichte. Die Geschichte ihrer Autoren

1. Wolfgang Borchert. Das Gedächtnis der Zeit – O. Henry

1 So Peter Rühmkorf im Nachwort zu dem von ihm herausgegebenen Band Wolfgang Borchert, »Die traurigen Geranien und andere Geschichten aus dem Nachlaß« [zit. als: Rühmkorf I], Hamburg 1962, S. 137–156, hier S. 139 f.
2 Vgl. dazu die Ausführungen bei Manfred Durzak, »Das expressionistische Drama II. Ernst Barlach, Ernst Toller, Fritz von Unruh«, München 1979, S. 101 ff.
3 So sind Borcherts Kurzgeschichten schon erstaunlich früh zum Gegenstand von Dissertationen gemacht worden, vgl. Horst Brustmeier, »Der Durchbruch der Kurzgeschichte in Deutschland. Versuch einer Typologie der Kurzgeschichte, dargestellt am Werk Wolfgang Borcherts«, Marburg 1966; Konrad Freydank, »Das Prosawerk Borcherts. Zur Problematik der Kurzgeschichte in Deutschland«, Marburg 1964. Vgl. neben einer Reihe von überwiegend für den Schulunterricht geschriebenen Interpretationssammlungen auch die Studien von Stefan H. Kaszýnski, »Typologie und Deutung der Kurzgeschichten von Wolfgang Borchert«, Posen 1970; Marianne Schmidt, »Wolfgang Borchert. Analysen und Aspekte«, Halle a. d. S. 1970.
4 In: W. B., »Das Gesamtwerk«, Hamburg 1949, S. 59–61.
5 Vgl. dazu auch die Ausführungen von Ruth Wolpert, »Die Wiederholung – ein Gestaltungsmittel in den Kurzgeschichten von Wolfgang Borchert«, in: »Wissenschaftliche Zeitschrift der Universität Rostock, Gesellschafts- und Sprachwissenschaftliche Reihe« 23 (1974) S. 429–438.
6 In: »Das Gesamtwerk«, S. 308–315.
7 Kilchenmann, »Die Kurzgeschichte«, S. 160 f.
8 A. A., »Das Gras und der alte Mann«, in: »Frankfurter Hefte« 3/10 (1948) S. 927 bis 929.
9 »Wolfgang Borchert« [zit. als: Rühmkorf II], Reinbek 1961 (Rowohlts Monographien).
10 Zur Chronologie der Erzähltexte vgl. die von Rühmkorf mitgeteilte Datierungsfolge der Prosaarbeiten in einer Notiz Borcherts in: Rühmkorf II, S. 132 f.
11 Rühmkorf II, S. 60.
12 Rühmkorf I, S. 154.
13 Vgl. dazu den Einleitungsessay von Peter Freese »Die amerikanische Short Story der Gegenwart: Themen, Techniken und Tendenzen« in dem von ihm herausgegebenen Sammelband »Die amerikanische Short Story der Gegenwart«, Berlin 1976, S. 9–29.
14 In: »Das Gesamtwerk«, S. 244–264.
15 Ebd., S. 304–306. Auch in: »Die deutsche Literatur. Ein Abriß in Text und Darstellung«, Bd. 16: »Gegenwart«, hrsg. von Gerhard R. Kaiser, Stuttgart 1975 [u. ö.] (Reclams Universal-Bibliothek, Nr. 9661 [4]), S. 75–77.
16 »Die Stimme Wolfgang Borcherts«, in: H. B., »Essayistische Schriften und Reden I«, Köln 1979, S. 161–164.
17 In: »Die traurigen Geranien«, S. 14–17.
18 Daß Rühmkorf diesen Text in seiner Monographie in den psychologischen Rahmen der

belasteten Vater-Sohn-Beziehung Borcherts rückt (vgl. S. 11–14), ist eine zusätzliche biographische Bedeutungsschicht, die nicht signifikant ist.

19 In: »Das Gesamtwerk«, S. 191–194.
20 »Die kurze Form der Prosa«, in: »Akzente« 9 (1962) S. 226–245.
21 In: F. L., »Das Gesamtwerk«, Hamburg 1955, S. 199–202. Zu Lampe vgl. u. a. Brigitte Weidmann, »Erinnerung an Friedo Lampe. Exemplarische Motive in seinem Werk«, in: »Neue Rundschau« 89/3 (1978) S. 452–456.
22 Vgl. dazu auch die Ausführungen von Siegfried Unseld, »An diesem Dienstag. Unvorgreifliche Gedanken über die Kurzgeschichte«, in: »Akzente« 2/2 (1955) S. 139–148. Wenn Unseld freilich die Bauform dieser Geschichte zum Muster der Kurzgeschichte schlechthin erhebt, sind Zweifel angebracht.
23 Vgl. dazu auch die unverständliche kritische Anmerkung von Klaus Gerth, der in seinem Aufsatz »Die Kurzgeschichte in der Schule« (in: »Westermanns Pädagogische Beiträge« 11, 1962, S. 437–447, bes. S. 443) ausführlich auf den Text Borcherts eingeht.
24 Zu O. Henry vgl. u. a. die Ausführungen von Arthur Voss, »The American Short Story«, Norman, Oklahoma, [2]1975, S. 121–126.
25 Zitiert im folgenden nach dem Band »The Complete Works of O. Henry«, hrsg. von Harry Hansen, Garden-City, N. Y., 1975, S. 7–11. Auch in: O. H. »The Furnished Room / Das möblierte Zimmer. Vier Short Stories«, engl./dt., übers. von Siegfried Schmitz, Stuttgart 1978 (Reclams Universal-Bibliothek, Nr. 9886), S. 60–73.
26 In: »Das Gesamtwerk«, S. 185–187.
27 Zur Deutung der Geschichte vgl. auch die Ausführungen von Kilchenmann, »Die Kurzgeschichte«, S. 84 f.

2. Heinrich Böll. Die Verdichtung der Zeitgeschichte – Salinger

1 Zitiert nach dem Gespräch mit Ekkehart Rudolph, »Protokoll zur Person. Autoren über sich und ihr Werk«, München 1971, S. 27–43, hier S. 30.
2 Rudolph, S. 31.
3 Vgl. »Warum ich kurze Prosa wie Jacob Maria Hermes und Heinrich Knecht schreibe. Heinrich Böll über seine literarischen Vorbilder«, in: »Fünfzehn Autoren suchen sich selbst«, hrsg. von Uwe Schultz, München 1967, S. 32–40.
4 Vgl. »Romane und Erzählungen 4. 1961–1970«, Köln 1978, S. 345–352.
5 Rudolph, S. 29.
6 Ebd.
7 »Auch dies ist Amerika«, in: »Essayistische Schriften und Reden 1«, Köln 1978, S. 258 bis 260.
8 »Nachwort zu O. Henry, ›Nebel in Santone und andere Stories‹«, in: »Essayistische Schriften und Reden 3«, Köln 1979, S. 78–81.
9 Zur Forschungsgeschichte von Bölls Short Stories vgl. vor allem das Kapitel »Die Kurzgeschichten« in Rainer Nägeles Buch »Heinrich Böll. Einführung in das Werk und in die Forschung«, Frankfurt a. M. 1976, S. 118–124.
10 Im folgenden zitiert nach der dtv-Taschenbuchausgabe, München 1967.
11 Ebd., S. 55–57.
12 Ebd., S. 96–103. Auch in: H. B.: »Der Mann mit den Messern. Erzählungen«, mit einem autobiogr. Nachw., Stuttgart 1950 [u. ö.] (Reclams Universal-Bibliothek, Nr. 8287), S. 43–53.
13 Ebd., S. 120–129 bzw. S. 54–67.
14 Zitiert nach der dtv-Taschenbuchausgabe der Kurzgeschichtensammlung »Als der Krieg ausbrach«, München 1965, S. 104–114.
15 Ebd., S. 55–65.

16 Vgl. »Johann Peter Hebel zum 100. Todestag«, in: W. B., »Schriften II«, Frankfurt a. M. 1955, S. 279–283.
17 Ein anderes Beispiel dafür wäre etwa Bölls Geschichte »Schicksal einer henkellosen Tasse« (1952), in: »Nicht nur zur Weihnachtszeit. Satiren«, München 1966, S. 43–50.
18 Ebd., S. 51–55.
19 Ebd., S. 87–112.
20 München 1974.
21 In: »Nicht nur zur Weihnachtszeit«, S. 40–42.
22 »Kein Schreihals vom Dienst sein. Interview mit Marcel Reich-Ranicki«, in: »Interviews 1«, Köln 1978, S. 60–68.
23 Vgl. dazu die ausführliche Analyse in dem Kapitel »Jerome D. Salinger, Heinrich Böll und Ulrich Plenzdorf. Der Fänger im Roggen und seine deutschen Gefährten«, in: Manfred Durzak, »Das Amerika-Bild in der deutschen Gegenwartsliteratur: Historische Voraussetzungen und aktuelle Beispiele«, Stuttgart 1979, S. 145–171. Im Rahmen dieses Kapitels ist auch ein Gespräch des Verfassers mit Böll über den Salinger-Einfluß wiedergegeben, vgl. S. 145 ff.
24 Vgl. dazu u. a. im einzelnen Peter Freese, »Die amerikanische Kurzgeschichte nach 1945«, Frankfurt a. M. 1974, S. 97–179.
25 Hier zitiert nach der Ausgabe des Little, Brown Verlages, Boston 1953.
26 Ebd., S. 120–136.
27 In: »Romane und Erzählungen 5. 1971–1977«, Köln 1978, S. 504–512.
28 Vgl. dazu auch die Ausführungen von Maurice Benn, »Heinrich Bölls Kurzgeschichten«, in: »Böll. Untersuchungen zum Werk«, hrsg. von Manfred Jurgensen, Bern 1975, S. 165–179.

3. Alfred Andersch. Seismographisches Erzählen – Poe/Hemingway

1 Hier und im folgenden zitiert nach der Diogenes-Taschenbuch-Ausgabe, Zürich 1974.
2 Vgl. dazu im einzelnen die Ausführungen von Volker Ch. Wehdeking, »Der Nullpunkt. Über die Konstituierung der deutschen Nachkriegsliteratur (1945–1948) in den amerikanischen Kriegsgefangenenlagern«, Stuttgart 1971.
3 Vgl. dazu die von Hans Schwab-Felisch herausgegebene Auswahl »Der Ruf. Eine deutsche Nachkriegszeitschrift«, München 1962.
4 In: »Frankfurter Hefte« 2/11 (1947) S. 1089–96.
5 Vgl. »Die Kirschen der Freiheit. Ein Bericht«, Zürich 1968, S. 24.
6 In: »Der Ruf« vom 15. 6. 1945, S. 5.
7 Vgl. dazu etwa die noch vor wenigen Jahren gemachte Äußerung: »Ich werde mit allen Leuten, die Hemingway für passé erklären, hohe Wetten abschließen, daß es spätestens bis zum Jahre 1975 eine große Hemingway-Renaissance geben wird.« (»Norden Süden rechts und links«, Zürich 1972, S. 216.)
8 In: »Frankfurter Hefte« 2/9 (1947) S. 940 f.
9 In dem Aufsatz »Amerikanische Anarchisten«, in: »Frankfurter Hefte« 6/10 (1951) S. 764–767.
10 Zürich 1971.
11 Hier zitiert nach dem Anhang in Wehdekings bereits genannter Dissertation »Der Nullpunkt«, S. 201–203.
12 Hamburg 1949.
13 Ebd., S. 37–40.
14 Vgl. dazu etwa die Ausführungen von Hans Magnus Enzensberger, Wolfgang Koeppen, Friedrich Sieburg oder Karl Korn in dem Band »Über Alfred Andersch«, hrsg. von Gerd Haffmans, Zürich 1974, S. 61 f., 63 f., 74 f., 103 f.
15 In: »Geister und Leute«, S. 53–61.

16 Ebd., S. 62–67. Auch in: »Deutsche Erzähler der Gegenwart«, hrsg. von Willi Fehse, Stuttgart 1959 [u. ö.] (Reclams Universal-Bibliothek, Nr. 8262 [5]), S. 25–29.

17 Vgl. dazu u. a. die Ausführungen von Livia Z. Wittmann, »Alfred Andersch«, Stuttgart 1971, desgl. von Werner Weber, »Über Alfred Andersch. Eine Rede«, Zürich 1968.

18 Zitiert hier nach der Ausgabe »The Short Stories of Ernest Hemingway«, New York 1966, S. 379–383.

19 Zitiert nach der Ausgabe »Selected Writings of Edgar Allan Poe«, hrsg. von Edward H. Davidson, Boston 1956, S. 131–139.

20 Vgl. dazu u. a. Kuno Schuhmann, »Die erzählende Prosa Edgar Allan Poes. Ein Beitrag zu einer Gattungsgeschichte der ›short story‹«, Heidelberg 1958.

21 Vgl. u. a. die Interpretation von Klaus Lubbers, »A Clean, Well-Lighted Place«, in: »Die amerikanische Kurzgeschichte«, hrsg. von Karl Heinz Göller und Gerhard Hoffmann, Düsseldorf 1972, S. 278–287.

22 Fischer Taschenbuch, Frankfurt a. M. 1973, S. 78–82.

4. Wolfdietrich Schnurre. Erzählen im Zeitalter der Information – Hemingway

1 Vgl. dazu auch Karl-Gert Kribben, »Wolfdietrich Schnurre«, in: »Deutsche Literatur seit 1945 in Einzeldarstellungen«, hrsg. von Dietrich Weber, Stuttgart 1968, S. 279–296.

2 Vgl. Schnurres Äußerung in »Der Schattenfotograf« (München 1978): »Unter dem bescheidenen Dutzend eigener (Fernseh-)Filme auch zwei, die annähernd den Intentionen des Autors entsprachen. – Merke: Drehbücher werden geändert, Bücher gelesen« (S. 170).

3 Vgl. Schnurres bezeichnenden Kommentar zur Romanform in »Der Schattenfotograf«: »Was ist denn in so einem Roman schon Entscheidendes unterzubringen? Reißbrettkonstruktionen. Breitgewalzte Unterhaltungseffekte. Schnieke Stimmungen. Steile Entwicklungsprozesse. Knorrige Charakteristika. Hüpfende Zeitströmungsbojen. Schicksalsaufrisse bis ins achtzehnte Glied. Selbstschußanlagen für Leuchtspurplatzpatronengeschosse ins Samtherz der Modebewußten« (S. 467).

4 Das Buch wurde im Januar 1979 von der Darmstädter Akademie zum Buch des Monats gewählt und gleichzeitig auf den ersten Platz der Bestenliste des Süddeutschen Rundfunks plaziert. In der »Zeit« vom 5. 1. 1979 hieß es in der Rezension von Ludwig Rohner: »Bitte recht traurig!«: »Das höchste Lob ist von der Kritik schon vergeben: ein Jahrhundertbuch. Es ist mehr: ein gutes Buch« (S. 35).

5 In: »Deutsche Rundschau« 87/1 (1961) S. 61–66. Auch in: »Theorie der Kurzgeschichte«, hrsg. von Hans-Christoph Graf von Nayhauss, Stuttgart 1977 (Reclams Universal-Bibliothek, Nr. 9538), S. 24–33.

6 So Ludwig Rohner in seiner »Theorie der Kurzgeschichte«, Frankfurt a. M. 1973, S. 71 f.

7 Vgl. dazu u. a. Van Wyck Brooks, »Mark Twain's Humor«, in: »Mark Twain. A Collection of Critical Essays«, hrsg. von Henry Nash Smith, Englewood Cliffs, N. J., 1963, S. 13–28.

8 Vgl. u. a. James W. Gargano, »The Question of Poe's Narrations«, in: »Poe. A Collection of Critical Essays«, hrsg. von Robert Regan, Englewood Cliffs, N. J., 1967, S. 164–171.

9 Zitiert nach dem Gespräch mit Schnurre in: »Protokoll zur Person. Autoren über sich und ihr Werk«, hrsg. von Ekkehart Rudolph, München 1971, S. 107–119, hier S. 111.

10 Vgl. dazu Schnurres Ausführungen in dem Interview von Peter Sandmeyer, »Schreiben nach 1945« (in: »Literaturmagazin 7. Nachkriegsliteratur«, Reinbek 1977, S. 191–202): »[...] und hier bekenne ich mich eher zum damaligen magischen Realismus [...] allerdings hat er Brauchbareres, Lesenswerteres, Literarischeres hervorgebracht als jener ›blanke Realismus‹ Kolbenhoffscher Prägung [...]« (S. 197).

11 Vgl. dazu den Borges-Essay von George Steiner, »Tiger im Spiegel«, in: »Materialien zur lateinamerikanischen Literatur«, hrsg. von Mechthild Strausfeld, Frankfurt a. M. 1976, S. 27–41. Allerdings hat Schnurre andererseits über Borges ausgeführt: »Borges aber ist ein

großer Dichter. Er schreibt von den Lebenden die spirituellste Prosa dieses Jahrhunderts« (»Der Schattenfotograf«, S. 473).

12 »Erzählungen 1945–1965«, München 1977, S. 9–13; im Anhang dieses Bandes ist auch Schnurres Plädoyer für die Kurzgeschichte »Kritik und Waffe. Zur Problematik der Kurzgeschichte« abgedruckt, vgl. S. 388–396 (auch in: »Theorie der Kurzgeschichte«, S. 24–33).

13 Ingeborg Bachmann: »Werke I«, München 1978, S. 83.

14 Dieses und das folgende Zitat aus dem Sandmeyer-Interview, S. 191.

15 In: »Erzählungen 1945–1965«, S. 198–212. Auch in: W. Sch.: »Ein Fall für Herrn Schmidt. Erzählungen«, mit einem autobiogr. Nachw., Stuttgart 1962 [u. ö.] (Reclams Universal-Bibliothek, Nr. 8677), S. 27–44.

16 Auf andere mythologische Parallelen, Homers Schaffnerin Eurykleia und Baukis, macht Rupert Hirschenauer aufmerksam: »Reise zu Babuschka«, in: »Interpretationen zu Wolfdietrich Schnurre«, hrsg. vom Arbeitskreis, München 1970, S. 33–49, vgl. S. 43 f.

17 Bezeichnend ist die philosophisch-abstrakte Deutung Babuschkas durch Hirschenauer: »Das ruhende Sein« (S. 43).

18 Vgl. den Hinweis im Text, S. 211.

19 In: »The Collected Writings of Ambrose Bierce«, hrsg. von Clifton Fadiman, Secaucus, N. J., 1972, S. 9–18. Dt.: »Die Brücke über den Eulenfluß«, in: »Amerikanische Erzähler«, hrsg., und eingel. von Helmut M. Braem, Stuttgart 1964 (Reclams Universal-Bibliothek, Nr. 8918 [8]), S. 219–232.

20 Vgl. S. 194 f.

21 In: »Erzählungen 1945–1965«, S. 168–173.

22 Ebd., S. 123–132. Als Titelgeschichte auch in: Reclams Universal-Bibliothek, Nr. 8677, Stuttgart 1962 [u. ö.], S. 3–14.

23 Schnurre hat den Stoff auch zu einem Hörspiel (und später zu einem Fernsehfilm) verarbeitet, vgl. dazu den Aufsatz von Klaus Klöckner, »Ein Fall für Herrn Schmidt. Erzählung und Hörspiel – ein Vergleich«, in: »Interpretationen zu Wolfdietrich Schnurre«, S. 92–110.

24 Vgl. dazu auch Schnurres Ausführungen in dem Rudolph-Interview: »Was mich aber als Schreiber vor allem interessiert: das ist die Sprache, die dieses Berlin spricht. Das Berlinische ist eine lebendige Sprache. Wenn Sie wollen: ein Slang oder ein Dialekt, gut. Für mich ist dieser Gossenslang eine Sprache. Und diese Sprache hat mich und meine Arbeit geformt« (S. 113).

25 Ludwig Rohner, »Bitte recht traurig! ›Der Schattenfotograf‹: Das Denkbuch eines Meisters der Kürzestgeschichte«, in: »Die Zeit« vom 5. 1. 1979, S. 35.

26 »The Killers« wird hier zitiert nach der Ausgabe »The Short Stories of Ernest Hemingway«, New York 1966, S. 279–289.

27 In: »Erzählungen 1945–1965«, S. 161–167. Auch in: W. Sch., »Ein Fall für Herrn Schmidt«, S. 20–27.

28 Dt.: »Der Kämpfer«, in: E. H., »Das Ende von Etwas. Sechs Kurzgeschichten«, übers. von Annemarie Horschitz-Horst, Stuttgart o. J. (Reclams Universal-Bibliothek, Nr. 7628), S. 55–67.

29 »Der Schattenfotograf«, S. 150.

30 München 1976.

31 Ebd., S. 76–84.

32 Vgl. »Die Basis«, S. 51; »drei Friedhofsgeschichten«, S. 236, ferner S. 269 f., 296 usw.

33 Vgl. etwa den Entwurf zu »Das Lächeln«, S. 240, oder zu »Der Gangster«, S. 287; in beiden Fällen ist in Klammern beigefügt: »Geschichte; auch Film« (S. 240).

34 Vgl. etwa die Äußerung im Rudolph-Interview: »Ich schreibe, um leben zu können. Fernsehspiele vor allem. Doch werden die auch aus Faszination, aus Interesse geschrieben. Aus Faszination dem Visuellen gegenüber« (S. 119).

5. Stephan Hermlin. Überlebenskämpfe – Bierce

1 Vgl. u. a. Gerhard Wolf, »Stephan Hermlin«, in: »Literatur der DDR in Einzeldarstellungen«, hrsg. von Hans Jürgen Geerdts, Stuttgart 1972, S. 177–195, desgl. Manfred Durzak, »Versuch über Stephan Hermlin«, in: »Akzente« 23/3 (1976) S. 256–267.

2 Vgl. dazu die im Teil »Antworten« vorgelegten biographischen Informationen in Hermlins Essay-Band »Lektüre 1960–1971«, Frankfurt a. M. 1974, S. 191 ff.

3 Vgl. dazu den zusammen mit Hans Mayer verfaßten Essay-Band »Ansichten über einige Schriftsteller und Bücher«, Wiesbaden 1947.

4 Fritz J. Raddatz in dem biographischen Stenogramm zu einer Teilveröffentlichung von Hermlins Anti-Memoiren unter dem Titel »Abendlicht«, in: »Die Zeit« vom 9. 3. 1976, S. 48.

5 Vgl. dazu im einzelnen das Kapitel »Ambrose Bierce und Stephan Hermlin: Zur Rezeption der amerikanischen Short Story in Deutschland« von Margund Durzak, in: Manfred Durzak, »Das Amerika-Bild in der deutschen Gegenwartsliteratur«, Stuttgart 1979, S. 82–111.

6 Zu Bierce vgl. im einzelnen u. a. Mary E. Grenander, »Ambrose Bierce«, New York 1971; Manfred Durzak, »Ambrose Bierce: Ein amerikanischer Alptraum«, in: »Ein Büchertagebuch. Buchbesprechungen aus der Frankfurter Allgemeinen Zeitung«, Frankfurt a. M. 1974, S. 105–109.

7 In: »The Collected Writings of Ambrose Bierce«, hrsg. von Clifton Fadiman, Secaucus, N. J., 1972, S. 9–18. Dt.: »Die Brücke über den Eulenfluß«, in: »Amerikanische Erzähler«, hrsg. und eingel. von Helmut M. Braem, Stuttgart 1964 (Reclams Universal-Bibliothek, Nr. 8918 [8]), S. 219–232.

8 Vgl. dazu u. a. das Kapitel »Owl Creek Bridge: ›A Lesson in Perspective‹« in dem Buch von Stuart C. Woodruff, »The Short Stories of Ambrose Bierce. A Study in Polarity«, Pittsburgh 1964, S. 153–163; im Anhang von Woodruffs Buch auch eine ausführliche Bibliographie, vgl. S. 181–191.

9 So Günter Jäckel, »Nachrichten und poetische Information«, in: Günter Jäckel /Ursula Roisch: »Große Form in kleiner Form. Zur sozialistischen Kurzgeschichte«, Halle a. d. S. 1974, S. 7–105, hier S. 16.

10 Vgl. dazu u. a. Bierces Essay »The Short Story«, in: »Collected Works X: The Opiniator«, New York / Washington 1911, S. 234–248.

11 Vgl. dazu im einzelnen die Ausführungen in dem bereits erwähnten Kapitel »Ambrose Bierce und Stephan Hermlin: Zur Rezeption der amerikanischen Short Story in Deutschland«, S. 91 ff.

12 Vgl. Bierces Ausführungen unter dem Stichwort »Novel« in »The Devil's Dictionary« (New York 1958): »To the romance the Novel is what photography is to painting. Its distinguishing principle, probability, corresponds to the literal actuality of the photograph and puts it distinctly into the category of reporting; whereas the free wing of the romancer enables him to mount to such altitudes of imagination as he may be fitted to attain; and the first three essentials of the literary art are imagination, imagination and imagination« (S. 92).

13 »Lektüre«, S. 200.

14 »Ambrose Bierce«, in: »Lektüre«, S. 41–46.

15 Vgl. dazu auch Richard O'Connor, »Ambrose Bierce: A Biography«, Boston 1967.

16 In: »The Collected Writings of Ambrose Bierce«, S. 18–23.

17 Ebd., S. 3–9.

18 Vgl. dazu auch die Ausführungen von Eric Solomon, »The Bitterness of Battle: Ambrose Bierce's War Fiction«, in: »Midwest Quarterly« 5 (1964) S. 147–165.

19 Zitiert hier nach der Ausgabe »Erzählungen«, Berlin/Weimar [4]1977, S. 49–73. Vgl. dazu auch Manfred Durzak, »Der ›Zwang zur Politik‹? Georg Kaiser und Stephan Hermlin im Exil«, in: »Sprachkunst« 7/2 (1976) S. 261–278.

20 Zitiert nach Howard W. Bahr, »Ambrose Bierce and Realism«, in: »Southern Quarterly« 1 (1963) S. 309–336, hier S. 330.

21 Die Interpretation zu Bierce und Hermlin im folgenden lehnt sich an die Ausführungen im bereits erwähnten Bierce-Hermlin-Kapitel des Buches »Das Amerika-Bild in der deutschen Gegenwartsliteratur« an, vgl. S. 96–109.

22 In: »Erzählungen«, S. 7–48.

23 Ebd., S. 49–73.

24 Ebd., S. 231–242.

25 Ebd., S. 243–251.

26 Berlin 1959. Vgl. dazu auch die Ausführungen von Karl Prümm in seinem Beitrag »›Die Zukunft ist vergeßlich‹. Der antifaschistische Widerstand in der deutschen Literatur nach 1945«, in: »Gegenwartsliteratur und Drittes Reich«, hrsg. von Hans Wagener, Stuttgart 1977, S. 33–68, bes. S. 48 ff.

27 So die Formulierung in »In einer dunklen Welt«, S. 236, desgl. das folgende Zitat.

6. Wolfgang Weyrauch. Die Auflösung der Geschichte in Geschehen – Poe/Bierce

1 Weyrauch hat eine Reihe von Hörspielen geschrieben: »Große Stadt«, »Das grüne Zelt«, »Die japanischen Fischer« (die beiden letztgenannten mit einem autobiogr. Nachw. in: Reclams Universal-Bibliothek, Nr. 8256), »Anabasis«, »Alexanderschlacht«. Für »Totentanz« erhielt er 1962 den Hörspielpreis der Kriegsblinden.

2 So der Titel eines lyriktheoretischen Essays (in: W. W., »Mit dem Kopf durch die Wand«, Darmstadt 1977, S. 113–122), den Hans Bender zum Titel seiner Anthologie »Lyriker in ihren Gedichten«, Heidelberg 1961, machte.

3 Vgl. dazu auch die Ausführungen von Ernst Nef, »Wolfgang Weyrauch«, in: »Schriftsteller der Gegenwart«, hrsg. von Klaus Nonnenmann, Olten 1963, S. 311–320.

4 Zitiert hier nach der Anthologie, Hamburg 1949, S. 209–219. Teilabdr. in: »Theorie der Kurzgeschichte«, hrsg. von Hans-Christoph Graf von Nayhauss, Stuttgart 1977 (Reclams Universal-Bibliothek, Nr. 9538), S. 9–12.

5 Vgl. etwa Anderschs Studie »Deutsche Literatur in der Entscheidung. Ein Beitrag zur Analyse der literarischen Situation (1948)«, in: »Das Alfred Andersch Lesebuch«, hrsg. von Gerd Haffmans, Zürich 1979, S. 111–134.

6 Vgl. Hockes Essay »Deutsche Kalligraphie«, in: »Der Ruf. Eine deutsche Nachkriegszeitschrift«, hrsg. von Hans Schwab-Felisch, München 1962, S. 203–208.

7 Vgl. »Das ist unser Manifest«, in: W. B., »Das Gesamtwerk«, Hamburg 1949, S. 308–315.

8 Vgl. »Kritik und Waffe. Zur Problematik der Kurzgeschichte«, in: »Deutsche Rundschau« 87/1 (1961) S. 61–66. Auch in: »Theorie der Kurzgeschichte«, S. 24–33.

9 Vgl. dazu auch Manfred Durzak, »Versuch über Wolfgang Weyrauch«, in: »Akzente« 23/5 (1977) S. 476–479.

10 »Wolfgang jetzt wirst du«, in: W. W., »Mit dem Kopf durch die Wand«, S. 232–235.

11 Helmut Heißenbüttel, »Nachwort« zu: W. W., »Etwas geschieht«, Olten 1966, S. 92–95, hier S. 92.

12 Karl Krolow, »Nachwort« zu: W. W., »Das Ende von Frankfurt am Main«, Stuttgart 1973 (Reclams Universal-Bibliothek, Nr. 9496), S. 66–71, hier S. 70.

13 Vgl. »Der Eid des Gotthold Ephraim«, in: »Gegenwart« 5/14 (1950) S. 34 ff.

14 Martin Gregor-Dellin, »Der Erzähler Wolfgang Weyrauch«, in: W. W., »Auf der bewegten Erde«, Baden-Baden 1967, S. 7–21, hier S. 21.

15 Vgl. dazu u. a. Werner Klose, »Didaktik des Hörspiels«, Stuttgart 1974. Klose geht verschiedentlich auf Weyrauchs Hörspiele ein, vgl. S. 130 ff.

16 Vgl. »Mit dem Kopf durch die Wand«, S. 234.

17 In: »The Collected Writings of Ambrose Bierce«, hrsg. von Clifton Fadiman, Secaucus, N. J.,

1972, S. 9–18. Dt.: »Die Brücke über den Eulenfluß«, in: »Amerikanische Erzähler«, hrsg. und eingel. von Helmut M. Braem, Stuttgart 1964 (Reclams Universal-Bibliothek, Nr. 8918 [8]), S. 219–232.

18 In: »Mein Schiff, das heißt Taifun«, Olten 1959, S. 71–81. Als Titelgeschichte auch in: Reclams Universal-Bibliothek, Nr. 9496, Stuttgart 1973, S. 12–19.

19 Vgl. zu diesem Erzähl-Typus u. a. die von Roman Ritter und Hermann Peter Piwitt herausgegebene Anthologie »Die Siebente Reise. 14 utopische Erzählungen«, München 1978.

20 Vgl. dazu Manfred Durzak in dem Kapitel »Epische Rechenschaftsberichte. Das Erzählwerk von Hans Erich Nossack«, in: M. D., »Gespräche über den Roman. Formbestimmungen und Analysen«, Frankfurt a. M. 1976, S. 400–427, bes. S. 404 ff.

21 In: »Beinahe täglich. Geschichten«, Darmstadt 1975, S. 68–70.

22 In: »Selected Writings of Edgar Allan Poe«, hrsg. von Edward H. Davidson, Boston, Mass., 1956, S. 139–171. Auch in: Reclams Universal-Bibliothek, Nr. 2176, Stuttgart 1974 [u. ö.].

23 Vgl. dazu u. a. Klaus Günther Just, »Edgar Allan Poe und die Folgen«, in: »Der Kriminalroman I«, hrsg. von Jochen Vogt, München 1971, S. 9–32.

24 Neuwied 1969, S. 85–93.

25 In: »Geschichten zum Weiterschreiben«, S. 55–60.

26 Ebd., S. 61–70.

27 Vgl. das Hermlin-Kapitel, S. 163 ff.

28 In: »Mit dem Kopf durch die Wand«, S. 54–109.

29 In: »Geschichten zum Weiterschreiben«, S. 25–33. Auch in: W. W., »Das Ende von Frankfurt am Main. Erzählungen«, S. 50–55.

30 Vgl. »Geschichten zum Weiterschreiben«, S. 54–63.

31 Ebd., S. 65–71.

32 So Heißenbüttel im »Nachwort« zu »Etwas geschieht«, vgl. S. 92.

33 So Weyrauchs Statement auf der Rückseite des Bandes »Beinahe täglich«.

34 Das läßt sich mit Einschränkungen auch für die neuen Erzählstücke sagen, die in der erweiterten Neuausgabe seiner Sammlung »Mit dem Kopf durch die Wand« (Darmstadt 1977) enthalten sind, vgl. S. 211–231.

35 In: »Beinahe täglich«, S. 17–19.

7. Elisabeth Langgässer. Berichte aus der Quarantäne – Saroyan

1 Horst Krüger, »Nachwort« zu: Elisabeth Langgässer, »Ausgewählte Erzählungen«, Düsseldorf 1979, S. 346–356, hier S. 346.

2 Gerhard Storz, »Elisabeth Langgässer«, in: »Deutsche Literatur im 20. Jahrhundert«, Bd. 2: »Gestalten«, hrsg. von Otto Mann und Wolfgang Rothe, Bern 1967, S. 238–252, hier S. 243.

3 Wilhelm Grenzmann, »Elisabeth Langgässer. Die Elemente und der Logos«, in: W. G., »Dichtung und Glaube. Probleme und Gestalten der deutschen Gegenwartsliteratur«, Bonn ²1952, S. 241–271, hier S. 257.

4 Clara Menck, »Das Unauslöschliche Siegel«, in: »Frankfurter Hefte« 2/11 (1947) S. 1160–65, hier S. 1161 f.

5 Vgl. dazu Manfred Durzak, »Allegorisierende und heilsgeschichtliche Auswege«, in: »Der deutsche Roman der Gegenwart. Entwicklungsvoraussetzungen und Tendenzen«, Stuttgart ³1979, S. 15–26.

6 Vgl. dazu den Kommentar der Autorin in einem ihrer letzten Briefe vom Mai 1950: »Man hat mich abgestempelt als ›christliche Dichterin‹ – was ich natürlich bin, aber ›christliche Dichterin‹ ohne den leichten Anklang an das literarische Nähkörbchen wäre mir lieber! – Und durch diese Abstempelung habe ich mir weitgehend die Aversion liberaler Leute zugezogen,

für die ich ein ausgesprochenes Brechmittel bin« (»...soviel berauschende Vergänglichkeit. Briefe 1926–1950«, Hamburg 1954, S. 228).

7 Daß sie sich einer gewissen Nähe zu Döblin, besonders zu dem späten, der zum Katholizismus konvertiert war, bewußt war, das bezeugt ein Brief aus dem Jahre 1947, vgl. ebd., S. 158 f.

8 »Randbemerkungen zu Elisabeth Langgässers Roman ›Das unauslöschliche Siegel‹«, in: H. B., »Schriften zur Literatur 1«, Frankfurt a. M. 1975, S. 405–411, hier S. 410 f.

9 Rainer Kabel, in: »Deutsche Rundschau« 88 (1962) S. 938.

10 So weist Krüger bei den drei Erzählstücken des Bandes »Triptychon des Teufels« (1932) auf klassische Stilvorbilder wie die Droste-Hülshoff und Kleist hin, vgl. S. 354.

11 Vgl. dazu auch die Porträtstudie von Walter Dirks, »Elisabeth Langgässer«, in: »Frankfurter Hefte« 3/12 (1948) S. 1127–30.

12 Vgl. die Geschichten ihres Bandes »Lange Schatten«, Hamburg 1960.

13 Vgl. die Geschichten ihrer Sammlung »Ein Bündel weißer Narzissen«, Frankfurt a. M. 1956.

14 »Das Kreuz der Kurzgeschichte«, in: »Süddeutsche Zeitung« vom 9. 12. 1949, S. 9.

15 Vgl. das »Nachwort« zu Weyrauchs Anthologie »Tausend Gramm«, Hamburg 1949, S. 214 f.

16 In: »Ost und West« 1/4 (1947) S. 36–41.

17 Vgl. dazu auch den Essay Peter Rühmkorfs, »Das lyrische Weltbild der Nachkriegsdeutschen«, in: P. R., »Strömungslehre I«, Reinbek 1978, S. 11–43.

18 Vgl. dazu auch Manfred Durzak, »Der deutsche Roman der Gegenwart. Entwicklungsvoraussetzungen und Tendenzen«, S. 15 ff.

19 »Das Kreuz der Kurzgeschichte«, S. 9.

20 Krüger, S. 354 f.

21 Diesen Gattungsbegriff verwendet sie in ihren Briefen selbst für ihre Erzähltexte, vgl. »...soviel berauschende Vergänglichkeit«, S. 144.

22 Ebd., S. 187.

23 Klaus Lubbers, »Zur Rezeption der amerikanischen Kurzgeschichte in Deutschland nach 1945«, in: »Nordamerikanische Literatur im deutschen Sprachraum seit 1945. Beiträge zu ihrer Rezeption«, hrsg. von Horst Frenz [u. a.], München 1973, S. 47–64, hier S. 57.

24 Helmut Bode im Nachwort zu Saroyans Short-Story-Sammlung »Der waghalsige junge Mann auf dem fliegenden Trapez«, Frankfurt a. M. 1948, S. 272.

25 Vgl. dazu auch die Ausführungen von Arthur Voss, »The American Short Story«, Norman, Oklahoma, ²1975, S. 273–279.

26 »Das Kreuz der Kurzgeschichte«, S. 9.

27 Im folgenden zitiert nach der Anthologie »200 Years of Great American Short Stories«, hrsg. von Martha Foley, Boston 1975, S. 494–499.

28 New York 1970.

29 In: »Ausgewählte Erzählungen«, S. 274–281.

30 Ebd., S. 190 193.

31 Ebd., S. 206–211.

32 Ebd., S. 227–230.

33 Vgl. dazu auch Gert Behrsing, »Erzählform und Weltschau der Elisabeth Langgässer«, Diss. München 1957.

8. Kurt Kusenberg. Heiter bis tückisch – Thurber

1 Vgl. Kusenbergs Hinweis in seinem fingierten Nekrolog: »Nekrolog auf einen Miniaturisten« (in: »Vorletzte Worte. Schriftsteller schreiben ihren eigenen Nachruf«, hrsg. von Karl Heinz Kramberg, Berlin 1974, S. 78 f.): »Er schrieb Kurzgeschichten und hielt sie für seine eigentliche Leistung; ob das stimmt, muß sich erst zeigen. Den Luxus, hin und wieder (genauer: recht selten) solche Miniaturen herzustellen, erkaufte er sich durch Brotarbeit, die freilich ebenfalls mit Literatur zu tun hatte« (S. 78).

2 Die Sammlung »La Botella« erschien 1940, die Sammlung »Der blaue Traum« 1942; vgl. auch die Ausführungen von V. O. Stomps, »Kurt Kusenberg«, in: »Schriftsteller der Gegenwart«, hrsg. von Klaus Nonnenmann, Olten 1963, S. 204–209.

3 Ein rares Beispiel dafür, das jedoch durch seine Tonlage aus den bekannten Geschichten Kusenbergs völlig herausfällt und wohl auch deshalb nicht in seine »Gesammelten Erzählungen« aufgenommen wurde, stellt die Kurzgeschichte »Blut und Sterne« dar, die 1949 in Wolfgang Weyrauchs Anthologie »Tausend Gramm« (vgl. S. 110–114) erschien.

4 Vgl. Benders Essay »Warum ich nicht wie Friedo Lampe schreibe. Hans Bender über sein literarisches Vorbild«, in: »Fünfzehn Autoren suchen sich selbst«, hrsg. von Uwe Schultz, München 1967, S. 40–48.

5 In diesem Zusammenhang ist rezeptionsgeschichtlich interessant, was Friedrich Luft über die Leserresonanz von Kusenbergs erster Geschichtensammlung berichtet: »Als ich im letzten Kriegswinter, mühsam genug, im qualvoll überfüllten Zuge von München nach Berlin reiste, las ich [...] ›La Botella‹ [...] Der Inhalt faszinierte und belustigte mich so, daß ich wohl merkbar gelacht haben muß. Wenigstens forderten mich die Insassen des überfüllten Abteils auf, sie doch an dem Spaß teilhaben zu lassen. Ich ließ sie. Ich las ihnen vor: Soldaten, Hausfrauen, Kaufleuten und einer rotbackigen Wehrmachtshelferin – [...] der Erfolg war dröhnend« (»Nachwort«, in: K. K., »Wo ist Onkel Bertram«, Stuttgart 1977, S. 73–77, hier S. 74 f.).

6 »Über die Kurzgeschichte«, in: »Merkur« 19/9 (1965) S. 830–838, Teilabdr. auch in: »Theorie der Kurzgeschichte«, hrsg. von Hans-Christoph Graf von Nayhauss, Stuttgart 1977 (Reclams Universal-Bibliothek, Nr. 9538), S. 35–40; »Warum ich nicht wie E. T. A. Hoffmann schreibe. Kurt Kusenberg über seine literarischen Vorbilder«, in: »Fünfzehn Autoren suchen sich selbst«, S. 72–83.

7 Ebd., S. 74.

8 Vgl. ebd., S. 74. – »The Pit and the Pendulum« und »A Descent into the Maelstrom« in dt. Übers. in: E. A. P., »Im Wirbel des Maelström. Der Untergang des Hauses Usher. Die Grube und das Pendel«, übers. von Otto Weith, Stuttgart 1970 [u. ö.] (Reclams Universal-Bibliothek, Nr. 7626), S. 49–68 und S. 3–24.

9 Vgl. »Über die Kurzgeschichte«, S. 838.

10 Klaus Doderer, »Die Kurzgeschichte in Deutschland«, Darmstadt ⁴1973, S. 90.

11 Vgl. »Über die Kurzgeschichte«, S. 836 f.

12 Vgl. »Warum ich nicht wie E. T. A. Hoffmann schreibe«, S. 81.

13 Zu O. Henry vgl. u. a. Fred Lewis Pattee »The Development of the American Short Story«, New York 1923.

14 Zu Thurber vgl. u. a. die Beiträge des Bandes »Thurber. A Collection of Critical Essays«, hrsg. von Charles S. Holmes, Englewood Cliffs, N. J., 1974.

15 Vgl. dazu Norris Yates, »James Thurber's Little Man and Liberal Citizen«, ebd., S. 28–36.

16 Sie werden hier zitiert nach dem Band: K. K., »Gesammelte Erzählungen«, Reinbek 1969.

17 Ebd., S. 273–281.

18 Ebd., S. 453–457. Auch in: »Deutsche Kurzgeschichten. 9.–10. Schuljahr«, hrsg. von Winfried Ulrich, Stuttgart 1973 (Reclams Universal-Bibliothek, Nr. 9507), S. 33–37.

19 Vgl. dazu Manfred Durzak, »Dürrenmatt, Frisch, Weiss. Deutsches Drama der Gegenwart zwischen Kritik und Utopie«, Stuttgart ²1973, S. 31 ff.

20 Vgl. dazu seine bezeichnenden Ausführungen zu Poe in seinem Essay »Warum ich nicht wie E. T. A. Hoffmann schreibe«, S. 74.

21 Vgl. »James Thurber's Dream Book«, in: »Thurber. A Collection of Critical Essays«, S. 101–105.

22 Zitiert hier nach der Anthologie »50 Great American Short Stories«, hrsg. von Milton Crane, New York 1971, S. 265–268.

23 In: »Gesammelte Erzählungen«, S. 492–498.

24 Ebd., S. 348–354.
25 Vgl. etwa Hildesheimers Geschichte »Eine größere Anschaffung«, in: W. H., »Lieblose Legenden«, Frankfurt a. M. 1968, S. 88–90. Auch in: »Deutsche Erzähler der Gegenwart«, hrsg. von Willi Fehse, Stuttgart 1959 [u. ö.] (Reclams Universal-Bibliothek, Nr. 8262 [5]), S. 139–141.
26 Vgl. etwa Rosendorfers Geschichte »Der Eiffelturm«, in: H. R., »Der stillgelegte Mensch«, Zürich 1970, S. 27–43.
27 Vgl. etwa Fuchs' Geschichte »Ein Schiff auf freier See«, in: G. B. F., »Neue Fibelgeschichten«, Berlin 1971, S. 42 f.

9. Hans Bender. Erzählerische Zeugenschaft und Zeugniskraft – Hemingway

1 So Ekkehart Rudolph in der Einleitung (S. 11) zu seinem Gespräch mit Hans Bender in dem von ihm herausgegebenen Band »Protokoll zur Person. Autoren über sich und ihr Werk«, München 1971, S. 11–26.
2 Vgl. »Warum ich nicht wie Friedo Lampe schreibe«, in: »Fünfzehn Autoren suchen sich selbst«, hrsg. von Uwe Schultz, München 1967, S. 40–48; unter dem neuen Titel »Ein Dutzend Vorbilder« in Benders Band »Worte, Bilder, Menschen. Geschichten, Aufsätze, Berichte, Roman«, München 1969, S. 398–406; desgl. Benders Beiträge »An eine Schulklasse«, ebd., S. 406–411, »Die short story deutscher Spielart«, in: »The International Symposium on the Short Story II«, in: »The Kenyon Review« 31/123 (1969) S. 85–92.
3 In: »Akzente« 9 (1962) S. 205–225. Teilabdr. in: »Theorie der Kurzgeschichte«, hrsg. von Hans-Christoph Graf von Nayhauss, Stuttgart 1977 (Reclams Universal-Bibliothek, Nr. 9538), S. 65–73.
4 Vgl. Benders Ausführungen: »Lampe zählte zu seinen Vorbildern Katherine Mansfield« (S. 216); »eine junge Neuseeländerin las in einer deutschen Pension Tschechow-Geschichten. Sie wirkten so nachhaltig [...]« (S. 209).
5 Auch eine frühe Dissertation wie die von Hans-Adolf Ebing (»Die deutsche Kurzgeschichte. Wurzeln und Wesen einer neuen literarischen Kunstform«, Bochum 1936), die sich im Hauptteil der Analyse von Hans Francks Kurzgeschichten widmet – denen bezeichnenderweise »nordische Spätreife« (S. VIII) bescheinigt wird –, gehört in diesen Zusammenhang.
6 Vgl. dazu auch die Ausführungen von Ludwig Rohner, »Theorie der Kurzgeschichte«, S. 87 ff.
7 In diesen Kontext gehört auch Ruth J. Kilchenmanns Buch »Die Kurzgeschichte«, dessen wesentliche Untersuchungsergebnisse durch die Grundthese eingeschränkt werden: »[...] die Kurzgeschichte ist nicht, wie vielfach angenommen wird, ein Produkt des 20. Jahrhunderts, das von Amerika ausging und die ganze Welt eroberte« (S. 186). Tatsächlich ist an dem in Frage gestellten sachlichen Kern dieser Feststellung, wenn man von der parodistischen Formulierung einmal absieht, nicht zu zweifeln.
8 Vgl. dazu u. a. die Ausführungen Jost Hermands zur Novellistik der Gründerzeit: »Noch am ›realsten‹ wirken die Gestalten Heyses, obwohl auch er häufig zu Edeltypen und Hochmenschen neigt. Alle seine Figuren tragen ein ›unauslöschliches Adelsgepräge‹, schreibt Georg Brandes einmal anerkennend. [...] Auch Meyer schildert nur selten Vertreter einer Gemeinschaft, sondern hält sich meist an große Persönlichkeiten, deren Denken ausschließlich um ihr eigenes Ich zu kreisen scheint« (»Von Mainz nach Weimar«, Stuttgart 1969, S. 221 f.).
9 Im Gespräch mit Rudolph, S. 17.
10 Ebd., S. 16.
11 »Warum ich nicht wie Friedo Lampe schreibe«, S. 43.
12 Vgl. ebd., S. 42 ff. Hemingways Geschichte wird hier zitiert nach dem Band »The Short Stories of Ernest Hemingway«, New York 1966, S. 89–95. Dt.: »Indianerlager«, in: E. H.,

»Das Ende von Etwas. Sechs Kurzgeschichten«, übers. von Annemarie Horschitz-Horst, Stuttgart o. J. (Reclams Universal-Bibliothek, Nr. 7628), S. 3–8.

13 Vgl. dazu u. a. Karlheinz Rossbacher, »Lederstrumpf in Deutschland«, München 1972.

14 »Ortsbestimmung der Kurzgeschichte«, S. 213.

15 Vgl. dazu auch Benders Ausführungen in seinem Mainzer Akademie-Vortrag »Programm und Prosa der jungen deutschen Schriftsteller« (Wiesbaden 1967): »Der Erzähler nennt sich nun am liebsten Beschreiber oder Beobachter. Er hat die Eigenschaft der Allwissenheit abgeschüttelt und dafür die Rolle des mißtrauischen Beobachters übernommen; [...] Der Autor bewegt sich unter seinen Personen« (S. 12).

16 Vgl. »Ortsbestimmung der Kurzgeschichte«, S. 210 f. – »The Gift of the Magi« in: O. H., »The Furnished Room / Das möblierte Zimmer. Vier Short Stories«, engl./dt., übers. von Siegfried Schmitz, Stuttgart 1976 (Reclams Universal-Bibliothek, Nr. 9886), S. 60–73.

17 Vgl. »Ortsbestimmung der Kurzgeschichte«, S. 208.

18 »Warum ich nicht wie Friedo Lampe schreibe«, S. 42 f.

19 »Ortsbestimmung der Kurzgeschichte«, S. 211 f.

20 In: »Das Gesamtwerk«, Hamburg 1955, S. 293–306.

21 Vgl. das Hermlin-Kapitel, S. 163.

22 Vgl. dazu das Böll-Kapitel, S. 131 f.

23 Vgl. dazu Benders autobiographischen Report »Erlebte Zeit« in dem Band »Worte, Bilder, Menschen«, S. 343–362.

24 Gespräch mit Rudolph, S. 15.

25 Vgl. seinen Aufsatz »Worte, Bilder, Menschen« in dem gleichnamigen Band, S. 375–377.

26 Vgl. dazu Benders Brief »An eine Schulklasse«, ebd., S. 406–411.

27 Walter Widmer, »Hans Bender«, in: »Schriftsteller der Gegenwart«, hrsg. von Klaus Nonnenmann, Olten 1963, S. 36–42, hier S. 41.

28 Stuttgart 1968 [u. ö.] (Reclams Universal-Bibliothek, Nr. 8494).

29 Vgl. auch Benders autobiographisches Nachwort zu dieser Sammlung, S. 67–70.

30 Gespräch mit Rudolph, S. 13.

31 Etwa »Im Alter der süßen Seufzer«.

32 Etwa »Jurkas Jahre«, in: H. B., »Die Wölfe kommen zurück. Kurzgeschichten«, mit einem Nachw. des Autors, Stuttgart o. J. (Reclams Universal-Bibliothek, Nr. 9430), S. 34–37.

33 Etwa »Guten Winter, Garçon«.

34 Vgl. »Ortsbestimmung der Kurzgeschichte«, S. 214.

35 Etwa »Die halbe Sonne«.

36 Kilchenmann, »Die Kurzgeschichte«, S. 146.

37 In: »The Short Stories of Ernest Hemingway«, S. 78–80.

38 In: »Worte, Bilder, Menschen«, S. 67–71. Auch in: H. B., »Die Wölfe kommen zurück«, S. 41–45.

39 Ebd., S. 52–55 bzw. S. 38–40.

40 In: »Worte, Bilder, Menschen«, S. 125–130.

41 Vgl. dazu Manfred Durzak, »Der deutsche Roman der Gegenwart. Entwicklungsvoraussetzungen und Tendenzen«, Stuttgart ³1979, S. 93 f.

42 In: »Worte, Bilder, Menschen«, S. 135–139. Auch in: H. B., »Die Wölfe kommen zurück«, S. 46–50.

43 In: »Worte, Bilder, Menschen«, S. 102–112.

44 Ebd., S. 112–125.

45 Zitiert nach dem Nachwort von Johannes Pfeiffer in der Lampe-Ausgabe »Das Gesamtwerk«, S. 325–330, hier S. 326.

46 Zitiert nach Jäckel/Roisch, »Große Form in kleiner Form. Zur sozialistischen Kurzgeschichte«, Halle a. d. S. 1974, S. 42.

47 Ebd., S. 30.

48 So in dem auf Englisch veröffentlichten Essay (in: »The Kenyon Review« 31/123, 1969, S. 85–92, vgl. S. 91), der in der im Anhang des Bandes »Worte, Bilder, Menschen« mitgeteilten Bibliographie den deutschen Titel trägt: »Die short story deutscher Spielart« (S. 417).

10. Siegfried Lenz. Vom heroischen zum alltäglichen Augenblick – Hemingway/Crane

1 In: »Protokoll zur Person. Autoren über sich und ihr Werk«, hrsg. von Ekkehart Rudolph, München 1971, S. 95–105.

2 S. L., »Beziehungen. Ansichten und Bekenntnisse zur Literatur«, Hamburg 1970, S. 30.

3 E. H., »The Short Stories«, New York 1966, S. 3–37; vgl. dazu auch die Ausführungen von Carlos Baker, »The Two African Stories«, in: »Hemingway. A Collection of Critical Essays«, hrsg. von Robert P. Weeks, Englewood Cliffs, N. J., 1962, S. 118–126.

4 Vgl. dazu auch Lenz' autobiographischen Bericht »Kennzeichen eines Jahrgangs«, in: S. L., »Beziehungen«, S. 11–41.

5 Ebd., S. 50–63. Bei der Erstveröffentlichung trug der Essay den Titel »Warum ich nicht wie Hemingway schreibe. Siegfried Lenz über sein literarisches Vorbild«, in: »Fünfzehn Autoren suchen sich selbst«, hrsg. von Uwe Schultz, München 1967, S. 9–20.

6 Zitiert im folgenden nach der allgemein zugänglichen dtv-Ausgabe, München 1965.

7 Vgl. das Kapitel »Ernest Hemingway, Siegfried Lenz und Günter Kunert: Die Adaption der amerikanischen Short Story in Deutschland«, in: M. D., »Das Amerika-Bild in der deutschen Gegenwartsliteratur«, Stuttgart 1979, S. 112–128.

8 »Siegfried Lenz – angesagt von Horst Krüger«, in: »Siegfried Lenz. Ein Prospekt«, Hamburg 1966, S. 5–10.

9 »Der Geist der Mirabelle. Geschichten aus Bollerup«, Hamburg 1975.

10 Vgl. Norbert Mecklenburg, »Dorfgeschichten als Pseudorealismus«, in: »Text + Kritik« 52 (1976) S. 30–34.

11 In: »Beziehungen«, S. 127–131.

12 Vgl. etwa die Ausführungen von Poe in »The Philosophy of Composition«: »Nothing is more dear than that every plot, worth the name, must be elaborated to its dénouement before anything be attempted with the pen. It is only with the dénouement constantly in view that we can give a plot its indispensable air of consequence or causation, by making the incidents and especially the tone at all points tend to the development of the intention« (zitiert nach: »Short-Story-Theorien«, hrsg. von Alfred Weber und Walter F. Greiner, Kronberg 1977, S. 37).

13 Das deckt sich mit Poes berühmter Feststellung in seiner Hawthorne-Rezension, dem Zentraltext der Poetik der amerikanischen Short Story: »We need only here say, upon this topic, that [...] the union of effect or impression is a point of the greatest importance« (ebd., S. 35).

14 Vgl. dazu besonders seinen Beitrag von 1964: »Feier der Wildnis. Faulkners ›Der große Wald‹«, in: »Beziehungen«, S. 153–155.

15 Zitiert nach: »Short-Story-Theorien«, S. 65.

16 Vgl. u. a. Irving Howe, »Das Buch der grotesken Figuren. Sherwood Andersons ›Winesburg, Ohio‹«, in: »Amerikanische Literatur des 20. Jahrhunderts I«, hrsg. von Gerhard Hoffmann, Frankfurt a. M. 1972, S. 13–27.

17 Bezeichnend dafür ist Lenz' außerordentliches Lob für Sherwood Anderson: »Ungenaue Wanderschaft. Über Sherwood Andersons Hauptwerke in vier Bänden«, in: »Beziehungen«, S. 179–182.

18 Vgl. »Siegfried Lenz – 1963«, in: »Der Schriftsteller Siegfried Lenz. Urteile und Standpunkte«, hrsg. von Colin Russ, Hamburg 1973, S. 229–236.

19 Zitiert nach der allgemein zugänglichen dtv-Ausgabe, München 1966.

20 Ebd., S. 110–123.
21 Zitiert hier nach dem Band »The Short Stories of Ernest Hemingway«, New York 1966,
   S. 105–111. Dt.: »Das Ende von Etwas«, als Titelgeschichte in: Reclams Universal-Bibliothek, Nr. 7628, Stuttgart o. J., S. 49–54.
22 Vgl. dazu u. a. Philip Young, »Adventures of Nick Adams«, in: »Hemingway. A Collection of
   Critical Essays«, S. 95–111.
23 Vgl. dazu u. a. die Ausführungen von Philip Young, »Ernest Hemingway«, New York 1952,
   S. 70–73.
24 Zitiert im folgenden nach der Anthologie »200 Years of Great American Short Stories«, hrsg.
   von Martha Foley, Boston 1975, S. 263–283.
25 Zu Crane vgl. u. a. Frank Bergon, »Stephen Crane's Artistry«, New York 1975. Lenz selbst
   geht an einer Stelle seines Hemingway-Essays auf Stephen Crane ein, vgl. »Beziehungen«,
   S. 62.
26 Als Titelgeschichte in: Reclams Universal-Bibliothek, Nr. 7626, Stuttgart 1970 [u. ö.]
   S. 3–24.
27 Die Bedrohung durch den Haifisch bei Crane (vgl. S. 276) wird bei Lenz variiert: »Muß
   gewesen sein ein Hai, großer Hai« (S. 176). So wie der Maschinist am Ende beim Kentern des
   Boots in der Brandung ertrinkt, geht auch der Professor bei Lenz in der Brandung zugrunde.
28 In: »Das Feuerschiff«, S. 165–188. Als Titelgeschichte auch in: Reclams Universal-Bibliothek, Nr. 8662, Stuttgart 1962 [u. ö.], S. 3–34.
29 Hamburg 1975.
30 S. 124–129. Auch in: S. L., »Stimmungen der See. Erzählungen«, mit einem autobiogr.
   Nachw., Stuttgart 1962 [u. ö.] (Reclams Universal-Bibliothek, Nr. 8662), S. 68–75.
31 Vgl. dazu bei Lenz die folgende Stelle, die eine kaum verschleierte Kurzfassung der
   Hemingway-Geschichte darstellt, S. 127.
32 Zitiert nach der allgemein zugänglichen dtv-Ausgabe, München 1969, S. 45–65.
33 Zu Lenz' Kurzgeschichten vgl. u. a. auch die Ausführungen von Colin Russ im Nachwort zu
   dem Band: S. L., »Gesammelte Erzählungen«, Hamburg 1970, S. 621–633, und die
   Ausführungen von Hans Wagener, »Siegfried Lenz«, München 1976, S. 80–98. Einzelinter-
   pretationen zu Kurzgeschichten von Lenz finden sich in der Sammlung »Interpretationen zu
   Siegfried Lenz«, München 1969.

11. Heinz Piontek. Epiphanien des Alltags – Anderson

1 Auf den Lyriker Piontek geht Karl Krolow in seinem Beitrag »Die Lyrik in der
  Bundesrepublik seit 1945« (in: »Die Literatur der Bundesrepublik Deutschland«, hrsg. von
  Dieter Lattmann, S. 347–533) einigermaßen ausführlich ein, vgl. S. 421 ff. Mit dem Erzähler
  und Kurzgeschichtenautor Piontek beschäftigt sich Paul Nentwig, »Die moderne Kurzgeschichte im Unterricht«, Braunschweig 1967, S. 40–53.
2 Vgl. u. a. die Rezension von Jürgen Becker, »Krisen, Sackgassen, Schweigen. Dichterleben«,
  in: »Frankfurter Allgemeine Zeitung« vom 14. 9. 1976.
3 Es liegt seit kurzem gesammelt vor in dem Band »Wintertage, Sommernächte. Gesammelte
  Erzählungen«, München 1977.
4 In: »Merkur« 13 (1959) S. 275–283. Teilabdr. in: »Theorie der Kurzgeschichte«, hrsg. von
  Hans-Christoph Graf von Nayhauss, Stuttgart 1977 (Reclams Universal-Bibliothek,
  Nr. 9538), S. 19–24.
5 Vgl. u. a. O. Evans, »›The Snows of Kilimanjaro‹. A Revaluation«, in: »Publications of the
  Modern Language Association of America« 76 (1961) S. 601–607.
6 Vgl. »Graphik in Prosa«, S. 282.
7 Zudem darf nicht vergessen werden, daß Faulkners Wirkung erst nach dem Durchgang durch
  einige Retardierungsphasen jene auch auf Deutschland übergreifende Intensität gewann, die

1950 in der Verleihung des Literatur-Nobelpreises kulminierte, vgl. auch James B. Meriwether, »The Literary Career of William Faulkner: A Biographical Study«, Princeton 1961.

8 Vgl. Faulkners Bekenntnis: »Er war der Vater meiner Generation, wie er der Vater jener Richtung der amerikanischen Literatur war, an die unsere Nachfolger anknüpfen werden. Nie ist er so gewürdigt worden, wie er's verdient hätte« (»Interview mit William Faulkner«, in: »Über William Faulkner«, hrsg. von Gerd Haffmans, Zürich 1973, S. 155–177, hier S. 170).

9 Zitiert hier nach der Dokumentensammlung »Short-Story-Theorien«, hrsg. von Alfred Weber und Walter F. Greiner, Kronberg 1977, S. 78.

10 In: »Wintertage, Sommernächte«, S. 13–21.

11 »Die kurze Form der Prosa«, in: »Akzente« 9 (1962) S. 226–245. Teilabdr. in: »Theorie der Kurzgeschichte«, S. 73–78.

12 Vgl. dazu u. a. die Ausführungen von Mordecai Marcus, »What is an Initiation Story?«, in: »Short Story Theories«, hrsg. von Charles E. May, Columbus, Ohio, 1976, S. 189–201. Daß der Begriff als heuristisches Konzept zwischen einer anthropologischen (Initiationsriten in primitiven Kulturen) und mythologischen Bedeutung (die Parzival-Reise von der Naivität zur Erkenntnis) schildert, wird von Marcus zu Recht hervorgehoben. Den Bedeutungskern dieses Konzepts faßt am glücklichsten die folgende Bestimmung von Leslie Fiedler zusammen: »An initiation is a fall through knowledge to maturity; behind it there exists the myth of the Garden of Eden, the assumption that to know good and evil is to be done with the joy of innocence and to take on the burdens of work and childbearing and death« (»From Redemption to Initiation«, in: »New Leader« 41 vom 26. 5. 1958, S. 22).

13 In: »Wintertage, Sommernächte«, S. 278–291.

14 Ray B. West, Jr., »The Modern Short Story and the Highest Forms of Art«, in: »English Journal« 46 (1957) S. 531–539, hier S. 539.

15 In: »Wintertage, Sommernächte«, S. 324–334.

16 Zitiert hier nach der Anthologie »50 Great American Short Stories«, hrsg. von Milton Crane, New York 1971, S. 191–203.

17 Vgl. u. a. Mary Rohrberger, »The Man, the Boy, and the Myth: Sherwood Anderson's ›Death in the Woods‹«, in: »Midcontinent American Studies Journal« 3 (1962) S. 48–54.

18 Vgl. auch die Feststellung des Erzählers gegen Ende: »A thing so complete has its own beauty« (S. 202); vgl. dazu auch im einzelnen Wilfred L. Guerin, »›Death in the Woods‹: Sherwood Anderson's Cold Pastoral«, in: »The CEA Critic« 30 (1968) S. 4 f.

19 Vgl. dazu auch die Ausführungen von Mary Joselyn, »Some Artistic Dimensions of Sherwood Anderson's ›Death in the Woods‹«, in: »Studies in Short Fiction« 4 (1967) S. 252–259.

20 In: »Wintertage, Sommernächte«, S. 377–381.

21 Vgl. dazu im einzelnen: »Ambrose Bierce und Stephan Hermlin: Zur Rezeption der amerikanischen Short Story in Deutschland«, in: M. D., »Das Amerika-Bild in der deutschen Gegenwartsliteratur«, Stuttgart 1979, S. 82–111.

22 In: E. Sch., »Sie sehen den Marmor nicht«, Frankfurt a. M. 1963, S. 34–52.

23 In: I. A., »Nachricht vom Tag. Erzählungen«, Frankfurt a. M. 1970, S. 41–48.

12. Herbert Eisenreich. Wahn- und Warnbilder der Existenz – Mansfield

1 Vgl. dazu die zahlreichen Beiträge über Doderer in Eisenreichs Essay-Band »Reaktionen. Essays zur Literatur«, Gütersloh 1964.

2 Von einem zweiten Roman, »Sieger und Besiegte«, liegen bisher nur Teilveröffentlichungen vor.

3 Dieses 1959 erstmals gesendete und 1958 in Buchform erschienene Hörspiel »Wovon wir leben und woran wir sterben« hat Eisenreich bekannt gemacht (er erhielt den Prix Italia 1957 dafür).

4 Vgl. dazu auch die Ausführungen von Wendelin Schmidt-Dengler, »Herbert Eisenreich«, in: »Deutsche Literatur seit 1945 in Einzeldarstellungen«, hrsg. von Dietrich Weber, Stuttgart 1968, S. 297–314.

5 Das gilt auch für die Sachbuch-Veröffentlichungen Eisenreichs, vgl. dazu die Bibliographie bei Schmidt-Dengler, S. 312.

6 Vgl. »Das schöpferische Mißtrauen oder Ist Österreichs Literatur eine österreichische Literatur?«, in: »Reaktionen«, S. 72–104.

7 In: »Vorletzte Worte. Schriftsteller schreiben ihren eigenen Nachruf«, hrsg. von Karl Heinz Kramberg, Berlin 1974, S. 26–34.

8 Vgl. ebd., S. 27.

9 Vgl. »Reaktionen«, S. 41.

10 Vgl. dazu die ausführliche Analyse von Wendelin Schmidt-Dengler, »›Erlebnis wie bei Dostojewski‹ und ›Die ganze Geschichte‹. Zu zwei Erzählungen von Herbert Eisenreich«, in: »Zeitschrift für deutsche Philologie« 87/4 (1968) S. 591–612.

11 Vgl. etwa »Reaktionen«, S. 47.

12 Die von Herbert von Herlitschka stammende Übersetzung von »Cup of Tea« erschien in »story« 6/2 (1951) S. 40–46.

13 Vgl. dazu u. a. die Ausführungen bei Sylvia Berkman, »Katherine Mansfield: A Critical Study«, New Haven 1951, und Peter Halter, »Katherine Mansfield und die Kurzgeschichte. Zur Entwicklung und Struktur einer Erzählform«, Bern 1972.

14 Auf Maupassant geht Eisenreich ausführlich in seinem fingierten Nekrolog ein, vgl. S. 31.

15 So hat er z. B. Maupassants Geschichte »Garçon, un bock« in seinem Erzähltext »Die ganze Geschichte« aufgenommen; dazu ausführlich Schmidt-Dengler, »›Erlebnis wie bei Dostojewski‹ und ›Die ganze Geschichte‹«, S. 603 ff.

16 Vgl. dazu auch Schmidt-Dengler, ebd., S. 593.

17 In: »Reaktionen«, S. 15–30.

18 In: H. E., »Die Freunde meiner Frau«, Zürich 1966.

19 Vgl. in Parallele dazu das Kapitel »Brochs Auffassung des Lyrischen« in: Manfred Durzak, »Hermann Broch. Dichtung und Erkenntnis. Studien zum dichterischen Werk«, Stuttgart 1978, S. 16–32.

20 In: »Böse schöne Welt. Erzählungen«, Stuttgart 1957, S. 166–173. Teilabdr. in: »Theorie der Kurzgeschichte«, hrsg. von Hans-Christoph Graf von Nayhauss, Stuttgart 1977 (Reclams Universal-Bibliothek, Nr. 9538), S. 15–19.

21 Dies ist die These von Schmidt-Dengler in seinem Aufsatz »Herbert Eisenreich«, vgl. S. 304.

22 Vgl. u. a. »Reaktionen«, S. 41.

23 Zitiert hier nach der Ausgabe »Selected Writings of Edgar Allan Poe«, hrsg. von Edward H. Davidson, Boston 1956, S. 464–485.

24 Hier zitiert nach der Quellensammlung »Short-Story-Theorien (1573–1973)«, hrsg. von Alfred Weber und Walter F. Greiner, Kronberg 1977, S. 34–36.

25 Vgl. dazu auch die Dissertation von Hans-Ulrich Müller-Schwefe, »Schreib' alles«, München 1977.

26 In: »Reaktionen«, S. 43–56.

27 Zitiert hier nach der Ausgabe in der Reihe »Penguin Modern Classics«, Harmondsworth 1975, S. 52–60.

28 Vgl. dazu auch die Ausführungen von Kyra Stromberg, »Der Versuch auf Wolken zu gehen. Zu den Tagebüchern der Katherine Mansfield«, in: »Frankfurter Allgemeine Zeitung« vom 9. 8. 1975.

29 Zitiert hier nach der Ausgabe »Die Freunde meiner Frau und andere Kurzgeschichten«, Zürich 1966, S. 335–345.

30 Ebd., S. 267–279.

31 In: »Die blaue Distel der Romantik. Erzählungen«, Graz 1976, S. 62–68.

32 Ebd., S. 131–138.

33 Reich-Ranicki spricht hier von der »wohl berühmtesten Geschichte« Eisenreichs (»Literatur der kleinen Schritte«, München 1967, S. 125).

34 In: »Die Freunde meiner Frau«, S. 209–237.

13. Johannes Bobrowski. Gestisches Erzählen – Conrad

1 Hans Werner Richter, »Rede am Grab«, in: J. B., »Nachbarschaft«, Berlin 1967, S. 44 f., hier S. 45.

2 »Sarmatische Zeit« lautet der Titel der Gedichtsammlung, die 1961 gleichzeitig in Stuttgart und Ost-Berlin erschien.

3 »Ansichten und Absichten. Ein Interview des Berliner Rundfunks«, in: J. B., »Selbstzeugnisse und Beiträge über sein Werk« [zit. als: Selbstzeugnisse], Berlin 1967, S. 49–54, hier S. 51 f.

4 Vgl. dazu die beiden Bücher von Gerhard Wolf, »Johannes Bobrowski. Leben und Werk«, Berlin 1967, und »Beschreibung eines Zimmers. 15 Kapitel über Johannes Bobrowski«, Berlin 1971, ferner die Studie von Siegfried Streller, »Johannes Bobrowski«, in: »Literatur der DDR in Einzeldarstellungen«, hrsg. von Hans Jürgen Geerdts, Stuttgart 1972, S. 292–315. Eine ausführliche Bibliographie der Veröffentlichungen Bobrowskis und der Forschung über ihn findet sich im Anhang des bereits erwähnten Bandes »Selbstzeugnisse«, S. 213–238.

5 Vgl. dazu im einzelnen seine Ausführungen in dem Interview mit Irma Reblitz, »Meinen Landsleuten erzählen, was sie nicht wissen«, in: »Selbstzeugnisse«, S. 66–79, hier bes. S. 68 f.

6 »Rede am Grab«, in: J. B., »Nachbarschaft«, S. 43.

7 Vgl. dazu auch die Studie von Gerhard Wolf, »Motive des Lyrikers Bobrowski«, in: »Selbstzeugnisse«, S. 134–149.

8 »Selbstzeugnisse«, S. 70.

9 »Laudatio bei der Verleihung des Charles-Veillon-Preises 1965«, in: »Selbstzeugnisse«, S. 194–196.

10 Alexander Kluge im »Interview« mit Ulrich Gregor in dem Band »Herzog/Kluge/Straub«, München 1976, S. 153–178, hier S. 160.

11 In: »Selbstzeugnisse«, S. 53.

12 Siegfried Streller, »Zeit und Verantwortung. Zum epischen Werk Johannes Bobrowskis«, in: »Selbstzeugnisse«, S. 108–127, hier S. 124.

13 Vgl. etwa seine Rede »Die Koexistenz und das Gespräch«, in: »Selbstzeugnisse«, S. 36–44, bes. S. 41.

14 Vgl. »Selbstzeugnisse«, S. 87.

15 »Formen, Fabel, Engagement. Ein Interview von Irma Reblitz«, in: »Selbstzeugnisse«, S. 83–88, hier S. 83. Aus diesem Gespräch auch die Zitate im folgenden.

16 Das berühmteste Beispiel ist die Titelgeschichte seiner Erzählsammlung »Boehlendorff und andere«, Stuttgart 1965.

17 In: »Mäusefest und andere Erzählungen«, Berlin 1965, S. 29–33. Vgl. dazu auch die Reproduktion der Vorlage in »Selbstzeugnisse«, S. 96 B.

18 »Selbstzeugnisse«, S. 78, desgl. das folgende Zitat.

19 Vgl. dazu u. a. die Beiträge in dem Band »Joseph Conrad. A Collection of Critical Essays«, hrsg. von Frederick R. Karl, New York 1975.

20 In: »Boehlendorff und andere«, S. 36–41. Auch in: J. B. »Lipmanns Leib. Erzählungen«, Ausw. und Nachw. von Wilhelm Dehn, Stuttgart 1973 (Reclams Universal-Bibliothek, Nr. 9447), S. 27–29.

21 In: »Boehlendorff und andere«, S. 70–72.

22 Vgl. dazu Brechts Ausführungen in seinem Beitrag »Über reimlose Lyrik mit unregelmäßigen Rhythmen«, in: B. B., »Über Lyrik«, Frankfurt a. M. 1964, S. 77–88.

23 Harry Levin, »Observations on the Style of Ernest Hemingway«, in: »Hemingway. A Collection of Critical Essays«, hrsg. von Robert P. Weeks, Englewood Cliffs, N. J., 1962, S. 72–85, hier S. 75.

24 »Litauische Geschichte« und »Mäusefest«, in: J. B., »Lipmanns Leib«, S. 25 f. und S. 43–46.

25 In: »Der Mahner«. Erzählungen und andere Prosa aus dem Nachlaß«, Berlin 1968, S. 39 bis 45.

26 Ebd., S. 53–55. Zur Datierung vgl. dort die Nachbemerkung Klaus Wagenbachs, S. 68.

27 »Laudatio bei der Verleihung des Heinrich-Mann-Preises 1965«, in: »Selbstzeugnisse«, S. 192 f.

28 Vgl. dazu auch den Interpretationsband (der allerdings nicht auf den Gattungsaspekt der Kurzgeschichte eingeht) von Mechthild und Wilhelm Dehn, »Johannes Bobrowski. Prosa«, München 1972.

14. Günter Kunert. Die Genauigkeit der Phantasie – Poe/Hemingway

1 »Kurze Betrachtung der Kurzgeschichte«, in: G. K., »Warum schreiben? Notizen zur Literatur«, München 1976, S. 211–213, hier S. 211.

2 Als »der prominenteste Lyriker der DDR« wird er in einem biographischen Stenogramm der »Zeit« zum Abdruck von Kunerts Aufsatz »Deutschkunde« (in: »Die Zeit« vom 17. 11. 1978, S. 49) bezeichnet. Vgl. zu Kunerts Lyrik auch die Darstellung von Klaus Werner, »Günter Kunert«, in: »Literatur der DDR in Einzeldarstellungen«, hrsg. von Hans Jürgen Geerdts, Stuttgart 1972, S. 523–547.

3 »Ein Gentleman aus Virginia«, in: »Warum schreiben?«, S. 140–159.

4 Stuttgart 1974 [u. ö.] (Reclams Universal-Bibliothek, Nr. 2176).

5 Dt.: »Die Grube und das Pendel«, in: E. A. P., »Im Wirbel des Maelström. Der Untergang des Hauses Usher. Die Grube und das Pendel«, übers. von Otto Weith, Stuttgart 1970 [u. ö.] (Reclams Universal-Bibliothek, Nr. 7626), S. 49–68.

6 »Die verkleidete Wahrheit. Rede auf der PEN-Tagung in Stockholm«, in: »Die Zeit« vom 30. 6. 1978, S. 43.

7 »An einen Leser in der Sowjetunion«, in: »Warum schreiben?«, S. 206–208, hier S. 207.

8 »Der andere Planet. Ansichten von Amerika«, München 1975, S. 15.

9 »Ein Tag in einem Jahr«, in: »Warum schreiben?«, S. 192–201, hier S. 201.

10 New York 1944.

11 Vgl. dazu im einzelnen die Ausführungen von William T. Noon, »Joyce and Aquinas«, New Haven 1957.

12 Zitiert hier nach Joachim Walther, »Meinetwegen Schmetterlinge. Gespräche mit Schriftstellern«, Berlin 1973, S. 90 f.

13 Zitiert nach dem Gespräch mit Hans Richter, »Selbstausdruck und Gesellschaftsbezug«, in: »Auskünfte. Werkstatt-Gespräche mit DDR-Autoren«, hrsg. von Anneliese Löffler, Berlin/Weimar 1974, S. 463–484, hier S. 472.

14 In: »Tagträume in Berlin und andernorts«, München 1972, S. 40 f. Vgl. dazu auch die Interpretation von Dieter Jonsson in seiner Arbeit »Widersprüche – Hoffnungen. Literatur und Kulturpolitik der DDR / Die Prosa Günter Kunerts«, Stuttgart 1978, S. 86–91, wo allerdings auf die ironische Umkehrung am Ende der Geschichte merkwürdigerweise nicht eingegangen wird.

15 Ebd., S. 7 f.

16 In: E. Sch., »Sie sehen den Marmor nicht. Zwölf Geschichten und eine Montage«, Frankfurt a. M. 1963, S. 96–109.

17 In: »Tagträume in Berlin und andernorts«, S. 56–59. Auch in: G. K., »Der Hai. Erzählungen und kleine Prosa«, Ausw. und Nachw. von Dietrich Bode, Stuttgart 1974 [u. ö.] (Reclams Universal-Bibliothek, Nr. 9716), S. 58–62.

18 In: »Die Beerdigung findet in aller Stille statt«, München 1968, S. 47–71. Als Titelgeschichte auch in: Reclams Universal-Bibliothek, Nr. 9716, Stuttgart 1974 [u. ö.], S. 3–24. In beiden Fällen heißt auch das Schiff »Golden Arrow«.

19 Zit. nach dem Gespräch mit Joachim Walther in: »Meinetwegen Schmetterlinge«, S. 81.

20 »The Short Stories of Ernest Hemingway«, New York 1966, S. 372–378.

21 Gespräch mit Walther, S. 81.

22 In: »Die Beerdigung findet in aller Stille statt«, S. 79–92. Auch in: G. K., »Der Hai«, S. 24–37.

23 In: »Tagträume in Berlin und andernorts«, S. 239–246. Auch in: »Deutsche Kurzgeschichten. 11.–13. Schuljahr«, hrsg. von Winfried Ulrich, Stuttgart 1973 (Reclams Universal-Bibliothek, Nr. 9508), S. 40–46.

24 In dem gleichnamigen Band, S. 99–110.

25 In: »Tagträume in Berlin und andernorts«, S. 85 f.

26 In seinem fingierten Nekrolog »Flieh den Platz« (in: »Vorletzte Worte. Schriftsteller schreiben ihren Nachruf«, hrsg. von Karl Heinz Kramberg, Berlin 1974, S. 75–78) hat Kunert diese Parabel ironisch auf sich selbst bezogen: »Dieser parteiliche und dekadente, parasitäre und progressive Dichter, dessen Werk erst ein nicht länger idealistisch, sondern dialektisch und gesellschaftlich denkendes Publikum (falls es dann überhaupt noch denkt) voll würdigen wird, zehrte immer vom ›reichen Schatz seiner Erfahrung‹, einem negativen Kapital, das sich zwar ohne eigenes Zutun ständig akkumulierte wie ein echtes, von dem man jedoch nur leben kann, wenn man es nicht investiert« (S. 76).

27 »Das ist des Poeten Amt«, in: »Der Spiegel« vom 17. 10. 1977, S. 254–257.

28 In: »Lieblose Legenden«, Frankfurt a. M. 1962, S. 74–81.

29 Vgl. dazu auch die Beiträge des Bandes »Kunert lesen«, hrsg. von Michael Krüger, München 1979.

15. Josef Reding. Notate aus der Alltagswelt – Caldwell

1 So wurde Reding 1961 das Rom-Stipendium der Villa Massimo zuerkannt, 1969 erhielt er den Annette von Droste-Hülshoff-Preis, im selben Jahr den Preis der Autorengemeinschaft KOGGE und 1977 den Preis der Schüler-Jury beim internationalen Kurzgeschichten-Wettbewerb in Arnsberg bzw. Neheim-Hüsten. Zum Ritual dieses Wettbewerbs vgl. auch den Bericht von Dieter E. Zimmer, »Karger Boden, kulturell beackert«, in: »Die Zeit« vom 30. 3. 1979.

2 So weisen die Anthologien von Horst Bingel, »Deutsche Prosa. Erzählungen seit 1945«, München ⁹1975, und Martin Gregor-Dellin, »Deutsche Erzählungen aus drei Jahrzehnten. Deutschsprachige Prosa seit 1945«, Tübingen ³1977, Titel von ihm auf, vgl. S. 161 f. und S. 188–191.

3 Reding ist hingegen Mitglied der Dortmunder Gruppe 61. Vgl. dazu im einzelnen Manfred Durzak, »Literatur der Arbeitswelt in der Bundesrepublik Deutschland«, in: »Die deutsche Literatur der Gegenwart. Aspekte und Tendenzen«, hrsg. von M. D., Stuttgart ³1976, S. 306–324.

4 Frankfurt a. M. 1973 (Fischer Taschenbuch 1393).

5 Vgl. Zimmer, »Karger Boden, kulturell beackert«.

6 »Mein Bekenntnis zur Kurzgeschichte«, in: »Nennt mich nicht Nigger. Kurzgeschichten aus zwei Jahrzehnten«, Recklinghausen 1978, S. 6–8.

7 Die Literaturkritik hat Redings Arbeiten überwiegend aufmerksam und anerkennend registriert. Peter Jokostra hat beispielsweise ausgeführt: »In seinen immer zeitnahen Kurzgeschichten zeigt sich der in Dortmund lebende Josef Reding als ein Erzähler, der jedem Thema, dem er sich stellt oder das sich ihm anbietet, gewachsen ist« (»Die Welt« vom 19. 12. 1977). In der Kurzgeschichten-Forschung hat man hingegen seine Arbeiten bisher kaum

beachtet. Paul Nentwig geht in seinem Band »Die moderne Kurzgeschichte im Unterricht. Interpretationen und methodische Hinweise«, Braunschweig 1975, als einer der wenigen auf Reding ein, vgl. S. 100–104.

8 In: »Nennt mich nicht Nigger. Kurzgeschichten aus zwei Jahrzehnten«, S. 201–204.
9 Ebd., S. 111–114.
10 Ebd., S. 122–129.
11 Arthur Voss, »The American Short Story. A Critical Survey«, Norman, Oklahoma, [2]1975, S. 263.
12 Recklinghausen 1957.
13 Zitiert nach: »200 Years of Great American Short Stories«, hrsg. von Martha Foley, Boston 1975, S. 433–441.
14 Martha Foley in der Einführung zum Abdruck der Short Story in ihrer Anthologie, ebd., S. 433.
15 Vgl. dazu die Ausführungen in dem Kapitel »Tragikomödien aus dem bürgerlichen Elendsleben: Kaisers ›Von morgens bis mitternachts‹«, in: Manfred Durzak, »Das expressionistische Drama I. Carl Sternheim und Georg Kaiser«, München 1978, S. 121–138.
16 Vgl. dazu die Ausführungen in dem Kapitel »Mythisierte Politik: ›Graf Öderland‹«, in: Manfred Durzak, »Dürrenmatt, Frisch, Weiss. Deutsches Drama der Gegenwart zwischen Kritik und Utopie«, Stuttgart [2]1973, S. 185–196.
17 In: »Nennt mich nicht Nigger«, S. 148–150.
18 Ebd., S. 191–194.
19 Recklinghausen 1977, S. 7–12.

16. Gabriele Wohmann. Verlustanzeigen aus dem Mittelstand – Mansfield

1 Mit der kurzen Erzählprosa der Wohmann beschäftigt sich auch die weitgehend inhaltliche Aspekte thematisierende und Gattungsüberlegungen ausklammernde Studie von Dirk Pollerberg, »Gabriele Wohmann«, in: »Deutsche Literatur der Gegenwart in Einzeldarstellungen II«, Stuttgart 1977, S. 453–480.
2 Heinz Schöffler hat im »Nachwort« zu dem Auswahlband »Treibjagd. Erzählungen« (Stuttgart o. J.) nicht unzutreffend ausgeführt: »Vor ihrem Auge zersetzt sich das Gewohnte der Oberfläche, die Haut der Dinge tritt mit Pickeln hervor« (S. 84).
3 Dieter E. Zimmer, »Gespräch mit Gabriele Wohmann«, in: »Gabriele Wohmann. Materialienbuch«, hrsg. von Thomas Scheuffelen, Darmstadt 1977, S. 39–44, hier S. 43.
4 Marcel Reich-Ranicki, »Bitterkeit ohne Zorn«, in: »Materialienbuch«, S. 56–61, hier S. 58 und 60.
5 Klaus Wellner, »Leiden an der Familie. Zur sozialpsychologischen Rollenanalyse im Werk Gabriele Wohmanns«, Stuttgart 1976.
6 »Materialienbuch«, S. 42.
7 Ebd., S. 42.
8 »Protokoll zur Person. Autoren über sich und ihr Werk«, hrsg. von Ekkehart Rudolph, München 1971, S. 152.
9 Vgl. dazu auch Manfred Durzak, »Der deutsche Roman der Gegenwart. Entwicklungsvoraussetzungen und Tendenzen«, Stuttgart [3]1979, S. 468 ff.
10 »Über die Wirklichkeit des Unwirklichen«, in: G. W., »Selbstverteidigung«, Neuwied 1971, S. 7–18.
11 »Nachruf«, ebd., S. 240–255.
12 In: »Ein unwiderstehlicher Mann. Erzählungen«, Reinbek 1975, S. 26–33.
13 Ebd., S. 34–40.
14 In: »Sieg über die Dämmerung«, München 1960, S. 142–146.
15 In: »Ländliches Fest«, Darmstadt 1968, S. 33–43. Auch in: G. W., »Treibjagd. Erzählungen«

mit einem Nachw., hrsg. von Heinz Schöffler, Stuttgart o. J. (Reclams Universal-Bibliothek, Nr. 7912), S. 22–24.

16 In: »Selbstverteidigung«, S. 179–186.

17 In: »Alles zu seiner Zeit. Erzählungen«, München 1976, S. 39–50.

18 In: »Ländliches Fest«, S. 86–99. Als Titelgeschichte auch in: Reclams Universal-Bibliothek, Nr. 7912, Stuttgart o. J., S. 24–41.

19 Vgl. dazu auch die Ausführungen von Wellner in seiner erwähnten Studie, S. 188 ff.

20 In: »Böse Streiche und andere Erzählungen«, Düsseldorf 1977, S. 54–63.

21 Ebd., S. 64–69.

22 Vgl. dazu auch die Ausführungen von Chotjewitz: »Ich fürchte jedoch, daß sie dazu neigt, sich mit der Darstellung dieser [...] Kleinbürger zu begnügen – jener Kleinbürger des gehobenen Mittelstandes, die die Geschichten der Wohmann bevölkern, als hätte alle Welt den Wunsch so zu werden, wie diese Leute sind, und mir scheint auch, daß sie der Gefahr erliegt, die Ersatzwirklichkeit für die bestimmende Wirklichkeit zu halten« (»Über die Wirklichkeit des Unwirklichen«, S. 15).

23 In: K. M., »The Garden Party and Other Stories«, München 1977, S. 22–60.

24 In: »Böse Streiche«, S. 21–32.

25 Vgl. dazu auch die Interpretation von Robert Fricker, »The Garden Party«, in: »Die englische Kurzgeschichte«, hrsg. von Karl Heinz Göller und Gerhard Hoffmann, Düsseldorf 1973, S. 203–213.

26 Vgl. dazu auch Hellmuth Karasek, »Giftzerfressene Idyllen«, in: »Materialienbuch«, S. 67–69.

27 In: G. W., »Treibjagd«, S. 15–22.

17. Hermann Kant. Kulinarische Aufklärung – O. Henry

1 Vgl. dazu im einzelnen Manfred Durzak, »Der deutsche Roman der Gegenwart. Entwicklungsvoraussetzungen und Tendenzen«, Stuttgart ³1979, S. 425–457.

2 Günter Jäckel, »Nachrichten und poetische Informationen«, in: G. J. / Ursula Roisch, »Große Form in kleiner Form«, Halle a. d. S. 1974, S. 7–105, hier S. 50.

3 Almut Giesecke, »Zum Leistungsvermögen einer Prosaform«, in: »Weimarer Beiträge« 23/8 (1977) S. 110–139, hier S. 111.

4 »Vom Wert der Geschichte«, in: »Weimarer Beiträge« 18/8 (1972) S. 65–91.

5 Vgl. den Hinweis bei Fritz J. Raddatz, »Traditionen und Tendenzen. Materialien zur Literatur der DDR«, Frankfurt a. M. 1972, S. 332.

6 Vgl. »Die Aula«, Frankfurt a. M. 1977 (Fischer Taschenbuch, Nr. 931), S. 155.

7 »Eine unergiebige Angelegenheit«, in: »Eröffnungen. Schriftsteller über ihr Erstlingswerk«, hrsg. von Gerhard Schneider, Berlin 1974, S. 128–137.

8 Gegenüber der leicht abschätzigen Bewertung der Erzählkunst O. Henrys hat vor allem Cesare Pavese die Virtuosität O. Henrys hervorgehoben, vgl. »Über literarische Tricks«, in: O. Henry, »Auf der Posaune und andere stories«, Olten 1974, S. 7–20.

9 Zur ästhetischen Position Kants vgl. Manfred Durzak, »Der Romanautor und die Öffentlichkeit: Poetik-Aspekte«, in: M. D.: »Der deutsche Roman der Gegenwart. Entwicklungsvoraussetzungen und Tendenzen«, S. 425–432.

10 In: »Ein bißchen Südsee«, Berlin ²1977, S. 133–151.

11 Anneliese Große, »Interview mit Hermann Kant«, in: »Weimarer Beiträge« 18/8 (1972) S. 32–64.

12 Jürgen Beckers Prosa erwähnt denn auch Jäckel als »bloßes Experimentierfeld erkenntnisfeindlicher Theoreme« (»Nachrichten und poetische Informationen«, S. 14).

13 Vgl. S. 148–150.

14 Große-Interview, S. 45.

15 Ebd., S. 42.

16 Halle a. d. S. 1972.

17 In: »Eine Übertretung. Erzählungen«, Berlin ²1976, S. 117–125. In der westdeutschen Ausgabe dieses Bandes mit dem Titel »Anrede der Ärztin O. an den Staatsanwalt F. gelegentlich einer Untersuchung«, Darmstadt 1978, fehlt dieser Text neben zwei weiteren. Zur Entstehungsgeschichte von »Lebenslauf, zweiter Absatz« vgl. auch die Ausführungen Kants im Große-Interview, S. 46 f.

18 In: »Ein bißchen Südsee«, S. 96–102.

19 Vgl. S. 120 und 121.

20 Vgl. dazu auch den Kommentar Kants: »Die Themenstellung lautete: Der erste Augenblick der Freiheit und ich schreibe, wie ein Mann in die Gefangenschaft kommt, also über den Augenblick der Gefangennahme. Die Polemik richtet sich gegen Auffassungen, die in Gefangenschaft nur das Negative sehen« (Große-Interview, S. 46).

21 In: »Ein bißchen Südsee«, S. 87–95. Auch in: »Die deutsche Literatur. Ein Abriß in Text und Darstellung«, Bd. 16: »Gegenwart«, hrsg. von Gerhard R. Kaiser, Stuttgart 1975 (Reclams Universal-Bibliothek, Nr. 9661 [4]), S. 251–260.

22 In: »The Collected Works of O. Henry«, hrsg. von Harry Hansen, Garden City, N. J., 1953, S. 839–843.

23 Als Titelgeschichte in dem Band »Eine Übertretung«, S. 73–87.

24 Vgl. dazu auch die Ausführungen von Silvia und Dieter Schlenstedt, »Modern erzählt. Zu Strukturen in Hermann Kants Roman ›Die Aula‹«, in: »Neue Deutsche Literatur« 13/12 (1965) S. 5–34.

18. Alexander Kluge. Zwischen Dokument und Fiktion

1 Die Vorträge dieses »International Symposium on the Short Story« wurden in der Zeitschrift »The Kenyon Review« veröffentlicht, vgl. Benders Beitrag »West Germany«, in: »The Kenyon Review« 31/123 (1969) S. 85–92.

2 In: »Selbstanzeige. Schriftsteller im Gespräch«, hrsg. von Werner Koch, Frankfurt a. M. 1971, S. 77–88.

3 Vgl. dazu im einzelnen die Dissertation von Elisabeth Plessen, »Fakten und Erfindungen. Zeitgenössische Epik im Grenzgebiet von fiction und nonfiction«, München 1971.

4 Vgl. dazu im einzelnen die Beiträge des Bandes »Über Jürgen Becker«, Frankfurt a. M. 1972.

5 Von »der freien Kombinatorik der Wortbedeutungen und syntaktischen Mittel und mehr noch der Benutzung neu erfundener syntaktischer Großformen« hatte Heißenbüttel Ende der sechziger Jahre vorwegnehmend gesprochen und angesichts von Roman und Erzählung eher abfällig festgestellt: »Da das Moment des Entwurfs, der Fiktion, das für die Erzählung offenbar konstitutiv bleibt, ebenso offenbar kein unmittelbar sprachliches Moment ist, stehen Erzählung und Roman zum grundsätzlich Neuen in der Literatur nur in mittelbarer Beziehung« (Vormweg/Heißenbüttel: »Briefwechsel über Literatur«, Neuwied 1969, S. 56 und 58).

6 Zu Kluge vgl. auch Wilhelm Voßkamp, »Alexander Kluge«, in: »Deutsche Literatur der Gegenwart in Einzeldarstellungen II«, Stuttgart 1977, S. 297–317; dort auch ein Verzeichnis der raren Forschungsliteratur, die sich bisher mit Kluge beschäftigt hat, S. 316 f.

7 Nach diesem »Interview« Ulrich Gregors mit Kluge (in: »Herzog/Kluge/Straub«, hrsg. von Peter W. Jansen und Wolfram Schütte, München 1976, S. 153–178) wird auch im folgenden zitiert.

8 Vgl. dazu auch die folgende »Interview«-Äußerung Kluges: »Diese Bilder entsprechen genau der Funktionsweise des Gehirns. Ein Hirn nimmt niemals nur etwas Gegenwärtiges wahr. Ich sehe etwas Gegenwärtiges, das erinnert mich – sonst würde ich es gar nicht wahrnehmen – an

etwas Vergangenes, Früheres, eine Vorstellung von Glück oder Unglück, und dadurch nehme ich es wahr und schließe auf die Zukunft« (S. 167).

9 Ebd., S. 157.

10 Vgl. dazu Enzensbergers Feststellung: »Einen eigenen Personalstil kennt Kluge nicht. Seine Sprache ist durch und durch Mimikry« (»Ein herzloser Schriftsteller«, in: »Der Spiegel« vom 2. 1. 1978, S. 81–83, hier S. 83).

11 Blöckers Einschätzung: »Kluge operiert also mit dem Schein des Dokumentarischen, er benutzt das ›Dokumentarische‹ als ein Stilmittel unter anderen« (»Alexander Kluges Erzählungen«, in: »Frankfurter Allgemeine Zeitung« vom 9. 3. 1974), wäre nur plausibel, wenn bei Kluge tatsächlich von der Integrationskraft eines Personalstils gesprochen werden könnte.

12 So im »Vorwort«, in: »Neue Geschichten. Hefte 1–18. ›Unheimlichkeit der Zeit‹«, Frankfurt a. M. 1977, S. 9.

13 Enzensberger, »Ein herzloser Schriftsteller«, S. 81.

14 Vgl. dazu im einzelnen die Interpretation von Margund Durzak, in: Manfred Durzak, »Das Amerika-Bild in der deutschen Gegenwartsliteratur«, Stuttgart 1979, S. 82–111.

15 Hier zitiert nach der bearbeiteten und erweiterten Fassung der Erstausgabe: »Lebensläufe. Anwesenheitsliste für eine Beerdigung«, Frankfurt a. M. 1974, S. 156–159.

16 So die Formulierung von Fritz J. Raddatz, »Unheimlichkeit der Zeit«, in: »Die Zeit« vom 16. 12. 1977, S. 39.

17 Marcel Reich-Ranicki, »Literatur der kleinen Schritte«, München 1967, S. 56.

18 Auch hier ist allerdings als Kluges Intention zu berücksichtigen, was er in einem »Zeit«-Gespräch (»Zeit der Rache?«, in: »Die Zeit« vom 16. 12. 1977, S. 39) so umschrieben hat: »[...] ohne die mehrfache Brechung der Perspektive, der Proportion, auch zwischen den einzelnen Geschichten, kann man überhaupt nichts erzählen, außer Idyllen.«

19 In der Neuausgabe der »Lebensläufe«, S. 230 f.

20 S. 123–125.

21 Ebd., S. 186–188.

22 Ebd., S. 240–242.

23 Vgl. dazu auch die Einleitung in dem Buch von Jan Knopf, »Geschichten zur Geschichte. Kritische Tradition des ›Volkstümlichen‹ in den Kalendergeschichten Hebels und Brechts«, Stuttgart 1973, S. 15 ff.

24 In: »Neue Geschichten«, S. 468 f.

25 Ebd., S. 248–250.

26 »Interview«, S. 167.

27 Ebd., S. 160.

Gattungsgeschichtlicher Exkurs: Formelemente und Typologie der Kurzgeschichte

1 Heinrich Böll in: »Ich hab nichts über den Krieg aufgeschrieben. Ein Gespräch mit Heinrich Böll und Hermann Lenz«, in: »Literaturmagazin 7. Nachkriegsliteratur«, Reinbek 1977, S. 30–74, hier S. 50 und 68.

2 Diese Position plädiert hier bewußt für eine Mittellage zwischen extremen Standpunkten, wie sie beispielsweise Klaus Doderer und Jan Kuipers einnehmen. Kuipers führt aus: »Wie sieht nun, fragen wir zum Schluß, genau gesagt, der Archetypus der Kurzgeschichte aus? [...] Wir müssen aufgrund unserer Untersuchung leider die Antwort schuldig bleiben« (»Zeitlose Zeit. Die Geschichte der deutschen Kurzgeschichtsforschung«, Groningen 1970, S. 148). Doderer kommt von einem viel schmaleren Untersuchungsfeld aus zu dem Schluß: »[...] die Kurzgeschichte ist eine ganz scharf umrissene Gattung« (»Die Kurzgeschichte in Deutschland. Ihre Form und ihre Entwicklung«, Darmstadt [4]1973, S. 91).

3 Vgl. »Theorie der Kurzgeschichte«, Frankfurt a. M. 1973.

4 Vgl. Kuipers, »Zeitlose Zeit. Die Geschichte der deutschen Kurzgeschichtsforschung«.

5 »Erzählweisen in der deutschen Kurzgeschichte«, in: »Germanistische Studien«, Bd. 2, Braunschweig 1970, S. 73–160.

6 Josef Donnenberg, »Bevorzugte Gattungen I: Kurzgeschichte, Reportage, Protokoll«, in: »Gegenwartsliteratur«, hrsg. von Walter Weiss [u. a.], Stuttgart 1973, S. 78–93.

7 Nur Teilaspekte berührt die Feststellung Ferdinand Piedmonts: »Die theoretischen Äußerungen namhafter Kurzgeschichten-Autoren lassen im wesentlichen zwei Positionen erkennen, von denen die eine den Bereich der modernen Kurzgeschichte innerhalb der Möglichkeiten des Erzählens nach Gegenstand, Form und Wirkung klar absteckt, während die zweite Position bereits über den Raum der Kurzgeschichte hinausführt in Richtung auf jüngste experimentelle Kurzprosa« (»Zur Rolle des Erzählers in der Kurzgeschichte«, in: »Zeitschrift für deutsche Philologie« 92/4, 1973, S. 537–552, hier S. 549).

8 Vgl. dazu die Textdokumentation von Alfred Weber und Walter F. Greiner, »Short-Story-Theorien (1573–1973). Eine Sammlung und Bibliographie englischer und amerikanischer Quellen«, Kronberg 1977.

9 Die Kurzgeschichten-Theorien deutscher Autoren sind merkwürdigerweise bisher nicht gesammelt worden. Auszüge bietet der Band »Theorie der Kurzgeschichte«, hrsg. von Hans-Christoph Graf von Nayhauss, Stuttgart 1973 (Reclams Universal-Bibliothek, Nr. 9538).

10 Vgl. Ruth J. Kilchenmann: »Wenn wir mit Walter Pabst übereinstimmen, daß es keine Novelle, sondern nur Novellen gibt, müssen wir auch annehmen, daß es keine Kurzgeschichte, sondern nur Kurzgeschichten gibt [...]« (»Die Kurzgeschichte. Formen und Entwicklung«, Stuttgart 1967, S. 16).

11 »Kurze Betrachtung der Kurzgeschichte«, in: G. K., »Warum schreiben? Notizen zur Literatur«, München 1976, S. 211–213.

12 Vgl. Gregory Fitz Gerald, »The Satiric Short Story: A Definition«, in: »Studies in Short Fiction« 5 (1967/68) S. 349–354.

13 Vgl. Mordecai Marcus, »What is an Initiation Story?«, in: »Short Story Theories«, hrsg. von Charles E. May, Columbus 1976, S. 189–201.

14 Vgl. Eileen Baldeshwiler, »The Lyric Short Story: The Sketch of a History«, ebd., S. 202–213.

15 Zu der methodischen Begründung dieser Begriffe vgl. Günther Müller, »Erzählzeit und erzählte Zeit«, in: G. M., »Morphologische Poetik. Gesammelte Aufsätze«, Darmstadt 1968, S. 269–286.

16 Josef Kunz, »Die deutsche Novelle im 20. Jahrhundert«, Berlin 1977, S. 230 f.

17 Zu diesem Begriff vgl. die grundlegenden Ausführungen von Walter Höllerer, »Die kurze Form der Prosa«, in: »Akzente« 9 (1962) S. 226–245.

18 Gutmann, S. 148.

19 Vgl. die Geschichten des Bandes »Ich brauch Dich«, München 1976.

20 Vgl. u. a. Fritz Lockemann, »Die Bedeutung des Rahmens in der deutschen Novellendichtung«, in: »Novelle«, hrsg. von Josef Kunz, Darmstadt 1973, S. 335–351.

21 Vgl. dazu das Kapitel »Der erste Satz« in Rohners »Theorie der Kurzgeschichte«, S. 138–148, desgl. die empirisch vorgehende Untersuchung der »Erzähleingänge« (S. 97 ff.) und »Erzählschlüsse« (S. 122 ff.) in Gutmanns Studie »Erzählweisen in der deutschen Kurzgeschichte«.

22 Auch Ruth Lorbes Feststellung in ihrem Aufsatz »Die deutsche Kurzgeschichte der Jahrhundertmitte« (in: »Der Deutschunterricht« 9/1, 1957, S. 36–54) bleibt noch mißverständlich: »Im Gegensatz zur Erzählung und zur Anekdote ist die Kurzgeschichte nicht in sich geschlossen, sondern sowohl über ihren Anfang und über ihr Ende hinaus offen« (S. 37).

23 Vgl. dazu u. a. die Ausführungen von Helmut Motekat, »Gedanken zur Kurzgeschichte«, in: »Der Deutschunterricht« 9/1 (1957) S. 20–35.

24 Herbert Seidler, »Die Dichtung. Wesen. Form. Dasein«, Stuttgart ²1965, S. 666.

25 Vgl. »Preface to ›Daisy Miller‹«, in: H. J., »The Art of the Novel: Critical Prefaces«, hrsg. von R. P. Blackmur, New York 1934, S. 277 f. Vgl. dazu auch die Untersuchung von Paul Goetsch, »Arten der Situationsverknüpfung: Eine Studie zum ›explosive principle‹ in der modernen Short Story«, in: »Studien und Materialien zur Short Story«, hrsg. von P. G., Frankfurt a. M. ²1973, S. 40–63.

26 »Interview mit William Faulkner«, in: »Über William Faulkner«, hrsg. von Gerd Haffmans, Zürich 1973, S. 153–177.

27 Zitiert nach Rohner, »Theorie der Kurzgeschichte«, S. 2.

28 Zitiert nach Horst Bienek, »Werkstattgespräche mit Schriftstellern«, München 1965, S. 170.

29 Vgl. etwa die u. a. von Günter Grass und Gisela Elsner stammenden »Kürzestgeschichten«, in: »Akzente« 2/6 (1955) S. 517–519 u. a.

30 Nun gesammelt in dem Band »Immer kürzer werdende Geschichten«, München 1973.

31 Köln 1978.

32 Köln 1979.

33 Stuttgart 1978.

34 München 1978.

III. Die Darstellung der Zeitgeschichte in der deutschen Kurzgeschichte

1. Die Doppelbödigkeit der Welt: Wirklichkeit im Krieg

Vorbemerkung: Alle Kurzgeschichten, die in den folgenden Kapiteln interpretiert werden, sind in der gleichzeitig mit diesem Darstellungsband erscheinenden Anthologie »Erzählte Zeit. 50 deutsche Kurzgeschichten der Gegenwart« (Reclams Universal-Bibliothek, Nr. 9996 [6]) enthalten. Auf Seitenangaben bei den Textzitaten wird daher im folgenden verzichtet.

1 Berlin 1930.

2 »Deutscher Geist in Gefahr«, Stuttgart/Berlin 1932, S. 35.

3 Karl Prümm, »Das Erbe der Front. Der antidemokratische Kriegsroman der Weimarer Republik und seine nationalsozialistische Fortsetzung«, in: »Die deutsche Literatur im Dritten Reich. Themen – Traditionen – Wirkungen«, hrsg. von Horst Denkler und K. P., Stuttgart 1976, S. 138–164, hier S. 140.

4 Karl Obermann, »Nationalsozialistische Kurzgeschichte«, in: »Das Wort« 8 (1977) S. 53–58, hier S. 54.

5 Das gilt z. B. für nicht wenige Kurzgeschichten des im Dritten Reich hochgeschätzten Hans Franck, vgl. etwa die Geschichten »Die Bleiuhr« oder »Ein Leutnant« aus der Sammlung »Der Regenbogen« (Leipzig 1927), ein Buch, das als Textbuch interessanterweise auch im Ausland verbreitet war, vgl. die angelsächsischen Reihen »Bells Modern Language Texts« (London 1931) und im amerikanischen Verlag Henry Holt & Co., New York 1930.

6 Berlin 1931.

7 München 1933.

8 Remarques »Im Westen nichts Neues«, Renns »Krieg«, Zweigs »Der Streit um den Sergeanten Grischa« und Köppens »Heeresbericht« sind gemeint.

9 Robert Ulshöfer, »Unterrichtliche Probleme bei der Arbeit mit der Kurzgeschichte«, in: »Der Deutschunterricht« 10/6 (1958) S. 5–35, hier S. 9.

10 Vgl. zu diesen beiden Autoren die bezeichnenden Ausführungen in der »Geschichte der deutschen Literatur« von Paul Fechter, Berlin 1941, S. 753 f. und S. 770 f.

11 In diesem allgemeinen Sinne mag die Assoziation Ferdinand Piedmonts zu verstehen sein: »– man denkt an ein Unternehmen auf NATO-Ebene –« (»Kurzgeschichte und Kurzerzählung«, in: »Texte und Kontexte«, hrsg. von Manfred Durzak [u. a.], Bern/München 1973, S. 149–160, hier S. 154), auch wenn der zeitgeschichtliche Kontext einer solchen Deutung eher widerspricht.

2. Zerstörung und Verstörung: Auswirkungen des Krieges

1 In der Titelgeschichte »Wanderer, kommst du nach Spa…«, München 1967, S. 35–43.
2 München 1976.
3 So Jürgen Kolbe im Vorwort zu Kempowskis Dokumentation, vgl. S. 5.
4 Auch in: »Deutsche Kurzgeschichten. 5.–6. Schuljahr«, hrsg. von Winfried Ulrich, Stuttgart 1973 (Reclams Universal-Bibliothek, Nr. 9505), S. 15–18. Borcherts Geschichten liegen gesammelt vor in dem Band »Das Gesamtwerk«, Hamburg 1949.
5 Vgl. dazu auch die Ausführungen von Helmut Christmann, in: »Interpretationen zu Wolfgang Borchert«, hrsg. von einem Arbeitskreis, München ⁹1976, S. 76–82.
6 Vgl. zu Bölls frühen Geschichten die leicht zugänglichen Sammlungen »Wanderer, kommst du nach Spa…«, München 1967 (dtv 437); »Der Mann mit den Messern. Erzählungen«, mit einem autobiogr. Nachw., Stuttgart o. J. (Reclams Universal-Bibliothek, Nr. 8287; S. 25–37: »Wanderer, kommst du nach Spa…«).
7 Einer ähnlich gelagerten ideologiekritischen Beurteilung hat auch Günter Grass in »Katz und Maus« die Institution Gymnasium unterzogen, vgl. dazu Manfred Durzak, »Satirische Demontage: ›Katz und Maus‹«, in: »Der deutsche Roman der Gegenwart. Entwicklungsvoraussetzungen und Tendenzen«, Stuttgart ³1979, S. 268–278.
8 Zu den sprachlichen Strukturen des Textes vgl. auch die Interpretation von Albrecht Weber, »Wanderer, kommst du nach Spa…«, in: »Interpretationen zu Heinrich Böll. Kurzgeschichten I«, hrsg. von einem Arbeitskreis, München ⁵1974, S. 42–65.
9 Auch in: L. R., »Jan Lobel aus Warschau. Erzählungen« mit einem autobiogr. Nachw., Stuttgart o. J. (Reclams Universal-Bibliothek, Nr. 8897), S. 64–71. Andere Kurzgeschichten Luise Rinsers liegen in der leicht zugänglichen Sammlung vor: »Ein Bündel Narzissen«, Frankfurt a. M. 1975 (Fischer Bücherei, Nr. 1612).
10 Vgl. ihr »Autobiographisches Nachwort« zu dem Band »Jan Lobel aus Warschau«, S. 73–76. Aus diesem Nachwort wird auch im folgenden zitiert.

3. Anpassung bis zum Untergang: Deutschland im Dritten Reich

1 Sebastian Haffner, »Die Deutschen und Hitler«, in: Walter Kempowski, »Haben Sie Hitler gesehen?«, München 1973, S. 99–118, hier S. 104.
2 Vgl. dazu, auf Prosa-Sammlungen bezogen, die bibliographischen Belege bei Erich Unger, »Das Schrifttum zum Aufbau des neuen Reiches«, Berlin 1934.
3 Vgl. z. B. die »Sammlung antifaschistischer sozialistischer Erzählungen 1933–1945«, hrsg. von Fähnders, Karrenbrock und Rector, Darmstadt 1974.
4 »Der Seesack/Aus einer Autobiographie«, in: »Literaturmagazin 7. Nachkriegsliteratur«, Reinbek 1977, S. 116–133, hier S. 122.
5 Zitiert hier nach der gleichnamigen Ausgabe im Fischer Taschenbuch Verlag (Nr. 1400), Frankfurt a. M. 1973, S. 122–134.
6 Vgl. ebd., S. 143.
7 »Der Seesack«, S. 119.
8 Heinrich Vormweg im »Nachwort« zu: A. Sch., »Krakatau. Erzählungen«, Stuttgart o. J. (Reclams Universal-Bibliothek, Nr. 9754), S. 61–67, hier S. 66.
9 In: »Texte und Zeichen« 1 (1955) S. 112–117.

10 So der Untertitel dieser Sammlung, Frankfurt a. M. 1969.

11 Auch in: A. Sch., »Krakatau. Erzählungen«, S. 38–42.

12 So Hans Benders »Nachwort« zu: M. L. K., »Der Tulpenmann. Erzählungen«, Stuttgart 1976 (Reclams Universal-Bibliothek, Nr. 9824), S. 77–86, hier S. 84.

13 Vgl. ebd., S. 83.

14 Als Titelgeschichte auch in: Reclams Universal-Bibliothek, Nr. 9447, Stuttgart o. J., S. 30–35.

15 Vgl. dazu das aufschlußreiche dokumentarische Material, das Walter Kempowski zusammengetragen hat in seinem Band »Haben Sie davon gewußt? Deutsche Antworten«, Hamburg 1979.

16 Vgl. das »Nachwort« von Wilhelm Dehn zu: J. B., »Lipmanns Leib«, S. 73–79, hier S. 78.

17 Damit ist in erster Linie die Sprache des Dritten Reiches gemeint, vgl. dazu Sternberger/Storz/Süßkind, »Aus dem Wörterbuch des Unmenschen«, München 1962; Victor Klemperer, »›LTI‹. Die unbewältigte Sprache«, München 1969.

18 Vgl. dazu den von Kempowski mitgeteilten Bericht einer Redakteurin über ihre Berührung mit KZ-Häftlingen, die zum Schneeschippen eingesetzt worden waren: »[...] und die Erwachsenen sagten: ›Die kommen aus dem ›Konzertlager‹‹« (»Haben Sie davon gewußt?«, S. 62). Auf ganz ähnliche Zusammenhänge weist Christa Wolf in ihrem Roman »Kindheitsmuster« hin, vgl. dazu die Ausführungen in: Manfred Durzak, »Der deutsche Roman der Gegenwart. Entwicklungsvoraussetzungen und Tendenzen«, Stuttgart ³1979, S. 209 ff.

19 »Der Katarakt von San Miguel. 24 Geschichten«, München 1974.

20 Brief an den Verfasser vom 23. 4. 1979.

21 Vgl. etwa die »Liebesgeschichte« in dem Band: H. M., »Geschichten aus der Produktion 2«, Berlin 1974, S. 57–63.

22 Vgl. »Über die Besonderheit als Kategorie der Ästhetik«, Neuwied 1967.

23 Vgl. dazu im einzelnen das nicht von Einseitigkeiten freie Forschungsresümee von Jan Knopf, in: »Geschichten zur Geschichte. Kritische Tradition des ›Volkstümlichen‹ in den Kalendergeschichten Hebels und Brechts«, Stuttgart 1973, S. 22 ff. Einen materialreichen Überblick vermitteln auch die Ausführungen von Ludwig Rohner, »Kalendergeschichte und Kalender«, Wiesbaden 1978, vor allem den Abschnitt »Kalendergeschichte und Kurzgeschichte« (S. 446–451), wo freilich nur historisches Belegmaterial und keine gattungstypologische Differenzierung vorgelegt wird.

4. Die Blutspur zur Freiheit: Kollaboration und Widerstand

1 dtv dokumente, München 1962. Thomas Manns Vorwort ebd., S. 9–14.

2 Vgl. etwa neben den Arbeiten von Sartre, Camus oder Beauvoir – um nur einige Beispiele zu nennen – »Éducation européenne« (1945) von Romain Gary, »Les jours de notre mort« (1947) von David Rousset oder »La mort est mon métier« (1953) von Robert Merle. Zum geschichtlichen Hintergrund vgl. im einzelnen die Darstellung von Henri Michel, »Histoire de la Résistance en France«, Paris ⁵1969.

3 Sie sind 1967 und 1970 vom Aufbau Verlag in Ost-Berlin wieder aufgelegt worden. Vgl. dazu Wolfgang Emmerich: »Die Literatur des antifaschistischen Widerstandes in Deutschland«, in: »Die deutsche Literatur im Dritten Reich. Themen – Traditionen – Wirkungen«, hrsg. von Horst Denkler und Karl Prümm, Stuttgart 1976, S. 427–458, hier S. 439 f.

4 Vgl. dazu das im Anhang mitgeteilte Presse-Echo in der Aufbau-Verlag-Neuausgabe, S. 239 ff.

5 Vgl. dazu etwa die Darstellungen von Charles W. Hoffmann, »Opposition Poetry in Nazi Germany«, Berkeley, Cal., 1962; Reinhold Grimm, »Im Dickicht der inneren Emigration«, in: »Die deutsche Literatur im Dritten Reich«, S. 406–426; Reinhold Grimm/Jost Hermand, »Exil und innere Emigration«, Frankfurt a.M. 1972; Peter Uwe Hohendahl/Egon Schwarz,

»Exil und innere Emigration II«, Frankfurt a. M. 1973; Ralf Schnell, »Literarische Innere Emigration 1933–1945«, Stuttgart 1976.

6 Vgl. dazu im einzelnen die Dokumentation von Joseph Wulf, »Literatur und Dichtung im Dritten Reich«, Gütersloh 1963.

7 Zitiert nach: »Gegenwartsliteratur. Mittel und Bedingungen ihrer Produktion. Eine Dokumentation«, hrsg. von Peter André Bloch, Bern 1975, S. 134.

5. Überdenken und Überleben: In der Kriegsgefangenschaft

1 »›Ich habe nichts über den Krieg aufgeschrieben‹. Ein Gespräch mit Heinrich Böll und Hermann Lenz«, in: »Literaturmagazin 7. Nachkriegsliteratur«, Reinbek 1977, S. 30–74.

2 Vgl. dazu das Kapitel »Die Bewältigung der Geschichte: ›Der Aufenthalt‹«, in: Manfred Durzak, »Der deutsche Roman der Gegenwart. Entwicklungsvoraussetzungen und Tendenzen«, Stuttgart ³1979, S. 449–457.

3 Dieter Nolls – in der DDR – sehr erfolgreicher Roman »Die Abenteuer des Werner Holt« (1960/63) ist ein spätes Beispiel dafür.

4 Es heißt an der entsprechenden Stelle im Roman: »Wenn ihr von Freies Deutschland seid, oder wenn ihr eine Filiale von denen aufmachen wollt, bei mir ist keiner zu Hause. Deutschland braucht sich um mich nicht zu sorgen; das mache ich von nun an allein. Damit wären wohl alle eure großen Fragen beantwortet« (S. 122).

5 In: »Frankfurter Hefte« 2/11 (1947) S. 1089–96.

6 Vgl. »Wie entstand und was war die Gruppe 47?«, in: »Hans Werner Richter und die Gruppe 47«, hrsg. von Hans A. Neunzig, München 1979, S. 41–176.

7 So Volker Christian Wehdeking im 8. Kapitel seiner Dissertation »Der Nullpunkt. Über die Konstituierung der deutschen Nachkriegsliteratur (1945–1948) in den amerikanischen Kriegsgefangenenlagern«, Stuttgart 1971, S. 113.

8 Der Text ist, da die Nachdruckerlaubnis nicht erteilt wurde, nicht in der Anthologie »Erzählte Zeit« enthalten. Er wird hier zitiert nach der Taschenbuch-Ausgabe im Aufbau-Verlag, Berlin [Ost] ²1977, S. 76–86.

9 Als Titelgeschichte auch in: Reclams Universal-Bibliothek, Nr. 9430, Stuttgart o. J., S. 3–9. Weitere Geschichten Benders liegen vor in: H. B., »Das wiegende Haus. Erzählungen«, mit einem autobiogr. Nachw., Stuttgart 1961 [u. ö.] (Reclams Universal-Bibliothek, Nr. 8494).

10 In Anderschs Beitrag »Die Kriegsgefangenen – Licht und Schatten«, der 1946 im »Ruf« erschien (wiederabgedruckt in: »Der Ruf. Eine deutsche Nachkriegszeitschrift«, hrsg. von Hans Schwab-Felisch, München 1962, S. 62–71), ist Anderschs Einschätzung noch weit skeptischer: »Aber alle positiven Ratschläge erscheinen ihm [dem Berichterstatter] utopisch angesichts der allgemeinen Ent-Humanisierung der Welt« (S. 70).

6. Restauration in Ruinen: Probleme der Nachkriegszeit

1 Vgl. die Analyse Hans Schwab-Felischs, »Das Flüchtlingsproblem«, in: »Bestandsaufnahme. Eine deutsche Bilanz 1962«, hrsg. von Hans Werner Richter, München 1962, S. 106–123.

2 »Zwischen Freiheit und Quarantäne – Eine Einführung«, ebd., S. 11–25.

3 Vgl. dazu die Dokumentation von Ernst Deuerlein, »Potsdam 1945. Quellen zur Konferenz der ›Großen Drei‹«, München 1963.

4 Bölls Kurzroman »Das Brot der frühen Jahre« wäre ein Beispiel, und auf Koeppens »Tauben im Gras« wäre hinzuweisen.

5 Auch in: »Deutsche Kurzgeschichten, 11.–13. Schuljahr«, hrsg. von Winfried Ulrich, Stuttgart 1973 (Reclams Universal-Bibliothek, Nr. 9508), S. 60–65.

6 Im Gespräch mit Peter Sandmeyer, »Schreiben nach 1945«, in: »Literaturmagazin 7. Nachkriegsliteratur«, Reinbek 1977, S. 191–202.

7 Vom »größten Prosatalent der deutschen Nachkriegsliteratur« sprach Günter Blöcker am 13. 9. 1958 in der »Frankfurter Allgemeinen Zeitung«.

8 Es handelt sich um die Sottise von Marcel Reich-Ranicki: »Der Fall Gerd Gaiser«, in: M. R.-R., »Deutsche Literatur in West und Ost«, München 1963, S. 55–80. Das Verdikt, das Gaiser unter anderm »Rassenhaß« (S. 69) unterstellt, lautet am Schluß: »Er möchte die Seele gegen den Geist ausspielen, die Stimme des Blutes gegen die Stimme der Kritik, die Beschwörung gegen die Analyse, die Schwärmerei gegen die Vernunft, das Völkische gegen den Intellekt. Statt zu klären, verklärt er, statt zu verdeutlichen, verschleiert er, statt zu erhellen, verdunkelt er. Aus der Realität macht er einen Mythos. Er stellt sich nicht den Problemen, er entstellt sie, indem er sie poetisiert. Sein Werk dient nicht der Wahrheit« (S. 80).

9 Ebd., S. 58 f.

10 In der »Biographischen Notiz« zu G. G., »Revanche. Erzählungen«, Stuttgart o. J. (Reclams Universal-Bibliothek, Nr. 8270), S. 77–80, hier S. 78.

11 Vgl. dazu die Ausführungen in: Manfred Durzak, »Der deutsche Roman der Gegenwart. Entwicklungsvoraussetzungen und Tendenzen«, Stuttgart [3]1979, S. 74 ff.

12 Vgl. dazu u. a. Jesco von Puttkamer, »Von Zossen nach Bonn. Eine Bilanz der deutschen Wiederbewaffnung«, in: »Bestandsaufnahme«, S. 93–105.

13 »Deutsche Kommentare: Der totale Friede«, in: »Der Ruf. Eine deutsche Nachkriegszeitschrift«, hrsg. von Hans Schwab-Felisch, München 1962, S. 170–174.

14 Hermann Glaser, »Autobiographische Nachsätze. ›O du mein liebes Vaterland‹«, in: »Bundesrepublikanisches Lesebuch«, hrsg. von H. G., München 1978, S. 749–763, hier S. 757.

7. Erreichte Wunder, überdeckte Wunden: Die fünfziger Jahre

1 Diether Stolze, »Das Wirtschaftswunder – Glanz der Zahlen und Statistiken«, in: »Bestandsaufnahme. Eine deutsche Bilanz 1962«, hrsg. von Hans Werner Richter, München 1962, S. 264–274, hier S. 264.

2 Stolze, ebd., S. 265.

3 München 1966.

4 Wenn Ulrike Becht in ihrer Interpretation »Der Bahnhof von Zimpren« (in: »Interpretationen zu Böll. Kurzgeschichten II«, München [5]1975, S. 81–93) über den Erzähler ausführt: »als distanzierter Berichterstatter reiht er Aussage an Aussage« (S. 83), so unterschlägt sie das satirische Engagement dieses Erzählers völlig.

5 »Meine Herren Mäzene«, in: »Bestandsaufnahme«, S. 556–561.

8. Auflösungserscheinungen einer Festveranstaltung: Die sechziger Jahre

1 Jürgen Habermas, »Protestbewegung«, in: »Bundesrepublikanisches Lesebuch«, hrsg. von Hermann Glaser, München 1978, S. 624–635, hier S. 629.

2 Habermas, ebd., S. 626.

3 Hartmut von Hentig, »Die große Beschwichtigung. Zum Aufstand der Studenten und Schüler«, in: »Bundesrepublikanisches Lesebuch«, S. 608–623, hier S. 616.

4 »Der ewige Roman: ich weiß nicht«, in: R. W. Sch., »Eine Tüte Himbeerbonbons«, Darmstadt 1976, S. 122–135, hier S. 128. Im folgenden wird gleichfalls nach diesem Essay zitiert.

5 »The View From Highway 1. Essays on Television«, New York 1977, S. 121 f.

6 Zum künstlerischen Spektrum von Fries' Schreiben vgl. im einzelnen die folgenden beiden Beiträge: Friedrich Albert, »Interview mit Fritz Rudolf Fries«, in: »Weimarer Beiträge« 25/3 (1979) S. 38–63; Friedrich Albrecht, »Zur Schaffensentwicklung von Fritz Rudolf Fries«, ebd., S. 64–92.

9. Das Zeitgefühl der Unruhe: Die siebziger Jahre

1 Kurt Sontheimer/Jürgen Habermas, »Linke, Terroristen, Sympathisanten. Ein Briefwechsel«, in: »Bundesrepublikanisches Lesebuch«, München 1978, S. 699–713.
2 Vgl. dazu auch die Analyse von Helmut Kreuzer, »Zur Literatur der siebziger Jahre in der Bundesrepublik«, in: »Basis. Jahrbuch für deutsche Gegenwartsliteratur« 8, Frankfurt a. M. 1978, S. 7–32.
3 »Lenz. Eine Erzählung«, Berlin 1974, S. 45. Nach dieser Ausgabe wird im folgenden zitiert.

10. Das andere Deutschland: Leben in der DDR

1 Zitiert nach der Einleitung von Ernst Deuerlein zu seiner Dokumentation »DDR. Geschichte und Bestandsaufnahme«, München 1966, S. 7–32, hier S. 20.
2 Vgl. dazu im einzelnen die Ausführungen von Winfried Schleyer, »Die Stücke von Peter Hacks. Tendenzen – Themen – Theorien«, Stuttgart 1976, bes. S. 70 ff.
3 Zitiert hier nach: Peter Hacks, »Fünf Stücke«, Frankfurt a. M. 1965, S. 360.
4 Vgl. dazu den voluminösen Dokumente-Band von Elimar Schubbe, »Dokumente zur Kunst-, Literatur- und Kulturpolitik der SED«, Stuttgart 1972.
5 Ein aufschlußreicher Beleg dafür, der freilich wiederum seine eigenen ideologischen Scheuklappen besitzt, ist der Band von Hermann Kähler, »Der Kalte Krieg der Kritiker. Zur antikommunistischen Kritik an der DDR-Literatur«, Berlin [Ost] 1974.
6 Berlin [Ost] 1976.
7 Beide Essays sind in dem folgenden Band veröffentlicht worden: »Große Form in kleiner Form. Zur sozialistischen Kurzgeschichte«, Halle a. d. S. 1974.
8 Jürgen Hein, »Dorfgeschichte«, Stuttgart 1976, S. 28.
9 Jäckel, S. 21.
9a Der Text ist, da die Nachdruckerlaubnis nicht erteilt wurde, nicht in der Anthologie »Erzählte Zeit« enthalten. Er wird hier zitiert nach der Taschenbuch-Ausgabe im Aufbau-Verlag, Berlin [Ost] 1977, S. 127–143.
10 Zitiert hier nach der Ausgabe im Fischer Taschenbuch Verlag, Frankfurt a. M. 1968.
11 Auch das läßt sich in Analogie zum Schluß in Kants »Die Aula« rücken. Die Jubiläumsrede, die Iswall halten sollte und für die er ausgiebig recherchierte, wird von der Parteispitze abgesagt. Iswall ist eigentlich gescheitert, und für einen Augenblick taucht in seinem Bewußtsein die Möglichkeit auf, dieses Scheitern endgültig zu machen: »[...] da zeigte es sich, daß ihn niemand hören wollte, und ob seines großen Zorns fuhr Robert Iswall in den Tod. Welch eine Schnurre, dachte er und welche Übertreibung! Hier ist niemand tot, und hier ist auch niemand zornig, und hier wird schon noch geredet werden« (S. 317).
12 Auch in: G. K., »Der Hai. Erzählungen und kleine Prosa«, Ausw. und Nachw. von Dietrich Bode, Stuttgart 1974 [u. ö.] (Reclams Universal-Bibliothek, Nr. 9716), S. 37–44.
13 So Marcel Reich-Ranicki, »Groteskes, Ironisches, Poetisches«, in: »Kunert lesen«, hrsg. von Michael Krüger, München 1979, S. 140–146, hier S. 144.
14 Horst Haase [u. a.], »Geschichte der deutschen Literatur. 11: Literatur der DDR«, Berlin [Ost] 1976.
15 In: »DDR. Geschichte und Bestandsaufnahme«, S. 136 f.
16 Es ist rätselhaft, wie Raddatz angesichts dieser Rede in seiner Materialkompilation »Traditionen und Tendenzen. Materialien zur Literatur der DDR« (Frankfurt a. M. 1972) zu der Feststellung gelangen kann: »Hermlin hat den raffinierten Einfall, die epische mit der moralischen Ebene zu verwirren: er läßt die falsche Person die richtigen Sachen sagen. Auf diese Weise wird Wahrheit gegeben und zugleich zurückgenommen [...]« (S. 152 f.).
17 Vgl. Deuerlein, »DDR. Geschichte und Bestandsaufnahme«, S. 134.
18 Vgl. ebd., S. 137–140.

19 Frankfurt a. M. 1977.
20 Fritz J. Raddatz, »Alptraumgeschichten. Balancen der Lähmung«, in: »Die Zeit« vom 20. 1. 1978.
21 Vgl. dazu: »Reiner Kunze. Dokumente und Materialien«, hrsg. von Jürgen P. Wallmann, Frankfurt a. M. 1977.
22 Frankfurt a. M. 1976.
23 Bemerkenswert ist Kunzes Erklärung zu seiner bewußten politischen Abstinenz im Bundestagswahlkampf 1980: »Immer häufiger werde ich aufgefordert, im Wahlkampf meine Meinung geltend zu machen, mich für diese oder jene Partei, für diesen oder jenen Politiker zu verwenden [...] Ich verfüge kaum über mehr politische Information und Möglichkeiten, hinter verschlossene Türen zu blicken, als die meisten Bürger. Meine eigene Stimme abzugeben, ist mir Verantwortung und Risiko genug [...] Sollte eine solche, auf die Grenzen der eigenen Urteilsfähigkeit bedachte Position jedoch bereits als unannehmbar gelten und ich mich vor die Wahl zwischen Vereinnahmung und Vereinsamung gestellt sehen, würde ich die Vereinsamung vorziehen« (»Reiner Kunze: Wahlenthaltsamkeit«, in: »Die Zeit« vom 13. 6. 1980, S. 42).
24 Vgl. dazu u. a. den »Spiegel«-Bericht: »Neue Tumulte in der DDR«, in: »Der Spiegel« 32/24 (12. 6. 1978) S. 18.
25 »Wie es bleibt, ist es nicht«, in: »Der Spiegel« 31/38 (12. 9. 1977) S. 212–215, hier S. 215.
26 Vgl. dazu im einzelnen das 7. Kapitel »Jerome D. Salinger, Heinrich Böll und Ulrich Plenzdorf. Der Fänger im Roggen und seine deutschen Gefährten«, in: Manfred Durzak, »Das Amerika-Bild in der deutschen Gegenwartsliteratur: Historische Voraussetzungen und aktuelle Beispiele«, Stuttgart 1979, S. 145–171.
27 So Hermlins Äußerung in der »Diskussion um Plenzdorf«, in: »Sinn und Form« 25/1 (1973) S. 244.
28 Vgl. dazu auch Jürgen Baurmann: »Dreizehn kritiker suchen einen autor. ›Klagenfurter Texte‹ zum Ingeborg-Bachmann-Preis«, in: »Praxis Deutsch« 41/80 (Mai 1980) S. 3.
29 Vgl. »Diskussion um Plenzdorf«, S. 219.
30 Zu Döblins produktivem Einfluß auf die deutsche Gegenwartsliteratur vgl. u. a. Manfred Durzak, »Zitat und Montage im deutschen Roman der Gegenwart«, in: »Die deutsche Literatur der Gegenwart. Aspekte und Tendenzen«, hrsg. von M. D., Stuttgart [3]1973, S. 216–234.
31 In: »Vor den Vätern sterben die Söhne«, Berlin 1977, S. 27–60.
32 Rolf Michaelis, »Ein wildes Tier. Ein Lamm. Ein Schnee«, in: »Die Zeit« vom 24. 3. 1978, S. 51.
33 »Wie es bleibt, ist es nicht«, in: »Der Spiegel« 31/38 (12. 9. 1977) S. 212–215, hier S. 212.
34 »Zum 165. Geburtstag von Georg Büchner. Es ist alles still«, in: »Die Zeit« vom 20. 10. 1978.
   Schädlich«, in: »Die Zeit« vom 17. 3. 1978, S. 53 ff.
35 Zitiert hier nach der Erstausgabe im Suhrkamp Verlag, Frankfurt a. M. 1973.
36 »Eulenspiegel«, in: Th. B., »Kargo«, Frankfurt a. M. 1979, S. 56–92, hier S. 60f.
37 So Reich-Ranicki in: »Ein Akrobat auf hohem Seil und ohne Netz«, in: »Frankfurter Allgemeine« vom 11. 10. 1978.
38 Reich-Ranicki, ebd.
39 Nicolas Born, »›Ich bin mit den Un-Mächtigen.‹ Ein Zeit-Gespräch mit Hans Joachim Schädlich«, in: »Die Zeit« vom 17. 3. 1978, S. 53 ff.

Schluß: Rezeptionsprobleme und Chancen der deutschen Kurzgeschichte

1 Marcel Reich-Ranicki, »Keine Zeit für Kurzgeschichten«, in: »Kulturbrief / Inter Nationes« 2 (1978) S. 5 f.

2 Wolfgang Cordan, »story«, in: »Akzente« 10/1 (1963) S. 49–54, hier S. 51 f.

3 Vgl. die Bibliographie dieser Dokumente bei Ludwig Rohner, »Theorie der Kurzgeschichte«, Frankfurt a. M. 1973, S. 92.

3a Immerhin hat der »Zeit«-Versuch erste publizistische Auswirkungen gehabt: Die deutsche Variante des »Herren-Magazins« »Playboy« hat für 1980 einen Literatur-Wettbewerb ins Leben gerufen, der der »besten deutschen Kurzgeschichte« gilt, die mit DM 20000 prämiert werden soll. Voraussetzung ist, daß der Autor aus dem deutschsprachigen Raum stammt und sein Text noch in keinem Erzählband veröffentlicht wurde. In der Jury fungieren Heinrich-Maria Rowohlt, Peter Wapnewski und Peter Härtling. Freilich versucht der »Playboy« hier zugleich die literarischen Ambitionen seines amerikanischen Vorbildes aufzunehmen, das seit längerer Zeit ein beliebtes Veröffentlichungsforum (nicht zuletzt der exzellenten Honorare wegen) für durchaus ernstzunehmende amerikanische Schriftsteller ist.

4 »Die 16 besten Kurzgeschichten aus dem Preisausschreiben der Wochenzeitung ›Die Zeit‹«, Hamburg 1955.

5 Dieter E. Zimmer im Nachwort zu der von ihm initiierten Anthologie »Vierunddreißig neue Kurzgeschichten aus der ›Zeit‹«, Hamburg 1979, S. 299–303.

6 Vgl. dazu die kommentierte Bibliographie bei Rohner, S. 96–103.

7 Reich-Ranicki, »Keine Zeit für Kurzgeschichten«, S. 5.

8 Zimmer, S. 300.

9 In: »Westermanns Monatshefte« 11 (1978) S. 39.

10 Es wird im folgenden nach dem Manuskript zitiert.

11 Zitiert nach dem schon genannten Informationspapier.

12 Vgl. dazu den Nachruf von Horst Güra, in: »Der Literat« 2 (Febr. 1978) S. 33.

13 »Neheim-Hüsten und die weite Welt. Karger Boden, kulturell beackert. Notizen von einem Kurzgeschichtenwettbewerb«, in: »Die Zeit« vom 30. 3. 1979.

14 In: »Der Literat« 12 (Dez. 1977) S. 32.

15 Reich-Ranicki, »Keine Zeit für Kurzgeschichten«, S. 6.

Literaturhinweise

Die im folgenden aufgeführten Untersuchungen sollen als Anregungen zu einer weiteren Beschäftigung mit dem Thema dienen. Ein vollständiges Verzeichnis der benutzten Literatur ist nicht beabsichtigt, da sie in den Anmerkungen nachgewiesen ist.

Allgemeine Darstellungen zur anglo-amerikanischen Short Story

Braem, Helmut M., Die Short Story, in: Amerikanische Erzähler. Short Stories. Eine Anthologie, hrsg. von H. M. B., Stuttgart 1964, S. 3–49 (Einleitung).

Bowen, James K./VanDerBeets, Richard (Hrsg.), American Short Fiction: Readings & Criticism, Indianapolis 1970.

Bungert, Hans (Hrsg.), Die amerikanische Short Story. Theorie und Entwicklung, Darmstadt 1972.

Freese, Peter, Die amerikanische Kurzgeschichte nach 1945, Frankfurt a. M. 1974.

– Die amerikanische Short Story der Gegenwart: Themen, Techniken und Tendenzen, in: Die amerikanische Short Story der Gegenwart, hrsg. von P. F., Berlin 1976, S. 9–29.

Göller, Karl Heinz / Hoffmann, Gerhard (Hrsg.), Die amerikanische Kurzgeschichte, Düsseldorf 1972.

– Die englische Kurzgeschichte, Düsseldorf 1973.

Goetsch, Paul (Hrsg.), Studien und Materialien zur Short Story, Frankfurt a. M. 1971, ²1973.

Gullason, Thomas H., The Short Story: An Underrated Art, in: Studies in Short Fiction 2 (1964/65) S. 13–31.

Hübner, Walter, Die Kurzgeschichte, in: W. H., Das englische Literaturwerk. Theorie und Praxis der Interpretation, Heidelberg 1963, S. 313–324.

Lubbers, Klaus, Zur Rezeption der amerikanischen Kurzgeschichte in Deutschland nach 1945, in: Nordamerikanische Literatur im deutschen Sprachraum seit 1945. Beiträge zu ihrer Rezeption, hrsg. von Horst Frenz [u. a.], München 1973, S. 47–64.

Mertner, Edgar, Zur Theorie der Short Story in England und Amerika, in: Anglia 65 (1941) S. 188–205.

Pattee, Fred Lewis, The Development of the American Short Story, New York 1923.

Peden, William, The American Short Story. Continuity and Change 1940–1975, Boston ²1975.

Voss, Arthur, The American Short Story, Norman, Oklahoma, ²1975.

Weber, Alfred / Greiner, Walter F. (Hrsg.), Short-Story-Theorien (1573–1973). Eine Sammlung und Bibliographie englischer und amerikanischer Quellen, Kronberg 1977.

Allgemeine Darstellungen zur deutschen Kurzgeschichte

Bender, Hans, Ortsbestimmung der Kurzgeschichte, in: Akzente 9/3 (1962) S. 205–225.

– The International Symposium on the Short Story: West Germany, in: The Kenyon Review 31/123 (1969) S. 85–92.

Brandt, Thomas O., The Modern German »Kurzgeschichte«, in: Monatshefte 44 (1952) S. 79–84.

Brustmeier, Horst, Der Durchbruch der Kurzgeschichte in Deutschland. Versuch einer Typologie der Kurzgeschichte, dargestellt am Werk Wolfgang Borcherts, Diss. Marburg 1966.

Damrau, Helga-Maleen, Studien zum Gattungsbegriff der deutschen Kurzgeschichte im 19. und 20. Jahrhundert, Diss. Bonn 1967.

Datta, Asit, Kleinformen in der deutschen Erzählprosa seit 1945 – eine poetologische Studie, Diss. München 1972.

Doderer, Klaus, Die Kurzgeschichte in Deutschland, Wiesbaden 1953 (Repr.: Darmstadt 1969).

– Die angelsächsische Short Story und die deutsche Kurzgeschichte, in: Die neueren Sprachen N. F. 2 (1953) S. 417–427.

– Die Kurzgeschichte als literarische Form, in: Wirkendes Wort 8 (1957/58) S. 90–100.

Donnenberg, Josef, Bevorzugte Gattungen I: Kurzgeschichte..., in: Gegenwartsliteratur. Zugänge zu ihrem Verständnis, von Walter Weiss [u. a.], Stuttgart 1973, S. 78–93.

Ebing, Hans-Adolf, Die deutsche Kurzgeschichte. Wurzeln und Wesen einer neuen literarischen Kunstform, Diss. Münster 1936.

Erpenbeck, Fritz, Short Story, in: Das Wort 8 (1937) S. 39–44.

Fried, Antonie, Fug und Unfug der Kurzgeschichte, in: Das Wort 8 (1937) S. 44–46.

Giesecke, Almut, Zum Leistungsvermögen einer Prosaform, in: Weimarer Beiträge 23/8 (1977) S. 110–139.

Hirschmann, Otto, Die Kurzgeschichte, eine gattungs-, form- und stilgeschichtliche Untersuchung, Diss. Wien 1933.

Höllerer, Walter, Die kurze Form der Prosa, in: Akzente 9/3 (1962) S. 226–245.

Jäckel, Günter, Nachrichten und poetische Information, in: G. J. / Ursula Roisch, Große Form in kleiner Form. Zur sozialistischen Kurzgeschichte, Halle (Saale) 1974, S. 7–105.

Kersten, Kurt, Guy de Maupassant und die Kurzgeschichte, in: Das Wort 8 (1937) S. 50–52.

Kilchenmann, Ruth J., Die Kurzgeschichte. Formen und Entwicklung, Stuttgart 1967.

Kraft, Helga von, Die Kurzgeschichte als Gegebenheit und Idee, Diss. [Masch.] Münster 1942.

Langer, Felix, Die Kurzgeschichte. Versuch einer Analyse, in: Das Wort 8 (1937) S. 47–49.

Lorbe, Ruth, Die deutsche Kurzgeschichte der Jahrhundertmitte, in: Der Deutschunterricht 9/1 (1957) S. 36–54.

Motekat, Helmut, Gedanken zur Kurzgeschichte, in: Der Deutschunterricht 9/1 (1957) S. 20–35.

Obermann, Karl, Nationalsozialistische Kurzgeschichte, in: Das Wort 8 (1937) S. 53–58.

Reich-Ranicki, Marcel, Keine Zeit für Kurzgeschichten, in: Kulturbrief / Inter Nationes 2 (1978) S. 5ff.

Roisch, Ursula, Geschichte als Geschichten, in: Günter Jäckel / U. R., Große Form in kleiner Form. Zur sozialistischen Kurzgeschichte, Halle (Saale) 1974, S. 106–163.

Unseld, Siegfried, »An diesem Dienstag«. Unvorgreifliche Gedanken über die Kurzgeschichte, in: Akzente 2 (1955) S. 139–148.

Waidson, Herbert M., The German Short Story as a Literary Form, in: Modern Languages 40 (1959) S. 121–127.

Wippermann, Hanna, Zur Soziologie der deutschen Kurzgeschichte, in: Priester und Arbeiter 9/2 (1959) S. 100–110.

Zierott, Karlheinz, Die Kurzgeschichte in Literatur und Presse, Diss. München 1952.

Zimmer, Dieter E., Neheim-Hüsten und die weite Welt. Karger Boden, kulturell beackert. Notizen von einem Kurzgeschichtenwettbewerb, in: Die Zeit v. 30. 3. 1979.

Forschungsüberblicke zur deutschen Kurzgeschichte

Kuipers, Jan, Zeitlose Zeit. Die Geschichte der deutschen Kurzgeschichtsforschung, Groningen 1970.

Rohner, Ludwig, Theorie der Kurzgeschichte, Frankfurt a. M. 1973.

Theoretische Zeugnisse deutscher Autoren

Bender, Hans, Warum ich nicht wie Friedo Lampe schreibe, in: Fünfzehn Autoren suchen sich selbst, hrsg. von Uwe Schultz, München 1967, S. 40–48.

Eisenreich, Herbert, Eine Geschichte erzählt sich selbst. Vorläufige Erfahrungen eines Autors, in: H. E., Böse schöne Welt, Stuttgart 1957, S. 166–173.

Kunert, Günter, Kurze Betrachtung der Kurzgeschichte, in: G. K., Warum schreiben? Notizen zur Literatur, München 1976, S. 211–213.

– Ein Gentleman aus Virginia, in: Warum schreiben? Notizen zur Literatur, München 1976, S. 140–159.

Kusenberg, Kurt, Über die Kurzgeschichte, in: Merkur 19/9 (1965) S. 830–838.

– Warum ich nicht wie E. T. A. Hoffmann schreibe, in: Fünfzehn Autoren suchen sich selbst, hrsg. von Uwe Schultz, München 1967, S. 72–83.

Langgässer, Elisabeth, Das Kreuz der Kurzgeschichte, in: Süddeutsche Zeitung v. 9. 12. 1949, S. 9.

Lenz, Siegfried, Warum ich nicht wie Hemingway schreibe, in: Fünfzehn Autoren suchen sich selbst, hrsg. von Uwe Schultz, München 1967, S. 9–20.

– Gnadengesuch für die Geschichte, in: S. L., Beziehungen. Ansichten und Bekenntnisse zur Literatur, Hamburg 1970, S. 127–131.

Piontek, Heinz, Graphik in Prosa. Ansichten über die deutsche Kurzgeschichte, in: Merkur 13 (1959) S. 275–283.

Reding, Josef, Mein Bekenntnis zur Kurzgeschichte, in: J. R., Nennt mich nicht Nigger, Recklinghausen 1978, S. 6–8.

Schnurre, Wolfdietrich, Kritik und Waffe. Zur Problematik der Kurzgeschichte, in: Deutsche Rundschau 87/1 (1961) S. 61–66.

Weyrauch, Wolfgang, in: Tausend Gramm. Sammlung neuer deutscher Geschichten, hrsg. von W. W., Hamburg 1949, S. 207–219 (Nachwort).

Formanalytisch orientierte Untersuchungen

Baldeshwiler, Eileen, The Lyric Short Story: The Sketch of a History, in: Short Story Theories, hrsg. von Charles E. May, Columbus, Ohio, 1976, S. 202–213.

Beck, Warren, Art and Formula in the Short Story, in: College English 5/2 (1943) S. 55–62.

Friedmann, Norman, What Makes a Short Story Short?, in: Modern Fiction Studies 4 (1958) S. 103–117.

Gerald, Gregory Fitz, The Satiric Short Story: A Definition, in: Studies in Short Fiction 5 (1967/68) S. 349–354.

Gillespie, Gerald, Novella, Nouvella, Novelle, Short Novel? A Review of Terms, in: Neophilologus 51 (1967) S. 117–127, 225–230.

Goetsch, Paul, Arten der Situationsverknüpfung: Eine Studie zum »explosive principle« in der modernen Short Story, in: P. G. (Hrsg.), Studien und Materialien zur Short Story, Frankfurt a. M. 1971, ²1973, S. 40–63.

Gutmann, Paul-Otto, Erzählweisen in der deutschen Kurzgeschichte, in: Germanistische Studien, Bd. 2, Braunschweig 1970, S. 73–160.

Link, Franz H., »Tale«, »Sketch«, »Essay« und »Short Story«, in: Die neueren Sprachen 6 (1957) S. 345–352.

Marcus, Mordecai, What is an Initiation Story?, in: Short Story Theories, hrsg. von Charles E. May, Columbus, Ohio, 1976, S. 189–201.

Piedmont, Ferdinand, Zur Rolle des Erzählers in der Kurzgeschichte, in: Zeitschrift für deutsche Philologie 92/4 (1973) S. 537–552.

– Kurzgeschichte und Kurzerzählung, in: Texte und Kontexte, hrsg. von Manfred Durzak [u. a.], Bern 1973, S. 149–160.

Pongs, Hermann, Die Anekdote als Kunstform zwischen Kalendergeschichte und Kurzgeschichte, in: Der Deutschunterricht 9/1 (1957) S. 5–20.

Rohner, Ludwig, Kalendergeschichte und Kurzgeschichte, in: L. R., Kalendergeschichte und Kalender, Wiesbaden 1978, S. 446–451.

Wolpers, Theodor, Kürze im Erzählen. Überlegungen zu einer Poetik und Geschichte des kurzen Erzählens und zur angloamerikanischen short story im 19. und 20. Jh., in: Anglia 89 (1971) S. 48–86.

Didaktisch orientierte Untersuchungen

Doderer, Klaus, Literaturdidaktische Überlegungen zur Fabel und Kurzgeschichte, in: Literarische Erziehung, hrsg. von Ernst Jungmann, Frankfurt a. M. [2]1968, S. 15 ff.

Gerth, Klaus, Die Kurzgeschichte in der Schule, in: Westermanns Pädagogische Beiträge 6 (1962) S. 437–447.

– Kritik der Kritik – Zur Kurzgeschichte in der Schule, in: Westermanns Pädagogische Beiträge 7 (1963) S. 298–301.

Hajek, Siegfried, Die moderne Kurzgeschichte im Unterricht, in: Der Deutschunterricht 7/1 (1955) S. 5–12.

Nentwig, Paul, Die moderne Kurzgeschichte im Unterricht, Braunschweig 1967.

Schulz, Bernhard, Die moderne Kurzgeschichte, in: Taschenbuch des Deutschunterrichts, hrsg. von Erich Wolfrum, Esslingen 1972, S. 296–311.

Skorna, Hans Jürgen, Die deutsche Kurzgeschichte der Nachkriegszeit im Unterricht, Ratingen 1967.

Thiemermann, Franz-Josef, Kurzgeschichten im Deutschunterricht, Bochum [2]1967.

Ulshöfer, Robert, Unterrichtliche Probleme bei der Arbeit mit der Kurzgeschichte, in: Der Deutschunterricht 10/6 (1958) S. 5–35.

Wolpers, Theodor, Die amerikanische Short Story in der Schule, in: Die neueren Sprachen 5 (1965) S. 286–304.

Personenregister

Das Register erfaßt die folgenden im Text und in den Anmerkungen (A) genannten Personen: Autoren der Primär- und Sekundärliteratur; die Herausgeber angeführter Prosa-Anthologien; andere Herausgeber, wo aus ihren Einleitungen oder Kommentaren zu Editionen zitiert wird; andere im Kontext relevante Personen. Sofern erforderlich, wird bei den Titelangaben zwischen Sammlung (S) und Titelgeschichte (T) unterschieden, bei Anthologien die Herausgeberschaft (H) angezeigt.

Aelianus, Claudius 457
  Der Knabe und der Delphin 457
Aichinger, Ilse 73, 80, 179, 231 f., 290, 295
  Spiegelgeschichte 231 f.
Albert, Friedrich 495 A
Albrecht, Friedrich 495 A
Améry, Jean 253
Andersch, Alfred 13, 20, 22 f., 73, 117, 136–145, 151, 171 f., 173, 236, 242, 268, 331–335, 337, 356, 357–359, 361, 363 f., 386–389, 390 f., 393, 399, 407, 408–412, 469 f. A, 473 A, 494 A
  Alte Peripetie 331
  Blaue Rosen 141 f.
  Brüder 331
  Die Inseln unter dem Winde 140, 331–335
  Die Kirschen der Freiheit 20, 139, 331
  Die Letzten vom »Schwarzen Mann« 151
  Die Treue 139 f.
  Drei Phasen 142
  Ein Liebhaber des Halbschattens 142
  Festschrift für Captain Fleischer 73, 140, 357 bis 359
  Fräulein Christine 139 f.
  Geister und Leute 136, 140, 142
  Gesammelte Erzählungen 139
  In der Nacht der Giraffe 142
  Jesuskingdutschke 140, 408–412
  Mein Verschwinden in Providence (S) 73, 144, 331
  Mein Verschwinden in Providence (T) 331 f.
  Mit dem Chef nach Chenonceaux 140, 386–389
  Vollkommene Reue 141, 268
  Vormittag am Meer 144 f., 399
  Winterspelt 172
Anderson, Sherwood 13, 52 f., 76, 79, 92 f., 126, 137, 201, 216, 223, 224 f., 227, 229–232, 243, 479 f. A
  Death in the Woods 229–232
  Winesburg, Ohio 137, 216, 225, 227, 229
Andres, Stefan 15, 138, 173, 181
  Das Trockendock 173
  Die Sintflut 138
Aragon, Louis 160
Aristophanes 101
Arlen, Michael J. 406
Arnim, Achim von 457
  Die Einquartierung im Pfarrhaus 457
Asimov, Isaac 302

Augustin, Elisabeth 460
Ayren, Armin 460

Bachmann, Ingeborg 24, 151, 471 A
Bahr, Howard W. 473 A
Baker, Carlos 479 A
Baldeshwiler, Eileen 490 A
Balzac, Honoré de 457
  Stürmische Überfahrt 457
Bang, Herman 76
Barbey d'Aurevilly, Jules 90
Barz, Paul 460
Baudelaire, Charles 96
  Spleen de Paris 96
Baurmann, Jürgen 497 A
Beauvoir, Simone de 493 A
Becht, Ulrike 495 A
Becker, Jürgen 83, 212, 235, 286, 292 f., 299, 480 A, 487 A
  Felder 292
  Ränder 292
  Umgebungen 292
Becker, Jurek 49, 262
Behrsing, Gert 475 A
Bellow, Saul 15
Belzner, Emil 458
Bender, Hans 68–84, 89, 121, 128, 151, 192, 200–212, 265, 292 f., 311, 317–319, 320 f., 322, 337, 361–363, 367, 465 f. A, 473 A, 477–479 A, 488 A, 493 f. A
  Auf den Uferwiesen 209, 210 f.
  Bettelngehn 77
  Das wiegende Haus 204, 494 A
  Der Brotholer 361
  Die halbe Sonne 77, 81, 121, 209 f., 211, 478 A
  Die Klosterschule 75
  Die Probe 73
  Die Schlucht 80, 128, 151, 204, 317–319, 321
  Die Wölfe kommen zurück 76, 77 f., 80, 82, 204, 361–363, 367
  Eine Sache wie die Liebe 80, 200
  Fondue 76, 209
  Forgive me 207 f., 265
  Guten Winter, Garçon 478 A
  Iljas Tauben 71, 79 f., 82, 207
  Im Alter der süßen Seufzer 208, 478 A
  Jurkas Jahre 478 A
  Mit dem Postschiff 204

Schafsblut   77, 80, 205, 206 f.
Wunschkost   200
Benjamin, Walter   9, 13, 18, 96 f., 131, 150, 253
Benn, Maurice   469 A
Bergengruen, Werner   82, 183
Bergon, Frank   480 A
Berkman, Sylvia   482 A
Bernanos, Georges   39
Beumelburg, Werner   312
Bienek, Horst   435, 466 A, 491 A
    Die Zelle   435
Bierce, Ambrose   24, 29 f., 36, 39 f., 42, 52, 65, 81,
    88 f., 90, 94, 153, 159, 160–164, 165 f., 168 f., 170,
    175, 179, 203, 219, 231, 252, 290, 295, 303, 306,
    319, 353, 472 f. A
    Chickamauga   160 f., 162
    A Horseman in the Sky   161 f., 168
    In the Midst of Life   160
    An Occurrence at Owl Creek Bridge / Das Ereignis
        auf der Eulenfluß-Brücke   29, 40, 81, 153,
        160 f., 162–164, 169, 175, 179, 203, 231, 290,
        295, 303, 306, 353
Biermann, Wolf   159 f., 262, 441
Bingel, Horst   485 A
    Deutsche Prosa. Erzählungen seit 1945 (H)
        485 A
Bloch, Ernst   68, 148
Blöcker, Günter   489 A, 495 A
Bobrowski, Johannes   174, 203, 241–249, 261, 312,
    315–317, 322, 340 f., 344, 426, 483 f. A
    Begebenheit   248
    Boehlendorff (T)   483 A
    Boehlendorff und andere (S)   245, 483 A
    Brief aus Amerika   246 f.
    Das Stück   248 f., 261
    Der Tänzer Malige   244, 312, 315–317
    Epitaph für Pinnau   245 f.
    Im Guckkasten: Galiani   244
    In Finegals Haus   248
    Levins Mühle   242 f.
    Lipmanns Leib   244, 340 f.
    Litauische Claviere   242
    Litauische Geschichte   248
    Mäusefest   248
    Roter Stein   248
    Unordnung bei Klapat   248
Bode, Helmut   475 A
Böll, Heinrich   15 f., 22, 32, 51 f., 53, 58, 68 f., 73,
    77 f., 79, 83, 88, 118 f., 120, 122, 124–136, 145 f.,
    151, 153, 168, 171, 192, 204, 207 f., 223, 225, 236,
    240, 242, 259, 265, 296, 301, 306, 309, 311, 319,
    324–327, 329, 355 f., 365, 377, 384–386, 389,
    417, 419–422, 423, 459, 468 f. A, 489 A, 492 A,
    494 A
    Abenteuer eines Brotbeutels   122, 131 f., 168,
        223, 296
    Ansichten eines Clowns   133
    Auch Kinder sind Zivilisten   127
Billard um halbzehn   131
Bis daß der Tod Euch scheidet   135 f.
Daniel, der Gerechte   130 f.
Das Brot der frühen Jahre   494 A
Das Tal der donnernden Hufe   208
Der Bahnhof von Zimpren   384–386
Der Lacher   133
Der Mann mit den Messern   492 A
Die unsterbliche Theodora   133
Doktor Murkes gesammeltes Schweigen   133
Du fährst zu oft nach Heidelberg   419–422
Entfernung von der Truppe   32
Lohengrins Tod   128–130
Schicksal einer henkellosen Tasse   469 A
Und sagte kein einziges Wort   377
Wanderer, kommst du nach Spa . . . (S)   126,
    492 A
Wanderer, kommst du nach Spa . . . (T)   128, 207,
    265, 324–327, 492 A
Wiedersehen in der Allee   127 f., 151, 153
Bonsels, Woldemar   58
Borchert, Wolfgang   17, 20, 58, 68, 83, 115–124,
    132, 146, 171, 192, 204, 305, 311, 323 f., 329, 392,
    467 f. A, 492 A
    An diesem Dienstag (S)   117
    An diesem Dienstag (T)   120–122, 392
    Das Brot   118 f., 120
    Das ist unser Manifest   116
    Die drei dunklen Könige   122–124
    Die Hundeblume   117
    Die Kirschen   120
    Die Küchenuhr   132
    Die lange lange Straße lang   118
    Die traurigen Geranien   117
    Generation ohne Abschied   115
    Nachts schlafen die Ratten doch   323 f.
    Preußens Gloria   117
Borges, Jorge Luis   150, 203, 345, 470 A
    Fiktionen   150
    Labyrinthe   150
Born, Nicolas   497 A
Bradbury, Ray   302
Braem, Helmut M.   466 A
    Amerikanische Erzähler. Short Stories (H)
        466 A
Brandes, Georg   477 A
Brasch, Thomas   428, 446–450, 452, 455
    Fliegen im Gesicht   447–450
    Kargo   446 f.
    Und über uns schließt sich ein Himmel aus
        Stahl   446
    Vor den Vätern sterben die Söhne   446 f.
Brecht, Bertolt   9, 37, 49, 86, 95, 126, 244, 247,
    428, 483 A
    Finnische Geschichten   428
    Geschichten vom Herrn Keuner   428
    Herr Puntila und sein Knecht Matti   428
Broch, Hermann   25, 81, 181, 234

Methodologische Novelle   25
Brooks, Van Wyck   470 A
Brustmeier, Horst   467 A
Buber, Martin   33, 98
   Die Erzählungen der Chassidim   33
Buch, Hans Christoph   74
Büchner, Georg   446

Caldwell, Erskine   138, 263, 264 f., 268, 269 f.,
   485 A
   Masses of Men   269 f.
   Tobacco Road   138
Camus, Albert   39, 493 A
Canetti, Elias   96, 101, 133
   Der Ohrenzeuge   133
Capote, Truman   125 f., 309, 337
   Jug of Silver / Der silberne Krug   125
Carossa, Hans   15, 117
Ceram s. Marek
Cervantes, Miguel de   375
   Novelas Ejemplares   375
Chamisso, Adelbert von   11
Chandler, Raymond   99, 285
Cheever, John   16, 72, 197
Chotjewitz, Peter O.   83 f., 109, 274, 460 f., 487 A
Christmann, Helmut   492 A
Claudel, Paul   39
Conrad, Joseph   99, 241, 244 f., 483 A
   The Heart of Darkness   245
   Nostromo   245
   The Secret Sharer   245
   Tales of Unrest   245
Cooper, James Fenimore   12, 202
Cordan, Wolfgang   71, 80, 458
Cowley, Malcolm   197 f.
Cramer, Heinz von   460
Crane, Stephen   30, 70, 153, 161, 201, 203, 212,
   219 f., 479 f. A
   The Open Boat   153, 203, 220
   The Red Badge of Courage / Die rote Tapferkeits-
      medaille   30
Curtius, Ernst Robert   310

Dabel, Gerhard   310
   Zwei Kameraden halten zusammen   310
Damrau, Helga-Maleen   466 A
Dehn, Mechthild und Wilhelm   484 A, 493 A
Deuerlein, Ernst   496 A
Dirks, Walter   475 A
Doderer, Heimito von   232, 234, 481 A
Doderer, Klaus   465 f. A, 476 A, 489 A
Döblin, Alfred   12, 23, 25, 138, 181, 445, 475 A,
   497 A
   Berlin Alexanderplatz   25
Donnenberg, Josef   301, 466 A
Dorner, Claus   310
   Der rote Sven   310
Dos Passos, John   93, 138, 224

Manhattan Transfer   93, 138
Three Soldiers / Drei Soldaten   93
Dostojewski, Fjodor   48, 70
Dreiser, Theodore   137
Drewitz, Ingeborg   460
Droste-Hülshoff, Annette von   475 A
Dürrenmatt, Friedrich   99 f., 101
Durzak, Margund   489 A

Ebing, Hans-Adolf   466 A, 477 A
Edschmid, Kasimir   23
Eich, Günter   21, 183, 358
Eichendorff, Joseph von   11
Eisenreich, Herbert   18, 51, 225, 229, 232–241,
   319–322, 372–374, 377, 402, 460, 481–483 A
   Auch in ihrer Sünde   232
   Böse schöne Welt   234
   Die blaue Distel der Romantik   236
   Die ganze Geschichte   482 A
   Die neuere (glücklichere) Jungfrau von Orléans
      233, 236, 372–374
   Doppelbödige Welt   236, 319–322
   Ein Ästhet   238 f.
   Ein Bild von Mann und Frau   239
   Ein Mißverständnis   229, 237 f.
   Erlebnis wie bei Dostojewski   233, 239 f., 402
   Sieger und Besiegte   233, 481 A
   Statue einer Frau   233
   Tapetenwechsel   239 f., 241
Elsner, Gisela   491 A
   Kürzestgeschichten   491 A
Eluard, Paul   160
Emmerich, Wolfgang   493 A
Enzensberger, Hans Magnus   97 f., 394, 469 A,
   489 A
Erb, Elke   86
Erné, Nino   74
Erpenbeck, Fritz   14, 82
Evans, Oliver   480 A

Fähnders, Walter   492 A
   Sammlung antifaschistischer sozialistischer Erzäh-
      lungen 1933–1945 (H)   492 A
Faulkner, William   13, 22, 38, 53, 65, 76, 88, 106,
   117, 126, 137 f., 184, 216, 224 f., 226, 308,
   480 f. A
Fechter, Paul   491 A
Federspiel, Jürg   13, 81, 353–355, 460
   Orangen vor ihrem Fenster   353–355
Fehse, Willi   470 A
   Deutsche Erzähler der Gegenwart (H)   470 A
Feldes, Roderich   460
Fichte, Hubert   74
Fiedler, Leslie   481 A
Fischbach, Peter   263 f.
   Sozialtibel   263
   Stories für uns (H)   263 f.
Fitzgerald, Francis Scott   224

Fitzgerald, Gregory   490 A
Flaubert, Gustave   70, 82
Fleißer, Marieluise   173
Foley, Martha   465 A, 475 A, 486 A
  The Best American Short Stories 1977 (H)
    465 A
  200 Years of Great American Short Stories (H)
    475 A, 486 A
Franck, Hans   81, 466 A, 477 A, 491 A
  Der Regenbogen   491 A
  Die Bleiuhr   491 A
  Ein Leutnant   491 A
  Fort damit   81
Freese, Peter   465 A, 467 A, 469 A
Freud, Sigmund   26
Freydank, Konrad   467 A
Fricker, Robert   487 A
Fries, Fritz Rudolf   86, 89, 403–407, 495 A
  Das Feuer, das Wasser, die Liebe   86
  Das Luft-Schiff   404
  Der Fernsehkrieg   403–407
  Der Weg nach Oobliadooh   404
Frisch, Max   190, 270
Fuchs, Günter Bruno   200, 309, 477 A
  Ein Schiff auf freier See   477 A
  Fibelgeschichten   200
  Gesammelte Fibelgeschichten   309

Gaiser, Gerd   80, 233, 374–377, 495 A
  Die schlesische Gräfin   375–377
  Eine Stimme hebt an   377
  Schlußball   377
Gargano, James W.   470 A
Gary, Romain   493 A
  Éducation européenne   493 A
Gehring, Hansjörg   466 A
Genet , Jean   24
George, Stefan   97
Gerth, Klaus   468 A
Giesecke, Almut   285, 487 A
Glaser, Hermann   495 A
Goethe, Johann Wolfgang   107
Goetsch, Paul   491 A
Gogol, Nikolai   16, 427
Gorki, Maxim   16, 427
Goyen, William   337
Grass, Günter   58, 75, 241, 291, 491 f. A
  Katz und Maus   492 A
  Kürzestgeschichten   491 A
Gregor, Ulrich   483 A, 488 A
Gregor-Dellin, Martin   473 A, 485 A
  Deutsche Erzählungen aus drei Jahrzehnten (H)
    485 A
Grenader, Mary E.   472 A
Grenzmann, Wilhelm   474 A
Griese, Friedrich   77
Grimm, Gebr.   457
  Der Meisterdieb   457

Grimm, Reinhold   493 A
Große, Anneliese   284, 487 A
Grothe, Heinz   465 A
Güra, Horst   498 A
Guerin, Wilfred W.   481 A
Gutmann, Paul-Otto   9, 301, 305, 466 A, 490 A

Haase, Horst   496 A
Habermas, Jürgen   413 f., 495 A
Hacks, Peter   425 f.
Haerdter, Robert   22
Härtling, Peter   498 A
Haffner, Sebastian   330
Halter, Peter   482 A
Hammett, S. Dashiel   99
Han Fe-Dse   396
Handke, Peter   83 f., 114, 121, 146, 423
  Das Gewicht der Welt   146
  Über den Tod eines Fremden   121
Harte, Bret   13, 64 f., 216, 224 f., 265
Hauff, Wilhelm   11, 457
  Das Gespensterschiff   457
Hawthorne, Nathaniel   12, 70 f., 161, 228, 463
  Young Goodman Brown   228
Hebbel, Friedrich   12, 22 f., 89, 170
  Die Kuh   23
Hebel, Johann Peter   12, 22 f., 37, 39, 68, 89, 126,
  131, 170, 192, 201
  Merkwürdige Schicksale eines jungen Englän-
    ders   23
  Unverhofftes Wiedersehen   131
Hein, Jürgen   465 A, 496 A
  Deutsche Anekdoten (H)   465 A
Heine, Heinrich   92
Heißenbüttel, Helmut   25, 27, 76, 83, 235, 286,
  293, 309, 473 f. A, 488 A
  D'Alemberts Ende   293
  Eichendorffs Untergang und andere Märchen
    293
  Text(e)   76
Hemingway, Ernest   13, 22, 24, 30, 38 f., 52 f., 65 f.,
  70, 76 f., 80 f., 88 f., 90, 91 f., 99, 106, 117, 126,
  133, 136, 137 f., 139, 142 f., 145, 147, 154, 156 f.,
  163, 184 f., 200, 201 f., 203, 205 f., 207, 212–215,
  216, 217–219, 221 f., 224 f., 227, 233, 243, 247,
  250, 253, 255 f., 257, 264, 267 f., 285, 308, 323,
  337, 353, 369, 427, 469 f. A, 477 A, 479 f. A,
  484 A
  Across the River and into the Trees   256
  After the Storm   99, 214, 256
  The Battler   157
  A Clean, Well-Lighted Place   142 f.
  The End of Something   81, 217–219
  The first 49 Stories / 49 Stories   52
  In Our Time   202, 214, 217
  Indian Camp   202 f.
  The Killers / Die Killer   156 f.
  Men at War (H)   30

Men without Women 217
Old Man at the Bridge / Alter Mann an der Brücke 80, 91, 205 f., 222, 224
The Short Happy Life of Francis Macomber 213, 225
The Snows of Kilimanjaro 225
To Have and Have Not 219
Today is Friday 203
Henry, O. (William S. Porter) 13, 22, 52, 78 f., 92 f., 94, 106, 115, 122–124, 126, 147, 193 f., 201, 203, 211, 250, 252, 264, 268, 272, 284, 285 f., 287, 290, 467 f. A, 476 A, 487 f. A
The Gift of the Magi 122–124, 203
Ulysses and the Dogman 290
Hentig, Hartmut von 396
Herburger, Günter 69, 114
Herlitschka, Herbert von 482 A
Hermand, Jost 477 A, 493 A
Hermlin, Stephan 30, 34–50, 81, 153, 159–169, 179, 242, 259, 285, 290, 295, 350–353, 354 f., 426, 428, 434–437, 443, 452, 472 f. A, 496 A
Arkadien 42–44, 153, 166, 350–353, 354
Corneliusbrücke 46
Der Leutnant Yorck von Wartenburg 30, 39, 41 f., 81, 163, 164–166, 295, 350, 353
Der Weg der Bolschewiki 167, 350
Die Kommandeuse 44–46, 47, 166, 434–437
Die Zeit der Einsamkeit 43 f., 167, 350
Die Zeit der Gemeinsamkeit 167, 350
In einer dunklen Welt 47, 168, 473 A
Kassberg 46, 153, 168 f.
Reise eines Malers in Paris 41 f., 164, 166–168, 350
Hesse, Hermann 117
Heym, Stefan 34, 44 f., 262
Auskunft (H) 34, 44
Heyse, Paul 477 A
Highsmith, Patricia 114
Hildesheimer, Wolfgang 51, 57, 59, 200, 263, 392–394, 398, 400, 477 A
Das Ende einer Welt 392–394, 400
Eine größere Anschaffung 477 A
Lieblose Legenden 200, 392
Masante 392
Tynset 392
Warum ich mich in eine Nachtigall verwandelt habe 263
Hirschenauer, Rupert 471 A
Hocke, Gustav René 171, 364, 473 A
Hölderlin, Friedrich 242
Höllerer, Walter 74 f., 96, 120, 227, 466 A, 490 A
Hoff, Kay 460
Hoffmann, Charles W. 493 A
Hoffmann, E. T. A. 11 f., 86, 89, 192, 197
Hohendahl, Peter Uwe 493 A
Homer 471 A
Horaz 327
Howe, Irving 479 A

Hühnerfeld, Paul 73, 459
Die 16 besten Kurzgeschichten aus dem Preisausschreiben der Wochenzeitung »Die Zeit« (H) 498 A
Huxley, Aldous 104

Irving, Washington 12

Jäckel, Günter 427 f., 472 A, 487 A, 496 A
Jägersberg, Otto 417–419, 421
Dazugehören 417–419
Nette Leute 417
Weihrauch und Pumpernickel 417
James, Henry 65, 147, 203, 225, 294, 308
Daisy Miller 225
Jaspers, Karl 383 f.
Jean Paul (Richter) 253
Jendryschik, Manfred 287
Bettina pflückt wilde Narzissen (H) 287
Jens, Walter 23 f., 240
Johnson, Uwe 85, 114
Jahrestage 85
Jokostra, Peter 485 A
Jonsson, Dieter 484 A
Joop, Gerhard 460
Joselyn, Mary 481 A
Joyce, James 76, 96 f., 106, 253, 287, 445
Dubliners 96, 253
Stephen Hero 253
Ulysses 287
Jünger, Ernst 56, 59, 62, 138, 183, 310 f., 458
Jünger, Friedrich Georg 154
Jung, Franz 23
Juritz, Hanne F. 460
Just, Klaus Günther 474 A

Kabel, Rainer 475 A
Kähler, Hermann 496 A
Kästner, Erhart 355 f.
Kafka, Franz 9, 12, 35 f., 48, 90, 98 f., 100, 253, 260, 343
Der Prozeß 100, 260, 343
Kaiser, Georg 270
Kant, Hermann 36, 284–292, 355 f., 359–361, 363, 426, 429, 487 f. A, 496 A
Anrede der Ärztin O. an den Staatsanwalt F. gelegentlich einer Untersuchung 488 A
Auf einer Straße 288, 292
Das Kennwort 290 f.
Der Aufenthalt 36, 288, 355 f.
Die Aula 285, 429, 496 A
Eine Übertretung 291 f.
Gold 286 f., 289
Kleine Schachgeschichte 285, 288, 359–361
Lebenslauf, zweiter Absatz 287, 288 f., 488 A
Kantorowicz, Alfred 437
Karasek, Hellmut 487 A
Karrenbrock, Helga 492 A

Sammlung antifaschistischer sozialistischer Erzäh-
lungen 1933–1945 (H) 492 A
Kasack, Hermann 138
Die Stadt hinter dem Strom 138
Kaschnitz, Marie Luise 182, 337–340, 460 f.
Ja, mein Engel 461
Lange Schatten 475 A
Laternen 337–340
Kaszynski, Stefan H. 467 A
Kempowski, Walter 85, 322, 435, 492 f. A
Ein Kapitel für sich 435
Kersten, Kurt 466 A
Kesten, Hermann 25
24 neue deutsche Erzähler (H) 25
Kilchenmann, Ruth J. 465 f. A, 467 f. A, 477 f. A,
490 A
Kipling, Rudyard 194
Kirsch, Sarah 50, 160, 285
Kleinholz, Hartwig 462
Kleist, Heinrich von 12, 22 f., 37, 89, 126, 170, 233,
325, 374, 475 A
Der neue (glücklichere) Werther 233 f., 374
Klemperer, Victor 493 A
Klöckner, Klaus 471 A
Klopstock, Friedrich Gottlieb 242
Klose, Werner 473 A
Kluge, Alexander 17, 226, 246, 292–300, 341
bis 343, 344, 414–416, 417, 483 A, 488 f. A
Allewischs Diamanten 296
Das Zeitgefühl der Rache 414–416
»Der Baum, der grünt, die Gipfel von Gezwei-
gen...«; glattmachen 296 f.
Die Befreiung 297
Die Fahrtrichtung durch Entgleisung ändern
298 f.
Ein Liebesversuch 295, 341–343
Ich bin, wenn ich nicht ich bin 246, 297 f.
Lebensläufe 294, 295 f., 298 f.
Lernprozesse mit tödlichem Ausgang 294 f.
Neue Geschichten 293 f., 295 f.
Sonntagsspätnachmittags 299
Unheimlichkeit der Zeit 414
Knopf, Jan 465 A, 489 A, 493 A
Köppen, Edlef 311, 491 A
Heeresbericht 491 A
Koeppen, Wolfgang 365, 469 A, 494 A
Tauben im Gras 494 A
Kolbe, Jürgen 492 A
Kolbenheyer, Erwin Guido 77
Kolbenhoff, Walter 20, 136, 171, 173
Korff, Friedrich Wilhelm 345 f.
Der Katarakt von San Miguel 493 A
Jericho 345 f.
Korn, Karl 469 A
Kraus, Karl 48
Kreuder, Ernst 173
Kreuzer, Helmut 496 A
Kribben, Karl-Gert 470 A

Krolow, Karl 38, 174, 473 A, 480 A
Krüger, Horst 184, 215, 474 f. A
Krug, Manfred 34
Kühn, Dieter 460
Kühner, Otto Heinrich 460
Kuipers, Jan 301, 465 f. A, 489 A
Kunert, Günter 15, 35 f., 43, 84–103, 131 f.,
250–263, 285, 302, 343 f., 347, 426, 428,
432–434, 440, 455, 460, 484 f. A
Das Holzscheit 97
Der Hai 99, 255
Die Ballade vom Ofensetzer 43, 261–263
Die Beerdigung findet in aller Stille statt 260 f.
Die Taucher 98, 255–257
Die Waage 260, 432–434, 440
El Dorado 98, 253 f.
Im Namen der Hüte 250
Lieferung frei Haus 101, 259 f.
Märchenhafter Monolog 95, 101, 131 f., 258 f.
Mann über Bord 254 f.
Monolog eines Beines 100
Zentralbahnhof 100 f., 260, 343 f., 347
Kunz, Josef 490 A
Kunze, Reiner 34–36, 43, 95, 262, 428, 440–442,
450 f., 452, 455, 497 A
Die wunderbaren Jahre 34, 440
Element 440 f.
Kurella, Alfred 249
Kusenberg, Kurt 15, 24, 173, 192–200, 475 bis
477 A
Blut und Sterne 476 A
Der blaue Traum 476 A
Die Audienz 195 f., 200
Ein verächtlicher Blick 196 f., 200
Herr Schramm verreist 199 f.
Kein Tag wie jeder andere 199
La Botella 476 A

La Bruyère, Jean de 142
Lampe, Friedo 76 f., 81 f., 120 f., 192, 201, 203,
210 f., 304, 468 A, 477 A
Am Rande der Nacht 210
Das dunkle Boot 120
Laterna Magica 203
Landgrebe, Erich 460
Lange, Horst 184
Langer, Felix 466 A
Langgässer, Elisabeth 79 f., 181–191, 369–372,
377, 474 f. A
An der Nähmaschine 185, 187 f., 189
Das unauslöschliche Siegel 181
Der Gang durch das Ried 182
Der Torso 182, 184
Glück haben 190, 369–372
Märkische Argonautenfahrt 182
Nichts Neues 191
Saisonbeginn 188 f.
Späte Erzählungen 182

Triptychon des Teufels 475 A
Untergetaucht 190 f.
Lawrence, D. H. 457
   Wintry Peacock / Winterlich Pfau 457
Le Fort, Gertrud von 181
Ledig, Heinrich Maria s. Rowohlt
Lehmann, Wilhelm 38, 154
Lenz, Hermann 114, 356
Lenz, Siegfried 15, 22, 51 f., 53, 81, 89, 202, 212–223, 240, 260, 376, 377–379, 401–403, 453–455, 459 f., 479 f. A
   Das Feuerschiff (S) 217, 219, 221
   Das Feuerschiff (T) 219, 221
   Das Wrack 214
   Der Anfang von etwas 81, 217, 218 f., 220 f.
   Der Geist der Mirabelle. Geschichten aus Bollerup 215, 479 A
   Der Gleichgültige 376, 377–379
   Der Spielverderber (S) 222
   Der Spielverderber (T) 222 f., 260
   Die Lieblingsspeise von Hyänen 221 f.
   Die Wellen des Balaton 221, 453–455
   Einstein überquert die Elbe bei Hamburg 52 f., 217, 221
   Jäger des Spotts (S) 214
   Jäger des Spotts (T) 214
   Lukas, sanftmütiger Knecht 214
   Nur in Sardinien 214
   So zärtlich war Suleyken 215
   Stimmungen der See 220 f.
   Wie bei Gogol 221, 401–403
Leonhardt, Rudolf Walter 216
Lessing, Gotthold Ephraim 21
Lettau, Reinhard 83 f., 292 f., 309
   Auftritt Manigs 83, 292, 309
   Immer kürzer werdende Geschichten 491 A
   Schwierigkeiten beim Häuserbauen 292, 309
Levin, Harry 484 A
Livius 47, 168
Lockemann, Fritz 490 A
Loerke, Oskar 154
London, Jack 92, 98, 126, 224, 233, 250, 252 f.
Lorbe, Ruth 82, 466 A, 490 A
Lubbers, Klaus 470 A, 475 A
Luft, Friedrich 476 A
Lukács, Georg 349, 410

McCullers, Carson 337
Machiavelli, Niccolò 457
   Der Teufel, der sich verheiratete 457
Mackensen, Georg 460
Mackensen, Jürgen 460
Mahl, Albert 310
   Befehl zum Rückzug 310
Malamud, Bernard 126
Mann, Heinrich 25
Mann, Thomas 49, 104, 106, 117, 128, 233, 349

Der Tod in Venedig 128
Wälsungenblut 233
Mannzen, Walter 136, 364
Mansfield, Katherine 76, 106, 201, 232 f., 236 f., 238, 272, 282–284, 427, 477 A, 481 f. A, 486 f. A
   At Lehmann's 236 f.
   Cup of Tea 233, 482 A
   The Garden Party 282–284
   In a German Pension 236
Marcus, Mordecai 481 A, 490 A
Marek, Kurt W. 23 f.
Masters, Edgar L. 87
Masuccio, Tommaso G. 457
   Veronica 457
Maupassant, Guy de 12, 22 f., 70, 89 f., 104, 106, 170, 194, 233, 427, 457, 482 A
   Das Wrack 457
   Die Stuhlflechterin 457
   Garçon, un bock 482 A
Mayer, Hans 37, 159, 472 A
Mecklenburg, Norbert 479 A
Melville, Herman 161
Menck, Clara 474 A
Meriwether, James B. 481 A
Merle, Robert 493 A
   La mort est mon métier 493 A
Meyer, Conrad Ferdinand 477 A
Meyrink, Gustav 89, 102
Michaelis, Rolf 497 A
Michel, Henri 493 A
Miller, Henry 458
Miller, Norbert 75
Motekat, Helmut 466 A, 491 A
Müller, Günther 490 A
Müller, Heiner 346–349, 442, 446 f.
   Das Eiserne Kreuz 346–349
   Geschichten aus der Produktion 2 493 A
   Liebesgeschichte 493 A
Müller-Schwefe, Hans-Ulrich 482 A
Murr, Jan 310
   Kasematte eins ausgefallen 310
Muschg, Adolf 460
Musil, Robert 10 f., 35, 37
Myrdal, Jan 404

Nägele, Rainer 468 A
Nazim Hikmet Ran 160
Nef, Ernst 473 A
Nentwig, Paul 480 A, 486 A
Neruda, Pablo 160
Neumann, Michael 460
Neumann, Robert 58
Noll, Dieter 494 A
   Die Abenteuer des Werner Holt 494 A
Noon, William T. 484 A
Nossack, Hans Erich 81, 175
   Der Untergang 175

Obermann, Karl   310, 466 A, 491 A
O'Connor, Flannery   337
O'Connor, Richard   472 A
O. Henry s. Henry, O.

Pabst, Walter   490 A
Pattee, Fred L.   476 A
Pavese, Cesare   71, 78, 487 A
Petersen, Jan   350
   Die Bewährung   350
   Unsere Straße   350
Petronius, Titus   457
   Die Witwe von Ephesus   457
Petzoldt, Leander   465 A
   Deutsche Schwänke (H)   465 A
Piedmont, Ferdinand   490 A, 492 A
Piontek, Heinz   15, 223–232, 290, 295, 365–367, 480 f. A
   Auf dem Lande   228 f.
   Dichterleben   223
   Die Traurigkeit in eines Bären Brust   228 f.
   Die Zeit einer Frau   230, 231 f.
   Erde unter dem Schnee   226 f.
   Verlassene Chausseen   228, 365–367
   Wintertage, Sommernächte   480 A
Piwitt, Hermann Peter   74, 474 A
   Die siebente Reise. 14 utopische Erzählungen (H) 474 A
Plato   149
Plenzdorf, Ulrich   428, 442–446, 447, 448 f., 450, 452, 455
   Die neuen Leiden des jungen W.   442 f., 445 f., 448
   kein runter kein fern   443–446
Plessen, Elisabeth   488 A
Poe, Edgar Allan   10, 12 f., 17, 36, 42, 52, 65, 70 f., 87, 88 f., 90, 95, 136 f., 142 f., 147, 161, 169, 176, 192 f., 216, 220, 228, 235, 250 f., 252, 427, 463, 469 A, 473 A, 476 A, 479 A, 484 A
   The Cask of Amontillado   251
   A Descent into the Maëlstrom   193, 220
   Hop Frog   251
   The Man of the Crowd   142 f., 193, 251
   The Masque of the Red Death   228, 251
   The Murders in the Rue Morgue   176, 250
   The Pit and the Pendulum   193, 251
   William Wilson   251
Pollerberg, Dirk   486 A
Porter, Katherine Anne   138
Proust, Marcel   106
Prümm, Karl   473 A, 491 A
Puttkamer, Jesco von   495 A

Raddatz, Fritz J.   472 A, 487 A, 489 A, 496 f. A
Radtke, Gunter   460
Reblitz, Irma   483 A
Rector, Martin   492 A
   Sammlung antifaschistischer sozialistischer Erzählungen 1933–1945 (H)   492 A

Reding, Josef   13, 121, 207, 263–272, 391 f., 485 f. A
   Allein in Babylon   267 f., 270 f.
   Die Bulldozer kamen   271
   Fahrerflucht   271
   Junge Bäume bluten weiß   207, 265 f., 271
   Kurzgeschichten aus zwei Jahrzehnten   268
   Mühsam stirbt der Schnee   266 f.
   Nennt mich nicht Nigger (S)   268
   Nennt mich nicht Nigger (T)   268
   Schonzeit für Pappkameraden (S)   271
   Schonzeit für Pappkameraden (T)   271 f.
   Während des Films   121, 271, 391 f.
Rehmann, Ruth   460
Reich-Ranicki, Marcel   55 f., 57, 62, 483 A, 486 A, 489 A, 495 f. A, 497 f. A
Reifenberg, Benno   22
Remarque, Erich Maria   311, 491 A
   Im Westen nichts Neues   491 A
Renn, Ludwig   311, 491 A
   Krieg   491 A
Resnais, Alain   391
Richter, Hans Werner   20, 136, 145, 171, 356, 364, 382, 483 A
Rilke, Rainer Maria   62
Rinser, Luise   182, 327–329, 492 A
   Die gläsernen Ringe   327
   Die rote Katze   327–329
   Ein Bündel weißer Narzissen   327, 475 A, 492 A
   Jan Lobel aus Warschau   492 A
Ritter, Roman   474 A
   Die siebente Reise. 14 utopische Erzählungen (H) 474 A
Roehler, Klaus   69
Rohner, Ludwig   80, 301, 465 f. A, 470 f. A, 477 A, 490 A, 493 A, 498 A
Rohrberger, Mary   481 A
Roisch, Ursula   427 f., 472 A
Rosendorfer, Herbert   200, 460, 477 A
   Der Eiffelturm   477 A
   Der stillgelegte Mensch   200
Rossbacher, Karlheinz   478 A
Roth, Joseph   35, 37
Rousset, David   493 A
   Les jours de notre mort   493 A
Rowohlt, Heinrich Maria   458, 498 A
Rudolph, Ekkehart   468 A, 477 A
Rühmkorf, Peter   116 f., 118, 119 f., 233, 467 A, 475 A
Russ, Colin   480 A

Salinger, Jerome David   16, 72, 124, 126, 133–135, 304, 427, 445, 468 f. A
   The Catcher in the Rye   133, 445
   Nine Stories   134
   Pretty Mouth and Green My Eyes   134 f., 304
Sandburg, Carl   87
Sandmeyer, Peter   470 A, 494 A

Saroyan, William   13, 181, 184, 185–187, 243, 264, 268, 458, 474 f. A
  The Daring Young Man on the Flying Trapeze   185–187
Sartre, Jean-Paul   39, 493 A
Schädlich, Hans Joachim   34–36, 43, 95, 262, 428, 450–452, 455
  Versuchte Nähe   34, 262, 450–452
Schäfer, Wilhelm   77
Schaper, Edzard   181
Scharpenberg, Margot   460
Schelsky, Helmut   394
Schlenstedt, Dieter und Silvia   488 A
Schlesinger, Klaus   428, 434, 438–440, 452, 455
  Berliner Traum   438
  Der Tod meiner Tante   434, 438–440
  Michael   438
Schleyer, Winfried   496 A
Schmidt, Arno   11, 23 f., 335–337, 458
  Abend mit Goldrand   335
  Er war ihm zu ähnlich   336 f.
  Sommermeteor   335
  Zettels Traum   335
Schmidt, Marianne   467 A
Schmidt-Dengler, Wendelin   482 A
Schmidt-Kaspar, Herbert   460
Schnabel, Ernst   79, 89, 121, 173, 179, 220, 231, 254, 290, 295
  Ein Tag und eine Nachtwache   231
  Hundert Stunden vor Bangkok   220, 254
  Um diese Zeit   121
Schneider, Peter   417, 422–424
  Das Wiedersehen   422–424
  Lenz   422
Schneider, Reinhold   15, 181
Schneider, Rolf   262
Schnell, Ralf   493 A
Schnell, Robert Wolfgang   396–399
  David spielt vor Saul   397–399
Schnitzler, Arthur   77, 205
  Leutnant Gustl   77, 205
Schnurre, Wolfdietrich   9, 13, 15, 20, 50–68, 69, 79, 132, 145–159, 171, 173, 175, 192, 204, 207, 236, 242, 259, 265, 305, 311, 312–315, 316, 322, 367–369, 371, 399, 458, 460, 470 f. A
  Auf der Flucht   151, 367–369
  Blau mit goldenen Streifen   64, 156 f.
  Das Begräbnis   55 f., 145
  Das Fossil   60
  Das Lächeln   471 A
  Das Los unserer Stadt   57
  Das Manöver   59 f., 153, 312–315, 316
  Der Ausmarsch   150 f., 207, 265
  Der Gangster   471 A
  Der Platz   153 f.
  Der Schattenfotograf   146, 148 f., 153, 157 f., 159
  Die Aufzeichnungen des Pudels Ali   55–60, 63
  Die Basis   471 A
  Die historische Richtigstellung   60
  Die Kiebitze   153
  Die Reise zur Babuschka   151–153, 156
  Die Steckrübe   60
  Ein Fall für Herrn Schmidt   65, 155 f.
  Eine Heldin   158
  Eine Rechnung, die nicht aufgeht   60, 62 f.
  Ich brauch Dich   51, 63, 66, 145 f., 157–159, 175, 490 A
  Schnurre heiter   60
  Wendemarke   158
  Zuflucht   158
Schöffler, Heinz   486 A
Schroers, Rolf   173
Schuhmann, Kuno   470 A
Schwab-Felisch, Hans   494 A
Schwarz, Egon   493 A
Seghers, Anna   37, 86
  Sagen von Artemis   37
Seidel, Ina   181
Seidler, Herbert   491 A
Seuren, Günter   460
Seuse, Heinrich   175
Sieburg, Friedrich   22, 469 A
Sinclair, Upton   137
Solomon, Eric   472 A
Somplatzki, Herbert   309
  Schrumpfstories   309
Sontheimer, Kurt   413
Stein, Getrude   224
Steinbeck, John   13, 22, 76, 88, 138, 201
Steiner, George   470 A
Stendhal   233
Sternberger, Dolf   493 A
Sternheim, Carl   25
Stevenson, Robert Louis   99
  Treasure Island   99
Stifter, Adalbert   201 f.
Stolze, Diether   495 A
Stomps, Victor Otto   476 A
Storm, Theodor   126
Storz, Gerhard   474 A, 493 A
Straßner, Erich   465 A
Streller, Siegfried   483 A
Strindberg, August   25
Strittmatter, Erwin   37, 86, 428–432, 433 f., 452, 454
  Der Soldat und die Lehrerin   429–432
  Ein Dienstag im September   429
  Ole Bienkopp   428
Stromberg, Kyra   482 A
Struck, Karin   110
Süskind, Wilhelm E.   493 A
Sueton   47, 168

Theiß, Winfried   465 A
  Kalendergeschichten (H)   465 A
Theophrast   133

Thomas von Aquin   253
Thurber, James   13, 93, 192, 194, 197–199, 250, 252, 304, 397, 475 f. A
   Mr. Preble Gets Rid of His Wife   198 f.
   The Secret Life of Walter Mitty   93, 304, 397
Toller, Ernst   41, 115, 382
Tolstoi, Alexei   16, 70, 84, 427
Tschechow, Anton   12, 16, 22 f., 70, 83, 89, 170, 212, 233, 285, 427, 457
   Der Rächer seiner Ehre   457
Tucholsky, Kurt   92, 102
Turgenjew, Iwan   16
Twain, Mark   52, 147, 197, 212, 243

Ullrich, Kurt   22
   Neu-Amerika (H)   22, 146
Ulshöfer, Robert   491 A
Unger, Erich   492 A
Unruh, Fritz von   382
Unseld, Siegfried   466 A, 468 A
Updike, John   72, 126, 197

Vajda, Stephan   460
Verwey, Albert   97
Vonnegut, Kurt   126, 186
   God Bless You, Mr. Rosewater   186
Vormweg, Heinrich   488 A, 492 A
Voss, Arthur   468 A, 475 A, 486 A
Voßkamp, Wilhelm   488 A

Wagenbach, Klaus   484 A
Wagener, Hans   480 A
Waggerl, Karl Heinrich   58
Walser, Martin   24, 32, 114, 173, 175, 377, 379 f.
   Die Rückkehr eines Sammlers   377, 379 f.
Walser, Robert   12
Walther, Joachim   484 f. A
Wapnewski, Peter   498 A
Weber, Albrecht   492 A
Weber, Werner   470 A
Wehdeking, Volker Ch.   469 A, 494 A
Weidmann, Brigitte   468 A
Weisenborn, Günther   173
Weiss, Peter   85, 404
   Die Ästhetik des Widerstands   85
Weißenborn, Theodor   460
Wellner, Klaus   486 f. A
Werner, Klaus   484 A
West, Ray B.   481 A
Weyrauch, Wolfgang   15, 19–34, 40, 89 f., 93, 116, 139, 169–180, 182 f., 192, 234, 238, 309, 380–382, 407 f., 411, 457, 473 f. A, 475 f. A
   Beinahe täglich   19, 27, 31 f., 173, 180, 474 A
   Das Ende von Frankfurt am Main   31, 175 f.
   Die Brandstifter   26 f., 32, 175
   Die Ehe   25 f., 27, 32
   Die Pflugschar (H)   20 f.
   Etwas geschieht   27 f., 173, 179 f.

   Geschichte zum Weiterschreiben (T)   31, 177
   Geschichten zum Weiterschreiben (S)   27 f., 173, 177
   Hans Dumm   19, 309
   Im Gänsemarsch   31, 174, 380–382
   Ist die Maus zuhaus?   28 f., 33, 178 f.
   Jack the Ripper   27
   Kinderspiel   28, 179 f.
   Maigret   31
   Mein Schiff, das heißt Taifun   26, 173, 175
   Meine 11 Töchter   28, 177 f.
   Mit dem Kopf durch die Wand   19, 173, 474 A
   1940. Junge deutsche Prosa (H)   20
   Proust beginnt zu brennen   32 f., 176
   Sie selber wäre fast gestorben   180
   Tausend Gramm (H)   15, 19, 20–23, 89, 116, 139, 170–173, 174, 182, 234, 457, 475 f. A
   Uni   28, 174, 407 f.
   Unruhe   31
   Zeichensprache   32 f.
   Zu   33
Whitman, Walt   87, 137
Widmer, Walter   478 A
Wiechert, Ernst   15, 117, 181
Wiese, Benno von   70 f.
Wilde, Oscar   102
   The Canterville Ghost / Das Gespenst von Canterville   102
Wilder, Thornton   38, 137, 139
Witkop, Philipp   311
Wittmann, Livia Z.   470 A
Wohmann, Gabriele   15, 51 f., 69, 103–114, 132, 226, 272–284, 389–391, 399–401, 460 f., 486 f. A
   Alberts Programm   277
   Alles zu seiner Zeit   108
   Ausflug mit der Mutter   106, 110
   Böse Streiche   281
   Das stärkere Geschlecht   280 f.
   Denk immer an heut nachmittag   284
   Der Antrag   276 f., 278, 280
   Der Knurrhahn-Stil   284
   Die Bütows   284
   Die Geburtstagsgesellschaft   282, 283 f.
   Die Lok   281
   Ein unwiderstehlicher Mann   104 f., 106, 108
   Eine Okkasion   105, 107, 111, 274–276, 277, 280 f.
   Endlich allein – endlich zu zwein   277
   Ernste Absicht   274
   Erzählungen   105
   Frühherbst in Badenweiler   274
   Gegenangriff   107, 111 f., 281
   Ich Sperber   284
   Konrad und was übrigbleibt   284
   Ländliches Fest   280, 399–401
   Sand der Enttäuschung   108
   Schöne Ferien   277
   Schönes Gehege   109, 274

Selbstverteidigung 109
Sieg über die Dämmerung 281
Sonntag bei den Kreisands 281, 284
Sylvester 111
Treibjagd 108, 278–280, 281
Verjährt 280, 389–391
Wiedersehen in Venedig 274
Wolf, Christa 36, 50, 285, 493 A
Kindheitsmuster 36, 493 A
Wolf, Gerhard 472 A, 483 A
Wolf, Ror 235, 286
Wolfe, Thomas 22, 117, 137 f., 184 f., 224
Wolken, Karl Alfred 460
Wolpert, Ruth 467 A
Woodruff, Stuart C. 472 A

Xenophon 172

Yates, Norris 476 A
Young, Philip 480 A

Zeller, Eva 460
Zimmer, Dieter E. 459, 462 f., 466 A, 485 f. A, 498 A
Vierunddreißig neue Geschichten aus der »Zeit« (H) 463, 498 A
Zöberlein, Hans 312
Zola, Emile 427
Zuckmayer, Carl 242
Zweig, Arnold 311, 491 A
Der Streit um den Sergeanten Grischa 491 A
Zweig, Stefan 30, 361
Schachnovelle 361

Titelregister

Das Register verzeichnet die Einzeltexte, Sammlungen und Anthologien der Erzählprosa, die im Text und in den Anmerkungen (A) besprochen oder textrelevant angeführt sind. Sammlungen und Einzeltexte eines Autors werden als solche nur gekennzeichnet, falls es die Unterscheidung zwischen Sammlung (S) und Titelgeschichte (T) erforderlich macht.
Amerikanische und englische Werke werden einheitlich unter ihrem englischen Originaltitel, Werke aus anderen Literaturen in der Schreibung der Zitatstelle verzeichnet. Fremdsprachigen Titeln ist die deutsche Übersetzung nur nachgestellt, wenn diese auch im Text oder den Anmerkungen zitiert wird. Bei der alphabetischen Einordnung der fremdsprachigen Titel wurden die Artikel nicht berücksichtigt.
Für jeden Titel wird in Klammern der Name des Autors bzw. Herausgebers vermerkt. Bei den Anthologien wird zusätzlich das Publikationsdatum gegeben, wobei ein doppeltes Datum das Erscheinen eines Zusatzbandes oder einer Neuausgabe bezeichnet.

Anthologien

Amerikanische Erzähler. Short Stories (Braem: 1964) 466 A
Auskunft (Heym; 1974/1977) 34, 44
The Best American Short Stories 1977 (Foley; 1977) 465 A
Bettina pflückt wilde Narzissen (Jendryschik; 1972) 287
Deutsche Anekdoten (Hein; 1976) 465 A
Deutsche Erzähler der Gegenwart (Fehse; 1959) 470 A
Deutsche Erzählungen aus drei Jahrzehnten. Deutschprachige Prosa seit 1945 (Gregor-Dellin; 1975) 485 A
Deutsche Prosa. Erzählungen seit 1945 (Bingel; 1963) 485 A
Deutsche Schwänke (Petzoldt; 1979) 465 A
Die Pflugschar (Weyrauch; 1947) 20 f.
Die 16 besten Kurzgeschichten aus dem Preisaus-

schreiben der Wochenzeitung »Die Zeit« (Hühnerfeld; 1955) 498 A
Die siebente Reise. 14 utopische Erzählungen (Ritter/Piwitt; 1978) 474 A
Erzählte Zeit. 50 deutsche Kurzgeschichten der Gegenwart (Durzak; 1980) 467 A, 491 A
Kalendergeschichten (Theiß; 1977) 465 A
Men at War (Hemingway; 1942) 30
Neu-Amerika (Ullrich; 1937/1947) 22, 146
1940. Junge deutsche Prosa (Weyrauch; 1940) 20
O. Henry Memorial Award Prize Stories of 1946 (Brickell; 1946) / Junges Amerika (Jaesrich; 1948) 146
Sammlung antifaschistischer sozialistischer Erzählungen 1933–1945 (Fähnders/Karrenbrock/Rector; 1974) 492 A
Stories für uns (Fischbach; 1973) 263 f.
Tausend Gramm (Weyrauch; 1949) 15, 19, 20–23, 89, 116, 139, 170–173, 174, 182, 234, 457, 475 f. A

200 Years of Great American Short Stories (Foley; 1975)   475 A, 486 A

Vierunddreißig neue Geschichten aus der »Zeit« (Zimmer; 1979)   463, 498 A

24 neue deutsche Erzähler (Kesten; 1929/1973)   25

Werke einzelner Autoren

Abend mit Goldrand (Schmidt)   335

Abenteuer eines Brotbeutels (Böll)   122, 131 f., · 168, 223, 296

Across the River and into the Trees (Hemingway)   256

After the Storm (Hemingway)   99, 214, 256

Alberts Programm (Wohmann)   277

Allein in Babylon (Reding)   267 f., 270 f.

Alles zu seiner Zeit (Wohmann)   108

Allewischs Diamanten (Kluge)   296

Alte Peripetie (Andersch)   331

Am Rande der Nacht (Lampe)   210

An der Nähmaschine (Langgässer)   185, 187 f., 189

An diesem Dienstag (Borchert / S)   117

An diesem Dienstag (Borchert / T)   120–122, 392

Anrede der Ärztin O. an den Staatsanwalt F. gelegentlich einer Untersuchung (Kant)   488 A

Ansichten eines Clowns (Böll)   133

Arkadien (Hermlin)   42–44, 153, 166, 350–353, 354

At Lehmann's (Mansfield)   236 f.

Auch in ihrer Sünde (Eisenreich)   232

Auch Kinder sind Zivilisten (Böll)   127

Auf dem Lande (Piontek)   228 f.

Auf den Uferwiesen (Bender)   209, 210 f.

Auf der Flucht (Schnurre)   151, 367–369

Auf einer Straße (Kant)   288, 292

Auftritt Manigs (Lettau)   83, 292, 309

Ausflug mit der Mutter (Wohmann)   106, 110

The Battler (Hemingway)   157

Befehl zum Rückzug (Mahl)   310

Begebenheit (Bobrowski)   248

Beinahe täglich (Weyrauch)   19, 27, 31 f., 173, 180, 474 A

Berlin Alexanderplatz (Döblin)   25

Berliner Traum (Schlesinger)   438

Bettelngehn (Bender)   77

Billard um halbzehn (Böll)   131

Bis daß der Tod Euch scheidet (Böll)   135 f.

Blau mit goldenen Streifen (Schnurre)   64, 156 f.

Blaue Rosen (Andersch)   141 f.

Blut und Sterne (Kusenberg)   476 A

Boehlendorff (Bobrowski / T)   483 A

Boehlendorff und andere (Bobrowski / S)   245, 483 A

Böse schöne Welt (Eisenreich)   234

Böse Streiche (Wohmann)   281

Brief aus Amerika (Bobrowski)   246 f.

Brüder (Andersch)   331

The Canterville Ghost / Das Gespenst von Canterville (Wilde)   102

The Cask of Amontillado (Poe)   251

The Catcher in the Rye (J. D. Salinger)   133, 445

Chickamauga (Bierce)   160 f., 162

A Clean, Well-Lighted Place (Hemingway)   142 f.

Corneliusbrücke (Hermlin)   46

Cup of Tea (Mansfield)   233, 482 A

D'Alemberts Ende (Heißenbüttel)   293

Daisy Miller (H. James)   225

Daniel, der Gerechte (Böll)   130 f.

The Daring Young Man on the Flying Trapeze (Saroyan)   185–187

Das Begräbnis (Schnurre)   55 f., 145

Das Brot (Borchert)   118 f., 120

Das Brot der frühen Jahre (Böll)   494 A

Das dunkle Boot (Lampe)   120

Das Eiserne Kreuz (H. Müller)   346–349

Das Ende einer Welt (Hildesheimer)   392–394, 400

Das Ende von Frankfurt am Main (Weyrauch)   31, 175 f.

Das Feuer, das Wasser, die Liebe (Fries)   86

Das Feuerschiff (S. Lenz / S)   217, 219, 221

Das Feuerschiff (S. Lenz / T)   219, 221

Das Fossil (Schnurre)   60

Das Gespensterschiff (Hauff)   457

Das Gewicht der Welt (Handke)   146

Das Holzscheit (Kunert)   97

Das ist unser Manifest (Borchert)   116

Das Kennwort (Kant)   290 f.

Das Lächeln (Schnurre)   471 A

Das Los unserer Stadt (Schnurre)   57

Das Luft-Schiff (Fries)   404

Das Manöver (Schnurre)   59 f., 153, 312–315, 316

Das stärkere Geschlecht (Wohmann)   280 f.

Das Stück (Bobrowski)   248 f., 261

Das Tal der donnernden Hufe (Böll)   208

Das Trockendock (Andres)   173

Das unauslöschliche Siegel (Langgässer)   181

Das Wiedersehen (P. Schneider)   422–424

Das wiegende Haus (Bender)   204, 494 A

Das Wrack (S. Lenz)   214

Das Wrack (Maupassant)   457

Das Zeitgefühl der Rache (Kluge)   414–416

David spielt vor Saul (Schnell)   397–399

Dazugehören (Jägersberg)   417–419

Death in the Woods (Sh. Anderson)   229–232

Denk immer an heut nachmittag (Wohmann)   284

Der Anfang von etwas (S. Lenz)   81, 217, 218 f., 220 f.

Der Antrag (Wohmann)   276 f., 278, 280

Der Aufenthalt (Kant)   36, 288, 355 f.

Der Ausmarsch (Schnurre)   150 f., 207, 265

Der Bahnhof von Zimpren (Böll)   384–386

»Der Baum, der grünt, die Gipfel von Gezweigen…«; glattmachen (Kluge)   296 f.

Der blaue Traum (Kusenberg)   476 A

Der Brotholer (Bender)   361
Der Eiffelturm (Rosendorfer)   477 A
Der Fernsehkrieg (Fries)   403–407
Der Gang durch das Ried (Langgässer)   182
Der Gangster (Schnurre)   471 A
Der Geist der Mirabelle. Geschichten aus Bollerup (S. Lenz)   215, 479 A
Der Gleichgültige (S. Lenz)   376, 377–379
Der Hai (Kunert)   99, 255
Der Katarakt von San Miguel (Korff)   493 A
Der Knabe und der Delphin (C. Aelianus)   457
Der Knurrhahn-Stil (Wohmann)   284
Der Lacher (Böll)   133
Der Leutnant Yorck von Wartenburg (Hermlin)   30, 39, 41 f., 81, 163, 164–166, 295, 350, 353
Der Mann mit den Messern (Böll)   492 A
Der Meisterdieb (Gebr. Grimm)   457
Der neue (glücklichere) Werther (Kleist)   233 f., 374
Der Ohrenzeuge (Canetti)   133
Der Platz (Schnurre)   153 f.
Der Prozeß (Kafka)   100, 260, 343
Der Rächer seiner Ehre (Tschechow)   457
Der Regenbogen (H. Franck)   491 A
Der rote Sven (Dorner)   310
Der Schattenfotograf (Schnurre)   146, 148 f., 153, 157 f., 159
Der Soldat und die Lehrerin (Strittmatter)   429 bis 432
Der Spielverderber (S. Lenz / S)   222
Der Spielverderber (S. Lenz / T)   222 f., 260
Der stillgelegte Mensch (Rosendorfer)   200
Der Streit um den Sergeanten Grischa (A. Zweig)   491 A
Der Tänzer Malige (Bobrowski)   244, 312, 315–317
Der Teufel, der sich verheiratete (Machiavelli)   457
Der Tod in Venedig (Th. Mann)   128
Der Tod meiner Tante (Schlesinger)   434, 438 bis 440
Der Torso (Langgässer)   182, 184
Der Untergang (Nossack)   175
Der Weg der Bolschewiki (Hermlin)   167, 350
Der Weg nach Oobliadooh (Fries)   404
A Descent into the Maëlstrom (Poe)   193, 220
Dichterleben (Piontek)   223
Die Abenteuer des Werner Holt (Noll)   494 A
Die Ästhetik des Widerstands (P. Weiss)   85
Die Audienz (Kusenberg)   195 f., 200
Die Aufzeichnungen des Pudels Ali (Schnurre)   55–60, 63
Die Aula (Kant)   285, 429, 496 A
Die Ballade vom Ofensetzer (Kunert)   43, 261–263
Die Basis (Schnurre)   471 A
Die Beerdigung findet in aller Stille statt (Kunert)   260 f.
Die Befreiung (Kluge)   297
Die Bewährung (Petersen)   350
Die blaue Distel der Romantik (Eisenreich)   236

Die Bleiuhr (H. Franck)   491 A
Die Brandstifter (Weyrauch)   26 f., 32, 175
Die Bütows (Wohmann)   284
Die Bulldozer kamen (Reding)   271
Die drei dunklen Könige (Borchert)   122–124
Die Ehe (Weyrauch)   25 f., 27, 32
Die Einquartierung im Pfarrhaus (Arnim)   457
Die Erzählungen der Chassidim (Buber)   33
Die Fahrtrichtung durch Entgleisung ändern (Kluge)   298 f.
Die ganze Geschichte (Eisenreich)   482 A
Die Geburtstagsgesellschaft (Wohmann)   282, 283 f.
Die gläsernen Ringe (Rinser)   327
Die halbe Sonne (Bender)   77, 81, 121, 209 f., 211, 478 A
Die historische Richtigstellung (Schnurre)   60
Die Hundeblume (Borchert)   117
Die Inseln unter dem Winde (Andersch)   140, 331–335
Die Kiebitze (Schnurre)   153
Die Kirschen (Borchert)   120
Die Kirschen der Freiheit (Andersch)   20, 139, 331
Die Klosterschule (Bender)   75
Die Kommandeuse (Hermlin)   44–46, 47, 166, 434–437
Die Küchenuhr (Borchert)   132
Die Kuh (Hebbel)   23
Die lange lange Straße lang (Borchert)   118
Die Letzten vom »Schwarzen Mann« (Andersch)   151
Die Lieblingsspeise von Hyänen (S. Lenz)   221 f.
Die Lok (Wohmann)   281
Die neuen Leiden des jungen W. (Plenzdorf)   442 f., 445 f., 448
Die neuere (glücklichere) Jungfrau von Orléans (Eisenreich)   233, 236, 372–374
Die Probe (Bender)   73
Die Reise zur Babuschka (Schnurre)   151–153, 156
Die rote Katze (Rinser)   327–329
Die Rückkehr eines Sammlers (M. Walser)   377, 379 f.
Die schlesische Gräfin (Gaiser)   375–377
Die Schlucht (Bender)   80, 128, 151, 204, 317–319, 321
Die Sintflut (Andres)   138
Die Stadt hinter dem Strom (Kasack)   138
Die Steckrübe (Schnurre)   60
Die Stuhlflechterin (Maupassant)   457
Die Taucher (Kunert)   98, 255–257
Die traurigen Geranien (Borchert)   117
Die Traurigkeit in eines Bären Brust (Piontek)   228 f.
Die Treue (Andersch)   139 f.
Die unsterbliche Theodora (Böll)   133
Die Waage (Kunert)   260, 432–434, 440
Die Wellen des Balaton (S. Lenz)   221, 453–455
Die Witwe von Ephesus (T. Petronius)   457

Die Wölfe kommen zurück (Bender)   76, 77 f., 80, 82, 204, 361–363, 367
Die wunderbaren Jahre (Kunze)   34, 440
Die Zeit der Einsamkeit (Hermlin)   43 f., 167, 350
Die Zeit der Gemeinsamkeit (Hermlin)   167, 350
Die Zeit einer Frau (Piontek)   230, 231 f.
Die Zelle (Bienek)   435
Doktor Murkes gesammeltes Schweigen (Böll)   133
Doppelbödige Welt (Eisenreich)   236, 319–322
Drei Phasen (Andersch)   142
Du fährst zu oft nach Heidelberg (Böll)   419–422
Dubliners (Joyce)   96, 253

Éducation européenne (Gary)   493 A
Eichendorffs Untergang und andere Märchen (Heißenbüttel)   293, 309
Ein Ästhet (Eisenreich)   238 f.
Ein Bild von Mann und Frau (Eisenreich)   239
Ein Bündel weißer Narzissen (Rinser)   327, 475 A, 492 A
Ein Dienstag im September (Strittmatter)   429
Ein Fall für Herrn Schmidt (Schnurre)   65, 155 f.
Ein Kapitel für sich (Kempowski)   435
Ein Leutnant (H. Franck)   491 A
Ein Liebesversuch (Kluge)   295, 341–343
Ein Liebhaber des Halbschattens (Andersch)   142
Ein Mißverständnis (Eisenreich)   229, 237 f.
Ein Schiff auf freier See (Fuchs)   477 A
Ein Tag und eine Nachtwache (Schnabel)   231
Ein unwiderstehlicher Mann (Wohmann)   104 f., 106, 108
Ein verächtlicher Blick (Kusenberg)   196 f., 200
Eine größere Anschaffung (Hildesheimer)   477 A
Eine Heldin (Schnurre)   158
Eine Okkasion (Wohmann)   105, 107, 111, 274 bis 276, 277, 280 f.
Eine Rechnung, die nicht aufgeht (Schnurre)   60, 62 f.
Eine Sache wie die Liebe (Bender)   80, 200
Eine Stimme hebt an (Gaiser)   377
Eine Übertretung (Kant)   291 f.
Einstein überquert die Elbe bei Hamburg (S. Lenz)   52 f., 217, 221
El Dorado (Kunert)   98, 253 f.
Element (Kunze)   440 f.
The End of Something (Hemingway)   81, 217–219
Endlich allein – endlich zu zwein (Wohmann)   277
Entfernung von der Truppe (Böll)   32
Epitaph für Pinnau (Bobrowski)   245 f.
Er war ihm zu ähnlich (Schmidt)   336 f.
Erde unter dem Schnee (Piontek)   226 f.
Erlebnis wie bei Dostojewski (Eisenreich)   233, 239 f., 402
Ernste Absicht (Wohmann)   274
Erzählungen (Wohmann)   105
Etwas geschieht (Weyrauch)   27 f., 173, 179 f.

Fahrerflucht (Reding)   271

Felder (Jürgen Becker)   292
Festschrift für Captain Fleischer (Andersch)   73, 140, 357–359
Fibelgeschichten (Fuchs)   200
Fiktionen (Borges)   150
Finnische Geschichten (Brecht)   428
The first 49 Stories / 49 Stories (Hemingway)   52
Fliegen im Gesicht (Brasch)   447–450
Fondue (Bender)   76, 209
Forgive me (Bender)   207 f., 265
Fort damit (H. Franck)   81
Fräulein Christine (Andersch)   139 f.
Frühherbst in Badenweiler (Wohmann)   274

Garçon, un bock (Maupassant)   482 A
The Garden Party (Mansfield)   282–284
Gegenangriff (Wohmann)   107, 111 f., 281
Geister und Leute (Andersch)   136, 140, 142
Generation ohne Abschied (Borchert)   115
Gesammelte Erzählungen (Andersch)   139
Gesammelte Fibelgeschichten (Fuchs)   309
Geschichte zum Weiterschreiben (Weyrauch / T)   31, 177
Geschichten aus der Produktion 2 (H. Müller)   493 A
Geschichten vom Herrn Keuner (Brecht   428
Geschichten zum Weiterschreiben (Weyrauch / S)   27 f., 173, 177
The Gift of the Magi (O. Henry)   122–124, 203
Glück haben (Langgässer)   190, 369–372
God Bless You, Mr. Rosewater (Vonnegut)   186
Gold (Kant)   286 f., 289
Guten Winter, Garçon (Bender)   478 A

Hans Dumm (Weyrauch)   19, 309
The Heart of Darkness (Conrad)   245
Heeresbericht (Köppen)   491 A
Herr Puntila und sein Knecht Matti (Brecht)   428
Herr Schramm verreist (Kusenberg)   199 f.
Hop Frog (Poe)   251
A Horseman in the Sky (Bierce)   161 f., 168
Hundert Stunden vor Bangkok (Schnabel)   220, 254

Ich bin, wenn ich nicht ich bin (Kluge)   246, 297 f.
Ich brauch Dich (Schnurre)   51, 63, 66, 145 f., 157–159, 175, 490 A
Ich Sperber (Wohmann)   284
Iljas Tauben (Bender)   71, 79 f., 82, 207
Im Alter der süßen Seufzer (Bender)   208, 478 A
Im Gänsemarsch (Weyrauch)   31, 174, 380–382
Im Guckkasten: Galiani (Bobrowski)   244
Im Namen der Hüte (Kunert)   250
Im Westen nichts Neues (Remarque)   491 A
Immer kürzer werdende Geschichten (Lettau)   491 A
In a German Pension (Mansfield)   236
In der Nacht der Giraffe (Andersch)   142
In einer dunklen Welt (Hermlin)   47, 168, 473 A

In Finegals Haus (Bobrowski) 248
In Our Time (Hemingway) 202, 214, 217
In the Midst of Life (Bierce) 160
Indian Camp (Hemingway) 202 f.
Ist die Maus zuhaus? (Weyrauch) 28 f., 33, 178 f.

Ja, mein Engel (Kaschnitz) 461
Jack the Ripper (Weyrauch) 27
Jäger des Spotts (S. Lenz / S) 214
Jäger des Spotts (S. Lenz / T) 214
Jahrestage (Johnson) 85
Jan Lobel aus Warschau (Rinser) 492 A
Jericho (Korff) 345 f.
Jesuskingdutschke (Andersch) 140, 408–412
Les jours de notre mort (Rousset) 493 A
Jug of Silver / Der silberne Krug (Capote) 125
Junge Bäume bluten weiß (Reding) 207, 265 f., 271
Jurkas Jahre (Bender) 478 A

Kargo (Brasch) 446 f.
Kasematte eins ausgefallen (Murr) 310
Kassberg (Hermlin) 46, 153, 168 f.
Katz und Maus (Grass) 492 A
kein runter kein fern (Plenzdorf) 443–446
Kein Tag wie jeder andere (Kusenberg) 199
The Killers / Die Killer (Hemingway) 156 f.
Kinderspiel (Weyrauch) 28, 179 f.
Kindheitsmuster (Ch. Wolf) 36, 493 A
Kleine Schachgeschichte (Kant) 285, 288, 359–361
Konrad und was übrigbleibt (Wohmann) 284
Krieg (Renn) 491 A
Kürzestgeschichten (Elsner / Grass) 491 A
Kurzgeschichten aus zwei Jahrzehnten (Reding) 268

La Botella (Kusenberg) 476 A
Labyrinthe (Borges) 150
Ländliches Fest (Wohmann) 280, 399–401
Lange Schatten (Kaschnitz) 475 A
Laterna Magica (Lampe) 203
Laternen (Kaschnitz) 337–340
Lebensläufe (Kluge) 294, 295 f., 298 f.
Lebenslauf, zweiter Absatz (Kant) 287, 288 f., 488 f.
Lenz (P. Schneider) 422
Lernprozesse mit tödlichem Ausgang (Kluge) 294 f.
Leutnant Gustl (Schnitzler) 77, 205
Levins Mühle (Bobrowski) 242 f.
Liebesgeschichte (H. Müller) 493 A
Lieblose Legenden (Hildesheimer) 200, 392
Lieferung frei Haus (Kunert) 101, 259 f.
Lipmanns Leib (Bobrowski) 244, 340 f.
Litauische Claviere (Bobrowski) 242
Litauische Geschichte (Bobrowski) 248
Lohengrins Tod (Böll) 128–130
Lukas, sanftmütiger Knecht (S. Lenz) 214

Märchenhafter Monolog (Kunert) 95, 101, 131 f., 258 f.
Märkische Argonautenfahrt (Langgässer) 182
Mäusefest (Bobrowski) 248
Maigret (Weyrauch) 31
The Man of the Crowd (Poe) 142 f., 193, 251
Manhattan Transfer (Dos Passos) 93, 138
Mann über Bord (Kunert) 254 f.
Masante (Hildesheimer) 392
The Masque of the Red Death (Poe) 228, 251
Masses of Men (Caldwell) 269 f.
Mein Schiff, das heißt Taifun (Weyrauch) 26, 173, 175
Mein Verschwinden in Providence (Andersch / S) 73, 144, 331
Mein Verschwinden in Providence (Andersch / T) 331 f.
Meine 11 Töchter (Weyrauch) 28, 177 f.
Men without Women (Hemingway) 217
Merkwürdige Schicksale eines jungen Engländers (Hebel) 23
Methodologische Novelle (Broch) 25
Michael (Schlesinger) 438
Mr. Preble gets Rid of His Wife (Thurber) 198 f.
Mit dem Chef nach Chenonceaux (Andersch) 140, 386–389
Mit dem Kopf durch die Wand (Weyrauch) 19, 173, 474 A
Mit dem Postschiff (Bender) 204
Monolog eines Beines (Kunert) 100
La mort est mon métier (Merle) 493 A
Mühsam stirbt der Schnee (Reding) 266 f.
The Murders in the Rue Morgue (Poe) 176, 250

Nachts schlafen die Ratten doch (Borchert) 323 f.
Nennt mich nicht Nigger (Reding / S) 268
Nennt mich nicht Nigger (Reding / T) 268
Nette Leute (Jägersberg) 417
Neue Geschichten (Kluge) 293 f., 295 f.
Nichts Neues (Langgässer) 191
Nine Stories (J. D. Salinger) 134
Nostromo (Conrad) 245
Novelas Ejemplares (Cervantes) 375
Nur in Sardinien (S. Lenz) 214

An Occurrence at Owl Creek Bridge / Das Ereignis auf der Eulenfluß-Brücke (Bierce) 29, 40, 81, 153, 160 f., 162–164, 169, 175, 179, 203, 231, 290, 295, 303, 306, 353
Old Man at the Bridge / Alter Mann an der Brücke (Hemingway) 80, 91, 205 f., 222, 224
Ole Bienkopp (Strittmatter) 428
The Open Boat (Crane) 153, 203, 220
Orangen vor ihrem Fenster (Federspiel) 353–355

The Pit and the Pendulum (Poe) 193, 251
Pretty Mouth and Green My Eyes (J. D. Salinger) 134 f., 304

Preußens Gloria (Borchert)   117
Proust beginnt zu brennen (Weyrauch)   32 f., 176

Ränder (Jürgen Becker)   292
The Red Badge of Courage / Die rote Tapferkeitsmedaille (Crane)   30
Reise eines Malers in Paris (Hermlin)   41 f., 164, 166–168, 350
Roter Stein (Bobrowski)   248

Sagen von Artemis (Seghers)   37
Saisonbeginn (Langgässer)   188 f.
Sand der Enttäuschung (Wohmann)   108
Schachnovelle (St. Zweig)   361
Schafsblut (Bender)   77, 80, 205, 206 f.
Schicksal einer henkellosen Tasse (Böll)   469 A
Schlußball (Gaiser)   377
Schnurre heiter (Schnurre)   60
Schöne Ferien (Wohmann)   277
Schönes Gehege (Wohmann)   109, 274
Schonzeit für Pappkameraden (Reding / S)   271
Schonzeit für Pappkameraden (Reding / T)   271 f.
Schrumpfstories (Somplatzki)   309
Schwierigkeiten beim Häuserbauen (Lettau)   292, 309
The Secret Life of Walter Mitty (Thurber)   93, 304, 397
The Secret Sharer (Conrad)   245
Selbstverteidigung (Wohmann)   109
The Short Happy Life of Francis Macomber (Hemingway)   213, 225
Sie selber wäre fast gestorben (Weyrauch)   180
Sieg über die Dämmerung (Wohmann)   281
Sieger und Besiegte (Eisenreich)   233, 481 A
The Snows of Kilimanjaro (Hemingway)   225
So zärtlich war Suleyken (S. Lenz)   215
Sommermeteor (Schmidt)   335
Sonntag bei den Kreisands (Wohmann)   281, 284
Sonntagsspätnachmittags (Kluge)   299
Sozialfibel (Fischbach)   263
Späte Erzählungen (Langgässer)   182
Spiegelgeschichte (Aichinger)   231 f.
Spleen de Paris (Baudelaire)   96
Statue einer Frau (Eisenreich)   233
Stephen Hero (Joyce)   253
Stimmungen der See (S. Lenz)   220 f.
Stürmische Überfahrt (Balzac)   457
Sylvester (Wohmann)   111

Tales of Unrest (Conrad)   245
Tapetenwechsel (Eisenreich)   239 f., 241
Tauben im Gras (Koeppen)   494 A
Text(e) (Heißenbüttel)   76
Three Soldiers / Drei Soldaten (Dos Passos)   93
To Have and Have Not (Hemingway)   219
Tobacco Road (Caldwell)   138
Today is Friday (Hemingway)   203
Treasure Island (Stevenson)   99

Treibjagd (Wohmann)   108, 278–280, 281
Triptychon des Teufels (Langgässer)   475 A
Tynset (Hildesheimer)   392

Über den Tod eines Fremden (Handke)   121
Ulysses (Joyce)   287
Ulysses and the Dogman (O. Henry)   290
Um diese Zeit (Schnabel)   121
Umgebungen (Jürgen Becker)   292
Und sagte kein einziges Wort (Böll)   377
Und über uns schließt sich ein Himmel aus Stahl (Brasch)   446
Unheimlichkeit der Zeit (Kluge)   414
Uni (Weyrauch)   28, 174, 407 f.
Unordnung bei Klapat (Bobrowski)   248
Unruhe (Weyrauch)   31
Unsere Straße (Petersen)   350
Untergetaucht (Langgässer)   190 f.
Unverhofftes Wiedersehen (Hebel)   131

Verjährt (Wohmann)   280, 389–391
Verlassene Chausseen (Piontek)   228, 365–367
Veronica (T. Masuccio)   457
Versuchte Nähe (Schädlich)   34, 262, 450–452
Vollkommene Reue (Andersch)   141, 268
Vor den Vätern sterben die Söhne (Brasch)   446 f.
Vormittag am Meer (Andersch)   144 f., 399

Während des Films (Reding)   121, 271, 391 f.
Wälsungenblut (Th. Mann)   233
Wanderer, kommst du nach Spa… (Böll / S)   126, 492 A
Wanderer, kommst du nach Spa… (Böll / T)   128, 207, 265, 324–327, 492 A
Warum ich mich in eine Nachtigall verwandelt habe (Hildesheimer)   263
Weihrauch und Pumpernickel (Jägersberg)   417
Wendemarke (Schnurre)   158
Wie bei Gogol (S. Lenz)   221, 401–403
Wiedersehen in der Allee (Böll)   127 f., 151, 153
Wiedersehen in Venedig (Wohmann)   274
William Wilson (Poe)   251
Winesburg, Ohio (Sh. Anderson)   137, 216, 225, 227, 229
Winterspelt (Andersch)   172
Wintertage, Sommernächte (Piontek)   480 A
Wintry Peacock / Winterlich Pfau (Lawrence)   457
Wunschkost (Bender)   200

Young Goodman Brown (Hawthorne)   228

Zeichensprache (Weyrauch)   32 f.
Zentralbahnhof (Kunert)   100 f., 260, 343 f., 347
Zettels Traum (Schmidt)   335
Zu (Weyrauch)   33
Zuflucht (Schnurre)   158
Zwei Kameraden halten zusammen (Dabel)   310

Textausgaben in Reclams Universal-Bibliothek

Eine Auswahl

Ilse Aichinger: Dialoge, Erzählungen (Mein Vater aus Stroh. Der Bastard. Herodes. Der Querbalken. Bauernregel. Das Milchmädchen von St. Louis. Port Sing. Fünf Vorschläge. Die Rampenmaler. Die Schwestern Jouet. Ajax. Erinnerungen für Samuel Greenberg). Gedichte. 7939.

Wolfgang Altendorf: Das dunkle Wasser. Tanzstundengeschichte. 8288.

Alfred Andersch: Fahrerflucht. Ein Liebhaber des Halbschattens. 9892.

Hans Bender: Das wiegende Haus. (Die Wallfahrtskirche. Das Gasthaus. Das Nachbarhaus. Die Klosterschule.) 8494.

– Die Wölfe kommen zurück. (Jljas Tauben. Der Brotholer. Jurkas Jahre. Forgive me. Schafsblut. Fondue oder Der Freitisch. Ein Bär wächst bis zum Dach. Zehn-Minuten-Rede.) 9430.

Thomas Bernhard: Der Wetterfleck. (Jauregg. Der Zimmerer.) 9818.

Peter Bichsel: Stockwerke. (Die Löwen. San Salvador. Die Tochter. Erklärung. Jodok läßt grüßen. Der Mann, der nichts mehr wissen wollte. Lesebuchgeschichte. Die Kunst des Anstreichens. Die Jahreszeiten u. a.) 9719.

Johannes Bobrowski: Lipmanns Leib. (Boehlendorff. Epitaph für Pinnau. Litauische Geschichte. Brief aus Amerika. Der Mahner. Mäusefest. Rainfarn. Die ersten beiden Sätze für ein Deutschlandbuch. Betrachtungen eines Bildes. Fortgeführte Überlegungen. Im Verfolg städtebaulicher Erwägungen. Das Käuzchen.) 9447.

Heinrich Böll: Der Mann mit den Messern. (Damals in Odessa. Wanderer, kommst du nach Spa... Trunk in Petöcki. Wiedersehen in der Allee. Lohengrins Tod. Geschäft ist Geschäft.) 8287.

Christine Brückner: Lewan, sieh zu! Überlebensgeschichten. (Ein Pferd ist ein Pferd und ein Trecker ist ein Trecker. Schwierigkeiten beim Ausfüllen eines Meldezettels. In stillem Gedenken. Batschka – wo liegt das überhaupt. »Nicht einer zuviel!« Totalschaden. Meinleo und Franziska. Ein Fest für die Augen. »Wir wollen einen andern Lehrer!« Mein Vater: Der Pfarrer.) 9732.

Franz Fühmann: Die Verteidigung der Reichenberger Turnhalle. (Das Judenauto. Die Schöpfung. Regentag im Kaukasus. Die Gewitterblume.) 9858.

Gerd Gaiser: Revanche. (Der Mensch, den ich erlegt hatte. Kahle Weihnacht. Mittagsgesicht. Du sollst nicht stehlen. Am Paß Nascondo.) 8270.

Peter Härtling: Der wiederholte Unfall. (Jerschel singt. Für Ottla. Der wiederholte Unfall oder die Fortsetzung eines Unglücks. Fast eine Anekdote. Drei Kalendergeschichten aus meinem Land. Das Ballerinaglas, Nürtingen, Marktstraße. Zwettl im Waldviertel.) 9991.

Hermann Kasack: Der Webstuhl. Das Birkenwäldchen. 8052.

Marie Luise Kaschnitz: Der Tulpenmann. (Der Tunsch. Silberne Mandeln. Die Füße im Feuer. Ein Mann, eines Tages. Gespenster. Das dicke Kind. Die späten Abenteuer.) 9824.

Hermann Kesten: Mit Geduld kann man sogar das Leben aushalten. (Oberst Kock. Der Freund im Schrank. Das verlorene Motiv. Die Ehre. Dr. Schatte. Die Rache. Musik.) 8015.

Günter Kunert: Der Hai. Erzählungen (Der Hai. Märchenhafter Monolog. Die Waage. Wie das Leben anfängt) und kleine Prosa. 9716.

Kurt Kusenberg: Wo ist Onkel Bertram? (Der Zauberfächer. Der blaue Traum. Jedes dritte Streichholz. Eine ernste Geschichte. Wo liegt die Wahrheit? Die Belagerung. Herr G. steigt aus.) 8013.

Siegfried Lenz: Stimmungen der See. (Gelegenheit zum Verzicht. Schwierige Trauer. Die Festung. Der seelische Ratgeber. Lieblingsspeise der Hyänen.) 8662.

Christoph Meckel: Verschiedene Tätigkeiten. Geschichten, Bilder und Gedichte. 9378.

Adolf Muschg: Besuch in der Schweiz. (Playmate. Hindukusch. Brämis Aussicht.) 9876.

Luise Rinser: Jan Lobel aus Warschau. (Die Lilie. Die rote Katze.) 8897.

Arno Schmidt: Krakatau. (Kühe in Halbtrauer. Schlüsseltausch. Schulausflug. Sommermeteor. Er war ihm zu ähnlich. Der Platz, an dem ich schreibe.) 9754.

Wolfdietrich Schnurre: Ein Fall für Herrn Schmidt. (Reusenheben. Blau mit goldenen Streifen. Die Reise zur Babuschka. Steppenkopp.) 8677.

Anna Seghers: Fünf Erzählungen (Der Führerschein. Die schönsten Sagen vom Räuber Woynok. Post ins gelobte Land. Die Saboteure. Agathe Schweigert). 9805 [2].

Jörg Steiner: Eine Giraffe könnte es gewesen sein. (An etwas Schönes denken. Auf dem Berge Sinai sitzt der Schneider Kikrikri. Zu warm für Oktober. In Funken von Baum zu Baum. Reise durch eine besetzte Gegend. Eine Anleitung zum Handeln. Der Spaziergang. Man kann Menschen kennenlernen. Ich weiß nicht, ob es in Memphis Schnee gibt. Zu Ende erzählen. Lorca –. Solche mit Geschichten.) 9959.

Johannes Urzidil: Neujahrsrummel. (Dienstmann Kubat. Die Fremden.) 8054.

Wolfgang Weyrauch: Das Ende von Frankfurt am Main. (Mein Schiff, das heißt Taifun. Beginn einer Rache. Vorbereitungen zu einem Tyrannenmord. Diebsgeschichte. Die Irren von L. Kinderspiel. Anders. Geheim.) 9496.

Gabriele Wohmann: Treibjagd. (Ein schöner Tag. In einem Dorf wie unserm. Der Knurrhahn-Stil. Schöne Ferien. Die Krankheit zum Tode. Lese-Reisen.) 7912.

Erzählte Zeit. (Autoren: Andersch, Bender, Bobrowski, Böll, Borchert, Brasch, Eisenreich, Federspiel, Fries, Gaiser, Hermlin, Hildesheimer, Jägersberg, Kaschnitz, Kluge, Korff, Kunert, Kunze, Langgässer, Lenz, Müller, Piontek, Plenzdorf, Reding, Rinser, Schädlich, Schlesinger, Schmidt, Schneider, Schnell, Schnurre, Walser, Weyrauch, Wohmann.) 9996 [6].

Deutsche Erzähler der Gegenwart. (Autoren: Aichinger, Altendorf, Alverdes, Andersch, Andres, Bauer, Becher, Becker, Beheim-Schwarzbach, Bender, Bergengruen, Bienek, Bischoff, Böll, Britting, Daiber, Edschmid, Eisenreich, Fehse, Fussenegger, Gaiser, Glaeser, Goes, Hartung, Hausmann, Hildesheimer, Inglin, Jens, Kasack, Kesten, Knöller, Koeppen, Krämer-Badoni, Kramp, Kreuder, Kusenberg, Lenz, Lettau, Lipinsky-Gottersdorf, Mell, Meyer-Wehlack, Mühlberger, Nabl, Nossack, Piontek, Pohl, Rinser, Risse, Roehler, Rosinski, Schallück, Schmidt, Schmiele, Schnabel, Schnurre, Scholtis, Schroers, Schumacher, Seidel, Stahl, Tumler, von der Vring, Waggerl, Walser.) 8262 [5].

Deutsche Kurzgeschichten. (Arbeitstexte für den Unterricht.) 2.–3. Schuljahr. 9528. – 4.–5. Schuljahr. 9529. – 5.–6. Schuljahr. 9505. – 7.–8. Schuljahr. 9506. – 9.–10. Schuljahr. 9507. – 11.–13. Schuljahr. 9508.

Philipp Reclam jun. Stuttgart